昆明年鉴

2012 KUNMING YEARBOOK

昆明市人民政府　主办
昆明市地方志编纂委员会办公室 编
云南出版集团公司
云南人民出版社

图书在版编目（CIP）数据

昆明年鉴. 2012 / 昆明市人民政府编. -- 昆明：云南人民出版社，2012.8

ISBN 978-7-222-10257-6

Ⅰ. ①昆… Ⅱ. ①昆… Ⅲ. ①昆明市—2012—年鉴 Ⅳ. ①Z527.41

中国版本图书馆CIP数据核字(2012)第201717号

责任编辑：段兴民　范　可

封面设计：范茂航

责任校对：赵　红

责任印制：施立青

昆明年鉴 2012 KUNMING YEARBOOK

书　　名：昆明年鉴（2012）

作　　者：昆明市地方志编纂委员会办公室　编

出　　版：云南出版集团公司 云南人民出版社

发　　行：云南人民出版社

地　　址：云南省昆明市环城西路609号

邮　　编：650034

网　　址：ynrm.peoplespace.net

E-mail：rmszbs@public.km.yn.cn

开　　本：889mm×1194mm　1/16

印　　张：41.5

字　　数：1200千字

版　　次：2012年 8 月第1版第1次印刷

印　　数：1-1500册

设计制版：昆明凡影图文艺术有限公司

印　　刷：昆明鹰达印刷有限公司

书　　号：ISBN 978-7-222-10257-6

定　　价：260.00元

昆明年鉴 2012 KUNMING YEARBOOK

编辑委员会

编辑部

2012 KUNMING YEARBOOK

昆明年鉴 撰稿人员

（按部类顺序排列）

李　震　宫　玲　李红卓　李　莉　赵淑芳　杨信德

路　润　张二平　郑美燕　牛元位　沈彦纯　李　超

刘俊琪　字应军　沈金泉　尹丽花　祁俊娴　付红彬

姚　伟　李艳华　赵如嘉　陈桓国　杨小乔　李建生

陈万英　杨　静　杨利民　盘继斌　阮云鹤　贾永强

代　彦　马松华　傅俊彦　程世林　李佳燕　梅俊辉

阮建军　洪晓蜜　尚　明　昂志兴　李　江　马泽福

蔡英雄　魏　敏　王泽昊　杨继华　刘　珍　余　彪

刘思捷　吴立群　范阁津　陈　健　龚宝兰　高　杉

王淼淼　沈庆惠　唐荣华　孙　斌　苏晓玲　杨振宇

付　丽　李　涛　吴　涛　顾　隽　古玉立　马自荣

禹雄忠　郭绍华　王　艾　席　文　杨　昆　李　峰

崔志松　蒋厚贤　朱俊波　张笑妍　文成举　王　颖

杨之霞　高占鹏　李　京　滕庆华　马　雯　张海燕

冷少萍　彭　怡　赵　燕　许晓军　钟文佑　李云明

赵　佳　景红波　张白陵　刘　炜　姚　愚　杨绍琼

杨富刚　杨宇白　李妍惠　杨丽娟　班　文　王锡生

周千人　孙丽玲　代　玲　伍　艳　吴　疆　张　弥

阮建军　吴春平　李向松　杨连国　曾　毅　加三益

刀培凤　刘　荣　张丽华　吴永华　徐守云　杨加祥

刘世生　毕晓冬　张玉宇　李巧梅

昆明
年鉴

编辑说明

一、《昆明年鉴》是昆明市人民政府主办的综合性地方年鉴，是系统反映昆明市情的大型年刊，是集知识、信息、资料为一体的具有公报性、资料性、权威性的工具书。

二、本年鉴由全市各县（市）区、各部委办局、各人民团体撰稿，昆明市地方志编纂委员会办公室《昆明年鉴》编辑部编辑。

三、本年鉴旨在逐年全面系统地记载昆明市经济社会发展历史进程，为海内外了解昆明、建设昆明提供信息资料，也为编纂与续修地方志书积累资料。

四、本年鉴全面系统地反映了2011年昆明市全面贯彻党的十七大、中央经济工作会议、省委八届十次全会和市委九届七次全会精神，以科学发展观为主题，以加快转变经济发展方式为主线，全面深化改革开放，着力保障和改善民生，突出抓好工业化加速、信息化升级、城市化提升、市场化转型和国际化拓展，争科学发展之先，创和谐社会之优，加快建设中国面向西南开放的区域性国际城市的主要情况。

五、本年鉴设特载、大事记、政治、军事、公检法司、民族·宗教、经济管理、农林水利、工业、交通运输、城乡建设与管理、环境保护、现代新昆明建设·开发区建设、信息·通信、非公经济·乡镇企业、财政·税务、商业、烟草、金融、对外经济贸易、旅游·风景区、科学研究、教育·文化、新闻媒体、卫生·体育、社会、人物、县（市）区概况、附录、索引30个部类。

六、本年鉴采用分类编辑法，以条目为主体，分一、二、三级目。一级目为大类，如城乡建设与管理、工业、农林水利等；二级目排在一级目之下，如城乡建设与管理下设城市规划与管理、园林·绿化等；三级目为撰写单元（条目），用黑体字加【】做标识。

七、《昆明年鉴》检索方法有目录和索引两种，目录在卷首，索引在卷尾。目录编排到条目，索引采用主题分析法，按主题词首字音序排列。

八、本年鉴在编纂过程中，得到各级领导、同仁和社会各界的协助支持，在此谨表谢忱。

《昆明年鉴》编辑部

中国共产党昆明市委

省委常委、市委书记张田欣

市委副书记、市长张祖林

十届二次全体（扩大）会议

中共昆明市委十届二次全体（扩大）会议于2012年1月6日在呈贡市级行政中心会议中心召开。省委常委、市委书记张田欣代表市委常委会向全会报告工作，市委副书记、市长张祖林主持会议并作总结讲话。

（本版图片由王俊星 摄）

“四群”工作 2012

2012年4月9日，省委常委、市委书记张田欣来到寻甸县象鼻岭村调研四群工作情况。（李海曦 摄）

市委书记张田欣与村民一同劳动（王俊星 摄）

市长张祖林在红土地镇大坪子村与村民一起种玉米（杨艳辉 摄）

市政府办公厅“四群”教育民情恳谈会（李震 摄）

2012年3月6日，官渡区（空港经济区）四群工作队欢送仪式。（杜文蕾 摄）

专家现场示范核桃嫁接技术（李海曦 摄）

2012年4月8日，五华区党团员志愿服务进社区活动在翠湖公园北门广场举行。（周密 摄）

KUNMING
YEARBOOK

关注民生

常务副市长黄云波调研标准化农贸市场　（王安卓 摄）

位于近华浦路的蔬菜直销车　（王安卓 摄）

南市区中央金座3000平米生鲜超市　（周密 摄）

猪肉的“身份证”“追溯码”——小票　（黄晓松 摄）

农贸市场　（昆明日报社 供稿）

现代新昆明

2012 KUNMING YEARBOOK

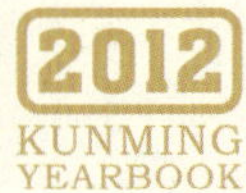

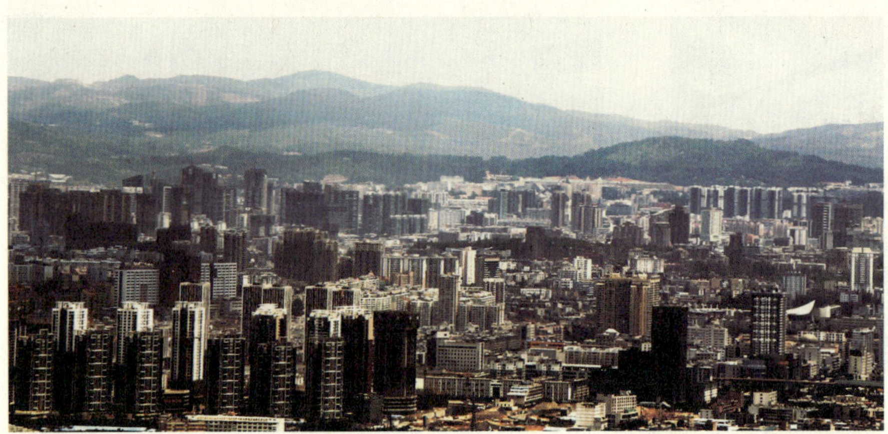

西市区　（字应军　摄）

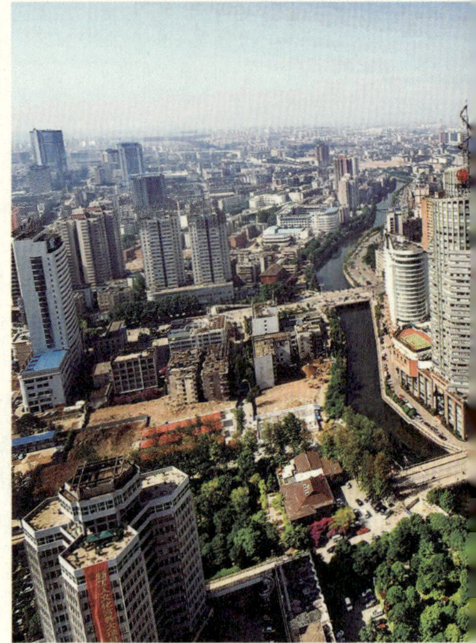

盘龙江穿城而过

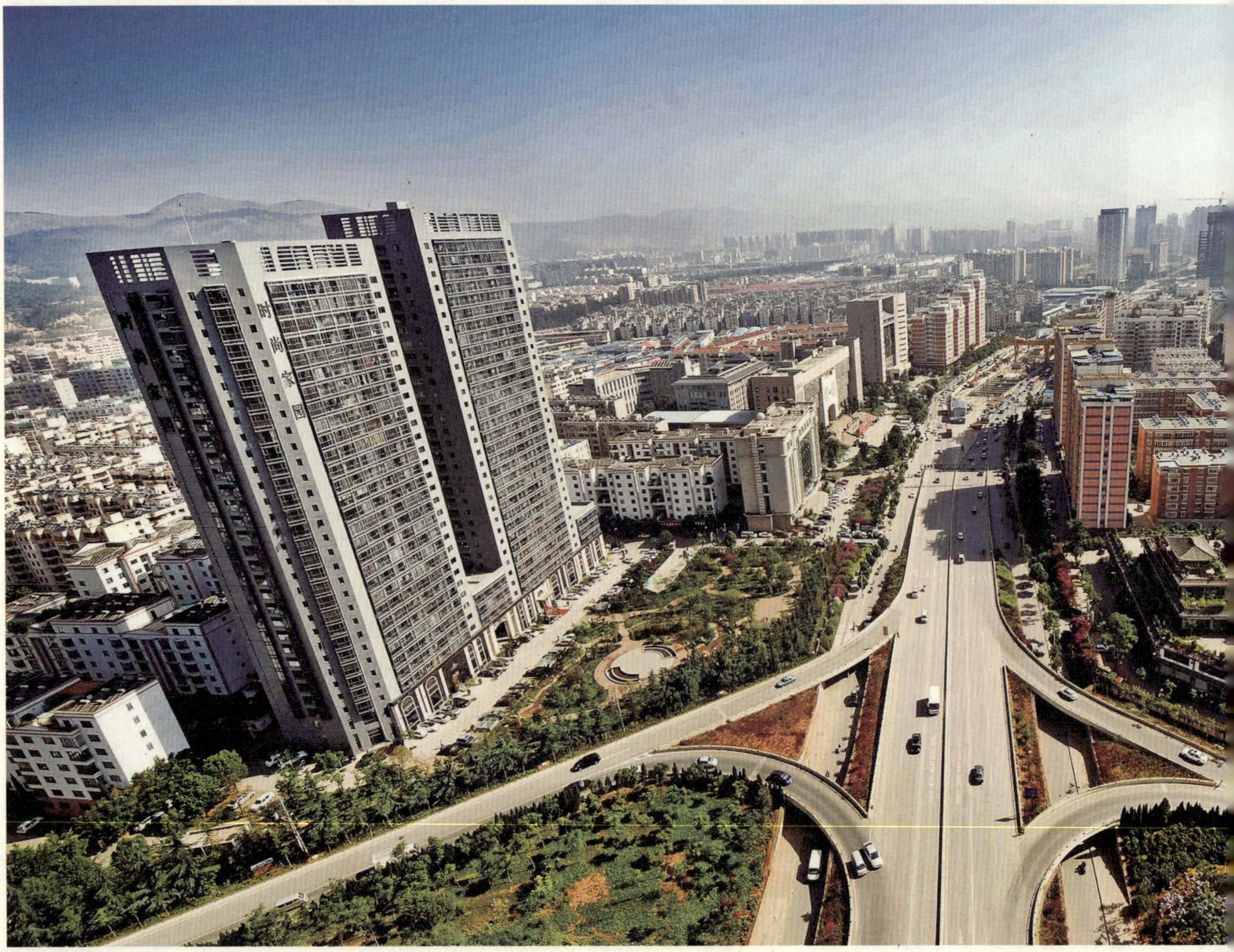

金星立交桥

北市区

建设中的呈贡新城

呈贡新城

(本版图片除署名外由昆明日报社 供稿)

招商引资

2012

动员大会

2011年第七届昆明泛亚国际农业博览会

2011昆明（杭州）招商引资推介会

昆明市网络招商中心揭牌

领导参观花卉展览

（本版图片由投促局 供稿）

KUNMING YEARBOOK

滇池治理

蓝天白云映衬下的滇池 （昆明日报社 供稿）

大群白鹭安家滇池湿地 （赵伟 摄）

昆明滇池国际城市湿地 （昆明日报社 供稿）

销毁非法捕鱼设施 （黄晓松 摄）

清理、收缴、销毁偷捕鱼类违禁网具 （周窑 摄）

工业突破

国电清水海风电项目

中缅油气管道中国境内段在安宁草铺开工

风力发电

工业上山　（杜文蕾　摄）

（杜文蕾　摄）

（本版图片除署名外由市工信委 供稿）

富民工业园区北营钛产业基地

南磷夜景

（本版图片由市工信委 供稿）

龙腾狮跃闹元宵

泛亚民族民间工艺品博览会

文化建设

环滇池自行车邀请赛

为农村免费安装直播卫星设备

农家书屋建设

配发文化信息资源共享工程设备

非物质文化遗产传承人展示技艺

对外文化交流演出

华罗庚旧居修缮后

扫黄打非

聂耳诞辰100周年纪念活动

（本版图片由市文广体局　昆明日报社　供稿）

水利建设 2012

抓紧施工中的晋宁观音山取水应急工程 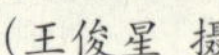（王俊星 摄）

对蓄水池作防渗漏处理 （赵伟 摄）

云龙水库 （周密 摄）

2012年4月1日，清水海引水供水工程试通水。 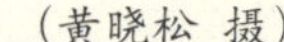（黄晓松 摄）

引水管道 （赵伟 摄）

KUNMING YEARBOOK

对外交流

6月15日，省委常委、市委书记仇和会见克罗地亚萨格勒布市副市长帕维契奇女士。

12月10日，省委常委、市委书记张田欣会见瑞中友好协会主席托马斯·瓦格纳博士。

参加昆明·藤泽缔结友好城市三十周年文化交流展览开幕仪式的昆明、藤泽市民代表 （外侨办 供稿）

6月8日，昆明市与金边市签署《建立友好城市关系协议书》，双方正式建立国际友城关系。

昆明市与土耳其安塔利亚市签署《发展友好城市关系意向书》仪式

7月4～5日，国岛芳明市长率日本高山市政府代表团访问考察昆明。

（本版图片由市外侨办 供稿）

市领导试乘地铁机车　（昆明日报社　供稿）

工人正在吊装轨道车　（黄晓松　摄）

地铁站施工现场　（黄晓松　摄）

地铁建设

进入收尾阶段的地铁站站台　（周窑　摄）

长水机场专线　（昆明日报社 供稿）

行驶中的机车　（昆明日报社 供稿）

巡视轨道　（周 密 摄）

工程建设中　（周 密 摄）

长水国际机场

巫家坝机场最后一名旅客获赠航空模型　　（李海曦　摄）

6月27日，昆明巫家坝机场最后一天营运，数千名昆明人来到机场外围拍照留念　　（赵伟　摄）

昆明巫家坝机场　　（王正鹏　摄）

首航航班起飞前，机组人员合影留念。　　（赵伟　摄）

6月28日早，昆明长水国际机场首航航班起飞。　　（赵伟　摄）

昆明新机场及专用高速公路　（昆明日报社 供稿）

2012年6月29日，昆明长水国际机场正式投入运营　（杨赋 摄）

环湖公路

环湖东路段洛龙下穿隧道

环湖东路

小渔村桥

环湖路起始点——庄家塘立交桥

环湖南路段

（本版图片李海曦 摄）

昆明年鉴 2012 KUNMING YEARBOOK

《昆明年鉴》协办单位

呈贡区人民政府

昆明学院

昆明市建设管理有限公司

云南省烟草公司昆明市公司

盘龙区人民政府

昆明市工商行政管理局

昆明市人民检察院

昆明市国有资产监督管理委员会

昆明市住房公积金管理中心

晋宁县人民政府

中共东川区委

昆明市交通运输局

富民县人民政府

昆明市中医医院

安宁工业园管理委员会

昆明滇池国家旅游度假区管理委员会

昆明国有资产管理有限公司

宜良县人民政府

昆明年鉴 目录 CONTENTS

2012 KUNMING YEARBOOK

特载 SPECIAL ISSUE

大事记 MAJOR EVENTS

政治 POLITICS EVENTS

中国共产党昆明市委员会 Kunming Municipal Committee of the Communist Party of China

办公厅 The General Office

组织工作 Organizition Works

政法工作 Politics and Law

宣传工作 Propaganda

办公厅
The General Office

机关事务管理
Government offices Administration

行政审批服务中心
Administrative Approval Center of Kunming

信访工作
Petition work

12345市长热线
12345 Mayor Hotline

法制工作
Legislation Work

机构编制
Organizational Structure

参事工作
Counselor Work

地方志工作
Compile Local Chronicles

中国人民政治协商会议昆明市委员会
Kunming Municipal Committee of Chinese People's Political Consultative Conference

民主党派·工商联
Democratic Parties•Federation of Industry and Commerce

中国国民党革命委员会昆明市委员会
Revolutionary Committee of the Kuomintang, Kunming Committee

中国民主同盟昆明市委员会
China Democratic League, Kunming Municipal Committee

中国民主建国会昆明市委员会
China Democratic National Construction Association, Kunming Municipal Committee

中国民主促进会昆明市委员会
China Committee for Promoting Democracy, Kuming Municipal Committee

中国致公党昆明市委员会
Kunming Municipal Committee of the China Zhigongdang

中国农工民主党昆明市委员会
Kunming Municipal Committee of the Chinese Peasants and Workers Democratic Party

九三学社昆明市委员会
Jiusan Society, Kunming Municipal Committee

昆明市工商联（总商会）
Kunming Municipal Federation of Industry and Commerce (The General Chambe of Commerce)

群众团体
Mass Organizations

总工会
Federation of Trade Unions

妇女联合会
Women's Federation

共青团市委
Kunming Municipal Committee of the Communist Youth League

台湾同胞联谊会
Kunming Municipal Federation of Taiwan Compatriots

归国华侨联合会
Kunming Municipal Federation of Returned Overseas Chinese

外事侨务
Foreign Affairs and Overseas Chinese Affairs

政策·经济研究·咨询
Policy•Economg Study•Advisory

政策研究
Plicy Research

经济研究
Economic Study

咨询工作
Consultatiom

机关之窗
The Window to Office

军　事
MILITARY AFFAIRS

昆明警备区
Kunming Garrison Command

驻昆部队
People's Armed Police Detachment of Kunming Municipal Bureau of Public Secruity

武警昆明市支队
People's Armed Ploice Detachment of Kunming Municipal Bureau of Public Security

人民防空
People's Air Defense

公检法司
Public Security Procuratorial Court Judicial Administration

公共安全保卫
Protection of Public Security

检察
Procuratoration

审判
Judgement

司法行政
Administration of Justice

消防管理
Management of Fire Control

民族 宗教
NATIONALITIES AND RELIGIONS

民族
Nationalities

宗教
Religions

经济管理
ECONOMIC ADMINISTRATION

发展改革
Development And Reform

统计
Statistics

国有资产监督管理
State-owned Assets Supervision and Adiminstration

工商行政管理
Management of Industuy and Commerce

质量技术监督
Quality and Technology Supervision

审计
Auditing

食品药品监督管理
Supervision and Administration on Food and Medicine

农林水利 AGRICULTURE·FORESTRY·WATER CONSERVANCY

农业 Agriculture

林业 Forestry

水务 Management of Water Affairs

城市节水 Urban Water Conservancy

工业 INDUSTRY

工业综述 Overview of Industry

装备制造业 Equipment-making Industry

原材料工业 Raw Material Industry

消费品工业 Consumer-good Industry

供电 Power Supply

交通运输 TRANSPORTATION

公路交通 Highway Traffic

铁路交通 Railway Traffic

航空运输 Ariline Transportation

城市公共交通 Urban Public Traffic

城市交通管理 Management of Traffic Guidance

城乡建设与管理 CITY CONSTRUCTION AND ADMINISTRATION

综述 General Introduction

城乡规划与管理 Urban Planning and Administration

园林·绿化
Landscaping

国土资源管理
Land and Resources Management

城市管理
City Management

住房建设
House Construction

建筑业
Architecture Industry

煤气、燃气
Gas Fuel Gas

城市供水
Urban Water Supply

测绘
Mapping

环境保护
Environmental Protection

现代新昆明建设 开发区建设
MODERN NEW KUNMING CONSTRUCTION DEVELOPMENT ZONES CONSTRUCTION

信息·通信 INFORMATION COMMUNICATIONS

信息化和信息产业 Informatization and Information Industry

邮政 Postal Service

电信 Telecommunication

昆明移动 Kunming Mobile

昆明联通 Kunming Unicom

非公经济·乡镇企业 Non-public Sector of teh Economy Township Enterprise

非公经济 Non-public Sector of the Economy

乡镇企业 Township Enterprises

财政·税务 FINANCE AND TAXATION

财政 Finance

国税 National Taxation

中国工商银行云南省分行营业部
Industrial and Commercial Bank of China,Yunnan Branch

中国农业银行云南省分行营业部
Agricultural Band of China, Yunnan Branch

中国建设银行云南省分行昆明地区机构
China Construction Bank,Yunnan Branch in Kunming

交通银行云南省分行昆明地区机构
Communication Bank of China, Yunnan Branch in Kunming

富滇银行
Fudian Bank

昆明市农村信用合作社联合社
Kunming Municipal Union of Rural Credit Cooperatiues

中国人民财产保险股份有限公司昆明分公司
China life Insurance Company Limited, Yunnan Brarch in Kunming

中国人寿保险股份有限公司昆明市分公司
China Life Insurance Co.,LTD, Yunnan Branch in Kunming

中国太平洋财产保险股份有限公司云南分公司
Yunnan Branch of China Pacific Property Insurance Co., LTD

中国太平洋人寿保险股份有限公司云南分公司
Yunnan Branch of China Pacific Life Insurance Co., LTD

对外经济贸易
FOREIGN ECONOMIC RELATIONS AND TRADE

招商引资
Investment Attraction

对外贸易
Foreign Trade

出入境检验检疫
Entery Exit Inspection and Quarantine

昆明海关
Kunming Customs

旅游·风景区
TOURISM·SCENIC SPOT

旅游
Tourism

云南民族村
Yunnan Nationalities Village

石林风景名胜区
Stone Forest

九乡风景区
JiuXiang Scenic Spot

昆明世博园
Kunming EXPO Garden

科学研究
SCIENTIFIC STUDY

科学技术
Science and Technology

科学技术协会
Science and Technology Institute

防震减灾
Earthquake Prevention and Disaster Relief

气象
Meteorology

水文水资源研究
Hydrological Resources Research

社会科学
Social Science

教育·文化
EDUCATION AND CULTURE

教育
Education

红十字会
Red Cross

体育
Sports

社　会
SOCIETY

城镇人民生活
People's Lives

农村居民生活
Rural Resident's Living

物价
Price

人口与计划生育
Population and Family Planning

人力资源与社会保障
Human Resource and Social Security

公务员考试录用
Civil Servant Examination Admission

就业工作
Employment and Occupation

民政
Civil Affairs

官渡区
Guandu District

西山区
Xishan District

东川区
Dongchuan District

呈贡区
Chenggong District

安宁市
Anning City

晋宁县
Jinning County

富民县
Fumin County

宜良县
Yiliang County

嵩明县
Songming County

石林彝族自治县
Shilin Yi Autonomous County

禄劝彝族苗族自治县
Luquan Yi and Miao Autonomous County

寻甸回族彝族自治县
Xundian Hui and Yi Autonomous County

附 录
APPENDIX

索 引
INDEX

特　载

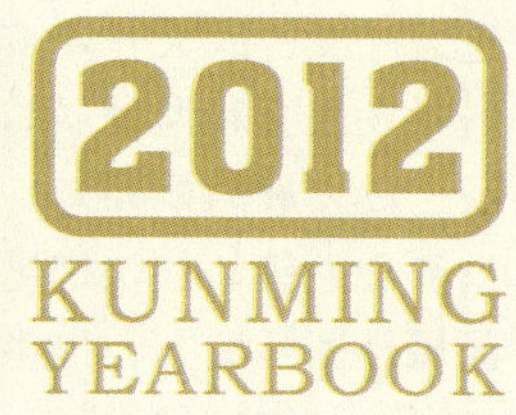

抢抓桥头堡建设战略机遇
开创工业突破园区建设招商引资新局面

——在市委工作会议上的讲话

（2011年7月5日）

仇　和

同志们：

这次市委工作会议的主要任务是：深入贯彻落实科学发展观，按照省委八届十一次全会和市委九届七次全会的安排部署，组织动员全市广大党员和干部群众，抢抓桥头堡建设战略机遇，以大开放促进大开发，以大开发带动大发展，奋力开创工业突破、园区建设、招商引资新局面，为加快建设区域性国际城市、在科学发展中造福人民奠定坚实基础。

市委九届四次全会提出，每年7月份召开一次市委工作会议，研究部署事关全局的阶段性重点工作。2008年的市委工作会议，我们提出要聚焦招商引资、聚力园区建设，以工业大突破带动现代新昆明建设大跨越。面对国际金融危机冲击和宏观环境的深刻变化，2009年的市委工作会议，我们提出要实施大投资方略、强化大项目支撑，加快培育昆明跨越式发展新优势。在“十一五”收官之年，2010年的市委工作会议，我们提出要加速新型工业化、拓展高端信息化、提升全域城镇化，奋力推进昆明科学发展新跨越。连续四年把工业突破、园区建设和招商引资作为市委工作会议的主题，既充分体现了这三项工作在全局中的重要地位和份量，更充分表明了市委对这三位一体工作一以贯之的高度重视和一抓到底的坚定决心。

“十一五”以来特别是近年来，我们全神贯注致力工业突破，累计完成工业固定资产投资1413.6亿元，年均增长29.6%；规模以上工业企业达1134家（统计口径为主营业务收入500万元以上），主营业务收入亿元以上的企业达255家。全力以赴推进园区建设，开发区（园区）规划面积达1061平方公里，园区“三年倍增、六年跨越”行动计划顺利推进。全面动员狠抓招商引资，累计实际利用外资25.5亿美元，是“十五”的11倍；实际引进市外到位资金2722亿元，是“十五”的9.8倍。工业突破、园区建设和招商引资的快速推进，为全市经济社会跨越式发展奠定了坚实基础、提供了有力支撑。2010年，全市实现地区生产总值2120.37亿元，“十一五”期间年均增长12.7%；地方财政一般预算收入253.83亿元，全社会固定资产投资2160亿元，全社会消费品零售总额1060亿元，分别是2005年的2.8、4.13和2.55倍。今年上半年，预计全市实现地区生产总值1060亿元，增长13%以上；地方财政一般预算收入163.4亿元，增长30.4%；城镇固定资产投资955亿元，增长30%；全社会消费品零售总额555亿元，增长19%；进出口总额53亿美元，增长15%；城镇居民人均可支配收入10924元，增长13.6%；农民人均现金收入4800元，增长19%。实践证明，工业突破、园区建设和招商引资，是优化经济结构、夯实产业支撑的关键举措，是增强综合实力、培育竞争优势的迫切需要，是实现富民强市、推动跨越发展的战略选择。抓住了工业突破、园区建设和招商引资，就抓住了经济工作的牛鼻子，就抓住了全盘工作的关键点，就能以重点突破之功、收带动全局之效。借此机会，我代表中共昆明市委，向多年来为工业突破、园区建设和招商引资辛勤工作、作出贡献的广大干部群众和社会各界人士，致以诚挚的问候和衷心的感谢！

30年沿海，30年沿边。从沿海到沿江、沿边，从东部到中部、西部，我国对外开放梯次推进、深度拓展。着眼构建全面开放新格局，2009年7月，胡锦涛总书记在云南考察时指出，要把云南建设成为我国面向西南开放的重要桥头堡。在今年3月召开的全国“两会”上，云南桥头堡建设纳入国家“十二五”规划，正式上升为国家战略。5月6日，国务院出台了《关于支持云南省加快建设面向西南开放重要桥头堡的意见》。以大开放促进大开发、以大开发带动大发展，成为云南加快发展、科学发展、和谐发展的主旋律，成为全省思发展、谋发展、促发展的最强音。这为我们争科学发展之先、创和谐社会之优，加快把昆明建设成为中国面向西南开放的区域性国际城市，提供了千载难逢的历史机遇。我们必须以更加宽广的视野、更加宽阔的胸襟和更加务实的举措，全力抢抓机遇、用足用好机遇，建设大都市、培育大产业、构建大通道、汇聚大物流、提速大开放、改善大民生、营造大环境，努力成为中国西南最具生机活力的发展前沿和开放高地，全面加快区域性国际城市建设进程。

第一，抢抓桥头堡机遇、建设区域性国际城市，必须顺应时代潮流、强化大开放的意识

开放潮流浩浩荡荡，顺之者昌、逆之者衰。世界各国的兴衰史，就是一部开放开发的演进史。从世界范围来看，早在公元前2000年，古埃及人就有了开放的意识，并由此造就了世界上第一个经济最富庶、疆域最辽阔的帝国。大航海时代，葡萄牙、西班牙、荷兰走出国门、走向海洋，扩张成为世界强国。之后，发源于英国的工业革命席卷整个欧洲大陆，英国、法国、德国成长为国际贸易和外交主角，崛起为全球性大国。日本通过明治维新，大力吸收西方思想文化，积极引进先进技术，走出了一条主动开放、迅速崛起的发展道路。美国坚持开放立国，成为纵横工业化时代和信息化时代的超级大国。从我国来看，两汉时期的“丝绸之路”，就是一条开展贸易往来、促进文化交流、推动民族融合的开放之路。对内开明、对外开放，成就了万国来朝的大唐盛世。明朝郑和七下西洋，一度成为大航海时代的东方前奏。但从明朝中晚期到清朝，长期的固步自封和闭关锁国，导致国力由盛而衰、国家倍受欺凌，沦为半殖民地半封建社会。建国以来特别是党的十一届三中全会以来，通过深化改革、扩大开放，古老的中国重新焕发出旺盛的生机与活力，创造了一个又一个令世人瞩目、令世界惊叹的中国奇迹，开启了中华民族的伟大复兴之路。从昆明来看，2000多年前的“南方丝绸之路”就将昆明与世界相连；700多年前，意大利旅行家马可 波罗曾盛赞昆明为“壮丽大城”；100多年前修建的滇越铁路，开辟了近代中国沟通内外的国际通道；70多年前，昆明群贤毕至、物资集散，被誉为“小香港”。历史雄辩地证明，开放是经济繁荣、民富国强的必由之路，是文化兴盛、民族兴旺的普遍规律。可以说，唯有开放才有出路，唯有开放才有活力，唯有开放才有发展。今天，桥头堡战略的启动实施，使昆明由边疆省会城市，一跃成为我国面向西南开放的前沿和门户。我们必须切实强化大开放的意识，立足更高平台审视自我，站在更大空间谋划发展，着眼更宽领域寻求突破，全力构筑沿边开放新高地，努力抢占科学发展制高点。

第二，抢抓桥头堡机遇、建设区域性国际城市，必须构建通道平台、形成大开放的格局

开放的力度有多大，发展的舞台就有多大；开放的领域有多广，发展的空间就有多广。我们必须始终把昆明发展置于全省、全国乃至国际化的大格局中来思考、来谋划，更大力度、更宽领域、更高层次扩大对内对外开放，形成接轨省域、接轨西部、接轨国际的大开放格局。接轨省域，就是携手周边地区，共同建设滇中城市经济圈；接轨西部，就是积极参与西南六省区市区域合作，共同打造大西南经济圈；接轨国际，就是充分发挥“五个面向”优势，共同推动形成泛亚经济圈。要打开对外通道。围绕把昆明建设成为云南桥头堡交通、能源、物流和信息战略通道的核心枢纽，全面加快以交通为重点的基础设施建设，形成公路、铁路、航空、管道、水运“五通互联”的现代化综合交通运输体系，构建昆明—皎漂、昆明—北部湾、昆明—曼谷等9条国际大通道，架起支撑桥头堡建设的“高速通道”。要搭建平台载体。以滇池泛亚合作为龙头，办好昆交会、旅交会、GMS经济走廊活动周等系列国际性经贸活动，争取在昆明举办中国—南亚国家部长级会议，打造一批辐射面广、影响力大、美誉度高的对外合作与交流平台。加快区域性跨境人民币金融服务中心建设，培育昆明国际性矿业交易综合市场，打造泛亚产权交易中心、特许经营权交易中心、国际花卉拍卖交易中心、生物医药交易中心，构建立足云南、面向西部、服务全国、辐射泛亚的区域性国际大市场。要强化区域合作。深度融入中国—东盟自贸区、孟中印缅次区域、大湄公河次区域合作，争创引领“10+1”区域合作示范城市。依托瑞丽、河口、磨憨三大跨境经济合作区和麻栗坡、耿马、腾冲等边境经济合作区，拓展与东南亚、南亚、西亚及印度洋沿岸国家和地区的交流合作。加强与泛珠三角区域、成渝经济区、北部湾经济区的交流合作，强化与川滇黔十市地州的区域合作。与省内州市联手合作、共同发展，形成整体开放优势。

第三，抢抓桥头堡机遇、建设区域性国际城市，必须夯实产业支撑、发展大开放的经济

产业支撑力不强、经济外向度不高、参与国际经济

循环弱，是长期以来制约昆明经济社会发展的短腿和短板。没有产业支撑，开放就是无源之水、无本之木；没有大开放的经济，就没有大发展的动力，区域性国际城市就是说起来漂亮、听起来响亮的空话大话，城市发展就会陷入孤岛效应、困兽效应、灯下黑效应。我们必须充分利用扩大开放为产业发展带来的聚集效应、为产业转型提供的广阔空间、为产业升级注入的强大动力，积极参与国际分工，主动承接产业转移，不断提升昆明国际经济竞争力。要致力新型工业突破。围绕国际市场、国内市场“两市”办工业，围绕生产资料、生活资料“两料”办工业，围绕矿产资源、生物资源“两源”办工业，围绕自然能、再生能“两能”办工业，围绕高科技、高效益“两高”办工业，围绕城市新生劳动力、农村新生劳动力“两力”办工业，围绕物质需求、精神需求“两需”办工业，围绕文化产业、环保产业“两产”办工业，促进我市工业由资源加工型向市场需求型转变，加快构建以高新技术产业为主体、战略性新兴产业为先导、现代制造业为骨干、都市型工业为补充的新型工业体系。要致力现代服务业提速。着力打造区域性国际商贸物流中心、金融服务中心、旅游会展中心和科教研发中心，加快构建与新型工业化相配套、与城市化进程相吻合、与国际化拓展相协调、与城乡居民需求相适应的现代服务业体系。要致力现代农业提升。大力发展设施农业、生态农业、品牌农业、观光农业和开放型农业，加快构建以现代装备为基础、以现代科技为支撑、以现代经营为特征的都市型现代农业体系。

第四，抢抓桥头堡机遇、建设区域性国际城市，必须强化改革创新、增强大开放的动力

以加入WTO为标志，我国由改革促进开放向开放倒逼改革转变，进入了制度性开放的全新阶段。我们必须充分发挥开放对改革的倒逼作用和对创新的催化作用，把开放的压力转变为改革的动力、创新的活力，以开放倒逼改革，以改革促进创新，以创新引领发展。要突出改革的系统谋划、顶层设计和综合配套，更加注重深化改革和对外开放的协调、经济领域改革和社会领域改革的协调、城市改革和农村改革的协调，不断提高改革决策的科学性、改革利益的普惠性、改革措施的制度性、改革成果的共享性，着力构建充满活力、富有效率、更加开放、有利于科学发展的体制机制。要坚持打时间差—改革，打空间差—开放，打信息差—创新，打制度差—治理，鼓励、引导、支持科技创新、制度创新和管理创新，用新观念研究新情况，用新思路落实新任务，用新办法解决新问题，用新举措开创新局面。要加大重点领域和关键环节改革攻坚力度。坚持市场化取向改革，充分发挥市场在资源配置中的基础性作用，尽快建立反映市场供求关系、资源稀缺程度、环境损害成本的生产要素和资源价格形成机制。积极推进行政管理体制改革，优化政府结构、行政层级和职能职责，建设公共服务型政府。深入推进涉外经济体制改革，积极促进贸易和投资便利化，切实做到按国际惯例办事、按国际规则执行、按国际标准服务。推动金融体制改革，优化金融生态环境，加快建设金融集聚区，创新金融产品和金融服务，构建与区域性国际城市相适应的现代金融服务体系。

第五，抢抓桥头堡机遇、建设区域性国际城市，必须培育开放精神、营造大开放的氛围

开放是一种心态、一种观念；开放是一种胆识、一种气魄；开放是一种精神、一种境界。开放意味着敞开心扉，意味着尊重、包容和理解，意味着海纳百川的胸襟和兼收并蓄的智慧。我们必须敢于开放、善于开放、主动开放，以更加理性、自信的心态面向世界，以更加包容、开放的精神走向未来。要以开放的视野观察世界。跳出昆明看昆明，立足云南看昆明，着眼全国看昆明，放眼世界看昆明，破除思想上的狭隘观念、视野上的地域局限、发展上的模式依赖，努力开阔眼界、开阔思路、开阔胸襟，在国际国内条件的相互转化中抢抓发展机遇，在国际国内资源的优势互补中创造发展条件，在国际国内因素的综合作用中掌握发展全局。要以开放的姿态走向世界。广泛学习借鉴世界先进城市的发展经验，勇于在世界格局中审视差距、找准定位，善于用战略思维确立目标、选择路径，努力使发展目标、发展道路、发展方式和发展手段与国际接轨。用国际化的理念提升发展境界，用国际化的标准优化发展环境，用国际化的方式拓宽发展空间，敞开引入外来先进思想的同化和渗透，引来外来优秀人才的挑战和竞争，努力实现与世界发展同步、与时代潮流同向、与社会进步同拍。要以开放的精神融入世界。规划建设好“在地昆明”，谋划策划好“在场昆明”，编制宣传好“在版昆明”，全息反映好“在线昆明”，不断提高昆明城市的吸引力、影响力和辐射力。加强对外文化交流与合作，实现多元文化繁荣共生、融会贯通、交相辉映。倡导与城市国际化相适应的社会公德、职业道德、家庭美德，塑造昆明开放包容、诚信友善、文明好客的良好形象。

世界因不同而博大，城市因多样而精彩。当今世界是开放的世界，作为我国面向西南开放的前沿和门户，昆明落实桥头堡战略、加快建设区域性国际城市，最核心的问

题是工业突破，最重要的载体是园区建设，最现实的举措是招商引资，最具体的抓手是项目落实。全市上下必须坚定信心、下定决心，把握重点、攻克难点，毫不动摇、毫不松劲，把工业突破推得更快，把园区建设干得更好，把招商引资抓得更紧，把项目工作做得更实，为建设区域性国际城市奠定坚实基础。

一要正视差距、找准症结，把思想认识树得更牢。看不到差距就是最大的差距，找不准问题就是最大的问题。越是在成绩面前越是要保持清醒的头脑，越是在趋势向好的时候越是要增强忧患意识。这3天，我们行程1308公里，观摩了99个点，新开工了53个项目，既看到各地经济社会发展亮点纷呈、态势喜人，也看到了县（市）区之间的差距和不平衡，更看到了工业突破、园区建设、招商引资工作中的瓶颈和制约。概括起来，主要表现在：一是工业发展面临做大总量规模与提升质量效益的双重压力。从总量规模来看，2010年，我市工业固定资产投资467.28亿元，规模以上工业增加值608.28亿元，仅相当于南京的29.2%和31.3%、长沙的60.1%和39.7%、成都的35.9%和37.1%。从工业结构来看，卷烟、冶金、化工、建材等传统产业占全市规模以上工业比重高达63.7 %，高新技术产业增加值占工业增加值比重仅为29%，而无锡为45.7%、深圳为56%。我市工业既存在规模不大、结构不优、竞争力不强等突出问题，也存在发展方式粗放、转型升级不快、自主创新能力弱等深层次矛盾，工业突破的任务仍然十分艰巨。二是园区建设面临提升承载能力和培育主导产业的双重任务。2010年，全市园区基础设施建设投入96亿元，但园区实际收储土地仅为5 平方公里，园区承载能力不强、功能配套不完善的状况还未根本改善。更为严重的是，园区功能定位相近、产业低质同构，重复建设、恶性竞争的现象依然突出；主导产业不强、产业链条不长，产业培育的任务依然十分繁重。三是招商引资面临引进来不易与落下去更难的双重挑战。进入“十二五”，各地都把招商引资作为引入发展性资源、加快自身发展的重要抓手，想办法、出高招、谋奇策，千方百计引客商、抢资金、争项目，招商引资呈现出白热化的竞争态势。而从我市来看，招商引资还存在引资总量不大、项目结构不优的突出问题。以外资为例，2010年我市实际利用外资10.09亿美元，而合肥为14.3亿美元、长沙为22.4亿美元，成都更高达64.1亿美元。从具体项目来看，三产项目多、工业项目少，传统项目多、高端项目少，缺乏能支撑一个行业、拉动一个产业、带动一方发展的大项目、好项目。特别是受土地、资金、审批等因素的制约，好不容易引进的项目却面临低空盘旋、进退两难的尴尬境地。对于这些问题，我们绝不能轻描淡写、避而不谈、视而不见，必须在思想上高度重视，在态度上敢于直面，在措施上对症施策，推动工业突破、园区建设、招商引资不断向前发展。

二要扩大总量、提升质量，把工业突破推得更快。工业是拉动经济增长的发动机，是推动社会进步的加速器。要持之以恒推进工业突破，加速工业转型升级，加快建设重要的区域性先进制造业基地、资源深加工基地、新型能源产业基地、高新技术产业基地和外向型特色优势产业基地，当好全省新型工业化的排头兵。确保年内全市规模以上工业增加值达到680亿元以上，增长15%以上。实施传统产业升级计划。广泛应用先进技术、工艺材料和管理手段，巩固提升烟草及配套、装备制造、冶金、化工、建材等传统产业，促进初级产品向精深加工产品转变，低附加值产品向高附加值产品转变，低技术含量产品向高技术含量产品转变。以被列为“两化”融合试验区为契机，将信息技术融入工业设计、生产、销售、管理、服务等各个环节，推进研发设计协同化、生产组织数字化、过程控制智能化、企业管理信息化，提升产业层次，增强竞争能力。年内，支持30户企业实施技术改造，启动一批 “两化”融合示范项目。实施战略性新兴产业发展计划。积极发展新能源、新材料、光电子、物联网、生物医药、石油化工、节能环保等战略性新兴产业，打造一批服务功能突出、产业特色鲜明、关联效应明显、辐射带动作用强的新型工业化产业示范基地，促进战略性新兴产业集聚集群发展。引导和鼓励企业加大投入，加强产业关键核心技术和前沿技术研发，提升自主创新能力，支撑战略性新兴产业发展壮大。实施市场主体培育计划。坚持把大企业做强、小企业做大、新企业做多，形成以产业链为纽带，大企业大集团为龙头、大中小企业协作配套、产业链上下游协调发展的新型企业组织体系。鼓励企业跨地区、跨行业兼并重组，支持企业引进战略合作伙伴，在昆设立企业总部、研发机构和关键零部件生产基地，培育一批大企业、大集团。今年，按新的统计口径，规模以上工业企业达到770 户以上（新统计口径为主营业务收入2000万元以上）。全面放开发展非公经济，支持中小企业和微型企业发展，每年抓好百家成长型中小企业、百家科技型中小企业和百家初创型小企业培育。大力推动品牌创新，抓好品牌设计、传播、提升、推广和保护，实现更多产品向“三级名牌、三级名品”跃升。实施工业绿色发展计划。倡导绿色低碳理念，推进节约生产、清洁生产，发展循环经济，培育低碳产业，促进再制造产业发展。综合利用土地、环保、价格、信贷等杠杆，倒逼高消耗、高污染、低附加值产业退出市场，促进节能降耗和治污减排，提高资源综合利用水平，形成低投入、低消耗、低排放，高产出、能循环、可持续的发展方式。

三要完善功能、彰显特色，把园区建设干得更好。

园区是对外开放的最前沿、经济建设的主战场，对于实现资源优化配置、促进产业集群发展、增强区域竞争实力，具有不可替代的重要作用。要加快园区建设，完善功能、夯实载体、提升品质，确保“三年倍增、六年跨越”行动计划落到实处，使园区真正成为产业集聚的洼地、对外开放的窗口、城市化的增长极和科学发展的示范区。要强化基础配套，提升承载能力。年内确保完成工业园区基础设施投资100亿元以上，收储土地20平方公里，基础设施配套到位熟地面积占建成区的30%以上，新建标准厂房120万平方米。规划园区要更加凸显建园即建城理念，规划一步到位，建设逐步推进，做到规划设计、建设开发、管理经营、基础设施、园林绿化和环境治理全覆盖；在建园区要大力推进水、电、路、气、通讯等基础设施建设，更加注重完善生产、生活和服务配套，推动园区向现代化城市复合功能区转变；建成园区要重点强化软件配套、公共服务和运营管理，着力提升基础配套的科学性、系统性和综合性，促进园区提质增效。要培育主导产业，推动集聚发展。实施差别化考核，强化园区产业发展的政策指导、布局引导、特色诱导和刚性约束，逐步扭转定位同性、功能同质、产业同构的不良状况，坚决杜绝低水平重复建设和恶性竞争。按照“领域相通、产业相联、技术相近”的要求，纵向拉长产业链条，横向壮大产业规模，形成主导产业突出、同类行业集聚、配套企业完备的产业集群。各县（市）区要因势利导、因市利导，规划建设1—2个市级特色产业园，引导中小企业和微型企业入园发展、集聚发展，加快形成以4个国家级园区为龙头、15个省级园区为支撑、若干个市级特色产业园为补充的三级园区体系。加快主城区工业企业“退二进三”搬迁改造，确保明年工业集中度达到85%以上。要理顺管理体制，加速园区提档升格。建立优质、高效、专业的园区管理服务机构，实现市级权责和区级权责合一、党政合一、经济社会发展合一，推进经济行为实体化、园区建设市场化、公共服务社会化。年内，确保全市所有开发区（园区）实体化运作全部到位。加快石林台湾农民创业园建设，扶持倘甸产业园区（轿子山旅游开发区）、阳宗海风景名胜区等园区发展，支持空港经济区和杨林、安宁和海口联合申报成为国家级开发区，努力把高新区、经开区、滇池旅游度假区打造成为国际知名、国内领先的一流园区。

四要创新方式、注重实效，把招商引资抓得更紧。招商引资不是一句口号、更不是一场运动，而是事关发展全局的第一要事、考量干部抓经济工作的第一政绩。今天我再次强调，全市没有与招商引资无关的部门，没有与招商引资无关的人员。必须把招商引资工作放在更加突出的位置，坚持不懈抓招商、一以贯之抓招商、千方百计抓招商，确保今年实际利用外资11.08亿美元以上，引进市外到位资金1000亿元以上。招商重点再突出。盯住世界500强、中国500强、民营500强等重点企业招大商；主攻长三角、珠三角、环渤海以及港澳台、日韩、东盟、南亚、欧美等重点区域大招商；围绕基础设施、园区建设、产业发展、县域经济、城市更新改造、滇池治理、社会事业和民生保障等重点领域多招商；瞄准先进装备制造、生物制药、光电子信息、新材料、节能环保、现代农业等重点产业招好商。招商质量再提升。既要抓“顶天立地”的大项目，也要抓“铺天盖地”的中小项目；既要靠大项目提升质量、形成支撑，也要靠中小项目扩张总量、形成集群。既要考虑项目的投资强度、税收贡献、就业带动，着力引进一大批支撑作用大、科技含量高、产业链条长、税收回报大、辐射带动强的好项目大项目；又要严把产业定位、环境评价、质量安全等准入门槛，始终做到“四个不引”，即“能耗高的项目不引、有污染的项目不引、限制类的产业不引、没有安全保证的企业不引”。招商责任再明确。围绕主导产业，按照职责分工，建立市级领导挂钩联系世界500强、中国500强、民营500强制度，健全各级领导干部联系重点企业、重大招商项目和项目落地回访制度。市级领导班子成员既要挂帅、又要出征，统筹资源、招大引强。各级党政班子和人大、政协班子要全员参与招商，特别是各级各部门“一把手”要拿出时间、集中精力，奔赴一线、亲历亲为，既当指挥员、又当战斗员。各级招商部门、驻外招商分局、项目招商小分队要走得出去、沉得下去，专心专注、专职专业搞好招商。招商考核再优化。实施招商引资差别化考核，突出考核重点，细化考核指标，优化考核办法。既要发挥考核的“军令状”作用，确保年度招商引资任务不折不扣如期完成；又要发挥考核的“指挥棒”作用，把招引工业项目、大项目、省外项目作为考核评价的重点，作为硬指标、硬任务，为优化产业结构、转变发展方式添劲加力；更要发挥考核的“风向标”作用，让干得好、招得多的榜上有名、脸上有光，经济上有奖励、政治上有待遇，真正考出实绩、考出动力、考出干劲。

五要突出重点、破解瓶颈，把项目工作做得更实。项目是经济工作的生命线。从某种意义上来讲，一个重量级项目可以振兴一方经济，一个标志性项目甚至可能改写一座城市的历史。没有项目支撑，规划计划都是空话。实施桥头堡战略、建设区域性国际城市，必须善于从自身优劣势的转换中去发现好项目，从市场需求和政策导向的变化中去捕捉好项目，从产业链的延伸中去开发好项目，从国内外投资者的投资取向中去运作好项目。要按照重点工作项目化、项目建设责任化、项目责任具体化的要求，心里想着项目、眼睛盯住项目、手中抓实项目、一切为了项目，迅速掀起项目落地高潮、开工热潮、建设大潮。要坚持重点工作项目化。围绕桥头堡建设的重点工作，结合“十二五”规划实施，科学系统研究、超前谋划策划、逐一梳理细化，抓紧筛选、论证、包装、提出一批支撑区域性国际城市建设的重大项目，使规划、计划、方案、项目、工程无缝链接、梯进实施。做实项目前期工作，聘请国内外经济专家、工程专家、技术专家对项目进行市场调查、技术评估和咨询论证，提高项目成熟度。积极对上争取项目，跑省进厅、跑部进京，走访部长、拜访司长、回访处长，上班跟班、盯人办事、传递文件、加盖公章、拿回批文，力争更多的项目进入规划本子、项目笼子、资金盘子，抢得项目实施的先机。要坚持项目建设责任化。加强项目建设的全程服务和督查督办，对计划项目抓跟踪落实、已批项目抓开工建设、在建项目抓协调推进、建成项目抓投产达效，使项目尽快转化为现实生产力和发展推动力。特别是要紧紧抓住那些事关全局的重大项目，抓好那些带动作用大的关键项目，抓实那些关系民生的重点项目，及时会办解决项目建设中遇到的困难和问题，着力破除土地、资金等瓶颈制约，促进项目快落地、快推进、快见效。年内，要确保南连接线基础贯通、东南绕城和昆嵩高速开工建设；明年上半年，确保草海第二条下穿隧道贯通，力争西北绕城全线贯通。要坚持项目责任具体化。把项目责任细化为每一个阶段的具体工作，分解到每一个地方、每一个单位、每一个人头，形成横向到边、纵向到底，全面覆盖、不留死角的项目责任体系。建立健全市级领导联系重点项目制度，人大代表、政协委员定期视察制度。完善重点项目进度督办制度、限期办结制度和激励奖惩制度，落实“一个项目、一套班子、一支队伍、一抓到底”的“四个一”推进机制，做到重点项目每周调度、月度分析、季度协调、半年总结，确保每一个项目都高效率推进、快节奏落实、高水平完成。

六要服务至上、效率为先，把发展环境造得更优。良好的发展环境，对内能产生凝聚力、向心力和驱动力，对外能增强影响力、吸引力和竞争力。近年来，通过持续开展软环境整建活动，全市政务环境、服务环境、信用环境和社会环境明显改善，促进了经济社会又好又快发展。但是，与建设区域性国际城市的要求相比，与投资者和广大人民群众的期待相比，我市的发展环境仍需进一步优化提升。环境建设只有起点、没有终点，只有开始、没有结束。全市上下必须把良好的发展环境作为城市的第一品牌、第一形象，以更高标准、更严要求、更实举措，努力把昆明打造成为宜商宝地、宜业高地、宜游胜地和宜居福地。要全力打造宜商宝地。牢固树立亲商重商理念，强化兴商富商举措，营造护商安商氛围。深入持久推进效能提升，继续深化行政审批制度改革，最大限度减少办事程序，最大限度提升办事效率，最大程度降低办事成本。建立“一人一企”联络机制，实行“一企一策”服务措施，为企业提供精细化、保姆式服务，实现服务无条件、帮办无阻力、投资无障碍。从今年开始，在行政机关和开发区（园区）全面导入ISO9001质量管理体系，促进管理服务标准化、规范化、程序化和制度化。每年评选表彰一批“十佳企业”、“十佳企业家”、“十佳创新企业”和“十佳民营企业”，在全社会营造尊重企业家、关爱企业家的浓厚氛围。要全力打造宜业高地。弘扬创业文化，鼓励全民创业，使想创业、敢创业、会创业、能创业、创大业成为全市人民的共同价值追求。建立一批创业服务中心和服务基地，抓好大学生、退役军人、农民工等各类社会群体创业服务平台建设，在准入门槛、融资投资、法律服务等方面制定更加优惠的政策，为个人创家业、能人创企业、干部创事业提供有力支持，加快建设国家创业型城市。要全力打造宜游胜地。充分挖掘丰厚的旅游资源、文化资源和人文资源，更加凸显昆明独特的历史文化之美、高原风光之美、民族风情之美、都市时尚之美，展现昆明“满城山色半城湖、一年春光四季花”的特色魅力，着力打造与世界名城相媲美的品质春城。促进旅游与文化融合，抓好重点景区、重大项目、重要活动和精品旅游线路建设，努力把昆明建设成为中国一流、世界知名的旅游目的地，成为一座“来了就不想走、走了还想再来”的城市。要全力打造宜居福地。持续强化生态修复和环境保护，打造融宜人气候、优美环境与现代城市为一体，山青水秀、天蓝地绿、城在林中、人在景中的春城新姿。加快和谐社区建设，确保年内完成城市社区办公用房和活动场所建设任务。以方便人、服务人、发展人、塑造人为出发点和落脚点，把城市发展与市民生活紧密相连，下大力气解决交通拥堵、环境污染、社会治安等群众普遍关心的问题，不断提高人民群众的安全感、满意度和幸福指数，让昆明真正成为“人们为了生存而来到、为了生活得更加美好而居留”的城市。

七要奋发有为、干事创业，把执行能力提得更高。三分战略、七分执行。著名管理学家汪中求在《细节决定成败》一书中曾经说过，中国绝不缺少雄韬伟略的战略家，缺少的是精益求精的执行者；绝不缺少各类规章制度，缺少的是对规章制度不折不扣的执行。不执行，再美好的蓝图也会在展望中成空，再渺小的困难也会令人望而却步，再豪迈的激情也会在等待中退却。总体来看，我们昆明的干部队伍整体素质是好的、工作水平是高的、执行能力是强的。但在抓落实过程中，也还存在着应付执行、被动执行、选择执行、机械执行、歪曲执行、消极执行，甚至拒不执行的现象。尽管这些现象只发生在少数地方、少数部门、少数人身上，但影响极坏、危害极大。全市各级各部门必须高度重视执行、不断强化执行、大力推动执行，确保各项决策部署和目标任务落到实处。要在更新理念中提升执行力。牢固树立刚性化的执行理念，接受任务不讲条件，执行任务不找借口，完成任务追求完美；牢固树立效能化的执行理念，只争朝夕干工作，埋头苦干抓落实，力争上游谋发展；牢固树立精细化的执行理念，注重细节、一丝不苟、精益求精，抓细节求深入，抓细节促提升，抓细节见实效。要在加强学习中提升执行力。自觉把学习作为一种生活方式和行为习惯，少一点应酬、多一点学习，少喝几杯酒、多喝几滴墨，少去一些玩场、多游一些学海，少坐几次牌桌、多坐几次书桌。挤出时间、抽出精力，多学一些基本理论，多学一些业务知识，多学一些本领技能，努力成为业务工作的熟手、解决难题的能手和出谋划策的高手。当前，要重点抓好胡锦涛总书记在庆祝中国共产党成立90周年大会上的重要讲话和国务院《关于支持云南省加快建设面向西南开放重要桥头堡的意见》，以及省委八届十一次全会精神的学习宣传和贯彻落实。要在干事创业中提升执行力。增添有大追求、干大事业、谋大发展的勇气和魄力，敢为人先、敢闯敢试、敢想敢干，对工作倾注心血，为事业燃放激情，把所有精力和全部心思集中到干事创业上。坚持立言立行、雷厉风行，定下的事情就要抓紧实施，部署的工作就要一抓到底，迎着困难上、顶着压力冲、放开手脚干，不达目标不罢休、不获全胜不收兵。绝不允许玩花拳绣腿，绝不允许搞文过饰非，绝不允许做表面文章。要在健全机制中提升执行力。完善交办、催办、督办、查办“四办”机制，优化干部绩效考核，以严格的督促检查和严厉的问责问效，奖优治庸、奖勤罚懒，褒奖那些埋头苦干、狠抓落实的干部，教育和调整那些只尚空谈、不干实事的干部，问责和惩处那些因弄虚作假、失职渎职造成重大损失和严重后果的干部，营造崇尚实干、恪尽职守、勇于奉献的工作氛围。要在造福人民中提升执行力。我们的一切奋斗和工作都是为了造福人民，强化执行力提升归根到底就是为了把造福人民的各项工作落到实处。必须高度重视增进民富民裕、保障民生民安、倾听民声民情、体现民主民意、实现民乐民享、凝聚民心民力，努力使人民群众生活得更加殷实、更加安康、更加和顺，更有尊严、更有品质、更有价值。

同志们，新目标孕育新希望，新任务带来新挑战，新征程更需新作为。让我们紧密团结在以胡锦涛同志为总书记的党中央周围，在省委、省政府的正确领导下，深入贯彻落实科学发展观，抢抓桥头堡建设战略机遇，以大开放促进大开发，以大开发带动大发展，奋力开创工业突破、园区建设、招商引资新局面，为加快建设区域性国际城市、在科学发展中造福人民奠定坚实基础，以更加优异的成绩迎接省第九次党代会和市第十次党代会胜利召开！

KUNMING
YEARBOOK

稳中求进 创新推动 跨越发展
为建设美好幸福的新昆明而努力奋斗

——在市委十届二次全体（扩大）会议上的报告

（2012年1月6日）

张田欣

同志们：

新年伊始，我们告别了硕果丰实的2011年，迎来了充满希望的2012年。今天，我们在这里召开市委十届二次全会，主要任务是：认真学习贯彻党的十七届六中全会、中央经济工作会议、省第九次党代会、省委九届二次全会和市第十次党代会精神，总结2011年工作，安排部署2012年工作，进一步认清形势、统一思想，凝心聚力、励精图治，在新的起点上，稳中求进、创新推动、跨越发展，为建设美好幸福的新昆明而努力奋斗。

下面，我受市委常委会委托，向全委会作报告。

一、2011年各项工作成绩斐然，“十二五”实现良好开局

2011年，面对复杂多变的国际环境和严峻的经济形势，在党中央、国务院和省委、省政府的正确领导下，市委团结带领全市广大党员干部和各族群众，务实苦干、锐意进取、奋力拼搏，全市经济社会发展取得了丰硕成果，“十二五”实现良好开局。

一是经济综合实力明显提升。预计全市实现地区生产总值2500亿元，同比增长14%以上；地方财政一般预算收入317.69亿元，增长25.2%；全社会固定资产投资完成2700亿元，增长25%；一、二、三产业分别增长6.1%、17.9%、11.7%，三次产业结构调整为5.3：46.6：48.1；实际利用外资13亿美元、引进市外资金1100亿元，分别增长28.84%、15.75%。

二是基础设施建设取得突破。主城支次道路改造稳步推进，环湖公路和三环闭合通车。地铁6号线一期工程即将投运，1、2、3号线快速推进，安宁至嵩明市域铁路开工建设。长水国际机场即将投运。昆明铁路枢纽、沪昆客专、云桂铁路、中缅油气管道工程暨云南炼油等重大项目加快推进。以水利为重点的农村基础设施建设稳步推进，解决8.11万农村人口饮水安全问题。

三是城乡面貌发生明显变化。强化城市规划建设管理，主城功能不断完善，城市品质稳步提升。“四创两争”扎实推进，荣获“国家卫生城市”、“国家节水型城市”称号。加快呈贡新区建设，市级行政中心顺利搬迁。用足用好“综合改革试点市”政策，开展扩权强县、扩权强镇试点，县域经济发展加快。以全域城镇化为抓手，山地城镇和新农村建设稳步推进。

四是人民群众生活不断改善。预计全市城镇居民人均可支配收入达到21700元，农民人均纯收入6900元，分别实际增长10%、13.1%。城镇新增就业人员13.15万人，城镇登记失业率控制在4%以内。教育、科技、卫生、文化等社会事业全面进步。新农合参合率达到96.49%，城镇基本医疗保险覆盖率达到90%，21万城乡困难群众纳入最低生活保障，社会保障体系更加健全。开工建设保障性住房11.29万套，解决4.43万户城市低收入家庭住房困难。扶贫工作成效明显，解决4.92万贫困人口温饱问题。

五是生态文明建设步伐加快。推进市域水环境综合治理，滇池水质恶化趋势得到遏制，阳宗海水质达到III类水标准。强化污水收集处理，主城污水日处理能力达到110.5万吨。新增城市绿地1370公顷，绿化覆盖率达到43.6%。植树造林37.16万亩，森林覆盖率达到46.06%。狠抓节能减排，单位生产总值能耗、二氧化硫排放量、化学需氧量均完成目标任务。

六是党的建设富有成效。深入开展创先争优活动，各级党组织战斗堡垒作用和广大党员先锋模范作用得到充分发挥。圆满完成市、县（市）区、乡镇（街道）党委换届工作，各级领导班子建设得到加强。深化干部人事制度改革，加强干部教育培训，干部队伍综合素质不断提升。深入开展反腐倡廉建设，惩治和预防腐败体系进一步健全。人大、政协工作成效显著，民主法制建设不断加强。宣传、统战、民族宗教、双拥、老干、国防后备力量建设等工作取得新成绩，工会、共青团、妇联等人民团体和社会组织作用得到充分发挥。

这些成绩的取得，是党中央、国务院和省委、省政府正确领导的结果，是全市各级党组织和各族干部群众务实苦干的结果，是各民主党派、工商联、人民团体、无党派人士团结奋斗的结果，是驻昆中央和省级机关、企事业单位、人民解放军、武警官兵和公安干警支持帮助的结果。在此，我代表市委向所有关心支持昆明改革发展的同志们和朋友们表示衷心的感谢！这些成绩的取得，凝聚着仇和同志的心血与智慧。我提议，让我们向仇和同志致以由衷

的敬意和衷心的感谢！

在看到成绩的同时，我们也要清醒地看到我市存在的困难和问题，主要表现在：经济总量不大，传统产业占比高、新兴产业发展不足、现代服务业发展不快，经济结构不尽合理；城市基础设施建设任务繁重，城市管理服务水平亟待提高；发展不平衡、不协调的问题仍然突出，统筹城乡区域发展难度较大，扶贫开发任务艰巨；滇池治理任重道远，生态环境有待进一步改善；党的建设仍需加强，群众工作亟待改进，部分党员干部作风不实、执行力不强的问题仍然存在，等等。尤其需要注意的是，目前我市经济社会发展中出现了一些新的阶段性特征：经济发展速度相对较快，但发展的质量效益还不高；人民生活不断改善，但各种潜在的社会矛盾问题仍然较多；我们正面临着难得的发展机遇，但也面临着不少的挑战；城镇化快速推进，但社会建设和社会管理相对滞后，解决就业、教育、医疗、社保、住房以及治安、交通等民生问题压力较大。对此，我们必须及时采取措施，切实加以解决。

二、2012年面临的形势和有利条件

2012年，是具有特殊意义的一年。纵观国内外形势，既面临严峻挑战，也面临大好机遇，但总体上机遇大于挑战。从国际来看，随着欧洲主权债务危机的蔓延和美国经济陷入高失业、高负债的困境，整个世界经济形势总体上十分严峻，经济复苏的不稳定性和不确定性上升。新兴经济体面临经济增速放缓和通货膨胀的双重压力，国际发展环境的不利影响明显加大。从国内来看，多年来，我国经济快速发展，但经济增长方式粗放，产业结构不合理，资源环境约束问题日趋尖锐。经济增长速度下行的压力和物价上涨的压力并存。部分企业特别是一些中小企业和微小企业生产经营困难，节能减排任务艰巨，房地产市场处于僵持状态，财政金融领域存在一些潜在风险，各种问题的叠加，使宏观调控面临“两难”选择。从全省来看，发展不够快、不充分、不协调、不平衡，仍然是云南的现实省情。转方式、调结构的任务艰巨，物价上涨压力较大，生产要素保供困难，需求增长放缓因素增多，企业生产经营困难，惠民生任务繁重，等等。从我市情况看，全国全省存在的突出问题，昆明市也不同程度存在。如何扩大内需，拉动增长，实现经济总量的突破；如何加快产业发展，壮大实体经济；如何深化改革，创新推动，增强发展的内生动力；如何保障和改善民生，增加全市人民的幸福感，真正做到经济增长与幸福指数同步增长等，都是2012年要面对的问题。

做好今年工作，尽管我们面临着许多困难和挑战，但也有很多有利条件。一是中央经济工作会议确定了“稳中求进”的总基调，国家继续实施积极的财政政策和稳健的货币政策；二是国家在“十二五”期间，实施新一轮西部大开发，对西部地区加大支持力度；三是云南省“桥头堡”建设提升到了国家战略层面，昆明成为“桥头堡”建设的重要门户；四是昆明市具有四季如春的天时，有特大型省会城市的地利，有勤劳智慧的各族群众的人和。再加上现有的坚实基础和丰富的资源禀赋，将为昆明赢得良好的发展先机。总体判断，未来一个时期，昆明仍处于加快发展的重大机遇期，城市化、工业化和农业现代化的加速期，加快转变经济发展方式的攻坚期，建设现代新昆明、推进区域性国际城市的黄金期，全面建设小康社会的关键期。

面对新形势、新任务，我们要深刻领会中央经济工作会议确定的“稳中求进”的工作总基调，牢牢把握扩大内需这一战略基点，发展实体经济这一坚实基础，加快改革创新这一强大动力，保障和改善民生这一根本目的。这四个方面集中体现了我国发展中新的阶段性特征，是党中央针对国际国内发展变化的新形势作出的清醒判断。省第九次党代会和九届二次全会结合云南实际，提出了科学发展、和谐发展、跨越发展以及稳中求进、好中求快、变中求新的总体要求，与中央经济工作会议精神是一致的，是把中央精神与云南实际紧密结合，创造性思考作出的决策部署，我们一定要深化认识，把思想和行动统一到中央和省委的总体要求和部署上来。结合昆明市的实际，市委认为，稳中求进是我们的总基调、总前提，创新推动是我们的动力源泉，跨越发展是我们的关键所在。不坚持稳中求进，经济工作就会出现大起大落；不坚持创新推动，昆明的发展就找不到内生动力和新的增长点；不跨越发展，昆明的经济总量就做不大，排头兵的作用就显示不了，就无法解决前进道路上的矛盾和问题，三者的关系是辩证互动、相辅相成的。为此，全市上下要把思想统一到“稳中求进、创新推动、跨越发展，为建设美好幸福的新昆明而努力奋斗”的主题上来，以更大的决心、更广阔的胸怀、更超凡的智慧、更务实的作风、更扎实的工作，迎接新的挑战，夺取新的胜利。

三、2012年工作的主要任务

今年是实施“十二五”规划承上启下的重要一年，我们党将召开十八大，云南和昆明的发展也将进入一个新的关键阶段。做好今年的工作，对于加快现代新昆明和区域性国际城市建设，率先在全省建成全面小康社会，具有十分重要的意义。今年全市经济社会发展的总体要求是：以邓小平理论和“三个代表”重要思想为指导，深入贯彻落实科学发展观，按照十七届六中全会、中央经济工作会议、省第九次党代会、省委九届二次全会和市第十次党代会的安排部署，紧紧围绕建设现代新昆明和区域性国际城市目标，以科学发展

为主题，以加快转变经济发展方式为主线，着力扩大内需，着力发展实体经济，着力深化改革开放，着力保障和改善民生，在新的起点上，稳中求进、创新推动、跨越发展，为建设美好幸福的新昆明而努力奋斗。

围绕省第九次党代会提出的“四个翻番、两个倍增”和2012年全省生产总值突破万亿元大关的要求，今年全市经济社会发展的主要预期目标建议为：地区生产总值确保增长14%、力争达到15%以上，突破3000亿元；地方财政一般预算收入增长15%以上；全社会固定资产投资增长22%以上；城镇居民人均可支配收入和农民人均纯收入分别实际增长12%以上；居民消费价格涨幅控制在4%左右；城镇登记失业率控制在4%以内。

实现上述目标，重点要抓好以下八个方面的工作：

（一）树立工业首位意识，加快新型工业化进程，努力壮大实体经济

工业是富民之基，强市之本。没有工业的跨越，就没有全市经济的跨越。目前，全国已进入工业化中级阶段中期，沿海发达地区已进入工业化中级阶段后期，而我市刚刚进入工业化中级阶段初期，工业化进程还比较滞后。工业发展中既存在规模不大、结构不优、竞争力不强等突出问题，也存在发展方式粗放、转型升级不快、自主创新能力弱等深层次矛盾。我们必须牢固树立工业首位意识，实施工业跨越发展计划，确保工业增加值、销售收入、利税三年倍增。今年，全市规模以上工业增加值增长20%以上。到2015年，全市工业增加值达到1800亿元至2000亿元。

抓产业，壮大实体经济。实体经济始终是我们赖以生存和发展的基础。我们一定要立足实体经济，打牢物质基础。要紧盯大产业、大项目，特别是科技含量高的大产业、大项目，在创新发展上下大功夫，在转型发展上下真功夫，在科技推动上下实功夫，加快新型工业化步伐，建设区域性先进制造业、资源深加工、新型能源产业、高新技术产业和外向型特色优势产业五大基地。坚持一手抓烟草及配套、黑色冶金、有色冶金、磷煤盐钛化工、建筑建材等传统产业的改造提升，培育竞争新优势，使老树吐新枝，发展增活力；一手抓高端装备、石油炼化、光电子、生物医药、信息、食品加工等特色产业发展，加快中缅油气管道及配套、中国南车轨道交通产业基地等一批重大工业项目建设，培育一批产值上千亿元的产业集群。加快新材料、新能源、物联网、节能环保等战略性新兴产业发展，努力把昆明建设成为全省战略性新兴产业的先行区。强化产学研结合，培育产业技术联盟，建设一批企业技术中心、国家工程技术中心，提升企业自主创新能力，夯实产业发展的科技支撑。

抓园区，推动集聚发展。工业园区是新型工业化的重要平台，有利于土地等各类要素资源的节约、聚集和整合，形成新的经济增长极。要以项目为龙头、产业为支撑、科技为先导、园区为载体，推动项目、资金、技术、人才扎堆园区，形成集聚效应。一是要推进现有园区综合配套改革，提升园区实体化管理、企业化运作、专业化服务水平。成立园区项目会审领导小组，对拟在国家级、省级园区落地的项目进行集中审核，确保入园项目符合产业定位，杜绝低质同构、恶性竞争。引导科技含量高、具有自主知识产权和核心竞争力的优势项目进入园区集群发展。把高新区、安宁工业园、经开区、空港经济区等打造成为销售收入超千亿元的一流园区，形成新的增长极。把度假区、阳宗海风景名胜区、轿子山旅游开发区等园区建设成为名副其实的旅游文化产业园区，争取杨林工业园区升级为国家级开发区。二是要按照“引导工业向适建山地发展”的要求，根据产业布局和项目实际，高起点、大气魄、大规模地规划和建设几个体量大、投资大、科技含量高、带动力强、效益好的现代化新型工业园区，引进世界500强、全国500强的大企业、大集团入园，形成昆明工业经济的强大引擎。三是要规划和引导建设几个特色产业突出的民营企业园区，推动民营企业转型升级、聚集发展。四是各县（市）区也要科学规划，以项目和产业为载体，形成一批工业经济园区。

抓政策，培育市场主体。研究制定加快工业发展的扶持奖励政策，推动大、中、小、微企业百舸争流、全面发展。要坚持本土企业与外来企业一视同仁，内培外引，互融共进，共同发展。现在有不少企业，反映突出的一个问题就是项目落地难，有的拖了几年也动不了。要采取有效措施，帮助企业解决好项目“落地难”的问题。实施大企业大集团战略，鼓励一批大项目、好项目，大产业、好产业进入园区。对科技含量高、利税贡献大的企业进行重奖，培育一批优势成长型、龙头带动型企业。树立一群狼胜过一头狮子的理念，扶持中小企业和微型企业发展，每年抓好百家成长型中小企业、百家科技型中小企业和百家微型企业培育。用好“两化”融合政策，支持企业实施技术改造，促进工业化与信息化深度融合。创新和落实非公经济扶持政策，支持民间资本进入市政、交通、社会事业等领域，大幅提高非公经济比重。

（二）提升城市化水平，加快现代新昆明和区域性国际城市建设

坚持科学规划、科学建设、科学管理、优质服务，加快城市化进程，提升城市化水平，全面推进现代新昆明和区域性国际城市建设，着力打造和提升“春城”品牌，努力把昆明建设成为最具魅力，最有幸福感、归属感、自豪感和安全感的宜居宜人新都市。

科学规划城市。昆明四季如春，天生丽质。如何把这座城市规划建设好，把她梳妆打扮好，既是一门学问，也是一个重大现实课题。除了要把总规搞好，还要在详规、

小区规划和专业规划、片区规划上下功夫，包括对建筑物的单体设计、功能要求，以及装饰材料、色彩格调等都要讲质量、讲效果。要学习借鉴国际国内先进城市经验，坚持以人为本，按照现代新昆明和区域性国际城市标准，高起点、高品位、前瞻性地做好城市规划修编和形象设计，彰显美丽春城的个性与特色。

科学建设城市。延续和发扬昆明山水交融的建城理念，全面改造、包装和提升老城区，充分体现历史文化名城的特质风貌。按照绿化、亮化、净化、美化“四化”要求，科学规划、分步推进主城道路、街区综合整治提升，做到整治一条、包装一条、成功一条、群众满意一条。比如，结合“城中村”改造，把东风广场中央商务区、五华科技新城、老螺蛳湾片区、巫家坝片区改造提升成最有城市品位的标志性场所。加快城市新区建设，大面积实施立体绿化，体现现代都市气息和生态文化特色。推进呈贡新区建设，加快以空港经济区、晋城南城和昆阳—海口西城为重点的“一湖四片”建设，提速安宁、富民、嵩明、宜良—石林四个辅城建设。

科学管理城市。针对市民关注和社会反映突出的问题，全面开展道路交通、环境卫生、市场秩序、违法建设、城市架空线、户外广告和社会治安综合整治。坚持建管并重，巩固创园、创卫成果，继续推进“四创两争”工作。实施“公交都市”示范工程，完善智能化交通管理系统，提高交通组织管理水平，缓解城市交通拥堵。倡导文明新风，提升市民素质，培育现代新市民。坚持严格执法与热情服务相统一，深化城市管理体制改革，推进城市管理数字化、服务人本化，不断提高城市环境质量、宜居指数和文明程度。

强化基础设施建设。科学规划市政基础设施、交通道路等，形成地上地下贯通、中心外围联通的现代立体交通网络。继续实施“4321”路网建设计划，完善城市路网体系。加快地铁1、2、3号线建设，做好4、5号线开工前期工作。推进滇中城际快速交通和市域铁路、高等级路网规划建设，加快西北绕城、东南绕城、南连接线、昆武、昆嵩、黄马、石锁、功待、功东格高速等项目建设。推动东川、寻甸、禄劝至倘甸公路建设，实现县区和旅游景区之间高等级公路便捷联通，推进行政村路面硬化工作。促进昆明铁路枢纽扩能改造、东南环线、昆玉等项目实施。完善城市电力、燃气、给排水、垃圾污水收集处理等市政配套设施建设，提升城市综合服务功能。抓好“三网融合”试点城市建设，打造智慧昆明，提高全社会信息化水平。

推动都市经济繁荣发展。致力发展现代服务业，建设区域性国际商贸物流、金融服务、旅游会展和科教研发四大中心。加快“退二进三”、市场搬迁步伐，着力培植家政业、餐饮业，提升传统服务业业态。编制《昆明市现代服务业集聚区发展规划》，推进中央商务区、5大物流基地、10个物流园区、14个商贸物流中心、金融产业园区等重大项目建设。促进旅游与文化、科技深度融合，优化提升传统景区景点，高水平推进环滇池旅游圈、石林旅游区、阳宗海风景区、轿子山旅游开发区、西翥生态旅游实验区等重大旅游项目建设，把昆明建设成为全国乃至世界知名的旅游目的地。

（三）以新农村建设为抓手，统筹城乡发展，坚定不移抓好“三农”工作

针对我市城乡发展不平衡、不协调的实际，把“三农”工作放在重中之重的位置，统筹城乡区域协调发展，加快城乡一体化进程，努力构建城乡互动、区域协调、多极支撑、多元发展新格局。

大力开展水利基础设施建设。近三年来，昆明地区连续干旱，蓄水不足，特别是部分山区水利设施薄弱。要高度重视水利建设，加大财政投入力度，引导金融机构增加信贷投放，吸引社会资金投资农田水利建设。加快推进东川、石林、寻甸等中央财政小型农田水利重点县建设，推进嵩明大型灌区节水改造和一批小型灌区建设。搞好田间工程配套和烟水配套，改造中低产田21.6万亩，解决好农田灌溉“最后一公里”的问题。开工建设一批中小型水库，实施一批水库除险加固工程，完成“五小水利”工程5万件。抓好抗旱应急工程建设，确保三年连旱城乡安全供水。

扎实推进社会主义新农村建设。按照“生产发展、生活宽裕、乡风文明、村容整洁、管理民主”的要求，实施“幸福乡村”建设工程，让农民群众日子过得越来越好。落实“守住红线、统筹城乡、城镇上山、农民进城”要求，优化城镇布局，建设山地城镇，构筑新型城镇结构形态，展现“山水园林一幅画、城镇村落一体化”的城乡建设新面貌。加大“撤村并居”、“迁村并点”、“生态移民”力度，集中力量打造一批特色村镇、旅游小镇。加大农村电力、通讯、燃气等建设力度，完善农村公共服务设施体系，改善农村生产生活条件。重视农村规划与建设，开展农村环境综合整治，引导树立文明健康的生活方式。

加快推动农业产业化。按照打造高原特色农业的要求，优化农业布局，加快实施都市型现代农业“4210”工程，建设滇池流域生态观光休闲型农业区、东西部高效农业区和北部特色农业区。坚持因地制宜、分类指导，宜林则林、宜果则果、宜畜则畜，稳定粮食生产，巩固烤烟支柱，壮大畜牧产业，提升蔬菜、花卉、林果等产业，提高农业生产规模化、标准化、产业化水平。全面推进石林台湾农民创业园、斗南国际花卉园区、宜良花卉苗木基地等重点农业园区建设，培育、引进、壮大一批龙头企业，打造一批知名品牌，形成一批产业集群。建立健全农业科技创新体系、农业技术推广体系和农业社会化服务体系，加大无公害农产品、绿色食品和有机食品发展力度，促进农

业增效、农民增收。

统筹城乡区域协调发展。坚持“城乡一张图、全市一盘棋”，加大统筹发展力度。以全域城镇化为抓手，优化区域布局，突破城乡割裂、城乡二元体制机制，推动公共财政向“三农”倾斜、公共设施向农村延伸、公共服务向农村覆盖、现代文明向农村传播，加快城乡一体化进程，推动一板块率先跨越、二板块竞相发展、三板块迅速崛起，促进城乡区域协调互动、融合发展。

加大扶贫开发工作力度。实施开发式扶贫，尊重扶贫对象主体地位，做到扶贫开发和农村最低生活保障制度有效衔接，增强贫困地区和民族地区自我发展能力。整合各方资金资源，加快整乡、整村推进步伐，完成整村推进400个以上自然村，巩固提高贫困人口的温饱水平。实施扶贫开发“三年行动计划”，以禄劝、寻甸、东川和倘甸片区为主战场，推进集中连片特殊困难地区扶贫攻坚，力争倘甸片区列为国家级扶贫开发综合实验区。

（四）高度关注民生，创新社会管理，促进社会和谐，全力打造幸福昆明

坚持以人为本，加强社会建设，着力改善民生，实实在在办一些老百姓看得见、摸得着、得实惠的好事实事，让人民群众共享改革发展成果，共创美好幸福生活。

抓好就业创业。把就业作为民生之本，实施更加积极的就业政策，多渠道开发就业岗位，确保年内新增就业8万人以上。加强就业服务和就业援助，统筹做好高校毕业生、农民工、城镇就业困难群体和退役军人就业工作。以创业带动就业，加快建设一批创业中心、创业社区和中小企业孵化园等创业基地，扶持科技人员、高校毕业生创业。拓展就业、创业、投资、社保、帮扶等增收渠道，加快建立与经济增长相适应的收入增长机制，大幅提高城乡居民收入。

发展社会事业。巩固“两基”成果，优化教育资源布局，均衡发展义务教育，促进教育公平。大力发展学前教育、职业教育和民办教育，抓好安宁、嵩明职教园区建设。实施农村义务教育学生营养改善计划，加强寄宿制学校建设。规范校车管理，确保学生安全。重视高等教育，扶持昆明学院加快发展。优化城乡医疗卫生资源配置，建立基层医疗卫生机构运行新机制，推进以县级医院为重点的公立医疗改革试点，加快全科医生培养和乡村医生队伍建设。加强体育设施建设，广泛开展全民健身运动。做好人口与计划生育工作，保障妇女儿童合法权益，支持老龄事业、残疾人事业发展。

提高社会保障水平。扩大社会保障覆盖面，提高统筹层次和保障水平，实现新型农村社会养老保险和城镇居民社会养老保险制度全覆盖。完善城镇职工、城镇居民基本医疗保险和新型农村合作医疗保险制度，建立养老保险、医疗保险关系转移接续机制，加快实现基本社会保障制度的城乡衔接。完善城乡社会救助体系，实现动态管理下的应保尽保。加大保障性住房和回迁安置房建设力度，切实解决城镇低收入人群、新就业和进城务工人员的住房困难问题。抓好米袋子、菜篮子工程，引企业、扶龙头、建基地、畅流通、活市场，确保农副产品供应和物价稳定。按照科学规划、合理布局的要求，年内新建标准化菜市场36个、生鲜超市51个，改造传统农贸市场14个。

创新社会管理机制。注重观念的转变、要素的集成、资源的整合、方法的改进，构建党委领导、政府负责、社会协同、公众参与的社会管理格局。以城乡社区为重点，完善基层为民服务体系，大力建设和谐社区，夯实社会管理基层基础。健全网上舆情引导处置机制，提高虚拟社会管理水平。建立分管领导牵头解决社会管理问题工作机制，重点做好流动人口、特殊人群和城中村、城郊结合部等重点区域的管理服务工作，切实维护社会秩序，优化社会环境，保障人民安居乐业。

维护社会和谐稳定。以创建平安昆明为目标，加强社会矛盾隐患排查调处和风险评估，开展领导干部定期接访、下访、约访和回访活动，实实在在地化解一批矛盾纠纷、解决一批群众反映强烈的社会治安问题、整改一批管理上的隐患漏洞和薄弱环节。当前，一个突出的问题，就是要切实解决好城中村改造的矛盾与问题。要坚持依规依纪、合理合法协调好拆迁户的利益问题，创造性解决“城中村改造”难题。要坚持专门队伍和群防群治相结合，完善社会治安防控体系。开展打黑除恶、“两抢一盗”等专项斗争，坚决打击各种违法犯罪活动。深入推进禁毒防艾人民战争。重视国家安全工作，严密防范境内外敌对势力渗透破坏。坚决防范和遏制重特大安全事故的发生，高度重视食品药品安全问题，确保人民群众生命财产安全。加大投入，为维护社会和谐稳定创造良好条件。强化防灾减灾工作，健全应急救援体系，不断提高应急管理和处置公共安全事件的能力。

（五）以桥头堡建设为契机，努力提升昆明对外开放水平

抢抓桥头堡建设战略机遇，强化开放意识，敢于开放、善于开放、主动开放，以开放促发展、促改革、促创新，提升开放型经济的质量和水平，形成全方位、多层次、宽领域对外开放格局。

加速综合改革突破。针对改革发展中躲不开、绕不过的突出问题，抓住一些重点领域和关键环节深化改革，着力构建有利于科学发展的体制机制。深化经济体制改革，加快国有资产战略性重组和产权多元化进程，加快垄断性行业和公用事业改革。深化财政体制改革，完善财政管理体制。健全完善政府投融资体制，加快国有融资平台商业化、市场化转型，既切实保证重点建设项目资金需求，又有效控制政府债务风险。有序推进事业单位分类改革。创新人才培养、办

学和教育管理体制，推进医药卫生体制改革。深化行政管理体制改革，进一步转变政府职能。注重城市改革与农村改革相互协调，完善农村发展体制机制。推进政策创新，构建灵活、开放、高效的政策体系。在鼓励改革创新的同时，要妥善处理好改革、发展和稳定之间的关系。

提高对外开放层次和水平。主动融入中国—东盟自贸区、孟中印缅次区域、大湄公河次区域合作，拓展与东南亚、南亚、西亚及印度洋沿岸国家和地区的交流合作。加快构建昆明—皎漂、昆明—北部湾、昆明—曼谷等大通道，推动昆明至珠三角、昆明至成渝、昆明至西藏昌都等经济走廊建设，为内地省区市和企业进入东南亚、南亚市场提供服务。精心组织实施好金融产业园区项目，加快把昆明建设成为区域性国际金融中心。整合昆明出口加工区、昆明国际空港、昆明国际陆港，建设昆明综合保税区。加快昆明地区海关申报工作。加强与周边地区重要进出口物流节点、海港口岸、边境口岸的通关合作，提升通关便利化水平。加强区域经济、教育、信息、文化、旅游等的交流合作，积极承办具有较大影响力的国际性会议、文体赛事、展览等活动。办好昆交会、GMS经济走廊活动周以及第八届中国物流节、第五届全球外包大会等国际性经贸活动。

推动滇中城市经济圈建设。坚持规划共绘、交通共联、产业共兴、市场共构、环境共建、人才共享，携手曲靖、玉溪、楚雄，推动滇中城市群发展联手、产业联合、经济联动，共同将滇中地区培育成为我国面向西南开放重要桥头堡的核心区、支撑全省经济社会发展的重要增长极。加快构建以高速公路和城际轨道为支撑的区域交通体系，打造以昆明为核心的1小时交通圈，形成滇中四城交通方便快捷、互联互通的格局。抓住昆明固定电话号码升位契机，推动滇中区域通讯同网。

创新招商引资方式方法。继续加大招商引资力度，着力打造良好的投资环境，确保招得进、留得住、能发展。要突出专业招商，瞄准重点地区、重点产业和重点企业，千方百计多招商、招大商、招好商。突出产业招商，根据产业定位和布局，围绕装备制造、高新技术、战略性新兴产业和农副产品深加工等重点产业，有针对性地进行招商。突出以商招商，以才引才，一引十，十引百，整体引进人才、资金、技术、项目、企业，形成万商云集、群贤毕至的局面。严格招商引资考核，关键看实际效果，看有多少项目落地，看资金的到账情况，坚决杜绝弄虚作假、招而不来、引而不进、开而不建的现象。坚持“引进来”和“走出去”相结合，大力发展开放型经济。确保实际利用外资和引进市外到位资金比上年增长15%以上，进出口总额增长20%以上。

（六）大力发展县域经济，夯实富民强市基础

县域强则全市强，县域兴则全市兴。要紧紧围绕县域经济繁荣，加快县城和园区建设，推进工业化、城镇化、农业产业化“三化同步”、“三化联动”，走出一条具有云南特色、符合昆明实际的县域经济发展路子。

加快县城建设步伐。以规划为龙头，推进城镇化步伐，加快市政基础设施建设，扩大规模、完善功能、突出特色、提升形象，夯实县域经济发展载体。分层次逐步放宽、放开户籍限制，让符合条件的农业转移人口稳步转变为城镇居民，引导农村居民有序转变为城镇居民。

做强县域特色产业。以市场需求为导向，结合县情、乡情、村情，充分发挥资源优势，差别竞争、特色取胜、错位发展，形成“一县一特色、一乡一产业、一村一品牌”的发展格局，争取每个县培育2至3个主导产业，夯实县域产业支撑。安宁、晋宁、富民、嵩明、宜良、石林要重点发展新型工业、现代农业和文化旅游产业，东川、禄劝、寻甸要重点发展资源精深加工、特色农业、文化旅游和劳动密集型产业，培育县域经济新的增长极。要结合县城规划，推动产业入园，发展园区经济。

创新县域经济发展体制机制。简政放权、扩权强县、扩权强镇，最大限度下放经济领域、社会事务管理权限，赋予县（市）区更大的发展自主权，激发县域发展活力。强化分类指导，加大以奖代补力度，完善县域经济差别化考核机制和评价办法。把县域经济发展的成效作为领导干部考核任用的重要依据，鼓励争先进位、跨越赶超。通过三到五年的努力，力争2个以上县（市）进入全国县域经济百强县行列，6个以上县（市）进入西部县域经济百强县行列。

（七）深化文化体制改革，推动文化繁荣发展，着力打造文化昆明

认真贯彻落实党的十七届六中全会精神，按照建设云南民族文化强省的要求，着力打造文化昆明，为实现昆明创新推动、跨越发展提供坚强思想保证、强大精神动力、有力舆论支持和良好文化条件。

推进社会主义核心价值体系建设。坚持用中国特色社会主义理论体系武装干部、教育人民，开展具有行业特点的社会主义核心价值体系教育实践活动，筑牢全市人民团结奋斗的共同思想道德基础。下决心、花气力、集中力量抓好市民文明素质工程，广泛开展“爱我昆明、美在春城”主题实践活动，精心策划、细化措施，确保抓出成效。强化社会公德、职业道德、家庭美德、个人品德教育，开展群众性精神文明创建活动，形成知荣辱、讲道德、促和谐的社会文明新风。

完善公共文化服务体系。加强公共文化基础设施建设，支持好科技馆新馆、亚广影视传媒中心等省级标志性文化设施建设，加快昆明市文庙恢复性修建和一批重点文化项目建设，打造城市文化新地标。实施文化惠民工程，免费开放公

共文化设施，整合基本公共文化服务项目和资源，让人民群众享有均等的基本公共文化服务。加大“两馆一站一室”、广播电视“户户通”、农家书屋、文化信息资源共享、社区和乡镇综合文化站等文化工程实施力度。实施文艺精品工程，引导文艺工作者深入基层、深入生活，以昆明独特的历史传统文化、民族文化、宗教文化、生态文化、现代时尚文化资源为土壤，创作生产更多具有云南特色、民族元素、时代风格和昆明气派的优秀文艺作品。

推动文化产业发展。实施大项目拉动、大集团牵动、大园区带动、大品牌驱动、大开放促动，大力发展创意设计、现代传媒、动漫游戏、新闻出版、演艺娱乐、广播影视、文化旅游、广告会展、艺术培训等重点文化产业。培育更多的市场主体，打造一批外向型骨干文化企业和知名民族文化产业品牌。推进市文化传媒中心、市文化创意产业基地（园区）等重大文化产业项目，培育一批文化产业集群，推进一批文化产业集聚区建设。

深化文化体制改革。加快经营性文化单位转企改制，增强文化企业的发展活力和市场竞争能力。推进公益性文化单位内部三项制度改革，拓宽公共文化服务领域，提高公共文化服务质量。推动文化宏观管理体制改革，增强文化建设宏观管理调控能力。拓展对外文化交流，推动文化与旅游的结合，吸引东南亚、南亚艺术团队和艺术人才落地昆明发展演艺产业，体现异国风情与文化元素。举办好南亚文化艺术节、聂耳音乐节、中国昆明国际文化旅游节、郑和国际文化旅游节等活动，提升文化影响力和辐射力。

（八）加大滇池治理力度，着力优化生态环境

统筹经济社会发展和生态环境建设，强化以滇池为重点的市域水环境综合治理，狠抓节能减排，创建国家环保模范城市，加快国家生态市建设步伐，着力构建资源节约型、环境友好型社会。

加快滇池污染治理。滇池污染治理，全国及国际都格外关注。要坚定不移、毫不动摇地抓好滇池治理，坚持铁腕治污、科学治水、综合治理，锲而不舍地实施环湖截污和交通、农业农村面源污染治理、生态修复与建设、入湖河道整治、生态清淤、外流域调水及节水“六大工程”，改善滇池流域水环境质量，推动滇池治理实现新突破。按照“四退三还”要求，尽快协调完成水体保护界桩外延100米范围内企事业单位的搬迁安置工作。加大河（段）长负责制落实力度，巩固提升40条出入滇池河道综合整治成果。加快推进滇池北岸水环境综合治理，实施主城区排水管网改造工程，完成第九、第十等污水处理厂建设。加强全市水库、坝塘、河流的治理和管护，特别是重点加强松华坝、云龙水库、清水海等集中式饮用水源地以及阳宗海、牛栏江的管理和保护，确保城乡饮用水源安全。

全力打造森林昆明。继续实施天然林保护、退耕还林、防护林等工程，提高城乡绿地率和森林覆盖率，加快创建国家森林城市。实施城市生态隔离林带、绿色通道、城镇绿化和村庄绿化工程，大力开展立体绿化和屋顶绿化，扩大绿化空间、增加绿化总量、提升绿化质量。全面开展城市面山、交通沿线、河道沟渠、水库塘坝、村庄院落、坟场墓地等重点区域绿化造林，加快推进“五采区”、石漠化、难造林地的生态修复治理和生态隔离带建设。广泛开展生态创建活动，完成20个国家级或省级生态乡镇的申报，全面开展300个行政村（涉农社区）的市级生态村创建工作。

大力发展循环经济。加快发展节能环保产业、新能源产业，创新适用低碳技术，争创国家低碳经济示范城市。严格控制新建高能耗、高排放项目，淘汰落后产能。推广清洁生产技术，开展资源综合利用，加大节能减排力度。强化节水管理，加快推进雨水收集利用、污水处理再生利用等节水工程建设。我市城区范围内的土地资源十分珍贵，一定要科学规划，严格控制，做到每一寸土地都要用好。要盘活存量土地，清理闲置土地，强化规划调控和用地管理，提高土地节约集约利用水平。开发利用新能源和可再生能源，培育生物质能和清洁能源产业，提高风能、太阳能、沼气等能源利用水平。加强环境执法，解决损害群众健康的突出环境问题，严查重处违规排放、偷排偷放等违法行为，努力让全市老百姓喝上干净的水、吃上放心的食品、呼吸新鲜的空气、享受绿色的空间。

四、以改革创新精神加强党的建设，为科学发展、和谐发展、跨越发展提供坚强保障

全面加强党的思想、组织、作风、制度和反腐倡廉建设，不断提高党的建设科学化水平，把党的政治优势和组织优势转化为推动科学发展、和谐发展、跨越发展的强大力量。

（一）加强学习型党组织建设

当今世界，科学技术日新月异，突飞猛进。随着信息技术的迅猛发展和知识经济时代的来临，新理论、新知识、新技术层出不穷，知识更新周期不断缩短。各级领导干部要把学习作为人生大事，树立终身学习理念，持之以恒加强学习。坚持学以致用，把学习成果转化为领导本领、工作思路、落实措施，提高党组织的整体建设水平。要以党组织的学习带动全社会的学习，深入开展“书香昆明”和全民阅读月等活动，在全社会营造爱读书、读好书、善读书的良好氛围。今年，要在全市深入开展“科学发展和谐发展跨越发展”大讨论活动，进一步深化对市情的认识，准确分析和判断昆明所处的方位与坐标、优势与条件、当前与长远、矛盾与问题，切实把思想和行动统一到稳中求进、创新推动、跨越发展主题上来，提高推动科

学发展、和谐发展、跨越发展的能力和水平。

（二）加强党对经济工作的领导

各级党委要充分发挥总揽全局、协调各方的核心领导作用，坚持谋全局、把方向、管大事，切实加强对经济工作的领导。要讲政治、顾大局、守纪律，认真贯彻落实好中央、省委和市委的重大决策部署，努力提高工作的自觉性和主动性，增强工作的责任感和紧迫感。当前，要切实解决好精神懈怠和能力不足的问题，敢于担当，勇于负责，始终以饱满的热情投身于工作之中，保持良好的精神状态。要善于学习经济知识，特别是要加强工业经济、产业政策、园区发展和基础设施建设等方面知识的学习，着力提高领导经济工作的能力。

（三）抓抓好干部队伍和基层组织建设

坚持正确用人导向，按照德才兼备、以德为先标准，真正把政治坚定、实绩突出、作风过硬、群众公认的优秀干部选拔上来，培养和造就一大批推动发展有激情、有招数、有能力、有贡献的高素质干部队伍。深化干部人事制度改革，完善干部进退流转和绩效考核机制。注重考察干部推动科学发展、促进社会和谐的能力，防止简单地把经济总量、发展速度等作为评价干部政绩的主要依据。坚持严格管理、严格考核，不让那些埋头苦干、坚持原则、工作有实绩的老实人受到冷落，不让那些拉关系、走门路的钻营者谋到好处，营造风清气正的干事创业氛围。要全面推进各领域党的基层组织建设，实现党组织和党的工作全社会覆盖。选优配强基层领导班子，高度重视城镇社区和农村乡镇党的建设。组织实施“跨越发展先锋行动”，深化拓展“云岭先锋”工程，扎实开展创先争优活动，把基层党组织建设成为推动发展、服务群众、凝聚人心、促进和谐的坚强战斗堡垒。

（四）深入开展“四群”教育

以加快建立党员干部直接联系群众制度为突破口，以深入开展群众观点、群众路线、群众利益、群众工作“四群”教育为抓手，组织各级干部深入实际、深入基层、深入群众，感知、感受、感觉和感想群众所思所盼，筑牢做好新形势下群众工作的思想基础。从今年开始，市级领导干部每年要抽出2个月以上时间深入基层；县（市）区领导干部每年要抽出3个月以上时间深入基层。同时，用5年时间，每年从市、县（市）区党政机关和企事业单位选派1/5的干部组成新农村建设工作队，驻村入户，一年一轮换，五年全覆盖。要根据我市实际情况，把“四群”教育的重点放在8县区，放在山区贫困地区，把整村推进、整乡推进和山地城镇建设作为“四群”教育的有效载体，把搞好乡村规划、产业发展、基础设施、科技推广、文化活动作为“四群”教育的工作重点，把农民增收、脱贫致富作为“四群”教育的落脚点，确保“四群”教育取得实实在在的效果。

（五）切实改进干部作风

要树立正确的政绩观，坚持立党为公、执政为民，立志做事、用心工作，坚决克服心浮气躁、好大喜功、急功近利的行为。坚决反对以会议贯彻会议、以文件转发文件、干部说给干部听的做法。坚决抵制官僚主义、形式主义，尽量减少不必要的应酬与活动，切实转变文风会风，减少文山会海，提倡讲实话、讲短话、办实事。要把提高各级干部的执行力、抓好工作落实，作为2012年最重要的一项考核任务，对执行力强，工作落实得好的干部予以表彰和鼓励；反之，对执行力差，工作不落实、不负责任的干部要采取严格的问责制。

（六）深入推进反腐倡廉建设

要严格执行党风廉政建设责任制，坚持标本兼治、综合治理、惩防并举、注重预防的方针，加快推进惩治和预防腐败体系建设。深入开展党性党风党纪教育，推进重点领域、关键环节改革和反腐倡廉制度创新，加强对干部的监督管理，确保权力在阳光下运行。要加强对各级领导干部贯彻落实中央、省委和市委重大决策部署情况的检查。要加大违纪违法案件查处力度，始终保持惩治腐败的高压态势。广大党员干部要常怀敬畏之心，严格遵守《廉政准则》等各项纪律规定，始终做到为民、务实、清廉。

加强民主法制建设，坚持党的领导、人民当家作主、依法治国有机统一，坚持和完善人民代表大会制度、中国共产党领导的多党合作和政治协商制度，支持人大及其常委会、政协履行职能，更好地开展工作。要关心重视老干部工作，充分发挥老干部的作用。要加强新形势下的军政军民团结，重视国防教育，搞好双拥、人武和预备役建设。要发挥改革发展中统一战线、民族宗教、港澳台侨的特殊优势，充分调动工会、共青团、妇联等群团组织的积极性，汇集各方力量，形成群策群力谋发展、一心一意促跨越的强大合力。

同志们，2012年既是充满挑战的一年，也是大有希望的一年。我们坚信，有中央和省委的坚强领导，有全市各族人民的共同奋斗，昆明发展的大势不可阻挡，昆明的明天会更加美好。让我们紧密团结在以胡锦涛同志为总书记的党中央周围，在省委、省政府的正确领导下，深入贯彻落实科学发展观，以更加昂扬的精神状态、更加务实的工作作风、更加有力的工作举措，进一步解放思想、锐意进取、开拓创新、扎实工作，以优异成绩迎接党的十八大胜利召开！

政府工作报告

——在昆明市第十三届人民代表大会第二次会议上

(2012年1月11日)

张祖林

各位代表：

我代表市人民政府，向大会作政府工作报告，请予审议，并请市政协委员提出意见。

一、2011年工作回顾

2011年是我市发展进程中极具挑战、富有成效的一年。面对复杂严峻的国内外经济形势，在省委、省政府和市委的领导下，在市人大及其常委会、市政协的监督支持下，全市人民围绕科学发展这一主题，紧扣转变经济发展方式这一主线，抢抓桥头堡建设机遇，积极应对各种不利因素与挑战，开拓创新，奋力拼搏，较好地完成了全年各项目标任务，实现了“十二五”良好开局。预计完成地区生产总值2500亿元，增长14%以上；三次产业结构调整为5.3：46.6：48.1；地方财政一般预算收入317.69亿元，增长25.2%；全社会固定资产投资2700亿元，增长25%；农民人均纯收入达6900元，实际增长13.1%；城镇居民人均可支配收入达21700元，实际增长10%。与此同时，城市建设取得突破，对外开放再创佳绩，环境保护成果显著，社会事业全面进步。这些成绩的取得，标志着我们在现代新昆明建设道路上迈出了新的坚实步伐。

（一）着力提升产业实力，经济保持平稳较快发展

农村经济全面发展。克服连续三年干旱的影响，实现农业增加值133.8亿元，增长6.1%。粮食总产量达110.2万吨，烤烟收购总量170万担，鲜切花产量40.1亿枝，蔬菜产量208万吨，畜牧业产值85.4亿元。石林台湾农民创业园、斗南花卉产业园、寻甸国家级小麦油菜夏繁基地等园区发展势头良好。扶持农村合作经济组织520家。新增国家级龙头企业3户、省级21户、市级63户，年产值亿元以上的龙头企业达30户。

新型工业化加快推进。全市规模以上工业增加值达690亿元，增长17%。园区实际收储土地3.75万亩。新开工亿元以上工业项目85个，竣工51个。中缅油气管道暨炼化项目积极推进，昆烟技改、昆钢草铺、云天化“450”选矿等重大项目投产。云南白药整体搬迁一期工程顺利完成。规模以上工业企业达773家。“国家电子商务示范城市”申报成功。单位生产总值能耗下降4%，主要污染物减排任务均已完成。

现代服务业快速发展。服务业增加值达1200亿元，增长11.7%；社会消费品零售总额1260亿元，增长19%。区域性跨境人民币金融服务中心建设快速推进，金融产业中心园区启动建设。呈贡华夏村镇银行正式开业，村镇银行实现零的突破。14个商贸物流中心加快建设。完成47个批发市场搬迁改造提升，建成310个社区生鲜超市。“家电下乡”产品累计销售额突破10亿元，建成“万村千乡市场工程”农家店170个、配送中心6个。文化产业园、传媒产业园等一批重大项目建设加快推进，文化及相关产业增加值达214.5亿元，增长18.6%。石林旅游区、阳宗海风景区等一批重点旅游项目加快推进，旅游业实现总收入367.25亿元，增长28.95%。昆交会、旅交会、农博会、厨师节等20多项重要国际会展成功举办。

（二）着力推进城镇化，城乡区域发展日趋协调

城乡规划布局进一步优化。《昆明城市近期建设规划（2011—2015）》等一批重大规划编制完成，《昆明中心城区地下空间利用与人防工程建设规划》等专项规划编制工作有序推进，全市交通行业规划、县（市）区政府所在地、乡镇总体规划实现全覆盖。城镇近期建设规划全面完成。城镇化进程和新农村建设稳步推进，建设新片区39个、新型集中居住区46个。县城总规模扩大42.34平方公里。保护坝区耕地，园区上山稳步推进。全市城镇化率达65.4%。

城乡基础设施进一步完善。环湖公路实现闭合通车，一批城市骨干路网建成，盘龙江跨江桥梁开工建设，空港1号线、黄马高速、西北绕城高速、南连接线、昆武高速、轿子山旅游专线积极推进，禄大公路、宜九公路完工试通车。长水国际机场即将投入使用，地铁6号线一期工程试通车，1、2、3号线工程建设进展顺利。昆明铁路枢纽扩能改造、沪昆客专、云桂铁路建设加快推进，昆明南新客站站场工程、安宁至嵩明市域铁路开工建设。实施新农村省级重点建设村项目140个。完成行政村公路路面硬化670公里。新增城市公交线路33条，主城公交出行分担率达40%。累计开通城乡公交线路563条，行政村公交覆盖率达93%。清水海引水工程顺利实施，预计今年3月底完工。新建、续建中型水库2座、小（一）型水源工程10

件，27件小（一）型和40件小（二）型病险水库除险加固工程顺利推进，536件抗旱应急工程启动实施。解决8.11万农村人口饮水安全问题。

城市管理水平进一步提升。“四创两争”再创佳绩，荣获“国家卫生城市”、“国家节水型城市”称号，获得全国文明城市提名资格。城乡道路交通环境整治深入推进。启动智能交通运输信息化系统建设工作，进入全国出租车信息化服务试点城市行列。园林城市建设成果进一步扩大，新增城市绿地1370公顷，绿化覆盖率达43.6%，全市森林覆盖率达46.06%。

（三）着力促进改革开放，发展活力持续增强

各项改革稳步实施。积极打造具有实体产业盈利模式和现金流支撑的投融资主体，市属投融资平台项目融资到位资金达464.92亿元。成立环境、橡胶、有色金属、黑色金属、农村产权等专业交易所，产权交易市场体系进一步完善。国有资产监管体制改革取得积极进展。深入推进公共预算管理改革，财政精细化、科学化管理水平进一步提高。部分市级行政审批权下放阳宗海风景名胜区、倘甸产业园区和轿子山旅游开发区管委会，13个省级工业园区实行实体化管理。农村土地承包经营权流转80万亩，林地经营权流转5.13万亩。民办教育、学前教育、义务教育等改革积极推进。基本药物制度改革、公立医院改革、医师多点执业试点和民营医院发展等取得突破性进展。

对外开放进一步扩大。实际引进市外到位资金突破千亿元大关，达1100亿元，增长15.75%。实际利用外资13亿美元，增长28.84%。设立海外招商分局，成立香港、台湾、东盟南亚三个招商分支机构。加大对大集团、大企业、大项目的招商力度，工业、新能源、环保、商贸、金融等领域招商引资成效显著。汇丰银行设立驻昆分支机构。南车城市轨道装备基地、国电清水海风电场等8个“央企入昆”项目开工建设。对外贸易稳步增长，实现进出口贸易总额120亿美元，增长20%。新增对外投资项目22个，完成项目投资总额8167万美元；对外承包工程8项，合同金额2.17亿美元。与省内15个州市签订了区域发展合作协议。积极参与川滇黔十地州市合作，与长三角、珠三角地区合作进一步加强。深化友城合作，与老挝万象市、柬埔寨金边市、斯里兰卡波隆纳鲁沃市缔结友好城市关系，国际友城达15个，在省会城市中排名第5位。

（四）着力发展社会事业，公共服务水平明显提升

大力发展教育事业。“两基”国检整改任务全面落实，义务教育巩固率达99%以上。学前适龄儿童入园（班）率达90.2%，小学、初中适龄儿童入学率分别达99.5%和99%以上。优质普通高中学校在校生比例达68.1%。安宁、嵩明职教基地建设进展顺利，中等职业教育在校生规模扩大到10.1万人。投入1399万元奖励扶持民办教育发展，民办学校在校生达31.4万人。建成91所农村标准化学校，81个D级危房校安工程新建项目加快推进，昆三中和中华小学呈贡新校区建成招生。

科技创新步伐加快。国家创新型试点城市建设成效明显，科技进步对国民经济增长的贡献率达56%，科技成果转化率达39%。国家高新技术企业突破300家，高新技术产业工业增加值占全市工业增加值的比重达29%。各类科技企业孵化器13家，“‘云药’特色产业集群”列入国家创新型产业集群建设工程。积极开展质量兴市活动，设立市长质量奖，有效推动企业管理水平及产品质量提升。

卫生事业加快发展。市儿童医院南市区医院、市第一人民医院北市区医院等8个卫生重点项目建设加速推进。社区卫生服务机构覆盖率达100%。医疗服务能力不断提高，居民总体健康状况高于全国平均水平。加强和完善食品药品监管机制，启动建设基层食品药品监管网络，深入开展非法添加和滥用食品添加剂等专项整治，食品药品安全水平不断提高，人民群众饮食用药安全得到保障。

文化建设全面推进。实施聂耳故居、华罗庚旧居、梁思成和林徽因旧居、东寺塔等21项不可移动文物的保护和修缮工程，全面完成第三次全国文物普查。全市图书馆、博物馆、文化馆分别达15个、110个、15个。文化下乡等重点文化惠民工程继续推进。1233个行政村实现数字电影全覆盖。建成810个农家书屋、411个农民体育健身工程点、55个文体活动广场。成功举办第四届市运会、环滇自行车邀请赛和国际文化旅游节等大型旅游文体活动。

（五）着力保障和改善民生，人民生活水平稳步提高

民生保障投入明显增加。全市财政用于民生方面的支出占地方财政一般预算支出的比重达47.2%。完成社会保障和就业支出51.1亿元。加大对困难县区的一般性转移支付。市级财政拨付城市、农村低保补助金2.8亿元。城乡居民最低生活保障线分别提高到每人每月310元、167元，21万城乡困难群众纳入最低生活保障。职工最低月工资标准提高到950元。发放各项惠农补贴资金2.45亿元，稳定解决4.92万农村贫困人口的温饱问题。

物价调控措施取得实效。强化“菜篮子”工程建设，启动40万亩蔬菜生产基地建设，建成3万亩保障本市蔬菜

供应的生产基地，增设粮油平价销售点145个。各级财政投入标准化菜市场、鲜活农产品配送中心、肉类蔬菜流通追溯体系建设试点资金达7300万元。积极推进“农超”对接，降低流通环节成本，加强价格调控和监管，保障了粮油菜和肉蛋禽等主要农副产品的供应。居民消费价格涨幅为4.9%，低于全国平均水平。

保障性住房建设力度加大。争取上级补助资金19.95亿元，市级筹措资金134.17亿元，开工建设11.29万套保障性住房，竣工面积112.3万平方米。落实保障性安居工程用地4460.36亩。改造城市棚户区及国有工矿棚户区5.98万套。启动121个城中村改造项目，16个项目的回迁房交付使用，4032户村民回迁入住。解决4.43万户城市低收入家庭的住房困难，发放租赁补贴2.46万户。完成农村危房改造及地震安居工程1.58万户。

社会保障工作扎实推进。开发提供就业岗位19.38万个，实现新增城镇就业13.15万人，城镇登记失业率控制在4%以内。培训农村劳动力36.97万人，转移输出37.6万人。大学生创业园达34个。“零就业家庭”始终保持清零状态。城镇职工基本养老、医疗、工伤、失业、生育保险覆盖率分别达95.5%、95%、95%、97.2%、93.5%，城镇居民基本医疗保险参保人员159.79万人。新农保试点县（市）区9个，参保人数135.56万人。被征地人员参加基本养老保险17.06万人。新农合参合率达96.49%，人均筹资标准提高到230元。

（六）着力加强生态建设，环境质量明显改善

深入推进市域水环境综合治理，着力开展全面截污、全面禁养、全面绿化、全面整治工作。滇池环湖截污工程闭合贯通，配套的8个污水处理厂建成6座，老城区市政排水管网及调蓄池建设工程动工，城中村污水收集处理工作进展顺利。主城污水日处理能力达110.5万吨。洛龙河、捞鱼河、护城河水环境综合整治工程基本完成。湖滨生态“四退三还”由建设向管理转变，搬迁安置45家企事业单位和3家省属单位，退塘、退田4.5万亩，退房144.3万平方米，退人2.4万人，建成2个搬迁居民安置点，完成投资16.7亿元。实施滇池外海及主要入湖河口污染淤泥疏浚工程。建成49座城市分散式再生水利用设施，全面启动雨水、污水和垃圾资源化利用项目。滇池水质恶化趋势得到遏制，阳宗海水质和牛栏江出境断面达到Ⅲ类水标准。松华坝、云龙水库等主城区集中式饮用水源地水质100%达标。完成植树造林37.16万亩。主城新建垃圾中转站3座，建成昆明危险废物处理处置中心及寻甸县、嵩明县、西山区、东川区垃圾处理设施。完成377个村庄分散污水处理设施建设。进入国家第一批餐厨废弃物资源化利用和无害化处理试点城市行列。轿子山成为国家级自然保护区。

（七）着力创新社会管理，社会更加和谐稳定

大力加强社会建设，社会管理的规范化、专业化、社会化和法制化水平不断提高。平安昆明深入推进，持续开展打黑除恶专项斗争，有针对性地组织开展网上逃犯专项督察清网行动和打四黑除四害专项行动，滚动整治社会治安突出问题，人民群众的安全感和满意率不断提升。安全生产责任制全面落实。和谐社区建设力度加大，社区服务、凝聚、管理和维稳四大功能明显提升，民族团结宗教和谐。加强信访工作，维护群众合法权益。坚持军民融合式发展，拥军优抚安置工作扎实推进，连续6次荣获“全国双拥模范城”称号。人口和计生工作扎实有效，流动人口服务管理成效显著，人口自然增长率控制在6‰以内。国家安全、消防、人防、防震减灾等工作进一步加强，工青妇、老龄、残疾人、气象、档案等工作取得新成绩。

（八）着力提高行政效能，政府自身建设全面加强

认真落实法治政府、责任政府、阳光政府和效能政府建设四项制度，积极转变政府职能，科学、民主和依法行政水平进一步提高。依法执行市人大及其常委会决定决议，主动向人大报告和向政协通报重大事项，自觉接受人大的法律监督、工作监督，支持政协参政议政民主监督，认真办理人大议案、建议和政协建议案、提案954件，办复率100%。深入开展“执行力提升年”活动，公示重要事项7846项，组织完成听证事项334项，限时办结率、首问首办率和投诉回复率均保持在99%以上。主动接受人民群众和新闻舆论监督，坚持市政府领导接听群众来电和办理结果公示制度，建成以“96128”与“12345”合并运行、互为补充的综合政务电话服务平台。落实党风廉政建设责任制，强化审计监督、行政监察和招投标市场的监管，行政审批、行政事业性收费信息查询和监察系统进一步完善。节约型机关建设不断加强。

各位代表！

过去一年取得的成绩，凝聚着全市各族人民的智慧和汗水。在此，我谨代表市人民政府，向奋斗在各条战线的全市广大干部群众和外地来昆建设者，向给予政府工作大力支持的人大代表和政协委员，向各民主党派、工商联和社会各界人士，向中央、省属单位、各兄弟州市和驻昆人民解放军、武警部队官兵，向所有关心、支持昆明发展的海内外朋友，表示崇高的敬意和衷心的感谢！

回顾过去的一年，我们也清醒地认识到，我市经济社会发展中还存在着一些亟待解决的困难和问题。突出表

现在：经济总量不大，传统产业占比高、新兴产业发展不足、现代服务业发展不快，经济结构不尽合理，发展的质量效益还不高；城市基础设施建设任务繁重，城市管理服务水平不尽人意；发展不平衡、不协调的问题仍然突出，统筹城乡区域发展难度较大，扶贫开发任务艰巨；社会建设和社会管理相对滞后，解决就业、教育、医疗、社保、住房以及治安、交通等民生问题压力较大；各种潜在的社会矛盾问题仍然较多；政府自身建设和民主法制建设还需加强，干部队伍的素质和能力有待进一步提升，等等。对此，我们必须高度重视，认真对待，采取有效措施，切实加以解决。

二、2012年工作安排

今年是实施“十二五”规划承上启下的重要之年，也是全力推动科学发展、和谐发展、跨越发展的关键之年。虽然世界经济形势依然严峻复杂，国内经济发展中的不确定因素仍很突出，但我们必须看到，昆明仍处于加快发展的重大机遇期。新一轮西部大开发深入实施，“桥头堡”建设全面推进，国家继续实施积极的财政政策和稳健的货币政策，为昆明提供了良好的发展机遇。只要我们把思想和行动统一到党中央、国务院对国内外形势的分析判断上来，统一到省委、省政府和市委的决策部署上来，坚定信心、振奋精神，迎难而上、顽强拼搏，就一定能够将现代新昆明建设的宏伟事业不断推向前进，把昆明建设成为最具魅力，最有幸福感、归属感、自豪感和安全感的宜居宜人新都市。

做好今年的工作，我们必须以邓小平理论和“三个代表”重要思想为指导，深入贯彻落实科学发展观，按照十七届六中全会、中央经济工作会议、省第九次党代会、省委九届二次全会和市第十次党代会、市委十届二次全会的安排部署，紧紧围绕建设现代新昆明和区域性国际城市目标，以科学发展为主题，以加快转变经济发展方式为主线，着力扩大内需，着力发展实体经济，着力深化改革开放，着力保障和改善民生，在新的起点上，稳中求进、创新推动、跨越发展，为建设美好幸福的新昆明而努力奋斗。

今年经济社会发展主要预期目标建议为：地区生产总值确保增长14%、力争达到15%以上，突破3000亿元；地方财政一般预算收入增长15%以上；全社会固定资产投资增长22%以上；社会消费品零售总额增长18%以上；城镇居民人均可支配收入和农民人均纯收入均实际增长12%以上；城镇登记失业率控制在4%以内；居民消费价格涨幅控制在4%左右；人口自然增长率控制在6‰以内；单位生产总值能耗下降3.9%以上，完成二氧化硫、化学需氧量、氮氧化物、氨氮减排任务。

为实现上述目标，今年要重点抓好10个方面的工作：

（一）坚持以人为本，着力保障和改善民生

大力提高城乡居民收入。建立工资稳定增长机制，全面推行工资集体协商制度，适时提高最低工资标准，强化工资支付保障，着力增加就业人员的工资性收入；完善创业服务体系，积极拓展创业领域，着力增加多渠道的经营性收入；加大民生和公共服务领域的投入力度，着力增加城乡居民的转移性收入；建立完善农村土地使用权、林权流转服务体系，着力增加农民的财产性收入。建立价格调节基金，完善政府价格调整补贴机制，减轻价格上涨对居民实际收入的影响。

抓好新一轮“菜篮子”工程建设。市级统筹安排专项资金6000万元，各县（市）区按照1∶1比例安排配套资金，加强鲜活农产品物流配送中心、标准化菜市场和生鲜超市建设。以昆明被列为全国标准化菜市场试点城市为契机，新建标准化菜市场36个、生鲜超市51个，改造传统农贸市场14个，切实解决农民“卖菜难”和市民“买菜贵”的问题。积极推进“农超”对接、南菜北运、肉类蔬菜流通追溯体系建设。再建8万亩蔬菜生产基地，大力发展规模化、集约化、生态化的畜禽养殖基地。加强农产品安全体系建设，确保市民吃上“放心肉”、“放心菜”。

完善城乡公共就业服务体系。始终把促进就业放在首位，以项目建设、民营经济多渠道开发就业岗位，以职业技能培训、劳务输出扩大就业规模。完善社会创业政策和环境，促进创业带动就业。深化大中专毕业生就业创业指导服务，大力推进大学生创业园区建设。统筹做好下岗失业人员、残疾人、农民工、失地农民、城镇居民等重点群体就业工作。确保新增城镇就业8万人以上，新增农民转移就业15万人。

健全社会保障体系。以人人享有社会保障为目标，进一步提高社会保障水平。统筹推进城乡居民养老保险，所有城乡居民纳入基本养老保险范围。推进城镇居民医疗保险与新型农村合作医疗保险制度的整合，加快建立市级统筹的城乡居民一体化的医疗保险制度。推进社会化养老服务机构建设。扩大工伤、生育、失业保险覆盖面。进一步完善以最低生活保障、五保供养、临时救助、医疗救助和灾害救助为重点的城乡社会救助体系，实现动态管理下的应保尽保。完善城乡低收入群体补贴与物价上涨联动机制，适时提高城乡低保标准。加快保障性安居工程和城中村改造项目回迁房建设，新建保障性住房7.1万套以上。

（二）强化投资拉动，全面抓好项目建设

保持投资较快增长。全面落实国家积极的财政政策和

稳健的货币政策，着力优化投资结构，保持合理的基本建设投资规模，优先保证在建续建工程，确保以水利为重点的农业农村基础设施、保障性安居工程及生态环境建设等在建续建项目的资金需求。启动实施200项重点基础设施和产业项目，完成投资692亿元，其中：重点基础设施项目90项，完成投资380亿元；产业投资项目60项，完成投资312亿元；重点前期工作项目50项。

破解项目资金瓶颈。调整财政支出结构，市县两级财政资金用于重大基础设施和重点项目的投入不少于地方一般预算收入的20%。强化集中统筹，提高资金使用效益。分解任务，强化考核，配套政策，积极争取国家和省的资金、政策支持，争取发行企业债券100亿元以上。发挥市级投融资平台作用，盘活存量资源，创新融资方式，拓展融资渠道，确保重大基础设施建设。支持民间资本进入市政、交通、能源、社会事业等领域。加强银政合作，以大项目、好项目吸引金融资金。力争市级投融资公司新增银行贷款160亿元以上，采取BT、BOT等方式融资100亿元以上。

强化项目推进管理。建立完善重大项目协调推进机制，坚持领导干部对口联系重大项目制度，着力解决项目推进中的困难和问题。严格执行技术标准，加强工程监理，保证工程进度，确保工程质量。强化项目督查工作，按照“八个百分之百”的要求，对重大项目、重点工程进行全方位、深层次跟踪督查，确保工程顺利推进。

（三）统筹城乡发展，切实做好“三农”工作

加快发展高原都市型现代农业。调整农业产业结构、优化布局，稳定粮食生产，巩固烤烟支柱，壮大畜牧产业，提升蔬菜、花卉、林果等产业，农业增加值增长5%。全力实施“4210”工程，以9个现代农业示范园区、2个畜牧园区、1个林产业园区为龙头，规划建设一批农业科技示范区、现代农业先行区、体制机制创新试验区、涉农项目集聚区和农业产业化展示区。规划都市农庄（农场）100个，启动建设20个。

加强城乡水利建设。实施抗旱应急工程，在连续旱灾情况下，确保城乡供水安全。加快呈贡区、空港净配水工程建设，配合推进牛栏江引水工程。新开工禄劝县真金万中型水库和嵩明县龙王庙、富民县宝石洞等4件小（一）型水源工程。实施宝象河、双化2件中型和30件小（二）型病险水库除险加固工程。加快推进嵩明大型灌区节水改造和一批中小型灌区建设，完成“五小水利”工程5万件。改造中低产田21.6万亩。

大力发展县域经济。以城镇化为载体，全面推进城乡规划、产业发展、生态环保、基础设施、就业和社会保障、社会事业、政策措施一体化，全市城镇化率达66%。落实“守住红线、统筹城乡、城镇上山、农民进城”的要求，转变建设用地方式，完成一批山地城镇建设和工业项目规划选址工作，引导城镇、村庄、工业向适建山地发展。最大限度下放经济领域、社会事务管理权限，赋予县（市）区更大的发展自主权。分层次逐步放宽、放开户籍限制，引导符合条件的农村居民有序转变为城镇居民。调整完善村庄布点规划，加快撤村并居和迁村并点工作，新建一批新型农民集中居住区。大力实施新农村建设整村推进，完成省级重点村280个、市级重点村25个。完成行政村公路路面硬化600公里，行政村路面硬化率达到80%。完善城乡公交线网布局，行政村公共交通覆盖率达到93.5%。

加大扶贫开发力度。认真落实国家扶贫开发政策，提高扶贫标准，完善专项扶贫、行业扶贫、社会扶贫“三位一体”的大扶贫工作格局。启动实施扶贫开发“三年行动计划”，着力推进集中连片特殊困难地区和边远少数民族地区扶贫攻坚，完成整村推进400个以上自然村，巩固提高6万贫困人口的温饱水平，贫困地区农民人均纯收入增幅高于全市平均水平。深入推进一、二、三板块协调发展，打造以倘甸产业园区和轿子山旅游开发区为核心的扶贫攻坚新模式。继续推进东川矿山采空区移民搬迁工作。

（四）加快新型工业化步伐，发展壮大实体经济

优化调整工业结构。实施工业跨越发展计划，规模以上工业增加值增长20%以上。在巩固提升传统产业的基础上，以新能源、新材料、光电子、物联网、生物医药、节能环保为重点，积极发展新兴产业。深入实施大企业、大集团战略，全力支持石油炼化项目建设，加快推进中缅油气管道及配套、中国南车轨道交通产业基地等一批重大项目建设。新开工亿元以上工业项目80项，竣工50项。创新和落实非公经济扶持政策，破除体制障碍，扶持中小企业和微型企业发展，大幅提高非公经济比重。

推动工业园区跨越发展。实施“百亿元园区基础设施提升”工程，完成园区基础设施投资120亿元，收储土地20平方公里，新建标准厂房120万平方米，基础设施配套到位的熟地区域达到建成区的30%以上。实施“千亿元园区产业培育”工程，加快把高新区、安宁工业园、经开区、空港经济区等培育成为销售收入超千亿元的一流园区，全市园区规模以上工业增加值增长25%以上。实施“特色产业集群发展”工程，加快形成主导产业突出、同类行业集聚、配套企业完备的产业集群。实施“园区提档升格”工程，力争杨林工业园区升级为国家级开发区，高新区争取成为国家生态工业示范园区。

加速推进工业化和信息化融合。加快建设国家“两化

融合”试验区，启动5个县（市）区、6个园区和2个基地的区域融合试点，实施30个“两化融合”重点项目建设。大力推广应用信息技术，提高新产品的设计水平和开发能力，推进信息技术改造传统工艺和生产流程。推进中小企业信息化综合服务平台、行业性信息化共性技术平台等公共服务平台建设。

（五）大力发展服务业，提升繁荣都市经济

巩固提升传统服务业。加快建设东风广场片区、老螺蛳湾片区等中央商务区。全面完成主城批发市场搬迁改造提升任务。支持住宿餐饮、家政服务等行业发展，鼓励发展连锁经营、电话直销、网购等新兴商贸业态，建立便利化、多样化的居民生活服务网络。继续做好“万村千乡市场工程”、“家电下乡”工作。坚持惠民利民，保持房地产市场健康有序发展。

培育壮大现代服务业。围绕建设全国性物流节点城市和区域性国际物流中心城市，加快呈贡铁路集装箱物流基地等5大物流基地、昆明南亚国际陆港等10个物流园区、晋城工业品商贸物流中心等14个商贸物流中心建设。深入推进空港经济区和国际陆港建设。大力推进昆明金融产业中心园区建设，促进金融业集聚发展。加快发展以信息技术外包、物流外包、金融服务外包为主的服务外包产业。积极推进“国家电子商务示范城市”建设。促进旅游与文化、科技深度融合，优化提升传统景区景点，高水平推进环滇池旅游圈、石林旅游区等重大旅游项目建设，规划打造“南亚风情一条街”。加大国际品牌酒店的引进和建设力度，抓紧轿子山旅游专线沿线规划和综合开发及景区提升改造。积极开展春城特色旅游品牌营销，开拓提升旅游市场。着力办好GMS经济走廊活动周、第五届全球外包大会、第八届中国国际物流节、中国城市规划年会、第三届中国东盟行业合作会议等，全力打造会展和商务合作平台。

（六）加强城市建设管理，打造品质春城

不断完善城市规划和布局。按照现代新昆明和区域性国际城市标准，继续完善以城镇体系规划、城市总体规划、近期建设规划和乡镇、村庄规划为主要内容的综合规划体系。优化城市设计方案，全面改造、包装和提升老城区，充分体现历史文化名城的特质风貌。加快推进县城空间形态、功能布局的更新。加快编制城乡文化设施与场所专项规划。编制完善昆阳—海口西城规划，优化晋城南城片区规划。

强力推进重大基础设施建设。确保地铁1、2号线通车运营，加快地铁3号线建设，做好地铁4、5号线和6号线二期项目前期工作。加快长水国际机场配套建设，配合做好机场转场运营。抓好昆明铁路枢纽及东南环线、昆玉铁路、云桂铁路、沪昆客专和市域铁路等项目建设。实施“4321”路网建设计划，推进城市骨干路网建设，加快构建主城规划区40米以上道路及呈贡区四期路网，开工建设昆武高速入城段地面层、云大西路南延线和官渡65号、18号等市政道路。加快推进南连接线、黄土坡至马金铺、轿子山旅游专线等项目建设。建设一批液化天然气储配站和汽车加气站。抓好“三网融合”试点城市建设，实现固定电话号码升位。

进一步提高城市管理水平。坚持建设与管理并重，开展城乡市容市貌提升年活动，推进城市街道绿化、美化、亮化、净化工程。深化“四创两争”工作，全面开展道路交通、环境卫生、市场秩序、违法建设、城市架空线、户外广告综合整治。创新城市管理机制，完善并拓展数字城管系统功能，规范城市管理综合行政执法。实施公交都市示范工程，科学管理交通，建立智能化交通管理系统，缓解交通拥堵。加强机动车尾气污染防治，在重点区域实施高污染车辆限行管理措施。争取国家和省的支持，积极推进城中村、棚户区改造。广泛动员和开展立体绿化、屋顶绿化，扩大绿化空间，增加绿化总量，提高绿化质量。

（七）突出重点领域改革，强力推进对外开放

继续深化各项改革。全面推进农村产权制度改革，完善和建立规范有序的林权流转机制。健全国有资本有进有退、合理流动机制，完善国有金融资产、非经营性资产和自然资源资产监管体制。规范和完善促进民间投资的体制。加大投融资改革发展力度，做大做强联合产权交易所，加强对公共资源交易活动的监管。积极支持企业上市。继续深化财政预算管理和国库管理改革，完善财政管理体制，创新财政资金扶持企业发展方式。加强政府债务管理，妥善处理存量债务，严格管理新增债务。在行政机关和开发区（园区）导入国际质量管理体系。全面推进事业单位分类改革。深化经营性文化事业单位转企改制，推动公益性文化事业单位内部三项制度改革。深化办学体制和教育管理体制改革试点。做好公立医院改革、医师多点执业国家级试点工作。继续推进资源产品价格形成机制和环保收费改革，进一步理顺价格体系。

提升招商引资水平。坚持外引内培并重，确保实际利用外资和引进市外到位资金增长15%以上。突出产业招商，紧盯世界500强、中国500强和行业龙头，着力引进一批工业、现代服务业和现代农业大项目。坚持本土企业与外来企业一视同仁，内培一批发展潜力大、市场前景好的本地优势企业。突出重点区域，实行专业招商，对内主攻长三角、珠三角、环渤海，对外主攻东南亚、南亚，筑巢

引凤为知名华商来昆投资发展、“民企入昆”、“央企入昆”创造一流投资环境。落实“四个一”推进机制，完善招商引资目标管理及考核办法，狠抓签约项目的跟踪服务，促进落地开工、投产达标。

扩大对外经贸合作。全年进出口贸易总额达144亿美元，增长20%以上。加强农产品出口基地、出口加工区建设，支持生物资源、装备制造、光电子等领域高新技术企业扩大出口规模，扶持优势农产品出口。鼓励企业增加先进适用技术、关键设备及零部件、短缺能源和原材料的进口。支持高新区、经开区、嵩明县开展外贸公共服务平台建设。积极向国家申报设立昆明综合保税区，推动设立昆明地区海关。支持有条件的企业对外直接投资，建立生产基地和营销总部，实现境外投资持续增长。鼓励企业参与境外工程承包建设，帮助企业争取国家外援项目和分包工程。深化滇中区域合作，协助规划构建以高速公路和城际轨道为支撑的区域交通体系，争取在交通运输等领域率先取得突破。积极推进滇中四州市通讯同网。加强与省内沿边八州市的边贸合作，积极参与昆明至河内、皎漂、曼谷、密支那经济走廊建设，共同建设国际大通道。加强与泛珠三角区域、成渝经济区、北部湾经济区及川滇黔十地州市间的合作，主动承接产业转移。

（八）持续抓好生态文明建设，营造宜居环境

强化水环境综合治理。以实施滇池治理“十二五”规划为抓手，坚定不移地推进环湖截污、农业农村面源污染治理、生态修复与建设、入湖河道整治、生态清淤、外流域调水及节水“六大工程”建设。完成滇池北岸水环境综合治理工程，开展环湖截污与片区排水管网完善工程。建成第九、第十污水处理厂，实现试运行。巩固提升36条出入滇池河道综合整治成果。基本完成滇池外海湖滨生态建设，建成10个退人退房居民安置点，协调推进水体保护界桩外延100米范围内企事业单位的搬迁安置工作。把发展文化产业、旅游产业与强化生态建设、环境保护结合起来，编制完善滇池湖滨生态、文化、旅游建设发展规划。强化工程性污染治理和流域综合管理，大力整治阳宗海和牛栏江、普渡河、南盘江流域水环境。加强松华坝、云龙水库、清水海等集中式饮用水源地管理和保护，为人民群众提供长久、安全、卫生、优质的生产生活用水。

加强生态环境保护。全力推进环保模范城市和国家生态城市创建工作，加快国家森林城市创建步伐，森林覆盖率达到47.06%。启动天保工程二期，退耕还林20万亩。加快推进“五采区”、石漠化、难造林地的生态修复治理和生态隔离带建设。严格保护重点水源涵养区、风景名胜区和城市生态绿地系统，构建城市生态屏障。推进农田道路、河道沟渠、村庄庭院绿化。启动宜良、晋宁、石林国家生态县申报工作，完成20个国家级和省级生态乡镇申报工作，全面开展300个行政村（涉农社区）的市级生态村创建工作。推进农业面源污染防治，调整种植业结构，完善组保洁、村收集、乡转运、县处理的垃圾处理体系，加强畜禽养殖业的环境管理。深入开展环保专项行动，积极推进空气质量PM2.5监测试点工作，进一步加快重金属污染治理。对重点违法企业、限期治理项目、挂牌督办案件进行跟踪检查和督查，严厉打击各类环境违法行为。

打好节能减排攻坚战。着力在落实重点减排项目、强化运行监管、完善体制机制上下功夫，提高企业稳定达标排放率，抓好冶金、化工、建材、能源等重点行业节能降耗，加快淘汰落后生产设备和工艺，实施30个节能减排示范工程。严格执行固定资产投资项目节能评估和审查制度，推广合同能源管理。深入推进节水型城市建设，强化工业节水、农业节水和生活节水措施，实行严格的节水“三同时”审查管理，配套建设节水设施。大力推行清洁生产，积极发展循环经济，实施50户企业清洁生产审核评估，推进东川天生桥静脉产业园、高新区水科技园建设。

（九）实施文化强市战略，推动文化发展繁荣

完善公共文化服务体系。加强公共文化基础设施建设，支持好科技馆新馆、亚广影视传媒中心等省级标志性文化设施建设，加快文庙恢复性修建和一批重点文化项目建设，打造城市文化新地标。大力推进“两馆一站一室”、广播电视“户户通”、农村电影放映工程、农家书屋、文化信息资源共享等重点文化惠民工程建设。整合项目和资源，完善基层公共文化服务运行机制，逐步实现基本公共文化服务均等化。继续实施农民体育健身工程，加大“2111工程”实施力度。完成第五批市级文物保护单位“四有”工作，保护、修缮一批不可移动文物、历史文化街区和建筑。鼓励社会力量兴办和捐助公益性文化事业。加强市场监管，促进文化健康发展。

不断增强文化产业实力。优化文化产业布局，加快建设文化产业园、民族文化总部研发基地和民族文化艺术基地。推进文化产业与旅游会展产业、高新技术产业的互动融合，大力发展文化创意、影视制作、出版发行等重点文化产业。推动一批有实力、有竞争力的龙头文化企业跨地区、跨行业兼并重组，打造一批具有核心竞争力的文化企业集团，扶持一批新兴文化产业项目和农村地区文化产业项目。加大对少数民族地区文化产业的扶持力度，推进民族民间工艺品制作、民族节庆、民族歌舞和民族特色饮食

等文化产业发展。开展纪念聂耳诞辰100周年系列活动，着力提升阿诗玛等民族文化品牌和古滇王国、郑和文化等历史文化品牌影响力。

打造文化人才高地。鼓励扶持高等学校和中等职业学校优化专业结构，与文化企事业单位共建文化人才培养基地。加快引进高层次文化人才。拓展对外文化交流，吸引东南亚、南亚艺术团队和艺术人才来昆发展。加强基层文化人才队伍建设，吸引优秀文化人才服务基层。积极培养体育竞技人才。鼓励民族（传统）文化技艺传人收徒授业。

（十）发展社会事业，促进经济社会协调共进

继续优先发展教育。统筹安排进城务工人员随迁子女平等接受义务教育，义务教育巩固率保持在99%以上。高度重视校园安全工作，切实加强校车安全监管。实施农村义务教育学生营养改善计划，对义务教育阶段贫困学生百分之百实施资助。争创省一级示范幼儿园总数达110所以上。优先发展职业教育，推动高中教育和中等职业教育同步发展。大力发展学前教育和民办教育。重视高等教育，扶持昆明学院加快发展。加快推进师大附小、附中和云大附中呈贡校区建设。启动实施教育信息化工程，推进覆盖全市中小学的网络信息平台和信息化服务体系建设。

大力推进科技进步与创新。深入推进国家创新型试点城市建设，全社会研发投入强度达1.75%，科技成果转化率达39.6%。建立健全科技创新公共服务平台，支持企业技术创新和产业转型升级。重点扶持15个以上高新技术项目、10家高新技术企业、2个高新技术企业联盟，新认定高新技术企业40家以上。组织实施重大科技计划项目10项。培养10户市级创新团队，支持10户企业建设创新平台。百万人年发明专利授权量超过80件，全市知识产权试点示范单位新增5家以上。

提升医疗卫生服务水平。建成市第一人民医院北市区医院、市儿童医院南市区医院、市延安医院心血管病医院并投入运营，完成市中医医院呈贡迁建、市第三人民医院烈性传染病诊疗中心等项目主体工程建设。启动3个县级医院改扩建、6所中心乡镇卫生院、117个村卫生室、10个远郊县区急救中心和13个县级卫生监督机构项目建设。继续实施国家基本药物制度，市级公立医院基本药物使用比例达到10%。切实做好重大传染病防控工作，提高突发公共卫生事件应急能力。进一步加强食品药品监管体系建设，提高监管水平和能力，整顿和规范食品药品生产流通秩序，保障人民群众饮食和用药安全。

维护社会安定和谐。完善基层为民服务体系，推动和谐社区建设。健全矛盾纠纷排查调处工作机制，确保矛盾在源头得到控制与解决。健全社会治安防控体系，依法打击各类违法犯罪活动。继续深入推进禁毒防艾人民战争。强化安全生产监管，坚决防范和遏制重特大安全生产事故的发生。以创建全国文明城市为目标，深入开展群众性精神文明创建活动，抓好市民文明素质工程。加快构建信用体系，打造诚信昆明。坚定不移维护民族团结，切实做好宗教工作。加强人口与计划生育工作，加大优生促进工程实施力度，继续稳定低生育水平。重视工会、共青团、妇联工作，关心和重视残疾人、妇女儿童和老龄事业发展。搞好外事和港澳台侨工作。加强国防动员，抓好“双拥”工作，巩固军政军民团结。做好国家安全、人防、气象、防震、档案、保密、市志等工作。

各位代表！

全力加快现代新昆明和区域性国际城市建设，人民寄予厚望，政府责任重大。我们要全面加强责任政府建设，进一步增强政府对宏观经济调控的灵活性、针对性和前瞻性，积极推动政府职能向创造良好发展环境、提供公共服务、改善保障民生和维护社会公平正义方向转变，加快实现经济社会协调发展。我们要全面加强法治政府建设，严格按照法定权限和程序行使权力、履行职责，自觉接受市人大及其常委会的法律监督、工作监督和市政协的民主监督，主动接受社会公众监督和新闻舆论监督，认真听取各民主党派、人民团体和社会各界的意见和建议，及时办理人大代表建议和政协委员提案。我们要全面加强效能政府建设，深入开展社会主义核心价值体系实践活动，以“四群”教育为抓手，大兴调查研究、求真务实之风，大兴服务基层、服务群众之风，说实话、办实事、出实招、求实效，切实解决有令不行、有禁不止的现象和不作为、乱作为、慢作为的问题。我们要全面加强阳光政府建设，扩大政府信息公开范围，健全政府新闻发布制度，探索建立网上审批、网上公共服务、网上公共资源交易和网上监督系统，推进权力公开透明运行，切实保障人民群众的知情权、参与权、表达权和监督权。我们要全面加强廉洁政府建设，严格执行廉洁从政各项规定，推进节约型机关建设，强化对重要领域、关键岗位的行政监察和审计监督，坚决查处各类违法违纪案件，保持惩治腐败的高压态势，以反腐倡廉的实际成效取信于民，维护政府的良好形象。

各位代表！

昆明已经迈上新的历史征程，发展任务更加繁重，发展前景更加美好。让我们紧密团结在以胡锦涛同志为总书记的党中央周围，在省委、省政府和市委的坚强领导下，振奋精神、锐意进取，勇于创新、扎实工作，为建设美好幸福的新昆明而努力奋斗，以优异的成绩迎接党的十八大胜利召开！

附件：名词解释

1.四创两争指创建“国家园林城市”、“国家卫生城市”、“国家环保模范城市”和“全国文明城市”；争取“联合国人居城市奖”和“国家生态城市”。

2.两基即基本普及九年义务教育和基本扫除青壮年文盲。

3.零就业家庭 指城镇非农业户口，家庭成员在法定劳动年龄内，有劳动能力和就业愿望并进行失业登记，但无人从事有报酬工作或无任何经营性、投资性收入的家庭。

4.标准化菜市场 根据商务部《标准化菜市场设置与管理规范》要求，标准化菜市场是以固定商位（包括摊位、店铺、营业房等）和相应设施销售各类农产品的经营场所，主要销售果蔬、肉禽蛋及其制品、水产品、乳制品、豆制品、调味品、熟食卤品、腌腊制品、水果、粮油及其制品等。

5.四退三还“四退”指退塘、退田、退房、退人；“三还”指还湖、还林、还湿地。

6.“96128”政务信息查询96128是全省统一的政务信息查询专线号码，是省政府实施阳光政府四项制度的重要内容。公众通过拨打96128查询电话，可以直接查询当地政府及其部门的政务信息。昆明市于2009年6月25日正式开通。

7.实体经济 指物质的、精神的产品和服务的生产、流通等经济活动。包括农业、工业、交通通信业、商业服务业、建筑业等物质生产和服务行业，也包括教育、文化、知识、信息、艺术、体育等精神产品的生产和服务行业。

8.化学需氧量指水中有机物和还原性物质被化学氧化剂氧化所消耗的氧化剂量，折算成每升水消耗氧的毫克数，用mg/L表示。它是表示水中还原性物质多少的一个指标，主要反映水体受有机物污染的程度。化学需氧量越大，说明水体受有机物的污染越严重。

9.BT、BOTBT：即“建设—移交”，是政府利用非政府资金来进行非经营性基础设施建设项目的融资模式；BOT：即“建设—运营—移交”，是以政府和投资方之间达成协议为前提，由政府允许投资方在一定时期内筹集资金建设某一基础设施并管理和经营该设施，当特许期限结束时，投资方按约定将该设施移交政府部门经营和管理。

10.八个百分之百 在政府性投资（含BT、BOT、TOT等方式）建设工程项目中，全面推行和落实百分之百公开招投标、百分之百不转包、百分之百工程监理到位、百分之百不留重大质量隐患、百分之百不出重大安全事故、百分之百行政监察到位、百分之百工程预算审计到位、百分之百不出腐败案件。

11.“4210”工程指从2009年开始，通过5年左右的努力，把昆明初步打造成带动全省、辐射西南、联结全国、面向东南亚和南亚的农产品信息物流中心、农产品精深加工中心、农业博览会展中心、农业科技研发推广中心“4个中心”；构建起城乡一体化发展平台、力促“三农”发展的体制机制平台“2个平台”。围绕以上目标，实施农业信息物流、农业园区、城乡一体化推进、农业生态、农业产业招商、农民素质提升、农业投融资系统、农村社会化服务、农业科技研发转化、“三农”干部思想解放等“10大工程”。

12.“五小”水利工程指小水池、小水窖、小坝塘、小水渠、小泵站等小型水利建设工程。

13.农村扶贫开发“三年行动计划”市委市政府决定，用三年时间（2012—2014年），按照“三个转变”（转变思想、转变思维、转变思路）要求，集中“三股力量”（人力、物力、财力），整合“三类资源”（专项资源、行业资源、社会资源），在市域贫困地区开展的新一轮扶贫攻坚行动。这是市委、市政府顺时应势提出的旨在加快贫困地区跨越发展，确保我市2015年在全省率先基本消除绝对贫困现象和全面建成小康社会的重大举措。

14.一、二、三板块为促进区域协调发展，根据经济社会发展水平，把全市十四个县（市）区划分为“三大板块”，实行因地制宜，分类指导，梯次推进，共同发展。第一板块为五华、盘龙、官渡、西山、安宁、呈贡；第二板块为晋宁、宜良、石林、嵩明、富民；第三板块为东川、禄劝、寻甸。

15.“百亿元园区基础设施提升”工程“十二五”期间，继续加大园区基础设施建设，全市园区累计投入基础及配套设施建设资金600亿元以上，构建更为完善的交通、给排水、供电、信息、环保设施网络，加快形成结构优化、功能完善的园区基础设施网络体系。

16.“千亿元园区产业培育”工程“十二五”期间，持续扩大园区工业固定资产投资，组织实施一批推动经济发展方式转变和产业结构优化升级的重大项目，全市园区工业固定资产投资累计达到3500亿元以上，年均增长35%，提升园区产业发展水平，带动全市产业新一轮发展，加快形成技术先进、特色鲜明的现代产业体系。

17.“特色产业集群发展”工程致力选择和培育园区主导产业，争取到“十二五”期末，培育1个产值过600亿元、2个过400亿元、3个过200亿元的特色产业集群，园区产业集聚、集群、集约发展水平明显提高，初步在先进装备制造、生物开发、化工等领域形成特色明显、成长性好、带动性强、市场占有率高的产业集群。

18.“两化”融合 电子信息技术广泛应用到工业生产的各个环节，信息化成为工业企业经营管理的常规手段。信息化进程和工业化进程不再相互独立进行，不再是单方的带动和促进关系，而是两者在技术、产品、管理等各个层面相互交融，彼此不可分割。

19.万村千乡市场工程指2005年开始实施的农村现代流通网络建设工程。国家通过安排财政资金，以补助或贴息的方式，引导城市连锁店和超市等流通企业向农村延伸发展“农家店”，逐步形成以城区店为龙头、乡镇店为骨干、村级店为基础的农村现代流通网络，以改善农村消费环境，满足农民生产生活需求。

20.家电下乡　指顺应农民消费升级的新趋势，运用财政、贸易政策，引导和组织工商联手，开发、生产适合农村消费特点、性能可靠、质量保证、物美价廉的家电产品，并提供流通和售后服务；对农民购买纳入补贴范围的家电产品给予一定比例（13%）的财政补贴，是激活农民购买能力、扩大农村消费、促进内需和外需协调发展的一项新举措。

21.服务外包　指企业将价值链中原本由自身提供的具有基础性的、共性的、非核心的信息服务、应用管理和商业流程等业务，发包给企业外第三方服务提供者，以降低成本、优化产业链、提升企业核心竞争力。

22.GMS指大湄公河次区域，即湄公河（我国境内段称澜沧江）流域的6个国家和地区，包括柬埔寨、越南、老挝、缅甸、泰国和我国云南省。

23.综合保税区设立在内陆地区的具有保税港区功能的海关特殊监管区域，由海关参照有关规定进行管理，执行保税港区的税收和外汇政策，集保税区、出口加工区、保税物流区、港口的功能于一身，可以发展国际中转、配送、采购、转口贸易和出口加工等业务。

24.国际陆港指在内陆地区中心城市的铁路、水路、公路交汇处，依照有关国际运输法规、条约和惯例设立的对外开放国际商港，是沿海港口在内陆经济中心城市的支线港口和现代物流操作平台，为内陆地区经济发展提供方便快捷的国际港口服务。

25.“4321”路网建设计划即按照2012年40%、2013年30%、2014年20%、2015年10%的投资比例，投入资金537亿元以上，计划建设总长567公里的城市道路315条。

26.三网融合　指电信网、广播电视网、互联网三大网络在向宽带通信网、数字电视网、下一代互联网演进过程中，通过技术改造，其技术功能趋于一致，业务范围趋于相同，网络互联互通、资源共享。三合并不意味着三大网络的物理合一，而主要是指高层业务应用的融合。

27.滇池治理六大工程围绕滇池治理，实施环湖截污和交通、农业农村面源污染治理、生态修复与建设、入湖河道整治、生态清淤、外流域引水及节水六大工程。

28.“四个一”工作机制　对引进、签约的重大项目，实行“一个项目、一套班子、一支队伍、一抓到底”，确保重大项目落地建设。

29.PM2.5是指大气中直径小于或等于2.5微米的颗粒物，也称为可入肺颗粒物。这个值越高，就代表空气污染越严重。这种颗粒物富含大量有毒、有害物质，被吸入人体后会直接进入支气管，干扰肺部的气体交换，引发包括哮喘、支气管炎和心血管病等方面的疾病。

30.静脉产业园　静脉产业是垃圾回收和再资源化利用的产业，静脉产业园是指建立以静脉产业为主导的生态工业园，通过静脉产业尽可能地把传统的“资源——产品——废弃物”的线性经济模式，改造为“资源——产品——再生资源”闭环经济模式，实现生活和工业垃圾变废为宝、循环利用。

31.两馆一站一室　两馆指“一县两馆”（文化馆、图书馆）、一站指“一乡一站”（综合文化站）、一室指“一村一室”（多功能文化活动室）。

32.2111工程　指县（市）区体育设施达标工程，2场：一块田径场、一块灯光篮球场；1房：训练房；一池：游泳池；1中心：健身中心。

33.“四有”工作　文物保护单位有保护范围，有标志说明，有记录档案，有专门机构或者专人负责管理。

34.“四群”教育　以加快建立党员干部直接联系群众制度为突破口，深入开展群众观点、群众路线、群众利益、群众工作教育。

昆明市人民代表大会常务委员会工作报告

——在昆明市第十三届人民代表大会第二次会议上

（2012年1月13日）

杨远翔

各位代表：

我受昆明市第十三届人民代表大会常务委员会的委托，向大会报告工作，请予审议。

2011年的主要工作

2011年，是全面实施“十二五”规划、加快建设区域性国际城市的开局之年、起步之年，也是市十三届人大常委会依法履职的第一年。一年来，市人大常委会在中共昆明市委的坚强领导下，坚持以邓小平理论和“三个代表”重要思想为指导，深入贯彻落实科学发展观，全面贯彻党的十七大和十七届五中、六中全会，中央经济工作会，省第九次党代会，省委九届二次全会和市第十次党代会精神，坚持党的领导、人民当家作主、依法治国有机统一，紧紧围绕市委九届七次全会确定的“争科学发展之先，创和谐社会之优，加快建设中国面向西南开放的区域性国际城市”目标任务，紧紧围绕昆明“十二五”规划实施推进，充分发挥人大代表主体作用，突出立法和监督两个重点，认真依法履职，为坚持和完善人民代表大会制度，发展社会主义民主政治，加快推进现代新昆明建设，促进全市经济社会发展与社会和谐稳定作出了积极贡献。

一、加强学习培训，为新一届常委会依法履职夯实基础

市十三届人大及其常委会的依法选举产生，承载着全市广大人民群众的希望和重托，做好本届人大工作，关键在人、关键在代表。换届伊始，常委会针对有相当比例的人大代表和组成人员是首次当选的特点，把开局之年确定为学习培训之年、能力提升之年，按照高标准、全方位、多层次的要求，及时组织开展一系列学习培训活动，着力提升整体工作能力水平，为新一届常委会依法履职奠定坚实基础。

（一）加强人大代表学习培训，履职尽责意识不断增强

常委会把加强学习培训作为提高代表能力水平的重要途径和有效方式，科学制定《2011—2015年市人大代表履职学习培训规划》，不断完善代表学习培训长效机制。举办了首期代表专题培训班，邀请全国人大常委会、省人大常委会等有关工作部门领导和专家学者，就人民代表大会制度基本理论、法律法规知识和代表履职实践要求等内容，对324名新代表开展集中培训，帮助代表全面掌握依法行使代表权利、履行代表义务的原则要求和途径方式，着力提高代表对人民代表大会制度的认识，深化对人大工作的理解。同时，在开展代表小组活动、执法检查和视察调研中，组织代表先行学习相关法律法规和专业知识，将学习提高贯穿履职全过程，代表的政治意识、法律意识和履职尽责意识明显增强。

（二）加强组成人员学习培训，依法履职水平明显提高

常委会高度重视组成人员依法履职素质的提升，既着力抓好集中学习培训，也注重在履职过程中提高能力水平。人代会结束后，按照市委工作要求，常委会立即举办了组成人员培训班，重点加强组成人员对履职原则和议事程序的学习，牢固树立政治意识和民主观念，进一步明确依法履职与个人行为的本质区别，反映人民意愿与发表个人意见的履职界限，为常委会依法履职夯实基础。同时，常委会注重在每一次履职活动中加强学习，努力提高组成人员的审议能力、调查研究能力、检查视察能力，常委会整体作用得到有效发挥。

（三）加强机关人员学习培训，服务保障能力得到提升

常委会积极适应形势发展变化，注重加强机关人员的学习培训，着力提高工作水平，为代表、组成人员和常委会依法履职做好服务。一年来，按照市委提出的“执行力提升年”目标任务，由常委会领导牵头，围绕法规审议程序、视察检查组织、代表议案建议审议办理等人大工作重点，积极开展宪法、法律法规和人大业务知识学习培训，面对面讲程序规范、人对人讲作风建设、事对事讲效能提升，机关执行力建设不断加强；选派30名工作人员参加新代表专题培训班，集中学习人大工作理论知识和程序规范，明确岗位职责、优化工作流程，切实增强服务意识和责任意识，机关为代表、组成人员和常委会依法履职服务的能力得到提升。

二、推进地方立法，为建设区域性国际城市提供法制保障

常委会着眼昆明经济社会发展需要，遵循科学立法、民主立法、开门立法的原则，按照“急需先立、特色为重、质量为上”的要求，发挥立法优势，用足用好省会城市立法权，抓住立法前调研、立法中审议、立法后评价关键环节，借助立法专家库智囊优势，坚持请进来听意见、走出去学经验，充分发挥地方立法在建设区域性国际城市中的引导、规范和保障作用，立法进程深入推进、立法质量不断提高。一年来，共制定、修订地方性法规10件，对20件法规进行了立法前期调研，开展了1项立法后评价，地方立法工作取得新成效。

（一）着眼目标定位，科学制定立法规划

编制立法规划是统筹安排立法工作、提高立法质量的重要举措。常委会围绕区域性国际城市建设这一主题，着眼昆明“十二五”时期目标定位，按照需要和可行的原则，深入开展立法选项调研，多方征求立法建议，科学选择立法项目，把立法重点放在经济社会发展全局上，放在解决事关人民群众切身利益的热点难点问题上，在广泛听取民意、学习借鉴外地立法经验的基础上，科学制定市十三届人大常委会五年立法规划和2011年年度立法计划，明确了本届人大常委会地方立法工作的目标、任务和方向，为有序开展立法工作提供重要保证。

（二）着眼发展需要，加强经济领域立法

常委会着眼昆明经济实力提升，始终把维护经济秩序、规范经济活动、促进全市经济健康协调发展作为立法重点，在加强实施性立法的同时，积极主动开展自主性立法。为加强发展规划管理，发挥发展规划在经济建设中的指导和调控作用，制定了《昆明市发展规划条例》；为进一步发挥滇池国家旅游度假区在产业突破、园区建设、招商引资和对外开放中的功能优势，积极创造良好投资发展环境，制定了《昆明滇池国家旅游度假区条例》；为加强节能工作，合理开发利用能源，保证我市经济社会可持续发展，制定了《昆明市节约能源条例》；根据城市轨道交通工程即将竣工投入运行的实际，为确保轨道交通管理的规范化、法制化，全面促进昆明城市轨道交通事业健康有序发展，制定了《昆明市城市轨道交通管理条例》。

（三）着眼民生改善，加强社会领域立法

常委会秉承以人为本、立法为民的理念，顺应加强和创新社会管理的时代要求，着眼民生改善需求与社会和谐稳定，坚持社会立法与经济立法并重，切实加强社会领域立法。为解决就业结构性矛盾、缓解就业压力、有力支持社会创业、有效促进充分就业，制定了《昆明市就业促进条例》；为解决全市中小学生体质健康问题，组织和动员社会力量共同促进学生健康成长，制定了《昆明市中小学生体质健康促进条例》；为维护食品生产安全，确保人民群众吃上放心肉品，及时修订了《昆明市生猪屠宰管理条例》；为加快建设泛亚历史文化名城，保护改善城市生态环境，适应未来城市发展需要，注重与上位法的承接，先后修订了《昆明市历史文化名城保护条例》和《昆明市城镇绿化条例》。

积极参与国家和省的有关立法活动。一年来，常委会先后组织组成人员、人大代表以及有关部门，对全国人大常委会安排的《中华人民共和国个人所得税法修正案》、《中华人民共和国兵役法修正案》、《中华人民共和国精神卫生法》、《中华人民共和国清洁生产促进法修正案》和省人大常委会安排的《云南省盐业管理条例》、《云南省企业工资集体协商条例》等6件法律法规的制定或修订进行了征求意见，为国家和省的立法工作提供了较好的意见建议。配合省人大常委会，开展了《云南省人才资源开发促进条例》贯彻执行情况的“立法回头看”活动。

三、注重监督实效，为经济社会平稳较快发展提供支持

常委会认真贯彻落实监督法，坚持党的领导和依法监督的原则，围绕市委中心工作，紧扣发展主题和社会民生改善，突出监督服务人民、监督支持发展，紧盯全年目标任务，科学制定年度监督计划，综合运用执法检查、听取和审议专项工作报告，坚持开展季度全面视察和重点工作专项检查等方式，把人大监督拓展延伸到全市经济社会发展和重点工作推进的方方面面，着力推动带有普遍性、全局性问题的解决，积极促进昆明科学发展、和谐发展、跨越发展。一年来，常委会共听取和审议专项工作报告7次，组织执法检查4次，开展专项视察32次、专题调研41次。

（一）围绕市委决策部署贯彻落实加强监督

常委会始终把推动市委重大决策部署的贯彻落实作为监督工作的重中之重，认真督促、全力支持“一府两院”抓好工作落实。开展对重点工程建设情况的监督检查，听取和审议了城市轨道交通建设情况专项工作报告，提出妥善处理征地拆迁、抓好建设规划编制、保证工程质量等审议意见；听取和审议了环湖生态湿地建设管理专项工作报告，提出注重建设质量和管理水平、严厉打击随意侵占破坏行为等审议意见。积极督促重大项目推进落实，组织开展对呈贡新区市政配套设施建设项

目的专项视察，提出优化方案、加快进度、保证质量的建议；组织开展对市级有关医院新建、迁建重点项目的专项视察，提出严格建设标准、降低投资成本、拓宽融资渠道的建议。通过现场视察检查，反复督查督办，推动了有关问题的解决，在促进市委重大决策部署贯彻落实中发挥了应有作用。

（二）围绕加快转变经济发展方式加强监督

常委会坚持把关注当前和谋划长远结合起来，围绕转变发展方式这一主线，积极推动经济结构在持续增长中优化升级，经济质量和经济效益在方式转变中提质增效。关注全市宏观经济运行，加强对国民经济和社会发展计划与执行情况、财政预算与执行情况的监督，听取和审议了市人民政府关于2011年上半年国民经济和社会发展计划执行情况的工作报告、2011年上半年地方财政预算执行情况及2010年度地方财政决算报告、2010年市级预算执行情况和其他财政收支情况的审计工作报告，就进一步完善公共财政体系，优化财政支出结构，保证支出重点等提出审议意见，作出了“关于批准昆明市2010年度地方财政决算的决议”。

把工业突破、园区建设和招商引资作为常委会支持经济建设、助推发展方式转变的监督重点，全面加强监督工作，按季度开展专项视察，组织常委会组成人员和人大代表，深入工作一线听取职能部门工作汇报，共同研究困难问题，认真提出意见建议，为昆明经济健康协调发展出谋划策。

（三）围绕人民群众切身利益问题加强监督

保障和改善民生是贯彻落实科学发展观的内在要求，也是发展经济的最终目的。为推动事关人民群众切身利益问题的解决，常委会对《中华人民共和国防震减灾法》、《中华人民共和国治安管理处罚法》、《昆明市中小学幼儿园场地校舍建设保护条例》及《昆明市人大常委会关于进一步加强全市病险水库除险加固工作的决议》等法律法规和决议决定的贯彻落实情况进行了执法检查，提出审议意见，督促政府研究解决有关问题。按照市委提出的学有优教、劳有多得、病有良医、老有善养、住有宜居的目标要求，组织开展对农村中小学标准化建设、校舍安全、就业工作、医疗器械管理、城乡低保和保障性住房等工作的视察检查，督促政府抓好政策措施推进落实，积极促进人民群众生活水平稳步提高。针对地沟油、瘦肉精、塑化剂等事件频频曝光，食品安全监管亟待加强的问题，组织开展对食品安全工作的专项检查，督促政府加强食品安全监管，促进食品安全环境优化改善。高度关注社会公平正义，认真督促法、检“两院”公正司法，维护法律权威，妥善处理人民群众来信来访，化解社会矛盾，维护人民群众合法权益，积极促进社会和谐稳定。

四、依法行使重大事项决定权，认真做好人事任免工作

常委会围绕改革发展稳定工作中的重大问题，认真行使重大事项决定权，全年共作出决议决定12项。为适应新时期民主法制建设的需要，进一步提高全市法治化管理水平，作出了“关于在全市继续开展法制宣传教育工作的决议”；为全力推进生态昆明和资源节约型、环境友好型社会建设，作出了“关于加快推进雨水、污水和城乡垃圾资源化利用的决议”和“关于在呈贡与空港经济区等区域规划建设城市生态隔离带的决议”；为进一步做大做强政府土地储备，构建全方位、宽领域、多层次的土地储备融资格局，作出了“关于同意市政府引入华泰保险资金用于土地收储的决定”；为进一步扩大对外交流合作，加快建设区域性国际城市，作出了“关于昆明市与尼泊尔博克拉市建立友好城市关系的决定”和“关于昆明市与加拿大本拿比市建立友好城市关系的决定”。

常委会坚持党管干部与依法任免相统一原则，认真执行对拟任人员任前法律考试、与组成人员见面、任职发言、任后颁发任命书等制度，充分发扬民主，严格按照法定程序开展任免工作。一年来，共任免国家机关工作人员112人（次）。

五、加强和改进代表工作，充分发挥代表主体作用

常委会认真贯彻执行新修订的代表法，注重完善代表工作机制，创新代表工作方式，丰富代表活动内容，提高代表工作水平，积极为代表知情知政、依法履职创造条件、提供服务，支持和引导代表为昆明改革建设发展贡献力量。

（一）认真办理代表议案建议

常委会把审议、督办代表议案、建议、批评和意见作为加强和改进代表工作的重要途径，严格落实“先面商、后答复”、首办责任制、建议办理回访等制度，认真审议和督办代表在市十三届人大一次会议上提出的5件议案、353件建议，以及闭会期间提出的28件建议，扎实开展代表建议办理情况检查，不断提高代表议案建议办理解决率和满意率。健全完善重点建议督办检查制度，通过市政府分管副市长领办、常委会副主任分工督办、市政府有关部门具体承办、市人大有关专（工）委对口督办、常委会年

终统一检查的方式，积极促进重点建议办理。主任会议确定的6件重点建议已得到较好落实。

（二）精心组织开展代表活动

常委会把丰富闭会期间代表活动作为促进代表依法履职、密切联系群众的有效途径。针对全域城镇化、县域经济发展、城乡规划管理、农业产业结构优化等工作，23个代表小组按季度定期开展活动；针对财政经济、社会事业、基础设施建设、生态环境保护、公正司法和民族宗教等工作，共组织开展了23次专业代表小组活动；针对人民群众普遍关心关注的热点难点问题，先后组织代表对校园周边环境整治、医疗器械管理使用、城市道路交通拥堵、社会治安和社会管理创新等工作开展6次持证视察。认真收集整理代表意见建议，通过《代表之声》及时将代表在活动中了解到的社情民意报送市委、市政府领导参阅，充分发挥代表联系人民群众的桥梁纽带作用。全年，共刊印6期《代表之声》，收集整理代表反映的23个方面的169条意见建议。

（三）切实加强代表服务保障

创造条件、搞好服务，为代表依法履职营造良好环境，是常委会的一项重要职责。常委会坚持和完善组成人员联系代表和人大代表列席常委会会议制度，采取各种方式，通过多种渠道，密切与代表的联系，听取代表意见。全年，常委会组成人员联系代表271人（次），邀请14名省人大代表、197名市人大代表列席常委会会议。结合全市经济社会发展形势，及时组织开展两次重大事项情况通报会，400余名市人大代表全面了解了城市轨道交通建设和城市规划工作情况，进一步拓宽了代表知情知政渠道。着力加强“代表之家”阵地建设，继续办好“市人大代表联系人民群众信箱”，定期向代表寄送相关资料，为代表依法履职做好服务保障。

六、适应新形势发展需要，加强常委会和机关自身建设

加强常委会和机关自身建设，是做好新时期人大工作的必然要求。常委会不断强化自身建设，扎实抓好机关思想建设、制度建设、作风建设和队伍建设，组成人员和机关工作人员的政治意识、法律意识、责任意识、服务意识有了新提高。

着力加强思想建设。围绕创建学习型机关，充分运用党组理论中心组学习、支部活动、专题讲座、下发学习资料等形式，认真学习领会中央、省市重要会议精神，坚持用中国特色社会主义理论和科学发展观武装党员干部头脑，始终保持人大工作正确政治方向；以学习杨善洲精神为契机，深入开展创先争优活动，着力强化机关干部理想信念，不断提高机关干部的政治敏锐性和大局观念、整体意识。

着力加强制度建设。充分发挥制度在加强自身建设、推动工作发展方面的基础性作用，继续完善原有规章制度，以规范工作程序、改进工作方式为重点，加大制度创新工作力度，研究制定了计划和预算监督工作程序、常委会组成人员参加市人大常委会会议通报办法、专业代表小组活动、课题研究实施等八项工作制度，常委会工作机制和机关工作制度体系不断健全。

着力加强作风建设。坚持走群众路线，深入基层，贴近群众，密切同人大代表和人民群众的联系，努力为民办实事、办好事，夯实人大工作基础。以开展创先争优活动和创建文明机关活动为契机，认真抓好机关效能建设，大力弘扬求真务实、真抓实干的工作作风，着力促进机关工作提质增效，机关工作人员的服务意识、工作作风、办事效率有了新提高。

着力加强队伍建设。站在促进人大工作长远发展的高度，把机关干部队伍建设摆在更加重要的位置，组织开展了科级干部竞争上岗和轮岗交流工作，一批青年干部走上处室负责人工作岗位，为机关工作注入了生机和活力。围绕建设区域性国际城市的需要，及时设立了市人大常委会外事华侨工委，为加强市人大及其常委会对外交流工作提供了组织保障。

常委会高度重视人大制度理论研究，组织开展了社会力量兴办养老服务业、中草药资源保护与发展、改进和加强地方人大视察工作、推进人大代表进社区开展工作、学前教育现状及发展等五个方面的决策咨询课题研究。积极开展对外交往，接待泰国曼谷议会代表团和美国、日本友好人士来访，组织了昆明市青年代表团对泰国曼谷议会的访问活动。以《昆明人大》刊物、两个《人大之窗》和昆明人大网站为主阵地，做好人大宣传工作，主动接受人民群众监督。密切与县（市、区）人大常委会工作联系，共同推进全市人大工作。组织参加全省人大系统“为人民歌唱”比赛和宣传人民代表大会制度知识竞赛，取得优异成绩。

认真做好市委交办的其他工作任务。牵头协调市级36家单位加强对寻甸县的挂钩扶贫工作；常委会领导切实履行“河长”、“路长”职责，督促指导做好入滇河道和“四环十七射”道路综合治理工作；按照市委要求，常委会领导带队赴外地做好招商引资工作。

各位代表，过去的一年，是市人大常委会站在新的历史起点上，推动人大工作取得新进步、实现新突破、迎来新发展的一年。市人大常委会取得的每一项成绩，是市委坚强领导的结果；是全体人大代表共同努力、常委会机关全体工作人员辛勤劳动的结果。这些成绩的取

得，也离不开全市各族人民、各级国家机关、社会各界、驻昆解放军、武警部队的大力支持。在此，我谨代表昆明市人大常委会，向关心支持昆明发展、关心支持昆明人大工作的社会各界，表示衷心的感谢，并致以崇高的敬意！

在肯定成绩的同时，我们也清醒地认识到，面对新形势新任务，常委会的工作还存在一些差距和不足，主要表现在：适应区域性国际城市建设的地方性法规还需健全，内容还需丰富；促进昆明经济社会发展和民生改善的人大监督工作力度还需加大，范围还需拓展；保障代表在闭会期间依法行使职权、履行义务的平台还需巩固，机制还需完善；常委会及机关自身建设还不能完全适应新形势发展的要求，学习培训工作必须加强等等。对于这些问题，常委会高度重视，将采取有力措施，认真加以改进。

2012年的主要工作意见

2012年，是围绕建设现代新昆明和区域性国际城市目标，抢抓“两强一堡”战略机遇，建设美好幸福新昆明的关键时期和重要阶段。做好今年的人大工作，意义重大、影响深远。市人大常委会工作的指导思想是：以邓小平理论和“三个代表”重要思想为指导，深入贯彻落实科学发展观，在中共昆明市委的坚强领导下，全面贯彻落实党的十七届六中全会、中央经济工作会、省第九次党代会、省委九届二次全会和市第十次党代会、市委十届二次全会精神，始终坚持党的领导、人民当家作主和依法治国有机统一，紧紧围绕市委确定的目标任务，认真依法履职，全力确保宪法和法律法规在我市的正确实施，全力确保市委重大决策部署得到贯彻落实，为建设美好幸福新昆明作出新贡献。

在立法工作方面，立足昆明经济社会建设和改革开放大局，围绕五年立法规划，科学制定2012年度立法计划，加大经济领域、社会领域立法力度，着力提高地方立法质量，推进地方立法进程，为加快建设区域性国际城市提供更加有力的法制保障。拟就有关城市管理综合行政执法、公共汽车客运、城市管线管理、消防、企业工资集体协商、清水海保护、农产品质量安全等方面开展地方立法，及时修订有关流动人口计划生育管理等方面的地方性法规，适时开展民办教育、物业管理、城市房屋安全管理、森林防火、水利工程管理等方面的立法调研工作。

在监督工作方面，认真贯彻执行《监督法》，创新监督方式、增强监督实效，围绕促进科学发展、和谐发展、跨越发展，加大对宪法和法律法规贯彻执行、宏观经济运行、市委重大决策部署、社会民生改善的监督力度，把监督重点放在解决事关人民群众切身利益的热点难点问题上，拟组织开展《防空法》贯彻执行、食品安全、保障性住房建设、清真食品管理、侨企合法权益保护等方面的视察、检查、调研工作，为昆明经济社会发展赢得更广泛的支持和理解，奠定更坚实的群众基础。

在重大事项决定和人事任免方面，按照抓大事、议大事原则，加强调查研究，深入充分论证，科学民主决策，依法行使重大事项决定权。坚持党管干部原则，认真行使人事任免权，充分体现人民意志，顺利实现党委人事安排意图。

在代表工作方面，加强组成人员与代表、代表与人民群众的联系，进一步发挥代表主体作用。坚持向代表通报重大事项和重要工作，保障代表知情权。加强代表议案建议办理和督办工作，增强办理实效。按照全国人大、省人大常委会的安排部署，坚持党的领导，依法做好全市县乡两级人大换届选举相关工作，组织做好昆明市出席云南省第十二届人民代表大会代表的选举工作。

在常委会和机关自身建设方面，把学习贯彻党的十七届六中全会、中央经济工作会、省第九次党代会、省委九届二次全会和市第十次党代会、市委十届二次全会精神作为首要任务，全面加强常委会及机关自身建设，切实提高依法履职和集体行使职权的能力水平，使人大工作更有特色、更富成效。

各位代表，现代新昆明建设已进入跨越崛起的关键时期，我们肩负的使命更加光荣，任务更加艰巨。让我们紧密团结在以胡锦涛同志为总书记的党中央周围，高举中国特色社会主义伟大旗帜，坚持以邓小平理论和“三个代表”重要思想为指导，在中共昆明市委的坚强领导下，深入贯彻落实科学发展观，求真务实、锐意进取、开拓创新、扎实工作，努力推动人大工作再上新台阶，再创新局面，为建设美好幸福新昆明作出新的更大的贡献，以优异成绩迎接党的十八大胜利召开！

KUNMING YEARBOOK

中国人民政治协商会议昆明市第十二届委员会常务委员会工作报告

——在政协昆明市第十二届委员会第二次会议上

(2012年1月10日)

田云翔

各位委员：

我受政协昆明市第十二届委员会常务委员会的委托，向大会报告工作，请予审议。

2011年主要工作回顾

2011年是实施“十二五”规划的开局之年，也是政协昆明市第十二届委员会履职的第一年。一年来，在中共昆明市委的领导和省政协的指导下，政协昆明市第十二届委员会常务委员会以邓小平理论和“三个代表”重要思想为指导，深入贯彻落实科学发展观，学习贯彻中共十七大和十七届五中、六中全会及中共昆明市第十次代表大会精神，坚持团结、民主两大主题，围绕中心，服务大局，积极履行政治协商、民主监督、参政议政职能，为我市经济、政治、文化、社会建设和生态文明建设作出了积极贡献。

一、围绕发展大局，政治协商深入推进

常委会紧紧围绕我市经济社会发展规划的制定和实施，开展协商活动。

对重大事项进行协商。在2011年市政协十二届一次全会期间，以小组讨论会、大会发言、联组发言、专题协商会等形式，组织委员协商《昆明市国民经济和社会发展第十二个五年规划纲要》、《政府工作报告》及计划、财政、法院、检察院工作报告。委员们围绕我市经济结构调整、产业发展、城乡统筹、城市规划建设管理、民生改善、社会管理与社会事业发展等方面，对 “十二五”规划的制定及规划的执行开展了协商讨论，提出了一些针对性强、切实可行的意见建议。中共昆明市第十次代表大会召开前，市委将市党代会的报告（稿）专门征求市政协和市级党派团体的意见建议。今年的市人代会、市政协会召开前夕，市政府主要领导和相关委办局负责人就《政府工作报告》（协商稿）和政府工作，专门听取市政协和市级各民主党派、工商联、有关人民团体的意见。一年来，市委、市政府以征求对文稿意见的形式，通过市政协对我市多个发展专项规划、政策意见（稿）进行协商。协商活动所提出的不少意见建议，得到了市委、市政府的重视和采纳。

开展多种专题协商。一年来，开展了对我市发展规划条例、城市轨道交通管理条例、城镇绿化条例、历史文化名城保护条例、道路交通安全条例、就业促进条例、节约能源条例、学生体质健康促进条例、生猪屠宰条例等9项地方性法规（草案）的立法协商，开展了对闲置土地处置办法、公共租赁住房管理办法、户外广告设施管理办法、农村公益性公墓管理办法、电动自行车管理规定、学前教育增量提质三年行动计划等17项政府规章和规范性文件（稿）的协商，共提出了100多条修改的意见建议。在对昆明市学生体质健康促进条例的协商中，委员们提出市和县（市）区人民政府应当将学生体质健康促进工作纳入国民经济和社会发展规划，落实到相关部门，组织和动员社会力量共同促进学生体质健康，学校应当根据国家课程标准开齐开足体育课，不得削减或者挤占体育课时和课外活动时间，鼓励公共体育场馆和运动设施向学生免费开放的意见。

出台政治协商的规范性意见。总结我市政协政治协商和学习借鉴外地的做法，向市委建议，制订我市政治协商方面的规范性文件。在市委的领导下，组织和参与起草《中共昆明市委关于加强人民政协政治协商制度建设的意见》（稿）。《意见》明确和细化了协商原则、协商内容、协商形式、协商程序、协商保障等方面的内容，特别明确了协商成果的报送、协商意见的处理和反馈，以及协商成果的跟踪问效和对政治协商工作的督查考核工作。市委常委会研究后下发了《意见》，为我市更好地开展政治协商提供了制度保证。

二、采取多种形式，民主监督力度加大

围绕市委、市政府决策部署的贯彻落实以及人民群众关注的热点问题，通过视察、专项监督、重点督查、民主评议、提案等多种形式，积极探索加强民主监督的有效形式，提高民主监督实效。组织召开昆明市经济运行、全市党风廉政建设和反腐败工作等情况通报会，努力使政协委员更好地知情明政，履行监督职能。

开展视察活动。全年开展了对倘甸产业园区（轿子山旅游开发区）建设、阳宗海水环境保护、创建民族团结示范社区建设、历史文化名城保护利用与文明街区建设、主

城建成区屠宰市场搬迁建设、创建国家卫生城市、公安机关社会管理创新、呈贡区公共文化设施建设和“两污”处理设施建设、安宁市城市供水等20项视察。通过视察，促进相关工作落实。

开展专项监督。落实《关于加强市政协对市政府部门实行民主监督推动工作落实的意见》，制订年度民主监督工作计划，确定对全市的18项工作列入当年的专项监督工作。开展了对我市保障性住房建设、主城区企业“退二进三”、宗教活动场所建设、主城区房屋权属统一登记管理、查处违法排污、新建小区社会服务设施建设、静脉产业园区建设建议案办理情况、主城区旧城和城中村改造、石林台湾农民创业园建设等工作进行专项监督。在对主城区企业“退二进三”专项监督中，提出了要强化统筹协调、加快“退二进三”项目的规划和土地处置、完善土地储备专项资金制度、加强搬迁企业进园区工作等方面的意见建议。

开展重点督查。开展对市委交与市政协进行督查项目的督查。根据市委要求，市政协主席和各位副主席带领市政协委员、专家和市级相关部门负责同志，组成4个督查组，对全市113项重大产业项目推进情况开展了重点督查。就项目的开工、资金到位、工程进展、存在问题等情况，通过看工程现场、听项目介绍、问有关情况、提意见建议等方式进行督查。督查组提出要防止重大产业项目开工后工程进展缓慢、开而不建的现象，解决好规划滞后、用地不落实、资金不到位、园区建设基础薄弱等问题。还重点开展了对医疗、学校等公共基础设施建设项目的督查。受市委委托，开展了对我市出台的制度创新性文件进行常态性督查的工作。今年以来，在市政协主席、副主席的带领下，对支持倘甸产业园区（轿子雪山旅游开发区）加快发展的意见、加快建设中国面向西南开放的区域性国际城市的若干意见、昆明市中长期人才发展规划、推进“借才引智”工程实施意见等50项全市制度创新性文件进行督查，助推市委、市政府确定的工作目标的落实。

开展民主评议。对市人口和计划生育委员会的工作开展民主评议。通过发放问卷调查表、召开各类人员座谈会、走访等形式，肯定了市人口和计划生育委员会近年来的工作成绩，提出了改进工作的意见建议。组织政协委员参加对市级机关各部门的机关作风评议，参加政府部门年度目标管理督查考核工作。充分发挥政协委员担任特约行风监督员、特约监察员、特约审计员和特约人民监督员、人民陪审员的作用，对国家机关及其工作人员的工作进行不同形式的监督。

三、关注重点热点，参政议政取得实效

充分发挥政协委员、政协参加单位的作用，围绕科学发展这一主题，紧扣转变经济发展方式这一主线，积极参政议政。

围绕全局性问题建言献策。《国务院关于支持云南省加快建设面向西南开放重要桥头堡的意见》，是指导我省科学发展、加快发展的纲领性文件，也为昆明加快建设区域性国际城市，提供了千载难逢的重大机遇。在市政协第二次常委会议上，专题听取了市政府关于加快桥头堡建设的情况通报，40多位市政协常委和政协参加单位，从培育和发展新兴产业、加快区域性国际城市规划建设管理、加快应用型人才培养、提升国际城市文化形象等方面提出意见建议。汇总的意见建议报市委得到了市委主要领导的肯定和批示。加强和创新社会管理，是党中央、国务院作出的重大工作部署，市政协围绕这一主题，开展了视察和督查活动，在第三次常委会上，30位市政协常委围绕“加强和创新社会管理，构建和谐昆明”进行发言，积极建言献策。

围绕前瞻性问题出谋划策。紧紧围绕全市工作大局，充分发挥政协联系面广、渠道畅通、包容性强、人才聚集的优势，积极为我市经济社会发展献计出力。在国家新一轮西部大开发和国家“十二五”规划中，提出加快滇中经济区建设，省市党委、政府高度重视。由昆明市政协发起，举办了“滇中经济区四州市政协合作机制第一次会议”，共同探讨加快滇中经济区建设和四州市政协合作大计，昆明、曲靖、玉溪、楚雄四州市政协共同签署了《滇中经济区四州市政协合作机制协议》。昆明市政协依托此平台，就滇中经济区区域规划、基础设施、产业发展、资源开发、生态环保、社会事业等方面与州市政协及有关部门进行交流研讨，形成意见建议，为省委、省政府和四州市党委、政府决策提供参考。

围绕重点问题开展调研。先后组织了对我市学前教育、中小学幼儿园区域布局布点实施、水利工程建设、构建和谐劳动关系、科技对发展现代产业的支撑作用、集体林权制度配套改革、文物保护及文博事业发展、呈贡区规划建设管理情况8项重点调研，为我市经济社会发展建有据之言、献务实之策。市委主要领导在市政协报送的学前教育发展调研报告上作了重要批示，市政府出台了学前教育增量提质的相关文件，促进了学前教育的发展。积极配合全国政协和省政协在昆开展的保障性住房建设、公立医院改革等多项调研，主动争取中央和省加大对我市的支持力度。中共十七届六中全会作出了《中共中央关于深化文化体制改革推动社会主义文化大发展大繁荣若干重大问题的决定》，在开展调研视察的基础上，主席会议专题讨论协商我市文化大发展大繁荣问题，并形成了《关于进一步推动我市文化事业繁荣文化产业发展的建议案》，建议案针对目前我市大文化建设中存在的问题，提出了确立文化强市目标，加快建设泛亚文化名城，增大文化投入，统筹城乡文化建设，推进文化精品工程，提升呈贡新区文化品位等六方面意见建议。

重视做好提案工作。常委会重视提案在履行政协职能中的作用，认真做好十二届一次全会以来提案的收集、审查、

交办工作。全年共立案510件，分别交由各承办单位办理，已全部办复。开展重点提案的督办工作，10件重点提案经主席会议审议确定后，主席、副主席分别进行了重点督办，促进了党委、政府部门的工作，解决了一些人民群众关注的问题。我市的提案工作，提案质量、办理质量和服务质量不断提高，逐步从数量型向质量型、答复型向落实型转变。通过新修订出台的《政协昆明市委员会提案工作条例》，推进了提案工作的制度化、规范化和程序化建设。

围绕民生问题献计出力。把推进民生改善作为履行职能的出发点和落脚点，作为学习实践科学发展观的具体实践，为解决群众最关心、最直接、最现实的利益问题献计出力。常委会议、主席会议审议的议题，多项调研视察和监督活动，都围绕人民群众关注的入学、就医、住房、就业、食品安全、社会治安、社会保障等方面的内容展开。全年立案的提案中，有300多件都关乎民生问题。市政协领导担任了8条河道的“河长”和部分路段的“路长”，对河道和道路整治工作进行协调和检查督促。市政协领导还深入企业、农村、社区联系点，了解群众的反映和要求，协调解决一些困难和问题。按照市委、市政府全市农村扶贫开发工作的统一安排，市政协办公厅牵头市级33个单位挂钩帮扶东川区6个镇的42个贫困村委会。市政协主席和多位副主席深入边远贫穷的乡村，帮助制订扶贫和发展规划，督促扶贫项目落实，市级挂钩扶贫单位和社会各界共支持扶贫资金1200多万元。

四、发挥政协优势，团结和谐彰显合力

加强与各界的团结协作。遵循平等协商、求同存异、体谅包容、合作共事的原则，重视发挥各民主党派、工商联、有关人民团体和无党派人士在政协工作中的作用。落实《关于进一步加强政协昆明市委员会与市级各民主党派、工商联、有关人民团体联系的制度》，适时向党派团体通报情况，征询意见。重视督办市级各民主党派、工商联和有关人民团体的集体提案。邀请市级各民主党派，参加市政协的有关会议和调研、视察、考察等活动。对我市民主党派在政协履行职能中发挥作用的情况进行专题调研，认真总结经验做法。贯彻党的民族宗教政策，组织委员深入民族地区，了解和反映少数民族在经济社会发展中的困难和问题；走访宗教界人士，支持宗教活动场所和爱国宗教团体建设，促进宗教关系和谐。

发挥优势开展主题活动。100年前在昆明发生的重九起义，是辛亥革命的重要组成部分，有力地声援了武昌起义，为加速民主共和进程作出了重大贡献。充分发挥政协统一战线组织的作用，市政协牵头组织纪念辛亥革命暨昆明重九起义100周年系列活动。积极参与和组织昆明市各族各界纪念辛亥革命暨昆明重九起义100周年纪念大会，牵头与红云红河集团、市社科联等单位共同召开了辛亥革命暨昆明重九起义专题研讨会，积极协调各方举办辛亥革命暨重九起义电影、电视剧及图书展映展示活动。弘扬辛亥革命精神，汇聚改革发展力量，展现历史文化名城风貌。

积极反映社情民意。坚持深入基层，深入群众，深入实际，听取各方意见，反映社情民意，共编印《社情民意反映》81期送党委、政府领导。其中的《关于昆明自谋职业群体生存现状的情况建议》、《关于加快根治昆明城市内涝淹水的建议》等的反映，市委、市政府领导作了批示。通过市政协主席、副主席接待日，约谈了120多名市政协委员。就加快昆明“走出去”战略的实施、城市建设与管理、历史文化名城保护、社会治安、教育与医疗卫生改革、社会保障、生态环境建设等方面的工作进行探讨，提出意见建议转送有关部门。

对外联谊进一步增强。完成了昆明市海外联谊会的换届工作。充分发挥政协联系面广的优势和昆明市海外联谊会和政协之友联谊会的作用，加强与港澳台侨人士的联系，广交海内外朋友。接待来自云南台湾同乡会等港澳台侨和海外朋友200多人次，走访部分港澳委员所在的企业和侨台资企业，帮助解决生产经营中的困难和问题。通过“走出去”和“请进来”，宣传推介昆明，积极为招商引资和引进人才出力。举办中秋联谊会等重大纪念活动，加强与各族各界人士的联谊交流。

五、重视委员培训，主体作用不断发挥

结合市政协换届产生第十二届委员会的实际，市政协与市委组织部、市委统战部共同制定了《政协昆明市委员会委员协商产生办法》，规范了协商产生市政协委员的程序，委员产生更加公开、民主，严把政协委员“入口关”，委员队伍整体素质得到提高。

加强对委员的培训。针对换届后新委员占委员总数三分之二以上的情况，举办委员培训班，提高自身素质，增强履职能力，市政协委员、专门委员会顾问、各县(市)区政协负责人共500多人参加了培训。学习人民政协理论、统一战线理论及政协工作业务知识，开设桥头堡战略讲座，通报全市经济运行情况，交流政协委员履职的体会，提高了委员的履职能力，增强了委员履职的责任感和使命感。

开展“五个一”活动。为了更好地搭建委员履职平台，在政协委员中开展提出一件提案，参加一项调研视察活动，提出一个工作建议，反映一条社情民意，为贫困弱势群体献一份爱心的“五个一”活动。市政协委员全年共提出工作建议780多项，反映社情民意260多条。市政协把开展活动中委员提出的意见建议编印成《政协委员建言献策录》，送市级领导和市委、市政府部门作为工作参考。组织政协委员和政协参加单位，并发动社会力量，积极扶

贫济困、捐资助学，共捐资捐物上千万元，为贫困地区和困难群体做好事、办实事、献爱心，解决了人民群众生产、生活中的一些实际问题。

六、加强自身建设，履职能力明显提高

注重制度建设，推动工作创新。常委会从抓制度建设入手，推进政协履行职能的制度化、规范化和程序化建设。在市委的领导下，市政协领导组织和参与了《中共昆明市委关于加强人民政协政治协商制度建设的意见》（稿）的起草工作。新修订《中国人民政治协商会议昆明市委员会提案工作条例》，制定《中共政协昆明市委员会党组关于建立督查工作联动机制加强民主监督的意见》，都经市委常委会研究同意后下发。共同制定了《关于加强市政协与市法院、市检察院工作联系的办法（试行）》。还制定了界别和专门委员会对应履职的管理办法、民主监督员选派及管理服务办法、市政协委员履职服务管理办法等创新性文件，有力地推动了政协各项履职工作的开展。

加强机关建设，提高干部整体素质。学习党的路线方针政策，学习中央、省市委关于加强人民政协工作的会议文件精神，学习统一战线理论、法律法规和现代科学文化知识。市政协通过主席会议、常委会议和政协机关学习等多种形式，及时学习贯彻中共云南省第九次代表大会和中共昆明市第十次代表大会精神。开展向杨善洲同志学习主题实践活动，开展“执行力提升年”和创建学习型、服务型、效能型、创新型、和谐型“五型”机关活动，努力提高政协机关工作者的理论素养和履职水平。第十二届市政协设置了8个专门委员会，较之上届新增设了民族宗教委员会。按程序选任了17位专门委员会兼职副主任和61位专门委员会顾问，进一步发挥好各专门委员会的基础作用。调整委员界别设置，创新委员参与界别活动的内容和形式。重视对县（市）区政协的联系和指导，与有关县（市）区政协联合开展一些专项调研和视察，在省政协和市政府的支持下，协调帮助解决县（市）区政协办公用房的补助资金。

加强理论研究，重视新闻宣传。组织开展了市科学决策咨询中心委托的提高政协工作科学化水平、滇中经济区产业布局、城市矿产资源综合利用、加强异地商会建设等专门课题的研究，积极为我市经济社会发展和提高政协履职水平提供深层次的意见建议。发挥文史资料的存史资政作用，编辑了《昆明文史资料选辑》第53、54辑。充分发挥政协专家顾问组的作用，开展对我市街名地名命名的咨询工作。召开年度政协工作新闻发布会和举办政协“好新闻”评选表彰活动，邀请全国政协机关领导在我市领导干部培训日上作人民政协理论的授课。通过昆明电视台的《政协之窗》、昆明日报的《政协之声》和云南政协报的《昆明政协》等栏目，加强政协的新闻宣传。市政协的履职工作引起了上级政协的关注，全国政协《人民政协报》头版头条以“民主监督的昆明实践”为题，对我市政协的民主监督工作作了专题报道。人民政协报和省级主要媒体还对昆明市政协牵头建立滇中四州市政协合作机制以及充分发挥委员主体作用等方面的工作进行专题宣传。

各位委员，一年来，政协昆明市第十二届委员会工作中所取得的成绩，是在中共昆明市委的领导下，在市政府和各有关方面的支持下，政协各参加单位和全体委员共同努力的结果。在此，我代表政协昆明市第十二届委员会常务委员会，向所有关心、支持市政协工作的领导和同志们、朋友们表示崇高的敬意和衷心的感谢！

一年来，政协昆明市第十二届委员会的工作虽然取得了一定成绩，但还存在一些有待解决的问题。主要是发挥委员、界别的作用不够；有些调研、视察活动形成的建议质量还不高；履行职能的制度化、规范化、程序化还有一定差距等等。这些应在今后的工作中切实加以改进。

2012年主要工作任务

2012年，是实施“十二五”规划承上启下的重要一年。推动经济社会发展，要突出把握好稳中求进的总基调。纵观国际国内形势，我们仍处于可以大有可为的重要战略机遇期，昆明将迎来发展的重大机遇。在新的一年里，常委会工作的总体要求是：以邓小平理论和“三个代表”重要思想为指导，深入贯彻落实科学发展观，全面贯彻中共十七大和十七届五中、六中全会精神，落实省第九次党代会和市第十次党代会精神，牢牢把握团结、民主两大主题，紧紧围绕中共昆明市委十届二次全会提出的目标任务，充分发挥人民政协协调关系、汇集力量、建言献策、服务大局的重要作用，在中共昆明市委的领导下，切实履行政治协商、民主监督、参政议政的职能，稳中求进谋发展，创新推动献良策，参政议政督落实，团结各界促和谐，为建设美好幸福的新昆明献计出力。

一、加强学习努力实践科学发展观

加强学习是政协适应新形势，推动新发展的不竭动力，是开展工作和发挥好作用的重要保证。要认真学习胡锦涛总书记在中国共产党成立90周年和在人民政协成立60周年大会上的重要讲话精神。今年下半年将要召开的中共十八大，将是一次对我国经济社会发展有着重大影响的重要会议。要按照中共中央和中共昆明市委的部署，把学习贯彻十八大和省、市党代会精神，作为一个时期的重要工作抓紧抓好。昆明是全省的政治、经济、文化和社会事业发展中心，作为云南省的省会城市和全省唯一的特大型城市，昆明地位举足轻重，责任重大。要强化省会城市意识，体现省会城市政协

工作水平。要紧密联系我市改革开放和现代化建设以及政协工作的实际，着眼于促进改革发展和稳定，服务大局更有高度，建言献策更有深度，努力在政协工作实践中探索新思路、新方法、新举措，开创政协工作新局面。

二、为加快现代新昆明和区域性国际城市建设献计出力

围绕建设区域性国际城市的目标，把促进发展作为履行政协职能的第一要务。积极开展政治协商，高质量建言献策，促进党委、政府科学民主决策。加强以建议意见为主要形式的民主监督，重视发挥提案、建议案的作用，完善机制，提高民主监督的质量和成效。丰富参政议政形式，增强参政议政的针对性和时效性。切实做到政治协商有序、民主监督有力、参政议政有为，不断增强履职实效。

一是围绕促进经济平稳较快发展，调整经济结构和推进新型工业化，加快推进工业园区和工业聚集区建设，大力发展现代服务业等方面献良策。二是围绕城乡统筹和“三农”工作，特别是城乡规划布局、基础设施建设、都市型现代农业、农村养老保障等方面开展调查研究，建言献策。三是围绕城市建设和管理、加强市容市貌整治、城市交通环境改善等方面提出建议，推进工作。四是围绕保障城乡生产生活用水、滇池治理与保护、节能减排、实施生态文明建设方面，发表意见，促进相关问题的解决。五是围绕文化大发展大繁荣，打造文化昆明，在健全公共文化服务体系、提升文化产业整体实力、加快建设民族文化强省的龙头等方面积极献计出力。六是围绕加强和创新社会管理，维护社会公平与正义，夯实共同奋斗的思想道德基础，努力为人民群众创造安定和谐的社会环境方面，发挥作用。

三、进一步扩大对外联谊和开放

要牢牢把握团结、民主两大主题，高举爱国主义、社会主义的伟大旗帜，充分发挥政协在组织上的广泛代表性、政治上的巨大包容性、工作方法上的多样灵活性，把团结各界、凝聚人心的工作摆在十分重要的位置。关注社会新阶层的利益诉求，积极探索扩大公民有序政治参与的渠道。努力为促进政党关系、民族关系、宗教关系、阶层关系、海内外同胞关系的和谐发挥积极作用。以推动桥头堡、滇中经济区建设为契机，积极开展全方位、多层次、宽领域的对外经济合作和文化交流活动，为昆明扩大开放、加快发展作贡献。充分发挥市海外联谊会的作用，加强与港澳同胞、台湾同胞和海外侨胞的联谊工作，努力扩宽和畅通与海内外各界人士的联系渠道，坚持“引进来”和“走出去”相结合，积极为我市企业走向海外牵线搭桥，为在昆发展的港澳台和外资企业做好服务工作，为营造良好的对外开放环境出力。

四、关注民生维护人民群众的根本利益

履职为民，以人为本，是人民政协适应时代新要求的重要举措和人民群众新期待的现实需要，也是人民政协贯彻中央、省、市委决策部署的重要体现。要把实现好、维护好、发展好最广大人民的根本利益贯彻落实到履行职能的全过程，把保障和改善民生放在更加突出的位置，积极协助党委、政府解决民生问题，努力让人民群众得到更多的实惠，让全体人民共享发展改革成果。组织政协委员和市政协机关干部广泛开展“四群教育”和“三深入”活动，围绕民生问题积极开展调研视察活动，重点把与人民群众生活密切相关的就医入学、扩大就业、食品安全、社会保障等问题，作为政治协商的重要议题、民主监督的重要内容、参政议政的重要任务，促进人民群众最关心、最现实利益问题的解决。牢固树立“人民政协为人民”的理念，深入基层、深入群众、深入实际，真诚倾听群众的呼声，真实反映群众的愿望，真情关心群众的疾苦。加强反映社情民意，努力使履行职能的过程成为听取民声、反映民意的过程，成为服务人民、造福人民、改善民生的过程。积极协助党委和政府做好协调关系、化解矛盾、增进团结的工作，促进社会公平正义。

五、进一步提高履职的科学化水平

新时期新阶段，对人民政协工作提出了新的更高的要求，要不断加强政协履行职能的制度化、规范化和程序化建设，积极探索履行职能的新形式新载体，形成服务发展、推动工作的新思路新机制，努力使政协的各项工作机制能够与时俱进、始终充满活力。全体委员要增强荣誉感、责任感和使命感，在实践中掌握新知识，积累新经验，增长新本领。要进一步发挥政协参加单位和各界别特别是民主党派的作用，加强专门委员会建设，加强对县（市）区政协工作的指导，加强与上级政协的联系和沟通。发挥人民政协理论研究会的作用，推进政协工作成果的转化。以创建“五型”机关为重点，加强政协机关的信息化建设，推进政协文化建设，全面加强机关的思想、组织和作风建设，努力造就一支政治坚定、作风优良、学识丰富、业务熟练的高素质政协干部队伍。

各位委员，在实现“十二五”规划和全面建设小康社会的进程中，人民政协可以而且应该大有作为。让我们紧密团结在以胡锦涛同志为总书记的中共中央周围，在中共昆明市委的领导下，凝心聚力、同心同德，献计出力、扎实工作，谱写我市人民政协事业新篇章，为建设美好幸福的新昆明作出人民政协应有的贡献，以优异成绩迎接中共十八大的胜利召开！

深入推进党风廉政建设和反腐败斗争 为建设美好幸福新昆明提供有力保证

——在中共昆明市纪委十届二次全体会议上的工作报告

（2012年1月19日）

应永生

同志们：

我代表市纪委常委会作工作报告，请予审议。

这次全会的主要任务是：深入贯彻党的十七届六中全会、省第九次党代会、市第十次党代会精神，按照十七届中央纪委七次全会、省纪委九届二次全会、市委十届二次全会的要求，总结2011年全市党风廉政建设和反腐败工作，部署2012年任务。市委对这次全会十分重视，市委常委会学习了十七届中央纪委七次全会、省纪委九届二次全会精神，研究了我市的贯彻意见和2012年反腐倡廉工作，省委常委、市委书记张田欣同志将作重要讲话，我们一定要认真学习、深刻领会、坚决贯彻落实。

一、2011年我市反腐倡廉建设取得了明显成效

在市委、市政府和省纪委、省监察厅的领导下，全市各级党委、政府和纪检监察机关紧紧围绕现代新昆明和区域性国际城市建设，以改革创新精神深入开展党风廉政建设和反腐败斗争，为我市科学发展和谐发展跨越发展提供了坚强的政治和纪律保证。

（一）加强监督检查，确保党委、政府重大决策部署的贯彻落实

把维护党的政治纪律作为首要任务，对中央、省、市关于做好“三农”工作、推进经济结构调整、节约用地和环境保护、保障和改善民生、维护稳定、党委换届等重大决策部署执行情况开展监督检查，对加强惩治和预防腐败体系建设、执行领导干部廉洁从政准则、开展厉行节约等工作进行党风巡查和专项督查。会同有关部门，对全市招商引资、工业突破、滇池治理、基础设施建设、民生工程等284个项目督查督办，对制止农村无序建房违法加层、整治城乡市容市貌环境卫生、滇池流域综合整治等工作暗访突访，查处和问责353起106人次。

（二）狠抓作风建设，优化经济社会发展软环境

开展了“执行力提升年”活动，组织101位市级机关“一把手”就“抓执行、强作风、讲效能、促发展”作出公开承诺、91名主要领导在线访谈“提升执行力、铸造新昆明、加快建设区域性国际城市”的思路、措施和经验；再次将市、县两级所有领导干部的职务职责和1279部公务电话向社会公布；督促各单位就提升执行力查找问题3008个，制定整改措施3494项，建立健全工作制度2529项；开展22次“明察暗访”，全年对行政不作为、乱作为的581人进行了问责。

（三）坚持从严执纪，始终保持惩治腐败强劲势头

全市纪检监察机关共接受群众来信来访电话举报2095件（次），立案225件，结案206件，处分222人（其中县处级干部16人、乡科级干部41人），通过办案共挽回经济损失2.6亿余元。严肃查处了市交通运输局原副局长唐有 收受贿赂案、市发改委收费管理处原副处长成建军参与聚众淫乱案等一批有影响的案件。加强对大案要案的深入剖析，针对暴露出来的问题，督促发案单位建章立制、堵塞漏洞，加强教育和监管。坚持惩处与保护并重，先后为210名党员干部澄清了举报失实问题，对99件轻微违规问题进行了适当处理。

（四）深入纠风治乱，着力解决群众反映强烈的问题

共清退教育乱收费71.87万元，医务人员上交红包59.41万元，减负使农民得实惠4.2亿元。查办征收征用土地、房屋拆迁、企业重组改制和破产中损害群众利益27人，对5起安全事故责任人给予党政纪处分。工程建设领域突出问题专项治理排查项目4651个，督促整改问题419个，查处了52起违法违纪行为。对3个单位私设“小金库”的问题进行了严肃处理。将107项检查考核评比达标表彰项目削减为49项，取消党政机关举办的庆典、研讨会、论坛活动5项，查处和问责公车私用私驾3件3人，公务接待、因公出国（境）、公务用车购置及运行经费比上年压缩10140万元。播出“春城热线”节目 112期，在全市开展了民主评议机关作风活动。

（五）强化教育监督，促使领导干部正确行使权力

在全市领导干部中开展了“以人为本、执政为民”主题教育，对520多名新提拔县处级领导干部进行了反腐倡廉教育培训，每月将《廉政准则》摘要或廉政公开短信发给全市县处级领导干部，安宁市检察院等6个单位被命名为省 “廉政文化示范点”。认真落实党内监督条例，严格执行领导干部报告个人重大事项、任前廉政谈话、述职述廉和勤廉公示等制度，查处领导干部违反规定收送礼金、有价证券和支付凭证行为5人、涉及金额44.18万元，查处利用职务以委托理财等形式谋取不正当利益行为5人、涉及金额313.64万元。建立并实施《昆明市党政正职监督办法》和《昆明市督促整改诫勉提醒谈话办法》，积极开展县委权力公开透明运行和基层组织党务公开工作。

（六）致力改革创新，深入推进从源头上防治腐败工作

市级86项行政审批项目压缩了五分之四的审批时限，建立了行政审批和重大项目电子监察系统；进一步完善公开选调、公推公选、公推直选、差额选举等干部人事制度；推进国库集中支付改革和完善公务卡结算制度；完善人民调解奖励机制和宽严相济的执法办案工作机制；成立了昆明市公共资源交易中心，全市政府性工程建设项目招投标、政府采购、土地及矿业权交易、国有产权交易全部纳入中心统一交易和监管。全面开展廉政风险防范管理工作，共查找廉政风险点225074个，制定防控措施241153条。全市各级各部门共创新制度2600多项，进一步规范了从政行为，促进了廉政勤政。

（七）注重队伍建设，塑造纪检监察干部良好形象

认真贯彻落实中央纪委《关于进一步加强和改进纪检监察干部队伍建设的若干意见》，继续深入开展“创先争优”和“做党的忠诚卫士、当群众的贴心人”主题实践活动。对中纪委〔2009〕9号、10号文件精神落实情况进行了“回头看”检查，顺利完成了市、县两级纪委换届工作。先后选送170名干部参加中央纪委、省纪委的培训，举办了全市街道纪工委、乡镇纪委书记培训班。建立健全纪检监察干部纪律巡查制度及绩效管理考核机制，对纪检监察干部严格要求、严格教育、严格管理、严格监督，督促严格遵守“五严守、五禁止”纪律规定，努力保持可亲、可信、可敬的良好形象。

在充分肯定我市反腐倡廉建设取得成效的同时，我们也清醒地看到：有的党员干部对上级的决策部署执行力不强，甚至敷衍了事；有的脱离群众，不作为混日子，个别的甚至追求腐化堕落生活方式，严重违纪违法；项目规划、土地管理、工程建设等领域腐败问题易发多发；征地拆迁、生产安全、环境保护等方面损害群众利益问题时有发生；纪检监察机关的思想观念、履职能力还不能完全适应新形势新任务要求等。我市反腐倡廉建设面临的形势依然严峻，任务依然艰巨。

二、2012年主要工作任务

胡锦涛同志在十七届中央纪委七次全会上的重要讲话，深刻阐述了保持党的纯洁性的极端重要性和紧迫性，要求全党切实增强党的意识、政治意识、危机意识、责任意识，不断增强自我净化、自我完善、自我革新、自我提高能力，始终保持党员干部思想纯洁、队伍纯洁、作风纯洁和清正廉洁。市委十届二次全会提出了“稳中求进、创新推动、跨越发展，为建设美好幸福的新昆明而努力奋斗”的目标和任务，对今年经济社会发展和党的建设各项工作进行了安排部署。全市各级纪检监察机关要围绕中心、服务大局，深入推进党风廉政建设和反腐败斗争，锻造纯洁、团结、有战斗力的党员干部队伍，为加快现代新昆明和区域性国际城市建设提供有力的政治和纪律保证。今年工作的总体要求是：高举中国特色社会主义伟大旗帜，以邓小平理论和“三个代表”重要思想为指导，深入学习实践科学发展观，全面贯彻落实党的十七届六中全会、省第九次党代会、市第十次党代会精神，按照十七届中央纪委七次全会、省纪委九届二次全会、市委十届二次全会的部署和要求，坚持标本兼治、综合治理、惩防并举、注重预防的方针，注重重温党章，严明党的纪律，保持党的纯洁性，加强党的作风建设，推进惩治和预防腐败体系建设，正确区分为公与谋私、工作失误与违法违纪、查办惩处与挽救保护的界限，着力解决反腐倡廉建设中人民群众反映强烈的突出问题，突出重点、狠抓落实，改革创新、争创一流，努力提高反腐倡廉建设科学化水平，保障和促进全市经济社会稳中求进、创新推动、跨越发展。

全市各级党委、政府和纪检监察机关要严格执行党风廉政建设责任制，既扎实抓好党风廉政建设和反腐败斗争各项长期性、基础性工作，又切实解决反腐倡廉建设中人民群众反映强烈的突出问题，全面推进党风廉政建设和反腐败工作。

（一）健全监督检查机制，确保现代新昆明和区域性国际城市建设今年目标任务的实现

建立健全定期检查和专项督查制度、纪律保障机制，不断完善及时跟进、领导协调、科学运作、常态运行等监督检查长效机制，把事前预防、事中监控、事后查处结合起来，不断提高监督检查工作的科学化水平。

要把严明党的纪律作为贯彻执行党风廉政建设责任制的重要内容。特别是要加强政治纪律教育，引导和督促党员干部讲政治、顾大局、守纪律，自觉同以胡锦涛同志为总书记的党中央保持高度一致。各级领导干部要严格要求自

己，切实担负起本地区、本部门严格执行政治纪律的领导责任。各级纪检监察机关要加强对党的政治纪律执行情况的监督检查，坚决反对和纠正散布违背党的理论和路线方针政策的意见、公开发表同中央的决定相违背的言论、对中央的决定部署阳奉阴违、泄露党和国家的秘密、参与各种非法组织和非法活动、编造和传播政治谣言及丑化党和国家形象等行为。对违反政治纪律的，要及时给予批评教育或组织处理；对造成严重后果的，依纪依法予以惩处。要严格执行组织人事工作纪律，加强对拟提拔干部的廉政考察，防止"带病上岗"、"带病提拔"。加强对干部选拔任用全过程的监督，严肃查处跑官要官、买官卖官、拉票贿选和突击提拔干部等行为，营造风清气正的选人用人环境。

要加强对党委、政府重大决策部署贯彻落实情况的监督检查。加大对转变经济发展方式的督查力度，重点开展对加强和改善宏观调控、加快经济结构调整、管理通胀预期、节能减排和环境保护、耕地保护和节约用地等政策措施落实情况的监督检查；要围绕贯彻落实市委十届二次全会精神，加强对加快新型工业化进程、提升城市化水平、做好"三农"工作、创新社会管理、深化改革开放、发展县域经济、推进文化体制改革、加大滇池治理力度等各项工作推进情况的监督检查，确保市委各项决策部署的贯彻落实。

（二）进一步加强作风建设，打造高效务实的优质软环境

要按照大力保持党员、干部作风纯洁的要求，督促各级领导干部认真学习实践中国特色社会主义理论，坚持不懈加强党性修养和党性锻炼，发扬党的优良传统和作风，切实成为政治坚定、勤政为民、求真务实、改革创新、团结和谐、清正廉洁的表率，树立换届后新班子的新面貌新形象。要深入贯彻市委关于开展"四群"教育活动的部署，督促领导干部深入基层、深入群众、深入实际，落实直接联系群众等制度。要加大作风整顿力度，坚决纠正少数党员干部脱离群众、作风霸道、特权观念严重等不良倾向，坚决克服官僚主义、形式主义、弄虚作假、心浮气躁等不良风气，严禁搞劳民伤财的"形象工程"和沽名钓誉的"政绩工程"。大力倡导真抓实干的良好风气，努力克服会议多、文件多、讲话多的问题，提倡少开会、开短会、开视频会，讲短话、讲实话，严格控制文件数量。继续执行中央有关厉行节约、反对铺张浪费的规定，从严控制楼堂馆所建设，严格控制"三公"经费预算规模，积极推进"三公"经费公开工作。认真解决群众反映强烈的信访问题，对遗留和长期重访的信访件，要组织协调有关部门全面清理排查，分类处理，明确责任，限时办结。

扎实推进农村、国有企业、城市社区党风廉政建设。加强对落实农村基层干部廉洁履职有关规定的监督检查，及时纠正并严肃处理违反规定的行为；创新基层干部监督管理机制，加强村务监督机制建设，完善对农村集体资金、资产和资源的管理。严格执行国有企业领导人员廉洁从业有关规定，进一步规范国有企业领导人员薪酬管理、股权激励和职务消费；认真落实"三重一大"决策制度，加强对企业领导人员特别是主要负责人的监督和责任制考核，大力推进国有企业领导人员经济责任审计，严格执行企业招待费向职代会报告制度；加强国有资产监管，特别是参股企业国有资产监管。推进城市社区党风廉政建设。加强对非公有制经济组织和新社会组织的监管，完善行业自律机制，防止和纠正违规违法行为。

进一步优化经济社会发展软环境。要按照建设责任政府、法治政府、效能政府、阳光政府、廉洁政府的要求，督促相关部门进一步转变政府职能，深化行政审批制度改革，规范行政执法行为，推行行政服务标准化，加强政府绩效管理，为投资创业和企业发展提供透明、便捷、高效的服务。在全市开展"狠抓落实年"活动，深入查找在贯彻落实党委政府决策部署方面存在的问题，采取有力措施切实进行整改；认真治理庸懒散问题，严肃处理不作为、慢作为、乱作为等行为；通过加强教育、健全制度、强化监督，督促党员干部抓落实，按质按量如期完成好各项目标任务。建立健全以行政权力网络运行、联审联批和网上审批、公共资源交易、公共资源管理、政府信息公开、政府投资项目管理为主要内容的电子监察系统，不断完善政风行风监督体系，及时处理各类投诉举报。

（三）深入推进惩治和预防腐败体系建设，切实抓好反腐倡廉各项工作

开展对《昆明市关于贯彻落实〈建立健全惩治和预防腐败体系2008－2012年工作规划〉的实施办法》的监督检查。加强分类指导，加大推进力度，确保各项任务圆满完成，基本构建具有昆明特色的惩防体系。加强调查研究，认真谋划好下一个五年惩防体系建设的工作思路、目标任务和具体措施。

继续加大查办案件工作力度。坚持一要坚决、二要慎重、务必搞准的原则，充分发挥各级纪委的组织协调职能作用，严肃查办发生在领导机关和领导干部中贪污贿赂、失职渎职的案件，发生在群众身边、严重损害群众利益、影响恶劣的典型案件；严肃查办发生在工程建设、房地产开发、土地管理和矿产资源开发等领域的案件，重特大安全生产事故背后的腐败案件，国有企业内幕交易、关联交易、利益输送的案件；严肃查办违反政治纪律和组织人事纪律的案件，司法领域贪赃枉法、徇私舞弊的案件，为黑恶势力充当"保护伞"的案件；严肃查办商业贿赂案件，加大对行贿行为的惩处力度；严肃查办农村基层党员干部违纪违法案件。完善跨区域、部门（行业）协作办案以及防逃追逃追赃机制，提高突破案件能力。加强和改进信访举报工作，畅通网络举报

渠道，完善保护证人、举报人的制度。加强案件审理和案件监督管理工作，始终做到依纪依法、安全文明办案。坚持教育、爱护、保护绝大多数党员干部，查办、惩处、打击极少数腐败分子。牢固树立查办案件要促进工作、推动发展的理念，努力取得良好的政治、经济、社会和法纪效果。

加强反腐倡廉教育和宣传。认真贯彻落实中央关于加强领导干部反腐倡廉教育的意见，深入开展理想信念教育、党章学习教育、党性党风党纪教育和从政道德教育，大力加强政治品质和道德品行教育。树立宣传一批廉政勤政先进典型，加强警示教育基地建设，深入剖析通报重大典型案件。把廉政文化建设纳入全市文化建设总体布局，开展廉政文化示范点创建活动，实施廉政文化精品工程，加强廉政文化阵地建设。加大对反腐倡廉建设成效的宣传力度，营造良好的舆论环境。加强反腐倡廉网络舆情信息和网络宣传工作，发挥互联网等新兴媒体的积极作用。

强化对领导干部的监督。认真贯彻党内监督条例，坚持和完善民主集中制，提高民主生活会质量，严格执行领导干部述职述廉和勤廉公示、诫勉谈话、函询等制度，切实抓好《昆明市党政正职监督办法》的落实。探索纪委对同级党委领导班子及其成员监督的有效途径和办法。进一步改进党风巡查工作，加强对县（市）区、市属单位、国有及控股企业的巡查。加强纪检监察派出（驻）机构对负责和联系单位的监督。认真贯彻行政监察法，深入开展执法监察、廉政监察、效能监察，加强绩效管理。

深化改革创新制度。进一步深化行政审批制度改革，着力清理、减少和调整行政审批事项；深化干部人事制度改革，完善干部考核评价、管理监督和激励保障机制；深化司法体制和工作机制改革，促进司法机关公正廉洁司法；深化财税体制改革，加大整合财政专项转移支付力度；深化投资体制和国有资产监管体制改革。深入推进现代市场体系建设，充分发挥市公共资源交易中心的作用，年底前要完成县级公共资源交易中心建设。深入推进基层组织党务公开和县委权力公开透明运行工作；认真执行政府信息公开条例，扩大行政决策公开的领域和范围；深化司法公开、厂务公开、村(居)务公开和公共事业单位办事公开，全面推进权力公开透明运行。加强社会领域防治腐败工作，扎实开展行业协会、社会中介组织和非公有制企业等防治腐败工作。加强廉政风险防控机制建设。推进社会信用体系建设，建立健全重点行业和领域防止利益冲突的规定，全面推行制度廉洁性审查。充分发挥现代科技手段在防治腐败中的重要作用。继续组织协调全市各级各部门，深入开展制度创新，进一步规范从政行为。加大制度落实力度，建立健全制度执行监督和问责机制。

（四）加大专项治理力度，着力解决反腐倡廉建设中人民群众反映强烈的突出问题

继续抓好专项治理工作。一是深入推进工程建设领域突出问题专项治理。重点抓好国土资源、交通运输、水利、电力等领域以及资质资格审批、项目决策、招标投标、土地出让、规划管理、建设实施、资金管理、环境影响评价等环节的治理工作，加强工程建设项目质量安全管理，推进工程建设项目信息公开和诚信体系建设，严肃查处违纪违法问题。二是深化公务用车问题专项治理。抓好对违规车辆的纠正处理，坚决减少公务用车总量。完善和落实公务用车编制管理、购置审批、经费预算管理等制度。规范执法执勤用车和国有企业用车的配备使用管理，加强对越野车配备使用的管理。积极稳妥推进公务用车制度改革。三是深化庆典、研讨会、论坛过多过滥问题专项治理。以严格审批程序和经费管理为重点，加强对举办节庆活动、各类纪念活动以及党政机关主管的社会组织举办研讨会、论坛活动的管理，坚决制止和取消增加基层负担的活动，对经过批准举办的活动要严格控制规模，厉行节约。继续巩固公款出国(境)旅游、“小金库”等专项治理成果，建立健全长效机制。

深入治理党员领导干部在廉洁自律方面存在的突出问题。全面落实廉政准则，认真执行领导干部报告个人有关事项和对配偶子女均已移居国（境）外的国家工作人员加强管理等制度。继续整治领导干部违规收受礼金、有价证券、支付凭证、商业预付卡等问题，治理违规建房或多占住房、买卖和出租经济适用房或廉租住房等保障性住房问题，治理违规放贷以及利用职权以委托理财等形式谋取不正当利益等问题。严禁参加可能影响公正执行公务或用公款支付的高消费活动。落实领导干部离职或退（离）休后从业有关规定。做好规范公务员津贴补贴工作。

坚决纠正损害群众利益的不正之风。继续深入治理征地拆迁、住房保障、土地管理、食品药品安全、环境保护、安全生产等方面的突出问题。严格执行房屋征收与补偿条例等有关法律法规，强化对征地拆迁的监管。认真解决保障性住房建设、分配、运营、管理等方面的问题，坚决纠正骗购骗租、变相福利分房等行为。严厉查处囤地圈地、违规用地、土地闲置浪费等行为。加大对安全生产事故、食品药品安全事故和环境违法问题的责任追究力度。严肃查处玩忽职守、失职渎职造成重特大事故和瞒报、谎报事故的行为及其背后隐藏的腐败问题。加强对强农惠农富农资金、扶贫资金、救灾救济资金、住房公积金、社保基金以及政府专项资金管理使用情况的监督，加强对民生领域投入的专项审计。继续清理公路超期收费等违规收费问题。纠正公务员考录和国有企事业单位招聘中的不正之风。继续治理教育乱收费，纠正医药购销和医疗服务中的不正之风。继续办好“春城热线”，做好民主评议机关作风工作。

着力解决发生在群众身边的腐败问题。一是坚决防

治侵害群众合法权益问题。建立健全维护群众利益的科学决策、权益保障等机制。严格纠正在基层事务决策和管理中独断专行、损公肥私、与民争利等行为，严肃处理少数基层干部侵占挪用惠民资金、违规处置集体资产、侵吞集体收益等问题，严厉打击参与、纵容和支持黑恶势力欺压群众等行为。二是规范基层执法行为。认真清理基层执法项目，规范行政裁量权，建立健全执法信息公开、时限承诺、结果查询等制度，着力解决执法态度粗暴、方法简单等问题，坚决纠正滥用职权、办事不公、假公济私等行为。三是推进基层便民服务。认真落实关于深化政务公开加强政务服务的意见，充分发挥政务服务中心作用，为群众提供优质便捷高效服务。

着力解决促进非公有制经济发展政策措施落实不力、执行不到位等突出问题。建立健全促进非公经济发展的定向监督工作机制，对不落实促进非公有制经济发展政策措施的，要坚决纠正；对不支持非公有制经济发展的，要认真过问；对吃拿卡要等侵犯非公经济组织合法权益的，要严肃查处；坚决纠正“门难进、脸难看、话难听、事难办”等不正之风。

三、进一步加强纪检监察机关自身建设

加强反腐倡廉建设，维护党的纯洁性，纪检监察机关肩负着重大责任。全市纪检监察机关要在围绕中心服务大局、促进改革发展上有新举措，在转变作风、维护群众利益上有新路子，在求真务实、认真履职上有新作为，在争比进位、开拓创新上有新突破，在提升素质、增强活力上有新面貌。

（一）深入开展“四群”教育，进一步加强思想政治建设

加强社会主义核心价值体系学习教育，引导纪检监察干部深入学习实践科学发展观，扎实开展群众观点群众路线群众利益群众工作教育，严格执行干部直接联系群众制度，重心下移、工作下沉，认真听取基层和群众的意见和呼声，积极主动回应群众关切。要始终把以人为本、执政为民贯彻到反腐倡廉工作全过程，从人民群众反映最强烈的问题抓起，从人民群众最不满意的地方改起，从人民群众最盼望的事情做起，着力解决影响改革发展的重点问题、影响社会和谐稳定的热点问题，以反腐倡廉建设的实际成效取信于民，千方百计增进人民群众的幸福感。要始终把促进发展作为检验纪检监察工作成效的根本标准，一手抓经济发展、一手抓反腐倡廉，一手抓惩治腐败、一手抓鼓励干事，扭住加快区域性国际城市建设这个重点和跨越发展这个关键，及时跟进、主动融入重大经济活动、重大投资项目、重大工作部署的实施，加强对重点领域、关键环节和敏感岗位的监督检查，确保项目安全、资金安全、干部安全。要始终坚持实事求是，一手抓严格执纪，一手抓政策尺度，全面履行教育、监督、执法、纠偏、惩处、保护等职责，为改革发展扫清障碍、提供保障。

（二）切实加强监督管理，在保持党的纯洁性上率先垂范

要组织纪检监察干部认真重温党章，全面提高自身素质和履职能力，使更多的工作骨干从业务型人才成长为讲政治、懂经济、会管理、会做群众工作的综合型人才，建设一支忠诚可靠、服务人民、刚正不阿、秉公执纪的干部队伍。要加强换届后纪检监察机关领导班子建设，重点加强乡镇纪检组织建设，加强和改进派驻机构和未派驻单位、市属国有企业纪检监察组织建设。积极推荐、选派优秀干部到其他部门和县（市、区）任职、到纪检监察系统外交流任职，同时从其他部门和基层选拔优秀干部到纪检监察机关和派驻机构工作，努力形成人尽其才、才尽其用、送得出去、引得进来的良性循环机制。建立健全强化预防、及时发现、严肃纠正的管理监督机制，督促纪检监察干部牢固树立监督者更要带头接受监督的意识，自觉接受党组织、党员干部、人民群众和新闻舆论的监督，防止和纠正作风不正、行为失范、言论不当等问题，保持可亲、可信、可敬的良好形象。

（三）争创一流，全面完成反腐倡廉各项任务

贯彻落实这次全会提出的各项工作任务，时间紧、任务重，要树立不落实也是违纪的观念，大力倡导崇尚实干、不图虚名，脚踏实地、埋头苦干的良好作风，集中精力抓落实，雷厉风行抓落实，扎扎实实做好打基础、管根本、利长远的事，以更有力的举措推进昆明特色的惩治和预防腐败体系建设。要以争先的目标开展工作，勇于突破、敢为人先，敢向高的攀、敢同强的争、敢与好的比，把每一项工作都做深、做细、做实、做出成效；要以进位的标准抓好工作，盯住榜样找差距、对照先进学经验，积极探索新路子、新方法，使每一项工作都精益求精；要以创新的举措开创工作新局面，一手抓继承发扬，一手抓创新突破，敢于打破墨守成规、按部就班的思维定势，不断推进反腐倡廉理念思路、工作内容、方式方法和体制机制创新，不断提高反腐倡廉建设科技含量，为加强反腐倡廉建设注入新的活力和动力。

同志们，深入推进党风廉政建设和反腐败斗争，使命光荣，任务艰巨，责任重大。让我们更加紧密团结在以胡锦涛同志为总书记的党中央周围，在省委、市委的坚强领导下，振奋精神、开拓进取、团结奋斗、勤奋工作，努力取得反腐倡廉建设的新成效，为促进全市经济社会又好又快发展提供坚强的政治和纪律保证！

2011年昆明市党、政、群机关和县（市）区领导名录

中共昆明市委

书　记　仇　和（至11月）
张田欣（11月起）

副书记　张祖林
张太原（至1月）
李邑飞

常　委　董保同
李文荣（至11月）
郭红波
应永生
黄云波
金志伟
刘光溪（挂职，至4月）
杜　敏（至1月）
方兴国
保建彬
谢新松
余功斌（挂职，6～8月）
朱永扬（挂职，6～8月）

秘书长　保建彬

副秘书长　沈苏昆（至12月）
程　峰
王有祥（至1月）
王绪正
刘　荣（至3月）
张先宝
李富贵（11月起）

市人大常委会

主　任　杨远翔

副主任　宋黎明
田　翎
张显忠
王俊斌（至1月）
董利华（至1月）
夏　静
戚永宏（1月起）
郭子贞（1月起）

秘书长　韩成富（至1月）
吴庆昆（1月起）

副秘书长　赵兴旺（1月起）
张　庆（至1月）
叶亚光
赵　谊（至1月）
孟少波
李庆平（1月起）

市人民政府

市　长　张祖林

常务副市长　李文荣（至11月）
黄云波（11月起）

副市长　黄云波（至11月）
刘光溪（挂职，至4月）
余功斌（挂职，6月起）
朱永扬（挂职，6月起）
廖晓珊（至1月）
王道兴
赵德光（至1月）
陈　勇
李　喜
何　波
阮凤斌
周小棋（挂职，至12月）
李　茜（挂职，至8月）
张　锐（挂职）
赵立功（1月起）
杨　皕（1月起）

巡视员　雷晓明

秘书长　赵学锋

副秘书长　李河流
马凤伦（至3月）
和丽川
田　文（至8月）
郭增敏
王有祥（至1月）
祝崇祯
李肇圣
和少柏
姚振康
杨勇明
傅　希（至8月）
洪维智（挂职）
王笑平（1～3月）
孙纪刚（挂职，8月起）
陈　伟（11月起）

政协昆明市委员会

主　席　田云翔

副主席　张建伟
陆玉珍
傅汝林
林怡平
汪叶菊
杨品才
常　敏

副巡视员　张　辉

秘书长　卢克俭（至1月）
周　忻（1月起）

副秘书长　刘志军
周　忻（至1月）
鲁云宏
王家志
李　鸿
沈金泉

中共昆明市纪委

书　记　应永生

副书记　刘绍安
王光明

王富昌
常委 王云凤（至4月）
张洪安（至8月）
张立涛
王敏俊
陈菊珍（8月起）
武斌（4月起）
宋晓林（8月起）
张立涛

市中级人民法院

院长 闾柏（1月起）
马幼宁（至1月）
副院长 马豫昆
张国维
董林
安静

市人民检察院

检察长 沈曙昆
副检察长 毕春华（5月起）
滕丽
张黎
赵明（2月起）

反渎职侵权局

局长 董毅（12月起）

反贪污贿赂局

局长 王凯石（12月起）

市委各部委办局

办公厅

主任 李勇毅（8月起）
副主任 祝志明（挂职）
汪敏（挂职，至8月）
李绍鹏（挂职，至8月）
李绍鹏（8月起）
张蕾（挂职，至8月）
赵臻（挂职，至8月）
梅擎宇
杨飞（挂职，11月起）

组织部

部长 郭红波
常务副部长 李康（1月起）
副部长 范光华
赵云平
李康（至1月）
周燕
王秀江
部务委员 陈一杰
张雷（3月起）

招商引资考核办公室

主任 李康（兼）
副主任 张宗能（兼）
陈一杰（至8月）
阳浙江（8月起）
吴凡
李启斌（8月起）

党员电化教育中心

主任 张雷（至3月）
廖助宁（3月起）

宣传部

部长 谢新松
常务副部长 李勇毅（至8月）
田文（8月起）
副部长 房旭东
杨凤华
张士金（挂职）
徐贞（挂职，至12月）
部务委员 蔡志岳（1月起）

统战部

部长 金志伟
副部长 毕昆闽（5月起）
李和平（至12月）
吴军
蔡永福
贾玉华
部务委员 马云东
应江辉

台办

主任 李江
副主任 郭绍华
高云龙（挂职）

政法委

书记 李邑飞（1月起）
常务副书记 刘文义
副书记 赵立功（1月起）
郎佳
部务委员 彭君明
杨晓红

政研室

主任 袁培文
副主任 王绪正（兼至8月）
易建华
陈涛
祝志明（8月起）
彭杜平（8月起）
刘建军（挂职，至8月）

市级机关工委

书记 王永华（至8月）
陈光辉（8月起）
副书记 何勇
王豫昆
夏惠琼

编办

主任 范光华（兼）
常务副主任 李素荣
专职副主任 龚志兴

保密局

局长 王建荣（8月起）
副局长 王建荣（至8月）
黄玉林

机要局

局长 杜临昆（至8月）
副局长 王琳（8月起）
贺如全

老干局
局　长　赵云平
副局长　唐先聪
　　张跃华
　　张　宏（11月起）

信访局
局　长　王国亮
副局长　李旭升（至1月）
　　杨四毅
　　杨　薇
　　柯旭波

党史研究室
主　任　杨万河
副主任　涂国尧（8月起）
　　田东山（8月起）

农　办
副主任　杨　凡

外宣办（市政府新闻办）
主　任　房旭东（兼）
副主任　陈　波（至5月）
　　黄　杰（8月起）
　　黄向静（8月起）

文明办
主　任　杨凤华（兼）
副主任　郭沫彪

党　校
校　长　李邑飞（至8月）
　　熊瑞丽（8月起）
常务副校长　熊瑞丽（至8月）
副校长　王　波
　　黄世建
党委书记　熊瑞丽
副书记　缪长森

市人大工作机构

办公厅
主　任　赵兴旺（1月起）
副主任　杨　力（至1月）
　　胡思明
　　刘元堂
　　崔　猛（1月起）

法制委员会（法制工作委员会）
主任委员（主任）　雪　都
副主任委员（副主任）　寸　东（至1月）
　　程悦亮（1月起）

财政经济委员会（财政经济工作委员会）
主任委员（主任）　熊廷章（至1月）
　　赵　飞（1月起）
副主任委员（副主任）　孙　忠（至1月）
　　吴卫东

城乡建设环境保护委员会（城乡建设环境保护工作委员会）
主任委员（主任）　曹　超（至1月）
　　汪天祥（1月起）
副主任委员（副主任）　刘昌良（至1月）
　　汪天祥（至1月）
　　陈卫芳（1月起）

内务司法委员会（内务司法工作委员会）
主任委员（主任）　杨　芳（至1月）
　　王有祥（1月起）
副主任委员（副主任）　王　骏
　　李庆平（至1月）

教育科学文化卫生工作委员会
主　任　文荣久（至1月）
　　寸　东（1月起）
副主任　杨建平
　　王本晋
　　郑利群（至11月）

民族宗教华侨工作委员会（至4月）
主　任　丁　伟（1月起）
副主任　段跃红
　　马玉琼

民族宗教工作委员会
主　任　丁　伟
副主任　段跃红
　　马玉琼

外事华侨工作委员会（4月起）
主　任　周　凡（4月起）
副主任　陈　敏（8月起）

人事代表工作委员会
主　任　范正明（至1月）
　　李建平（1月起）
副主任　曹长福
　　张昆丽

农业工作委员会
主　任　张耀云（至1月）
　　韩成富（1月起）
副主任　李兴芝
　　杨　凤

调研室
主　任　赵　谊（至1月）
　　李庆平（1月起）
副主任　陈卫芳（至1月）

市政府各委办局

办公厅
主　任　李河流
副主任　周学庆
　　毕　强
　　张　攀（挂职）
　　张文治（11月起）
　　厉鸿华（11月起）

发展和改革委员会
主　任　胡炜彤
副主任　豆劲鸣
　　李贵霖
　　田　斌
　　李世新

工业和信息化委员会
主　任　陈　浩

副主任 刘志贤（至11月）
苟光清
纳建国
易小明
杨新文
罗 云
王月明
谢介民
锁良勇
周正和
程幼昆（挂职，至11月）
张百舸（挂职，至8月）
张晓武（挂职，至4月）
罗 智（挂职，4月起）
党委书记 常晋昆
副书记 张先佩

教育局

局长 宋 栋
副局长 王 坚（5月起）
周开荣
穆仁早
冯 皓（8月起）
李瑞林（8月起）
赵灿东（挂职，8月起）
董 苹（挂职，8月起）
党委书记 宋 栋
副书记 鲁再国（8月起）

科学技术局

局长 刘燕琨
副局长 马文森
翟 斌
袁满荣（挂职，至8月）
成小兵
周 康（11月起）

民族事务委员会

主任 李忠德
副主任 木志群（至8月）
马宏谋
士绍芳
陈 浩（5月起）

公安局

局长 赵立功
副局长 王 伟（4月起）
王培信
杨劲松
李云峰（至4月）
杜俊超
张玉明
杨建军（8月起）
徐 猛（12月起）
党委书记 赵立功
副书记 杨从义（至11月）
王 伟（4月起）

监察局

局长 刘绍安
副局长 周红玉
张立涛
夏 佳（挂职，至8月）

民政局

局长 张正平
副局长 朱树位
赵国荣
魏立功
吴智峰（8月起）
党委书记 张正平

司法局

局长 刘婉秋
副局长 陈 波
李继华（11月起）
赵久诗
赵 勇（5月起）
党委书记 刘婉秋
副书记 李继华

劳动教育管理所（市强制隔离戒毒所）

所长 陈 波
政委 发家兵（8月起）
周明荣（至5月）

财政局

局长 余汝兴（至8月）
马凤伦（8月起）
副局长 焦振华（挂职，1~8月）
左 晖
陈 静
徐振峰（8月起）
谢 霍（至4月）

人力资源和社会保障局

局长 范光华
副局长 张 庆
张富强
闫晓陵
黄 梅（至5月）
杨 雄（5月起）
胡志乾（5月起）
唐秀洪（挂 职）
朱 瑜（挂 职）

社会保险局

局长 杨学勇

医保中心

主任 李建军

人才服务中心

主任 吴 迪

就业局

局长 何文明

劳动仲裁院

院长 王 静

外专局

局长 郭越媛

军培中心

主任 张富强（兼，8月起）

劳动监察支队

队长 王正军（8月起）

国土资源局

局长 周兴舜
副局长 陈茂林
赵 宏
周子龙

卢彦志
马　谦（挂职，至11月）
党委书记　周兴舜
副书记　魏黎明

住房和城乡建设局

局长　尹旭东（1~8月）
傅　希（8月起）
副局长　魏强威
何毅刚
孔佑民
朵　雯（8月起）
党委书记　尹旭东（1~8月）
傅　希（8月起）
副书记　莫映珠

交通运输局

局长　王　忠（1月起）
副局长　王　忠（主持工作，至1月）
戴　勇
陈　勇
唐有敢（至1月）
袁　俊（挂职）
吴永芳（5月起）
党委书记　王　忠
党委副书记　赵　云

水务局

局长　储汝明（1月起）
副局长　储汝明（主持工作，至1月）
耿宏伟
王顺伟（5月起）
高朝俊
龚询木
刘锐钢（挂职，1~8月）

农业局

局长　郭焕波
副局长　鲁秉泉
陈　博
倪　淼
段增华
齐超英（5月起）
习再兰
胡凤益（挂职）
党委书记　郭焕波
副书记　李勤毅（至11月）
毕育英（至11月）

林业局

局长　张之亮（至1月）
曾令衡（1月起）
副局长　宋绍明
杨景先
杨国荣
张建坤
杨志凌
刘德钦（挂职）
何承忠（挂职）

森林防火指挥部

专职副指挥长　杨志凌

森林公安局

局长　朱明昌（至11月）

投资促进局

局长　桂　春
副局长　谭爱苹（8月起）
张宗能
骆晓林
何　燕（至1月）

文化广播电视体育局

局长　厉忠教
张　萱（至3月）
副局长　李安民
谭　敏（至11月）
姚安社
余红颖
徐艳波（挂职，8月起）
张　萱（至3月）
党委书记　厉忠教
副书记　潘锐云（5月起）
张　萱（至3月）

卫生局

局长　许勇刚
副局长　杨　柱
解嘉鸿
吴争鸣
李华生
常　敏（兼）
李　凌（挂职，8月起）
李　立（挂职，8月起）
蒋立虹（挂职，8月起）
李　雷（挂职，8月起）
冯　凌（11月起）
党委书记　许勇刚
副书记　杨　柱
雷开锦（至4月）
王云凤（4月起）

计生委

主任　杨文惠
副主任　尹　俊
秦　芸（挂职，8月起）
马红军（1月起）

审计局

局长　李冰晶
副局长　周大民
舒永恒
林　英
王　雷
易迎霞（挂职）
王　欣（8月起）

规划局

局长　李　亮（4月起）
副局长　牟　辉
李　亮（挂职，至4月）
王宏程（4月起）
章光日（挂职，1~11月）
付　文（11月起）
党委书记　熊国平（挂职，4月起）
付　文（11月起）
副书记　付　文（至11月）

城市管理综合行政执法局

局长　陈　春
副局长　袁健淋
邓卫东
龙　苗（8月起）

环境保护局

局　长　刘跃进
副局长　高志刚
肖　丁(挂职，1~8月)
郝玉昆
虎　龙
和　矛

统计局

局　长　徐晓青
副局长　吕　志
袁　勤
李　伊（至5月）
张　蕾（8月起）
张强劲（11月起）
黄海风（8月起）

旅游局

局　长　黄峻峰
副局长　施丛峰（至12月）
林克俭（5月起）
庞博河（至5月）
范红云（5月起）
王　军（挂职）

宗教局

局　长　马慈明
副局长　张晋云（至11月）
马　涛（5月起）
夏　梦（挂职）

外事侨务办

主　任　吕天云（1月起）
副主任　许昌明
张晓明

园林绿化局

局　长　张家仁（至1月）
焦延田（1月起）
副局长　杨立平
李荣华（至5月）
李建安（5月起）
汪　辉（挂职，6月起）
张　磊（挂职，6月起）
党委书记　焦延田
副书记　陈洁薇

粮食局

局　长　张丽琼
副局长　潘建刚
高玉英
杨亚娟（挂职）
党委书记　张丽琼
副书记　常顺启

商务局

局　长　洪　莺
副局长　李云周
马为麟
苏庆华
董锦元
完同良
李海明（挂职）
王　欣（挂职，至8月）
阳浙江（挂职，至8月）
陈跃明（挂职）

滇池管理局（滇池保护委员会办公室）

局　长　李昆敏（至1月）
柳　伟（1月起）
副局长　邓文龙
王延春
王丽华

滇池管理综合行政执法局

局　长　李昆敏（至1月）
柳　伟（1月起）
副局长　董健平

防震减灾局

局　长　夏平成
副局长　毕小忠
勒树才
蒋静蓉（5月起）

气象局

局　长　李文祥
副局长　杨　文
赵元茂

安全生产监督管理局

局　长　潘开平
副局长　刘昆一
杨振武
成　民（8月起）
王保定（挂职，至8月）

国资委

主　任　马凤伦（至8月）
李　强（8月起）
副主任　任卫京
李　强（至8月）
王晓静（挂职，1~8月）
党委书记　马凤伦（至8月）
李　强（8月起）
副书记　程学昆

移民开发局

局　长　徐绍勇
副局长　杨　力
徐正权
王　丹（挂职，至12月）

机关事务管理局

局　长　沈苏昆（至12月）
副局长　冉德涛（5月起）
李爱民（至8月）
杨爱武（至5月）
杨　勇
朱绍格（8月起）
苏建民（8月起）

档案局（馆）

局（馆）长　李　蔚
副局（馆）长　田道华
李蜀昆

食品药品监督管理局

局　长　杨　柱
副局长　张云波
吴庭根
李勤裕
张云海
王庆华（挂职）

水文水资源局

局　长　方绍东（至8月）
肖　林（9月起）

市政府金融办

主　任　洪维智（挂职）
副主任　缪　丹（5月起）
杨文颖
陈　晓（9月起）
张顺朝（挂职，至8月）
李　松（挂职，至4月）
李　晟（挂职，至4月）
詹尹昆（挂职，至4月）
吕　品（挂职，4月起）
向　萍（挂职，4月起）

法制办

主　任　沈彦纯
副主任　刘　毅
陈树发
汪　敏（8月起）

研究室

主　任　王笑平
副主任　孙　宏
李沐荣
彭杜平（挂职，至7月）
刘建军（7月起）

接待办

主　任　肖　樱
副主任　杨秀峰
郭琴贤

扶贫办

主　任　刘明海
副主任　李　文
薛光文
潘加智

人防办

主　任　尚建国
副主任　刘寿华
张良功
张　慧（挂职，1~8月起）

政务服务管理局

局　长　田　文（至8月）
李肇圣（11月起）
副局长　王　佳
姚燕梅（挂职）

市长热线办

主　任　林远辉
副主任　马　郡（至5月）
张仲才（5月起）

双拥办

常务副主任　郭振松

参事室

主　任　汪云兰
副主任　黄秉新
杨　武

烤烟办

主　任　李德荣

市志办

主　任　严宏纲
副主任　字应军（8月起）
李　洪（8月起）

供销社

主　任　张文俊
副主任　赵　瑜
唐明才
林　颖（挂职，至11月）
党委书记　张文俊
副书记　李迎东（至11月）
林　颖（11月起）

市招标投标监督管理委员会办公室

主　任　张洪安

市政协各工作委员会

办公厅

副主任　周建新
苏国有（1月起）

提案委员会

主　任　杨友太（至1月）
何　燕（1月起）
副主任　孙美丽
郭焕波（兼，至1月）
杜林杠（兼，至1月）
刘燕琨（兼，至1月）
汪云兰（兼，1月起）
李为民（兼，1月起）

文史委员会

主　任　徐力争
副主任　张　骞
马颖生（兼，至1月）
李安民（兼，8月起）
李永坤（兼，8月起）
王　波（兼，8月起）

科教文卫委员会

主　任　任达仙（至1月）
李云保（1月起）
副主任　武治有（至1月）
李　云
姚　宏（兼，至1月）
和少柏（兼，至1月）
解嘉鸿（兼，8月起）
张惠淑（兼，至1月）
梁永实（兼，8月起）
尹　俊（兼，8月起）

经济科技委员会

主　任　周　锐（至1月）
李昆敏（1月起）
副主任　石永清（至1月）
刘淑雯（兼，至1月）
苟光清（兼，8月起）
倪　森（兼，8月起）
傅晋利（兼，至1月）
洪　莺（兼，至1月）
翟　斌（兼，8月起）
张学平（兼，8月起）

城乡建设环境保护委员会

主　任　岳卫平（至1月）
　　　　李旭东（1月起）
副主任　王学斌
　　　　汪天祥（兼，至1月）
　　　　王延春（兼，至1月）
　　　　皇甫云生（兼，至1月）
　　　　何毅刚（兼，8月起）
　　　　牟　辉（兼，8月起）
　　　　刘琍琍（兼，8月起）

社会法制委员会
主　任　吴朝利（至1月）
　　　　李旭升（1月起）
副主任　卢志强
　　　　王　伟（兼，至1月）
　　　　彭萍安（兼，8月起）
　　　　朱树位（兼，8月起）
　　　　董　林（兼，8月起）

联络委员会
主　任　王雄伟
副主任　石美珍
　　　　蔡永福（兼，8月起）
　　　　骆晓林（兼，至1月）
　　　　叶裕荣（兼，至1月）

民族宗教委员会
主　任　木志群

研究室
主　任　任继尧（至1月）
　　　　沈金泉（1月起）
副主任　黄爱玲

驻昆有关单位

工商行政管理局
局　长　湛　江
副局长　张学平
　　　　常晋云
　　　　傅晋利
　　　　陈志良
　　　　姜　柯

国税局
局　长　王　镶（至12月）
　　　　陈志平（12月起）
副局长　董　野
　　　　郑　青
　　　　田克涌
　　　　范一非

地税局
局　长　王寿兴
副局长　邓翰武
　　　　冯　磊
　　　　康　焰（12月起）

电信分公司
总经理　胡　元
　　　　刘丹阳
副总经理　杨骏彪
　　　　苏　巍
　　　　林　梅

邮政局
局　长　张松涛
副局长　陈　巍
　　　　谢洪成
　　　　崔鸿毅（至10月）
　　　　沈伟明（11月起）
　　　　张朝辉（11月起）
党委书记　张松涛

昆明供电局
局　长　庞骁刚
副局长　张　涛
　　　　刘正雷
　　　　秦继承
　　　　字美荣
　　　　谢晓虹
党委书记　赵建华

技术监督局
局　长　彭　琪
副局长　李　勤
　　　　邓　昆
　　　　陈向明
　　　　赵　文

新闻单位、大专院校

昆明报业传媒集团
董事长　姚　宏
总经理　赵健吾
党委书记　姚　宏
副书记　赵健吾

昆明日报社
总　编　赵健吾
副总编　闵晓阳
党委副书记　钱丽雯

昆明广播电视台（2月起）
台　长　龚志龙

广播电台（至2月）
台　长　梁永实
副台长　罗　飙
党委书记　梁永实
副书记　罗力争

电视台（至2月）
台　长　龚志龙
副台长　蔡　毅
　　　　王东明
　　　　吕永平
党委书记　龚志龙
副书记　李树荣

昆明学院
院　长　陈世波
副院长　李　翔（6月起）
　　　　张寿国
　　　　熊　晶
　　　　罗明东
　　　　刘海发
　　　　董建华
党委书记　梁晓谷
副书记　陈世波
　　　　孙　勇
　　　　李媛芬

烟草、市政、交警、消防

烟草专卖局
局　　长　邓小刚
副 局 长　赵树昆
　　　　　王树荣
党委书记　邓小刚

烟草公司
经　　理　邓小刚
副 经 理　赵树民
　　　　　王树荣
　　　　　郭　宏
　　　　　杨永平
　　　　　邓光新
纪委书记　普国荣

自来水集团公司
董 事 长　施　伟
副董事长　王炤平
总 经 理　白新玉
副总经理　王承坤
　　　　　纳安如
　　　　　陈　刚
党委书记　施　伟
副 书 记　王炤平

公交（集团）有限责任公司
董 事 长　左珍贵
副董事长　张同贤（兼总经理）
副总经理　李　勇
　　　　　陈瑞生
　　　　　高永生
党委书记　左珍贵
副 书 记　张同贤
　　　　　吴　艳

煤气（集团）控股有限公司
董 事 长　莫　云
副董事长　莫绍波
总 经 理　梁志德
副总经理　莫绍波
　　　　　文　勇
党委书记　莫　云
副 书 记　陈　华

交警支队
支 队 长　刘　刚（8月起）
副支队长　田　晓
　　　　　杨　明
　　　　　毕　伟
　　　　　袁满荣（8月起）
政　　委　刘　刚（至8月）

消防支队
支 队 长　张国建
副支队长　刘朝文（至9月）
　　　　　马　勋
　　　　　刘　彬
　　　　　杨新发（9月起）
政　　委　卢桂平（至8月）
　　　　　赵　俊（8月起）
副 政 委　马赛古（至9月）
　　　　　杨文平（9月起）

开发（度假）区

昆明高新技术产业开发区管委会
主　　任　董保同
副 主 任　党煦燕
　　　　　赵成军
　　　　　郭　松
　　　　　陆克文（挂职，6月起）
党工委书记　张兴华（至1月）
　　　　　董保同（1月起）
副 书 记　陈全季
　　　　　王桂泽
纪工委书记　陈全季

昆明经济技术开发区管委会
主　　任　张　宁
副 主 任　谭翔浔
　　　　　段永明（至8月）
　　　　　吴勇刚
　　　　　齐　江（5月起）
　　　　　孟光寿
　　　　　李丕方
党工委副书记　张　宁
　　　　　张正坤
　　　　　齐　江（5月起）
　　　　　李　刚
纪工委书记　李　刚

昆明滇池国家旅游度假区管委会
主　　任　罗建宾
常务副主任　李　峰（至5月）
副 主 任　蔡正东
　　　　　杨明俊
　　　　　李　诚
党工委书记　罗建宾
副 书 记　王光华
　　　　　周红斌
纪工委书记　周红斌

呈贡新区管委会
主　任　缪　军
副主任　王健雄
　　　　李俊民
　　　　曾尔树（挂职，至4月）
　　　　顾　巍
　　　　万　巍（挂职，4月起）
　　　　韩小艳（12月起）
书　记　周峰越
副书记　缪　军
　　　　冉德涛（至5月）
　　　　李荣华（8月起）

昆明空港经济区管委会
主　　任　杨志华（至1月）
　　　　　刘毓新（1月起）
常务副主任　刘利升（1月起）
副 主 任　余文斌
　　　　　孙　健
　　　　　陈　江（1月起）
　　　　　姚红兵（挂职，至4月）
党工委书记　杨志华
副 书 记　刘毓新
常务副书记　王晓春（3月起）
　　　　　刘利升
纪工委书记　曹志坚

昆明阳宗海管委会

主　　任　陈国惠（2月起）
副 主 任　肖向飞
　　　　　姜兴林
　　　　　金童平
　　　　　邹　可（挂职）
　　　　　黄　捷（挂职）
党工委书记　阮凤斌（1月起）
党工委副书记　陈国惠
　　　　　孙继华

昆明倘甸产业园区和轿子山旅游开发区管委会

主　　任　夏俊松
副 主 任　张映华
　　　　　朱家健
　　　　　陈海彦
　　　　　程幼昆（12月起）
　　　　　李思禾（5月起）
　　　　　陈　汉（挂职）
党工委书记　陈　勇
党工委副书记　夏俊松

民主党派

民革市委

主任委员　朱　燕
副主任委员　李为民
　　　　　唐红明（兼）
　　　　　刘云兰（兼）

民盟市委

主任委员　夏　静（兼）
副主任委员　冯　刚
　　　　　武新文（兼）
　　　　　孙　骥（兼）
　　　　　叶　明

民建市委

主任委员　傅汝林
副主任委员　刁杰峰（兼）
　　　　　石玲红（兼）
　　　　　王春涛（兼）

民进市委

主任委员　汪叶菊
副主任委员　刘燕琨（兼）
　　　　　王　键（兼）
　　　　　谢家放（兼）

致公党市委

主任委员　林怡平（兼）
副主任委员　喻星源（兼）
　　　　　黄秋苹
　　　　　王延春（兼）
　　　　　蔡燕华（兼）

农工党市委

主任委员　杨品才
副主任委员　徐　辉
　　　　　解嘉鸿（兼）
　　　　　张明华（兼）
　　　　　戴　彬（兼）

九三学社市委

主任委员　常　敏（兼）
副主任委员　郝昆宁
　　　　　倪　淼（兼）
　　　　　陈增会（兼）
　　　　　秦亚洁（兼）

群众团体

总工会

主　　席　戚永宏
常务副主席　赵涤群
副 主 席　方　越
　　　　　赵春华
　　　　　彭萍安
　　　　　李　光

团市委

书　　记　周　乐（5月起）
副书记　张勤勋（至5月）
　　　　　周　乐（至5月）
　　　　　胡江辉
　　　　　姚海利（8月起）

妇　联

主　　席　陆玉珍
常务副主席　郭跃红
副 主 席　梅会芬
　　　　　陈　泓
　　　　　万星宪

科　协

主　席　王月冲
副主席　徐绍忠
　　　　　张学华
　　　　　李小昆

社科联（社科院）

主席（院长）　杨　芳
副 主 席　赵　勇
　　　　　李自明
　　　　　莫俊红

文　联

主　　席　汪叶菊（兼）
常务副主席　蔡　杰
副 主 席　李永坤

工商联（总商会）

主　　席　杨勇明
常务副主席　蔡永福
副 主 席　徐苏明（至8月）
　　　　　毕云强（5月起）
　　　　　訾贵金（8月起）
　　　　　赵云昆（兼）
　　　　　魏　恺（兼）
　　　　　王安康（兼）
　　　　　任剑峥（兼）
　　　　　阮鸿献（兼）
　　　　　李云锁（兼）
　　　　　颜　语（兼）
　　　　　苏平森（兼）
　　　　　郭振宇（兼）
　　　　　吴建国（兼）
　　　　　朱景图（兼）
　　　　　沈长虹（兼）
　　　　　刘卫高（兼）
　　　　　黄春荣（兼）
　　　　　傅晋利（兼）

副会长　刘兴督（兼）
林时营（兼）
陈庆忠（兼）
尹元江（兼）
莫　非（兼）
张金炉（兼）
苏国辉（兼）
杨利荣（兼，4月起）

侨　联

主　席　周　凡
副主席　朱　燕（8月起）
毕娇娇
宋淑萍（兼）
黄　桥（兼）
徐　杰（兼）

台　联

会　长　姚韵梅（8月起）
副会长　姚韵梅（至8月）
姜雪梅（兼）
姚子龙（兼）
陈嘉雄（兼）

残　联

理事长　杨国泰
副理事长　段佳明
庞　文

红十字会

常务副会长　张　韵
副　会　长　冯　浩（挂职）
张琳林

金融系统

工商银行云南省分行营业部

总经理　合　杰
副总经理　闻玉璧
赵　勇
刘健雄
伍志云
戴天浔
纪委书记　陈金美

农业银行云南省分行营业部

总经理　杨志刚
副总经理　邱　陵（至9月）
王跃华
刘乙綦
马建华
苏丽军
纪委书记　王庆清

建设银行地区机构

营业部
总经理　周　力
城东支行
副行长　胡清平（主持工作）
城南支行
副行长　李蔚清（主持工作）
城北支行
行　长　李瑞冬
城西支行
行　长　陈泽明
建业支行
行　长　昂　扬
新兴支行
行　长　普　跃
滇龙支行
行　长　许　颖
北京路支行
副行长　刘　宁（主持工作）
正义路支行
行　长　赵　鹏
官渡支行
行　长　李玉成
安宁支行
行　长　杨　兵

交通银行云南省分行

行　长　李大军
副行长　李智斌
吴伟海
周　东
纪委书记　陈志拴

富滇银行

董事长　夏　蜀
行　长　卢　云
副行长　罗树才
王　岚
钟世军（至12月）
曹艳丽
李平平
张大宝（至3月）
纪委书记　刘　钧

昆明市农村信用联社

理事长　高　波
主　任　施增荣
副主任　梁祖明
许　炜
张泽锋

中国人民财产保险公司昆明市分公司

总经理　李永富
副总经理　夏　霖
杨　卫
杨云龙
纪委书记　夏　霖

中国人寿保险公司昆明市分公司

总经理　杨　锐
副总经理　尹林波
姜　华
周海波（3月起）
赵　斌（2月起）
邓云伟（至3月）
纪委书记　尹林波

中国太平洋财产保险股份有限公司云南分公司

总经理　陆俊柏
副总经理　王　军
张　淳
王　德
纪委书记　张　淳

中国太平洋人寿保险股份有限公司云南分公司

总经理　尹建宏
副总经理　李　鸿

县（市）区

五华区

区委书记 杨 皕（1~3月）
金幼和（3月起）
副书记 金幼和
李 彤（至3月）
李晋红（至5月）
刘建卿（5月起）
王海燕（挂职，至3月）
胡启相（挂职）
人大主任 陈昆华
副主任 李学明
陈爱华
许萍森
孙 骥
区 长 李 彤
副区长 缪 丹（至5月）
凡 群（5月起）
丁 华
唐唯东
刘建卿（至5月）
李英杰
王 迅
龚加武（挂职）
龙 苗（挂职，至9月）
孙时映（挂职，至9月）
唐文娟（挂职，至5月）
政协主席 张加全
副主席 王 勇
布艳芬
王清和
张宪荣（兼）
纪委书记 凡 群（至5月）
李加德（5月起）

盘龙区

区委书记 刘云明（至8月）
副书记 吴涛（主持工作，8月起）
刘跃洲（挂职，3月起）
汪宏昌（5月起）
人大主任 陈跃林
副主任 魏建军
张家琪
赵云昆
肖 毅
区 长 吴 涛（至8月）
代理区长 尹旭东（8月起）
副区长 高中建
周传彪（至5月）
李开德（至5月）
梁 昆
庞博河（5月起）
蒋 波（至5月）
孙 杰
田东山（挂职，至8月）
陈志强（5月起）
郭开翔（挂职，9月起）
高 灿（挂职，至9月）
郭 沁（挂职）
陆 佳（挂职）
政协主席 李如春
副主席 崔宝坤
何立昆（兼）
喻星源
刘少军
纪委书记 蒋国斌

官渡区

区委书记 保建彬（至3月）
杨志华（2月起）
副书记 刘毓新（2月起）
杨志华（至2月）
刘利升（5月起）
齐 江（至5月）
李光明（挂职）
人大主任 毕惠芝
副主任 安赞昆
武 俊
李政章
丁健琳
区 长 杨志华（至1月）
刘毓新（2月起）
常务副区长 刘利升（至5月）
黄 晶（5月起）
副区长 张 姝
韩玉彪
余文斌
孙 健
喻 飞（5月起）
李军坡（8月起）
张 劼（挂职，至5月）
刘显昌（挂职，至8月）
李晓红（挂职，至5月）
政协主席 梁 衡
副主席 张茂荣
郭玉英
石玲红（兼）
董 明
纪委书记 郑 江（至5月）
谭先权（5月起）

西山区

区委书记 柳文炜
副书记 沈桂芝（至5月）
章 震（5月起）
吴雁江（挂 职）
人大主任 李志华
副主任 孟建工
郝坚放
孙德金
张高榕
区 长 郭希林（2月起）
常务副区长 郭希林（至2月）
李 增（5月起）
副区长 冯美琼
胡志乾（至5月）
杨建军（至9月）
周开龙
陈 伟（至9月）
刘显昌（9月起）
李笠菲（挂职，至5月）
成 民（挂职，至9月）
朱绍格（挂职，至9月）
范 瑜（挂职）
项建林（挂职，至12月）
政协主席 徐 方
副主席 陈开建
李江鹏
柳 溪（兼）
刘云兰（兼）
纪委书记 张国元（至5月）
张 竞（5月起）

呈贡区（10月起）

区委书记　周峰越
副 书 记　缪　军
　　　　　李荣华
　　　　　李兴华
人大主任　陈庆鸿
副 主 任　赵　芳
　　　　　赵崇华
　　　　　郭　能
　　　　　岳绍萍
区　　长　缪　军
副 区 长　顾　巍
　　　　　王健雄
　　　　　李俊民
　　　　　黄忠伟
　　　　　段　超
　　　　　韩　扬
　　　　　张义强（挂职）
　　　　　韩小艳（挂职）
　　　　　许玉文（挂职）
　　　　　陈吉岳（挂职）
　　　　　王　兵（挂职）
政协主席　朱理学
副 主 席　山　聪
　　　　　沙　敏
　　　　　李　勇（兼）
　　　　　杨莲芝
纪委书记　钟启锋

东川区

区委书记　孔贵华
副 书 记　王　冰
　　　　　余祖林（5月起）
　　　　　丁勇胜（挂职，至4月）
　　　　　雷　激（挂职，5月起）
人大主任　李增平
副 主 任　邹跃云
　　　　　马　玲
　　　　　邹　康
　　　　　孙　熔
区　　长　王　冰
副 区 长　高宇明
　　　　　马　俊
　　　　　林　华
　　　　　吴建明
　　　　　毕广才
　　　　　范啸山（挂职，至8月）
　　　　　汪洵浩（挂职）
　　　　　林时票（挂职）
　　　　　郝国栋（挂职）
　　　　　周　燕（挂职，6月起）
政协主席　李旭东（至2月）
　　　　　张家福（3月起）
副 主 席　徐家政
　　　　　黄　铭
　　　　　师正云（兼）
　　　　　杨　伟
纪委书记　李加德（至5月）
　　　　　赵永勤（5月起）

安宁市

市委书记　李树勇
副 书 记　王剑辉
　　　　　尹贵生
　　　　　刘光禹（挂职）
人大主任　王文学
副 主 任　魏学林
　　　　　郭光辉
　　　　　李树华
　　　　　洪雯静（兼）
市　　长　王剑辉
副 市 长　李春明
　　　　　尹家屏
　　　　　梅　林
　　　　　葛　宁
　　　　　戴　彬
　　　　　马文瑜（6月起）
　　　　　程宇清（挂职，至6月）
　　　　　欧明锋（挂职）
　　　　　张　岩（挂职，至8月）
　　　　　尹天水
　　　　　刘　婕（挂职，8月起）
政协主席　李海平
副 主 席　段学发
　　　　　马文喜
　　　　　曹忠昌
　　　　　钱美琴（兼）
纪委书记　焦　林

呈贡县（至10月）

县委书记　周峰越
副 书 记　缪　军
　　　　　李荣华（5月起）
　　　　　李兴华（挂职）
人大主任　陈庆鸿
副 主 任　赵　芳
　　　　　赵崇华
　　　　　郭　能
　　　　　岳绍萍
县　　长　缪　军
副 县 长　顾　巍
　　　　　王健雄
　　　　　李俊民
　　　　　母正荣（至5月）
　　　　　韩小艳（9月起）
　　　　　黄忠伟
　　　　　段　超
　　　　　曾尔树（挂职，至5月）
　　　　　许玉文（挂职）
　　　　　张义强（挂职）
　　　　　陈吉岳（挂职）
　　　　　韩　扬
　　　　　王　兵（挂职）
政协主席　朱理学
副 主 席　山　聪
　　　　　沙　敏
　　　　　李　勇（兼）
　　　　　杨莲芝
纪委书记　钟启锋

晋宁县

县委书记　蔡德生
副 书 记　岳为民
　　　　　李飞鸿（5月起）
　　　　　杨绍光
人大主任　李国祥
副 主 任　杨绍林
　　　　　姜银彦
　　　　　胡翠芝
　　　　　夏维林
县　　长　岳为民
副 县 长　李光勇
　　　　　普鸿昌
　　　　　马　涛（至5月）
　　　　　汤庆云
　　　　　达琦明

张兴华
李武瑜（挂职，至3月）
张剑扬（挂职，至12月）
刘　春
方海东
陆宣合（12月起）
政协主席　李永安
副 主 席　余顺华
李德政
徐　海（兼）
刘文荣（兼）
纪委书记　陶希润（至5月）
刘建斌（5月起）

富民县

县委书记　赵学农
副 书 记　杨相来
熊　坚（至5月）
杨世领（挂职）
人大主任　丁克明
副 主 任　雷　鸣（至6月）
李碧发
白云华（兼）
徐世荣
县　长　杨相来
副县长　王光玉
毕　宏
田　峰
杨红映
李灿辉
金志峰
沈云都
吴智峰（挂职，至8月）
刘　洋（挂职）
李　玥（挂职，8月起）
政协主席　杨　超
副 主 席　张向阳
熊　军
耿有全
张玉美
纪委书记　李辽军

宜良县

县委书记　郭子贞（至2月）
张之亮（2月起）
副 书 记　张贵平
左　广
张之亮（至2月）
陈忠华（挂职，至4月）
陆春林（4月起）
人大主任　张吉祥
副 主 任　毕树荣
邓玉梅
王　刚
许正斌
县　长　左　广（1月起）
副 县 长　左　广（至1月）
李　鸿
段　富（5月起）
王　键
何健升
李建明
蒋　俊（挂职，至8月）
浦　泰
王昆华（8月起）
朱晓莉（挂职，12月起）
政协主席　姜育文
副 主 席　张　寿
杨云章
赵丽玲（兼）
李奉钢
纪委书记　李寿志

嵩明县

县委书记　王春燕
副 书 记　徐毅清
姚富正
李宜融（挂职）
人大主任　余荣明
副 主 任　李自金
韩绍祥
毛绍荣（兼）
普菊珍
县　长　徐毅清
副 县 长　李俊彪
常荣华（5月起）
郝长生
杨浩勇（至4月）
马正权
朱　燕（挂职，至5月）
陈卫民（挂职，至5月）
姚　涛（挂职）
刘锡葵（挂职）
刘亚迅（6月起）
政协主席　杨秀松
副 主 席　王金友
李进莲
洪志伟
张　和（兼）
纪委书记　潘锐云（至5月）
刘玉珍（5月起）

石林彝族自治县

县委书记　罗朝峰
副 书 记　毕春华（至5月）
裴演兵
洪绍伟
人大主任　李绍增
副 主 任　朱玉和（兼）
李家云
徐梅芬
毕宏志
县　长　毕春华（至5月）
张勤勋（7月起）
代理县长　张勤勋（5～7月）
副 县 长　张忠贵
潘华光
李福军
戴　平
王彦平
黄　杰（挂职，至9月）
邢　晋
吴子云（挂职，至4月）
张津华（挂职）
政协主席　者培仙
副 主 席　周和祥
周兴荣
苏云波（兼）
严华明（兼）
纪委书记　周美英

禄劝彝族苗族自治县

县委书记　段俐娟（3月起）
副 书 记　段俐娟（主持工作，至3月）
毕昆闽（至5月）
汪宏昌（至5月）

禄劝彝族苗族自治县

县委书记 段俐娟（3月起）
副书记 段俐娟（主持工作，至3月）
毕昆闽（至5月）
汪宏昌（至5月）
赵毅（5月起）
龚正嘉（挂职）
人大主任 张光文
副主任 卢建才
吴明泽
张成武
刘琴芬
县长 毕昆闽（至5月）
李开德（7月起）
代理县长 李开德（5~7月）
副县长 郑传贵
赵毅（至5月）
杨文志（5月起）
朱淑芬
李克坚
张俊（至12月）
马责
徐学林
刀福东（挂职）
李勖（挂职，至4月）
付兆雯（6月起）
政协主席 张庆学
副主席 张丕富（兼）
陈天庆
王友谊
张怡
纪委书记 张志文

寻甸回族彝族自治县

县委书记 罗永斌（3月起）
副书记 罗永斌（主持工作，至3月）
唐琪
肖正坤
马林奎（挂职）
人大主任 张正良
副主任 马世贵
姜彩云
赵文富
李孝伟
县长 唐琪
副县长 孙晓强
黄宝金
赵加洪
张宁（兼）
周利辉
陈垠宏（挂职）
徐郑锋（挂职，至8月）
李祥（5月起）
政协主席 张国友
副主席 李国兴
马桂英
杨朝旺
张光凤
纪委书记 吴忠林

掌鸠河引水供水工程建设管理局

局长 李喜
常务副局长 施伟

石林景区管理局

局长 李正平（至5月）
周林春（5月起）

（资料由各撰稿单位提供，方玉红整理，市委组织部审核。）

大事记

2011年10件大事

昆明遭遇三年特大干旱

2011年，昆明地区连续第三年遭受干旱，百年不遇。截至12月下旬，全市平均降水仅590毫米，造成29条河流断流、90座水库干涸，46.2万人和25.1万头大牲畜饮水困难。干旱已造成昆明市15个县（市、区）直接经济损失6.48亿元，林业受灾面积35.99万亩。全市大春农作物受灾100486.6公顷、成灾57060公顷、绝收18160公顷，房屋因灾倒塌124户363间、损坏1479间，因灾死亡2人、伤1人，死亡家畜3047头（匹），紧急转移安置148人。全年共下拨救灾经费2725万元；发放救灾粮2765吨，救助27万人次。截至年底，全市共接收捐款583.35万元、衣物6.51万件。

昆明市行政中心顺利搬迁呈贡

2011年1月，昆明市市级机关的75个部门（单位）及7500余名工作人员先后搬迁至呈贡市级行政中心办公。市级机关的搬迁，必将有利于充分发挥呈贡区位优势，打造滇中城市经济圈的发展核心区，更好地辐射、带动周边区域经济协调发展；必将有利于拓展主城发展空间，增强城市综合竞争力，强化桥头堡中心城市腹地功能作用；必将有利于呈贡积累更多发展要素，打造新的增长点，培育竞争新优势，推动呈贡新一轮大开放、大开发、大建设、大发展。

中国首家有色金属现货电子交易所——昆明泛亚有色金属交易所成立

4月21日上午11时，国内首家有色金属现货电子交易所——昆明泛亚有色金属交易所在昆明海埂会堂正式鸣锣开市。首批上市交易品种白银以972元开盘价，成交6760手，铟518元开盘价，成交12870手，成为昆明泛亚有色金属交易所开市第一笔交易。昆明泛亚有色金属交易所作为中国首个有色金属现货交易平台，是昆明要素市场建设的重要一环，也是昆明加快建成中国面向西南开放的国际化门户和重要的桥头堡城市的具体体现，必将大大提高昆明参与全球有色金属交易市场的竞争能力，提升云南有色金属产品在国际市场的知名度和定价话语权，对推动云南省以金融业聚集效应实现跨越式发展，昆明市区域性人民币金融服务中心建设，将产生重要促进作用。昆明泛亚有色金属交易所在国内已经成立150余家服务中心，覆盖全国近30个省（直辖市）。

昆明金融产业中心园区启动建设

4月29日，中国　昆明泛亚金融产业中心园区建设正式启动。中国昆明泛亚金融产业中心园区规划占地2.3平方千米，经过2年多的建设，将形成集金融机构总部办公、前台运营、中介服务于一体，配套文化、商住、教育、医疗、市政、绿地、水域等设施和功能的产业园区。经过多方洽谈融资，已有31家驻昆银行机构、金融监管机构、非银行机构有意向入驻，从业人数超过8000人。

昆明火车新南客站站场开工

6月16日上午10时，昆明南新客站站场正式开工。昆明南新客站选址在呈贡吴家营片区，距离昆明市行政中心约3千米、滇池约7千米、距昆明站约28千米（铁路里程）。站场占地长约1千米，宽约300多米，建筑规模10万多平方米，相当于现在昆明南站规模的3倍。建设中的昆明南新站是西南最大的一个火车站场，设计分为4层，车站总规模按16台30线设计，工期为48个月，预计到2016年完工。建成后，将是云桂、沪昆、渝昆、昆玉4条客用专线枢纽站点。负2层、负3层是地铁1号线和4号线的换乘，负1层是10万平方米的停车场及公交、出租车换乘点。投入使用后，从昆明乘火车到南宁只需要5个小时左右，从昆明到上海只需个8小时。

环湖公路通车

7月2日，环湖公路正式全线通车。环湖路起于庄家塘立交，与高海公路相连。道路主线全长67千米，按城市I级主干道设计，道路红线宽55米、40米、24米三种断面形式，双向4车道，设计车速60千米/小时。景观道路线沿滇池湿地界桩外侧修建，路线长75.75千米，景观道按城市III级主干道设计，道路红线宽20米、8米两种断面形式，只设非机动车道。该路一次性安装风光互补太阳能路灯，年节电达到17万度。拥有15千米城市景观慢行系统，供市民游览。

昆明直设300个直销菜市平抑菜价

2011年，为有效解决农民“卖菜难”和市民“买菜贵”的问题，有效遏制蔬菜价格的上涨，昆明市建成

300个统一标准的蔬菜直销菜市场。直销菜市的建立，主要是为打造农产品现代流通体系，大力发展“农超对接”、“厂场挂钩”、“场地挂钩”、连锁经营、物流配送等现代流通方式，减少流通环节，降低蔬菜价格。同时，积极支持农产品集配中心、乡镇集贸市场升级改造，在统一规划、统一门头、统一配送、统一标准、统一管理的要求下，分布在主城四区、3个开发度假区及呈贡、安宁等地。从而提升农产品流通信息化水平，扶持农产品品牌化推进与发展。

昆明呈贡撤县设区

5月20日，国务院下发《关于同意云南省调整昆明市部分行政区划的批复》，批准呈贡撤县设区。11月1日，昆明市举行呈贡撤县设区暨加快发展大会。标志着呈贡正式撤县设区，成为继盘龙、五华、官渡、西山、东川之后昆明市的第六个区。2003年5月，省委、省政府作出了建设现代新昆明的重大战略决策，呈贡率先响应，经过几年的建设，40平方千米的新城核心区基本形成，省级9所高校和市级行政中心顺利搬迁，云南白药等一批重大项目落户，新区建设取得了阶段性成效。

安宁至嵩明市域铁路开工建设

11月18日上午9时，昆明市域铁路安宁至嵩明段开工仪式暨动员大会在昆明西山区碧鸡关隧道西口举行。昆明市域铁路（安宁-嵩明）是昆明东西轴上一条重要的轨道交通线路。铁路由西向东横穿昆明市中心，途经安宁市、西山区、官渡区、盘龙区、嵩明5县（市）区，线路总长87.46千米，其中地下线39.9千米，地面线9.66千米，高架线33.5千米，共设17座车站，其中高架站9座，地下线8座，换乘站7座。全线平均站间距6.20千米。预计投资300多亿元。据介绍，机车采用国铁制式，最高运营时速为140—160千米，可实现25分钟从主城到安宁市中心，35分钟从主城到嵩明县城中心，60分钟内从安宁到嵩明。工期预计为两年。

昆明“创卫”成功，加冕国家卫生城市

12月20日，国家卫生城镇命名表彰电视电话会议在北京国家会议中心举行。昆明市成功加冕国家卫生城市桂冠。昆明市创建国家卫生城市始于1990年，历时21年。据统计，在这场创卫战中，昆明主城336个城中村及284个老旧居民区得到了分类整治，27631家有证照经营的“七小”经营户实施了全面达标整治，5314家无证照经营的“七小”经营户实施了整治和取缔。282个社区卫生达标率由原来的36%提升到98%，食品卫生量化分级管理覆盖率达95%；自来水出厂水水质合格率达100%，管网末梢水水质合格率为99.92%。城市生活垃圾无害化处理率达到100%，粪便无害化处理率达到80.86%；建有生活垃圾转运站132座，使生活垃圾实现日产日清，密闭化运输。

（李　震）

2011年大事记

1月

4日　“保护野生动物，共享生态昆明”野生动物保护宣传周活动在翠湖公园启动。

4～7日　市委召开九届七次全体（扩大）会议。4～6日与会人员分别对14个县（市）区及高新区、度假区进行现场观摩，7日集中召开大会。市级四班子成员等参加观摩和会议。

7日　全国人大常委会副委员长严隽琪带队全国人大常委会视察组对螺蛳湾国际商贸城一期市场进行考察调研。

10～13日　政协昆明市第十二届委员会第二次会议召开。

10日　省人大常委会主任白恩培在省委常委、省委秘书长杨应楠，省委常委、市委书记仇和，副省长刘平陪同下，率省级有关部门负责人到昆明市东川区考察慰问。

同日　昆明新机场快速公交基础设施工程开工建设。

11～17日　昆明市第十三届人民代表大会第一次会议召开。会议审议通过了“一府两院”工作报告，审查了计划、财政报告，批准了2011年发展计划和2011年市级财政预算。选举杨远翔为昆明市第十三届人大常委会主任，宋黎明、田翎、张显忠、夏静、戚永宏、郭子贞为副主任，吴庆昆为秘书长，王有祥等32人为委员。选举张祖林为昆明市人民政府市长，李文荣、黄云波、王道兴、陈勇、李喜、何波、阮凤斌、赵立功、杨皕为副市长。选举闫柏为昆明市中级人民法院院长。选举沈曙昆为昆明市人民检察院检察长。

12日　市委书记仇和在佳华酒店会见美国新泽西州众议员戈登　约翰逊及华人企业家投资考察团一行。市委常委、市委秘书长保建彬，副市长阮凤斌参加会见。

13日　公安部常务副部长杨焕宁到昆明火车站视察“春运”安保工作。省委常委、省委政法委书记、省

公安厅厅长孟苏铁，市公安局党委书记、局长赵立功，市公安局副局长杜俊超，副局长徐猛，及市委主要领导、铁路部门相关领导陪同视察。

14日　以尼中友协博克拉分会主席彼施沃·山克·帕里克先生为团长的尼泊尔博克拉市旅游推介团应邀访问昆明并举办旅游推介会。

同日　昆明规模最大的年货街、购物节——第五届新春欢乐购物节在昆明国际会展中心新馆开幕。

15日　昆明市工商联璧山商会成立。

16日　2011昆明老街庙会正式启幕。

18日　昆明轨道交通有限公司与上海申通地铁集团公司举行昆明轨道运营合作框架协议签约仪式。市长张祖林、副市长何波出席仪式。

19日　在香港举行的“2010中国最具海外影响力城市”评选活动颁奖典礼上，昆明市获得“2010年中国最具海外影响力城市”荣誉。

25日　昆明马金铺一采石场发生山体滑坡事故，4人遇难。

26日　国内第一家以花卉为主题的专题图书馆——昆明图书馆·斗南花卉分馆开馆，副市长李茜及相关部门负责人出席开馆仪式。

同日　市委书记仇和会见率团访问昆明并参加中国—东盟外长会议的新加坡外交部部长杨荣文一行。

28日　第二届“昆明市花·云南山茶花节”正式在金殿拉开帷幕。

同日　盘龙区羊肠片区政府储备用地土地一级开发项目路网建设工程正式启动。仇和、张祖林、李邑飞、杨远翔、李文荣、黄云波、陈勇等市领导出席开工仪式。

29日　昆明首家“低碳”五星酒店——金鹰广场酒店正式营业。

2月

1日　市长张祖林、省公安厅副厅长蒋平等领导前往市区主要道路，对市区交通安全情况进行检查，并慰问在一线执勤的基层交警。副市长赵立功陪同检查。

8日　市委书记仇和率市级相关部门负责人调研昆明市保障性住房和城中村改造回迁安置房建设情况。

10日　市委、市政府召开“2010年工作目标奖惩兑现2011年工作目标责任签状暨工业突破园区建设招商引资动员大会”。

11日　市委、市政府对大观河综合整治工作进行实地观摩检查。仇和、张祖林等市领导参加观摩检查。

同日　市委书记仇和在市级行政中心会见台湾蓝天电脑集团董事长许昆泰一行。市委常委、副市长黄云波参加会见。

12日　云南野生动物园与新格玛雅婚纱摄影会馆联合主办的“我的童话女友”2011情人节摄影活动拉开帷幕。

13日　五华区2011年重大基础设施建设项目正式启动。市领导仇和、张祖林等出席启动仪式。

14日　市委书记仇和会见美国卡尔索普设计事务所CEO彼得·卡尔索普先生及美国能源基金会专家一行。

15日　市长张祖林主持召开市十三届政府第二次常务会，会议审议通过了《昆明市居住证管理规定（草案）》。

15～24日　市委书记仇和率昆明市经贸文化考察团访问台湾。

18～21日　第21届中国（昆明泛亚）兰花博览会在昆明举办。

同日　昆明—台北经贸合作座谈会在台北圆山大饭店隆重举行，13个昆台经贸合作项目签约，协议总额约20亿美元。

20日　昆明泛亚橡胶交易所有限公司和昆明泛亚珠宝玉石交易所有限公司同时在昆明揭牌成立。

22日　商务部副部长高虎城一行在省商务厅厅长熊清华、昆明市副市长阮凤斌等领导陪同下考察参观昆明螺蛳湾国际商贸城。

25日　市委书记仇和、市长张祖林率市级四套班子领导实地观摩巡查乌龙河，对河道综合整治初验“大考”。

同日　昆明泛亚世贸中心开工仪式在螺蛳湾国际商贸城举行。仇和、张祖林、杨远翔、田云翔、黄云波、陈勇、阮凤斌等市领导出席开工仪式。

同日　五华区举行2011年城中村改造首批8个村回迁安置房建设开工仪式。市领导仇和、张祖林、田云翔、李文荣、黄云波、陈勇等出席仪式。

27日　市长张祖林率昆明市招商代表团赴哈尔滨招商引资，并出席哈尔滨电机厂（昆明）有限责任公司整体入驻昆明经开区的项目投资签约仪式。

28日　中共中央政治局常委、中央纪委书记贺国强到昆明市调研。省市领导白恩培、秦光荣、李汉柏、杨应楠、仇和、孟苏铁，李文荣、应永生、保建彬、王道兴陪同调研。

3月

1日　国内首家有色金属现货电子交易所——昆明泛亚有色金属交易所在昆明正式成立。

6日　市委书记仇和，陪同原辽宁省委副书记张成寅到昆参观考察现代新昆明建设，市领导李文荣、保建彬、罗建宾陪同考察。

7日　江苏省委常委、副省长黄莉新率江苏省“三农”工作考察团实地走访昆明滇池泛亚国际城市湿地、斗南花卉市场、昆明国际花卉拍卖交易中心、呈贡新城大学片区、市级行政中心、螺蛳湾国际商贸城、石林台湾农民创业园等多个产业发展和城市建设项目，并考察了昆明市花卉和农业产业园区等

“三农”重点建设项目。省市领导仇和、孔垂柱、李文荣、金志伟、李喜陪同考察。

11日　四川雅安市党政代表团一行到昆明考察生态旅游城市建设、生态旅游开发和环境保护等工作。副市长杨皕陪同考察。

13日　昆明市政府启动2011年春季植树活动，市委书记仇和等市领导在昆明市两面寺黑虎山上参与义务植树活动及启动仪式。

14日　昆明南亚国际陆港开发有限公司成立并举行揭牌仪式。市委常委、副市长黄云波，市政协副主席杨品才等领导出席活动，并为昆明南亚国际陆港开发有限公司揭牌。

同日　市委书记仇和会见来昆考察的香港中华总商会副会长、国际潮团联谊年会常设秘书处秘书长张成雄一行。

同日　市委书记仇和会见印尼—中国文化经济交流协会副主席、前印尼驻华大使苏德加一行。

18日　昆明口腔医院有限公司成功挂牌，成为昆明第二家与上市公司“联姻”成功并进行股份制改革的公立医院。

19日　市委书记仇和、市长张祖林率市四套班子领导，对阳宗海风景名胜区项目建设、基础设施、环境保护等工作进行现场调研、现场会办、现场推进。

同日　晋宁县与华翔集团举行文化旅游项目投资开发框架协议签字仪式。市领导仇和、张祖林、李邑飞、杨远翔、田云翔、保建彬、谢新松、李茜出席仪式。

21日　“水润中华·至爱大成”大型节水宣传公益演唱会王诗沂独唱音乐会在云南省昆明市海埂会堂举行。

21～23日　市委书记仇和、市长张祖林率昆明市党政代表团，到玉溪市、楚雄州、曲靖市签订一体化合作框架协议。

22日　市委书记仇和会见全国政协常委、香港九龙仓集团有限公司主席吴光正一行。

24日　市委书记仇和，市长张祖林陪同省委副书记、省长秦光荣、副省长和段琪参观嵩明杨林工业园区景观大道、空港大道、云南建工集团总公司钢结构生产基地。

同日　昆明滇池水务股份有限公司与台湾阜利集团签署合作协议并成立昆明滇池阜利生化科技有限公司。市委书记仇和、台湾阜利国际集团执行长洪百里为公司成立揭牌。

25日　中国·昆明螺蛳湾国际商贸城“国家AAAA级旅游景区”授牌仪式在昆明螺蛳湾国际商贸城一期市场西大厅隆重举行。昆明市政府相关领导、省市区各级旅游单位、云南省各大旅行社派代表参加授牌式。

同日　市委书记仇和会见全国政协常委、世界贸易中心协会（香港）执行委员会主席伍淑清率领的代表团一行。

27日　恒丰银行昆明分行在昆明世纪金源大饭店举行盛大的开业庆典仪式。中共昆明市委书记仇和，省政府副秘书长蒋兆岗、省政府金融办、云南银监局、人民银行昆明中心支行等相关领导出席庆典。

28日　昆明公安警用直升机首飞仪式在呈贡新区昆明市级机关行政中心会议中心举行，仇和、孟苏铁、张祖林、李邑飞、杨远翔、田云翔、赵立功等领导出席。标注警徽图案和“昆明公安”字样的警用直升机将正式投入日常警务巡逻工作。

28～29日　辽宁省锦州市团委书记、市青联经济界别委员一行18人到昆明市进行考察交流。

30日　英国“24合唱团”在昆明剧院演出。

31日　昆明市在呈贡新城区市级行政中心广场举行“学习杨善洲同志先进事迹·履职践诺比奉献”万名党员干部集体宣誓活动。全市6辖区、7县市及各机关直属单位共万名党员干部参加宣誓活动。活动由昆明市委副书记、市长张祖林主持。

4月

1日　市长张祖林会见21世纪中印文化交流中心主席达娜·舒伯特博士一行。

3日　国家发改委农村经济司司长高俊才在云南省副省长孔垂柱等领导陪同下，分别对滇池水质，昆明市第七、八污水处理厂，昆明市第五自来水厂，红云红河集团用水情况及牛栏江—滇池补水工程落点进行了考察调研。

4～5日　安徽省委常委、合肥市委书记孙金龙率合肥市党政代表团赴昆明市学习考察城市建设与旧城改造、轨道交通建设、滇池治理等工作。市委书记仇和，市委副书记、市长张祖林，市委副书记李邑飞，市委常委、常务副市长李文荣，市委常委、秘书长保建彬，副市长王道兴、陈勇、何波等陪同考察。

6日　国家科技部批准昆明市成为第二批国家创新型试点城市。使昆明建设创新型城市纳入了国家轨道。

7日　市委书记仇和会见苏州大学党委书记王卓君一行。

8日　市委书记仇和会见中铁第四勘察设计院集团有限公司董事长蒋再秋一行，诚邀中铁四院参与现代新昆明建设，在昆建设泛亚西南总部。

12日　市委书记仇和率市级四套班子成员巡查捞鱼河，集中检验河道综合整治成效。

13日　南宁市政府代表团一行到昆考察艾滋病防治工作。

14日　市委书记仇和会见云南省地质矿产勘查开发局副局长、云南黄金矿业集团股份有限公司董事长李建华一行。

15日　昆明市政务服务市、县、乡三级联动信息系统正式开通。

同日　昆明泛亚科技新区在昆

明五华园博园挂牌成立，市领导李文荣、夏静、杨品才出席挂牌仪式。

同日 市委书记仇和会见大唐移动通信设备有限公司总裁李珠袁一行。

同日 市委书记仇和会见上海城建集团公司党委书记胥传阳一行。

16日 马来西亚旅游文化周在昆明翠湖公园拉开序幕。马来西亚驻昆明总领事馆总领事，省市旅游局主要领导，马来西亚旅游领事和当地多家媒体出席开幕仪式。

17日 市委书记仇和会见原中国驻法大使、现国家创新与发展战略研究会副会长吴建民一行。

18日 中央电视台在昆明举办《爱国歌曲大家唱·昆明篇》激情广场文艺演出。

19日 市长张祖林会见广东省委常委、深圳市委书记王荣。双方就加强两市经济合作等进行了交流。

20日 广东产品西南行启动仪式暨粤滇经贸合作项目签约仪式在昆举行。两省现场签订了总额达661.5亿元的经贸合作协议。

同日 市劳模协会组织300名劳模代表，在市工人疗养院旁举行庆祝“五一”国际劳动节暨创先争优、“杨善洲纪念林”劳模义务植树活动。

同日 中共中央政治局委员，广东省委书记汪洋一行在白恩培、秦光荣、仇和等省市领导陪同下，对昆明螺蛳湾国际商贸城进行参观、考察。

21日 中国首家有色金属现货电子交易所——昆明泛亚有色金属交易所在昆明海埂会议中心举行开市仪式。市委书记仇和、市长张祖林、市政协主席田云翔、省政府副秘书长赵慧侠、副市长黄云波、著名经济学家茅于轼等出席仪式。

同日 昆明入选“中国魅力城市”30强。

22日 市委书记仇和会见美中贸易发展协会、美国区域经济合作中心主席古德曼一行。

24～27日 市委书记仇和率昆明市招商考察团赴杭州、温州、大连3市开展招商引资活动。市领导杨远翔、李文荣、王道兴参加考察。

26日 四川航空公司云南分公司在昆明正式挂牌成立。

同日 云南省首家滇剧花灯传习馆在昆成立。

29日 中国·昆明泛亚金融产业中心园区建设正式启动，省市领导仇和、曹建方、张祖林、李邑飞、杨远翔、田云翔、李文荣、黄云波、保建彬、田翎、傅汝林等出席仪式。

同日 昆明市庆祝“五一”国际劳动节暨第二十二届劳模表彰大会在市级行政中心新区会堂隆重召开。省人大常委会副主任、省总工会主席江巴吉才、省委常委、市委书记仇和出席大会并作重要讲话。

30日 2011中国·昆明国际文化旅游节昆明狂欢节启动仪式在云南陆军讲武堂开幕。省市领导仇和、刘平、张祖林、杨远翔、田云翔、李文荣、谢新松、戚永宏、赵立功、杨皕、张建伟等出席开幕式。

4月 国家工业和信息化部正式批复昆明市成为国家级信息化和工业化融合试验区。

5月

2日 印尼考察团到昆明晋宁县参观访问。

3日 云南省政务信息岛开通启动仪式在昆明举行。省、市领导李汉柏、李江、程映萱、王学智、丁绍祥、张祖林、李文荣等出席仪式。

同日 市长张祖林会见加拿大俾斯省新西敏市选举委员会主席马丁·吉福及其夫人，双方就加强昆明和新西敏两市间的交流进行了会谈。

同日，市长张祖林会见全国政协委员、全国政协教科文卫体委员会副主任、香港新恒基国际（集团）有限公司董事局主席高敬德一行，常务副市长李文荣、副市长张锐陪同会见。

4日 昆明启动纪念“五四”运动92周年系列活动。

5日 中电投云南国际总部基地开工仪式在昆举行。仇和、张祖林、杨远翔、田云翔、李文荣等市领导及省级相关部门负责人出席仪式并为总部基地奠基培土。

9日 市委、市政府邀请省级老领导到昆实地考察现代新昆明建设情况。仇和、张祖林、李邑飞、杨远翔、田云翔、李文荣、郭红波、保建彬、杨品才等市领导陪同考察。

10日 昆明十堰商会泛亚商用车物流城项目在昆明举行开工仪式。

10～16日 市委书记仇和、市长张祖林率领昆明市党政代表团赴普洱、西双版纳、德宏、保山、怒江、临沧6州市学习考察，期间与各州市签订共同推进国际大通道合作框架协议。市领导李邑飞、杨远翔、田云翔，李文荣、董保同、郭红波、应永生、保建彬等及相关省级单位负责人参加考察活动。

14日 昆明市首家国际品牌五星级酒店昆明南亚风情园豪生大酒店在呈贡开业。

15～21日 2011年科技活动周在昆明举办。

18日 中国·昆明泛亚商品交易中心暨昆明泛亚黑色金属交易所在昆挂牌成立，中国市场经济协会会长、中国世界贸易组织研究会副会长俞晓松，省委常委、市委书记仇和为昆明泛亚黑色金属交易所揭牌。

同日 昆明开设宜宾蜀南竹海首趟短线旅游专列。

同日 市长张祖林率队到昆明警备区就部队正规化建设试点工作等事宜进行调研，市委副书记李邑飞，市政府秘书长赵学锋等陪同调研。

19日 《云南出入境检验检疫局昆明市人民政府关于共同提升昆明市对外开放水平合作备忘录》签

墨西哥当地时间5月23日下午，昆明市市长张祖林在“中国昆明墨西哥城经贸旅游交流座谈会”上进行经贸旅游推介

（市外侨办 供稿）

字仪式在昆举行。云南出入境检验检疫局局长范国珍、市长张祖林分别代表云南出入境检验检疫局和昆明市人民政府签署备忘录。市领导李文荣、董保同及省级相关部门负责人出席仪式。

20日 昆明青年商会成立。市委书记仇和与团省委书记饶南湖共同为昆明青年商会揭牌。

同日 2011年昆明青年（大学生“村官”）创业成果博览会暨人才交流会在昆明国际会展中心开幕。市领导仇和、张祖林、李邑飞、杨远翔、李文荣、董保同、郭红波、宋黎明、张显忠、夏静、杨品才、常敏等及省级相关部门负责人出席博览会开幕式。

21日 市长张祖林率昆明市代表团赴墨西哥、古巴、加拿大三国友城进行访问和经贸旅游推介活动。

23日 农业部部长韩长赋到昆调研，实地察看了省渔业科学研究院的科研项目、滇池养鱼禁渔工作、滇池泛亚国际城市湿地、斗南国际花卉产业园区规划建设。市领导李邑飞、李文荣、王道兴、李喜陪同调研。

25日 昆明市红色电影展映活动正式启动。

同日 昆明高新区管委会新城高新技术产业基地举行2011年第二批5个重大项目开工仪式，市委书记仇和，市政协主席田云翔，市委常委、常务副市长李文荣，市委常委、秘书长保建彬、市人大副主任宋黎明等领导参加了开工仪式。

26日 市委书记仇和会见英国皇家海军中将、英国皇家国防研究学院院长查尔·斯丁先生率领的英国皇家国防研究学院代表团一行。

28日 昆明西翥生态旅游实验区暨五华区西翥街道办事处正式挂牌成立。

同日 昆明市巴中商会在昆明正式成立。

30日 昆明市召开加快建设面向西南开放重要桥头堡动员大会，传达、贯彻、学习党中央、国务院和省委、省政府有关精神。市委书记仇和作重要讲话。

同日 昆明获“国家节水型城市”称号。据统计，昆明市28年节水5亿吨。

6月

1日 常务副市长李文荣会见重庆农村商业银行行长谭远胜一行。

2日 国家民委党组书记、副主任杨传堂一行到昆明市五华区视察城市社区民族团结进步创建工作。副省长刘平、省民委主任王承才、市委副书记李邑飞、统战部部长金志伟等领导及省市区相关部门领导陪同。

4日 西藏自治区副主席董明俊率队西藏自治区政府考察团来昆，对昆明市和谐矿山建设工作进行考察。市委常委、副市长黄云波，安宁市委常委、常务副市长李春明等领导陪同。

5日 市委书记仇和会见南京金鹰国际集团董事长王恒一行。

同日 市长张祖林会见印度塔塔集团副主席克里什纳·库玛一行。市政府秘书长赵学锋陪同会见。

同日 第六届中国—南亚商务论坛在昆明开幕。

6日 第十九届中国昆明进出口商品交易会暨第四届南亚国家商品展开馆仪式在昆明国际会展中心举行。

国务委员戴秉国出席开馆仪式，并巡视了相关场馆。

8日　市长张祖林会见柬埔寨王国金边市市长高竹德马及其夫人一行，并签署缔结两市友好城市相关协议。副市长阮凤斌、市政府秘书长赵学锋陪同会见。

9日　昆明学院洋浦校园举行落成仪式。省、市领导仇和、张田欣、高峰、张祖林等出席活动。

13日　市长张祖林率市级相关部门负责人实地调研昆明地铁1、2号线首期工程建设进展情况。副市长陈勇、何波等陪同调研。

15日　中央储备粮昆明直属库新建昆明粮油中心库项目在晋宁昆阳镇举行开工仪式。省委常委、常务副省长罗正富，省央企入滇工作领导小组专职副组长牛绍尧等领导出席开工仪式，并共同为昆明粮油中心库项目启动培土奠基。

16日　新建铁路云桂线引入昆明枢纽工程昆明南站站场开工仪式在呈贡吴家营片区举行。

20日　卫生部部长陈竺一行到昆明调研公立医院改革。常务副市长李文荣、副市长杨副陪同调研。

22日　第二届中国聂耳音乐（合唱）周闭幕式暨第八届中国音乐金钟奖合唱比赛颁奖晚会在新亚洲体育城举行。中国文联党组书记赵实，省、市领导白恩培、秦光荣、李纪恒、李江、仇和、张田欣、杨保建、高峰、罗黎辉、田云翔、李文荣、谢新松、夏静、李茜、汪叶菊，等出席闭幕式及颁奖音乐会。

同日　原国务委员唐家璇一行在市委书记仇和，副省长顾朝曦等领导陪同下，对西南联大旧址、昆明陆军讲武堂的保护工作进行考察。

23日　“双馆名城”建设新闻发布会在昆召开。至此，昆明正式拉开了由“双馆之城”到“双馆名城”转变的序幕。

27日　昆明阳宗海新区挂牌成立。副市长、昆明阳宗海风景名胜区党工委书记阮凤斌为昆明阳宗海新区党工委管委会揭牌。

28日　市长张祖林会见土耳其安塔利亚市市长穆斯塔法·阿卡丁博士及其夫人一行，双方签署发展友好城市关系意向书。副市长杨副、市政协副主席常敏，市政府秘书长赵学锋陪同会见。

同日　昆明市总工会在云南大剧院举行“昆明市职工庆祝建党90周年红歌优秀节目展演暨颁奖晚会”。省总工会党组书记、常务副主席王慧萍，市委常委、市委宣传部部长谢新松，市人大常委会副主席、市总工会主席戚永宏，副市长张锐，市政协副主席陆玉珍等领导观看了展演。

29日　斗南花卉产业园区举行开工仪式。市领导仇和、张祖林、郭子贞、李喜、傅汝林等出席活动。

同日　昆明市委召开全市干部大会。仇和在会上传达了省委理论学习中心组会议和省委八届十一次全会精神，并作重要讲话。市长张祖林主持会议。杨远翔、田云翔等市领导班子成员出席会议。

同日　昆明市与尼泊尔博克拉市正式建立友好城市关系。

同日　昆明市网络文化协会成立。

30日　昆明市举行纪念中国共产党成立90周年暨“七一”表彰大会，市委书记仇和作重要讲话。市长张祖林主持大会。杨远翔、田云翔等市级四班子领导出席大会。

同日　《唱支山歌给党听》——云南省庆祝中国共产党成立90周年大型文艺晚会在昆明市体育场举行。市长张祖林参加晚会。

同日　昆明地铁首期工程小王家营站至呈贡北站地下盾构区间左线隧道贯通，标志着昆明地铁首期工程最长地下区间隧道全线贯通。

7月

1日　全国双拥办副主任民政部优抚安置局副局长杨国英率检查考核组到昆明，检查考核新一轮全国双拥模范城创建工作。市长张祖林向检查组汇报昆明市创建双拥模范城工作情况，市委副书记李邑飞，昆明警备区政委方兴国，市人大常委会副主任张显忠、副市长李喜、市政协副主席陆玉珍等出席会议。

2日　环湖公路正式通车。

3日　中国—东盟商务理事会中方秘书处驻昆办事处和7家东盟国家商会驻华办事处在昆明螺蛳湾国际商贸城隆重揭牌。仇和、张祖林、李邑飞、杨远翔、田云翔、李文荣等市领导出席揭牌仪式。

同日　主题为“中国—东盟自贸区：打造行业间的互联互通”的第二届中国—东盟行业合作昆明会议在海埂会堂开幕。市长张祖林出席开幕式并致词。常务副市长李文荣主持开幕式。

4日，市长张祖林会见日本高山市市长国岛芳明率队的政府代表团一行，双方就建立友好交流城市关系签署意向书。

5日　市委书记仇和会见中国中铁股份有限公司总裁白中仁一行。

7～9日　市委书记仇和，市长张祖林率昆明市党政代表团，赴红河州、文山州考察学习，分别与两地签订“共同推进国际大通道建设合作框架协议”。市领导李邑飞、杨远翔、田云翔，李文荣、郭红波、应永生、金志伟、方兴国、保建彬等及相关省级单位负责人参加考察活动。

10～12日　受国家卫生部委托，省卫生厅领导率队对昆明市创建国家卫生城市工作进行综合评审。

11日　2011中国·昆明泛亚郑和国际文化旅游节在昆明晋宁郑和文化广场隆重开幕，市领导仇和、张祖林、田云翔、保建彬、戚永宏、何波、汪叶菊等出席开幕式。

12日　市委书记仇和会见中油中泰燃气投资集团有限公司董事长、河北省人大常委、原中国石油天然气管道局局长、党委书记苏士峰一行。

15日　2011长江夏季论坛在昆明举行。省市领导白恩培、罗正富、杨应楠、仇和、张祖林、张锐等出席论坛。

18日　昆明石林火把国际狂欢节开幕。

20日　昆明市政府与中国中铁股份有限公司在北京签署合作框架协议，建立全面战略合作关系。仇和、张祖林、李文荣、何波等市领导出席签约仪式。

21日　昆明滇池投资有限责任公司与北京碧水源科技股份有限公司在北京正式签订第九、第十污水处理厂BT项目投资建设、移交及回购协议。市长张祖林、副市长王道兴、市政府秘书长赵学锋等出席签约仪式。

同日　中山大学EMBA访滇团来昆考察。

同日　越南老街省劳动联团工会一行13人到昆明市总工会、市困难职工帮扶中心参观交流。市总工会常务副主席赵涤群、副主席李光培陪同参观。

23日　昆明大观公园荷花节开幕。

25日　昆明市第四届运动会在安宁开幕。国家体育总局青少年司处长朱英、副省长高峰、省体育局局长杨宁、市领导张祖林、李邑飞等出席开幕式。

同日　市委书记仇和会见来昆进行领导干部培训授课的香港特别行政区政府代表团一行。

同日　市委书记仇和会见率浙江省义乌市金融代表团来昆考察的义乌市市长何美华一行。

28日　市委书记仇和会见东软集团股份有限公司董事长兼首席执行官刘积仁一行。

同日　第9届亚洲社会心理学大会在云南师范大学举行。本次大会由亚洲社会心理学会主办，中国社会心理学会、中国社会科学院社会学研究所、中国科学院心理研究所和云南师范大学联合承办。来自中国、日本、韩国、新加坡、印度尼西亚、马来西亚、菲律宾、印度、澳大利亚、新西兰等国家的代表共同参加了这一盛会。

8月

5日　市委书记仇和、市长张祖林会见来昆考察的中信集团总经理、中信银行董事长田国立一行。市领导李邑飞、李文荣、黄云波、保建彬、余功斌、朱永扬等陪同会见。

8日　台湾“两岸妇女交流活动参观团”到昆明晋宁县参观考察。

8～11日　中国共产党昆明市第十次代表大会召开。仇和代表中共昆明市第九届委员会向大会作了题为《加快建设区域性国际城市，为在科学发展社会和谐中造福人民而奋斗》的工作报告。

9日　中国民用航空局正式批复，昆明新机场命名为“昆明长水国际机场”。英文名称为“KUNMING CHANGSHUI INTERNATIONAL AIRPORT”。

15日　昆明市举行2011年市级统建保障性住房老海埂路片区、陈家营片区、大波村片区、方旺片区、海源庄片区等5个项目29666套公共租赁住房、廉租房集体开工仪式。市委书记仇和、副省长刘平、市长张祖林、市政协主席田云翔等领导出席开工仪式，副市长陈勇主持开工仪式。

17～21日　省委副书记李纪恒就加快发展县域经济、统筹城乡协调发展到昆明进行专题调研。

18日　国土资源部副部长贠小苏一行到昆调研。检查昆明市规划修编、土地利用计划指标执行、卫生执法、保障房供地等情况，并召开了调研会。

19～23日　第四届昆明泛亚国际民族民间工艺品博览会在昆明举办。昆明馆获评“最佳展位奖”。

21日　青岛市市长夏耕率青岛市代表团来昆考察世界园艺博览会筹办工作。市长张祖林、副市长余功斌、陈勇等陪同考察。

24日　市长张祖林率队检查新机场高速公路沿线绿化景观工程的配套建设项目。市纪委书记应永生，副市长王道兴、陈勇陪同检查。

同日　全省首个网上法律援助平台落户昆明市西山区。

26日　昆明市召开全市重点基础设施建设项目现场推进会议。仇和、张祖林、李邑飞、杨远翔、田云翔等市级领导班子成员实地查看17个重点基础设施项目，并出席推进会。

28日　省长秦光荣和省委副书记、省政府党组书记李纪恒分别率队到昆明市的旱区调研。市委书记仇和陪同秦光荣率领的调研一组深入石林县进行调研；市长张祖林陪同李纪恒率领的调研二组深入嵩明县进行调研。

29日　市长张祖林率队深入宜良县，调研抗旱救灾工作、25度以上坡地退耕还林和“菜篮子”工程蔬菜基地建设情况。副市长李喜，市政府秘书长赵学锋参加调研。

30日　全国政协人口资源环境委员副主任张基尧率领全国政协专题调研组到昆明，专程就进一步推动滇池治理保护工作召开调研。

31日　昆明市召开全市领导干部大会，传达贯彻省委常委（扩大）会议精神。省委常委、市委书记仇和，市长张祖林、市人大常委会主任杨远翔等市级领导班子成员出席大会。

9月

2日　在北京举行的节水型城市创建工作会议上，昆明荣膺“国家节水型城市”称号。

5日　2011年第七届昆明泛亚国际农业博览会、2011年第十四届中国昆明国际花卉展、第五届中国（昆明）国际农产品贸易对接会暨2011年全国绿色巡展（昆明站）开幕式在昆明举行。市长张祖林致开幕词，副市长李喜主持开幕式，市政协主席田云翔，市人大常委会副主任郭子贞等市领导出席开幕式。

8日　省委副书记、代省长李纪恒率队深入昆明市部分大型超市、集贸市场、农副产品加工企业，实地检查节前市场供应、商品价格、食品安全和商业网点建设工作。副省长李江、高峰，省政府秘书长丁绍祥，市长张祖林，副市长杨皕等省市领导参加检查。

9日　政协昆明市委员会、中共昆明市委统战部在云南省大剧院举办昆明市2011年中秋联谊活动。仇和、张祖林、李邑飞、杨远翔、田云翔等市级领导班子成员出席中秋联谊活动。

15日　市长张祖林会见莅临昆明出席第七届国际民俗摄影“人类贡献奖”年赛系列活动的联合国教科文组织副总干事汉思·道维勒及其夫人一行。副市长余功斌陪同会见。

17日　2011年云南省暨昆明市“全国科普日”活动在南屏步行街广场启动。省市领导张田欣、顾伯平、谢新松、陆玉珍等为获全国科普示范县（市、区）称号的五华、盘龙等8个单位颁奖。

同日　富民县2011年第四批产业类项目集中开工。仇和、张祖林、李邑飞、杨远翔、田云翔、李文荣、保健彬等市领导出席开工仪式。

19日　“百名晋商进云南”活动在昆明正式启动。仇和、张祖林、李邑飞、杨远翔、田云翔等市级领导班子成员出席启动仪式。

21日　昆明金马粮食物流公司凉亭粮食转运站迁建建设项目在经开区阿拉乡高坡村开工。仇和、张祖林、杨远翔、保建彬、周小棋、张建伟等市领导出席开工仪式。

同日　晋宁县二街工业基地集中开工。仇和、张祖林、杨远翔、保建彬、周小棋、张建伟等市领导出席开工仪式。

同日　仇和、张祖林会见拉法基瑞安中国首席执行官姜祥国一行。杨远翔、保建彬、周小棋、傅汝林等市领导参加会见。

22日　市级四班子领导成员及市“一湖两江”流域专家督导组组长李培山，实地观摩巡查冷水河，集中检验河道综合整治成效。

23日　云南民族大学举行成立60周年庆典。市长张祖林，市人大常委会副主任夏静，市政协副主席陆玉珍，市政府秘书长赵学锋出席庆典。

10月

3日　昆明市政府12345非应急服务“一号通”平台启动试运行。昆明市现有的265部非应急政务服务电话得到整合，市民只需拨打“12345”就能得到服务。

7日　市委书记仇和率市级相关部门负责人到地铁巫家坝站施工现场实地调研地铁工程建设情况。市领导保建彬、陈勇、何波参加调研。

8日　市委书记仇和、市长张祖林率市级四套班子领导实地观摩巡查马料河、洛龙河综合整治成效。

10～15日　中国人民政治协商会昆明市第十二届委员会第一次会议在昆明国际会展中心举行。

11日　市长张祖林率队检查、调研我市消防安全工作。要求全市消防部队苦练好为民服务的本领，坚决打好当前正在开展的“清剿火患”百日战役。副市长赵立功，市政府秘书长赵学锋陪同检查调研。

12日　纪念辛亥革命暨昆明“重九起义”100周年大会在昆明呈贡召开。市委书记仇和讲话、市长张祖林、市人大常委会主任杨远翔等市级领导班子成员出席大会。

同日　昆明市出台《餐饮服务食品安全操作规范》。

同日　朱德委员长的孙子、解放军少将朱和平，在市有关领导陪同下参观朱德故居。

13日　昆明市召开全市城镇保障性住房安居工程推进会。市长张祖林作重要讲话，副市长陈勇，市政协副主席杨品才出席会议，市政府秘书长赵学锋主持会议。

同日　市委书记仇和会见美国驻成都总领事何孟德一行。

14～15日　市委书记仇和、市长张祖林率昆明市党政代表团赴昭通学习考察，并与昭通市正式签署《共同推进昆明—昭通—成渝经济走廊建设合作框架协议》。

17日　市长张祖林与老挝万象市委书记、市长苏甘·玛哈拉在昆明共同签署了昆明市与万象市缔结友好城市关系协议书。昆明、万象正式缔结为友好城市。

同日　“昆明涌鑫中心”项目签约仪式在昆明举行。仇和、张祖林率市级班子领导出席签约仪式。

18日　昆明市与中国长江三峡集团公司签订战略合作协议。仇和、张祖林、李文荣、黄云波、朱永扬、陆玉珍等市领导出席签约仪式。

18～20日　“第二十一届中国厨师节暨首届滇池·泛亚国际美食节”在昆明举办。

19～21日　市委书记仇和、市长张祖林率昆明市党政代表团赴大理州、丽江市考察学习，分别与两市签订共同推进区域合作框架协议。

20日　昆明与丽江签署了《区域合作框架协议》。两市将共同探索旅游执法合作机制，在面对旅游交通、旅游安全、重大旅游投诉等问题时，将协调一致做好应急处理。

21～22日　来自港澳台三地的27名青年企业家齐聚昆明，参加“2011首届云南文化创意周”开幕式活动。

22日　昆明市第三届学术年会开幕。

23日　山东莱芜市委副书记、市长马平昌率领莱芜市政府考察团来昆考察。

同日　省政协主席王学仁率队赴昆明调研旱情视察水利工程建设。市委书记仇和、市长张祖林、市政协主席田云翔、副市长李喜等市领导陪同。

25日　昆明市与迪庆藏族自治州在迪庆正式签署《共同推进经济走廊建设暨“十二五”友好合作框架协议》。双方将全面提升合作的层次和水平，形成互动、互利、双赢的格局。

同日　昆明举行呈贡健康生态城项目投资意向框架协议签约仪式。台湾花莲县县长傅崐萁等考察团人员，仇和、张祖林、杨远翔、田云翔，李文荣、夏静、常敏等市领导出席签约仪式。

同日　昆明市举行盘龙江跨江桥梁建设工程开工仪式。仇和、张祖林、李邑飞、田云翔、李文荣、朱永扬等市领导出席。黄云波主持开工仪式。

25～26日　中国南方喀斯特世界自然遗产2011年会在昆明石林县召开。

27日　2011中国国际旅游交易会在昆明国际会展中心隆重开幕。仇和、张祖林出席开幕式。

27～28日　市长张祖林率队赴湖南株洲参加昆明地铁首列地铁车辆下线仪式。

28日　云南泛亚国际驾驶员培训基地开工仪式在昆明市南城区晋宁县隆重举行。该基地是西南地区投资规模最大、功能最齐全、科技含量最高、车型最全面的驾驶员培训基地。市委书记仇和、云南省交通厅副厅长杨廷仁等及投资建设方参加奠基仪式。

31日　中央直属机关工委常务副书记孙淦一行到昆调研。市委书记仇和，市委副书记、市长张祖林陪同。

11月

1日　呈贡撤县设区暨加快呈贡发展大会在市级行政中心举行。市委、市人大、市政府、市政协领导分别为区委、区人大、区政府、区政协授牌、授印。仇和在大会上作《立足新起点，抢抓新机遇，谋求新跨越，当好区域性国际城市建设的先行区和示范区》的讲话。

同日　昆明与日本藤泽市在昆明举行结谊30周年庆祝大会。

同日　市委书记仇和会见了由泰国泰北地区中国和平统一促进会会长马剑波率领的来昆商务考察的访问团一行。

同日　昆明市举行呈贡新区中央公园三期、中国移动云南公司呈贡通信生产楼及区域服务中心、昆明涌鑫中心三个重点项目开工仪式。仇和、张祖林、李邑飞、杨远翔、田云翔等市级领导班子成员出席仪式。

2日　大德寺双塔公园暨东盟国际图书城改造项目正式启动。仇和、张田欣、高峰、张祖林、李邑飞、杨远翔、田云翔、谢新松、杨萴等省市领导，以及省新闻出版局、省出版集团等相关部门负责人出席启动仪式。

3日　市委书记仇和会见了复星集团董事长郭广昌、时代集团（中国）有限公司董事长袁志明及复地集团董事长张华一行。

同日　昆明市政府与电信、移动、联通三大通信运营企业签订“智慧昆明”战略合作协议。标志着昆明市智慧城市建设全面启动。杨远翔、田云翔、黄云波、保建彬、周小棋等市领导参加了启动仪式。

同日　昆明市测绘管理中心正式挂牌成立。市领导杨远翔、田云翔、黄云波、保建彬、戚永宏、周小棋及测绘行业嘉宾出席挂牌仪式。

同日　第七届中国国际物流节在宁波开幕。昆明市获得“2011物流中心城市杰出成就奖”。

5日　近万名昆明市民在呈贡洛龙公园广场参加“无限极2011世界行走日”昆明站大型体育健身活动，共同体验健康生活方式，倡导低碳环保出行。

6日　省委副书记、代省长李纪恒一行前往宜良县、石林县，对昆明市的公路建设情况进行视察。仇和、刘平、张祖林、黄云波、保建彬等省市陪同视察。

同日　“云南大学——淑明女子大学中韩文化交流研究中心”在云南大学揭牌成立。

7日　由人民文学出版社、天天出版社与昆明儿童文学研究会联合举办的“儿童文学领域的生态文学创作暨湘女作品研讨会”在昆明召开。并在昆明儿童文学研究会挂牌成立儿童文学领域生态文学基地。

同日　昆明“寻找泛亚文化名城名片”活动启动。

8日　市长张祖林会见香港恒隆集团主席陈启宗一行。双方表达了加强合作的愿望，并就加快推进合作项目进行了磋商。

同日　云南共青团系统第三轮禁毒防艾人民战争宣传教育活动启动仪式在昆明举行。来自全省16个州（市）、129个县（区）团干部及少先队辅导员代表等共计400多人参加了启动活动。

同日　昆明市公安局特警支队“全国公安特警专业训练基地”在滇池警务营区特警支队驻地正式挂牌。

同日　五华区政府与联想控股全资子公司融科智地房地产股份有限公司在昆签署“联想科技城”项目合作框架协议。市长张祖林出席签字仪式并致词。副市长黄云波出席签字仪式。

10日　滇桂豫湘省会民盟市委书画巡展在陆军讲武堂开展。

同日　昆明举行倘甸产业园区和轿子山旅游开发区首批基础设施开建仪式。仇和、张祖林、李邑飞、杨远翔、田云翔等市级领导班子成员出席仪式。

11日　省委常委、省纪委书记辛维光率省纪委调研组，对昆明市重大项目建设、软环境建设、滇池治理等工作进行考察。张祖林、李邑飞、应永生、王道兴等市领导陪同考察。

同日　云南省昆明市杭州商会在昆明海丽宾雅度假酒店举行了成立庆典大会。首期入会的107家企业参加了庆典。

12日　昆明首家免税店正式开业。

15日　在云南省考察的中共中央政治局常委李长春到昆明市考察。市委书记仇和、市长张祖林陪同。

同日　市长张祖林，常务副市长李文荣会见中国兵器装备集团公司负责人和长安汽车集团董事长一行。

同日　省农业厅和市政府在石林县台湾农业创业园举行国家农业产业化示范基地揭牌仪式。省农业厅厅长张玉明，市长张祖林共同为“国家农业产业化示范基地”揭牌。

16日　市委书记仇和会见了美国华盛顿成云律师事务所主任、美国律师协会会员程绍铭及美国卡尔森集团国际商务总裁罗红一行。

17日　昆明市召开“旗帜的力量 跨越的足音”系列新闻发布会唯一州市专场——以“跨越发展新昆明造福人民促和谐”为主题的昆明专场新闻发布会。市长张祖林出席发布会并作主题发言。副市长黄云波、王道兴、杨皕参加发布会。

同日　市委书记仇和，市长张祖林出席苏宁环球集团与喜达屋国际集团昆合作签约仪式。

18日　昆明市域铁路安宁至嵩明段开工仪式暨动员大会在昆明西山区碧鸡关隧道西口举行。市委书记仇和等省市领导及中国铁建、铁四院各参建单位领导出席了开工仪式暨动员大会。

同日　昆明市政府与苏州大学举行战略合作伙伴签约仪式。仇和、张祖林、李邑飞、杨远翔，李文荣、保建彬、周小棋、张建伟等市级领导出席仪式。

同日　盘龙区路网建设暨全域城镇化试点城中村改造回迁安置房建设项目开工。仇和、张祖林、李邑飞、杨远翔、李文荣、保建彬、张建伟等市领导出席开工仪式。

19日　由东川、寻甸、富民3个县区承办的第六届昆明园林绿化博览会园博园盛装开园。仇和、张祖林、李邑飞、杨远翔等领导出席开园仪式。

同日　首届“中国知名期刊昆明行”活动在昆明启幕。

同日　2011年昆明环滇池高原自行车邀请赛在滇池湖畔举行。市委书记仇和、省体育局局长杨宁、市长张祖林、市委副书记李邑飞、市人大常委会主任杨远翔等市领导出席发车仪式。

21日　市委书记仇和会见厦门港务控股集团有限公司董事长郑永恩一行。

28日　“绿色中国 2011环保成就奖大型评选活动”在香港举行。昆明滇池治理整体工程荣获“杰出环境治理工程”奖，副市长王道兴代表昆明市政府领奖。

29日　昆明市西山区建成低碳主题公园。

30日　昆明举行“送温暖、献爱心，慈善一日捐”社会捐助活动。市委书记仇和、市长张祖林、市委副书记李邑飞、市人大常委会主任杨远翔等市级领导班子成员参加捐助活动。

同日　市委书记仇和到海口林场调研。

12月

1日　昆明市与台湾高雄市实现直航，每周飞航两班。

同日　由昆明市官渡区太和街道党工委、太和街道办事主办，官渡区文化体育旅游局协办的“首届太和·社区文化节”在昆明火车站隆重开幕。

3日　昆明市召开全市干部大会，宣布省委关于仇和、张田欣职务的任免决定，免去仇和中共昆明市委书记、常委、委员职务，决定张田欣任中共昆明市委委员、常委、书记。

5～16日　市长张祖林率领昆明市政府代表团一行12人，对老挝、马来西亚和印度尼西亚三国进行友好访问。市政府秘书长赵学锋陪同出访并参加相关活动。

6日　省委常委、市委书记张田欣先后到桃源综合市场、白龙寺村农贸市场、关上标准化农贸市场、鲜客生鲜超市、篆新农贸市场、瑞丰农贸市场进行专题调研。

9日　市长张祖林会见马来西亚古晋南市市长曾长青，双方达成了相互缔结友好合作城市的意见。

同日　昆明市开展“四群”教育、实行干部直接联系群众制度启动大会在禄劝彝族苗族自治县翠华镇兴隆村举行。

同日　2011泛亚（昆明）老龄产业博览会在原昆明汽车客运站（南窑站）拉开帷幕。

同日　国家远程医疗工程技术中心落户昆明。

10日　市委书记张田欣在昆明会见瑞中友好协会主席、瑞士苏黎世市前市长托马斯·瓦格纳。

12日　市长张祖林出席昆明市政府代表团与印度尼西亚巴厘省的经贸旅游洽谈促销会，并作主题推介。

同日　昆明新机场主体工程竣工64项工程通过验收。

14日　云南省互联网协会第二届会员代表大会在昆明召开。

15日　市委书记张田欣到昆明110指挥中心进行调研。市委副书记、市委政法委书记李邑飞，市委常委、市委秘书长保建彬参加调研。

16日　滇池泛亚股权投资高峰会在昆明开幕。昆明市委书记张田欣，云南省金融办主任刘光溪等地方领导，以及中房集团、银河证券、招银国际等知名企业以及多位知名投资人参会。

12月10日省委常委、市委书记张田欣会见瑞中友好协会主席托马斯·瓦格纳博士

（市外侨办 供稿）

17日　昆明市延安医院举行从上海搬迁至昆明40周年庆典。省市领导张田欣、杨建甲、倪慧芳、张祖林、李邑飞、杨远翔、田云翔、谢新松、夏静、杨皕、陆玉珍、常敏等出席庆典并为首批赴滇医务人员代表颁发荣誉证书。

18日　昆明发展投资集团有限公司与四川泰丰集团有限公司签署战略合作框架协议。市长张祖林、市人大常委会主任杨远翔、市政协主席田云翔出席签字仪式。

20日　昆明市荣获"中国卫生城市"称号，结束21年的创卫历程。

同日　昆明在全国首家设立农民工工资准备金。

同日　石林县被中央文明委命名为"全国文明县城"，成为云南省首批获此殊荣的四个县之一。

21日　第七次全国环境保护大会在北京召开。昆明市环境保护局荣获"全国环境保护系统先进集体"称号。

22日　昆明首个旧城改造试点项目安置房开建。

25日　市环境保护联合会在昆明举行首家宣传教育基地揭牌仪式。副市长、名誉会长王道兴与会长张朝辉一起为第七自来水厂"环境宣传教育基地"揭牌。

同日　昆明原市政府大楼成功爆破拆除。

26日　中国首个水科技园在昆明挂牌成立。

27日　昆明举行2012年驻昆企业迎新春座谈会。张田欣、张祖林、李邑飞、杨远翔、田云翔等市领导出席座谈会。

28日　2011中国自主创新年会在北京人民大会堂举行。昆明市被评为"2011年度中国十大创新型城市"。

同日　昆明市城中村改造示范项目—南亚风情第壹城项目全面竣工开业。张田欣、张祖林、李邑飞、杨远翔、田云翔等市领导出席开业仪式。

同日　"绿色中国 2011环保成就奖大型评选活动"在香港举行。昆明滇池治理整体工程荣获"杰出环境治理工程"奖。副市长王道兴代表昆明市政府领奖。

29日　昆明首座风力发电场—富民大风丫口风电项目竣工投产。

30日　昆明首个新型养老社区枫蓝·银天一寓新型专业养老社区举行奠基仪式。针对老人特殊要求提供一对一的个性化管理和服务。

同日　禄大公路建成试通车。

同日　昆明市被国务院列为国家第二批三网融合试点城市。

（李　震）

政 治

◆ 责任编辑 赵丕德 戚光明 方玉红

中国共产党昆明市委员会

【重要会议】 市委九届七次全体（扩大）会议 1月4～7日，市委召开九届七次全体（扩大）会议。4～6日，485名参会人员实地观摩三个国家级开发（度假）区、11个县（市）区85个重点项目，行程1200千米。7日召开大会，省委常委、市委书记仇和在大会上作题为《争科学发展之先、创和谐社会之优，加快建设中国面向西南开放的区域性国际城市》的工作报告；市委副书记、市长张祖林作《中共昆明市委关于制定国民经济和社会发展第十二个五年规划的建议》的说明；市委常委、常务副市长李文荣通报2010年度各县（市）区经济指标完成情况和市政府为民办实事项目完成情况；市委常委、市委组织部部长郭红波通报2010年度全市招商引资初步考核情况；市委常委、市纪委书记应永生通报全市软环境整治典型案例。会议通过了《中共昆明市委关于制定国民经济和社会发展第十二个五年规划的建议》和《中共昆明市委九届七次全体（扩大）会议公报（草案）》。

市纪委九届六次全体会议 1月18日上午，市纪委召开九届六次全体会议。省委常委、市委书记仇和出席会议并讲话。市委副书记李邑飞主持会议。市纪委书记应永生代表市纪委常委会作工作报告。会议审议通过《市纪委九届六次全会公报》，签订《昆明市2011年度推进惩治和预防腐败体系建设、落实党风廉政建设责任制责任书》。

全市政法工作会议 1月21日下午，市委召开全市政法工作会议。市委副书记李邑飞出席会议并作讲话。市委常委、政法委书记杜敏主持会议并总结部署全市政法工作。会议对政法工作先进集体和个人进行了表彰。

全市宣传思想文化工作会议 1月24日上午，市委召开全市宣传思想文化工作会议。市委副书记李邑飞出席会议并作讲话。市委常委、市委宣传部部长谢新松对全市宣传思想工作进行安排部署。

全市县（市）、乡党委换届暨组织工作会议 1月24日下午，市委召开2011年县乡党委换届暨组织工作会议。市委书记仇和出席会议并讲话。市委副书记李邑飞主持会议。市委常委、组织部长郭红波总结2010年组织工作，安排部署2011年组织工作及县、乡党委换届工作。市委常委、市纪委书记应永生对严明换届纪律进行部署。会议签订了《昆明市2011年永葆先进性 “云岭先锋”工程目标考核责任书》。

全市统战工作会议 1月24日晚，市委召开全市统战工作会议。市委副书记李邑飞出席会议并作讲话。市委常委、统战部部长金志伟主持会议并总结过去5年工作、安排部署2011年工作。

市委农村工作会 1月26日上午，市委召开农村工作会议。市委书记仇和出席会议并讲话。市委副书记、市长张祖林总结“十一五”和2010年农业农村工作，安排部署“十二五”和2011年农业农村工作。市委副书记李邑飞主持会议。

2011年招商引资动员大会 2月10日上午，市委、市政府召开2010年工作目标奖惩兑现2011年工作目标责任签状暨工业突破园区建设招商引资动员大会。省委常委、市委书记仇和出席会议并讲话。仇和强调，坚定不移把工业突破作为经济工作主旋律、把园区建设作为经济工作主战场、把招商引资作为经济工作主抓手，加快建设中国面向西南开放的区域性国际城市。市委副书记、市长张祖林通报2010年工业突破、园区建设、招商引资目标考核结果，安排部署2011年工作任务，并与相关单位签订责任书；市委常委、常务副市长李文荣宣读表彰决定；市委常委、组织部部长郭红波通报2010年度招商引资工作奖惩决定。会议由市委副书记李邑飞主持。

昆明市扩大对外开放会议 4月21日下午，市委、市政府召开昆明市扩大对外开放会议。省委常委、市委书记仇和出席会议并讲话。仇和强调，加快把昆明建设成为中国西部最具潜力、最有希望、最富商机的发展前沿和开放高地。会议由市委副书记、市长张祖林主持。会议期间，参会领导为新成立的昆明海外招商分局及3个海外招商分支机构授牌。

昆明市庆祝“五一”国际劳动节暨劳模表彰大会 4月29日下午，市委、市政府召开昆明市庆祝“五一”国际劳动节暨第二十二届劳动模范表彰大会。省委常委、市委书记仇和出席会议并讲话。省人大常委会副主任、省总工会主席江巴吉才莅会指导。市委常委、常务副市长李文荣宣读表彰决定。会议由市委副书记、市长张祖林主持。会议表彰了“昆明市特等劳动模范”和“昆明市劳动模范”。

昆明桥头堡建设动员大会 5月30日下午，省委、省政府在德宏州瑞丽市召开云南省加快建设面向西南开放重要桥头堡动员大会视频会议后，市委、市政府及时召开昆明市加快建设面向西南开放重要桥头堡动员大会，省委常委、市委书记仇和出席会议并讲话。仇和强调，切实把党中央、国务院和省委、省政府的战略部署落到实处，着力构建全省桥头堡建设新高地，努力开创区域性国际城市建设新局面。市委常委、常务副市长李文荣安排部署工作。会议由市委副书记、市委政法委书记李邑飞主持。

全市干部大会 6月29日上午，市委召开全市干部大会，传达学习、深入贯彻落实省委理论学习中心组会议和省委八届十一次全会精神。省委常委、市委书记仇和传达相关会议精神并讲话。仇和要求，把传达学习会议精神与深入贯彻落实科学发展观、实施桥头堡战略、加快区域性国际城市建设、扎实做好当前各项工作紧密结合起来，加快建设区域性国际城市，以更加优异的成绩迎接建党90周年和省第九次党代会、市第十次党代会胜利召开。市委副书记、市长张祖林主持会议。

8月11日下午，市委在新区会堂召开全市干部大会，传达贯彻市第十次党代会精神。省委常委、市委书记仇和出席会议并讲话。仇和指出，全市各级各部门要把贯彻落实好党代会精神作为一项重要的政治任务，迅速掀起学习热潮，确保实现“十二五”良好开局，确保党代会精神落到实处。

2011年市委工作会议 7月2～5日市委召开工作会议。2～4日，参会领导共计观摩81个重点项目。5日召开大会，省委常委、市委书记仇和在大会上作题为《抢抓桥头堡建设战略机遇，开创工业突破园区建设招商引资新局面》的报告；市委副书记、市长张祖林全面总结上半年各项工作，对下半年主要工作进行安排部署；市委常委、市政府常务副市长李文荣，市委常委、组织部部长郭红波，市委常委、市纪委书记应永生分别通报了相关工作情况。市级四班子全体领导成员，部分市级老领导，市中级人民法院院长、市人民检察院检察长，昆明警备区司令员，各民主党派主要负责人，市委、市政府各部委办局，5个国家级、省级开发（度假）区，各县（市）区党委、政府领导班子，各乡镇（街道）党政主要负责人，各省级工业园区管委会班子成员，驻外招商分局、中央和省驻昆单位主要负责人参加大会。

市委九届九次全会 8月3日上午，市委九届九次全体会议召开。会议审议九届市委、市纪委向市第十次党代会所作两个《报告》（送审稿），通报十届市委、市纪委人事安排情况，确定昆明市出席省第九次党代会代表候选人预备人选，通过市委九届九次全会决议。九届市委委员、候补委员出席会议，不是市委委员的市级领导、县（市）书记、县（市）区长列席会议。

2011年度市委常委民主生活会 8月3日下午，市委召开2011年度市委常委班子民主生活会。会议贯彻落实“坚持以人为本执政理念，发扬密切联系群众优良作风”这一主题，特别是围绕党委换届这一年度重点工作，切实加强领导干部作风建设。会议通报了市委常委班子上年度民主生活会整改方案落实情况和2011年度民主生活会征求意见情况，市委常委班子成员重点就正确对待换届个人流转开展批评与自我批评。副市长李茜、赵立功、杨佰列席会议。

昆明市第十次党代会 8月6～11日，中国共产党昆明市第十次代表大会召开。省委常委、市委书记仇和代表九届市委向大会作题为《加快建设区域性国际城市，为在科学发展社会和谐中造福人民而奋斗》的工作报告，市纪律检查委员会书面向大会作工作报告。大会召开期间，全体参会代表集体观摩近年来昆明市有代表性的党建工作成绩和经济社会发展成就，先后召开4次全体会议、6次主席团会议、5次主席团常务委员会会议。大会选举产生中国共产党昆明市第十届委员会委员、候补委员、市纪委委员和昆明市出席省第九次党代会代表，审议通过市委工作报告《决议》（草案）和市纪委工作报告《决议》（草案）。市第十次党代会代表出席会议；不是代表的部分离退休市级党员老领导、厅级党员领导、部分市属部委办局党员主要负责人等列席会议；部分民主党派、无党派知名人士和有关人民团体主要负责人，不是代表的部分在昆中管、省管企业负责人，部分大中专院校负责人，部分在昆商会负责人，各兄弟州（市）驻昆办负责人特邀参会。

市委十届一次全会 8月11日下午，市委十届一次全体会议召开。省委换届指导组组长杜玉银宣读省委相关批复。会议选举仇和、张祖林、李邑飞、李文荣、董保同、郭红波、应永生、黄云波、金志伟、方兴国、保建彬、谢新松、余功斌、朱永扬、熊瑞丽为中国共产党昆明市第十届委员会常务委员会委员，仇和当选为市委书记，张祖林、李邑飞当选为市委副书记；会议通过市纪委一次全会选举结果的报告，通过市委十届一次全会公报。省委常委、市委书记仇和代表新一届市委领导班子讲话。市委委员、候补委员出席会议，市纪委委员列席会议。

全市重点基础设施建设项目推进大会 8月26日，市委、市政府召开全市重点基础设施建设项目现场推进会。上午，会议实地查看贵昆路城区段、第九、十污水处理厂、西北绕城高速、昆武高速入城段等17个重点基础设施项目，现场解决建设过程中遇到的实际困难。下午召开现场推进会，省委常委、市委书记仇和强调，必须把发展思路、发展目标、发展措施落实到具体项目上来，用项目拉动投资增长、推动产业转型、带动经济发展。市委副书记、市长张祖林要求，"八抓八确保"，围绕推进100个重点基础设施项目建设，加快启动、加快推进、加快落实。市委常委、常务副市长李文荣主持会议。

昆明市纪念辛亥革命大会　10月12日上午，昆明市纪念辛亥革命暨重九起义100周年大会召开。省委常委、市委书记仇和出席并讲话。仇和强调，必须继承和弘扬辛亥革命暨重九起义精神，努力把全市上下的力量和智慧凝聚起来，把社会各界的热情和斗志调动起来，不断推动全市各项事业再上新台阶、再创新辉煌，加快建设区域性国际城市，为在科学发展社会和谐中造福人民而奋斗。朱德元帅孙子、解放军空军指挥学院副院长朱和平少将莅会并发言。会议由市政协主席田云翔主持。省政协副主席马开贤、市领导张祖林、杨远翔等出席会议。

呈贡撤县设区暨加快呈贡发展大会　11月1日下午，市委、市政府召开呈贡撤县设区暨加快呈贡发展大会，省委常委、市委书记仇和出席并讲话。仇和要求，把呈贡的发展放到经济全球化、区域经济一体化的大趋势中来谋划，放到新一轮西部大开发、桥头堡建设的大背景中来思考，放到加快建设区域性国际城市的大格局中来定位，举全区之力、集全民之智、行创新之策，当好区域性国际城市建设的先行区和示范区。

昆明市领导干部大会　12月3日下午，昆明市领导干部大会召开，宣布省委关于仇和、张田欣职务的任免决定，免去仇和中共昆明市委书记、常委、委员职务，张田欣任中共昆明市委委员、常委、书记。大会由省委常委、省委组织部部长刘维嘉主持并宣布省委决定。省委副书记、代省长李纪恒出席会议并讲话。

昆明市开展"四群"作教育实行干部直接联系群众制度启动大会　12月9日上午，市委在禄劝县召开昆明市开展群众观点群众路线群众利益群众工作教育实行干部直接联系群众制度启动大会。省委常委、市委书记张田欣出席并讲话。张田欣强调，开展"四群教育"活动，必须大力推动干部经常性深入实际、深入基层、深入群众，切实解决好群众生产生活中遇到的实际问题。

【重要调研】　市委领导调研地铁工程建设　1月3日下午，省委常委、市委书记仇和率市级相关部门负责人调研地铁工程建设。仇和强调，加快推进全市各项地铁工程建设，努力把昆明地铁建设成为带动经济社会发展、造福各族人民群众的民生工程、基础工程、世纪工程。副市长陈勇、何波参加调研。

1月10日上午，省委书记、省人大常委会主任白恩培在省委常委、省委秘书长杨应楠，省委常委、市委书记仇和，副省长刘平陪同下，率省级有关部门负责人到东川区考察慰问。市领导张祖林、李文荣、保建彬陪同考察。

2月8日下午，省委常委、市委书记仇和率市级相关部门负责人调研昆明市保障性住房和城中村改造回迁安置房建设情况。副市长陈勇参加调研。

市委领导调研滇池治理湿地建设　2月13日下午，省委常委、市委书记仇和率相关县区和市级相关部门负责人调研滇池治理湿地建设。仇和要求，市、县、乡（村）三级水源保护区要大力建设森林湿地，着力发展苗木产业，全力推进生态产业、环保产业发展。市领导董保同、王道兴、陈勇等参加调研。

2月25日上午，市委书记仇和，市长张祖林率市级相关部门负责人实地观摩检查乌龙河综合整治情况。仇和强调，全市各级各有关部门要进一步明确目标、突出重点、细化措施、合力推进，努力使河道综合整治不断取得新成绩、实现新突破。省专家督导组乌龙河督导长张淼、市专家督导组组长李培山，市领导李邑飞、杨远翔、田云翔等参加观摩。

3月5日下午，市委书记仇和率市级相关部门及相关县区负责人，调研松华坝水源区保护工作。仇和强调，全力做好饮用水源重点污染源综合整治，彻底消除水源地污染隐患，建立健全水源地保护长效监管机制，确保百姓喝上干净水、放心水。副市长王道兴、李喜参加调研。

3月15日上午，市委书记仇和，市长张祖林率市级四套班子成员观摩检查新运粮河综合整治情况。

3月15日下午，市委书记仇和率相关县区及市级有关部门负责人调研森林湿地建设进展，现场察看中山杉种植效果。仇和要求，用2～3年，使昆明成为西部地区乃至全国一流的苗木生产基地，由目前苗木输入变苗木商品化输出。市领导保建彬等陪同调研。

3月24日上午，省委副书记、省长秦光荣在省委常委、市委书记仇和，副省长和段琪陪同下到嵩明调研杨林工业园区。秦光荣强调，昆明市要继续抓好工业园区建设，实现工业的集约化，抓大企业、大集团，特别是央企入滇，在实现全省经济跨越式发展中当好排头兵。市领导张祖林、李文荣、保建彬等参加调研。

4月6日上午，市委书记仇和率市级有关部门和相关县区负责人调研第九、十污水处理厂及主城老城区合流区域8个雨污调蓄池规划选址情况。仇和要求，第九、十污水处理厂要在明年一季度正常投运，其他主城管网及所有调蓄池要确保今年底、明年元旦前全部投入使用。市领导应永生、保建彬、王道兴等参加调研。

4月12日上午，市委书记仇和率市级有关部门及相关县区负责人调研雨污调蓄池规划选址工作。仇和要求，在保证工程质量和安全的前提下，精心组织、合理调度、科学施工、加快建设，确保推进高效率、建设高质量、管理高水平，确保年底全部投运。市领导应永生、保建彬、王道兴等参加调研。

4月12日下午，市委书记仇和率市级四班子领导巡查捞鱼河综合整治情况。仇和要求，全市各级各有关部门进一步统一思想、明确目标、落实责任、严格奖惩、合力推进，努力使河道综合整治不断取得新成绩、实现新突破，确保滇池外海、草海水质明显改善，35条入湖河道水质稳定达标。

5月4日下午，市委书记仇和率市级相关部门负责人调研老盘龙江综合治理情况。仇和要求，各级各部门要协调配合、群策群力，按质按量完成各项目标任务，巩固提升河道综合整治成果。

5月6日上午，省委副书记、省长秦光荣在省委常委、市委书记仇和陪同下到昆调研滇池治理工作。秦光荣要求，努力实现政府主导向全社会共同推进转变、实现从外源治理为主向内源削减为主的转变。仇和表示，昆明市将下更大决心、以更高标准、用更严措施，扎实抓好滇池治理，提前5年实现滇池治理中期目标。市长张祖林作工作汇报。

5月7日上午，市委书记仇和率相关县区及市级有关部门负责人调研水葫芦资源化利用情况。市领导保建彬、王道兴等参加调研。

6月7日上午，市委书记仇和，市长张祖林率市级相关部门和相关县区负责人专题调研市商贸物流产业发展情况，并召开现场会。仇和要求，抢抓桥头堡建设重大机遇，推动昆明市商贸物流业快速发展，加快把昆明建成全国性物流节点城市和区域性国际商贸物流中心，助推区域性国际城市建设。市委常委、常务副市长李文荣主持现场会。

6月21日下午，市委书记仇和率市级相关部门及相关县区负责人现场调研水葫芦圈养和资源化利用情况。仇和强调，推动水葫芦圈养及资源化利用由部门行为上升为政府行为，由政府行为上升为市场主体行为，最终上升为全社会成员共同行为，为全国湖泊治理提供经验。市领导董保同、保建彬、王道兴参加调研。

7月25日上午，市委书记仇和率相关区及市级有关部门负责人调研文化古迹。市领导保建彬、余功斌参加调研。

8月17～21日，省委副书记李纪恒到昆明市相关县（市）区调研农业、农村及经济社会发展情况。李纪恒强调，要树立发展县域经济的新理念，努力实现县域经济发展新理念，形成县域经济发展强大合力，并就当前“三农”工作提出具体要求。省、市领导仇和、张祖林、李邑飞、杨远翔、田云翔、李文荣、保建彬、李喜等分别陪同调研并参加座谈会。

8月28日，省委书记秦光荣和省委副书记李纪恒分别率队到昆明市、曲靖市旱区调研，并在曲靖召开全省抗旱救灾专题工作会议。在昆调研期间，秦光荣、杨应楠、孔垂柱一行在省委常委、市委书记仇和陪同下，到石林县乐而村卜所片区实地察看农作物长势，检查水库蓄水状况，了解群众受灾情况和水利工程设施建设进展。秦光荣强调，广泛动员广大干部群众，牢固树立大旱之年夺丰收的思想意识，坚定战胜抗旱的信心和决心，最大限度降低干旱造成的损失，全力以赴帮助受灾群众度过干旱难关。李纪恒、丁绍祥一行在市委副书记、市长张祖林，市委副书记、市委政法委书记李邑飞陪同下，到嵩明县大坡村委会和大冲河水库，实地察看农作物受旱和库塘蓄水情况。李纪恒要求，把抗旱救灾作为当前农业农村工作的首要任务，切实抓好库塘蓄水和供水工作，千方百计保证城市供水安全和农村人畜饮水安全。

10月7日，市委书记仇和率市级相关部门负责人到地铁巫家坝站施工现场实地调研地铁工程建设情况。仇和要求，一手抓地铁建设，一手抓综合交通体系建设，着力构建五大交通无缝对接、零换乘的现代化、信息化、数字化、智能化综合交通运输体系，为建设区域性国际城市奠定坚实基础。市领导保建彬、陈勇、何波参加调研。

10月8日上午，市委书记仇和，市长张祖林率市级四套班子领导实地观摩巡查马料河、洛龙河综合整治情况。市领导杨远翔、田云翔、应永生、谢新松，市督导组组长李培山等参加观摩检查。

10月9日上午，市委书记仇和率相关县区及市级部门负责人调研昆明市宗教活动场所。市领导保建彬、赵立功参加调研。

10月23～24日，省政协主席王学仁一行在省委常委、市委书记仇和，市委副书记、市长张祖林陪同下，到昆明市调研水资源情况暨抗旱保民生工作。市领导李邑飞、田云翔、保建彬、李喜参加调研。

11月6日，省委副书记、代省长李纪恒到昆明市调研公路建设情况。市委书记仇和，副省长刘平等陪同调研，市委副书记、市长张祖林汇报昆明市“十一五”公路建设情况。

11月14日下午，市委书记仇和，市长张祖林率四班子领导及相关县区和有关部门负责人实地观摩巡查大河（淤泥河）、白鱼河，集中检验河道综合整治工作。

11月30日下午，省委副书记、市委书记仇和调研海口林场建设情况。市领导李邑飞、保建彬、李喜参加调研。

12月9日下午，市委书记张田欣到云龙水库水源保护区调研。市领导李邑飞、杨远翔、田云翔、郭红波、保建彬、李喜参加调研。

12月15日上午，市委书记张田欣到市公安局调研全市社会治安、城市交通管理整治情况。张田欣强调，要按照建设现代新昆明和区域性国际城市的要求和水平，下大决心、花大力气解决群众反映突出的社会治安和城市交通拥堵问题，不断提升老百姓的幸福感、归属感和安全感。市领导保建彬、赵立功参加调研。

12月20日上午，市委书记张田欣，市长张祖林率队专题调研全市重点工程、重大交通基础设施建设情况。张田欣强调，要把高标准、严要求贯穿于项目建设的全过程，打造阳光工程、廉洁工程。

【重要活动】 市领导开展春节走访慰问活动 1月26～28日，省委常委、市委书记仇和率市级相关部门负责人先后到驻滇某集团军、市社会福利院、昆明橡胶厂和烈属郑涛家走访慰问，市领导方兴国、保建彬、宋黎明、戚永宏、张建伟等陪同走访。市级四班子领导分为17个小组，分别走访慰问驻昆部队、军休干部、优抚对象、企业特困职工、农村老党员、老村干、五保户和重灾民。

1月28日上午，市委书记仇和率市级相关部门负责人看望慰问部分重点工程建设者。仇和一行先后实地走访武昆高速普吉立交桥、沙沟埂和莲花村城中村改造回迁房、工人文化宫建设项目工地。

2月15～24日，按照中央对台工作大局的部署，应台湾“财团法人国家政策研究基金会”邀请，市委书记仇和率昆明市经贸文化考察团访问台湾。考察团先后分别拜会台湾知名人士，台湾工业总会、台湾商业总会、中国青年大陆研究文教基金会、中华海峡两岸少数族群文化交流协会等台湾知名行业协会、商会，举办昆明（台北）经贸文化座谈会，推介昆明、宣传昆明、洽谈项目。

3月13日下午，2011年全市植树造林启动仪式在新机场高速公路旁两面寺黑虎山举行。市领导仇和、李邑飞、田云翔、李文荣、董保同、郭红波、金志伟、方兴国、保建彬、谢新松等参加启动仪式。

3月21～23日，市委书记仇和，市长张祖林率昆明市党政代表团赴玉溪市、楚雄州、曲靖市考察，并签署滇中一体化合作协议。

市委领导率队赴杭州、温州、大连招商引资 4月24～27日，市委书记仇和率昆明市招商考察团赴杭州、温州、大连3市开展招商引资活动。考察团围绕基础设施、园区建设、产业发展、县域经济、城中村改造、滇池治理、社会事业和民生保障等重点领域，紧盯装备制造、生物制药、光电信息、冶金化工、节能环保、现代农业等重点产业，拜访、会见重点企业，举行推介会，广泛宣传推介昆明良好的投资环境和重点招商引资项目。市领导杨远翔、李文荣、王道兴参加考察。

昆明市党政代表团赴六州市学习考察并签署合作框架协议 5月10～17日，省委常委、市委书记仇和，市委副书记、市长张祖林率昆明市党政代表团先后赴普洱市、西双版纳州、德宏州、保山市、怒江州和临沧市学习考察并与各州市签署国际大通道建设合作框架协议。

省、市领导参加“六一”慰问 6月1日上午，省委副书记李纪恒，市委书记仇和先后到春城小学和船房小学看望、慰问学校师生，并参加学校活动。李纪恒强调，各级党委、政府要高度重视少年儿童工作，进一步加大政策支持和保障力度，切实为少年儿童提供安全、健康、和谐的成长和学习环境，让所有少年儿童在党和政府的关怀下健康成长。团省委书记饶南湖、省教育厅厅长罗崇敏，副市长杨皕参加慰问。

昆明市考察团出访欧洲 6月9～21日，根据国家有关部委推荐，应波兰沃尔布罗姆市市长让·拉科萨、匈牙利布达佩斯市国际关系部主任安德里·肯德瑞斯、克罗地亚萨格勒布市市长米兰·班迪奇邀请，省委常委、市委书记仇和率昆明市生态城市、低碳城市建设考察团赴波兰、匈牙利和克罗地亚学习考察城市规划、生态建设、园林绿化、环境保护等方面的先进经验和做法，交流探讨合作事宜。访问期间，考察团分别拜访匈牙利布达佩斯市政府、克罗地亚萨格勒布市市政府和希贝尼克市市政府，就城市规划建设、节能环保、园林绿化等方面的问题进行交流，并实地考察相关项目。考察团还拜会中国驻波兰、匈牙利、克罗地亚3国大使馆。市委常委、市委秘书长保建彬同团出访。

市委领导看望慰问老红军老党员 6月29日下午，在中国共产党成立90周年之际，市委书记仇和登门看望慰问张琅基、孙双根、李云等3位老红军、老党员。仇和表示，希望各位老红军、老党员发挥特有的政治优势、威望优势和经验优势，一如既往地关心、支持、帮助昆明的发展，多提宝贵意见和建议，把昆明各项工作做得更好。市委常委、组织部部长郭红波，市委常委、市委秘书长保建彬参加慰问。

全市隆重庆祝建党90周年 6月30日下午，市委、市政府在新区会堂召开昆明市纪念中国共产党成立90周年大会，市委书记仇和出席会议并讲话。仇和要求，全市各级党组织和广大党员，牢记使命、坚定信心、务实苦干，把造福人民的信念树得更牢，把造福人民的劲头铆得更足，把造福人民的工作做得更实，加快建设区域性国际城市，在科学发展中造福人民。市委常委、常务副市长李文荣，市委常委、组织部部长郭红波宣读相关表彰决定。会议表彰了全市基层党组织建设先进县（市）区等先进集体和个人。市委副书记、市长张祖林主持大会。市领导杨远翔、田云翔等出席大会。

昆明市党政代表团赴文山、红河签订合作框架协议 7月7日～9日，省委常委、市委书记仇和，市委副书记、市长张祖林率昆明市党政代表团赴红河州、文山州学习考察，并与两州市签订合作框架协议。

昆明市“国防军事日”活动 8月1日，昆明市举行党政军领导“国防军事日活动”，通过重走长征路追忆革命历史，缅怀革命先烈，纪念中国人民解放军建军84周年。省委常委、市委书记、昆明警备区党委第一书记仇和强调，全市各级党政军组织和领导干部要站在国家安全发展大局的高度，更加清醒地认识国际国内形势，切实增强国防观念，强化忧患意识、危机意识和责任意识，着力推动国防事业科学发展。市委常委、昆明警备区政委方兴国主持活动。市领导张祖林、李邑飞、昆明警备区司令员陈忠文参加活动。

昆明市与昭通市签署合作框架协议 10月14日～15日，省委常委、市委书记仇和，市委副书记、市长张祖林率昆明市党政代表团赴昭通市学习考察，并签署《共同推进昆明—昭通—成渝经济走廊建设合作框架协议》。

昆明市党政代表团赴大理、丽江、迪庆学习考察 10月19日～21日，省委常委、市委书记仇和，市委副书记、市长张祖林率昆明市党政代表团赴大理州、丽江市学习考察，并与两州市签署合作框架协议。

10月25～26日，省委常委、市委书记仇和，市委副书记、市长张祖林率昆明市党政代表团赴迪庆州学习考察，并签署《昆迪友好合作协议》。

【重要接待】 **贺国强到昆明考察** 2月28日，中共中央政治局常委、中纪委书记贺国强在云南考察期间到昆明市调研。贺国强指出，把以人为本、执政为民贯彻落实到党和国家全部工作中去，必须牢牢抓住共产党执政兴国的第一要务，努力推动经济又好又快发展；必须切实保障和改善民生，努力使各族群众更多地享受到改革发展的成果；必须大力加强和创新社会管理，努力营造和谐稳定的社会环境；必须深入推进党风廉政建设和反腐败斗争。省市领导白恩培、秦光荣、李汉柏、杨应楠、仇和、孟苏铁，李文荣、应永生、保建彬、王道兴陪同考察。

驻滇全国政协委员视察现代新昆明建设 2月28日，驻滇全国政协委员到昆明市视察现代新昆明建设。政协委员一行先后实地查看宝象河环湖截污工程、地铁呈贡北站工地和螺蛳湾国际商贸城，听取相关工作汇报，并对昆明市经济社会发展取得的成绩给予高度评价。省政协副主席罗黎辉，市领导李邑飞、田云翔、李文荣等陪同视察。

江苏省“三农”工作考察团考察新昆明 3月7日，江苏省委常委、副省长黄莉新率队的江苏省“三农”工作考察团一行考察新昆明建设，省委常委、市委书记仇和、副省长孔垂柱，市领导李文荣、金志伟、李喜陪同考察。

合肥市党政代表团到昆考察 4月4日～5日，安徽省委常委、合肥市委书记孙金龙率领党政代表团到昆明市考察城市建设、城中村改造和轨道交通建设。市领导仇和、张祖林、李邑飞、李文荣、保建彬、王道兴、何波等陪同考察和座谈。

连云港市考察团到昆考察 4月6日下午，连云港市委书记、市人大常委会主任王建华率考察团到昆明市考察城市建设和滇池治理。市领导仇和、保建彬、张锐陪同考察。

广东省党政代表团到昆明市考察 4月20日，中共中央政治局委员、广东省委书记汪洋，广东省委副书记、省长黄华华率广东省党政考察团在云南考察期间到昆明市考察。省、市领导白恩培、秦光荣、李纪恒、罗正富、仇和、张祖林、李邑飞等陪同考察。

黄山市党政代表团到昆考察 4月28日～29日，黄山市委书记、市人大常委会主任王福宏率黄山市党政代表团到昆明市考察城市规划建设、水环境治理、商贸旅游。市领导仇和、李邑飞、李文荣、戚永宏、李茜等陪同考察或座谈。

农业部部长韩长赋到昆考察 5月22日～23日，农业部部长韩长赋在省委副书记、省长秦光荣，省委副书记李纪恒，省委常委、昆明市委书记仇和，副省长孔垂柱的陪同下到昆考察。

厅级离退休干部考察现代新昆明建设活动 5月23日～28日，90余个中央驻昆单位和省级机关部门的600余名厅级离退休干部分6个批次开展了考察现代新昆明建设喜看昆明新变化活动，使老领导及时、全面了解昆明道路交通基础设施、滇池治理、生态绿化、城中村改造、招商引资阶段性成果。省委常委、市委书记仇和与相关市领导分别陪同考察。

四川省省长蒋巨峰到昆考察 6月6日上午，四川省委副书记、省长蒋巨峰在省委常委、副省长李江，省委常委、市委书记仇和陪同下到昆考察。

原国务委员唐家璇到昆考察 6月22日上午，原国务委员唐家璇一行在省委常委、市委书记仇和、副省长顾朝曦等陪同下到昆考察。市领导李文荣、保建彬、李茜等陪同考察。

上海市党政代表团到昆考察 8月10日下午，中共中央政治局委员、上海市委书记俞正声，市委副书记、市长韩正，市人大常委会主任刘云耕，市政协主席冯国勤率上海市党政代表团在云南考察期间到昆明市考察泛亚国际城市国际湿地。省、市领导白恩培、秦光荣、李纪恒、王学仁、杨应楠、仇和、晏友琼、孔垂柱，张祖林、保建彬等陪同考察。

【全域城镇化建设】 2011年，昆明市着眼统筹城乡区域协调发展，坚持工业化、城镇化和农业产业化“三化”并举、“三化”联动，加快城乡规划、产业发展、生态环保、基础设施、就业和社会保障、社会事业、政策措施等7个方面的一体化进程，城

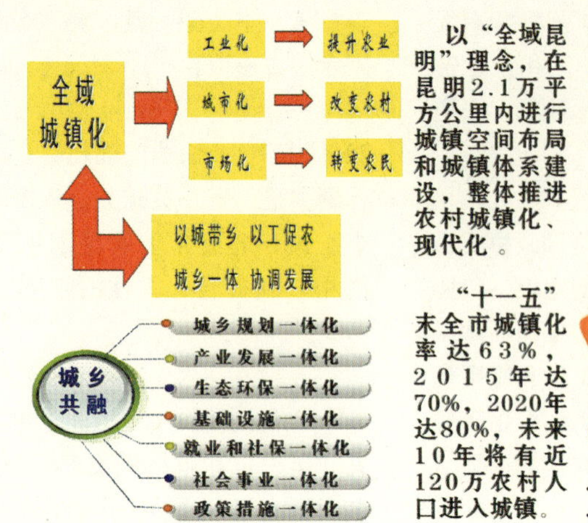

以“全域昆明”理念，在昆明2.1万平方公里内进行城镇空间布局和城镇体系建设，整体推进农村城镇化、现代化。

“十一五”末全市城镇化率达63%，2015年达70%，2020年达80%，未来10年将有近120万农村人口进入城镇。

■昆明市全域城镇化试点分布

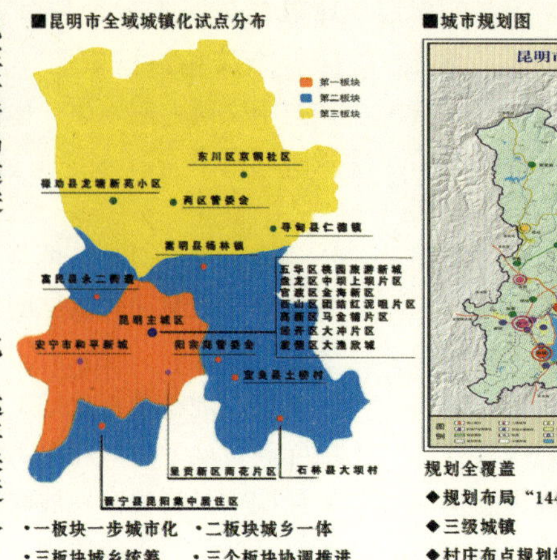

•一板块一步城市化 •二板块城乡一体
•三板块城乡统筹 •三个板块协调推进

■城市规划图

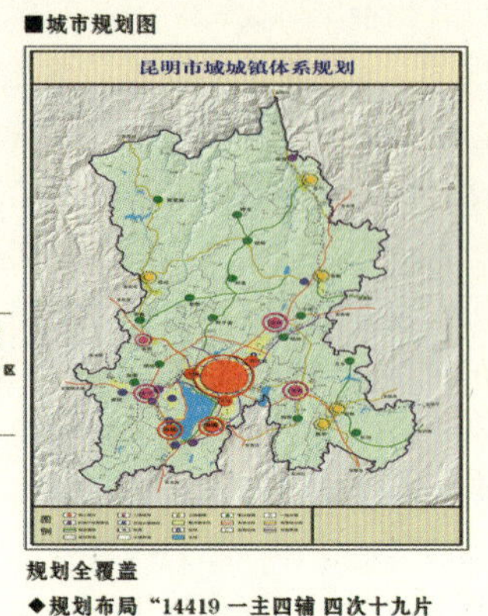

规划全覆盖
◆规划布局“14419 一主四辅 四次十九片
◆三级城镇 ◆五级配置
◆村庄布点规划缩减村庄1/3

乡面貌日新月异，人居环境明显改善，城镇聚集效应日益凸显，统筹城乡发展和全域城镇化建设取得阶段性成果。一年来，市委先后召开3次推进会，安排部署全域城镇化建设，出台一系列配套政策，拨付“以奖代补”资金5000万元，有力推进各项工作。坚持先行先试，在全市启动实施19个全域城镇化建设试点，拆旧区面积达47859亩，建新区面积达17914亩，试点项目建设投资估算超过400亿元，预计盘活土地资源近3万亩，实现近6万户、20万农村居民集中居住。坚持规划引领，高起点、高标准、高品位开展城乡规划全覆盖工作，编制完成《昆明城市近期建设规划（2011－2015）》、134个乡镇（街道）总体规划、10249个村庄布点规划和6694个保留自然村建设规划，初步实现规划全覆盖，城镇、村庄布局进一步优化。加快实施主城品质提升、城中村改造、县城规模扩张及新城镇和新农村建设四大行动，稳步推进户籍制度和农村产权制度改革，大力实施农地重整、村镇重建、要素重组，启动山地城镇试点和农业转移人口转为城镇居民工作，加大“旧城改造、撤村并居、迁村并点、生态移民”力度，积极探索以农民宅基地、承包地及农村集体资产的用益物权置换城镇产权住房、社会保障和股份合作社股权，促进产权、土地等生产要素的市场化配置和流转，破解全域城镇化建设中资金、土地等难题，推进土地向规模经营集中、产业向园区集中、农村人口向中心镇和新社区集中、公共服务向建成区集中。至2011年底，昆明市总结形成具有昆明特色的全域城镇化建设“113334”（即，一引领一改革三重三置换三区联动四保障）模式和因地制宜、分类推进的工作路径，实现城镇化建设的规范化、特色化和科学化。全年建设新片区39个、新型集中居住区46个，县城总规模扩大42.34平方千米，城市建成区面积达到269平方千米，城镇化率达到65.4%，有力促进城乡同发展、共繁荣，统筹城乡新格局进一步形成。

【农业农村工作】 2011年，农民人均纯收入达6900元，实际增长13.1%，实现农业增加值133.8亿元，增长6.1%，实现“十二五”开局之年农业农村工作开门红。全市农业农村工作从几方面展开：着力发展都市型现代农业，农业布局不断优化。实施农业产业“东移北扩”战略，建设滇池流域生态农业区、东西部高效农业区、北部特色农业区，着力打造农产品信息物流中心、农产品精深加工中心、农业博览会展中心、农业科技研发推广中心，初步形成带动全省、辐射西南的都市型现代农业体系。快速提升石林国家级台湾农民创业园、斗南花卉产业园区等9个现代农业园区建设，扶持引进国家及省市农业龙头企业333户，发展农民专业合作社141个，辐射带动农户30万户、农田245万亩。粮食总产量达110.2万吨，烤烟收购总量170万担，鲜切花产量40.1亿枝。改造中低产田36.25万亩，完成任务的169%。启动40万亩蔬菜生产基地建设，建成3万亩保障本市蔬菜供应的生产基地，蔬菜产量达208万吨。畜牧业产值达85.4亿元，实现重大动物疫病免疫率100%。植树造林37.16亩，森林覆盖率达到46.06%；着力加快农村基础设施建设，农村条件明显改善。清水海引水工程顺利实施，新建、续建和加固39件中、小型水库，启动实施536件抗旱应急工程，解决8.11万农村人口饮水安全问题。完成行政村公路路面硬化670公里，累计开通城乡公交线路563条，行政村公交覆盖率达93%。完成新农村省级重点村建设项目140个，扶贫开发整村推进350个。建成“万村千乡市场工程”农家店170个、配送中心6个，“家电下乡”产品累计销售额突破10亿元。新农合参合率达96.49%，人均筹资标准提高到230元；着力推进农村配套改革，发展活力持续增强。制定出台《关于推进农村产权制度改革的意见》及金融服务三农等系列文件，组建昆明市泛亚农村产权交易所，稳步推进农村土地承包经营权、集体建设用地使用权、农村房屋、集体林权确权登记颁证工作，积极探索抵押融资工作。农村土地承包经营权流转80万亩，林地经营权流转5.13万亩，完成林权抵押登记贷款业务296宗，抵押贷款2.3亿元。村镇银行实现零的突破，批准开业小额贷款公司104家，融资担保公司210家，农信社乡镇金融网点覆盖率达100%，发放“惠农卡”21万张，贷款余额超过4亿元；着力强化惠农政策落实，“三农”投入不断加大。全年拨付粮食直补216万元、良种补贴2,263.97万元、农资综合补贴18,937万元。市本级财政预算安排农林水事务支出资金57,539万元，增长11%以上。培训农村劳动力36.97万人，转移输出37.6万人，转移收入29.42亿元，劳务经济总收入达104亿元。发放各项惠农补贴资金2.45亿元，稳定解决4.92万农村贫困人口的温饱问题。

（市委办公厅）

办公厅

【以文辅政】 坚持质量与效率并重，强化政策和对策研究，紧紧把中央、省委的精神与昆明实际紧密结合，确保文稿与领导思路、基层实际、工作要求相适应。坚持深入基层，在实际生活中“望闻问切”，确保文稿有的放矢，体现时代要求，符合实际情况，坚决杜绝以文件落实文件、以讲话落实讲话的现象，不断增强文稿的思想性、针对性和可操作性，文稿水平和质量有了新提高，以文辅政水平进一步提高。2011年，共起草各类文稿约500余篇150余万字，实现无差错目标。

【决策调研】 紧密联系昆明实际，努力从全局的高度观察和思考问题，正确分析国内外政治经济形势，围绕市委中心工作和领导关心的大事要事，围绕全面加快区域性国际城市建设、加快经济转型升级、推动昆明跨越发展等重大工作，深入基层、深入群众、深入实际，开展调查研究，协助市委领导做好重点调研课题和民情调研。共完成《关于预防和妥善处置群体性事件》、《加快区域性国际城市建设》、《智慧昆明建设》等调研报告20余篇，多篇获市委主要领导批示。

【统筹协调】 进一步提高协调工作的程序性和时效性，量化分解工作步骤，细化完善工作环节，努力做到无差错、无失误、无遗漏。切实加强与省级、市级各部门及各县区的协调联络，与人大、政府、政协、纪委班子的沟通协调，主动当好“粘合剂”和“润滑油”，努力形成上下同心、左右同向、各方同力的工作格局。强化细节管理，细化工作流程，落实工作措施，着力抓好服务工作各个环节，力求“全面、细致、体贴、周到”。全年牵头或参与组织市委九届七次全体（扩大）会议、2011年度市委工作会议、市委九届八次全体会议、市第十次党代会等全市性重要会议169次；参与中央及国家领导赴昆考察的重要接待服务工作15次；牵头并参与完成昆明市党政代表团赴玉溪、曲靖、楚雄等15个省内兄弟州（市）学习考察并签署“大通道”建设合作框架协议活动。

【督查落实】 根据全市战略布局要求、不同区域发展定位和各部门的工作职能特点，研究出台《昆明市县（市）区、五个开发（度假）园区及市级有关单位九项指标差别化考核办法》，不断提高目标管理的科学性。将目标任务层层分解、逐级量化，将每一项工作都量化为指标、细化为项目、落实到部门、责任到人头，形成层层抓落实的督查机制。注重发挥联合督查的作用，把党委督促检查、纪委纪律监督、人大法律监督、政府行政监督、政协民主监督、媒体舆论监督和群众参与监督有机结合起来，做到领导督查、专项督查、条线督查、部门督查“四位一体”，形成“横向到边、纵向到底”的全方位、宽领域、多触角的大督查工作体系。先后下发督查通知212个，督办重要工作任务2424项，下发催办通知185份，有效确保市委、市政府决策部署强力推进。

【公文办理】 严格按照中央和省、市委关于公文办理报送的各项规定及时限要求，按照公文办理求快捷、公文内容求准确、公文格式求规范、公文把关求严谨、公文结果求实效的工作原则，严把办文行文关、政策关、文字关、格式关、手续关等“五关”，严格按照“十不发”的规定，采取严格控制行文数量、规格、减少党政联合发文、合理确定文件的主抄送范围和份数，做好文件精简工作，为领导集中精力抓大事、抓落实创造了有利条件，收到了较好成效。共起草、审核、制发各类文电474个，其中“昆”字头13类公文268个，重点控制的“昆发”类公文16个、“昆办发”类公文16个。

【信息服务】 自觉围绕经济社会发展等各项重大任务搞好信息服务，深入分析新情况，新问题。创新《工作通报》、《工作情况交流》、《调研信息》3个刊物，充分发挥信息工作以文辅政的作用，及时向市委提供更多有分析、有建议的高质量信息和调研报告，认真编写《昆明信息》、《昆外信息摘编》等刊物600余期、2941篇信息，其中被领导批示358篇，批示率达12.2%，上报中办、省办信息2337条，在中办246个直报点中，位居第18位，比上年上升30位；在全省16个州（市）党委系统信息量化考评中排名第一。切实发挥信息为市委工作服务的重要作用。

【政务值班】 认真履行应急值守、信息报送职责，切实发挥紧急信息汇总报送的“主渠道”作用，确保政令畅通；进一步规范值班工作，细化总值班室工作职能、职责，值班工作做到分块综合、分工明晰、职能明确、工作规范，各项工作有章可循、有据可查。完成《2011年昆明市党政机关和有关单位常用电话号码》编制工作，接报转处各类突发公共事件807起，一批涉及群众切身利益的问题得到及时解决，各类影响政治社会稳定的突发事件得到妥善处置。

【机要保密】 狠抓内部管理和业务培训，进一步加强机房和密码通信设备的使用和管理，从提高电报的传输、阅办质量出发，进一步健全电报传阅、登记、催办等制度，完成《昆明市“十二五”密码工作规划》编制工作，及时为14县（市）区处理密码通信网络和设备故障，及时办理收发密码电报、内部明传电报，做到传送及时，办报准确、保密安全。积极主动配合做好市级机关搬迁过程中的保密管理服务工作，集中组织开展市级机关搬迁单位保密业务培训，对90余家搬迁单位主城办公区和呈贡新区办公区进行不间断保密督促检查，及时消除保密安全隐患。

【创建工作】 严格按照市委、市政府关于“四创两争”工作的总体部署和要求，充分发挥统筹安排、综合协调、督查督办、重点推进的职能作用，加大申报力度，全市“四创两争”工作取得突破性进展。2011年5月获国家节水型城市命名，10月获国家卫生城市命名；文明城市创建活动深入开展，积极配合相关部门开展“文明交通行动计划”等活动，顺利完成中央文明委综合评审工作；及时启动中国人居环境奖申报工作，11月，中国人居环境奖申报工作通过省级验收，为正式向国家申报奠定了坚实基础。

【自身建设】 按照“抓落实、抓质量、抓效能、抓效率”的要求，围绕增强大局意识、责任意识、实干意识、团结意识、奉献意识、纪律意识“六种意识”，深入开展创先争优学习实践和“效能服务提升年”活动。修订完成《中共昆明市委办公厅工作制度与规程》，形成完善的学习、考勤、考核、后勤管理等各项内部管理规章制度，建立健全以制度管人、以制度规范工作的长效机制。厅领导班子严格执行民主集中制各项规定，班子主要领导带头发扬民主，维护班子团结，协调发挥“一班人”的积极性，进一步强化服务大局意识，凝聚整体合力，增强班子贯彻落实市委决策部署的执行力。以机关党组织和党员“五比五创”为抓手，层层签订《2011年永葆先进性 “云岭先锋”工程建设目标责任书》，逐步建立覆盖各处室、各代管单位的廉政风险防范管理网络。坚持正确的用人导向，注重用人机制创新，拓宽选人渠道，在全国、全省范围内公开选调优秀公务员7人；组织竞争上岗和任命正、副科级中层领导干部27人，正式调入、招录干部职工20人，提高享受正、副县级待遇4人，组织各种业务培训、顶岗锻炼66人次，全年共选派干部参加专题班培训、市委党校主体班培训104人次。提高离退休干部服务水平，成立离退休干部工作领导小组，建立离退休干部信息库，及时向离退休老干部通报全市经济社会发展情况。

（市委办公厅）

组织工作

【深入开展创先争优活动】 坚持把深入开展创先争优活动作为贯穿全年的工作主线，明确提出基础一线是开展创先争优活动的主战场，在全市大兴科学实干之风，要求各级党组织和广大党员把创先争优活动与基层工作实际结合起来，以创先争优啃骨头、打硬战、解难题。全面落实创先争优责任制。全市81家单位的“一把手”在市级媒体上就创先争优、“效能昆明”建设作出公开承诺，明确工作责任。注重实效抓好承诺兑现。全市1.6万个基层党组织、29.35万名党员开展公开承诺活动，公开承诺事项分别达到4万余件和50万余件，为群众办实事、办好事30余万件。开展授旗评星激发争创活力。广泛开展创先争优“授旗评星”活动，设立“党员先锋岗”、“党员示范岗”、“党员责任区”，实行规范的考核评价，形成月比标兵、季评明星、年树典型，党员群众“天天有行动、月月有动力”的争创机制。打造创先争优品牌，建立市级党建工作示范点64个、县级示范点533个、乡镇示范点521个、部门及行业系统示范点323个、各级领导干部联系点4583个，并把一些好的工作思路方法形成制度，探索建立创先争优长效机制。

【圆满完成换届工作】 2011年不仅是昆明市、县、乡三级党委换届年，也是昆明市人大、市政府、市政协的换届年。在市委的坚强领导下，在省委组织部的大力支持和指导下，市委组织部不折不扣地把“5个严禁、17个不准、5个一律”的规定落到实处。用铁的纪律保证换届风清气正，圆满完成了三级换届任务。

1月，圆满完成市人大、市政府、市政协班子及法检“两院院长”换届选举，省委批复的27名候选人和市委提名推荐的113名候选人均以全票或高票当选，受到中组部的充分肯定。中共中央政治局委员、中央书记处书记、中央组织部部长李源潮批示：“昆明市的人大、政府、政协换届工作的经验值得深刻总结，建议调查总结昆明的换届工作情况，为其他的换届工作作指导”。

3月，完成乡镇党委换届工

作。全市60个乡镇选举了党委委员601名，本科及以上学历422人，占69.3%，女干部91名，少数民族干部41名，大学生“村官”49名，换届工作满意度分值为98.9分。其中，部分乡镇党委在换届中创新投票方式，扩大流动党员参选率的做法得到中组部的重视，重要工作经验编入中组部的《领导参阅》。

5月，完成14个县（市）区党委换届工作，新当选的154名县（市）区党委中，35岁以下15人（含党委书记一名），博士学历13人，硕士学历11人，形成了以40～45岁为主体的梯次配备，班子的年龄结构、学历结构都较上届有了显著改善，换届工作满意度分值为99.8分，得到了省委领导的肯定。中组部《组工信息》总结昆明市县级党委换届的4点经验，并在全国组织系统交流学习。

8月，昆明市委的换届工作圆满完成。在这次换届中，昆明市首次把组织党代表观摩列入党代会日程，通过实地参观工业园区、学校、基础设施建设等，使大家真切感受到昆明过去5年取得的巨大成就，营造了围绕发展抓换届的良好舆论导向。在党代会期间，市委下发《中国共产党昆明市代表大会任期制实施办法（试行）》、《中共昆明市委关于建立健全市委常委、市委委员（候补委员）、市党代表“三级联系”制度的实施办法》，印发《党代表履职手册》，成立昆明市党代表联络办公室，全面开展党代表常任制工作。

【强化干部教育培训】 全年共计抽调391人次参加上级部门举办的相关培训；在市委党校举办37个班次专题培训，共4408人次；组织6个班次308人赴省外异地培训，5个班次99人出国（境）培训。全市新增在线学习县处级及科级领导干部7000余人。举办十七届五中全会、省市委全会精神及“十二五”规划专题培训55期，参加干部群众16500余人次。举办领导干部培训日专题讲座49讲，参加听讲的县处级领导干部、高级专业技术人员和相关部门中层干部41650余人次。

【持续开展竞争性选拔干部】 面向全国公开选拔130名乡镇（街道）政府（办事处）副职，全部为本科以上学历。其中，硕士研究生13人，少数民族干部22人，为进一步改善干部队伍结构，建立年龄梯次合理、基层经验丰富、综合素质较高的干部队伍打下基础。

【加大干部交流力度】 从9月下旬～12月下旬，组织实施中层干部（科级）跨部门竞岗交流，涉及市直部门、主城5区、5区管委会的104个职位，2610人参考，519人进入面试，209人进入组织考察，最终选拔交流干部104人。这种以竞争机制优化人才资源配置的方式，《人民日报》、新华社等主流媒体进行了全面报道。

2011年下半年。对换届后的县（市）区委常委、乡镇党委和部分开发（度假）园区班子进行调研，就进一步加强班子建设提出要求。同时，根据市委的决策部署，积极向中央组织部、省委组织部和国家有关部委办局发函请示，争取国家有关部门选派优秀干部到昆明挂职工作。根据省委、省政府关于加快滇中城市一体化发展的战略规划，谋划推动昆明－玉溪－楚雄－曲靖互派干部挂（任）职交流。接受安置团职军转干部33名，其中：正团13名，副团20名。

【抓好人才工作】 认真贯彻《昆明市中长期人才发展规划（2010－2020年）》，制定《关于促进高层次人才载体建设的实施意见》、《关于进一步发挥企业引才主体作用的指导意见》、《昆明市院士工作站实施办法》、《昆明市专家服务站管理办法》等政策性文件，组建市人才领导小组办公室，调整充实工作成员，开展卓有成效的工作。

成立昆明市“智联院”和“中国昆明泛亚创业人才开发基地”。积极推进高层次人才引进“三五工程”和“551计划”；推进“借才引智”工程，与驻昆高校开展“10+1”校地合作联盟，与山东大学、南京大学、浙江大学、同济大学等国内知名高校联合开展校地合作，着力打造区域化人才格局；采取项目制方式收集人才工作专项资金项目29个，申报资金总额3955.69万元；成立中国　昆明泛亚人才与教育发展战略研究院、中国·昆明泛亚人才服务中心和留学生创业园；开展“科技之光工程”、专家服务基层活动、昆明论坛等，组织第11期企业经营管理人才考察培训。

在工作实践中，打破传统的干部工作和人才工作界限，创新思路方法，把人才工作和干部工作结合起来，提高人才引进的吸引力，强化干部岗位培养的实效性。全年共引进3名规划人才到市规划局挂职担任副局长，引进2名园林规划管理人才到市园林绿化局挂职担任副局长。同时，积极开展银政人才合作交流，互派挂职干部37名。

【全面推进基层党的建设】 开展思想作风教育和后进村（社区）整顿活动，排查后进村102个，提出整顿措施194条。排查后进社区17个，提出整顿措施64条。全市乡镇（街道）一级共开展调查研究847次，进行民情恳谈2220次。认真开展基层党员干部“素质提升”工程培训，全年举办14期市级统筹“素质提升”班，培训基层党员干部1613人。以建设为民、务实、清廉机关为目标，以加强党性锻炼和改进工作作风为重点，加强机关党建。落实国有企业“一岗双责”，完善“双向进入、交叉任职”的领导机制，实现企业法人治理机构与党组织政治核心作用有机结合，为国有企业改革发展提供政治保障。表彰奖励第四批新农村建设工作队、指导员和先进派出单位，选派第五批新农村建设指导员1221名。着力加强为民服务中心管理。全市133个为民服务中心（站）全年累计受理服务群众事项1177060件，办结率99.85%；满意1176153件，满意率达99.92%。加快建立统筹城乡一体的党建工作格局。组织第一版块县（市）区和高新、经开、度假等区分别与东川、禄劝、倘甸轿子山等县（区）开展县包乡、乡包村活动。继续深化“边疆党建长廊”建设对口联系工作。全市累计投入资金20041万元，援建活动场所44个，互派干部挂职232人，培训基层党员干部4419人，得到省委组织部的充分肯定。切实抓好大学生村官管理服务。建立大学生“村官”常态化补充机制，按照“空多少、补多少、上月空、下月补”的原则，及时抓好大学生“村官”队伍建设。举办“2011昆明青年（大学生‘村官’）创业成果博览暨人才交流会”，提供各类就业岗位5000多个，达成交易和合作意向7978项、现场成交金额114360元，对33个创业项目进行了表彰。

【抓好自身建设】 市委组织部以“大考”之年为契机，以建设规范部门、打造过硬队伍为目标，把自身建设切实抓紧、抓实、抓出成效。认真梳理各处室的部门职能和岗位职责，调整优化部门设置，健全完善规章制度。不断深化和拓展“讲党性、中品行、作表率”活动，通过采取竞争上岗、交流轮岗、从基层选调干部等措施，不断改善队伍结构，激发工作活力。努力建设学习型党组织和学习型机关，扎实开展“爱读书、读好书、善读书”活动，举办各种知识讲座，选调40名组工干部到中国人民大学系统培训，进一步提高组工干部的素质能力。县级党委换届结束后，及时组织县（市）区组织部长进行系统培训。在部机关副县级以上干部中扎实开展“每月一访”活动，收集意见建议200余条，一批干部群众关心、反映的问题得到解决。贯彻落实党风廉政建设各项要求，加强对干部职工的理想信念教育，严格执行组工干部“十严禁”纪律要求，努力打造一支思想政治素质和业务工作能力过硬的组工干部队伍，部机关荣获推进惩治和预防体系工作一等奖。

【招商引资考核】 围绕“争科学发展之先，创和谐社会之优，加快建设中国面向西南开放的区域性国际城市”这一战略目标，全面完成年初确定的内、外资引进任务，实现“十二五”开局之年招商引资工作开门红。2011年，全市累计引进内资项目3058个，考核认定资金1103.57亿元，同比增长16.13%，完成年度目标任务的110.36%；引进外资项目206个，考核认定资金14.05亿美元，同比增长39.7%，完成目标任务的126.81%，招商引资规模和项目质量实现新的突破。各县（市）区、招商分局总体完成情况较好。除2家未完成内资任务外，全市其他县（市）区均完成内外招商引资任务；工业（特色产业）差异化考核除2家未完成外，其他县（市）区均全部完成。全市42个驻外招商分局均完成全年内、外招商引资目标任务；加挂产业（区域）招商的24家分局中，有7家未完成产业（区域）占比任务。

（宫　玲）

政法工作

【提供司法服务保障】 围绕深化科学发展主题和转变经济发展方式主线，不断创新司法服务保障机制，下发实施《关于全市政法机关为加快推进桥头堡建设和区域性国际城市建设服务的意见》，推动服务保障中心大局常态化。依法严厉打击危害经济安全、扰乱市场经济秩序、损害人民群众生命健康、破坏市政公用基础设施等违法犯罪活动，加大重点工程建设、商业贿赂、环境资源保护等领域的职务犯罪查处力度，对9项涉及资金100多亿元的在建重点工程进行同步预防。落实便民措施，畅通服务渠道，简化办事程序，压缩行政审批项目123项。加大法律援助力度，推进巡回立案和巡回审判，开展法律、法官进社区、进村（镇）活动，受理各类法律援助案件8375件，政法机关服务经济社会发展的能力水平不断提高。

【维护社会和谐稳定】 以“反分裂、反恐怖、反渗透、反颠覆”为重点，强化对敌斗争，成功挫败了境内外敌对势力连续6次煽动非法聚集活动的图谋。深入抓好敏感节点和重要时期的维稳工作，由市领导带队，开展为期半年的督导检查，狠抓各项措施落实，确保全国“两会”、建党90周年等重要时期和敏感节点的社会稳定。深入开展“打黑除恶”、“清网行动”、“打四黑除四害”等专项斗争和专项行动，集中解决了一批群众反映强烈的突出问题。全面深化治安防控体系建设，率先投入使用2架警用直升飞机，开启市警用航空新纪元。在2140个居民小区、252个大型商场、554个城中村出租房探索创立“治安星级”管理模式，提升了治安防控水平。充分发挥侦查、起诉、审判等职能，全市实现刑事立案总数、严重暴力犯罪、群体性事件“三下降”和破案率、审案率“两上升”，人民群众安全感不断增强。

【化解社会矛盾纠纷】 按照千方百计化存量、想方设法控增量、群策群力降总量、高度警惕防变量的总要求，对167起重大事项开展了社会稳定风险评估，对17起重大稳定隐患进行社会稳定预警。对48起重大矛盾纠纷，采取领导包保、挂牌督办、现场会办的方式，化解结案31起。大力开展涉法涉诉信访积案评查化解工作，全部办结中央和省交办的进京重复访案件123件，综合息诉率达100%；完成省交办重点案件561件，办结559件，综合息诉率达99.64%，有效促进了社会和谐稳定。建立完善情报信息、指挥机制、力量建设、装备配备、现场处置、舆论引导、追踪反馈“七位一体”的应急处置工作机制，加强应急处突准备，较好地处置了“金座”非法集资诈骗案引发的群体性上访事件。

【加强社会管理】 联合编制《昆明市“十二五”社会建设管理规划》，制定实施10余项制度创新文件，获市特等奖2项，二等奖3项。加强对重点人员、重点组织、重点场所的动态监管，对全市数千余名重点特殊人员逐一登记造册、落实包保责任、建立联系档案；对全市驻昆商会、市属宗教团体、境外非政府组织，构建了登记审批、日常服务管理、行政监管稽查、违法审查、信息披露、公共服务、行政处罚为一体的工作机制；对水、电、路、气等生命线工程和食品药品安全、重大安全生产等领域，全面落实履职、监管、责任全覆盖要求，重点场所监管工作体系不断健全。按照抓两头、促中间的工作思路，大力加强政法委自身建设，调整充实工作力量，有效促进政法委机构设置规范化、力量配置科学化、编制备制集约化，强化了抓政法工作的领导能力、统筹能力和监督能力。

【创新社区管理】 以和谐社区建设为重要载体，按照党组织、社区管理、社区服务“三个全覆盖”要求，积极探索老年社区、农村社区等六类社区的分类创建和谐社区模式。推进社区网格化管理，“三维数字社区”建设试点有序开展。加大政法基础设施建设力度，梳理筛选160项符合国家支持范围的项目，申报17项，申报投资3.5亿元。健全完善乡镇（街道）综治维稳中心，全面推进“实战化、标准化、流程化、精细化、公开化、人性化”建设，基层综治维稳组织作用得到有效发挥。深入开展平安创建活动，积极构建符合行业和地域特色的平安建设架构，命名表彰平安建设先进单位294个。

【加强政法队伍建设】 按照“抓班子、带队伍、促工作、保稳定”的工作思路，调整4名县级政法委书记到市级部门工作，选拔7名年轻干部担任政法委书记，增强了工作活力。围绕强化执行力、提高创新力、增强凝聚力，深入开展“发扬传统、坚定信念、执法为民”主题教育实践活动，大力推进执法规范化建设，政法队伍忠于党、忠于人民、忠于法律的政治本色进一步彰显，听指挥、业务精、作风实、拉得出、打得赢属性进一步强化，执法形象和执法公信力明显增强。积极推动政法干警“岗位大练兵、执法大培训”，组织77名县处级政法领导干部赴上海复旦大学进行集中学习培训，组织近100人次赴外地和发达地区开展学习考察，提升了维护社会和谐稳定的能力和水平。

（市委政法委）

宣传工作

【强化党的理论武装】 深入开展形势政策宣传教育，围绕中央和省、市一系列重要会议精神和桥头堡战略、区域性国际城市建设等重大主题，组织各类宣讲团面向全市开展大规模宣讲活动。制定《关于建立解放思想长效机制的意见》，着力在思想解放中凝聚共识、改革创新、跨越赶超，以新的思想解放引领新的发展。召开昆明市社会科学界专家学者座谈会，引导哲学社会科学界更多关注和研究全市经济社会发展面临的重大问题。

积极推进学习型党组织建设。建立云内动力集团公司党委、东川区拖布卡镇格勒村党支部等22个学习型党组织建设示范点。做优“昆明市领导干部培训日”学习品牌，探索综合讲座与分类讲座相结合培训机制，通过视频传输方式在全市14个县(市)区设置分会场，不断扩大干部培训的规模和覆盖范围。全年共举办专题讲座54讲，组织干部参训超过10万人次，干部培训制度进一步完善，干部综合素质不断提高。

广泛开展“读好书、求新知”、“书香昆明”第三届全民阅读月系列活动，“图书漂流”活动取得阶段性进展。在全市重点推荐了一批优秀理论书籍，指导和督促全市党员干部每年精读、细读、研读2本相关专著，编辑《领导干部学习资料》6期，持续掀起理论学习热潮。加快“党员书屋”、“社区书屋”、“农家书屋”建设，广泛开展送书下基层活动。圆满完成2012年党报党刊征订发行工作，有效扩大覆盖面和影响力。认真开展调查研究，完成《加快昆明市公共文化设施建设的对策和建议》等4篇调研报告。

【把握正确舆论导向】 围绕纪念建党90周年、桥头堡战略、区域性国际城市建设、文化大发展大繁荣等重大主题，精心组织宣传策划。截至12月底，推出主题宣传策划25个。组织市属媒体启动实施新闻阅评制度，每月编发《昆明市市属新闻媒体新闻综述》，不断加强和改进新闻宣传工作。

认真做好市委、市政府重要会议、重要活动的宣传报道及现场直播、录播，共组织协调中央和省、市新闻媒体报道市委、市政府重要会议和活动460余场。组织市属媒体对省第九次党代会、市第十次党代会等重要会议开展全面深入宣传报道。

加强对新闻热点和突发事件

的舆论引导，有针对性地引导社会热点，疏导公众情绪，化解社会矛盾，确保了总体舆情稳中向好。成立昆明市互联网信息工作领导小组和昆明市网络文化协会，整合全市网络资源，有力推动网络宣传事业和网络文化产业全面发展。在新浪、腾讯、网易等全国性门户网站，开设官方微博“昆宣发布”，策划协调相关单位开展微访谈活动，举办“润城杯”大观楼长联外文(英文)翻译征集活动、“嬗变的昆明”暨昆明第二届网络媒体博客笔会等23次网络主题宣传活动，得到网民积极响应和广泛好评。积极争取国新办支持，昆明市成为全国舆情直报点，舆情信息报送系统初步建立。全年共编发《每日舆情》346期、《舆情专报》30期、《重点社区论坛每日舆情》48期。

认真落实《昆明市新闻监督事项督查实施办法》，建立新闻舆论监督通报制度，新闻单位、职能部门与监督机构“三位一体”监督网络体系逐步建成，新闻曝光和督查工作不断强化，舆论监督效果明显。截至12月底，共编发《舆论监督通报》703期，经督办后，所反映问题得到及时整改，收到反馈件703条，反馈率100%。

“走基层、转作风、改文风”活动取得良好社会效果，涌现出一批传递主流声音、反映群众心声、回应社会关切的新闻稿件，以及扎根基层、积极为群众办实事、办好事的新闻工作者。扩大对外文化交流和文化贸易，利用在昆举办的重大国际交流活动，推动文化产品和服务进入国际市场。

【扩大对内对外宣传】 着力构建大外宣工作格局，形成对外宣传的强大合力。与国内外主流媒体建立良性互动机制，适时召开新闻媒体恳谈会、通报会和通气会，加强沟通联系，建立友好关系，畅通合作渠道，外宣工作取得明显成效。赴老挝、泰国、柬埔寨、马来西亚和新加坡开展中国昆明·东南亚陆路旅游宣传推介活动。2011年，中央和省级主要新闻媒体刊播宣传昆明的重要外宣稿件6800余篇(条、幅)，网络媒体登载(转载)外宣稿件22600条。其中，昆明新闻信息上中央媒体428篇(条)，友城媒体60篇(条)，港澳媒体177篇(条)。据新华社统计分析，涉及昆明的正面报道列西部四省会城市(成都、南宁、贵阳、昆明)首位。

建立健全新闻媒体联系制度，进一步加强和规范新闻媒体来昆采访接待工作，建立重大主题宣传策划和重要新闻审核把关制度，制定了对外宣传考核奖励办法和对外宣传奖励资金管理办法，赢得媒体理解支持，形成外宣强大合力。

健全完善新闻发布制度，在现有党委、政府和网络新闻发言人的基础上，建立重点社团组织新闻发言人制度，使全市新闻发布工作的权威性、时效性和影响力不断提高。2011年，全市共举办新闻发布会近200场。举办新闻发言人培训班，培训新闻发言人180名。深化社会热点问题的研究阐释，针对人们普遍关注的物价水平、收入分配以及就业、就学、就医等问题，解读相关政策，回应社会关注，加强正面引导。

继续参加国内外有影响力的城市评选活动，不断提升昆明区域性国际话语权和影响力。昆明先后获得“2011中国魅力城市”、“转型2011联合国宜居城市”、“转型2011国际形象最佳城市”、“转型2011最具国际影响力城市”、“绿色昆明2011环保成就奖”、“全国卫生城市”6项殊荣，昆明的知名度、美誉度和影响力不断提升。

【推进文明城市创建】 以庆祝中国共产党成立90周年为契机，广泛开展群众性宣传教育活动，举办经典诵读、“我们的长征——重走长征路”等10大群众性纪念活动。成功举办“爱国歌曲大家唱——昆明篇”激情广场文艺演出、“唱响昆明——童心向党”歌咏比赛等活动。

强化全国文明城市创建的引领作用，完成昆明市第三批全国文明单位、文明村、文明社区、文明小城镇推荐上报工作。昆明创建文明城市工作扎实有效推进，获得“全国文明城市提名奖”，石林县和晋宁县获得“全国文明县城”称号。

加强社会公德、职业道德、家庭美德、个人品德教育，培育良好的社会道德风尚。深入开展“迎、讲、树”系列活动和“我们的节日”主题活动，大力倡导文明礼仪之风。认真组织好第九个“9.20公民道德宣传日”教育活动、“昆明好人”评选等活动和“道德模范评选”表彰活动，推荐评选的杨洪斌获第三届全国道德模范提名奖。

扎实推进未成年人思想道德建设，开展创建“文明校园”活动，着力净化和规范未成年人成长环境。组织开展“主题夏令营活动”、“昆明美德少年”评选活动、“做一个有道德的人”主题教育活动。晋宁、富民、石林、嵩明、宜良、禄劝等6个县，乡村学校少年宫筹建工作进展顺利。成立市志愿者指导中心暨春城志愿者服务总站，“昆明市关爱农民工志愿服务活动”启动仪式，志愿服务工作深入开展。

【加快文化产业发展】 深化文化体制改革。市级公益性文化事业单位内部三项制度改革有序推进，经营性文化事业单位转企改制进展顺利，三大集团内部整合工作稳步进行，加快投资主体多元化改革，探索建立文化产业发展基金、创业投资基金，致力引导金融机构，加大对文化企业的信贷支持。

加快文化产业发展。调整充实昆明市文化产业发展领导小组，出台《关于促进文化产业发展的若干意见》等扶持政策，设立每年3000万元的文化产业发展专项资金。编制完善文化产业发展规划。组织编印文化产业招商项目册和投资指南，推出110个文化产业招商项目。昆明泛亚文化产业投资开发控股集团有限公司即将挂牌成立，昆明大观文化创意产业示范基地建设顺利推进。金鼎1919文化艺术高地、昆明玉器城等文化产业集聚区，以及文化空间、官渡古镇等20个大文化产业重点项目建设度加快。6个项目入选省级文化产业重点建设项目，争取文产项目扶持资金450万元。昆明“十强”文化企业、“十佳”成长型文化企业评选工作圆满完成。

加大公共文化服务体系建设。文庙恢复性修建、市文化馆、市中心图书馆、昆明泛亚文化传媒中心等10大重点公共文化设施项目建设启动。进一步实施广播电视“村村通”、文化信息资源共享等文化惠民工程。着力打造图书馆、博物馆“双馆”名城，构建城市文化新地标。加大对名人故(旧)居的保护力度，通过新一轮文物普查发现名人故(旧)居60个，并将其中32个列为市政府保护对象。深入开展昆明市基层公共文化设施挤占他用专项整治工作，切实维护人民基本文化权益。

文化事业不断繁荣。出台《昆明市促进文艺精品创作的若干意见》，鼓励和扶持文艺创作，多项文艺作品获得国家级、省级大奖。圆满完成第五届昆明市文学艺术创作“茶花奖”评选活动，奖励经费300万元。成功举办第二届中国聂耳音乐(合唱)周暨第八届中国音乐金钟奖昆明系列活动、郑和国际文化旅游节、昆明国际文化旅游狂欢节等大型文化活动。组团参加第四届云南省青歌赛，取得了四银两铜的佳绩。“最美昆明天地人和”——2012昆明首届春节联欢晚会采取市场运作模式收到实效。

（市委宣传部）

统战工作

【加强政治理论和业务学习】 把学习邓小平理论、“三个代表”重要思想、科学发展观作为统一战线政治理论学习的主线贯穿始终。按照学习型领导班子、学习型干部队伍建设的要求，进一步加强政治理论和业务学习，建立健全各项学习制度，用马克思主义中国化的理论成果来武装头脑。支持推动各民主党派、有关人民团体、无党派人士及其他社会各界人士，组织参加各种形式的学习培训，把学习面覆盖到统战系统各领域。充分发挥统一战线宣传载体的作用，加大宣传力度，增强宣传效果，营造良好氛围。

【纪念中国共产党成立90周年】 2011年，组织统一战线成员深入学习胡锦涛总书记在建党90周年大会上的重要讲话，举办了庆祝建党90周年党外代表人士座谈会，并引导统战系统各单位，立足自身特点，开展丰富多彩的纪念建党90周年系列活动。引导他们深刻认识中国共产党的先进性，进一步坚定在党的领导下致力共同事业的信心和决心，进一步深化对中国共产党多党合作和政治协商制度巨大优越性的认识，增强走中国特色社会主义道路的自觉性和坚定性。

【开展执行力提升年活动】 按照“执行力提升年”活动的要求，结合统战工作特点，严格执行首问责任制、服务承诺制、限时办结制、责任追究制四项制度，不断提高工作效率和执行力。大力开展向杨善洲同志学习的活动，召开“坚持以人为本、执政为民理念，发扬密切联系群众优良作风”民主生活会，不断加强统战干部队伍作风建设。认真贯彻中央和省、市委的部署和要求，加强与市委组织部的协调，结合县（市）区委换届工作，14县（市）区和三个国家级开发（度假）区统战部长全由副书记或常委担任，进一步加强党委对统战工作的领导。

贯彻落实省、市委重要会议精神。2011年，省、市委先后召开了市委九届七次全会、市委工作会、市第十次党代会、省第九次党代会等重要会议。为贯彻落实好会议精神，在每次会议结束后，及时召开统一战线各界人士情况通报会，学习传达会议精神，提出统一战线贯彻落实会议精神的具体措施，把统一战线成员的思想统一到省、市党代会精神上，为共同目标奋斗奠定思想基础。

【开展专题调研】 2011年，各民主党派、有关人民团体围绕市委、政府中心工作和全市经济社会发展重大问题，开展专项调研，共撰写专题调研报告11篇。年底召开由市级领导班子和有关部门、县（市）区领导参加的专题调研成果汇报会，为昆明经济社会发展建言献策。

【发展驻昆商会】 制定《中共昆明市委、昆明市人民政府关于进一步加强和改进新形势下工商联工作的实施意见》和《关于工商联（民间商会）2012年换届工作的意见》，按要求全市14个县（市）区工商联全部完成换届，指导经开区成立了全省第一家开发区工商联组织，拓展经济统战新领域。出台《关于鼓励驻昆异地商会发展的实施意见》和《驻昆商会服务管理办法》，采取积极措施，制定商会发展计划，主动牵头协调，创新工作方式，简化工作程序，广泛动员成立各级各类商会，2011年组建异地商会20家，使驻昆商会总数达163家。

【创新工作方式】 积极引导昆明市非公企业克服国际金融危机的影响，扩大发展规模、促进产业结构优化、转变发展方式、增强创新能力，为全市非公经济和中小企业快速、健康发展做出了积极努力。加强与有关部门的沟通协调，促进“政企对接、银企对接、校企对接、企企对接”。积极探索商会党建工作的新途径，扩大党的工作覆盖面，引导非公有制经济党组织积极开展创先争优活动。充分发挥各级工商联作为政府管理和服务非公经济的助手作用，深入非公企业进行调研，收集并推荐了一批符合国家产业政策、发展有前景、产品有市场项目给政府相关职能部门，列入扶持候选企业名单，为非公企业发展给予切实帮助。积极参与评选昆明市综合实力10强中小企业、成长型10佳中小企业等活动。将非公经济代表人士教育培训工作，纳入全市干部教育和人才统筹规划、统一部署。目前，全市非公经济人士中，有市人大代表37人，市政协委员90人，市工商联副主席（副会长）19人。每季度举办一次工商联主席联席会和企业家沙龙，邀请政府部门领导和专家学者座谈、授课，广泛征询非公经济人士对昆明市经济建设方面的意见建议，畅通非公企业诉求渠道。

【开展“感恩行动”】 2011年，积极响应省委统战部、省工商联号召，组织开展“云南红土情，光彩进万家——民营企业感恩行动”。全市共有240名工商联会员企业参与民营企业感恩行动，实际投入金额891.46万元，捐赠实物100余万元，帮扶老党员、老革命、老模范及其他复转老军人、少数民族困难群众、贫困学生等共2600余人。组织向临沧等地捐助光彩教育、扶贫等资金260多万元。

【开辟创业带动就业】 以昆明青创会为平台，大力推动中国青年创业国际计划（YBC）和“贷免扶补”政策在昆明的实施。截至2011年底，通过中国青年创业国际计划扶持114名青年成功创业，创造就业岗位500余个。

【民主党派工作】 进一步加强多党合作制度化、规范化、程序化建设。召开包括书记、市长等市委、市政府领导参加的民主协商会、情况通报会、座谈会8次。加强政府同民主党派的联系，协调各民主党派参加市政府常务会议25次。

2011年，举办昆明市统一战线“同心协力”建设现代新昆明、纪念中国共产党建党90周年座谈会和“与党同行·身边的榜样”树立和践行社会主义核心价值体系先进人物事迹报告会。市级各民主党派结合自身特点，举办丰富多彩的纪念活动。通过各种纪念活动的开展，增强民主党派的凝聚力和感染力，打牢民主党派与中国共产党“同心”的思想基础。

积极支持各民主党派，按照参政党建设目标，以思想建设为核心，以组织建设为基础，以制度建设为保障，把自身建设提高到新的水平。结合纪念中国共产党成立90周年、辛亥革命100周年、树立和践行社会主义核心价值体系等，开展多种形式的坚持走中国特色社会主义政治发展道路主题教育活动，增强自觉接受中国共产党领导的决心，不断巩固多党合作的共同思想政治基础。支持各民主党派切实加强领导班子建设和组织建设。帮助民主党派选拔政治素质好，有代表性和组织领导能力的中青年骨干充实到领导班子中去。建立健全党派干部人才库，将市级民主党派中代表人士档案进行动态管理。进一步完善领导班子成员考核制度、领导班子民主生活会制度、机关工作制度及机关干部管理制度。

【民族工作】 建立昆明市统战民族宗教工作联系会议制度，深入学习贯彻党的民族宗教工作方针政策，研究分析全市民族宗教工作领域的热点、难点问题，提出创新民族宗教工作的措施和办法。

妥善处理民族宗教领域热点、难点问题，维护民族团结、宗教和谐。按照“四个维护”原则和“团结、疏导、化解”的方针，坚持每个季度在全市范围内开展影响民族团结和宗教和谐的矛盾纠纷隐患排查，及早掌握民族宗教领域中的各种苗头性问题，预防在前，切实把矛盾问题处置在基层，解决在萌芽状态。加大对清真食品的监督检查，把清真不清引发的矛盾纠纷降低到最小限度。认真开展大接访活动，及时处理涉及民族宗教领域的来电来访和信件，建立了“排查、调处、教育、回访”4个环节互动的社区民族宗教纠纷协调处理机制，果断、高效处置多起涉及民族宗教关系的突发事件，维护全市的和谐稳定。

积极推进民族团结进步事业，大力开展民族团结进步示范区创建活动。加大调研力度，积极协调，形成合力，加快少数民族和民族地区经济社会发展步伐。切实加强城市民族工作，召开昆明市民族团结进步示范村(社区)创建工作推进会，交流经验，沟通信息，明确任务。组织昆明市创建民族团结进步示范社区干部考察团，分别赴上海、南京、宁波、武汉等城市学习考察，借鉴先进地区的经验和方法，制定2011年民族团结进步示范社区创建方案，以五华区顺城社区、盘龙区桃园社区、西山区复兴社区、官渡区和平路社区为试点，带动全市民族团结进步示范村(社区)创建工作有序开展。

【宗教工作】 认真贯彻执行《宗教事务条例》，制定《昆明市宗教活动场所管理的实施办法》，进一步加强对宗教活动场所的依法管理。在全市范围内开展“和谐寺观教堂建设”活动，努力探索引导宗教与社会主义社会相适应的新途径、新方法。争取省委统战部支持宗教经费75万元，对设施破旧的宗教活动场所进行修缮。支持引导市级宗教团体举办各种纪念中国共产党建党90周年活动，增强宗教界人士爱国爱教，自觉与社会主义社会相适应的信念。

切实加强宗教工作“三支队伍”建设。把宗教理论政策列入各级党校学习培训内容，进一步提高全市各级党政领导干部对宗教工作重要性、必要性的认识；把宗教工作干部队伍建设纳入全市干部队伍建设统一规划，统一安排。2011年在市委党校举办一期宗教工作干部培训班；抓好宗教教职人员队伍培训，在市社会主义学院举办一期130人的中青年宗教教职人员培训班，并选送部分有潜力的年轻教职人员参加中央统战部、国家宗教局、省委统战部举办的各类培训学习，着力培养一支政治上靠得住、学识上有造诣、品德上能服众、在信教群众中有威信的宗教代表人士队伍。

【拓展交流】 昆明市港澳地区及海外华人社团的交流交往面不断拓展，建立34个国家和地区侨界重点联系对象的相关资料，完善台胞、台属、台商，港澳及海外重点统战人士档案，做到对在昆重点台胞、台属、台商，港澳人士、海外侨胞底子清、情况明，为做好服务工作奠定了基础。2011年，组织昆台两地互访团队33个，有力推动昆台经贸、文化、旅游、农业等各方面的交流合作，增进两岸同胞的感情。

【对台招商引资】 2011年，组织台商参加昆明国际农业博览会，单独设立“台湾精致农业暨精品馆”，为昆台经贸合作搭建交流平台。完成4批由市领导带队的赴台招商引资经贸考察活动，签订和推动一批经贸合作协议和项目落地建设。昆明石林台湾农民创业园及“一园六区”的建设工作稳步推进，园区累计完成基础设施投资3.6亿元，建成覆盖规划区20平方千米较为完备的水、电、路、绿化等基础设施，培训园区失地农民3410人，转移就业1991人。目前，入驻石林台湾农民创业园企业已达25家，其中台资企业7家，实际到位资金3.58亿元。企业项目涵盖特色农业种、养、加工和休闲、度假、生物产业等领域，初步形成以花卉、银杏、生物、生态农业观光、科技孵化、中药文化、农产品加工等为主的产业发展新格局。

【党外干部培养选拔】 按照《中共昆明市委关于进一步加强党外干部培养选拔工作的意见》，加大党外干部的培养选拔力度，党外干部任实职取得新突破。全市副科以上党外干部560多人、副县以上党外干部110多人，在市商务局、科技局、审计局、统计局、投资促进局、人防办、规划局等政府部门配备党外正职领导干部7人，在28个政府组成部门配备党外副职。市政府、市政协副秘书长各1人；市中级人民法院、市人民检察院分别安排1名党外副院长和副检察长，各县(市)区法检两院均安排了党外副职。县级人大、政府、政协都按规定配备党外领导干部。认真贯彻执行中央关于党外人士在人大、政协中占有比例和数量的规定，党外市人大代表159名，占34.57%；党外市政协委员285名，占61.16%。在各级工商联、有关人民团体及宗教团体中安排了一批党外代表人士担任领导职务。充实加强党外知识分子联谊会，把一批党外代表人士充实进联谊会新一届领导班子中，纳入工作视野，加强教育培养。

【党外代表人士教育培训】 制定《昆明市贯彻〈2010～2020年党外代表人士教育培训改革和发展纲要〉的实施意见》。在市社会主义学院和中国人民大学举办统战系统领导干部、民主党派、非公经济、宗教界、对台工作、信息员宣传干部等6期培训班，培训统一战线骨干成员和领导干部550余人。邀请国家民委副主任吴仕民来昆为全市党政领导干部作《当代中国民族关系的观察思考》的专题讲座，各县(市)区党政领导，市属各部门负责人及统战系统广大干部职工参加培训学习。

（市委统战部）

市级机关工委

【思想政治建设】 着力强化党的理论武装，加快学习型党组织，学习型机关建设。在2010年开展的“读好书、求新知”学习活动的基础上，继续推动党员干部在现代新昆明建设的实践中重新学习、继续学习，要求每个单位都要确定重点学习的“两本书”，并对进行抽查，结合学习型党组织建设与“领导干部培训日”等学习教育活动，继续围绕“六个为什么”、“划清四个重大界限”等问题，着力讲清楚“是什么、为什么”，要求各单位购定《从怎么看到怎么办》一书并组织干部职工学习，结合各单位的工作实际进行思考，变单纯的理论学习为形势教育与工作实践相结合，把理论学习与研究人民群众最关心最直接最现实的利益问题、本地区本单位改革发展稳定的重大问题结合在一起，在不断提高理论素养的同时提高解决实际问题的能力。深入开展学习杨善洲活动，制定并下发《关于在市级机关党组织中深入开展“学习杨善洲先进事迹、争做优秀共产党员”活动的通知》，教育引导机关党员干部对照先进找差距，学习模范见行动，努力做人民群众满意的好党员、好干部。认真学习贯彻落实市第十次党代会精神。印发《关于市级机关各级党组织认真学习贯彻市第十次党代会精神的通知》，对学习贯彻会议精神作出安排部署。在市级机关党务干部培训班上，邀请市委党校副校长、市级第十次党代会宣讲团成员王波到会宣讲，进一步掀起了学习宣传市第十次党代会的热潮。加大市级机关党建宣传工作信息收集整理力度，加快信息网络建设，加强工委内部信息交流的横向联系和资源共享。

截至11月8日，协助市委办公厅完成《时代前沿知识讲座》第47～55讲，1500余人（次）参加。

【基层党组织建设】 进一步完善机关党建目标责任制，召开市级机关党建工作会。总结2010年的党建工作，部署2011年的党建任务，并与市级机关各直属党委、党总支、党支部签订2011年党建目标责任书。通报2010年党建目标责任制检查考核情况，下发《中共昆明市市级机关工委关于兑现2010年永葆先进性·“云岭先锋”工程目标考核奖的决定》。召开迎接建党90周年暨创先争优“五型机关”建设、“四亮四评”活动推进会。主要是认真学习贯彻中央和省委、市委的重要精神，总结交流前一阶段市级机关开展创先争优活动的经验做法，扎实推进创先争优活动深入开展。市委办公厅等5家单位作了“五型机关”建设交流发言；市人力资源和社会保障局等5家单位作了“四亮四评”活动交流发言。会议制定并下发《昆明市级机关创先争优活动2011年工作要点》，编发市级机关深入推进创先争优活动简报23期。印发《市级机关窗口单位和服务行业深入开展“四亮四创四评”活动的工作方案》，要求市级机关各窗口单位和服务行业充分发挥基层党组织战斗堡垒作用和党员先锋模范作用，努力把市级机关服务窗口办成优化发展环境的示范窗口、服务人民群众的便民窗口、展示精神风貌的形象窗口，推动昆明经济社会又好又快发展。抓好党员教育、管理、服务和发展工作，制定并下发《关于认真做好昆明市市级机关2011年发展党员工作的通知》，规范发展党员公示制度、预审制度、入党介绍人资格审查制度，按照党员审批流程做好发展党员工作。辅导深化干部制度改革，做好公推直选工作。扩大党内民主，落实广大党员和群众对于干部选拔任用工作的知情权、选举权、被选举权和监督权。对机关民主评议机关党组织成员进行安排部署，制发《关于2011年度机关党组织成员进行民主评议的通知》。对不齐不力的党组织班子进行调整、整顿。制发《关于认真做好昆明市市级机关2011年党组织换届选举工作的通知》，指导43个市级机关党组织开展公推直选工作。下发《关于迅速组织市级机关党组织和广大党员干部投入抗震救灾工作的通知》，积极部署动员，会同红十字会，将市级机关各级党组织捐献的价值60余万元捐款（捐物）送至盈江灾区。认真做好市第十次党代会代表选举、省第九次党代会代表提名推荐工作。选举产生市级机关出席市第十次党代会的代表81名。按照省、市委要求，指导各直属党组织以党支部为单位，进行广泛民主推荐提名，圆满完成初步人选提名推荐工作。制定《市级机关工委关爱党员资金管理、使用规定》。筛选并确定市级机关20余名生活特别困难、患重大疾病的党员，从关爱党员资金帐户中划拨21000元，于“七一”前夕对进行走访慰问，还给74家直属党组织的10000余名党员发送了《慰问信》。为切实推进市级机关党的基层组织实行党务公开，制定《昆明市市级机关党的基层组织实行党务公开工作方案》，对实行党务公开的重要意义、目标任务，内容、程序、方式，工作步骤，工作措施及要求进行部署，要求各直属党组织准确把握党务公开的指导思想、基本原则和工作要求，增强做好党务公开工作的责任感和使命感，切实把党务公开作为一项长期战略任务，纳入机关党建工作的重要日程，采取切实有效的措施抓紧抓好。10月9～10日，机关工委组成党建调研组，对市工信委等11家单位党务公开工作开展了调研督查。为进一步加强领导干部班子和领导干部思想政治建设，提高领导班子民主生活会质量，根据中共昆明市纪律检查委员会、中共昆明市委组织部通知要求，结合机关实际，制发《关于市级机关以“坚持以人为本执政为民理念发扬密切联系群众优良作风”为主题开好2011年度县以上党和国家机关党员领导干部民主生活会的通知》，对各单位民主生活会进行指导。调研基层党建及创先争优工作。机关工委组建6个调研组，分别对市工信委等11个机关党组织开展党建及创先争优情况进行调研，对市地税局等5个单位开展“四亮四创四评”活动情况进行调研督查，起到了较好的推动和督促作用。

【效能机关建设】 市级机关工委与市文明办共同制发《市级机关开展文明生态机关建设实施意见》，重新修订印发7500册《市级行政中心建设文明生态机关行为规范手册》，发给干部职工人手1册。机关工委编发《文明生态机关建设活动简报》7期，共有19个单位报送活动信息。大部分单位按要求及时制定上报《文明生态机关建设活动实施方案》，并认真落实活动方案，在日常工作中加强督促检查。市创建文明机关活动领导小组办公室进行抽查和暗访，对存在问题进行了通报。根据2011年市级机关工委主要工作目标安排，机关工委与市文明办在广泛征求市级机关各单位意见的基础上，本着求实创新、规范有效的原则，制定《昆明市“创建文明、生态机关”实施办法》和《昆明市文明、生态机关标准》，上报市委办公厅，由两办批准后下发执行。

【防腐倡廉】 认真贯彻落实《建立健全惩治和预防腐败体系2008～2012年工作规划》、《中国共产党党员领导干部廉洁从政若干准则》及其他党风廉政建设责任制的有关规定，搞好党风廉政建设责任制任务分解和责任落实。推进廉政风险防范管理，提高党风廉政建设水平。以学习教育为手段，筑牢思想防线，工委严格按照市委的有关要求，在组织领导班子成员进行换届纪律考试的基础上，积极组织党员学习《严肃换届纪律手册》促进市级机关勤政、廉政、优政建设。继续深入贯彻落实《公民道德实施纲要》，认真开展“四创两争”、思想道德和法制宣传教育，大力开展社会公德、职业道德、家庭美德和个人品德教育。开展“文明机关”、“诚信机关”、“文明处室”创建活动，强势培养干部职工热爱新区、建设新区、美化新区的意识和责任，提高干部职工文明素质和机关文明程度，提升机关公共文明指数，展示“建设国际城市，机关做表率，做文明市民，公务员做排头兵”的精神风貌。努力把市级行政中心建设成为优美环境、优良秩序、优良服务的新型办公区，为昆明市“四创两争”工作和贯彻市委九届七次全会精神，建设中国面向西南开放的区域性国际城市做出积极贡献。

【群团组织工作】 以党建带工建、团建、妇建，凝心聚力，党群共建。按照党政所需、群众所急、工青妇所能的原则，充分发挥工青妇组织在联系群众、服务群众、教育群众和维护群众合法权益，推进基层民主、活跃机关文化、促进机关和谐、社会稳定等方面的优势和作用。市级机关工会联合会以党工共建、创先争先为契机，全面加强自身建设。通过开展纪念征文、知识竞赛、群众歌咏、主题报告、主题实践等特色鲜明，喜闻乐见，丰富多彩的群众活动，增强职工的自豪感。

【纪念建党90周年系列活动】 为推动市级机关各级党组织开展庆祝建党90周年活动，制定并下发《昆明市市级机关庆祝建党90周年活动方案》，对活动作了安排部署。6月28日，召开市级机关纪念建党90周年暨表彰先进基层党组织、优秀共产党员、优秀党务工作者会议，表彰中共昆明市委办公厅机关委员会等35个先进基层党组织、吴永婷等152名优秀共产党员、杨迪岚等60名优秀党务工作者。市委常委、市委组织部部长郭红波出席会议并作重要讲话，要求市级机关各级党组织把握新形势，在服务中心展现新作为，努力开创机关党建工作新局面。7月29日，制发《关于积极参与“‘海油杯’颂歌献给党”红色短信征集评选活动的通知》，组织市级机关各直属党组织参与“‘海油杯’颂歌献给党”红色短信征集评选活动，共征集上报红色短信359条，充分展示机关党员干部知党、爱党、兴党的情怀。

（李红卓）

保密工作

【优化保密工作发展环境】 大力加强信息化条件下涉密计算机违规外连、互联网政府门户网站信息涉密检查、党政机关电磁环境安全检查、涉密会议场所保密设施、信息存储介质微波销毁等保密技术装备配置工作，较大地改善了昆明市保密管理防护手段单一落后的客观现状，较好地发挥了保密工作在加快建设面向西南开放区域性国际城市中“保安全、保发展”的职能作用。

【完成市级行政中心搬迁保密工作】 认真做好市级行政中心搬迁呈贡保密管理服务工作，制定实施《市级行政中心搬迁保密管理工作方案》、《市级机关搬迁保密管理责任书》等制度规范，开展市级机关搬迁单位保密业务培训，成立两个保密检查组对搬迁单位主城办公区和呈贡新办公区进行不间断保密督促检查，确保整个搬迁工作未发生重大失泄密事件。

【完成市级行政中心要害部位保密工作】 牵头组织公安、安全、警卫等有关部门组成3个检查组，对市委常委会议室等重点会务场所、市级领导办公室等重点办公场所，进行全面深入细致的电磁环境安全和防爆安全检查，未发现窃听、窃视装置和异常无线电信号，未发现易燃、易爆等危险物品和装置，确保市级行政中心重点要害部位环境安全。

【新修订《保密法》宣传教育活动】 认真组织纪念新修订《保密法》颁布实施一周年系列活动，全面开展学习宣传进机关、进社区、进企业、进农村、进学校、进家庭活动。利用党政机关通信服务平台、企业通信平台编发手机保密提醒短信165458条，编发网站保密知识条目1135条，编辑保密宣传栏512期，张贴保密宣传标语814条，不断提高新修订《保密法》的知晓度、重视度和认同度，增强广大公民自觉维护国家安全和利益的意识。

昆明市参观“全国窃密泄密案例警示教育展”启动仪式　　（市保密局 供稿）

【窃密泄密案例警示教育活动】 组织开展全市参观“全国窃密泄密案例警示教育展”活动，市级四套班子领导干部出席，县（市）区、市级机关企事业单位党政主要领导参加，要求加大保密宣传力度、保密防范措施强化、完善保密规章制度、保密领导责任落实，努力为区域性国际城市建设提供坚强有力的保密安全保障。全市收听收看人员达6万余人，其中：厅级以上领导干部50人，县处级领导干部1，525人。全市观展人员达1，683人，其中：省级领导1人，厅级领导24人，县处级在职领导231人。

【保密素质提升教育活动】 发出《致全市县处级领导干部的保密提醒信》、《致全市国家机关工作人员的保密提醒信》6万余封，保密提醒教育覆盖面积98%。开展全市新修订《保密法》教育培训考试和全县保密法规知识测试活动，参加考试人员达8.4万余人，市保密局获全省保密技术知识竞赛组织一等奖。组织全市学习新修订《保密法》研讨征文活动，组织撰写研讨征文180余篇。举办全市涉密人员“持证上岗”培训班3期，培训涉密人员988人。编写印制《保密法详解300题》2.2万余册，作为全市“六五”保密普法教材。开展《保密工作》杂志“学刊用刊”活动，市保密局分别被国家保密局、省保密局评为2011年度《保密工作》杂志通联工作先进单位。

【保密技术管理】 开展党政机关涉密计算机、涉密移动存储介质、涉密信息系统登记备案和分类分级标识管理工作，完善“昆明市涉密计算机违规外连集中监控平台”建设，加大涉密计算机违规上互联网监管力度。完善“昆明市党政机关国际互联网门户网站检查监控系统”建设，建立市、县（市）区两级互联网网站信息涉密检查日常工作机制。建成“市级行政中心会议中心移动通讯屏蔽系统”，保障全市涉密会议安全保密运行。规范移动存储介质保密使用管理，推广使用符合“三合一”标准的安全管理系统，有效防止涉密、非密移动存储介质交叉使用发生泄密事件。

【保密业务管理服务】 不断改进拟公开资料保密审查工作，做到既有利于维护国家秘密的安全，又有利于促进对外经济合作的开展。积极加强印刷复印行业保密监管，及时督促落实保密防范措施。切实加强考务保密监督，各级各类重要考试未发生失泄密事件。开展涉密文件资料、涉密测绘成果、政府门户网站信息、公务员邮箱、保密电话、信息网络系统、档案安全保密等为主要内容的保密专项大检查，严格督促整改存在问题，及时消除失泄密隐患。

【保密工作长效机制建设】 深入调研新时期、新形势下保密工作出现的新情况、新问题，主动适应市场经济发展和信息化建设对保密工作提出的新要求，制定实施文件印刷保密管理、政务信息公开保密管理、计算机信息系统保密管理、互联网应用保密管理等制度规范，积极推进保密工作规范化、制度化、科学化建设进程，努力确保党和国家秘密的安全。

【忠诚教育活动】 坚持正面教育与自我教育相结合，学习教育与推进工作相结合，全面开展保密系统忠诚教育活动。引导广大保密专兼职干部深刻认识当前保密形势的严峻性、存在问题的严重性和做好保密工作的紧迫性，坚定政治理想信念，树立忠诚守纪，勤奋敬业和无私奉献精神，提高保密干部队伍综合素质，增强保密组织创造力、凝聚力和战斗力。共规范加强保密组织86个，整顿软弱涣散保密组织16个。

（市保密局）

“全国窃密泄密案例警示教育展”启动仪式 （市保密局 供稿）

党史工作

【党史编研成果】 广泛征集资料，科学开展研究，系统组织编纂。围绕地方党史正本这一骨干体系建设，继续开展了《中共昆明地方史》(第二卷)相关专题资料的收集整理工作。完成《中共昆明地方党史知识读本》、《中国共产党昆明历史大事记2010》的编辑出版工作。完成《昆明的“三反”、“五反”运动》、《昆明的土地改革》专题资料的研究、撰写、编辑工作。完成《昆明的整风与反右派斗争》、《昆明的“四清”运动》专题资料的编辑工作。这些成果的推出，为全市党员干部和群众学习党的历史，继承和发扬党的优良传统，提供了重要的历史借鉴。

【党史资政】 紧紧围绕现代新昆明建设的重大现实问题，精心选择党史研究和党史资政的课题，努力在研究深度上下工夫，在研究成果上求创新，为经济社会发展和党的建设服务。完成"中共党史资源在昆明历史文化名城保护和建设中的地位和作用的对策研究"、"昆明市产业结构与优化升级调研报告"等调研任务。完成了《精彩昆明2008～2010》的采访、编纂工作。完成《历届中共昆明市委简介》的编辑工作。高质量完成《中共云南省委执政纪要(昆明部分)》的编纂任务，牵头组织完成《2010年中共昆明市委执政纪要》编辑出版工作。起草《中共昆明市委关于加强和改进新形势下党史工作的实施意见》，市委已于2011年2月下发。

【党史宣传】 用党的奋斗历程、丰功伟绩、党的历史经验、优良传统作风和中国共产党人崇高品格与精神风范教育人、启迪人、警示人，努力为构建和谐社会提供精神支撑。

以庆祝建党90周年活动的契机，在《昆明日报》开设"昆滇党旗飘"、"昆滇革命遗址巡礼"专栏。牵头组织召开纪念中国共产党成立90周年座谈会。"学党史、知党情、强党性"为主题的"光辉的历程"党史知识竞赛。编辑出版《精彩昆明2008−2010》、《历届中共昆明市委简介》、《中共昆明地方党史知识读本》，通过"六大活动"的开展，充分发挥党史工作资政育人的作用。

【队伍建设】 以提高干部队伍思想政治素质和业务素质为重点，用科学的理论武装队伍，用丰富的党史知识和现代知识充实队伍，用党的优良传统和作风教育队伍。采取到省内外学习考察、座谈交流等形式，加大党史业务培训力度，集中全市70余名党史干部，以会代培，不断促进党史干部综合素质的提升。通过压担子、交任务，每人牵头搞一项大的纪念活动，每人牵头编一本书，在学中干，干中学，锻炼队伍，提升业务素质。改进党员干部的思想作风和工作作风，进一步提高工作效率、增强工作能力、促进工作发展。积极开展健康有益的文体活动，培育团队精神，增强了单位的凝聚力。

（市委党史研究室）

市委书记仇和走访看望老红军　（市老干局 供稿）

老干部工作

【离退休干部自然情况】 截至2011年底，全市共有健在离休干部2908人（党员2188人），其中：红军时期3人，抗战前期71人，抗战后期156人，解放战争时期2678人；属行政机关863人、事业682人、企业1363人；年龄70～79岁396人，80岁以上2512人；待遇为正省单项（医疗）1人、副省单项（医疗）5人、正厅级2人、副厅级104人、正县（处）级253人、副县（处）级1418人、正副科级283人，其他842人。全市有退休干部57152人，其中：属行政机关11947人、事业28226人、企业16979人；待遇为正厅30人、副厅91人、正县1171人、副县5095人、正副科（乡）级50765人。

【春节走访慰问活动】 春节前夕，根据省、市有关做好春节期间慰问老干部的要求，市委老干部局向全市182位享受副厅级以上待遇的离退休老干部发放慰问金109200元，由各单位党委（党组）代表市委、市政府进行慰问；由市委老干部局领导带队，代表市委、市政府对136位市属特困离退休老干部及遗属、原市级老领导和老红军遗属，进行走访慰问，发放慰问金53900元。市委、市政府在世纪金源大饭店举行市级离退休老干部迎春团拜会，给77名市级离退休老领导和2位老红军发放慰问金79000元。昆明市企业离休干部管理办公室在华侨宾馆举行市属企业离休干部"春节团拜会"，1100名市属企业离休干部参加。市企管办还对全市健在的1312名企业离休干部和513名企业离休干部遗属发放慰问金。

【召开2011年全市老干部工作会议】 为及时传达贯彻全国、全省老干部工作会议精神，总结2010年工作，安排部署2011年工作，4月8日，市委召开2011年全市老干部工作会议。市委老干部工作领导小组成员单位领导，14个县（市）区市属各部委办局、各人民团体、各企事业单位签订了2011年老干部工作目标管理责任书。市委常委、市委组织部部长郭红波出席会议并作重要讲话，要求各级老干部工作部门要牢固树立"围绕中心、服务大局，与时俱进、改革创新"的工作理念，紧扣市委九届七次全体（扩大）会议提出的各项任务，进一步解放思想、开拓创新，以昂扬进取、奋发有为的精神状态投入工作，争老干部工作科学发展之先、创离退休干部服务管理之优，以优异的成绩迎接建党90周年。

【健全完善特困离退休干部帮扶机制】 进一步建立和完善老干部帮扶机制，对有特殊困难的老干部给予关怀照顾，让老干部安度晚年，在春节、建党节、国庆节、中秋节和敬老节前夕，开展“送温暖”活动，登门走访慰问280户特困离退休干部和遗属，共发放解困金14.57万元；在省级下达戴帽所属7个贫困县、区给予12万元的基础上，老干部局积极向市级财政争取配套资金12万元，并从本级特困资金中挤出4.2万元，拨付给贫困县、区，远远超出年初争取10万元的目标，较好地完成了向上争取特困帮扶资金任务。

【落实老干部政治待遇】 以“八项制度”为载体，对全市两个理论学习、组织生活、阅读文件、通报情况、走访慰问、参观考察、参加重要会议、在职领导联系同级老干部的工作进行量化。举办1期市属机关、企事业单位离退休党支部书记培训班，共300余人参加；举办第十五期离退休干部读书班和第七、第八期市级老领导理论学习班。高度重视老干部来信来访和群体性上访，对重要信访件，市委领导亲自处理。全年，离退休老干部情况通报会召开27次，组织市级老领导省内参观考察4次，省外参观考察1次。市属各级、各部门召开党代、人代、政协、职代等重要会议，或遇有重要人事变动和重要建议，引导广大老干部参政议政，指导老干部各社团组织配合全市中心工作发挥作用。各级党组织把老干部党支部建设纳入基层党组织建设的整体规划，统一布置、统一检查、统一考核，2011个离退休干部党支部组织健全、制度完善、活动经常，自我教育、自我管理、自我服务能力进一步增强；全市32299名离退休干部党员思想稳定，政治坚定，发挥着模范带头作用。

【落实老干部生活待遇】 坚定不移地贯彻执行党和国家有关老干部生活待遇略为从优的政策，不断改善老干部的生活待遇，及时将市直离休干部医疗统筹金标准从2.8万元提高到4.3万元；同时，向财政申报了市属企业1256名离休干部和自收自支事业单位26名离休干部的603.75万元护理费，继续保持全市2908名离休干部的离休金足额发放，各项专项经费兑现落实。不断加大企业离休干部接收和管理力度。截止年底，共接收管理195家企业1237名离休干部，收取离休干部统管费用5000余万元。组织健康体检1次；组织800名离休干部参观考察新昆明建设情况。

【荣获全国先进集体称号】 全国老干部工作先进集体和先进工作者表彰大会于2011年9月15日在北京召开。105个全国老干部工作先进集体、20名全国优秀老干部工作者和285名全国先进老干部工作者受到表彰。昆明市委老干部局荣膺“全国老干部工作先进集体”，受到中共中央组织部、人力资源和社会保障部的表彰，局长赵云平作为代表参加会议并受到中共中央政治局常委、中央书记处书记、国家副主席习近平等领导同志亲切接见。昆明市委老干部局能荣获全国老干部工作先进集体，有四项工作走在全国前列：将企业离休干部全部纳入老干部局直管，较好地解决了企业离休干部无人管、政治生活待遇落实不好的问题；积极推进利用社区资源做好离退休干部服务管理工作，对居住在五华区等区(市)的离休干部划片区配备助老员，进家入户为离休干部提供亲情服务；增加情况通报会次数，组织开展“喜看昆明新变化”活动，让老干部了解新昆明建设、支持新昆明发展；全面推进老年大学建设，扩大办学规模，提高办学质量，实现老年大学分校(教学点)覆盖全部乡镇，形成了市、县、乡三级老年大学教育体系。

【离退休干部服务工作】 2011年盘龙、五华、西山、官渡和安宁5个区（市）被确定为全省利用社区资源做好离退休干部服务工作的试点先行区，市委、市政府对试点工作给予大力支持，提供有力的财政保障。逐年提高离休干部医疗统筹标准，并按照每名离休干部每月补助20元活动经费的标准，及时将补助经费拨付到试点社区，兑现助老员服务经费。建立社区服务离休干部居家养老助老员制度，为离休干部雇“入户管家”。在保持离休干部原有服务关系和管理关系不变的基础上，根据离休干部年龄、身体等状况，按照每20位离休干部配备1名专职助老员的比例，在5个试点地区配备125名助老员。2908名离休干部人人免费拥有一部GPS安全监护手机。通过“爱心援助呼叫平台”、老年GPS安全监护手机与120、110联动，实现对老年人安全的全方位监控。为确保“爱心援助”服务工作顺利实施，市委老干部局又与公安、卫生、中国移动昆明分公司联合下发《昆明市离休干部“爱心援助”社会联动工作规范》，并进行实际演练。

【老干部活动中心】 全市有市、县两级老干部活动中心15个，配备专职人员121人，活动场地总建筑面积38351.42平方米，可同时容纳10426人开展日常活动，实际日均参加活动人数约2836名；同时，全市有基层老干部活动室138个，总建筑面积16419.38平方米，可容纳6129人开展日常活动，实际日均参加活动人数约4007名。各级老干部活动中心、活动室充分发挥阵地作用，积极组织开展丰富多彩、健康有益的活动。

【老年大学建设】 全市已建有归口市、县两级老干部局管理的老年大学15所，新配备专职工作人员19名；教学场地总建筑面积14243平方米，可容纳25342人同时学习，实际在校人数51097余名。市老年大学先后4次扩大招生规模，招生数量由“十一五”初期的3000人增加到8000余人，开设8个系、50个专业、206个班级。市属14个县（市）区都成立了老年大学，建立95所乡镇社区分校和142个教学点，实现老年大学分校（教学点）覆盖全部乡镇。形成市、县、乡三级的老年大学教育体系，截至2011年9月，昆明地区老年大学共招收学员57464人，占全市80万老年总人口的7%，是年，昆明市老年大学被评为全省敬老爱老助老教育基地。老年大学建设已处在西南第一、全国领先水平。

（市老干局）

老干部在老年大学学习烹饪技能 （市老干局 供稿）

中国共产党昆明市纪律检查委员会

【监督检查】 会同有关部门，对中央、省、市关于加强和改善宏观调控、做好“三农”工作、推进经济结构调整、市场价格调控、房地产调控、规范和节约用地、资源节约和环境保护、保障和改善民生、维护民族团结和社会稳定、党委换届等重大决策部署执行情况开展监督检查；组织6个党风巡查组，对全市党政机关加强惩治和预防腐败体系建设、落实党风廉政建设任务、执行领导干部廉洁从政准则、开展厉行节约等情况进行巡查；与党委、政府目督办协作，对全市招商引资、工业突破、改善民生、滇池治理、基础设施建设的284个项目进行立项督查；联合新闻媒体，对制止农村无序建房违法加层、整治城乡市容市貌环境卫生、滇池流域综合整治等工作暗访突访，曝光通报，共查处和问责353起106人次等，促进了全市经济社会发展。

【作风建设】 督促各级党组织和党员干部以保持党同人民群众血肉联系为重点，大力弘扬密切联系群众、求真务实、艰苦奋斗、批评和自我批评之风；建立健全促进科学发展的领导班子和领导干部考核评价办法；认真落实上级关于厉行节约各项要求，公务接待、因公出国（境）、公务用车购置及运行经费比上年压缩10140万元。在全市开展“执行力提升年”活动，组织各单位“一把手”就“抓执行、强作风、讲效能、促发展”通过昆明电视台、昆明人民广播电台作出公开承诺，到昆明信息港参加“提升执行力、铸造新昆明、加快建设区域性国际城市”领导干部在线访谈活动；继2008年后再次将市、县两级所有领导干部的职务职责和1279部公务联系电话向社会公布；督促各单位查找问题3008个，制定整改措施3494项，建立健全工作制度2529项；组织开展22次“暗访突访”，查岗位履职、看纪律作风，查项目推进、看任务落实，查服务质量、看承诺兑现；实施最严厉的问责制，对吃拿卡要、推诿扯皮、敷衍塞责、以及行政不作为、慢作为、乱作为等破坏软环境建设行为581人进行了问责。通过努力，全市干部作风进一步转变，行政效能明显提升，软环境不断优化。

【从严执纪】 全市纪检监察机关牢固树立“有案不查是失职、不查有影响的大案要案是不尽职、查办案件不促进经济社会发展是不称职”的观念，始终保持查办案件工作力度，共接受群众来信来访电话举报2095件(次)，立案225件，结案206件，处分222人(其中县处级干部16人、乡科级干部41人)，通过办案共挽回经济损失2.6亿余元严肃查处了市交通运输局原副局长唐有启收受贿赂案、昆明市发改委收费管理处原副处长成建军聚众淫乱案等一批有影响的案件，严肃了党纪政纪，教育了党员干部。坚持严格依纪依法文明办案，加强对大案要案的深入剖析，针对暴露出来的教育不到位、制度不完善、监督不得力等问题，督促发案单位建章立制、堵塞漏洞，加强教育和监管，充分发挥办案的治本功能。坚持惩处与保护并重，先后为210名党员干部澄清了举报失实问题，对99件轻微违规问题进行了适当处理，保护了广大党员干部改革创新的积极性。

【纠风治乱】 深入治理教育乱收费、医药购销和医疗服务中的不正之风，清退教育乱收费71.87万元，医务人员上交红包59.41万元。切实做好减轻农民负担监督检查工作，使农民得到实惠4.2亿元。继续纠正征收征用土地、房屋拆迁、企业重组改制和破产中损害群众利益等问题，进一步巩固和扩大治理公路“三乱”成果。对5起安全事故责任人给予党政纪处分。深化工程建设领域突出问题专项治理，排查项目4651个，督促整改问题419个，查处了52起违法违纪行为。巩固“小金库”专项治理成果，组织复查了3514家单位，对复查中发现的3个单位私设“小金库”问题进行了督促整改。将107项检查考核评比达标表彰项目削减为49项，取消党政机关举办的庆典、研讨会、论坛活动5项。认真开展公务用车问题专项治理，对全市党政机关和事业单位公务用车进行全面清理，查处和问责公车私用私驾3件3人。播出“春城热线”节目112期，接听市民电话、短信1046件，办结率96%。开展了民主评议机关和行业作风活动。

【教育监督】 在全市领导干部中开展“以人为本、执政为民”主题教育活动，对520多名新提拔县处级领导干部进行反腐倡廉及履职能力培训，组织换届后各县(市)区领导班子成员到省市警示教育基地接受教育，动员全市5000余名党员干部参加全国“反腐倡廉知识竞赛”，将《廉政准则》“五十二个不准”以廉政短信方式每月发送给全市县处级领导干部，针对少数干部违反公务用车管理规定等现象向县处级领导干部发送廉政公开信。切实加强廉政文化建设，有6个单位被命名为省级第一批廉政文化“示范点”。督促党组织和党员干部认真落实党内监督条例，领导干部共报告个人重大事项7535人次、述职述廉和勤廉公示1.2万多人次，各级纪委负责人同下级党政领导谈话6680人次、任前廉政谈话2840人次、函询918人次。实施《昆明市督促整改诫勉提醒谈话办法》，对落实上级重大决策部署，执行党风廉政建设责任制、遵守廉洁自律规定等方面存在问题的领导干部进行诫勉提醒谈话和督促整改。实施《昆明市党政正职监督办法(试行)》，开展县委权力公开透明运行和基层组织党务公开工作，14个县(市)区、5个国家级、省级开发(度假)园区党委(党工委)明确了职责权限，编制工作流程和公开目录，完善权力监督体系。针对领导干部廉洁自律方面的问题开展专项治理，查处领导干部违反规定收送礼金、有价证券和支付凭证行为5人、涉及金额44.18万元。查处利用职务以委托理财等形式谋取不正当利益行为5人、涉及金额313.64万元，全年市廉政账户新存入230.71万元。通过严格教育监督，领导干部廉洁自律意识明显增强。

【改革创新】 起草《昆明市经济社会制度创新工作规划(2011～2015)》和《2011年经济社会制度创新工作的意见》，围绕用制度管权、管事、管人、管社会，采取“上级政策法规具体化、外地经验本地化、本地工作规范化、治理措施特色化”的方式，组织协调全市各级各部门深入开展制度创新工作，共创新制度2600多个，有力地规范从政行为，促进党风廉政建设。

【队伍建设】 认真贯彻落实中央纪委《关于进一步加强和改进纪检监察干部队伍建设的若干意见》，继续在全市纪检监察机关深入开展“创先争优”活动和“做党的忠诚卫士、当群众的贴心人”主题实践活动，进一步解决思想、作风等方面存在的突出问题。完成市、县两级纪委换届工作，纪委书记、副书记全部高票当选，纪委书记实现异地任职。采取以会代训、院校培训、跟班学习等措施，加强纪检监察干部业务能力建设，选送170名干部参加中纪委在杭州、北戴河举办的培训和省纪委举办的高等院校脱产培训，举办112人参加的全市街道纪工委、乡镇纪委书记培训班。建立纪检监察干部纪律巡查制度，完善绩效管理考核机制，对纪检监察干部严格要求、严格教育、严格管理、严格监督，督促遵守“五严守、五禁止”纪律规定，努力保持良好形象。

（市纪委）

监察工作

【执法监察】 加强对中央、省、市关于加快转变经济发展方式的监督检查，重点贯彻落实“十二五”时期经济社会发展的指导思想、总体思路和重大举措、管理通胀预期有关工作落实情况，以及节能减排、环境保护、耕地保护、节约用地、水利改革发展等政策措施落实情况开展专项检查。牵头对全市“8·31”清理整顿中涉及补缴土地出让价款的172宗、1.08万亩地进行了核查，督促补缴金额48.2亿元。组织对全市高尔夫球场建设情况开展清查，对检查中发现的占用耕地、林地和审批手续不全的现象，责令相关部门进行整改。成立4个督查组，对去年昆明市11.4万套保障性住房建设情况进行跟踪督查。深入开展工程建设领域专项治理工作，全市共排查项目4651个，督促整改问题419个，查处52起违法违纪行为。对5起安全事故责任人给予党政纪处分。督促有关部门加强对社保基金、住房公积金、救灾扶贫资金和政府专项资金的监管。

【效能监察】 在全市开展“执行

力提升年”活动，组织101位市级机关“一把手”就“抓执行、强作风、讲效能、促发展”作出公开承诺，邀请14个县(市)区，5个国家级、省级开发(度假)园区和22家市级部门的主要领导在昆明信息港访谈“提升执行力、铸造新昆明、加快建设区域性国际城市”的思路、措施和经验，再次将市、县两级所有领导干部的职务职责和1279部公务电话向社会公布，督促各单位就提升执行力查找问题3008个、制定整改措施3494项、建立健全工作制度2529项。加强对重大项目、重点工作的效能监察，对全市招商引资、工业突破、滇池治理、基础设施建设、民生工程等284个项目开展立项督查，对整治农村无序建房违法加层、城乡市容市貌、滇池流域水环境、七小行业整治和推进四水四垃圾资源化利用、城乡园林绿化生态建设等工作，进行周评比、周公示、周督办、周问责，有力促进了各项决策部署的落实。

【廉政监察】 全市纪检监察机关共接受群众来信来访电话举报2095件(次)，立案225件，结案206件，处分222人(其中县处级干部16人、乡科级干部41人)，通过办案共挽回经济损失2.6亿余元。特别是严肃查处了市交通运输局原副局长唐有啟收受贿赂案、市发改委收费管理处原副处长成建军参与聚众淫乱案等一批有影响的案件，震慑了腐败分子，维护了党纪国法的严肃性。另外，全市共查办各类商业贿赂案件151件，涉案人员209人，涉案金额11238万元。坚持惩处与保护并重，先后为210名党员干部澄清了举报失实问题，对99件轻微违规问题进行适当处理。

【纠风治乱】 实施纠风目标管理责任制，着力纠正损害群众利益的不正之风，全年共清退教育乱收费71.87万元。督促医务人员上交红包59.41万元，减负使农民得实惠4.2亿元。查办征收征用土地、房屋拆迁、企业重组改制和破产中损害群众利益27人。对3个单位私设“小金库”的问题进行严肃处理。将107项检查考核评比达标表彰项目削减为49项。取消党政机关举办的庆典、研讨会、论坛活动5项。查处和问责公车私用私驾3件3人。公务接待、因公出国(境)、公务用车购置及运行经费比上年压缩10140万元。认真办好政风行风“春城热线”，共播出节目112期，接到市民咨询、投诉等1046个(条)，办结率达96%。在全市开展民主评议机关作风活动。

【改革创新】 继续深化干部人事制度改革，公选264名干部挂职乡镇(街道办事处)副职。在全市开展中层干部(科级)跨部门竞岗交流。深化行政审批制度改革，市级86项行政审批项目压缩了五分之四的审批时限，建立了行政审批和重大项目电子监察系统。深化财政管理体制改革，严格控制预算支出增加，推进国库集中支付改革和完善公务卡结算制度。深化市场机制改革，成立昆明市公共资源交易中心，全市政府性工程建设项目招投标、政府采购、土地及矿业权交易、国有产权交易全部纳入中心统一交易和监管。深入推进行政行为监督制度，实施重大具体行政行为备案制，规范行政处罚自由裁量权，实施廉政风险防范管理，共查找廉政风险点225074个，制定防控措施241153条。

(市监察局)

昆明市人民代表大会常务委员会

【市十三届人大一次会议】 市十三届人大一次会议于2011年1月11日～17日在昆明国际会展中心召开。会议应出席代表449名，实际到会437名。不是市第十三届人大代表的昆明市的第十一届全国人大代表和昆明市选举产生的云南省第十一届人大代表，市委有关部门负责人，市人大常委会机关有关人员，市政府和市法检“两院”有关领导、部门负责人，部分县(市)区委、人大常委会、政府及部分人民团体负责人，部分驻昆单位、企业、大专院校负责人等列席会议。市政协委员列席听取政府工作报告。大会还邀请市级民主党派、工商联、侨联、台联负责人参加开幕式。部分昆明市民经申请旁听会议。

会议审议张祖林市长作的《政府工作报告》和《昆明市2010年国民经济和社会发展计划执行情况与2011年国民经济和社会发展计划草案的报告(书面)》、《昆明市2010年地方财政预算执行情况和2011年市级财政预算草案的报告(书面)》、市人大常委会主任杨远翔作的《昆明市人大常委会工作报告》、市中级人民法院院长马幼宁作的《昆明市中级人民法院工作报告》、市人民检察院检察长沈曙昆作的《昆明市人民检察院工作报告》，并通过了6个工作报告的决议。

会议共收到10名以上人大代表联名提出的议案68件。其中，内务司法方面14件，财政经济方面9件，城乡建设环境保护方面22件，教育科学文化卫生方面10件，民族宗教方面3件，农业方面10件。经大会主席团决定将禄劝代表团杨丽等45名代表提出的关于制定《昆明市企业工资集体协商条例》等5件议案交由市人大内务司法委员会和城乡建设环境保护委员会审议和研究办理，其余63件转为代表建议、批评和意见处理。会议期间，还收到代表提出的建议、批评和意见261件。324件代表建议、批评和意见按有关规定由大会秘书处交由有关机关和组织办理。

会议选举产生市第十三届人民代表大会常务委员会组成人员，市第十三届人民代表大会各专门委员会组成人员，市人民政府市长、副市长，市中级人民法院院长，市人民检察院检察长。

11月9～11日，市人大常委会专项检查组对全市食品安全工作进行专项检查（市人大 供稿）

【地方立法】 常委会着眼昆明经济社会发展需要，遵循科学立法、民主立法、开门立法的原则，按照“急需先立、特色为重、质量为上”的要求，共制定、修订地方性法规10件，对20件法规进行了立法前期调研，开展了1项立法后评价。

科学制定立法规划。常委会围绕区域性国际城市建设这一主题，着眼昆明“十二五”时期目标定位，按照需要和可行的原则，科学制定市十三届人大常委会五年立法规划和2011年年度立法计划，明确了本届人大常委会地方立法工作的目标、任务和方向。

加强经济领域和社会领域立法。制定《昆明市发展规划条例》、《昆明滇池国家旅游度假区条例》、《昆明市节约能源条例》、《昆明市城市轨道交通管理条例》、《昆明市就业促进条例》、《昆明市中小学生体质健康促进条例》；修订《昆明市生猪屠宰管理条例》、《昆明市历史文化名城保护条例》、《昆明市城镇绿化条例》、《昆明市道路交通安全条例》。

积极参与国家和省的有关立法活动。常委会先后对全国人大常委会安排的《中华人民共和国个人所得税法修正案》、《中华人民共和国兵役法修正案》、《中华人民共和国精神卫生法》、《中华人民共和国清洁生产促进法修正案》和省人大常委会安排的《云南省盐业管理条例》、《云南省企业工资集体协商条例》等6件法律法规的制定或修订草案进行征求意见。开展《昆明市预防职务犯罪工作条例》“立法后评价”的调研活动，并配合省人大常委会开展了《云南省人才资源开发促进条例》贯彻执行情况的“立法回头看”活动。

【法律监督和工作监督】 常委会认真贯彻落实监督法，科学制定年度监督计划，综合运用执法检查、听取和审议专项工作报告，坚持开展季度全面视察和重点工作专项检查等方式，把人大监督拓展延伸到全市经济社会发展和重点工作推进的方方面面。一年来，常委会共听取和审议专项工作报告7次，组织执法检查4次，开展专项视察32次、专题调研41次。

形式	时 间	内 容	处理情况
执法检查	5月24～25日	检查《昆明市中小学幼儿园场地校舍建设保护条例》贯彻执行情况	6月29日，市第十三届人大常委会第四次会议听取并审议执法检查报告后，提出限期完成危房排危任务；及时清查处理小区开发规划该建未建配套学校幼儿园的情况；新区建设应科学规划选点，方便就学；相关部门要加强配合，强化监管，加大执法力度。
	7月20～22日	检查《中华人民共和国防震减灾法》贯彻执行情况	8月30日，市第十三届人大常委会第五次会议听取和审议了执法检查报告后，提出进一步加大《防震减灾法》宣传力度；建立健全防震减灾工作机构；加强地震灾害应急救援体系建设；完善防震减灾经费保障制度；加强抗震设防工程监管；优化台网结构，提高监测预报水平。

形式	时 间	内 容	处理情况
执法检查	7月27～29日	检查《昆明市人大常委会关于进一步加强全市病险水库除险加固工作的决议》贯彻执行情况	8月30日，市第十三届人大常委会第五次会议听取和审议了执法检查报告后，提出要进一步提高认识，加强领导；要积极向上争取项目，确保配套资金及时足额到位；要全力确保工程建设进度；要建立和完善工程质量监管体系，确保工程质量；要建立和完善建后管理长效运行机制，确保已除险加固水库不再出现新的病险，促进水库工程良性运行。
	8月16日	检查《中华人民共和国治安管理处罚法》贯彻执行情况	8月30日，市第十三届人大常委会第五次会议听取和审议了执法检查报告后，提出加强宣传教育，营造学法、守法的良好氛围；大力整合资源，完善治安管理防范机制；加大执法力度，健全治安管理长效机制；加大科技投入，提高治安管理现代化水平；加强队伍建设，提高执法能力和水平。
听取和审议专项工作报告	6月28～29日	听取和审议《关于昆明市城市轨道交通建设情况的专项工作报告》	市第十三届人大常委会第四次会议听取和审议报告后，提出要加强协调、沟通和联系，妥善处理好征地拆迁、绿化迁移和管线迁改等问题；要立足长远，统筹兼顾，抓紧做好城市轨道交通建设规划及相关规划的编制工作；要明确配置给轨道公司的土地一级收储、开发范围，解决好轨道交通沿线的土地收储、开发；要高度重视安全生产工作，严把工程质量关；要进一步加大对轨道交通建设的宣传力度，为轨道交通建设营造良好的社会舆论环境。
听取和审议专项工作报告	8月30～31日	听取和审议《2011年上半年国民经济和社会发展计划执行情况的报告》	市第十三届人大常委会第五次会议听取和审议报告后，提出要进一步分析任务，解决问题，确保全面完成各项经济社会发展任务；加大重点项目推进力度，加强项目实施全过程监督管理；高度关注物价工作，加大价格监管力度，努力实现全年控价目标任务；做好保障和改善民生工作。
		听取和审议《2011年上半年财政预算执行情况的报告》	市第十三届人大常委会第五次会议听取和审议报告后，提出要坚持依法理财治税，加强税收征管；增强预算执行刚性，提高预算编制的合理性、科学性和真实性；加强对重点项目建设专项资金到位及使用情况的监督管理，提高资金的使用效益；强化政府债务管理，合理安排偿债计划，有效防范财政风险。
听取和审议专项工作报告	8月30～31日	听取和审议《2010年度市级预算执行和其他财政收支的审计工作报告》	市第十三届人大常委会第五次会议听取和审议报告后，提出要认真研究审计中发现的问题，督促相关部门限期进行整改；加强对审计工作的领导，重视和加强审计队伍建设，落实审计经费财政保障政策，提高审计工作的广度、深度、精度；强化对政府重大投资项目、民生项目的审计力度；加强各单位内部审计工作。
		听取和审议《关于文物保护工作情况的专项工作报告》	市第十三届人大常委会第五次会议听取和审议报告后，提出要进一步加大宣传，着力提高各级各部门和社会各界文物保护的意识；巩固第三次全国文物普查成果，健全完善规划，提高文物保护水平；创新保护理念，完善文物保护机制；加大投入，加强队伍建设，依法加大文物保护和修缮的力度。
		听取和审议《关于昆明市城市民族工作情况专项报告》	市第十三届人大常委会第五次会议听取和审议报告后，提出进一步加强和重视城市民族工作，做好新形势下城市民族工作的发展规划；建立和完善城市少数民族流动人口综合服务管理体系，构建城市各民族团结和谐的社会关系；围绕建设区域性国际城市的需要，繁荣和发展城市少数民族特色经济和产业。
	10月27～28日	听取和审议《昆明市人民政府关于滇池环湖生态湿地建设和管理情况专项工作报告》	市第十三届人大常委会第六次会议听取和审议报告后，提出增强对滇池环湖生态湿地建设管理重要性的认识；提高滇池环湖生态湿地建设质量和管理水平；加强滇池环湖生态湿地建设管理工作的研究；坚决制止随意侵占和破坏滇池环湖生态湿地行为。

形式	时间	内容	处理情况
专项检查	11月9～11日	对全市食品安全工作情况进行专项检查	检查组针对检查中发现的食品安全综合协调机制还不健全、相关法规及配套管理制度还需完善、食品安全监管工作投入严重不足、食品安全监管队伍建设明显滞后等问题，建议市、县(市)区人民政府及相关部门要提高认识，全力以赴做好食品安全工作；明晰责任，健全食品安全监管长效机制；多措并举，加强食品安全日常监管工作；加大投入，提高工作经费及人员保障水平；强化宣传，推动形成安全监管良好氛围。
调研	12月6～8日	对全市贯彻实施《城乡规划法》的情况进行调研	通过调研，调研组建议相关部门要进一步加大城乡规划法学习、宣传、教育力度，牢固树立先规划后建设发展理念，切实提高全民遵规守法意识；要完善科学的规划编制体系，发挥城乡规划的引领和综合调控作用；加大对违法建设查处的刚性执法力度，切实提高城乡规划实施水平；要不断完善城乡规划制度建设，全面夯实城乡规划管理基础，科学指导城乡规划。
季度视察	4月11～20日 7月11～20日 10月10～20日 12月22～28日	分别对2011年"一府两院"6个方面25项重点工作的目标任务分解情况、项目启动情况，工作任务过半完成情况或进展情况，工作目标任务全年完成情况进行专项视察。	每季度视察结束后，市人大常委会办公厅及时汇总6个小组视察情况，起草了专项视察情况报告呈报市委，并向市政府反馈了意见和建议。
季度检查	4月11～20日 7月11～20日 10月10～20日 12月22～28日	分别对市政府2011年1～3月制定的12件、4～5月制定的10件、6～8月制定的16件、9～11月制定的26件制度创新文件的贯彻落实情况进行检查。	每季度视察结束后，市人大常委会办公厅及时汇总6个小组视察情况，针对制度创新性文件贯彻落实情况中发现的问题，提出具体的意见和建议，并向市经济社会制度创新工作领导小组办公室上报检查情况报告。

（李　莉）

【重大事项决定和人事任免】　常委会围绕改革发展稳定工作中的重大问题，认真行使重大事项决定权，全年共作出决议决定12项。除作出6项设立、批准性决议决定外，还作出了"关于在全市继续开展法制宣传教育工作的决议"、"关于加快推进雨水、污水和城乡垃圾资源化利用的决议"、"关于在呈贡与空港经济区等区域规划建设城市生态隔离带的决议"、"关于同意市政府引入华泰保险资金用于土地收储的决定"、"关于昆明市与尼泊尔博克拉市建立友好城市关系的决定"和"关于昆明市与加拿大本拿比市建立友好城市关系的决定"。

1月19～20日，市人大主任杨远翔在第十三届人大常委会第一次会议上向被任命人员颁发任命书　（市人大　供稿）

常委会坚持党管干部与依法任免相统一原则，认真执行拟任人员任前法律考试、与组成人员见面、任职发言、任后颁发任命书等制度，当年，共任免国家机关工作人员112人(次)。

【代表工作】　常委会认真贯彻执行新修订的代表法，完善代表工作机制，创新代表工作方式，丰富代表活动内容，提高代表工作水平，积极为代表知情知政、依法履职创造条件、提供服务。

认真办理代表议案建议。常委会严格落实“先面商、后答复”、首办责任制、建议办理回访等制度，认真审议和督办代表在市十三届人大一次会议上提出的5件议案、353件建议，以及闭会期间提出的28件建议，扎实开展代表建议办理情况检查，不断提高代表议案建议办理解决率和满意率。健全完善重点建议督办检查制度，主任会议确定的6件重点建议已得到较好落实。

精心组织开展代表活动。常委会针对全域城镇化、县域经济发展、城乡规划管理、农业产业结构优化等，组织23个代表小组按季度定期开展活动；针对人民群众普遍关心关注的热点难点问题，先后组织代表对校园周边环境整治、医疗器械管理使用、城市道路交通拥堵、社会治安和社会管理创新等开展6次持证视察。认真收集整理代表意见建议，通过《代表之声》及时将代表在活动中了解到的社情民意报送市委、市政府领导参阅。

切实加强代表服务保障。常委会坚持和完善组成人员联系代表和人大代表列席常委会会议制度。全年，常委会组成人员联系代表271人(次)，邀请14名省人大代表、197名市人大代表列席常委会会议。组织开展两次重大事项情况通报会，400余名市人大代表全面了解城市轨道交通建设和城市规划工作情况。加强“代表之家”阵地建设，继续办好“市人大代表联系人民群众信箱”，定期向代表寄送相关资料。

【理论研究和宣传】 常委会高度重视人大制度理论研究，组织开展改进和加强地方人大视察工作、推进人大代表进社区开展工作、社会力量兴办养老服务业、中草药资源保护与发展、学前教育现状及发展5个决策咨询研究课题。以《昆明人大》双月刊、两个“人大之窗”专版专栏和昆明人大网站为主阵地，做好人大宣传工作。密切与县(市)区、人大常委会的联系。积极开展对外交往，接待泰国曼谷议会代表团和美国、日本友好人士来访，组织昆明市青年代表团对泰国曼谷议会的访问活动。组织参加全省人大系统“为人民歌唱”比赛和宣传人民代表大会制度知识竞赛，取得优异成绩。

【市十三届人大常委会第二次会议】 市十三届人大常委会第二次会议于2月24日举行。会议审议通过了《昆明市人大常委会2011年年度工作要点及会议议题安排》、《昆明市第十三届人民代表大会常务委员会立法规划》及人事任免事项。

【市十三届人大常委会第三次会议】 市十三届人大常委会第三次会议于4月26日至27日举行。会议听取全国人大代表、省人大常委会委员李培山关于十一届全国人大四次会议精神的传达报告。审议通过了《昆明市人民代表大会内务司法委员会关于市十三届人大一次会议主席团交付审议的代表提出的制定<昆明市家政服务业管理条例>的议案审议结果报告》、《昆明市人民代表大会城乡建设环境保护委员会关于市十三届人大一次会议主席团交付审议的代表提出制定<昆明市城市管理综合行政执法条例>的议案审议结果报告》、《昆明市第十三届人大常委会代表资格审查委员会关于代表变动情况和补选代表的代表资格审查报告》、《昆明市人民代表大会常务委员会关于设立昆明市人民代表大会常务委员会外事华侨工作委员会和民族宗教华侨工作委员会更名的决定》、《昆明市人大常委会关于在呈贡与空港经济区等区域规划建设城市生态隔离带的决议》、《昆明市人大常委会关于(昆明市人民政府关于提请市人大常委会同意市政府引入华泰保险资金用于土地收储的议案)的决定》。会议还审议通过了人事任免事项。

【市十三届人大常委会第四次会议】 市十三届人大常委会第四次会议于6月28～29日举行。会议听取和审议了《昆明市中小学生体质健康促进条例(草案)》、《昆明滇池国家旅游度假区条例(草案)》、《昆明市城市轨道交通管理条例(草案)》的议案、说明及审议意见的报告。听取和审议了《昆明市人民政府关于昆明市城市轨道交通建设情况的专项工作报告》、市人大常委会执法检查组对市人民政府贯彻执行《昆明市中小学幼儿园场地校舍建设保护条例》情况的执法检查报告。审议通过了《昆明市人民代表大会内务司法委员会关于市十三届人大一次会议主席团交付审议的“关于制定<昆明市企业工资集体协商条例的议案>”和“关于制定(昆明市工资集体协商条例)，全面推进企业建立工资协商机制的议案”审议结果的报告》、《昆明市人民代表大会内务司法委员会关于市十三届人大一次会议主席团交付审议的“关于加快制定(昆明市就业促进条例)的议案”审议结果的报告》、《昆明市人民代表大会常务委员会关于加快推进雨水、污水和城乡垃圾资源化利用的决议》、《昆明市人大常委会关于确认许可对市十三届人大代表郭嘉采取强制措施并暂时停止其执行代表职务的决定》、《昆明市人大常委会关于昆明市与尼泊尔博克拉市建立友好城市关系的决定》。会议还审议通过了人事任免事项。

【市十三届人大常委会第五次会议】 市十三届人大常委会第五次会议于8月30～31日举行。会议听取和审议《昆明市发展规划条例(草案)》、《昆明市历史文化名城保护条例(修订草案)》的议案、说明及审议意见的报告。听取和审议了《昆明市2011年上半年国民经济和社会发展计划执行情况的报告》、《昆明市2010年度地方财政决算以及2011年上半年财政预算执行情况的报告》、《2010年度昆明市市级预算执行和其他财政收支的审计工作报告》、《昆明市人民政府关于文物保护工作情况的专项工作报告》、《昆明市人民政府关于城市民族工作情况的专项报告》、市人大常委会执法检查组关于贯彻执行《中华人民共和国治安管理处罚法》、《中华人民共和国防震减灾法》、《昆明市人大常委会关于进一步加强全市病险水库除险加固工作的决议》情况的执法检查报告。审议通过《昆明市中小学生体质健康促进条例》、《昆明市滇池国家旅游度假区条例》、《昆明市城市轨道交通管理条例》、《昆明市人民代表大会常务委员会关于规范性文件备案审查的规定(修订)》。作出《昆明市人大常委会关于批准昆明市2010年度地方财政决算的决议》、《昆明市人大常委会关于在全市继续开展法制宣传教育工作的决议》、《昆明市人大常委会关于确认许可对市十三届人大代表李跃勋采取强制措施并暂时停止其执行代表职务的决定》。会议还审议通过人事任免事项。

【市十三届人大常委会第六次会议】 市十三届人大常委会第六次会议于10月27～28日举行。会议听取和审议了《昆明市就业促进条例(草案)》、《昆明市道路交通安全条例(修订草案)》、《昆明市生猪屠宰管理条例(修订草案)》、《昆明市城镇绿化条例(修订草案)》的议案、说明及审议意见的报告。听取和审议了《昆明市人民政府关于环湖生态湿地建设和管理情况的专项报告》。审议通过了《昆明市发展规划条例》、《昆明市历史文化名城保护条例》、《昆明市第十三届人大常委会代表资格审查委员会关于代表变动情况和选举代表的代表资格审查报告》、《昆明市人大常委会关于昆明市与加拿大本拿比市建立友好城市关系的决定》。会议还通过了人事任免事项。

【市十三届人大常委会第七次会议】 市十三届人大常委会第七次会议于12月15～16日举行。会议听取和审议了《昆明市节约能源条例(草案)》的议案、说明及审议意见的报告。听取和审议了《昆明市人民政府关于办理市十三届人大一次会议代表建议、批评和意见的情况报告》、《昆明市人大常委会人事代表工作委员会关于昆明市第十三届人大一次会议代表提出的建议、批评和意见办理情况的报告》。审议通过了《昆明市就业促进条例》、《昆明市道路交通安全条例(修订)》、《昆明市生猪屠宰管理条例(修订)》、《昆明市城镇绿化条例(修订)》。审议通过了《昆明市人大常委会关于召开昆明市第十三届人民代表大会第二次会议的决定》。审议通过了《昆明市人民代表大会常务委员会工作报告》，并决定了报告人。审议通过了《昆明市第十三届人民代表大会常务委员会代表资格审查委员会关于代表变动情况和补选代表的代表资格审查报告》、《昆明市第十三届人民代表大会第二次会议主席团和秘书长建议名单》、《昆明市第十三届人民代表大会第二次会议列席人员名单》。会议还审议通过了人事任免事项。

(赵淑芳)

【办公厅】 围绕市人大常委会的中心工作，认真做好为“三会”的筹办和服务。2011年共完成1次人代会、7次常委会、15次党组会、23次主任会及4次新闻发布会的会议筹办和服务工作。及时交办常委会审议的专项工作报告和执法检查报告所作出的决议和审议意见。认真做好常委会主要领导重要活动的联系协调和服务保障工作。做好督查督办、昆明人大信息、常委会公报、人代会资料汇编等日常工作。参与机关制度建设，起草了《昆明市人大常委会组成人员、工作机构与市政府工作部门对口联系办法(试行)》。做好全国人大常委会领导到昆调研、泰国曼谷议会代表团和青年代表团到昆访问的服务工作。积极配合专(工)委做好省人大和市人大常委会组织的调研、检查、视察的联络协调工作。认真做好常委会主要领导联系“十个一”的服务工作及处理好督办件、外来函件及领导出席活动。编发常委会大事记12期、各部门工作计划12期。加强机关网络管理，对县区人大网站工作进行技术指导。搞好机关机要、保密和文书档案的规范化管理。做好机关干部人事管理工作，开展机关科级干部的竞争上岗及昆明市跨部门竞岗交流。及时落实干部职工工资、福利、保险等待遇和干部出国政审、备案，休假、保健工作。做好老干部工作，坚持各项制度，定期召开通报会、座谈会，开展有益健康的文娱活动，确保老干部政治生活待遇的落实。认真做好各类会议、常委会和机关活动的后勤、车辆保障及安全、服务工作，严格落实财政工作的各项制度和规定。进一步规范办公用品的采购、管理、发放工作。做好人大信访工作，进一步完善和落实各项信访制度，修订了《昆明市人大常委会机关接待人民群众来信来访制度》、《昆明市人大常委会机关工作人员接待人民群众来访制度》，起草了《预防和处理群体性事件处置预案》。全年市人大常委会的信访总量为1487件(次)，严格按程序做好拆阅、分类、登记、录入、转办、跟踪，维护了信访群众的合法权益和社会稳定。

【法制委员会】 围绕全市的中心工作，拟定了《昆明市第十三届人民代表大会常务委员会5年立法规划(草案)》及2011年年度立法计划草案，为有序开展地方立法工作提供了保证。代市人大常委会党组起草完成《中共昆明市人大常委会党组关于学习贯彻(中共中央转发<中共全国人大常委会党组关于形成中国特色社会主义法律体系有关情况的报告>的通知>的报告》。对提请常委会审议的《昆明市中小学生体质健康促进条例(草案)》、《昆明滇池国家旅游度假区条例(草案)》、《昆明市城市轨道交通管理条例(草案)》、《昆明市发展规划条例(草案)》、《昆明市历史文化名城保护条例(修订草案)》、《昆明市就业促进条例(草案)》、《昆明市道路交通安全条例(修订草案)》、《昆明市生猪屠宰管理条例(修订草案)》、《昆明市城镇绿化条例(修订草案)》进行了统一审议。开展了《昆明市预防职务犯罪工作条例》“立法后评价”的调研活动，协助省人大常委会开展《云南省人才资源开发促进条例》“立法回头看”活动。参加了第十七次全国地方立法研讨会，组织外出立法学习考察活动。认真组织研究《中华人民共和国个人所得税法修正案》、《中华人民共和国兵役法修正案》、《中华人民共和国精神卫生法》、《中华人民共和国清洁生产促进法修正案》等法律，征求意见，为国家立法提供参考。配合省人大法制委到昆明市就规范性文件备案审查工作开展情况进行座谈调研，对《昆明市人民代表大会常务委员会关于规范性文件备案审查的规定》进行修订。对“一府两院”工作报告重点目标每季度落实情况进行专项视察。积极支持、配合市人大其他专委、常委会各工作机构的立法、调研。

【内务司法委员会】 圆满完成2011年涉及内司委的7项立法项目，把制定《昆明市就业促进条例》和修订《昆明市道路交通安全条例》列入立法计划，开展制定《昆明市消防条例》、《昆明市企业工资集体协商条例》、《昆明市计算机信息系统安全保护条例》、《昆明市保障残疾人合法权益条例》以及修订《昆明市流动人口管理条例》的立法前调研。组织对全市贯彻执行《中华人民共和国治安管理处罚法》的情况进行执法检查，每月对经开区和寻甸县开展维稳工作的情况进行检查，每季度对涉及内务司法方面的5个重点项目和《昆明市居住证管理规定》等10个制度创新文件落实情况进行了专项检查。组织人大代表现场监督全省首例公开审理减刑假释案、环境公益诉讼案、公务员考试、退役士兵安置选岗等活动。2011年共接待来访群众30余人次，收到各类涉法申诉、检举、控告23件，都及时按程序转相关部门办理。审议市十三届人大一次会议主席团交付的“关于制定《家政服务业管理条例》的议案”、“关于加快制定《昆明市就业促进条例》的议案”、“关于制定《昆明市企业工资集体协商条例》的议案”、“关于制定《昆明市工资集体协商条例》，全面推进企业建立工资协商机制的议案”。收集上报对《中华人民共和国老年人权益保障法》、《云南省企业工资集体协商条例》等法律、法规草案的意见和建议，积极配合全国人大常委会对全市贯彻执行《中华人民共和国老年人权益保障法》的情况进行执法检查。完成《昆明市社会力量兴办养老服务业的对策研究》的课题报告。

【财政经济委员会】 认真做好年度“计划”、“财政”两个报告草案的初审工作，提出审查报告草案稿，为代表大会审查和批准两个报告做好准备和服务。认真审议《昆明市人民政府关于提请市人大常委会同意市政府引入华泰保险资金用于土地收储的议案》，为常委会行使重大事项决定权做好服务。围绕中心工作，进一步加强对《政府工作报告》主要经济指标任务进展情况进行季度视察，确保了各项指标任务的顺利完成。对市政府2011年1～11月出台的16件财政经济方面的制度创新文件落实情况进行了检查。受省人大常委会委托，对全市2010年地方政府债券资金安排使用的总体情况和转贷昆明市的地方政府债券资金安排使用情况进行检查。为加快城区农贸市场提升改造进度，对明通、双龙商场后院提升改造工程及“退批进零”推进情况进行专项视察。组织对全市食品安全工作情况进行了专项检查。积极做好全国人大财经委在昆明市开展的转变经济发展方式工作情况调研的服务工作，配合做好省人大常委会开展的《云南省信息化促进条例》、《税收征管法》执法检查及现代新昆明发展建设情况调研的协调工作。完成《昆明市城市轨道交通管理条例》、《昆明市发展规划条例》、《昆明市生猪屠宰管理条例》、《昆明市节约能源条例》的制定或修订工作。做好制定《昆明市会展业促进条例》、《昆明市家政服务业条例》、《昆明市再生资源回收利用管理条例》立法前期的调研。认真督办李家荣代表提出的“促进中小型企业稳定健康发展的建议”，积极组织专业代表小组和联系代表活动。一年来，举行委员会会议8次，完成人代会议题2项，常委会议题8项，围绕全市经济运行情况和人民群众关心的热点问题开展调查研究20余次，认真履行了委员会职能，圆满完成各项工作计划和任务。

【城乡建设环境保护委员会】 认真审议《昆明滇池国家度假区条例(草案)》、《昆明历史文化名城保护条例(修订草案)》和《昆明市城镇绿化条例(修订草案)》。结合昆明实际，起草了《昆明市人大常委会关于进一步加强城市生态绿化隔离林带及绿化屏障区建设的决议》和《昆明市人大常委会关于加快推进雨水、污水和城乡垃圾资源化利用的决议》草案。加强监督工作，对《中华人民共和国防震减灾法》执行情况进行执法检查，听取和审议了环湖生态湿地建设和管理情况专项工作报告。对《政府工作报告》中的保障性住房、园林绿化和城市道路等涉及城乡建设环境保护方面的5项重点工程进行分季度的动态视察。及时组织对城乡建设环境保护方面的重点工作开展监督检查。对主城区和三个国家开发(度假)区房屋权属登记产权证发放统一管理工作、“99世博会以来新建小区有一定比例社区用房进行排查，采取措施进行整改”的情况进行督查，对《昆明市人民政府关于严厉查处违法排污行为若干规定》的执行情况及2011年新制定的城建环保方面的创新性文件进行检查，对《中华人民共和国城乡规划法》执行情况进行调研。认真办理代表“关于制定《昆明市城市管理综合行政执法条例》的议案”。督促研究办理《关于加快呈贡新区环卫基础设施建设的建议》等重点建议。组织对《昆明市人民政府关于严厉查处违法排污行为若干规定》的执行情况进行检查，针对社会热点问题，邀请人大代表参加检查视察和调研。积极配合全国人大、省人大环资委来昆明市进行检查、视察、调研活动。制定《昆明市人民代表大会城乡建设与环境保护委员会与市政府对口联系部门单位联系制度》。

【教育科学文化卫生工作委员会】 积极参加《昆明市中小学生体质健康促进条例(草案)》的起草、审议工作，参与《昆明市流动人口计划生育管理条例(修订)》的研究起草和《昆明市民办教育管理条例》的立法前期调研。完成全国人大常委会、省人大常委会交办的《中华人民共和国精神卫生法》的征求意见。组织对《昆明市中小学校幼儿园场地校舍建设保护条例》的贯彻执行情况进行执法检查。认真做好省人大常委会组织的到昆明就《中华人民共和国献血法》、《中华人民共和国科学技术进步法》、《云南省科学技术进步条例》等法律法规进行执法检查的服务。先后对市政府关于学前教育发展、知识产权保护、农村计划生育服务员管理等10多件教科文卫方面的规章和规范性文件提出建设性的意见和建议，全市使之更切合实际，更有针对性。积极组织专题视察和调研，对全市文物保护、校舍安全、中高考组织工作和中小学招生、农家书屋建设、食品安全、医疗器械管理等进行多领域、深层次的视察和检查。每季度组织好对市政府年度目标中涉及社会事业方面的重点工作落实情况进行检查。积极配合有关机构抓好人大代表建议的协办、督办工作。组织好教育专业代表小组和文化卫生科技专业代表小组的活动，加强制度建设，制定《昆明市教育科技文化卫生专业代表小组活动办法》。认真做好常委会分管领导和委员会领导与所联系委员和代表进行联系的服务工作。开展《昆明市学前教育现状及发展对策研究》决策咨询研究，召开《中华人民共和国非物质文化遗产法》贯彻实施座谈会。积极协助、服务分管领导开展入滇河道治理、重要公路环境整治、宣讲新昆明建设等工作。

【民族宗教工作委员会】 认真组织开展《城市民族工作情况》专项视察。深入市属相关部门及14个县(市)区实地检查，对政府工作报告中承诺的民族专项资金到位和使用情况等先后进行4次视察。配合省人大常委会调研组对昆明眼科医院、德春集团、亨德森集团3个侨资企业进行了调研。认真办理“关于加强督促执行《云南省民族乡工作条例》的建议”。先后两次组织民族宗教专业代表小组进行活动，对宗教活动场所的创建情况进行调研。认真组织开展对宗教活动场所、宗教教职人员队伍、信教群众、城市民族工作的对象和重点进行全面调研，提出新形势下抵御境外宗教渗透和做好城市民族工作的对策与建议。认真做好市委交办的滇池河道整治工作、招商引资、经济统战工作等。

【人事代表工作委员会】 为常委会人事任免工作做好服务，一年来，共任免国家机关工作人员112人次，其中任77人次，免35人次。许可司法机关对2名市人大代表采取强制措施。根据代表变动情况，及时草拟市十三届人大代表变动情况和代表资格审查报告，指导禄劝、宜良等县区人大常委会做好代表选举、补选工作。举办市第十三届人大代表培训班。指导人大代表小组活动，组织省、市代表持证视察。编写六期“代表之声”，意见和建议共317条，出刊《代表工作》17期，发挥市人大代表的作用。共邀请186名市人大代表、14名省人大代表列席市人大常委会会议。坚持为每位代表订阅和寄送《中国人大》、《云南人大》、《昆明人大》等刊物及与代表履职相关的法律书籍和各类资料。组织昆明的全国、省人大代表共61名分别对工业园区、基础设施建设情况进行视察。认真督办市十三届人大一次会议代表提出的353件建议，加大落实力度。坚持每年两次组织部分市人大常委会委员、市人大代表对市人民政府办理市人大代表建议情况进行检查。结合全市人大工作和代表工作实际，研究制定了《昆明市人大代表在闭会期间认真履行代表职务的办法(暂行)》、《昆明市人大常委会2011～2015年市人大代表履职学习培训规划》、《昆明市人大常委会组成人员出席市人大常委会会议通报办法》等，规范和促进了代表工作。

【农业工作委员会】 先后对制定《昆明市清水海保护条例》、修订《昆明市水利工程管理条例》二类立法和制定《昆明市农产品质量安全条例》、修订《昆明市森林防火规定》三类立法任务进行立法前和修订前的调研。

对市政府贯彻执行《昆明市人大常委会关于进一步加强全市病险水库除险加固工作的决议》的情况进行检查。每个季度组织部分市人大常委会委员、市人大代表对市人民政府《工作报告》中涉农重点工作的完成情况进行视察。紧紧围绕市人大常委会工作要点和市政府中心工作，加强与市人大代表的联系，认真组织农业和水利两个专业代表小组开展活动，充分发挥人大代表的作用。对市政府2011年制定的8件涉农制度创新性文件贯彻落实情况进行专项监督检查。多次对晋宁县茨巷河综合整治、阳宗海风景名胜区管委会和老昆石公路大风垭口至下菜凹段道路两侧控制区环境综合治理情况进行督促检查。对富民县抗旱蓄水救灾进行督查。认真开展“昆明市饮用水源区保护综合治理督查情况专报”的专题研究，积极做好出台《决议》的准备工作。开展了《昆明市中草药资源保护与发展的对策研究》的研究。制定《关于在全市开展人大涉农课题研究的管理办法》。建立农工委主任办公会、学习、考察、看望走访等6项制度。加强与市直农口部门、涉农单位及各县(市)区人大常委会的联系，开展了与省外、省内人大的交流与合作，接待省外、省内人大到昆明调查了解“三农”工作情况，圆满完成了年度各项工作任务。

【外事华侨工作委员会】 自4月27日，设立昆明市人大常委会外事华侨工作委员会以来，两次参加泰国曼谷议会代表团及其议长到昆的接待工作。接待来自美国北卡罗来纳州夏洛特市的华美协会会长、美国夏洛特大西南同乡会会长李勐先生、初鹿野蕙兰理事长带队的日本云南联谊协会一行11人。对昆明市与尼泊尔博克拉市、加拿大本拿比市建立友好城市关系的议案进行调研，拟定同意结谊的决定草案。与市侨联联合召开“市侨联法律顾问委员会2011年案件通报研究会”，对涉侨案件进行通报和分析研究，提出依法处理案件的意见和建议。接待全国人大代表赴云南省视察团到云南视察调研。专题向市政府分管领导就全市侨企投资民办教育情况进行报告，协调解决相关问题，推进项目的开展。按照省人大常委会外侨工委的要求，对退休归侨职工补足退休金规定执行情况进行了调查。认真组织委员联系代表活动及专业代表小组活动。初步完成了外侨工委工作职责的草拟工作。

【研究室】 2011年《昆明人大》发行6期、昆明电视台及昆明日报《人大之窗》专栏专版各刊播12期，发挥了常委会机关人大工作宣传主阵地的交流平台和指导作用。定期做好《中国人大》、《人大新闻导刊》、《云南人大》的通联工作。及时向社会公布市十三届人大常委会召开的六次会议通过的有关法规、决议、决定，审议意见以及市十三届人大一次会议代表议案审议结果和建议办理情况。组织新闻媒体及时报道市人大常委会的重要活动。撰写反映常委会党组和机关贯彻学习市第十次党代会精神、开展“执行力提升年活动”等文稿。组织“昆明市第十九届宣传人民代表大会制度好新闻、好文章评选活动”，召开全市人大新闻宣传工作会、市属新闻媒体人大宣传相关负责人及组稿通讯员座谈会，表彰第十九届宣传人民代表大会制度好新闻、好文章评选的获奖作品单位和个人。组织部分县(市)区参加全省人大宣传干部暨通讯员培训班及赴外地学习考察。开展《昆明市改进和加强地方人大视察工作对策研究》决策咨询课题的研究工作。如期完成《昆明市地方性法规汇编(1988～2011)》以及《昆明日报人大之窗汇编(2006～2010)》的编辑、校对、印发工作。认真完成常委会工作报告初稿、市委主要领导在常委会组成人员培训班上的讲话、市人大常委会参加全省人大常委会办公厅联席会交流发言等材料的起草工作。完成2011年《昆明年鉴·人大卷》的撰写。及时完成市委、市政府关于《中共昆明市委第十次党代会报告》等文件征求意见的汇总工作。完成市十三届人大一次会议大会秘书处简报组的牵头组织工作以及人代会决议、审议情况汇总等文件的草拟。做好机关制度创新和课题管理服务工作。进一步做好资料室管理工作。起草《昆明市人大新闻宣传工作通讯员职责》。

附：昆明市第十三届人民代表大会第一次会议代表提出的议案

(2011年1月16日昆明市第十三届人民代表大会第一次会议主席团第六次会议通过)

1．禄劝代表团杨丽等45名代表提出的关于制定《昆明市企业工资集体协商条例》的议案(第05号)

2．五华代表团杨仙梅等11名代表提出的关于制定《家政服务业管理条例》的议案(第33号)

3．禄劝代表团杨丽等18名代表提出的关于加快制定《昆明市就业促进条例》的议案(第53号)

4．盘龙代表团赵涤群等54名代表提出的关于制定《昆明市工资集体协商条例》全面推进企业建立工资协商机制的议案(第58号)

5．盘龙代表团李春光等15名代表提出的关于制定《昆明市城市管理综合行政执法条例》的议案(第68号)

附：昆明市人民代表大会常务委员会2011年人事任免名单

一、任命共计77名(按任职时间顺序排列)

1月20日

赵兴旺　昆明市人大常委会副秘书长、办公厅主任

李庆平　昆明市人大常委会副秘书长、研究室主任

崔　猛　昆明市人大常委会办公厅副主任

寸　东　昆明市人大常委会教育科学文化卫生工作委员会主任

丁　伟　昆明市人大常委会民族宗教华侨工作委员会主任

韩成富　昆明市人大常委会农业工作委员会主任

李建平　昆明市人大常委会人事代表工作委员会主任

周小棋　昆明市人民政府副市长

李　茜　昆明市人民政府副市长

刘光溪　昆明市人民政府副市长

张锐昆　明市人民政府副市长

赵学锋　昆明市人民政府秘书长

胡炜彤　昆明市发展和改革委员会主任

陈　浩　昆明市工业和信息化委员会主任

宋　栋　昆明市教育局局长

刘燕琨　昆明市科学技术局局长

李忠德　昆明市民族事务委员会主任

赵立功　昆明市公安局局长

刘绍安　昆明市监察局局长

张正平　昆明市民政局局长

刘婉秋　昆明市司法局局长

余汝兴　昆明市财政局局长

范光华　昆明市人力资源和社会保障局局长

王　忠　昆明市交通运输局局长

刘跃进　昆明市环境保护局局长

尹旭东　昆明市住房和城乡建设局局长

陈　春　昆明市城市管理综合行政执法局局长

郭焕波　昆明市农业局局长

曾令衡　昆明市林业局局长

储汝明　昆明市水务局局长

洪　莺　昆明市商务局局长

厉忠教　昆明市文化广播电视体育局局长

许勇刚　昆明市卫生局局长

杨文惠　昆明市人口和计划生育委员会主任

李冰晶　昆明市审计局局长

吕天云　昆明市人民政府外事侨务办公室主任

2月24日

谭　虹　嵩明县人民检察院检察长

赵　明　昆明市人民检察院副检察长、检察委员会委员、检察员

4月27日

周　凡　昆明市人大常委会外事华侨工作委员会主任

丁　伟　昆明市人大常委会民族宗教工作委员会主任

段跃红　昆明市人大常委会民族宗教工作委员会副主任

马玉琼　昆明市人大常委会民族宗教工作委员会副主任

李　亮　昆明市规划局局长

6月29日

毕春华　昆明市人民检察院副检察长、检察委员会委员、检察员

高　碧　昆明市人民检察院检察员

张云秋　昆明市人民检察院检察员

郑礼江　昆明市人民检察院检察员

江国栋　昆明市人民检察院检察员

施阳娜　昆明市人民检察院检察员

余功斌　昆明市人民政府副市长

朱永扬　昆明市人民政府副市长

8月31日

陈　敏　昆明市人大常委会外事华侨工作委员会副主任

马凤伦　昆明市财政局局长

张兆龙　昆明市中级人民法院刑事审判第一庭副庭长

杨晓萍　昆明市中级人民法院刑事审判第一庭副庭长

华　虹　昆明市中级人民法院刑事审判第三庭副庭长

李彩云　昆明市中级人民法院民事审判第二庭副庭长

李　楠　昆明市中级人民法院民事审判第三庭副庭长

周　迅　昆明市中级人民法院民事审判第五庭副庭长

蔡　涛　昆明市中级人民法院知识产权审判庭副庭长

黄　红　昆明市中级人民法院立案庭副庭长

10月28日

傅　希　昆明市住房和城乡建设局局长

杨　杰　昆明市人民检察院检察员

杨　林　昆明市人民检察院检察员

周定焱　昆明市人民检察院检察员

杨　芮　昆明市人民检察院检察员

蒋德俊　昆明市人民检察院检察员

卢继花　昆明市人民检察院检察员

李婧捷　昆明市人民检察院检察员

12月16日

施苏萍　昆明市中级人民法院审判委员会委员

郁　云　昆明市中级人民法院审判委员会委员

李跃明　昆明市中级人民法院审判委员会委员

牟又红　昆明市中级人民法院审判员

贺后起　昆明市中级人民法院审判员

徐　鹏　昆明市中级人民法院审判员

晏云锋　昆明市中级人民法院审判员

薛　艳　昆明市中级人民法院审判员

二、免职共计35名(按免职时间顺序排列)

1月20日

马洪苍　昆明市人大常委会民族宗教华侨工作委员会主任职务

张　庆　昆明市人大常委会副秘书长职务

杨　力　昆明市人大常委会办公厅副主任职务

赵　谊　昆明市人大常委会副秘书长、研究室主任职务

张耀云　昆明市人大常委会农业工作委员会主任职务

文荣久　昆明市人大常委会教育科学文化卫生工作委员会主任职务

范正明　昆明市人大常委会人事代表工作委员会主任职务

寸　东　昆明市人大常委会法制工作委员会副主任职务

李庆平　昆明市人大常委会内务司法工作委员会副主任职务

汪天祥　昆明市人大常委会城乡建设环境保护工作委员会副主任职务

陈卫芳　昆明市人大常委会研究室副主任职务

2月24日

胡志磊　昆明市人民检察院检察委员会委员、检察员职务

杨庆元　昆明市人民检察院检察员职务

4月27日

丁　伟　昆明市人大常委会民族宗教华侨工作委员会主任职务

段跃红　昆明市人大常委会民族宗教华侨工作委员会副主任职务

马玉琼　昆明市人大常委会民族宗教华侨工作委员会副主任职务

刘光溪　昆明市人民政府副市长职务

林东海　昆明市中级人民法院审判员职务

郭　敏　昆明市中级人民法院审判员职务

李玉梅　昆明市中级人民法院审判员职务

王庆国　昆明市中级人民法院审判员职务

姚应发　昆明市中级人民法院审判员职务

黄治策　昆明市中级人民法院审判员职务

邵　坚　昆明市中级人民法院审判员职务

6月29日

邱继辉　昆明市中级人民法院审判员职务

后　锋　昆明市中级人民法院刑事审判第一庭副庭长、审判员职务

孟　静　昆明市中级人民法院审判员职务

姚凤林　昆明市人民检察院检察委员会委员、检察员职务

8月31日

李　茜　昆明市人民政府副市长职务

余汝兴　昆明市财政局局长职务

张兆龙　昆明市中级人民法院民事审判第五庭副庭长职务

10月28日

尹旭东　昆明市住房和城乡建设局局长职务

蔡　玲　昆明市人民检察院检察员职务

12月16日

李文荣　昆明市人民政府副市长职务

周小棋　昆明市人民政府副市长职务

（杨信德）

昆明市人民政府

【昆明获“2010年中国最具海外影响力城市”荣誉】　1月19日，在香港举行的“2010中国最具海外影响力城市”评选活动颁奖典礼上，昆明市获得“2010年中国最具海外影响力城市”荣誉。近年来，昆明市加大城市建设力度，加强城市环境综合整治，打造品质春城，增强中心城市的辐射力、带动力和影响力，随着昆曼公路的通车，以及昆明新机场的建设，昆明面向东盟、南亚的区域优势不断增强，昆明的国际化程度与国际竞争力、影响力得到不断提升。

【第二十一届中国（昆明泛亚）兰花博览会在昆明举办】　2月18～21日，第21届中国（昆明泛亚）兰花博览会在昆明举办，昆明泛亚兰花产业园同时启动建设。本届兰博会是继1995年昆明成功举办第五届兰博会后承办的又一次兰花盛会，以“弘扬兰文化、发展兰产业、建设绿色新昆明”为主题，有来自全国各省区的兰花协会及日本、韩国、新加坡等国家和地区的156个单位参展。昆明现已发展成为云南乃至全国兰花交易、栽培的主要集散地之一。本届兰博会同时启动昆明泛亚兰花产业园项目，目标是打造立足云南、面向西部、服务全国、辐射泛亚的区域性国际一流兰花产业园。

【昆明市与省内部分州市签订各项合作协议】　市委书记仇和，市长张祖林率昆明市党政代表团，分别

警航飞机启用首飞仪式　（市公安局 供稿）

于3月21～23日，到玉溪市、楚雄州、曲靖市签订一体化合作框架协议。5月10～16日，赴普洱、西双版纳、德宏、保山、怒江、临沧6州市考察学习，期间与有关州市签订共同推进国际大通道合作框架协议。7月7～9日，赴红河州、文山州考察学习，分别与两地签订“共同推进国际大通道建设合作框架协议”。10月14～15日，赴昭通学习考察，并与昭通市正式签署《共同推进昆明—昭通—成渝经济走廊建设合作框架协议》。10月19～21日，赴大理州、丽江市考察学习，分别与两市签订共同推进区域合作框架协议。10月25日，赴迪庆州考察学习，与迪庆州签署“十二五”友好合作框架协议，共同推进“昆明—迪庆　滇川藏香格里拉经济走廊”建设。

【昆明警用直升飞机成功首飞】 3月28日，昆明警用直升机首飞仪式在市级行政中心会议中心前的广场上举行，省市领导仇和、孟苏铁、张祖林、李邑飞、杨远翔、田云翔等出席。昆明警用直升飞机的投入使用，结束了云南没有警用航空的历史，标志着昆明警务管理工作迈入新阶段，将进一步提高全市公安机关整体作战能力，为全市经济社会发展提供更加有力的保障。

【昆明荣获“中国魅力城市”荣誉称号】 4月21日，第七届杰出华商大会暨第十届“外交官之春”在北京人民大会堂举行，昆明在 “2011中国魅力城市排行榜”中位列30强。“中国魅力城市”排行榜由世界杰出华商协会组织评价，每年发布一次。“2011中国魅力城市排行榜”重点关注城市经济增长指数、社会和谐程度、政府工作效率、基础发展环境、特色资源优势、魅力发展空间六大魅力指数，依据国家有关部委、各新闻媒体对外公布的城市指标数据来进行评选。

【中国·昆明泛亚金融产业中心园区开工建设】 4月29日，中国·昆明泛亚金融产业中心园区建设正式启动，白恩培、秦光荣、杨应楠、仇和、曹建方、丁绍祥、张祖林等省市领导出席启动仪式。2010年，中国人民银行批复同意昆明市成立区域性跨境人民币金融服务中心，支持昆明市遵循市场规律，在国家政策的统一部署下开展跨境人民币业务，同年7月，昆明区域性跨境人民币金融服务中心揭牌。中国　昆明泛亚金融产业中心园区规划占地2.3平方公里，经过2年多的建设，将形成集金融机构总部办公、前台运营、中介服务于一体，配套文化、商住、教育、医疗、市政、绿地、水域等设施和功能的产业园区。

【昆明国际文化旅游·狂欢节成功举办】 4月30日至5月2日，昆明国际文化旅游　狂欢节成功举办。本届狂欢节以“相约昆明　体验七彩云南”为主题，包括广场狂欢、民族特色长街宴、音乐舞蹈大巡游、私家车创意环城巡游大赛、盘龙江灯会、官渡古滇文化旅游周等活动。参与表演的队伍有泰国、印度尼西亚、缅甸、越南等东南亚国家和巴西桑巴舞团、夏威夷草裙舞表演队、俄罗斯鼓队和台湾土风舞表演队。狂欢节在延续传统的基础上更注重国内外代表团队与昆明市民的互动，充分展示了狂欢节的跨地域性与国际性。

【第十九届中国昆明进出口商品交易会暨第四届南亚国家商品展在昆明成功举办】 6月6～10日，第十九届中国昆明进出口商品交易会暨第四届南亚国家商品展在昆明举办。本届展会交易成果创历届之最，共设置室内标准展位2485个，比上届增加33个，还设立了3000平方米的室外展区。云南国内经济合作省外合作方计划投入资金1091亿元人民币，比上届净增147亿元，同比增长15.6%；其他省(区、市)国内贸易和经济合作累计成交115.2亿元人民币，比上年增长近3倍。南亚国家进出口累计成交达2.94亿美元，占总成交额的17.9%，南亚展现场累计成交5454.15万元人民币。同时，利用外资签约项目共40个，金额52.1亿美元，同比增长391.5%。项目涉及能源开发、农业种植及加工、加工制造、矿冶、基础设施、生物制药、金融等领域。香港地区投资者签约项目所占外资比重最大，现代服务业成为了签约项目较为集中的领域。本届昆交会恢复了轮值主席制度，由四川省担任昆交会轮值主席，由斯里兰卡担任南亚国家商品展主题国和中国　南亚商务论坛轮值主席。

【昆明市与金边市结为友好城市】 6月8日，市委副书记、市长张祖林会见了柬埔寨王国金边市市长高竹德马及其夫人一行，两市市长签署缔结友好城市关系协议书，昆明市与金边市正式成为友城。两市正式缔结友城关系后，将共同致力于产业发展、民间交往及文化、教育等交流，加强拓展两市在城市建设、教育、医疗、卫生方面的合作空间。

【2011中国·昆明泛亚郑和国际文化旅游节成功举办】 7月11～18日，2011中国　昆明泛亚郑和国际文化旅游节在郑和的故乡晋宁县举办。为增强全社会的蓝色国土意识、海洋意识和航海意识，经国务院2005年批准，伟大的航海家、外交家、和平使者郑和首下西洋的7月11日，被定为中国航海日。如今，郑和已成为昆明乃至云南的文化名片、影响深远的节庆品牌和最为宝贵的无形资产。本届中国　昆明泛亚郑和国际文化旅游节抓住中央和省桥头堡建设历史机遇，以“走近郑和、共建和谐”为主题，“郑和文化搭台、招商推介唱戏；政府引导、市场运作”，充分展示昆明便

捷的区位优势、深厚的文化底蕴和丰富的旅游资源，广泛传递伟大的郑和精神、辉煌成就以及深远影响，将郑和品牌打造成对外交流、扩大开放、增进友谊、推进经济社会全面发展的有效载体。

【2011长江夏季论坛举行】 7月15日，由云南省政府与长江商学院主办、昆明市政府承办的2011长江夏季论坛在昆明举行。来自政商学界的千余名嘉宾共同探讨中国西部及南亚、东盟区域如何以“包容　创新　共赢”模式寻求新的发展。省委书记、省人大常委会主任白恩培在论坛致词时表示，云南要抓住用好国家深入实施西部大开发和桥头堡建设两大机遇，加快实现科学发展、和谐发展。长江商学院院长项兵博士，省委常委、常务副省长罗正富，省委常委、省委秘书长杨应楠，省委常委、昆明市委书记仇和，商务部原副部长、政协十一届全国委员会委员、中国国际经济交流中心秘书长魏建国等出席论坛。

长江夏季论坛自2009年8月落户云南以来，已成功举办三届。除为西部经济发展提供智力支持外，也成为长江人回报云南、回馈社会的重要平台。长江商学院及其校友先后为云南省的教育、抗旱等公益项目累计捐赠1600多万元善款，建设了38个面向贫困儿童的“长江红领巾书屋”，向干旱地区捐赠118口水窖，并与云南财经大学举办“西部高校MBA教师培训项目”，打造“长江商学院——云南省政府教育培训计划”。

【昆明荣膺“国家节水型城市”】 9月2日，在北京举行的节水型城市创建工作会议上，昆明市与其他16个城市一起，被住房和城乡建设部、国家发展和改革委员会正式授予“国家节水型城市”金牌。

昆明市通过开展“一湖两江”流域水环境综合整治，实施全面截污、全面禁养、全面绿化、全面整治“四全”工程，以及“环湖截污和交通、外流域引水及节水、入湖河道整治、农业农村面源治理、生态修复与建设、生态清淤”六大工程以来，实行“河（段）长负责制”，对36条主要出入滇池河道和84条支流沟（渠）按照“158”要求全面开展综合治理。完成了主城8座城市污水处理厂的新建和改扩建，昆明主城区污水日设计处理规模从2008年的55.5万立方米，提高到2011年的110.5万立方米，出水水质全部提升为国家一级A标。2010年再生水利用率达66.27%；工业用水重复利用率达到90.63%，工业废水排放达标率为100%。

【第七届昆明泛亚国际农业博览会成功举办】 9月5～9日，以“打造农业产业总部经济，促进都市型现代农业发展”为主题的昆明泛亚国际农业博览会在昆明举办。同期举办第十四届中国昆明国际花卉展、第五届中国（昆明）国际农产品贸易对接会、2011年全国绿色消费巡展（昆明站）。昆明国际农业博览会自2005年以来已成功举办六届，展会规模不断扩大，效益稳步提升，影响更加广泛，对昆明乃至全省的经济和社会发展取得了积极的促进作用。本届展会规模空前，吸引了10多个国家和地区代表团及企业，国内20多个城市，云南省内各州市到会参展。同时，展会期间还举办了大湄公河次区域农业科技交流合作组第三届理事会暨工作组观摩研讨会、昆浙农商对接大会、全国各地基地优势农产品推介会、“三绿工程”菜篮子商品流通工作座谈会等专题活动。

【昆明市与万象市缔结友好城市】 10月17日，市委副书记、市长张祖林与老挝万象市委书记、市长苏甘·玛哈拉共同签署了昆明市与万象市缔结友好城市关系协议书。昆明、万象正式缔结成为友好城市。

【第二十一届中国厨师节暨首届滇池·泛亚国际美食节在昆明成功举办】 10月18～20日，“第二十一届中国厨师节暨首届滇池　泛亚国际美食节”在昆明举办。“中国厨师节”是国家商务部支持的重点展会之一，是国内餐饮行业最具规模和影响力的品牌活动，自1990年举办以来，已成功举办20届，被誉为中国“厨师业界的奥林匹克”和“餐饮行业的奥斯卡”。此次活动以“绿色美食汇滇池、民族盛宴聚泛亚”为主题。“双节”期间的中国（昆明）餐饮博览会，展出了云南绿色食品（原料）、调味品、酒水饮料及省内外、国外的美食等，受到了参展企业和市民的欢迎。此次博览会吸引了6万多人参观，3天的现场成交额达到了4475万元。节会期间，签约项目累计达内资34.35亿元，外资2亿美元。

【呈贡撤县设区】 11月1日，呈贡举行揭牌仪式，正式宣告呈贡撤县设区。5月份，国务院下发《关于同意云南省调整昆明市部分行政区划的批复》，批准呈贡撤县设区。9月27日，在云南省第十一届人大常委会第二十六次会议上，提请审议并通过了呈贡撤县设区有关问题的议案。呈贡区发展的定位为建设“昆明区域性国际城市建设的先行区和示范区”。呈贡区将依托昆明市级行政中心、云南省9所高校、中央火车站等资源优势，构建服务全省、面向西南、辐射东南亚南亚的国际科教文化中心、国际金融商务中心、国际花卉交易中心、泛亚物流枢纽中心、新型产业基地和全国低碳城市示范窗口，建成滇中经济圈的重要增长极。

【昆明荣获“国家卫生城市”命名】 11月24日，全国爱卫会发布了《关于命名2009－2011年度国家卫生城市（区）的决定》，昆明市荣获“国家卫生城市”命名。12月20日，国家卫生城镇命名表彰电视电话会议在国家会议中心举行。会上，昆明市副市长杨皕从全国爱卫会副主任、卫生部部长陈竺手中接过“国家卫生城市”的牌匾。多年来，昆明市一直把“创卫”作为优化发展环境、改善市民生活、提升市民品质的重要抓手来抓。通过“创卫”，不断加大城市卫生基础设施建设，特别是市容市貌、道路建设、滇池治理等方面取得了明显的成效。同时，在“创卫”中全民联动，形成了合力，创新了体制和机制。

【市政府常务会】 2011年，市政府共召开25次常务会。研究的主要问题有：“十二五”立法规划和2011年度立法计划、滇池生态环境保护、市本级偿债计划、新建住宅项目供电设施建设管理、引进创新创业人才、南连接线高速公路建设、肉类蔬菜流通追溯体系建设、社区生鲜直销菜市场建设、选聘高校毕业生到村（社区）任职、防震减灾工作、东川经济转型和可持续发展、土地执法共同责任制度、企业安全生产工作、保障性安居工程建设、公共资源交易中心建设、农村产权制度改革、雨水污水和城乡垃圾资源化利用、支持昆明阳宗海风景名胜区加快发展、综合清理整治高尔夫球场建设问题、“一板块”支持倘甸产业园区和轿子山旅游开发区建设、“十二五”电网发展规划、“十二五”农村扶贫开发工作、历史文化名城保护、电动自行车管理规定、市级特色产业园建设、省级工业园区实体化管理、抗旱救灾工作、“数字城市”建设、安全生产工作、退耕还林工作、通信产业发展、山地城镇建设、城乡道路环境综合整治、农村公路建设、加快呈贡区发展、“退二进三”工作、加快发展现代服务业、农村寄宿制学校建设、群众性精神文明创建、饮用水源保护工作、生物产业发展、残疾人事业发展。

研究讨论了《关于进一步改进和完善招商引资及项目落地工作机制的意见》、《昆明市人民政府关于公布昆明市市级行政审批项目的公告》、《昆明市商品交易市场管理办法》、《中共昆明市委昆明市人民政府关于加快水利改革发展的实施意见》、《昆明市居住证管理规定（草案）》、《昆明市中小学生体质健康促进条例（草案）》、《昆明市城市轨道交通管理条例（草案）》、《昆明滇池国家旅游度假区条例（草案）》、《昆明市人民政府关于严厉查处违法排污行为的若干规定》、《昆明市发展规划条例（草案）》、《昆明市历史文化名城保护条例（修订草案）》、《2010年度昆明市市本级预算执行和其他财政收支的审计工作报告》、《昆明市餐饮业“十二五”发展规划（2011～2015）》、《昆明市社会救助和社会保障人员临时价格补贴联动机制暂行办法》、《昆明市市长质量奖管理办法（试行）》、《昆明市矿产资源规划（2008～2015年）》、《昆明市道路交通安全条例（修订草案）》、《昆明市城镇绿化条例（修订草案）》、《昆明市生猪屠宰管理条例（修订草案）》、《昆明市就业促进条例》、《中共昆明市委昆明市人民政府关于全面加快呈贡区发展的意见》、《昆明市节约能源条例（草案）》、《昆明市人工影响天气管理办法（草案）》、2012年《政府工作报告》、《昆明市2011年国民经济和社会发展计划执行情况与2012年国民经济和社会发展计划（草案）的报告》、《昆明市2011年地方财政预算执行情况和2012年地方财政预算（草案）的报告》，《关于2012年市本级财政预算安排的意见》等重要法规、规章和规范性文件。

【十三届政府第一次全体会议】 1月20日召开。主题是深入学习贯彻科学发展观，落实市委九届七次全体（扩大）会议和市“两会”精神，进一步安排市政府工作，分解细化2011年政府工作目标任务，动员广大干部群众，励精图治，奋发进取，为把昆明建设成为中国面向西南开放的区域性国际城市打下坚实基础。并明确从锁定目标、强化责任、关注民生、突出重点、强化项目、改革创新、严格进度、团结协作、改进作风、深入调研、督促检查、廉洁从政等十二个方面抓落实，要求全市各级各部门抓早抓紧，立即行动，全力推进各项工作开展实施，确保“十二五”开局之年实现开门红。

【十三届政府第二次全体会议】 8月16日召开，主题是学习贯彻市第十次党代会精神，安排部署市政府工作。会议对2011年政府工作的重点（重大基础设施建设、重大产业项目建设、保障性住房建设、农业产业发展、维护社会稳定等方面）作了强调和要求。要求全市各级、各部门要统一思想、凝聚力量，脚踏实地、齐心协力，改进作风、埋头苦干，抢抓桥头堡建设战略机遇，全面完成2011年的目标任务，实现“十二五”开门红，为加快建设区域性国际城市奠定坚实基础，为在科学发展社会和谐中造福人民做出新的贡献。

【政府令】 2月23日印发第106号政府令，公布《昆明市居住证管理规定》，对本市行政区域内流动人口居住证的申领、制作、发放、使用以及相关服务和管理做出规定。自2011年5月1日起施行，同时废止2003年2月15日昆明市人民政府颁布施行的《昆明市流动人口IC卡暂住证管理暂行规定》。

3月13日印发第107号政府令，公布《昆明市商品交易市场管理办法》。适用于本市行政区域内市场的规划、建设、开办、经营管理以及相关的监督管理活动，自2011年4 月14日起施行。同时废止2000年2月18日昆明市人民政府颁布实施的《昆明市商品交易市场监督管理办法》。

9月8日印发第108号政府令，公布《昆明市电动自行车管理规定》。本市行政区域内电动自行车的生产、销售、登记、道路通行管理及其他相关活动，适用本规定。自2012年1月1日起施行。

11月9日印发第109号政府令，公布《昆明市餐厨废弃物管理办法》，适用于本市城市规划区范围内餐厨废弃物的产生、收集、运输、处置及其监督管理活动。自2011年12月15日起施行。

11月21日印发第110号政府令，公布《昆明市城乡建设档案管理规定》，本市行政区域内城乡建设档案的收集、移交、保管、利用及其管理活动适用本规定。自2012年1月1日起施行，同时废止1999年6月21日昆明市人民政府发布的《昆明市城市基本建设档案管理规定》。

【公告】 1月28日印发《昆明市人民政府关于第四批主城规划区公园广场绿地保护目录的公告》（昆明市人民政府公告第65号），自公布之日起施行。

1月25日印发《昆明市建设领域工资保障金管理办法》（昆明市人民政府公告第66号），自2011年1月31日起施行。

2月9日印发《昆明市促进股权投资基金发展管理暂行办法》（昆明市人民政府公告第67号），自2011年3月11日起施行。

2月10日印发《昆明市市级行政审批项目的公告》（昆明市人民政府公告第68号），自2011年2月10日起施行。

6月3日印发《昆明市新建住宅项目供电设施建设管理办法》（昆明市人民政府公告第69号），自2011年7月3日起施行。

7月28日印发《昆明市名人故（旧）居保护暂行办法》（昆明市人民政府公告第70号），自2011年8月31日起施行。

【通告】 《昆明市人民政府中国人民银行昆明中心支行云南省住房和城乡建设厅中国银监会云南监管局关于在昆明市执行商品住房限购政策的通告》1月14日印发。对云南省昆明市户籍居民和非本市户籍居民家庭在昆明市主城四区及呈贡县行政区域范围内（含三个国家级开发、度假区）购买商品住房做出明确规定。

《昆明市人民政府关于加强商品房预售管理禁止违法预售商品房的通告》1月28日印发。对进一步加强房地产市场监管、严厉打击违法预售商品房行为、保障房地产市场稳定、维护住房消费者合法权益做出明确规定。

【通知·意见】 《昆明市人民政府关于扶持农业龙头企业发展打造总部经济的意见》1月4日印发。对扶持农业龙头企业发展、打造昆明总部经济的指导思想、发展目标、政策措施、保障措施等做出明确规定。

《昆明市人民政府关于促进昆明金融产业聚集发展的实施意见》1月11日印发。明确规定了打造昆明金融产业园区、大力促进金融产业聚集发展的政策措施、体制机制、服务创新、组织保障等问题。

《昆明市人民政府关于加快环保产业发展的实施意见 》2月23日印发。对加快昆明市环保产业发展的总体要求、重点任务、保障措施等做出规定。

《昆明市人民政府关于2011年农民就业工作的实施意见》2月25日印发。对加强全市2011年农民就业工作的总体思路、目标任务、工作措施、组织保障等做出规定。

《昆明市人民政府关于进一步明确开发（度假）区管委会行政复议管辖权的意见》3月2日印发。对各开发（度假）区管委会行政复议管辖权做出明确规定。

《昆明市人民政府关于印发低碳昆明建设实施方案的通知》3月17日印发。对建设低碳昆明的目标要求、主要任务及分工、考核与问责等做出规定。

《昆明市人民政府关于贯彻国务院进一步加强防震减灾工作意见的实施意见》3月22日印发。规定了昆明市防震减灾工作的指导思想、工作目标、工作措施、宣传教育、政策保障措施等。

《昆明市人民政府关于加快建设社区生鲜直销菜市场（生鲜超市）的实施意见》4月8日印发。规定了昆明市社区生鲜直销菜市场（生鲜超市）建设工作的总体思路和发展目标、设置要求与建设原则、运营模式与规范要求、政策及资金扶持、实施步骤、工作分工、部门职责、保障措施等。

《昆明市人民政府关于印发“三农”金融服务系列文件的通知》4月22日印发。出台了《昆明市关于鼓励和支持村镇银行在昆设立和发展的实施意见》、《昆明市关于加快农业产业投资基金发展的工作方案》、《昆明市关于加快“三农”资金互助社试点工作实施方案》、《昆明市小额贷款公司监督管理暂行办法》等4个文件。

《昆明市人民政府关于印发昆明市国民经济和社会发展第十二个五年规划纲要的通知》5月18日印发。《昆明市国民经济和社会发展第十二个五年规划纲要》是“十二五”期间全市经济和社会发展的战略性、纲领性、综合性的总体规划，是政府履行经济调节、市场监管、社会管理和公共服务职责的重要依据，也是编制和实施昆明市国民经济和社会发展各类专项规划、县（市）区规划、年度计划以及制定相关政策的重要依据。

《昆明市人民政府关于印发2011年昆明市稳定价格总水平实施方案的通知》6月10日印发。对昆明市稳定价格总水平的组织领导、目标分解、健全机制、保障措施等提出明确要求。

《昆明市人民政府关于印发加强文化建设工作系列文件的通知》6月24日印发。出台了《关于加快建设博物馆名城的实施意见》、《关于加快建设图书馆名城的实施意见》、《关于加强社区文化建设的实施意见》等3个文件。

《昆明市人民政府关于加快推进雨水污水和城乡垃圾资源化利用工作的实施意见》7月4日印发。对全市雨水、污水和城乡垃圾（包括工业固体废弃物、农业垃圾、生活垃圾、建筑垃圾）资源化利用工作的指导思想、工作目标、基本原则、利用方向、保障措施等做出规定。

《昆明市人民政府关于印发昆明市松华坝云龙水源保护区扶持补助办法的通知》7月28日印发。对昆明市松华坝、云龙水源保护区的扶持补助原则、扶持补助内容、扶持补助范围、扶持补助具体实施、扶持补助资金管理、扶持补助时间和期限做出明确规定。

《昆明市人民政府关于印发昆明市学前教育增量提质三年行动方案的通知》9月6日印发。对2011～2013年昆明市学前教育增量提质的发展思路和基本原则、总体目标和具体目标、主要任务、组织保障等做出明确规定。

《昆明市人民政府关于进一步加强城市节约用水工作的实施意见》9月20日印发。对昆明城市节约用水的主要工作任务、具体工作要求、保障措施等做出明确规定。

《昆明市人民政府关于进一步实施退耕还林工作的意见》10月17日印发。规定了昆明市退耕还林的指导思想、实施原则、目标要求、实施范围、主要任务、工作措施、扶持政策、组织保障等。

《昆明市人民政府关于加快苗木产业发展的意见》10月19日印发。对全市加快苗木产业发展的总体要求、建设原则、目标任务、主要措施、组织保障等做出规定。

《昆明市人民政府关于印发昆明市企业退二进三工作实施细则的通知》10月28日印发。对企业“退二进三”的工作流程、土地收储、搬迁补偿、规划保障、企业搬迁、项目验收、部门职责等做出明确规定。同时废止《昆明市人民政府关于印发昆明市企业“退二进三”工作实施细则（试行）的通知》。

《昆明市人民政府关于印发农村产权制度改革系列文件的通知》11月8日印发。出台了《关于推进农村产权制度改革的意见（试行）》、《农村产权交易所组建方案》《昆明市农村产权交易管理办法（试行）》、《昆明市农村土地承包经营权抵押融资管理办法（试行）》、《集体建设用地使用权抵押融资管理办法（试行）》、《农村房屋抵押融资管理办法（试行）》等6个文件。

《昆明市人民政府关于印发扶持和促进中医药事业发展实施意见的通知》12月13日印发。对扶持和促进中医药事业发展的指导思想、目标任务、服务体系、工作措施、政策保障等做出规定。

《昆明市人民政府关于印发村级防疫员管理办法（试行）的通知》12月22日印发。规定了村防疫员的设置条件、工作职责、任务培训、考核管理、工作补贴等。自2012年1月1日起执行。

《昆明市人民政府关于印发昆明市贯彻云南省职工生育保险文件实施办法的通知》12月29日印发。对贯彻云南省职工生育保险文件的适用范围、缴费费率和缴费基数、享受待遇等进行了明确。同时废止《昆明市企业职工生育基金统筹管理办法》。

《昆明市人民政府关于印发昆明市环境保护公众参与办法的通知》12月31日印发。对公众获取环境信息、参与政策法规制定、参与环境管理和监督、奖励措施、法律责任等做出规定。自2012年1月1日起施行。

《昆明市人民政府关于加强环境卫生管理工作的实施意见》12月30日印发。对加强环境卫生管理工作的基本原则、目标任务、保障措施等做出明确规定。

【表彰·奖励】 《昆明市人民政府关于对荣获2010年昆明市政务服务系统先进单位、先进个人和政务服务明星进行表彰的通知》1月5日印发。授予昆明市人民政府政务服务中心等11家单位昆明市政务服务系统先进单位称号，授予陈英辉等30人昆明市政务服务系统先进个人称号，授予陈丽娟等10人昆明市政务服务系统政务服务明星称号。

《昆明市人民政府关于授予周鑫等十五位同志见义勇为先进分子荣誉称号的决定》1月11日印发。授予周鑫等15人为昆明市2010年“见义勇为先进分子”荣誉称号，并颁发荣誉证书和奖金。

《昆明市人民政府关于表彰2010年度全市群防群治工作先进集体和先进个人的通知》3月14日印发。授予昆明五华保安服务公司等21个集体“保安工作先进集体”称号，授予五华区景星街社区居民委员会治保会等67个集体“群防群治先进集体”称号，授予云南大学保卫处等70个保卫部门“经济文化保卫工作先进集体”称号，授予沈云等24人“优秀保安组织负责人”称号，授予王外昆等91人“优秀保安员”称号，授予付磊等118人“群防群治先进个人”称号，授予许昆等100名保卫人员“经济文化保卫工作先进个人”称号。

《昆明市人民政府关于表彰昆明市第二十二届劳动模范的决定》4月29日印发。授予郭庆生等60人“昆明市特等劳动模范”荣誉称号，授予江峰等200人“昆明市劳动模范”荣誉称号，并颁发奖章、证书和奖金。

《昆明市人民政府关于表彰昆明市“十一五”老龄工作先进集体和先进个人的决定》5月17日印发。对五华区等9个老龄工作先进县（市）区、市委办公厅等50个老龄工作先进单位、普跃英等51名老龄工作先进个人进行通报表彰。

《昆明市人民政府关于表彰昆明市消费维权先进单位及先进个人的通知》8月31日印发。对昆明市消费维权工作中作出突出贡献的18个先进集体及31名先进个人进行表彰。

《昆明市人民政府关于表彰昆明市两基工作先进单位和先进个人的决定》9月7日印发。对“两基”工作中认真履行职责、成绩突出的39个先进单位和150名先进个人进行表彰。

《昆明市人民政府关于2011年科学技术奖励的决定》9月15日印发。对“FMS柔性制造系统研究开发”等78项科学技术的项目人员和组织给予奖励。

《昆明市人民政府关于命名昆明市第一批生态村（社区）的决定》2011年10月28日印发。命名晋宁县二街镇朱家村等197个行政村（社区）为“昆明市生态村（社区）”。

《昆明市人民政府关于命名表彰2010年度昆明市群众性精神文明创建活动荣誉称号的决定》11月30日印发。命名昆明市公安局等6个行业为2010年度昆明市文明行业，昆明市公安局五华分局华山东路派出所等371个单位为2010年度昆明市文明单位，五华区厂口街道瓦恭社区禹都甸村民小组等43个村为2010年度昆明市文明村。

《昆明市人民政府关于表彰荣获2011年度昆明名牌产品称号企业的通知》12月2日印发。对昆明东川金桂有限公司等64家荣获“昆明名牌产品”称号的企业进行通报表彰。

《昆明市人民政府关于表彰荣获2011年度云南名牌产品称号企业的通知》12月12日印发。对昆明制药集团股份有限公司等37家荣获“云南名牌产品”称号的企业进行通报表彰。

《昆明市人民政府关于命名昆明市第二批生态村（社区）的决定》12月31日印发。命名高新区马金铺街道小营社区等348个行政村（社区）为第二批“昆明市生态村（社区）办公厅”。

（办文处）

办公厅

【自身建设】 深入学习实践科学发展观，以创建“五个好”先进基层党支部、争当“五带头”优秀共产党员为主要内容，深入开展“争效率之先、创服务之优”暨创建文明生态机关活动，促进机关作风的转变和服务水平的提升。继续执行“五个一”学习制度，落实“每日一自学、每周一集中、每月一讲座、每季一奖评、全年一总结”。组织干部职工积极参加各类培训。每月举办一次业务建设专题讲座，邀请领导、专家学者或优秀实务工作者，分类型、分专题对全体干部职工进行授课和辅导，共举办7期专题业务建设讲座；29人参加都市经济培训。

开展“阅读红色经典、继承革命传统”和《城市化》、《深圳十大观念》等专题读书学习活动。为全体干部职工发放了《中国共产党历史》（一、二卷）、《城市化》、《深圳十大观念》、《胡锦涛同志在庆祝中国共产党成立90周年大会上重要讲话》、《党的历史知识》、《办公厅工作28讲》、《办公厅工作常见的160个问题与114个失误事例》、《公司的力量》、《朱镕基讲话实录》等书籍。开展学习杨善洲先进事迹、争做优秀共产党员活动，集中收看杨善洲先进事迹，组织党员观看《守望心灵》、《杨善洲》等影片。

严格执行干部选拔任用程序，严把政策关、干部入口关、干部任免关、轮岗交流关。根据办公厅及各代管单位中层干部空缺情况，组织中层干部竞争上岗2次，全厅共有59人参加中层岗位角逐，通过笔试、面试、民主测评、考察和党组会票决，选拔出20名优秀干部走上领导岗位。按照市委组织部、市人力资源和社会保障局《关于开展昆明市中层干部（科级）跨部门竞岗交流工作的通知》规定，经公开报名、资格审查、笔试、面试、组织考察、党组会票决和公示等程序，呈贡区委办公室1人到办公厅交流任职。

【调查研究】 围绕市委、市政府中心工作，针对经济发展、社会事业、“三农”问题、滇池治理、城市规划、建设和管理等重点、热点

市政府办公厅开展“争效率之先、创服务之优”暨创建文明生态机关动员大会
（市政府办公厅 供稿）

和难点问题深入开展调查研究。会同有关部门对滇池治理、环境综合整治、水源区移民搬迁安置、斗南花卉产业园区建设、城中村改造、螺蛳湾商业片区升级改造、呈贡新区建设、轨道交通建设、昆明泛亚国际汽车博览城项目、保障性住房建设、禄大公路项目建设、西北绕城高速公路建设、昆明新机场工程建设、蔬菜生产基地建设、阳宗海风景名胜区建设、政府信息公开、云南白药整体搬迁项目、环湖公路建设、云南省老干部活动中心呈贡基地改扩建项目、“退二进三”工作、凉亭粮食转运站迁建项目、金融集聚区项目、农房违法加层和无序建房整治工作、采莲河截污、拓东片区和东华片区旧城改造规划建设、南连接线高速公路建设、城乡园林绿化工作、昆明市第一中学改扩建、清水海引水工程建设、昆明安琪儿妇产医院项目建设、东盟国际图书城项目规划建设、固定电话号码升位工作、市妇女儿童医疗保健中心建设、市儿童医院南市区医院建设、寺瓦路连接线改扩建工程规划建设等问题进行了调研，提供决策信息并提出了一些合理建议。为领导决策、指导工作提供了参考和依据，较好地发挥了参谋助手的作用。

【综合协调】 办公厅作为政府的综合办事机构，充分发挥承上启下、协调左右、联系内外的作用，在重大事项、重要会议、重点项目、群众接待等方面做了很多综合协调工作。2011年，先后参与完成市“两会”、市委全会、全市政府系统办公室主任会议等多次全市性重要会议的筹备和服务。合理安排会议议程，不断提高会议质量，保证会议顺利召开。完成市政府领导的调研、宴请、座谈、会见、走访慰问、公务接待、招商推介、友好出访、论坛会展等事务活动的服务协调。协调市级有关部门，统筹衔接，密切配合，做好国内城市政府领导重大公务来访接待活动。做好领导和办公厅各处室的后勤服务工作，加强与机关事务管理局、各处室的沟通联系，合理安排和调配车辆、会议室等。

做好群体性事件的信访、维稳、协调服务工作。2011年，协调有关部门成功处置了西山看守所有害气体污染事件，龙东格公路重特大交通事故，展亿化工厂起火爆炸，昆明新机场货运通道垮塌，昆玉高速王家营收费站旁油罐车自燃，两百余名金座集资户到省高院上访，高峣立交桥体移位事故，普吉在建立交桥下层脚手架倒塌事故，地铁首期工程羊肠村站工地不明气体中毒事故，地铁首期工程环城南路站工地煤气泄漏事故等930多起突发事件。协调处理到行政中心的上访事件1300多起，处置群体性上访事件176起。接收处理文件资料1300多份，接听、分流、处理各类来电约2万多个，做好政务值班和应急值守工作。

【督办工作】 按照市委、市政府的决策部署，不断创新目标管理督查工作机制，下发了《关于进一步加强督促检查推动工作落实的意见》、《昆明市2010年目标管理考核办法》、《昆明市城镇化率等九项指标差别化考核办法》、《关于实施工作成果倒逼完善目标管理考核的意见》、《昆明市督查工作责任追究制（试行）》、《健全完善交办催办督办查办工作机制的规定》等文件，进一步规范全市政务督查和目标管理工作。以两个办公厅名义下发了《关于对〈市委九届七次全体（扩大）会议报告〉及2011年〈政府工作报告〉确定的主要工作任务进行分解立项督查的通知》，将“两个”报告确定的283项目标任务逐一分解细化落实到市级各责任单位，并纳入2011年度工作目标管理实施严格考核。

积极推进省政府确定的20个重大建设项目和20项重要工作。下发《关于对2011年全省重点督查的20项重大建设项目和20项重要工作目标任务进行分解立项督查的通知》，上报省政府《重要情况专报》共4期。累计向省委、省政府主要领导上报《现代新昆明月报》12期。按照省政府切实抓好2011年政府工作报告八个方面主要工作的通知要求，梳理上报涉及昆明市相关工作任务进展情况的专报2期。持续推进阳光政府四项制度工作，规范重大决策听证、重要事项公示和重点工作通报的内容及方式。2011年，昆明市开展重大决策听证381件，网上发布重要事项公示7846项、重点工作通报19786项。

2011年，共接收、登记、交办、督办市委主要领导批示1459件，市长批示983件，制发《领导批示录》114期。工作中，杜绝文来文往简单的督查方式，通过电话催办、发文督促、会议会办、实地察看等形式，深入项目现场、部门和县区开展督促检查，掌握真实情况并及时向市领导汇报。组织对市委、市政府主要领导批示件办理情况进行现场督查、督办25次。全年共下发督办通知122期，形成督查专报144期。

认真开展好市政府系统64家目标责任单位2011年主要工作目标审定、下达、督查工作。结合目标管理季度自查、半年抽查情况，汇总上报政府系统目标完成情况专报2期。64家目标管理责任单位季度自查率达100%，报送目标完成动态信息3篇。认真办理市人大代表建议381件和市政协提案510件，交办率、面商率、答复率均为100%。

【公文处理】 为进一步严肃工作纪律，提升市政府办公厅执行力，促进工作规范化、制度化和科学化，新制定印发了《昆明市人民政府办公厅关于进一步重申公文制发流转程序的通知》。按照市政府主要领导的要求，为进一步规范市政府常务会议制度，维护会议的权威性和有效性，印发了《昆明市人民政府办公厅关于进一步重申市政府常务会议制度的通知》。为帮助政府系统各级文秘人员学习掌握机关公文处理知识和规范化要求，进一步提高办文的质量和水平，充分发挥以文辅政的作用，按照办公厅领导的要求，新编印了《行政机关办文工作手册》，并在全市政府办公厅（室）主任会议上发放，供市政府系统各部门学习。2011年，共编发3期《公文点评》，对厅内公文办理情况进行点评，及时发现并解决办文工作中存在的问题，规范办文工作，切实提高办公厅服务质量和工作水平。

以提高公文质量和时效性为核心，严格控制发文数量。全年发文情况为：市政府及办公厅印发政府令5件，政府公告6件，昆政发98件，昆政复130件，昆政文33件，昆政函104件，昆政办173件，昆政办文112件，昆政办函22件，常务会议纪要25件，专题会议纪要465件，情况简报20件，重要情况专报100件。出刊《昆明市人民政府公报》12期，编发《昆明市人民政府办公厅通讯》22期。

【政务信息】 结合政务信息工作的实际，制定下发了《昆明市人民政府办公厅关于做好2011年政务信息工作的通知》。全年共编辑《政务简讯》、《政务工作通讯》等各类信息刊物260余期，采用信息4000余条。全年向省政府上报信息1995条，向国办上报信息234条。昆明市政府上报省政府信息累计积分1591分，超额完成省政府办公厅下达600分的指标，得分位居全省各州市第一名，政务信息上报工作继续保持全省领先。

进一步完善市政府办公厅机关网上办公系统，不断修改完善网上办公系统软件功能。办公厅网上办公系统全年处理办文信息72503条，发文信息22958条，领导批示信息20929条；办公厅接收各县（市）区和各部门电子公文20930份。为使网上办公系统稳定高效运行，数据安全性得到保障，建成了市政府办公厅数据备份系统，对网上办公业务系统公文数据进行双机备份升级和历史数据文件迁移，进一步提高办公厅网上办公系统的稳定性和数据安全性。

【党的建设】 2011年，市政府办公厅根据《昆明市市级机关2011年永葆先进性·“云岭先锋”工程目标考核责任书》的要求，结合办公厅及各支部的实际，认真制订了《昆明市人民政府办公厅2011年永葆先进性·“云岭先锋”工程目标考核责任书》及考核细则。机关党委与各支部、各支部与每位党员层层签订了党建目标责任书，真正做到了目标明确、工作到位，责任到人，形成了一级抓一级，层层抓落实工作机制。

严格按照《党章》和《条例》的规定，结合办公厅工作实际，督促指导目督办支部、驻沪联络处支部完成了换届选举工作。结合机构职责调整，按照有利工作的原则，办理了法制办支部、信访局支部、接待办支部成建制转出相关工作。根据《中国共产党党章》和《中国共产党组织选举工作条例》及省市委统一部署，选举产生了市政府办公厅出席中国共产党昆明市第十次代表大会代表2名，组织完成了省第九次党代会初步人选提名推荐工作。增补党委委员1人、纪委委员2人，为94名党员办理了组织关系转移手续。

【定点扶贫挂钩】 2011年，市政府办公厅视帮带扶贫工作为己任，将定点挂钩帮带扶贫点困难群众当亲人，动真情、扶真贫，为改善扶贫点困难群众生产、生活条件做了大量的实事，扶贫工作成效显著。安排资金5万元及1300个火腿月饼慰问定点挂钩帮带扶贫点困难群众，各支部组织党员干部自愿捐款4000余元，对禄劝县云龙乡拥箐村委会、团街镇马初村委会结对帮扶困难群众家庭进行走访，为困难群众送去了慰问金，购买了大米、食用油；资助挂钩帮带扶贫点拥箐村委会办公桌椅运输费和困难群众医疗费各1000元。促成上海金茂工程公司王总经理个人捐资70万元，原址重建禄劝县皎平渡镇大荞地小学教学楼及相关学生食堂、师生宿舍等设施，合计建筑面积453平方米；促成社会慈善人士捐款12000元资助禄劝县皎平渡卢家坪村委会应届贫困大学生廖宏先园大学梦。从办公厅行政经费中给拥箐、马初两个村委会各安排1万元护林防火工作经费；与市森林防火办联系，为拥箐村委会和马初村委会争取安排了一批森林防火设备，并已交付两个村委会。协调农业局继续为马初村委会实施魔芋种植项目。2011年自愿捐款厅党组基金12700元，资助办公厅定点挂钩帮带扶贫点两名贫困家庭在校大学生。组织帮带扶贫点禄劝县云龙乡拥箐村委会、团街镇马初村委会村民小组长及云龙乡、团街镇分管扶贫工作负责人共40余人，到大理州漾濞彝族自治县学习考察核桃产业发展、核桃种植技术、核桃生产管理及核桃生态建设情况。2011年，市政府办公厅被评为昆明市“十一五”扶贫先进单位。

（办公厅办文处）

机关事务管理

【市级行政中心动迁工作】 按照市委、市政府“市级机关整体搬迁至呈贡市级行政中心”的要求，机关事务管理局制定了搬迁方案。在搬迁过程中，提供安全和服务保障。年初至春节前，在各委办局的大力支持配合下，圆满完成167家单位(含二级单位)的搬迁工作。

【后勤管理及服务】 2011年，按照市委、市政府要求，新都公司作为市级行政中心前期物业管理主体，负责设施设备维护、绿化、卫生保洁等服务。市级机关事务管理局作为市级行政中心业主单位，切实履行标准制定、过程监督、结果考核、意见征求的职责，确保市级行政中心各项设施设备运行良好，绿化管养、卫生保洁、设备维护等工作扎实有效。引入市场竞争机制，制定引进社会化餐饮企业服务标准和质量考核等制度，将9个餐饮服务窗口采取市场化模式运营，落实餐饮服务末位淘汰制度。同时，为市级四大机关内设会议室提供会议服务保障2500余次。对后勤服务工作开展了4次意见征求，综合满意率达到91.6%。

协调市级行政中心代建单位，累计完成9大类107项的工程整改和设施设备调试以及功能完善。在试运行期间，制定《行政中心后勤服务须知》，编印《昆明市市级行政中心后勤管理服务工作相关制度汇编》。进入常规化管理后，制定《昆明市行政中心后勤服务指南》，完善相关配套服务，拓宽服务范围和项目，引进银行、通讯、邮政、超市、数码影印等服务单位，设置理发、干洗等服务窗口，方便广大干部职工的工作和生活，保证市级行政中心有序运转。

【公务用车专项治理】 根据中央和省公务用车专项治理工作部署，停止了对公务用车购置审批。全市车辆运行及购置费支出数与2010年相比，实现“零增长”。完成公务用车专项治理学习、动员、部署、登记、自查、纠正工作。与市专项治理工作领导小组办公室一道对全市涉及的221万余个数据进行整理、分析、汇总，完成数据复核。经过五次审核修改完善汇总，三次专项督查抽查检查，完成登记统计、审核及上报工作，违规换车、借车、带车问题已基本清退完毕。其他违规车辆的治理，正按中央、省的相关要求有序推进。

【安全工作】 贯彻“以人为本、预防为主、确保安全”方针，切实加强社会治安综合治理和维稳工作。完成办理市级行政中心一卡通授权及升级8264张。办理新增人员落户75人次。配合市公安局对消防设施进行检查，组织消防演练2次。接待和维护群众上访450余起，其中：30人以上的集体上访78余起，处理违规停车2543人次。全年安全行车近110万公里，节油近2万升。机关绿化基地森林防火和抗旱保苗工作安全扎实。

【政府采购】 以《采购法》、《招投标法》等为依据，完善政府采购工作流程、信息发布、现场管理、点评观摩和档案管理等制度。2011年政府采购预算为43235.24万元，采购成交金额为37095.02万元，共节约财政资金6140.22万元，节约率为14.2%。

【物业管理】 昆厦物业公司坚持“依法管理、服务第一，满足业主需求”的服务宗旨，完成各项经济指标、管理服务目标，为业主营造安全、舒适、和谐的生活环境。2011年登记外来人员27000余次，进出小区搬家和大件物品查询登记738次，查询、登记进出小区车辆达90余万次，被昆明市政法委评为“平安创建先进单位”。公共区域设施设备维护保养600余次，良好运行率达100%。为业主提供维修服务24874次，回访满意率达95%以上。完成月牙塘小区2144户电表一户一表改造，处理污水70218立方，回用中水61341立方。

【局属经济实体】 茶花宾馆立足自身条件，强化经营管理，保持职工队伍和经营效益基本稳定，年平均入住率74%，实现经营收入1050万元。兰花宾馆不断提高服务质量，转变经营模式，加强经营管理，年平均入住率60.66%，经营收入1033万元。文印中心按照“小、快、灵”策略开展生产经营，积极拓展市场，实现经营收入252万元。昆厦物业公司强化企业竞争力，提高服务水平，加大治安巡查力度，保障各物业服务小区道路畅通、治安秩序良好，实现经营收入622万元。

【主城区办公房产移交】 按照《关于市级机关动迁办公房产移交的方案》，在市第五纪工委、市财政局、市审计局、新都公司大力配合下，历时近8个月，清理移交46处办公房产。按照市委、市政府的要求，移交给昆发展等公司房产43处，保留办公房产3处，圆满完成任务。

【市级行政中心配套商品房建设】 贯彻落实市委、市政府和市级行政中心建设和搬迁工作领导小组的部署和要求，做好市级行政中心配套商品房建设各项协调服务保障工作。滇池星城于2011年3月全面交房。搬迁呈贡的部分教育、卫生系统配套住宅建设稳步推进。

（路　润）

行政审批服务中心

【业务办理】 2011年行政审批事项86项。至年底，行政审批服务中心各窗口共接件133801件，办结率100%。受理咨询82137件，办结率100%。平均每天接件达535件，是历年来办结率最高的一年。已连续四年群众书面投诉为零。

【导入ISO9001国际质量管理体系】 严格按照ISO9001国际质量管理体系标准，执行国家有关法律法规和质量体系文件要求，做到过程识别分析到位，窗口作业规范，相应的管理记录清楚。北京新世纪认证有限公司专家审核组对中心导入ISO9001国际质量管理体系运行一年来的贯标情况进行了监督评审，结论是：“持续符合标准要求，同意保持认证注册资

启动公共资源交易中心按钮 （市政务服务中心 供稿）

格”。体系的导入，进一步规范了行政审批行为，确定了行政审批规则，理清了行政审批程序，坚持了依法办事，促进了行政审批工作高效运行。一年来，中心做到了两个100%：窗口接件100%完成，没有出现错误；办结率100%，没有出现超时审批。通过测评，群众满意率为96%，超额完成了质量目标的要求。

【云南省政务信息岛开通仪式】 5月3日，云南省政务信息岛开通仪式在政务服务中心隆重举行。省纪委书记李汉柏、省委常委、副省长李江、省人大常委会副主任程映萱、市长张祖林等省、市领导及各大新闻媒体约100余人参加了仪式。

【市县乡联动便民服务体系建设】 建立以市县两级24个政务服务中心为核心，133个乡镇（街道）为民服务中心为枢纽，1605个村（社区）为民服务站为节点，立足基层、面向群众、覆盖城乡的政务服务体系，实行“一站式办公、一条龙服务、一次性办结、一条鞭管理”。4月15日，昆明市政务服务三级联动信息系统正式启动，标志着市政务局已搭建起覆盖全市各级政务（为民）中心的信息工作平台，实现了全市政务服务系统内部的公文传送、数据汇总、信息共享和协同办公，并以此为契机，逐步构筑起市、县、乡三级中心“三位一体、横纵联合”的行政审批服务工作机制，建设集行政审批、为民服务、效能监察为一体的全市行政审批服务体系，为进行全市范围内的网络行政审批奠定了基础。推动政务服务工作向乡镇、社区和产业园区延伸。每季度进行一次日常督查抽查，由局领导带队分组深入到全市各级中心进行督查，要求各级中心任务统一，建设标准，统一设置窗口，统一服务内容，统一工作规范，统一管理体制。

【管理服务工作】 中心开展学政治、学业务、学电脑、学普通话、学礼仪的“五学”活动。重点抓好规章制度、服务礼仪、服务理念等知识的学习和培训，做到每季度不少于一期，人员覆盖率不低于95%。4月份，举办了政务服务中心建设规范与行政审批培训，邀请国家行政学院顾平安教授讲课，全市各级中心共200余人参加。5月份，在云南大学电教中心举行了市县乡三级联动信息系统运行培训班。8月份，召开了全市乡镇（街道）为民服务中心星级评定工作会，采取以会代训的形式，邀请市委组织部领导作星级评定工作实务指导，邀请苏州大学博士生导师、政府管理研究所所长沈荣华教授到会作政务服务中心工作专题讲座，收到较好效果。

【行政审批服务工作】 为确保机构改革和审批事项精减后中心各窗口行政审批服务工作的正常运转和有序衔接，以及中心搬迁呈贡新区后各窗口行政审批服务工作的正常运转，中心对相关窗口、人员进行了整合。印制了《窗口行政审批事项告知单》，规范窗口行政审批服务项目。要求各进驻部门根据市政府《昆明市市级行政审批项目公告》公布保留的行政审批项目，进行规范细化，并形成文本。规范了窗口行政审批服务。

【创建文明机关】 全市政务服务中心开展了“创文明行业”活动，形成了上下联动、共同发展的良好氛围。搬迁到呈贡新区后，对中心办证大厅进行绿化，建立了“职工之家”，采购了一批健身器材和上千册图书，为办事群众和工作人员创造舒心的办事和工作环境。与盘龙区滇源镇苏海小学进行了“城乡结对、文明共建”活动，向学校捐赠计算机、体育用品和图书，并承诺：在3年内帮助苏海小学建成一个拥有计算机及相关网络设备的计算机网络教室，每年捐赠一定数量的图书，帮助学校建立一个图书室。按照市委、市政府“十二五”扶贫工作方案，对口帮带禄劝县马鹿塘乡普德村委会，筹集3万元用于村为民服务站场所建设补助，捐赠3台电脑改善村委会办公条件，发动局机关人员捐款5300元，帮扶村小学10名特困学生。

【组建公共资源交易中心】 昆明市公共资源交易中心为昆明市人民政府所属公益性事业单位，受市人民政府委托，由市政务服务管理局管理。为组建昆明市公共资源交易中心，市委、市政府高度重视，专门成立了“昆明市公共资源交易中心组建工作领导小组”及其办公室。市政务局举

公共资源交易中心揭牌仪式　　（市政务服务中心 供稿）

全局之力，在短短一个月内，完成了建设方案设计、工程施工图纸设计、建设单位招标、装修装饰工程进场施工及办公区、接件区、评标区、开标区等4大功能区的装修改造工程。12月中旬中心开始试运行后。在市政务服务管理局，举行了云南省州（市）级公共资源交易中心全面建成运行暨昆明市公共资源交易中心揭牌仪式，省委常委、副省长李江，省委常委、市委书记张田欣，市长张祖林等省市领导和市政府各委办局、各县（市）区主要领导参加了活动。

（张二平）

信访工作

【信访工作概况】 2011年，全市县以上党政机关信访总量105581件次，同比下降29.5%，其中来信14224件，同比下降44%；来访35448批91357人次，同比批次和人次分别下降1.8%和26.6%；集体上访1554批44524人次，同比批次和人次分别下降53.2%和38.8%。市信访局接待处理信访件10553件次，同比下降61.2%。其中来信4091件，同比下降57%；来访1761批6462人次，同比批次和人次分别下降45.9%和63.5%。接待到省市党政机关集体上访243批4160人次，同比批次和人次分别下降57.1%和70.8%。

【构建群众工作统揽信访工作新格局】 市委、市政府始终把信访工作作为党委政府的政绩工程、人民群众的民心工程、社会和谐的基石工程、科学发展的战略工程，狠抓各项工作措施的落实。结合社会管理创新，逐步推开以群众工作统揽信访工作。7月，市委下发了《关于坚持以人为本执政为民进一步加强新形势下群众工作的实施意见》，结合昆明实际，提出贯彻落实《云南省委进一步加强新形势下群众工作的意见》的具体要求。9月，市委办公厅下发《关于成立中共昆明市委群众工作领导小组的通知》，成立了李邑飞副书记任组长，保健彬、张显忠、赵立功、陆玉珍、赵学锋任副组长，市级相关部门主要领导为成员的群众工作领导小组。10月，市编办下发了《关于市委群众工作局机构设置的批复》，明确在市委、市政府信访局加挂“市委群众工作局”牌子，与市信访局实行“两块牌子、一个机构”，增设综合处承担市委群众工作领导小组办公室的日常工作，增设1名副局长，增加行政编制6名，其中中层领导职数2名。14个县（市）区、5个开发（度假）区中，有17个下发了贯彻落实省市关于群众工作的文件，16个成立了群众工作领导小组；11个县（市）区明确了机构编制。石林县明确群众工作经费20万。乡镇（街道）成立群众工作站63个、村(社区)建立群众工作室584个、落实群众工作联络员3353名。全市正在加紧构筑市、县（市）区、乡镇（街道）、村（社区）四级群众工作组织体系。

【领导干部接访下访】 全市领导干部阅批和处理群众来信来电、接访、下访形成常态。仇和书记亲自阅批群众来信来电，1～12月共批示群众来信592件，办结533件，办结率达90%。张祖林市长率市政府领导亲临市长热线接听群众来电、解决市民诉求。李邑飞副书记、赵立功副市长多次召集会议安排部署信访工作，研究协调重大突出信访问题。《昆明日报》等媒体公布了14个县（市）区、5个开发（度假）区领导干部定期接待群众来访的次数、时间、地点、联系电话等信息。1～12月，县（市）区参与“大接访、大下访”的领导干部共计1385人次，接待上访群众2048批11126人次；市属部门参加“大接访、大下访”的领导干部共计867人次，接待上访群众1629批9744人次。市信访局局长接待日接待来访群众352批807人次。按照全市维护社会稳定暨信访和群众工作电视电话会议安排部署，从11月15日开始，全市组织开展了“下基层、访万户、察民情、解民忧、惠民生、安民心”活动，进一步密切党群干群关系。

【畅通信访工作渠道】 通过综治维稳宣传月集中宣传，局长做客春城热线等形式向社会公众宣传信访工作。告知信访渠道，公开信访接待受理信息和服务承诺。2月底，市委、市政府再次向社会公布“新版”全市党政机关副县级以上领导干部包括市委书记、市长职务分工情况和公务工作电话，方便群众反映问题、提出意见建议。“信访绿色邮政”作为群众来信的“零成本”通道继续稳步运行。1～12月共收到群众来信2083件，均及时妥善办理；网上信访运行更加规范快捷，1～11月共收到网上信访件601件，办结率达100%。10家律师事务所95名律师参与信访接待，接待上访群众272批496人次。受理信访复查复核14件，办结14件，办结率达100%。充分发挥复查复核与听证工作专家委员会的咨询议事作用，选取13件典型案件听取专家委员意见。举办信访听证会、专家论证会。

【化解信访和积案】 落实突出疑难信访案件包保责任，将信访工作责任逐级压实到部门、到基层、到具体人，推动落实“一岗双责”责任制。对各类涉及群众切身利益的信访突出问题，加大督查督办力度。市信访局交办督办各类重要信访案件1063件，办结866件，结案率81.5%。全市梳理出77起重大矛盾纠纷列入督办，限期化解。按照中央、省的安排部署，全市信访系统将化解信访积案作为2011年的一项重要工作任务，市信访联席会议办公室分三批向县（市）区、市属部门交办113件信访积案，逐一落实了责任主体、包案领导和稳控责任。根据《昆明市信访救助资金管理使用办法》，共使用各级救助资金190.52万元，其中中央资金17.01万元，省资金80.31万元，市级资金76.89万元，县及市级机关自筹资金16.3万元，救助化解信访事项66件，解决了一批疑难问题和遗留问题，促成部分老户彻底息访。

【开展信访事项终结】 3月，市信访局召开信访事项三级终结及其备案工作专题会议，对14个县（市）区、5个度假（开发）园区做好此项工作作出安排部署，要求每一位局领导、各个处室与县（市）区结对联系，一对一指导督促其按《中央联席会议办公室关于依法做好信访事项终结工作意见（试行）》、《中央联席会议办公室关于对已依法终结信访事项实行备案的实施办法（试行）》和《省联席会议办公室关于对已依法终结信访事项实行备案的通知》精神，有序开展工作。全年全市审查上报了21件终结备案的信访事项，超额完成了省信访联席会议下达的15件目标。

【信访干部队伍建设】 进一步细化明确局领导分工和各处室职能职责，同时调整和充实了本局“效能昆明”建设活动等19个专项工作领导小组。在全市信访系统开展了“创先争优能力建设活动”，通过确立岗位标准，公开服务承诺，开展岗位练兵，推行首办负责制，抓班子、带队伍、提能力、促业务。市信访局率先开展了以计算机录入基本功为主要内容的岗位练兵。向省信访局推荐了8名优秀办信员、接谈员、督查员、信访工作者候选人。邀请江苏省宿迁市政府副秘书长、信访局长申湘琴对市级单位和县（市）区分管领导和信访干部进行了《信访听证制度与无理上访的认定及终结处理》的专题培训。

【信访信息化建设】 推广和应用“全国信访信息系统”市信访局加大业务指导、资金硬件帮扶和软件教育培训的力度，加大下基层检查、面对面指导、一对一帮助的频度，每季度通报一次全市网上信访工作情况，督促各县（市）区信访局主动学习使用“全国信访信息系统”，逐步升级信息硬件配备。上半年实现了全市信访系统全部应用“全国信访信息系统”办理、登记信访事项。信访数据录入率达到100%。

（郑美燕）

12345市长热线

【概况】 2011年，市长热线办通过“12345”热线电话、书记工作电话“3197977”和“3101175”、市长工作电话“3166500”，以及书记电子信箱、市长电子信箱、市长热线网站、“昆明12345市长热线”新浪微博及邮政等渠道，共受理群众来电（件）72余万个（件）(不包括县市区联动热线独立受理件)。其中，书记工作电话4862件、市长工作电话2190件、“书记电子信箱”3623件、“市长电子信箱”5217件，办结率达99.4%，群众受理满意率达98.7%。联合各职能部门到现场处理问题67次。报刊、电视、网络报道市长热线信息320条。

4月26日，市长张祖林接听12345市长热线 （市长热线办 供稿）

市长热线办结合热线信息资源量大、覆盖面广、贴近基层的特点，把握民生民情，关注舆情动态，及时形成具有一定参考价值的信息上报市委、市政府领导。2011年共编发《书记电子信箱、工作电话情况周报》28期、《书记工作电话办理结果摘报》34期、《市长电子信箱、工作电话情况周报》49期、《工作简报》39期、《工作情况通报》41期、《专报》21期、《现场督办专报》1期、《热点调研》2期，完成文稿215篇。通过将群众反映的领导电子信箱、工作电话受理件单件上报的形式呈市领导参阅件近900件，获得市级领导批示件800余件，解决了许多关系民生的热点难点问题，较好地发挥了社会预警功能和市委、市政府的参谋助手作用。

【制度建设】 在坚持办件“三级把关”制和召开“四种会议”制等业务制度的基础上，积极创新工作方式，建立起“市政府领导接市长热线电话”制度和“市政府领导接听市长热线电话办理结果公示”制度。为进一步加强市委市政府主要领导电话、信箱的办理工作，市委办公厅和市政府办公厅制定下发了《关于进一步加强和规范市委、市政府主要领导工作电话、电子信箱批示件办理工作的通知》。根据省政府和市政府的安排和部署，省政府96128政务查询专线昆明平台移交昆明市市长热线电话办公室进行管理，按照整合政务服务热线品牌的发展思路，精心谋划，大胆尝试，敢于突破，实现了省政府96128政务查询专线和市政府12345市长热线两个电话受理平台的整合和效率提升。

【创新工作】 在借鉴省外先进城市成功经验的基础上，实施了昆明市政府12345非应急服务“一号通”项目建设工程，话务平台迁移到省电信大楼后，全市258部对外公开的政务电话已经停止直接对外服务，11个短号平台作为“一号通”平台的二级分中心接受指令性联动。平台启动运行后改变了昆明市政务服务电话“号码林立、各自为阵、分散服务”的局面。实现了充分利用12345市长热线在社会民众中的知名度和认可度，集合全市政务和社会服务资源，打造“统一、规范、便捷、高效”的政务服务。“一号通”平台和“在昆明，老百姓只需要记住并且拨打12345或者96128任何一个电话，即可得到政府贴心温暖服务”的目标。全市整合范围内的政务服务电话受理量呈下降趋势，整合效果已经显现。热线网络信息化实现全覆盖，办件网络延伸到乡镇、街道办事处。平台接入部门1043家，办理人员达3000多人。具备条件的单位按要求对96128与12345负责机构、人员进行合并，极大地节约了人力资源和行政成本。

【市政府领导接听市长热线电话】 为进一步探索市政府领导与人民群众之间的有效沟通渠道，2011年4月，经市政府同意，市长热线办成功开展了“市政府领导接听市长热线电话”工作。市长张祖林，副市长李文荣、黄云波、王道兴、陈勇、李喜、何波、张锐、赵立功分别到市长热线电话办公室接听市民来电，并与网民进行互动。市长热线办还将领导接听件的办理结果通过媒体向全市公示，接受人民群众监督，为提高政府办事效率，促进部门工作作风转变起到了助推作用。

【网络问政工作】 为顺应网络问政迅速发展的趋势，市长热线办凭借多年办理书记电子信箱和市长电子信箱的工作经验，主动顺应时代需求，扩展网络受理渠道，在网络问政这一新领域进行了大胆探索和研究。组织撰写了题为《昆明市在民主决策过程中充分发挥网络问政作用的对策研究》的课题论文，形成2万多字的专题论文材料，并得到了市委、市政府主要领导的批示，市委宣传部和市工信委等部门按照批示要求对论文进行深入研究，争取将论文成果转化为具有可操作性的系统平台。2011年4月，市长热线办开通了“昆明12345市长热线”新浪微博，通过这一平台广泛宣传热线工作，收集网民对政府工作的意见建议，及时回应、处理网民诉求，正确引导社会舆论，为树立政府良好形象起到了积极作用。2011年，市长热线微博共发布信息400余条，回复网民评论近700条，开展“微访谈”两次、“微直播”一次，关注热线办微博的网民有10万余人。

【局长（主任）接待日】 按照工作要求，市长热线办加大了对“局长（主任）接待日”工作的巡查力度。全年共巡查15次38个职能部门，针对个别单位或部门出现的问题给予及时通报指正，确保“局长（主任）接待日”各项措施落实到位，杜绝了形式主义。

【培训考察】 加强与省外的学习和交流，先后接待济南、成都、杭州、秦皇岛、海口等城市到昆考察。市热线办也组织人员分别赴苏州、福州、武汉、广州、长春等地，与当地市长公开电话受理部门进行沟通学习，借鉴省外同行的先进工作经验和管理办法，不断提高自身服务水平和能力。9月份，参加了在厦门举办的第十八届全国市长公开电话工作年会，相互学习交流，与多家城市建立起友好合作关系。

【宣传工作】 2011年，市长热线办抢抓机遇，充分挖掘工作亮点，加强与各新闻媒体的沟通，实现被报道320条。除市级媒体外，一些省级新闻媒体，省外知名媒体也对市长热线的工作亮点和成绩进行了大量报道。《云南日报》多次对市长热线办的工作进行报道。2011年9月2日的“特别报道”和“网闻天下”同时报道了昆明市长热线的工作经验。中国共产党新闻网以“为群众称道的昆明市长热线击掌叫好”为题对市长热线的工作经验和成绩进行了评论。人民网时政频道“各地要闻栏目”以标题新闻的模式报道了市长热线官方微博运行情况。中国日报、中国新闻网等知名网站也对昆明市市长热线新闻进行转载，为昆明经济社会发展营造了良好的外部环境。

（牛元位）

法制工作

【地方性法规起草调研和修改】 2011年，按照市人大常委会立法计划，完成了《昆明市学生体质健康促进条例（草案）》、《昆明滇池国家旅游度假区条例（草案）》、《昆明市城市轨道交通管理条例（草案）》、《昆明市发展规划条例（草案）》、《昆明市历史文化名城保护条例（修订草案）》、《昆明市城镇绿化条例（草案）》、《昆明市就业促进条例（草案）》、《昆明市生猪屠宰条例（修订草案）》、《昆明市道路交通安全条例（草案）》、《昆明市节约能源条例（草案）》的起草、审查和报送。配合省政府完成了《云南省阳宗海保护条例》、《云南省滇池保护条例》、《云南省云龙水库保护条例》、《云南省牛栏江保护条例》的起草、调研和修改。

【政府规章及规范性文件起草和审查】 2011年，完成了《昆明市居住证管理规定》、《昆明市商品交易市场管理办法》、《昆明市电动自行车管理规定》、《昆明市餐厨垃圾管理办法》和《昆明市城市基本建设档案管理规定》、《昆明市国有建设用地使用权拍卖出让管理暂行办法（修订草案）》、《昆明市农村公益性公墓管理办法（草案）》政府规章的起草和审查。完成《昆明市建设领域工资保障金管理办法》、《昆明市人民政府关于第四批主城规划区公园广场绿地保护目录的公告》、《昆明市促进股权投资基金发展管理暂行办法》、《昆明市新建住宅项目供电设施建设管理办法》、《昆明市名人故（旧）居保护暂行办法》、《昆明市市级行政审批项目的公告》、《昆明市环境保护公众参与办法》《昆明市人民政府关于加强2012年森林防火工作的通告》政府规范性文件的起草、审查，超额完成5件。

按时完成了《中华人民共和国个人所得税法修正案（草案）》、《中华人民共和国老年人权益保障法》、《云南省专利促进与保护条例（修订草案）》、《云南省农民工工资支付保障规定（草案）》等18件全国人大、国务院、省市人大、省政府交办的法律、法规和规章草案的意见征求，办结率达100%。

【法制体系和决策听证制度建设】 法制办于8月份制定了《关于“加快建立与区域性国际城市相适应的法制体系”工作实施方案》，确保立法工作有序开展。对《昆明市重大决策听证制度实施细则》进行修订完善，进一步细化操作流程，规范听证程序。配合市纪委起草拟定《昆明市重大决策听证制度问责规定》，连同《昆明市重大决策听证制度实施细则（修订征求意见稿）》，经广泛征求各地、各部门意见，认真修改完善后形成政府文件，于12月印发执行。全年共组织完成听证事项334项。

【健全行政执法监督体系】 组织开展了行政执法案卷评查。按照统一评查标准，集中从市级33家执法部门的2293件行政处罚、4377件行政许可、32件行政复议案卷中，抽评了行政处罚案卷121件，行政许可案卷120件，行政复议案卷25件；对14个县（市）区执法部门的行政处罚案卷1200余件，行政许可案件1300余件进行了案卷评查。通过评查，加强了执法监督，规范了执法行为。

举办市级执法人员培训班7期，培训行政执法人员1941人，超额完成了任务。协助官渡区、西山区等4个县区开展行政执法人员轮训4期，培训执法人员1400多人。以《中华人民共和国行政强制法》、《国有土地上房屋征收与补偿条例》、合同审查技巧、企业及政府融资为主要内容，对全市法制系统人员进行了专题培训。

【行政执法检查】 组织各县（市）区和市级执法部门就贯彻实施《行政执法机关移送涉嫌犯罪案件的规定》、《昆明市执法责任制条例》，行政复议和法定代表人出庭应诉，行政审批制度改革等开展了自检自查。对富民、寻甸、经开区、度假区、公安局、环保局、商务局等县区和部门进行了抽查。并将检查情况在全市通报，以促进各地、各部门的工作。

【法制文件、案件登记备案】 2011年，完成县区和部门规范性文件登记33件，重大行政处罚案件备案104件，行政强制备案79件，行政许可备案1件。通过严格审查，没有发现违法或不当的行为，保证了相关行政行为的合法、有效。完成了《昆明市居住证管理规定》、《昆明市商品交易市场管理办法》、《昆明市新建住宅项目供电设施建设管理办法》等10件市政府规章报送国务院和省政府的登记备案，登记备案率达100%。

44家市级执法部门和4个开发（度假）区管委会共梳理执法法律依据2637部，行政许可项目425项，管理服务项目238项，行政处罚项目6583项，行政强制185项，行政征收59项，行政确认27项，行政给付23项，其他行政权力项目156项；编制权力流程图487幅。各单位上报的材料经市法制办审核备案已相继对外公开。

【行政审批制度改革】 根据机构改革和法律、法规的调整情况，组织市级部门对原有的行政审批事项进行全面清理，将清理结果以《昆明市人民政府关于调整市级部门承接省级下放行政审批项目目录的通知》对外公布，共保留24个市级行政部门的86项审批项目。承接省级下放的行政许可项目23项、非行政许可审批项目13项。还组织了对中央、省垂直管理部门行政审批项目及市级管理服务、内部审批项目的清理，并对社会进行公布。

做好行政审批权下放阳宗海风景名胜区、倘甸产业园区和昆明轿子山旅游开发区管委会的工作，下发《关于做好市级、县级行政审批权下放阳宗海风景名胜区、倘甸产业园区和昆明轿子山旅游开发区管委会的通知》，明确了下放的原则、范围、程序、时限、方式以及监管责任。

【行政复议和行政诉讼案件】 2011年，法制办累计收到行政复议案件389件，依法受理31件，不予受理4件，告知4件。根据《中华人民共和国行政复议法》的规定，受理的31件案件中，全部在规定时限内办结，办结率达到了100%。不予受理和需要告知的行政复议案件均对当事人给予了明确的答复。

截至2011年12月底，法制办共代理以市政府作为被告的行政应诉案件7件，其中一审5件，二审2件。

【聘请法律顾问法律专家咨询委员】 由于市政府换届，原有法律顾问聘期届满。为防范政府工作中的法律风险，及时在省内大专院校、法律界、司法界及省市人大常委会范围的专家、学者和律师中进行遴选，经市政府第6次常务会议审议通过，聘请了新一届市政府法律顾问10名、法律专家咨询委员会委员18名。

（沈彦纯）

机构编制

【实行“双控”制度】 坚持机构编制集中统一领导原则，实行机构编制事项“一支笔”审批制度和“双控”制度，严格按程序办理。协同组织、人力资源和社会保障、民政等部门，切实把好机关、财政拨款事业单位的人员入口关。加大对机关事业单位招录人员、安置军队转业干部和复员退伍军人、调入人员以及配备科级领导干部的落编审核力度。严格事业编制总量管理，坚持编制数，不超编进人。进一步加强机关、事业单位工作人员入编、出编审核。

【扩权强县改革试点】 印发了《关于“一湖四片”、“一主四辅”相关县(市)区成立新区管理委员会的通知》，分别在五华、盘龙、西山、晋宁、安宁、嵩明、宜良、富民等县(市)区加挂了新区管理委员会牌子。在昆明阳宗海风景名胜区管理委员会加挂了“昆明阳宗海新区管理委员会”牌子。

【乡镇机构改革】 根据省委、省政府《关于深化乡镇机构改革的实施意见》，市委办公厅、市政府办公厅印发了《关于转发并认真贯彻的通知》，明确提出了全市深化乡镇机构改革工作的有关要求，市委编办召开了昆明市深化乡镇机构改革工作会议，并成立了4个工作指导组。年中，又先后召开三次工作推进会，对全市深化乡镇机构改革工作进行督查推进。至年底，各县(市)区深化乡镇机构改革工作圆满完成，乡镇为民服务平台得到大力加强，服务水平再上新台阶。

【事业单位模拟分类试点】 根据《中共中央、国务院关于分类推进事业单位改革的指导意见》，省委编办将昆明市作为全省事业单位模拟分类工作的试点。市委编办印发了《关于市级事业单位分类试点工作的通知》、《昆明市市级事业单位模拟分类参考表》、《昆明市市级事业单位模拟分类申报表》、《昆明市事业单位模拟分类试点工作问题解答》、《昆明市事业单位模拟分类试点工作指导组名单》，全面展开昆明市事业单位分类试点工作。

【事业单位网上登记管理】 组织完成市级机关所属事业单位网上登记管理培训，全市事业单位从2011年1月1日起全面实施网上登记管理。制定了《昆明市事业单位法人设立、变更和年检提示告之制度(试行)》，《昆明市事业单位网上登记管理制度(试行)》，分别于2011年5月1日和7月1日起正式执行。

【机构编制执行情况评估】 按照省委编办《关于认真开展机构编制执行情况评估工作的通知》要求，市委编办在2010年市、县两级政府机构改革的基础上，积极探索和创造条件推行政府部门“三定”执行情况评估试点工作，研究拟定了《昆明市机构编制执行情况评估实施办法(试行)》。2011年7月底8月初，市委编办组织全市机构编制部门对市、县两级政府部分工作部门“三定”规定执行情况进行了评估，总体情况良好。

【事业单位法人绩效评估】 为进一步加强对事业单位法人的监督管理，根据《地方各级人民政府机构设置和编制管理条例》、《事业单位登记管理暂行条例》、《云南省机构编制管理条例》等法规规定，制定了《昆明市事业单位法人绩效评估办法(试行)》。主要对事业单位执行“九定”(定机构名称、定隶属关系、定职责任务、定机构规格、定内设机构、定人员编制、定编制结构、定领导职数、定经费形式)及落实“管理效能、服务效益”(含制度创新、机制创新、管理效能、服务质量、社会效益)的情况进行评估。评估结果与事业单位年检相结合，互为支撑。

【探索园区管理体制】 完成昆明石林台湾农民创业园、昆明石林城乡一体化先行区管理委员会和昆明西翥生态旅游实验区管理委员会的申报设置，以及云南嵩明杨林工业园区管委会的机构编制调整工作。进一步优化了行政资源配置，为加快实现现代新昆明科学发展新跨越提供了体制支持。

【开展“调研年”活动】 为进一步理清机构编制管理思路，健全完善机构编制相关管理办法和管理制度，全面打造机构编制管理服务平台。市委编办紧紧围绕市委、市政府的中心工作，加强基础性、前瞻性研究，探索机构编制管理的新思路和新方法，将2011年确定为“调研年”。开展了政府工作部门“三定”规定评估，事业单位绩效评估管理，园区管理体制研究，事业单位法人登记、人员编制总量管理和政法机构编制管理等课题研究，均取得成果。

【“四创两争”工作】 围绕市委、市政府“四创两争”的工作目标，市委编办立足本职，积极主动配合开展“四创两争”活动。在深化乡镇机构改革中，保留了乡镇“四创两争”办公室，对市环境科学研究院和市环境信息中心相关职能，机构规格、人员编制作了调整。将昆明市机动车排放污染防治中心更名为昆明市机动车污染监督管理中心。强化昆明市绿化委员会办公室职能，调整了人员编制。

【制度创新】 2011年，市委编办完成了《昆明市事业单位登记管理提示告知制度(试行)》和《昆明市事业单位网上登记管理制度(试行)》两项制度创新。探索制定了《昆明市机构编制执行情况评估实施办法(试行)》和《昆明市事业单位法人绩效评估办法(试行)》两项制度创新。

【扶贫工作】 做实结对帮困工作，为扶贫挂钩点寻甸县新田村协调落实公路项目资金220余万元，水利项目资金10万元。为呈贡七甸大哨水库除险加固工程争取到省级立项，获省级补助70万元、市级补助35万元。党员职工为扶贫挂钩点受灾群众爱心捐款近万元。

（李　超）

参事工作

【重视参事工作质量】 2011年，市政府参事室组织参事、馆员和机关工作人员，进一步认真学习掌握《政府参事工作条例》。结合学习贯彻温家宝总理关于把政府参事室建设成为有中国特色的高水平政府咨询机构的讲话精神实质，促进参事、馆员从“加强参政咨询能力”的重点出发，正确认识参事、馆员现有权利和履行责任的关系，进一步增强大局意识和责任意识。在围绕中心、关注民生、着力传统文化传播和文化建设咨询方面进行科学选题。深入调研，实事求是，敢于直言。通过提高工作质量和水平，在服务市委、市政府科学民主决策，帮助政府完善机制、改进工作和发挥独特优势，推进“文化昆明”建设方面发挥应有的作用，做出积极的贡献。

【参事、馆员队伍建设】 2011年，按照社会知名度较高、有一定专业造诣等标准，选聘7位德艺双馨的历史学家和书画艺术家为第二批馆员。参事室（馆）现有20名参事和22名馆员。保持了一支规模适当、专业结构合理的参事、馆员队伍。为进一步做好参事、馆员参政、议政工作，召开参事、馆员学习贯彻党的十七大精神座谈会，参事、馆员工作会议，参政咨询、统战联谊座谈会。通过以会代训、座谈研讨等形式，向参事、馆员通报情况，听取意见，提高参事、馆员履行职责的能力和水平。

【参事、馆员建言献策】 围绕全市中心工作，立足广大人民群众关注的热点问题，着眼科学发展和社会民生问题，组织参事、馆员研究确定集体课题和个人调研课题，把组织重点专题调研同参事个人自主选择、自愿组合结合起来，充分发挥参事、馆员的整体优势和主观能动性，在提高参事、馆员建言献策的质量上狠下工夫。做到起点高、观点新、理论深、意见实、可行性强。组织参事、馆员就昆明市滇池污染综合治理、生态市建设、食品安全管理、建设区域性国际城市、促进工业园区建设、完善公交运营、滇池流域面山植被恢复等问题，开展10余次专题调研活动。上报《参事馆员建议》16份。其中马文斗馆员关于《全面推进昆明博物馆城建设的建议》，引起政府领导的高度关注，被列为督办件。10余篇《参事馆员建议》因所提建议有高度、有新意，被市政府领导批转相关部门办理采纳。

【参事、馆员文史工作】 积极参加中央文史馆和各省、市、区文史馆举办的各种交流活动。2011年，有3幅馆员所写的楹联，被中央文史馆收录在《中国书法名家楹联集》。组织书画馆员为市政府办公楼、会议厅创作大型书画作品，美化政府办公楼的环境。组织馆员创作一批具有地域文化特色的书画作品，作为市政府礼品赠送给海内外嘉宾。支持鼓励馆员参与各种形式的艺术展览和举办个人书画展，参加各类学术研讨和学术交流活动。组织馆员到江西、安徽、贵州采风写生，为馆员创作书画作品提供丰富的创作源泉。组织馆员赴贵州参加西南片区书画笔会，在西南片区文史研究馆系统产生积极广泛的影响。2011年共组织馆员创作采风4次，馆员共创作采风作品20余件。联合省文史研究馆、候聘馆员组织3次书画艺术创作笔会。收藏、交流30余件书画艺术作品。

【统战联谊】 充分发挥参事海外社会资源丰厚的独特优势，在促进经济文化对外交流、搭建对外合作交流平台等方面发挥积极作用。组织召开“涉侨、涉台、涉外”联谊会，接待参事、馆员的海外亲朋好友来昆探亲、讲学、经商、旅游观光10余人次。为参事、馆员赴欧美、台湾及香港等地参与科技文化交流、书画创作活动提供帮助和方便。为提高参事、馆员的社会知名度和国际影响力服务。

（刘俊琪）

地方志工作

【昆明在全省率先出台贯彻《地方志工作条例》的实施意见】 2006年5月18日国务院颁布《地方志工作条例》后，2010年8月4日云南省政府颁布了《云南省地方志工作规定》。为切实把《条例》和《规定》有机地贯彻落实好，有针对性地、较好地解决好昆明市地方志系统在机构编制、队伍建设、工作条件、制度建设等方面存在的突出问题，在市委、市政府领导的高度重视下，昆明市志办经过4个多月的努力，完成了昆明市《实施意见》起草的相关工作。2011年3月8日，由市政府办公厅印发全市执行。2011年4月17～20日，云南省州市志办主任会议在丽江召开。会议特邀昆明市地方志办公室就起草《实施意见》有关情况作经验介绍。昆明市作为全省首家出台贯彻《条例》和《规定》的实施意见的州市，此举得到了省地方志办公室的充分肯定和州市同行的高度评价，认为《实施意见》适合昆明实际，可操作性强，必将强力推进昆明市的地方志事业的发展，同时为各州市提供了一个学习借鉴的模式。

云南省地方志办公室主任李一是专门作了点评，他指出：昆明市的地方志工作也和其他工作一样，在全省起到了带头引领作用。近年来，昆明的地方志工作创新多、成果多、经验多，值得其他州市学习借鉴。现在昆明市又在全省第一家出台贯彻落实《条例》和《规定》的《实施意见》，给其他州市提供了经验，其他州市要学习借鉴昆明市的做法，尽快出台各地的《实施意见》。

呈贡、五华等县区也制定出台了相应的实施意见。安宁市史志办正起草《安宁市史志工作规定》。依法修志的氛围正在昆明市形成。

【昆明市方志队伍建设取得突破】 2011年，昆明市地方志队伍建设取得新突破：针对队伍存在的主要问题，对全市地方志工作者进行理想信念教育，增强爱岗敬业观念，提倡明心淡泊、甘于奉献的修志精神；加大业务学习培训力度，重点培训新进人员，不断提升业务水平。分别于6月、10月、11月组织了3期学习培训班，对市志办及县（市）区志办业务骨干和新进人员进行了培训，共有35人次参加。同时，鼓励、引导业务人员钻研业务，积极开展史志学术研究，解决二轮修志面临的理论和实践难题。年内，在全市地方志队伍中产生一批优秀的学术成果，发表了一批高质量的学术文章；在上级组织的重视、关心下，市志办多年来班子不健全的问题得到了解决，新配两名副主任，切实增强了班子的战斗力和凝聚力；注重年轻干部培养。通过“传、帮、带”，培养年轻的业务骨干。五是两级志办通过招考、竞争上岗、聘用等形式吸收一批新生力量加入地方志队伍，改善队伍的知识、年龄结构，进一步增强战斗力。

【强力推进昆明市二轮修志】 昆明市二轮市志自2005年启动以来，多数承撰单位按要求按时完成了任务，但由于多种原因，至2011年仍有少数承撰单位进展缓慢，迟迟未完成编修任务，甚至极个别单位未启动志书编修工作，影响了市志的整体进展，为此，昆明市志办采取有力措施，强力推进市志编修进度：一是聘请人员，分头包干，一周二次或亲自到承撰单位或以电话形式督促指导，“叮”住不放。二是分别约请承撰单位负责修志工作的人员到市志办座谈，共同商讨解决问题的办法。三是由市政府目督办发文督办。四是根据《昆明贯彻〈地方志工作条例〉和〈云南省地方志工作规定〉实施意见》规定，将地方志（包括年鉴）工作列为政府年度考核目标之一，分值虽小，但效果明显。通过采取以上措施，市志编修进度大大加快。

加强对县(市）志的督促指导。昆明市14个县（市）区中，禄劝、嵩明、石林已出版二轮志书。续修《安宁县志》已交付出版。续修《呈贡县志》、《东川区志》已完成审稿，正加紧总纂。2011年市志办加强对县（市）区志编修工作的指导帮助，积极推进县（市）区二轮修志。年内由主任带队，深入县（市）区及有关单位调研，听取意见和建议，指导、督促、帮助工作。抽派专家到宜良县、富民县、盘龙区进行修志业务培训，推动县（市）区二轮修志的开展。2011年，除五华区外，其余县（市）区均已完成70%以上的初稿任务，至2012年底可完成全部初稿。五华区正在采取措施，力争迎头赶上。

【《呈贡县志》通过审查验收】 2011年9月28日，呈贡县召开《呈贡县志（1978–2005）》（送审稿)审稿会议。省地方志编纂委员会

与同行进行业务交流　（字应军　摄）

专职副主任、省志办主任李一是，市地方志编纂委员会副主任、市人大原副主任张鹏翼，市地方志办公室主任严宏纲、副主任字应军、李洪，省志办州市县指导处处长赵芳等领导及昆明市13个县(市)区志办主任应邀出席了会议。呈贡县人民政府县长缪军，县委副书记李兴华，县政协主席朱理学，县人大副主任郭能，呈贡县四班子任过正职的老领导，呈贡县属各街道、各部委办局和垂直管理部门（单位）行政主要负责人参加会议。会议由县委常委、宣传部长杨绍斌主持。 在上午的大会上，呈贡县人民政府县长缪军作讲话，他要求全县各级各部门要高度重视地方志工作，继续对县志的编修给予大力支持，县志编纂人员要认真吸取审稿会的意见，会后要再接再厉，精益求精，细心打磨，将二轮《呈贡县志》打造成志书精品。 市地方志办公室主任严宏纲，省地方志编纂委员会专职副主任、省志办主任李一是先后讲话，对审稿会的召开表示祝贺，对呈贡县委、县政府对地方志工作的重视给予了表扬，对呈贡县史志工作取得的成绩给予充分肯定，对下一步的修改完善工作提出了要求。呈贡县史志办主任唐荣华向会议报告了《呈贡县志（1978—2005）》(送审稿)编纂情况。县（市）区志办代表、县级老领导代表、县属单位代表、市志办代表分别在大会上发表审稿意见。下午，先进行小组讨论，与会人员踊跃发言，“既看病，又开药方”。综合发言情况，审稿会形成的共识是：《呈贡县志（1978—2005）》（送审稿）是一部质量较高的送审稿，志稿政治观点正确；资料宏富、记述全面、详略精当、特点突出；体例完备，分类科学，结构合理；文字简洁规范，是一部存史资政价值突出的规范合格的送审稿，具有出名志出佳志的坚实基础。但送审稿仍存在一些需进一步补充、调整、订正、修改之处。小组讨论结束后，再次召开大会。小组代表报告讨论情况。市地方志编纂委员会副主任、市人大原副主任张鹏翼代表市地方志编纂委员会宣读了审查验收意见，同意对送审稿进行验收，但要求编纂者认真整理、分析、研究审稿会的意见和建议，牢固树立“质量是志书的生命”的意识，认真修改、完善，使之达到精品良志的水准。最后，呈贡县史志办主任唐荣华作表态性发言。他表示，一定会把质量放在首位，严格按审稿会的意见和建议，认真修改，使志书质量在送审稿的基础上更上一层楼。

【安宁市在档案达标任务中推动村志编纂】 2011年6月17日，安宁市召开创建全国档案工作示范市工作会上，安宁市档案局局长唐华强调，为推进创建全国档案工作示范市这一目标，按照档案验收标准第二十八条需编写村志的规定，要求极乐、邵九等15家村（居）委会在全市率先开展编修村志工作。

安宁市史志办主任张丽华、编务科长旃燕、行政科长李成林在会上分别就村志的编纂工作作讲解和要求，同时指出编修村志也是对国务院《地方志工作条例》、《云南省地方志工作规定》的具体落实。

会议要求档案已达标的各村（居）委会要编纂村志，各村志的上限为有史以来，下限为2010年12月31日，完成编纂任务时限为2011年10月31日。具体编纂工作由安宁史志办指导，形成初稿后由史志办验收。各相关单位要认真组织、加强领导、落实人员、筹集经费，抓好村志编撰的落实，为创建全国档案示范市，推动村志编修，尽快完成二轮修志工作，进一步打造乡村文化，突出地方特色作出贡献。

【《昆明市志校注》出版】 2007年启动旧志整理工作以来，市志办克服种种困难，充分利用周末和晚上的时间进行中国第一部城市志——1924年版《昆明市志》的校注。2011年8月《昆明市志校注》由云南民族出版社出版发行。该书约45万字，校注精细规范，装帧朴素典雅，文字校对质量较高，行文简洁易懂，学术水平较高，得到史志界专家的高度评价。

【清三部《宜良县志》合注本出版】 2011年12月，宜良县旧志整理工作又取得新成就，清康熙五十五年、乾隆三十二年、乾隆五十一年三本县志合注本由云南民族出版社出版。该点注本共70万字，装帧精美，点注精细，最具特色的是将清代祭孔的音乐用五线谱和简谱的形式译出。

【《昆明年鉴》提前至8月出版】 年初，昆明市志办深入讨论分析影响年鉴出版速度的各种因素，找出主要矛盾，制定针对性措施，抓落实、抓督促、抓指导、抓沟通，取得明显效果，交稿时间较往年大大提前。稿子收齐后，立即于4月下旬集中全办力量，邀请相关专家进行集中统稿。统稿结束后，分期分批将稿子交由印刷厂家植字，随后迅速组织人手进行校对，全力做好出版前的各项工作，为年鉴的提前出版奠定了坚实的基础。2011年版《昆明年鉴》提前至8月出版，比上年提前了3个月，出书速度在全国省会城市中走在前列。

【《昆明年鉴》（2005）荣获全国一等奖】 2011年元月17日"全国地方志系统第二届年鉴评奖工作总结大会"在昆明举行，来自全国各省市县级地方综合年鉴、专业年鉴、军事年鉴、武警年鉴等6个系列获奖年鉴的代表240多人参会。

在本次大会上，《昆明年鉴》（2005）被评为地市级（含副省级城市）地方综合年鉴一等奖，是云南省唯一荣获一等奖的州市级综合年鉴。此次评奖由中国地方志指导小组办公室和中国地方志协会主办，《昆明年鉴》因框架设计科学合理、条目信息翔实准确、装帧设计庄重大方，尤其是封面设计极具昆明历史文化名城的厚重感和地域性、彩页编选和框架结构凸显地方特色，经全国专家组的复评和终审程序，根据公平、公正、公开的原则，在450多部6个系列参评年鉴中最终荣获一等奖。

在这次大会上，《安宁年鉴》（2008）荣获县区级地方综合年鉴二等奖，《东川年鉴》（2009）、《石林年鉴》（2009）荣获三等奖。

【昆明市实现年鉴工作"满堂红"】 2010年前，昆明市14县（市）区中五华、盘龙、官渡、西山、东川区、安宁市、呈贡、晋宁、富民、嵩明、石林、禄劝县都编辑出版年鉴，宜良县一直未开展此项工作，寻甸县则因经费等原因中断。2010年以来，为深入贯彻落实《地方志工作条例》、《云南省地方志工作规定》，切实履行地方志工作机构的职责，市政府分管领导多次对两县的年鉴工作进行督促，昆明市志办多次到两县调研，与县里的分管领导交换意见，极大地促进了两县年鉴工作的进展：2011年3月19日宜良县委、县政府召开创刊号《宜良年鉴》（2011）工作会，年鉴编纂工作正式启动；3月下旬，寻甸县委、县政府召开年鉴工作动员暨编纂业务培训会，中断4年的《寻甸年鉴》（2007～2010）编纂工作全面推开。至此，昆明市实现了市级及县(市)区两级地方综合年鉴编纂工作的"满堂红"。

【《昆明史志》成功改版】 《昆明史志》（原名《史与志》），创刊20余载，对昆明市的地方志工作起到了积极的推动作用，为昆明市的地方史、地方志理论研究做出了应有的贡献。但随着时代的发展，社会的进步，尤其是近年来，现代新昆明建设的突飞猛进，昆明已发生了翻天覆地的变化，为更好地适应经济社会发展要求，充分发挥对地方志工作的指导作用，彰显地域特色，更好地为现代新昆明建设服务，2011年起，《史与志》正式更名为《昆明史志》，并进行全面改版。

【积极探索田野工作方法】 2011年，市级行政中心搬迁呈贡后，广大干部了解呈贡历史文化的需求增加。为此，市志办和呈贡县史志办联合组成调查组，对呈贡历史文化广泛进行实地调查，挖掘呈贡历史文化，形成图片、文字，并对进行整理研究，开发成有价值的信息在相关网站及《昆明史志》进行刊发。积极宣传历史文化。

【积极服务中心工作】 2011年昆明市志办充分发挥人员和资料优势，积极主动为党委政府的中心工作服务，认真出色完成上级交办的每一项任务。年内凡是市委、市政府及电视台、报社、市属有关单位、省内外有关机构、有关专家来人来文索要的资料、信息，市志办均积极响应，及时提供。如无现成资料、信息，昆明市志办均安排业务人员通过各种途径进行查找、收集。年内抽调两名正高专家，全程参与《昆明城市史2》的撰稿、编辑、统稿、校对，较好地完成了承担的任务。年内，根据市委办公厅要求，抽调骨干参与2011版《昆明市情》、《中共昆明市委执政纪要》（2010）的编辑、统稿、校对，较好地完成了工作任务。14个县（市）区在拓展地方志域，主动为中心工作服务方面各具特色、亮点频现、成果丰硕。如富民县用短信方式宣传史志工作，安宁市、官渡区在乡镇志、村社志编写方面独特的推进方式，宜良县在家谱编修方面的探索，嵩明县将史志教育列为干部学习培训的内容，呈贡县用图片形式记录呈贡新区建设历程，等等。

【富民县召开县志续修启动暨业务培训会】 2月21日，富民县召开《富民县志》续修工作启动暨业务培训会。省志办主任李一是，市志办主任严宏纲，省志办州市县志指导处处长赵芳等领导到会指导；县委常委、常务副县长王光玉出席了会议；县属各有关单位、驻县各有关单位的相关领导和县志撰写人员共120多人参加了会议。县委常委、常务副县长王光玉作了题为《重视质量，突出特色，圆满完成〈富民县志〉续修任务》的讲话。省志办主任李一是、市志办主任严宏纲在讲话中，对《富民县志》续修工作启动表示热烈祝贺，并要求富民县要以此次会议为契机，抓住机遇，迎头赶上，以一流的要求、一流的作风，努力做出一流的成绩，编写出一流的志书。

会上，王光玉副县长代表县政府与各承撰单位签订了《富民县志》续修工作目标责任书。

会议动员结束后，县志办立即开始对承撰人员进行业务培训，市志办修志专家马颖生编审讲授《续志编修与资料收集》。下午，由市志办字应军编审讲授《志书条目的撰写》。

【宜良县召开《宜良年鉴》启动暨撰稿人培训会】 20011年3月19日，《宜良年鉴》启动暨撰稿人培训会在宜良县委党校召开。昆明市地方志办公室主任严宏纲到会指导；宜良县委、县人大、县政府、县政协有关领导，县属各乡镇、县直各部门、驻县各单位的分管领导和年鉴撰稿人共约120人参加了会议。会议由县政府办公室马明良主持。 县委常委、副县长李鸿作了题为《提高认识、把握要求、加强领导，千方百计确保<宜良年鉴>的创刊出版》的讲话。昆明市地方志办公室主任严宏纲在讲话中，对会议的召开表示了热烈的祝贺，并就如何做好《宜良年鉴》的创刊工作，提出了五个方面的希望和要求。为扎实、高效推进年鉴工作，会上，县委常委、副县长李鸿代表县政府与各承撰单位负责人签订责任书。 工作会结束后，接着进行撰稿人业务培训。培训会由宜良县志办主任王兴荣主持，由市地方志办公室字应军编审授课，约60余名撰稿人接受培训。

【2011年昆明市县（市）区志办主任会召开】 2011年4月14日上午，昆明市县（市）区志办主任会在昆明市志办会议室召开，来自昆明14个县（市）区的志办主任及昆明市志办全体人员参会，云南省人大常委会原副主任、省地方志编纂委员会副主任吴光范，省地方志编纂委员会专职副主任、省地方志办公室主任李一是，昆明市党史办主任杨万河出席会议。

县（市）区志办主任就各自开展的工作进行了汇报，到会领导作了发言和指示，市志办主任严宏纲进行了工作安排和布置。虽然时间只有半天，但开得紧凑高效，气氛热烈融洽，内容丰富，交流了经验，达到了预期目的。

【《昆明年鉴》（2011）发行会】 2011年8月17日上午，2011年版《昆明年鉴》发行会在昆明市级行政中心会议中心召开。省地方志编纂委员会副主任、省人大常委会原副主任吴光范，省地方志编纂委员会专职副主任、省地方志办公室主任李一是，昆明市政协常务副主席张建伟，昆明市政府秘书长、《昆明年鉴》总编赵学锋等领导参会并分别作重要讲话。市地方志编纂委员会副主任、市人大常委会原副主任张鹏翼，市政府目督办主任郑剑秋，市委党史研究室主任杨万河等领导应邀参会。县（市）区分管地方志工作的领导及志办主任，市属单位、各开发（度假）区、昆明警备区、有关驻昆单位的年鉴撰稿人等140人参加了会议。会议由昆明市地方志办公室主任、《昆明年鉴》常务副总编严宏纲主持。会议还对年鉴优秀撰稿单位和优秀撰稿人进行了表彰。

【昆明市县（市）区志办联席会召开】 2011年9月29日，由呈贡县史志办承办的2011年昆明市县（市）区志办联席会议在呈贡县召开。主要内容为交流修志经验、研讨二轮修志和年鉴编辑的理论。省地方志编纂委员会专职副主任、省志办主任李一是，市地方志办公室主任严宏纲、副主任字应军、李洪，省志办州市县指导处处长赵芳等领导应邀出席了会议；市属14个县（市）区志办主任、相关业务人员及市志办全体人员参会。会议由呈贡县史志办主任唐荣华主持。会议气氛轻松、发言踊跃、讨论热烈。14个县（市）区分别作交流发言。与会人员就二轮修志和年鉴编辑及地方志工作的开拓创新等问题展开热烈讨论，纷纷发表观点。赵芳、李洪、字应军也在会上作了发言。最后，省地方志编纂委员会专职副主任、省志办主任李一是在讲话中，对昆明市及市属各县（市）区的工作进展、取得的成绩给予充分肯定，对昆明市地方志工作的开展提出了希望和要求。下午，与会人员参观了大学园区。

（字应军）

2011年版《昆明年鉴》发行会（字应军 摄）

中国人民政治协商会议昆明市委员会

【政协昆明市第十二届委员会第一次会议】 中国人民政治协商会议昆明市第十二届委员会第一次会议2011年1月10～15日在昆明国际会展中心举行。这次会议提出市政协新一年的工作任务，选举产生市政协第十二届委员会主席、副主席、秘书长和常务委员会。1月9日上午，政协昆明市第十二届委员会第一次会议开幕之际，组织市政协委员对现代新昆明建设重大项目进行视察。下午，召开全会预备会；召开主席团第一次会议。1月10日上午，举行开幕大会。省委常委、昆明市委书记仇和，省政协副主席陈勋儒，市委副书记、市长张祖林，市委副书记李邑飞，市人大常委会主任杨远翔等领导在主席台就座。大会执行主席田云翔、张建伟、陆玉珍、傅汝林、林怡平、汪叶菊、杨品才、常敏、周忻。中共昆明市委、市人大常委会、市政府、昆明警备区、市中级人民法院、市人民检察院领导和部分原市级老领导应邀出席会议。开幕大会由大会执行主席张建伟主持。田云翔作《中国人民政治协商会议昆明市第十一届委员会常务委员会工作报告》；陆玉珍作《中国人民政治协商会议昆明市第十一届委员会常务委员会关于提案工作情况的报告》。昆明高新技术开发区、经济技术开发区、滇池旅游度假区管委会，昆明学院、市委党校、市级党政有关部门、市级各民主党派、工商联、有关人民团体和县（市）区政协、统战部的负责人、市政府参事室参事和市政协专门委员会顾问；部分在昆的省政协委员，驻昆大专院校、科研机构和部分外地政府驻昆机构和外地驻昆商会的负责人特邀列席开幕大会。昆明电视台、昆明人民广播电台、昆明信息港直播开幕大会实况。1月10日下午，分组讨论审议常委会工作报告和提案工作报告。

1月11日上午，出席会议的政协委员和列席人员列席市十三届人大一次会议听取市长张祖林作《政府工作报告》。1月11日下午，分组协商“十二五”规划纲要（草案）、政府工作报告和计划、财政报告。

1月12日上午，举行界别联组协商会，协商“十二五”规划纲要（草案）和政府工作报告及其他报告。会议由田云翔主持。省委常委、市委书记仇和，市委常委、市长张祖林等领导到会听取委员意见。下午，分组讨论协商“十二五”规划纲要（草案）、政府工作报告及其他报告；召开昆明市党政领导与工商界委员座谈会，仇和、张祖林、李邑飞等市领导与工商界委员就新昆明建设中出现的新情况和新问题进行座谈交流。

1月13日上午，分组讨论市中级人民法院和市人民检察院工作报告。下午，举行市中级人民法院和市人民检察院工作报告专题协商会，会议由陆玉珍主持。召开主席团第二次会议。

1月14日上午，分组协商讨论大会选举办法（草案），政协昆明市第十二届委员会主席、副主席、秘书长、常务委员会候选人名单（草案），大会选举总监票人、监标人建议名单，大会决议（草案）。下午，举行第二次全体会议（大会发言），市民盟、市妇联等8个单位作大会发言。召开主席团第三次会议。召开民族宗教界代表人士座谈会。

1月15日上午，举行第三次全体会议（大会选举），选举政协昆明市第十二届委员会主席、副主席、秘书长及常务委员。下午，举行第四次全体会议，政协昆明市第十二届委员会第一次会议胜利闭幕。市委书记仇和出席会议并讲话。会议由田云翔主持。会议听取关于政协昆明市第十二届委员会第一次会议提案审查情况，表彰政协工作先进集体、先进个人和优秀提案、提案办理先进单位、个人，通过《中国人民政治协商会议昆明市第十二届委员会第一次会议决议》。昆明电视台、昆明人民广播电台、昆明信息港现场直播闭幕大会。

【市政协十二届一次常委会】 1月25日，市政协举行十二届第一次常委会议，市政协主席田云翔、常务副主席张建伟分别主持会议。会议审议通过《政协昆明市委员会2011年工作要点》，围绕全市中心工作，充分体现市委九届七次全会精神和市“两会”精神，突出政协工作特点，从专题调研视察、协商和专项监督、市政协经常性工作、关注民生、自身建设等七7个方面提出2011年市政协全年的工作思路和主要工作。会议审议通过《政

1月10日，中国人民政治协商会议昆明市第十二届委员会第一次会议开幕
（市政协 供稿）

协昆明市第十二届委员会界别设置的决定》和《政协昆明市第十二届委员会专门委员会机构设置的决定》。十二届市政协增加政协委员和常务委员会组成人员的职数，同时在整合上一届政协届别设置的基础上，新增和调整一些界别，界别设置为30个。在市政协机关机构设置上，增设民族宗教委员会，对3个专门委员会的名称和职能进行相应的调整，设提案委员会、经济科技委员会、城乡环境保护委员会、教文卫体委员会、社会法制委员会、民族宗教委员会、文史委员会、联络委员会8个专门委员会。

【市政协召开新闻发布会暨“好新闻”表彰会】 3月17日，市政协召开新闻发布会暨“好新闻”表彰会，表彰122件政协“好新闻”获奖作品，表彰3个媒体的政协新闻宣传的好栏目。市政协主席田云翔、副主席张建伟、秘书长周忻、副秘书长沈金泉和市委宣传部副部长房旭东等领导为获奖代表颁奖。

本次表彰是近10多年来组织的第一次“好新闻”评选表彰活动，这些获奖作品较好地反映近年来全市政协系统和参加单位在履职上所作的贡献，宣传了政协委员的先进典型。

田云翔说，长期以来，中共昆明市委对全市政协宣传工作高度重视，把政协的宣传工作纳入市委宣传工作的总体布局中，列入重要议事日程，统一部署和安排，有计划、有重点地组织新闻媒体做好政协新闻宣传工作，形成全党全社会重视和支持人民政协工作的良好氛围。市委宣传部、各级新闻媒体把宣传政协工作作为重要职责，列入年度工作计划，支持了全市政协新闻宣传工作。各县（市）区政协、市级各民主党派、团体也不断加强与新闻媒体的联系，多方位报道各自的好做法、好经验，较好地反映本地政协和党派团体工作的特色。田云翔强调，新的形势，对加强政协宣传工作特别是新闻宣传工作提出更高的要求，并就进一步加强全市政协新闻宣传工作提出了4点要求。田云翔强调，政协开展民主监督工作，监督别人，也热忱欢迎社会、媒体来监督政协，对政协工作提出意见建议。

张建伟向新闻媒体发布市政协2011年工作安排的有关情况。为充分发挥委员的主体作用，将在市政协委员中开展“五个一”活动，即当年每位委员至少要提出一件提案，参加一项调研视察活动，提出一个工作建议，反映一条社情民意，为贫困弱势群体献一份爱心。市政协制定2011年的民主监督工作计划，重点安排18项民主监督的内容，就昆明市重大项目推进情况、主城区工业企业“退二进三”情况、主城旧城和城中村改造、中小学（幼儿园）区域布局布点的实施情况、保障性住房建设情况、全市博物馆业发展情况等进行民主监督，推动工作落实。

【滇中经济区4州市政协合作机制第一次会议在昆明召开】 6月23～24日，滇中经济区政协合作机制第一次会议在昆明召开。昆明、曲靖、玉溪、楚雄4州市政协领导相聚昆明，共同探讨加快滇中经济区建设和4州市政协合作大计，开启滇中经济区4州市政协合作的新阶段。会议的召开标志着4州市政协合作机制正式建立，昆明、曲靖、玉溪、楚雄4州市政协将围绕滇中经济区建设和发展这一主题，认真落实国家和省委、省政府打造滇中城市经济圈的总体部署与要求，充分发挥人民政协优势，携手促进滇中城市群发展。

昆明市委书记仇和对会议的召开表示祝贺并发表重要讲话。

省政协副主席王学智到会指导并发表书面讲话。昆明市政协主席田云翔、曲靖市政协主席赵建华、玉溪市政协主席冷明德、楚雄州政协主席延荣科分别就加强合作、优势互补，携手促进滇中经济区建设发展等进行主题发言。同时，4州市政协主席共同签署《滇中经济区四州市政协合作机制协议》。6月23日下午，会议交流研讨滇中经济区交通设施规划建设情况。

6月24日，代表观摩考察现代新昆明建设情况。昆明、曲靖、玉溪、楚雄政协领导先后到经开区昆钢重装集团、中铁大型养路机械集团、昆明新机场航站楼、西北三环岗头山隧道、新螺蛳湾国际商贸城、滇池国际湿地、环湖路、地铁首期工程呈贡站以及呈贡大学城等，实地考察现代新昆明在工业发展、城市基础设施建设、招商引资、生态建设等情况。

省市有关领导参加会议。会议分别由昆明市政协常务副主席张建伟、副主席陆玉珍主持。

【市政协视察监督重大产业项目助推区域性国际城市建设】 按照市委总体工作部署，为推动全市2011年度重大产业项目落实，助推昆明区域性国际城市建设，7月11～15日，在市政协主席、副主席分别带领下，由委员、专家和相关部门负责人组成的4个视察组以“看、听、查”的方式，对全市重大产业项目推进情况进行实地视察监督。

在视察活动开始之前，市政协主席田云翔和市政协副主席等相关视察组人员，听取常务副市李文荣代表市政府关于昆明市2011年重大产业项目推进情况的介绍。这次视察监督的重大产业项目既有工业的，也有农业的；既有引进的新项目，也有传统技改项目。通过到项目现场实地视察和听取情况汇报，各视察组认为，总体来看，所视察的项目绝大多数进展顺利，工作力度大，建设成效好，对个别进展缓慢的项目，视察组提出要按照年度工作计划，倒排工期，确保项目落实。视察中，委员也表示，这样的视察监督活动是对委员本身也是一次极好的学习机会。

市政协主席田云翔、副主席常敏带领第一视察组，先后对经开区的6个重大产业项目和官渡区的4个重大产业项目建设的推进现场进行实地视察监督，听取经开区1个项目进展情况汇报。视察组了解到，绝大多数项目进展顺利，有的正在建设中，有的已经建成投产，但仍有个别项目存在问题。如微光像增强器项目仍未开工建设，国际冷链物流中心项目主要因企业自身原因，项目进展缓慢。视察组建议，相关各方要认真落实扶持产业发展的各项政策，及时协调，加强合作，对手续还不完善的项目，要尽快完善手续。市级有关部门要进一步优化审批流程，提高工作效率，做好协调服务工作。田云翔指出，在重大产业项目的建设推进中，注重科学编制规划，严格园区规划管理；坚持工程提速与提高工程质量并重，要抓住项目的关键节点和主要矛盾，打好攻坚战。要完善出让机制，抓好土地供应保障；拓宽融资渠道，帮助企业和项目解决发展瓶颈。要建立市、县联动的项目推进协调服务机制，为企业提供优质服务，确保项目顺利推进。

市政协副主张建伟、林怡平带领的第二视察组先后来到了高新区的云南瑞升烟草技术集团有限公司、云南沃森生物技术有限公司、昆明电缆集团股份有限公司、云南通变电器有限公司、云南龙津药业股份有限公司以及多宝电缆有限公司等9家企业对重大项目的推进情况进行了现场视察。高新区2011年度昆明市重大产业项目绝大多数进展顺利，部分可实现年内投产。视察中，视察组强调不看宣传片、不拘泥于文字材料，到现场去了解企业项目推进情况，重点帮助企业解决实际困难。张建伟表示，总体看来，9个重点项目推进情况良好，但部分项目存在投资主体结构不明晰以及前期准备工作不到位的情况。为此，建议高新区招大商、招优商、招强商，同时营造良好的园区环境，使项目引得进来，沉得下去，并获得大发展。

市政协副主席陆玉珍、汪叶菊带领的第三视察组先后对呈贡工业园区、西山区以及安宁草甸、青龙工业园区对8个重大产业项目推进情况进行实地视察监督。在安宁工业园区视察现场，视察组了解到由于供电等一些问题影响项目推进，现场召开协调会，要求相关部门要立即协调帮助企业解决实际困难，保证项目顺利实施。陆玉珍强调，施工期间要严格管理、精细作业，确保工程质量。陆玉珍要求要继续保持围绕项目大干快上的强劲势头，咬紧目标不放松，强化措施，做好服务，扎实推进重大产业项目的建设，并在保证质量的前提下确保工程进度，让企业早建成，早生产，早见效。

市政协副主席傅汝林、杨品才带队的第四视察组实地视察杨林工业园区2011年8个重大产业项目。傅汝林说，检验各级各部门招商引资的成效是项目的落地开工建成投产，这也是服务企业的关键所在。

【市政协十二届二次常委会】 2011年7月19日，市政协召开十二届委员会第二次常委会议。市政协主席田云翔主持会议并在讲话中要求，全市政协组织和政协委员要围绕桥头堡建设和加快区域性国际城市建设积极献计出力。副市长黄云波代表市政府通报关于昆明市加快建设面向西南开放重要桥头堡建设工作情况。市政协副主席张建伟、陆玉珍、傅汝林、林怡平、汪叶菊、杨品才、常敏，市政协秘书长周忻及有关人员参加会议。5位市民旁听会议。

田云翔总结上半年市政协工作，市政协主要对全市的重大决策、重点工程、重要地方性法规等开展专题协商,提出许多有价值的意见建议。开展多项专项督查，重点督查全市26个制度创新性文件贯彻落实情况，视察与监督省市确定的40项重大产业项目。牵头召开滇中经济区四州市政协合作机制第一次会议，并签订4州市政协合作机制协议。2011年市政协的504件提案，已办结330件，占65.48%，总体办理情况较好。下半年，市政协工作重点是贯彻落实市委工作会议精神，为加快区域性国际城市建设献计出力。要认真学习，深入领会桥头堡建设的有关精神。要汇集才智，积极为抢抓桥头堡建设机遇建诤言、献良策。要参与一线，积极为区域性国际城市建设聚合力、出实力。要充分发挥市政协人才荟萃、智力密集的优势，为加快区域性国际城市建设做出应有的贡献。会上，10位市政协常委围绕桥头堡建设主题，分别就《培育和发展新兴产业推动昆明桥头堡建设》、《在桥头堡建设中应重视的几个问题》《相辅相成共同发展—昆明实施桥头堡建设与加快区域性国际城市建设的关系》、《抢抓桥头堡建设战略机遇促进昆明加速发展的几点建议》、《加快旅游转型升级推动桥头堡建设》、《加快科技孵化器建设发展促进产业结构调整》、《落实桥头堡建设战略加快应用型人才培养》、《昆明实施桥头堡建设与人才队伍建设的关系》、《充分发挥宗教文化在“桥头堡”建设中的积极作用》、《发挥历史名城特色优势传播国际城市文化形象》进行大会发言。会议审议通过《中国人民政治协商会议昆明市委员会提案工作条例》修订草案、《政协昆明市委员会委员履职服务管理办法》。

【政协委员学习培训班】 7月20～22日，市政协举办为期3天的委员培训班。市委副书记李邑飞出席开班仪式并作讲话。市政协主席田云翔做开班动员和关于《担当政协历史使命，努力提高履职水平》的授课。

此次培训班规模大、层次高、内容丰富。在3天的培训期间，中国人民政协理论研究会秘书长、中国政协《理论研究》杂志执行主编原冬平作《贯彻以胡锦涛同志为总书记的党中央最新部署全面推进人民政协事业》为主题的讲授。云南省经济研究院院长段刚作云南面向西南开放的桥头堡战略讲授，省政协信息中心朱志民主任作社情民意工作专题讲授，市委常委、市委统战部部长金志伟作关于统战理论和昆明市统战工作实践的讲授，市政协副主席陆玉珍作了提案知识和市政协提案工作创新及实践情况的讲授，市政协提案委主任何燕讲授撰写提案的基本要求和方法。培训班还邀请市政府副市长张锐向政协委员通报昆明市2011年上半年经济运行情况。

培训期间，委员按界别针对学习的内容，联系人民政协理论并结合自身工作实际进行分组讨论。6位委员在培训会上交流学习培训的体会和收获，交流了履行职责的经验和做法。市政协副主席傅汝林、林怡平、汪叶菊、杨品才、常敏，以及400多位政协委员、顾问，各县(市)区政协领导参加了培训。

【2011年中秋联谊活动】 9月9日上午，市政协、市委统战部主办的昆明市2011年中秋联谊活动在昆明国际会展中心云南大剧院举行。市委书记仇和，市长张祖林，市委副书记李邑飞，市人大常委会主任杨远翔，市政协主席田云翔等市级领导和原市级老领导，与社会各界人士欢聚一堂，庆佳节、叙友情，话市情、谋发展，喜迎中华民族的传统节日——中秋佳节。市政协主席田云翔在致辞中首先代表政协昆明市委员会、中共昆明市委统战部，向参加联谊会的各位领导，各位来宾表示热烈的欢迎！向各族各界人士致以节日的问候！联谊活动由市委统战部部长金志伟主持，市政协副主席、致公党昆明市委主委林怡平代表市级各民主党派、工商联、有关人民团体发言。联谊活动上还表演精彩的文艺节目。昆明警备区，市中级人民法院、市人民检察院，昆明学院、市委党校，武警昆明市支队，滇池、高新、经济技术三个国家级开发（度假区）的领导，呈贡新城、空港经济区、倘甸“两区”、阳宗海风景区管委会的负责人，市政协常委和部分市政协委员，市级各民主党派、工商联、有关人民团体的负责人，14个县（市）区政协主席、统战部长，市级有关部门党外领导干部，市级各宗教团体、市台资企业协会、港澳台同胞和海外侨胞代表，归国留学人员和部分民营企业、异地驻昆商会代表，其他有关方面的代表人士共500多人参加联谊会。

【纪念辛亥革命暨重九起义100周年大会】 为弘扬辛亥革命精神，汇聚改革发展力量，10月12日上午，昆明市隆重举行纪念辛亥革命　重九起义100周年大会。昆明市委书记仇和出席大会并发表重要讲话。云南省政协副主席马开贤，市长张祖林、昆明市委副书记李邑飞、昆明市人大常委会主任杨远翔及市级四套班子成员出席大会。会议由昆明市政协主席田云翔主持。辛亥革命暨重九起义先辈后裔、朱德元帅嫡孙、解放军空军指挥学院副院长朱和平少将应邀出席大会，并代表辛亥革命暨重九起义先辈后裔发言。民革云南省委副主委、民革昆明市委主委朱燕代表市级各民主党派、工商联、归国华侨联合会和台湾同胞联谊会，共青团昆明市委书记周乐代表各人民团体和青年朋友在大会上发。纪念大会上，到会领导向辛亥革命暨重九起义先辈后裔赠送《昆明重九起义》一书。出席纪念大会的还有市级老领导，市中级法院、市检察院、市委党校、昆明学院的领导，各县（市）区、各开发（度假）区、各部委办局，市人大、市政协各专（工）委，新闻单位、市属企业，市级各民主党派、市工商联、有关人民团体，市纪委派出纪工委，有关专家学者，少数民族、老干部、驻昆解放军、武警部队、人民警察和学校师生代表等近600人。红云红河烟草（集团）有限责任公司也应邀出席大会。

【市政协十二届三次常委会】 2011年10月27日，市政协举行政协昆明市第十二届委员会常务委员会第三次会议。市政协主席、副主席，秘书长，及61名常务委员出席会议。会议分别由市政协主席田云翔和副主席常敏主持。会议进行5项议题：市委副书记李邑飞到会讲话；听取市纪委、市监察局关于2011年全市党风廉政建设情况通报；听取市公安局关于昆明市公安系统加强和创新社会管理工作的情况通报；围绕“加强和创新社会管理，构建和谐昆明”主题进行大会发言；人事事项。

【市政协十二届四次常委会】 2011年12月15日，市政协举行政协昆明市第十二届委员会常务委员会第四次会议。市政协主席、副主席，秘书长，及57名常务委员出席会议。会议分别由市政协主席田云翔和副主席张建伟主持。会议进行7项议题：审议《中

10月12日，昆明市召开纪念辛亥革命暨重九起义100周年大会　（市政协 供稿）

国人民政治协商会议昆明市第十二届委员会常务委员会工作报告》（审议稿）；审议《中国人民政治协商会议昆明市第十二届委员会常务委员会关于十二届一次会议以来提案工作情况的报告》（审议稿）；听取昆明市人民政府关于办理市政协十二届一次会议以来提案的情况通报；协商决定政协昆明市第十二届委员会增补委员事项；协商决定召开政协昆明市第十二届委员会第二次会议的事项；听取关于督办党群政法系统办理政协十二届一次会议以来提案的情况通报；审议各专门委员会、办公厅、研究室2011年度工作总结。

附：9件重点提案简介

一、《关于加快实施昆明市节水农业发展战略的对策建议》

提案人：九三学社昆明市委

主要内容：昆明市农业90%以上是靠天吃饭的弱势产业，由于水资源总量不足，时空分布不均，并随着工业化、城市化进程的加快以及生态化城市的建设，总用水量需求增加，农业用水将更为紧缺。因此，建立与完善适合昆明市市情的现代节水农业体系，对缓解昆明市水资源短缺，摆脱农业用水危机，保障粮食安全和生态安全，推动昆明经济社会可持续发展具有重要的战略意义。

建议：1.各级政府应把农业节水工作摆上政府工作的重要日程，在各级农业部门成立相应的组织机构。2.加快节水农业规划及建设目标的制定。3.抓好水利建设，并充分利用各类水资源。4.调整农业种植结构，加强节水农业的科学管理。

二、《关于加快呈贡新区文化商业设施建设的建议》

提案人：李雷、吴永同、张韵、张艳、光雪峰等委员

主要内容：呈贡新区的建设与发展是新昆明建设的一个重点，将利于昆明城市建设的拓展，“一湖四片”的建设，带动相关产业的发展，利于呈贡新区作为昆明市政治、行政、文化中心的确立，使其得到良好、健康的发展。

建议：1.在呈贡新城（区）的规划中，一定要结合城市建设和发展需要，结合片区居住人群情况及周边发展规划，预留相应土地，设计制定相应文化、教育、商业及相关配套基础设施，整体配套，综合开发。2.在加快路网建设的同时，沿路按规划要求设立相应文化、商业设施，营造商业氛围，培育商业市场，引导其规范健康成长。

三、《关于加快昆明市文物保护工作及文博事业发展的建议》

提案人：昆明市政协文史委

主要内容：市政协领导带领市政协文史委、部分委员、专家和学者深入到昆明市文化广播电视体育局、市博物馆对昆明市文物保护工作及文博事业发展情况开展重点调研和视察，并就扎实推进昆明市文物保护工作及博物馆建设形成如下建议：

1.尽快成立由市委、市政府主要领导挂帅的指导、管理、协调机构——昆明市文化遗产保护委员会。2.结合现代新昆明建设，尽快组织制定文化遗产保护规划。3.昆明市应尽快出台政策，从法律法规层面上确立民营博物馆与国有博物馆享有同等地位和待遇。4.建议市委、市政府组织力量，对昆明市文物保护单位的利用状况进行调查研究，作出指导性的政策规定。5.出版介绍昆明文化遗产的系列读物作为一项文化建设工程，纳入昆明文化产业范畴。

四、《加快培育和发展昆明市战略性新兴产业》

提案人：民盟昆明市委

主要内容：以加速新型工业化、拓展高端信息化、提升全域城镇化为主线，以扩大产业规模、提升核心竞争力、抢占竞争制高点为目标，按照引导扶持、创新驱动、集群发展、市场主导的原则，加大引资、引技、引智力度。实施“544”战略（即优先发展先进装备制造业、信息产业、生物及医药、新材料、新能源5大重点产业，重点实施产业软环境营造、产业发展集聚、产业核心技术攻关、产业创新人才资源开发4大基础工程，着力打造产业融资服务、公共技术支撑、关键技术创新、产学研一体化4大支撑平台），做大优势、做强特色、提升水平，努力走出一条科技引领，创新驱动，结构优化，全面、协调、可持续的跨越式产业发展之路。

建议：1.编制《昆明市加快培育和发展战略性新兴产业总体规划》和各产业发展子规划、产业园区规划。用好用足用活已有政策，尽快出台《加快培育和发展战略性新兴产业的决定》及相关配套文件，为产业发展提供完备的政策保障。2.建议成立“昆明市战略性新兴产业发展领导小组”，下设重点产业推进办公室，分别由市级领导牵头实施产业发展规划。建议成立新兴产业专家咨询委员会，发挥引导、指导、协调作用。建议调整完善招商分局构架，设立重点产业招商分局，完善考评机制，加大招商引资中战略性新兴产业项目的权重系数。3.工业园区是新兴产业规模化、集群化发展的重要载体。要明确固化园区的产业定位。4.引进产业发展急需的科研团队、留学人员、新兴产业人才等领军人物，通过引进一个领军人才，发展一个高科技企业，进而带动一个新兴产业成长。5.建议成立“科技金融创新服务机构”，推进财政、企业、园区与信贷合作。6.成立“技术转移联盟”，制订产学研工程计划项目及领域指南，引导本地产学研合作向高技术领域、关键技术领域发展。重点建设6个产业技术创新战略联盟。7.重点建设重大科技基础设施和技术开发平台，构建完善的共性技术服务平台网络体系。

五、《关于坚持改革创新加快昆明市农村学前教育发展的建议》

提案人：民进昆明市委

主要内容：由于自然的、历史的、社会的以及经济等方面的原因，西部地区与东部、中部地区间的教育发展的差距、城市与农村间教育发展的差距越来越明显。尤其是昆明农村学前教育状态更令人担忧：对学前教育的地位和作用还缺乏足够的认识；学前教育规模不足，发展不平衡；教育师资总量不足，专业化程度有待提升；农村学前教育经费难以保障。

建议：1.尽快制定农村学前教育发展三年规划。明确未来5年昆明市各县乡农村学前教育的发展目标、发展路径和保障措施。要将农村村级幼儿教育机构纳入昆明市新农村建设规划之中，将其列为农村村级公共设施建设的重要内容之一。2.完善农村学前教育办学机制。3.加强农村学前教师队伍建设。

六、《关于充分发挥县区医院龙头作用，建立城乡医疗卫生一体化服务体系的建议》

提案人：农工民主党昆明市委

主要内容：作为县区级基层医院如何为城乡群众提供基本同质、均等的医疗卫生服务，是医改研究探索的新课题。昆明市农村地区特别是边远山区医疗卫生资源严重短缺。乡镇卫生院医疗水平和服务能力不强，缺乏自我“造血”自我发展的机制体制。乡镇卫生院“重公卫，轻医疗”倾向，难以满足农民看病就医需求。

建议在昆明市范围内，建立以市“三甲”医院为依托，区县人民医院为龙头，乡镇卫生院为骨干，村卫生室为基础的城乡基本医疗和公卫服务网络，推进城乡医疗卫生服务一体化建设，努力创建农村农民“小病在村，一般病在乡镇，重病在区县，大病不出市”的就医新格局，有效缓解城乡人民群众“看病难、看病贵”的问题。

七、《关于发展区域新型农村金融，更好服务“三农”的建议》

提案人：致公党昆明市委

主要内容：随着农村经济的快速发展，农村中形成巨大的潜在金融需求，而农村金融服务网点大多存多贷少，像“抽水机”一样源源不断地把资金从农村转移到城市。

建议：1.成立农村新型金融机构协调领导工作小组。鼓励发展农村小额贷款公司，促使民间金融成为“三农”金融的必要补充。根据需要积极争取金融机构在昆明14个县（市）区设立村镇银行。2.引进有实力的金融机构参与新型农村金融发展。3.大力加强农村信用体系建设，改善农村信用环境。4.加大对新型农村金融机构的政策支持力度。5.鼓励大中专金融专业的毕业生投身农村金融事业。

八、《关于优化昆明市住宅物业管理的建议》

提案人：朱燕

主要内容：物业管理行业一直是城市管理矛盾集中体现的领域。昆明市住宅物业服务存在的主要问题有：共用部位、共用设施设备权属规定不明确，维修责任不清，服务主体缺位；物业专项维修资金收缴率较低，影响小区共用部位、共用设施设备的维修；管理体制不顺畅，执法监督不到位，政策法规没有得到很好的落实；市场机制不够完善，影响物业服务企业的正常发展；小区业主和业主委员会与物业管理要求还不相适应。

建议：1.理顺体制，建立、健全“市、区、街道、社区”的四级管理体系。2.完善法规政策，为物业行业的健康发展提供法律保障。3.加强执法监管的力度和相关部门的协调配合，保证有关政策法规落实到位。4.加强物业保修和维修资金的监管工作，为搞好小区物业服务提供资金保障。

九、《关于在瑞丽建“姐告昆明园”的建议》

提案人：民建昆明市委

主要内容：随着中国——东盟自由贸易区的建立，民建昆明市委通过对畹町经济开发区，姐告、章凤口岸，弄岛通道等进行实地考察，建议在瑞丽建“姐告昆明园”。

瑞丽“姐告昆明园”将占据昆明—大湄公河次区域经济走廊建设的重要位置。借助瑞丽姐告拥有保税仓库，保税加工区、出口加工区和边民互市区，吸引大量的资金和人力，使缅甸的资源在“姐告昆明园”得到加工和增值。把缅甸及东南亚、南亚所需要的成套机电产品、五金、日用百货等通过“姐告昆明园”生产、加工，降低生产、加工运输成本。

（沈金泉　尹丽花）

市政协领导视察昆明新机场航站楼建设　（市政协 供稿）

民主党派·工商联

中国国民党革命委员会昆明市委员会

【思想教育】 2011年，民革昆明市委以深入开展“重温历史，同心同行”的主题教育活动为主线，以民革传统教育为重点，以学习贯彻科学发展观为核心，全面加强思想建设。1月，举办2011年春节茶话会；对2009年、2010年基层工作出色的先进集体和先进支部进行表彰。3月，民革昆明市委组织民革西山总支到郊野公园举行驼峰航线纪念碑的祭扫活动。4月，民革中央副主席修福金一行8人莅临昆明，就民革云南省委、民革昆明市委思想理论研究工作进行专题调研，民革市委主委朱燕向调研组汇报民革市委近年来工作的主要情况和基本经验并得到调研组的充分肯定。5～6月，民革市委组织相关人员到保山、会泽学习考察。9月，民革市委组织召开民革昆明市委纪念辛亥革命一百周年座谈会，邀请有关专家学者和辛亥革命志士的后裔参加座谈。9月29日，民革市委在昆明剧院隆重召开纪念辛亥革命一百周年大会。民革市委全体党员，昆明民革党员中的部分辛亥革命志士后裔等共计500余人参加会议，发放由民革昆明市委主编的《民革昆明市委纪念辛亥革命一百周年专辑》。12月，民革市委被民革云南省委授予“学习践行社会主义核心价值体系先进组织奖”。

年内，民革市委全面拓宽对外宣传渠道，积极对民革各项工作进行宣传报道。全年在《团结报》、《云南政协报》、《云南民革》、《昆明统战》、《昆明政协》等刊物上发表文章20多篇。

【参政议政】 2011年，民革市委围绕中心工作，注重提案质量，认真撰写题案，提交政协的10个集体提案突显3个特点：围绕政府中心工作，主题鲜明，建言尽职，献策倾力。如《关于对我市进一步发展楼宇经济的建议》；关注社会民生，反映群众期盼解决的热点问题。如《关于破解昆明市学前教育难题的建议》；侧重民革特色和优势，突出辛亥革命百年纪念建议。如《关于隆重纪念辛亥革命一百周年的建议》。同时，民革市委高度重视调研课题的撰写，按时按质按量完成《关于昆明市土地流转问题的研究》。此外，在撰写提案和进行调研课题的同时，民革市委还积极关注民生，认真反映社情民意。2011年向民革省委、市政协、市委统战部等相关单位提交社情民意信息10余篇。

继续贯彻经济统战工作精神，积极抓好招商引资工作。民革市委将招商引资作为党派参政议政和社会服务工作的一个重要内容来积极实践，民革党员祖国平积极和西双版纳州联系，投资意向明确，项目资金达2亿元，拉动当地的经济发展。

积极开展制度创新。2011年，《民革市委关于决策咨询服务库建设工作办法》荣获昆明市经济社会制度创新成果二等奖。

【组织建设】 2011年，民革市委针对组织发展带来的党员政治思想状况出现的新特点，将基本理论教育、基本国情教育、多党合作的优良传统教育、民革的历史和任务、形势政策教育和爱国主义教育等确定为新党员培训的主要内容；加强对基层组织建设和组织发展工作的指导，将民革市委工作与支部活动紧密结合，把宣传、参政议政、社情民意、社会服务等工作纳入支部活动的内容。6月，民革东川区第三次党员全体会议胜利召开，选举产生新一届民革东川区总支的领导班子；组织发展工作更加规范化和程序化，全年共发展新党员34名，大学以上文化程度100%，截至年底，民革市委共有党员839人，其中男446人、女393人，大学以上学历364人，中职以上396人。

【祖统联谊工作】 2011年，海峡两岸关系和平发展。民革市委贯彻中共中央各项对台方针政策，继续落实民革中央关于对台工作“四个转变”、“三个深刻领会”的要求，注重结合昆明实际，宣传中共对台工作方针政策；多渠道、多形式地开展对台工作，组织和发动党员积极做好接待和服务工作，宣传昆明市改革发展成果和投资环境；组织有台属、社联人士参加的形式多样的活动，通过开展讲座、学习座谈等方式，全面认识和了解台海局势，增强做好对台工作的信心和责任感。

【社会服务工作】 民革市委坚持每年投入3万元到扶贫点扶贫。年初，通过走访座谈，调研扶贫点的问题和困难，努力帮助解决。11月，民革市委经过调研，为东川区拖布卡乡群众修建一条防洪抗旱大坝，投入扶贫资金6万余元。2011年3月盈江地震期间，民革市委号召全市民革党员积极投身抗震救灾工作，很多党员积极为抗震救灾捐款捐物，其中西山总支和市属一支中的非公经济党员筹资买米，并于3月17日运送3.5吨大米到达灾区赈灾。

（祁俊娴）

中国民主同盟昆明市委员会

【思想建设】 2011年民盟昆明市委组织形式多样的学习、活动，提高理论和实践水平，不断巩固多党

民盟昆明市委纪念中国民主同盟成立70周年大会　（民盟昆明市委 供稿）

合作的共同政治思想基础。通过多种方式，搭建学习平台，组织盟员深入学习中国特色社会主义理论体系，学习中央、省、市相关精神，使广大盟员认清形势，明确责任，以正确的理论来统一盟员的思想认识。以庆祝中共建党90周年、民盟成立70周年为契机，组织“风雨同舟七十年书画笔会”、“重温历史，同心同行演讲比赛”、“纪念两个周年征文活动”、“庆祝民盟成立70周年纪念大会”等系列活动。为充分展示昆明作为民盟第一个地方组织诞生地所积淀的厚重的民盟历史，昆明与南宁、郑州、长沙联合举办“民盟省会城市盟市委庆祝中共建党90周年、纪念民盟成立70周年书画巡展”，4个城市100名盟员画家的120多幅作品参展，其中昆明盟员有45幅作品参展。昆明作为此次巡回画展的最后一站，于11月10日在讲武堂隆重开幕，民盟中央副主席李重庵亲自揭幕，1000多名中外游客和市民参观画展。

【宣传工作】　落实新闻发言人制度，定期召开宣传工作会和编委会，开通短信平台，编发信息3000多条，及时向党政有关部门、上级和各基层盟组织、广大盟员通报民盟工作。2011年共对外发稿75篇，比上年增长23%。宣传工作被评为盟省委宣传工作先进集体一等奖，宣传工作经验在盟省委宣传工作会上作交流。

【组织建设】　全年共发展盟员65人，平均年龄36.7岁，其中教育文化界38人，医卫界13人，科技经济界9人、机关公务员1人、新阶层人士4人，既保持民盟的界别特色，又优化盟员结构。2011年末，全市盟员共1829人。2011年是盟市委基层组织换届年。民盟东川区委、西山区基层委、官渡区基层委的换届工作圆满完成。

针对盟员较多、民盟机关离主城较远的实际，民盟市委创新活动形式，按照分类、划片的原则，采用民盟市委主办，专委会、基层委承办的方式组织活动。民盟市委主办的活动，以承办基层民盟委员为主、其他基层委派盟员参加的方式进行，使每人每年至少有1次机会参加民盟市委的大型活动。全年共组织“老盟员喜看新昆明”等主题鲜明的大型活动11次。

【参政议政】　制定《民盟昆明市委参政议政“十二五”规划》和年度参政议政工作计划。开展“专委会创新建设年”活动，各专委会均确定年度目标、工作计划和活动方案，认真开展“三个一”活动。参与盟省委《云南省儿童白血病救助对策研究》课题，与盟省委青年委合作完成《关于加快根治昆明市城市内涝淹水的建议》的调研。确定9个一、二级调研课题，其中《昆明市新能源发展对策研究》、《昆明市家政服务业发展对策研究》成为昆明市科学发展决策中心的中标课题。全年完成调研报告17篇，11篇提案被评为各级政协优秀提案。民盟市委领导及盟员中的专家积极参加中共各级组织举行的意见征询会、情况通报会、座谈会等活动12次，重点提案《关于昆明市培育和发展战略性新兴产业的建议》中所提的加强规划引领、组织领导，强化政策支持、产业招商等有关建议已被《昆明市人民政府关于加快培育和发展战略性新兴产业的若干意见（送审稿）》采纳。多件提案被多家媒体报道，参政议政工作经验在盟省委召开的参政议政工作会上做交流。

全年各基层委、专委会、各处室及盟员个人报送调研线索76条、社情民意和信息145条，民盟市委整理上报信息和社情民意78条，25条信息、社情民意被盟中央、盟省委、市政协、市委统战部等部门采用和转报，并在多家媒体上登载，采用率达到32%。《关于建立与CPI变动相适应的低收入人群生活保障长效机制的建议》被省政协采纳，作为重点建议报省委、省政府，转化为省政府物价调控的工作措施。《加强探险旅游监管的建议》得到副省长刘平的批示，《关于加快根治昆明市城市内涝淹水的建议》得到昆明市多位党政领导的批示，列入重大事项督查督办。

【社会服务】　民盟市委以打造“同心”品牌为目标，以“同心　改善民生工程”为重点，投入5万元购买462床棉被和18台冰箱；筹集3万元（累计投入10万元）解决禄劝上六科村机耕路的修建尾款，为“十一五”民盟扶贫任务的完成画上圆满句号。协调昆明和万家妇科医院为东川乌龙镇学生捐冬衣2000多套；西山基层委在团结街道办事处继续开展“造血式扶贫”，帮助蔡家社区种植结构调整，种植户平均每户增收5300元。邀请教育专家为禄劝县部分乡镇的教师进行英语、数学等中考薄弱科目的教学专题辅导，再次为盟市委农村教育烛光行动实践基地——茂山中学送去1000多本书籍和一台电视机；教育专委会组织教育专家到寻甸调研民族贫困教师情况，为300多名师生举办讲座及上示范课。

继续在帮教基地——省第三女子监狱开展帮教工作，举办讲座4次，定期邀请专家为监狱艺术团进行指导，600多名服刑人员学习受益。

组建由70名盟员参加的“春城志愿者民盟服务分站”，组织盟员参加创卫创文明志愿者活动；联络专委会4位委员引进资金2000万元落地五华区；五华基层委到普吉办事处和云冶社区、华山社区开展科技、法律、教育咨询及医疗义诊等大型综合社区服务活动。2011年盟市委再次被民盟中央授予先进集体光荣称号。

（付红彬）

中国民主建国会昆明市委员会

【思想建设】 2011年民建昆明市委以树立和践行社会主义核心价值体系为主线，以庆祝中国共产党成立90周年为契机，深入贯彻落实科学发展观，认真学习胡锦涛总书记《在庆祝中国共产党成立90周年大会上的讲话》精神，扎实推进思想建设。组织会员参加中共昆明市委统战部举办的《与党同行身边的榜样》先进事迹报告会。官渡区、五华区基层委、盘龙总支积极组织会员参加区委组织的“庆祝中国共产党成立90周年唱红歌”等系列庆祝活动。11月27日，民建市委召开2011年度先进工作表彰会，对7个先进集体和27名优秀(先进)个人进行表彰。

【组织建设】 全年发展23名新会员，截止年底，会员总数为799人，基层组织12个，经济界人士占85%。全年组织30余人次的中青年会员参加民建省委、市委统战部组织的培训。召开八届六次全委会，增补高中建为民建市委副主委，健全领导班子。为纪念“五·四”运动92周年、辛亥革命100周年，青工委举办登山活动；各基层组织会员观看电影《杨善洲》、到寻甸柯渡参观红军纪念馆，进行革命传统教育，走上广场开展同心同行大型公益活动，传递爱心，签订“百户千人”帮扶行动合作协议……各具特色的活动进一步增强基层组织的感召力、凝聚力和向心力，进一步提高会员参与活动的积极性。

加强对外联系，先后接待哈尔滨、温州、武汉、商丘4地民建组织到昆进行考察和交流。11月15～19日民建企业家及机关干部参加在温州举行的地方组织交流协作年会。

【参政议政】 一年来，积极履行职责参政议政，建言献策。两会期间，民建会员中的省、市、区三级人大代表和政协委员共提交建议和提案133份，提出3份集体提案，其中《关于在瑞丽建“姐告昆明园”的建议》被列为市政协主要领导督办的重点提案，被市委、市政府采纳。2011年完成《昆明市报废汽车回收拆解现状及问题研究》等9个调研报告。全年报送社情民意8篇，市政协刊用1篇。

3月21日，组织民建界别政协委员、人大代表到玉溪开展昆玉区域经济一体化情况考察、调研活动。9月13日，民建中央副主席辜胜阻莅临昆明，就“构建和谐劳动关系，推进中小企业健康发展”专题进行调研。

民建昆明市委学习胡锦涛总书记“七一”讲话报告会

（民建昆明市委 供稿）

【社会服务】 积极参与统战系统“同心”品牌工程。民建市委向挂钩扶贫点——拖布卡镇中心小学捐赠篮球架一副、乒乓球桌3张及一些配套的体育设备。盘龙总支到松华坝水源保护区村庄开展送医、送粮、送节能灯活动。五支部牵线组织台湾大型医疗团到怒江州福贡、贡山进行医疗扶贫，为当地怒族、傈僳族少数民族患者免费义诊。筹集资金6万元人民币，帮助怒贡山独龙族自治县和福贡县的4名病患者联系到省红十字会医院、昆明市延安医院进行手术治疗；并持之以恒资助8名贫困生完成中小学学业。西山基层委员会组织全体会员为盈江地震灾区弄璋镇邦巴小学捐赠现金32955.5元，购买1063套校服。官渡区基层委员会组织会员向昆明慈善促进会，禄劝县、官渡区抗旱及失学儿童捐款60余万元。机关支部会员捐款5000元资助嵩明贫困大学生。

2011年，民建市委荣获民建全国社会服务工作先进集体，1名会员获民建全国社会服务工作先进个人殊荣。5个基层组织、17名会员被授予民建云南省社会服务工作先进集体、先进个人荣誉称号。

【宣传工作】 全年共出版《昆明民讯》4期。开辟宣传专栏登载庆祝中国共产党成立90周年征文活动文章。向外推荐理论文章12篇，刊用2篇。整理、报送社情民意8篇，市政协刊用1篇。上报信息72条，被采用19条。编印完成《2004——2010年调研报告、建议、提案选编》，汇编13份调研报告，27件集体提案，28件重点及优秀提案和建议。

（民建昆明市委）

中国民主促进会昆明市委员会

【思想建设】 2011年，民进昆明市委紧扣“中国共产党成立90周年、辛亥革命100周年”这一主题，在会内开展“纪念中国共产党成立90周年辛亥革命100周年”主题征文活动、主题书画展、主题演讲比赛等。召开纪念中国共产党成立90周年暨民进基层组织工作经验交流座谈会，14个基层组织进行交流发言。

民进市委通过会议、培训、学习，组织广大民进会员传达学习中共十七届六中全会、民进中央十二届四次全会、民进云南省委六届五次全会、中共昆明市委九届七次全会精神，中共云南省委常委（扩大）会议及昆明市第十次党代会精神等。同时结合会章会史讲座、昆明历史文化名城讲座，深入开展学习会章会史活动。

【宣传工作】 2011年，民进市委对《昆明民进》个别栏目进行调整，全年共编印4期。随着新兴媒介的发展，民进昆明市委不断加大宣传力度，借力云南民进网、《云南民进》等多种渠道，扩大影响、促进交流。一年来，民进市委共向民进省委网站报送宣传信息69条，被民进中央网采用13篇，在《昆明日报》、《云南省政协报》上发表信息8篇，在《云南民进》、《昆明统战》、《昆明政协》等刊物上发表文章30余篇，由昆明电视台新闻报道5次。

【组织建设】 截止2011年底民进市委发展新会员84名，全年组织新会员培训、会章会史教育2次，选派中青年骨干到中共昆明市委党校培训20人。民进市委还按照信息化、正规化的原则，以整理会员《入会申请表》为抓手，按照民进中央和会省委对会员档案管理信息化的要求，重新建档、归档。建立民进市委会员信息库，将1200余名会员入会申请转化为电子表格。

民进市委定期召开基层主任、副主任横向联系会议。组织各总支、直属支部主任、部分骨干会员和机关干部等分别到民进楚雄州委、大理州委就参政议政、社会服务、自身建设等工作进行交流座谈。在组织结构上，民进市委调整撤销第二联合支部，顺利完成西山总支的换届并成立民进西山区委员会。

【参政议政】 2011年，民进市委在中共昆明市委召开的工作报告征求意见座谈会上，就“桥头堡”建设、国际城市建设、繁荣文化艺术、推进教育发展等提出具有参考价值的意见、建议。在省政协“云南省企业家论坛”举办的“在实施西部大开发和桥头堡战略中加快推进滇中经济区建设”恳谈会上，民进市委作题为“把滇中经济区建设成区域性国际化教育中心城市”的献计发言。

在昆明市政协十二届一次全会上，民进市委共提交集体提案16件、个人提案43件。其中《关于坚持改革创新加快我市农村学前教育发展的建议》被市政协列为主席重点督办提案。盘龙总支作为市政协2010年工作先进集体受到表彰，朱建忠、谭昆、雷开锦、王明坤、高五一、余平、宋海生等7位同志作为政协工作先进个人受到表彰，民进市委集体提案《促进我市特色经济林可持续发展的建议》和由民进市委领衔市级7家民主党派提出的提案《关于将民办学校教师的保险纳入事业单位社会保险的建议》被评为优秀提案。

2011年，民进市委报送的信息《关于抢救性的保护革命历史文物打造一条精品旅游线路的建议》，由市政府副市长陈勇批示，市规划局认真研究所提建议，做好历史文化遗迹的规划保护。集体提案《关于实现松华坝水源区环境保护和经济腾飞双赢局面的建议》，《关于强化昆明市县（市）区知识产权机构的建议》，《关于重视落实民办学校教师参加社会保险的建议》，《关于扩大我市历史文化影响建设文化昆明的建议》等到涉及相关部门的重视和采纳。

民进昆明市委向东川拖布卡镇捐款3万元用于修建防洪沟渠（民进昆明市委 供稿）

【社会服务工作】 2011年，民进市委向挂钩扶贫点东川区拖布卡镇波卡村捐助3万元支持建设15个小水窖。牵头五华总支与拖布卡镇进行群众文化帮扶共建，先期由五华总支选派部分舞蹈教师到拖布卡镇培训教授群众广场舞蹈。民进盘龙总支挑选6位骨干会员教师组成送课队伍，分别到阿子营中学、嵩明牛栏江二中和小街中学进行送课。民进昆明市委组织会员考察入滇河道治理情况，捐资4万元用于入滇河道晋宁东大河的河道清淤保洁工作。组织书画家会员创作讴歌滇池治理巨大成效的书画作品，并举办“滇池之韵”主题书画展。

6月初，由民进昆明市委妇女联络工作委员会牵头，民进延安医院支部承办的“同心同行，温暖进校园活动”向富民县撒旦乡甸头小学捐赠价值2000元的文具、体育用品、书籍等。同时，民进延安医院支部组成医疗队，为学校全体师生进行免费体检义诊。五华总支、安宁总支、延安医院支部分别到敬老院开展捐款捐物送温暖活动。

（民进昆明市委）

中国致公党昆明市委员会

【思想建设】 2011年，致公党昆明市委进一步加强思想建设，组织党员学习中共十七大、十七届五中、六中全会和致公党十三大、十三届五次全会及中共云南省委九次代表大会和中共昆明市委九届七次全会、十次代表大会精神。

2011年是中国共产党建党90周年、辛亥革命暨昆明“重九起义”100周年，致公党市委开展以演讲、唱红歌、专题讲座和观看“华侨与辛亥革命，建国方略与复兴伟业”图片展等形式的纪念活动，回顾近代中国革命史，中国共产党90载艰苦卓绝和光辉灿烂的历史。

【参政议政】 致公党市委领导通过参加中共昆明市委、市政协组织的协商会、市政府常务会、“民主党派和无党派人士座谈会”对昆明市《政府工作报告》及有关政策、法规等提出有价值的意见和建议。多次组织党员参加各种专题协商会并到相关部门就致公党市委的集体提案进行面商。

2011年昆明市“两会”换届，致公党市委有2名党员当选昆明市十三届人大代表，其中常委1人。11名党员被推荐为昆明市十二届政协委员，其中副主席1人，常委1人。

各级“两会”期间，致公党市委各级组织及其党员共提交建议、提案78件：省级15件，市级28件（15件集体提案），区级35件。其中“关于建议对《云南省森林消防条例》进行修订的议案”被列为省人大十一届四次会议5件议案之一；“关于尽快制定《云南省民办教育发展条例》的建议”被列为省人大十一届四次会议重点建议。《关于发展区域新型农村金融，更好服务“三农”的建议》的集体提案被列为市政协重点督办提案；《关于继续加大力度切实解决低收入群体住房问题的建议》被市政协评为优秀提案；《抓住机遇，规划建设好工业园区，促进我区经济发展》和《关于进一步做好食品安全监管工作的建议》被五华区政协评为优秀提案；《关于进一步扶持本市区商贸服务发展的建议》被评为盘龙区政协优秀提案。

【组织工作】 年内完成昆明学院总支的成立工作。2011年发展新党员22人。至2011年底，市致公党共有6个总支，21个基层支部，党员509人，平均年龄49.38岁。

2011年，致公党市委党员在各自的工作岗位上取得可喜的成绩。魏明被国务院表彰为全国粮食生产有突出贡献农业科技人员，期丽琼和洪明德分别荣获“昆明市特等劳动模范”和“昆明市劳动模范”荣誉称号。

【同心活动】 6月9日，市致公党和云南美辰百货公司联合举行“同心”捐赠活动，为东川区拖布卡镇中心小学送去电脑和学习用品，总价值225920元。6月29日，致公党市委带领各基层支部的爱心助学党员到禄劝县秀屏中心学校和六合村侨心小学看望13名贫困学生并将3200元的捐资助学款及一些文具送到学生手里。11月23日，经致公党市委牵线搭桥，美国健华社“清凉月”教育扶贫基金到东川区拖布卡镇开展“同心”工程献爱心活动。“清凉月”教育扶贫基金为拖布卡镇中心学校提供1万元教育扶贫基金，用于资助40名贫困学生及购买体育用品。

12月13日，致公党市委组织捐衣

致公党昆明市委庆祝中国共产党建党90周年活动 （致公党昆明市委 供稿）

物、献爱心活动，为东川区拖布卡镇播卡村捐赠1226件衣服，并拨出经费2.7万元，帮助该村兴修水利抗旱设施，积极联系致公党中央妇委会捐助贫困学生。同时，还为禄劝县屏山镇六合村协调资金7万元修建蓄水池。

【联谊工作】 2011年致公党市委及基层支部和党员接待来自美国、英国以及东南亚各国，回国探亲访友、旅游观光和考察投资的华侨、华人专家、教授、企业界人士及亲朋好友百余人次。

2月27日，接待致公党南宁市委、厦门市委来昆明考察调研的团队。8月8日，接待由台湾“中国青年大陆研究文教基金会”董事长李锺桂博士为团长的台湾“两岸妇女交流活动参访团”一行27人。9月13日，接待美国“圣裕中华文化协会健华社”社长左四臧女士到昆明市考察健华图书馆建馆情况。

10月27日，致公党市委在昆明市经济技术开发区召开归国留学人员座谈会，并以这次座谈会为契机，加强与留学归国人员的联系和沟通，为昆明市的经济发展献技出力。

（姚　伟）

中国农工民主党昆明市委员会

【思想建设】 2011年农工党昆明市委以纪念中国共产党建党90周年和辛亥革命100周年活动为契机，发扬民主党派爱国、爱党的优良传统，有218名党员参加农工党省委组织的“庆祝中国共产党建党90周年音诗画《旗帜颂歌》文艺演出”，传达学习中共十七届六中全会和省委有关会议精神及中共云南省委第九次党代会精神等活动。

参加昆明市统战系统关于学习“桥头堡建设精神传达会”、纪念中国共产党建党90周年系列活动及学习中共昆明市十次党代会精神等各种会议；组织36名党员参加“昆明市教育工作十一五取得的成绩和十二五工作打算”情况通报会，增强广大党员政治责任感，为履行职责、建言献策提供帮助。

农工党昆明市委领导率党员深入基层服务社会　（农工党昆明市委 供稿）

【参政议政】 两会期间，紧紧围绕市委、市政府的中心工作，农工党市属各级人大代表和政协委员，着重围绕经济发展、保障民生、社会管理和改善人民生活等方面提交建议和提案43件。其中，“关于充分发挥县区医院龙头作用，建立城乡医疗卫生一体化服务体系的建议”被市政协列为2011年主席督办十件重点提案之一。徐辉获省政协反映社情民意信息先进个人二等奖；吴玲获昆明市第二十二届特级劳动模范称号。

农工党市委主要领导参加中共市委、政府、政协召开的各类协商会、座谈会、征求意见会、通报会、市长常务会等90余次。一年来，农工党市委主要领导向中共昆明市委提出的9条建议都受到市委领导高度重视并采纳。

为更好发挥农工党市委参政议政委员会作用，专委会分成5个小组开展调研活动，分别完成“社区卫生服务机构实施基本药物制度的情况分析与思考”、“关于进一步完善昆明市基本医疗保险监管机制的建议”、“昆明农村剩余劳动力转移的问题及对策”、“关于昆明市民办教育现状情况的调查报告”的4个调研报告。昆明市科学发展决策咨询中心2011年首次征集党群口各部门和单位拟研究的课题，农工党市委“进一步完善我市社区医疗体制机制对策研究”调研课题中标。组织农工党员中的企业家，参加省政协组织的“在实施西部大开发和‘桥头堡’战略中加快推进滇中经济区建设”恳谈会征稿活动，其中《加快云南旅游信息化建设，实现行业管理升级现代化》征文在活动中获优秀奖。

积极参与农工党省委到昆明市开展的“公立医院改革实施情况”、“云南省殡葬制度改革情况”和“历史文化名城历史文化街区保护”的调研工作。

【组织建设】 2011年农工党市委有15个基层组织到期届满，经与中共相关部门、单位协商和到农工党基层听取意见、建议，完成换届支部的民主推荐、班子人选考察和与有关部门的协商工作，有9个基层组织完成组织换届工作。新成立农工党昆明市计生服务中心支部。

农工党昆明市委2011年发展新党员20名，平均年龄39.2岁。共有党员685名，其中中高级职称533名。共有34个基层组织。有各级人大代表、政协委员55名。

【社会服务】 6月5日，农工党昆明市委和行政支部一行赴晋宁县双河乡开展“第四届中国环境与健康周”免费送医、送药及有关健康咨询的义诊活动，服务群众230余人，免费发放价值3000余元药品，捐赠5000元的扶贫经费。

11月10日，农工党昆明市委与东川区支部联合赴东川区拖布卡镇播卡村开展第二十三届中国“国际科学与和平周”活动，进行专题医疗讲座；免费诊治患者100余名，发放价值3980元的药品和健康宣传资料1150份。农工党市委和中共市委统战部共同筹资16万元，在2012年春节前为播卡村村民们装上太阳能路灯。主委杨品才帮助协调解决播卡村委会办公和活动地点问题。农工党员施藩国无偿向该村捐赠价值16240元可供15人洗澡太阳能热水器；农工党员张树宾代表农工党市委向播卡村捐助30公斤甜豌豆种子。

4月，农工党五华区疾控中心支部与中共五华区疾控中心党政组织共同开展五华区“2011年全国预防接种宣传周”活动。7月，农工党官渡区联合支部党员为援助烫伤女孩捐赠2000元人民币。

【宣传工作】 农工党市委与市中医医院联合举办“著名中医学家姚贞白诞辰100周年纪念大会”，邀请省、市有关领导、卫生界人士、姚氏传人等人士参加。举办50余名的新党员培训班。农工党市委刊物《前进论坛》的订阅率达到100%，被农工党中央授予2011年度《前进论坛》发行工作先进单位荣誉称号。

（李艳华）

九三学社昆明市委员会

【思想建设】 九三学社市委把学习贯彻胡锦涛总书记“七一讲话”作为2011年一项重大的政治任务来抓，召开“学习胡锦涛在建党90周年纪念会上的讲话暨贯彻中共昆明市委十次党代会精神”座谈会，举办新社员培训班；组织60名社员参加市委统战部“与党同行　身边的榜样——社会主义核心价值体系先进人物事迹报告会”，组织基层组织骨干聆听杨佳事迹报告会；关注社员思想动态，开展全市社员思想问卷调查，针对不同年龄层次社员思想特征，做好思想工作。

【组织建设】 稳步做好组织发展工作。实施“人才强社”战略，2011年审批18人入社，九三学社市委共有社员622人。圆满完成社东川区委、社西山区委的换届工作。开展形式多样的组织活动：组织18名骨干社员参加市委统战部组织的暑期干部培训班；以“纪念辛亥革命100周年暨九三学社成立66周年大会”为契机，表彰2010～2011年度先进集体7个、先进社员42名。

【宣传工作】 全年向社省委、市委统战部、市政协等有关部门报送信息109篇，上报《社情民意》3篇，得到社中央、社省委、市委统战部、市政协等有关部门的重视和采纳；编撰《昆明九三》4期；以建党90周年、辛亥革命100周年的纪念活动为契机，开展生动多样的宣传工作：在9月3日九三学社成立66周年纪念日，隆重举行纪念辛亥革命100周年的活动；在社刊《昆明九三》特设“纪念建党90周年”和“纪念辛亥革命100周年”两个专栏进行宣传报道。

【参政议政】 社市委主要负责人受邀参与全市政治、经济、人事安排等重大问题的政治协商，社员中省、市、区人大代表、政协委员63人积极履行职责，担任各级监督员的13名社员按党委、政府有关部署参与司法监察、行业作风等监督检查工作；2011年，社市委共向市政协第十二届一次全会提交10件集体提案，其中《关于加快实施我市节水农业发展战略的对策

1月18日，九三学社省委和市委联建的社会主义核心价值体系学习实践基地在东川区格勒村揭幕

（九三学社昆明市委 供稿）

建议》被定为2011年主席督办重点提案，得到有关部门的高度重视。调研课题《关于加快实施我市节水农业发展战略的调研报告》入选昆明市2010年《谋事之基》调研文选。九三学社各区委在各区政协全会上提交的31件集体提案也获得好评；2011年完成《关于加快昆明市应急避难场所建设的对策建议》、市委统战部调研课题《关于加快昆明市应急避难场所建设的调研报告》，省委统战部课题《关于建立云南省自然灾害预警机制的建议》、九三学社省委布置课题“关于在‘滇中城市经济圈’规划建设绿道网的建议”等10件调研报告，转化提升为2012年市政协全会集体提案。

【社会服务】 创新社会服务新模式，2011年11月18日在昆明市东川区拖布卡镇格勒村村委会挂牌成立“社会主义核心价值体系学习实践基地”，同时成立“九三学社专家工作站”。在学习实践基地成功举办第二十三届“国际科学和平周”活动，捐赠价值3万多元的书包、字典等学习用品，开展医疗义诊、健康咨询、农业咨询、法律咨询等服务，免费发放2000多元的药品、1800元的优良品种辣椒种子100袋、各种宣传材料200余份，受到当地政府和村民的好评和欢迎；积极开展各级扶贫工作，加大对东川拖布卡扶贫点的扶贫工作，社西山区委在帮扶对象蔡家村举办玫瑰花种植培训会；社东川区委社员捐赠1800余元，为铜都镇中殿村的10户贫困老人送去米和油。

（赵如嘉）

昆明市工商联（总商会）

【创先争优活动】 指导非公经济党组织开展创先争优活动，以纪念建党90周年为主题，举办“党旗下的誓言”演讲比赛，选派4名选手参加省工商联组织的比赛，取得一等奖1名、二等奖1名、优秀奖2名的佳绩。将昆明星耀集团、云南盛达集团、昆明阳光事达科技有限公司作为创先争优活动示范点，建立圣火药业等8个联系点，向全国党建研究会推荐上报云南南磷集团、云南盛达集团2家非公企业党组织，参与“全国双强百家党组织”评选。

全市工商联2011年工作会议　　（市工商联 供稿）

【调查研究】 由市工商联牵头，邀请市委统战部、市民政局、市工信委和有关专家参加，组成调研组，对驻昆商会组织进行调研。完成《昆明地区商会组织管理对策研究》调研报告，并组织专家进行评审。完成《2010年昆明市民营经济发展报告》、《昆明市关于进一步发挥企业引才主体作用指导意见》等调研工作。参与省督导组对昆明市非公经济发展环境的调研。

【参政议政】 结合市、县两级的人大、政协换届，积极推荐非公经济代表人士担任市人大代表66人，市政协委员113人，县人大代表126人，县政协委员459人，市工商联执委169人，县工商联执委560人。组织和引导非公经济界人大代表、政协委员参政议政。在市政协十二届一次全会上，市工商联提交《加强食品、药品安全监督的建议》、《关于中小企业配套大型企业产业链的建议》等7个集体提案，工商联界别的市政协委员提交提案31件，市人大代表提交建议案11件。各县（市）区工商联组织非公经济人士参政议政，全年形成提案议案160余件。与市软建办共同举办“千名客商评议昆明软环境建设活动”，征询非公经济人士对全市软环境建设方面的意见建议。

【对外合作交流】 推荐和组织会员企业参加“2011年深圳礼品展会”、“第26届国际礼品展会及港澳商务观光考察活动”、“2011昆明进出口商品交易会”、“泛亚国际农业博览会”等经贸活动。10月，组织50名商会会长组成经贸代表团，随昆明党政代表团赴临沧市进行投资考察活动。

【招商引资】 组建漳州招商分局驻点招商，完成何波副市长到漳州推介昆明、走访企业工作。全年联系服务招商引资项目30余个，引进投资项目24个，其中外资项目5个。实际投入项目并经市考核办审核认定内资项目16个，外资项目2个；完成内资4.44亿元人民币，外资491万美元。

【驻昆商会建设】 推进各类行业商

会、异地商会的组建，全年新成立扬州商会、成都商会等30家商会，到年末，驻昆商会达到173家。指导4个开发（度假）园区筹备成立基层工商联组织。昆明市经济技术开发区工商联于11月17日成立。发展乡镇（街道）商会，到年末，盘龙、官渡、西山、富民、晋宁、东川6个县(市)区实现乡镇（街道）基层商会全覆盖。协调民政部门对44家驻昆异地商会进行登记注册。

【青年创业扶持工作】 昆明青年创业促进会加大扶助力度，举办创业大讲坛8期，培训人员1000余人次，评审青年创业项目4期，向YBC全国办报送创业项目40个，15个获得专项资金扶持。3名创业青年获得“YBC全国办诚信奖”，1名创业青年获得“云南省青年创业省长奖”，1名创业青年获得“云南省青年创业省长奖提名奖”。完成505名“贷免扶补”工作任务。

【光彩事业】 市光彩事业促进会开展“送温暖、献爱心”、“扶贫助困”、“爱心送你上大学”、“一对一帮扶”、“云南红土情　光彩进万家——民营企业感恩行动”等活动。募集光彩事业资金165万元，实施光彩项目9个。630多家非公企业参与“民营企业感恩行动”，捐资891.46万元，捐物价值100余万元，2600余人得到帮助。

【挂钩扶贫】 组织人员3次深入挂钩扶贫点禄劝县汤郎乡细榨村委会，调研对接扶贫项目。确定修路和太阳能浴室两个扶持项目，投入扶贫资金7.5万元。

【执委、常委会议】 2月23日，召开十届四次执委（扩大）会议。审议并通过常务副主席蔡永福所作的《昆明市工商业联合会（总商会）十届四次执委（扩大）会议工作报告》，传达贯彻中共中央、国务院《关于加强和改进新形势下工商联工作的意见》，接受并通过何波辞去市工商联主席职务和何汝祥辞去副主席职务的报告；选举杨勇明任市工商联（总商会）十届执委、常委、主席（会长）。7月20日，召开十届四次常委会议，增补选举毕云强为市工商联（市总商会）十届执委、常委、副主席（副会长）。11月18日，召开十届五次常委会议，会议同意徐苏明辞去市工商联十届执委会副主席(副会长)职务，增选訾贵金为市工商联（总商会）十届执委会副主席（副会长）。

【昆明（国际）商会总部基地项目筹划】 积极组织策划昆明（国际）商会总部基地建设项目，邀请专业机构编制项目规划方案，协调组织规划、土地、空港经济区等相关部门对规划方案和项目选址专题研究，推动项目实施，项目初步选址于空港经济区。

（陈桓国）

群众团体

总工会

【创新维权模式】 2011年，昆明市总工会在长期的维权实践探索中，创新维权模式，加强工会维权实效，切实发挥工会组织在构建和谐社会、促进经济发展中的重要作用，及时出台《工会维权意见书》、《工会维权建议书》制度。《工会维权意见书》是各级工会组织在发展职工民主政治权利、参加和组织工会的权利、组织和代表职工行使平等协商的权利、职工劳动经济权利、职工劳动安全卫生和生命健康权利、职工精神文化需求权利、促进社会性别平等和维护女职工特殊权利等受到侵害时，使用《工会维权意见书》向用人单位提出协调处理意见；对用人单位不按照《工会维权意见书》要求进行协调处理的，可由市级和县（市）区、开发区总工会按程序向有关职能部门发出《工会维权建议书》，提请有关职能部门依法予以处理。“两书”制度推行以来，已成功处理王燕等3名女职工因工作环境被污染而致身体受损害、一市民向市领导发邮件反映上班制度不合理等一批在全市有影响的案件。“两书”制度的出台填补了长期以来，工会面对部分单位侵害职工权益的行为，除协调外无其他任何有效手段的空白，是工会组织在参与加强和创新社会管理工作中开展维权、维稳工作的又一制度创新，属全国首创。

【推进“两个普遍”】 9月，昆明市总工会以深入开展“广普查、省组建、全覆盖”集中建会行动为突破口，持续推进包括“两新”组织在内的各类单位建会工作，不断扩大建会成果。在建会任务占全省52%的情况下，上下联动、齐心协力、整体推进，实现了工会组织建设“存量全覆盖，增量进入常态”3年任务1年完成的重大突破，取得了全市新增工会组织涵盖企业法人单位16047个，新增会员260902人，增量居全省第一的好成绩；建立健全全市工会组织建设数据库，经过预设、录入和核实，全市数据库建会率达到98.8%，入会率达到94%，工会组织建设被评为全省唯一的特等奖。工资集体协商工作形成了“党委领导、政府主导、工会力推、部门协调，劳资互动”的工作格局和“企业协商谈增长、行业协商谈标准、区域协商谈底线”的工作模式，下发《昆明市关于进一步推进企业工资集体协商工作的实施意见》，提出关于制定《昆明市企业工资集体协商条例》的议案已列入市人大立法计划，积极争取各有关部门通力协作、密切配合，在劳动保障执法年审工作中纳入了工资集体协商的内容，在“和谐企业”创建及评先、评优工作中，把工资集体协商工作作为必备条件或一票否决条件。全面启动“工资集体协商要约行动”，培训工资集体协商指导员和工会干部600余人，实施“五个协商示范点”以点带面全面推进工作。全市工资集体协商覆盖面实现72.16%的新突破。

【动员职工作贡献】 紧紧围绕市委、市政府建设区域性国际城市的工作中心，扣紧“工业突破、园区建设、招商引资”活动主题，把党工共建创先争优活动和劳动竞赛结合起来，组织动员广大职工深入开展“当好主力军，建功‘十二五’”各类竞赛活动。全市有24.3万职工参赛，共提出合理化建议8223条，推广技术革新、发明创造、先进操作法1396项，推出节能减排创新成果近百项，共创造（节约）价值1.57亿元，营造尊重劳动、尊重知识、尊重人才、尊重创造、致力建功立业的良好社会氛围。广泛开展独具昆明特色的“十万职工技术大练兵，万名职工大竞赛，千名职工获证书，年创百家‘工人先锋号’，多个行业评‘十佳’，每个职工精一门技术”的“万、千、百、十、一”职工技能提升活动，成效显著。组织举办昆明地区职工“柳丁杯”挖掘机、装载机司机技能大赛，“昆明地区中式烹饪调酒师技能大赛”等全市性“创先争优建功‘十二五’职工技术技能大赛”活动，6000多名职工参赛。组织35个工种、4467名职工开展技能人才培训，有4099名职工获技术等级证书。

【调查研究】 围绕社会热点、难点问题。沉下去、察民情，加强调查研究，一年来完成“昆明市新生代农民工问题调研”、“昆明市市属困难企业基本状况调研”、“昆明市参保人员参加养老保险基本情况调研”、“昆明市产业工会工作调研”等5项成果，报送市委领导及相关部门，为市里决策出台相关政策提供了强有力的依据，得到上级的充分肯定。

【规范化建设】 已建成“全国模范职工之家”18家、“全国模范职工小家”15家、“省级模范职工之家”51家、“省级模范职工小家”29家、“市级模范职工之家”420家、“市级模范职工小家”485家。举办工会干部培训，共培训基层工会干部237人。10月，组织91名工会领导干部参加清华大学公共管理高级研修班学习，提升工会干部的履职能力。创新工会组织员聘用办法，全市选聘工会组织员94名派驻乡镇街道，较好地发挥了作用。工会财务认真落实工会经费“一改三策”措施，加强财务和资产管理，财务工作被评为“全国市级工会财务先进单位”。深入开展工会内部审查、审计工作，获省总经审工作规范化建设A类一等奖。各级工会女职工委员会突出维护女职工合法权益，“女职工专项集体合同”签订率达95%。工会直属企事业单位积极探索在困难中改革发展的道路，实现经济效益和社会效益双丰收。

【对外友好交往】 7月21日，越南老街省劳动联团工会一行13人到昆明市总工会、市困难职工帮扶中心参观交流。市总工会常务副主席赵涤群、副主席李光培同参观。市人大常委副主任、市总工会主席戚永宏参加了座谈交流。双方介绍了各自工会的工作基本情况。11月23日下午，非洲九国工会组织领导人访问团在全国总工会国际联络部副部长彭勇，省总工会党组书记、常务副主席王惠萍，市人大常委会副主任、市总工会主席戚永宏的陪同下，参观了昆明市困难职工帮扶中心各窗口的工作，并座谈交流了中非工会工作。来自博茨瓦纳的工会领导人爱德华先生希望和中国在工资集体协商和谈判方面进行更多的沟通和交流。昆明市困难职工帮扶中心在10年的维权帮扶工作中成绩显著，荣获了全国许多光荣称号，成为中国工会对外交流的品牌。

【表彰先进】 4月29日，昆明市庆祝“五一”国际劳动节暨第二十二届劳模表彰大会在市行政新区会堂隆重召开。省委常委、市委书记仇和省人大常委会副主任、省总工会主席江巴吉才出席大会并作重要讲话。市长张祖林主持会议，李邑飞、杨远翔、田云翔、李文荣、郭红波、应永生、戚永宏、张锐、陆玉珍、杨丽等领导出席大会并为获得表彰的劳模颁发了证书。大会表彰昆明市特等劳动模范60名、昆明市劳动模范200名，向上级推荐云南省劳动模范24名、全国五一劳动奖状1名、全国五一劳动奖章3名，全国工人先锋号1名。表彰100个“昆明市工人先锋号”和100个先进班组长。为更好地发挥劳模示范引领作用，建设了5个劳模创新工作室和2个技师工作站；与昆明广播电视台联合开展《昆明群英谱》和《劳动最光荣》专题宣传月活动；发动45万名社会各界人士参与投票，评选出“关爱农民工十佳企业”和“建工新昆明十佳农民工”，产生良好的社会效果。

【金秋助学】 8月26日，昆明市总工会在职工之家召开2011年金秋助学“结对帮扶”大会，1018名品学兼优的困难职工、农民工子女代表，在“金秋助学”的资助下顺利进入大学。赵飞龙在会上接过爱心接力棒，现场结下了一个帮扶对子，以实际行动将爱心传承下去。阿惠家政等15家热心“金秋助学”活动的企业和单位，为困难职工家庭提供200多个就业岗位，并对困难职工家庭高校毕业生实施就业帮扶。自1995年开展金秋助学活动以来，昆明市总工会已累计资助困难职工、困难农民工子女24586名。

【学习、交流工会劳福事业工作】 6月21～26日，市人大常委会副主任、市总工会主席戚永宏率昆明市总工会考察团先后前往南京、广州、天津，考察三市工人文化宫及有关工会劳福事业工作，就新昆明市工人文化宫建成投入使用学习借鉴他人先进的运营模式和管理机制。在对三市工人文化宫和有关工会劳福事业工作的参观。考察中，考察团认真、细致地从定位、功能、运营模式和管理机制4个文面进行详尽了解。

【建“杨善洲纪念林”】 4月20日，为在全市上下掀起学习杨善洲精神，在创先争优活动中充分发挥全市劳模和广大职工群众的主力军作用，昆明市总工会、市劳模协会组织300名劳模代表，在市工人疗养院举行庆祝“五一”国际劳动节暨创先争优、“杨善洲纪念林”劳模义务植树活动，昆明市劳动模范协会会长杨丽，市人大常委会副主任、市总工会主席戚永宏参加活动并讲话。植树活动所建“杨善洲纪念林”占地12亩多，共栽植中山杉1000多棵。

【关爱女职工】 3月4日、昆明市总工会和云南九洲医院联合举办的“关爱女职工、真情送健康”大型公益体检活动在九洲医院启动。首批60名女职工代表接受体检。本次公益体检活动为全市3000名女职工、女农民工进行免费健康检查。市总工会自2005年以来、已多次与九洲医院、云南平安医院、市妇幼保健院合作，累计为98600多名女职工、女农民工和女劳模进行了免费体检、用真心为女职工和女农民工奉献了爱心。3月8日，全市各行各业5万多名女职工参加了活动。

【构建和谐劳动关系】 2011年，对95家“昆明市和谐企业”进行复查验收。联合有关部门对7520户（次）用工单位进行专项检查、补签劳动合同10326份、清理拖欠劳动者工资和经济补偿金1501.523万元、督促用人单位补办社会保险10716人、已建会企业职工劳动合同签订率达96%。企业职工民主管理、民主监督及厂务公开制度不断加强巩固、全市有2866家公司制企业完善了职工董事、职工监事制度，共有职工董事965名、职工监事772名；全市公有制企业职代会建制率为90%；非公企业职代会建制率达73%、厂务公开推行面达73.9%。加强群众性安全监督和安全生产工作，组织31万职工参加“安康杯”竞赛和“一法三卡”活动。积极协调劳动争议，建立基层劳动争议调解委员会，工会劳动法律监督委员会1622家，持有“两员证”的人员达1940人。组织“五一法律服务志愿律师团”和“昆明市劳动争议仲裁委员会派出一庭”，累计处理劳动争议案件80件、法律援助30件，追偿工资拖欠及工伤赔偿金114.89万元。切实做好信访工作，接待各类人员17.64万人次，接待并处理职工、农民工上访5177件，涉及56592人次，接听热线电话2700余个，协调化解43起集体上访。

【帮扶机制建设】 以“四位一体”规范化建设为龙头、强化帮扶工作机制，提升帮扶工作的能力和水平。全市帮扶中心进一步完善市县两级困难职工帮扶服务中心和分中心的机制建设，昆明市及安宁等8个分中心达到“AAA”级标准，7个县区分中心达到“AA”级标准；在元旦、春节、五一、中秋、国庆等重大节日为6万多人次困难职工、困难农民工送去党和政府的温暖，并通过大病救助、爱心救助、特殊困难救助、购药补助等形式，及时为5.54万人次困难职工、困难农民工排忧解难。组织48.5万名职工参加第八期省职工医疗互助活动，为5.53万名生病住院职工提供医疗补助金额2826.32万元。为53名全国劳模、146名省劳模、479名市劳模共发放“三金”及劳模帮扶金146.67万元。开展促进就业再就业“一条龙”服务，举办12次劳务交流会，有1192名下岗失业人员参加，达成意向性协议1074个；举办职业技能培训班25期，培训下岗失业人员1202人，成功帮助2018名下岗失业人员实现再就业；帮助802人获得小额担保贷款4010万元、为172名下岗失业人员及返乡农民工提供973万元的鼓励创业贷免扶补贷款。昆明市困难职工帮扶中心被评为“全国工会帮扶工作标兵单位”。

【唱红歌比赛】 6月28日晚，昆明市总工会在云南大剧院举行“昆明市职工庆祝建党90周年红歌优秀节目展演暨颁奖晚会”。省总工会党组书记、常务副主席王慧萍，市委常委、市委宣传部部长谢新松，市人大常委会副主任、市总工会主席戚永宏、副市长张锐、市政协副主席陆玉珍等领导观看了展演。晚会组织规模宏大、参演单位水准高。6月29日下午、市总工会在昆明职工之家举行机关直属企事业单位庆祝建党90周年唱红歌歌咏比赛。机关直属企事业7个支部（总支）300余人参加比赛。

【职工文化生活】 组织5.7万职工深入开展“创建学习型组织、争当知识型职工”活动，倡导职工爱读书、读好书、善读书，鼓励职工岗位成才、自学成才，使之成为知识型职工，为企业的发展增添后劲。广泛开展理想信念、技术技能和职业道德教育，努力培养一支高素质的“四有”职工队伍。加强职工文化活动阵地建设，建设全国“职工书屋”示范点4个。省级“职工书屋”示范点11个、市级“职工书屋”51个、基层“职工书屋”721个。组织5000多名志愿者参加“四创两争”文明创建活动。

（杨小乔）

妇女联合会

【推进城乡妇女创业就业】 2011年出台《昆明市妇联关于推进金融支持妇女创业就业实施意见》并召开推进金融支持妇女创业就业培训会；为城乡5851名创业人员发放小额贷款2.12亿元，带动近2万人就业，贷款到期还款率达99.5%以上。帮助25户小企业获得贷款4520万元；培训城乡妇女25501人；举办女性就业专场招聘会，组织150余家（次）企业为女性求职者提供岗位4000余个；表彰命名了200名妇女创业就业先进典型；组织151名妇女创业指导老师与创业指导老师与创业者结成“一对一”帮扶对子。

【维护妇女儿童合法权益】 加大源头维权，做好2001—2010年妇女儿童发展两个规划实施情况的终期监测评估工作；完成新规划的编制。通过政策推动，为75325人开展免费婚检服务，婚检率从2010年的1.44%上升到99.6%；出台《市妇联进一步加强和规范“妇女维权岗”建设的实施意见》，推动妇女维权岗进位民服务中心。受理妇女群众来信来访案件2756件，办结率达95%以上。

【参与文明和谐建设】 团结动员全市广大妇女积极参与“四创两争”；组建“女公务员合唱团”并发挥作用；评选出“五好文明家庭”101户、标兵户10户；组织全市妇女参与“保护滇池巾帼行动”等活动，组织11155名“巾帼志愿者”捐建“巾帼林”1509亩；创建市级“巾帼文明示范岗”31个，并与村委会（社区）联动，有效实现城乡资源对接。

【为妇女儿童办实事】 筹集春蕾基金193万元，资助春蕾学生3907名。完善妇女创业人才库的建立，举办昆明市妇联首期“现代女性企业家经济管理清华大学高级研修班”等培训。提出“五个一”要求，建立10个关爱留守儿童行动示范点；为全部农村留守儿童建档；招募爱心妈妈8022名开展志愿服务；充分发挥135个留守儿童家长学校的作用；建立农村留守儿童服务站88个。共为10000多名妇女群众做免费妇女检查。继续争取“中国温暖12.1爱心基金”项目，救助115名艾滋孤儿。依托家长学校，向全市28689位家长传播科学教子方法。

【参与社会管理创新】 召开昆明市妇联参与社会管理创新工作推进会，各级妇联充分发挥妇联组织的独特优势，坚持以“五好五有”为标准，在全市138个“巾帼示范社区（村）”开展的创建工作，彰显了妇联组织在参与社会管理创新中的活力。

【妇联组织建设】 拓展基层妇联组织网络，新经济组织中妇女组织的组建率比上年有明显提高；深化“五进”妇女之家活动；积极向各级党组织推荐优秀妇女干部；加大竞争上岗和轮岗交流力度；认真落实《昆明市妇联重点工作通报制度》和《昆明市妇联干部队伍的作风通报制度》，结合“执行力提升年”活动的开展，加强妇联干部队伍的作风建设取得明显成效。

（市妇联）

共青团市委

【台青年企业家考察团在昆举行商务座谈会】 应云南省青年联合会、云港台青年交流促进会邀请。2011年10月21～22日，来自港澳台三地的27名青年企业家齐聚昆明，参加“2011首届云南文化创意周”开幕式活动。并在云南大学与昆明青年企业家代表举行“云港澳台企业家昆明商务座谈会”。团省委副书记杨金莹，昆明市副市长张锐、团市委副书记胡江辉出席座谈会。团省委副书记杨金莹向考察团介绍云南、昆明的相关情况，香港金章会副理事长罗民念、澳门CLT年年红集团有限公司董事总经理徐丽亭、中华经贸学术交流协会秘书长郑敏庆分别代表此次考察团的港澳台成员发言。

此次座谈交流活动，进一步增进了昆明市与港澳台青年企业家的互相了解与友谊，为今后昆明市青联加强对外交往，拓展工作空间打下了良好基础。

【2011年中秋慈善酒会活动】 为团结引导昆明市优秀青年企业家参与社会公益，并搭建优秀青年交往联谊的沟通桥梁，共青团昆明市委、昆明市青年联合会、昆明市青年企业家协会、昆明市希望工程办公室于9月3日晚，成功举办了“薇心之夜·中秋慈善化妆酒会”。团省委副书记、省青联主席陆平尾致辞。昆明市佛教协会会长、华亭寺方丈、昆明市青联副主席心明法师，法国国际厨皇美食协会蓝带勋章获得者、“两岸旺丹”酒庄庄主董超宇先生为酒会分别捐赠的书法作品以及红酒进行义拍。酒会中，昆明市青年联合会、市青年企业家协会100余委员、理事参与酒会现场义拍和捐款活动，为昆明市贫困大学生募捐了103400元爱心助学款。助学款将统一纳入昆明市希望工程专户，用于资助昆明市贫困学子圆梦大学。

本次中秋慈善酒会由云南薇心投资集团冠名赞助，云南日报、昆明日报、腾讯微博、昆明电视台等媒体到场采访。

【志愿者工作指导中心暨服务总站成立】 2011年4月2日，昆明市志愿者工作指导中心暨春城志愿者服务总站在中豪·螺蛳湾国际商贸城成立。市委常委、宣传部部长谢新松、团省委书记饶南湖等领导为中心、总站授牌，并为第一批注册的专业志愿者服务队进行了授旗仪式。同时，千名志愿者集体宣誓加入志愿者的行动。授牌仪式上，市委宣传部副部长、市文明办主任杨凤华介绍了昆明市志愿者工作情况及昆明市志愿者工作指导中心、春城志愿服务总站筹建情况；随后，云南中豪置业有限公司的15位股东向昆明市志愿者工作指导中心捐助春城志愿者项目资金。商贸城的15位股东分别与昆明4城区及呈贡的15个社区结对，在昆试点建立15个春城志愿者社区工作站；另外，云南中豪置业有限责任公司董事长刘卫高代表爱心企业在授牌仪式上发言，表达了企业用爱心回馈社会的意愿；春城志愿者代表宣读了倡议书，倡议广大市民朋友、青年朋友加入志愿者队伍，倡导志愿者们用青春和奉献谱写和谐社会建设的新篇章。

创星表彰大会 （团市委 供稿）

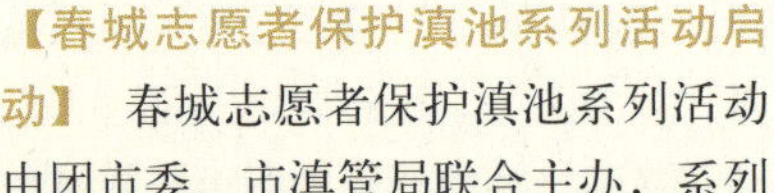

【春城志愿者保护滇池系列活动启动】 春城志愿者保护滇池系列活动由团市委、市滇管局联合主办，系列活动将持续到年底。启动仪式后，五华、盘龙、西山、官渡及呈贡等区县分别举办了“为爱心企业及春城志愿者招募点挂牌、授箱”、“废旧物品兑换”、“河道保洁巡逻”等活动。团市委将依托社区共青团组织，在入滇河流经过的所有社区设立春城志愿者服务站（点），组织辖区内注册志愿者开展保护河流、环保宣传、巡逻检查等志愿服务，并认定区内的注册志愿者的服务时间和效果，进行“时间银行”的时间统计和上报工作。成绩突出的志愿者服务组织还获得“雷锋号”志愿服务站（队、点）称号。

【服务县域经济发展行动】 为充分发挥青联的政治优势，组织优势和网络优势，引导昆明青年联委员积极参与昆明市县（区）域经济发展，昆明市青年联合会于8月20日开展了“昆明青联服务县域经济发展行动——走进禄劝活动”。此次考察活动由团市委书记、市青年联合会主席周乐带队，组织市青联企业管理、公交商贸、海外、教育、金融等界别委员会代表，以及市青年企业家协会代表45人参加实地考察。活动还邀请共青团云南省委统战部部长陈选良参与指导。青年代表们先后参加了禄劝县川云食品加工厂、窿辉石材厂、乾华坚炉球团厂等骨干企业，深入到企业一线了解。

中国少年先锋队昆明市第三次代表大会 （团市委 供稿）

【市企业家协会第二次会员代表大会暨昆明青年商会成立】 2011年5月20日，昆明青年企业家协会换届大会暨昆明青年商会成立大会举行。来自全市各界的500余名青年企业家出席，市委常委、宣传部部长谢新松做讲话。5月20日上午，昆明青年商会第一次会员代表大会选举产生领导机构和执行机构负责人，这标志着由共青团昆明市委和昆明青年企业家联合发起的昆明青年商会正式成立，成为昆明第一个青年商会。会员单位主要由昆明地区优秀青年企业家组成，其中不乏已上市和拟上市公司的高管。会员企业涉及金融投资、地产开发、高新科技等行业领域。

【锦州市青联代表团来昆考察】 应昆明市青年联合会邀请，3月28～29日，由辽宁省锦州市团委书记、市青联主席张东群带队，辽宁省锦州市青联经济界别委员一行18人到昆明市进行考察交流。共青团昆明市委书记、市青联主席周乐，共青团昆明市委副书记、市青联副主席胡江辉以及市青年企业管理界别代表接待了考察团。这次青联考察昆明投资发展环境活动，旨在为服务区域经济发展搭台，为青联考察昆明投资发展拓展空间。活动中，委员们先后考察了呈贡新区、中豪·昆明螺蛳湾国际商贸城等地，并听取了相关负责人的介绍。参观后，相关部门负责人与委员们进行了座谈交流，并举行缔结友好青联签字仪式。两地企业管理界别的委员们还就昆明发展优势、相关政策措施及重点投资项目进行了交流。

（团市委）

台湾同胞联谊会

【思想建设】 2011年，昆明市台联围绕“执行力提升年”和“创先争优”活动，组织开展形式多样的学习活动。积极围绕“建设学习型机关、学习型组织和培养学习型干部”的目标，认真开展了以“三项学习教育”为主题的专题学习活动。在全体干部职工中开展“读新书、求新知”活动。组织机关工作人员积极参加有关部门举办的各类培训。领导干部严格执行“领导干部培训日”制度，积极参加“领导干部培训日”讲座，同时，积极参加云南省干部在线学院的学习。组织理事、机关干部参加“全市对台工作培训班”和“统战系统干部暑期培训班”。组织机关党员干部职工观看爱国主义和爱岗敬业题材的电影。进一步提高了市台联机关工作人员的政策理论水平和做好对台联谊工作的创新能力。

【昆台文教交流】 市台联接待以李钟桂博士为团长的“台湾真善美联谊会妇女参访团”、“台湾新竹地区文教参访团”等2批44人次的台湾文教参访团，这些参议团成员多数是台湾文化教育界人士，他们的来访，进一步推动昆台两地在科技、文化和教育的交流交往与合作。成功举办“2011年两岸青年七彩云南联谊活动周”活动。该活动目前已成功举办8届，旨在推动昆台青年学生的交流交往，加强台湾学生对中华文化的认同感。本届活动请省台联支持协办，并与共青团昆明市委联合举办“2011年两岸青年师生联谊交流座谈会”，创新方式，扩大影响。圆满组织“2011年昆明市绩优教育人员文教参访团”赴台参访。由市台联组织的“2011年昆明市绩优教育人员文教参访团”一行15人，与台湾“中国青年大陆研究文教基金会”和台湾的大中学等教育机构的专家、学者及教育工作者进行交流，促进昆台教育文化界的互相了解和沟通，进一步加深昆台两地教育人员的相互交流。积极协助省台联，共同做好“2011台湾学生冬令营”活动

市台联代表在南昌年会上作大会交流

（市台联 供稿）

相关工作。该活动进一步促进台湾学生对祖国大陆的认识和了解。

【昆台经贸交流】 市台联邀请接待了“中华海峡两岸少数族群文化交流协会参访团”、以詹巫秀娥理事长为团长的“台湾企业家云南昆明参访团”、以蔺斯邦理事长为团长的“台湾云南同乡会参访团”与省黄埔同学会、市台办共同接待“台湾退役将领参访团”等4批42人次台湾经贸界人士。这些参访团的考察交流活动，受到省、市有关部门的高度重视，国家商务部网站、昆明日报社等媒体给予报道，为进一步做好“招台商、引台资”和招商引资的牵线搭桥工作取到了积极作用。

【参政议政】 2011年向市政协提交提案37件，其中，集体提案10件，个人提案27件，集体提案《关于制定“昆明市婚姻收养登记机关服务标准化意见”的建议》被评为市政府第十二届一次全会优秀提案，《关于昆明市对外经贸“走出去”发展的建议》、《关于昆明市招商引资考核办法进行调整、完善的几点建议》、《关于建立昆明市食品安全监管检测协调机制的几点建议》、《关于解决市食品安全问题的几点建议》和《关于加强昆明市环保产业链建设的几点建议》等提案得到有关部门的重视和采取。提交社情民意14件，其中，《关于加强对市食品小作坊监管的建议》、《关于新建中国学前教育（西南）研究中心的几点建议》、《关于重视城区高层住宅消防安全工作的建议》、《关于加强昆明市公厕管理的建议》、《关于“招工难、留工难”问题的建议》和《关于加大力度打击“假发票”的建议》等以《政协专报》的形式向有关方面进行专报。认真组织市台联界别政协委员活动。认真落实课题调研工作。完成调研报告2篇，其中，《加强对台湾中小企业招商引资的对策研究》的调研报告，申报列为昆明市决策咨询研究课题；《昆明市非物质文化遗产的传承与保护对策研究》的调研报告，申报为市级民主党派、有关人民团体调研课题。

【制度创新】 2011年，市台联制订《关于进一步加强为在昆台胞服务的实施办法》的创新性文件，为使该办法能落实到实处。一年来，市台联建立了理事联系在昆台胞制度。该《实施办法》对进一步为台胞台属服务和搭建昆台两地交流合作平台起到积极的促进作用。

【为台胞台属服务】 2011年，在春节前夕，市台联走访慰问14个县（市）区生活困难的台胞台属，给予各县（市）区70000元的工作经费支持。市台联全年接待受理台胞台属来信、来访18件，做到事事有回音，件件有答复。做好为理事征订学习资料等宣传服务工作。举办“市台联成立25周年座谈会”。组织召开“2011年昆明市台胞台属庆国庆.迎中秋座谈会”。召开理事会和常务理事会，对市台联的重要工作进行通报和征求意见。组织理事赴嵩明工业园区、职教园区参观学习考察。组织退休老干部和理事中60岁以上者参加“参观呈贡新区活动”。认真组织理事参加纪念建党90周年和辛亥革命胜利100周年有关活动。编辑《台联简讯》24期、《党支部简报》30期、《创先争优工作动态》28期、《扶贫专报》6期、《督查专报》4期。通过活动，增强市台联的凝聚力和为台胞台属服务的能力。

【扶贫工作】 市台联在扶贫工作中，领导班子成员1月30～31日，到东川区拖布卡镇松坪村委会实地考察并看望慰问困难村民。为帮助解决该村群众的人饮安全问题，做好抗旱救灾工作，市台联与市水务局取得了联系，争取在今后的水利工程建设项目中把解决该村人饮管道建设列入计划，以帮助该村解决人饮管道建设问题。市台联党支部结合开展“创先争优”活动，在全体共产党员内开展“共产党员帮扶结对子扶贫”活动，机关的3名在职党员对东川区施布卡镇松坪村委会的9名困难老党员开展帮扶结对子活动。投入资金3万元，以帮助松坪村解决生产问题。中秋节对村委会开展慰问工作。

【“献爱心”活动】 市台联积极开展“献爱心”活动。在云南盈江县发生5.8级地震后，市台联一方面积极组织机关全体工作人员积极开展献爱心捐助活动，向市红十字会捐款，另一方面积极协调、联系昆明江苏盐城商会的相关人员参与捐助。市台联党支部开展“共产党员帮扶结对子扶贫”活动，3名在职党员分别把慰问金送到自己帮扶结对子的9名困难老党员手中。市台联向机关工作人员、理事和台胞台属发出倡议，积极参与市慈善总会、市红十字会、市春蕾儿童基金会组织的各项慈善募捐活动，向上述组织捐助善款3500元。

（市台联）

归国华侨联合会

【参加第九次云南省归侨侨眷代表大会】 第九次云南省归侨侨眷代表大会于2011年1月4～6日在昆明召开，昆明市共有4名正式代表和9名特邀代表出席大会，在本次大会上，昆明市有15名代表当选云南省侨联委员、昆明市侨联主席周凡和副主席徐杰当选云南省侨联副主席。昆明市侨联、五华区侨联和官渡区侨联被评为“全省优秀基层侨联组织”，12名归侨侨眷被评为“云南省归侨侨眷先进个人”，5名侨联干部被评为“全省侨联系统先进个人”。

【市侨联八届四次全委会】 昆明市归国华侨联合会第八届委员会第四次全会于2011年2月26日举行。市委常委、市委统战部部长金志伟到会指导并作重要讲话。会议听取和审议《昆明市侨联第八届四次全体委员会议工作报告》，选举增补昆明市侨联第八届委员会委员4人，常委 人，专职副主席1人，增聘顾问2人。

侨心小学揭牌

（市侨联 供稿）

【参政议政】 在政协昆明市第十二届委员会第一次会议上，市侨联共提交提案27个，其中集体提案5个，委员个人提案19个。提案从经济建设、政治建设、文化建设、社会建设以及人民群众关心的问题等角度，有调查、有数据、有分析、有建议，具有较高的水平和可操作性。其中，《关于优化昆明市进口商品结构，保持经济较快平稳增长和可持续发展的建议》、《关于争取国家支持在昆明建立“中印合作试验区”的建议》《关于对昆明市传统工业区提升改造的建议》4个集体提案得到市政府和相关部门的高度重视，并列为市政府领导督察提案。为促进昆明市加快建设中国面向西南开放的区域性国际城市。年内，开展了《促进华商在昆明投资对策研究》的课题调研，为市委、市政府提供决策参考。

【维护归侨侨眷利益】 2011年共接待来信来访群众100余人次，接收办理信访件26起，办结23起，办结率为88%，同时，积极帮助协调侨资企业在发展中遇到的困难和问题。完善昆明市侨联法律顾问委员会的案情通报制度，聘请昆明市侨联法律顾问，为侨联和广大归侨侨眷提供法律服务。通过全身心地服务，赢得了海内外侨胞的信任和赞助。

【侨联工作】 进一步密切与海外友好侨团领袖、进入主流社会的华人和华裔新生代骨干代表人士的交往，拓展了联谊的空间。年内共接待来自泰国、老挝、新加坡、马来西亚、缅甸、印尼、美国、日本等海外人士。经过整理和挖掘多年来联系的海内外关系，并建立起涵盖34个国家和地区的海内外关系，已初步建立涵盖4个国家和地区的海内外侨界重点联系对象的电子网络系统，并实现计算机管理。同时，注意加强省内外兄弟侨联的往来，加强侨联系统的沟通交流，年内共接待省外侨联组织来访人员250人次。2011年全国侨联年会在江西南昌举行。昆明市侨联法律顾问委员会的成功经验被选作大会交流发言。

【扶贫济困献爱心】 2011年，通过积极争取，春节前夕，中国侨联副主席王永乐、国务院侨办副主任马儒沛先后到昆明市慰问健在的南侨机工和部分困难归侨侨眷。同时，市侨联领导分别带队，对昆明市8个基层侨联组织、侨界知名人士和困难归侨侨眷共计206户人家开展春节慰问活动，送出慰问金82300元。通过开展慰问活动，进一步凝聚了侨心。

经市侨联牵线搭桥，香港太阳狮子会、香港太阳文娱体育会分别捐资15万元、20万元，在石林县、晋宁县分别捐建两所侨心小学，2月底前捐助资金已全部到位，两所小学均已竣工验收。4月21日、22日分别在石林、晋宁两县举行了命名揭牌仪式。同时，市侨联积极开展扶贫济困工作，领导3次率队赴扶贫点——禄劝县汤郎乡吴家村委会，了解当地村民生产、生活中存在的困难和问题，向扶贫点村民捐赠572件衣物，1台电脑，50只飞利浦灯管，总价值16120元；并从行政经费中拨付2万元用于吴家村委会小学厕所的拆除重建工作，并协调市水务局向扶贫点拨付2万元的抗旱经费。

【服务经济建设】 2011年，由市侨联独立组成的泉州招商分局，引进14个招商引资项目。经考核认定，完成实际到位资金内资17286.64万元，完成目标任务的115.2%，外资415.8万美元，完成目标任务的346.5%，圆满完成了招商引资任务。另外，针对2011年国际金融危机影响深远，融资形势紧张的情况，按照市委“关于抢抓机遇，积极争取信贷支持，大力开展融资工作”的要求，引进了美国美联信（CIT）博宇世纪投资有限公司到昆明开展“教育信息化”融资合作。促成了西山区政府向博宇世纪投资有限公司融资7566.9万元开展“教育信息化班班通”项目，宜良县9600万元融资项目已签订主体合同，官渡区1.3亿元的融资项目正在推进，开创了教育信息化新型融资新模式。

【纪念“辛亥革命100周年”活动】 2011年是辛亥革命100周年纪念，为弘扬侨界爱国主义情怀，侨联组织多项纪念活动。9月14日，省侨联副主席、昆明市侨联主席周凡参加省侨联和省黄埔同学会及有关部门组织的“忠魂归国”系列活动。11月7日，由昆明市委统战部主办、昆明市归国华侨联合会承办、昆明市人大常委会外侨工委、昆明桥商联合会等部门协办的“《华侨与辛亥革命》、《建国方略与复兴伟业》、《忠魂归国》图片展”在昆明市呈贡新区市级行政中心会堂举行开展仪式，市委常委、市委统战部部长金志伟在仪式上发表讲话。图片展出期间，市级机关干部职工和社会各界群众1000余人观看了图片展。

（市侨联）

外事侨务

【全市扩大对外开放会议】 2011年4月21日，市委、市政府召开昆明市扩大对外开放会议。会议由市外侨办牵头，市外宣、商务、投促、财政、政研等部门共同筹办。省委常委、市委书记仇和作了重要讲话，市委副书记、市长张祖林主持会议。仇和在会上强调：坚持把解放思想作为扩大对外开放的基本前提；坚持把招商引资作为扩大对外开放的重中之重；坚持把各类园区作为扩大对外开放的前沿阵地；坚持把区域合作作为扩大对外开放的有效途径；坚持把深化改革作为扩大对外开放的关键举措；坚持把优化环境作为扩大对外开放的重要保障。会议安排部署了“十二五”和今后一个时期昆明市对外开放工作，动员全市上下扩大开放领域、拓展开放空间，为建设区域性国际城市打牢坚实基础。会议进一步统一了思想、明确了目标、创新了思路，为构建外宣、外侨、外经、外贸、外资互动的对外开放格局，不断提升昆明市的国际参与力和影响力发出了有力号召。市级各部委办局，各县（市）区、各开发（度假）区及工业园区，部分省级部门和中央驻滇单位，在昆世界500强企业，昆明市在东南亚和南亚诸国的投资企业，外资企业，外地驻昆办事机构和商会、金融企业，中央驻滇、港澳驻昆和省市主要媒体共400余人参加了会议。

【制定外事侨务工作创新性文件】 4月，以牵头筹办全市扩大对外开放会议为契机，制定了《关于外事侨务工作服务区域性国际城市建设的意见》讨论稿。8月23日，正式出台了《中共昆明市委昆明市人民政府关于外事侨务工作服务区域性国际城市建设的意见》，9月9日，向全市印发。该文件结合新形势、新任务，为开创外事侨务工作新局面提出了总目标、总要求和总任务，全面系统地提出了构建大外事、大侨务工作格局。加大海外招商引资工作力度，大力发展友好城市和民间外交，提高国际交往水平和能力，不断拓展国内外侨务工作，加大为侨服务力度，开拓华文教育等外事侨务工作构想，并在全省率先提出了实施侨务工作“双百计划”。该文件是昆明市“十二五”和今后一个时期外事侨务工作的纲领性文件。7月份，为推动民营企业“走出去”参与国际竞争与合作，制定了《昆明市人民政府办公厅关于外事为民营企业“走出去”服务的实施意见》。8月份，制定了《关于外事交往中合作意向跟踪落实机制》，为对外交往中合作意向的信息收集、信息确认、跟踪落实、协调服务、跟踪督办建立了制度依据。昆明侨务工作“双百计划”，分别于2011年9月27日市政府第18次常务会议、10月24日第3次市委常委会议审议通过后，于11月16日向全市正式印发了《昆明市侨务工作“双百计划”实施细则》。

【外事礼宾接待】 2011年，全市共接待来自世界20多个国家和地区来宾44批次1366人次。其中，市领导会见或宴请了新加坡外交部长杨荣文、马尔代夫议长阿卜杜拉·沙希德、老挝前领导人坎代、联合国教科文组织副总干事汉思·道威勒、美中贸促会主席哥德曼、英中贸易协会主席白乐威爵士、英国皇家国防研究院代表团团长茨顿琪上将、加拿大阜斯省新西敏市选举委员会主席马丁·吉福、纽约州议会参议员马尔科姆·史密斯、泰国反洗钱委员会副秘书长阿诺普·利克提，以及一些外国商会、世界著名跨国公司及财团等高层负责人。先后安排英国、巴西、卢旺达、泰国、老挝、越南、缅甸等一些政府、议会和商会代表团参观考察昆明市投资环境、基础设施、环境保护、滇池治理、机场建设、基层党建等方面的建设发展情况。从2011年外事接待总体情况来看，外企高层来访逐渐频繁，会见及宴请所涉及实质内容有所加强，对介绍昆明市投资软环境、促进对外招商引资工作起到了很好的推动作用。

【涉外涉侨大型会展和赛事活动】 完成昆明市主办、承办或协办的各类会展和赛事活动中的涉外涉侨工作，扩大了昆明的国际影响，主要有：2011昆明国际文化旅游节暨昆明狂欢节、2011昆明进出口商品交易会暨南亚商品展、第九届东盟华商投资西南项目推介会暨亚太华商论坛、第二届中国—东盟行业合作昆明会议、第七届昆明泛亚国际农业博览会、第十四届中国昆明国际花卉展、第七届国际民俗摄影“人类贡献奖”年赛、第二十一届中国厨师节暨首届滇池·泛亚国际美食节、2011中国国际旅游交易会、“昆明—明日之城”中法商务论坛、2011股权投资高峰会、中国·昆明晋宁郑和国际文化节、昆明市纪念辛亥革命—重九起义100周年活动、昆明环滇池高原自行车邀请赛等。

【与外国使领馆的联络联谊】 安排使领馆相关活动30余起，解决驻昆领馆遇到的实际困难2起。包括：邀请安排缅甸、泰国、越南、柬埔寨、老挝、马来西亚等6国驻昆总领馆总领事参加在昆举办的各类涉外节庆会展活动；邀请安排驻昆总领馆所属国国家的专业考察团、文艺表演团体来昆访问和参加各类国际文化交流活动；协助驻昆总领馆邀请昆明市领导参加其国家的各类节庆活动；协助安排市领导会见来昆参观访问的法国驻成都总领事、英国驻重庆总领事、美国驻成都总领事；参加英国驻重庆总领馆在昆举办的《携手云南》活动；安排昆明电视台对6国驻昆总领馆总领事围绕云南桥头堡建设、昆明市建设区域性国际城市进行专题采访。8月31日至9月2日，昆明市接待了瑞士驻华使馆经济参赞沃特·梅尔一行4人，双方签署了“中国低碳城市”项目合作谅解备忘录。9月28日，瑞士驻华使馆商务处负责人罗林一行4人到昆明市考察高新区和经开区，听取两区发展情况介绍，并就中瑞生态科技产业园项目前景当面交换意见。

【国际友城交流与拓展】 2011年，昆明市共接待国际友城高层来访团17批284人次。1月14日，以尼中友协博克拉分会主席彼施沃·山克·帕里克先生为团长的尼泊尔博克拉市旅游推介团应邀访问昆明并举办旅游推介会，副市长刘光溪会见代表团一行，双方就尼泊尔博克拉市和昆明市建立友好城市关系，以及两地在旅游业、酒店业、金融业等领域的合作意向进行了深入交流。6月5～9日，以高竹·德马市长为团长的柬埔寨金边市政府代表团应邀访昆并参加昆交会，8日，市长张祖林与高竹·德马市长共同签署了《建立友好城市关系协议书》，双方还就昆明企业在金边投资建设小商品批发城达成一致，昆明与金边正式缔结为国际友好城市。6月27～29日，以穆斯塔法·阿卡丁市长为团长的土耳其安塔利亚市政府代表团应邀访昆，市长张祖林与阿卡丁市长共同签署了《发展友好城市关系意向书》。7月4～5日，以国岛芳明市长为团长的日本高山市政府代表团应邀访昆，张祖林市长会见国岛市长并与其签署了《发展友好交流城市意向书》。8月31日至9月2日，以尤尔根·罗格市长为团长的德国迪岑巴赫市政府代表团应邀访昆，李文荣副市长代表昆明市政府与其签署了《发展友好城市关系意向书》，仇和书记会见了代表团一行并就两市有关合作事项交换了意见。10月16～20日，以苏甘·玛哈拉市长为团长的老挝万象市政府代表团访问昆明，17日，张祖林市长会见代表团并与玛哈拉市长共同签署了《建立友好城市关系协议书》，昆明与万象正式缔结为国际友好城市。11月14～18日，以鲁道夫·鲍马加特纳先生为团长的瑞士苏黎世技术代表团应邀抵昆，昆苏双方对前一阶段的合作进行了总结，对下一步的合作以及2012年举办两市缔结友城关系30周年庆祝活动进行了协商。通过昆苏友城关系，还开展了中瑞合资昆明芬美意香料有限公司搬迁入园项目、瑞士德特威勒公司参与昆明轨道交通建设项目、瑞士少女峰酒店集团昆明推介会等多项合作。

2011年，昆明市先后派出政府、企业家、文化代表团共9批131人出访各友好城市和友好交流城市。5月23日至6月2日，以市长张祖林为团长的昆明市政府代表团应邀前往墨西哥、古巴、加拿大三国进行访问和经贸旅游推介活动。墨西哥当地时间23日下

4月21日，昆明市扩大对外开放会议召开　　（市外侨办 供稿）

午，“中国昆明·墨西哥城经贸旅游交流座谈会”在墨西哥城举行。座谈会上，昆明市旅游局作了旅游项目与合作的交流推介；昆明市盘龙区与墨西哥奇纳市签订了《发展友好区市关系意向书》；昆明市旅游局与墨方金字塔市签订了旅游合作协议。加拿大西部城市温哥华当地时间5月30日下午，张祖林率考察团举行了昆明市招商引资推介会，并与加拿大本拿比市签署了《开展友好城市合作备忘录》。7月18～29日，以副市长阮凤斌为团长的昆明市友好代表团应邀前往老挝、印尼和斯里兰卡访问，与老挝万象市政府进行会谈并协商两市缔结友城关系事宜；与印尼日惹市签署了《发展友好城市关系意向书》，并与印尼中华总商会在昆设办事处事宜达成一致意见；与斯里兰卡波隆纳鲁沃市签署了《建立友好城市关系协议书》。以副市长阮凤斌为团长的昆明市政府代表团及企业家代表团访问韩国浦项市、日本藤泽市和高山市，与浦项市就双方交流合作事宜进行协商；与高山市市长就有关合作事项进行了友好会谈。根据与美国丹佛市政府的商定，9月25～27日，昆明市政府代表团一行6人，赴丹佛市参加了两市结谊25周年庆祝活动，双方共同举办了介绍昆明产业特色的商务论坛，进一步巩固了友好关系。12月5～16日，以市长张祖林为团长的昆明市政府代表团应邀前往老挝、印尼和马来西亚进行友好访问，与老挝万象市就两市共同开展文化、旅游等友好交流活动进行会谈；与印尼日惹市就两市友好合作项目交换意见并签署了《友好合作备忘录》。

载止2011年12月31日，昆明市已正式缔结国际友城15对（注：全国友协已正式批准昆明市缔结国际友好城市19对，但因对方政府发生变化，安宁市与马耳他潘布诺克市、石林县与马耳他圣朱丽安市无法签署友城协议；另有2对已经全国友协批准但尚未签署友城协议：一是尼泊尔博克拉市；二是印尼卡罗县），国际友城数量在全国省会城市中排名第五位，在西部省会城市中排名第二位。

【昆明·藤泽结谊30周年】 2011年，正值昆明市与日本藤泽市结谊30周年，双方友好关系得到巩固和发展。日本“3·11”大地震后，昆明市在第一时间向藤泽市政府致函慰问，关注灾区急需，视情做好援助工作。9月23～25日，副市长阮凤斌率市政府代表团、企业家代表团和市民代表团共86人，赴藤泽市参加了两市结谊30周年庆典活动，受到藤泽市政府和市民的热烈欢迎。10月31日至11月2日，藤泽市副市长山田秀一率政府代表团及市民团一行128人访问昆明，两市共同举办了“昆明·藤泽文化交流展览”、“拜谒西山聂耳墓仪式”、“两市结谊30周年庆祝大会”等系列活动，使两市文化、教育等领域的合作交流与友好关系得到进一步深化。

昆明·藤泽缔结友好城市三十周年文化交流展览　　（市外侨办 供稿）

【因公出国（境）管理】 3月31日至4月1日，举办了2011年全市因公出国（境）管理工作会议暨外事专办员培训班，全市各部门、各县（市）区、企事业单位、大专院校等156人参加了会议和培训。收集编印了《昆明市2010年因公出访考察报告汇编》（共上、下两册），为实现“出访成果最大化管理”提供了参考。加强了出访团组外事纪律、防范和处理邪教、反恐防恐、突发事件应急处理等行前教育。市外侨办、市外专局、市公安局、市教育局、市宗教局等五家单位联合，对申报聘请外国专家的北京师范大学昆明附属中学、昆明五华欧文外国语学校、盘龙区贝福力美语教育培训中心、昆明市盘龙区幸福泉新迎幼儿园、昆明市第八中学、昆明市盘龙区新起点培训学校、昆明欧迪斯外语学校、昆明五华迈托派教育培训学校等到学校进行了外事管理制度检查和外聘专家资格审查。制定下发了《关于加强2011年下半年因公出国（境）管理工作的通知》。全年共审批因公出国（境）自组团144批次840人，压缩无实质性内容出访团组14批次64人，实际派出130批次776人，节约财政支出320万元，实现了出访人数在2010年基础上零增长目标。

【民间对外友好交往】 2011年，通过民间对外友好交往渠道，共接待了来自10多个国家和地区的对华友好组织、社会团体及各界人士21批次240余人。先后7次接待瑞中友协主席、前苏黎世市市长托马斯·瓦格纳博士，双方就“湖清水秀”项目第三期合作进行了认真磋商，在争取“中瑞生态科技产业园”项目落户昆明方面开展了前期合作。协助安排云南探险家金飞豹一行6人“自行车骑行东南亚，现代信使友谊行”活动。1月9日至3月24日，自行车队途经东南亚6个国家，行程6400公里，将市长张祖林的友好交流信件转交给东南亚有关国家省、市长，并带回东南亚有关国家省、市长致昆明市市长函件，圆满完成东南亚友谊传递活动。3月12～15日，印尼—中国文化经济交流协会副主席、前印尼驻华大使苏德加先生访问昆明，市委书记仇和、常务副市长李文荣会见了客人，双方就昆明建设区域性国际城市，利用官方及民间资源，加强多领域交流与合作，拓展寻求东盟友城渠道交换了意见。6月8～10日，副市长阮凤斌参加了在北京举行的全国友协首届“百城论坛”。8月29日至9月3日，随省外办参加了在韩国全罗北道举行的第十三届韩中日地方政府交流大会，为2012年在昆明举办大会提前做相应准备。

【与南亚、东南亚区域合作】 举办了第二届中国—东盟行业合作昆明会议、中国—南亚商务论坛等大型国际会议。初步建立与省、市区域合作专家沟通联系机制，与市社科联合作完成《昆明加尔各答产业集群研究》课题。组织摘译了《东盟总体规划》。跟踪了解在河口、瑞丽、磨憨建设昆明园相关事宜。落实昆明与老挝万象市友好交流合作项目，联系安排3名老挝万象市干部留学生到云南师范大学进修汉语和中国文化。为云南财经大学到柬埔寨、老挝开展校际交流与合作提供信息和便利。邀请接待印尼苏北省对外友好协会、棉兰市政府代表团及苏北省友协舞蹈团参加昆明旅游狂欢节，促成两市旅游部门签署了《旅游合作意向书》。4月1日，市长张祖林会见中印文化交流中心主席达娜·舒伯特博士，双方就泰姬酒店与昆明学院酒店管理培训合作、塔塔集团访昆等事宜进行了工作会谈。6月5日，印度塔塔集团副主席克里什纳·库玛先生前来参加昆交会期间，市长张祖林与库玛先生共同见证了昆明学院与泰姬酒店集团签订《酒店管理学院培训合作框架协议》。12月5～16日，市长张祖林率团赴东南亚开展了以“旅游促销、友城交流、商贸合作”为主要内容的一系列重要活动。12月2～23日，外事配合旅游开展了以“携手东盟·合作发展”为主题的中国昆明东盟自驾车旅游推介活动。活动途经老挝、泰国、柬埔寨、马来西亚、新加坡5国，行程1万多公里，为巩固与拓展区域合作，深入推进昆明旅游“二次创业”发挥了宣传推广作用。

【市领导出访中东欧三国】 6月10～21日，应波兰沃尔布罗姆市市长让·拉科萨、匈牙利布达佩斯书

6月14日，市委书记仇和会见匈牙利布达佩斯市副市长胡蒂罗依（市外侨办 供稿）

记、市国际关系部主任安德里·肯德瑞斯、克罗地亚萨格勒布市市长米兰·班迪奇邀请，省委常委、市委书记仇和率生态城市建设考察团出访考察波兰、克罗地亚、匈牙利等中欧、东欧三国。访问期间，考察团一行分别拜会了中国驻三国大使馆，听取了使馆官员对当地情况的介绍以及昆明与三国开展合作交流的意见和建议；分别拜访了波兰沃尔布罗姆市市政府、匈牙利布达佩斯市市政府、克罗地亚萨格勒布市市政府和希贝尼克市市政府；实地考察、学习借鉴了波兰、匈牙利和克罗地亚相关城市在城市规划建设、节能环保、园林绿化、生态建设、水环境治理及历史建筑保护等方面的经验和做法，并就发展友城关系等问题进行了友好交流。此次出访考察系昆明市首次组织高层代表团访问中欧和东欧，拓宽了昆明市对外友好交往的方向和渠道。

【制定实施侨务工作“双百计划”】 2011年4月，通过全市扩大对外开放会议，在全省率先提出实施侨务工作“双百计划”。在国外侨务工作方面：计划建立百名华侨华人高端人才与商界精英信息库；成立“昆明市海外人才联谊会”；健全完善昆明市侨资企业联系制度及与海外华侨华人重点社团、重点人物交往联谊的长效机制。在国内侨务工作方面：计划每年重点帮扶救助百户散居归侨侨眷低保户、困难户，并对下岗失业、老弱病残等生活困难的低收入归侨侨眷在患病就医、子女入学、住房保障等方面给予一定的资金帮扶。2011年，在落实“双百计划”关于联络联谊百名侨界高端人士安排方面，初步建立了昆明市海外华侨华人人才信息数据库，为引才引智搭建了信息平台。在落实“双百计划”关于帮扶百户散居归侨侨眷低保户、困难户的安排部署方面，一是对全市侨情开展了调查研究，进一步摸清了散居困难归侨侨眷的基本生活状况，形成了《昆明市散居困难归侨侨眷情况调研报告》；二是根据调查研究，为特殊困难归侨侨眷和贫困散居归侨侨眷寻找帮扶对策，完成了《特殊困难归侨侨眷及贫困散居归侨侨眷帮扶对策分析研究》课题报告；三是结合调研成果，制定了《昆明市侨务工作“双百计划”实施细则》；四是市级财政第四季度安排了帮扶经费35万元。从11月开始，正式启动帮扶救助工作。截止12月31日，市级共发放补助金23．7万元，五华、盘龙、西山、官渡四城区和安宁市共发放补助金11.88万元。

【海外侨务工作】 2011年，先后接待了新西兰、泰国等华侨社团组织负责人、东非中华总商会主席、嘉士伯集团亚太区以及中华区负责人、美国新泽西州华人企业家投资考察团，以及来昆参加第九届东盟华商会暨亚太华商论坛的海外侨领、华商300余人次。邀请海内外有关专家学者、部分驻昆商会、侨资企业代表参加了市委、市政府举办的昆明市2011年春节茶话会。专门举办了昆明市侨界人士中秋·国庆联谊会。12月14日，张祖林市长率昆明市政府代表团和经贸代表团出访东南亚三国期间，专门在雅加达市中心的印度尼西亚中华总商会大楼内，举办了经贸促销座谈会，近20位印尼华裔企业家代表参加了座谈会。与亚洲、欧洲、美洲、大洋洲等地区共34个国家的华侨华人社团组织建立了较为紧密的联谊关系，逐步形成了以港澳为桥梁，东南亚、南亚为区域重点，继续做好北美、西欧地区华侨华人工作，不断拓展其他地区的海外友好联系的工作格局。

【维权护侨】 妥善处理侨务信访纠纷，先后受理涉侨来信来访共85件次，内容涉及归侨侨眷工作、教育、住房、医疗、就业、出境探亲、落实侨房政策、侨房拆迁安置等问题，基本做到件件有着落，事事有回音。为侨资企业排忧解难，协调解决云南和林木业有限公司、昆明迪瑞特瑞花卉有限公司、邦克酒店、嘉士伯集团、昆明戈尔登饮用水公司等侨（外）资企业的各类反映、诉求和纠纷问题6起。4月，省、市人大对昆明市侨资企业权益保护情况进行工作调研，并走访了昆明眼科医院、云南德春电信控股有限公司、亨德森外语学校等3家侨资企业，李茜副市长向调研组作了工作汇报。2011春节前，共走访慰问195户困难归侨侨眷，发放慰问金合计10.45万元。继续开展“侨爱工程—万侨助万村”活动，对侨资企业浙江艾维（宁波）实业有限公司2010年向石林县南大村委会、禄劝县撒冲村委会捐资23万元修建蓄水池和引水管道工程进行了验收。根据“侨爱工程”援建项目的相关规定，就上海世茂集团对五华区卫生局“侨爱工程”的援建项目进行了走访、调研，推动该局成立了专项工作组，督促其拟定了2012年1月31日前竣工验收并投入使用的工程进度计划。

【华文教育】 根据张祖林市长对《国侨办、省政府共同建设云南华文学院协议书》的批示精神，华文教育工作在昆明市正式启动。3月27日，参加了全省华文教育（国外）工作会议，与各地州市侨办就华文教育工作进行了座谈交流。建立了18名外派教师储备信息库，为继续开展外派教师开展华文教育工作提供人才保障。外派一名幼儿教师赴缅甸缅华妇协幼儿园开展华文教育工作两年。申报了昆八中、市外国语学校、市艺校、明通小学作为昆明市首批华文教育基地，为大力开展华文教育搭建平台。先后接待来自加拿大、美国的两批“寻根之旅”夏令营优秀华裔中学生68人，组织其与昆八中师生进行了互动交流，增进了双方的了解和友谊，建立了与海外华裔中学生的友好交流渠道。12月26日，云南省侨办支持昆明市开展华文教育专项资金54万元。

【社区侨务工作】 2011年1月，国侨办副主任马儒沛一行视察昆明市街道社区宣传贯彻《中华人民共和国归侨侨眷权益保护法》以及社区侨务工作情况，专程到西山区永昌社区“侨法宣传角”进行了调研。经市里推荐，11月，在苏州召开的全国社区侨务工作经验交流会议上，五华区富春社区被国侨办确定为“全国社区侨务工作明星社区”，五华区凤翥社区、盘龙区桃源社区被确定为“全国社区侨务工作示范社区”，受到大会的表彰奖励。11月，随着东川区铜都街道办事处金桥社区“侨法宣传角”正式挂牌，昆明市归侨侨眷较为集中的五华、盘龙、西山、官渡、东川5个区都设立了社区“侨法宣传角”，社区侨务工作得到进一步拓展和深化。

【继续打造“南侨机工”侨务品牌】 一方面，由市外侨办牵头组织拍摄的《南侨机工》专题纪录片，自2010年11月25日首映后，引起社会各界、海内外华人华侨和南侨机工及其后裔的广泛关注，2011年先后荣获了2010年度昆明市广播电视政府·金孔雀奖广播电视文艺一等奖、中国·西安民间红色经典大奖部分单元的纪录片一等奖、云南广播电视奖2010年度电视外宣二等奖。2011年7月7日，在抗战爆发纪念日，在昆明西山南侨机工纪念碑举行了祭拜及“重走南侨机工抗日滇缅路”活动出发仪式，马来西亚、新加坡南侨机工后人及东南亚华人共150多人出席仪式。配合“重走南侨机工抗日滇缅路”活动开展，昆明市外侨办、昆明电视台又联合续拍了《全景—我心中的生命线》专题纪录片，扩大了南侨机工在滇参与抗战的历史影响力。每逢中华民族的传统佳节和南侨机工老人的生日，继续走访慰问3位90多岁以上南侨机工耄耋老人，送上节日慰问金，送上生日祝福的鲜花和蛋糕，体现了党和政府的真切关怀。

【招商引资】 市外侨办在牵头筹办全市扩大对外开放会议过程中，起草了《关于成立海外招商局及三个分支机构的方案》。4月19日，市政府办公厅根据方案向全市正式印发了《关于成立海外招商局及三个分支机构的通知》。4月21日，在全市扩大对外开放会议上，市委、市政府专门为新成立的昆明市海外招商局及三个分支机构举行了授牌仪式，市外侨办加挂了海外招商局、对香港招商分局两块牌子。2011年，市外侨办最终引进外资725万美元，完成全年外资引进任务的145%；引进内资2.87886亿元，完成全年内资引进任务的144%；完成“中瑞生态科技产业园”项目前期与商务部、外交部、瑞士驻华使馆及瑞中友协的沟通协调、咨询服务工作；签订了拟落户五华区的联想科技城项目100亿元投资协议。

（李建生）

政策·经济研究·咨询

政策研究

【重要文件、文稿起草】 2011年，市委政研室参与或牵头撰写了一批事关昆明经济社会发展的政策性文件、文稿。一是调研起草了《中共昆明市委关于贯彻落实党的十七届五中全会精神的实施意见》、《中共昆明市委 昆明市人民政府关于加快建设中国面向西南开放的区域性国际城市的若干意见》等11份市委、市政府重要文件。二是积极参与市委九届七次全会、市委工作会、市第十次党代会的筹备和主报告的起草工作，完成“仇书记在昆明——台北经贸文化座谈会上的主旨演讲、接受连战主席宴请时答谢词”、“拜会郁慕明主席的致辞”、“仇书记在市委中心组学习会上的讲话”、《举富国强军之策、走军民融合之路，把昆明建设成为中国面向西南的区域性国际城市》等市委、市政府领导交办的讲话稿、署名文章等重要文稿18篇。三是调研撰写了《石林县糯黑村成功创建国家生态村的实践与启示》、《当前昆明民营经济发展面临的突出问题和下步工作建议》等19篇《决策内参》。四是对口跟踪重庆市两江新区的制度创新情况，及时向市委、市政府上报了12篇相关信息，得到了市委主要领导的充分肯定。

【专题调研报告撰写】 参与市委重大调研活动，完成了一批专项调研报告。分别是《信息化背景下的昆明物联网发展对策研究》、《昆明市全域城镇化背景下农民变市民对策研究》、《昆明市土地抵押贷款融资对策研究》、《昆明市建立完善机关党建工作机制研究》。参与昆明市和谐社区建设的调研工作，深入全市39个和谐社区建设试点社区开展调查研究。编印《昆明市和谐社区建设指导手册》，制定了流动人口混合型社区、单位型社区、常住青壮年为主混合型社区、少数民族社区和农村社区（村改居社区）6类社区建设标准和考评标准，为昆明市和谐社区建设工作的顺利推进提供了很好的指导。

【统筹党群口决策咨询研究工作】按照整合市级决策咨询研究资源的有关要求，统筹党群口（含市委、市纪委、各民主党派、人民团体等机关和部门）的决策咨询研究资源，实现统一规划、统一组织、统一协调和统一管理，促进成果共享，提高人力、智力、财力等各类资源的使用效率。2011年，指导市级党群口开展《关于加快"智慧昆明"建设对策研究》、《关于打造昆明特色街区对策研究》、《关于构建城市综合管理和应急指挥平台对策研究》、《关于进一步做好新形势下群众工作对策研究》、《昆明市乡镇合并和托管工作对策研究》等专题调研28篇。其中，《关于进一步做好新形势下群众工作对策研究》、《关于进一步发挥党代表职能作用对策研究》、《昆明市人才融资机制对策研究》3个调研成果转化为市委文件，《昆明市建立完善千名客商评价软环境机制研究》被市委全会、市纪委全会采纳。22个调研成果转化为《参阅资料》、《决策内参》。决策咨询研究工作的质量和水平得到全面提升。

【制度创新】市委政研室非常重视制度创新工作，加大制度创新力度，起草的5份创新性文件获得2011年市委、市政府表彰。文件获特等奖2项、一等奖2项、二等奖1项。2011年又创新并申报了《关于一板块支持倘甸产业园区和轿子山旅游开发区建设发展的若干意见》、《关于加快建设中国面向西南开放的区域性国际城市的若干意见》、《中共昆明市委常委会重大决策多方参与制度（试行）》、《市委常委专题调研制度（试行）》、《昆明市县（市）区、五个开发（度假）园区及市级有关单位九项指标差别化考核办法》等11个创新性文件，其中8项已转化为市委、市政府文件执行，1项获得市委主要领导的肯定批示。

【书刊编辑】完成了"四书一刊"编发任务，即编撰了《昆明—中国面向西南开放的区域性国际城市宣传册》和《昆明建设区域性国际城市干部读本》。编印了《昆明市2010年调研文选——谋事之基》和《昆明市情》（2011年），编印发行了《昆明政研》双月刊6期。其中《昆明建设区域性国际城市干部读本》公开出版发行，该书既有现状研究、问题分析和理论支撑，又有奋斗目标、工作重点和经验借鉴，主题鲜明，重点突出，针对性、参考性、可读性强，是昆明市党员干部日常学习的必读书籍和公务员培训的必读教材。

【其他工作】完成领导交办的其他工作。建立市委政研室分管领导和相关处室定点联系县（市）区政研部门制度，指导其开展课题调研。各县（市）区完成了一批高质量的课题研究，很多已转化成为当地党委、政府的决策思路或政策措施。其中《阳宗海风景名胜区经济社会跨越式发展调研报告》、《倘甸产业园区轿子山旅游开发区发展调研报告》、《石林县打造滇中经济区东南新城的构想》等研究报告得到市委、市政府主要领导批示并转化为市委、市政府文件实施。从人力、财力上全面支持新农村建设工作，积极为官渡区大板桥街道白汉场社区的经济社会发展出主意、想办法。为扶贫挂钩联系点东川区拖布卡镇坡头村落实新农村建设"重点村"项目资金共20万元，捐款捐物帮扶贫困户10户、资助贫困生10名。

（陈万英　杨　静）

经济研究

【重要文稿起草】一是高质量完成2011年《政府工作报告》起草工作。组织动员全室干部职工，积极开展调查研究，加强与各县（市）区、市级各部门的联系，在掌握大量第一手资料的基础上，按时完成了起草任务，得到了市领导和与会代表的充分肯定。二是完成了《昆明市县（市）区、5个开发（度假）园区及市级有关单位9项指标差别化考核办法》文件起草工作，研究制定了《昆明市"十二五"农业综合开发规划》。三是认真完成市长张祖林和其他市领导交办的重要文稿起草任务。共起草市长张祖林在全市性重要会议上的讲话稿及其他文稿183篇，完成的文稿数量是年度目标任务的6倍多，文稿质量不断提高，多数文稿得到市领导的好评。

【重大课题调研】以新一轮西部大开发和"桥头堡"建设为契机，抓住现代新昆明建设中的热点难点问题，组织力量深入调查研究，及时为领导提供准确可靠的决策依据。国务院《关于支持云南省加快建设面向西南开放重要桥头堡的意见》文件发布后，室党组及时召开会议进行了研究，从推进昆明区域性国际城市建设出发，就落实国务院的相关政策措施，组织完成了《昆明市参与沿边开放区、云南跨境经济合作区、边境经济合作区建设对策研究》、《昆明市加快建设区域性国际物流中心对策研究》、《昆明市加快建设信息枢纽城市对策研究》、《昆明市加快与周边国家经贸合作对策研究》等10项课题研究工作，研究成果以《决策调研报告》报市委、市政府领导作决策参考。围绕市委、市政府中心工作和破解"十二五"重点难点问题，完成了《昆明市公租房建设与管理研究》、《昆明市滇中经济区建设与研究》、

《提高城乡居民收入水平对策研究》、《昆明市建设区域性国际城市背景下实施人才强市战略对策研究》、《昆明市中小企业融资难对策研究》、《昆明市加快发展服务外包产业的对策研究》等6项调研报告，研究成果已报市委、市政府作决策参考。

【县域经济发展研究】 认真履行县域经济发展协调小组办公室工作职责。围绕昆明市县域经济发展，组织开展专题调研。完成关于对《深化扩权强县试点工作的几点建议》的可行性调研报告，完成了《昆明新形势下县域经济发展路径选择研究》调研报告，提出了关于深化昆明市县域经济发展政策措施的相关建议。

【书刊编辑发行工作】 完成了《昆明经济》编辑发行工作，全年共编发《昆明经济》6期，办刊质量不断提高。为使决策咨询研究成果尽快提交市委、市政府领导及相关部门作决策或工作参考，共编发22期《决策调研报告》。《关于在部分乡镇试点设立检察室的建议》、《关于昆明市开展网络问政的建议》、《关于推进昆明市档案信息化建设的建议》等得到市领导的批示认可，相关建议已进入决策。为便于各县（市）区相互交流借鉴政府工作报告起草经验，完成了《2011 昆明 政府工作报告汇编》一书的编辑发行工作。为更好地为市领导和市级各部门提供决策依据，完成了《2010年昆明市科学发展决策咨询中心研究成果汇编》编印工作。根据市政府领导的要求，对研究室2010年完成的市领导在全市性会议上的讲话及其他重要文稿进行汇总，完成了《昆明市人民政府研究室2010重要文稿汇编》。根据市领导的安排，完成了《中国城市年鉴·昆明篇》、《昆明年鉴·经济研究篇》、国家统计局中国统计出版社《2011中国发展报告·昆明篇》、中国城市发展研究会《市长参考·昆明专辑》等4篇专题文稿撰写工作。配合市委政研室等部门完成了2011年《昆明市情》编辑工作。

【挂钩扶贫工作】 充分发挥决策咨询研究优势，积极开展调查研究，先后多次到扶贫挂钩村——禄劝县汤朗乡普莫村进行调研，摸清挂钩村经济发展、村庄建设等基本情况，了解干部群众对扶贫工作的意见和要求，为挂钩村研究制定了“十二五”发展规划，明确了发展的思路、目标、重点和具体措施。想方设法为群众办实事，解决群众实际困难，从有限的办公经费中挤出3.85万元，实施3个具体项目：支持挂钩村实施人饮管道铺设工程，解决了群众饮水困难；支持村党员活动室建设，帮助添置了部分桌椅；对挂钩村老党员和困难群众进行慰问帮扶。

【建议提案办理】 高度重视人大代表建议、政协提案办理工作。完成了市人大《关于加快制定环湖南路沿线产业规划的建议》、《关于加大对乡（镇）改街道后的办事处给予政策、资金支持的建议》、市政协《关于加快建设中国面向西南开放的区域性国际城市的若干意见》和《关于加快昆明国际化拓展的建议》等建议提案的办理和答复工作。代表、委员满意率100%。

（杨利民）

咨询工作

【决策咨询中心工作】 2011年，按照“中心统揽、归口管理”的决策咨询工作模式，对市级决策咨询研究资源进行全面整合。完成了市科学发展决策咨询中心专家库的组建工作，动员和支持市级各部门、各大专院校和研究机构积极参与。在全年决策咨询课题研究中，共有42个市级部门、4所大专院校、10个研究机构申报并承担了相关课题研究工作，实现了对课题研究的统一规划、统一组织、统一协调和统一管理。全年组织课题研究145项，比年度计划127项增加14.2%；成果转化率大幅提升，达55.17%，比整合前的30%，提高了近一倍；资金压缩为900万元，比整合前的2000多万元，减少1100多万元，实现了提高财政资金使用效率、提高成果转化率的整合资源工作目标。抓好相关制度健全和完善，对课题管理的相关规定进行了进一步的完善，使中心管理工作有章可循。认真做好全市决策咨询课题的征集、立项、审批工作，较好地解决了过去决策咨询研究工作存在的课题研究多头管理、重复立项、低水平重复研究，选题贴决策不紧，研究成果质量不高，转化率低等突出问题。调动各方面积极性，多出具有创新性的优质成果，服务科学决策。按照有关规定，邀请省、市有关专家组成优秀成果奖评审委员会，对县（市）区、市级部门、国家和省级开发区选送的研究成果，采用背靠背量化打分、会议讨论、票决等方式，经过初评和终评二轮评选，评出2010年度昆明市决策咨询研究优秀成果奖33项。其中一等奖4项，二等奖8项，三等奖21项，并进行了表彰。

【咨询研究】 针对昆明市“十二五”期间经济社会发展要求，围绕市委、市政府中心工作开展研究，完成《昆明市政务服务体系标准化规范化建设研究》、《昆明市加快高新技术主业基地文化旅游业发展对策研究》、《昆明市进一步做好新形势下群众工作对策研究》等课题，研究成果转化成了市委、市政府文件。《昆明与滇中经济区建设研究》等课题形成了上报省的有关材料，重要观点写入市委、市政府的有关文件。《昆明建设国家创新型试点城市研究》等课题已形成部门行业管理文件。《昆明市设立乡镇检察室对策研究》、《昆明市推进档案信息化建设对策研究》、《昆明市在民主决策过程充分发挥网络问政作用对策研究》等课题得到市委、市政府领导高度关注，研究成果已进入决策，相关部门已着手组织实施。

【咨询建议】 做好市委、市政府聘请的由21名国家有关部委领导和专家组成的昆明市科学发展决策咨询特聘顾问的联系服务工作，及时为特聘顾问寄送昆明经济社会发展的新资料，通报新情况，为其了解掌握市情，为经济社会发展问诊把脉、献计献策提供条件。为“中心”聘请的89名决策咨询专家在昆开展咨询工作搞好服务。由专家组组织开展的一批重大课题研究。以《特聘顾问建议》内刊，报送国家环保局《全球绿色低碳发展及其对中国的启示》、中国社科院财贸所《中国经济：从失衡增长到均衡发展》等一批建议文稿。积极发挥市政府咨询委员作用，咨询委员提供的《关于将圆通山改建为昆明护国公园的建议》、《关于进一步加大对昆明生命线水源工程——云龙水库保护力度的建议》、《关于促进昆明通关便利化的几点建议》、《关于规范二手房交易市场及设立新型二手房交易机制的建议》、《加快打造昆明市承接电子信息产业转移高地的建议》等，以《咨询建议》内刊形式报送市委、市政府参阅。一些建议得到了市领导批示，在服务决策中发挥了重要作用。

【咨询论证】 借助市科学发展决策咨询专家和市政府咨询委员智力优势，对昆明市经济社会发展的重大问题进行咨询。组织专家对昆明市开展的重大研究课题进行评审论证，《昆明市加快推进三网融合对策研究》、《昆明市延伸优势产业链打造特色产业集群对策研究》、《昆明市促进金融产业集聚发展对策研究》、《昆明市建设区域性国际城市背景下实施人才强市战略对策研究》、《昆明市转变经济发展方式评价指标体系研究》、《昆明市延伸优势产业链打造特色产业集群对策研究》等一批课题，经过专家的咨询论证，进入了决策。

（盘继斌）

KUNMING YEARBOOK

昆明市国有资产管理委员会

2012 KUNMING YEARBOOK

2011年，市国资委及市属企业在市委、市政府的正确领导下，以邓小平理论和“三个代表”重要思想为指导，深入贯彻科学发展观，以昂扬的精神、务实的作风、扎实的工作，取得了较好成绩。监管企业累计完成营业收入108.37亿元，同比增长12.06%；实现利润总额6.31亿元，同比增长13.39%；国有资产保值增值率101.59%，较目标值增长0.59个百分点。

市国资委党委书记、主任李强向李荣融同志汇报昆明市国资监管工作

国务院国资委产权局领导亲临授课指导

完善国有资产监督管理体制

贯彻落实《关于进一步推进昆明市国有资产监督管理全覆盖的实施意见》，推进各类经营性和资源性资产纳入国资监管机构，实行集中统一监管。贯彻落实《推进昆明市产权交易全覆盖的实施意见》，以昆明泛亚联合产权交易所有限公司为龙头，带动各个专业交易平台发展。

完成“央企入昆”、“重大项目推进”和“招商引资”目标任务

中航油昆明新机场供油工程等8个项目已开工；天威云变项目已获得项目用地的国有土地使用证和用地规划许可证；哈电集团项目首期2.5亿元投资已到位。上海招商分局全年共引进内资项目12个，共计6.62亿元，完成目标任务的132.4%；外资项目4个，共计1300.61万美元，完成目标任务的325.15%。

全力支持投融资工作

围绕“拓宽融资渠道，推动战略转型”两个关键环节，按照《关于进一步深化投融资体制改革的实施方案》，促进投融资公司资源资产的整合、盘活，开展多种类型、多种方式的融资工作，全年共计融资404

亿元，完成投资305亿元，有力地保障了主城改造、城市交通、新城建设、滇池治理等重大项目的建设。

完善法人治理结构

完成15户企业董事会、监事会的组建工作，调整充实23户企业的董事会、监事会和经理层，任免和调整企业董事会、监事会成员和高管人员共48人次。

夯实国资监管基础

开展企业国有资产的产权界定、产权登记、资产评估审核、进场交易、产权处置和纠纷处理等工作。制定《昆明市市属改制企业非经营性国有资产管理暂行办法》。清查265户改制企业的非经营性资产，制定《昆明市国资委监管企业投资监督管理暂行办法》、《昆明市国资委监管企业监事会工作规则》。监事会提交监督检查报告21份，揭示问题48个。与监管企业签订2011年度经营业绩责任书，兑现2010年监管企业高管人员的薪酬。进一步加大监管企业财务动态监测、经济运行分析力度。制定了《昆明市属国有企业发展战略和规划管理暂行办法》、《昆明市国资委监管企业环境保护目标责任制考核办法》。开展"自主创新、和谐发展"实践活动。层层落实安全生产责任制。完成重点工作通报29项、重要事项公示20项。认真受理各类来信来访、妥善处理职工群体性事件。

切实加强企业党的建设

深入开展"创先争优"活动。认真落实党建目标责任制。组织开展学习型党组织创建活动。完成4户企业党组织的组建和换届工作，创

庆祝建党90周年演唱会

建4个基层党建示范点。组织开展庆祝建党90周年系列活动。完成党的十八大代表、省九次党代会代表的推荐提名工作和国资系统出席市十次党代会代表选举工作。

扎实开展党风廉政建设

与企业签订党风廉政建设责任书。制定《昆明市国资委监管企业领导人员个人有关事项报告制度的实施办法(试行)》，进一步落实重大事项报告制度。对企业领导人员贯彻执行《廉政准则》及落实责任的情况进行检查，对19个项目实施效能监察。对153个工程建设领域投资项目进行排查。对公租房建设等102个重点项目招投标活动进行监督。开展20户市属国有及国有控股企业“小金库”专项治理工作。受理群众的投诉举报件25件。

解决退休教师待遇问题工作会

昆明市工业和

昆明市工业和信息化委员会是根据《中共昆明市委办公厅 昆明市人民政府办公厅关于印发〈昆明市人民政府机构改革实施意见〉的通知》设立的市政府工作部门，同时加挂昆明市中小企业局、昆明市无线电管理办公室牌子。自设立以来，昆明市工业和信息化委员会紧紧围绕工业强市总体战略，以加快产业结构调整为主线，全神贯注致力工业突破、全力以赴加快园区建设、全委动员参与招商引资，积极谋求全市工业和信息化的跨越式发展。

市工信委主任陈浩主持《十二五规划解读及云南企业应对策略》专题讲座

沈机集团昆明机床制造及铸造基地项目一期工程开工仪式

2011年，是 “十二五”规划开局之年，也是全市紧锣密鼓贯彻落实“桥头堡”战略，谋划滇中城市群建设，推进区域性国际城市建设的重要一年。在市委、市政府的坚强领导下，昆明市工业和信息化委员会紧紧围绕全年目标任务，以科学发展观为统领，以加快转变发展方式为主线，把工业总量大扩张、园区开发大突破、主导产业大提升、中小企业大发展、创新能力大提高、项目建设大提速、信息化建设大推进作为工作重点，锐意进取、务实创新，实现了“十二五”的良好开局。全市工业增加值首次突破800亿元，达到848.9亿元，增长15.5%；全市完成非电力工业固定资产投资583.8亿元，增长51.4%；全市工业园区实现规模以上工业增加值605亿元，工业集中度达86.7%，完成基础设施投资135

燕京啤酒嵩明生产基地

云南天安化工有限公司

华能石林光伏发电项目

信息化委员会

经开区新兴科技孵化器

亿元，增长40.3%；全市统计内电子信息产业企业完成主营业务收入120.4亿元，增长20.4%，被国家工信部正式批复成为国家级“两化融合”试验区；全市完成非公经济增加值1124.29亿元，同比增长20.2%，占全市GDP的44.8%；全市单位GDP能耗下降4.19%，规模以上工业万元增加值能耗下降7.44%。取得了工业总量不断提升、产业结构升级优化、工业园区蓬勃发展、“两化融合”继续深入的良好成绩。

全委以创先争优活动为契机，紧紧围绕市委、市政府及市工信委中心工作，以保持党同人民群众血肉联系，完善惩防和预防腐败体系建设为重点，不遗余力地推进学习型党组织、学习型机关建设；公开公正地通过竞争选拔任用年富力强的干部，向市委组织部推荐县级领导干部人选。持之以恒地深入基层、深入企业，切实协调解决基层、企业发展中遇到的突出问题和困难，真心实意为企业排忧解难；坚定不移地加强机关党风廉政建设，增强党员干部拒腐防变能力；一如既往地进一步加强法制建设，推进依法行政工作，形成以工业和信息化快速发展促机关建设，以机关建设保障工业和信息化快速发展互动推进的大好局面。

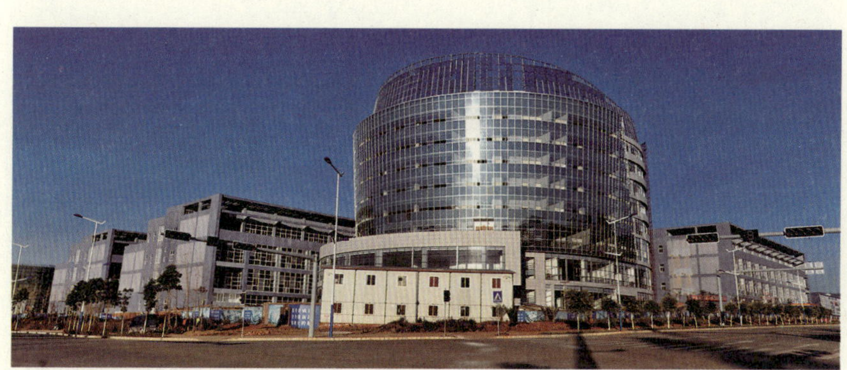
15万平方米标准厂房

昆明高新区新城高新技术产业基地
云南云投新奥燃气有限公司

厂口首座500千伏无人值班变电站投产

昆明市人力资源

4月20日，人力资源和社会保障部副部长信长星一行，就昆明市就业公共服务窗口及大学生创业孵化基地等情况到昆明进行调研

昆明市南坝人力资源市场举行“粤滇人力资源对接交流合作暨人力资源市场信息联网对接开通”启动仪式

以“创业促科学发展、就业保社会和谐”为主题的2011昆明青年（大学生“村官”）创业成果博览暨人才交流会在昆明举行

抓好民生之本，就业再就业成效显著

认真贯彻落实就业政策，紧紧抓住工业突破、园区建设、招商引资给就业工作带来的良好机遇，大力推进统筹城乡、统筹不同群体之间的就业工作。坚持以项目扩大就业、创业带动就业、政策扶持就业、统筹优化就业、服务保障就业，多渠道开发就业岗位，完善就业服务体系，确保城镇登记失业率始终控制在2.03%以内。承办“2011昆明青年（大学生‘村官’）创业成果博览暨人才交流会”，展示交流优秀青年创业项目及成果180个；举办招聘会700余场，提供就业岗位19.38万个，新增城镇就业13.15万人；培训农村劳动力36.97万人，农村劳动力转移输出37.6万人，城镇下岗失业人员再就业3.9万人，开发4856个公益性岗位；帮助2.64万名就业困难人员实现就业，“零就业家庭”保持清零状态。

加强社保扩面，巩固和提高全民参保率

城镇职工养老、医疗、工伤、失业和生育保险制度平稳运行，全市城镇职工养老、医疗、工伤、失业、生育保险参保人数分别达到102.57万人、164.67万人、70.3万人、78.7万人、61.47万人，城镇居民基本医疗保险参保人员达159.79万人。大力实施新型农村社会养老保险试点和城镇居民社会养老保险试点工作，有9个县区纳入试点，参保人数达135.55万人。全市16.87万人参加被征地人员基本养老保险，4.63万名未参保集体企业职工纳入城镇职工养老保险，2.71万名集体企业职工享受退休待遇。制定下发《昆明市城镇职工基本医疗保险、城镇居民基本医疗保险和新型农村合作医疗实行一体化管理的意见》，顺利推进城乡医疗保险一体化管理工作。

昆明市坚持“六原则”，实现“七公开”，全力做好2011年计划分配军队转业干部选岗工作

全市14个县（市）区、5个开发（度假）园区于6月19日同步开展社会保险法广场宣传活动

昆钢集团出资3300万元为671名“超龄”未参保职工缴纳养老保险。领到存折的职工喜笑颜开

和社会保障局

整合第一资源，人才队伍建设得到加强

实施人才强市战略、引进海外高层次人才“三五”工程、国内创新创业人才“551”计划，依托昆明泛亚人才服务中心，搭建国际人才交流、服务平台。引进各类高层次人才和紧缺急需人才1348人，新增人才派遣1233人，考核评审认定非公经济单位专业技术职称资格1369人；引进国外智力专项经费聘请技术管理专家30名，完成引智项目15项；举办各类人才供需洽谈、招聘报名会103场，进场单位7430家、6.83万人（次）；开展职业技能鉴定1211场次，鉴定合格19万人（次），其中高技能人才24155人（次）；市级机关事业单位有1034人参加技术等级晋升的培训和鉴定，301人通过初、中级工评审，644人通过省厅高级工评审，83人参加全省技师评审并全部通过。

在2011年市级机关冬季运动会中，市人社局获得了9个项目中的4个第一名、2个第二名，成绩优异

市人社局领导参加“提升执行力，铸造新昆明，加快建设区域性国际城市”领导干部在线访谈节目，在网络上与广大网友开展在线实时交流

创新人事制度，行政服务效能明显提升

按照深化干部人事制度改革的总体要求，创新管理体制、转换用人机制，整合人才资源，全面加强公务员队伍、专业技术人员队伍建设，扎实做好机关事业单位公务员、工作人员招录（聘）和公开选调工作。稳步推进事业单位人事制度改革，全面实施事业单位人员聘用合同、岗位设置管理制度，事业单位聘用合同签订率达100%。公开考试录用公务员1213人，调动358人，公开选调151人；招聘事业单位工作人员1361人，公开选调66人；开展自主择业军转干部创就业适应性培训、个性化培训351人，全年为197名营级及以下计划分配军队转业干部提供216个岗位，接收安置自主择业军队转业干部81人。

维权工作扎实，劳动关系保持和谐稳定

加强劳动监察动态管理，推行劳动用工登记管理制度，认真做好信访接待工作，及时办理各种举报投诉，切实维护劳动者合法权益。全市52.5万人签订劳动合同；接受劳动者投诉2364件，立案1964件，结案1964件，结案率100%；受理劳动人事争议案件2952件，涉案金额1.23亿元；开展检查用人单位工资支付情况、清理整顿人力资源市场秩序、整治非法用工打击违法犯罪等专项行动，对7526万户用人单位及职业介绍机构实施劳动监察，涉及劳动者37.6万人（次）；为125名劳动者清退风险抵押金13.4793万元，为3.7万名劳动者追发工资等待遇1.38亿元；督促615户用人单位依法缴纳各类社会保险费328.4万元；审查用人单位规章2.17万件，纠正用人单位违法规章0.53万件；参与处理突发事件146件，涉及劳动者1.16万人；清退童工36人。

昆　　明　　市　　人

最高人民检察院常务副检察长胡泽君（左一）在省检察院检察长王田海、市委副书记李邑飞陪同下到官渡区人民检察院视察调研

省领导孟苏铁、曹建方在省委政法委、省检察院、省政府办公厅相关领导陪同下莅临盘龙区检察院看望慰问检察干警

2011年，全市检察机关在市委和省检察院的正确领导下，在市人大、市政府、市政协及社会各界的监督支持下，深入贯彻落实科学发展观，坚持社会主义法治理念，坚持党的事业至上、人民利益至上、宪法法律至上，坚持“强化法律监督，维护公平正义”的检察工作主题，围绕全市经济社会发展大局，始终坚持“六个更加注重”，认真履行法律监督职责，各项工作取得十分显著的成绩。

——更加注重联系群众。市检察院制定《关于进一步加强和改进群众工作的意见》，自觉做到思想上尊重群众、感情上贴近群众、工作上依靠群众、办案中关爱群众，全市检察机关深入基层、深入群众、深入实际的工作更加扎实，受到市委领导的充分肯定。全年共办理群众来信1525件，接待

市检察院领导班子成员集体研究案情

市检查院检察长沈曙昆接待群众来访

民　检　察　院

扶贫帮困

开展法制宣传

群众来访1325人，群众工作渠道得到有效拓展，群众合法权益得到切实保障。

——更加注重服务大局。首次采取检校合作方式，在全省检察机关率先编制“十二五”时期检察工作发展规划，明确检查工作服务地方经济社会发展的主要任务和重大举措。制定《昆明市人民检察院关于服务和保障全市抓抢桥头堡建设战略机遇加快建设区域性国际城市的实施意见》，得到市委充分肯定，检察机关服务大局的思路更加清晰，重点更加突出，举措更加扎实有效。

检察工作深入田间地头、农户家中

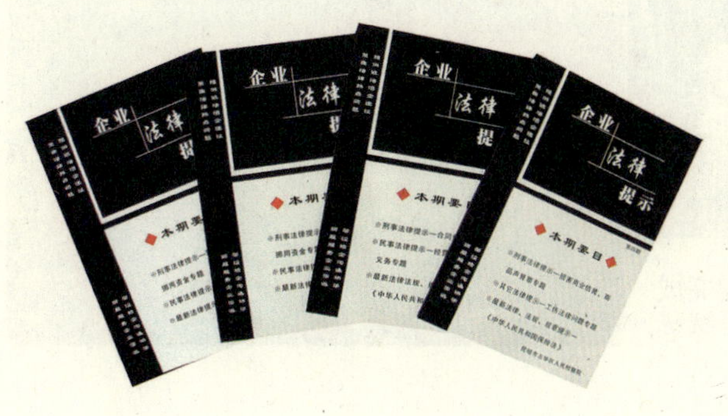

——**更加注重接受监督**。始终坚持将自觉接受人大政协监督、人民群众监督、新闻媒体监督作为正确履职的保证，不断增强检察工作透明度。加强与人大代表、政协委员的联系，邀请部分人大代表、政协委员座谈，诚恳听取意见建议。适时召开新闻发布会，自觉接受新闻媒体监督。全面推进人民监督员工作，改进选任方式，选聘71名人民监督员，25件“七类案件或事项”得到有效监督。

——**更加注重检察业务**。始终坚持将业务工作作为检察工作的根本抓紧抓好，审查批捕起诉、查办职务犯罪、预防职务犯罪、诉讼活动监督、控告申诉检察等各项检察业务工作不断取得新成效，共批准逮捕各类刑事犯罪嫌疑人8959人，提起公诉11163人；查办贪污贿赂职务犯罪案件194件235人，查办渎职侵权职务犯罪案件48件64人；对169件重点案件开展个案预防，发出检察建议和预警建议506份；监督立案和撤案301件，纠正漏捕265人，纠正漏诉112人，提出刑事抗诉37件；提出民事行政抗诉9件，提请抗诉99件，发出再审检察建议45件；纠正减刑、假释、暂予监外执行不当901人，对刑罚执行和监管活动违法提出纠正意见174件；复查刑事申诉案件153件，审查后改变原决定42件。

左图为市检察院领导在侦查指挥中心研究案情，指挥办案

右图为市检察院圆满完成首届全国检察机关抗诉观摩赛

迎接全国文明单位检查验收

西山区检察院荣获全国先进检察院荣誉称号

——更加注重队伍建设。持续抓好思想政治建设、领导班子建设、纪律作风建设和检察文化建设，检察队伍建设成效明显，24个集体、70名个人获得省市以上表彰奖励，市检察院荣获全国文明单位、全国检察机关纪检监察先进集体、全国文明接待示范窗口、集体二等功等荣誉称号；1人被评为全国政法系统优秀共产党员和云南省创先争优十大女杰，1人被评为全国侦查组织指挥业务标兵，2人被评为全省十佳公诉人；西山区检察院被评为全国先进检察院，晋宁县检察院被评为全国检察机关司法警察编队管理示范单位，五华区检察院被授予云南省学习型党组织建设示范点，安宁市检察院被授予云南省廉政文化示范点。

——更加注重改革创新。始终坚持把深化检察改革作为增强检察工作发展活力，实现检察工作科学发展的动力，将推进机制创新作为打造具有昆明特色的检察工作品牌的重要途径，认真组织实施新一轮司法改革任务，检察体制机制创新取得新突破。在2010年度全市经济社会制度创新成果奖评选中，全市检查检察机关10项制度创新获奖，其中一等奖1项、二等奖1项、三等奖8项。首次组织评选全市检察机关2011年度制度创新成果奖，25项制度创新得到表彰奖励。

刑事被害人特困帮助办法荣获昆明市2010年度经济社会制度创新成果一等奖，右图为发放特困救济点

官渡区检察院在官渡区六甲试点派驻全市第一个乡镇（街道）检察室

2011年国家工商总局副局长钟攸平到寻甸县调研

2011年国家工商总局副局长甘霖到市工商局调研

昆明市工商

省工商局局长纳宗会在大板桥视察调研

参观反腐败展览

2011年，昆明市工商局党组响亮提出：市工商局要通过自己的努力，坚定地站牢全省工商系统排头兵的位置，努力迈入全国工商系统先进行列的奋斗目标。一年来，围绕这一目标，在省局党组和市委、市政府的正确领导下，按照“三个到位”、“六个好”的工作要求，以人为本，依法行政、履行职能，在构建诚信和谐市场，服务全市经济发展中做出了显著成绩。

服务发展取得新成绩。认真贯彻国务院、国家工商总局支持云南桥头堡建设的两个文件精神，制定了《昆明市工商局关于贯彻落实国家工商总局支持云南建设我国面向西南开放重要桥头堡意见的实施办法（试行）》。落实各项政策措施，推行“午间值班、预约服务”等制度。开展千户企业大走访活动，共走访企业2773户。个私协会组织开展万户会员贴心服务活动，服务会员达17691人次，完成帮扶408人和贷款2626万元的“贷免扶补”任务。市局驻政务服务中心窗口被市政府政务服务项目管理局评为ISO质量管理体系工作先进窗口。全年新登记个体工商户48027户，私营企业16331户，分别完成年

2010年国家工商总局副局长刘玉亭到官渡区调研

2011年省工商局副局长曹阳到嵩明县调研

行政管理局

度指标任务的145%和297%。

商标注册取得新突破。商标战略稳步推进，扎实推行“一所一标”、“一所多标”活动，驰名、著名、知名商标较上年有明显增加。全年商标注册数突破3万件，新获准认定驰名、著名和知名商标分别为5件、68件和67件，新申报地理标志证明商标2件，《中国工商报》和《经济日报》以《春城无处不飞花》为题大篇幅报道了昆明大力推进商标战略实施工作。积极支持农民专业合作社和农村企业申注农产品商标和地理标志证明商标，新增农产品商标450件。

市场监管得到新加强。抓住流通环节食品安全监管工作，加强对广丰、骏骐等各类大中型批发市场的监管力度，从源头上防止“问题食品”流入零售和消费环节。采取大规模、持续性、拉网式的有效手段，共捣毁制假、售假窝点41个，查处违法案件350件。积极倡导市场诚信经营，创建“星级食品安全示范店”192户。开展整治“违法医疗广告百日行动”，出台了《昆明市医疗广告管理办法》，全年共监测各类广告392451条次，查处违法

食品安全检测

食品安全检查

市工商局举行庆祝建党90周年演唱会

昆明市工商行政管理局职工运动会开幕式

广告155件。加大公平交易执法力度，全年共查办各类经济案件10221件，查处“地下油厂”5个，查封泔水油11950公斤，检查计量器7348台，查缴不合格计量器431台。

消费维权展现新水平。营造良好消费环境，富有成效地开展消费维权“五讲”活动、“维权在路上”电视直播，举办首届青少年维权故事征文大赛和百场消费维权进校园等活动，提高了市民的消费安全意识，社会治安找“110”，消费安全找“12315”已形成共识。维权网络不断完善，着力打造“12315‘昆明工商知名品牌’”，建立了“12315”消费维权与行政执法联动制度，全年共受理消费者咨询47233件，受理、处理申（投）诉、举报5128件，为消费者挽回经济损失1986.53万元。

自身建设迈出新步伐。自身建设抓住提升队伍综合素质的主线，着力从“发展、服务、社会化、

学习杨善州精神全局干部职工赴善州林场学习

昆明市工商行政管理工作会议

队伍建设、职责”等入手，推进学习型机关建设。结合工商工作实际，开展“一季一法考试”、“一日一题一回答”的学法活动。学习先进，局机关分三批组织到保山杨善洲林场实地考察学习。学习外地经验，市局组织县市（区）局局长分别到上海、广州、深圳等地学习同行的企业管理经验。全系统组织178名副科以上干部到北京大学参加 “行政能力提升”培训班。党风廉政建设，坚持“两个确保”、“三个看齐”，责任书签订到每个干部职工。深化“风险预警”等五种机制建设，共排查风险点1623个，提出申请防范措施2116条。争先创优中，认真开展“三争四创”、“四亮四评四满意”等活动，评选表彰党员注册登记之星、网络监管之星、执法办案之星、消费维权之星各100名。市局机关导入ISO9000国际质量标准体系，促进了工作的整体观念性、系统化、标准化的明显提升。2011年，市局被市委、市政府评为“目标完成优秀单位”。

市工商局局长湛江到官渡市场检查

走访经营户

昆明市地方税务局

省、市领导莅临昆明地税一线，看望慰问地税干部职工

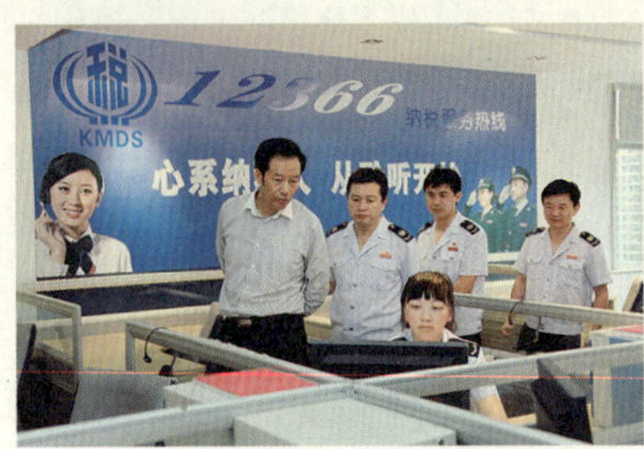

省地税局党组书记、局长陈建国深入昆明地税系统视察指导工作

省人大常委会副主任程映萱率队视察指导昆明地税系统税收执法工作

地方税费收入 2011年，昆明市地方税务局共组织各项税费收入352.69亿元，同比增长27.82%，增收76.76亿元。其中：税收收入259.2亿元，同比增长25.86%，增收53.26亿元；社会保险费收入82.69亿元，同比增长30.36%，增收19.26亿元；其他各项基金收入10.81亿元，同比增长64.69%，增收4.24亿元，圆满完成税费收入任务，为全市经济建设和社会发展提供充足的税费资金支持。

税收征管 一是强化征管基础管理。加强纳税户籍管理，制定《昆明市税收征管户管辖办法》，完善对跨地区经营汇总纳税企业总分机构的涉税管理。二是强化分类税源管理。加强重点公共基础设施建设项目和点名征收企业税收征管，强化个体工商户税收核定管理。三是强化纳税服务效能。开展国地税联合办证试点，启用新税务登记系统，与工商、国税部门实现登记信息共享和数据实时交换。四是强化规费征管力度。夯实重点费源监控管理措施，强化5个险种社会保险费和工会经费等基金的征收入库。五是强化税收宣传成效。掀起“税收宣传月”、重点行业专项宣传等税收宣传高潮，为全市经济建设各项事业和各项重点工程、项目的顺利推进提供政策服务支持。

市地税局现任领导班子

依法治税 对内，加大税收执法管理力度。开展税费执法督察，完善税收政策执行情况反馈，推进依法行政和依法治税向深层次发展。对外，严格税收执法检查工作。开展年度税收专项检查，严厉查处各类税收违法行为，完善分级、分类税务稽查制度。

税政管理 一是服务于国家税收法律法规政策的全面落实。开展重点工程

昆明市地方税务局在全市财税工作会上被表彰为集体“二等功”

表彰诚信纳税企业

项目税源和娱乐业等行业税收调研，贯彻实施好各类税收法律、法规和政策。二是服务于国家宏观经济政策的科学落实。不折不扣地执行好社会扶助税收优惠政策，扩大后续发展税源渠道，规范和严格各项税收优惠政策审批管理。

深入开展贯彻落实省地税局党组总目标和总要求的工作会议

昆明市地税局全面加大地税干部教育培训力度，推行凡训必考、以考促学机制

信息化建设　信息系统运维管理科学完善。以大集中系统运维中心为平台，促进全市税收运维管理综合效用得到全面发挥。信息系统建设应用亮点频现。完成多元化申报系统升级改造，实现网上自助打印电子缴款凭证业务，建设集成短信平台和移动税务系统等信息系统建设。

内部管理　完善内部管理制度化建设。加大力度推进服务型、效率型、节约型地税机关建设，内部管理的规范化、制度化、标准化水平进一步提高。突出内部管理实效化措施。加强政务值班和安全管理，扩大政务信息公开，有效提高地税工作的透明度和公开度。强化内部管理服务化保障。推行行政成本控制制度，加强节约型地税建设，实施行政绩效管理制度，为各项地税工作提供高效优质的保障服务。

干部队伍建设　掀起贯彻落实省地税局党组决策部署的工作高潮。深入学习领会省地税局党组提出的 “内提素质，外树形象，打造阳光地税”的工作总目标和“依法治税，阳光办税，征管强税，科技管税，人才兴税，着力培税，服务促税”的工作总要求。进一步加强领导班子建设。认真贯彻党的民主集中制原则，积极探索基层领导班子和领导干部综合考核评价体系。干部队伍建设切实推进。加强政治思想建设工作，落实党组中心组学习制度，做到时间、人员、内容、效果“四落实”。

党风廉政建设　党风廉政建设力度进一步加大。强化发挥纪检监察部门的职能作用，推动健全完善地税系统惩治腐败体系。积极开展“执行力提升年”软环境建设活动。以提升地税政风行风和行政效能为目标，积极开展“执行力提升年”软环境建设活动。纪检监察日常重点工作进一步加强。抓好离任经济责任审计，进一步规范对基层单位物资和经费的管理使用，加强纪检监察干部队伍建设。

地税文化建设　深入推进创先争优。组织全系统基层党组织和党员广泛深入推进“创先争优”活动，开展“四亮四创四评”主题实践和“授旗评星”等活动。丰富完善党建、老干和理论工作的形式和内容。大力加强地税党建工作，抓好老干部工作，扶贫帮扶和社会主义新农村建设指导工作成效明显，积极开展税务理论研究活动，《昆明地税之窗》再次被省新闻出版局评为银奖。

地税干部接受廉政警示教育

第四届职工运动会

昆明市城市管理综

副市长陈勇莅临市城管局指导工作

近年来，昆明市城市管理综合行政执法工作倍受市委、市政府重视支持，紧紧围绕建设现代新昆明的中心任务，以“四创两争”为载体，按照精心、精细、精品的要求和全面覆盖、不留死角、长效管理、永久保洁的目标，协调和处理城市管理发展中的问题，将城市管理综合行政执法工作作为全面打造“品质春城”，不断提升城市集聚力、辐射力和美誉度的重要内容，全面推进城市管理体制机制建设，城市管理工作取得长足进步，改善了春城面貌，为昆明市经济社会持续健康发展和群众生产生活营造良好的市容环境。

——管理体制进一步理顺，管理效率和水平大幅度提升。“两级政府、三级管理、四级网络、重心下移、上级监督”的城市管理体制不断完善和加强，城市管理综合行政执法工作逐步向基层延伸，街道办事处（乡镇）和社区（村）在城市管理工作中的基础作用得到较好发挥，城乡一体、协调联动、整体推进的“大城管”工作格局渐进形成。市和县区两级均成立城市管理综合行政执法机构，建成整体联动、全市统一的数字化城市管理系统，整合和优化城市管理和综合行政执法职能，全面推行棋盘式、网格化管理，提高了城市管理效率和水平。

——长效机制初步形成，综合保障能力明显增强。按照“三分建设、七分管理”的工作思路，着力在构建城市管理6大长效机制上狠下工夫。一是落实人、财、物投入保障机制，制定和完善市和各县（市）区城市管理工作财政性资金补贴政策措施。二是健全政策法规支撑体系，针对城管工作中的新情况、新问题，创新建立适合昆明市市情的城市管理机制和制度。三是完善权责一致的管理体制，认真履行“宏观管理，协调服务，督促检查，考核评比”的职能，推动城市管理方法手段的改革创新和管理责任的有效落实。四是研究制定《昆明市城市综合管理考核办法（试行）》，建立系统的考核评价体系。五是建立顺畅的协调联动机制，加强

行政执法

管理有序的建筑施工工地

理综合行政执法局

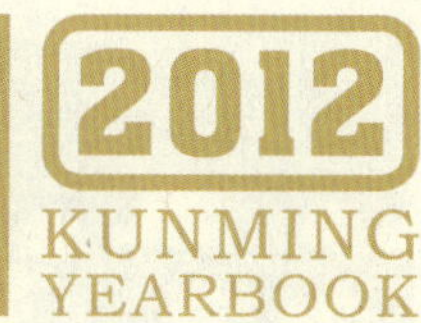

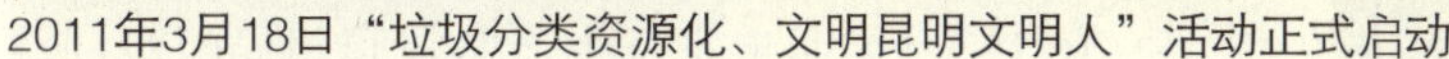
2011年3月18日“垃圾分类资源化、文明昆明文明人”活动正式启动

17个居民小区成为垃圾分类试点小区

市级各有关部门、市和各县区以及社会各界的协调联动。六是建立务实高效的综合行政执法机制，为城市管理提供执法保障。

——创新推动成效明显，网格化管理体系初具规模。随着现代新昆明建设步伐的不断加快，昆明经济社会快速发展，城市面貌日新月异，为城市管理工作的创新突破、跨越发展带来前所未有的机遇和挑战。昆明市各级城管部门按照市委、市政府“全面覆盖、不留死角、长效管理、永久保洁”的目标和“精心、精细、精品”的要求，抓住机遇，乘势而上，认真学习借鉴外地先进经验，结合昆明实际，大力推进城市管理制度创新，以制度创新带动城市管理体制、运行机制和日常管理措施手段的创新突破。整合现有城市管理和综合行政执法资源，全面推进办事处（乡镇）四级网格化管理，建立和完善“铁板一块”的“大城管”格局和“横向到边、纵向到底、协调联动、无缝对接”的运行机制，推进管理重心下移和执法关口前移，变突击管理为长效管理，变结果执法为过程执法，全面提升城市管理综合执法水平、效率起到了重要的推动作用。

——信息化建设进展顺利，管理支撑力进一步增强。完成市和各县（市）区两级数字化城市管理平台建设，对全市城市管理实行数字化管理，实行城市管理信息共享，一级监督，两级指挥，涵盖城市管理部件近60万个，并逐步由主城区、县城建成区等核心区域的管理，向城镇和城郊结合部拓展延伸。加强办公自动化建设，实行网上受理城市管理许可事项、受理市民投诉；用于治理城市“牛皮癣”的“语音追呼系统”、建筑渣土GPS卫星定位等系统均已建立，发挥着重要作用。加大科学新技术新材料在城市管理和综合执法工作中的运用和普及，提升行业的发展后劲和竞争力。

拆临拆违工作稳步推进

国家安监总局付建华副局长到昆明调研安全生产工作

省安监督局局长段丽元检查昆明市尾矿库安全工作

昆 明 市 安 全 生

赵立功副市长检查煤矿安全工作

昆明市开展矿山专项整治工作

2011年，昆明市安全生产监督管理局面对日益严峻的安全生产形势和艰巨繁重的工作任务，在市委、市政府的正确领导下，坚持以邓小平理论和“三个代表”重要思想为指导，深入贯彻落实科学发展观。坚持“安全第一、预防为主、综合治理”方针，坚持“以人为本”、科学发展、安全发展的理念，坚决贯彻执行党中央、国务院和省、市委的决策部署，从讲政治、保稳定、促和谐的高度，以对人民群众生命财产高度负责的精神，紧紧围绕全市工作大局，按照市委九届七次全会确定的目标任务和总体要求，坚持抓基层、打基础、建队伍、强素质的思路，坚持关口前移、重心下移，强化监管，切实采取有力措施，狠抓工作落实。坚持以防大事故、治大隐患为重点，以减少一般性伤亡事故、遏制较大事故、杜绝重特大事故为目标，继续深化安全生产年活动和“争做安全发展忠诚卫士、创建为民务实清廉安监机构”主题实践活动，狠抓制度机制创新，着力构建安全监管长效机制，突出重点行业领域专项整治，积极开展打非治违专项行动，全面推行标准化建设，切实加强应急救援体系建设，严肃事故查处、严格责任追究，全市安全监

国家安监总局危化司副司长刘强检查昆明市安全生产工作

省安监局验收昆明市矿山专项整治工作

产 监 督 管 理 局

省安监局龙宇辉副局长检查昆明市危化品安全监管工作

昆明市安监局局长潘开平检查安全生产工作

管工作实现由被动管理向主动应对转变，由事后处理向事前预防转变，由危机管理向问题管理转变，由应急管理向常态管理转变。全市安全生产工作取得显著成效，继续保持全省前列，多次受到国家和省督查组的充分肯定，为现代新昆明建设提供强有力的安全保障。

昆明市组织地震暨化学事故应急演练

昆明市安监局副局长杨振武检查矿山安全工作

昆明市妇联

2011年，昆明市妇联努力建设“坚强阵地”和“温暖之家”成效显著，获得全国先进妇联组织荣誉称号，昆明市妇女儿童发展规划（2001～2010年）的终期监测评估报告获得全省唯一的一等奖。

一、推进城乡妇女创业就业成绩斐然

出台《昆明市妇联关于推进金融支持妇女创业就业实施意见》，并召开推进金融支持妇女创业就业培训会；为城乡5851名创业人员发放小额贷款2.12亿元，带动近2万人就业，贷款到期还款率达99.5%以上。帮助25户小企业获得贷款4520万元；培训城乡妇女25501人；举办女性就业专场招聘会，组织150余家（次）企业为女性求职者提供岗位4000余个；表彰命名200名妇女创业就业先进典型；组织151名妇女创业指导老师与创业者结成“一对一”帮扶对子。

组织50名女企业家在清华大学举办昆明市妇联首期“现代女性企业家经济管理高级研修班”

举办高原歌星救助春蕾女童慈善演唱会

二、切实维护妇女儿童合法权益富有成效

一是加大源头维权，做好2001～2010年妇女儿童发展两个规划实施情况的终期监测评估工作；完成新规划的编制。通过政策推动，为75325人开展免费婚检服务，婚检率从2010年的1.44%上升到99.6%。二是出台《市妇联进一步加强和规范“妇女维权岗”建设的实施意见》，推动妇女维权岗进为民服务中心。受理妇女群众来信来访案件2756件，办结率达95%以上。

三、积极参与文明和谐建设颇具特色

团结动员全市广大妇女积极参与“四创两争”；组建昆明市“女公务员合唱团”并发挥作用；评选出“五好文明家

庭”101户、标兵户10户；组织全市妇女参与“保护滇池巾帼行动”等活动，组织11155名“巾帼志愿者”捐建 “巾帼林”1509亩；创建市级“巾帼文明示范岗”31个，并与村委会（社区）联动，有效实现城乡资源对接。

四、关注民生为妇女儿童办实事成绩突出

一是筹集春蕾基金193万元，资助春蕾学生3907名。二是完善妇女创业人才库的建立，举办昆明市妇联首期“现代女性企业家经济管理清华大学高级研修班”等培训。三是提出“五个一”要求，建立10个关爱留守儿童行动示范点；为全部农村留守儿童建档；招募爱心妈妈8022名开展志愿服务；充分发挥135个留守儿童家长学校的作用；建立农村留守儿童服务站88个。四是为10000多名妇女群众做免费妇科检查。继续争取“中国温暖12·1爱心基金”项目，救助115名艾滋孤儿。五是依托家长学校，向全市28689位家长传播科学教子方法。

五、参与社会管理创新初见成效

召开昆明市妇联参与社会管理创新工作推进会，各级妇联充分发挥妇联组织的独特优势，坚持以“五好五有”为标准，在全市138个“巾帼示范社区（村）”开展创建工作，彰显妇联组织在参与社会管理创新中的活力。

六、妇联组织自身建设不断加强

拓展基层妇联组织网络，新经济组织中妇女组织的组建率较上一年有明显提高；深化“五进”妇女之家活动；积极向各级党组织推荐优秀妇女干部；加大竞争上岗和轮岗交流力度；认真落实《昆明市妇联重点工作通报制度》和《昆明市妇联会风通报制度》，结合“执行力提升年”活动的开展，加强妇联干部队伍的作风建设取得明显成效。

七、招商引资名列板块第一

市妇联组建的昆明潮州招商分局不断总结经验，创新招商思路。2011年，跟踪服务的项目有36个，成功引入落地项目12个，其中，外资项目4个，完成投资531万美元，完成目标任务的442%；内资项目8个，完成投资4.037亿元，完成目标任务的269%。

昆明市宗教事务局

昆明市宗教事务局为昆明市人民政府主管宗教事务的综合职能部门，内设办公室、业务一处（佛道教工作处）、业务二处（天主教基督教工作处）、业务三处（伊斯兰教工作处）和政策法规处5个处室。行政编制24名，其中局长1名、副局长3名，中层领导职数7名。2011年有干部职工27人。马慈明任党组书记、局长，马涛任副局长，夏梦任党组成员、副局长，和永任党组成员、机关总支书记，唐江新任党组成员、办公室主任。

仇和书记视察盘龙寺

2011年，昆明市宗教事务局在市委、市政府的正确领导和省宗教事务局的指导下，坚持以邓小平理论和“三个代表”重要思想为指导，深入贯彻落实科学发展观和党的十七届五中、六中全会、省委九次全会、市委十次全会精神，抓好《宗教事务条例》及其配套法规的学习宣传，依法管理宗教事务，妥善处理宗教领域热点、难点问题，指导和帮助宗教团体和宗教活动场所加强自身建设，加强对宗教教职人员的培养教育，确保我市宗教领域的团结稳定，为全市经济发展、社会稳定做出积极贡献。

2011年宗教工作会议

2011年2月21日，召开昆明市2011年度宗教工作会议。传达学习全国、全省宗教工作会议精神，对昆明市宗教工作进行部署。赵立功副市长作重要讲话并代表市政府与14个县（市）区政府和5个开发（度假）区管委会签订宗教工作目标责任书。在中国共产党建党90周年之际，市宗教事务局、市佛教协会、道教协会、伊斯兰教协会、天主教爱国会、基督教“两会”分别举办系列活动，进一步坚定全市宗教界与党“同心同行”的信心。同年还组织召开宗教团体联系会议，各宗教团体的宗教代表人士结合实际作交流发言，进一步促进五大宗教之间的和谐、团结、进步。抓好宗教工作“三支”队伍建设。组织职工和宗教界代表人士参加各类培训。启动全市宗教领域“综治维稳宣传月”活动。认真做好涉及宗教领域的热点难点问题的处置，维护全市宗教界的稳定。加强信访工作，完善“局长接待日”制度，进一步畅通信访渠道。开展“和谐寺观教堂”创建活动。当年全市有5个宗教活动场所、2个宗教团体、9名宗教界人士获省委统战部、省宗教局表彰。建立规范有效的行政决策机制。加强行政执法队伍建设，全面提高执法人员的政策水平及执法能力。规范行政审批行为。

2012年继续全面贯彻党的宗教工作基本方针，深入贯彻落实《宗教事务条例》及其相关配套法规。在全市宗教活动场所推行民主管理，指导宗教团体继续做好宗教活动场所财务监督管理工作。加强对宗教活动场所的教务工作的指导。依法严厉打击境外势力利用宗教进行的各种渗透活动。继续开展“和谐寺观教堂”创建活动。继续加强宗教工作“三支队伍”建设。做好昆明市道教协会和天主教爱国会的换届工作。

马慈明局长在2011年昆明市宗教界代表人士培训班上授课

市政协委员视察真庆观

昆明市第五次宗教团体联系会议暨庆祝建党90周年与党“同心同行”座谈会

昆明市伊斯兰教界纪念建党90周年书画摄影展

安宁市曹溪寺宝华阁修缮保护工程开工典礼

昆　明　市　食　品　药

副省长高峰视察昆明市餐饮服务食品安全工作

副市长杨皛（左二）与县（市）区政府分管领导签订“食品药品安全监管目标责任书”

昆明市食品药品监督管理局前身是成立于2001年12月31日的昆明市药品监督管理局，主要负责昆明辖区内药品、医疗器械监督管理，2005年5月17日在增加食品安全综合监督、组织协调和依法组织开展对重大食品安全事故查处的新职能后更名，为昆明市食品药品监督管理局，2010年8月由省垂直管理调整为地方政府管理，规格不变，将综合协调食品安全、组织查处食品安全重大事故的职责划给市卫生局，市卫生局承担的餐饮服务许可，餐饮业、食堂等消费环节食品安全监管和保健食品、化妆品卫生监督管理

市领导视察餐饮服务食品安全工作

昆明市食品药品稽查支队正式授牌成立

品 监 督 管 理 局

局长杨柱在2011年全国安全用药月云南省启动仪式上致辞

的职责划归市食品药品监管局，直属单位有昆明市食品药品稽查支队、昆明市食品药品检验所。

2011年以来昆明市食品药品监督管理局多次受到上级部门的表彰，获得全国食品药品监督管理系统法制宣传、药品不良反应、全省食品药品监督管理系统工作责任目标、信息工作、昆明市食品安全、消费维权、平安建设、禁毒人民战争、文明单位等先进集体荣誉称号。

2011年昆明市食品药品监督管理工作会议

2011年9月6日，国家粮食行业协会会长白美清（左二）视察昆明市粮油购销有限责任公司羊堡粮库

2011年1月31日，省粮食局局长苏全忠（左三）到昆明市沃尔玛集大店粮食保供点检查粮油稳价保供工作

昆明市

2011年，是“十二五”开局之年,起步之年、昆明市粮食局以邓小平理论和“三个代表”重要思想为指导，深入学习实践科学发展观，全面贯彻落实党的十七大、十七届六中全会、省第九次党代会、市委九届七次全会及市第十次党代会精神，紧紧围绕市委、市政府的中心工作，以确保粮食安全为主线，强化责任，突出重点，扎实工作，积极应对粮食流通新形势和通货膨胀增强的预期，加强和改善粮食宏观调控，狠抓“十二五”规划重点项目建设，加强粮食市场监管，确保全市粮食有效供给、粮油市场基本稳定、粮油质量安全，确保政府调控应急需要，维护了全市粮食安全。

2011年，全市粮食总购进（含本地收购、原粮）299.75万吨，总销售（原粮）299.52万吨，全市纳入考核的粮食企业实现营业收入26.3亿元，实现盈利4598.7万元。成功举办第六届全国部分大中城市粮食经济协作交流会，受到广大与会者的好评和赞扬，同时圆满完成农博会参展工作。先后获得“全国粮食监督检查示范单位”、“2006年—2010年全国粮食系统法制宣传教育先进单位”、“全省食用植物油库存检查工作先进单位”、“云南省军粮管理先进单位”、“昆明市级文明单

2011年3月9日，召开全市落实粮食行政首长负责制工作会

2011年9月5日，第六届全国部分大中城市粮食经济协作交流会在昆明召开

2011年7月15日，副市长周小棋（右三）在市粮食局局长张丽琼（左三）陪同下调研昆明市粮油购销有限责任公司羊堡粮库建设项目

2011年9月21日，云南昆明凉亭粮食转运站迁建项目开工

粮　食　局

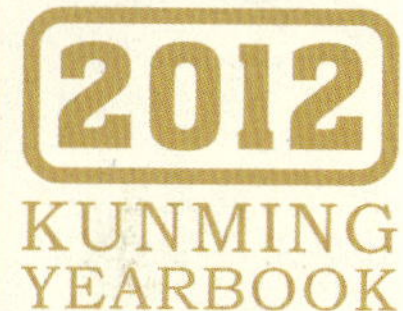

位”、“昆明市平安建设先进单位”、“内部单位安全保卫工作先进集体”、“安全生产工作优秀单位”等荣誉称号。此外，下属的昆明国家粮食储备有限公司、昆明市粮油购销有限公司、昆明军粮供应站、黄龙山(饲料)工贸有限公司、昆明虹山面粉有限公司、昆明良田粮食转运有限公司、昆明滇中粮食贸易有限公司等粮食企业也获得多项荣誉称号。

2011年2月24日，召开昆明市粮食系统粮食流通经济工作会

2011年4月18日，昆明市粮食局召开进一步落实招商引资目标任务工作会议

2011年6月3日，全市粮食系统干部职工学习杨善洲义务植树活动

粮食局获得的部分荣誉

昆　　明　　市

市供销社党委书记、主任张文俊在全省供销社资产管理工作会上交流发言

西山区供销社召开改革发展推进会暨供销集团授牌仪式

2011年，在市委市政府的坚强领导和省供销社的指导帮助下，全市供销社系统认真贯彻党的十七大和十七届五中、六中全会和市委九届七次全会精神，按照五届二十六次理事会的工作部署，以新的经营思想和先进的管理理念，积极组织实施“乡村流通工程”，着力推进农村流通服务体系和农村合作经济指导服务体系建设，突出经营创新，实现了“十二五”良好开局，经济效益和社会效益全面提高，主要经济指标稳步攀升，各项工作取得了较好成绩。全市供销合作社系统完成经营总额75.12亿元，占年度目标任务54亿元的139.1%，同比增长15.5%；实现利润6501万元，占年度目标任务4500万元的144.5%，同比增长82.5%；完成化肥销售42.3万吨（自然吨），占年度目标任务36万吨的117.5%；完成人员培训23686人，占年度目标任务11800人的200.7%，其中，系统内考察学习846人，占年度目标任务110人的769.1%；乡村流通经营服务网络骨干培训815人，占年度目标任务150人的543.3%；农产品经纪人培训7242人，占年度目标任务4840人的149.6%，其中，持证人数3479人，占年度目标任务1700人的204.6%；农村合作经济组织理事长培训887人，占年度目标任务100人的887%；

省供销社领导出席昆明新供销集团成立授牌仪式

市供销社领导深入基层指导抗旱救灾工作

供 销 社

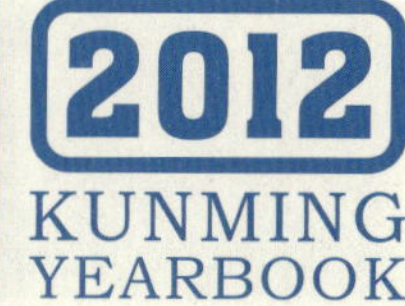

市政协常务副主席张建伟、省供销社副主任段继红为市供销社昆明天生桥再生资源回收利用基地项目奠基培土

省、市、区领导出席市供销社昆明天生桥再生资源回收利用基地项目奠基仪式

新建、提升配送中心9个（其中：新建5个，改造、提升4个），占年度目标任务6个的150%；新建、改扩建乡村集贸市场7个（其中：新建2个，改扩建5个），占年度目标任务7个的100%；引进合作项目12个，占年度目标任务10个的120%；发展乡村信息采集点12个，占年度目标任务12个的100%。

2011年，市供销社荣获省人民政府授予的“综合业绩突出贡献奖”，再次被昆明市人民政府授予市级文明单位称号，被云南省供销合作社评为“全省供销合作社综合业绩考核优胜单位特等奖”，位列全省第一名。

市委考核组对市供销社2011年工作进行考核

市供销社党委中心组学习

市供销社开展建党90周年“经典诵读”比赛

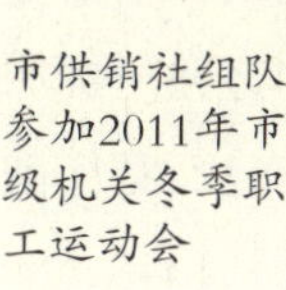

市供销社组队参加2011年市级机关冬季职工运动会

昆　明　市　交

2011年是“十二五”开局年，是昆明市交通运输决战“十二五”，实现新跨越的起步年，实现了“十二五”良好开局。截至2011年底，全市公路里程达17146.66公里，公路密度每百平方公里达到81.65公里，公路密度居全省第一，其中二级以上公路里程占总里程8.07%，比全省平均水平高1.94个百分点；全年累计完成公路客运量和旅客周转量分别为8812万人和952787万人公里，同比增长10.2%和9.6%；累计完成公路货运量和货物周转量分别为14076万吨和969988万吨公里，同比增长13.42%和13.3%；公交出行分担率达40%，同比增长2个百分点；客运车达4654辆，货运车达11.6万辆，同比增加17.14%，城乡运营公交车达7400辆以上，出租汽车达8800余辆，城市公交运输服务能力逐年提高。

建成通车的禄大公路县城段

改造后的渡口口岸

改造后的渡口非机动船

（一）重项目，强推进。

交通基础设施投资和建设再创新高，全年完成交通基础投资190亿元，同比增长26.9%。禄大、九宜公路实现通车，创造二级公路建设速度的奇迹；南连接线高速公路破冰前行，在艰难中全线复工；盘龙江33座跨江桥梁工程相继开工；轿子雪山旅游专线公路除马过河特大桥外，全线基本贯通；黄马高速公路、广卫立交二期工程稳步推进；金东大桥、东倘、寻倘、禄倘等工程前期工作完成；武昆、西北绕城、石锁高速公路建设重点推进，昆明绕城高速东南段、嵩昆高速前期工作完成；全市建制村路面硬化工程完成672.23公里；公交专用道和公交停车保养场建设稳步推进；一批储备项目的前期工作全面启动。

（二）强管理，保路通。

坚持“建养并重”的方针，科学组织，全力提高养护效率和养护质量。投入10422.34万元（其中省补资金4306.3万元，市补资金2512万元，县区配套资金3604.04万元）。全面完成市本级14648.586公里（其中：高速公路55.51公里，一级公路71.008公里，二级公路554.716公里，三级公路242.404公里，四级公路10370.358公里，等外公路138.888公里）公路的日常养护；投资12536.6万元，完成40

通 运 输 局

个大中修工程，修缮里程271.17公里；投资2761万元，完成13个安保工程和10座危桥改造工程。全市高等级公路优良路率达95.2%，地方管省道、县道优良路率达65%，乡村道优良路率达54%。

坚持“依法保护路产路权，确保公路安全畅通”。按照“三拆三绿”要求和“八无”标准，全面落实“四环十七射”道路环境综合治理及路（段）长责任制工作，拆除临违建筑约150.5万平方米，清理非交通标志标牌962块，完成绿化面积1586万平方米，落实“以奖代补”资金5000万元，完成全市城乡道路环境综合整治4年行动计划编制工作；突出源头监管，加强路面整治，编制治超站（点）规划，争取省补助资金1208.99万元，落实寻甸、东川、石林、五华4个治超站建设，全市车辆超限率控制在4%以内，获得全省治超考核一等奖；严格治理公路通行不畅、侵占路产路权的顽疾，全市示范路创建里程达251.785公里；依法纠正和查处各类路政违法案件79576起，挽回公路经济损失（含公路赔、补偿和罚没款）共计3114.9543万元。

《昆明市2011年客运出租汽车经营权有偿出让实施方案（征求意见稿）》听证会

路政支队开展治超工作

昆明市出租汽车行业管理培训

2011年昆明市公路养护管理相关技术业务培训

（三）提服务，促保障。

注重惠民利民、服务为本，努力优化线网质量，大力整顿运输秩序，全力整治安全隐患，努力为社会提供“安全、快捷、经济、舒适”的出行环境。城市公交、城乡公交、班线客运、旅游客运、出租车、教练车、维修检测、停车场、洗车场等行业以及客运站、候车亭、招呼站均取得较好的发展，服务水平和服务品质均有较大的提高；积极探索创新建设城市快速公交线网、普通公交线网、支线公交线网的公交运营网络，新开城市公交线路33条，4400辆各型公交车运营在城市的主次干道、居住区、公交站和商业网点，日均运送旅客233.1万人（次），实现主城公交出行分担率达40%；推广丘北经验，深入推进城乡公交"路、站、运、管、安"一体化工程，下大力气推进城乡公共交通服务均等化各项工作的实施，切实保障农村群众安全出行。新开城乡公交线路31条，"镇镇通"覆盖率达到100%，"村村通"覆盖率达到93%。

昆明市出租汽车从业人员参加社会保险工作会议

（四）严执法，狠查处。

严格依法依规打击非法营运行为，开展道路运输市场专项清理整治。2011年共出动执法人员47427人次，执法车辆11600辆次，检查车辆153540辆次，查处各类道路运输违规、违法案件13974起，查扣各型非法营运车辆1986辆，道路运输市场监管取得初步成效。按照统一的部署，开展全市范围内的打击非法生产经营行为专项整治工作，全年共开展专项整治行动20余次。积极协调属地法院，将多年查扣滞留的200多辆违章车辆按要求分期进行拍卖和强制报废处理。加强交通运政执法行风建设，在道路运输市场监督检查中做到规范执法、文明执法。

开展保通工作

"公路管理宣传服务月"新闻通报会

打击非法客运没收车辆拍卖会

昆明市出租汽车服务管理信息系统初步设计审查会

（五）注统筹，求协调。

统筹各种运输方式协调发展，加快综合运输体系建设。规范公路旅客运输业以及城乡公交客运管理；加强道路货物运输管理；研究探索静态交通和动态交通的协调统一，编制完成《昆明市立体停车场布局规划》，意向性的选取部分立体停车场项目报批；依法、遵规、履程组织开展节能与新能源汽车示范推广试点工作，组织开展250辆（含50辆新能源出租汽车）出租汽车经营权的拍卖工作，完成200辆新能源公交车和50辆新能源出租汽车试点任务。

（六）抓质量，保安全。

加强交通建设工程质量监督，推动交通建设工程质量和安全工作健康有序发展，确保工程质量和施工安全，对在建项目实

2011年新能源出租汽车

昆明市2011年新增250辆出租汽车经营权拍卖会

盘龙江跨江桥梁建设（首批）工程开工仪式

行动态监督和质量鉴定，实现公路工程质量监督、安全监管100%，工程质量100%合格；深化“平安工地”建设，落实施工现场安全防护标准化、场容场貌规范化、安全管理程序化。加强道路运输、水上运输的安全监管，在事故高发易发的态势下保持安全形势的总体稳定。

（七）抓争先，促创优。

深入开展创先争优活动，党组织战斗堡垒作用和广大党员先锋模范作用得到充分发挥。采取公推直选、公推公选、竞争上岗方式选拔党政领导干部。对党建工作实行目标管理，全面推进学习型党组织建设。重点抓窗口单位和服务行业的创先争优、“四亮四评”工作，市出租车管理处党总支被评为“云南省先进基层党组织”和“昆明市第三批创先争优基层党建工作示范点”，分别受到中共云南省委、昆明市委的表彰，市交运局及局属单位的人力统计，交通行政执法、收费工作以及公路养护等工作获部、省级的表彰奖励。把党风廉政建设工作纳入总体工作目标，做到与经济建设和业务工作等重点工作一起部署、落实、检查、考核，严格执行工程建设项目“八个百分之百”的规定，在公路建设中全面推行“双合同”制；坚持实施廉政谈话制度，做到预防在先，关口前移；纠风工作取得新的成效，全市辖区内基本无公路“三乱”现象；社会治安综合治理、群团、计划生育、劳动人事、宣传信息、信访维稳、建议提案和老干部等各方面工作都为交通运输事业发展提供了有力的支撑和保障。

昆明市农村公路突发事件应急抢险演练

东川区农村公路应急抢险中队在执行抢险任务

爱心送考”启动仪式

昆明市住房公

全年归集住房公积金83.09亿元

2011年，全市新增住房公积金83.09亿元，完成全年必达目标（55亿元）的151%，较上年同期增加16.79亿元，增幅25.32%。2011年末，全市共有10115 家单位建立了住房公积金制度，住房公积金缴存人数达820970人，累计归集住房公积金406.10亿元，归集余额为205.26亿元。

全年发放住房公积金个人贷款20.38亿元

2011年，全市新增住房公积金个人贷款20.38亿元，完成全年必达目标（13亿元）的156.77%，较上年同期相比下降58.57%。至年末，累计为111185户职工家庭发放住房公积金个人贷款167.04亿元，贷款余额为107.25亿元，个贷率为52.2% 。逾期率有效控制在市政府下达的2%以内。提取、转移住房公积金45.1亿元，较上年同期增加4.34亿元，增幅为10.64%。

拨付利用住房公积金支持保障性住房建设项目贷款4.46亿元，继哈尔滨、无锡、长春、重庆之后，昆明市成为全国28家试点城市中贷款发放率达

4.46亿支持保障房建设，贷款发放率达100%居全国前列

住房和城乡建设部检查组专项检查昆明市利用住房公积金贷款支持保障性住房建设试点工作

子君村经济适用住房建设项目建设总规模为96.7万平方米、1.36万套，项目一期已完成销售，二期已完成预售

五华区经适房项目建设规模10万平方米，总户数为1404户，2011年11月，经适房工程已封顶断水

积 金 管 理 中 心

100%的城市。

实现住房公积金增值收益1.2亿元

2011年，在确保资金安全运行的前提下，年度上缴财政住房公积金增值收益1.2亿元，完成全年必达目标（8000万元）的150%。较上年同期下降0.58亿元，降幅为32.6%。

招商引资工作

2011年，市招商引资考核办认定共引进 11 个项目落地，引入内资9项，落地金额3.52亿元人民币，完成全年必达目标（2亿元）的175.99%；引进外资2 项，落地金额331.46万美元，完成全年必达目标（150万美元）的220.97%。

信息化建设

为提高综合业务系统应用性、实效性和先进性，中心全力推进住房公积金信息化建设。一是住房公积金综合业务管理系统二期优化项目于2011年10月24日成功上线。二期优化项目把政策变化、市民需求与系统程序完美结合起来，使程序在系统风险控制、可操作性、适应突变方面都有了很大的提升与完善；二是完善系统应用平台，增加对外服务手段，积极实施外围服务系统建设，现已完成呼叫中心系统、短信系统、查询机系统的建设。三是组织工作人员对系统应用安全、在用设备登记情况、查询机系统推广情况进行日常巡检，确保全市住房公积金管理信息系统的安全运行。

惠民利民举措

一是增设网点，在主城四区现有网点的基础上，完成主城区城南网点、城西网点、市级行政中心服务大厅的正式对外营业，使缴存职工就近就便办理住房公积金业务。二是在全市范围内全面推进住房公积金委托扣划还贷业务，为借款人偿还住房公积金贷款提供了最大的便利，2011年共完成196795人次委托扣划业务，扣划金额2.98亿元。三是在试点先行的基础上，对《昆明市住房公积金个人住房贷款置业担保业务规程》进行听证，为下一步全面推行住房公积金个人住房贷款置业担保业务，拓宽住房公积金个贷的融资桥梁奠定基础。四是大力推进住房公积金贷款业务一条龙服务，减少贷款业务流程的中间环节。五是借助科技手段，提升信息化服务水平，着手建设了昆明住房公积金呼叫中心、查询机系统、短信系统建设。同时以规范管理行为、确保资金安全、维护职工权益为目的，大力推进机构调整工作，顺利完成西南石油局住房公积金管理机构整体移交工作，在全辖范围内真正实现“四统一”的管理模式。

政风行风建设

市委、市政府将2011年作为“执行力提升年”，按照“抓执行、强作风、讲效能、促发展”的要求，中心结合行业特点，将工作重点放在抓执行、抓落实上面，切实加强政风行风建设。一是狠抓政风建设。严格落实首问首办制、限时办结制、服务承诺制。2011年共办结（12345）书记、市长热线信访件24件，办结公积金中心网站“在线回答”700余条，领导干部接听电话226次，群众满意率达100%。由中心“一把手”牵头带领相关处室负责人走进“春城热线”，积极为群众答疑解惑。二

立足便民惠民，提升服务质量

2009年，中心提出要在昆明主城区4个方向设立4个管理部的布局规划。2011年5月16日，2011年10月24日，城南、城西管理部先后开业运营

住房公积金综合业务管理系统二期优化项目成功上线，二期优化项目在住房公积金综合业务管理信息系统完成"四一统"（统一公积金的归集、提取、贷款及财务核算）的基础上使程序在系统风险控制、可操作性、适应突变方面都有很大的提升与完善；完善系统应用平台，增加对外服务手段，积极实施外围服务系统建设，现已完成呼叫中心系统、短信系统、查询机系统的建设

2011年，中心正式出台《昆明市住房公积金个人住房贷款置业担保业务规程》，引入担保机制，对住房公积金贷款进行全程担保

联合工、建、中行推出住房公积金联名卡，拓宽职工查询、提取、还贷住房公积金的服务渠道

是不断深化住房公积金文明行业创建活动，行业形象明显提升，被省住房和城乡建设厅评为2010年度全省住房公积金行业文明单位，有7人被评为全省住房公积金文明行业创建先进个人。

党建工作

中心以建党90周年为契机，全面加强基层党建工作。一是开展一系列"为党旗添彩、为党徽争光"纪念活动，组织开展"党在我心中"主题演讲竞赛；邀请市纪委监察局领导为全体干部职工上党课；积极参加市级机关工委举办的建党90周年成果展等等。二是积极创建学习型党组织，组织开展"学习杨善洲同志先进事迹"专题民主生活会。三是不断加强党内基层民主建设，积极推进党务公开，积极培养入党积极分子，共计发展党员6人。四是不断丰富学习载体。通过开展

缴存职工与公积金中心签订《住房公积金委托扣划还贷协议》
（2010年9月10日，公积金中心推出住房公积金委托扣划还贷业务。2011年10月24日正式开通住房公积金账户余额还贷业务。截止2011年12月31日，昆明市共有17843人签订住房公积金扣划还贷协议，并成功扣划219570人次、扣划金额3.37亿元）

建党90周年征文活动，制作宣传展板，购买学习书籍，为中心营造浓厚的学习氛围。五是积极响应市委、市政府号召，在全系统内部开展为见义勇为基金会捐款活动，共计募集捐款4770元；开展“送温暖、献爱心”活动，共计募集捐款6590元。

党风廉政建设

中心党组始终把党风廉政建设和反腐败工作摆在突出位置，作为一件大事常抓不懈，认真履行“一岗双责”。一是认真开展廉政宣传教育工作，把纪律教育、法制教育与社会公德、职业道德教育结合起来，渗透于服务、管理的各个环节。二是贯彻落实党风廉政建设责任制，在2011年初签订《党风廉政建设责任书》的基础上，6月底前完成了对中心所辖各部门党风廉政建设的专项检查。三是认真落实市委、市政府“执行力提升年”各项工作任务。四是扎实推进廉政风险防范管理工作，对中心风险防范点进行认真梳理，初步形成以岗位为点，以程序为线，以制度为面的廉政风险防控机制。

昆明市住房公积金各项业务指标图

昆明市住房公积金管理中心2007～2011年住房公积金归集情况图（单位：亿元）

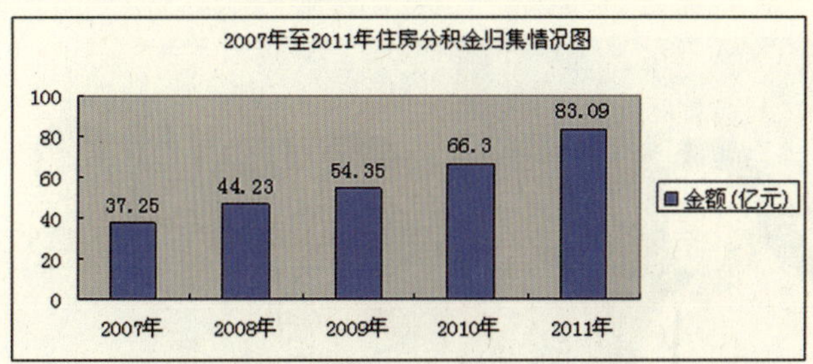

昆明市住房公积金管理中心2007～2011年住房公积金贷款发放情况图（单位：亿元）

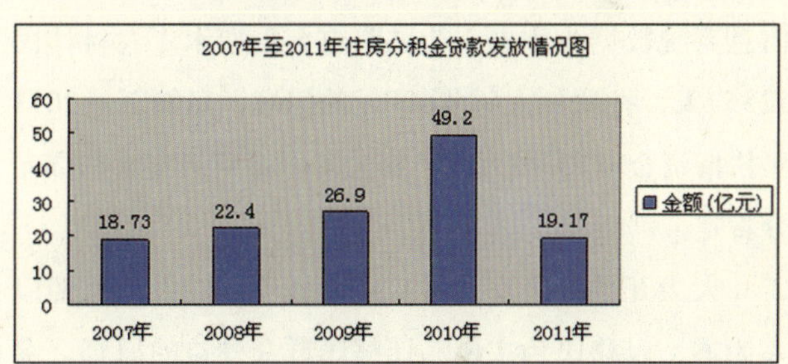

昆明市住房公积金管理中心2007～2011年住房公积金增值收益情况图（单位：亿元）

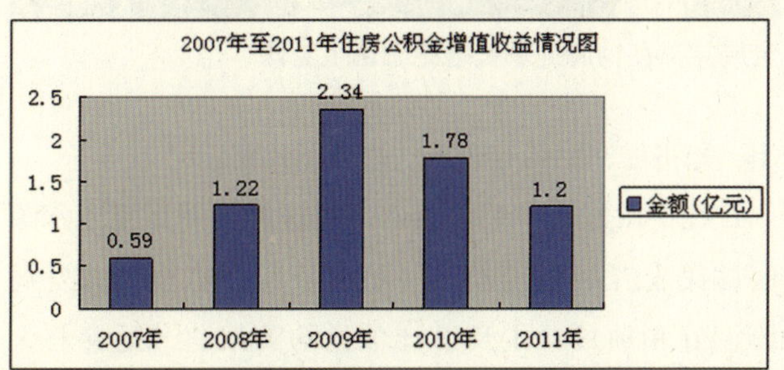

昆明市住房公积金管理中心2007～2011年廉租住房建设补充资金情况图（单位：万元）

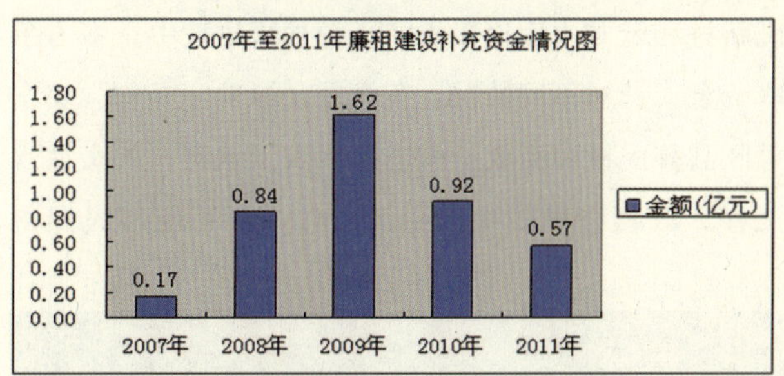

昆明市住房公积金管理中心2007～2011年住房公积金提取情况图（单位：亿元）

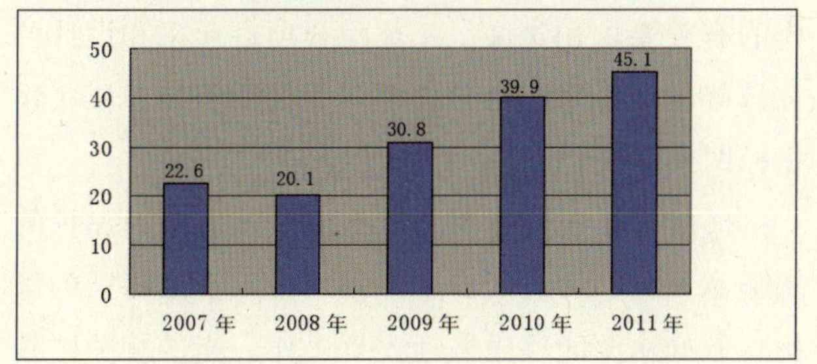

昆明市住房公积金管理中心2007～2011年住房公积金缴存单位及职工情况图（单位：个/人）

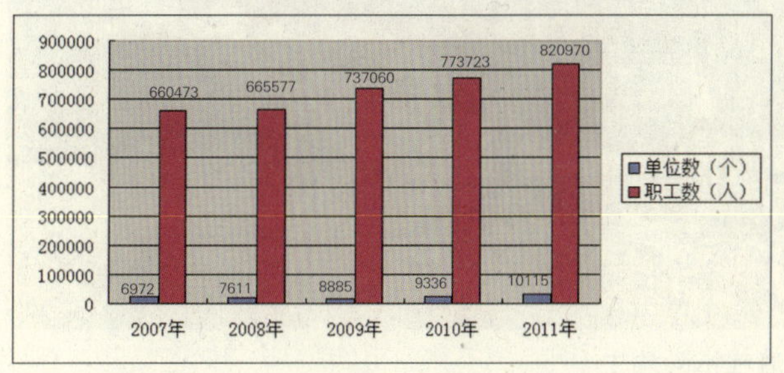

昆　明　市　移

2011年，市移民开发局在市委、市政府的正确领导下，在省移民开发局的指导帮助下，不断健全完善工作机制，切实增强做好库区移民工作的自觉性和主动性。以做好移民规划和后期扶持工作为重点，确保移民政策的各项惠民措施落实到位，扎实有效地推进昆明市大中型水库移民安置和后期扶持等各项工作。

全面兑现库区移民后期扶持资金。以水利部移民后扶信息系统为基础，将移民后期扶持人口、项目、资金管理等内容纳入该信息系统，进行科学、规范、动态管理，提高移民后扶工作的科学性、准确性。以信息系统数据为依据，为昆明市大中型水库农村移民52557人，按照每人每年600元的标准，足额下达2011年扶持资金3153.42万元。相关工作得到国家水利部充分肯定。

大力开展移民安置区基础设施项目建设。按照以人为本、以移民为主体、让移民群众受益的原则，突出重点，优先解决移民群众生活生产中的突出问题。完成松华坝库区移民安置房相关工作，小空山苗族移民新村和云龙水库移民小区正在加快建设中。多方争取资金，针对不同情况，在盘龙、禄劝、寻甸、安宁等区县移民村中完成一批道路、农田水利、人畜饮水工程，改善移民的生产生活条件，真正使移民搬得出、稳得住、生活有改善、勤劳能致富。

省移民局局长韩梅在小空山苗族移民新村调研

全局党员在柯渡红军长征纪念馆上党课

清库拆除施工

扎实做好大中型水利水电库区和昆明市重点水源区移民安置规划工作。一是积极配合省移民开发局协调好和项目业主及设计单位的关系。二是参与大型水电项目可研阶段移民方案的现场踏勘和专家审查会，向项目业主和设计单位提出昆明市对移民工作的有关要求和建议。三是配合项目业主和设计单位做好前期工作，指导配合相关县区积极开展实物指标调查工作。

根据《关于进一步加强集中式饮用水源保护的实施意见》，为进一步加强昆明市重点水源区的保护，做好水源区移民搬迁安置工作，指导相关区县

民　开　发　局

业务工作会议

乌东德水电站前期工作座谈会

小空山移民村

编制移民搬迁安置工作方案，宣传水源区保护和移民政策，开展实物指标调查工作，编制移民搬迁安置规划报告。

切实做好库区和移民安置区稳定工作。市移民开发局始终把保持库区和移民安置区稳定，维护移民群众利益作为全局工作重点，结合开展“四群”教育工作，积极为移民群众办实事、解难事、谋发展。一是健全完善信访工作机制，形成移民部门主要领导负总责，分管领导直接负责，信访工作人员具体负责的工作机制。二是定期开展大中型水库移民上访隐患排查，对移民群众提出的问题，采取直接答复、信函回复、专题解决、上报请示等形式进行妥善处理。三是以开展“四群”工作为契机，通过局领导蹲点，工作队员驻村等形式，着力解决一批移民村在道路交通、水利设施等方面存在的困难和问题，帮助移民群众加快发展，确保库区和移民安置区的稳定。

中的云龙水库移民安置小区

松华坝核心区移民安置用房

安置房分配现场

军 事

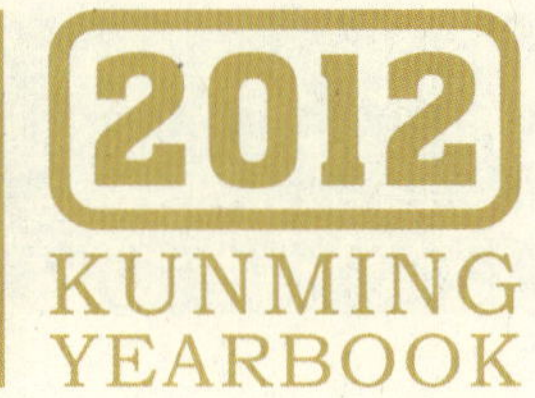

◆ 责任编辑 李 洪

驻昆部队

【思想政治建设】 始终把思想政治建设摆在各项建设首位，坚持以高举旗帜为根本，以科学发展观为指导，用中国特色社会主义理论体系武装官兵头脑，坚持工作推进到哪里，学习教育就跟进到哪里，确保部队政治坚定和官兵思想道德纯洁。理论学习，重点围绕胡锦涛“七一”重要讲话、十七届六中全会精神和主题主线重大战略思想，按上级部署分4个专题组织开展“大力培育当代革命军人核心价值观”主题教育；针对中东、北非局势及国内等复杂形势，开展形势政策教育，引导官兵深刻认识当代中国“举什么旗，走什么路，实现什么目标”这一根本问题，树牢官兵的旗帜意识、道路意识和军魂意识；扎实开展经常性思想教育，积极参加省军区《吸取沉痛教训，保持警钟长鸣》法制教育课，集中组织观看《成都军区警示性法治教育优质课件》、《泣血的教训》等警示教育片，紧跟部队不同时期及工作任务转换期官兵的现实思想反映，有针对性地开展思想政治工作，确保部队的纯洁巩固和集中统一。

【军事斗争准备】 坚持以重大战略思想为牵引，不断提高应对多种安全威胁、完成多样化军事任务的能力。结合形势任务，狠抓战备教育落实，修订完善警备区作战方案及非战军事行动方案，确保遇有情况能依案行动。严格按照大纲规定的要求，展开以指挥技能、策划决策、使命课题为重点的首长机关训练，全年训练业务基础26天，共同科目14天。全年民兵参训兵力达4983人，超出省军区计划任务数983人，主要完成队列、战术、投弹、射击、救护、战勤服务、37高炮等基础科目及森林灭火、防汛救灾、抢险救灾等训练演练。以突发森林山火、洪涝灾害、泥石流等自然灾害和维稳处突为背景，组织620余名现役人员和民兵进行拉动演练，增强民兵预备役队伍的应急应战能力。总部赋予预备役通信团“信息化条件下预备役部队以首长机关为重点的军事训练试点”任务，警备区认真领会任务要求，整合国动委民兵应急通信资源，探索军地联合训练联合保障的路子，总结形成一套通信新型指挥手段运用训练科目。投入资金10余万元，对警备区本级三网进行改造升级，实现了指挥与控制，室内与室外、指挥中心与现场、指挥机关与执行任务分队的整体互联。

【正规化建设】 2011年，昆明警备区被赋予成都军区师级单位正规化建设试点任务，东川区人武部和富民县人武部被赋予团级单位正规化建设试点任务。昆明警备区以试点任务为契机，按照“依据纲要抓，作为基层建，结合实际创”的总体思路，始终正确把握正规化建设的发展方向，着重在抓养成、抓秩序、抓规范上下工夫，持之以恒抓好《纲要》培训成果转化深化。历时5个月，投入资金300余万元，完成近20个硬件项目的改造。对司、政、后装30余项业务工作进行规范和创新，深入开展人武部全面建设达标“回头看”活动，进一步固强补弱，人武部建设的层次和质量都得到显著提升，正规化试点工作走在军区师级试点单位的前列。加大基础设施建设力度，晋宁县人武部顺利搬迁，安宁市人武部完成主体工程建设，宜良县人武部新址开工，盘龙、官渡、西山等3个人武部迁建工作顺利推进。坚持在上下联动上向聚焦用力，分两批组织师团两级领导干部到基层进行蹲点调研和当兵锻炼，积累工作经验，推进整体的基层全面建设。

【安全管理工作】 昆明警备区始终把安全稳定工作作为党委的一项重要工作常抓不懈，强化安全意识。扎实抓好两级军区安全稳定电视会议精神的学习贯彻，从军区发生的事故案件中深刻吸取教训，增强抓好安全稳定工作的自觉性和紧迫感；从严执纪不放松。强化条令条例的学习贯彻，开展“学法规、用法规、促正规”活动；扭住重点难点整治不放松。以开展“三责”活动为抓手，拉网式排查安全隐患，狠刹值班脱岗、违章开车、酗酒等突出问题。严格落实保密制度，增强官兵的保密意识，以计算机网络安全为重点，加强机关办公保密秩序规范化建设。

【后勤和装备建设】 警备区着眼于推进现代后勤和装备“两成两力”建设，坚持以提高保障效能为重点，进一步增强后装科学管理能力。修订出台财务、军需、营房等11类管理细则，坚持党委理财，严格经费预结算和审批程序，加大经费统管力度。各人武部家底经费在全面达标的基础上稳中有升。组织开展被装保障情况检查和军服管理集中整治，严格军车牌证、军用土地和多余房地产租赁管理秩序，加强营区环境整治，规范基础设施建设。投入经费1300万元，完成

2月10日，官渡区女子民兵高炮分队演练 （李大平 摄）

机关公寓房及配套设施建设，投入经费100余万元，改造机关食堂和接待餐厅。全面推进军人保障卡的应用，采集并通过上级审核709人，发卡523张，实现依卡发薪、持卡转接供给关系。加强弹药仓库的管理检查，安全调运移交报废弹药。

【昆明特点的军民融合式发展理论引起反响】 组织军地力量，认真梳理总结近年来昆明市军民融合式发展的基本方法和实践经验，形成的《军民融合式发展的昆明路径》理论成果，在国防大学通过军地专家评审鉴定。军民融合式发展的经验做法，中央电视台，《国内动态清样》、《人民日报》、《解放军报》、《国防报》、《战旗报》、《中国民兵》、《云南日报》等新闻媒体先后进行了系列报道，在军地引起一定反响。

【双拥共建】 2011年昆明市第五次获得“全国双拥模范城”称号。市委、市政府积极为驻地部队排忧解难，驻地部队踊跃参加和支援地方经济建设。开展种植“万亩民兵林”活动，协调驻昆部队官兵和组织民兵预备役人员13400余人次，栽种树木5000余亩。先后出动民兵3000余人次，车辆463台，参与“2.24”、“4.20”森林扑火和抗旱救灾等急难险重任务。投入资金50余万元，为寻甸朵马嘎村委会和云龙村委会两个挂钩扶贫点修路、建桥、助学。召开昆明市义务兵家庭优待工作专题会议，出台《关于昆明市做好义务兵家庭优待工作的实施意见》。协调市委、市政府帮助解决驻昆部队所反映的7大类52个困难问题，2011年推进解决60%以上。组织全区官兵向盈江地震灾区捐款62761元，会同大观公园建立军民共建文明单位。昆明警备区被云南省军区评为“2011年度社会扶贫先进集体”。

【国防教育工作】 组织召开昆明市国防教育工作千人动员大会，表彰了一批国防教育先进单位和先进个人，修订完善《昆明市国防教育规定》，出台《昆明市全民国防教育实施意见》，进一步理顺工作机制。迎接国家《国防教育法》执法检查组的督导检查，受到好评。调整充实领导和组织机构。昆明市学生军训工作办公室被云南省评为“十一五”期间先进单位。

【征兵工作】 2011年10月22日，开展全市征兵集中宣传报名活动，广泛深入地宣传发动，协调政府相关部门研究出台义务兵优待金发放办法，大幅提高优待金发放标准，推进履行领导征兵的职能。市征兵办总结推广“依靠平时准备，依靠政府统筹、依靠深入宣传、依靠基层组织、依靠责任倒逼、依靠作风建设”的创新做法，促进征兵工作的顺利开展。2011年全市报名应征人数6798人，上站体检人数5940人（其中初中生2172人，高中阶段学历的3131人，大学生637人），圆满完成征兵任务，开创征兵工作新局面。

【政治工作】 紧紧围绕中心工作，进一步修订完善应急应战政治工作预案。指导预通团、盘龙区人武部抓好三战分队建设、不断建全组织机构、落实人员编成、完善装备器材的基础上，重点抓“多功能装甲型战车”训练，探索总结示范教学训练方法，编写 “三战”知识丛书；提高“三战”实战化水平。预备役通信团“多功能装甲型战车”演示分队代表省军区参加成都军区“西南使命——2011战役集训”心理战实兵演练、得到了各级领导的好评。利用军事训练、重大时节、敏感时期等时机积极开展形势战备教育，认真贯彻落实军区政治工作战备物资器材，规范政治工作资料室、器材库。密切关注社会群体事件，季节性自然灾害等突发情况，切实做好应急、信访和涉军维权工作，

1月18日，省委书记秦光荣观看昆明警备区参加云南省国防动员专业队伍展演活动 （李大平 摄）

深入开展隐蔽斗争，促进社会和谐稳定，确保部队内部集中统一，整体推进军事斗争中政治工作的建设。

昆明警备区领导名录

司 令 员　陈忠文
政治委员　方兴国
参 谋 长　李荣立（至9月）
副司令员兼参谋长　沈甸钦（10月起）
政治部主任　金志达
后勤部部长　舒玉留

（昆明警备区）

驻昆部队

【“百年装备”调研活动建设】 为推进两成两力建设，云南省军区装备部开展 “百连装备调研”活动。深入边防一线、行程2万余里，对上百个前线连队的装备、战备、管理等情况进行现地检查调研。在查出众多积存问题的同时，现场就立即解决60余个难题。

调研组下到基层连队，撇开连队事先做好的装备管理的“亮点”，深入到关键节、点和部位查找问题，一丝不苟地对装备管理的细节问题逐一进行检查，力求做到在细枝末节上都不留隐患。调研组以查找出的问题为镜，指导连队干部反思，同时也对机关自身存在的问题进行反思，做到一路调研一路自省，所到之处及时解决问题。调研组的实务作风和高效的工作方法，有力地推动省军区两成两力的建设。

【首次全省县（市）区人民武装部副部长集训】 5月中旬，云南省军区首次组织全省129个县（市）区人武部副部长进行为期一周的集训，系统学习国防建设相关法规和业务知识，集中研究自身角色定位不准和履职标准不高等问题。此次集训按照“明确职责任务，规范业务建设，提高能力素质”的思路，围绕解决人武部副部长队伍建设的难题，想招数，寻对策，使集训变成梳理成果、总结经验、研究对策的过程。

【抢险救灾】 4月5日，昆明市阳宗海风景名胜区汤池镇发生森林火灾，驻滇某高炮旅立即出动300余名官兵，携带专业救援工具迅速赶往火场扑火。经过10多个小时的奋战，共排查控火线1800余米，扑明火232处，清理火场120余亩。由云南省军区牵头，驻滇部队举行向盈江地震灾区捐款仪式。驻滇部队和武警部队官兵共向灾区捐款563万元。

【武器弹药管理】 驻滇联勤某分部创新安全管理，建立起完善的人技结合的安全体系，强化武器弹药的安全管理。分部对所有洞库和地面库的防护门、密闭门、通风门等设施进行加固和防盗改造，安装库区视频监控系统，红外线报警系统新型网状封条等设施。根据库区地形和周边环境，对所有岗哨进行科学设置和调整，重新修订完善各项规章制度，人员互控管理制度，定期查库制度，进一步规范细化各类登记表，使库存物资既有技术设备监控，又有人员跟进巡查的双重掌控，做到调运、库存、保管安全无差错。

【训练新模式】 驻滇联勤某分部着眼于全面提高核心军事能力。8月下旬将部队拉进山岳丛林地带，采取异地同步的演方式，从任务、要素、功能、编组、优化等关键点入手，深入探索保障力生成的新模式，大力提升战时后勤保障能力。在新兵训练这一环节，摒弃以往“遴选式”参训、“保姆式”组训的老路，着重对参训人员的实战能力进行培训，实弹射击从领子弹到就位、卧姿装弹射击到完成验枪，均由新战士独立完成，组训者只负责观察纠正操作上的缺点。训练新模式使新战士的认识水平、接受能力、心理素质和思想状况都很快得到提高，增强了参训人员的实战能力。

【军营新风气】 年初，驻滇联勤某分部分批组织8名党委常委、40余名机关干部到基层蹲点调研和当兵锻炼。通过与基层官兵实行“五同”，体验基层生活，加深对基层的了解，增进与基层官兵的感情，找到带好基层的要点，锻炼部队的思想作风。

分部新兵营特别注重对新兵的帮带和关爱，对新兵满怀热情，营造出和谐温暖的军营环境。新战士无论来自哪里，无论贫富，来到军营都是亲兄弟，得到同样的关爱。新兵营的所有干部骨干对待新战士同乡异乡一样亲，贫穷富有一样看，先进后进一样带，有无关系一样好，这四个一样，营造了军营公正、和谐的良好环境，使得新兵训练积极性高涨，训练质量迅速提升。

【蹲点调研、锻炼】 年初，某部队组织共同条令暨《政工条例》集训，来自各师、族、团、营、连的五级主官学员580余名，无论职务高低、年龄大小，统一打起背包，睡高低床，吃大锅饭。每天从起床、早操、操课到看新闻，读报评报及队列、内务等连队的日常作息制度，各级参训的主官们都身体力行，让他们重温了连队生活。参训的领导们很快适应并习惯严格的连队化管理，大家都说又找回了当兵的感觉。

年中，该部5名党委常委带领50名机关干部深入基层蹲点调研和当兵锻炼。他们自带生活用品，摒弃陪同，沉到一线重点进行安全隐患排查，解决影响部队安全稳定的突出问题和基层的困难问题。同时和各师、旅、团机关同步组织84个工作组深入基层，形成上下联动、全员覆盖的局面。

【训练督察】 2011年开训以来，77200部队积极创新训练管理模式，推行军事训练问责机制。着力纠治军事训练中有责不负、降低标准、消耗保安全等做法和少作为少出事的苟且思想。专门选拔一批优秀作训参谋组成训练督察组，对部队军事训练职责的行为，进行全面监督察和追究问责。确保军事训练人员、时间、内容和效果“四落实”，从严治训，推动部队训练质量和效益的提升。

【实战专业比武】3月下旬，某部队紧贴实战，依托一体化指挥平台，组织各师、旅、团有关参谋人员开展机动指挥控制系统专业比武竞赛。他们由电磁干扰分队担任蓝军，对比武竞赛实施全程干扰，让选手们切实感受实战环境并在其中进行角逐。竞赛过程中，地面电台遭到电磁干扰，火速开通卫星通信；某调频电台遭脉冲打击，立即组织抢修，尽快恢复功能。瞬息万变的“敌情”虽然出奇不意，但技术过硬的选手们都能应对自如。此次专业比武竞赛取得预期的效果。

【转业干部安全保密工作】某部队为抓好信息安全保密工作，要求2011年转业干部不带走一份文件，不摘抄一句涉密条文，不拷贝一条涉密信息，确保每个人走得干净、走得放心。2011年的转业干部都是军龄较长，大多熟悉部队的编制体制、兵力部署、装置配置等军事机密。为防止转业干部离队后不经意间泄密出去，部队对转业干部的宿舍、个人电脑、移动存储介质统一进行技术处理，无法处理的一律销毁，切实排除安全隐患，增强转业干部的保密观念，提高了保密意识。

【网上议训】结合前期通信值勤训练和后续军事任务，驻滇某通信总站召集全站18个党支部开展网上议训联合会。以往，总站各支部都是自演自唱，闭门造车，形成组织流程上的差异和实际效果的参差。举行网上议训，打破传统训练模式，尝试运用“滚动教学法”新形式，总站综合信息网页每次几秒钟就自动刷新网页更换，使教员在骨干中滚动，课堂在线路上滚动，考核在遂行任务中滚动。网上议训方便各党支部之间的交流借鉴，拓宽了视野和思路，首长机关及时对各支部存在的问题对症指导，大幅提升训练效果。

【严把网络游戏关】驻滇某炮兵旅六连建立“网络防沉迷”机制，引导官兵健康使用网络。六连组织开展“网络游戏危害有多大”、“如何健康使用网游”等专题讨论，教育引导官兵正确认清网络游戏的利弊。连队制订符合实际的《网络娱乐宝学习管理规定》，为所有电脑安装 “网络游戏防沉迷软件”，限时玩游戏，到时自动关机（锁），新增一名网络游戏管理监督员，成立网络游戏审查组，负责定期审查、评估和筛选连队电脑上安装的游戏，正确教育和引导一系列网络过滤措施的施行，使官兵科学地、健康地使用电脑的意识得到更大的增强。

【全员额军事比武】3月份，驻滇某炮兵旅组织全员额参加的建制连队综合比武竞赛。本次比武历时3天，从共同科目、实弹实投、武装越野、战术基础、卫生与救护等众多项目，检验和提高部队的全面素质和整体战斗力。此次比武获得圆满成功，达到预期的效果。

【创新教学方法】3月下旬，军区随伴炮兵“又准又快”火力打击干部集训在昆明陆军学院开训，来自全区的120干部参训，40天的集训，采取理论研究与实装操作相结合，室内讲授与野外操作相结合、技能训练与比武竞赛相结合的方法实施。4月11日，军区在昆明陆军学院举办首期联合作战知识培训班，来自全区作战部队60名营以下指挥干部和师以下机关综合部门参谋人员参加培训。10月下旬，2010年毕业于昆明陆军学院的本科学员分别在成都、拉萨、昆明等地参加论文答辩。结合学员分布较广的实际，实施同步考核，赢得时间又取得效果。

昆明陆军学院新建立车辆安全协管机制，学院积极与交警、交通部门联合建立起车辆安全协管机制，定期邀请交警到学院上课，开展新法规政策和预防事故教育。

【荣誉】军区昆明总医院在“第12届中国时代新闻人物”颁奖典礼上，被授予“第12届中国时代优良诚信示范单位”荣誉称号。院长赵升阳被评为“12届中国时代新闻人物”。在第三届中国公信医院创新发展峰会上，昆明总医院被授予“全国百姓放心患者满意优质品牌医院”称号，院长赵升阳被评为“全国医院管理百位杰出优秀院长”。年内，经国家卫生部严格审评，昆明总医院已被列为全国首批省级肿瘤病理远程会诊中心。中心承担者全省各地、州、市、县疑难病例会诊任务，通过远会诊带动下级医院提升病理诊断水平。同时，在昆明总医院博士后工作站攻读学位的医院临床实验科博士院光萍获得10万元的中国博士后科研基金会特别资助奖，其题是“诱导性多能干细胞移植治疗辐射伤的关键技术及机制研究”有重大的军事意义和社会价值。

2011年，昆明陆军学院在全军人才工作会议上被表彰为“全军人才建设先进单位”。在全军院校信息化主题演讲比赛中，昆明陆军学院获优秀组织奖，二大队藏族学员嘎玛旦增获得个人优秀奖，年内，昆明陆军学院和军区档案馆二单位被表彰为“十一五”时期全军“档案工作先进单位”，另有二人被表彰为“先进档案工作者”。昆明陆军学院还先后获得“全国民族团结进步模范集体”、“全国教育援藏先进集体”等荣誉。

（昆明警备区）

武警昆明市支队

【概况】 中国人民武装警察部队昆明市支队2005年6月由原昆明市支队、东川支队、一支队三大队和五中队合并整编组建，旅级。支队主要担负昆明市党政机关、重要目标的安全警卫和昆明地区的看守、看押、城市武装巡逻、处置突发事件等任务。支队机关驻昆明市盘龙区颐华路。

【政治工作】 围绕“三个确保”时代课题，深入学习贯彻总书记胡锦涛“七一”重要讲话精神，严格落实党委中心组和官兵理论学习制度，采取专家授课、常委辅导、网上交流等方法，扎实抓好中国特色社会主义理论体系学习。紧密联系官兵思想实际，积极开展培育当代革命军人核心价值观主题教育，突出抓好“四不一保持”、“日学一条、周析一案、月讲一课”等警示性法纪教育，组织开展以文艺汇演为主要内容的纪念建党90周年系列文化活动，运用“三互”、“双四一”、“九知”等有效载体，深入开展“深知兵、真爱兵、大谈心”活动，派出法律心理服务小组下基层，在总队率先普及心理健康手语操活动，配合做好官兵经常性思想政治工作，确保官兵政治坚定和思想纯洁。重视抓好拥政爱民工作，组织广大官兵为盈江地震灾区、省“见义勇为基金会”和“西部婴儿”捐款15万余元，支队维稳中政治工作做法被总队转发。

【中心工作】 积极适应职能任务不断拓展的新要求，着眼提高执勤处突核心军事能力，大抓执勤阵地、力量体系和战备建设。召开执勤正规化现场会规范勤务秩序，深入开展“向规范三班四哨要形象、向落实勤务制度要安全”整治活动，严格落实作战交接班“十项内容”和“五员”联控制度，确保固定执勤目标绝对安全。支队被司法部、武警总部表彰为全国“三共”活动先进单位。针对境内外敌对势力煽动非法聚集活动和增援处置贵州黔西大规模群体性事件的严峻形势，扎实做好维稳处突准备，有力维护社会稳定，尤其在“8·12”跨区机动增援演练中摔打了部队，受到总队首长的充分肯定。坚持按纲施训、依法治训、科学组训，积极参加“卫士—11”演习，部队整体训练水平有新的提升，全年出色完成武装押解、公捕公判和省考试院系列安保、武装巡逻、机动备勤等临时勤务，成功处置执勤险情，经验做法多次被总部、总队转发。特别是“6·23”反恐维稳训练成果汇报演示和圆满完成“6·30”昆明主城区抗洪抢险任务，受到地方党委、政府和驻地人民群众的高度赞誉，用实际行动展示威武文明之师的良好形象。

【基层建设】 坚持把工作重心放在基层。重视配齐配强基层队伍，结合实际抓好《纲要》常态化培训，有效提升基层队伍的素质能力；注重统筹规范抓基层秩序。突出分类帮建指导，按照“三治”要求，对所属基层党组织进行分类排队，下派5批联合工作组深入基层检查指导、蹲点帮建，成效明显。投入100多万元为基层配发电脑、改造勤务值班室、解决一些基层无力解决的问题，受到基层的一致好评。深入开展“双争”和创先争优活动，大力表彰先进单位和个人，广大党员和基层党组织的党员意识、先进性意识、领导核心意识得到增强，创先争优氛围浓厚，党支部“三个能力”得到提高。2个大队、8个中队被总队表彰为基层建设先进单位；八中队被表彰为“武警部队基层建设先进单位”、“总队基层建设标兵中队”，并荣立集体三等功。

【后勤建设】 始终把改善官兵物质文化生活条件作为关乎官兵切身利益、关乎基层建设发展、关乎部队凝聚力和战斗力的大事紧抓不放，继续加大经费投入，强势推进“四项设施”建设，配套率达93.1%。认真抓好后勤规范化管理和改革，有效提升军事经济效益。坚持把后勤工作的着眼点放在保中心、保生活、保稳定上，认真组织后勤专业兵集训和岗位练兵考核，进一步加强后勤队伍建设。积极适应遂行多样化任务保障需求，修订完善各类方（预）案，调整充实应急力量和战备物资储备，任务中后勤保障工作在遂行重大任务中得到检验和锻炼。

【地方领导看望慰问】 1月25日上午，昆明市副市长兼公安局局长赵立功率工作组一行到支队走访慰问并赠送慰问金。支队长蒋德宏、政委梁勇和支队党委成员参加座谈。6月2日，公安局局长赵立功深入禄劝县中队检查指导工作，总队副参谋长李家贵、昆明市支队支队长蒋德宏、禄劝县委书记段俐娟、县长毕昆闽等领导陪同检查。

7月13日，昆明市委副书记李邑飞、公安局局长赵立功、省警卫局局长韩玉深入支队三大队十中队亲切看望慰问中队官兵，听取中队工作情况汇报，看望慰问中队官兵。7月19日，昆明市副市长兼公安局局长赵立功率工作组一行深入支队东川区中队检查指导工作，看望慰问中队官兵。

【捐款】 3月10日，德宏盈江县发生里氏5.8级地震，人民群众生命财产遭受重大损失。17日，支队在机关举行捐款仪式，支队党委常委、机关干部、直属队官兵参加仪式，筹集爱心捐款86230元。5月30日，支队在机关举行向云南省见义勇为基金会募捐仪式，支队党委常委、机关干部、直属队官兵参加仪式，筹集爱心捐款9550元。12月9日，支队在机关举行“支持儿童教育福利事业，向西部婴幼儿献爱心”捐款仪式。支队党委常委、部门以上领导、机关干部、直属队官兵参加仪式并现场捐款，筹集爱心捐款29231.1元。

【植树活动】 5月26日，寻甸县中队积极响应地方政府号召，组织中队官兵参加驻地组织的“军民携手千人植树活动”，植树3000余棵。5月29日，东川区中队出动官兵参加区委、区政府组织的“军民共建和谐林”植树造林活动，栽种树苗3000余株。7月1日，支队官兵到呈贡县新区参加义务植树活动，植树7000多棵。

【反恐维稳演练】 6月23日下午，支队在玉龙湾训练基地举行反恐维稳训练成果演练。参演官兵对防暴装备器材使用、擒敌术、反恐战术、射击技能、班组战术、处置群体性事件等科目进行演示。武警云南省总队副总队长李志刚、市公安局局长赵立功、总队副参谋长李明辉、昆明市政法委副书记刘文义等领导出席，总队相关业务处室和昆明市公安局反恐、特警、交警、刑侦、监管支队以及消防、警卫、昆明警备区等主要领导47人观摩表演。

【抗洪救灾】 6月30日凌晨，昆明市遭受强降雨，部分低凹路段水深达2米，给驻地群众生活带来严重影响。支队长蒋德宏率官兵分两路开展抗洪救灾，一路前往穿金路7号云南省公路工程局机械修理厂疏通下水道和社区积水，一路前往虹桥立交桥疏通河道。经过4个多小时的连夜奋战，官兵共装运沙袋1000余个，转移受灾群众200多人，疏通下水道200多处，帮助灾区群众迅速恢复正常生活秩序，受到地方政府和各级领导、驻地群众的高度赞誉。

【安全保卫】 7月23日，2014年巴西足球世界杯亚洲区预选赛中国国家队与老挝国家队比赛在昆明市拓东体育场举行。支队精心部署，严密组织，圆满完成机动备勤任务。9月2日，支队圆满完成2014年巴西足球世界杯亚洲区预选赛中国国家队与新加坡国家队比赛机动备勤任务。

【跨区机动增援演练】 8月12日凌晨，支队针对某地群体性事件，组织官兵进行跨区机动增援演练。参战部队按照预案准备装备物质，演练从预先号令、动员令、开进命令下达开始，途中组织部队战斗队形变换，开设侦察分队、收拢分队，设置观察、警戒哨。整个拉练行程300余千米，坚持把练指挥、练体能、练作风、练意志贯穿全程，全面摔打锻炼部队，受到总队首长的高度评价。

【表彰】 9月8日，司法部、武警部队“三共”活动经验暨表彰电视会议在北京召开。会上，支队和安宁监狱被司法部、武警部队表彰为全国“三共”活动先进集体。

武警市支队领导名录

支队长	蒋德宏
副支队长	谭小军
	李万勇
	赵席斌（至3月）
	张永贵（3月起）
第一政委	赵立功（兼）
政委	梁勇
副政委	张宏（至3月）
	周斌（3月起）

（武警市支队）

人民防空

【受国家人防表彰】 在市委、市政府、警备区的正确领导下，市人防办以科学发展观为指导，深入贯彻落实第六次全国人民防空会议精神，认真履行职能使命，依法建设和管理人民防空综合防护体系，不断健全完善与之配套的行政法规和管理制度，取得了明显的战备效益、社会效益和经济效益，人民防空综合防护体系建设和管理成效显著。2011年11月，国家人防办授予昆明市人防办“人民防空综合防护体系建设和管理先进单位”的称号。

【规划编制】 市人防办会同市规划局委托清华大学和总参四所编制《昆明市中心城区地下空间开发利用与人防工程建设规划》，人防工程建设规划的编制按照“数量达标、布局合理、功能完善”的原则，结合经济社会发展和城市建设，就城市地下空间开发利用兼顾人民防空建设、人民防空五类工程建设、重要基础设施建设和重要目标的防护做了科学系统的规划，部分中央商务区、CDB地块进行控制性详细规划，并建立相关的配套措施。规划编制已完成初步成果，经修订完善后将报规委会审批。

【人防“十二五”规划报市政府审议】 《昆明市人民防空建设第十二个五年规划》在广泛征求省人防办、昆明警备区及市属有关部门意见基础上，经过充分修改形成《昆明市人民防空建设第十二个五年规划（送审稿）》，于2011年11月上报市政府研究审议。

【强化目标责任】 在认真总结2010年全市人防建设纳入各级政府综合考核基础上，市人防办于3月代市政府拟定《2011年度县（市）区人防建设目标责任书》，并由市政府与各县（市）区政府分别签订；为强化目标责任，对各县（市）区工作完成情况按季度进行督促检查，并在业务上进行指导，确保目标任务的完成；抓好年终考核工作，考核情况纳入各级政府年度目标综合考核指标。

【结建防空地下室建设审批量大增】 围绕将昆明建设成为面向东南亚、南亚开放的区域性国际城市和桥头堡的重要门户为契机，特别是抓住城市轨道交通建设、重要城市基础设施和大规模“城中村”改造建设的机遇，严格落实人防“结建”政策，建立健全城市新建民用建筑修建防空地下室报建联审制度，做到地上地下同步发展，人防工程建设面积创历史新高，审批新建防空地下室面积的实际完成数是目标数的280%，为上年的1.75倍，同比增长75%；开工在建项目的防空地下室建设合格率100%，平战使用率100%。

【人防工程质量监督】 配合市法制办完成行政案卷的评查工作，编制完成《行政指导手册》，按照政府“四项制度”建设要求，组织开展“防空警报建设管理暂行办法”听证会议。拟定《关于开展对县（市）区人防专项工作检查的方案》，在与市人大城环委等部门进行多次接洽后，对县（市）区落实国家、省、市有关人民防空法规和政策执行情况开展检查。

【落实地下部分兼顾人防工程的建设】 切实抓好城市地下空间开发利用兼顾人防需要工作，全面参与城市各项规划建设项目的审定，使城市地下空间开发利用效益得到最大化。严格督促市轨道公司按照国家法律、法规有关城市地铁满足人防工程建设的要求，地铁全线入地部分依据人防技术要求立项、可研、设计、施工，在完成1、2号线首期工程初步审查的基础上，积极协调总参国防人防施工图审查中心开展对1、2号线首期工程的站点、区间进行人防部分的施工图、3号线工程初步设计审查，并落实专项施工质量监督、工程监理、专用防护设备订购方案，工程建设质量一次性合格率达100%。

【配置县（市）区移动升降式防空警报】 9月，完成14个县（市）区拖挂升降防空警报器和50台手动警报器的采购和操作培训，于9月6日举行了由市政府、成都军区人防办、省人防办领导出席的配发交接仪式。14个县（市）区移动升降式防空警报的配置，改善了该地区防空警报种类，提高应急报警能力。

【防空警报集控中心迁建】 8月完成主城区防空警报集控中心由原市政府大楼迁建于市公安局办公楼，并在市人防应急指挥中心建设中央控制站1个，实现了警报信号的无线、有线和远程控制。

【市人防应急指挥】 市人防办与市应急办共同建立完善《市应急指挥中心运行管理规定》，并签订《市应急指挥中心托管协议》。市级人防应急指挥中心卫星地面站已建成使用，并实现与省人防办、机动指挥所互通互联。按照国家要求，昆明市人防指挥所工程战时作为组织全市开展防空袭斗争的指挥中心，平时作为应急救灾指挥平台，工程内建设了功能完善的指挥、控制、情报、通信、警报一体化的人民防空指挥平台，安装了人防设施地理数据信息库和指挥运用软件，同时，充分利用市应急指挥的资源和数据，接入公安、城市交通、城市综合执法、抗震、环境监测等部门的数据，实现资源共享和实时指挥。昆明市机动指挥所按“1中2小”配置，并与市人防指挥中心通过卫星、短波、超短波、3G等连通，构建一支可执行多种通信保障任务的机动通信平台。组织编制完成《昆明市属县（市）区人防机动指挥所技术方案》并报请省人防办、市政府审批通过，市政府下发了《昆明市人民政府办公厅关于转发昆明市县市区机动指挥所建设实施方案的通知》，落实建设资金1400万元，市属5区1市8县机动指挥所建设和通信网络传输系统建设按照方案有序推进。

【防空警报建设】 主城区和呈贡新区按计划完成新安装电声防空警报器，防空警报由电声逐步替代电动，二次报警能力明显增强；警报控制由单点转为集中控制，集中控制站除主城区外，新建呈贡备份站，防空警报控制手动不断灵敏、可靠、安全。组织完成“九·一八”试鸣防空警报活动，警报鸣响100%、音响覆盖率95%。

【人防知识宣传教育】 在保持全市城区中学初一年级开课率100%基础上，结合“九·一八”试鸣防空警报活动，发放人防宣传资料，相对集中开展人防法制和人防知识咨询宣传活动，组织全市6所中学6000多名学生开展防空应急疏散演练，活动通过春城晚报、都市时报等多家媒体进行广泛宣传报道，有效扩大人民防空的社会知晓度；会同市教育局，在全市中学生中开展“我与人防”征文比赛，中学生的国防观念和人防意识得到显著提升。

【法规建设】 组织编制完成《昆明市中心城区人防工程建设规划》，于11月报市规划局纳入城市地下空间开发利用规划。制定下发《昆明市人防办行政审批项目管理规程》、《关于进一步完善县（市）区人防办行政审批管理的意见》，结合桥头堡建设和区域性国际城市建设，积极研究起草《人民防空建设融入经济社会发展体系的若干意见》及《昆明市中心城区人防工程建设规划》。

【业务培训及训练】 分别邀请省人防办、欧丽、星际防空警报生产企业有关技术人员，组织市、县两级人防干部举行人防指挥、人防重点目标防护、防空警报维护管理及操作、防空地下室建设管理等培训班；组织培训全市防空警报操作人员400余人次。参加省国动委、省人防办、昆明警备区组织的为期20天的通信训练多项保障演练；配合市应急办联合组织7天通信、信息专项培训和训练；参加省办组织为期3天通信演练，期间利用昆明市机动指挥平台，完成短波通信、卫星通信和3G等方面的训练。

（市人防办）

公检法司

◆责任编辑 方玉红

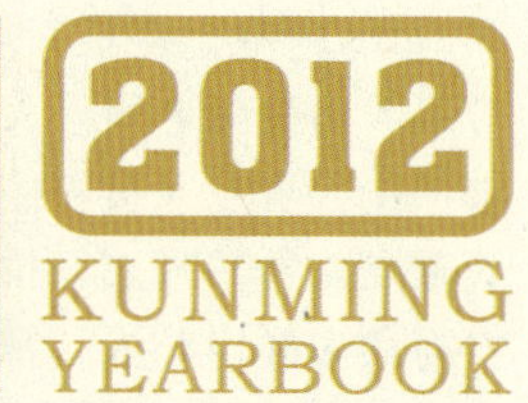

公共安全保卫

【维护社会稳定】 全市公安机关推进反分裂、反恐怖、反渗透、反邪教斗争，防范和依法打击敌对势力、敌对分子、“法轮功”邪教组织的捣乱破坏活动和暴力恐怖活动。狠抓情报预警和落地查控，创建国保、网安、技侦“三合一”工作机制，及时获取行动性、内幕性、预警性情报信息和落地查人，有效处置敌对势力煽动非法聚集、金座集资户等重点群体上访、新疆维族同胞在昆销售果品等敏感事件。加强保卫工作，确保省市党代会、市委工作会等重要会议171起大型活动安全。加强矛盾纠纷排查化解和群体性事件处置，及时排查化解城中村改造、征地拆迁、补偿安置等引发的矛盾纠纷336起，完善市局直属部门警力按区队编成常态处突备勤新机制，建立特警、交警、便衣派驻呈贡分局帮助工作制度，加强市级行政中心安全保卫，从人员、装备、训练上提高特警队伍的应急处突能力，妥善处置群体性事件760起。

【110接处警】 2011年，昆明市公安局110报警服务台共接报警189.71万起（日均接报警量达5197起）；有效报警93.12万起（日均有效报警2551起）。其中接报刑事类警情11.45万起（日均314起），治安类警情9.29万件（日均254起），交通事故1.78万起，灾害事故200起，挽救自杀者1104人，调解矛盾纠纷10.49万起，帮助群众寻人1.76万起，受理警务监督投诉1494起，群众求助28.31万人次，为群众开门4957起。共接听办理12345市长热线8124起。

【打击刑事犯罪】 全市共立刑事案件91358起，同比下降27.9%；破案40344起，同比上升15%；几类主要刑事案件情况是：杀人案件立82起，同比下降4.7%，破80起，同比下降7%；伤害案件立1376起，同比上升0.1%，破774起，同比下降2.5%；“两抢”立4773起，同比下降3.9%，破1322起，同比下降18.9%；盗窃案件立74471起，同比下降30.4%，破34032起，同比上升19.1%。全年共抓获刑事案件作案成员11910名，同比上升29.9%；成功处置“5·26”呈贡区云南广播电视大学劫持人质案，破获“4.30”石林县杀人焚尸案、“7.12”富民县特大入室抢劫杀人案等一批影响重大、性质恶劣的案件。总的趋势是，影响社会治安的几类主要刑事犯罪立案下降，破案打处上升。

【打黑除恶】 全年共侦办涉黑涉恶犯罪团伙32个，抓获处理犯罪嫌疑人501人，扣押涉案资金874万余元，缴获涉案枪支22支、子弹179发、车辆55辆。年内共立拐卖妇女儿童案20起，破案19起，打掉“苏通会”、“孙桥乖”等盗抢儿童犯罪团伙，打掉“艾沙”等操控新疆籍未成年人违法犯罪团伙。

【打击经济犯罪】 全市经侦部门通过开展“打击侵犯知识产权和制售假冒伪劣商品犯罪‘亮剑’行动”、打击银行卡犯罪“天网2011”行动等一系列专项行动，始终保持对各类经济犯罪的严打势头，侦破一批影响重大、危害严重的重特大经济犯罪案件。全年共立各类经济犯罪案件1572起，同比下降9.5%；破获1525起，同比下降3.8%；涉案金额12.73亿元；刑事拘留622人，逮捕501人，起诉568人；共挽回经济损失3.98亿元。破获省委督办的“张凤利、王大勇等人涉嫌组织、领导传销活动案”，抓获犯罪嫌疑人71人，逮捕59人，起诉57人，追缴涉案赃款271万元；破获公安部打击侵犯知识产权“亮剑”专项行动十大典型案件之一的“杨高伟等人涉嫌销售假冒注册商标的商品案”等一批公安部、省厅挂牌督办的大要案，全市打击经济犯罪侦查工作成效显著。

【治安行政管理】 全年共办理治安行政案件96489件，查处违法人员23065人次；查处“黄、赌、毒”案件6553件，其中：涉黄案件1446件，涉赌案件1584件，涉毒案件3723件，处理违法人员13519人次。检查出版物市场、摊点12414个次，收缴各类非法出版物118836件。对全市155个治安重点地区展开滚动排查整治，共排查流动人口230418人，新登记暂住人口262848人，补办居住证41605张，排查出租房屋73596户次，宾馆饭店18806间次，娱乐服务场所2192家次。全市治安部门开展咨询活动651次，征求意见建议9234条，出台便民利民措施564项，服务群众54851人次，制作宣传展板、横幅标语2123个，发放宣传材料3496万份。

【人口管理】 全市共审批各类户口140554人，换发二代居民身份证260838份，完成对4065名重错号码人员及同名同号人员的数据纠错工作。重点人员管控，全市共列管重点人员2972名，排查出各类治安高危人群1488人，掌握精神病人线索47326条，纳入公安机关监管2057人，并逐一落实管控措施。流动人口服务管理，通过加强流动人口协管员队伍建设（至2011年底共有2240人），加大流动人口信息采集和居住证办证力度，截止12月31日，昆明市流动人口为215万人，办理新版居住证1050952张。

【禁毒斗争】 全市公安禁毒部门通过开展打击“8.31”涉网贩毒、“11.1”打击零星贩毒等多个专项行动，全力推动第三轮禁毒人民战争纵深发展。全市共破获毒品案件2904起，缴获毒品1154.3千克（海洛因395.8千克，冰毒748.8千克、鸦片2.88千克）、制毒物品60吨、毒资2835万元，抓获犯罪嫌疑人1796名，逮捕1245名，收戒吸毒人员5762名（强制隔离戒毒3138名，社区康复1638人，社区戒毒986人）。侦破部级目标督办案件7起，省级目标督办案件7起，抓获省厅列捕的毒贩（钉子）8名，打掉贩毒团伙76个，捣毁零贩和吸毒窝点86个，案件数、抓获毒品犯罪嫌疑人数居全省第一。通过各级媒体开展禁毒宣传，取材于昆明市公安局禁毒支队先进事迹的数字电影《一线缉毒》荣获全国第十一届电影频道数字电影百合奖优秀故事片二等奖。全市共成立县（市）区级社区戒毒领导小组14个，社区戒毒工作办公室134个，社区戒毒工作小组835个，配备社区戒毒专干1423人（其中专职500人），社区医生893人。共创建“无毒县”2个、“无毒乡镇”66个，“无毒乡镇”比例占全市134个乡镇街道办事处的49.2%。

6月26日国际禁毒日，在市公安局戒毒康复中心公开焚烧三吨毒品

（市公安局 供稿）

【查禁网络犯罪】 公安机关网络安全部门在积极开展网上监控和情报信息搜报工作的同时，不断加大对网络赌博、网络淫秽色情、黑客攻击破坏、网络诈骗等网络违法犯罪活动的打击力度。共办理网络犯罪案件278起，抓获违法犯罪嫌疑人862人。其中，侦办网络赌博案件101起，收缴赌资370余万元；侦破网络贩卖危险物品违法犯罪案件47起，参与其他警种侦办“杀人绑架”、“涉枪涉爆”、“两抢一盗”、“涉毒涉恐”等严重刑事犯罪117起，抓获违法犯罪嫌疑人135名。成功侦办省厅督办“杨金涛系列网络诈骗案”、“7.11破坏计算信息系统案”、“8.01利用互联网色情勾引实施敲诈勒索案”等多起省厅、市局督办案件。市公安局网安支队荣获2011年度全国互联网信息优秀报送单位。

【经济文化保卫】 经济文化保卫部门以创建“平安校园”、“平安单位”活动为契机，围绕敏感期社会热点、焦点问题，加强内部单位管理和安全大检查、防范打击电信诈骗。2011年，全市共有16家省级治安重点单位、263家市级治安保卫重点单位、1459家县级治安保卫重点单位纳入重点管理。全市公安机关共组织开展校园安全检查12764次，发现整改安全隐患722处。对全市24家银行机构的1171个营业网点、557个离行式自助银行（机具）、66个金库的综合防范能力开展安全评估，整改隐患90余处。省、市两级重点单位新增视频监控探头4258个，省、市两级治安重点单位共安装视频监控探头38457个，红外线报警器36948个。开展各类法制宣传教育活动16041次，开展警校共建校园1878所。

【出入境管理】 全市出入境部门共受理出国（境）申请22.43万余人次。其中，审批签发《中华人民共和国护照》10.79万余人次，办理《往来港澳通行证》10.15万人次，审批《大陆居民往来台湾通行证》1.49万余人次；共签发境外人员证件1.45万份。 2011年，全市共有三资企业1226家，外企常驻代表机构143家，常住外国人4810人，其中，具有永久居留资格人员205人，使领馆常住人员89人，外企驻华机构代表60人，三资企业工作人员341人，外籍教师304人，外国留学生2628人，其他1183人。2011年，全市共发生涉外案（事）件435起，依法处理涉案境外人员491人。

【交通安全管理】 2011年，全市公安交管部门共纠正查处各类交通违法行为4844079起。全市共发生适用一般程序处理的道路交通事故2093起，造成313人死亡，2573人受伤，直接经济损失727.29万元。四项指标与上年同期相比，事故减少131起，降低5.89%；死亡人数减少3人，降低0.95%；受伤人数减少164人，减少5.99%；直接经济损失增加84.32万元，上升13.11%。2011年全市共发生一次死亡3人以上特大道路交通事故11起，造成43人死亡，38人受伤，直接经济损失60.7万元。截至2011年12月20日，全市机动车保有量为1508109辆，净增176269辆；机动车驾驶员保有量为1768643辆，净增162495人。

【主城区保通】 针对昆明市机动车数量逐年增高，以及地铁工程建设大量占用城市道路资源造成主城区交通拥堵，车辆通行缓慢这一问题，公安交管部门推行“三级责任制”，机关干部民警、大队内勤事故人员早晚高峰参与路面交通指挥疏导，严格执行货运交通调整措施。通过“诱、疏、导、控”等各项措施，不断加大保通工作力度。2011年，主城区共招聘1163名交通协管员参与保通。

【戒毒康复社区建设】 2010年11月14，昆明市强制戒毒所强制隔离戒毒工作职能移交昆明市司法强制隔离戒毒所，市强制戒毒所转变职能，开展“和谐家园”戒毒康复社区建设，为吸毒戒断人员回归社会提供一个平等、互信，能够自食其力，体现自身价值的回归过渡环境。市公安局对市戒毒所办公区域进行全面修缮改造，建成可容纳513户的康复社区居民公寓楼，并投入180万元为每户康复成员配备家电、家具等生活设施。重新规划建设社区居民生活、文化、体育设施。通过招商引企工作，在康复工业园区建成塑料制品、饲料加工厂，提供500个月薪1000元以上的康复成员劳动生产岗位。2011年，“和谐家园”康复社区共接纳入园康复人员699人次，收戒自愿戒毒人员567人次。昆明“和谐家园”康复社区被选为公安部在云南省开展戒毒康复场所建设的两个试点单位之一。

【巡逻防控】 2011年，全市巡警部门有效维护社会面治安秩序平稳。昆明市五城区投入社会面巡逻防控力量民警1353人（常量610人）、辅警18258人（常量9967人）；设立一级卡点16个、二级卡点156个、三级卡点331个；巡逻车263辆，电瓶车44辆，摩托97辆，电动自行车1233辆。全市巡警共抓获各类违法犯罪嫌疑人4666人，处置突发事件3305起，处理治安纠纷27043起，实施救助群众和咨询37382起。

会议保卫巡逻　（市公安局 供稿）

【公安信访】 2011年，全市公安机关开展法律和执法咨询以及接待民警、群众来访或电话咨询12546人次；受理群众来信1173件、信访案件398件；办理中央政法委，省厅信访处、市委市政府信访局，市委政法委执法监督室等上级部门交办的重要批示信访件107件，办结率达100%，全年无行政诉讼和国家赔偿案（事）件发生。

【公安警卫】 2011年，全市公安机关共完成警卫任务和勤务423起。其中，一级警卫任务5起、二级任务32起、一三级任务75起，完成省“第九次党代会”、中国昆明国际旅游节、第十九届昆明国际进出口商品交易会等勤务工作361起。2011年昆明市警卫处被省人民政府授予“忠诚卫士”荣誉称号，昆明市警卫党委被评为“公安警卫部队先进基层党组织”，1名同志被评为云南省公安警卫队伍首届“十大忠诚卫士”。

（阮云鹤）

检　察

【查办贪污贿赂职务犯罪】 共受理贪污、受贿、行贿、挪用公款等贪污贿赂职务犯罪案件线索403件，立案侦查194件235人，查处人数同比上年上升10.3%，通过办案挽回经济损失3675.9万元。查办贪污贿赂5万元以上、挪用公款10万元以上大案171件，占查办案件总数的88%。查处县处级以上国家工作人员33人（含厅级2人），占查办人数的14.1%。参与深化治理商业贿赂工作，查处涉嫌贿赂的国家工作人员131人；深入开展工程建设领域突出问题专项治理，立案侦查项目审批、招标投标等环节的职务犯罪案件56件；查处征地补偿、农机补贴发放等过程中的农村基层组织人员职务犯罪57人；查处行贿犯罪嫌疑人23人。因查办案件成绩突出，全市检察机关2人被省纪委、省监察厅记个人三等功，11人记嘉奖；5人被市委、市政府记个人二等功，3人被记个人三等功，12人记嘉奖。

【查办渎职侵权职务犯罪】 共受理滥用职权、玩忽职守、刑讯逼供等渎职侵权职务犯罪案件线索52件，立案侦查48件64人，人数同比上升4.9%，其中重特大案件16件。完善与行政执法机关的联系机制，介入重大责任事故调查63次。实现全市检察机关无立案“空白”单位，无撤销案件，无超期羁押，无无罪判决，无办案安全责任事故。1人被评为全国检察机关侦查组织指挥业务标兵，　2人被评为大比武、大练兵活动全省组织指挥和侦查业务标兵，1人被评为全省十佳优秀侦查员，1件案件被评为2011年全省十大反渎职侵权精品案件。

【预防职务犯罪】 认真开展案件预防工作，结合办案加强犯罪分析和对策研究，对169件重点案件开展个案预防，促进堵漏建制；落实职务犯罪预测预警机制，针对职务犯罪易发、多发的领域开展预防调查，形成调查报告272篇，向有关单位发出检察建议和预警建议506份；对昆武高速、绕城高速（西南段）等9项投资100多亿元的重点工程同步跟踪，进行职务犯罪风险预防；通过警示教育、法制宣讲、廉政宣传短片等方式，广泛开展廉政教育；参与市场信用体系建设，严格市场准入制度，查询行贿犯罪档案7469次，查询系统已实现全国联网。举办“法治与责任——全国检

市委副书记李邑飞、副市长赵立功视察市检察院侦查指挥中心 （市检察院 供稿）

察机关惩治和预防渎职侵权展览”昆明巡展，689个单位11982名国家工作人员参观。完成廉政宣传短片《新爱莲说》和《歧途篇》。在全国检察机关第三届预防职务犯罪检察建议和第二届预防职务犯罪案例分析“百优双十佳”评选活动中，市检察院撰写的1份案件剖析材料荣获“全国优秀案例分析”，安宁市院撰写的1份检察建议荣获“全国优秀检察建议”。

【审查批捕起诉】 坚持把维护稳定作为首要任务，认真履行审查批捕和审查起诉职责，全年共批准逮捕各类刑事犯罪嫌疑人8959人，同比上升1.9%，提起公诉11159人，同比上升23.4%。突出打击爆炸、杀人、伤害及“两抢一盗”等影响群众安全的犯罪，批准逮捕5471人，提起公诉5818人；坚决打击寻衅滋事、聚众斗殴等严重危害社会治安秩序的犯罪，批准逮捕917人，提起公诉1288人；严惩制造、贩卖、运输毒品犯罪，批准逮捕 1116 人，提起公诉1573人。参与规范市场经济秩序和食品药品安全专项整治，依法打击诈骗、非法吸收公众存款、制售假冒伪劣商品等犯罪，批准逮捕485人，提起公诉460人。在严厉打击严重刑事犯罪的同时，依法对轻微刑事案件的初犯、偶犯及未成年犯适用从宽政策，对无逮捕必要的1559人不批准逮捕、对犯罪情节轻微的184人不予起诉；对45件案件进行刑事和解，对2412件案件适用轻微刑事案件快速办理机制，努力做到宽严适度，最大限度减少社会不和谐因素。

【刑事诉讼监督】 监督侦查机关立案和撤案301件，纠正漏捕265人，纠正漏诉112人，介入侦查活动703次。继续实行检察长列席同级法院审判委员会会议、量刑建议纳入法庭审理、职务犯罪公诉案件同步审查等制度，规范刑事抗诉工作，加强对审判活动的监督，对认为有错误的刑事判决、裁定提出抗诉37件，法院采纳29件。坚持把查办司法不公背后的职务犯罪作为加强诉讼监督，增强监督实效的重要措施，查处涉嫌失职渎职、贪污贿赂犯罪的司法工作人员9人。

【刑罚执行和监管活动监督】 完善刑罚变更执行同步监督机制，纠正减刑、假释、暂予监外执行不当901人，对刑罚执行和监管活动违法提出纠正意见174件。开展保外就医专项检查，监督检查保外就医服刑人员844人，对存在违规办理情况的12个监管单位发出检察建议。对看守所、监狱等监管场所进行执法检查，防止“牢头狱霸”、超期羁押等情况发生。办理罪犯又犯罪案件7件，查处监管场所工作人员涉嫌职务犯罪3人。加强昆明市城郊地区人民检察院建设，实现派驻检察室与监管场所信息联网和监控联网。认真组织做好第三届全国检察机关派驻监管场所检察室规范化等评定工作，2个派驻检察室通过最高人民检察院一级规范化检察室考核验收，全市检察机关检察室规范化建设得到提高。

【民事审判和行政诉讼监督】 共受理当事人不服法院民事行政判决、裁定申诉1524件，立案审查587件，提请省检察院抗诉99件，提出抗诉9件，发出再审检察建议45件，法院已改判25件。办理民事行政支持起诉、督促起诉案件434件，积极维护公共利益，防止国有资产流失。坚持抗诉与息诉并重，对221件判决正确的申诉案件做好当事人服判息诉工作。认真开展检察机关民行宣传月活动，深入乡镇（街道）进行法制宣传30余次。

【控告申诉检察】 坚持检察长接待日制度，开展“举报宣传周”、带案下访、定期巡访、联合接访等工作，共受理群众来信1525件，接待群众来访1325人。复查刑事申诉案件153件，审查后改变原决定42件，息诉146件。开展案件评查工作，评查案件271件，促进执法理念更新，改进执法办案工作。对生活确有困难的74名刑事被害人提供救助60余万元。在执法办案中全面推行说理制度，耐心解惑释疑，对35件重点涉检信访案件实行领导包案督促办理，及时化解矛盾纠纷。办理最高人民检察院2009年开始实行不服法院生效刑事裁判申诉案件办案程序改革试点以来按照审判监督程序提出再审抗诉第一案，实现全市检察机关控申部门再审抗诉零的突破。市检察院控告申诉检察处被授予全国检察机关文明接待示范窗口。

【环境资源检察】 充分发挥环境资源检察机构的职能作用，与市中级法院、市公安局联合制定《昆明市关于办理污染环境、非法捕捞水产品等刑事案件若干问题的意见》等规定，批准逮捕破坏环境资源的犯罪嫌疑人86人，提起公诉101人，办理环境资源二审案件7件。督促行政执法部门加大执法力度，针对企业的违法排污行为及时发出停止侵权的检察建议1份。办理1例督促并支持水资源受污染民事公益诉讼案件。完善环保执法司法协调机制，细化检察机关提前介入环境行政执法案件范围。

【参与社会管理】 落实社会管理综合治理措施，积极参与社会治安防控体系建设，针对办案中发现的问题，及时提出强化管理、预防犯罪的对策建议。广泛开展送法进社区、进企业、进农村活动，增强公民法制观念。加强对未成年人的司法保护，实行符合未成年人特点的办案方式，开展品行调查、分案办理等案件办理机制，深入学校进行法制教育，预防青少年违法犯罪。制定《全市检察机关进一步加强社区矫正执法监督工作的意见》，强化对社区矫正执法活动的监督，参与对特殊人群的管理帮教、回访考察，防止脱管漏管。依法打击利用互联网传播淫秽信息、实施赌博等犯罪，制定《全市检察机关舆情引导及应急处置办法》，加强涉检舆情的监测、研判和处置工作，营造有利于社会稳定的舆论环境。

【检察机制创新】 紧紧围绕加快建设现代新昆明和区域性国际城市的决策部署，自觉把检察工作放到全市工作大局中谋划和推进，制定的《昆明市人民检察院关于服务和保障抢抓桥头堡建设战略机遇加快建设区域性国际城市的实施意见》受到市委肯定，首次由市委办公厅转发执行。建立全市检察机关民事审判和行政诉讼法律监督一体化办案机制，将14个基层检察院划为4个片区，指定片区指导人，实行片区案件集中讨论，形成上下一体、整体联动的民事行政检察工作格局。健全宽严相济刑事司法政策，试行附条件不起诉制度，探索办理老年人犯罪案件审查逮捕机制，实行办理审查逮捕案件听取律师意见制度。制定《昆明市人民检察院关于进一步加强和改进群众工作的意见》，推出便民利民措施，把保障民生、服务群众落实到执法办案中，市委主要领导给予充分肯定。官渡区检察院在六甲街道试点派驻全市第一个乡镇检察室，依法延伸检察工作触角，拓宽贴近基层、服务群众的新途径。市检察院首次组织评选全市检察机关2011年度制度创新优秀成果奖，25项检察工作机制创新受到表彰奖励。认真组织申报全市经济社会制度创新成果奖，全市检察机关10项机制创新荣获2010年度制度创新成果奖，其中一等奖1项、二等奖1项、三等奖8项。

【荣誉】 西山区检察院杨竹芳同志荣获全国政法系统优秀共产党员、云南省创先争优十大女杰荣誉称号；市检察院荣获全国文明单位称号；市检察院李凌、洪颖被评为第三届全省十佳公诉人。

【检察理论研究】 首次采用检校合作方式，联合昆明学院组成课题组对“十一五”全市检察工作进行全面调研，率先在全省检察机关启动并完成“十二五”检察工作发展规划编制工作。完善发表检察理论研究文章奖励制度，举办首届全市检察理论研究骨干培训班和第二届检察理论研究年会，调动检察干警开展检察理论研究工作的积极性。首次评选全市检察机关2011年度优秀检察理论研究成果奖，45篇优秀调研文章的作者受到表彰奖励。重视课题研究，3个课题分获全省检察机关2011年度调研课题一、二、三等奖，4个全市决策咨询课题中有2个受到市委主要领导的充分肯定。出版检察理论研究专著1本，在全国知名期刊发表检察理论研究文章5篇，3篇论文荣获全省政法系统优秀调研成果奖，28篇论文荣获全市政法系统优秀调研成果奖。

【接受监督】 自觉接受人大、政协监督，市检察院制定依法接受人大及其常委会监督的规定和自觉接受市政协民主监督的规定，定期向市人大报告工作，向市政协通报工作，接受市人大常委会对检察工作机制创新等情况的专项检查。加强与人大代表、政协委员的联系，邀请部分人大代表、政协委员座谈，诚恳听取意见建议。办理人大代表、政协委员的建议及上级机关督办、交办事项86件。适时召开新闻发布会，自觉接受新闻媒体监督。做好涉检网络舆情处置工作。全面推进人民监督员工作，改进选任方式，选聘71名人民监督员，对25件“七类案件或事项”进行监督；发挥特约检察员、人民监督员参与信访接待的作用，有效拓宽接受监督的途径。

（贾永强）

审　判

【审结案数】 2011年，全市两级法院共受理各类案件88057件，审结82110件，结案率为93.25%；其中，市中级法院共受理各类案件33256件，审结30923件，结案率为92.98%。

【刑事审判】 市中级法院始终把维护国家安全和社会稳定、依法打击犯罪作为刑事审判的出发点和立足点。正确理解把握宽严相济的刑事政策，对杀人、绑架、伤害等严重危害社会治安的暴力性犯罪和走私、贩卖、运输毒品犯罪，依法从严惩处；对社会影响恶劣、涉及人民群众切身利益的抢劫、抢夺、盗窃等多发性犯罪和危害食品安全犯罪，对集资诈骗、合同诈骗、非法吸收公众存款等涉众型经济犯罪及贪污、贿赂等职务犯罪，对侵犯知识产权、破坏环境资源犯罪，加大公开审判和打击力度，全力维护社会秩序和经济秩序。依法审理醉酒驾车犯罪案件，遏制醉酒驾车的多发态势，保障公共安全。继续深入开展打黑除恶专项斗争，严惩黑社会性质组织犯罪。通过对“金座公司”集资诈骗案、“华西·滨湖国际生态城”合同诈骗案、“阳光海岸别墅”抢劫杀人案等一批大案要案的依法公开审判，扩大打击声势，震慑犯罪分子，保护人民群众，营造平安和谐昆明。共受理各类刑事案件8437件，审结7834件，依法判处罪犯6547人，其中，判处5年以上有期徒刑、无期徒刑和死刑2048人，占判处罪犯总数的31.28%。

【民事审判】 市中级法院以保障民生为重点，妥善审理婚姻、赡养、继承、邻里纠纷案件，注重保护妇女、未成年人、老年人、残疾人的合法权益，促进社会和谐安定；依法审理劳动争议、房屋拆迁、物业管理、涉农案件等热点案件，全力保护劳动者、用工企业、业主和农民合法权益。以规范市场秩序、保障交易安全为重点，依法审理金融证券、民间借贷、商品房买卖等类案件，规范不良债权处置，维护金融安全和交易稳定，营造诚实守信的市场环境。圆满完成全省首例证券公司破产案等一批案件的审理，最大限度保护投资者合法权益。以建设良好经济社会发展软环境，鼓励自主创新和民营企业发展为重点，依法审理涉外、涉港澳台、知识产权、涉非公经济案件和涉外地来昆企业案件，坚持平等保护，优化投资环境。贯彻调解优先、调判结合原则，加大调解力度，把调解贯穿于立案、审判和执行全过程，着力构筑诉讼调解与人民调解、行政调解、仲裁调解相衔接的多元化调解机制，妥善化解社会矛盾。大力推进司法公开，制定《裁判文书上互联网管理办法》，进一步规范法律文书公开上网公布工作，接受社会监督。共受理各类民事案件40916件，审结37701件。

昆明金座非法集资诈骗案庭审现场
（市中院 供稿）

【行政审判】 市中级法院为妥善处理行政争议，促进依法行政，坚持合法性审查和利益平衡原则，注重审理与群众生产生活密切相关的工商管理、劳动和社会保障、山林土地及农村土地征用等各类行政案件，既依法维护行政相对人的合法权益，又有效支持政府依法行政。加大行政审判协调和解机制的运用，对涉及公共秩序和公众利益的群体性行政案件，加强疏导和法律释明，促进行政相对人与行政机关互相理解、彼此沟通，妥善化解行政争议。高度重视审理国家赔偿案件，探索建立听证审理程序，规范国家机关依法行使职权，对合法权益受到侵犯造成损害的公民、法人和其他组织坚持依法进行赔偿。积极推行行政机关法定代表人出庭应诉和行政审判司法建议“白皮书”制度，促进行政机关提高依法行政水平，共有32件案件行政机关负责人出庭应诉。共受理各类行政案件748件，审结682件。

【破解执行难困局】 市中级法院建立执行工作威慑机制，完善财产申报、财产调查、财产有奖举报和协助执行联络员等制度，对拒不申报财产和申报不实的被执行人依法采取查封、扣押、冻结和拍卖、变卖财产等措施；对规避执行情节严重的被执行人依法采取罚款、拘留等强制措施，促使被执行人及时履行债务。完善执行工作联动机制，进一步加强与政府职能部门、金融单位、新闻媒体之间的联系和信息共享，对被执行人融资、投资、经营、置产、出境、高消费等活动进行监督限制；与公安机关构建“110”协助执行机制，利用公安信息平台查找被执行人行踪，不断提高执结率。完善执行案件特困人员救助机制，明确救助范围，规范救助标准，探索救助方式，使执行案件特困救助工作充分体现司法的人文关怀。按要求完成上级交办的250件涉执行信访案件的化解任务。共受理执行案件14701件，执结12688件，实现债权17.11亿元。

【以服务促审判】 市中级法院为践行司法为民理念，加强综合治理工作，认真抓紧5项工作：推进阳光诉讼服务大厅建设。按照“为民、便民、利民”的要求，中级法院在立案窗口设立安检导诉厅、诉讼服务厅、信访接待厅，将诉讼引导、立案审查、判后答疑、申诉再审、信访接待、投诉举报等工作纳入立案信访窗口，为当事人提供贯穿于诉前、诉中、诉后的一站式、全方位诉讼服务。开展“亮流程、亮身份、亮职责、亮承诺”，“自己评、群众评、领导评、组织评”的“四亮四评”活动，提升立案信访窗口的服务质量和水平，被最高人民法院评为“立案窗口建设先进单位”；积极开展诉讼服务宣传周活动。通过集中宣传一站式诉讼服务、网格化案前纠纷化解、巡回法庭进村镇、人民调解进法院等活动，邀请人大代表、政协委员、市民和企业代表、学生旁听重大案件审判，宣传法律，贴近群众，倾听呼声，让社会更了解、理解和支持法院工作；重视做好司法救助工作。对下岗人员、农民工、城镇低保群众、农村“五保户”等困难群体加大司法救助力度，努力使贫困群众不因经济困难打不起官司，共对2277件案件依法缓、减、免诉讼费326.37万元。坚持为符合司法援助条件的刑事被告人指定辩护人，重视采纳有理有据的辩护意见；积极探索减刑、假释案件公开开庭审理，邀请人大代表、政协委员和新闻媒体旁听并座谈，对减刑、假释工作进行公开监督。配合监管机关、基层组织对假释、缓刑人员做好回访考察与社区矫正工作；大力开展法制宣传，充分利用新闻发言、市民连线、网络直播、与电视台合办专栏节目等形式，进行直观生动的法制宣传教育，不断加强审判机关与人民群众的沟通联系。

【信访工作】 2011年，市中级法院进一步加大对涉法涉诉信访案件的制度化管理和集中化解工作，切实解决信访人的合理诉求，共办理来信来访15103件次，办理中央政法委和省、市政法委以及上级法院交办的涉法涉诉信访案件469件，其中，化解息诉428件，终结41件。

【审判管理创新】 2011年，市中级法院设立审判管理办公室，制定《案件质量评估、评查、考核管理办法》、《关于诉讼服务中心建设的实施意见》等16项制度，强化对审判的质量、效率和流程管理，建立符合审判规律的管理体系，提高管理的科学化、规范化和精细化水平。结合全国法院开展的“百万案件质量大评查活动”，对申请再审、发回重审等类案件114件进行质量评查，对评查出来的问题进行认真整改。

【量刑规范化改革】 在公安、检察、司法等部门的支持配合下，市中级法院对15种罪名的刑事案件量刑纳入侦查、起诉、庭审、合议及裁判文书说理等环节，提高法院量刑的公开性和控辩双方的参与性，80%的案件纳入量刑规范化审理。最高人民法院和省人大常委会检查后认为，昆明中院该项改革取得量刑程序更加公开透明、量刑过程有章可循、量刑幅度更加均衡、服判息诉率逐步上升的效果。

【环保执法突破】 市中级法院2011年制定《关于在环境民事公益诉讼中适用环保禁止令的若干意见》和《关于公安机关协助人民法院执行环保禁止令的若干意见》，规范环保禁止令的申请、做出、发布和执行的操作程序，使环境公益诉讼制度更加完善。积极探索破坏环境犯罪惩治机制，与市检察院、市公安局联合制定《关于办理污染环境、非法捕捞水产品等刑事案件若干问题的意见》，严厉打击破坏环境的犯罪行为。进一步完善环境保护执法联动机制，通过加大与公安、检察、环保行政机关的联动，与中华环保联合会举办水域污染研讨会，与高校联合进行课题调研等方式，研究总结昆明市环境保护审判工作及环境保护执法联动机制经验，形成科学系统的执法运行机制，推动工作发展。

【小额速裁机制】 市中级法院在五华、盘龙、官渡、西山等法院设立专门的速裁机构，对法律关系简单、事实清楚、争议标的在5万元以下，涉及民生的医疗事故、房屋租赁、物业管理、民间借贷等纠纷案件，由双方当事人自愿选择适用，在20天内审结，突出对权利保护的及时性和有效性。共受理并审结案件4059件，其中调解1342件。

【表彰奖励】 全年，市中级法院及民五庭、知识产权庭分别受到最高人民法院表彰，官渡区法院被最高人民法院评为全国优秀法院；盘龙区法院毕正雄等3人分别受到中央政法委或最高人民法院表彰；另有11个部门或个人分别受到省部级表彰。

【基层基础建设】 市中级法院坚持深入基层、关注民生、服务群众，注重加大巡回审判力度，方便群众诉讼；实行案件繁简分流，加大速裁审案方式的运用，提高审判效率；加大诉前和诉讼调解，将矛盾化解在萌芽状态，提高基层服务人民群众的水平。注重对基层法院审判业务和队伍管理的监督指导，针对二审审理、信访申诉、调研座谈中发现的问题，采取专项业务会议、案例评析、观摩开庭、发回重审及改判案件质量通报等形式，加强业务指导和审判监督，努力提高基层法院执法水平和职业素质。大力推进法院基础建设，晋宁县法院审判大楼建成并投入使用，五华区、宜良县法院审判大楼正在规划建设中。完成全市法院信息化三级网络建设，推广应用统一的审判执行信息管理系统软件，初步实现办案信息网上传输、资源共享、互联互通，提高网络化办公水平。昆明法院网站注重丰富和更新信息内容，及时报道昆明法院工作，点击率位居全国法院前列。

（代　彦）

司法行政

【普法与依法治市】 组织召开全市“五五”普法总结表彰暨“六五”普法启动仪式，对全市“六五”法制宣传教育规划工作进行动员。大力开展以维护社会稳定、构建社会主义和谐社会为目标的“三下乡”、“6·26”、“12·4”等法制宣传教育活动，宣传法律知识，弘扬法治精神。深入推进法治昆明建设，制定下发《昆明市2011年法治昆明建设工作要点》，及时启动“法治昆明综合评价指标体系”首次评测工作。为提高基层社会法治化管理水平，推动全市基层民主法治建设，组织农村基层干部开展《村民委员会组织法》、《昆明市村务公开条例》的学习和培训，制定下发《2011年“民主法治村（社区）”创建工作方案》，安排、部署年度“民主法治村（社区）”创建工作，为顺利推进创建工作打下坚实基础。

【律师工作】 在全市律师事务所开展规范律师事务所创建活动，有力促进全市律师业的快速发展。先后组织全市律师开展业务培训和律师职业道德、执业纪律培训2676人次，开展新执业律师宣誓、颁证等活动，为律师业发展打下坚实基础。为充分发挥律师在构建和谐社会中的积极作用，组织全市44家律师事务所参与涉法涉诉信访接待工作，共接待上访群众767批1130人次，按法律程序受理案件64件。继续组织律师参与“12355”青少年综合服务热线，共接听热线电话及留言2203个，服务青少年、家长及教师27922人次。积极参与“五·一”工人维权岗工作，为农民工提供各类法律咨询，为符合条件的农民工提供法律援助。年内，全市130家律师事务所，1500名执业律师共担任各类法律顾问1982家，代理刑事案件5066件，代理民事案件6923件，代理行政案件100件，非诉法律事务1904件，参加公益事业和社会活动，提供义务法律咨询10917人次，办理法律援助案件1686件，为维护当事人合法权益、维护法律正确实施、维护社会公平正义作出积极贡献。

【公证工作】 加强公证行业规范化管理，对全市15个公证处和90名执业公证员进行年度执业考核工作。积极开展星级管理创建工作，实地考评申报创建的公证处，对6个星级管理公证处现场授牌，对7个先进公证处给予表彰。2011年5月31日，司法部党组书记、部长吴爱英一行前往市明信公证处视察。年内，全市15家公证机构共办理各类公证事项103117件，较上年同期减少22.77%，其中民事类公证45795件，经济类47900件，涉外公证9027件，涉港澳台395件。

【司法鉴定】 组织开展各类司法鉴定培训，不断提高司法鉴定人综合素质。联合省司法鉴定协会开展“司法鉴定法律服务边疆行”活动，专门组织全市部分司法鉴定机构和专家，以现场咨询、展板宣传册宣传、一对一帮扶等多种形式开展活动。年内，全市97家司法鉴定机构，1700余名司法鉴定人，共受理各类司法鉴定业务30000件。局党委书记、局长刘婉秋被国家司法部评为2011年度全国司法鉴定管理工作先进个人。

【基层法律服务】 组织开展2011年度全市基层法律服务工作者注册培训，完成基层法律服务所及基层法律服务工作者年检注册及换证、发证工作，对76名社区矫正工作者申办基层法律服务执业证进行初审。为进一步提高全市基层司法行政队伍业务能力和工作水平，举办“2011年度全市基层司法行政干警业务培训班”，各县（市）区司法局基层科长、司法所长以及乡镇、街道调委会主任230余人参加培训。继续派出业务能力强、素质高的基层法律服务工作者到昆明市困难职工帮扶服务中心、昆明市农民工维权中心坐班接待职工，为职工提供法律咨询、法律服务。全市共有基层法律服务所148个，基层法律服务工作者539名。

【法律援助】 认真贯彻落实《云南省法律援助条例》，切实履行指导、管理职能，专门设立法律援助工作管理处，负责全市法律援助行政管理工作。至2011年底，全市14县（市）区均设立法律援助中心，有11个县区成立法律援助工作管理科。全市各乡镇（街道）均设立法律援助工作站，大多数县区在村（居）委会设立联络点，全市基本形成4级工作网络。年内，全市法律援助机构共受理各类法律援助案件4186件，完成两院指定案件851件，完成率100%，共接待群众来访来电咨询21900余人次，切实维护困难群众的合法权益。

【国家司法考试】 以安全有序，服务一流为目标，严把报名审查、考场设置、试卷运输、考场监理等各个工作关口和工作环节，严格、有序地组织9177名考生参加考试，圆满实现国家司法考试工作目标。

【人民调解】 全面构建“大调解”工作格局，建设和完善“纵向到底，横向到边，遍布城乡，扎根基层”的新时期人民调解工作网络化体系。为进一步调动广大人民调解员的积极性和主动性，促进人民调解队伍健康发展，市政府办公厅下发《关于印发人民调解工作“以奖代补”实施意见的通知》，明确市、县两级每年安排1200万（市级600万、县级600万）保障人民调解 “以奖代补”工作实施，建立人民调解“以奖代补”长效机制。联合市公安局开展道路交通事故民事损害赔偿纠纷人民调解工作调研，制定出台《昆明市推行道路交通事故民事损害赔偿纠纷人民调解工作实施方案》以及相关办法，共同推进道路交通事故民事损害赔偿纠纷人民调解工作。全市各县（市）区已成立

“道路交通事故损害赔偿纠纷人民调解委员会”17个，共受理调解案件6722起，调解成功率97%。会同市医疗纠纷人民调解工作领导小组成员单位联合下发《昆明市医疗纠纷人民调解工作实施意见》，建立医疗纠纷人民调解工作机制，为促进社会和谐稳定作出积极贡献。年内，全市调解委员会2170个，工作人员12463人，建立、健全区域性、行业性调解组织60个，共调解各类纠纷52909件，成功调解51526件，成功率97.38%。2011年度，市司法局被省司法厅评为人民调解工作集体二等功，副局长赵久诗记个人二等功，基层工作处副处长罗敏俊记个人三等功。

【劳教（强制隔离戒毒）工作】 牢牢抓紧场所安全稳定工作不放松，大力加强教育改造和心理矫治工作，建立完善教育改造质量评估体系，不断提高教育改造质量。突出抓好场所安全稳定隐患专项排查整治活动，消除各类安全隐患，构建集管理、防范、控制于一体的应急管理体系，努力实现“四无”目标。2011年5月30日，司法部党组书记、部长吴爱英一行到市劳教所检查指导工作、看望慰问基层劳教警察职工，对昆明市劳教戒毒工作取得的成绩给予充分肯定。

【安置帮教和社区矫正】 通过层层签订责任书，落实“三包”、“三定”责任，把安置帮教工作列入县（市）区年度综合治理工作的考核内容。指导、组织各县（市）区司法局对刑释解教人员和社区矫正对象进行走访帮教，对203名生活困难的刑释解教人员和社区矫正对象进行帮扶。召开全市安置帮教暨社区矫正工作会议，结合7个重点工作对安置帮教和社区矫正工作进行再安排、再部署。2011年，全市已建有27个刑释解教人员过渡性安置帮教基地。年内，全市安置帮教人员重新犯罪率为零；辖区内社区服刑人员全部纳入矫正。

建立健全社区矫正工作经费保障机制和社区矫正工作者招聘、管理、考核机制，专门召开劳务派遣协议签订协调会，认真做好招聘两批社区矫正工作者劳务派遣协议的签订工作。2011年，在岗社区矫正工作者有136名。会同市劳动保障事务服务中心草拟《昆明市社区矫正工作者管理手册》（征求意见稿），经讨论并征求用工单位意见后，已印发全市执行。

（马松华）

消防管理

【火灾概况】 全市共发生火灾349起，死亡7人，伤2人，直接财产损失446.37万元。与2010年同比，火灾起数下降56.05%，亡人数净减6人，伤人数净减3人，直接财产损失下降41.93%，火灾4项指标全面下降，未发生群死群伤火灾事故。

【灭火救援】 全市消防部队共接警出动3904次，出动3.6万余人次，出动车辆6058辆次，其中火灾扑救出动464次，占出动总数的11.89%；抢险救援出动2758次，占出动总数的70.65%；社会救助出动657次，占出动总数的16.83%；其他出动25次，占出动总数的0.63%，共抢救人员1049人，疏散人员6548人，抢救财产价值2476万元，经受住“3.04”展亿工贸公司爆炸事故、“6.05”新螺蛳湾国际商贸城火灾、“7.29”昆玉高速油罐车火灾等各类急难险重任务的考验，充分展示“消防铁军”形象，受到各级党委、政府和人民群众的高度赞誉。

【政治建警】 全市消防部队始终把队伍建设置于根本和保证位置，坚持统一思想、把住方向，抓牢班子、带好队伍，打牢基础、增强实力，更加贴近发展方向，更加注重需求保障，为推进消防事业新发展提供有力的组织保证和思想保障。抓牢班子和干部队伍建设。

抓实思想政治教育。以深入开展“学习践行‘三句话’总要求、忠诚履行职责使命”主题教育活动为牵引，深化历史使命、理想信念、战斗精神、社会主义荣辱观和当代革命军人核心价值观教育。拍摄《公安消防部队仪式教育片》、《教育准备会的

市长张祖林、副市长赵立功检查调研消防安全工作（市消防支队 供稿）

高层建筑灭火救援实战演习　（市消防支队 供稿）

组织与实施》等示范片，建成支队“政工之家”，定期组织政治教员集中备课、试讲、说课，聘请部队、地方25名专家教授充实思想政治教育“教员师资库”，开设“昆明消防大讲堂”视频授课9次，编发“昆明消防教育手机报”20期，思想政治教育的主动性、针对性、实效性不断增强。不断完善文化基础设施，深化“春城消防大走访”爱民实践活动，进一步树立全市消防部队“亲民、爱民”的良好形象。

抓强官兵素质建设。全面实施分级分类培训和岗位练兵比武活动，依托地方院校师资力量及全省、全市消防业务骨干，建立完善大教育大培训专家库，利用网络、视频、跟班学习和实地授课等形式，举办基层指挥员、攻坚组队员、全勤指挥部人员、消防监督执法干部、政工和后勤业务等培训班67期，受训官兵6527人次。

【“春城防火墙”工程】 全市消防部队积极当好党委、政府的参谋助手，加强组织协调，强力推动“春城防火墙”建设，全市消防工作呈现出各方参与、系统推进的良好态势，发展质量和效益不断增强，消防安全环境持续改善，有效遏制重特大火灾事故的发生，确保火灾形势总体平稳。

紧抓依法防控。加快推进消防法制化建设进程，全面启动《昆明市消防条例》、《昆明市消火栓管理办法》、《昆明市高层建筑消防安全管理规定》立法工作，以《消防法》为主体，以消防法规政策为补充，适应消防工作需要的地方性消防法律法规体系逐步形成。依法健全消防安全责任体系，普遍调整充实各级消防安全委员会，深入实施消防安全目标管理责任考评制度。建立完善消防安全告诫、约谈制度，强化消防重点目标任务的跟踪问效，一年来，市、县两级政府共发布消防政策文件400余份，召开消防联席会、专题会140余次，市政府组织开展督查4次，督促县、乡政府及有关部门整改消防重大问题180项。

夯实基础防控。市政府以及各县市区政府制定出台《“十二五”时期消防工作发展规划》，并加快推进落实，确保公共消防基础设施建设与地方经济社会同步发展。大力推进农村房屋财产火灾保险工作，充分发挥保险灾后救济功能，全市投保覆盖率达95%以上，实现政府、保险公司、农户三方共赢。全面推广安宁市极乐村、五华区景新社区消防工作经验，有效推动农村社区消防工作深入开展。着力开展消火栓专项整治，全市消防部队共实地排查消火栓6428个，建立消火栓档案6428份，修复消火栓846个。大力发展专职、志愿消防队伍，深化“乡乡、村村有消防队”工程，全面启动乡（镇、街道办事处）综合应急救援分队建设，建立专职消防队联战联勤联训机制，加强对合同制消防员规范化管理，着力完善志愿消防队建、管、训、用机制，一年来，新组建政府专职消防队伍30支、志愿消防队134支，覆盖城乡的消防网络进一步完善。

突出重点防控。着力提升社会单位消防自治能力，建立重点单位消防安全管理人例会制度、单位“四个能力”建设指导员例会制度，加强对“四个能力”建设的指导、检查和通报，有效促进单位消防主体责任的落实。突出抓实火灾现实斗争，紧盯容易引发群死群伤火灾的重点场所，紧盯事关国计民生的重点部位，紧盯影响火灾形势稳定的重大问题，始终保持整治隐患的高压态势，先后组织开展“云岭平安”3～10号专项行动和建筑消防设施、中小学校舍工程、高层建筑、地下建筑、消防产品、商场、旅店业等消防安全专项治理，超常规、全方位开展“清剿火患”战役行动，一年来，全市共出动消防监督检查组5.1万余个、检查人员15.4万余人次、检查单位69966家、整改火灾隐患67537条。集中开展重大火灾隐患挂牌整治活动，督促整改省、市、县三级政府挂牌督办重大火灾隐患单位173家，危害公共消防安全的重大问题得到有效整治。全力以赴抓好元旦、春节、省市“两会”、昆交会、旅交会等重大节事活动消防安全保卫工作，确保136项大型活动和警卫任务消防安全的万无一失。建立完善火灾隐患举报投诉机制，建成昆明市火灾隐患举报投诉和情报信息中心，发动群众积极参与火灾隐患排查整治工作。

【消防宣传教育】 坚持把消防宣

传教育作为社会宣传、公益宣传的重要内容，联合市委宣传部制定下发文件，推动将消防宣传纳入党委大宣传格局，联合市教育局下发文件，强化中小学校消防自我管理和消防教育职能。抓好消防宣传主渠道、主阵地建设，在全市主要街道设置40块大型户外消防广告牌，新建消防教育馆18个；创办消防手机报，及时发布火灾信息及消防提示50余万条；开展消防宣传车、流动巡逻车不间断巡回宣传；协调电视台及出租车公司、建筑户外LED广泛播出消防公益广告70余万条；与各类媒体加强合作，开办"清剿火患"战役专栏，开展"清剿火患新闻媒体千里行"活动，曝光火灾隐患500余条，有效促进隐患整改；在全省首次实现全程现场直播 "119消防安全月"启动仪式，扩大119活动的影响面，精心组织开展家庭趣味运动会、逃生计划制作竞赛等大型消防宣传活动，有效提升社会消防安全动员效率。制定实施年度消防培训计划，共培训消防控制室人员1284人，单位消防安全管理人8494人。编写消防知识题库印发社会单位，发动单位开展百万员工消防知识竞赛活动。消防科普教育基地及消防（队）站对外开放856次，接待社会各界参观学习群众15万余人（次），开展宣传活动350次，累计发放宣传资料40余万份。

【打造现代化消防铁军】 一年来，全市消防部队紧密结合形势任务，一切从实战出发，坚持把"打得赢"作为第一标准，深入推进打造消防铁军工作，综合应急救援能力得到大幅提升。强化专业队伍建设。抽调精干力量组建地震应急救援轻型搜救队和重型搜救队以及2个特勤灭火攻坚组、2个特勤抢险救援攻坚组和22个普通中队灭火救援攻坚组，并按标准配齐攻坚组装备器材。

强化专业技能训练。广泛开展执勤岗位练兵活动，切实打牢官兵体能、技能和业务基础。按照履行多样化作战任务的需要，加强高层建筑、地下工程、石油化工、建筑物坍塌、地质灾害、交通事故、山岳救助等专业训练，组织开展跨区域地震救援拉动演练、多点灾害事故无预案临机拉动实战演练、石油化工灭火救援综合演习等综合演练10次、重点单位实战演练1008次，不断提升部队的快速反应和协同作战能力。强化练兵比武，浓厚练兵氛围，组织开展全市打造现代化昆明消防铁军暨专职消防队伍岗位练兵大比武，全面检验部队练兵成效。在全省消防部队打造现代化公安消防铁军暨专职消防队比武竞赛活动中，昆明代表队分别获得现役队、专职队团体第一，以及6个单项第一的好成绩。

强化战训业务基础。制定支队、大队、中队三级指挥流程，灭火救援组织指挥和力量调度程序进一步规范。深入开展石油化工场所灭火救援准备专项行动，共排查石油化工场所183处。扎实开展每月"装备日"活动，对编程训练和器材装备操作程序进行进一步规范。一年来，全市消防部队共开展"六熟悉"1812次，修订完善各类灭火救援预案732份，预案制定率达100%。

（傅俊彦）

民族·宗教

◆ 责任编辑 戚光明

民 族

【少数民族概况】 昆明市有3个民族自治县，4个民族乡，47个少数民族村委会，2196个民族杂居村。截止2011年12月底，少数民族户籍人口828554人，占全市户籍总人口的15.23%。有52种民族成分，9个世居少数民族（分别是：彝族、回族、白族、苗族、傈僳族、壮族、傣族、哈尼族、布依族）。人口最多的世居少数民族是彝族，有434116人；人口最少的世居少数民族是布依族，有4275人。民族地区占全市国土面积的57%，全市少数民族呈现分布广、大分散、小聚居的特点。少数民族主要居住在农村，以种养殖业为主，随着城市化进程的加快，少数民族同胞经营意识进一步增强，进城打工的少数民族增多。据不完全统计2011年，外地到昆明打工的少数民族群众达25万人，主要从事服务业。回族群众主要经营干菜批发、牛羊屠宰、销售。

【民族工作会】 2月16日在呈贡新区召开了全市民族工作会议，会议由市委常委、统战部部长金志伟主持，副市长赵立功讲话。市民委主任李忠德总结了2010年民族工作，安排部署2011年民族工作。市民委与14个县（市）区民宗局、3个开发区、2个产业园区签订了《昆明市民委系统2011年民族团结目标管理责任书》，签订率达100%。做到民族团结管理机制全域覆盖，不留死角。

【民族团结稳定工作】 一是高度重视全国省市“两会”、党代会期间、中秋国庆、旅交会、厨师会等重大活动和重要节点的团结稳定工作。二是召开了全市民族团结稳定工作形势研判会，对全市影响民族团结稳定工作形势进行分析研判，全面安排布置了民族团结稳定工作；三是下发了《关于切实做好当前民族团结和社会稳定工作的紧急通知》。

【民族团结矛盾隐患排查调处】 慎重研究处理涉及“沙甸事件”中错判错处的昆明籍人员要求政府给予补偿的上访案件。妥善处理了云南新合商贸有限公司在盘龙区青云街道办事处青龙村举办的违法集会活动等事件。认真开展了2011年影响民族团结的矛盾纠纷隐患的季度排查，参与处置11起影响民族团结的矛盾纠纷，排查率、调处率均达100%。

【新疆维族同胞在昆服务管理】 市委市政府制定下发了《关于进一步做好新疆少数民族群众到昆务工经商服务管理工作方案的通知》。针对新疆和田县大批维吾尔族同胞在昆明随地摆摊占道经营现象十分普遍的事态，市民委成立了专项工作领导小组，派人到新疆和田邀请维族干部到昆明协助工作，聘请维族翻译全程参与处置工作。“引摊入市”的工作深入到每个区，每个摊点，对维族瓜农做耐心细致的思想工作，顺利实现“成熟一个，搬迁一个，稳定一个”的工作目标。

【群众来信来访】 一是认真开展领导干部公务电话接听工作，公布6位班子成员的公务电话和职责分工。二是完善了“局长（主任）接待日”制度。每月10日委领导及相关处（室）负责人按时到位接待，处理答复少数民族群众的来信来访。三是认真接听“96128”热线服务电话。安装了一部专门接听“96128”的电话，在工作时间内做到专人值守、专人办理、现场答复反馈。全年办理群众来信来访60余件。

【第二期统战民族宗教联系会】 9月30日，第二期统战民族宗教联系会在呈贡区召开，会议的主题是“贯彻落实党的民族政策 为桥头堡建设奠定良好基础”，传达学习省委书记秦光荣2011年9月29日在民族团结进步边疆稳定繁荣示范区建设调研座谈会上讲话精神，研究昆明市贯彻落实工作措施。市委常委、市委统战部部长、市委民族工作领导小组组长金志伟到会并深层次阐述了开展民族工作调研的重大意义和深远影响。市民委主任李忠德提出了具体工作意见。

【国家民委副主任到昆授课】 2011年10月25日，国家民委副主任吴仕民以“当代中国民族关系的观察与思考”为主题为全市市、县两级领导干部2000余人作了专题培训讲座。讲座从8个方面深刻阐述了中国现阶段民族关系的基本内容及民族政策方面的六条基本原则，对全市各级领导干部全面了解掌握党的民族政策，做好新时期民族团结社会稳定工作具有较强的现实和指导意义。

【建党90周年文艺演出】 2011年是中国共产党成立90周年。市民委、市委宣传部、市文化广播电视体育局在石林彝族自治县、禄劝彝族苗族自治县开展“庆祝建党90周年文艺演出”活动。通过歌舞、器乐、独唱、合唱等多种艺术形式，讴歌中国共产党的丰功伟绩。

【市级民族专项资金】 全年落实市级民族专项资金4633.8万元，扶持项目288个。完成了目标任务（扶持项目200个）的144%。

【中央、省级专项资金】 2011年，争取到中央、省级专项资金1243万元。其中，中央民族专项资金119万元，省级民族专项资金1124万元。

【扶持民贸企业】 一是争取省财政技术改造专项贴息贷款2项，贴息资金10万元。二是组织2家定点生产企业参加了在内蒙古自治区举办的《第五届少数民族商品交易会》及在南昌举办的《第三届泛珠三角区域合作经贸洽谈会》，为民族定点企业生产发展搭建平台。

【民族文化】 市财政安排500万元繁荣发展少数民族文化专项资金。安排28个繁荣发展少数民族文化事业项目，对进一步弘扬、挖掘、传承少数民族优秀文化起到了积极的推动和促进作用。

【民族教育】 市民委、市财政局、市教育局制定下发了《关于下达2011年省定民族中学高中住宿学生生活费补助资金的通知》。下达补助资金38.22万元。

【民族团结进步示范社区创建】 一是健全工作机构，加强创建活动的组织领导。全面完成了10个省市区三级联创民族团结进步示范社区的创建工作。二是营造创建氛围，广泛开展民族团结宣传教育活动。依托社区民族之家、少数民族文明公民学校、宗教活动场所等阵地，广泛开展民族团结日、民族团结周、民族团结月宣传教育活动。三是开展示范评比，完善创建活动的激励机制。四是建立长效机制，维护流动人口合法权益。五是建设民族服务体系，搭建少数民族交流交往平台。六是加强学习交流，增强创建活动的活力。

【《昆明市清真食品管理条例》贯彻落实】 为全面贯彻落实《条例》，依法加强对清真食品的监督管理，4月2日，市政府办公厅下发《昆明市人民政府办公厅关于切实做好<昆明市清真食品管理条例>贯彻落实工作的通知》。5月9日，组织召开了由各县（市）区民宗局、各开发（度假）区民族工作部门负责人和清真食品管理工作人员、市伊协、市清真食品行业协会、市民委中层以上干部参加的贯彻《条例》工作会。设立“清真办”，租用2间办公室作为“清真办”工作地点，购买电脑、传真机等办公用品，调整经验丰富的老处长专门负责“清真办”的日常工作。

【人大建议、政协提案的办理】 共接到9件人大代表建议、政协委员提案的办理任务。12月30日，市民委办理的6件人大代表建议、3件政协委员提案均按质按量完成答复工作。建议、提案的沟通率、按时办结率、满意率均达百分之百。

【第四期少数民族干部培训班】 市民委、市委组织部于2011年11月21～26日在市委党校举办了第四期少数民族干部培训班。来自14个县（市）区近三年新上任的民宗局长、副局长，各县（市）区民宗局民族科科长，5个开发度假区民族工作部门的领导和专干、4个民族乡分管民族工作的领导，市民委机关的有关干部共计40余人参加了培训。市委常委、市委统战部部长金志伟代表市委作了动员讲话。分别聘请省民委的有关领导和市委党校的领导及专家学者进行授课。安排3天时间组织全体学员到大理、丽江实地参观考察两地少数民族特色村寨创建情况。

（程世林）

宗　教

【宗教工作会议】 2011年2月16日，召开昆明市2011年度宗教工作会议。会议由市委常委、统战部部长金志伟主持，市委、人大、政府、政协分管领导，市委宗教工作领导小组成员单位负责人，各县（市）区党委和政府分管宗教工作的领导，各县（市）区民宗局长出席会议。副市长赵立功作重要讲话并代表市政府与14个县（市）区政府和5各开发（度假）区管委会签订了宗教工作目标责任书。市宗教事务局马慈明局长传达了全国、全省宗教工作会议精神，总结了2010年全市宗教工作，对2011年全市宗教工作任务进行了部署。

【爱国爱教、同心同行活动】 昆明市宗教界积极开展“和谐寺观教堂”创建和“爱国主义、法制宣传进宗教活动场所”活动，发挥宗教界在构建和谐社会和新昆明建设中的积极作用。在中国共产党建党90周年之际，在全市宗教界广泛开展了“同心同行”主题爱国主义教育活动。市佛教协会、道教协会举办了“庆祝建党90周年祈福法会”，市伊协举办了全国“和谐寺观教堂”授牌经验交流会和“爱国爱教、同心同行—昆明伊斯兰教界纪念建党90周年书画摄影展”等系列活动，市天主教爱国会举办了庆祝中国共产党建党90周年座谈会，市基督教“两会”5月26日组织开展了“纪念中国共产党成立90周年”系列活动启动仪式，并向全市各县（市）区基督教三自爱国会、各地教堂、全市基督教会教牧同工及全体信教公民发出倡议书。市宗教事务局主办，伊斯兰教协会承办召开了昆明市第五次宗教团体联系会议暨庆祝建党90周年与党“同心同行”座谈会。

【爱国宗教团体建设】 认真做好昆明市基督教“两会”换届工作。12月4～5日，成功召开了昆明市基督教第十一次代表会议。组织召开了三次宗教团体联系会议。分别以“如何做好宗教团体、宗教活动场所财务监督管理”和“庆祝建党90周年与党同心同行”、“宗教界人士创新服务群众的思考”为主题，各宗教团体的宗教代表人士结合实际，积极踊跃的进行了交流发言。通过宗教团体联系会议制度，各宗教代表人士汇聚一堂，畅所欲言，相互交流，相互沟通，加强了解，增进友谊，展示和提升了昆明市宗教关系和谐新形象，进一步促进了五大宗教之间的和谐、团结、进步。指导帮助宗教团体、宗教活动场所搞好规划建设工作。华亭寺虚云老和尚纪念堂、筇竹寺配套项目、北京路天主堂、官渡区宝华寺建设、盘龙区北市区基督教堂前期设计、西山区棋盘山等项目按计划有条不紊的推进之中。

【宗教工作“三支”队伍建设】 组织部分县区新任宗教工作部门负责人参加了国家宗教局举办的宗教工作干部培训班。组织职工参加了市法制办举办的行政执法法律知识的轮训；组织科级以下干部参加了知识更新培训；加强了对全局干部职工宗教政策、法律法规的常态化的学习培训。抓好宗教界代表人士的培训。与市委统战部、市行政干部学校联合组织了全市宗教界人士培训班；选派宗教界人士参加中央统战部、国家宗教局和省委统战部、省宗教局组织的各类培训。指导各宗教团体组织了不少于两次的专题业务培训；协助县（市）区民宗局举办了宗教教职人员、宗教活动场所管理组织负责人、信教群众农村适用技术等多种形式的培训。

【宗教活动场所规划和建设】 根据对宗教活动场所危房情况的专题调研，全市存在安全隐患的宗教活动场所危房有189所，占全市宗教活动场所的31.1%。属于危险程度较高，不适宜继续开展宗教活动的场所或已拆除待建的138所，需进行加固处理的有51所。有近14万信教群众在以上场所开展宗教活动。全年从多种渠道争取了400多万元经费，重点对佛教华亭寺、筇竹寺、宝泉寺，道教真庆观、万寿宫，伊斯兰教协会，天主教北京路天主堂、华山东路天主堂，基督教呈贡新城中心教堂、锡安圣堂等场所的新建、修缮给予了一定的补助。

【宗教领域维稳工作】 按照市委、市政府有关维稳工作的要求，推行“一线工作法”，及时掌握矛盾纠纷信息，进行分析研判，落实矛盾纠纷排查机制，做好不稳定因素的排查和化解工作，健全信访、调解、综治三位一体的矛盾排查调处机制，真正做到各种矛盾纠纷发现得早、化解得了、控制得住、处理得好。充分发挥基层调解在解决社会矛盾中的作用。在上海世博会期间，市宗教局会同市属各宗教团体，对昆明市宗教领域存在的不稳定因素进行了排查，及时做好思想转化、情绪疏导工作，对重点领域进行密切关注，及时发现问题，及时解决矛盾，做到了矛盾纠纷早发现、早化解、早处理，确保了昆明市宗教领域的稳定。3月4日，昆明市宗教领域 “综治维稳宣传月”活动启动，各级宗教工作部门与司法等部门密切配合，把此次宣传月活动内容贯穿到当地的普法活动中，扩大了普及面。召开宗教稳定分析研判会，排查隐患，第一时间掌握不稳定因素动态，及时排解纠纷，化解矛盾。制作宣传栏86块，板报76块，宣传展板154块。共发放宣传资料15800份，宣传册29095册，录像资料1030份，捐赠图书10800册。开展文艺晚会9场，演讲12场，征文101篇，图片展8次，座谈

基督教代表会议　　（市宗教局 供稿）

会38场。加强信访工作，完善“局长接待日”制度，切实维护群众合法权益，进一步畅通信访渠道，建立健全长效工作机制。全市宗教界未发生群体性上访。

【依法查处非法宗教活动】 2011年，全市共取缔非法宗教活动、宗教培训班7起，对活动的组织者进行了教育和处理，向参与活动的群众宣传了党的宗教政策和国家的法律法规。发挥宗教团体、宗教活动场所联系服务信教群众的作用，加强教务工作，筑牢自觉抵御渗透的防线。

市伊协举办“爱国爱教·同心同行——昆明伊斯兰教界纪念建党90周年书画摄影展”（市宗教局 供稿）

【“和谐寺观教堂”创建活动】 根据国家宗教局和省宗教局的有关要求，昆明市积极开展创建“和谐寺观教堂”活动。2011年7月，昆明市有5个宗教活动场所，2个宗教团体，9名宗教界人士获省委统战部、省宗教局表彰。受表彰数位列全省第一。

【2011年度朝觐工作】 2011年，云南省宗教局共安排昆明市朝觐名额140人。为确保整个朝觐组织服务工作正常有序的开展，市宗教局及时召开会议进行了专题研究，对相关工作进行了安排。根据各县（市）区报名情况，将全部名额分配到各县（市）区，同时强调必须严格按照排队报名办法，确定朝觐人员，杜绝徇私舞弊现象。市伊协结合多年开展培训的经验，强化了对朝觐人员的日常培训工作，每月均安排有丰富经验的教职人员授课。为加强对赴沙特朝觐人员的服务，选派了2名宗教工作干部和2名伊斯兰教教职人员作为带队干部和随团伊玛目，负责整个朝觐活动的组织服务工作，朝觐人员圆满完成了功课。昆明朝觐分团得到了中国伊协和省伊协的好评。

【依法行政】 规范和完善重大决策机制和决策程序。建立规范有效的行政决策机制，完善规范性文件的立项、拟稿、论证、报批、审查、发布、备案等程序和制度，严格按程序制定文件，严把质量关，提高规范性文件的拟定质量。认真做好部门内规范性文件的清理工作，掌握法规、政策的立废情况，确保政策的有效性。加强行政执法队伍建设，加强政策、法规培训工作，全面提高执法人员的政策水平及执法能力。完成了《昆明市宗教事务局行政执法制度和行政职权目录及运行流程图》和《昆明市宗教事务局行政指导手册》，制定《昆明市宗教事务局2011年普法与依法治理工作方案》，加强了对公务员尤其是各级领导干部依法行政的培训，加快执法人员知识更新，管好用好行政执法证，依法管理宗教事务。共安排14人参加行政执法人员法律知识轮训，对17人执法证件到期人员进行审验换证。规范行政审批行为。在办理宗教活动场所、处所的审核、审批过程中，严格按照《宗教事务条例》等宗教法律、法规的规定，各负其责，把好关口，依法依规对初审上报材料进行认真审核。2011年，共审核宗教活动场所1所，审批固定处所12所。批准成立昆明市佛教协会慈善功德会。

【扶贫工作】 按照市委、市政府确定的“挂到乡、扶到村、帮到户”，“不脱贫不脱钩、扶上马送一程”的要求，始终把挂钩扶贫工作列入议事日程，积极为扶贫挂钩点乡村出谋划策，为当地群众办实事好事。组织的捐赠物资有服装、鞋、袜三种，价值计约人民币80多万元，一部分送至寻甸县仁德镇和平村委会，一部分送至中槽子村委会。联系省属医院对扶贫挂钩村87名九岁以下的少年儿童进行了体检。投资4万元，帮助改良该村牲畜品种，共引进2条种公牛，6只种公羊，4头种公猪，预计两年后，可初见成效。

【人大代表、政协委员建议、提案办理】 2011年，市宗教局共收到市人大代表建议4件、市政协委员提案5件。内容涉及加强宗教教职人员后备队伍建设、为爱国宗教团体开展社会公益事业提供平台、加大对宗教界人士的教育培训力度、伊斯兰教文化交流中心建设、金牛清真寺建设、为县（市）区伊协解决办公地点、解决宗教教职人员社会保障、将宗教活动场所纳入城乡发展规划等方面。市宗教局对建议、提案进行了认真的整理分析，制定切实可行的办理方案，并积极组织落实。所有建议、提案均按要求办理完毕。建议、提案办理满意率100%。

（李佳燕）

经济管理

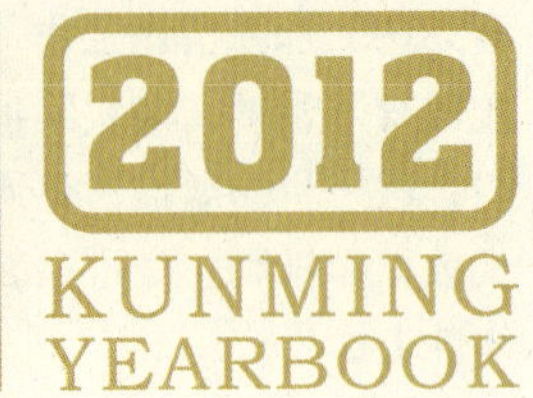

◆ 责任编辑 吴焰红

发展改革

【计划执行情况】 2011年，全市各级各部门抓住桥头堡建设机遇，积极应对复杂环境和各种困难，开拓创新、扎实工作，全市经济保持平稳较快发展态势，社会事业全面进步，“十二五”开局良好。全市实现地区生产总值2509.58亿元，比上年增长14%；地方财政一般预算收入317.69亿元，增长25.2%；全社会固定资产投资2701.11亿元，增长25%；社会消费品零售总额1271.73亿元，增长20%；单位生产总值能耗下降4.19%；城镇居民人均可支配收入21965.69元，增长16.4%；农民人均纯收入6985元，实际增长13.3%；居民消费价格总水平上涨 4.9%；城镇登记失业率控制在4%以内；人口自然增长率控制在6‰以内。

【规划计划编制】 全面完成“十二五”规划编制工作。《昆明市国民经济和社会发展第十二个五年规划纲要》经昆明市第十三届人民代表大会第一次会议审查批准后，由昆明市人民政府印发实施。完成市级41个专项规划的上报审批。《昆明市低碳经济发展总体规划（2011—2020）》编制完成，通过专家评审。起草完成《昆明市发展规划条例》、《轨道交通条例》，经过省、市两级人大审议、审查，已批准实施。

编制完成《昆明市2010年国民经济和社会发展计划执行情况与2011年国民经济和社会发展计划草案的报告（书面）》和《昆明市2011年上半年国民经济和社会发展计划执行情况的报告》。完成《关于加快东川经济转型和可持续发展的若干意见》、《关于全面加快呈贡区发展的意见》、《关于支持阳宗海风景名胜区加快发展的意见》、《昆明市桥头堡建设政策支撑体系建设研究》、《关于促进项目建设确保投资增长的工作建议》、《关于水源区发展和民生问题专题调研情况和工作建议》等政策性文件、课题研究及调研成果。组织开展全市经济运行分析工作。召开2月、4月、8月和一、三季度全市经济运行分析会议，完成经济运行综合分析报告10篇。

【固定资产投资】 积极与省对接，上报省桥头堡规划项目近200项，总投资1.56万亿元。成立全市促进项目建设确保投资增长领导小组，制订出台《关于做好固定资产投资工作的通知》、《关于进一步加强政府投资项目前期工作的通知》、《关于推进基础设施BT融资模式建设的工作方案》等文件，推动项目建设，促进投资增长。首次将重点前期项目纳入年度计划，安排前期费用1.75亿元，扎实推进地铁4号、5号线等前期项目。安排北部经济发展项目资金5000万元，支持北部5县区园区基础设施建设。对照国家、省的投资方向，主动加强汇报联系，全市争取资金116.7亿元，其中发改系统下达27.1亿元。加强服务管理，开展“审批服务下基层”活动。突出政府投资重点，对100多个项目进行稽查，努力提高资金使用效率。协调推进铁路建设项目，完成征地拆迁投资7.23亿元。推进中缅油气管道工程建设，配合中石油开展安宁—玉溪、安宁—曲靖、安宁—楚雄3条输油管道选线工作。2011年，全市固定资产投资完成2701.11亿元，比上年增长25%，其中，第一、二、三产业分别完成53.86亿元、617.14亿元、2030.11亿元，分别增长187.2%、31.6%、21.3%。

【重点项目建设】 完善重点项目推进机制，建立重点项目联系会议制度、领导干部联系制度，坚持重点项目月报制度，及时召开全市重点基础设施项目建设现场推进会、会办会，促进重点项目建设。100项重点基础设施项目完成投资337.1亿元，60项重点产业投资项目完成投资264.65亿元，40项重点前期工作项目进展顺利。市政工程、园区和农业基础设施建设超额完成年度投资计划，生态环保、道路交通和社会发展项目进展相对较慢。昆铁枢纽扩能改造步伐加快，昆明南新客站站场工程、安宁—嵩明城际铁路开工建设。地铁1、2、3号线全面开工，6号线一期即将试运行。寺瓦路、昌宏路、北京路延长线改扩建、环湖南路、九石阿公路延长线（宜良—九乡）建成通车，禄劝—大松树公路主线工程完工，轿子雪山旅游专线进展顺利。滇池北岸水环境综合治理工程铺设截污管网50.3千米，累计达到302.3千米。滇池环湖东岸、南岸干渠截污工程基本完工，西岸截污顺利推进。启动滇池底泥疏浚三期工程，小清河、马料河、东大河水环境综合整治项目按计划推进。寻甸木戛利水库拦河坝、引水隧洞全面开工，小（一）型水库建设、病险水库除险加固项目推进顺利。昆一中、市外国语学校改扩建等项目开工建设。市儿童医院南市区医院基本完工，市第一人民医院北市区医院、市中医医院呈贡新区医院、延安医院心血管病医院、市第三人民医院烈性传染病大楼、市第二人民医院改扩建等项目主体结构完工。市工人文化宫迁建项目正在进行装饰装修工程。18项园区基础设施项目有17项完成年度建设任务。螺蛳湾商贸城小商品加工区二期工业标准厂房主体工程完工，武钢集团昆钢异地技改、城轨装备基地等项目正抓紧建设，中国石油云南1000万吨/年炼油厂建设项目稳步推进。螺蛳湾国际商贸城三期、中国－东盟商贸港、东盟多式联运仓储物流园区等项目进展顺利，斗南花卉产业园区开工建设。

【调结构转方式】 围绕产业支撑和结构调整，紧扣加快经济发展方式转变这条主线，支持发展先进制造业、现代服务业、现代都市农业重大产业类项目。全市第一、二、三产业分别实现增加值133.83亿元、1161.18亿元、1214.57亿元，三次产业结构调整为5.3∶46.3∶48.4。发布实施“十二五”服务业发展规划，推动商贸、物流、旅游、文化、金融等服务业加快发展。加强统筹协调，上报争取重点产业振兴和技术改造专项等工业类扶持项目40个，申报成为国家电子商务示范城市。牵头起草促进滇池流域轻型产业发展意见、落实省促进生物医药产业发展实施方案。争取国家和省资金3679万元，扶持生猪奶牛标准化养殖、“千亿斤粮食计划”以及动物防疫体系建设。配合有关部门积极申报国家级农业产业化经营龙头企业8家、省级38家。完成《关于对东川区2010年矿山采空区塌陷区地质灾害隐患区移民搬迁（二期）实施方案的意见》，推进东川资源枯竭型城市转型发展。牵头做好高尔夫球场清理整治和主题公园摸底调查工作。促进节能减排和循环经济发展，保护生态环境。开展固定资产投资项目节能评估和审查工作，全年完成节能审查300余件。争取中央预算内资金5580万元，支持禄劝生活垃圾清运及处置工程等一批环境保护、资源节约、节能项目建设。申报成为国家餐厨废弃物资源化利用和无害化处理试点城市，积极推进地沟油制生物柴油示范工作。向省推荐低碳发展专项资金直接投资项目15个、投资补助项目28个。杨林工业园区等5家单位进入省第二批循环经济试点名单。支持一批风力发电、太阳能光伏发电新能源项目。

【桥头堡建设】 认真贯彻落实国家和省关于桥头堡建设的政策措施，着力构建全省桥头堡建设新高地，加快区域性国际城市建设步伐。5月30日，市委、市政府召开全市桥头堡建设动员大会，积极动员和部署全市桥头堡建设工作。之后，成立由市委、市政府主要领导挂帅的推进桥头堡建设工作领导小组，负责组织领导全市推进桥头堡建设相关工作。领导小组在市发改委设办公室，由市工信委、市投促局、市财政局等7家相关部门抽调人员组成专门办事机构。6月16日，印发《中共昆明市委办公厅　昆明市人民政府办公厅贯彻落实上级关于加快建设面向西南开放重要桥头堡文件的通知》，10月12日，出台《关于贯彻落实<国务院关于支持云南省加快建设面向西南开放重要桥头堡的意见>的实施意见》。组织筛选桥头堡建设重大项目，多次与省衔接、协调，配合省进行云南省桥头堡项目规划编制工作。细化《贯彻落实国务院关于支持云南省加快建设面向西南开放重要桥头堡意见任务分解方案》，梳理出桥头堡建设涉及昆明市的27类96条具体工作任务，明确市政府分管领导及各项具体工作任务的牵头责任单位和其他相关责任单位。综合交通、区域物流等桥头堡基础设施建设加快推进。8条国家高速公路建成413.233千米、在建175.17千米，长水国际机场即将投入使用，完成昆明国际通信出口区域建设，开工建设6个商贸物流中心。桥头堡经济走廊建设加快实施。先后与玉溪市、楚雄州、曲靖市签订《滇中城市群一体化发展合作协议》，共同建设滇中城市经济圈。分别与普洱、西双版纳、德宏、保山、怒江、临沧、文山、红河8州市签订《共同推进国际大通道建设合作框架协议》，共同建设国际大通道，形成整体开放优势。与昭通、大理、丽江、迪庆签订经济走廊建设合作框架协议，共同推进对内经济走廊建设。

【经济体制改革】 拟定《昆明市2011年经济体制改革创新要点》，由市政府办公厅转发实施。积极推进投融资体制改革，打造具有实体产业盈利模式和现金流支撑的投融资主体，市属投融资平台项目融资到位资金464.92亿元。出台《关于将部分特许经营权注入昆明发展投资集团有限公司和昆明轨道交通有限公司的实施方案》，将25项特许经营权注入昆明发展投资集团有限公司，将14项特许经营权注入昆明轨道交通有限公司。2011年完成特许经营权融资35.8亿元。健全产权交易制度，组建昆明市公共资源交易中心，成立环境、橡胶、有色金属、黑色金属、农村产权等专业交易所。国企改革进一步深化，国资监管体制框架日益完善。全面推行部门预算编制，县乡财政管理体制改革达到预期效果。积极推进企业上市融资，4户企业正接受省证监局辅导，68户企业进入上市后备企业库。

【行政体制改革】 开展市、县两级政府工作部门“三定”规定执行情况评估工作，深入研究政府工作部门在运行“三定”过程中存在的问题，进一步巩固和完善政府机构改革成果。积极推进乡镇机构改革。市委、市政府批准印发经市编委审议通过的《10县（区）的深化乡镇机构改革方案》。事业单位改革稳步推进，全面推行事业单位聘用合同制，合同签订率达100%，全部完成事业单位岗位设置管理。部分市级行政审批权下放阳宗海风景名胜区、倘甸产业园区和轿子山旅游开发区管委会，13个省级工业园区实行实体化管理。行政审批制度改革成效显著，继续保持全国同类城市中审批项目最少和审批时限最短城市。

【医药卫生体制改革】 加快推进5项重点改革，医药卫生改革取得明显成效。医疗卫生保障水平不断提高，国家基本药物制度初步建立，基层医疗卫生服务体系不断健全，基本公共卫生服务逐步均等化不断推进，公立医院改革试点进展顺利。全市城镇基本医疗保险参保人数达到324.95万人，其中，城镇职工医疗保险 165.16万人、城镇居民医疗保险159.79万人，参保覆盖率达到90%以上。新农合参保人数达到257万人，参合率达到96.5%。关闭破产企业退休人员及困难企业职工全面落实医保待遇，所有在校大学生纳入城镇居民医保范围。城乡居民医保筹资标准逐步提高。成年城镇居民基本医疗保险筹资标准提高到每人每年344元，18岁以下未成年人筹资标准提高到每人每年212元。新农合的筹资标准提高到每人每年230元。全市城镇职工医保住院费用政策范围内平均报销比例达到80.13%，居民医保、新农合政策范围内住院费用平均报销比例已分别达到70.37%和62.4%。全市政府办基层医疗卫生机构全部配备和使用基本药物，实行零差率销售，药价降幅约11%，门（急）诊次均药费同比下降13%。8个卫生重大项目建设稳步推进，4所县级医院、4所乡镇卫生院和17个社区卫生服务中心建设项目进展顺利。启动实施13个县（市）区卫生监督体系建设项目和呈贡、嵩明、禄劝、寻甸4个县级急救中心建设项目。完成市第一人民医院、市口腔医院、市儿童医院3家公立医院的改制工作。多点执业医师达1396人。民营医院达到134家，床位8894张，从业人员10514人，资产32.4亿元。

（梅俊辉 阮建军）

统　计

【第六次全国人口普查】 2011年，全市各级普查机构对全市225万多户家庭、726万多人口进行登记，实现区不漏房、房不漏户、户不漏人、人不漏项的目标。采取集中处理的组织模式开展数据光电录入，完成300万份普查表的数据录入、查询核实、逻辑审核和转换存储等工作，形成人口普查基本数据库。5月25日，正式向社会发布《昆明市第六次全国人口普查数据公报》。组织核实户主姓名和相应住房情况，完成592个普查区、18974个普查小区的建筑物标绘，为人口经济社会地理信息系统的建设做好基础工作。10月31日，组织召开昆明市第六次全国人口普查总结表彰大会，进行普查工作总结和技术总结，对人口普查中涌现出来的先进集体和个人代表进行表彰，共表彰21个省级先进集体、179名省级先进个人、30名省级优秀组织者，60个市级先进集体、696个市级先进个人、45名市级优秀组织者。

通过组织实施昆明市第六次全国人口普查工作，全面查清自2000年第五次全国人口普查10年来全市人口在数量、结构、分布和居住环境等方面的变化情况，取得丰富、翔实的人口统计数据。

【“四大工程”建设】 2011年，国家统计局实施建设一个真实完整、及时更新的统一的单位名录库，建立统一规范、方便企业填报的企业统计报表制度，建设功能完善、统一兼容的统一数据采集处理软件系统，建立统一高效的统计联网直报系统的“四大工程”建设，“四大工程”是统计理念的重大革新，是统计流程的再造和升级，是统计数据生产方式的深刻变革，对于推进统计数据的采集、传输、汇总、加工等环节的科学化和规范化，提高统计数据的质量具有十分重要和现实的意义。

昆明市统计局在联网直报取得良好成效的基础上，以推进统计工作规范统一为目标，实施以“企业一套表”为主的“四大工程”建设。按照统一单位标准、统一单位管理、统一工作流程、统一软件平台的原则，认真做好基本单位名录库更新维护和管理工作，制定《昆明市基本单位名录库建设维护管理办法》，下发《昆明市基本单位名录库维护更新工作考核评比办法》，不断加强业务技术培训，密切加强与相关部门的联系沟通，通过开展昆明市“三上”企业基本情况和主要数据核查工作，完成全市3674个规模以上、资质以上、限额以上“三上”企业法人核查工作。严格按照国家、省统计局对“企业一套表”改革工作的安排部署，组织开展“企业一套表”试点工作。积极做好“企业一套表”正式实施前的各项准备工作，完成培训、互联网环境创建、企业名录库比对和CA认证下载，不断加大工作推进和责任落实力度，确保各项任务保质保量完成，为昆明市全面开展“企业一套表”改革奠定基础。

【统计基础工作】 2011年，昆明市统计局分两批对14个县（市）区统计局、开发（度假）区统计局、阳宗海风景区、倘甸产业园区管委会选调到位的330余名统计人员开展岗位培训，提升乡（镇）街道统计人员的业务素质和工作能力，提前实现省统计局提出的“三年内将全省乡（镇）统计人员轮训一遍”的要求，为扎实推进乡（镇）统计基层基础建设奠定坚实的基础，也标志着昆明统计基层基础工作跃上一个新的台阶。持续导入ISO9001国际质量管理体系工作，不断加强统计规范化管理；重视农村基层基础源头数据质量，抓好农村住户大样本轮换工作，完成1290户农住户样本点轮换，并对140个农村住户点，200人的辅助调查员进行业务培训，为提高农村统计源头数据的真实准确奠定良好的基础。劳动工资统计专业在14个县（市）区全面实施联网直报，进一步提高劳动工资统计数据质量；建立重大项目巡查制度，对全市重大及亿元以上建设项目进行检查核实，开展县区建设领域季度数据联审，有力促进固定资产投资统计数据质量的提高。在全市范围内开展建设项目跟踪统计基层基础规范化工作，建立健全建设项目跟踪统计各项措施保障制度，为“双基”规范化工作的顺利开展提供有力保障。加强部门统计工作，建立《部门统计目录》，建立部门统计管理制度和报送制度，进一步明确政府综合统计与部门统计职能的划分，实现信息互通、资源共享。

【统计制度创新】 加强节能减排统计监测体系的建设，及时掌握和了解全市能源消耗基本情况，摸清全市能源消费品种、总量及结构分布状况，编制2010年度能源平衡表，为市委、市政府制定能源政策提供能源消耗基础资料；全面推进GDP统一核算的改革，建立昆明市国民经济核算工作部门联席会议制度；率先在全省开展低碳经济指标体系的建立和测算方法的研究；开展可再生能源统计研究，改进和完善能源核算制度，为昆明市能源消费结构的优化及发展可再生能源提供科学依据；建立反映转变经济发展方式评价指标体系，完成《昆明市转变经济发展方式评价指标体系研究报告》，为市委、市政府领导科学决策提供基础支撑；开展《昆明市R&D能力综合比较分析》课题，分析全国重点省会城市间的R&D差异化程度及趋势，准确定位差异化中的昆明R&D综合能力；完成宏观经济数据库共享子系统项目建设；建立《昆明市高新技术企业科技指标体系》，进一步掌握和了解昆明市高新技术企业创新活动情况，更好地为市委、市政府提供高新技术企业创新活动的发展状况、总量规模和发展水平等方面的统计资料。

【统计预警监测】 围绕市委、市政府的中心工作，昆明市统计局加强宏观经济运行监测，落实月度、季度、半年经济运行分析会议制度，密切关注国民经济运行走势和民生动态，重点加强对科学发展观、构建和谐社会、宏观经济形势、转变经济发展方式、节能减排、固定资产投资、扩大内需、消费、价格、民生状况等领域运行情况和政策落实情况的跟踪监测，深入开展统计调查分析，搞好经济运行的趋势预测，全年共撰写170余期统计资料和分析研究，为市委、市政府正确判断宏观经济形势、科学决策提供准确的数据支撑，提出有价值的建议。完善房地产预警预报制度，及时提供全市房地产预警情况和房地产情况分析；每月做好750户规模以上工业生产和经济效益统计监测，对工业企业的经济效益、运行特点、发展趋势进行深入的分析研究，为市委、市政府及相关部门掌握全市规模以上工业企业状况，进行宏观管理提供参考依据。

【横向交流】 加强与全国重点城市、省会城市的交流联系，收集整理编辑《全国27个省会城市对比资料》、《2010年昆明市与全国直辖市、副省级城市、省会城市主要经济指标对比资料》、《全省各州市统计资料汇编》等资料，及时反映全国、全省经济形势的变化以及昆明市的排位情况，不断提高统计服务的针对性。

【依法行政】 制定《昆明市统计管理办法》、《统计行政执法工作手册》等统计法规制度，在全市统计系统开展新《统计法》和《统计违法违纪行为处分规定》的学习教育，提高统计部门执法水平，加强统计人员职业道德意识。按照统计“六五”普法规划的要求，因地制宜地开展形式多样的普法宣传活动，营造良好的社会氛围。加强统计执法检查，依法制止各类统计违法行为，进一步增强统计调查对象的统计法制观念，维护统计信誉，提高统计数据质量，提高政府统计公信力。加强统计新闻宣传，建立和完善新闻（网络）发言人制度，进一步健全政府信息公开制度，规范统计数据发布行为，丰富统计信息发布内容，增强统计行政行为的透明度。举办以“统计和您在一起”和“走向规范统一的中国统计”为主题的昆明市第二届“中国统计开放日”活动，让广大市民走近统计、了解统计，畅通公众了解统计政务信息的渠道，扩大公众对统计工作的监督范围。

【信息化建设】 2011年，昆明市统计局进一步加强统计信息化建设。按照《国家宏观经济数据库项目建设指导意见》，推进统计综合数据库的建设，宏观经济数据库（一期）共享子系统项目通过终期验收，可以方便地查询到2007～2009年的统计数据，数据库结构、功能基本满足统计数据管理与应用的实际需要。同时，不断健全网络运行管理机制，加强网络安全和中心机房的管理，确保各项统计工作有序、高效开展。

（洪晓蜜）

国有资产监督管理

【国有资产经济指标】 2011年，昆明市属企业各项经济指标继续呈趋稳向好势头，经济运行整体保持平稳快速增长态势，全年累计完成营业收入108.37亿元，同比增长12.06%；实现利润总额6.31亿元，同比增长13.39%；国有资产保值增值率101.59%，较目标值增长0.59个百分点。市属投融资公司累计完成项目融资到位资金404.18亿元，完成项目投资305.32亿元。

【完善国资监管体制】 2011年，昆明市国资委按照“分级负责，分类监管”的要求，逐步将昆明市全部国有资产纳入国资监管体系，盘活存量国有资源和资产，维护国有资产权益，实现国有资产保值增值。进一步贯彻落实《推进昆明市产权交易全覆盖的实施意见》，以“大产权、大市场”为指导思想，形成以昆明泛亚联合产权交易所为龙头，以各个专业交易平台为支撑的产权交易市场新格局。昆明泛亚联合产权交易所设置国有产权、环境能源、橡胶、珠宝、农村产权、房屋产权等多个品种的专业分支交易所，推进产权交易向县区扩展，设立县区交易分所。配合推进有色金属商品交易所、黑色金属交易所挂牌成立。深入开展非经营性资产清理工作，出台《昆明市市属改制企业非经营性国有资产管理暂行办法》，规范对非经营性资产的管理，通过实地核实、调查研究，分析掌握非经营性资产的结构和现状，建立完善非经营性资产基础数据库。

【投融资体制改革】 2011年，昆明市国资委按照《关于进一步深化投融资体制改革的实施方案》，抓好投融资公司业务板块打造和资源资产的整合、盘活，打造具有实体产业盈利模式和现金流支撑的投融资主体。支持各公司拓宽融资渠道，昆明市交通投资有限责任公司申报发行5年期中期票据50亿元及短期融资券15亿元；昆明市国有资产管理营运有限公司申报发行总额不超过35亿元的企业债券；昆明交通产业股份有限公司申报发行总额不超过45亿元的企业债券；昆明产业开发投资有限责任公司申报发行总额不超过25亿元的企业债券；昆明市城建投资开发有限责任公司申报发行总额不超过50亿元，首期25亿元～30亿元的企业债券；昆明市土地开发投资经营有限责任公司与汇力基金合作向外募集资金30亿元用于保障房及配套工程建设，申报发行总额不超过17亿元的企业债券；昆明新都投资有限公司申报发行总额不超过15亿元的企业债券；昆明滇池投资有限责任公司通过融资租赁方式融取资金7亿元，用于滇池治理及城市污水处理。推动各投融资公司战略转型，昆明市交通投资有限责任公司受让天和集团持有的无锡万方100%股权，间接持有ST沪科2737.63万股限售股股份，出资收购ST沪科原股改资产银洞山铁矿探矿权，为公司上市融资作了铺垫；昆明市交通投资有限责任公司认购诚泰财产保险股份有限公司股份，对昆明良田粮食转运有限公司进行增资扩股，参股组建昆明金马粮食物流有限公司，构建有稳定现金流、盈利能力的优质资产；昆明滇池投资有限责任公司以现有污水处理相关资产与昆明发展投资集团有限公司、昆明新都置业有限公司、昆明产业开发投资有限责任公司和昆明市国有资产管理营运有限公司共同出资成立昆明滇池水务股份有限公司，打造以污水处理为主的水务板块并准备推进上市，建立滇池治理长效投融资机制；昆明市农业发展投资有限公司与昆明发展投资集团有限公司共同组建昆明农业水利产业开发有限公司，打造农业水利产业实体。

【推进“央企入昆”重大战略】 继续加大“央企入昆”工作力度，推进2010年引进项目的动工建设。制定2011年引进央企入昆投资目标责任书。探索从政策层面支持“央企入昆”，配合市招监办拟定《昆明市对相关企业参与市国有投资项目招投标激励暂行规定（试行）》。全市2010年引进的32个央企项目中，除4个非用地项目外，中国种子集团石林生产基地等项目运行良好；安宁中石油炼油项目、天威云变电力变压器、特高压交直流变压器和牵引变压器制造基地等20个项目开展办理项目公司注册、土地手续等开工前期准备工作；晋宁南车城市轨道装备基地建设项目、富民中石油昆仑燃气天然气综合利用项目、中航油昆明新机场供油工程项目等8个项目已开工。

【招商引资】 2011年，市国资委上海招商分局加挂机械装备产业招商分局牌子，重点推进机械装备产业类项目。全年共引进内资项目12个，共计6.62亿元，完成目标任务的132.4%；外资项目4个，共计1300.61万美元，完成目标任务的325.15%。

【基础管理】 2011年，昆明市国资委全方位加强国有资产基础管理。完成企业国有资产产权登记5户，国有资产评估报告审核23件，国有资产产权界定处置46件。办理非行政许可审批事项28笔，办结率100%。完成265户昆明市属改制企业非经营性资产清查工作，非经营性资产账面价值14.26亿元。完成16户改制企业国有资产拆迁工作，解决3000多户职工住房安置问题。制定《昆明市国资委监管企业监事会工作规则》，向16户企业派驻监事会和专职监事；监事会围绕国资委年度中心工作和监督重点，完成企业半年度财务分析报告17份，专项调研报告（检查报告）20份；对21户企业2010年度财务状况、经营业绩、国有资产保值增值、企业内部管理等情况开展集中检查，完成监督检查报告21份，揭示问题48个。完成23

户监管企业2010年度经营业绩考核工作和20户监管企业2011年度经营业绩考核指标的协商和产权代表经营业绩责任书的签订工作。按照《2010年度产权代表经营业绩责任书》，测算和兑现23户监管企业高级管理人员的薪酬，对20户监管企业的工资总额进行结算，指导监管企业建立和完善以绩效考核为核心的内部绩效考核体系和薪酬分配制度，实行绩效工资制。强化财务监督，进一步提高监管企业财务动态监测、经济运行分析力度。做好监管企业财务状况跟踪分析工作，提升财务监督工作能力和水平。制定下发《昆明市属国有企业发展战略和规划管理暂行办法》，各监管企业结合实际制定完善“十二五”发展规划和2011年度落实措施。认真落实环境保护“一岗双责”责任制，制定《昆明市国资委环境保护目标责任制考核办法》，与监管企业签订责任书，将环境保护工作与企业负责人的薪酬相挂钩。开展“自主创新、和谐发展”实践活动，实施一批技术含量高的科技项目和管理创新项目。层层落实安全生产责任制，开展安全生产宣传教育活动，组织安全生产大检查，监管企业共排查事故隐患1280起，整改1267起，整改率达99%。在“安康杯”竞赛活动中，监管企业取得较好成绩。按照信访维稳工作“一岗双责”的要求，认真开展领导接待日活动，共接待各类来信来访125件次，其中，“12345市长热线”交办22件、督办10件，做到件件有落实，事事有回复，办结率100%。深入企业沟通协调处理职工信访维稳问题160余次，涉及职工3000余人。完成重点工作通报29项，重要事项公示20项，96128接20起，转接成功率、满意率100%。收集整理信息317条，编辑《信息汇编》12期。在昆明市国资委网站上发布信息73条，在政府信息公开网站上发布信息25条。

【企业领导班子建设】 进一步完善和优化市属国有企业的法人治理结构，完成15户企业董事会、监事会的组建和完善工作，调整充实23户企业的董事会、监事会和经理层，任免和调整企业高级管理人员和董事会、监事会成员共48人次。开展培训工作，全方位多角度提高企业干部职工素质。组织13名企业高级管理人员赴德国参加“企业发展战略管理”培训，组织300余名经营管理人员参加市国资委、市工信委、市经干校联合举办的财务和税法培训班。大力开展人才工作，撰写《昆明市关于进一步发挥企业引才主体作用的实施意见》，帮助企业实施人才工程，促进企业快速发展。办理因公出国人员政审6批47人次的政审手续。完成2户企业领导人员的经济责任审计工作。

【企业党建与党风廉政建设】 深入开展“创先争优”活动，认真落实党建目标责任制。完成2010年度企业党建目标责任书的检查、奖励、兑现工作，与直管的43户企业签订2011年度党建目标责任书。完成昆明市土地开发投资经营有限责任公司等4户企业党组织的组建和换届工作，完成昆明泛亚联合产权交易所有限公司等4个基层党建示范点的建设工作。组织开展全系统纪念建党90周年系列活动，对昆明云内动力股份有限公司党委等23个先进基层党组织和53名优秀共产党员、31名优秀党务工作者进行表彰。完成党的十八大代表、省九次党代会代表的推荐提名工作和国资系统出席市十次党代会代表选举工作。

认真落实党风廉政建设责任制，与44户企业签订党风廉政建设责任书。严格执行“三重一大”集体决策制度，加大对企业领导人员的教育监督管理力度，适时向219名监管企业领导人员发送廉政短信。整合企业纪检监察和监事会的力量，建立廉洁自律长效机制。指导企业继续深入开展效能监察，对19个项目实施效能监察。加强工程建设领域突出问题专项治理工作，对153个投资项目进行排查，对轨道交通建设和公租房建设等102个重点项目招投标活动进行监督。对20户市属国有及国有控股企业开展“小金库”专项治理工作，对10户企业进行督导抽查，对5户企业进行专题调研，着力构建“小金库”治理的长效机制。加强案件查办，认真受理群众的信访举报，共接到信访举报件25件，初查核实17件，存查8件。给予1户企业通报批评处理，纠正规范津补贴6.5万元。

（尚　明）

工商行政管理

【企业登记注册管理】 2011年，围绕昆明经济社会发展，全力支持“桥头堡”建设，在放宽企业名称、注册资本、出资方式、经营范围、经营场所、集团登记等方面，做到先行先试，在贯彻落实上有了新突破。全年新登记个体工商户48027户、私营企业16331户，分别完成指标任务数的145%和297%，内资企业11100户，全市市场总量已达418391户。注册资本38114130.01万元，私营企业实有从业人员979488人，新增外资企业146户，2011年实有外资企业1388户，其中，法人企业853户，分支机构535户。农村专业合作社514户，完成年度指标的181.62%，截至2011年底，全市共有农民专业合作社1371户。2011年，开展网上登记试点，网上年检率明显提高。全年共完成内资企业年检65255户，网上年检率为100%；全年共出动执法人员12588人次，车辆1258台（次），检查无照经营23526户，取缔无照经营1246户，引导办理证照2202户，立案查处无照经营案件2404件，罚金481.2万元。配合相关部门抓好安全生产工作。参与污染源普查整治、非煤矿山、家政服务、校园周边等整治活动，共出动执法人员653人次，检查经营

738户，立案查处污染源企业和无照经营案件15件，罚金4.8万元。创新服务方式，开展为企为民办10件实事百日活动，在提供登记业务服务工作中，提倡“不设路障设路标、中午有值班服务、延时服务讲耐心”的工作态度，中午值班为顾客提供服务达785人次、预约为企业提供服务达652人次、延时为企业提供服务达1165人次、上门为企业提供服务达383人次、走访了解企业达689户。

【商标专用权管理】 2011年，市工商局共发放“四个一”材料1万余份，走访企业1372家，收集市场商标信息3988条，建立企业服务户414户，举办商标知识培训28期2599人次，建立商标维权站20个，全市共有11个县（区）政府出台商标战略实施“意见”，工商所（分局）继续开展“一所一标”活动，商标注册突破3万件，占全省的54.4%，比上年增7451件。在完成指标任务中，以驰名、著名、知名商标为主，全年共向工商总局审报驰名商标申请11件，占指标数的183%，5件获得驰名商标认定；向省工商局报送云南省著名商标82件，初审通过82件，占指标数的180%，2011年共有著名商标322件。新申请昆明驰名商标67件，通过评审委初审，新审报地理标志证明商标2件。注重宣传工作，重拳打击侵犯知识产权行为，在大型市场、商场等各类市场中悬挂宣传标语1600余条（块），制作宣传展板32块，发放宣传材料6万余份，召开驰名商标座谈会10次，走访企业1200家，对8大类商品实施执法大检查，对手机、汽车配件、图书音像等实施执法检查，检查中暂扣涉嫌假冒伪劣汽车轴承30余吨、砂轮片380件，案值150多万元；没收侵权车膜80多卷、壳牌润滑油32桶，案值80多万元；查获侵权注册商标专用权激光打印机51台、格兰仕微波炉47台，价值20余万元。对星级酒店的执法检查中，以检查酒类、饮料、洗浴用品等为主，对336件服装和对250件（套）商品因涉嫌侵权分别作查封和没收处理，还查获假冒昆明电缆集团股份有限公司“昆电工”驰名商标电缆2900卷，案值近100万元。

【公平交易执法】 2011年，坚持“依法行政、规范程序、创新执法、风险防范”的原则，开展公平交易执法。全年共立案查处违法案件7914件，罚没款9189.41万元。2011年执法中抓住社会反映强烈的热点难点开展执法，即：扎实开展打假护农行动，保护农户切身利益。在查办一起假种子案件中，没收劣质“滇优35”稻谷种6691千克、罚款达4.9万元，根除一起坑害农户的重大隐蔽案。认真查办涉嫌仿冒案件。全年市工商局公平交易科共组织3次重点查办商标侵权案的专项行动，共查获涉嫌仿冒知名商品“娃哈哈”牌4036件和735瓶、“康师傅”方便面899桶，切实维护企业的权益。查办大案要案不手软。事前与司法部门进行密切沟通，形成合力办案的强势格局。查办昆明某公司代垫资金为421家无真实资金公司违法代办注册登记手续一案，共涉案金额高达30多亿元，为昆明市历年大案要案之首，此案已按期终结。

【保护消费者权益】 2011年，市工商局本着“食品安全无小事”的指导原则，始终把食品安全工作当做首要任务来抓，重点放在流通领域。年内，组织开展流通领域食品非法添加和滥用食品添加剂专项行动，对专项行动具体布置，安排10万元专项行动经费，成立以局长为组长、分管副局长为副组长的专项行动领导小组。制定下发《昆明市工商局专项行动工作方案》，要求各县（区）参照市局的方案成立相应的专项行动领导小组。在专项行动中，重点检查“台湾问题食品”和“悦氏运动饮料”。参加专项行动的执法人员1549人次；发放宣传材料10294份，发布公告654份；举办培训班4期，培训从业人员525人次，受理咨询462人次；检查各类市场441人次，检查食品经营户8391户，检查食品添加剂经营户676户，责令整改5户，查扣非法食用添加剂61.1千克，查处制假售假伪劣食品案4件，罚金3800元。5月20日至6月1日，省、市工商局和官渡区工商局联合对小街、鑫赢、骏骐等干菜批发市场进行抽样检验，对有问题的经营户分别查处。元旦、春节、“五一”、“六一”、端午节和“两会”期间，对商场、超市、学校周边等重点场所，加强监督检查。全市工商系统共开展食品安全专项检查16次，出动执法人员420521人次，检查食品经营户116114户次，检查各类市场5781个（次），检查食用油、乳制品、酒类共23980户次。取缔无照经营、捣毁制假售假窝点、查处不符食品安全标准等共1177户（件）次。查处案值56.39万元，罚金达139.19万元。

【广告监督管理】 2011年，市工商局把社会反映强烈的低俗和违法广告列为打击的重点；将医疗、药品、保健食品、化妆品、农资和房地产等广告纳入日常监管的重点内容。加强对各类媒体所发布广告的监测；加强对各类户外广告、印刷品广告的监测，全年共监测各类广告394451条（次）；加强对违法广告的查处力度，全年共查处违法广告案件156件，责令整改4748条（次）；加强对违法医疗广告的整治，全年掀起3次较大规模的整治行动，共查处违法医疗广告案件51件并对3000余条次的违法医疗广告提出责令改正的要求；截至4月30日，按时完成对23户广告经营单位的年检工作，检查率达100%；广告监督管理工作中履行好服务职责，采取上门走访、开座谈会等有效形式，鼓励企业“走出去、请进来”，开阔眼界，增加信息来源渠道、提升竞争力；开展走访调研，参与昆明市户外广告设施规划论证工

昆明市2011年内资企业登记管理情况统计表1（单位:户、 万元）

行业代码	行业分类	机器编号	期末实有								
			合 计			国有企业			集体企业		
			户数	其中:企业法人	注册资本(金)	户数	其中:企业法人	注册资本	户数	其中:企业法人	注册资金
甲	乙	丙	1	2	3	4	5	6	7	8	9
合计	1	11167	5457	13458358.00	1841	598	531467.00	3510	2017	384930.00	
A	农、林、牧、渔业	2	126	101	50202.00	33	26	7426.00	35	25	2070.00
B	采矿业	3	167	99	81929.00	8	6	13265.00	110	65	5257.00
C	制造业	4	1233	1061	1758302.00	131	107	131967.00	638	568	63944.00
D	电力、燃气及水的生产和供应业	5	175	107	774035.00	20	13	36624.00	28	22	3466.00
E	建筑业	6	794	355	1036504.00	96	24	23107.00	183	134	106604.00
F	交通运输、仓储和邮政业	7	553	146	319903.00	317	11	3868.00	57	41	6010.00
G	信息传输、计算机服务和软件业	8	330	100	119169.00	15	2	83.00	13	7	343.00
H	批发和零售业	9	3480	1432	695255.00	722	189	88143.00	1232	608	48189.00
I	住宿和餐饮业	10	388	174	149058.00	117	51	56396.00	127	63	15764.00
J	金融业	11	1330	92	1750444.00	67	8	19909.00	320	15	101462.00
K	房地产业	12	375	341	1146282.00	14	13	13171.00	18	16	3607.00
L	租赁和商务服务业	13	766	635	3310626.00	64	41	25901.00	196	166	8451.00
744	广告业	14	41	38	6859.00	2	1		7	7	489.00
M	科学研究、技术服务和地质勘查业	15	371	261	318518.00	72	36	19499.00	68	54	3831.00
N	水利、环境和公共设施管理业	16	101	84	174277.00	18	13	12645.00	17	16	2575.00
O	居民服务和其他服务业	17	592	264	407970.00	98	27	31596.00	301	134	8313.00
P	教育	18	28	21	16455.00	8	6	309.00	12	11	526.00
Q	卫生、社会保障和社会福利业	19	46	17	40222.00	0	0	0.00	9	5	76.00
R	文化、体育和娱乐业	20	196	96	72684.00	26	14	1965.00	100	34	1718.00
	其他	21	116	71	1236523.00	15	11	45593.00	46	33	2724.00
补充资料:	实有企业集团15户；国有企业改制为公司18户；国有企业改制为其他企业30户；集体企业改制为公司6户。										

昆明市2011年内资企业登记管理情况统计表2（单位:户、 万元）

行业代码	行业分类	机器编号	期末实有									
			股份合作企业			公司				其他企业		
			户数	其中:企业法人	注册资金	户数	其中:企业法人	注册资本	实收资本	户数	其中:企业法人	注册资金
甲	乙	丙	10	11	12	13	14	15	16	17	18	19
合 计		1	190	78	75824.00	5437	2742	12461687.00	11595827.00	189	22	4450.00
A	农、林、牧、渔业	2	0	0	0	58	50	40706.00	40584.00	0	0	0.00
B	采矿业	3	1	1	84.00	43	26	63273.00	63273.00	5	1	50.00
C	制造业	4	43	39	15121.00	388	337	1544265.00	1527053.00	33	10	3005.00
D	电力、燃气及水的生产和供应业	5	0	0	0	122	72	733945.00	682449.00	5	0	0.00
E	建筑业	6	9	6	8937.00	476	191	897856.00	689626.00	30	0	0.00
F	交通运输、仓储和邮政业	7	1	1	400.00	174	93	309625.00	240345.00	4	0	0.00
G	信息传输、计算机服务和软件业	8	0	0	0	291	91	118743.00	117708.00	11	0	0.00
H	批发和零售业	9	48	20	2322.00	1439	606	555266.00	540757.00	39	9	1335.00
I	住宿和餐饮业	10	1	0	0	140	60	76898.00	76898.00	3	0	0.00
J	金融业	11	68	2	31103.00	851	67	1597970.00	1577590.00	24	0	0.00
K	房地产业	12	3	3	2644.00	338	309	1126860.00	1004210.00	2	0	0.00
L	租赁和商务服务业	13	3	2	14410.00	494	425	3261814.00	2958039.00	9	1	50.00
744	广告业	14	1	1	128.00	31	29	6242.00	6242.00	0	0	0.00
M	科学研究、技术服务和地质勘查业	15	3	1	590.00	212	170	294598.00	274068.00	16	0	0.00
N	水利、环境和公共设施管理业	16	0	0	0.00	64	55	159057.00	143992.00	2	0	0.00
O	居民服务和其他服务业	17	7	2	10.00	183	100	368041.00	365191.00	3	1	10.00
P	教育	18	0	0	0.00	8	4	15620.00	10620.00	0	0	0.00
Q	卫生、社会保障和社会福利业	19	0	0	0.00	37	12	40146.00	34469.00	0	0	0.00
R	文化、体育和娱乐业	20	0	0	0.00	70	48	69001.00	68952.00	0	0	0.00
	其他	21	3	1	203.00	49	26	1188003.00	1180003.00	3	0	0.00

补充资料： 实有企业集团15户；国有企业改制为公司18户；国有企业改制为其他企业30户；集体企业改制为公司6户。

昆明市2011年私营企业情况统计表（单位：户、人、万元）

行业代码	行业分类	机器编号	期末实有									其中：本期开业			
			合计					其中：城镇							
			户数	其中：分支机构	投资者人数	雇工人数	注册资本（出资金额）	户数	投资者人数	雇工人数	注册资本（出资金额）	户数	投资者人数	雇工人数	注册资本（出资金额）
甲	乙	丙	1	2	3	4	5	6	7	8	9	10	11	12	13
合计		1	95310	13058	199220	810438	25779005.42	92385	195131	772995	25200831.77	16331	33763	57800	7971187.74
A	农、林、牧、渔业	2	1719	88	3488	16812	453351.36	1278	2826	13212	394326.86	263	523	1527	55688.00
B	采矿业	3	569	50	914	12918	156576.95	295	597	8142	114154.00	33	48	219	10912.00
C	制造业	4	5684	480	12482	127270	1425302.24	4911	11342	110213	1291609.53	313	532	2499	122378.00
D	电力、燃气及水的生产和供应业	5	165	45	558	1935	123091.73	146	518	1804	120571.73	23	9	5	12100.00
E	建筑业	6	8028	1423	16542	101463	2361816.97	7955	16437	99394	2318526.97	1836	3578	6349	379308.20
F	交通运输、仓储和邮政业	7	1966	415	3804	17309	343090.90	1898	3690	16636	325883.70	339	612	873	46207.00
G	信息传输、计算机服务和软件业	8	7610	448	16239	43596	903384.37	7538	16162	43355	901025.37	1263	2872	4820	146424.00
H	批发和零售业	9	39723	5475	81460	271144	6011028.55	38819	80385	265728	5952533.79	6636	13314	19143	1278458.74
I	住宿和餐饮业	10	1253	338	2194	21523	150812.15	1211	2146	20793	132119.15	199	381	1421	24726.00
J	金融业	11	696	97	2275	5303	2700307.73	693	2272	5292	2679777.73	151	598	761	667329.00
K	房地产业	12	5715	2471	9564	35571	2681602.70	5684	9518	34546	2636288.70	851	1525	3057	576007.00
L	租赁和商务服务业	13	12766	808	28752	79141	6650104.19	12694	28589	78927	6544346.05	3082	6884	11726	4357476.50
744	广告业	14	1897	136	7927	17430	623450.20	1489	3442	8310	116853.00	119	282	516	10482.00
M	科学研究、技术服务和地质勘查业	15	4005	257	9956	25823	1025679.82	3972	9873	25479	1015160.82	747	1704	2720	193302.00
N	水利、环境和公共设施管理业	16	355	35	787	2869	92535.02	341	765	2659	89408.02	48	92	218	13294.00
O	居民服务和其他服务业	17	3171	380	6287	30714	306257.07	3103	6203	30086	300413.77	402	769	1767	41670.30
P	教育	18	45	9	137	551	30997.05	41	67	465	30567.05	3	7	5	20000.00
Q	卫生、社会保障和社会福利业	19	122	17	195	3543	42957.35	118	190	3526	42887.35	15	23	186	5580.00
R	文化、体育和娱乐业	20	1169	59	2491	8550	199926.33	1144	2461	8369	197148.24	114	259	417	19114.00
	其他	21	549	163	1095	4403	120182.94	544	1090	4369	114082.94	13	33	87	1213.00
补充资料：	1、本期吊销20户，其中城镇20户。 2、本期安置下岗失业人员9人；到私营企业从业的9人。 3、本期高校毕业生从事私营经济11人；到私营企业从业的11人。 4、期末实有私营企业集团61户。 5、本期出口创汇私营企业31户。 6、期末实有注册资本100—500万元26593户，500—1000万元5261户，1000万元—1亿元户3636户，亿元以上262户。														

昆明市2011年个体工商业情况统计表（单位:户、 万元）

行业代码	行业分类	期末实有						其中：本期开业		
		合　计			其中：城镇			其他企业		
		户数	从业人员	资金数额	户数	从业人员	资金数额	户数	从业人员	资金数额
甲	乙	1	2	3	4	5	6	7	8	9
合　计		309676	766198	1056655.19	218574	564342	668838.03	48027	157096	241491.20
A	农、林、牧、渔业	4516	11891	82169.59	1432	3558	17751.70	1549	4325	29794.10
B	采矿业	685	5006	19276.11	129	613	6050.81	7	53	1100.50
C	制造业	10498	32995	58643.57	5592	16410	25604.31	539	1372	6173.60
D	电力、燃气及水的生产和供应业	31	52	141.05	11	23	13.25	3	5	5.50
E	建筑业	1149	4873	71695.90	557	1911	29502.52	117	531	7120.00
F	交通运输、仓储和邮政业	17738	20899	95201.99	5170	7301	29295.58	503	1029	4880.63
G	信息传输、计算机服务和软件业	646	1104	2158.15	522	909	1854.45	139	249	430.60
H	批发和零售业	206423	505160	486332.25	154087	409236	373464.21	36453	127851	140641.59
I	住宿和餐饮业	29075	104352	116606.53	21162	64142	88633.86	3337	10407	23911.77
J	金融业	3	5	10.00	2	4	2.00	1	1	8.00
K	房地产业	49	85	124.70	47	77	108.70	60	77	206.20
L	租赁和商务服务业	3099	8511	14735.86	2654	4579	10321.27	734	1314	3145.84
744	广告业	24	36	37.00	19	27	27.00	0	11	12.00
M	科学研究、技术服务和地质勘查业	31	55	98.00	29	53	90.00	2	1	4.00
N	水利、环境和公共设施管理业	21	44	42.00	11	25	29.00	0	0	0.00
O	居民服务和其他服务业	29886	57854	70119.87	22576	44489	54047.02	3994	8282	17573.05
P	教育	10	19	328.00	9	14	318.00	2	3	6.00
Q	卫生、社会保障和社会福利业	2014	4157	11350.24	1785	3712	9496.81	158	358	1745.50
R	文化、体育和娱乐业	2326	6660	23366.91	1834	5596	19627.90	321	1042	4063.42
	其他	1476	2476	4254.47	965	1690	2626.64	108	196	680.90
补充资料:	1、本期吊销704户，其中城镇0户。 2、吊销后本期注销0户，其中城镇0户。 3、本期安置下岗失业人员34人，其中持《再就业优惠证》申办个体工商户6人，享受地方再就业优惠政策0人落实国家和地方再就业优惠政策免收工商管理行政性收费0.00万元，其中落实国家再就业优惠政策免收0.00万元。 4、本期高校毕业生从事个体经济21人， 其中申办个体工商户18人；免收工商管理行政性收费0.00万元。 5、本期临时经营0户， 其中城镇0户；资金数额0.00万元。 6、本期出口创汇个体工商户0户， 出口创汇折合人民币0.00万元。									

昆明市2011年度外商投资企业统计表(按行业统计　单位:户、万美元)

行业	年末实有				本年登记			
	企业数		投资总额	注册资本	企业数		投资总额	注册资本
	合计	其中：分支机构			合计	其中：分支机构		
合计	1388	535	868778.06	480402.66	146	69	74429.22	52912.47
A 农、林、牧、渔业	108	9	72513.83	35586.36	8	3	2356.00	1245.00
B 采矿业	3		420.00	293.11				
C 制造业	286	24	226612.18	125394.78	10	3	13687.12	6517.31
D 电力、燃气及水的生产和供应业	18	1	152051.90	70982.40	2		1725.20	941.00
E 建筑业	55	26	84726.08	56393.76	15	7	6863.93	4358.75
F 交通运输、仓储和邮政业	19	15	10090.00	4887.44	1	1		
G 信息传输、计算机服务和软件业	44	25	4202.54	2138.54	4	3	1.50	1.50
H 批发和零售业	208	156	28573.55	16416.31	47	20	12124.79	5878.30
I 住宿和餐饮业	118	73	10371.68	4461.15	26	22	45.21	45.21
J 金融业	12	11	9800.00	9800.00				
K 房地产业	55	4	151714.10	93782.88	2		33940.50	31940.50
L 租赁和商务服务业	369	174	38693.73	21702.65	27	9	611.90	587.90
M 科学研究、技术服务和地质勘查业	37	9	26245.14	13293.89	4	1	3073.07	1397.00
N 水利、环境和公共设施管理业	3		11854.80	4214.50				
O 居民服务和其他服务业	39	7	7044.95	4004.95				
P 教育								
Q 卫生、社会保障和社会福利业	1		2998.00	1200.00				
R 文化、体育和娱乐业	13	1	30865.58	15849.94				
其他								

(市工商局 提供)

作，为昆明市户外广告设施规划的早日出台做好前期准备工作；注重横向交流，发挥各方力量。2011年7月13日，召开昆明市整治户外广告联席会，市委宣传部、市政府新闻办、市监察局、市纠风办、市工信委、市公安局、市食药监局、市卫生局、市文体广电局负责人出席会议，会上进一步明确各成员单位的工作职责。进一步加强昆明市的广告监测报告工作，共发出9期广告监测报告和5期违法广告警示，191条（次）违法广告进行公示。注重发挥公益广告的作用。全年共选送上报平面作品81件，经省委宣传部、省文明办、省工商局、省广电总局、省新闻出版局等单位的联合评审，有6件作品分别获得一、二、三等奖。"时代广告"的"礼让篇"、"昆明成品"的"毁（悔）在怀中"、"昆明白宇"的"老伴"等获得一等奖，并推荐参加国家级优秀作品评奖。

【市场监督管理】 2011年，针对昆明市CPI涨幅在全国大中城市过高的情况，尽力做好物价稳定工作。向市场主办方和经营户进行法律法规和政策教育；稳定市场摊位费，教育市场主办方用感恩的心回报社会、减少租金、让利于民；做好市场价格检测工作，及时通报市场物价情况；开展对各类计量器的检测工作；配合商务部门做好直销蔬菜商业网点的建设和管理；涉及民生的粮油、猪肉、蔬菜等重点商品加强监管，确保人民群众消费安全。加大监管执法力度，全年共出动执法人员42467人次，出动执法车辆11160台（次），检查超市等各类市场15581个（次）、经营户292498户次，取缔无照经营摊点6625户（个），检查鲜猪肉经营户119138户次、取缔无证55户（个），查处取缔违法加工23个，配合卫生防御部门销毁无检疫检验合格证猪肉52711千克、病死猪肉870千克、生猪附产品2200千克，抽检和校对计量器具45366台（杆），收缴销毁不合格计量器具878台（杆）。

【市场创卫工作】 2011年，加强流通领域食品安全监管，确保人民群众消费安全；加强市场秩序监管，保证市场秩序良好；督促市场主办方落实市场卫生"第一责任人"的责任；督促市场经营者落实"门前三包"制度；在经营户中开展守法、诚信、文明经营活动。在参与"创卫"工作中，共出动执法人员36262人次、车辆9052台（次），整治规范农（集）市场9713个（次）、经营户178621户次，清理占道经营6141个，规范漫摊经营户2149户，清理卫生死角1518处，清理市场滞留垃圾2343吨，消除市场各类安全隐患462个，为昆明市市场"创卫"工作顺利通过国家检查评审作出贡献。

（昂志兴）

质量技术监督

【质量兴市】 2011年，昆明市委、市政府将质量兴市工作纳入工作目标考核，颁布实施《昆明市市长质量奖管理办法》，并组织首届市长质量奖的评选活动，提高和带动企业走质量效益型发展道路的信心，全市质量兴市工作得到大力推进。进一步完善工作制度，制定下发《实施质量兴市战略工作任务表》、《质量兴市联席会议制度》、《质量兴市信息报送制度》。先后两次召开相关成员单位联席会议，对质量兴市重点工作进行安排部署。创新性开展质量分析工作，在编写《2010年昆明市产品质量分析报告》的基础上，2011年又撰写全省第一份大质量分析报告，用客观、具体的数据解析质量安全问题，提出解决对策和改进建议。探索性地开展"一湖五片、四线十点"质量走廊创建活动，全市9个质量兴市战略领导小组成员单位、10个县（市）区制定质量走廊创建活动实施方案，创建质量走廊示范点300余个。通过对各行各业质量走廊示范点工作经验的总结推广，逐步带动全市整体质量水平的提升，区域质量总体水平得到显著提升。

【名牌战略】 继续加大品牌培育力度和服务企业力度，引导企业争创名优产品，提高产品产业核心竞争力。2011年，昆明市有64家企业69个产品荣获"昆明名牌产品"称号，37家51个产品荣获"云南名牌产品"称号，云南名牌产品占全省产品的60.71%。截至2011年底，昆明市共有8个中国名牌产品、222个云南名牌产品，占全省产品总数的50.71%，昆明名牌产品225个，名牌企业涵盖全市的烟草、冶金、制药、化工等支柱产业。名牌企业的产值占全市工业总产值的60%以上，名牌企业上缴利税占全市工业企业上缴利税的70%以上，名牌企业的贡献率和影响力明显提高。

【产品质量监督抽查】 对全市2类工业产品实施国家监督抽查，19类工业产品实施省级监督抽查，共抽查353家企业579个批次产品，实物质量合格493批，实物质量批次抽查合格率为85.1%，比上年同期上升2.5%。食品质量省级抽查854个企业1035个批次的产品，实物质量批次抽查合格率为90.7%，比上年同期上升4.7%。

【食品质量安全】 加大监管力度，严把食品安全关。创新性地将食品企业的监管细化为"落实5个100%"。年内，对全市1229家食品生产获证企业落实质量安全主体"责任自查"及"监管核查"100%、监督巡查100%、产品检验100%（1800家/批次）。另外，对上述获证企业监管信息100%纳入"监管信息系统"动态管理，对累计新增的1309个食品加工小作坊100%签订《食品加工小作坊质量安全承诺书》。2011年，昆明质监局制定实施《昆明市质监局对食品获证企业生产中添加非食用物质吊销许可证实施办法》，共吊销8家违法添加非食用物质生产食品的获证企业。对使用非食用物质及滥用食品添加剂、“地沟油”、“病死猪肉”等实施专项整治行动。立案查处72件，提请政府取缔8家，端掉59个食品加工黑窝点。同时，利用媒体资源，发动万元悬赏举报打击食品黑作坊的人民战争，市民参与超过百万人，有效地预防了重大食品质量安全事故和区域性、行业性食品质量安全问题的发生。

【特种设备安全监察】 落实特种设备安全工作责任制度。市县两级100%签订“一岗双责”责任书。落实特种设备“市域全覆盖”制度。年内，18个县、区的乡镇（街道办事处）特种设备安全监督管理站全部成立。深入开展特种设备使用安全状况普查暨落实企业安全主体责任专项行动，通过拉网式普查，对5500余条监察数据进行修正完善，并建立“一企一档”监管台账。开展特种设备专项检查整治工作。全年共检查特种设备使用单位2992家，48991台（次），检查气体充装单位51家（次），气瓶28972只。发出安全监察指令书489份，发现安全隐患986条，已督促限期整改。创新监管模式，建立特种设备安全监管长效机制。为合理使用有限的监察资源，努力探索特种设备分级分类监管模式，草拟昆明市地方技术规范《特种设备安全使用管理基本要求及评价》，确定23家试点单位开展特种设备安全生产标准化试点工作，以解决安全监察工作中长期存在的“人机不匹配”难题。

【标准化战略】 加强工业标准化。加大标准化良好行为企业确认项目建设力度。年内，昆明有25家企业纳入省级标准化良好行为企业试点计划，占全省产品企业的28.4%。加大采标力度，2011年昆明地区生产的17个产品通过国际标准和国外先进标准考核验收，占全省产品的34%。加强农业标准化。年内，昆明市有25个特色农业项目被列为全国农业标准化示范区，占全省特色农业项目的17.1%。2011年启动4个省级农业标准化示范区项目。加强服务标准化。启动2个全国首批旅游标准化试点项目（占全省项目的50%）。2011年“公交服务标准化试点”10个项目被列为省级服务标准化试点项目，占全省项目的55.6%。加强电动车管理规范化。牵头拟订《电动自行车产品目录评审办法》及《电动自行车产品目录评审专家库管理规定》，经报政府批准正式实施，为客观、公正、准确地评价电动自行车提供技术评价支撑。

【计量认证认可】 推进诚信计量建设。开展“推进诚信计量、建设和谐城乡”主题活动，对全市餐饮店、商店、集贸市场建立省级及昆明市诚信计量示范单位。在全市200余家加油站完成加油站诚信计量自我承诺并向社会公示的工作。深化民生计量，加强能源计量及中小企业计量监督和管理。对全市米、面粉等12种定量包装商品进行国家监督专项抽查。强化重点计量器具强制检定，共检定水表、燃气表、加油机出租车计价器等强制检定计量器具共计229874台（件）。在全市40家重点用能单位开展“昆明市能源计量示范单位”创建活动。组织召开《关于加强中小企业计量工作的意见（征求意见稿）》听证会。有效规范机动车安全技术检测站。对全市19家机动车安全技术检测站进行严格的监督管理。建立健全动态管理档案。加强强制性产品认证行政监管。开展食品农产品和强制性产品认证监督检查，查获一批涉嫌生产销售无强制认证的汽车配件、手机、低压成套开关设备案件，立案8件。

【国际质量管理体系】 昆明市质监局作为昆明市第一批导入ISO9001国际质量管理体系的试点单位之一，在2010年9月获得《质量管理体系认证证书》，2011年，加大体系运行持续改进力度。修改7个工作流程，新增37个管理制度，共对体系调整和修改400多处，并对文件体系进行改版。作为昆明市政府ISO质量管理体系牵头单位，昆明市质监局代市委、市政府草拟全市109个机构“全面导入质量管理体系十二五规划”。

优化服务、提高效率。昆明市质监局将质量管理体系的过程方法要求引入年终目标考核。以质量管理体系的运行来推进各项工作的落实。加大内审员培训力度，年内，全系统内审员已占全局总人数的20%。通过体系的运行，逐步使质量管理、行政管理、具体实践三者达到有机结合，提高工作效率和服务质量。

【执法打假】 开展重大决策听证工作，推进立法工作，完成重大决策听证工作4个。制订印发《关于进一步加强重大事项社会稳定风险评估工作的意见》。市政府已将《昆明市电梯安全管理办法》列入2012年立法计划。开展执法打假专项整治活动，继续加大“瘦身钢筋”、水泥、混凝土搅拌站及建材产品的监督检查力度。开展对假冒手机、电脑、家具等产（商）品的专项整治。春耕期间对复混肥、磷肥等进行监督抽查。落实打假办职责，全年立案1345件，货值金额2.4亿元。

【质检服务】 认真办理昆明市委市政府目督办下达给的12个人大建议及政协提案，满意率为100%。把服务窗口作为质监部门的前沿阵地，抓服务窗口建设，争一流素质。全年行政审批窗口共注册登记特种设备4446台件、计量行政计可受理行政许可18件。组织机构代码办理代码证书5407件、年检代码证6540件。96128政务咨询共接听和回答咨询电话278个。畅通投诉“绿色通道”，12365热线投诉举报中心共接咨询、投诉、举报电话2167个，服务办结率100%，实现承诺事项零投诉，展示良好的部门形象。

（李　江）

审　计

【概况】 2011年，昆明市审计局深入推进审计监督“全覆盖、全过程、动态化、信息化”工作进程，基本达到经济责任、财政、政府投资、滇池治污资金、中小学校舍安全、土地收储成本、扩大内需资金审计全覆盖。全市审计机关共完成审计项目1043个，完成审计调查项目13个，审计查出违规金额42179万元，管理不规范金额755816万元，应上缴财政13035万元，应减少拨款或补贴8948万元，应归还原渠道资金4075万元，应调账处理资金28354万元，审计移送案件3件；已上缴财政11659万元，已减少拨款或补贴8024万元，已归还原渠道资金4048万元，应调账处理资金30491万元。共出具审计报告1230篇，提出审计建议1972条，被采纳审计建议1845条。

【预算执行审计】 重点关注财政资金分配、管理、使用情况，注意从体制、机制和管理层面研究财政问题和提出审计建议，注重审计的整体性、效益性和建设性，对预算执行的总体情况、财政资金使用效益情况作出评价。同时，探索开展对地税税收征收管理 “适时跟踪+联网核查”审计新模式。采用“税企结合”的新审计方式，改进以“面向审计税务部门”为主的审计方式，扩大延伸检查的内容和范围。此外，对重点部门，重点资金，重点项目预算执行情况进行审计，并延伸审计农水、科技、教育、卫生等预算单位的预算执行情况。2011年，全市共完成预算执行审计项目85个，查出应缴财政5447万元。代市政府向市人大汇报《2010年度昆明市市级预算执行和其他财政收支审计工作报告》，并根据市人大常委会《审议意见》督促相关单位对审计查出的问题进行整改落实，代市政府草拟《市人大常委会关于对市政府〈2010年度昆明市市级预算执行和其他财政收支审计工作报告〉的审议意见办理情况的报告》，切实落实审计发现问题的整改和改进审计工作方法。

【政府投资建设项目审计】 围绕建设中国面向西南开放的区域性国际城市目标，按照《审计法》和《昆明市政府投资建设项目审计监督管理办法》，落实“百分之百预决算审计到位”的要求，完善政府投资审计工作责任机制。通过审计调查、业务会议、个别指导等方式，实现主要领导亲自过问，分管领导直接参与项目的审前调查、审计方案审核、审计过程指导、审计报告审查等环节，大力加强道路交通、轨道交通等市域交通设施审计力度，做好市政公用项目、经济适用房及党政办公用房、病险水库除险加固、水源地保护、污水处理厂改扩建等政府投资重点项目的决（结）算审计和跟踪审计。截至2011年12月，完成政府投资决（结）算审计项目649项，报审结算金额约1889571万元，初审定金额约1668998万元，审减47622万元。

【经济责任审计】 制定《昆明市领导干部任期经济责任审计评价办法（试行）》、《昆明市市管领导干部经济责任审计对象分类管理办法（试行）》，对审计评价内容、审计评价标准、经济责任界定和评价结果运用等方面进行规范，进一步加强经济责任审计项目计划管理，突出审计重点，细化审计对象分类。不断深化经济责任审计内容，建立领导干部经济责任审计科学评价体系，科学客观地评价领导干部任期经济责任实绩，为组织部门任用干部提供决策参考。2011年，全市开展173个经济责任审计项目，共审计176人，查出单位违规资金4 915万元，查出单位管理不规范资金29 484万元。对审计查出的问题，市县两级审计机关都依法作出处理。

4月2日，召开昆明市审计工作暨云审工程推进会议　（市审计局 供稿）

【债务审计】市审计机关对全市14个县（市）区政府性债务进行审计调查。全市审计机关共抽调审计人员95人，组成14个审计组，各县（市）区纳入此次政府性债务审计范围的单位共计974个，其中有政府性举债、拨付、管理和使用债务资金的政府职能部门、企事业单位及项目实施单位303个，无政府性债务的单位671个。共向14个县(市)区政府提出进一步加强和改进政府性债务资金管理的意见和建议48条。

【民生项目资金审计】 突出对政府重视，群众关心，社会关注的热点、焦点、难点问题的审计，强化资金监管，提高资金使用效益，维护人民群众利益。围绕民生工程，实施专项资金审计。2010年下半年至2011年上半年，市审计局组织昆明市14个县（市）区审计局继续对辖区内中小学校舍安全工程建设项目进行审计。完成对第二十一届中国昆明兰花博览会经费收支情况的审核、对2009年滇池生态湿地及入湖河口种植湿生乔木中山衫项目进行结算审计、组织工人文化宫迁建等项目跟踪审计。通过审计指出部分专项资金会计核算不规范、部分专项资金未能专款专用等问题，促进规范管理，确保资金安全。

【审计整改】 把促进整改落实作为审计的重要目标，加强对审计决定执行和审计建议采纳情况的跟踪检查，既揭露问题，更要促进问题的解决，发挥审计在经济运行中的促进性作用。从2006年起，市审计局出具审计决定问题的整改就已纳入政府督办，强化审计查出问题的整改力度。2011年，市审计局改变原来集中式、突击式的审计整改跟踪督查方式，将其作为一项常规性、日常性的工作予以安排，及时对被审计单位整改情况进行回访，督促被审计单位落实审计意见和建议。对一些普遍性存在问题或体制、机制方面的存在的问题，加强与纪检监察部门的沟通和联系，借助纪检监察等部门优势，推进整改工作落实到位。截至年底，审计查出的主要问题已基本得到整改，其他违规问题也都制定出可行有效的整改措施，整改工作取得明显成效。

【制度建设】 市审计局始终把制度建设作为治本之策，不断健全和完善各项规章制度。年内，共研究出台《贯彻落实<党政主要政领导干部和国有企业领导人员经济责任审计规定>的实施意见》、《昆明市土地储备支出评审办法（试行）》、《昆明市审计局对政府投资重点建设项目跟踪审计管理的暂行办法》、《昆明市审计局加强政府非税收入审计监督管理暂行办法（试行）》、《昆明市审计局利用社会专业力量参与审计工作管理办法（试行）》、《经济责任审计项目进点出点操作规定（试行）》、《昆明市审计局行政指导手册》等7项创新制度。

【审计结果公告】 推行公告制度，不断扩大审计影响。已出《昆明市审计局审计结果公告》2011年第7号（总第29号），对2010年下半年昆明市中小学校舍安全工程审计、昆明市规划局2009年7月1日至2010年6月30日期间城市基础设施配套费征收情况审计以及相关经济责任审计等24个审计结果进行公告。

【“云审工程”建设】 全市审计机关着力提高“云审工程”建设的质量和水平，努力发挥审计的监督职能、建设性作用和“免疫系统”功能。局党组研究出台《关于加强审计队伍建设的实施意见》，局领导班子包县到人具体负责，指导基层审计机关开展好“云审工程”建设，将“云审工程”主要工作任务进行细化分解成19项具体的工作任务，明确工作目标、责任人和完成时限，并列入局督办事项，基层审计工作由此赢得前所未有的发展环境，审计工作从内部机制到外部环境，从硬件设施到软件配置，都发生了深刻的变化。

（马泽福）

5月10日，市审计局组织干部职工到市检察院参观“全国检察机关惩治和预防渎职侵权犯罪展览”
（市审计局 供稿）

食品药品监督管理

【概况】 昆明市是全省食品药品生产大市和流通集散地，药械生产、批发企业占到云南省的近50%，其中昆明市负责监管的餐饮服务企业273家，学校食堂15家；药品生产企业52家，药品批发企业209家；医疗器械生产企业64家，医疗器械专营企业326家；市级医疗机构8家，制剂室9家；保健食品生产企业34家、经营企业1240家；化妆品生产企业31家、经营企业1254家。2011年，昆明市食品药品监督管理局围绕保障公众饮食用药安全这一中心，抓监管保安全，抓服务促发展，圆满完成年初确定的各项目标任务。

【昆明市食品药品稽查队更名为昆明市食品药品稽查支队】 为加强食品药品执法监督力量，昆明市食品药品稽查队更名为昆明市食品药品稽查支队，规格由正科级升格为副县级，人员编制也相应增加。县（市）区食品药品稽查力量得到加强，已有13个县（市）区编制部门正式印发县级食品药品稽查大队的机构编制方案，全市食品药品稽查队伍总编制达到200多名。

【健全监管体制】 完善食品药品安全责任体系，市、县、乡层层签订食品药品监督管理工作责任书，年终均较好完成了年初确定的目标任务，食品药品监管各项工作得到有效落实。食品药品监督管理工作纳入地方政府的工作目标、年度考核、财政预算，确保食品药品监管机构、人员、责任、经费、措施到位。为加快工作落实，昆明市人大于2011年10月组织检查组，对各县（市）区政府贯彻落实情况进行视察。

基层监管网络建设启动，寻甸县、富民县以政府名义下发食品药品安全监管网络建设实施方案，在各乡镇（街道）组建食品药品安全监督管理办公室，配备乡镇（街道）食品药品安全监督协管员和村(居)委会(社区)食品药品安全信息员。五华区、盘龙区、西山区在街道办事处成立食品药品安全协管站，安排专项经费用于聘请专职食品药品安全协管员。其他各县（市）区也结合当地实际，积极探索基层食品药品监管网络建设工作。

推进诚信体系建设，启动餐饮服务食品安全量化分级管理和“餐饮服务食品安全百千万”示范工程等工作，与企业签订质量承诺书，促使企业不断提升“食品药品安全第一责任人”的责任意识和自律意识。

形成良好监管社会氛围，开展食品安全宣传周、药品安全宣传月、家庭小药箱大检查、假劣药械销毁等大型群众性活动。在《昆明日报》开设“昆明市食品药品监督管理”专栏。推行“阳光”政务，上线昆明电台《春城热线》、昆明信息港《春城会客厅》等栏目，在政务网上发布工作动态、安全预警等信息500多篇。畅通投诉举报渠道，鼓励群众参与食品药品安全监管。

【市场监管】 开展专项整治，规范食品药品市场秩序。全年全市食品药品监督管理系统累计出动执法人员3.9万余人次，车辆1.5万余辆次，检查药品医疗器械、化妆品保健食品生产、经营、使用单位及餐饮服务单位4万余家次，查处违法案件680件。

餐饮服务食品安全监管。以创建国家卫生城市综合评审为契机，对餐饮服务市场进行全面规范。开展餐饮服务行业严厉打击食品非法添加和滥用食品添加剂专项整治，与全市2.3万家餐饮企业签订食品安全目标责任书，查处食品非法添加和滥用食品添加剂案件25起。加强对火锅类等重点餐饮经营单位的监督检查；在全市范围内开展打击废弃油脂非法回收使用行为专项整治，监督检查餐饮服务单位7020家次；开展建筑工地、学校食堂专项检查，共检查辖区工地、学校食堂930家；加强“小饭桌”监管，联合市教育局、卫生局、工商局下发《关于进一步做好中小学学生中餐管理服务工作的通知》。全力保障昆明市重大活动的食品安全，圆满完成昆交会、旅交会、厨师节等75起重大活动和会议的食品安全保障工作，共保障17万人次餐饮服务食品安全。探索监管创新，启动餐饮服务食品安全量化分级管理工作、“餐饮服务食品安全百千万”示范工程、餐饮业制售月饼临时餐饮服务许可、小餐饮综合整治试点等创新工作，开创昆明市餐饮服务食品安全工作的新局面。

药品生产环节监管。继续推行责任承诺制管理和质量受权人制度，督促和指导药品生产企业制订新版GMP的具体实施计划。提升日常监督检查质量，从注重日常监督检查频次向注重检查深度转变，由GMP认证检查员组成检查组分组对辖区内药品生产企业进行日常监督检查，监督检查覆盖率达100%。组织开展中药生产监督专项检查工作，全面加强中药生产各个环节的监督管理。

药品使用环节监管。以“两个规范”达标验收和跟踪检查为重点，全面加强对医疗机构使用的药品、医疗器械的质量监管。加强医疗机构制剂配制管理，对23家医院制剂持有单位的234个文号开展清理，注销不合格文号25个，完成6家单位40个品种再注册工作，督促医疗机构制剂室按GPP标准配置制剂。

药品流通环节监管。为期两年的药品安全专项整治成效明显，并顺利通过国家局的评估验收。强化对药品经营企业的日常监管，加大违法药品广告整治力度。开展疫苗质量、含麻黄碱类复方制剂、抗菌药物等专项整治。继续巩固和完善农村药品“两网”建设，农村地区药品质量水平不断提高。

医疗器械监管。检查医疗器械生产企业83家次，重点加强生产合法性和证照有效性检查。加大医疗器械流通企业日常监督检查力度，健全企业监管档案。开展物理治疗医疗器械、医疗器械生产专项检查。

保健食品、化妆品监管。全面开展保健食品和化妆品生产经营企业的摸底调查和“一信两书”工作。开展保健食品专项整治，做好问题保健食品、化妆品查处和停止销售工作。加大违法保健食品广告的监测力度，对发现的违法广告及时移送工商行政管理部门查处。

【基本药物源头管理】 全面开展基本药物生产经营企业监督检查，检查覆盖率达到100%。全面开展生产工艺和处方核查，共核查14家生产企业的62个品种共68个规格的基本药物。基本药物实施全品种电子监管，全市基本药物生产、经营、配送企业已全部纳入药品电子监管网。抽验基本药物200批次，全市在产基本药物抽验品种覆盖率100%。对辖区内“第一批重点监督检查基本药物品种名单”和“基本药物中标价格偏低的部分品种清单”中涉及到的正常生产的3家药品生产企业进行专项检查，责令有违规行为的药品生产企业限期整改。切实加强基本药物不良反应监测，对基本药物不良反应监测数据进行初步分析和评价。

【食品药品监督抽验】 昆明市食品药品检验所恢复重建项目进展顺利，《昆明市食品药品检验所综合实验室建设项目可研报告》已通过市发改委审批，整个项目“一次规划、两步实施”。

加大食品药品监督抽验力度，全年共完成药品监督抽验802批，基本药物200批，快速检测1142批；医疗器械监督抽样53批次；抽检餐饮服务环节样品673批，其中高风险食品80批次、餐饮具305批次、餐饮服务环节食品原料、辅料245批次、酒类43批次。抽验结果表明，昆明市食品药品质量水平比上年有了明显提高。

加强药品不良反应、医疗器械不良事件监测，开展药械安全、药物滥用监测示范项目推广。2011年上报药品不良反应报告表1717份、可疑医疗器械不良事件报告表232份，网络直报药物滥用监测调查表2325份，三项监测的报表数比往年有较大幅度的增加。

【增强监管保障能力】 推进依法行政，完成市药品监督管理局行政执法职责的梳理及规范性文件的清理工作，起草并执行柔性执法6项制度。继续开展行政执法案卷评查工作，建立重大具体行政行为备案制度和行政执法责任制，编制行政执法职权目录、行政执法职权运行流程图，对执法案件的调查、审理、处罚等程序进行严格把关，确保执法案件内部审查落实到位。全年未出现错案及赔偿事件。

提高服务质量和水平。压缩审批时限，实行行政审批一次性告知制、首问首办责任制、限时办结制、过错责任追究制和告知承诺制，规范审批行为。全年共受理和办理各种审批和管理服务事项1134件，实现零超时办理和零投诉。

（蔡英雄）

农林水利

◆ 责任编辑 杨子人

农业

【概况】 2011年，紧紧围绕市委九届六次全会及市政府工作报告确定的目标，认真贯彻落实党在农业农村工作方面的方针政策，依托现代农业园区建设，全面实施都市型现代农业“4210”工程，加快农业产业结构调整，优化农业产业布局，推进农业产业化发展，同时克服了旱灾不利影响，全市农业农村经济得到又好又快发展。2011年农林牧渔业总产值达222亿元；实现农业增加值133.8亿元，增长6.1%；农民人均纯收入达到6900元，增长13.1%。（以上数据为预计数，以统计局为准）粮食总产达110.6万吨；畜牧业稳步发展，实现肉类总产50.74万吨，奶类总产11.61万吨，禽蛋产量8.15万吨；播种蔬菜面积144.1万亩，实现上市蔬菜272.76万吨，产值40.59亿元，2011年新增“菜篮子”蔬菜基地3万亩；全年花卉种植面积达19.38万亩，鲜切花产量达51.37亿枝，外销量（出昆）45.1亿枝，占总产量87.8%，花卉出口额达 7285.78万美元；完成水产品总产量3.65万吨，实现渔业产值4.09亿元。

【粮食生产】 全年农作物总播种面积377.71万亩，粮食总产达到110.6万吨（其中：小春粮食产量25.02万吨，大春粮食产量为87.38万吨）。实施高产创建示范园区60片、74.66万亩（其中小春15片、19.17万亩；大春45片、55.49万亩）；实施间套种技术推广265.25万亩、地膜覆盖141.49万亩、晚秋80.05万亩；实施良种推广299万亩、水稻、玉米等主要粮食作物的良种覆盖率达到95%以上；水稻良种统供率达到100%；杂交玉米统供率达到95%以上；实施优质粮食工程232.8万亩。

【畜牧业增长】 2011年，昆明畜牧业认真落实国家、省、市关于畜牧业发展的各项扶持政策，抓好畜牧业生产经营，抓好重大动物疫病防控和畜牧、奶制品质量安全监管。积极发展规模养殖小区（场），完成了55个标准化养殖场建设，建成5个奶牛规范化养殖示范点；组织开展动物卫生监督执法活动和饲料质量安全专项整治，加强对畜禽养殖、屠宰加工、市场流通等环节的监管。2011年全市实现畜牧业产值80.76亿元，比上年增长7.6%。规模化养殖效益显著，生猪、奶牛生产稳健，出栏生猪369万头、家禽5552万只、肉牛26.4万头、肉羊76.65万只；肉类总产50.74万吨，奶类总产11.61万吨，禽蛋产量8.15万吨。全市畜禽产品检疫合格率均达95%以上，重大动物疫病免疫率100%，全年无重大动物疫病发生。

【蔬菜生产】 2011年紧紧围绕新一轮“菜篮子”工程建设，把着力点放在加强基地建设、保障有效供给和质量安全、提高管理效益上，狠抓3万亩蔬菜基地建设。产业稳步发展，产品质量稳步提高和优化，保障了市场需求，经济效益稳步增长，蔬菜产销保持了较好的发展态势。2011年全市蔬菜播种面积144.11万亩，同比增7.17%；上市量272.76万吨，同比增3.96%；产值40.59亿元，同比增5.76%；外销量207.3万吨占总产量的76%，同比增8.55%，播种面积、生产总量、外销量分别完成年计划的110.85%、104.91%、109.11%。2011年新建“菜篮子”蔬菜基地3万亩，进一步提高城市保障能力。

通过标准化生产示范带动推广无公害蔬菜117.67万亩，产量216.25万吨，无公害蔬菜生产面积和产量分别占总播种面积和总产量的81.65%和79.3%。产品质量安全水平有了显著提高。

【花卉产业】 2011年，全市花卉园艺种植面积达19.38万亩；鲜切花种植面积9.74万亩，同比增5.59%，占全省63.37%；鲜切花产量达51.37亿枝，同比增9.3%，占全省78.99%；花卉园艺生产产值达40.94亿元，同比比增16.61%。花卉出口额达7285.78万美元。2011年斗南花卉交易市场和昆明国际花卉拍卖交易中心鲜切花交易总量55.754亿枝，日均达1527.51万枝，占云南省的79%。.

【生物产业】 昆明作为云南省发展生物产业的前沿和核心区，紧紧抓住桥头堡建设重大机遇，充分发挥科技、资源、产业基础等优势，加快生物产业向规模化、特色化、国际化发展，打造外向型生物经济，生物医药、生物农业、生物服务、生物制造及生物环保五个重点领域发展迅速。2011年全市生物产业总产值789.66亿元，同比增长20%，其中生物产业农业增加值117.36亿元，同比增长15.6%；生物产业工业增加值310.46亿元，同比增长18%；销售收入739.71亿元，同比增长21.1%；直接出口额3.21亿美元，同比增长14.8%；税金174.69亿元，同比增长20.8%。生物产业的发展，对我市培育战略性新兴产业、加快工业化进程、转变经济发展方式、建设生态文明、统筹城乡发展以及现代农业发展起到了基础性、先导性和关键性的作用。

【水果产业】 2011年，全市果园面积44.3万亩，总产量23.5万吨。主要水果品种有梨、桃、苹果、葡萄、李、杏、石榴、樱桃、日本甜柿、大树杨梅；优良的地方品种有宝珠梨、红梨、麻梨、头早桃、二早桃、青丝桃、黄肉桃、大米石榴、米柿子等。在安宁、富民、石林、宜良、呈贡和西山6个示范点共实施了11800亩水果标准化生产技术工作，辐射带动35000亩水果标准化管理示范园和示范户，涉及的果种有梨、甜柿、大树杨梅、晚熟桃、樱桃、蓝莓等；全市推广实施果园间套种核心示范园1.94万亩，增加产值1715万元。水果生产呈现出了良好发展态势。

【农村劳动力资源开发】 以市场需求为导向，以培训为突破口，狠抓农村劳动力的培训转移就业，促进劳动力供需衔接，形成产业链，提升农村劳动力内转外输就业的组织化程度。通过实施“阳光工程”、“雨露计划”、“春风行动”和“乡村流通人才”等转移培训工程，坚持农民自愿的原则开展针对农民的培训，强化农村劳动力职业技能培训和引导性培训，充分利用和发掘农村人群的生产力，提高农村人口的整体素质，扩大就业范围，推动农村劳动力向非农产业转移，增加农民工资性收入。2011年，全市开展转移培训369691人，新增农村劳动力转移就业376041人，其中县内转移231383人、省内县外131778人、省外输出12866人、国外转移14人，新增转移收入294215.5万元，全市劳务经济总收入达1040504.24万元。

【节能减排与能源生态建设】 2011年全市共完成农村户用沼气池建设7704口（其中：水源区1196口），节柴改灶18121眼，开展沼气综合利用10.4万亩，培训农户5.08万人次，施用沼肥60万吨，推广太阳能热水器3505台，在滇池流域和重点水源保护区范围推广测土配方施肥1030亩，植保IPM综合防治420亩。新建沼气的总产气量达308.16万立方米，年可节约薪柴1.54万吨，相当于2.69万亩薪炭林一年的生长量，减少水土流失2.46万吨，减排二氧化碳1.24万吨，二氧化硫104.77吨，同时为农户增收节支693.36万元。推广节柴改灶年可节柴1.8万吨。

开展农村环境综合整治。积极开展“六清六建”工程、“城乡生态建设和环境综合整治百日会战行动”活动，做好农业垃圾资源化利用工作。2011年全市共推广秸秆还田174590.3亩；秸秆青贮41400吨；建设青贮氨化池2639立方米；生活燃料利用13954.5吨；户用沼气池利用17844.7吨；秸秆深度利用1432.8吨。完成行政村整治183个。

【园区建设及农业产业化】 昆明实施农业产业“东移北扩”战略，构建滇池流域生态农业区、东西部高效农业区、北部特色农业区，全面启动了嵩明、呈贡、晋宁、宜良、富民、寻甸、安宁等九个市级现代农业园区建设。农业产业化水平得到提升，扶持引进发展国家级农业龙头企业18户，省级农业龙头企业65户，市级农业龙头企业335户，发展农民专业合作社369个，辐射带动农户达到28.7万户。

2011年农业产业化水平不断提升。按照抓大户上规模，抓服务建体系，抓龙头促工贸，抓典型带全面的农业产业化发展思路，通过外引内培，扶持农村经济合作组织，加快农业产业化经营步伐。2011年全市争取省级农业产业化项目44个，争取资金5550万元，21家企业被认定为省级龙头企业；华曦牧业集团、惠嘉集团、锦苑花卉公司三家省级重点龙头企业晋升为国家级重点龙头企业；出台了《昆明市人民政府关于扶持农业龙头企业发展打造总部经济的意见》、《昆明市农业产业市级重点龙头企业认定和运行监测管理办法》等文件。

【农产品质量安全监管】 2011年，整顿农资市场2038个/次；查获假劣农资766.3公斤。重点加强“五个一”生产技术的应用培训，进一步提高商品率。共计推广黄板116.69 万张，覆盖面积5.83万多亩；推广生物农药61.3万亩，累计安装杀虫灯面积7.28万亩，蔬菜标准化培训32750人次，完成无公害蔬菜播种面积55.13万亩。建立蔬菜生产基地质量安全示范区32个，建立“田间档案记录制度，质量安全可追溯制度，基地产品准出制度，营销企业必须建立进货台账制度”。2011年“三品一标”完成35个，其中无公害农产品有9家企业12个产品，绿色食品4家企业10个产品，有机食品2家企业6个产品，农产品地理标志5个单位7个产品，完成计划的117%。寻甸30万亩农产品产地整体认定推进项目土壤及水样结果已出，认定面积达到32.5万亩，比预计增加2.5万亩。2011年，全市未发生重大农产品安全事件。

【农产品市场建设】 依托都市型现代农业“4210”工程建设，全市积极推进农产品市场体系建设，着力改造和完善云南龙城泛亚农产品博览中心市场、昆明斗南国际花卉市场、云南农产品电子信息交易中心、云南东盟农产品国际物流中心、禄劝团街大牲畜市场等重点农产品市场。形成以云南龙城泛亚农产品博览中心市场、王旗营蔬菜批发市场、斗南国际花卉交易市场、昆明粮油批发市场为大型龙头，昆明骏骐干菜副食批发市场、昆明康乐、雄达茶叶市场为专业特色，产地批发市场为补充的农产品批发市场集群发展格局。昆明斗南际花卉市场被国家农业部定为国家重点专业市场。

农产品流通服务体系进一步健全，市场服务功能得到增强，辐射面进一步扩大。2011年，以昆明昆鹏农产品电子交易市场、昆明康乐茶文化市场、昆明普照兽药饲料市场、昆明骏骐干菜副食批发市场等为代表的一批农产品产地市场实现了交易量和交易额实现双增。全市监测的42个重点农产品市场，2011年交易额达320亿元，较上年增加20%以上，12个重点省级农产品交易市场交易额达200亿元，较上年增长25%以上。

【“三农”信息化建设】 在全市范围开展了“三农”信息服务专家培训工作，开展“三农”信息服务无缝覆盖应用工作。开展“三农”信息“推送”服务，以“推”信息服务拉动农民的信息需求，逐步实现农业农村信息工作专业化、需求多样化、服务个性化。2011年向全市200万农民发送了政策、技术、价格、劳务输出等生产生活信息。进一步转变信息服务的观念，以信息内容的事件和反馈效果为信息报送的主体，及时、主动地挖掘信息的增值效应，积极开展农业信息咨询服务，开抓了名家访谈、昆明渔业、价格行情、媒体看农业等专题栏目。完成昆明市农业局的信息公开、政务信息网络查询、阳光政府四项制度有关信息的上传、发布，收发文系统的应用等工作。与新华社云南分社建立农业信息工作联系制度，共同合办、发布《昆明农副产品和农资价格监测分析报告》10期。实施农业品牌发展战略，提升昆明市农产品在国内外的知名度和竞争力，组织32家农业企业申报云南名牌农产品，组织27个企业参加了昆明名牌的初评，推荐了一批农产品或农业企业图形参与2011年昆明市知名商标的认定。2011年，昆明农业信息发布各类信息2万条，完成了1万条《昆明农业技术信息》的编写。昆明农业信息网站访日问量达4000—10000人/次，上报省农业厅信息量和网络点击量比上年增长20%的任务。党委信息上报198篇，政务信息上报196篇，市采44篇，省采5篇。

【农业综合执法】 加强农业行政综合执法力度，深入开展农资打假护农和违法使用添加剂的活动，重点整顿种子、农药、兽药、饲料、疫苗、肥料和九种农资的违法违规的行为，依法维护农业投入品市场正常经济秩序；健全完善农业行政执法体系，切实依法维护农民的合法权益。共出动农业行政执法人员9330人次，立案查处53件，其中饲料10起、兽药38起，已结案53件；大力开展市场整顿，检查饲料441个/次、兽药1296个/次；查缴饲料2499公斤、兽药85.7公斤，挽回经济损失金额8.58万元。通过了一系列的专项整顿和宣传活动，确保了农业投入品的源头质量安全，遏制并严厉打击了制售假冒伪劣农资产品危害农业生产的违法行为，维护了农民群众的合法权益，净化和保障了农业投入品市场的正常程序。

【加快农业机械化进程】 通过农机结构调整，推广先进、环保、节能、实用农机具。2011年新增各类大中小型农机具7000余台套，新增总动力15万千瓦，全市农机总动力达到283.35万千瓦。农业机械单机能耗降低0.6%，符合节能标准的大中型农机具更新比重达到2.5%。发展设施农业，新建标准温室大棚设施5000亩，新增喷滴灌节水灌溉面积10000亩。农机作业面积增加95万亩，达到650万亩。农机耕播收面积增加20万亩，达到335万亩。争取到农机补贴资金2736.73万，补贴农机具11350台套，受益农户11250户。开展各类农机技术培训，全年培训1.45万人。开展联合安全生产检查活动，全年无农业机械重特大事故发生。

【第七届泛亚农博会】 本届农博会与第十四届中国昆明国际花卉展、第五届中国（昆明）国际农产品贸易对接会暨2011年全国绿色消费巡展（昆明站）与四个展会同期举办，突出“打造农业产业总部经济，促进都市型现代农业发展”的主题，展位总数突破2000个，室外展位达1500平方米，参展企业1800家，参展参会人数共计23.42万人，现场销售1745.32万元，现场签订合同或协议1208项，参加合同洽谈人数14.3万人，合同或协议金额74.73亿元。 开幕式当天共签订国内外农业合作项目54项。其中，内资项目51项，金额63.2亿人民币；外资项目3项，拟利用外资5.28亿美元，签约项目呈现出规模化、专业化、产业化、基地化、都市化和国际化等新特点。

【农业农村综合改革】 积极推进农业农村综合改革，制定出台了《全域城镇化试点农村集体经济股份化指导意见》、《昆明市村务公开条例》和《昆明市村级动物防疫员管理办法》，拟定了《昆明市农村土地承包经营纠纷调解仲裁工作意见》、《昆明市农村土地承包经营权流转指导价格意见》、《昆明市农村土地经营权抵押融资管理办法》、《昆明市关于促进农民专业合作社加快发展的办法》、扶持发展壮大农村集体经济，全市开展“三资”管理工作自检自查。完成19个省级发展壮大农村集体经济项目的申报，最终获得19个项目，扶持资金190万元，完成了省级农民专业合作社项目申报，获得8个省级扶持项目，扶持资金56万元。在西山区开展农村土地承包经营权流转信息平台试点工作基础上，今年全市完成了81万亩土地的流转任务。加强对村级会计委托代理的指导，进一步深化村级会计委托代理，规范村级会计委托代理中心，使全市会计委托代理在实现100%村级覆盖的基础上，向60%以上的村小组覆盖。

【农业招商引资】 以园区建设为突破口，以产业突破为目标，充分利用现代农业园区富集生产要素、服务配套、政策优惠的有利条件，加大农业招商引资力度，重点吸引世界五百强农业企业、国家级、省级农业龙头企业入驻园区发展。通过“走出去、请进来”，中国种子集团、江苏玖玖集团、香港金源集团、上海新东方、浙江丰岛、四川华西希望集团等70多家国内外知名企业和农业龙头企业落户园区发展，有力地促进农业增长方式的转变、规模化、标准化得到提升，带动农民就近就地转移就业起到积极的推动作用。2011年农业产业招商内资5.96亿元，外资280万元，顺利完成目标任务。

【农业基础设施建设】 2011年实际完成中低产田地改造面积36.64万亩，超省级下达计划的171%，实际完成投资40421.72万元，其中：农业综合开发项目完成投资10770万元；发改委项目完成投资320万元；农业退耕还林、地方债券、1000亿斤粮食项目、市级重点续建项目共完成投资11451.80万元；国土土地治理项目完成投资5601.01万元；水利节水项目完成投资2630.06万元；烟水配套项目完成投资9648.85万元。建成小型水利工程3622件，沟渠长度1318.96千米，管网长度801.41千米，修建田间机耕道路258.38千米，坡改梯0.65万亩，土地平整3.26万亩，实施生物农艺措施7.76万亩，新增耕地面积1510.82亩。

（魏　敏）

林　业

【天然林保护工程】 按照“严管林、慎用钱、质为先”的要求，始终坚持“封管造结合，以封为主”，认真抓好落实，对规划设计、种苗准备、宣传发动、组织实施、检查验收、政策兑现、后期管护等各个环节的工作，做到周密部署，确保落实，使公益林建设、森林管护等项目进展顺利。2011年，全市共完成天保工程公益林建设任务9.5万亩，占下达计划9.5万亩的100%。其中：人工造林完成2.5万亩，占下达计划2.5万亩的100%；封山育林完成7万亩，占下达计划7万亩的100%。完成森林管护任务1269.45万亩，占下达计划1214.8万亩的104.5%。到位资金2626.3万元，占计划总投资2909.92万元的90.25%。其中：公益林建设到位资金984.1万元（中央资金792万元、省级配套66万元、市级配套66万元、县级配套60.1万元），占计划投资990万元的99.4%；森林管护到位资金1642.2万元（中央资金1539.6万元、市级配套93.5万元、县级配套9.1万元），占计划投资1919.92万元的85.53%。

【退耕还林工程】 2011年，昆明市退耕还林计划任务为17000亩，其中：荒山造林宜良县5000亩、嵩明县2000亩，封山育林宜良县5000亩、嵩明县5000亩。巩固退耕还林成果林业项目后续产业发展种植业77900亩。退耕地还林补植补造7300亩。各县（市）区林业局按照林业产业发展规划和封山育林的有关规定和要求，及时落实造林和封育地块，积极引导退耕农户发展以核桃为主的特色经济林种植。完成退耕还林建设任务17000亩，占省下达计划任务的100%。完成巩固退耕还林成果林业项目后续产业发展种植业77900亩，占省下达计划的100%。完成补植补造7300亩，占省下达计划的100%。

【创建“国家森林城市”】 2010年12月《昆明市国家森林城市建设总体规划》顺利通过国家专家组评审，并获得了国家林业局同意创森的批复。于2011年1月编制完成了《昆明市创建国家森林城市县级实施规划》，进一步推动了全市的城市森林建设健康地发展。2011年，全市创建国家森林城市建设及市域生态修复共完成341733亩，占年度计划任务216434亩的157.89%。其中：城市、城镇绿化面积完成16487335平方米，占计划9552697平方米的172.59%；面山绿化完成154593亩，占计划87911亩的175.85%；水源区生态绿化建设完成17356亩，占计划4905的353.84%；滇池湿地建设、滇池环湖生态绿化及“四退三还”面积完成4207亩，占计划2699亩的155.87%；五采区绿化完成8235亩，占计划4896亩的168.20%；村庄绿化完成70879亩，占计划63812亩的111%；道路绿化完成29650756平方米，占计划23076441的128.49%；河道绿化完成5102827平方米，占计划1088419平方米的468.83%；机耕道绿化完成1871628平方米，占计划1090050平方米的171.70%；坟山绿化完成6794亩。生态隔离林带完成17808亩。义务植树完成1642.29万株，占计划1128万株的145.59%。全市创森年度总目标任务已超额完成，各项工作稳步开展。为提高市民对创森工作的知晓率和支持率，以“昆明市创建国家森林城市知识问答”的形式制作创森宣传单，利用各种活动印发5万余张；在交通要道、人员聚集等地设置大型创森宣传标牌近70块；举办生态科普专题活动25次；为提高全市各级对创森工作的执行力，编制印刷《昆明市创建国家森林城市手册》（2011年）1万册。同时，利用云南日报、昆明日报、昆明信息港、昆明电视台等媒体，及时宣传创森工作动态，大力加大宣传力度，努力形成领导高度重视、部门齐抓共管、市民广泛参与“三力合一”的建设氛围。

【林业产业】 全市林业产业继续加快以核桃为主的木本油料产业发展，进一步做强、做大昆明市以核桃为主的特色经济林产业，推动现代社会主义新农村建设和提升农村经济综合实力，实现（2008年～2015年）发展150万亩优质核桃产业化基地的目标。2011年计划新种植7.1万亩，补植10万亩。完成新种植74795亩，补植补造107280亩。加快苗木产业发展，苗木基地建设完成70105亩，占计划任务61235亩的114%。加快建设嵩明县杨林林产品精深加工园区。坚持“生态建设产业化、产业发展生态化”、重点发展“林业七大产业”，努力构建具有昆明特色的结构合理、竞争有序、充满活力的林业产业体系，推动我市林业产业由传统林业向现代林业转变，把林产业培育成昆明市的又一后续优势产业。杨林林产品精深加工园区总体规划面积为2455亩，分三期建设。一期项目建设用地410013.36平方米，总建筑面积207984.23平方米，投资总额5亿元人民币，目前已完成电力、供排水、道路的基础设施建设工作。一期主体工程全面完成，累计投资2.5亿元。抓好省级第七批林业产业龙头企业申报，通过利益联结机制，带动林农进入市场，使林产品生产、加工、销售有机结合。共推荐了21家企业申报省级林业龙头企业，目前。已有11家企业通过专家论证审查。

【营林绿化】 按照市委、市政府的决策部署，早计划、早安排、早行动，强势推进绿化造林，各项工作顺利开展。完成市级营造林任务84219亩，占计划47650亩的177%。其中：新增造林完成23461亩（“五采区”植被恢复4171亩；美洲黑杨种植14008亩；其他难造林地及石漠化造林5282亩），占计划任务12650亩的185%；中幼林抚育完成4540亩，占计划任务4200亩的108%；新造林地补植完成34664亩，占计划任务15400亩的225%；滇池面山抚育及补植完成7055亩，占计划任务4400亩的160%；滇池及阳宗海面山封山管护完成8250亩，占计划任务5000亩的165%；生态隔离林带建设完成6249亩，占第一批下达计划6000亩的104%。

珠江防护林工程，完成面积33000亩，占下达计划33000亩的100%。其中：人工造林15000亩、封山育林18000亩。

完成呈贡新区面山综合绿化工程15360亩，占下达计划12460亩的123%。其中：完成面山绿化5408亩，占计划2660亩的203%；完成封山育林及补植补造9952亩，占计划9800亩的102%；有林地、灌木林地和未成林造林地管护率100%。任务完成率123%，人工造林平均成活率93%，造林合格率100%。

完成石林风景区周边及交通沿线面山绿化工程23331亩，占下达计划21850亩的108%。其中：完成面山新造林2811亩，占计划2050亩的137%；完成封山育林9820亩，占计划9100亩的108%；完成昆石高速公路沿线两侧面山退耕还林及补植补造10700亩，占计划10700亩的100%；有林地、灌木林地和未成林造林地管护率100%。任务完成率108%，人工造林平均成活率90%，造林合格率100%。

中低产林改造，完成面积124028亩，任务完成率103%。其中：采伐更新和树种更替20000亩，森林抚育104028亩。

“杨善洲林”义务植树基地建设，完成32772亩，占计划28500亩的115%，植树点地块78个，平均成活率91%。

【全民义务植树】 为纪念全民义务植树运动开展30周年，2011年昆明市以开展3月12日植树节义务植树、在禄劝县营造“保护母亲河——青年长征纪念林”，省、市携手开展“杨善洲纪念林暨2011年省市党政军领导义务植树活动”等多种形式开展义务植树活动。全市共完成义务植树1658.14万株(含省直机关和驻城区部队参加义务植树完成数)，占市下达计划1170万株的141.7%；完成各级政府样板林5476亩，占市下达计划3800亩的144.1%。

【林业分类经营】 昆明市现有公益林面积1213.79万亩，占林地面积的65.1%。其中：国家重点公益林521.96万亩；省级公益林451.33万亩；市级公益林160.5万亩；县级公益林80万亩。2011年，经市政府批准同意，市级公益林的森林生态效益补偿标准与国家和省级公益林的补偿标准一样，由每年每亩6元提高到10元。

【森林防火】 2011年，昆明市森林防火以“两管六强化”为工作重点，“三个到位，三个确保”为工作目标。落实野外火源管理，强化林区宣传管理，严防严控森林火灾的发生，森林火灾防控取得明显成效。全市森林火灾发生次数、过火面积、受害面积仅为常年的8%，防控工作创历史最好成绩。城市面山、风景旅游区、人员聚集区等森林火灾重点防范区域山火发生次数较常年相比下降90%以上。防火期内，全市共发生森林火灾7起，其中：一般森林火灾6起，较大森林火灾1起，过火面积65.46公顷，受害面积5.17公顷。受害率0.0065‰，当日扑灭率100%，在发生的7起火灾中，查处6起，查处率85.7%。较去年同期相比，森林火灾次数下降84%，过火面积下降92%，受害面积下降96%。在省政府年度森林防火目标责任制考核中取得了全省第一名的优异成绩。

【森林公安】 全市森林公安坚持“以争创一流为目标，以队伍建设为根本，以查办案件为重点，以执法质量为核心，以信息化建设为突破”的工作思路，努力提高队伍素质，狠抓各项业务工作，为维护全市林区社会政治稳定和促进林业建设做出了积极贡献。2011年共受理各类案件1363起，办结1373起，办结率100.73%。其中刑事案件立案146起，破案156起，破案率106.85%；林政案件受理1217起，查处1137起，查处率93.42%。受理森林火灾案件46起，立案46起，查处41起，查处率89.1%。尤其是今年4、5月份，紧急动员，集中力量、集中精力，全力以赴开展打击盗伐滥伐林木、毁林开荒等破坏森林资源违法犯罪专项行动。受理各类涉林案件475起，办结435起，受理数、办结数同比上升120.93%、132.62%，有效打击了各类破坏森林资源违法犯罪活动。

【林业有害生物防治】 重点加强杨树溃疡病、木蠹蛾、天牛等病虫害的检疫监管。完成森林健康评价体系本底数据调查。抓好松毛虫、小蠹虫等主要林业有害生物综合治理工作。全市林业有害生物共发生21.0072万亩，防治面积17.5431万亩，无公害防治率75.34%；监测面积2306.0405万亩，测报率80.83%；种苗产地检疫11801亩，产地检疫率96.8%。

加强核桃、杨树种苗基地产地检疫和登记工作，完成种苗产地检疫11801亩，产地检疫率96.8%，调运检疫苗木1191万株，种子1.1吨，木材3.8554万立方，调运检疫率100%，复检苗木187.6192万株，木材0.39万立方。开展核桃、美洲黑杨病虫害防治工作，培训病虫害防治技术人员100人。开展“利剑2011年”检疫执法工作，加大对进出昆明市的森林植物及产品的检疫执法力度，防止外来有害生物入侵。

【自然保护区建设】 申报完成了云南轿子山省级自然保护区晋升为国家级自然保护区、寻甸黑颈鹤县级自然保护区晋升为市级自然保护工作。目前正在开展黑颈鹤自然保护区晋升省级自然保护区的工作。二是积极开展轿子山国家级自然保护区中央投资一期工程建设的项目申报工作。成功举办了第21届中国昆明泛亚兰花博览会。

【野生动植物保护】 认真开展第30届“爱鸟周”宣传活动，今年4月1日至31日开展了以“科学爱鸟护鸟，保护生物多样性”为主题的“爱鸟周”宣传活动。全年共收容动物463只（条），其中：国家Ⅰ级保护动物7只，国家Ⅱ级保护动物鹰、隼、鸮、龟37只（条），三有动物（蛇、野鸡、鸟类等）419只（条）。放生野生动物360只（条），其中：国家一级4只（条），二级10只（条）。有效地保护了市野生动物资源。做好野生动物疫源疫病监测和防控工作，严格实行24小时值班制度，加强对候鸟迁徙的监测，加强对对候鸟迁徙的监测，防止了野生动物疫病的发生。

【森林资源林政管理】 2011年3月，市政府与各县（市）区政府签订了《昆明市森林资源林政管理目标责任状（2011～2015年）》，健全了地方各级政府负责的森林资源管理目标责任制。针对各个时期的重点项目、重点工程，积极加强协调与指导，提前介入，主动服务，及时审核，认真做好指导、咨询和跟踪服务，在项目建设的前期准备、启动、施工阶段，帮助用地单位准备齐全使用林地审核报批文件，较好地确保了重点工程项目建设的依法依规推进。组织对全市范围内近年来的征占用林地情况进行自查自纠。深入分析、梳理、查找当前我市在林地管理工作中存在的问题和不足，认真研究制定了整改方案。全市各级林业部门共清理检查各类涉林建设项目975个，基本做到了全覆盖、不留死角。

【林业政策法规管理】 2011年是实施“十二五”规划的开局之年，是《国务院关于加强法治政府建设的意见》颁布后深入推进依法行政和法治政府建设的关键一年。市林业系统认真贯彻落实全国依法行政工作会议精神，以依法法林为目标，围绕贯彻实施国务院《全面推进依法行政实施纲要》、《国务院关于加强市县政府依法行政的决定》精神，加强体制机制创新，提高制度建设质量。全局共制度创新46次，其中12次受到林业局表彰。编辑出版《林业法律法规文件汇编》和《昆明市林业行政指导手册》，认真组织年度普法考试，积极推进林业立法工作，行政审批工作透明、有序。

【集体林权制度改革】 按照市委、市政府和省林业厅对集体林权制度改革的总体部署和要求，以“农民增收、资源增量”为目标，进一步深化配套改革，稳步推进林权流转、林权抵押贷款、森林资源资产评估等工作，取得明显成效。

为加快市林权流转、促进林权纠纷调处，推进林农专业合作社发展，市委、市政府召开了“昆明市集体林权制度配套改革推进会”。全年到基层督导16次，现场调解林权纠纷4起。加快林权管理服务中心建设，各县（市）区均已挂牌成立林权管理服务中心，部分县区已开始办理相关业务，其中五华区、安宁市、嵩明县、石林县、晋宁县6个县已落实了林改专门机构和人员编制。研究起草了《昆明市关于推进林农专业合作社发展的意见》（征求意见稿），并结合各县（市）区林权管理服务中心工作实际，研究制定了《昆明市集体林权制度配套改革相关工作流程及表格规范》，统一了林改配套改革技术标准，促进全市林权流转、变更登记、抵押贷款等业务工作规范开展，做到有章可循，有规可依；积极与金融、银行、评估公司等机构合作，通过开展专题座谈会，广泛听取关于推进林权流转、抵押贷款的意见，拓展了林业发展的融资渠道，扩大了农村抵押物范围，有效地推进了林权抵押贷款业务的开展。截至12月，全市共办理林权流转406宗，流转金额7634.55万元，流转面积6.13万亩。全市共办理林权抵押登记贷款业务302宗，其中农户抵押宗数259宗，抵押面积4.13万亩，其中农户抵押面积2.67万亩，贷款金额2.34亿元，贷款农户数148户，农户贷款余额7717万元。

【林业宣传工作】 2011年3月22日召开了全市林业宣传工作会议，出台了《昆明市林业局信息报送实施方案》。成立了林业宣传中心，编印了《昆明市林业工作宣传手册》，制定了宣传工作计划，加强了与主流媒体的联系与合作，充分利用国家和省、市主流媒体的宣传平台，密切围绕创建国家森林城市、林权改革、退耕还林、森林防火等林业主要工作，积极组织开展宣传报道活动。

开展林业生态文化活动和林业生态文化建设。围绕“国家生态文明教育基地”、“昆明市林业展览馆”建设，市林业局开展了丰富多彩的生态文化宣传活动。11月13日，昆明电视台《市民看家园》栏目在海口林场举办了“创建森林昆明 共享幸福家园”的大型互动体验活动；为了生态安全，市林业局在海口林场召开了打击偷挖磷矿的新闻发布会。制作了创森专题电视片和《昆明市创建国家森林城市手册》，在《云南日报》、《昆明日报》和《林度》杂志上作了专版报道。

红嘴鸥即将离开昆明前夕，昆明市林业局、滇池旅游度假区管委会、昆明信息港和中国昆明政务网，在滇池海埂大坝主办了“情暖春城——关爱红嘴鸥”为主题的红嘴鸥送别活动，数百名共青团昆明市委、市妇联的志愿者、网友、市民共投喂鸥粮400千克。

当年，在各种宣传媒体上报道昆明林业的文章、音像视频达4000多篇（条、次），报送信息1451篇，发放森林防火通知书9万份、宣传单122万份、短信3.5万条，组织文艺演出53场（次），制作挂历2万本，张贴标语3.8万条，印制宣传手册12.5册。在昆明电视新闻频道滚动播出森林防火公益宣传片600余次；开展法制宣传知识竞赛1次；出版《林度》刊物2期（2万册），制作专题电视宣传片4集。2011年底，昆明市林业局被云南省评为林业宣传工作“先进单位”，荣获一等奖。

（市林业局）

水 务

【概况】 2011年昆明市水务工作以科学发展观为指导，认真贯彻落实《中共中央国务院关于加快水利改革发展的决定》、《中共云南省委 云南省人民政府关于加快实施“兴水强滇”战略的决定》，抢抓机遇、进一步理清发展思路，从全局和战略高度对水利工作科学定位，统筹谋划，全面部署，积极应对三年连续干旱，加大水利建设、管理和投入力度，实现了“十二五”昆明水务工作的良好开局。全年完成水利水电建设投资210630万元，其中基建投资72623万元，农水投资127828万元，水电投资10179万元。

【加快水利改革发展】 认真贯彻落实2011年中央一号文件和中央水利工作会议精神，围绕“兴水强滇”战略，市委、市政府研究制定《关于加快水利改革发展的实施意见》，从加强城乡防洪体系建设、强化水资源配置、抓紧水利前期、加快水源工程、农田水利建设、抓好水生态保护和水土保持、严格水资源管理、加强水利制度体制建设、水利科技及信息化、水利队伍建设和多渠道筹集水利资金等十二方面进一步明确了当前和今后一段时期水利改革发展的指导思想、阶段目标和措施要求，为实现水利跨越式发展指明了方向，提供了保障。

【雨情】 2011年，昆明市大部分地区气温偏高、降雨偏少。全市平均降雨量590毫米，比2010年同期830毫米少240毫米，偏少28.9%；比历史同期934毫米少344毫米，偏少36.8%。昆明站降雨量658毫米，与2010同期相比偏少23.8%，各县区均不同程度偏少1-5成（最多宜良偏少49.5%）；与历史同期相比，昆明站偏少34.9%，各县区均不同程度偏少1-5成（最多宜良偏少51%）。主汛期（6～8月）昆明降雨量290毫米，较历史同期偏少297毫米，偏少程度达五成。各县（市）区主汛期降雨量均较历史同期偏少，除东川、寻甸偏

《昆明市清水海保护条例<草案>》立法调研专家咨询会 （市水务局 供稿）

群众抗旱自救　（市水务局 供稿）

少幅度在两成以内，其余县区偏少幅度均在四成以上。昆明、富民、嵩明、西山主汛期降雨量跌破各自建站以来历史同期最少值。

【水情】 2011年全市库塘蓄水6.96亿立方米，其中：大中型水库蓄水5.45亿立方米，小型水库蓄水1.3亿立方米，小坝塘蓄水0.21亿立方米。比2010年同期11.37亿立方米少4.41亿立方米，少38.7%。滇池蓄水14.89亿立方米，比2010年同期15.38亿立方米少0.49亿立方米，少3.2%。“六库一站”蓄水1.52亿立方米，其中，云龙1.15亿立方米，松华坝0.3亿立方米。比2010年同期3.26亿立方米少1.74亿立方米，少53.4%。

【抗旱】 2011年是自2009年以来连续干旱的第三年，由于降雨偏少且分散，导致土壤墒情下降，蓄水严重不足，全市各县（市）区不同程度受旱。因旱造成48.2万人，23.15万头大牲畜饮水困难，29条河道断流，88座水库干涸，95口机电井出水不足。大旱面前，昆明市始终把确保人民群众供水安全放在首位，全力以赴开展抗旱救灾保供水保民生各项工作。市委、市政府多次会商研究部署抗旱保供水工作，层层签订抗旱保供水保安全责任状，加强督查力度；深入一线掌握和分析旱情动态，及时算清水账，编制完善各类抗旱保供水预案，落实“一城一策、一县一策、一镇一策、一村一策”供水措施；科学调度水源，实行供水水源联合调度；加大协调力度，争取上级支持，有力推进省级23件和市级536件抗旱增蓄应急工程建设；蓄引提调并重，大中小微结合，就近取水送水，努力增加库塘、水窖、水池蓄水；组织县乡拉水送水服务队，保证偏远山区、五保户、困难户、老弱病残、学校等特殊群体和特殊单位生活用水；加大城市供水水源调度，开源节流并举，努力增加城市供水水源，从加强计划用水、再生水利用设施建设和运行监管、高耗水行业及工业企业用水节水管理、加大节水宣传等方面全面安排实施节水管理。2011年，全市最大日投入抗旱人数33.35万人，投入抗旱资金1.3亿元，机动运水车6798辆，完成抗旱浇灌面积41万亩，临时解决49.86万人、27.5万头大牲畜饮水困难。

【防汛】 2011年汛期，东川、晋宁、禄劝、寻甸、石林、倘甸产业园区6个县区25个乡镇受灾，主城区部分地段出现内涝积水。受灾人口1.34万人，紧急转移17人，倒塌房屋20间，农作物受灾2.07万亩，成灾0.73万亩，绝收0.34万亩，减产粮食0.5万吨，经济作物损失214.57万元；公路中断8条次；损坏堤防15处、0.47千米，损坏护岸2处，损坏灌溉设施39处。因洪涝灾害造成的直接经济损失1303万元，其中：农业直接经济损失1039万元，工业交通业直接经济损失37.5万元、水利工程水毁直接经济损失139.2万元。明确了各县（市）区政府、各防汛责任单位以及全市主要江河和重点大中型水库防汛责任人的责任，签订责任书，制定了《2011年昆明城市防洪排涝应急抢险方案》，做好水库度汛计划审批，及时有效开展防汛救灾工作，确保了全市城乡度汛安全。全市共投入防汛抢险人员9894人次，投入运输设备68班次，编织袋9.33万条，抗灾用油2.7吨，减淹面积6550亩，避免粮食减收0.3万吨，减少受灾人口0.2万人，减灾经济效益732.62万元。

【争取水利前期资金】 围绕《昆明市“十二五”水务发展规划》，组织编制《昆明市“十二五”烟草水源工程项目规划》，修编《中小河流规划》、《西南省区重点水源专项规划》、《病险水闸规划》、《病险水库除险加固规划》等重要规划。加大前期投入力度，继续推进2010年公开招标的10件中型、31件小（一）型及12件中型病险水闸前期工作，组织开展规划内273件小（二）型病险水库除险加固、中央规划外10件小（一）型水库及中央规划的所有中小河流项目前期，不断丰富项目储备。认真研究水利投入政策，多次赴水利部、长委、珠委、国家烟草总局和省水利厅汇报，争取到省级以上资金8.73亿元。按土地出让总收入的5%计提专项水利建设资金，已安排4亿元直接拨付到建设项目。开展水利资产清查评估，积极配合农投公司开展水利项目融资。

【水利普查】 成立1个市级普查和19个县级普查机构。市政府专题召开了水利普查专题会，与各县市区签订了工作目标责任。圆满完成经济社会用水、灌区、地下水井、水利工程、行业能力、河湖开发治理、水土保持等专项普查和清查登记。

【重点工程建设】 新建续建2件中型，10件小（一）型水源工程，完成投资23856万元。其中：宜良海马箐中型水库主体工程开工建设，并完成工程投资4002万元；寻甸木戛利中型水库完成工程投资5006万元；安宁王家滩水库、禄劝战备水库等10件小（一）型水源工程完成投资14848万元。按期启动27件小（一）型、40件小（二）型病险水库除险加固，完成投资20978万元。

【农村水利建设】 加大饮水安全工程建设力度，解决8.11万农村人口饮水安全问题。按照“一户两窖、一村一池、一箐一塘”目标，建设“五小水利”工程4.11万件，增加蓄水量170.54万立方米。统一规划、成片建设，实施石林、东川、寻甸中央财政小型农田水利工程重点县建设。加大灌区节水改造工程，实施嵩明大型灌区第10期续建配套、石林黑龙潭中型灌区节水改造，完成防渗长度117千米，新增灌溉面积2.37万亩，改善灌溉面积29.76万亩。

【滇池海埂船闸枢纽交通改造工程】 2011年8月10日开工建设滇池海埂船闸枢纽交通改造工程，工程总投资3245.25万元，清理表土4289.0立方米，道路基础CFG桩466根，道路高压旋喷桩192根及钢筋制安、道路工程、非机动车道及路面排水工程和绿化工程。2011年12月29日通过道路工程投入使用阶段验收。2011年12月30日道路工程正式开通，有效解决了船闸交通节点的通行问题。

省、市领导视察旱情 （市水务局 供稿）

【牛栏江——滇池补水工程】 全力配合云南省牛栏江调水领导小组办公室、牛栏江调水工程建设指挥部完成了牛栏江一滇池补水工程可行性研究报告、初步设计报告报批与审查；协调办理征占地、移民、林地砍伐、供输电、解决抗旱人饮及沿线村民阻工维稳工作；协助完成工程石料场选址建设、引水出口入滇通道方案、牛栏江流域水污染防治等工作。

【水利工程建设管理】 严格执行水利工程建设管理“四项制度”，积极推行集中组建项目法人、集中建设管理等建设管理模式，进一步规范招标投标行为，建立健全病险水库除险加固工程建设安全生产各个领域的工作责任制，强化水利建设市场监管，严格资质资格审查审批，加快推进水利建设项目信息公开和诚信体系建设，完成晋宁柴河、大河等6件中型病险水库、41件小（一）型病险水库除险加固工程竣工验收和东川坝塘水库单位工程验收。

【水利工程运行管理】 开展昆明农村小型水利设施管理体制改革对策研究，全面完成14个县(市)区11.72万件农村小型水利工程管理体制改革；石林、西山、晋宁、富民、东川、禄劝等6县通过市级考核验收；晋宁县大河、柴河2座中型水库通过省水管单位一级考核达标。

【水土保持】 积极组织盘龙、晋宁、石林、富民治理水土流失面积44平方千米。圆满完成晋宁大春河水土保持生态示范园、盘龙铁冲生态清洁小流域治理项目，确保全国水保会在昆明召开。开展学习宣传贯彻新《中华人民共和国水土保持法》活动，提高全民水土保持意识。严格开发建设项目水土保持方案审批。审批开发建设项目水土保持方案74个，征收水土保持补偿费458万元。开展生产设项目水土保持监督管理，共出动执法人员60余人次，实地检查项目47个，发出整改通知7个，限期落实防治措施5件，行政罚款处罚1个，催收规费6家，督促开展验收2件，查处典型违规项目1家。全面完成我市第一批水土保持监督管理能力建设安宁、呈贡、西山、官渡4个县（区）各项工作目标任务，顺利通过市级验收和国家长江委的复验。开展水土保持监测工作。新建东川泥石流监测站、晋宁大春河示范园监测站径流场监测点，组织滇池流域有关县（区）在水土保持实施项目区内定点开展监测试点、示范工作。

【水资源管理】 组织编制《昆明市“十二五”节水型社会建设规划》、《昆明市水资源综合利用规划》和《昆明市水功能区划》。制定昆明市水资源“三条红线”管理实施方案，开展牛栏江流域“三条红线”水资源管理制度试点工作。以地下水保护为重点，编制完成《昆明市地下水资源规划》、《昆明市地下水功能区划》，加大自来水管网建设，封停31口地下水井。严格取水许可审批、水资源费征收，积极开展建设项目水资源论证工作，市级权限范围内共办理取水许可证8套，组织水资源论证审查11件，征收水资源费9372万元。

【开展饮用水源保护行动】 市政府制定《昆明市饮用水源保护行动工作方案》，全面开展饮用水源保护综合整治，加强生态建设、全面查污、清污、控污、截污、坟墓集中、实施人口转移外迁工程、实施就业移民工程。市级水务、环保、农业、林业、民政、滇管、城管、移民等八个部门分别成立督查组深入县区指导督查工作。全年完成饮用水源地非法定责任承包田地退耕还林52821.85亩，建成木本湿地945.25亩，散坟整治6256冢，调减蔬菜种植面积21702.2亩，发展有机农业20200亩，建设农村户用沼气池1000口，节柴改灶推广2700眼，松华坝、云龙水源区搬迁顺利推进。

【实施库（塘）长责任制】 进一步加大全市大、中、小型水库及小坝塘水环境保护力度，市委办公厅、市政府办公厅印发《昆明市库（塘）长责任制实施方案》，明确了全市水库、坝塘的库（塘）长和流域责任人，库塘管理做到“定岗、定人、定责”，基本形成“党政齐抓共管，部门各负其责，市、县、乡、村四级联动”的水源保护领导体制和工作机制。

【供水管理】 编制完成《昆明中心城区给水专项规划》，实施2.5万户已建住宅“一户一表、水表出户”改造。加强水质监管，委托水质监测机构对昆明市主城公共供水水质定期进行监测，水质综合合格率出厂水达99.996%，管网水达99.986%。开展城市供水水质专项调查，完成了市辖五区一市八县城市公共供水水质79个水样的监测。加大对二次供水设施的整治和管理力度，制定《昆明市2011年二次供水管理监督检查工作方案》，投入专项资金20万余元对70余个困难小区（单位）的水池（箱）进行清洗、维护工作。根据省人大常委会印发的《关于授予昆明市行使有关经济社会行政管理权的决定》，启动供水企业经营许可行政审批工作。

【河道管理】 编制完成《昆明市河道防洪工程修建维护管理费征收办法》（初稿）、《昆明市滇池排水第三通道工程方案规划报告》、《禄劝县掌鸠河屏山镇段治理工程初步设计报告》，《安宁市鸣矣河治理工程初步设计报告》；组织相关县区水务局根据辖区内河道上游水库情况，统计河道上游水库汇水区内涉及的行政村、自然村及人口数量；在前期河道沟渠绿化工作的基础上，继续加大“十二五”期间植树造林力度；完成12条入滇河道及支流（沟渠）专业技术验收工作、西边小河排水畅通工程竣工审计工作以及海口闸安全鉴定复核、古城闸的初步设计评审工作；组织开展全市河道管理人员培训。

【水法规建设】 积极做好《昆明市清水海保护条例》、《昆明市水利工程管理条例（修订）》的立法起草，认真组织“世界水日”暨“中国水周”宣传活动，启动“六五”普法宣传。积极推行依法行政，重新梳理机构改革后的执法依据、编制行政审批“流程图”，按法制政府三项制度建设的要求，规范决策程序，完成涉水法律法规自由裁量权的细化。2011年昆明市水务局获全国水利系统“五五”普法先进集体荣誉称号。

【水行政执法】 针对城市供水严峻形势，编制《昆明市水务局水事纠纷突发事件应急预案》，加大再生水利用设施、高耗水行业专项执法检查，加强已封停地下取水井的监管，加大饮水源地污染事件查处力度，全年依法查处水事违法案件62件。编制昆明市水务局柔性执法《行政执法指导手册》，努力使执法方式由结果执法向过程执法转变。

【安全生产】 坚持安全生产工作例会制度，及时召开全市水务系统安全生产工作会议，市局与各县市区、局长与各分管领导、分管领导与各处(室)单位签订了《安全生产管理目标责任书》，实现了“局域安全工作全覆盖”。推动县（市）区水务部门建立健全安全生产内设机构。组织制定《昆明市水务局抗震救灾应急工作方案》；制定出台《昆明市水利工程安全管理办法》，实行水利工程建设项目安全监督备案制。全年开展安全生产执法行动612起，出动检查2960人/次，累计检查生产、经营单位、在建、已建工程1212个，查明安全隐患393处。

【科技教育】 制定《昆明市水务科技项目管理办法》，从2012年1月1日起正式实施。以昆明市水利水电勘测设计院为依托单位挂牌成立了“昆明市水务科技推广站”。《昆明供水信息管理系统》获昆明市科技进步三等奖。《昆明市水资源现状及应急配置对策研究》获昆明市决策咨询研究课题优秀成果三等奖。昆明市水利水电勘测设计院王绍春被确定为2011年昆明市第九批中青年学术和技术后备人选。与清华大学水利系联合举办“昆明市水务系统高层次专业技术人才研修班”。分别派员赴新加坡、以色列、澳大利亚等国学习国外水科技领域、高效节水、水资源配置与管理和防洪减灾方面的前沿理念、先进技术和成功经验。举办 “严格管理水资源，促进水利新跨越”学术论坛，汇编49篇水利学术论文，其中 6篇获省水利学会优秀论文奖，其中一等奖1篇，二等奖2篇，三等奖3篇。

（市水务局）

城市节水

【创建“国家节水型城市”】 昆明，一方面是水少，另一方面是水脏，是一个典型的资源型和水质型缺水的城市。历年来，市委、市政府始终高度重视解决城市缺水问题。自1982年成立市节水办以来，昆明走过了29年之久的城市节水工作历程。1996年全国正式启动创建节水型城市活动后，就以创建国家节水型城市为目标，紧紧围绕国家节水型城市考核标准，不断加大城市节水管理工作力度，全面开展城市节水工作。2004年，昆明市成立了创建国家节水型城市工作领导小组，制定印发了创建工作实施方案。特别是2008年，市委九届四次全体（扩大）会议明确了“四创两争”的总体目标，创建国家节水型城市被列为“四创两争”的重要工作之一。

【法规建设】 编制完成了《昆明市城市（主城）节约用水专业规划》、《昆明市城市（呈贡新城）节水专业规划》，先后出台了《昆明市城市节约用水管理条例》、《昆明市城市供水用水管理条例》、《昆明市地下水保护管理条例》、《昆明市城市排水条例》、《昆明市城市节约用水管理处罚办法》、《昆明市再生水管理办法》、《昆明市人民政府关于加强城市节约用水工作的实施意见》、《昆明市城市再生水利用专项资金补助实施办法》和《昆明市城市雨水收集利用的规定》等一系列法规、规章和政府规范性文件。为依法开展城市供水、节水、排水和地下水保护等管理工作提供法规保障。

【强化节流优先】 严格落实节水“三同时”制度。对所有新、改、扩建建设项目，都必须按照节水“三同时”要求，同期配套建设节水设施，并将节水“三同时”制度的落实细化在新建项目审批的各个环节，将节水措施方案审查作为建设项目审批的前置条件，要求所有新建工程项目必须编制节约用水措施方案，并通过节水管理部门的审查。环保、规划、住建、滇管等部门分别在环评、规划设计、商品房预售许可、施工、竣工验收备案、房屋产权证明、排水许可证办理等行政审批环节配合把关，使节水设施与主体工程同期配套建设落到实处。实行计划与定额用水管理。编制下达计划用水指标，实行按月考核，对超计划（定额）的用水户，严格征收超计划用水累进加价水费。对居民用水严格实行阶梯水价。对完成“一户一表”、“改表出户”的居民用水户实行了阶梯式计量水价。深挖工业节水潜力。通过开展清洁生产，限制高耗水项目，调整城市产业结构，淘汰落后的高耗水工艺和设备，积极推广应用节水新技术、新工艺、新设备，不断提高工业用水重复利用率。强力推进地下水井封停，切实保护地下水。采取“封停倒逼供水、供水倒逼管网、管网倒逼路网”的结果倒逼法，依法对以滇池流域及安宁市为重点的地下取水进行清理整顿，对城市公共供水管网到达区域的地下水水井实施全面整治和封停，禁止新开凿地下水井。积极开展城市雨水收集利用。对新、改、扩建建设项目都要求同期配套建设雨水收集利用设施，综合利用雨水资源。并将雨水收集利用设施建设纳入节水“三同时”审查把关。

【截污治污】 全面推进以滇池为重点的水环境综合治理。开展“一湖两江”流域水环境综合整治，实施全面截污、全面禁养、全面绿化、全面整治“四全”工程，以及“环湖截污和交通、外流域引水及节水、入湖河道整治、农业农村面源治理、生态修复与建设、生态清淤”六大工程。完成了主城8座城市污水处理厂的新建和改扩建，昆明主城区污水日处理规模从2008年的55.5万立方米提高到110.5万立方米，出水水质全部提升为一级A标；实行“河（段）长负责制”，对36条主要出入滇池河道和84条支流沟（渠）按照堵口查污、截污导流、再生水回用等8个方面的要求全面开展综合治理。通过不懈努力，滇池及入湖河道水质明显好转，滇池治理初见成效。积极实施城市污水再生利用。升级提标后的8座城市污水处理厂出水回用于城市河道作为生态景观补充用水。同时，通过建设加压泵站铺设再生水回用管网，将再生水供给周边单位、小区、公园和市政作为绿化、冲厕用水和景观补水。制定和实施了再生水利用补助政策，因地制宜推进分散式再生水利用设施建设并纳入节水三同时审查把关，截止2011年底建成分散式再生水利用设施314座，总设计处理规模累计达10.7万立方米/日。

经过多年坚持不懈努力，城市供水节水、科学用水、合理用水水平有了明显提高。城市节水工作取得显著成效：编制完成了昆明主城、呈贡新城节水专业规划；出台了城市节约用水、供水用水、地下水保护、城市排水、再生水管理、城市雨水收集利用等一系列城市节水政策法规；对所有新、改、扩建建设项目，严格贯彻执行节水“三同时”制度；将主城区内约5000只城市非居民用水户的总表纳入计划用水管理，对居民用水严格实行阶梯水价；深挖工业节水潜力，将工业用水重复利用率提高到90.63%，工业废水排放达标率为100%；积极开展城市雨水收集利用，建成的二环快速道路系统和11条城市道路的改扩建工程都配套建设了雨水收集利用设施；积极实施城市污水再生利用，制定和实施了再生水利用补助政策，因地制宜推进分散式再生水利用设施建设，建成分散式再生水利用设施314座，累计日设计处理能力达到10.7万立方米，城市再生水利用率达到了66.27%。

【荣获“国家节水型城市”称号】 2009年底，昆明创建国家节水型城市的各项指标达到了申报条件和考核要求。2010年4月初顺利通过了省级初审验收，12月底顺利通过了国家考核验收。2011年年5月被正式命名为“国家节水型城市”。在9月2日的节水型城市创建工作会议上，正式被授予了“国家节水型城市”称号。

【抗旱节水】 面对三年连旱、水源紧缺的严峻形势，昆明市在省委、省政府的坚强领导下，始终把抗旱节水保供水工作列为全局工作的第一位任务，先后召开了13次会议，制定出台了《昆明市人民政府关于进一步加强城市节约用水工作的实施意见》、《昆明市人民政府办公厅关于加强昆明市城市抗旱节水保供水工作通知》、《昆明市人民政府关于加强城市节约用水的通告》，超前谋划，周密部署，沉着应对，狠抓落实，扎实开展抗旱节水保供水各项工作，全力保障城市供水安全。

加强宣传，全面动员，迅速掀起全民抗旱节水保供水的氛围。通过新闻媒体宣传报道、制作投放公益广告、悬挂节水布标、张贴宣传画、印发宣传资料等一系列措施，加强宣传动员，调动广大市民积极参与城市抗旱节水行动。

加强计划用水管理。将月用水量在100立方米以上的非居民用水户纳入计划用水管理，并下调计划用水指标，超计划用水直接按最高倍率收缴超计划用水加价水费。通过经济杠杆促进用水户加强用水管理，不断提高用水效率。

加强洗浴、游泳行业和用水大户的用水监管，督促落实节水措施，使用循环用水设施和节水型器具，不断提高工业用水重复利用率。

加强对已建成分散式再生水利用设施运行的监管，加快推进城市集中式再生水管网建设，充分利用再生水替代自来水。2011年回用再生水1069万立方米。

严格落实节水“三同时”制度，所有新（改、扩）建工程项目必须配套建设再生水利用、雨水收集利用等节水设施，使用节水型器具。

继续开展水量平衡测试和节水型企业（单位）、小区创建工作。2011年完成了42家企业（单位）的水量平衡测试，18家节水型企业（单位）和23个节水小区的创建。

加大执法力度，严肃查处破坏供水节水设施和浪费用水等违法行为。2011年以来共查处了110余件漏水举报和浪费用水行为。

（市节水办）

工　业

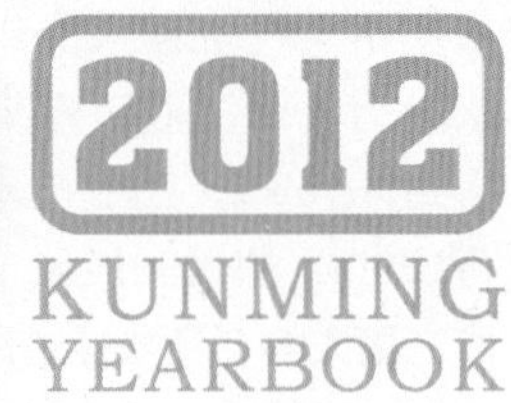

◆ 责任编辑 杨子人

工业综述

【工业总量】 2011年，全市工业完成增加值突破800亿元，达848.9亿元，增长15.5%。规模以上工业企业完成工业总产值2589.10亿元，增长19.7%；完成工业增加值698.22亿元，增长16.6%；完成主营业务收入2653.15亿元，增长24.4%；完成利税总额389.95亿元，增长21.8%；完成利润总额147.61亿元，增长21.3%。

【产业结构】 2011年，轻工业完成增加值315.19亿元，增长17.6%；重工业完成增加值383.03亿元，增长15.7%。轻、重工业比为45.1∶54.9，卷烟工业与非烟工业增加值比为28.8∶71.2，非烟工业进一步发展壮大。黑色冶金、有色冶金、化工、机电、能源、医药等产业结构和产品结构进一步提升，光电子、生物医药、绿色食品等新兴产业正在兴起和发展，工业经济运行稳定性得到加强。

【主要工业行业】 2011年，烟草及配套行业实现主营业务收入272.59亿元、增加值200.78亿元、利税197.70亿元、利润33.33亿元；黑色冶金行业实现主营业务收入284.27亿元、增加值28.55亿元、利税2.56亿元、利润1.13亿元；有色冶金行业实现主营业务收入624.47亿元、增加值57.77亿元、利税43.15亿元、利润29.94亿元；化工行业实现主营业务收入360.17亿元、增加值90.29亿元、利税31.59亿元、利润24.33亿元；装备制造业实现主营业务收入300.06亿元、增加值80.07亿元、利税20亿元、利润11.24亿元；医药行业实现主营业务收入97.05亿元、增加值34.94亿元、利税24.85亿元、利润17.25亿元；建材行业实现主营业务收入82亿元，增加值25.53亿元、利税4.46亿元、利润1.02亿元；能源行业实现主营业务收入170.1亿元、增加值46.4亿元、利税13.34亿元，利润3.64亿元。

【主要工业产品】 完成卷烟854.53亿支，增长2.1%；钢材448.19万吨，增长2.5%；磷矿石2170.35万吨，增长7.5%；化肥145.13万吨，增长44.1%；中成药15053吨，增长12.8%；电力电缆330603千米，增长49.1%；水泥1233.82万吨，增长26.5%；十种有色金属77.35万吨，增长9.0%；数控机床8206台，增长12.3%。

【工业投资】 2011年，全市完成工业固定资产投资（含电力）608亿元，创历史新高；完成非电力工业固定投资583.8亿元，增长51.4%，占全省非电工业投资总额的41%。云南国家锗材料基地、昆明电缆中小企业技术创新基地、云内动力技测研发及配套建设项目、康师傅食品及包装生产基地、沈机集团昆机重大型铸铁件、数控机床生产基地项目等85个投资亿元以上的工业项目开工建设；红云红河集团昆明卷烟厂易地技术改造项目、武钢集团昆钢185万吨抗震钢技改搬迁项目、祥丰金麦高浓度磷复肥生产线改扩建项目、南天电子自助产品群研发生产基地（一期）、昆明百事可乐百事系列饮料的生产线等51个亿元项目竣工。

【园区发展】 2011年，全市国家级、省级园区分别增加到的4个和15个，总体规划控制面积达1300平方千米，继续实施三年倍、六年跨越行动计划。全市工业园区完成基础设施投资135亿元，同比增长40.3%；新建标准厂房145万平方米，收储及预收储土地5万多亩，园区基础设施配套到位的熟地面积超过建成区的30%；引进各类招商引资项目972个，实际到位内资608亿元，实际利用外资7.05亿美元。其中，工业项目501个，实际到位内资322亿元，实际利用外资2.83亿美元。2011年，全市园区实现规模以上工业增加值605亿元，工业集中度达86.7%。

【大企业大集团培育】 经过多年的培育和发展，昆明市工业形成以烟草及配套、黑色冶金、有色冶金、化工、装备制造、医药、建材、能源等行业为主的工业产业体系，形成一批行业龙头企业或企业集团。2011年，规模以上工业企业773户，其中：主营业务收入上亿元的企业有307户。其中，主营业务收入上亿元的企业有307户，5亿元以上的有77户，10亿元以上的有43户，50亿元以上的有5户，100亿元以上的有4户。

【企业自主创新能力】 大力推进企业技术创新，鼓励和支持企业加快技术中心建设，构建以企业为主体、市场为导向、产学研相结合的技术创新体系。2011年，新增45家企业技术中心被认定为各级企业技术中心，全市共有168家企业建立了国家级、省级、市级企业技术中心，其中，国家级12家，省级109家，市级123家。企业技术中心已成为企业产品研发的平台、技术交流的平台、人才培养的平台，有效提升昆明市企业自主创新能力。全市共有64户企业的产业振兴和技术改造项目获得支持，支持资金共计7760万元。其中：28个项目获得国家和省扶持资金5570万元，36个重大工业技改项目获得市级2190万元资金支持。5户企业被省工信委核定为首批云南省质量控制和技术评价实验室。

【节能降耗】 “十二五”期间，省政府下达昆明市单位GDP能耗下降18%，2011年同比下降3.9%。围绕这一目标，今年以来，全市坚持把节能减排作为加快调整产业结构、转变发展方式的重要抓手，统筹处理节能减排与经济发展的关系，落实责任、细化措施，在保持经济平稳健康发展的同时，节能降耗工作取得新的成效。2011年全市单位GDP能耗同比下降4.19%，规模以上工业万元增加值能耗同比下降7.44%。为进一步优化钢铁行业结构，做好钢铁行业的节能降耗，2011年，淘汰安宁市永昌钢铁有限公司350立方米年产40万吨炼铁高炉1座、昆明呈钢钢铁有限公司年产能共为35万吨的炼钢电炉2座，圆满完成被列入国家2011年公告淘汰的落后产能任务。进一步完善节约能源法规，《昆明市节约能源条例（草案）》已通过市人大常委会第一次审议。

【循环经济】 全市工业以冶金、磷化工、建材、电力等行业为重点强力推进，发挥中央、省属大型企业和重点企业发展循环经济的示范带头作用，通过企业产业链延伸，引导产业向关联的生态化转向，构筑规模布局合理、功能互补的生态工业体系。2011年，通过资源综合利用认定企业20户，全市工业固体废物综合利用率达60%，其中粉煤灰综合利用率达95%以上。完成清洁生产审核评估企业105户，占全省完成数的95%。通过清洁生产审核实施无/低费方案和中/高费方案共计2558个，有效促进滇池流域和牛栏江流域的保护和综合治理。

【工业招商引资】 2011年，全市引进工业类项目722个，占项目总数的23.6%，考核认定资金403.39亿元，占考核认定资金总额的36.6%。其中：10亿元以上项目33个，5亿～10亿元项目29个，1亿～5亿元上项目159个，5000万元～1亿元项目143个，3000～5000万元项目82个，3000万元以下项目276个。近年来，昆明市工信委坚持把招商引资工作作为“一号工程”，牢固树立“抓工业就是抓项目，抓项目就是抓招商，抓招商就是抓发展”的思路，创新工作方式，狠抓项目落地建设，营造招商引资环境。由市工信委组建的温州招商分局2008～2011年连续四年被评为全市招商引资先进集体。

2011年昆明市工业经济主要指标完成情况

主要指标名称	完成额（单位：亿元）	同比增长（%）
全市工业增加值	848.9	15.5
规模以上工业增加值	698.22	16.6
规模以上工业主营业务收入	2653.15	24.4
规模以上工业利税总额	389.95	21.8
规模以上工业利润总额	147.61	21.3

（王泽昊）

装备制造业

【行业概况】 昆明市装备制造业历史悠久，有深厚的产业基础，精密机床、大型铁路养护机械、烟草机械、光学仪器等在全国同行业中有较大的影响力，在全市工业经济中占有重要地位。近年来，昆明装备制造业以技术创新为动力，以优化产业结构和增强竞争力为主线，坚持走新型工业化道路的发展思路，经过改制改革和重组，结构调整不断优化、骨干企业规模不断发展壮大、经济效益不断提高，成为全市重要支柱产业之一。2011年，昆明市装备制造业规模以上企业有187户，占全市规模以上工业的24%；完成工业总产值297.43亿元，占全市规模以上工业的11.5%；实现工业增加值80.07亿元，占全市规模以上工业的11.5%；从业人员年平均人数为4.88万人，占全市规模以上工业的21.8%；实现利润11.24亿元、利税20亿元，分别占全市规模以上工业的7.6%和5.1%。全市装备制造业共有各级企业技术中心49个，占全市的29.3%，并成立昆明市首个装备制造企业科技专家服务站。一大批装备制造中小企业也进一步完善了研发机构和技术创新体系，行业和企业技术创新水平明显提高。装备制造业已成为传统产业优化升级和加快新兴产业发展的重要支撑，为推进“两化融合”和加快新型工业化提供重要保障。

【行业结构】 2011年，全市共生产汽车发动机1122.6万千瓦、金属切削机床63464台（其中数控机床8206台）、变压器1057.2万千伏安、发电机组56万千瓦、电力电缆33万千米、矿山专用设备2.9万吨、金属紧固件13.5万吨、起重机2.2万吨、混凝土机械165台。昆明船舶设备集团有限公司、昆明中铁大型养路机械集团有限公司、昆明云内动力股份有限公司、昆钢重装集团、沈阳机床集团昆明机床股份有限公司、云南CY集团有限公司和云南变压器电气股份有限公司、哈尔滨电机厂（昆明）有限责任公司、云南南天电子信息产业股份有限公司、云南西仪工业股份有限公司等11户大企业（集团），共实现销售收入162亿元。

【重点产业】 紧紧抓住“桥头堡”城市建设战略机遇，根据昆明装备制造业的实际，整合现有资源，发挥自身优势，合理规划装备制造业产业布局，重点发展具有市场优势和发展前景的汽车和新型汽车柴油发动机、电工电器、数控机床、成套设备、基础件及零部件配套等行业。

新型汽车柴油发动机行业：充分发挥云内动力的龙头和带动辐射作用，积极支持云内通过战略合作、技改、园区研发中心建设等扩大产能；通过采用国际最新柴油机先进技术，开发了具有自主知识产权和国际先进水平的节能环保型及电控高压共轨柴油机等系列产品，在国内达到领先地位并在柴油机轿车市场占据了重要份额，云内动力股份公司已成为全国最大的多缸小缸径内燃机生产企业。

电工电器行业：昆明市紧紧抓住国家扩大内需、西电东送、云电外送、国家和云南加快电力开发、铁路建设及电气化改造、新机场建设、城市电网改造等契机，大力发展电力装备，积极支持企业开拓更高端的产品技术与市场。目前，天威云南变压器股份有限公司生产的电气化铁道牵引变压器和高原型电力变压器被评为云南省名牌产品，牵引变压器和高原型组合式电力变压器技术水平和市场占有率均处于国内领先水平；昆明电缆集团股份有限公司研发的高导电率大截面输电导线处于国内领先水平。

机床行业：机床制造业是昆明市的传统优势产业，拥有“昆机”、“CY”、“昆铣”等国内外知名品牌，其中，大型数控铣镗床市场占有率全国名列前茅，高档、数控、精密、大型机床已成为昆明市主导产品。云南CY集团公司进入云南高新技术企业30强；沈机昆明机床股份有限公司通过充分发挥昆机多年制造高、精、尖大产品的优势，使产品向高速、高精、高效发展，实现批量化生产柔性自动线，真正迈上高端制造的新台阶。以沈机集团昆明机床股份有限公司、云南CY集团有限公司和云南合信源机床有限责任公司三家企业为主体组成的云南机床销售联盟，在国内机床市场占有重要的市场份额，云南机床销售联盟着力构建营销网络体系，以上海和郑州为中心，辐射华东和中原市场，营销手段的创新将进一步推动和提高昆明市机床制造企业的产品水平、品牌形象以及市场端销售模式的转变，形成利益共同体，促进昆明市机床制造业的深层次合作。

成套设备制造行业：昆明市充分利用国家大力实施基础建设和产业升级的大好时机，重点发展自动化物流设备、现代化大型铁路养护设备、重化矿冶成套设备、制糖成套设备、烟草加工机械设备、轨道交通装备，积极通过技术创新，开发成套设备，发展具有自主知识产权、达到国际先进水平的成套产品。昆明克林轻工机械公司通过技术改造、引进世界先进技术生产的系列制糖机械产品，已处于国内领先水平，同时占有很大的国内国际市场；昆明中铁大型养路机械集团有限公司生产的大型铁路养护成套设备制造技术处于国际先进水平，已成为亚洲第一、世界第二的铁路养路机械研发制造企业和“两化融合”的典范；昆明船舶设备集团有限公司是国内烟草机械和自动化物流装备研发生产的骨干企业，拥有国家级企业技术中心，在烟草制丝成套设备、打叶复烤成套设备、自动化物流系统等领域处于国内技术领先水平，“昆船牌企业仓储自动化物流系统”和“昆船牌烟机”分别是中国名牌产品和云南省名牌产品；昆明南车城市轨道车辆有限公司以昆明市城市轨道建设为契机，建设的轨道交通装备生产维修基地，实现城轨车辆及相关配套零部件本土化生产。

基础件及零部件配套行业：以重点装备产业和产品为重点，提高铸造工艺水平，以适应昆明机床、内燃机、汽车零部件、电工电器、矿山机械等产业发展的需要。以汽车发动机连杆、凸轮轴、汽车制动毂等零部件为重点，积极支持装备制造业专、精、特、新零部件的发展。云南西仪工业股份有限公司根据市场积极调整产品结构，使公司产品由原来的单一产品发展为汽车发动机连杆和机床制造等多类主导产品，汽车发动机连杆产量在全国名列前茅。

【技术创新】 昆明船舶设备集团有限公司大型枢纽机场行李处理系统智能成套装备研制开发与昆明新机场应用示范项目获得国家财政补助支持；云南南天电子信息产业股份有限公司南天移动支付终端及系统平台产业化项目列为国家电子信息产业振兴和技术改造项目；云南南天电子信息产业股份有限公司信息系统（金融）运行维护支持系统研发及产业化项目列为国家电子信息

产业发展基金重点扶持项目。

【发展规划】 为贯彻党的十七大提出的振兴装备制造业的战略任务，落实《国务院关于加快振兴装备制造业的若干意见》、《装备制造业的调整振兴规划》和《云南省人民政府关于促进云南装备制造业发展的意见》，昆明市政府将装备制造业列入重点产业培育，颁布实施《昆明市人民政府关于加快振兴昆明装备制造业的实施意见》，编制完成《昆明市装备制造业“十二五”发展规划》，重点发展电力装备、光机电、数控机床、铁路养护机械、新型柴油发动机及汽车产业、自动化物流成套设备、重化矿冶节能环保成套设备、新型农业机械和生物资源加工专用装备、机场装备、轨道交通装备、机械基础件及零部件配套等技术水平高、成套能力强、具有特色优势的产业，引导装备制造业科学快速发展。

【行业布局】 随着现代新昆明建设的跨越式发展，招商引资力度的加强，昆明建设生态城市和环境保护的要求，位于主城区的装备制造企业将按相关优惠政策和技术改造的要求，向工业园区转移，结合装备制造业发展和园区的总体布局、产业导向，促进资金、技术和人才等要素向优势区域集中，鼓励大企业、大项目及其他配套产业向园区集聚发展，培育一批产业特色突出、专业分工合理、协作配套完善、创新能力较强的装备制造业产业集群。昆明市装备制造业规划布局为：以昆明高新区、昆明经开区、杨林工业园区、海口工业园区、官渡工业园区、晋宁工业园区、寻甸特色产业园为主形成电力装备、机床、汽车及零配件、成套设备等为主的装备制造产业集群，着力打造云南电力装备产业基地、昆明机床产业基地、昆明大型铁路养护机械养护生产基地和杨林、寻甸等重点装备制造业生产基地。

（杨继华）

原材料工业

【行业概况】 2011年，昆明原材料工业全面贯彻落实科学发展观，按照“调整、改造、优化、提升”的总体要求和“以转变发展方式、优化调整产业结构为主线，以重点项目建设为抓手，以行业管理为手段，促使原材料工业优化结构、提高质量、增加附加值，提高资源利用效率”的原材料工业工作思路，坚持走新型工业化道路，积极转变经济增长方式，坚持扩张总量与调整结构并举，以提高产业集中度、推进技术进步和节能减排、淘汰落后产能为工作重点，促进原材料工业由大变强、优化结构、提高产品质量和附加值，提高资源利用效率，圆满完成“十一五”规划中制定的各项目标任务和市委、市政府年初确定的全市经济社会发展的各项工作目标。2011年，全市规模以上原材料工业企业320户，从业人员10.07万人，总资产1624.35亿元，完成工业总产值1467.93亿元，占全市规模以上工业的56.70%，同比增长27.3%；实现增加值264.54亿元，占全市规模以上工业的37.89%，同比增长22.1%；实现主营业务收入1548.40亿元，占全市规模以上工业的58.36%，同比增长19.07%。

【行业结构】 按照在“初级原材料优化，中间原材料提升，新型原材料发展，以初中级新材料为原料的延伸和新材料产业培育”五个方面取得新进展的结构调整目标，为促进昆明市的原材料工业的优化发展，突出做好以下几个方面工作：

在产权结构上，进一步形成多元化的产权结构，拓宽发展资金来源。按照国家、省推进钢铁企业兼并重组文件政策、《云南省钢铁企业兼并重组方案》，科学编制《昆明市钢铁企业兼并重组实施方案》，重点推进安宁、宜良、晋宁、东川等县（市、区）钢铁企业重组，鼓励和支持安宁永昌钢铁有限公司作为整合主体实施跨地区、跨所有制兼并重组；支持现有水泥熟料年产能200万吨以上、国内前十位或以水泥资产为主上市的水泥企业参与全省水泥行业联合重组。

在产品结构上，进一步加大高附加值新产品的比重，降低资源型、粗加工、高消耗、低附加值的产品比重。支持和鼓励发展新型优质钢材产品，加快400兆帕及以上高性能抗震钢、耐酸钢、管道钢及特种异性钢材品种发展；积极发展高强度结构钢、高档工磨具钢、特殊用途的钢材等品种；鼓励铜加工企业开发电工用铜线坯、高速电气化铁路接触网导线、高效节能电动机用铸铜转子、超细电解铜粉和电磁线、管、板、带、箔以及铜基合金材料等铜深加工产品，开发机械装备、建筑用铜制品；鼓励发展氯化法钛白粉、钛合金钛制品项目，支持钢铁企业走“钢—钛结合”发展模式，延伸钛产业链；加强锗、铟等稀散金属开发，支持鑫圆锗业、云南天浩等稀贵金属重点企业加快发展；支持新工艺磷酸生产，以磷酸净化分级利用为方向，大力发展规模化、系列化、专用化的磷精深加工产品；鼓励发展超白超薄玻璃、太阳能光伏玻璃、导电玻璃、光伏建筑一体化太阳能玻璃、显示器用超薄电子基板玻璃等产品；鼓励发展特色建筑装饰石材产品。

在产业结构上，进一步延伸产业链，加快下游产业的发展。以云铝股份等企业为龙头，延伸“氧化铝—水电—电铝—铝材”产业链，在现有铝合金、电工圆铝杆、铝铸轧卷、冷轧板、铝箔、型材基础上，不断提高铝深加工能力。

2011年，在原材料工业中：①规模以上采选企业有53家，从业人员2.61万人，总资产330.09亿元，完成工业总产值118.9亿元，占全市规模以上工业的4.59%，同比增长42.1%；实现增加值50.12亿元，占全市规模以上工业的7.18%，同比增长24.2%；实现主营业务收入144.42亿元，占全市规模以上工业的5.44%，同比增长23.93%；利税19.65亿元，占全市规模以上工业的5.04%，同比增长41.06%。主要产品产量：原煤637.36万吨，同比增长24.4%；铁矿石289.01万吨，同比增长29.2%；铜金属含量7.16万吨，同比增长18.8%；磷矿石（含五氧化二磷30%）2170.35万吨，同比增长7.5%。②规模以上化工企业有111家，从业人员2.89万人，总资产385.18亿元，完成工业总产值465.86亿元，占全市规模以上工业的17.99%，同比增长42.6%；实现增加值102.57亿元，占全市规模以上工业的14.69%，同比增长28.0%；实现主营业务收入413.24亿元，占全市规模以上工业的15.58%，同比增长33.1%；利税40.44亿元，占全市规模以上工业的10.37%，同比增长10.2%。主要产品产量：原盐100.76万吨，同比增长4.6%；焦炭303.4万吨，同比减少4.3%；硫酸（折100%） 677.85万吨，同比增长6.8%；盐酸（含30%）11.7万吨，同比增长29.1%；烧碱（折100%）19.24万吨，同比增长15.9%；三聚磷酸钠10.68万吨，同比增长，47.24%；黄磷13.75万吨，同比增长，13.9%；合成氨56万吨，同比增长6.7%；化肥总计（折纯）145.13万吨，同比增长44.1%。③规模以上建材企业82户，从业人员1.37万人，总资产122.54亿元，完成工业总产值92.54亿元，占全市规模以上工业的3.57%，同比增长31.64%；实现增加值25.53亿元，占全市规模以上工业的12.36%，同比增长26.10%；实现主营业务收入82.00亿元，占全市规模以上工业的3.09%，同比增长25.1%；利税4.46亿元，占全市规模以上工业的1.14%，同比减少29.65%。主要产品产量：水泥熟料951.15万吨，同比增长23.4%；水泥1233.8万吨，同比增长2.0%；石膏板739万平方米，同比增长，361.9%；砖15.33亿块，同比增长4.3%；天然大理石建筑板材248.75万平方米，同比减少6.2%；防水卷材120.7万平方米，同比增长，12.1%；平板玻璃254万重量箱，同比减少3.4%。④规模以上冶金企业74户，从业人员3.21万人，总资产786.54亿元，完成工业总产值790.63亿元，占全市规模以上工业的30.546%，同比增长17.49%；实现增加值86.32亿元，占全市规模以上工业的12.36%，同比增长13.56%；实现主营业务收入908.74亿元，占全市规模以上工业的34.25%，同比增长12.48%；利税45.71亿元，占全市规模以上工业的11.72%，同比增长84.09%。主要产品产量：生铁392.48万吨，同比减少15.8%；粗钢390.45万吨，同比减少13.8%；钢材448.19万吨，同比增长2.5%；主要产品产量：精炼铜37.73万吨，同比增长15.8%；铅1233吨，同比增长16.6%；锌6.51万吨，同比增长1.59%；镍167吨，同比减少81.6%；原铝32.96万吨，同比增长3.9%。

【行业固定资产投资与技改】 2011年，昆明原材料工业的自主创新能力、工艺和装备水平进一步提高。

昆钢淘汰落后产能异地技改（185万吨高性能抗震钢）项目已建成，并点火试车；安宁永昌钢铁80万吨/年棒材、60万吨/年高速线材项目也已建成，并投入生产。

中铝昆明铜业有限公司22万吨/年高精电工系列铜材深加工基地建设、云铜集团王家桥冶炼总厂异地搬迁改造、云南冶金集团杨林20万吨/年精铝带箔项目建设、云铜钛业禄劝1万吨/年海绵钛项目、云南泽昌二期3万吨/年、大互通8万吨/年硫酸法金红石型钛白粉项目建设、以云天化及安宁弘祥等为主体的国家级高浓度磷复肥基地建设、寻甸先锋褐煤洁净化试验示范项目建设、云南盐化股份80万吨/年真空制盐工程项目、昆明玻璃股份有限公司750万重量箱超白玻璃生产线异地搬迁技改项目等重点项目正在积极推进中。

围绕昆明建设面向西南开放的门户和桥头堡城市，积极承担国家能源安全建设的战略任务，全力支持国际输油输气管道及配套工程建设，协同推进安宁一期1000万吨级炼油项目和120万吨乙烯装置项目建设，以此为基础科学规划发展石油化学工业、天然气化学工业和合成化工产业。

【节能减排和资源综合利用】 2011年，昆明原材料工业在科学、合理、有效利用资源，实现对资源的规划开发、分级使用和综合利用，推进清洁生产和节能减排方面成效显著。推进合成氨企业实施原料路线、动力和废水闭路循环等技术改造提升；围绕氯碱化工，打造多种基础原料、新型合成材料及型材加工、“三废”利用产品组成的产业链；重点推动磷炉尾气治理和节能技术改造，鼓励黄磷炉尾气发电或制甲酸钠、醋酸等碳一化工产品；严格限制单一湿法磷酸、热法黄磷项目，着力推进磷石膏综合利用，支持新工艺磷酸生产，以磷酸净化分级利用为方向，大力发展规模化、系列化、专用化的磷精深加工产品；依托昆明市钛产业发展的比较优势，改造和提升以富民为重点高铁渣及硫酸法钛白粉生产工艺装备，严格控制普通锐钛型钛白粉项目；支持钢铁企业走“钢—钛结合”发展模式，延伸钛产业链，推进倘甸产业园区钛工业发展；积极推进贵研铂业稀贵金属二期资源回收和再利用项目建设；全面推进水泥生产装置配套低温余热发电，继续做好淘汰现有立窑水泥生产装置。支持利用水泥窑协同处理城市生活垃圾、城市污泥和工业废弃物，推进建材工业与电力、化工、煤炭、钢铁、有色等建立紧密结合的循环经济产业体系。鼓励利用磷石膏、电石渣、黄磷渣、钢渣等工业废弃物发展水泥或新型建材；以石林、安宁、禄劝工业园区为重点，加快大型石材加工基地建设，提高石材的本地深加工量，实现石材生产加工由“小、土、散、乱”向规模化、集约化和专业型生产转变，加强对石材开采和加工废弃物回收和综合利用管理。

【行业管理】 2011年，昆明原材料工业的行业管理秩序进一步理顺。组织宣贯国家黄磷、电石、水泥、合成氨、多晶硅、铜铅锌、焦化等行业准入条件。按照国家工信部和省工信委要求布置，开展黄磷、水泥、高铝粘土等行业准入公告和电解铝项目现场核查；开展耐火粘土（高铝粘土）专项调查，下达2011年度耐火粘土（高铝粘土）生产指令性计划。组织宜良金和铸造等4户铸造用生铁企业规范条件认定，现已上报国家工信部。按照国家《产业结构调整指导目录》（2011年）做好磷、钛行业产业政策前置性审查工作。开展黄磷、磷酸、磷酸氢钙、硫酸、磷肥、盐及氯碱化工、电石、水泥、钢铁、铁合金、铜铅锌、稀散金属等行业产业政策认定，以及水泥、铜冶炼、黄磷、电石等行业试生产，共计办理各类产业政策审核、认定48件。贯彻全省稀有金属工作会议精神，加快锗铟等稀散金属产业培育发展；开展莱克多巴胺、化工食品添加剂、邻苯二甲酸酯类等专项调查，从讲政治的高度，做好食品安全相关工作；建立原材料工业经济运行分析制度，加强对全市30户重点原材料企业适时监测，全面掌握原材料工业发展动态，做好原材料工业促增长工作；组织开展黄磷、电石、合成氨、水泥、电解铝、工业硅等6类企业主要资源能源消耗调查公告；紧紧围绕省、市“212”重点工业项目中宜良红狮、倘甸马街、寻甸东山、明良汇江水泥、昆钢异地搬迁、安宁永昌寻甸褐煤洁净化、东川铜冶炼、冶金集团钛材、高浓度磷复肥、富民钛白等35个原材料工业项目，做好项目协调服务推进工作；妥善处置3.16食盐抢购事件，扎实推进富民盐矿的关闭。研究制订《昆明市2011年盐业工作指导意见》，指导和协调昆明市盐务局，全面履行盐业行政管理职能。

（刘　珍）

消费品工业

【行业概况】 昆明消费品工业在繁荣市场、拉动内需、扩大就业、增加出口、服务三农等方面承担着重要任务。随着国家“扩内需、调结构”一系列政策措施的贯彻落实以及省委省政府“大力发展轻工业”的决策部署，为消费品工业平稳较快发展创造良好环境。2011年，昆明市消费品工业完成工业总产值631亿元，同比增长19.5%，占全市规模以上工业的24.4%；实现工业增加值315.2亿元，同比增长17.6%，占全市规模以上工业的45.1%，拉动全市规模以上工业增加值增长7.9个百分点。消费品工业已成为昆明市工业发展和产业结构调整的重要支撑。

【生物医药产业】 昆明市的医药工业是以植物药、化学药、生物疫苗、民族药为主要架构的多门类体系。2011年全市规模以上医药工业企业累计生产化学药品原药1114吨，同比增长2128%，中成药15053吨，同比增长12.8%，完成规模以上工业增加值34.9亿元，同比增长21%，占全市规模以上工业的5%。目前，昆明市生物医药行业共有云南白药集团股份有限公司、昆明制药集团股份有限公司、昆明圣火药业（集团）有限公司、云南沃森生物技术股份有限公司4家上市公司。

生物医药产业工业投资项目有序推进。云南白药整体搬迁项目作为省重大工业项目之一，总投资达15.97亿元，已于2011年全面竣工投产，将带动云药产业快速发展。投资3亿元，落户高新区的龙津药业注射用灯盏花素及抗癌药品生产基地建设也进入最后冲刺阶段。昆药集团新建生产基地项目被列为市重大工业项目推进，项目选址呈贡七甸工业园区，目前该项目正在积极推进。

生物医药企业自主创新能力不断增强，积极以专利技术为依托，打造知名品牌，提高企业竞争力。云南白药集团被国家工商总局列为国家商标战略示范企业，品牌价值得到进一步提升。昆明龙津药业股份有限公司研发的注射用灯盏花作为中药注射剂产品，有效成分达到98%以上，基本达到化学药对纯度的要求；起草的注射用灯盏花质量标准被载入《中国药典》；注射用灯盏花素冻干粉针剂被列为国家重点新产品，“龙津”商标被授予云南省著名商标。昆明圣火药业公司“理洫王”商标获国家工商总局裁定为“中国驰名商标”。

【烟草工业】 在云南省烟草工业发展5年行动计划的指引下，烟草工业实施大企业大集团大品牌战略，使全市烟草工业保持快速发展的势头，卷烟工业平稳运行，产量稳步增加，高档卷烟比例还逐步提高，经济效益进一步提高。2011年全市累计生产卷烟170.9万箱，与上年的167.4万箱相比，增长2.1%；完成规模以上工业增加值200.7亿元，同比增长15.2%，占全市规模以上工业的28.7%，为全市工业经济的第一大产业。全市烟草配套企业达到68户，比上年新增5户；实现工业总产值63.8亿元，同比增长17%；完成工业增加值27.23亿元，同比增长15.5%。

近年来，重点实施昆明卷烟厂异地搬迁改造项目、红云红河集团管理总部、后勤保障设施、云烟科技园及立体停车库项目、云南瑞升烟草技术（集团）有限公司中式卷烟配套技术、新材料研究、开发基地建设项目、云南省烟草烟叶公司烟叶仓储（醇化）物流中心项目、昆明邦斯特生物技术有限公司烟草发酵酶制剂生产基地建设项目等一批烟草及配套项目。其中，占地1177亩，总投资55.6亿元的红云红河集团昆明卷烟厂异地技改项目，经过5年的建设，于2011年5月正式竣工投产。从而昆明卷烟厂成为目前中国烟草行业技术最先进、建设规模最大的卷烟工厂，年生产能力150万箱。

【食品工业】 2011年食品工业规模以上企业完成增加值36.5亿元，占全市规模以上工业的5.2%。其中农副食品加工业11亿元，同比增长20%；食品制造业8亿元，同比增长8.9%；饮料制造业17.5亿元，同比增长34.4%。

各县（市、区）、开发区及工业园区根据产业定位和区位特点，正在建设一批食品、农副产品深加工基地和集聚区，并吸引百事可乐、统一食品、顶新集团、娃哈哈饮料、双汇集团、燕京啤酒、雨润集团、新希望集团等一批国内外知名品牌和知名企业落户；同时，部分本土企业也积极向园区积聚。位于宜良的云南饲料加工产业基地正在实施阶段，项目一期规划面积1500亩，设计规模为200万吨；二期规划450亩，在南昆铁路宜良北站、昆明南绕城线、宜九公路三条交通干线的“金三角”位置，建设物流中心、配套饲料交易市场、仓储运输设施等。

【木材加工及家具制造业】 2011年，昆明市规模以上木材加工及家具制造企业达17户，从业人员达7149人；完成销售收入6.13 亿元，增长2.4%；实现工业增加值1.55 亿元。

2011年，昆明市加快木材加工及家具制造业聚集区和特色园区建设，增强企业的关联度和综合竞争力，加快建设从原材料供应、成品生产到市场销售的完善产业链配套体系，区域品牌的竞争优势和区域产业整体水平得到不断提升。积极推进晋宁、杨林2个专业化产业园区建设。选址晋宁的泛亚家具产业园，已通过有关部门批准，该产业园定位为建设面向中国西南及泛亚地区新兴家具产业园，建成后将成为中国目前规模较大，集生产制造、科研、商业贸易、仓储、物流、配送于一体的家具产业园区，是一个承接东部沿海以及本地家具产业优化转移的园区。选址杨林的中国（昆明　杨林）木业家具产业园已签订共建协议，共建各方正在积极推进项目建设，打造中国面向东南亚、南亚的重要的木业家具加工中心。

【行业固定资产投资】 2011年，全市以结构调整、产业升级为主线，招商引资和项目推进力度不断加大，消费品工业固定资产投资总体保持稳步增长。行业固定资产投资基本情况是：农副食品加工业14.89亿元，增长87.4%；食品制造业8.69亿元，增长36.2%；饮料制造业5.33亿元；烟草制品业16.64亿元，增长18.2%；造纸及纸制品业2.95亿元，增长104%；印刷业和记录媒介的复制6.83亿元，增长105.8%，医药造制业15.2亿元，增长36.9%；塑料制品业13.73亿元，增长70.9%；工艺品及其他制造业82.56亿元，增长126.9%。

（余　彪）

供　电

【概况】 全局下设14个职能部门，18个基层单位和10家县级供电公司，现有员工4724人。资产总额119.2亿元，共有500千伏及以下变电站181座（其中500千伏4座），35千伏及以上输电线路7147.9千米，10千伏配电线路17955.4千米，用电客户为186.1万户。

【创先工作】 统一了“硬件、软件两手抓，指标创先和管理夯实不偏废，聚焦核心指标，实施全员创先”的工作思路，从安全、可靠、服务、经济四个维度提出了“安全风险管理体系评级、城市客户年均停电时间、第三方客户满意度和110千伏及以下配电网综合线损率”四个创先核心指标。形成了简明清晰、有利于执行的2011～2012年创先行动方案，细化了292项具体工作措施。截至12月31日，城市供电可靠率99.939%，同比提高0.008个百分点，高于2011年的创先阶段目标0.004个百分点；110千伏及以下配电网综合线损率4.90%，同比下降0.44个百分点，实现了2011年的创先阶段目标；安全生产风险管理体系外审达73分，较上年提升了7分；盖洛普第三方满意度为81分，较上年提高了5分，在南方电网公司五个省会城市中排名第一。

制定了《组织绩效考核管理办法》、《岗位绩效管理办法》，实现了四级贯通的战略绩效管理体系，确保了责任和压力的有效传递。在绩效管理中，始终坚持将创先指标纳入绩效考核，融为一体，把绩效作为工作的指挥棒，为创先服务。2011年，在全局范围内开展了3次组织绩效、12次岗位绩效考核，将考核结果与干部员工的薪酬管理、职业发展相结合，引导干部员工行为向战略要求靠拢，向创先要求靠拢，发挥了考核评价机制在创先推行中的促进作用。在云南电网公司21个供电单位2011年上半年度和第三季度组织绩效考核中，昆明市供电局排名第一。

【安全生产】 重视加强人身安全管理，制定了《昆明电网防范人身事故

昆明供电局主要经济指标完成情况

项 目	单 位	2011年完成	2010年完成	同期相比(%)	备 注
供电量	万千瓦时	2578887.00	2328750.28	10.74	
售电量	万千瓦时	2465071.90	2220338.26	11.02	
售电收入	万元	1047035	930026	12.58	不含税
售电平均电价	元/千千瓦时	421.74	417.37	1.05	不含税
供电环节总成本	万元	204738.09	182193	12.37	
供电环节单位成本	元/千千瓦时	83.06	81.95	1.35	
最高日供电量	万千瓦时	8208.20	7020.66	16.91	
最高日负荷	万千瓦	407.90	346.02	17.88	
线损率	%	4.41	4.66	−0.25	
综合电压合格率	%	99.37	99.14	0.23	
综合供电可靠率	%	99.872	99.818	0.054	
负荷率	%	87.97	89.18	−1.21	
电费回收率	%	99.90	99.98	−0.08	
全员劳动生产率	万元/人·年	84.03	77.87	7.91	不变价计算

九项重点控制措施》。成立了承包商安全分委会，编制了《承包商安全作业手册》。结合国务院599号令的颁布实施，针对可能导致昆明电网一般及以上事故的重大风险进行了分析，制定了5项电网事故防范措施。制定了《2011年设备主要风险重点管控措施及维护策略》，分解细化105项设备风险。截止2011年11月7日，昆明市供电局实现累计安全运行1000天，创历史最好纪录。

稳步推进安全生产风险管理体系建设，制定了《2011年安全生产风险管理体系建设工作计划》，明确了风险体系建设的工作重点、工作机制和工作目标，将责任分解落实到各相关部门、单位和责任人。修编、完善了73个体系文件和制度。

加强综合停电管理，2011年，配网线路重复停电率为1.92%，较2010年下降了0.93个百分点。计划停电按时停、送电率达97.6%，较2010年提高了0.86个百分点。加强配电网建设改造，配网线路“N−1”通过率达到75.1%，较2010年提升3.8个百分点；线路联络率达到85.3%，较2010年提升4.24个百分点。加强故障抢修管理，故障平均恢复时间由2010年的4.7小时降低到3.62小时。积极应用转供电、合环调电、设备状态检修、故障快速复电等技术手段，千方百计减少客户停电时间。全年，共减少停电影响时户数74169时户，其中实施输电线路带电作业2737次、配网带电作业2030次；在云南电网首次开展了10千伏配网合环调电工作；推行快速保护断路器的使用，加装支线快速保护断路器139台，正确动作率94.2%；实施状态检修，取消设备停电预试定检1253件；10千伏线路强送电成功136条次；引进了亚洲首辆移动式高电压、大容量发电车，应急发电8次。

【科技进步】 实现了全局近四年来首次科技项目验收零遗留。“35千伏超导限流器的研制和应用”项目获得南方电网科学技术一等奖，这是昆明市供电局首次获得南方电网内评选的科技工作最高荣誉，“普吉变电站35千伏超导电缆”被载入《昆明市科技志》。市局有7篇论文在南方电网技术论坛上进行了交流宣读，2篇论文邀请参会。

【电力供应】 严格执行省、市工信委有序用电政策，持续开展电力市场分析及负荷预测，通过完善各县区（市）新增用电负荷每季度通报机制，规范昆明市重大建设项目供电设施建设，建立重点工程办理情况动态统计表等措施，全力满足工业园区招商引资项目的实际用电需求。主动跟踪、掌握城中村改造项目的供电问题，开辟了城中村改造项目和城中村安置房建设项目报装绿色通道，简化报装手续。积极配合昆明新机场、轨道交通等市政重点工程，建立了良好、高效的沟通机制，实行专项管理，按期投运了110千伏螺蛳湾二期工程，完成了28个电力线路迁改重点项目，新建输配电线路246.5千米，全力确保了电力供应的平稳有序。

【优质服务】 牢固树立“万家灯火，南网情深”的核心价值观，更加主动地为客户排忧解难，建立了重要客户管理信息系统，及时跟踪重要客户安全隐患整改情况，实现了重要客户管理信息共享。制定了《昆明供电局2011年客户满意度提升方案》，积极推广营业厅“站式服务”模式，推广POS终端、手机、充值卡等先进缴费方式，开展了“联系 沟通 连心”客户联系信息维护工作和办理电费银行代扣业务赠礼活动。实现了95598供电服务热线统一受理6区8县（市）服务投诉。建立了低压报装、欠费复电、故障报修等六大业务“一站妥”体系。在昆明市2011年民主评议机关和行业作风测评中，首次位列9个公共服务行业第二名。

【电网建设】 结合城市发展，谋划电网规划。完善了《昆明市“十二五”电网发展规划》，编制了《昆明市“十二五”配电网规划》，经过南方电网公司审定，“十二五”昆明电网建设规划总投资126.25亿元，其中93.97亿元将用于110千伏及以下配网建设，占总投资的74.4%。本轮规划以创先工作为重点，调整电网规划思路，优先考虑解决2011年昆明电网结构方面存在的5大类问题，从规划角度提出应对措施12条，其中4条已实施完毕，其余8条将在“十二五”期间随规划项目逐步实施。《昆明城市电力专项规划（2011～2020）》通过了昆明市城乡规划委员会2011年第10次主任办公会审查，抓住382个城中村改造的契机，对67个站点和201回线路的通道进行了预留和控制，为今后城市电网的可持续发展留出空间。

狠抓项目管理，保障电网建设。认真贯彻落实南方电网公司基建“一体化”管理要求，组建了4个110千伏及以上业主项目部和7个35千伏及以下业主项目部。建立了262个WHS（质量控制标准）执行点，认真执行工程项目一级进度计划。全年共召开电网建设专题会议33次，研究解决电网建设问题329项。完成电网基建投资11.61亿元，为计划的99.58%，投产了220千伏输变电工程1个（樟木箐），110千伏输变电工程4个（化乐、兴隆、武家庄、沙河），新增主变容量74万千伏安，线路100千米，完成了35千伏及以下城网建设项目88项。

充分发挥昆明市电网建设指挥部平台的作用，积极推进东川区及9个县（市）纳入昆明市新建住宅项目供电设施建设管理范围的工作，2011年6月3日，昆明市政府正式公布了《昆明市新建住宅项目供电设施建设管理办法》。

【农电工作】 大力推进农网改造升级，以安全可靠、节能环保、技术先进、管理规范的新型农村电网为目标，有步骤地实施好新一轮农网改造升级工程。完成2010年下达计划的35千伏项目22项，10千伏项目858项，完成率100%。完成2011年下达计划的35千伏项目20项和10千伏项目145项的前期筹备和开工。通过改造，十家县级供电公司综合线损率均降至8%以内。一户一表改造完成19859户，实现了昆明地区农村户表改造率100%。

在安全监察部等七个职能部门设置了相应的农电业务岗位，为实施农电专业化管理模式奠定了基础。制定了《农电工安全行为手册》和《县级供电企业供电所工作指南》，确定了法古甸地区供电所等11个“标杆供电所”，强化了对供电所的管理。石林、呈贡供电公司通过了网、省公司县级供电企业基础管理达标优秀企业审查考评。积极稳妥推进农电体制改革，完成了西山电力有限公司转让辰华供电公司40%股权的工作。

【经营管理】 全力推广审计信息化工作。完成审计项目90项，提出审计意见34条，促进增收节支1030.94万元。配合完成南方电网公司对昆明市供电局关联交易审计调查及原局长离任经济责任审计工作。加强营销稽查，挽回电量损失331.46万千瓦时，挽回经济损失334.9万元。积极开展资金安全管理自查、“小金库”专项治理全面复查工作。开展固定资产投资建设项目、客户受电工程“三指定”以及各县级供电公司效能监察。加强物资需求计划审核工作，上报了5728项物资计划，金额达6.39亿元。大力推进仓库分级管理试点工作，深化清仓利库和逆向物流管理，库存物资同比减少53.48%，闲置物资利用率达80.8%。

逐步推行精细化预算管理模式，规范预算项目体系，按照“用工作内容测算成本费用，用项目带资金”的要求，细化供电成本预算到项目。严格执行资金收支两条线管理，建立了月度资金计划审核制度，实时动态监控成本指标。完成成本指标20.47亿元，为全年预算的99.82%。

【员工素质工程】 按照统一规划、统筹指导、分级管理、分类实施的原则，深入实施员工素质工程，制定《昆明供电局员工能力培训管理办法》，规范员工能力培训管理，提升教育培训的针对性和时效性。充分利用小庄培训基地开展实际操作培训，促使员工理论学习与实际操作有效对接。全年执行完成教育培训173项，成率100 %；举办、参加各类培训班527个，累计培训30752人次。全局员工培训率达98.92%，员工培训积分达标率97.03%；技能（技术）人员培训率达99.22%，班组长培训率达100%。人才密度达到92.44%,全员持证上岗率达98%，一线员工持证上岗率保持100%，高技能人才比率86.51%。

（刘思捷）

交通运输

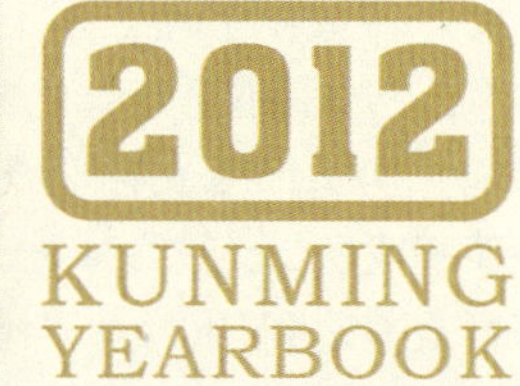

◆ 责任编辑 杨子人

公路交通

【概况】 2012年是“十二五”开局之年，全市交通运输系统全力做好重点项目工程建设：禄大公路、九宜公路建成试通车；南连接线高速公路解约清算工作基本完成，BOT协议已签订，并全线复工；33座盘龙江跨桥梁工程开工建设两批；公交专用道已启动有条件建设的22.3公里的建设工作。指导、督促重点项目的推进：完成轿子雪山旅游专线公路的债务及里程锁定；加快推进黄土坡至马金铺高速公路建设；广卫立交匝道A、B、C、D、F匝道分别完成工程形象进度的41%、50%、75%、85%、60%；东川区金东大桥项目前期工作全部完成；东川至倘甸公路项目工程、初步设计、施工图设计已获得批复；寻甸至倘甸公路、禄劝至倘甸公路已与关联四州市共同向省厅争取纳入滇中城市群环线列入部国道建设项目；2011年800千米建制村路面硬化工程已完工670千米；雨花公交停车保养场已完成投资7000万。配合好省级部门积极推进相关项目：完成西北绕城高速、武昆高速管线迁改工作；昆明绕城高速东南段、嵩昆高速前期七大要件均取得国家、省级相关部门最终批复，工程报告待国家发改委批复，基本完成初步设计方案；G213、G320昆明段改扩建工程工程报告、初步设计已取得省发改委的批复，现已基本完成项目前期工作；完成功山至东川、东川至格勒、格勒至茂篦、撒营盘—三江口—转龙、马金铺至余家海、茂篦至者广、款庄至沙坪电站、皎平渡至茂麓、嵩明至富民、昆明西出口公路（呈贡小江尾至安宁安丰营）一期、雪山乡至舍块等11个公路项目建议书（工可报告）的编制工作及前期相关工作。《昆明市“十二五”综合交通发展规划》及其10个子规划获得批准。开展渡口渡船专项整治工作，水运安全工作保持22年持续稳定。坚持“建养并重”的方针，科学组织，全力提高养护效率和养护质量，全市14648.586千米公路的日常养护已全面完成，40个大中修工程，10座危桥改造以及安保工程已全面启动，水毁工程200多千米已全部修复，共投入养护资金1.2768亿元，优良路率达45%；以治超和“四环十七射”道路面侧综合整治为突破，狠抓路产路权保护。落实“以奖代补”资金5000万元，并完成了全市城乡道路环境综合整治四年行动计划。突出源头监管，加强路面整治，编制治超站（点）规划，争取省补助资金1208.99万元，落实四个治超站建设，全市车辆超限率已控制在4%以内，并获得全省治超考核一等奖。加强路产路权管理，严格治理公路通行不畅、侵占路产路权的顽疾，全市示范路创建里程达251.785千米，依法纠正和查处各类路政违法案件79576起，挽回公路经济损失（含公路赔、补偿和罚没款）共计3114.9543万元。全面启动智能化综合交通信息系统前期工作，大力推进智能公交信息化系统建设，成功申报为出租汽车服务管理信息系统建设试点城市。加强交通工程质量监督管理。注重惠民利民、服务为本，努力优化线网质量、大力整顿运输秩序、全力整治安全隐患，努力为社会提供“安全、快捷、舒适”的出行环境。城市公交、城乡公交、班线客运、旅游客运、出租车、教练车、维修检测、停车场、洗车场等行业以及客运站、候车亭、招呼点均取得较好的发展，服务水平和服务质量均有较大的提高。同时深化推广丘北经验，深入推进城乡公交“路、站、运、管、

2011年“公路管理宣传服务月”新闻通报会　（市交通运输局 供稿）

安”一体化工程，下大力气推进城乡公共交通服务均等化各项工作的实施，切实保障农村群众安全出行。新开城乡公交线路31条，“镇镇通”覆盖率达到100%，“村村通”覆盖率达到93.2%。新开城市公交线路33条，实现主城公交出行分担率40%。认真组织无车日活动。严格依法依规打击非法营运行为，道路货运运输市场专项清理整治，查处出动率，查处案件数均有较大的提高。统筹各种运输方式协调发展，加快综合运输体系建设。城市公交、出租汽车行业稳定发展，规范公路旅客运输业以及城乡公交客运管理、道路货物运输管理；研究探索创新建设城市快速公交线网，公开拍卖新增250辆（含节能与新能源试点车50辆）出租汽车经营权，完成节能与新能源车辆试点工作任务。开展立体停车场试点和节能与新能源汽车示范推广试点工作，着手城市轨道交通管理研究和“公交都市”示范城市申报工作。制定完善了建设、航运、路政、运输、绿化等管理制度，行业管理的规范化、科学化水平大幅提升。

【交通固定资产投资】 截止2011年12月底，全市完成交通投资1708399.18万元。其中：重点公路项目完成投资356990万元，二级公路建设完成投资563165万元，农村公路建设完成投资66875.78万元，站场及其他完成投资721368.4万元（含轨道交通建设）。

【省级重点公路项目】 按照市政府的工作部署，作为市级牵头协调单位，昆明市交通运输局充分发挥领导、指导、协调、督促项目推进的职责，超时序、超常规加快项目建设。武昆高速由省公投负责投资建设，完成年度投资17.13474亿元，占年度投资计划的100.8%，累计完成投资38.45795亿元，占概算总额51.42亿元的74.8%；征地完成99%，房屋拆迁完成95%；由市交通运输局负责的管线迁改完成总进度的95%。西北绕城高速由省公路局负责投资建设，完成年度投资29.9210亿元，占年度投资计划的106.9%，累计完成投资53.5456亿元，占概算总额的75.87%；征地完成95%，房屋拆迁完成90%；由市交通运输局负责的管线迁改完成总进度的95%。昆明绕城东南段、嵩昆高速的工可阶段前期工作已完成。G213、G320昆明段改扩建工程已组织开展相关前期工作。

【市级重点公路项目】 轿子雪山旅游专线公路累计完成投资约35.5亿元，锁定债务余额为4388179418.01元，锁定总里程155.533千米。禄大公路于2011年4月全线复开工，累计完成投资31.491亿元，工程形象进度100%，锁定债务余额为3266912336.78元，锁定总里程为100.56千米，工程于2011年12月30日建成试通车。九宜公路工程形象进度100%，工程于2011年3月18日开工建设，9月30日完工通车，累计完成投资5.47748亿元。南连接线高速公路于2011年9月6日完成了BOT邀请招标，确定由上海隧道工程股份有限公司和上海建元投资有限公司组成的联合体中标，并于10月27日签订正式BOT协议，新BOT业主单位确定为昆明元朔建设发展有限公司；截至12月底全线已完成征地1982.3612亩，占应征面积的75.8%，完成拆迁面积223380.78平方米，占应拆迁面积的54.79%，全线具备进场条件的路段约13千米。西北三环岷山段提升改造工程和昆武高速入城段地面层工可报告和前期要件招标工作启动，截至2011年底，两项目前期七大要件均进入报审阶段。黄马高速项目工可、初步设计、施工图设计已取得批复；前期要件除林业及建设用地尚未取得批复外，其余要件均已取得相关部门的批复文件。征地完成4177.9亩，完成率为85%；房屋拆迁完成2723.26亩，完成率为9%，累计完成投资4.2亿元，完成投资额的12%。寻倘公路项目前期七大要件、工可报告及初步设计均取得云南省发改委批复。禄倘公路截止2011年 9月15日前期七大要件均取得最终批复，工可报告取得省发改委批复，开展了初步设计编制工作。为争取国家政策及建设补助资金支持，2011年9月，寻倘、禄倘两个项目已报省交通运输厅申请列入2012年交通运输部国省道改造计划。督促县区政府完成宜良至九乡二级公路、老昆洛路马金铺至清水河段、金浑线、沙朗至桃园连接线前期工作。牵头推进东城至南城、金所至柯渡、阳宗海西部快线、安宁市县（街）至八（街）一级公路及云南晋宁至峨山二级公路等市级重点建设项目的前期工作。

【建制村公路建设】 2011年建制村路面硬化工程完成672.23公里，累计完成投资41087.63万元，投资完成率为75.6%，工程形象进度约79%。

【交通运输规划】 2011年11月29日，市政府批准《昆明市“十二五”综合交通发展规划》及其10个子规划。在此基础上，开展了“公交都市”建设工作，组织编制了《昆明市公交都市发展及建设规划（2011～2020）》、《昆明市公交线网布局规划（2011～2020）》、《昆明市基本公共服务均等化发展规划（2011～2020）》、《昆明市公共交通一体化发展规划（2011～2020）》，已完成了数据的采集工作，并积极争取市级、省、部对昆明市列入国家30个“公交都市”示范工程的支持。为了控制城市有序发展、保证城市周边生态环境，打造宜居昆明，市交通运输局联合市规划局开展了《滇池流域城市面山环路规划研究》的工作。2011年11月，研究成果通过市规委办审查，修改、完善后报市政府研究决策。

【公路养护】 截止2011年底，由昆明市管养的公路总里程为14648.586千米，其中：高速公路55.51千米、一级公路71.008千米、二级公路554.716千米、三级公路242.404公里、四级公路10370.358千米、等外公路3353.99千米。2011年新建公路386.332千米，新建二级公路138.888千米，分别为禄劝县禄劝至大松树二级公路、宜良县宜良至九乡二级公路、晋宁县牛恋至广济二级公路。改建公路17.725千米，全市2011年新增公路养护里程404.057千米，与2010年相比，公路列养里程增长率为2.836%。共投入农村公路养护资金10422.34万元，其中省补资金4306.3万元，市补资金2512万元，14个县（市）区配套资金3604.04万元。2011年全市农村公路实施养护大中修工程项目40个，修缮里程271.17千米，共投资12536.6万元；实施公路路网结构改造工程项目23个，其中安保工程13个、危桥改造10个，共投资2761万元。进一步理顺高等级公路管理体制，加大对高等级公路养护管理的监管力度，督促四条高等级公路经营管理公司完善内业资料，同时完善监管资料，顺利完成了国检禄屏线和会阿线的迎国检工作。

【路产路权管理】 以“路政管理示范路创建活动”为导引，深入开展“打击盗窃破坏公路交通设施和公路红线控制区新增违章建筑”、“公路打场晒粮”、“公路运输泼洒”、“规范非交通标志标牌”等专项整治工作，严格治理公路通行不畅、侵占路产路权的顽疾，全市示范路创建里程达251.785千米，依法纠正和查处各类路政违法案件124814起，挽回公路经济损失（含公路赔、补偿和罚没款）共计3275.2213万元。加大宣传力度，开展了以宣传《公路安全保护条例》为主的“公路管理宣传服务月”活动，并召开新闻通报会，与云南人民广播电台交通之声联合制作以宣传《公路安全保护条例》为主题的“午间热线”节目和春城热线专访节目，制作印发《公路安全保护条例》宣传册5万册，策划制作《公路安全保护条例》录音光碟20张，拍摄路政宣传片在七彩公交上进行滚动播放，出动宣传车17辆；制作发放治超宣传材料20余万份，刷写路墙标语86条，利用手机、互联网发布治超信息10万余条，在云南广播电台《交通之声》栏目组制作了“关注超限超载运输”专题节目并循环播出，利用七彩公交传媒广播等滚动播出音像宣传资料6000余次，编排演出专场宣传节目2场，组织各县（市）区与人大、政协、企业及运输业主等召开座谈会16次。

九乡至宜良二级公路建成通车
（市交通运输局 供稿）

【治超工作】 强化部门、区域、信息多维联动，突出源头监管，加强路面整治，编制治超站（点）规划，并争取省治超补助资金790万元，落实寻甸、东川、石林、五华四个治超站建设，并获得全省治超考核一等奖；全年共出动治超执法车辆176487台次，治超执法人员44911人次，检测车辆753.9416万辆，收取治超罚没款2167.435万元，治超公路赔（补）偿费2147.552万元。加强超限超载车辆源头监管工作，全市运管系统共向年运输量50万吨以上货运集散点、生产企业派驻60名驻点监管人员，出动检查车辆256辆，检查运输车辆242273辆次，查处和纠正违规车辆24639辆。同时还在市治超办的领导下，对全市20余家源头治超点进行了检查和调研，对发现的问题进行了及时的纠正，超限超载车辆源头监管工作取得初步成效。

【保通工作】 协调有关机构落实了解决往返呈贡新区昆玉高速路段交通拥堵问题的“五项措施”；完成了市级以上及国家级重大活动与重要领导考查调研及交通战备保通工作36次，共出动保通员948人次，车辆405台次；完成了西北三环、轿子雪山旅游专线、新机场高速、320国道改造等四项重点建设工程的保通与协调保障工作。

【路域环境治理】 借鉴“河长制”工作经验，按照“三拆三绿”要求和“八无”标准全面落实“四环十七射”道路环境综合治理及路（段）长责任制工作，协调全市40位路长巡路92次，拆除临违建筑约150.5万平方米，清理非交通标志标牌962块，完成绿化面积1586万平方米，落实“以奖代补”资金5000万元；研究制定了《昆明市市域范围内城乡道路环境综合整治实施方案》，把道路两侧控制区环境综合治理工作延伸到全市2.1万平方千米范围，做到了市域范围道路环境整治全覆盖，管理无盲区。

【成立交通工程造价管理机构】 为加强对昆明市交通建设工程造价管理工作，2011年4月经市委、市政府批准，成立昆明市交通工程造价管理局，隶属于昆明市交通运输局管理，机构规格正科级，经费形式财政全额拨款。

【取消政府还贷二级公路收费】 按省政府要求，昆明市交通运输局于2011年12月5日成立了取消政府还贷二级公路收费监督协调领导小组，于2011年12月31日分别到达九石阿公路、龙东格公路到收费站现场，对 2012年1月1日零时取消收费进行了全程监督，按时完成了停止收费的任务。

【收费站点布局研究】 2011年1月，完成《昆明市收费站点布局研究》编制。市交通运输局牵头解决昆玉高速收费站搬迁工作，开展了昆玉高速七甸、吴家营等收费站扩建，采取上下班高峰期增开临时性收费口等措施，逐步缓解昆明高速收费站拥堵问题。

【信息工程建设】 全面启动智能化综合交通信息系统前期工作，编制完成信息化建设方案，上报市工信委。智能化信息采集与处理技术、公共交通IC卡系统技术等新科技创新成果在城市公共交通领域得以应用；大力推进智能公交信息化系统建设，在公交车内安装GPS车载终端设备，实现车辆自动定位，目前智能调度系统已经建成投入使用，完成安装并运行的车辆达2000余辆。开展出租车服务管理信息系统建设及全市五大客运站联网售票等工作，4月11日，交通运输部正式批复昆明市出租汽车服务管理信息系统试点工程建设方案。系统建成后，将成为集监控指挥、电召服务管理、动态监管稽查、服务质量信誉考核、公交IC卡刷卡付费管理、企业在线业务管理、综合运行分析、信息发布管理、浮动车交通信息、省级统计监测分析（共计十大业务应用）于一体的多功能、全方位管理应用平台，为提升行业服务与监管水平提供有效手段。

【盘龙江跨江桥梁工程建设】 为打通盘龙江两岸交通障碍，保障路网脉搏顺畅多样化桥型构造和景观结合，装点“母亲河”靓丽风景；完善沿江通行系统，方便人民群众出行。市交通运输局牵头组织完成盘龙江跨江桥梁概念性方案相关工作及第一批跨江桥梁工程的项目前期工作。第一批跨江桥于2011年10月25日开工，第二批跨江桥于11月18日开工建设。

【贫困地区交通基础设施建设补助】 为全力支持贫困地区交通基础设施建设的发展，市交通运输局积极向省厅争取补助资金。2011年从公路水路建管养项目以奖代补省级补助资金（共计1411.7万元）中安排市级扶贫项目5个（涉及到寻甸、禄劝及“两区”管委会），总计补助金额160万元。已安排寻甸县甸沙乡海尾至糯勒公路项目补助资金200万元，用于项目的建设。截止2011年11月，共安排扶贫项目6个，协调补助资金360万元。

【交通工程质量监督管理】 2011年，全市16个县（市）区、管委会率先推行成立县级质量监督站，履行农村公路监督职责。还成立昆明市交通建设工程质量监督局职工技协、试验室、培训部。实现负责监督的交通工程建设项目百分之百覆盖，工程质量百分之百合格。

【海事管理】 开展渡口渡船专项整治工作， 2011年，对昆明市剩余的22道渡口（其中禄劝10道、宜良7道、东川2道、寻甸1道、安宁2道）进行了改造施工，严格依照国家交通部渡口渡船专项整治工作验收标准，从责任制标准化落实、渡口规范化建设、渡船正规化管理、船工专业化培训四个方面认真进行了量化打分，并重点实地查验了新建渡口房、人马驿道和缆桩、缆绳等渡口设施。经量化打分和现场勘验，验收合格率均为100%。以扎实开展滚动式隐患排查为手段，以维护辖区水上交通安全形势稳定为中心，注重源头管理，强化现场监管，突出重点整治，做到了“组织到位、资源到位、责任到位和措施到位”。 强化重点船舶、重点船员、重点水域的监督检查。全年共出动车辆49车次，人员107人次，排查出一般性隐患6起，整改6起，整改率100%。有效地保障了辖区的通航环境安全、有序。水运安全工作保持22年持续稳定。

【立体停车场规划建设】 拟定《昆明市主城区三环内立体停车场规划建设实施方案》和《昆明市立体停车场规划建设实施方案》，于2011年4月22日上报市规委会，并于6月7日第10次主任办公会会议审议通过。2011年8月23日，成立了昆明市立体停车场建设推进工作领导小组，办公室设在市交运局，下设综合协调督办组、规划制定组、政策法规组。由市交运局牵头，昆明发展集团配合拟定了《关于加强昆明市立体停车场（库）建设管理实施意见》（草案）、《昆明市立体停车场（库）建设管理考核办法》（草案）、《昆明市机动车停车场管理办法》（草案），并于11月9日上报市政府研究决策。积极开展了试点立体停车场（库）建设推进工作，截止2011年12月，已完成3个试点立体停车场（库）建设推进工作，在建1个试点项目。

【公共交通运输】 2011年共新增城乡公交线路64条（其中城市公交线路33条，城乡公交线路31条），新增公交车辆420辆；全市共有公交企业19家，公交营运线路890条，运营车辆7343辆（其中，城市公交企业8家，公交线路330条，运营车辆4379辆）。公交线网基本覆盖城市主、次干道、居住区、各公交站和商业网点，主城区年客运量达85079.9万人（次），日均运送旅客233.1万人（次），主城区运营里程26098.7万千米，主城区公交分担率达40%，城乡公交通村覆盖率达93%；做好市级行政中心、大学城搬迁公交保障工作和呈贡中巴车退出客运市场的公交保障工作，开通通勤公交线路8条，常规公交线路20条，有效保障了呈贡新区居民出行；积极探索创新建设城市快速公交线网、普通公交线网、支线公交线网的公交运营网络，拟定《关于进一步完善昆明城市公交线网的工作实施方案》；全面推进滇中四州（市）公交一体化的组织领导和政策研究工作。

【出租汽车行业管理】 修改完善《昆明市出租汽车企业资质管理考核办法》、《昆明市出租汽车企业资质管理考核评分标准》、《昆明市客运出租汽车文明营运服务规范》、《昆明市客运出租汽车驾驶员营运违章记分管理办法》，研究拟制《昆明市出租汽车行业投诉、违章处理预先警示制度》和行业诚信档案等，形成了出租汽车行业管理标准体系，初步实现了全市出租汽车行业管理的规范化、标准化、制度化。

截至2011年底，昆明市出租汽车行业共有33家经营企业，7201辆出租汽车，近15000名驾驶员。共举办出租汽车岗前培训班25期，培训学员2592人（次），组织带证考试36期250余人，违章整训学习259人；办理出租汽车客运服务资格证5238本，注销客运服务资格证4473本，遗失补办营运证件95本，办理车辆报废更新手续835辆；审核出租汽车营运产值4.47亿元，发放准运证83364份，审验出租车13902辆（次）；受理乘客投诉3315起，经查证处理486起，帮助乘客查找失物2924起；分中心受理接办件320729件，其中：即办件231975件，承诺件88247件，咨询件507件。办结320322件，办结率99.87%。

在打击非法客运工作中，全年共出动稽查人员4860余人（次），出动执法车辆658辆（次），联合集中整治16次，检查涉嫌从事非法客运车辆14500辆余（次），对全市非法客运较为严重的机场、火车站、王家桥、民族村、龙泉路、菊花村及五大客运站等地段和区域进行清理整治，查扣非法客运车辆254辆，现场警告、教育涉嫌非法客运经营车辆600余辆（次）、处理201辆，劝离乱停乱放车辆1000余辆（次）。

举行公开拍卖4批，拍卖非法客运车辆146辆，拍卖金额250.2万元。

【出租汽车场站建设】 通过招标和政府采购，设置、更换、清洗维护出租汽车提示牌、招呼站牌100个（其中新设、更换77个，维护23个），新设漆画专用泊位4个，改造候客通道，并维修、维护机场、火车站执勤亭2个。

【新增250辆出租汽车运力】在充分调查研究、多方征求意见的基础上，研究拟制了《昆明市2011年客运出租汽车经营权有偿出让方案》，并委托社会第三方进行了风险评估，经听证程序后，报请市政府批准，委托泛亚产权交易中心于2011年10月12日进行公开拍卖，新增250辆（含节能与新能源试点车50辆），拍卖总金额为1亿零265万元，新运力的投放，在一定程度上缓解市民打车难的问题。

【出租汽车行业精神文明建设】把创先争优“四亮四评”活动推向全行业，集中力量打造世博、中北、万能公司三个示范点，适时召开行业创先争优“四亮四评”经验交流暨工作推进会，实现以点带面，以面带片，取得了较好成效；结合创建文明城市检查工作，利用出租汽车LED顶灯和后挡风玻璃对创建文明城市进行公益宣传，组织全行业13889名驾驶员分六批进行“创文”专题培训；开展以“微笑在云南、温馨在交通”为主题的文化实践活动，积极推动企业文化品牌建设；与云南交通广播电台、昆明出租汽车协会共同组织第八届“爱心送考”，共有2800余辆出租汽车报名参加。

【出租汽车行业星级驾驶员评选】2011年，按照《昆明市出租汽车行业星级驾驶员评选管理办法》和评选标准，评选出一星级驾驶员1951名，二星级驾驶员177名，三星级驾驶员6名，四星级驾驶员4名；组织四星级以上驾驶员到省外考察参观，开拓思路，扩宽视野，学习其他城市出租汽车优质服务的先进经验，查找自身服务工作的不足，鼓励广大出租汽车驾驶员创先争优，带动行业整体服务水平的提升。

【出租汽车从业人员加入社会保险体系】 “下基层、察民意、解民忧、安民心”，从2011年10月起，联合市城建工会积极推动出租汽车从业人员加入社会保险体系，集中办理社会医疗、养老保险，使广大从业人员“老有所养、病有所医”，解决驾驶员的后顾之忧，增强驾驶员的归属感和行业凝聚力，确保了行业的安全与稳定。截止2011年底，共有9400人参加医疗保险，6785人参加社会养老保险。

【城市轨道交通管理】 为了促进城市轨道交通建设，加强城市轨道交通管理，保障城市轨道交通安全，维护乘客合法权益，根据有关法律、法规，结合本市实际，昆明市交通运输局配合修改完善了《昆明市城市轨道交通管理条例》，并于8月31日昆明市第十三届人民代表大会常务委员会第五次会议审议通过，规定市交通运输行政管理部门履行轨道交通运营管理相关职能。市交通运输局临时设立轨道处，负责轨道交通相关工作。

【道路旅客运输行业】 全市共有各类营运车辆116347辆，比2010年增长8.7%，其中：营运载客汽车7878辆，增长4.48%（班线客车1300辆，旅游客车1749辆，县区出租车1165辆，各类公交车3142辆，租赁汽车513辆，包车客车9辆），载货汽车108469辆，比2010年增长9.02%；客货经营业户91036户，比2010年增长6.66%（含客货兼营6户），其中：客运企业1388户，货运企业（含个体）89654户；道路运输相关业务经营业户5706户，比去年增长3.6%，其中：客运站经营33户，物流服务21户，货运代办891户，汽车租赁134户；驾驶培训机构107户，教练车4538辆；道路运输从业人员166787余人，比去年增长7.02%；车辆维修企业3446户，综合性能检测站10个，维修从业人员24570人；停车场711户，洗车点507户。

【道路旅客运输】 确保2011年节日和重大活动的交通安全。春运期间，昆明地区共发班178498辆次（含城乡公交车辆），其中加班13688辆次，包车12373辆次；共输送旅客520.3964万人次，与同期比增加了16%，其中由昆明主城区5个客运站发出的旅客人数为272.0315万人次，与同期比增加13%。“十一”黄金周期间，昆明地区共发班32259辆次（含城乡公交车辆），其中加班3166辆次，包车2912辆次；共输送旅客106.7011万人次，与同期比增加了11%。

【城乡公交一体化】 2011年除主城五区以外的9个县（市）区已完成城乡公交“镇镇通”覆盖率100%，1089个行政村已有1015个通公交车，覆盖率达93.2%，开通城乡公交线路共计563条，其中2011年新增74条（包括调整的25条），投入各型城乡公交车辆2993辆。

【节能与新能源车辆试点】 2011年共完成200辆新能源公交车的招标采购工作；完成50辆新能源出租汽车经营权的拍卖工作，其中云南世博出租汽车有限公司以1450万元拍得50辆新能源出租汽车经营权，并于2011年12下旬召开新能源出租汽车招标采购合同评审会，与重庆长安签订购车合同，完成新能源出租汽车采购任务。

【“公交都市”建设示范】 市交通运输局积极开展昆明市“公交都市”首批示范城市的申报工作。2011年10月24日，市政府成立了昆明市建设“公交都市”示范城市工作领导小组。为支撑、支持“公交都市”的规划、建设工作，同步组织开展了《昆明市公交都市发展及建设规划（2011～2020）》、《昆明市公交线网布局规划（2011～2020）》、《昆明市基本公共服务均等化发展规划（2011～2020）》、《昆明市公共交通一体化发展规划（2011～2020）》编制工作，基本完成相关调研工作。

【城乡公共客运服务均等化】 为有效推进昆明市城乡公共客运服务均等化，进一步满足城乡群众出行的需要，促进城乡经济社会协调发展，完成了《昆明市城乡公共客运服务均等化发展对策研究报告》的编制工作，最终形成《关于推进城乡公共客运服务均等化的实施意见》及《昆明市城乡公共客运服务均等化考核指标体系及考核办法》，12月30日，市政府下发《关于加强农村地区公路基础设施建设 推进城乡公共客运服务均等化的实施意见》及《考核办法》。

【道路运输市场监管】 主要针对主城区五大客运站周边及经营业户举报的重点线路从事非法客运经营的车辆、各种违法经营行为进行严厉打击，共出动执法人员51092人次，执法车辆12415辆次，检查车辆187172辆次，查处各类道路运输违规、违法案件15438起，查扣各型非法营运车辆2198辆（其中：客运车辆1609辆，货运车辆589辆），道路运输市场监管工作取得显著成效。

【机动车驾驶培训行业管理】 为加强全市机动车驾驶员培训行业管理，加快诚信体系建设，全面提高机动车驾驶员培训机构的管理水平和培训质量，市交通运输局制定并下发《昆明市机动车驾驶员培训机构质量信誉考核办法》，于2011年6月1日起在全市驾驶培训行业组织实施。经综合评定，全市107所驾校，二等驾校64所、三等驾校41所，2家未参加考核。积极推进昆明主城驾校外迁工作，东方时尚驾校及都市车迷联合成立的“云南东方时尚驾驶培训有限公司”已向市发改委递交立项申请，并于7月5日经省运管局批复同意筹建；“云南泛亚国际驾驶员培训基地”项目经晋宁县工商行政管理局预先核准该企业名称为“云南一乘驾驶培训有限公司”，并报经省运管局批复同意筹建，该项目已于10月28日开工建设，预计2012年5月18日建成投入使用。制定了《昆明市机动车驾驶员培训学时里程管理系统应用实施方案》，并于2011年11月30日与市车管所联合下发了《关于安装使用云南省机动车驾驶员培训学时里程管理系统的通知》，自2011年12月10日起，全面启动全市驾驶员培训学时里程管理系统的安装使用工作。

【机动车维修及综合性能检测】 截至2011年11月，昆明市机动车维修企业及综合性能检测机构视频监控及维修、检测基本信息上传系统软件开发及服务器准备已经完成，并完成辖区内所有综合性能检测机构、客车维修、危货车辆维修企业以及主城区以外一类维修企业监控系统的安装，进一步规范了《机动车维修竣工出厂合格证》的使用及发放，从根本上改变行业管理部门对机动车维修企业的监管模式，大幅度提高了监管效率，杜绝道路运输车辆只检测不维护现象的发生，树立行政许可的权威性。

【五大客运站安全封闭管理】 按照“三优”“三化”规范实现主城区客运站“三不进站、五不出站”封闭管理的要求，制定了《昆明市北部汽车客运站封闭管理工作实施方案》，自2011年7月1日起在昆明市北部汽车客运站进行全面封闭管理工作，主城其余四个客运站自9月1日起至10月1日全面完成了封闭管理工作，基本达到了“三不进站、五不出站”的要求，实现人流、车流分离，客运站封闭管理工作圆满完成。

【客运站联网售票系统升级改造】 五大汽车客运站（含站外客票代售点、客运售票网）从2011年8月10日至8月31日，分期分批实施了联网售票系统升级改造。从9月1日起正常恢复了五大客运站、站外客票代售点、客运售票网的客票定、售票各项业务。

【节水环保洗车系统试点工作】 积极推进节水环保洗车试点工作。截止2011年底，全市正式运营的节水环保洗车场已有3家，具体为：众森国际洗车场、中升丰田洗车场 、鑫盛隆汽车清洗部，强林石化牛街庄加油站全电脑节水环保洗车场建设工作正有序推进中。云南通行科技有限公司在昆明市开设三个试点开展移动洗车业务，待试点工作取得成效后将逐步在全市推广运用。

（市交通运输局）

铁路交通

【概况】 昆明铁路局属国家铁路运输企业，管辖线路跨越云南、四川、贵州三省，主要负责管辖区域内的旅客和货物运输组织工作。开行昆明直通北京、上海、郑州、武昌、南京西、济南、广州、厦门、襄樊、西安、成都、重庆、南宁、贵阳、六盘水、攀枝花、大理、楚雄等旅客列车，负责货运五定班列、行包快运专列、集装箱专列、鲜活冷藏班列、大宗货物直达列车等货物运输组织工作。

昆明铁路局管内铁路有准轨（轨距1435毫米）、米轨（1000毫米）两种轨距，是全国18个铁路局中唯一准米轨并存的铁路局。管辖沪昆、成昆、南昆3条准轨电气化铁路干线，昆河、蒙宝2条米轨铁路干线，广大、大丽、水红3条合资铁路，昆玉1条地方铁路，羊场、东川、盘西、昆阳、安宁（联络线）、东王6条准轨支线，昆石、昆小、草官3条米轨支线。管内线路总延长3822.0千米，其中，国铁3036.6千米（米轨797.0千米）、合资711.3千米、地方74.1千米；线路营业里程2511.2千米，其中，国铁1927.6千米（米轨656.6千米）、合资538.6千米、地方55.9千米；电气化铁路1429.5千米，其中国铁1065.8千米、合资363.7千米。有桥梁1615座195442延长米，隧道796座490335延长米。设198个车站，其中，国铁147个（米轨36个）、合资46个、地方5个，按等级分，特等站1个、一等站1个、二等站9个、三等站14个、四等站95个、五等站78个。拥有各型机车379台，其中内燃机车144（合资公司配属11台）、电力机车235台。国铁配属客车1381辆（准轨1359辆）。

【铁路运输任务】 2011年，昆明铁路局完成旅客发送2968万人，同比增加260万人，增长9.6%；货物发送6354万吨，同比增加87万吨，增长1.4%；准轨日均装车2626车，同比增加136车，增幅5.5%，日均卸车2623车，同比增加222车，增幅9.2%，全面完成全年各项任务目标。

2011年，分界口接入通过重车日均同比减少54车、接入作业重车日均同比增加178车、接入空车日均同比减少29车，货源和请求车大幅萎缩，在此不利形势下，昆明铁路局继续与17家50万吨以上货运大客户签订年度运量互保协议，加大货源组织力度，有效遏制货源下滑态势。同时，动态调整到卸重车组织，加大分界口交接力度，确保运输生产任务完成。12月23日，全局完成换算周转量450.54亿吨千米，超全年计划0.54亿吨千米，同比增加21.54亿吨千米，增长5%；准轨卸车累计完成93.44万车，超年计划32车，提前8天完成铁道部下达的全年换算周转量任务目标和准轨全年卸车计划。

【云南省出省物资运输超计划完成】 2011年，云南省出省物资铁路运输3450万吨，同比增加107万吨，增长3.2%。1月1日，昆明铁路局联合云南省工信委下发《关于加强入滇物资和省内铁路运输组织工作的通知》，建立铁路运输激励长效机制，采取“发送与到重捆绑、管内运量与管外运量捆绑”的营销方式，用吸引到重与装车相挂钩的办法激励铁路运输重点企业加大入滇物资吸引到重组织力度，解决出省物资运输车源不足难题，实现铁路运输上总量、出省物资有增量。12月13日，云南省出省物资铁路外运3361.7万吨，提前18天完成省政府年初下达的3358万吨任务。

【重点物资运输保障】 2011年，昆明铁路局与云南省工信委、省发改委、中石化、省粮食局等部门和单位建立日常沟通协调机制，对云南省经济增长至关重要和关系国计民生的电煤、粮食、果蔬、化肥、食糖等重点物资，开辟运输绿色通道，采取“优先计划、优先配车、优先装车、优先取送、优先挂运、优先放行、优先接运、优先卸车”的“八优先”运输政策。2011年，完成电煤运输608万吨，同比增加58.2万吨，增长10.6%；成品油接运530.9万吨，同比增加74.2万吨，增长16.5%；果蔬运输累计完成6.5万吨，同比减少17.9万吨，减少73.2%。

【列车运行图调整】 1月11日，昆明铁路局以实现增运增收为目标，以增开管内客车和加大分界口货车交接为手段，实施年内首次列车运行图调整，增开客车3对、货车8对，分界口交接对数由67对调整为72对，客运列车旅行速度由62.77km/h提高至63.48km/h，货物列车旅行速度由34.55km/h提高至34.88km/h。此次调图，调整列车运行经路1对，北京西至昆明K471/4/1、K472/3/2次改K471/2次，改经由京广、沪昆、水红、盘西、沪昆线运行；列车等级提高2对，重庆至昆明2652/49次、2650/1次改快速K1052/49次、K1050/1次，成都至昆明2639/40次改快速K1139/40次；广丽线图定旅客列车9对。

8月28日，全国铁路实施新一轮旅客列车运行调整图，昆明至上海南K740/39次列车在昆明至六盘水间改经沪昆线运行，相应增加宣威站，取消红果停点；厦门至昆明K230/1次、郑州至昆明K337次、上海南至昆明K739次、北京西至昆明K471次、昆明至北京西K472次列车停站相应作出调整。9月20日，货物列车调图开始执行，根据线路允许速度，对沪昆、成昆、南昆、盘西、水红线运行标尺进行调整，对“夕发朝至”的大理、丽江客车终到点进行微调，满足旅客出行需求。

【昆明至上海南K80/79次列车值乘任务接管】 1月10日，昆明至上海南K80/79次列车值乘任务正式由上海铁路局移交昆明铁路局负责，昆明铁路局值乘上海列车增至3对。K80/79次列车至今开行50年，始终由上海铁路局负责值乘，移交昆明铁路局管理后，列车编组18辆，旅客定员1200人，运行里程2660千米，K80次单程运行36小时16分，K79次单程运行37小时零2分。

【昆明至楚雄城际列车开行】 1月11日8时52分，首趟楚雄至昆明K9638/5次城际列车从楚雄站发出，标志着昆明铁路局管内自2007年昆曲城际后第2列城际列车正式开行。

昆明至楚雄城际列车为一站直达，运行里程184千米，单程运行时间2小时17分，每天开行2对。

【昆明直达济南旅客列车开行】 7月1日，根据新列车运行图，新增昆明至济南快速列车1对。10月1日，昆明至济南K492/1次旅客列车正式开行，由昆明铁路局负责值乘，单程运行2978千米，全程运行43小时零2分，隔日开行，途经镇远古镇、南昌滕王阁、“八一”起义馆、九江庐山、天柱山、合肥万佛湖、兖州水泊梁山、泰山等国内著名旅游景点。12月1日起，列车改为每日开行。

【春运售票管理】 针对春运期间客流密集、旅客购票拥堵的问题，昆明铁路局从方便旅客购票出发，在昆明站站前广场设置春运临时售票点，开设20个售票窗口，减少旅客排队时间；结合昆明市汽车客运站搬出市区实际，在昆明市南部、西部、西北汽车客运站各增设1个临时代售点，方便地州旅客购票；主动与云南省教育厅联系，组织各学校对学生用票需求进行统计，对购票学生达到100人的学校，由昆明站提供上门送票服务，或协调学校统一到昆明站办理团体订票，进一步做好学生购票服务工作。同时，加强客票代售点管理，规范售票业务管理。1月17日，正式开通全局统一客服电话95105105，提供120条线自助语音查询以及20个人工坐席服务，24小时接受旅客咨询、求助和投诉。2011年，全局范围内客票代售点达到38个，其中昆明市内28个；全局售票窗口达242个，比2010年春运增加25个，增幅11.5%。

【春节旅客运输】 2011年春运自1月19日始，2月27日止，历时40天。昆明铁路局针对春节假日客流以探亲流、旅游流为主，且主要集中在管内昆明至曲靖和昆明至丽江方向的特点，合理安排运能，增开昆明至曲靖、丽江东、威舍等方向临客55列，对昆明至六盘水6062/1次、昆明至攀枝花6162/1次、昆明至红果7452/1次、昆曲宣城际列车共计加挂客车460辆，最大限度满足春节旅客出行需求。春运期间，全局开行临客158列，加挂客车2115辆，累计发送旅客399.5万人，同比增加42.4万人，增长11.9%，实现“和谐春运、平安春运”目标。2月8日，旅客发送及购票人数达到最高，发送旅客12.87万人，售票12.36万张。

【暑期旅客运输】 7月1日至8月31日暑运期间，昆明铁路局累计发送旅客622.28万人，同比增加54.14万人，增长9.5%。其中，直通旅客发送235.13万人，同比增加20.86万人，增长9.7%；管内旅客发送387.15万人，同比增加33.28万人，增长8.7%。针对暑期学生流、旅游流集中叠加特点，全局增开临客253列，对客流较大线路列车加挂扩编客车4315辆，有效提高运输能力。

【互联网购票工作启动】 12月10日起，昆明铁路局管内昆明—北京T62/1次特快列车、昆明—曲靖—宣威“T”字头城际列车，12月13日起，全部快速旅客列车车票实行互联网售票，旅客通过中国铁路客户服务中心“12306网站”办理铁路电子客票的销售、改签、退票等业务，除窗口售票、电话订票外，又增加另一种售票方式，缓解旅客购票压力。互联网购票后的纸质车票换取业务凭有效身份证件在昆明铁路局管内各客运站售票窗口及客票代售点办理，一张有效身份证件同一乘车日期同一车次仅能购买一张车票。

12月9日，昆明铁路局模拟普通旅客购票流程，绘制网络购票流程图，在路局新浪官方微博“昆明铁路”发布，为旅客购票提供方便、快捷的服务。该流程图被中央、地方主流网络媒体及网民转发上万次。

【服务旅客创先争优活动启动】 10月12日起，分三个阶段，在全局开展“服务旅客创先争优”活动，树立“以服务为宗旨、待旅客如亲人”的理念，以站车环境整洁舒适、安全治安有序可控、乘降组织平稳有序、旅客购票更加方便、列车餐饮质价相符、站车经营秩序规范、客车上水质量提高、设施功能更加完善、客运管理全面提升为目标，突出“优化服务环境、改进服务态度、提高服务质量”三大内容，积极推进铁路行业创先争优，切实解决广大旅客最关切、最期盼、最不满意的问题，提高人民群众对铁路工作的满意度。11月1日～12月31日，在全局处职领导干部中开展“做一次普通旅客、做一天客运职工”体验实践活动，分析思考客运服务中存在的问题和不足，并写出体验报告，为探索服务旅客创先争优新途径提出建议，切实解决旅客乘车过程中存在的困难和客运职工生产生活中遇到的实际问题。各客运站根据活动要求，对照标准查找不足，组织客运职工学习掌握《客运服务用语》，规范客运岗位人员作业行为。各次旅客列车在提高餐饮供应质量的基础上，保证2元以下矿泉水和15元以下盒饭不断供；普通旅客列车预留4个硬卧下铺、5个硬座席位，供行动不便的残疾旅客优先购票使用；普通旅客列车预留2个硬座席位，供中途上车的残疾旅客使用，把“人民群众满意”的评价标准落实到服务旅客工作的全过程。

【昆明铁路枢纽东南环线工程建设】 2011年，昆明铁路枢纽东南环线工程完成投资7.38亿元，自2010年5月21日开工后，开累完成投资17.56亿元，路基土石方完成设计量的62.10%，特大桥完成设计量的70.13%，大桥完成设计量的62.81%，小桥完成设计量的78.24%，涵洞完成设计量的95.58%，隧道完成设计量的71.08%。9月30日，长2165米的宝兴隧道贯通；12月30日，长2025米的晋宁隧道贯通；7月21日，正线15座大桥开始第一片T型梁架梁工作，截至年末，林塘大桥、白云双线特大桥架梁任务完成。

【昆明铁路枢纽扩能改造工程】 全线分为昆明东至小石坝、桃花村至温泉联络线、读书铺至昆阳、温泉至读书铺、温泉至昆东站5个区段平行施工，至2011年末，全部路基、桥梁、隧道工点均完成开工。2011年，全线完成投资25亿元，自2009年11月25日开工后，开累完成投资66.5亿元，路基土石方完成设计量的82.68%，特大桥完成设计量的49.49%，大桥完成设计量的56.20%，中桥完成设计量的24.85%，小桥完成设计量的30.54%，涵洞完成设计量的72.47%，隧道完成设计量的60.47%，站线铺轨17.26千米，房屋建成38767平方米。12月5日，全长2315米的新碧鸡关隧道全隧贯通。

【连续15年实现防洪安全】 5月15日～10月30日汛期，昆明铁路局管内发生水害447处，均被及时发现，水害发现率及防撞率达100%，水害断道时间71小时42分，为历年最短，较历年平均减少近300小时，成昆、大丽等4条线路实现“零断道”，准轨首次实现“不落石、不倒树、不撞坍体”目标。与2010年相比，水害发生件数减少966件，断道时间减少82小时32分，实现第十五个防洪安全年。

汛前，成立防洪设施安全隐患排查评估小组，采取实地踏勘、查阅竣工文件、破检等方式，“上至山顶，下到河底，一米不漏”开展历时3个月的排查工作，排查隐患2176处。先后两次组织对危岩落石处所进行大规模排查，成立140人的搜山扫石队伍，开展搜山扫石工作，实行登记造册、编号管理，对松动的危石采取清除、支砌、坑埋等多种措施综合处置，累计处置危石17647处计3334立方米；在威红、成昆线3处共439米危岩落石地段建成落石监测报警系统，实施全天候监控，并引进购置50台“一键式”触发工机联控对讲机配发到各看守点。汛中，各单位在接到路局发出的暴雨预警通知后，及时启动防洪应急响应15次，按规定办理区间限速278个、封锁150个，出动雨中、雨后巡查1184个区间计4995人次、轨道车67台班、单机36台班，巡查发现水害50起。

【铁路运输安全生产大检查】 吸取“7·23”甬温线特别重大铁路交通事故教训，在全局范围内组织开展安全大检查活动，实行领导包保责任制，拉网式全面排查隐患，从管理上分析原因，从源头上、基础上进行整治，整治问题40073个，问责干部101人，落实安全责任。2011年，昆明铁路局杜绝C类及以上责任铁路交通行车事故，实现无责任一般A类及以上铁路交通事故1426天。

（吴立群）

航空运输

【概况】 2011年，昆明巫家坝国际机场统筹兼顾巫家坝机场生产运行保障与新机场转场运营筹备工作，在确保巫家坝机场管理不放松、安全不出错、服务不倒退、效益不下滑的同时，严格按照时间节点推进转场运营筹备工作，为巫家坝机场的完美收官和新机场的顺利起航奠定了坚实的基础。昆明机场共完成运输起降19.12万架次，旅客吞吐量2227.31万人，货邮吞吐量27.25万吨，与2010年同比分别增长5.6%，10.3%、-0.4%。

【全国文明单位创建】 从夯实管理基础、提高管理效率、提升管理能力、创新管理理念以及增强提升管理水平的内在动力等五个方面入手，横向比较，纵向自查，真正找出影响管理水平提高的薄弱环节，持续改进，拓展成果，力求实效，为昆明机场打牢发展基础，增强了发展后劲。全面推进“全国文明单位”创建工作。成立创建国家级文明单位工作领导小组，制定创建实施方案和任务分解，召开会议专题部署争创工作，深入细致开展专项检查3次，整理台账1万余份，拍摄了专题形象片，于12月20日被中央精神文明建设指导委员会授予“全国文明单位”荣誉称号。

【推进安全生产】 抓责任制落实，提升安全管理效能。充分发挥安全管理委员会机制功能，认真履行对机场运行实施统一管理的职责，加强机场运行的组织和协调，进一步强化安全目标责任制监督、考核，严格执行安全责任追究和“无后果责任追究”制度，继续履行“一岗双责”工作要求，提高安全管理效能。抓安全体系建设，加大风险管控力度。积极开展危险源辨识、风险管控、安全评估、安全检查、安全质量控制、安全绩效监测等活动，充分发挥安全管理体系的持续改进作用，有效消除或缓解安全风险。抓安全专项整治，提高安全保障能力。继续深化“安全生产年”活动的部署和有关要求，以“治大隐患、防大事故”为目标，开展了安全生产大检查、“安康杯”劳动竞赛、“安全生产月”、航空安全换季、航空货物运输及危险品运输专项整治和外来物防范专项整治等活动，从查思想、查规章、查生产、查管理、查隐患等方面入手，广泛宣传安全生产法律法规、方针政策、安全生产知识，分析安全差错原因，整改安全生产隐患，确保机场安全运行处于可控、在控范围。抓安全教育，丰富安全文化内涵。

【多方位拓展服务工作】 不断完善服务质量体系建设，落实服务质量标准。与服务质量管理委员会各成员单位签订《服务质量责任书》，把服务管理目标责任细化分解，逐级进行落实。加强机场班组优质服务工作的管理和引导，建立基层部门提升服务、完善自我的长效激励机制，最大限度调动员工服务主动性和创造性，按照集团公司《班组建设基本规范》和《班组优质服务评比考核实施细则》，制定了机场班组优质服务工作考核实施方案，对各服务保障部门及集团公司有关参控股企业的班组服务工作开展情况进行全面考核与综合评定，促进班组建设全面、持续开展，步入自我监督、自我管理和自我完善的规范化管理轨道。从服务软实力方面入手，通过转变服务模式、履行服务承诺，不断提高窗口单位的服务质量。继续巩固服务质量专项整治成果，积极开展“规范提升机场服务标准”活动。深化航班延误专项整治工作，不断提高航班正常率。通过加强对《昆明机场不正常航班应急处置预案》及有关工作程序和业务知识的学习，进一步提高员工的航班延误应急处置工作能力。举办“诚信大讲坛”，传递各成员单位在“诚信机场”创建工作中好的经验和做法，提炼诚信文化，扩大“诚信机场”创建的社会影响力，整合各方资源、强化同创共建意识，增强各成员单位的凝聚力、创新力，进一步拓宽视野、开阔眼界，提高诚信经营、诚信服务的能力，提高适应新形势、迎接新挑战的能力。

【开拓航空市场】 认真总结机场实行效益互动管理的经验，全面实施两级预算控制，对指标进行持续关注，及时采取调整措施，提高预算执行力。完善客户管理，进一步提高应收账款管理水平。全面开展清产核资工作。对清产核资当中发现的各类问题进行了深入的调查；对上传信息不完整，不准确的情况及时进行核对与修改；对需要报废的固定资产，按照《企业资产损失财产处理暂行办法》有关规定，认真进行账实核对，查找原因，及时上报集团公司申请报废。在做好巫家坝机场清产核资的同时，结合新机场建设指挥部和转场指挥部各类设施设备现状，本着以“转场为重、满足转场运营、统筹考虑”的原则，认真梳理新机场在转场阶段和运营时期固定资产的需求，编制固定资产投资计划，力争实现资产转场的顺利交接。加强会计基础管理工作，提高会计风险防范能力。严格执行《财务工作操作指南》和《财务工作风险防范指南》，加强会计基础核算工作。为规范岗位操作流程、杜绝会计业务处理的个人随意化行为，实行两个指南和岗位之间交叉审核，确保会计核算质量。加大市场开发力度。于8月21日至8月23日，参加了“中国第十一届航线、航班商务洽谈会”，与各航空公司、各机场进行了会谈，积极宣传昆明新机场市场定位，利用机场优惠等价格手段吸引航空公司的关注，鼓励开通国际航线，为新机场发展奠定基础。与阿提哈德航空公司、春秋航空、捷星航空等公司进行了会谈，达成良好合作意愿。完成了在昆明机场开通航班的27家航空公司会谈工作，使双方更详细的了解对方战略规划和市场需求，为将来的合作奠定了客户基础。

【人力资源开发】 重视培训工作，着力提升员工能力素养。以集团公司培训体系建设为契机，做好岗位教材开发与内训师队伍建设。强化培训过程管理，注重培训实施监督指导，全力做好新机场转场培训工作。加紧人才储备，夯实人力资源管理基础。从完善信息日常维护、加强统计报表分析两个方面继续深入开展人力资源信息管理工作。强调绩效考核，完善薪酬管理体系。加大对集团公司绩效考核的宣贯力度，切实把绩效管理各个环节的工作落到实处。

【提升管理水平】 认真开展管理水平提升年活动。紧紧围绕集团公司“四三二一”管理水平提升计划，把管理水平提升活动与新机场转场工作紧密结合，与软实力建设工作紧密结合，与贯彻落实年度工作任务紧密结合，成立了以魏建国总经理为组长的管理水平提升年活动领导小组，并制定《昆明机场管理水平提升年行动计划》，明确管理水平提升的重点与实施步骤，以活动促工作效率、促业绩提升，推动了机场发展方式的转变，增强了持续发展的能力。2011年11月1日，昆明机场顺利接受了云南省国资委开展的管理工作考核，得到了检查组的一致肯定，对机场管理水平提升起到积极的推进作用。充分验证“三标一体”管理体系运行的有效性。不断健全各项规章制度、操作规范，通过各项规章制度的有效运行，进一步夯实了各项基础管理，确保了日常工作的合理有序。以集团公司的品牌战略为导向、管理创新为抓手、企业文化建设为动力、提升综合竞争力为目标，通过深入开展软实力建设和企业文化宣贯，增强员工对机场的认同感和自豪感，增强社会和顾客对机场的认识、理解和支持。将创新与软实力建设工作融入到管理过程中，与全年重点工作任务同计划、同部署、同落实，使之常态化、专项化。2011年，昆明机场相继完成了7项集团公司2010年度立项创新项目，其中1项申请了专利；新申报2011年创新项目5个，软实力建设项目12个。

【新机场建设】 2011年，昆明新机场建设共完成实物工程量投资50.74亿元，开工至今累计完成实物工程量投资187.88亿元。

8月9日，中国民用航空局正式批复，同意将昆明新机场命名为“昆明长水国际机场”，英文名称为KUNMING CHANGSHUI INTERNATIONAL AIRPORT。

9月25日，省市各有关部门和各转场演练工作组成功开展了昆明新机场第一次运行模拟演练，为正式转场运营积累了宝贵的数据资料和实战经验；12月14日，昆明新机场及新辟调整国际航路航线获得国家相关部门批复；抓紧推进校飞试飞前置审批，制定了《昆明新机场建设工程实物管理移交暂行办法》，稳步推进转场培训和实物移交，确保建设与转场齐头并进；结合现场实物移交及成品保护工作，全面加强现场安全保卫工作。

12月底，昆明新机场项目主体工程共64项单位工程全部通过验收，标志着昆明新机场项目主体工程建设圆满收官，全面具备校飞、试飞条件并进入转场运行前准备阶段。航站楼前景观照明、音乐喷泉和民族文化荟萃长廊三大文化专项工程均已确定样板工程，签订实施合同，全面推进。

（云南机场集团有限责任公司）

城市公共交通

【概况】 2011年，按照“连续三年企业固定资产每年增加3个亿，营业收入每年增加3000万元以上，员工人均月收入增加不少于300元”的“333”增长战略。紧紧抓住这一中心任务不放，肩负企业发展、员工增收的重大责任，千方百计把握发展规律，创新发展理念，转变发展方式，破解发展难题，提高发展效率，圆满完成投资和增收两项计划目标。2011年企业固定资产投资达到3亿元以上；员工人均月收入增加300元以上，人平均年收入达到4.6万元，大幅超过昆明市在岗职工人均年收入3万元的水平。

受地铁开工建设、道路拥堵；城中村改造，居住区外移；市民出行不规律，高低峰峰值差异缩小等因素综合影响，全年客运量呈现出下滑的显著特征。正是在这样一种不利情况下，集团公司从制度层面和技术层面进行改革完善。通过一次分配考核制度改革，从制度上摒弃了原有台班考核重台班、轻效率的弊端，把运量、运力和成本有机

昆明公交集团2011年主要经济指标完成情况表

指标＼明细	年末总计	集团公司	新巴公司	城巴公司
车辆（辆）	3735	2551	1034	150
线路（条）	267	183	66	18
线路长度（千米）	4871.33	3709.63	818.4	343.3

说明：◆本年度外购新车257台；◆全年新开线路63条，优化调整140条，其中7条延长营运时间，13条延线。

昆明公交集团2011年主要经济指标完成情况表(本年1～12月按月进度应完成100%)

明细 指标	全年总计			集团公司			新巴公司			城巴公司
	全年计划	实际完成	完成率%	全年计划	实际完成	完成率%	全年计划	实际完成	完成率%	实际完成
票款收入(万元)	61260.37	67932.27	110.89	40645.7	45984.27	113.13	19455	20697.48	106.39	1250.52
总行驶里程(万千米)	18637.42	18900.8	101.41	12318.7	12701.55	103.11	5849	5672.44	96.98	526.81
总客运量(万人次)	82519.86	80074.21	97.04	56145	53924.93	96.05	25407.8	25070.48	98.67	1078.8

说明：与2011年度相比较，◆票款收入增加3.18 %，净增2096.51万元；◆总行驶里程增幅0.68%，净增127.99万千米；◆总客运量下降5.36%，减少4534万人次。

结合，引入效益考核机制，使各营运公司的营运组织更趋于合理化，充分调动基层单位主观能动性；通过在150余条公交线路、2600余台公交车推行GPS智能调度系统，使无效千米被不断压缩，有效千米从1月份的4.68万千米，上升到12月份的31.16万千米，在客运量下降7%的情况下，收入反而增加了3%，公交营运效益稳步提高，营运模式逐步由规模型向效益型转变。

遵章守纪合格率达到99.87%，平均分为99.87；安全管理平均分达到96.97；车厢服务合格率达到99.97%，平均分为99.97；车厢整洁合格率达到99.79%，平均分为98.62； 综合事故间隔里程148.07万千米/起；百万千米死亡人数0.029人/百万千米。

在省统计局社情民意调查中心组织的对2010年云南省十大公共服务行业满意度调查中，公司综合满意度名列第五，也是唯一进入前五名的公益性服务行业。

【优化调整线路】 为有效将地铁施工所造成的影响降到最低，公司坚持“外围疏导、分段运营、小网覆盖、大站快线”的方针，新增营运车辆257台，对140多条公交线路进行了优化调整，并把工作重点放到呈贡、新机场、新螺蛳湾、海源寺等公交覆盖盲点和薄弱地区。组建第七公司专门负责呈贡片区的营运组织。新开公交线路63条。开通公交专线24条，推行特色服务，改善了公共交通出行结构，适应了公交客运市场多元化的发展需求。

为确保各大节假日期间广大师生的出行需求，集团公司制订方案统筹安排，举全公司之力适时开通了各具特色的公交服务直达车、区间车、专线车、校车等。为切实体现优质高效特色公交服务，均采用40座豪华公交车投入营运，并在车辆挡风玻璃上放置明显标志标识。另外，公司还在相应乘车点设置了宣传引导员，引导广大师生乘车，做好乘客乘车的引导、分流以及乘车秩序的维护工作。

随着海源寺公交车场建成投入使用，进一步优化公交线网，调整4条线路由海源寺车场始发，以满足片区市民的出行需求。

与此同时，为配合和支持轨道交通工程建设工作的顺利开展，公司对涉及到轨道的公交线路制定了优化调整方案。随着昆明城市轨道交通建设项目的推进，集团公司派专人参与轨道公司建设工作，并宣传引导沿线市民出行，加强现场调度指挥，及时疏导施工拥堵点，加大对驾驶员宣传教育力度，做到安全行车、优质服务，遇到施工拥堵点，做到减速、礼让，用实际行动支持昆明市轨道交通建设。

【GPS智能调度系统进入试运行阶段】 按照“向科技要管理，靠科技求效益、推进公交优先、促成和保证公交优秀”的努力方向，昆明公交全面推广GPS智能化调度管理系统，促进企业管理水平向公交科技化、专业化、规范化、信息化提速。GPS系统能不间断地全天候实时跟踪运营车辆实际运营状况，调度员可以根据运营线路上每辆车的间距状况来进行指挥调度，使每辆车都能基本保持均等的运行距离，在沿线站台上候车的乘客就能及时乘车。同时，也可监控车辆的运营速度，杜绝盲目快速等不安全、不规范行为的发生，预防因车速快而导致安全事故发生的隐患。

目前，全司GPS智能调度中心已投入试运营，实现了调度员的可视化调度及特殊情况下的灵活调度，还可对车辆运行进行限速，控制驾驶员超速，GPS定位自动语音报站实现。

【新建及续建车场】 在“场站+商业”取得经验的基础上，进一步深化场站建设合作模式，最大限度地提高了公益用地的商业价值和公交基础设施的建设水平，较好地解决了公司建设资金来源和投资者的合理回报，通过市场化运作实现双赢。

海源寺公交停车场：总用地面积34.95亩，净用地面积30.16亩，总建筑面积6288.5平方米，其中综合楼3598.8平方米，车辆检测间一1101.2平方米，车辆检测间二1466.5亩，配电室41平方米，公厕81平方米。可停放公交车93辆，绿地率21%。该工程于2010年6月1日动工建设，2011年3月20日竣工验收。

大羊甫公交停车场二期：位于云大西路与羊甫村之间，总用地面积18.91亩（二期7.58亩），净用地面积15.72亩（二期6.04亩），总建筑面积1706.88平方米（二期1416.72平方米），可停放公交车60台（二期20台）。于2011年4月25日开工，历时7个多月，于2011年11月29日竣工验收，并交付使用。

雨花停车保养场：位于呈贡新城雨花片区Ⅴ-1-1地块，该场地西临城市主干道（昆洛路80米），南临城市规划道路（60米），北临城市规划道路（30米）。总用地104.78亩，净用地68.85亩，城市道路用地35.93亩，露天停车场及道路面积25090平方米，总建筑面积84637平方米，其中地下建筑面积26688平方米，地上建筑面积57949平方米；设计可停放公交车353辆（库内346辆，场地临时停车7辆），小车位95辆（倒班轮休楼地下室），非机动车位220辆。2011年7月5日集团公司与昆明交通场站开发运营有限公司签订《雨花公交车场合作协议》，后续工作由场站公司完成。雨花车场工程于2011年8月26日正式开工建设，预计2013年8月26日竣工。现正在进行地基基础施工。

北部配套修理钢棚工程：为满足北部车场营运车辆的修理需求，新增一个修理钢棚，建筑面积约为850平方米，于2011年5月13日开工，2011年10月11日已竣工验收并投入使用。

【新能源公交车】 为贯彻国家“节能减排”方针、政策，昆明公交积极推进节能与新能源汽车示范推广试点工作，“节能与新能源汽车”从试用进入到实质性应用阶段。同时，按市委市政府的部署，昆明公交积极与相关单位紧密合作发展清洁能源公交车，正在推进液化天然气（LNG）公交车、压缩天然气（CNG）公交车及纯电动公交车的试用工作。公司已在10条线路投入196辆混合动力车和4辆纯电动公交车进行示范运行。7月20日至23日，昆明公交集团有限责任公司承办了备受瞩目的2011第二届中国（昆明）新能源公交客车大赛，本次大赛共有20个企业的26辆混合动力（串联式、并联式、混联式）、增程式电动公交客车及14家新能源客车动力系统企业的动力电池、发动机、电机、电控产品参赛。按照公开性、公平性、公正性、实用性、产品一致性、可操作性的原则，经过3天紧张激烈的测试，最终圆满完成本次大赛，并荣获优秀组织奖荣誉称号。2011年11月国家四部委莅临昆明市，对昆明市节能与新能源汽车示范运行情况工作检查，其中，高度肯定了集团公司在节能与新能源公交车推广使用方面做出的成绩。

到2011年底，昆明已成为国内使用新能源车型最多、动力类型最为丰富、科技含量最高的三最城市。积极推动绿色出行方式，公交节能减排工作跃上了新台阶。

196辆混合动力车及4辆纯电动车行混合动力车截至年底共完成营运里程981万千米，平均百千米油耗为30.12升，比2010年相比，平均百千米油耗下降9.85%；与公司普通12米柴油车（同线路对比车）相比，平均节油率达到11.07%。每百千米节油3.75升，合节约燃油312吨，每升按7元计算，合节约资金257万元，减少二氧化碳排放967吨。投入4辆纯电动公交车（2辆福田纯电动车11月试营运）共完成行驶里程84249.89千米，平均每千米耗电1.27度，每千米电费约0.8元，与12米普通柴油车相比每千米节约资金1.5元，合节约资金约12.6万元；尾气主要污染物二氧化碳减排73吨。另外2011年共有76辆天然气公交车上线营运，截至年底，共完成行驶里程4487756.63千米，平均百千米气耗为37.64立方，与普通燃油相比，尾气主要污染物二氧化碳减排1682吨。

【推进“节能减排”】 为贯彻集团公司“创新、挖潜、降耗、增效”的工作方针，继续深入开展“爱车降耗”竞赛活动，通过竞赛宣传和传授节油、节能方面的绝招、绝活和绝技并推广应用，降低燃油消耗，促进了企业的增收节支。今年全司平均百千米油耗为31.72升，与去年相比，平均百千米油耗下降2.58%，合节约燃油97万升，合节约资金600多万元，减少二氧化碳排放2551吨。

【拓展充值网点】 昆明公交“公交非接触IC卡自动收费系统”自投入使用以来，为解决公交卡充值网点少带来的一系列问题，提升公交服务水平。集团公司积极想办法，与昆明新世界百货、昆明市邮政局邮政各服务网点、云南利安科技信息有限公司“社区电超市”及昆明市饮食服务公司合作。现已在盘龙区、五华区、西山区、官渡区、呈贡新区等主要社区代办公交卡充值业务，已开新网点近180个，可覆盖到公交车通行所到的大部分居民社区。市民乘客可以在任意时间、任意地点续充值和办理公交IC卡，让昆明大众享受到在家门口就能实现公交充值的便利。

为贯彻落实《云南省老年人权益保障条例》其中“老年人免费乘座市内公交车”的有关规定，保障昆明市老年人的合法权益。集团公司集中调配信息部、各营运公司大量人力物力，在全市开设8个老年人办卡点，一个流动服务车，为符合条件的昆明市老年人办理免费爱心乘车IC卡。截止2011年12月底，已为全市老年人办理爱心卡42万余张，日均刷卡1.38亿人次 。

【“爱心送考”】 为弘扬“奉献爱心，乐于助人”的文明、高尚精神，用公交人的爱心帮助他人，切实开展“文明公交工程”创建活动。昆明公交集团于2011年6月6～8日期间，继续为持有2011年高考准考证的考生（限本人使用），提供市内、市郊（不含远郊班车）免费乘坐公交车服务。并要求参与送考或途经考点的驾驶员和车长务必做到：高峰时段适时加强高峰车，保证考生出行需求；在考试时间段内，途经学校考点的公交车严禁鸣喇叭。

【“无车日”活动】 为促进城市交通科学可持续发展，推动城市交通领域节能减排工作深入开展，国家住房与城乡建设部于2011年9月22日在全国范围内开展以“绿色交通 城市未来”为主题的“2011年中国城市无车日”活动。按照昆明市城市无车日活动领导小组办公室的统一安排部署，公司利用公交站台、站牌及七彩公交等媒体上开展形式多样、内容丰富的无车日活动宣传。通过强化和重申文明行车和优质服务各项措施，经过全司员工共同努力，圆满完成各项工作任务。本次无车日当天公司出车3405辆，出车率达92%。

（范阁津　陈　健）

城市交通管理

【道路交通事故防控、处理】 2011年，支队围绕“一降两保”目标，狠抓“五整顿、三加强”措施落实，深入推进“平安畅通县区”创建，严格落实道路交通安全目标责任制，充分发挥市“交安办”综合协调职能，不断加大对交通安全工作的督促检查和指导协调力度，积极构建“横向到边，纵向到底”的道路交通安全管理社会化防控体系。

2011年，全市共发生适用一般程序处理的道路交通事故2093起，共造成313人死亡，2573人受伤，直接经济损失727.29万元。四项指标与去年同期相比，事故减少131起，降低5.89%；死亡人数减少3人，降低0.95%；受伤人数减少164人，减少5.99%；直接经济损失增加84.32万元，上升13.11%。

【交通安全专项督查】 先后组织开展了5次交通安全专项督查，牵头召开了3次安全联席会议，向发生一次死亡3人以上特大事故的县（市、区）政府（管委会）下发《告诫通知》12份，向交通安全管理工作中存在问题的县（市、区）政府（管委会）发出《整改建议书》5份，对重特大事故频发和交通事故死亡人数上升过快的7个交警大队实行重点帮扶。

【客运车辆管理】 严格落实客运车辆“户籍化”、属地“安全卡”和“三关一监督”制度和车辆管理的“四项制度”，认真做好“四个见面”和“四个到位”，认真落实“五巡查、五监管、五重点、五个必做和五个不放过”，启动了“昆明市机动车远程外观查验管理中心”和科目三视频监控考试系统，实现了机动车检验全程视频监控和驾驶证场考音、视频实时检测；严格机动车安检、注册、过户、转籍、报废、销毁和驾驶人考试、发证、审验环节把关。

【农村地区交通设施建设】 截至2011年底，全市累计建立农村客运公司15家，建成农村客运站106个（其中，等级客运站69个），开通城乡公交客运线路达776条，投放营运城乡公交7685辆，覆盖全市138个乡镇，1222个行政村，乡镇公交覆盖率达100%，行政村公交通车率达92.5%，较好地解决了农民群众出行难的问题，提升了农村地区道路交通安全管理水平。

【客运隐患整治】 严格客运车辆“六必查”措施，积极协调安监、交通、农机等部门加大督察力度，督促客运企业（客运站）落实安全生产主体责任，落实客运站“三不进站、五不出站”管理规定和“三关一监督”制度。积极开展校车安全整治，严格校车管理，坚决杜绝非法拼装改装车辆、安全技术检验不合格车辆、私营车辆从事校车运营工作。先后组织开展了预防重特大道路交通事故整治、道路运输危险化学品安全专项整治、非法营运客运车辆专项整治、道路交通综合整治、客运隐患整治、校车安全整治、农村地区“二车一机”违法载客专项整治和全国西南片区道路交通安全区域联动整治等一系列专项整治工作。

【交通安全整治】 结合“醉驾入刑”工作开展，全面加大对酒后、醉酒驾驶违法犯罪行为的查处打击力度；结合“三超一疲劳”专项整治行动的开展，严厉查处超速行驶、客车超员、货车超载、疲劳驾驶违法等严重违法行为；结合打击盗窃违法犯罪专项行动的开展，严厉打击涉车涉证违法犯罪活动；全力开展“清网行动”，强化交通肇事网上追逃规劝工作。2011年，全市公安交管部门共纠正查处各类交通违法行为4844079起，其中现场查处3740295，非现场查处1103784，罚款1751611起，教育警告3092468起，暂扣各类车辆39193辆，暂扣证件3847本，行政拘留987人（涉及交通事故233人）；全市共发生交通肇事逃逸案件312起，侦破250起，侦破率为80.13%；受理涉嫌交通肇事罪案件204起，刑事立案204起，采取取保候审172人，刑事拘留32人，逮捕44人，吊销机动车驾驶证322本，终身禁驾31人；查处醉酒驾车案件656件，刑事立案656件，侦查终结移送起诉390件；办理涉车涉牌涉证违法犯罪案件304起，查扣涉车涉牌涉证机动车284辆，发还、移交涉嫌被盗机动车111辆，查处违法犯罪人员33人；在“清网行动”中抓获上网追逃人员41名（包括协网抓获数），在“清网行动”中实现抓获率100%。

【车辆及驾驶人管理】 截至2011年12月20日，全市机动车保有量为1508109辆，净增176269辆；机动车驾驶员保有量为1768643辆，净增162495人。2011年，支队车辆管理部门不断加大日常化管理，在车驾管工作中共查获非法拼改装机动车349辆、被盗抢机动车6辆、涉嫌伪造机动车手续材料7起、假证24本，督促5622辆逾期检验车辆参检；通过监管平台审核车辆1170辆，退回整改不合格车辆153辆；开展远程监销362次，完成1539辆机动车的远程监销工作；通过网络、媒体向社会公告逾期未检验和临界检验机动车46.8万辆次，公告作废驾驶证6059本、逾期未审验（换证）驾驶证12267人次；向车主、驾驶人发出提示短信2.75万人次；对1240名记分满12分的驾驶人开展了为期7天的培训考试，对102起涉及客运车辆的死亡交通事故实施了责任追究倒查，提高了车驾管工作的针对性和实效性，强化了交通安全源头管理。

【交通安全管理设施建设】 投入整治资金840.44万元，共建设安装防护栏（墩、墙）2.74万米、安装强制减速带136条，设置其他防护设施1850米，安装交通警示标志9185块。完成宜九线、龙东格公路、牛广公路、鹿平公路、撒皎线、撒大线、安富线、安八线等17处隐患点整治工作。同时结合“四创两争”工作的深入推进，对全市各类交通安全管理设施进行清洗、更换和完善。共拆除、更新、维护和完善交通隔离护栏71840余米，交通标线342758米，标志牌761块，标志杆179根，反光柱3024根，人行横道路障标1994个，岗亭249个，井盖98块；更换信号灯灯泡2165个、灯盘576个、保险531颗、电缆线1685米、信号灯杆52根；更换超期使用，存在安全隐患的悬臂杆20套，清洗交通护栏387522米。

【保通工作】 围绕地铁建设“首期工程”及3号线建设、城市污水管网改迁、三环闭合、环湖公路、机场高速建设工程等系列重大基础设施建设保通工作，科学组织交通、合理调整勤务、规范施工管理，深挖内部潜力，继续推行“24小时联勤保通”、“三级责任制”和机关干部民警、大队内勤事故人员早晚高峰参与路面交通指挥疏导的长效机制，严格执行货运交通调整措施，通过“诱、疏、导、控”等各项措施，不断加大保通工作力度。

【法制工作】 组织开展了执法规范“五级培训”和执勤执法、事故处理、肇事案件查缉模拟实战比武以及“执法示范单位”和“执法标兵”创建活动，结合对《刑法修正案（八）》的贯彻执行工作，制定了《醉酒驾驶刑事案件现场处置规程》、《醉酒驾驶案件相关法律文书的制作与使用》以及《交通事故中处置醉酒驾驶的工作要点》等规范性文件，进一步规范了醉驾刑案的办理工作。同时，全力开展《昆明市电动自行车管理规定》、《昆明市道路交通安全条例》立法及修订工作，深入推进《昆明市电动自行车管理规定》实施前的相关准备工作，不断规范电动自行车管理。

【科技强警】 坚持“科技强警”方针，完成了高速、高等级公路科技管控项目，完善警务移动系统功能，更新了交通安全网板块设置，推出了违法停车语音提示、交通事故接处警手机短信提示、交通事故现场照片实时上传制度及针对过境货运车辆驾驶人的货运交通调整措施短信提示，启动交通管理服务信息多渠道发布系统，构建完成全市16个报废机动车拆解远程监销平台，成立了“昆明市机动车远程外观查验管理中心”，启用了科目三全程视频监控道路考试系统。同时，研发“摩托车带牌销售外挂系统”、“驾驶证管理系统”及“机动车登记系统”的扩充外挂系统，逐步在各分（县、市）车管所推行了检汽车注册登记和摩托车带牌销售工作；结合打击整治盗窃违法犯罪专项行动的开展，强化信息化自动预警平台、“网上布控”及视频监控系统的运用，建立打击涉车涉牌涉证违法犯罪行为工作机制和有交警特色的涉车犯罪侦查工作模式，提升交管工作的质量和效率，拓展管理服务的形式和内涵。

【交通安全保卫】 2011年，支队圆满完成党和国家领导人视察、外国政要访问以及省、市“两会”、省第九次党代会、第19届昆交会等各项大型警（保）卫任务1747起，其中一级警卫6起，二级警卫64起，三级警卫178起，其他警卫任务1499起。

【便民利民措施】 组建了“流动车管所”，深入单位、社区、乡镇办理车管业务；将主城区原有8个“快出快赔服务点”整合为4个“交通事故快处快赔便民服务中心”，并在呈贡新区、安宁市新增2个“交通事故快处快赔便民服务点”，在开展交通事故“快出快赔”业务的同时，增加了驾驶证审验、换证及部分交通违法行为非现场处罚等交通管理业务；进一步完善交通事故损害赔偿调解工作机制，在全市18个大队设立人民调解室，全市共成立了16个人民调解委员会，共受理申请调解的案件6053起，调解达成协议5743起，调解成功率94.88%，最大限度消除纠纷隐患，化解社会矛盾。同时，在全市交警部门全面推行了涵盖所有交管业务的“限时办结”、“首问负责”、“业务导办”制度，建立了“一窗式”、“一站式”服务模式。另外，积极开展扶贫济困活动，向支队定点挂钩帮扶的寻甸县柯渡镇松林村委会捐赠49820元，帮助该村解决饮水困难。

【交通安全宣传】 以“文明交通行动计划”及交通安全“五进、四让”宣传等活动为载体，充分发挥流动宣传小分队灵活、机动的特点，不断强化阵地宣传。同时，运用“声、屏、网、媒”多渠道、广角度深入开展交通安全宣传教育，不断提高交通参与者的交通安全意识、文明意识和守法意识。全年，共开展大中型交通安全宣传教育活动144次，其中深入客运企业开展专题宣传教育活动24次，播放宣传光碟77场次；共发放各类交通安全宣传材料120万余份；通过各级、各类新闻媒体刊播交通管理专访、评论、消息、公益广告等有关道路交通管理工作的新闻稿件29000篇（条、幅、期）；利用手机短信平台发送交通安全警示宣传短信12000万条；向省文明交通行动计划领导小组申报并创建文明交通示范单位60家、先进个人60人。

【六项建设】 突出交通管理业务工作，全面加强队伍思想建设、组织建设、作风建设、保障建设和文化建设，全面提升队伍整体素质，为圆满完成各项交通管理任务提供了强有力保障。以创建“五四”团委为载体，广泛开展“青年文明号”、“青年突击队”、“巾帼文明示范岗”创建活动，不断强化团组织建设。全年共创建国家级“巾帼文明岗”2个，全国政法系统“先进党组织”1个，表彰三等功集体20个、嘉奖集体7个、三等功个人32人、嘉奖个人146人、优秀共产党员143人、先进党务工作者48个、社会主义劳动竞赛先进岗组39个、先进个人319人、巾帼建功先进岗组5个、巾帼建功先进个人45名。在全市纪念建党90周年知识竞赛中，支队代表市局参赛并获得了三等奖；选派105名民警参加在昆明市第二届公安运动会，取得23金、29银、19铜、团体总分第二的好成绩；选送5个节目参加公安文艺汇演，获得1个一等奖、2个二等奖和2个三等奖。

（市交警支队）

KUNMING YEARBOOK

城乡建设与管理

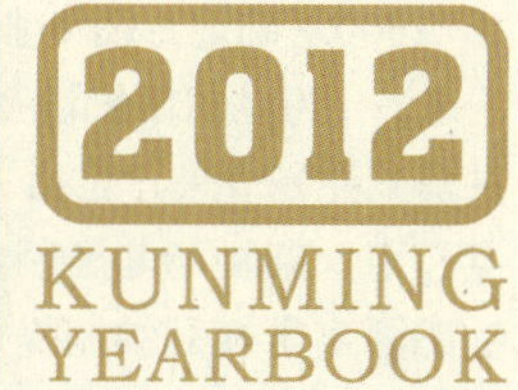

◆ 责任编辑 李　洪

综　述

【城市规模和各项综合指标】 主城区15米以上道路里程达到1223公里，比2008年年底的807公里增加416公里，增长51.5%；人均拥有道路面积由8.63平方米增加到12.07平方米；城市规划区路网密度由3.1千米/千米2提高至3.9千米/千米2。主城区每日清扫道路面积约6000万平方米，冲洗面积约600万平方米，全年清运处置粪便10万吨，清运处理生活垃圾120万吨，拆除农房加层、滇池面山、主城至呈贡区5条主要道路两侧各类临危建筑6952宗，拆除户外广告设施1224块。新增城市绿地586.25公顷，建设苗圃14664.53亩。

【市政基础设施建设】 组织实施三期139项交通微循环工程，整治改造支次道路总长约54.8公里，实施主城城市路网“541”建设计划，大力推进18条二环、三环支撑性道路和32条片区重要干道建设，加快236条城市道路工程建设，先后建成二环快速系统、三环闭合工程、草海下穿工程、昌宏路、环湖路等一批重大市政基础设施项目。

【全域城镇化试点建设】 全域城镇化19个建设试点中的17家已启动实施，倘甸产业园区、阳宗海风景名胜区已完成试点选址、试点方案编制、试点规划，待规划审批后即可启动试点工作；晋宁县的市级试点已基本竣工；石林县正在推进中国彝族第一村、世纪阳光等项目的建设；五华区正积极推进桃园片区集中居住区的建设，集中居住区规划总用地面积为553.5亩，项目总投资29.3亿元，总建筑面积940042.3平方米，其中安置住房面积535806平方米，整个集中居住区完全按照现代化城市居住小区标准规划设计。

【县城规模扩张】 根据“543”倍增计划和“新集镇行动”，全市已完成县城面积扩张36.1平方千米。是市全域城镇化工作目标考核定量指标28.5平方千米的126%。如晋宁县通过实施全域城镇化集中居住区（昆阳“四退三还”安置点），东大河西侧、三中北侧道路，东大河西侧北延长线道路等工程建设，年内已实现县城建成区规模扩张2.3平方千米。

【工程质量安全监管培训】 2011年11月18日，为全面规范工程质量安全监管，成立昆明市建设工程质量安全监督管理总站。开展“两节两会”安全检查、打非专项行动、安全月安全检查等各类安全检查11次，检查在建工程项目1656个/项，发现隐患6977条，整改完成6872条，整改率98.5%，其余隐患要求限期整改，下发整改通知书653份，停工整改指令书108份。并与昆明日报社联合开展了昆明市建设工程“创先争优”活动，对管理工作优秀的10家企业、10个项目和10位项目经理进行了表彰。

全年完成企业法人和分管领导安全培训1500人（次），完成项目经理、专职安全员、现场监理安全再教育1500人。完成农民工培训80000人。完成“标准化、规范化、工艺化”培训1200人（次）。开展质量兴市示范点24个。严格按照轨道交通工程安全质量监督管理实施细则，落实11个质量控制节点，强化了轨道交通工程安全质量监督管理工作。按照培训计划，完成企业法人和分管领导安全培训150人（次），完成项目经理、专职安全员、现场监理安全再教育600人。完成农民工培训70000人。

（市住建局）

城乡规划与管理

【完成各项规划测绘】 完成昆明主城、富民等部分区域3000平方公里影像数据的生产工作。开展城市1∶500地形图修补测工程和昆明市87坐标系统与2000坐标系统联测工程工作。完成地形图对外供图74.3平方千米，提供数据光盘287张，控制测量71件，规划放线73件，竣工测量34件，地形图全测及修补测33件。编制印刷完成《呈贡新区规划发展图》、《昆明市城中村改造进展图》、《2011年安置房建设开工计划图》、《2011－2013年规划审批进度安排图》、《2011－2013年城中村拆迁进度安排图》等。为市委宣传部编制完成《“十一五”期间昆明市产业发展类重大项目分布图》、《“十一五”期间昆明市社会事业类重大项目分布图》、《“十一五”期间昆明市基础设施类重大项目分布图》。

对倘甸产业园区等北部三县九个乡镇总体规划及控制性详细规划开展1∶1万、1∶2000地形图测绘工作。为经济技术开发区、长坡工业园区、呈贡新区等地提供影像2000平方千米；在产业园区内累计完成1∶500基本地形图10平方千米。完成团结镇

1：2000基础地形图外业调绘50平方千米；为昆明新机场及空港建设提供基础控制成果，包括一级GPS控制点77点、新机场基准网复测1次。为生态隔离带规划编制提供8个生态隔离带卫星影像数据3400平方千米。

【地下管线探测】 提供市级有关部门地下管线资料1100多千米，跟踪落实22件规划审批项目的地下管线跟踪测量，占总审批量的27.5%。完成市政管线数据入库9578千米，小区庭院排水管线数据入库11000余千米。梳理、研究，形成《昆明市地下管线信息化建设情况汇报》成果，经市规委会审议通过。主城区小区庭院排水管线普查探测项目获中国测绘学会2011年度优秀测绘工程奖金奖。

【城市区域发展研究和城市总体规划修编】 云南要真正实现“桥头堡”战略目标，必须强化滇中城市群这一“大心脏”，而昆明建设区域性国际城市正是构筑 “大心脏”的首要任务。为实现大昆明的发展，分别由清华大学,同济大学,南京大学编制的《昆明城市区域发展战略研究与远景规划》已基本完成，并于2011年9月邀请了全国知名的规划专家在昆明召开了论证会。各编制单位按照专家意见对最终成果进行修改和完善后，将上报市规委会审议。

《昆明城市总体规划修编（2008－2020）》成果已于2010年11月正式上报国务院，2010年12月通过住建部主持的国务院部际联审会，待住建部部长常务会审议后，报国务院审批。

《昆明城市近期建设规划（2011－2015）》已完成编制，并经市规委会审议通过，报省住建厅备案。

【城乡规划全覆盖】 编制完成《昆明市“城乡规划全覆盖”工作实施方案》中下达的41项任务；各县（市）区、管委会政府所在地总体规划，已全部编制完成，覆盖率为100%；乡镇总体规划，全市现存73个乡镇已全部编制完成，覆盖率100%；各县（市）区村庄布点规划，嵩明县按一步城市化要求不再编制，其余县（市）区已全部编制完毕；村庄规划，完成规划编制6067个，完成率为90.6%。

【专项规划编制】 市政府安排市规划局指导统筹市相关职能部门开展相关专项规划编制工作，已完成《生态隔离带划定方案》，《昆明市中心城区“退二进三”与城市功能布局优化研究》、《昆明低碳城市路网建设研究》、《昆明城市景观风貌规划》、《昆明中心城区地下空间利用与人防工程建设规划》，《昆明城市教育设施规划》、《昆明城市防震减灾规划》等专项规划进展顺利。

组织“市级统建保障性住房”规划编制工作； 组织“泛亚金融产业区中心园区”控制性详细规划、城市设计、地下空间；邀请由国内古建筑研究权威专家领衔的规划设计团队，提出“文庙复原重建”的修建性详细规划方案上报市规委会审议，并按规委审定规划方案开展后续工作； 联系国内优秀设计团队免费编制“昆明泛亚儿童福利中心”概念规划方案。组织“市级公检法司办公区项目”规划方案编制，以推进项目进程。

【交通设施规划】 完成《昆明中心城区四年城市道路建设计划（2012－2015）》、《昆明城市常规公交近期提升方案研究》、《昆明市主城区货运市场设施调研及搬迁建议》、《2011昆明小样本居民出行调查》等项目规划编制工作，开展《昆明城市区域综合交通体系规划》，《昆明城市综合交通调整规划(2011～220)》、《昆明城市快速路网体系规划》、《昆明城市道路立交控制性详细规划》、《2012年昆明中心城区道路建设白皮书》等项目规划编制工作。根据交通规划建设发展需要和市委、市政府要求，开展大量的交通规划研究工作，包括《昆明市“十二五”综合交通发展规划》、《昆明步行和自行车交通系统规划》、《昆明金融集聚区及南部片区综合交通体系提升研究》、《昆明市交通发展年度报告》、《盘龙江过桥桥梁规划》、《二环路交通后评估》、《昆明轨道机场线规划研究》等。

针对轨道交通规划，编制完成《昆明市轨道交通3号线交通一体化规划》、《昆明市轨道交通首期工程综合交通衔接规划》等项目，开展《昆明市轨道交通线网规划修编》、《城市快速轨道交通建设规划修编》等项目，并已形成中间成果。

【市政设施规划编制】 进一步加大市政基础设施规划编制力度，编制完成《昆明城市排水专项规划》、《昆明城市电力专项规划》、《昆明市加油站行业发展规划修编（2010～2020年）及昆明市加油布局规划（2010－2020年）》、《昆明市域及中心城区加气站225规划》、《昆明市主城区三环内立体停车设施规划建设方案》等项目；同时，约请相应管线单位联合编制《昆明城市电信专项规划》、《昆明城市燃气专项规划》等，为城市基础设施的建设奠定基础。

【历史文化名城保护规划编制】 委托云南大学、昆明理工大学对滇池流域历史建筑开展普查、评估、测绘工作，开展历史城区文化空间保护与复兴策略研究，针对打造昆明特色街区开展调研工作，并形成课题报告供政府决策。

【信息化建设】 完成属性野外调查90%的工程量、数据检查软件的开发、属性入库招标文件的编制，验收了影像采购、处理及skyline三维软件。电子政务系统开发和升级工作基本完成，为行政审批工作信息化奠定了基础。

【片区控规维护】 完成城中村改造地块用地性质与道路红线调整42项；对43项涉及主城55分区控规成果的地块用地性质或道路红线进行调整，按程序开展公示、入库工作；为实现东风广场（原市政府所在地）处置利益最大化，按程序优化、调整了片区控规，向市规委会通报《CBD出让地块（KC2008-32）规划条件调整》后再进行公开“招、拍、挂”出让；深入细致研究后上报市规委会审议《昆明主城半岛分区控制性详细规划调整方案》等控规调整项目，严格履行控规调整程序。

【批后管理】 处理规划核实事项130项，办理历史遗留问题如昆明市面粉厂、云南科技电力事业总公司公用电科技楼项目等10余件； 处理新杰现代城、圣火药业等违法建设项目10件，向市规委会上报《对西交集团经济适用房等四件违法建设情况的处理意见》，力争合法、合理处理违法建设事宜。办理建筑规划核实咨询项目60余件； 核发规划核实意见书120份，基础±0.00验核意见6份。向综合行政执法部门发出违规项目通报20次，现场检查违法建设、违章搭建等30余次。

【法规制度建设】 《昆明市城乡建设档案管理规定》已按照立法程序送市政府进行了审议。《昆明历史文化名城保护条例》立法工作方案已制定。已草拟《昆明市城乡规划条例》修订立法工作方案，并向各相关部门征求意见。对《城乡规划法》配套制度进行梳理，出台地方性法规一部，即《昆明市城乡规划条例》；即将出台政府规章一部，即《昆明市城乡规划管理技术规定》。《昆明市规划局机关工作人员行政过错追究暂行办法》、《控制性详细规划备案办法》已经完成；《昆明市规划专项工作经费使用管理办法》、《昆明市建筑工程规划批后管理工作规定》和《昆明市管线与交通工程批后管理工作规定》正在按程序报批。

【一般项目审批】 完成建设项目行政审批公示、控规调整公示66个。完成规划条件公示7个，日照分析22个，指标审核15个。便民窗口共受理行政审批事项2448件，其中费用减免121件，建设工程规划许可证435件，建设项目规划条件757件，建设项目选址意见书208件，建设用地规划许可证510件，项目预审417件，已核发行政审批证书2268件（含不予审批、需补充要件或需调整完善方案的344件），中心城区共核发《建设工程规划许可证》中建筑工程的建筑面积达16972861.37平方米。发布行政审批公告55期。接待规划咨询服务4000余人次。做到了准确、高效、无一差错。市政务服务中心窗口工作卓有成效，得到大家好评，在2010年被评为“ISO9001先进窗口”的基础上，2011年又顺利通过了政管局组织的两次ISO9001质量管理体系内审，并参加了北京新世纪认证公司ISO9001的外审工作，得到了外审的肯定。共批转各类案卷近5000余件次，做到了在自身环节不压件，没有出现一件阶段超时的情况，行政审批限时办结率达99%。

【重点基础设施项目审批】 共办理《建设项目选址意见书》9项、《建设用地规划许可证》3项、《建设工程规划许可证》5项、《建设项目规划条件》5项、项目预审15项。其中办理完成的重大项目有：黄马高速公路、马料河综合综合整治、110KV斗南变电站等。彩云路改造、云大西路延长线、官渡65号路、广福路（广福立交—广卫立交）改造等重点道路建设项目已经完成了规划的初步审查并出具了初步规划审查意见。为配合轨道公司加快推进轨道上盖物业建设工作，完成轨道上盖物业地块规划方案审查和上报市规委审议工作，完成轨道上盖物业六个地块的规划条件办理工作。

【城中村改造项目和保障性住房建设项目审批】 已完成规划条件审批65项107个村，已核发建设工程规划许可21项27个村、回迁安置房建设规划意见20项26个村，共完成49项102个城中村改造项目的规划审查、专家论证和上报市规委会审议。规委审议通过地上建筑面积约1647万平方米，地下建筑面积约637万平方米。保障房建设工作。2011年昆明市的保障性住房建设市级统建计划为廉租房13299套，公共租赁住房14343套，合计27642套。分两个批次进行建设，目前已完成第一批次保障性住房（盘龙区龙江片区大波村、五华区西北片区陈家营、西山区西苑片区海源庄、老海埂路片区、官渡区方旺片区和空港片区）的规划选址工作。配合完成第一批次保障性住房建设方案审查和上报规委审议，完成用地、工程规划许可手续的办理。

【重大项目选址及规划条件相关工作】 完成省农业厅现代农业368服务中心、省环保厅高原湖泊国际研究中心、普洱茶文化中心、驻昆领事馆、市公安局搬迁、犬只留检所等项目的选址工作。完成滇池泛亚国际城市湿地生态社区、盘龙区龙江片区省农科院土地一级开发项目用地调查范围、轨道首期工程汽车北站物业开发等12个项目的土地一级开发整理项目的规划意见。组织专题会研究“退二进三”企业原址用地规划条件，核提规划条件9宗，研究明确规划指导研究5宗，为全市“退二进三”工作顺利推进提供了保障。完成涉及“原清非土地界定为限期开发”的166宗土地的规划条件办理工作。配合市轨道公司开展草海片区控规及城市设计工作，组织市领导、市级相关部门及省内外知名专家论证该项目。

【规委会审议项目】 2011年，市规委办共组织16次市规委会（其中含2次扩大会），通报并审议《滇池流域水污染防治“十二五”规划》、《昆明城中村改造三年白皮书（2011－2013）》、《昆明市轨道交通线网规划修编及近期建设规划》、《二环智能交通管理控制中心选址及规划方案》等186个项目。邀请国内知名专家、省内资深专家、建设部驻昆督查参加规委办组织的专家论证会议169次。

【土地储备项目】 按照市纪委要求对涉及的172宗土地梳理，其中164宗土地在市规划局管理权限内；已经办理规划条件，不需要重新办理规划条件的宗地63宗；纳入城中村改造的宗地33宗；因规划调整或其他原因不能核发规划条件的宗地16宗；暂不办理规划条件的宗地3宗；需要重新核发规划条件或者需要新办理规划条件的宗地49宗，已于2011年4月29日全部完成工作任务。对于政府债务清理土地收储规划条件的办理，市规划局按市政府要求成立了工作小组，对各储备地块逐宗研究，依据《控制性详细规划》、《昆明规划技术管理规定》核定地块规划条件，并对金融中心、科技新城等特定区域按规定上限确定开发强度以满足债务分担地块资产评估需要。按要求完成了市城投、市土投、市滇投、市交投、国字公司、市农投、市轨投等公司共计14221.1亩用地的规划条件，共提交21份规划意见给市土地储备中心。退二进三工作情况。“退二进三”企业上报的共28件，已核发规划条件的9宗，给出规划指导意见的13宗，不具备单独开发条件或暂不能提供规划条件的7家。

【政策制度建设】 制定《关于强化建设工程管理 杜绝违法建设行为的规定》等政策措施；大力开展制度创新工作，完成《昆明市规划三维辅助审批管理办法》、《昆明市城市基本建设档案管理规定》、《昆明市规划建筑设计单位诚信管理办法》、《昆明市住宅建设项目公建配套设施规划验收管理规定》等制度的拟定。

【支持新农村建设】 向柯渡镇的柯渡中学、长箐小学、猴街小学、晨阳小学捐赠军用被200床，价值2万元；向16名困难学生每人捐献助学爱心款1200元，合计人民币1.92万元；协调市交通局解决柯渡镇6个自然村通村公路建设所需95万元资金扶助问题。与晋宁县回龙村共建认真落实，出资设计的回龙村多功能活动中心已竣工。

（市规划局）

园林·绿化

【城市绿量稳步增长】 昆明市始终坚持“绿化和生态是城市第一形象、第一环境、第一基础设施、第一景观要素”的理念，坚持“规划建绿”，全面实施城市规划区绿地系统建设规划，着力推进园林绿化增量建设，迅速提升城市建成区绿地率和绿化覆盖率。编制完成《昆明城市绿地系统建设三年行动计划（2011－2013）》，科学制定全市园林绿化建设工作白皮书，紧扣 “昆明主城绿地率增长1个百分点，主城、呈贡新城完成城市绿地建设1211公顷”的目标，全面提升绿量，打造完善的绿地系统结构。2011年，主城五区、三个开发（度假）区新增城市绿地1370.04公顷，栽种乔木234.31万株、攀援植物253.29万株，绿地率达到40.04%，绿化覆盖率达到43.6%；其余县（市）区新增城市绿地586.25公顷，栽种乔木70.35万株，攀援植物110.12万株，建成区绿地率均超过37%，绿化覆盖率达42%以上。先后建设环湖路、机场高速公路、经开区信息产业基地8号路、海源南路、度假区“四环十七射”等道路绿化，完成65家园林单位和32家园林小区材料审核上报以及老园林单位和小区复查、市园林绿化局主城老办公用房的拆房建绿等工作。

【行业监管力度增强】 始终坚持“以人为本、服务社会、依法办事”的原则，加强政策研究、标准制定、行政监督等职责，结合旧城改造、呈贡新区建设、36条入滇河道整治、湖滨生态湿地、四环十七射道路和生态隔离带的建设，做好全市绿化的规划设计、建设施工和养护管理工作。创新绿化建设与管理思路，编写《昆明市园林绿化工程质量监督管理办法》、《关于推进城市屋顶绿化建设工作的意见》、《昆明市中心城区“规划建绿”的实施意见》、《昆明市中心城区新建城市绿地竣工验收规定》、《昆明市绿化咨询评估工作实施意见》等多项创新文件，指导我市园林绿化工作，提升园林行业监管和服务水平。

【园林绿化服务】 深化行政审批改革，实行办、审、验分离，优化审批流程，细化审批项目，认真做好接

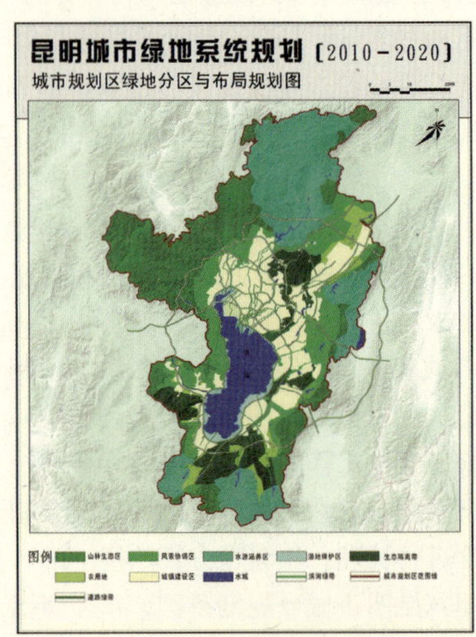

城市规划区绿地分区与布局规划图

件、办件到反馈的每一个环节，切实做到“咨询服务零距离、办件质量零差错、服务对象零投诉”。同时，为避免审批决策的片面性，一方面实行园林绿化行政审批集体审批制度，所有行政审批均上行政办公会研究决定；另一方面，加强对工作人员的业务培训，提高办事能力和效率，力求在服务质量、办结时限、接件环节上有新的突破。全年办理园林绿化行政审批办件163件，其中绿色图章审批35件，绿化企业资质审批97件，绿化工程竣工验收30件，风景名胜区建设许可证审批1件，全部按照《昆明市城镇绿化条例》以及相关规定办结，办结率100%。电话咨询179件，96128专线电话37件。

【城市园林绿化养护管理】 针对全市城市绿量巨大、全年旱情严重的实际，一方面采取有效措施，落实抗旱保苗长效机制，严格按照《昆明市园林绿化工程旱季全面浇灌长效工作机制》、《昆明市园林绿化局关于进一步加强城乡园林绿化树木旱季浇灌的通知》等文件制定浇灌工作计划，并对旱季浇灌情况实行周报，落实抗旱工作的行政首长责任制，同时由纪委监察局、目督办、绿化建设指挥部组成的城乡园林绿化抗旱保苗督查组，实施抗旱保苗工作全面监督，采取强有力措施全面落实旱季浇灌、抗旱保苗工作。另一方面加强对全市园林绿化病虫害的防治工作，每月按时编印《植保信息》，通报全市范围的病虫害情况，做到早发现、早预防。此外还加大缺塘补栽、枯死树木的巡查更换力度。

【园林绿化工程质量】 严格按照“三高、三精、三理”要求，进行规划、施工和竣工验收，尤其对隐蔽工程的验收，力求使园林绿化工程监管不到位的现状得到改善。派驻监管人员参加“四环十七射”道路、机场高速路、机场路城区段、环湖路、三环路道路绿化景观施工质量的监督和检查，以加强监理及现场指导。严格对各项目设计图纸进行审批，确保各项建设绿化景观项目按照“三高”、“三精”、“三化”目标进行设计和实施。

【公园品质提升】 通过大力开展公园和名胜区绿化美化以及环境综合整治、污染水体水葫芦治理工作、推进雨水收集及污水资源化利用工程、实施委托执法增强公园内部管理等措施，使全市公园从景观景点等硬件设施到服务水平的软件条件都得以改善。同时，组织市属公园及园林系统相关单位横向和纵向观摩学习，加强财务监管，抓紧安全生产，落实财务收支管理机制和安全生产责任制，突出目标管理，并做到季度有检查、年中有总结、年底有考核，实现考核动态管理。对外积极开展与兄弟城市的经验交流，开阔眼界，激荡思想，切实使公园管理水平得到提高。

【文化公园增加】 2011年，在公园绿地的规划设计和建设中，始终注重体现本地的历史文化特色，以及民族传统文化的发掘和传承。通过举办第五届、第六届“园博会”，建设了禄劝掌鸠河公园、高新区渔浦寒泉公园、经开区大观山公园、滇池度假区大渔公园、东川铜文化主题公园、小普吉银杏主题公园、普坪郊野公园、上马新村公园、西北三环（五华段）控制区绿地、云南华丰国际商贸城一期绿地等一批深具地域特色和饱含历史文化的精品公园和绿地。同时，充分挖掘老公园、老景区的深厚文化资源，提升文化品质，打造精品文化公园，结合昆明动物园樱花海棠区、黑龙潭公园办公区、大观公园百花地、金殿名胜区茶花园、翠湖公园竹林岛、金鱼岛、西南岛以及西华公园、昙华寺公园、郊野公园的景观改造提升，开展公园文化建设，推动各公园文化资源的可持续利用和文化建设的深入开展。

【园林文化交流】为挖掘和整理城市文化资源，打造园林文化活动品牌，提高市园林园艺水平，加大内外、纵向横向的合作交流。通过积极申办2015年中国国际园林博览会，代表昆明市参展第七届江苏省园博会和第八届（重庆）中国国际园林博览会，筹备参展2013年第九届（北京）中国国际园艺博会和举办2014年中国第十四届梅花蜡梅展等工作，推动高水平、高层次的交流和学习。同时，通过举办“市花节”、“大观灯展”、“郁金香展”、“金秋菊花展”、梅花展、樱花节、桃花节等活动丰富公园休闲内容，提高公园的园林造景水平，为市民提供了赏心悦目的公园环境及休闲氛围。

【推进园林绿化制度建设】 市园林绿化局完成《昆明市公园分级分类登记管理办法》、《昆明市城市生物多样性保护规划》、《昆明市园林绿化行业培训制度》、《昆明市建立园林绿化植保信息平台方案》4项制度创新项目。同时，规范内部管理，结合《中共昆明市园林绿化局委员会“三重一大”事项集体决策制度实施办法》、《昆明市园林绿化局局长接待日工作制度》、《昆明市园林绿化局合同管理规定》、《昆明市园林绿化局法制培训制度》、《昆明市园林绿化局信访维稳应急预案》等管理制度，不断把园林绿化内部管理推向制度化、规范化。

【办理信访件及建议提案】 为切实做好综治维稳，把各类不稳定、不和谐因素消除在基层，畅通信访申诉渠道，认真开展“局长接待日”，对受理的各类信访件及时解答、认真办复。全年共开展市园林绿化局“局长接待日”工作12次、共接待来访19起43人，办理“12345”热线及“书记信箱”交办件96件，办理市信访局交办件及其他信访件11件，收到各级人大代表建议、政协提案13件，其中省政协提案4件、市人大代表建议4件、市政协提案5件。2011年，园林绿化建议、提案的办复率100%，面商率100%，满意率100%；落实安全生产“一岗双责”责任制，认真贯彻“安全第一，预防为主，综合治理”的方针，在元旦、春节，“两会”、“清明”、“五一”、中秋节、国庆节和市“两会”期间，开展安全生产大检查，做到横向到边、纵向到底，不留死角，彻底消除安全隐患，确保安全无事故，无人员伤亡。全年签订安全生产“一岗双责”责任书 32 份，组织对森林防火、生产安全，消防安全检查 13 次，查出一般安全隐患并整改8处，投入安全经费67万元。做到整改方案、责任人员、资金、期限和应急处置预案“五到位”。

（市园林绿化局）

国土资源管理

【主动跟进土地报批征收】 截至12月底，全市共受理并办结预（初）审报件3.07万亩，共完成新增建设用地报批206宗、8.13万亩，协调和指导完成土地征收10.28万亩、正在开展征收2.07万亩。完成滇池环湖西岸截污完善工程、昆明铁路枢纽东南环线、云桂铁路客运专线、牛栏江—滇池补水工程等12个项目、2179亩临时用地的审批工作。

【土地供应】 截至12月底，全市共供应土地654宗、3.83万亩。其中以划拨方式供应72宗、2954.24亩；以出让方式供应582宗、3.53万亩，出让价款617.75亿元。以出让方式供应占土地总供应宗数和面积89%、92.17%。出让用地中以招拍挂方式供应566宗、3.27万亩，招拍挂占出让用地宗数和面积97.25%、92.63%。办理土地转让83宗、1199．94亩，转让金额共4.78亿元。办理原划拨土地使用权人申请补办出让手续或变更原规划条件补缴土地出让价款共125宗、2935.5亩，实现出让价款9.58亿元。收缴完善用地中已出让土地补缴土地价款47.47亿元。

【重大项目用地保障】 优先突出保障性住房、城中村、机场配套设施、呈贡新区、工业园区、招商引资等项目用地重点，采取领导现场办公、函告催办、邀请座谈、派人指导、绿色通道等方式，及时保证了西北绕城、轿子雪山、禄大公路、铁路东南环线、云桂铁路、昆明铁路枢纽、黄马高速公路、新机场配套生活区、空港经济区小商品加工基地、保障性住房建设等一大批国家和省市重大项目用地需求。

【县乡土地利用总体规划调整和完善】 省委、省政府保护坝区农田建设山地城镇工作会议召开后，市委、市政府主要领导高度重视，迅速成立了以市长为组长、副市长为副组长，市国土、发改、财政、规划、林业、环保、旅游、住建、农业、滇管、水务和十四个县（市）区政府分管领导为成员的昆明市土地利用总体规划完善领导小组及其办公室，领导小组办公室在调研、听取县（市）区和行业专家、知名高校等意见建议，以及对新一轮土地利用总体规划（2006～2020年）成果评价、建设用地上山立地条件分析、二调基数规划现状转换与规划指标对比分析、试点经验总结的基础上，迅速拟定并经市政府审定下发了《昆明市调整完善城乡发展思路加强坝区耕地保护完善县乡级土地利用总体规划（2006～2020年）工作方案》（试行）和《昆明市县乡土地利用总体规划（2006～2020年）完善工作实施细则》（试行），起草《昆明市人民政府关于加强耕地保护促进城镇化科学发展的意见》。

截至12月底，市级立地条件分析报告、综合评价与完善方案研究报告已完成；全市各县（市）区完善县乡级土地利用总体规划成果已编制完成，即将报省三规联合审查组审查。

【保障性住房用地】 积极将保障性住房用地作为民生工程的首要任务，采取计划单列、应保尽保、单独组件、单独报批的方式，实行征、转、供一并办理。全市共落实保障性安居工程用地5505.85亩，城市棚户区改造用地3263.23亩、公共租赁房用地1010.29亩。其他保障性住房用地1232.33亩。

【土地综合整治】 强化制度创新对全域城镇化建设的支撑，制定并下发了《昆明市城乡建设用地增减挂钩项目区实施方案编制审查办法》、《城乡建设用地增减挂钩拆旧地块整理复垦办法》、《昆明市全域城镇化试点城乡建设用地增减挂钩实施意见》、《昆明市全域城镇化试点土地整治项目管理实施细则》等指导意见。组织开展了昆明市城乡建设用地增减挂钩、农村土地整治专项规划编制和项目实施工作。全市已有9个增减挂钩试点项目区实施规划（方案）获得批准实施。其中，晋宁县2个、呈贡县2个、禄劝县2个、西山区1个、石林县1个，寻甸县1个。涉及拆旧区4473.44亩，建新区3726.44亩，共下达挂钩周转指标3522.65亩。《嵩明县土地整治规划（2011～2020年）》已通过国土资源部专家评审。

【支持新型社区建设】 高度重视失地农民安置保障房建设工作，积极扶持呈贡县推进失地农民新型社区建设工作，已完成8个地块、4166.94亩农地征转报批工作，同时已上报待批4个地块、1921.98亩建设用地报件，预计将解决2.5万户、6.64万人的住房问题。经开区已启动了大冲、小新村等旧村改造工作。

【便民服务】 转变工作作风，变审批为服务，最大限度精简审批事项、简化办事流程，压缩办理时限，行政审批事项已从2006年的19项精简到目前的4项，审批时限从原来最长需要2至3个月、最短15个工作日，压缩到现在最长7个工作日、最短4个工作日。截至12月底，窗口共受理各类土地报件2215件，办结2204件，办结率达99.5%。受理群众咨询1400多人次，收取各种规费410多亿元。

【土地开发整理和中低产田地改造】 全市土地开发整理入库项目共55个，建设规模20.01万亩、预计新增耕地7.5万亩。全市共验收土地开发整理复垦项目31个、建设规模16.52万亩、实际投资2.61亿元，新增补充耕地3.12万亩。共落实建设项目占用耕地补充任务2.01万亩。严格落实耕地保护目标责任制，顺利通过省国土资源厅2006～2010年耕地保护目标责任考核。积极推进省国土资源厅2010年下达的中低产田地改造任务3.21万亩，项目投资为5770.05万元，目前项目资金已到位，转入实施阶段。

【闲置土地处置】 全市认定的150宗、8084.88亩闲置土地，截至12月底，150宗闲置土地已全部完成处置工作。

【国土资源执法监察】 截至12月底，全市共发现土地和矿产违法案件216件，已整改并制止11件，已立案查处205件，已结案202件，共拆除违规建筑1.32万平方米，没收地上建（构）筑物243.73万平方米，收缴罚没款2.007亿元；全面推进2010年度土地矿产卫片执法检查工作，全市共对5435个图斑、1363个地块、7.94万亩土地进行实地核查，对其中存在的违法用地行为已进行调查和查处工作。组织对全市15个已建和在建的高尔夫球场项目逐一现场摸底调查，并对其中发现的13宗违法违规建设高尔夫球场项目进行了查处。积极配合开展全市农房违法建设和临危建筑集中整治专项行动。拟定了《昆明市土地执法共同责任制度》并经市政府常务会审查通过。

【矿业秩序好转】 积极在东川铜矿区、石林—宜良—嵩明—寻甸煤矿区、安宁—西山—晋宁磷矿区、禄劝—富民钛矿区等重点矿区以及滇池流域禁采区、金沙江流域开采区、禄劝—东川地质灾害易发区等重点区域逐步建立县乡村组四级矿产资源日常监管网络体系，稳步推进矿产资源开发监督信息员备案制度，全市累计查处无证勘查、开采行为49起，没收非法矿产品1246吨，罚没款44.22万余元，行政处罚39人，追究刑事责任6人，整顿和规范矿产资源开发秩序工作成果得到进一步巩固和夯实。全面完成东川区36个采矿权的规范处置工作。全面完成晋宁磷矿区和东川铜矿区的资源整合工作，晋宁磷矿区开采主体由9个减少为2个，采矿权由18个下降成9个；东川铜矿区采矿权由69个一次整合为5个，开采主体由20余家减少至4家，资源开发利用效率进一步提高，顺利通过了部、省进一步推进矿产资源开发整合验收工作。全面完成74个探矿权、68个采矿权实地核查并顺利通过省级验收，完成115个上表矿区、88个未上表矿区的矿产资源利用现状调查工作并顺利通过了省级验收，完成803个采矿权换证工作、265个采矿权换证信息核实上报工作。完成2011年度3个探矿权、3个采矿权出让计划的复核复审工作，完成2012年度6个探矿权出让计划的审查上报工作，完成1136个采矿权和168个探矿权的行政合同签订工作。2011年全市新出让采矿权60个，均按照规划审查、计划批准、公开出让的步骤和程序进行有偿出让。全面实施采矿权数据库实施更新制度，进一步完善矿业权预警机制。全面启动东川—禄劝铜铁整装勘查区整装勘查工作。昆阳磷矿和海口磷矿被国土资源部评为全国首批绿色矿山建设示范单位。

【地质灾害防治】 编制并发布了《昆明市2011年度地质灾害防治方案》、《昆明市2011年度地质环境保护管理工作意见》，组建地质灾害防治工作领导小组，启动地质灾害24小时值班制度，组织地质灾害隐患点的排查督促检查和再排查工作，层层建立群测群防网络，召开汛期地质灾害防治工作电视电话会议。积极推进市县两级《地质灾害防治十年规划》编制工作。截至目前，全市共排查地质灾害隐患点1415个，落实监测人员1964人，发放地质灾害防治工作明白卡3584份、地质灾害避险明白卡2.26万份、地质灾害防患通知书1798份。向各隐患点监测人员和市县乡三级相关人员发布“天气预报短信”16条、3.2万余人次。组织开展年度地质灾害宣传培训20余次2943人次、应急演练9次1040人次。全年全市共发生地质灾害5起，直接经济损失220万元。

【地质环境治理】 寻甸县沙湾大沟泥石流治理项目获得省国土资源厅批准同意，东川区阿旺镇泥石流治理项目获得中央财政特大型地质灾害防治2000万元的专项资金补助，争取市级财政专项治理资金1538万元对全市13个县（市）区36个地质灾害点进行治理。东川区资源枯竭型城市矿山恢复治理2010年工程项目获得财政部、国土部补助经费9000万元。完成安宁县街磷矿一期工程初验、二期治理项目获得财政部、国土资源部补助经费1500万元。昆阳磷矿和上蒜磷矿恢复治理工作通过省级最终验收。截至12月底，全市共收取矿山地质环境恢复治理保证金5032万元。宜良县九乡峡谷洞穴和云南石林岩溶峰林国家地质遗迹保护项目已通过国土资源部立项，获得补助经费503万元。

【测绘基础管理】 组织完成昆明市卫星定位综合服务系统的专家评审验收工作，10个基站与国家IGS站进行了同步联测，完成对昆明市卫星定位综合服务系统10个基站数据与2000国家大地坐标的计算工作。完成昆明市第二次土地调查形成的主城范围内280平方公里1:500地形图的检查工作。开展了涉密测绘成果保密检查，完成2200件“昆明市2004昆明坐标系数字网使用批准书”使用审查，完成新申办测绘资质初审、实地查验、报批21件，完成2004坐标系成果使用审查、国家秘密测绘成果使用审查、卫星定位综合服务系统会员申请审查等共164件。拟定了《昆明市测绘管理办法》。

【地籍管理】 进一步加大个购登记发证工作力度，切实维护土地所有者和使用者的合法权益，截至12月底，全市共登记发证6.71万本。办理完成土地使用权初始变更登记、他项权利登记、其他注销延期登记共1730宗。完成勘测定界备案审核和批次、单选勘测定界验收1191宗，完成各类地籍调查（储备、供地、登记）现场审核649宗。共收回单位及个人国有土地使用权2103宗、3106亩。办理储备土地登记发证104宗，办理土地抵押登记13宗、抵押金额105.7亿元。划拨土地建盖商品房办理土地登记工作取得突破。

【完成第二次土地调查任务】 全面完成全市第二次土地调查各项工作任务， 14个县（市）区农村土地调查成果正式通过省级验收，县城所在地城镇调查外业成果已通过省、市检查验收，一般建制镇调查已完成联合验收。农村集体土地所有权和集体建设用地使用权发证工作全面启动，计划用三年的时间全面完成。

【信息化建设继续健全】 深入完善昆明市国土专网平台建设，完成昆明市土地矿产交易中心、阳宗海国土分局、倘甸国土分局、市政府会议室国土专网建设，完成市国土资源局新办公区国土专网与省国土资源厅网络连接调试等工作。扩充完善了昆明市市级、县（区）级电子政务审批系统功能，规范了全市国土系统公文流转流程和模式，开展了昆明市土地利用总体规划管理信息系统、昆明市城镇地籍管理信息系统的试运行和县区试点推广应用工作，启动闲置土地监管系统的运行工作；编制完成昆明市国土资源 “一张图”管地、“以图管矿”技术方案，并积极开展呈贡区为试点的核心数据库建设工作，目前已初步完成了系统模型三维建模；深入推进县区信息化建设工作，完成富民、寻甸、石林、安宁、宜良、呈贡、官渡、盘龙、西山等县（区）的国土资源电子政务系统建设和升级工作，开展昆明市城镇地籍、农村地籍、规划修编、2010年城镇变更调查等专项业务数据库建设，完善昆明市国土资源信息化建设标准和规范，加强了昆明市国土资源局对外发布系统功能模块完善和安全保密体系建设。积极推进国土资源档案信息化建设工作，完善档案管理系统功能，实现和电子政务审批系统的无缝关联，全年完成档案整理3294卷。

（龚宝兰）

城市管理

【年度概况】 2011年，昆明市城市管理综合行政执法以“四创两争”和“城乡环境百日会战”为契机，认真贯彻落实科学发展观，在提高城市管理水平上狠下功夫，深入推进环卫基础设施和“一园两区”静脉产业园区建设，持续开展户外广告设施专项整治，加强城市广场和道路桥梁管养维护，全力打造靓丽的城市灯光夜景，不断完善数字城管系统建设，加快推进城市管理综合行政执法城乡一体化，深入有效地开展城乡环境综合治理，城市管理综合行政执法水平进一步提高，市容环境综合品质进一步提升，圆满完成了城管执法年度目标任务。

【制度创新】 报经市政府审定下发《昆明市生活垃圾分类实施意见》、《昆明市农村生活垃圾清扫、运输和处置实施意见》、《昆明市农村生活垃圾管理考核办法》、《昆明市建筑垃圾管理及资源化利用实施细则》、《昆明市调整城市生活垃圾处理费征收方式实施细则》和《昆明市城市管理综合行政执法局关于商品房预（销）售违法违规行为的查处办法》、《昆明市查处六类违法建设行政管理和行政执法过错追究问责管理办法》、《昆明市人民政府关于开展违法建设查处网格化管理的实施意见》等创新性文件。制定下发《关于建立昆明市建设工程施工工地代保洁制度的实施意见（试行）》、《关于在全市域范围内推行“标准化执法”工作的通知》和《昆明市城管综合行政执法系统开展“出门就上班 外出兼管理”活动的通知》。

【环境卫生管理】 加大环卫保洁力度，坚持对城市道路进行每日3次大扫，对一、二级道路进行全天候保洁，三、四级道路进行18个小时保洁，全年对主城和呈贡区每日清扫道路面积约6000万平方米；对主要道路每周冲洗不少于2次，每次冲洗面积约600万平方米，每天洒水不少于3次；主城区全年清运处置粪便约10万吨，清运处理生活垃圾约120万吨；落实“卫生死角零申报”制度和定期抽检制度；完成美璟欣城小区、远洋风景小区、月牙塘小区、红云小区等17个居民小区的垃圾分类试点工作。2011年11月，昆明市荣获“国家卫生城市”称号。

【环卫项目建设】主城和呈贡区共建

成垃圾中转站3座，新建公厕26座，完成环卫车辆购置更新55辆，安装果皮箱4500只。在建生活垃圾无害化处理项目6个，其中东川区、嵩明县、寻甸县3个生活垃圾卫生填埋场建设完工；禄劝县、富民县2个生活垃圾卫生填埋场和宜石生活垃圾综合处理场完成前期工作。在建生活垃圾焚烧发电厂3个，西山垃圾焚烧发电厂已建成并投入试运行，呈贡和空港两座垃圾焚烧发电厂正在建设中。东郊白水塘城市垃圾集中资源化处理基地在原东郊垃圾填埋场建设的基础上，进一步扩大规模、完善建设，完成生活垃圾焚烧发电项目、生活垃圾填埋气发电项目、生活垃圾渗滤液处理等项目建设。建筑垃圾资源化处理项目设备安装调试完成，并投入运行；餐厨垃圾资源化示范项目办理了环、初设等相关手续。天生桥特色产业园建设由于受国家土地管理政策的影响及园区部分产业与牛栏江流域环境保护规划的冲突，待协调有关部门进行用地规划审批和污水处理、管网设置、水质保护等相关预防工作。

【城市照明管理】 定期组织对全市城市照明设施亮灯率及设施完好率进行检查，全年共抽查路灯亮灯率52次、抽检路灯129449盏、平均亮灯率99.04%；进行42次城市照明设施完好率检查，检查路灯12585盏，设施完好率96.75%；解决有路无灯道路路灯安装3条、有灯不亮恢复亮灯5条；对主城区220个景观亮化点进行修复、恢复。监督西铁路明公司停止使用影响路灯照度和亮度的节能模块，确保全市城市道路照明亮灯率达98%以上。完成二环快速系统、彩云路入城段等一批道路照明设施的接收及管养移交工作和主城及呈贡223棵无用电杆、灯杆的拆除等工作。

【城市道路桥梁管理】 制定下发《关于加强道路破损路面和窨井盖缺失道路修复的通知》，督促指导主城四区、三个开发（度假）区城市道路管养维护部门对辖区内破损严重的道路进行修复和修补，对窨井盖缺失道路进行全面恢复。根据昆明市桥梁安全检测工作安排和主城四区城管部门上报的桥梁检测计划，组织完成15座桥梁安全检测工作。

【户外广告管理】 完成《昆明市户外广告设施设置管理办法》和《昆明市主城规划区户外广告设置专项规划》的修编工作，并报经市政府下发执行。按照《专项规划》要求，认真对新建建筑物外立面户外广告设施的设计方案进行逐一审核，深入一线进行指导核查。组织开展户外广告设施特许经营权工作，完成《昆明市户外广告设施特许经营权管理办法》和实施方案的起草工作；通过招投标方式，指导中标单位开展昆明市户外广告设施特许经营权普查和布点规划设计工作。同时，会同昆发展公司开展对部分户外广告设施特许经营权试点工作。

【市容环境综合整治】 主城四区、呈贡区和三个开发（度假）区共拆除农房加层、滇池面山、主城至呈贡5条主要道路两侧各类临违建筑6952宗，面积1502.7万平方米；拆除户外广告设施1224块（棵），面积36294.9平方米；整治、清理店招、店牌、水牌3759块，4451.48平方米；取缔布标布幔2165块；打击取缔违法小广告团伙并铲除制假证窝点2个，协助公安机关抓捕制假人员4人，查处违法散发、张贴、喷涂广告人员470人，收缴违法小广告35万余张，收缴违法工具172件，追呼违法小广告电话号码346个，查处涉及违法小广告案件120件；查处规划行政处罚案件21件；处理建设类行政处罚案件2件；处理燃气类行政处罚案件1件，责令停产停业，没收违法所得；全市查处各类违规渣土运输行为4719起。督促指导主城四区、呈贡区、三个开发（度假）区持续深入整治违法占道经营、占道销售违法出版物、私屠乱宰等工作。

【数字化城市管理】 完善城市综合管理工作考核评价体系，定期将各县（市）、区的考核情况进行排名公示，充分调动各县（市）区和乡镇、办事处在城市管理工作中的积极性和主动性。全年，市、区两级数字城市管理平台共受理案件934838件，立案934184件，派遣917088件，结案903719件，结案率98.54%。其中，违法建筑类2781件，结案2294件；占道经营类114791件，结案112181件；违法广告类272782件，结案264182件；垃圾卫生死角类209224件，结案205519件。

【信访件及建议提案办理】 2011年，共接到省、市领导批示件、各类督办件和专题会议决定事项共计378件，办结347件。接到信访件63件，办结57件；接到市长热线交办件251件，办结246件；市级领导来信接转件12件，办结11件。办理行政审批类案件3366件，办结率100%；接听“96128专线”案件187件、受理各种相关咨询1570件，均办理完结。

承办各级人大建议和政协提案47件，其中：市人大建议15件，区县人大建议4件；市政协提案20件，省政协提案8件。47件建议提案中，主办36件，协办11件，均办理完结。

【城管宣传】 通过与新闻媒体联合开办的“不文明行为曝光台”，对乱堆乱放、违法排污、卫生死角、违法建设等行为进行公开曝光；与昆明信息港彩龙论坛联合开展第二个“3·19城市管理宣传日”活动；依托WWW.KM12319.COM数字城管网站，对数字化城市管理体系工作流程进行展示，扩大数字城管知晓面、提升数字城管知名度。

【提升行政执法水平】 组织开展多种形式的学习教育和培训，从制度上确保广大执法人员具备必要的法律知识和业务知识。同时，制定下发《昆明市城市管理综合行政执法局暂扣和罚没物品管理办法（试行）》、《昆明市城市管理综合行政执法人员五条禁令》等一批规范性文件，进一步规范城管执法标准和程序。局系统全体干部职工通过《中华人民共和国行政强制法》专题培训，进一步规范了全体执法队员的执法行为、执法程序，有力提升了城市管理综合行政执法水平。

【荣获表彰】 在全体干部职工的共同努力下，昆明市城管综合行政执法局先后被市政府授予“消防安全责任制”先进成员单位、“十一五”扶贫开发工作先进集体，被昆明市总工会授予“女职工建功立业标兵岗”称号，被昆明市第一次污染源普查工作领导小组办公室授予“昆明市第一次污染源普查”先进集体。2010年度研究制定的《昆明市城市综合管理考核办法》、《昆明市数字化城市管理考核办法》、《昆明市户外广告管理条例》、《昆明市城市道路管理条例》及《昆明市城市建筑垃圾管理实施办法》被市委、市政府授予昆明市2010年度经济社会制度创新成果“一等奖”。

（高　杉）

住房建设

【住房保障】 2011年，全国保障性安居工程工作会议明确提出2011年保障性安居工程建设1000万套的刚性目标，省政府下达昆明市126388套保障性住房建设任务。其中，新增廉租住房租赁补贴11500户；实物建房114888套（廉租住房30000套，公共租赁住房25000套，城市棚户区52806套，国有工矿棚户区改造7082套），总建筑面积800.47万平方米，总投资253.13亿元，是全省保障性住房建设任务的三分之一，占全市“十二五”保障性住房建设总任务的三分之一，是2010年建设任务的6倍，是“十一五”期间五年建设总量的1.5倍。

2011年，省下达昆明市城镇保障性安居工程目标任务为124388套，其中实物建房112888套，总建筑面积800.47万平方米，总投资253.13亿元。市委、市政府强化领导、高位推动。采取“五个优先”措施全力推进，保障性住房项目优先布局在城市交通干线或轨道站点周边区域；优先安排政府储备土地用于保障性住房建设；优先安排落实专项资金，配置资源满足融资需要；优先做好各项行政服务，列为重点民生工程，特事特办加以推进；优先建设保障性住房信息系统，为后续公平分配、科学管理提供有效平台。79个保障性住房建设项目（96个子项目）已全部开工建设，累计完成投资额约154.12亿元，占总投资比例约61%；基本建成各类城镇保障性住房21189套（其中：廉租住房1149套、公共租赁住房2754套、城市棚户区改造11881套、国有工矿棚户区改造5405套），占实物建房总任务量的18.77%。争取到中央、省级补助资金19.95亿元，市级财政出资10.96亿元，利用公积金贷款4.46亿元，向国家开发银行项目贷款85.19亿元，采用政企共建、BT建设等方式筹集资金15亿元。

【农村危房改造及地震安居工程】 昆明市2011今年农村危房改造及地震安居工程计划任务为15800户，其中：拆除重建6800户（含贫困残疾人家庭300户），修缮加固9000户。省级补助资金6800万元，市级配套补助资金1600万元，县（市）区配套资金280万元。市住建局制定《昆明市2011年度农村危房改造及地震安居工程建设计划实施方案》，积极指导督促各县（市）区全力推进各项工作。2011年底，全市已完成拆除重建的录入工作；完成拆除重建1208户，占计划任务的35.5%；修缮加固3250户，占计划任务的36.2%。9个县（市）区的县城市政基础建设计划投资384938.5万元，56个项目，已开工38个，占计划数的67%，14个县（市）区、阳宗海、“两区”管委会乡镇市政基础建设计划投资535709.5万元，300个项目，已开工218个，占计划数的72%。已争取中央、省级第一批农村危房改造及地震安居工程建设补助资金6800万元，任务完成率340%。

完成《昆明十二五保障性住房规划》、《昆明市城镇最低收入家庭廉租住房保障办法》、《昆明市保障性租赁住房管理实施细则》等相关政策。保障性住房项目正式向国家住建部申报中国人居环境范例奖。

【新型居住区和新片区建设】 根据住建部的相关规定，按照“1+3”模式建设的新片区和新型居住区， 500户以上集中居住区不少于1个。全市按照“1+3”模式启动建设的新片区有23个，是市全域城镇化工作目标考核定量指标19个的121%；新型居住区47个，是市全域城镇化工作目标考核定量指标38个的123%；500户以上的新型集中居住区46个，是市全域城镇化工作目标考核定量指标19个的242%。

【房地产业】 2011年，全市共有房地产开发企业830家，其中，一级资质13家，二级资质108家，三级资质105家，四级资质365家，暂定资质239家。全市房地产开发投资完成625.97亿元，同比增长42.1%。共办理二级资质21家，三级资质13家，四级资质74家，延期91家，暂定148家。核发《商品房预售许可证》75份。

核发房屋所有权证58915本、《他项权证》27340本。开展了昆明市物业管理条例的调研工作，完成《昆明市物业管理办法》起草和征求意见工作。

为全面地落实中央、国务院关于坚决遏制部分城市房价过快上涨的决策部署。2011年上半年，出台《关于在昆明市严格执行商品住房限购政策的通知》。2月25日出台《关于进一步做好房地产市场调控工作的实施意见》，随着相关政策措施的不断落实强化，房地产市场呈现理性态势，成交量大幅下降，观望气氛明显，投资投机性需求得到有效抑制。同时，2011年保障性住房建设总量与“十一五”期间昆明市年平均商品房销售总量基本持平，保障性住房的大规模建设，对缓解大规模旧城改造带来的被动购房和租房需求，降低居住类价格持续上涨，进一步保持价格总体稳定也起到了积极作用。

（市住建局）

建筑业

【建筑队伍管理】 至2011年底，昆明市建筑业企业共2039家，占全省建筑业企业总数的58%。其中，总承包一级企业14家，总承包二级企业110家，总承包三级企业450家；专业承包企业1245家，其中，专业承包一级企业58家，专业承包二级企业261家，专业承包三级企业926家；劳务分包企业220家。昆明建筑业行业结构还不够合理；高资质级别企业数量少；劳务分包类企业数量少，与总承包及专业承包类企业配比结构不合理，近年来专业承包类企业升级比较快，总承包类企业还有待进行扶持和帮助。组织昆明市1673家建筑业企业进行资质年检审查，换发全市各类持证上岗工种人员112000人。

【房屋拆迁管理】 组织市、区拆迁管理部门、中介管理部门、评估专家对全市22家具备二级以上房屋拆迁估价机构出具的《房屋征收评估报告》、工作业绩、信誉、综合素质等方面情况进行综合评审，8月24日已确定17家机构进入市房屋征收补偿估价机构备选库。对全市房屋征收管理部门工作人员进行房屋征收与补偿业务培训。

【建筑节能】 新墙材、散装水泥和商品混凝土推广工作进展顺利，其他节能建材逐步得到推广；可再生能源建筑应用城市示范工作，太阳能建筑一体化工作按计划顺利推进；正逐步推进绿色建筑和城市低碳建筑。具备安装条件的新建建筑，太阳能热水器利用率已达100%。建筑面积在1万平方米及以上的公共建筑项目，5万平米及以上的民用建筑，在节能评估审查中已要求100%使用高效节能照明灯具，其他住宅在施工图审查中也要求100%使用高效节能照明灯具，完成《城市低碳建筑以及打造低碳生活示范区》研究；昆明市政府与瑞士发展合作署签订《中瑞合作中国低碳城市项目合作协议》，正在开展低碳城市建设五大领域之一《昆明市绿色建筑行动计划》研究； 2011年建成通车的环湖路全线67公里路段采用雨水生态化断面形式和风光互补太阳能路灯，最大限度利用雨水资源，每年节约电费514万元。起到改善城市生态环境的多重效益。

2011年，预拌混凝土高速发展市场逐步完善，为城市建设提供优质保障，全市预拌混凝土统计值达到1176万立方米，预拌混凝土的使用，拉动工业固体废弃物使用量达140万吨，其中矿渣 73万吨，粉煤灰67万吨，市属水泥生产企业实现散装水泥产量215万吨。

2011年，全年收取专项新型墙材基金建筑面积为529.6万平方米，返退321万平方米。2011年全市非粘土新墙材占墙材比重保持稳步增长，达到67.2%。各县（市）区 “禁实”面有所提高。实现节约和保护土地约0.6万亩，综合利用工业废渣100万吨，节能18．3万吨，节能减排效果明显。按照年初下达各县（市）区的目标任务，圆满完成劳保费筹集返还工作。

【争创中国人居环境奖】 2011年，争创中国人居环境奖分指挥部办公室将63项考核指标细化为162项具体任务并分解到36个职能部门。市长与36家职能部门签订目标责任书。成立8个专项检查指导组，结合协调重点推进，督查督办的作用得到充分发挥，组织开展人员培训、技术指导、检查验收、考核督办等活动。先后在昆明召开市级专家评审会，在北京召开征求住建部专家意见会。11月22日，省住建厅组织专家对昆明市争创人居奖《申报报告》、《技术报告》、《城市实践案例》、《音像资料片》、《专项规划》、《档案资料台账》等6项申报材料进行评审并获得通过。昆明市已正式向国家住建部申报，中国人居环境奖。

【法规建设】 完成《昆明十二五保障性住房规划》、《昆明市城镇最低收入家庭廉租住房保障办法》、《昆明市保障性租赁住房管理实施细则》、《昆明市人民政府办公厅关于印发〈昆明市建设工程造价管理办法〉的通知》、《关于印发〈昆明市可再生能源建筑应用城市示范项目管理暂行规定〉和〈昆明市可再生能源建筑应用示范项目评审规定（试行）〉的通知》、《关于加强城中村回迁安置房房屋登记管理工作的通知》等相关政策。配合完成《农村房屋抵押融资管理办法》、《关于印发〈昆明市全域城镇化建设试点集体土地房屋登记办法（试行）〉的通知》等相关政策。完成《昆明市住宅小区交付使用管理办法》的征求意见和修改，完成《昆明市加快推进住宅区物业管理全覆盖实施意见》的起草和征求意见。已发布和实施《昆明市县城集镇道路标准横断面图集》；完成《昆明市农村住宅通用图集》和《昆明市全域城镇化村庄建设规划导则》的编制工作，已上报省住建厅进行论证。下发《关于基坑工程中使用锚杆（索）的通知》、《关于限制使用人工挖孔桩的通知》，《昆明市轨道交通工程安全质量监督管理实施细则》已由市政府印发执行。轨道交通工程安全质量监督管理得到进一步加强。

（市住建局）

煤气、燃气

【年度概况】 2011年，昆明煤气集团坚持投资管理与项目推进并重，加快推进集团公司的战略转型；以空港经济区为根据地，巩固和拓展公司的经营区域，加快燃气项目的建设和经营；提升内部管理水平，提高劳动生产率，不断增加企业收入。以企业文化建设为保障，进一步提高企业竞争力，继续秉承“和气、大气、名气”的企业文化精神。围绕年初制定的“巩固经营区域，推进项目建设，加强投资管理，完成战略转型”的工作方针，紧紧抓住科学发展这个强企兴企的第一要务，努力推进公司的各项工作，安全生产保持平稳运行，完成与市国资委签订的生产经营目标考核责任书确定的全年工作目标，环境保护及效能昆明建设也取得丰硕的成果，实现公司转型和健康发展。同时，保证集团公司“一手抓投资管理，一手抓实体项目发展”战略的推进。

2011年，经营业绩考核目标值完成收入8900万元，净资产收益率为0.13%，销售增长率为15%。

【城市燃气事业发展势头良好】 全年发展管道煤气居民用户6.7万户，公共用户99户，供气量2.9亿立方米，累计全市管道煤气居民用户达77.9万户，公共用户1576户，工业用户43户。出台《昆明市天然气加气站布局规划》、《昆明市管道煤气供应保障方案》、《昆明市天然气汽车加气站建设管理暂行办法》、《规范商品房建设项目燃气设施工程费收取问题的通知》等规章制度，强化批后监管，确保供用气安全。加快燃气基础设施建设，努力实现昆明市多气源保障，全市建成7座天然气汽车加气站，70多公里天然气次高压管网，马金铺等一批液化天然气储配站，蓝龙潭、富民储配站已完成项目可研和招标，正在建设中。

【安全生产】 公司与市国资委签订的安全生产目标责任书为核心，结合集团公司现在的实际情况，与各单位、部门签订2011年安全生产责任书，进一步明确安全生产管理责任，在整个集团形成一级管一级，纵向到底，横向到边的安全生产管理格局。还克服新机场工程建设时间紧、任务重的难题，确保安全施工，实现向新机场安全稳定供气的目标。经过全体员工的努力，2011年集团公司实现年初确定的安全生产管理目标，没有发生任何一起安全责任事故，保障企业有一个良好的发展环境。

【重点工程建设】 在政府明确新机场使用液化天然气（LNG）作为气源后，集团公司积极配合新机场进行燃气设施的建设并对整个空港经济区燃气进行规划和建设。在政府要求新机场2011年5月底就要投入试运行的情况下，集团及时成立项目指挥部，相关部门密切合作，保证新机场200立方米液化天然气（LNG）站及相关设施配套工程按时完成。

（昆明煤气控股有限公司）

城市供水

【概述】 2011年，昆明自来水集团有限公司完成售水量2.36亿立方米，同比增长3.86%；完成营业收入14.26亿元。资产总额达到126亿元，同比增长10%。超额完成了国资委下达的目标任务，实现了国有资产的保值增值。与此同时，在落实“两保”要求上职工收入也得到稳步增长。全年水费回收率99.24%，同比提高0.72%；水质综合合格率99.9%；管网维修及时率99.37%，同比提高了0.12%；自来水用户总数达73.13万户，同比增长12.31%；用户满意度达到92.22%。产销差、欠费余额降至近十年来的最低水平。

公司综合实力全面提升，管理水平得到加强。连续四年被评为云南省百强企业，并且排名由最初的91位上升至目前的69位。

自2011年3月份起，集团公司就把抗旱保供水工作列入重要议事日程，加强领导，强化措施，确保城市供水安全、稳定。针对城市主要水源蓄水不足的情况，集团公司实施的灵源村应急水源工程提前建成通水，同时加大城市供水管网的建设，确保城市供水的顺利进行。

2011年，云龙水库累计供应原水2.36亿立方米。由于云龙水库占昆明各水库水源总供应量的70%以上，切实关系到抗旱保供水保民生工作，因此确保水源水质及输水线的安全保障工作十分重要。集团公司采取加强日常管理及水质监测、将输水设施细分为150多组数据强化分析及监测，配合禄劝县公安局、云龙水库派出所增加巡库次数，在库周一级保护区及水库枢纽区补栽和新栽40多万株苗木，及时打捞库面漂浮物等措施，全力确保水质、水库及输水管线的安全。

【清水海工程建设】 为实现2012年4月1日通水的目标，清水海工程进入了全力攻坚冲刺阶段。截至上一年，清水海一期水源工程已完成总工程量的98%，清水海水库主体工程2010年已全部完工，金钟山水库已下闸蓄水。清水海二期净配水工程完成总工程量95%。南、北水厂基本建成，进入安装调试阶段。

【成立清源自来水有限责任公司】 2011年6月，成立全资子公司清源自来水有限责任公司，作为新的供水主体，承担除主城通用水务供水范围外的其他区域的城市供水及清水海水库、输水管线的运营管理。公司正式运行后，昆明城市将形成在集团公司统筹下的两个供水主体并存的城市供水新格局。至年底相关筹备工作基本就绪，人员逐步到位，将与清水海项目通水实现同步，积极做好水厂、输水线的调试运行工作，通水后即可转入营运管理。

【提高管理水平】 近几年来，集团公司不断推动制度建设，逐步理顺法人治理结构，出台一系列管理制度。修改公司章程，完善董事会议事规则，经营层议事规则等。下属各企业已发布实施管理流程近500个；水质管理体系进一步深化，水质检测能力达到172项，居于国内领先水平。

昆明自来水集团工程有限公司整合已历经3年，通过整合，理顺了内部产权关系，实现了资源优化配置，企业实力明显增强。2011年实现总产值6.42亿元，比整合前7家公司总产值3.36亿元增加91.37%。

【财务管理】 根据集团化管控的思路，逐步推行下属企业主要财务负责人集团委派制；统一集团公司财务会计制度，进一步规范财务行为，配套完善制度，重点加强监督检查；2011年开始逐步推行全面预算管理制度；拓宽融资渠道，在资金压力较大的情况下，选择合理的融资方案。2011年6月，集团公司成功续发15亿元短期融资券；为规避掌鸠河项目日元贷款汇率风险，公司实行货币掉期业务，近年来每年实现收益2000余万元。

【信息化建设】 主业方面先后实现SCADA供水调度系统、GIS系统、客户服务热线系统、水力模型商业软件等科学技术的应用，其中SCADA供水调度系统荣获市政府2011年科学技术进步奖三等奖；成立集团公司信息建设筹建办，通过汲取国内先进建设、管理经验，明确建设方向——力争建成全国同行业一流的信息中心，有效实现水源点监控、水量调度、水质变化、供水服务等的监控。通过网络技术，加强集团公司的综合管理能力，合理优化地配置资源，实现覆盖集团公司全部业务的信息化系统。

【节能减排】 2011年，通过对水厂工艺和生产流程实施多项技改措施，供水单位电耗实现逐年下降，每生产1000立方米自来水可节省电费9.6元。在确保出厂水优质的前提下，根据原水情况，调整优化工艺，确保净水药剂的合理投加，控制生产成本，2009年至2010年药耗费用得到有效控制。2011年节约基本电费235.4万元。水厂生产电单耗比2010年下降9.97%。

【安全生产】 2011年，集团公司共召开安全例会11次，各下属单位组织安全会议72次；集团公司组织专项安全检查48次，发现安全隐患51项（其中整改完成49项、正在协调处理中的2项）。各下属单位组织安全检查743次，检查在建工程工地121个，发现安全隐患1752项，整改率99%；集团公司投入整改资金311万元，劳保用品资金196万元，安全教育经费127万元，消防投入112万元，其他安全投入860万元，合计安全投入1606万元。集团公司2011年安全生产形势良好，未发生重大安全事故。

（王森森　沈庆惠）

测　绘

【城市基础测绘】 完成1987年昆明坐标系统与国家2000坐标系统的联测工程及昆明市主城区1:500地形图修测等测绘工程项目。

【规划批后测绘】 完成规划放线测量248件，规划批后测绘402件，面积测量278件；完成电子政务办件580件；提供规划道路红线及审批地形图8400套，规划用地形图7460幅，专题地图和影像图220幅。

【地下管线测量】 完成市政管线446.7千米；管线跟踪测量191.8千米；庭院管线测量241.5千米；昆明长水机场管线测量 700 千米。

【城市规划编制测绘】 为《昆明城市近期建设规划（2011–2015）》编制、昆明城市区域发展战略研究与远景规划、昆明八个大规模生态隔离带及绿化屏障区建设规划、呈贡梁王山主峰地区省级风景名胜区建设规划、昆明滇池流域景观风貌保护体系研究项目规划等项目的编制提供影像和地形图。为“全域城镇化、规划全覆盖”提供卫星影像3000平方千米，为社会主义新农村建设提供测绘服务保障。

【昆明轻轨建设测绘】 为昆明轻轨建设提供轨道交通网2.5米，卫星影像5781.41平方千米，完成昆明市轨道交通沿线上盖物业开发项目三维辅助决策分析 。

【“数字昆明”地理信息平台】 进一步完善“数字昆明”地理信息平台的开发和运用，建成昆明主城150平方千米和石林县20平方千米的城市精细化建模；完成昆明经济技术开发区三维地理信息系统的建设以及154平方千米的三维地形和20平方千米的三维精细建模；完成昆明广播电视网络有限公司1:2000电子地图360平方千米；完成红云社区、梁源社区三维地理信息系统进社区的试点工作；为昆明市公安局建立“警用三维地理信息系统”，实现对实有人口、行业场所等业务的三维展现以及警卫、应急预案推演等实战业务功能等，为城市信息化建设和发展提供测绘服务保障。

【三维规划辅助审批】 昆明市测绘研究院将三维地理信息技术运用于城市规划辅助审批，提供仿真直观、动态多层次的全新多视角三维可视化浏览，为政府决策提供选择最佳设计的实施方案，2011年昆明市政府采用“数字昆明”地理信息系统进行规划辅助审批18次及市政府办公、汇报会等30次，完成三维规划辅助审批项目100多个。

【工业园区测绘】 落实省委“城镇上山”城市发展战略,完成西翥生态旅游实验区1:500地形图测量3.46平方千米、1:2000地形图测量46平方千米；为长坡、倘甸、海口工业园区规划提供1:500地形图约87.2平方千米；倘甸工业园区1:2000地形图127平方千米。

【长水机场建设测绘】 完成长水机场和空港经济区三等GPS控制测量3点、一、二级GPS控制测量316点，二等水准163.142千米，四等水准176.228千米。

【服务滇池治理】 为滇池流域景观风貌规划项目提供1:10000地形图1600多平方千米，并为该项目以及草海片区规划提供三维辅助决策分析；完成滇池湖畔1887.5、1888.0米水位线高程的测绘工作，为昆明市政府提供滇池盆地1:1万数字地面高程模型2017平方千米，提供卫星影像1502.9平方千米。

【测绘服务保障】 为382个城中村改造提供地形图 800平方千米；提供市公安局2.5米SPOT影像图 3.1万平方千米等，累计提供1:1万数字地形图6281平方千米，高分辨率卫星影像5440平方千米，中分辨率卫星影像3万平方千米等测绘基础地理信息资料。

【技术创新开发】 昆明市测绘研究院以“ 数字昆明”地理信息系统为平台，在云南省率先将三维地理信息技术运用于城市规划辅助审批，提高城市规划、建设的预见性和科学性。开发完成规划批后管理系统，为保证实施城市规划管理提供技术支撑。采用新标准、清华山维新软件、国标新代码，转换了100平方千米新数据，使数据生产效率更高，产品技术含量和信息更加丰富。通过建筑物普查工程、昆广网络电子地图工程等项目，逐步实现基础地形图转换和升级。采用无人机航测遥感技术在昆明长水机场部分区域进行低空航摄，完成30平方千米的正射影像图制作，并取得成功。购置的测量机器人，进行基坑监测、变形监测等精密工程测量。

【质量管理体系运行】 昆明市测绘研究院依托ISO质量管理体系，加强制度建设，学习和掌握新《城市三维建模技术规范》，制订《昆明市城市规划三维辅助审批管理办法》及岗位职责和作业操作规定，使三维影像辅助审批系统的推广运用规范，在持续改进中促进质量管理水平的不断提升，2011年在全国测绘成果质量监督检查中“晋城南城1:500数字地形图测量工程”通过检查，弥勒县1:2000地形图缩编工程项目通过2011年云南省测绘成果质量监督检查，质量均为合格，其他主要测绘项目通过云南省测绘产品检测站、云南省城市勘察测量规划协会和用户的检查验收。

【培训与交流】 结合新《保密法》的修订，开展《保密法》学习，制定市测绘院《基础地理信息数据提供使用办法》和《遥感影像成果提供使用办法》，确保无失密、泄密事件发生，通过云南省保密局、测绘局组织的保密大检查。加强人才教育培训，优化人力资源，有8人获得国家注册测绘师资格，2人获得管线项目经理资格，3人获得副高级职称，1人获得工程师职称。在测绘学术交流活动中，18篇专业技术论文在云南省测绘协会进行交流，其中，李国柱、马波撰写的《GPS定位技术在轨道交通精密导线测量中的应用》和陈艳平、钟高飞、刘云志撰写的《不同专业GPS测量技术要求的分析》获得2011年度优秀论文奖。

【单位荣誉】 昆明市测绘研究院再获“昆明市平安建设先进单位”和“昆明市文明单位”称号；被长水机场建设指挥部评为“先进单位”；被中国规划协会勘测专委会评为“2006~2011先进会员单位”；三维组获昆明市十佳技术创新型班组。

【获奖工程项目】 昆明市测绘研究院完成的“昆明市主城区小区庭院排水管线普查探测项目”、“基于LIDAR的真三维数字昆明数据库建设项目”分别获得中国优秀测绘工程奖金奖和铜奖（云南技协创新成果奖）；“昆明·曼谷·万象·琅勃拉邦交通旅游图”、“昆明市轨道交通首期工程1、2号线C级卫星定位控制网；1、2号线D级施工控制网测量项目”、“昆明市主城区城市照明地下管线普查探测项目”分别获得云南省优秀测绘工程奖银奖；“利用IGS站和CORS技术进行GPS接收机校准研究”（参与）获得云南省测绘科技进步奖二等奖。

（市测绘研究院）

环境保护

◆责任编辑 李 洪

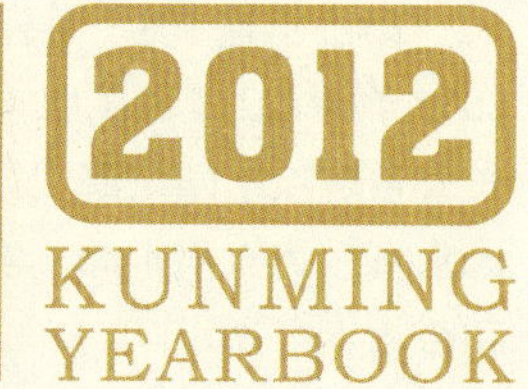

环境保护

【环保制度】 2011年完成4项制度创新，其中《昆明市环境保护局关于办理环境公益诉讼案件的指导意见》、《昆明市人民政府关于严惩违法排污行为的若干规定》已印发实施；《昆明市推进数字环保建设工作的实施方案》于2011年3月16日上报市政府审议；《昆明市餐厨废弃物管理办法》经市人民政府公布，于12月15日起施行；《昆明市环境保护公众参与办法》已举行听证，听证稿已通过市政府法制办审核上报市政府；《昆明市高污染机动车限行规定（初稿）》已完成，于2011年12月30日举行了听证。积极推动环保公益诉讼，切实维护人民群众的环境合法权益。

【环保执法】 环保执法联席会议成员单位扩大到19家。组织开展医药制造业环境执法专项检查、“四环十七射”道路两侧环境综合整治，开展严厉打击“打四黑除四害”等专项行动。组织开展污染源拉网式普查及整治工作及危险废物环境风险大排查、化学品环境管理和危险废物专项执法检查工作，共计普查各类污染源42962家。共计征收排污费6380万元，进入市本级金库的排污费征收额达1914万元。

【污染物减排】 省政府下达昆明市的2011年的减排目标为：不计新增排放量，削减二氧化硫不低于12482吨、氮氧化物不低于261吨、化学需氧量不低于6874吨、氨氮不低于616吨；同时，要求完成37个减排项目。为确保完成省政府下达的“十二五”及2011年度污染减排目标任务，昆明市紧密结合自身实际，自加压力，增加17个减排项目。在全市各级各部门的共同努力下，实际完成59个减排项目，在省政府下达的37个减排项目的基础上，超额完成22个，完成率为159.5%。“十一五”期间，全市节能减排工作成效显著，获省级“十一五”减排工作先进单位荣誉称号。

【环境管理】 2011年，共审批建设项目环评文件208项，审批建设项目竣工环保验收26个，核查新建设项目试生产129个，三同时验收合格执行率100%。审批核与辐射项目22个、输变电项目竣工验收1个和4个核技术应用项目的验收。对列入国家、省、市投资主管部门重点计划的项目和产业鼓励类项目，进一步畅通环保绿色通道，主动在技术和政策上提供服务、咨询和指导。推行重大项目现场办公制度，走访重点开发区和工业园区，帮助企业解难题、办实事。以改善滇池入河河道水质、推进污水处理厂及管网建设、集中式饮用水源地污染防治、重点工业污染源减排等为重点，认真做好环保专项资金项目储备，积极开展环保专项资金申报。

【污染防治】 深入推进“一湖两江”流域水环境综合治理“四全”工作。编制《昆明市环境保护与生态建设“十二五”规划》的同时，启动《滇池流域水污染防治“十二五”规划》的编制，并将其纳入《昆明市环境保护与生态建设“十二五”规划》。《滇池流域水污染防治规划（2006-2010年）》中市局牵头的10个项目已圆满完成，组织完成滇池数字化水下地形测绘工作。印发并实施《2011年滇池、阳宗海流域环境监察工作方案》。

2011年1～11月，草海水质类别为劣Ⅴ类水，综合营养状态指数为70.1，为重度富营养。超Ⅴ类水标准的指标总氮和总磷2项。与2010年同期比较，草海水质类别及营养状态没有变化，综合营养状态指数降低3.68%。外海水质类别为劣Ⅴ类，综合营养状态指数为67.9，营养状态为中度富营养。超Ⅴ类水标准的指标有总氮和化学需氧量2项。与2010年同期比较，水质类别及营养状态没有变化，综合营养状态指数降低2.53%。《滇池“十一五”规划》及“十一五”期间执行情况经过国家考核组的考核，滇池治理成效获得国家认可。

完成2010年主城集中式饮用水源地环境状况评估，并上报省厅及国家环保部。组织开展集中式饮用水源地排查，出动360余人次开展集中式饮用水源地排查行动，全市集中式饮用水源地一级保护区内无排污口，二级保护区内无新增新、改、扩建排污口，松华坝、云龙水库等主城区集中式饮用水源地水质稳定达标。松华坝、云龙水库等主城区集中式饮用水源地水质100%达标。

采取围堰封堵，利用钻孔、坑塘和溶洞灌注除砷试剂等措施，开展阳宗海修复治理工作。阳宗海砷污染源综合治理工程列入《云南省重金属污染综合防治“十二五”规划》。通过努力，阳宗海湖体砷浓度逐年下降，并取得实效。

2011年连续8个月保持Ⅲ类水。2011年6月22日，昆明市人民政府发布公告解除了阳宗海“三禁”，阳宗海水可作为饮用水源、农业灌溉用水和畜牧生产用水。

开展牛栏江（昆明）段水环境保护工作。积极落实《牛栏江流域（云南部分）水环境保护规》，制定了《牛栏江流域（昆明段）水污染防治工作方案》，编制了《牛栏江流域（昆明段）水环境保护规划》，印发《牛栏江流域（寻甸段）磷石膏渣场整治工作方案》，成立整治工作领导小组、专项整治工作组促进寻甸龙蟒磷化工有限责任公司和云南常青树化工有限公司开展磷石膏渣场整治工作，对牛栏江流域（昆明段）67家排污重点企业进行了全面检查，立案查处8家环境违法企业，处罚金额110万元。2011年，建成嵩明杨林工业园区污水处理厂（5000 立方米/天）和寻甸工业园区金所片区污水处理厂（15000立方米/天）。建成寻甸、嵩明两座县城污水处理厂（规模均为10000立方米/天），并投入正常运行。寻甸县5个集镇污水处理厂已开工建设。经努力，牛栏江（昆明段）水质与上年同期相比出现了明显的好转，特别是2011年5月以后，牛栏江昆明市出境断面（河口断面）总磷浓度已连续四个月达到Ⅲ类水保护目标。

【城市环境综合整治】 全面完成昆明市2010年度城市环境综合整治定量考核工作（以下简称“城考”），发布2010年度《昆明市环境状况公报》，昆明市“城考”工作连续6年名列全省第一。2011年共完成新建“环境噪声达标区”19.65平方公里，新建“烟尘控制区”10.45平方公里。截止2011年底，全市累计建成“环境噪声达标区”242.11平方公里，累计建成“烟尘控制区”287平方公里。2011年有8家小区通过昆明市“宁静小区”验收，截至2011年底，累计建成昆明市“宁静小区”93家。

昆明市机动车17家安检站（汽车）全部建设了简易工况法环保检测线，实现全市机动车环保检测的全覆盖。2011年对全市15个检测站现场监督检查共120余次，发现违规检测行为5起，根据违规行为严重程度立案调查3起。开展公交车“黑尾巴”专项整治行动，对超标公交车，依法实施限期整改。截至2011年12月20日，检测机动车458307辆，初检合格率76%，维修治理复检合格率为83%；发放机动车环保合格标志418359个（含新车，新车不参加检测直接发放标志，黄标109364个、绿标308995个）。

持续大力实施“蓝天工程”。坚持“以堵促疏、堵疏结合、以疏为主”的方针，加大实时监测和执法力度，扎实做好高污染燃料禁燃工作，对符合补助条件的8家驻昆部队单位实施高污染燃料禁燃补贴，共计补助资金119.2万元。全市高污染燃料禁燃区内共有4蒸吨/小时以上燃煤锅炉、窑炉61台（套），现已完成24台（套）；4蒸吨/小时以下燃煤锅炉802台（套），现已完成4蒸吨/小时以下（含4蒸吨/小时）燃煤设施的改燃、改造620余台（套）。

建立昆明市主城区环境空气质量预警机制。2011年，市环保局已经向主城四区发送红色预警24个，黄色预警7个。各区根据预警有针对性地及时对本辖区尤其是空气自动监测站点周边的环境开展综合整治，有效控制了扬尘及二氧化硫的污染。2011年主城区总体空气质量状况良好，空气质量日均值达标率为100%，其中优级天数117天，超过2010年1天。

【环境保护模范城市和生态市创建】 下发了《2011年度昆明市巩固提高创模已达标指标攻坚冲刺未达标指标工作任务计划表》，收集整理2010年度昆明市“创模”档案及一源一档资料，编印《2010年度昆明市“创模”报刊剪报集》、《创建国家环境保护模范城市（区）工作资料汇编》等材料。组织市属责任单位、14个县（市）区、5个开发（度假）区管委会创建办、环保局领导和工作人员进行创模工作培训。通过努力，公众对城市环境保护的满意率由2009年度83.13%上升到2010年度89.38%。

按照“三个板块、梯次推进”的布局，制定了《昆明市争创国家生态市2011年工作计划》，有序推进生态县（市）区创建工作。2011年共有30个乡镇（街道）申报国家级生态乡镇，17个乡镇（街道）通过省级验收并上报国家环保部待命名，28个乡镇（街道）申报省级生态乡镇，22个通过了材料审核。

组织专家及职能部门，对36个市级生态村示范点进行了专项检查，召开三次生态村专题推进会议，讨论生态村创建过程中存在的困难。对禄劝县、晋宁县、石林县、西山区、富民县、盘龙区、安宁市、嵩明县等8县（市）区行政村（社区）申报市级生态村（社区）进行了现场复核。截至目前，全市共有424个行政村（社区）申报，复核308个，545个被市政府正式命名。

【农村环境综合整治】 充分发挥农村环保专项资金的示范带动作用。积极配合市林业局开展轿子山晋升国家级自然保护区的申报工作，经努力，轿子山于2011年5月获国务院批准命名国家级自然保护区。组织开展昆明市跨行政区域河流交界断面上下游水污染治理补偿标准研究，拟定了《昆明市跨行政区域河流交界断面上下游水污染治理补偿办法》（试行）。积极开展农村环境综合整治工作，向国家争取到中央农村环保专项资金支持项目2个，分别为晋宁县新街镇钟贵村、富民县永定镇西邑村，获得专项资金共计195 万元支持。

【严格辐射源及危险医疗废物管理】 全市共计有803台（套）射线装置、905枚放射源442家单位申办了辐射安全许可证。2011年，对9家放射源销售单位进行了检查，对6家存在问题的销售单位下达限期整改通知；对寻甸县回族彝族自治县马街水泥厂等13家水泥企业进行现场检查，寻甸县回族彝族自治县马街水泥厂等7家水泥企业的15枚放射源实现安全送贮。环保、公安、卫生部门组成联合检查组，对昆明市昆明医学院第一附属医院等73家核技术应用单位进行检查，共计对60家核技术应用单位提出了书面整改要求，并要求各县（市）区、管委会环保局督促辖区核技术应用单位限期完成整改。建立废旧金属回收熔炼企业档案台账，对废旧金属回收熔炼企业实施分类管理。妥善处置云南双鹤医药有限公司化玻站现存的放射性物品，确保辐射环境安全。建立放射源监管的联席会议制度，每季度定期召开联席会议。

召开2011年危险废物和医疗废物监督管理工作及培训会议，对涉危企业开展污染源拉网式普查及整治，对牛栏江流域涉危污染企业专项检查。检查涉危企业138家次，做到重点企业每季度检查一次。检查危废项目建设情况12次，检查云南双鹤药业昆明化玻站贮存的危险化学品5次。截至2011年11月28日，与医废中心签订处置合同的医疗卫生机构达2430家，处理医疗废物8280吨；昆明危险废物处理处置中心共收集危险废物308.28吨，涉及危险废物种类达16类，跨地州转移6家。昆明危废项目完成投资12943.75万元，项目已基本建成。

【环境宣传教育】 认真开展“六五”系列宣传活动，组织举办了“生态文明新昆明。绿色健康好生活”宣传系列活动。在昆明人民广播电台“阳光早新闻”栏目开设“环保知识普及”专栏，普及环保知识，传播绿色理念。在《昆明日报》开设“污染源普查及整治，昆明在行动”环保专栏及牛栏江专项整治行动专栏，倡导促进全民保护环境。积极开展“四进”环保公益宣传活动，向市民发放了《保护七彩云南　建设生态昆明》、《辐射环境保护常识》、《市民环保手册》等环保宣传资料10万余份，环保布袋5000余个。提高新闻舆论宣传引导能力，邀请中央、省、市驻昆媒体负责人及记者共商环保宣传，赢得媒体支持昆明环保宣传工作的主动权。截至10月17日，在中央省市媒体刊发环保类稿件850多篇、图片400多幅。深化与主流媒体合作。协调云南电视台制作《昆明市空气质量状况新闻专题片》、《2010年昆明市主城区环境空气质量优级天数达116天》在中央电视台“新闻联播”进行了播出，同时，在云南电视台“联播新闻　”分两集连播《昆明市空气质量状况新闻专题片》。持续开展绿色创建工作，2011年已组织35所学校、16个社区、7家单位申报昆明市绿色学校、绿色社区、环境教育基地。

（市环保局）

环境监测科研

【环境监测工作】 完成13家重点污染源涉及废水64个监测断面、废气近587个监测断面的现场监督性监测。按时上报《昆明市环境质量综合月报》、《昆明市“城考”环境质量监测工作简报》、《污染源监测简报》、《昆明市城市环境综合整治定量考核季度报表》、《昆明市污水处理厂年报》。编写了《“十一五”环境质量报告书》、《2010年度昆明市环境质量公报》。“十一五”期间《2006—2010年昆明市环境质量报告书》，被评为全国及云南省“十一五”环境质量报告书一等奖。

完成《牛栏江水质月报》、《螳螂川水质月报》、《河长制水质季度公报》、《40条河流阶段性验收水质分析报告》、《滇池蓝藻预警周报》的编写工作。编制上报《滇池水质月报》、《饮用水水质月报》、《阳宗海水质月报》、《国家重点流域水质月报》、《九湖月报》、《滇池出入湖河流水质月报》、《昆明市环境质量综合月报》、《污染源监测简报》、《盘龙江水质月报》、《明市国控、省控重点污染源监督监测简报》。按时完成环境空气质量日报、预报工作，向相关领导每天发送昆明市主城区空气质量短信息。未出现迟报、漏报、错报现象。

完善突发公共事件应急监测机制，提高保障处置突发事件的能力。今年完成突发性应急监测8起，完成国家监测总站和省监测站组织的2次应急监测演练，处置率达100%。

【专项环境监测】 参与国家环境监测总站牵头重大水专项第六专题——《滇池流域地表水环境监测信息系统及其关键技术研究》中相关工作；参与国家环保部公益性课题《复杂环境介质中类固醇内分泌干扰物的监测分析方法及污染特征研究》；配合完成《牛栏江流域总磷来源污染调查》、《滇池流域水葫芦种植效果评估》、《昆明市城市噪声功能区划》、《螳螂川流域汞污染来源调查》、《臭氧去除滇池蓝藻实证实验测试》等课题。完成云南省监测总站下达的《昆明市农村环境质量监测调查报告》和《昆明市重点源区域重金属污染土壤监测调查报告》两项专项监测调查报告。

【水质监测系统建设】 罗家营和滇池南两个水质自动监测站建设项目已立项建设，已完成项目地质勘察、站房设计、招标工作，已开展站点建设相关工作。牛栏江河口水质自动站已获得市发改委立项批复。已完成土建、仪器安装集成相关工作，开始进行试运行。

【数字环保】 利用现代技术加强环境监管，发挥自动监控设施作用，实

昆明市"一湖两江"流域水环境综合治理暨滇池流域"十个禁止"工作会议
（市滇管局 供稿）

时监管在线企业污染排放情况。目前，已接入1个医疗废物处置中心、12个污水处理厂和45个排污企业的自动监测数据。并于2011年9月开始开展污染源日常监控工作，完成监控日报21期、周报4期，发现监控设施不正常运行126次，向环境执法发出提示180次，创新性地提出日报、周报和月报的管理模式，实现从监控到执法的工作联动，充分发挥了自动监控设施"千里眼"的作用。

【环境科研】 2011年，国家水体污染控制与治理科技重大专项——《滇池流域水污染治理与富营养化综合控制技术及示范项目》顺利实施，取得阶段性成果并应用于滇池治理；"十二五"期间滇池项目将继续实施，目前项目已通过论证。完成昆明市重大科技项目《滇池流域水环境安全评价与预警系统研究》及《低碳昆明建设基础情况调查研究》等一批环境科研项目，其中，《低碳昆明建设基础情况调查研究》获昆明市科学技术进步三等奖。

完成《昆明市生态环境保护"十二五"规划》、《昆明市发展低碳经济总体规划（2011—2020）》、《昆明市重金属污染综合防治"十二五"规划》、《滇池流域水污染防治"十二五"规划》、《牛栏江流域（昆明市）水污染防治规划（2011—2030）》及《普渡河流域（昆明部分）水污染防治"十二五"规划》等市域及重点流域环境保护规划。

（市环科所）

滇池保护

【"十一五"规划项目实施】 《滇池"十一五"规划》项目分为城镇污水处理设施建设和流域综合整治两类，包括滇池北岸水环境综合治理工程、饮用水水源地污染控制、生态修复、垃圾及粪便污染治理项目、入滇池河道水环境综合整治工程、监督管理及研究示范共65个项目。至2011年12月底，规划项目已完成59项，占90.8%；在建6项，占9.2%；补充报告项目包括环湖干渠（管）截污工程和牛栏江—滇池补水工程，均已开工。累计完成投资197.63亿元，其中，65个规划项目完成投资119.06亿元（2011年完成投资25.86亿元），补充报告两个项目完成投资78.57亿元。

【滇池治理"六大工程"】 环湖截污和环湖交通工程。2011年，环湖公路建成通车，环滇池截污工程96千米截污干渠（干管）闭合贯通。完成主城8个污水处理厂升级改造、扩建和新建，污水日处理规模达110.5万立方米，实现一级A标准排放。完成主城区雨、污主干管网建设251千米，次干管建设155千米，完成老城区1868家单位（小区）雨污分流改造。

农业农村面源污染治理。在滇池流域划定集中养殖区、禁养区和限养区域，迁出养殖户1.8万户、畜禽680万头（只、羽）。在滇池湖滨退出蔬菜、花卉种植面积1.12万亩，在4个乡镇开展禁售化肥、农药试点。建立城乡生活垃圾无害化收运处置管理体系，完成11个集镇污水收集处理设施建设。

生态修复与建设。在滇池流域全面实施禁止挖砂、采石、取土、烧砖、毁林、开垦、放牧、填河、围湖、擅采地下水等"十个禁止"，推行雨水、污水、再生水、泔水和工业垃圾、农业垃圾、生活垃圾、建筑垃圾资源化利用、无害化处理。抓好滇池周围"四退三还一护"工程，累计退塘、退田4.5万亩，退房141.2万平方米，退人2.4万人，搬迁61家各级企事业单位，建成湖滨生态湿地5.4万亩。在滇池流域整治水土流失面积167.49平方公里，流域林木绿化率达50.8%

入湖河道整治。不断加大对36条主要入（出）湖河道及84条支流的整治，投资约64亿元，按"158"河道整治要求进行综合整治，封堵排污口4971个，延河道铺设截污管353.4千米，两岸拆临拆违拆迁258.5万平方米，修筑道路658.9千米，搬迁禁养畜禽354.1万头（羽），绿化美化河岸725.8千米约728.8万平方米，建设湿地1.5万亩，对河床清障、清淤179.7万立方米。市级领导担任"河长"，实行入湖河道定期观摩检查制度，建立完善河道治污督导制度，有力地推进河道整治向深度和广度扩展。封堵入湖河道排污口4971个，沿河铺设截污管353千米、修筑道路659千米，拆除河道两岸各类建（构）筑物258.5万平方米，绿化美化河岸726千米、729万平方米。

生态清淤工程。在实施污染底泥疏浚一期工程的基础上，圆满完成滇池污染底泥疏浚二期工程并启动了三期工程，二期工程共疏挖底泥370万立方米，清除主要污染物总氮约11000吨、总磷约4700吨。对改善滇池水质，特别是草海水质发挥了重要作用。强化滇池及河道水葫芦、蓝藻打捞清除力度，建成日处理3万吨的水藻分离站，开展滇池水葫芦治理污染试验性工程。取消每年2个月的开湖捕鱼期，构建良性生物减污环境。

外流域调水及节水工程。2011年，牛栏江—滇池补水工程完成掌鸠河引水供水工程，日均向昆明主城集中供应优质饮用水65万立方米，清水海引水工程将在2011年内完工。配合省完成牛栏江—滇池补水工程相关工作。在全国率先制定城市雨水收集利用技术规范，引导和鼓励再生水利用，城市再生水利用率达66.27%。主城万元GDP取水量降至19.33立方米，万元工业增加值取水量降至9.28立方米，低于全国平均值50%以上，节水型企业（单位）覆盖率达18.78%。

【创新内源污染物治理】 创新蓝藻清除方法，实现藻水分离和资源化利用。采用固定式藻水分离站和移动式蓝藻打捞船，组织清除滇池重点水域蓝藻，实现重点水域无成片蓝藻堆积。购置5艘移动式蓝藻打捞处理船，日处理能力为日产藻泥140吨，工艺采取混凝气浮、压滤脱水进行藻水分离。2011年累计清除蓝藻（湿重）约9000吨，共削减总氮、总磷分别约90吨和10吨；采取生物提取措施，开展滇池水葫芦治理污染试验性工程。草海、外海共完成围网面积23.41平方千米，实际覆盖面积9.26平方千米（13892亩），2011年11月1日至2012年2月7日，共计采收水葫芦35.56万吨，提取总氮约608.1吨，总磷约156.5吨，外海控养的5559亩水葫芦全部留作2012年种苗。河道、沟塘、湿地、公园等“六大六小”水域水葫芦控养面积共计完成5925.36亩，打捞水葫芦鲜草13.16万吨；科学增殖渔业资源，开辟滇池内源污染生物治理新途径。2011年积极筹措并落实中央、省、市放流资金460万元，并首次通过对外公开招标的方式采购优质鱼苗鱼种投放入滇池。2011年共投放1675万尾鱼苗，其中，滇

大观河控养水葫芦 （市滇管局 供稿）

池高背鲫鱼1000万尾，鲢、鳙鱼650万尾，滇池金线鲃25万尾。

【科技示范】 组织实施国家重大水专项（“十一五”项目）城市主题昆明任务的研究、示范工作，统筹其他水专项课题顺利实施。完成城市混合截污排水系统GIS调查数据库和示范工程区排水管网数学模型的构建等研究工作90%以上，并开展城市黑臭河道高负荷混合截污和综合治理关键技术研究项目相关技术研究及示范工作。完成申报发明专利4项，编写（出版）专著1本，发表学术论文27篇。继续开展国家重大水专项湖泊主题第五课题中“滇池湖周残存天然湖滨带的群落结构与物种资源调查”专项工作；编制“滇池湖滨及入湖河口中山杉种植工程实施方案”；协调设计单位完成滇池20平方千米水葫芦圈养及资源化利用项目的初步设计(代可研)编制工作；积极开展滇池湖滨生态湿地管理数据库建设、滇池湿地收获物处置及资源化利用研究、滇池湖滨森林湿地构建研究及示范、滇池湖滨湿地效益评价及管理计划研究工作。

【滇池水位调控】 按照省、市防办《2011年滇池控运计划》，根据云（龙水库）—松（华坝）—滇（池）—螳（螂川）联合调度要求，加强对滇池水位适时调控，通过联动调度、提前腾库、削峰错峰等措施，科学、灵活、合理调度滇池水位，在安全度汛的基础上，保证了蓄水、抗旱和配合重点工程建设任务的顺利完成。

【综合执法】 严厉查处违法排污行为。2011年共开展滇管综合执法日常检查3439人次，巡查入滇河道2228人次，组织开展大型专项整治活动24次，拆除湖滨带及河道违章建筑5790平方米，查处侵占水体保护区面积34950平方米。立案查处案件526件，处罚金额175.2万元。

加大渔业执法力度。按照《2011年滇池封湖禁渔通告》，精心组织，严格执法，全年共开展大型联合执法行动19次，捣毁偷捕窝点41个、交易场所2个，查获电捕鱼器（具）21套，收缴船只、轮胎筏子979个，收缴取缔各类违法网具（花篮、草排、地笼和虾笼等）31.6万个，拔除竹竿4.4万根；劝阻查处钓鱼行为3917起，收缴销毁钓鱼竿187根；行政处罚989人次，处罚金额11.5万元，公安机关治安拘留5人。

【船舶运营管理】 制定《昆明市滇池地方海事处水路安全事故应急救援预案》，建立联动救援体系，开展滇池水域首次应急救援演练。开展大型和专项检查4次，出动356人次，现场监管116次。对滇池8家船舶经营单位及其所经营的59艘船舶的水路运输许可证、船舶营业运输证进行资质核查和年审，对59艘营运船舶安装防污设施，实行上门签证服务，共进行船舶进出港定期签证10次，签证船舶300艘，船舶航行10934次，安全运送游客104131人。2011年滇池水域未发生任何安全和污染事故。

【排水许可管理】 按照住建部《城市排水许可管理办法》、《昆明市城市排水管理条例》及有关排水政策法规和技术规范标准，2011年共审批核发《排水许可证》627份，全部在承诺时限内办结，批后监管和现场监督检查做到100%，跟踪监测225户排水户排水水质，对排水不规范、超标排水的排水户责令整改。

【项目审查】 根据《滇池保护条例》，负责对滇池流域内新、改扩建项目提出审查意见。2011年共收到申报件603件，办结603件。其中，经现场踏勘及审查，共出具审查意见166份，免予审查意见书426份，未达到报件要求的退件11份。所有申报件均在承诺时限内办结，严格执行行政审批服务承诺。

【对外合作交流】 积极推进“湖清水秀”滇池研究治理项目。2011年邀请瑞士专家来昆六次，在昆工作时间50余天，顺利完成“湖清水秀”滇池研究治理项目的合作；完成世行贷款项目前期工作。按照世行招标工作程序，市滇管局积极与省、市项目办对接联系，编制项目招标文件，组织技术建议书评审会和财务建议书评审会，评选出清华规划设计院和云南省水利水电设计院作为中标单位；组织对外考察交流。接待来自法国、芬兰、日本、新加坡等国的专家、来宾访问团以及国内各地考察访问团累计40余起，其中包括英国前首相、新加坡外长和瑞典议员等国外重要官员，就滇池污染治理问题与国外专家进行广泛交流和探讨。同时滇池管理局积极派员前往国外及国内相关省市学习交流。

【宣传教育】 组织中央、省、市媒体报道滇池治污工作。对水葫芦控养、中山杉种植、打击滇池偷捕盗捕等专题采访报道94次，刊登（播出）新闻报道586篇（条）；对生物提取滇池污染、等社会反映强烈的工作开展舆情应对；开通滇管局实名微博，开展微访谈2次，与网民沟通互动；组织2011年放鱼滇池生态保护行动、春城志愿者保护母亲湖活动、2011昆明环滇池高原自行车邀请赛、“千人徒步盘龙江”等大型主题宣传活动；成立云南滇池保护治理基金会、昆明滇池保护治理促进会；组织滇池流域各县（区）滇管部门开展滇池保护宣传活动共120场，发放宣传资料（挂历）5万余份；开展汇报宣讲，为老干部观摩团、学生社会实践、各参观考察团宣讲汇报50余场。

（市滇管局）

昆明滇池国家旅游度假区

2011年是实施“十二五”规划的第一年，也是度假区实现科学发展新跨越的重要一年。面对复杂严峻的国内外经济形势，在市委、市政府的正确领导下，度假区管委会、党工委团结带领全区广大党员干部职工，紧紧抓住“桥头堡”建设和加快建设区域性国际城市的战略机遇，全区上下求真务实、真抓实干，在困难和挑战面前，锐意进取、大胆创新，圆满完成了全年各项目标任务，实现“十二五”经济社会发展的良好开局。全年实现产业增加值106.2亿元，同比增长17.8%，其中第三产业增加值102.4亿元，同比增长19.9%；由于土地收入的大幅增长，完成财政总收入63.8亿元，同比增长593.4%，其中地方一般预算收入8.4亿元，同比增长33.5%，净增长2.1亿元；完成全社会固定资产投资56亿元，同比增长10.2%；实现服务业总收入277.4亿元，同比增长23.4%；接待游客961.2万人次，同比增长20.5%。广泛募集社会资金，实现融资20.97亿元，争取上级专项资金1.3096亿元。

一是产业结构加快调整，招商引资打开新局面。新开工建设云天化天盟农资连锁总部、滇越铁路主题公园等项目。继续开展“央企入滇”，中电投云南国际总部顺利落户度假区，并如期开工建设。完成滇池卫城商业广场、和韵休闲中心项目主体工程。加快度假区旅游文化产业发展，圆满完成2011中国昆明国际文化旅游节昆明狂欢节——“花海狂欢”和第二十一届中国厨师节暨首届滇池泛亚国际美食节度假区分会场系列活动。

坚持“抓大商、抓实商、抓好商”，强化工作落实，提升工作实效，2011年度假区完成内资36.53亿元，完成目标任务的107.44%；完成外资5236.54万美元，完成目标任务的104.73%。加快土地收储和供应工作，重点围绕产业项目落地和基础设施项目，全年共完成土

度假区鸟瞰图

地收储4096.04亩，完成目标任务的156.58%；完成商业、住宅以及市政基础设施配套用地土地供应3283.44亩。土地供应的有序开展为全区财政增收提供有力保障。

度假区管委会办公楼

二是园区建设不断深入，基础设施取得新进展。按照《度假区国民经济和社会发展第十二个五年规划纲要》要求，继续完善城乡建设、土地利用、旅游等专项规划，如期完成海埂片区控制性详细规划的修编工作，并报市规委审批；完成大渔片区土地利用总体规划的调整完善和上报工作；完成旅游发展、社会事业发展、环境保护及生态建设3个“十二五”专项规划编制工作，这将为实现度假区科学发展和可持续发展提供政策指引。

积极开展以交通为重点的基础设施建设，实现环湖东路、古滇路南段、渔浦路西段的正式通车；完成了湖滨东路主体工程和同仁医院出入口节点改造，加快实施海埂前兴路和大渔飞虎路、渔阳路、华光路续建道路工程。按照“4321”路网建设计划，启动大渔欣城路、渔博路等第二批园区路网建设工程。全力配合市交运局开展南连接线高速和黄马高速公路度假区段的施工。启动盘龙江两条跨江桥梁的建设工作。完成大渔110千伏输变电项目主体工程。

民族风情

三是生态建设继续加强，环境品质得到新改善。围绕辖区内污水“零排放”和无序建房、违法加层“零申报”开展各项整治工作。实施捞渔河水环境综合整治工程，加强入滇河道管理，严查违法排污，提前完成25个入滇河道流域村庄污水全收集、全处理及“三池”净化设施建设任务，在全市起到带头和示范作用。在全区广泛开展水葫芦控制性种养工作，超额完成种植837亩，并全部实现无害化处理。

2011年依法拆除违法建筑共440个地块、面积6.6万平方米。全年新建绿地98.62公顷，其中拆临拆违及“四环十七射”道路两侧综合整治新增绿化美化面积24.28万平方米，完成种植乔木8.98万株、攀援植物8.1万株，实施685亩生态隔离林带建设和滇池面山植被修复绿化造林410亩，全部超额完成市政府下达的目标任务。广泛种植中山杉，如期完成海埂体训基地90亩、6260株中山杉的种植任务。完成大渔公园的建设及布展开园工作。

扎实推进“四创两争”工作，不断提升城市管理水平。顺利通过“创卫生”综合评审和 “创文明”迎检工作，为昆明市命名“国家卫生城市”做出积极贡献。深入开展 “国家森林城市”创建工作，以深入开展学习杨善洲同志先进事迹实践活动为契机，组织动员辖区党员、干部、师生以及驻区部队官兵，义务植树4.2万株，圆满完成一平

度假区永昌湿地

方公里“杨善洲林”义务植树基地的建设任务。

四是社会事业全面进步，改善民生迈出新步伐。加强教师队伍建设，不断提高教育教学质量；切实落实责任，加强校舍和校园周边安全管理，对直属学校的校舍安全进行隐患排查和维修；顺利完成秋季招生任务；实验学校获得教育部“和谐校园先进学校”和省“三生教育示范学校”称号，大坝中心学校教师合唱队被选送代表昆明市参加云南省青歌赛。重视文化产业发展，文化产业增加值占第三产业增加值比重达1.2%；逐步完善社区文化书屋（站、室）和健身文体基础设施。全面实施医疗卫生、爱国卫生和健康教育，采取多种措施确保完成目标任务。初级卫生保健覆盖率达100%，全区计划免疫建卡率达100%，建证率达100%；提前完成辖区常住人口电子居民健康档案建档56144份，建档率达100%。

多渠道促进就业，突出抓好高校毕业生、就业困难群体和农民工的就业问题，全区新增城镇就业人数1218人，城镇登记失业率为2.26%，发放失业人员小额担保贷款231万元。不断健全完善社会保障体系，扩大社会保险覆盖面，提高社会保险服务管理水平，截至2011年底，全区参加城镇职工基本养老保险7416人、城镇基本医疗保险43799人、失业保险6103人、工伤保险7789人、生育保险人数6163人，被征地人员养老保险参保新增155人，全部超额完成年度目标。加大对失地农民的转移就业培训，完成农村劳动力培训3032人，转移就业2516人，分别完成目标任务的101%和102%。如期完成度假区大学生创业园一期1650平方米的建设任务。成立群众工作局，加强信访工作，切实保障在“城中村”重建改造、基础设施项目以及招商引资项目征地拆迁中群众的合法权益，认真解决云南民族村离退休职工生活补贴等历史遗留问题。

加快度假区政务服务中心规范化和标准化建设，进一步简化程序，建立一站式告知、一站式办结的服务模式，完成接件31037件、办结率达100%，接受群众咨询27627人次，满意率为99.9%，并获得2011年全市政务服务工作考核二等奖。充分发挥民政、双拥职能作用，积极开展帮扶工作，全年共发放优抚金、义务兵家庭优待金、最低生活保障金以及生活和医疗补助260万元，救济困难群众114户、188人。积极开展帮带扶贫工作，全年共投入资金295万元用于德钦县和寻甸县扶贫项目。安排634万元专项资金，加快水源地及“三沿五区”坟山墓地整治工作。重视残疾人慈善爱心救助活动，社会捐助募集资金超过72万元，圆满举办第二十五届“敬老节”系列活动。

五是法制建设稳步推进，依法治区实现新突破。研究制定《度假区“六 五”普法工作实施意见》，全面启动“六·五”普法各项工作，经过两年不懈努力，《昆明滇池国家旅游度假区条例》已通过省人大批准，于2011年12月1日正式颁布实施。

标志着度假区依法行政、法制建设迈上新台阶，对进一步建立规范、高效、权责明晰的管理体制，实现全区经济社会可持续发展具有里程碑意义。

积极开展重大决策听证，组织《度假区海埂片区控制性详细规划调整》及河段置换等项目听证会。深入推进“质量兴区”、“质量兴业”、“质量兴企”、“质量兴品”工作，积极开展度假区“质量走廊”创建活动，云南民族村标准化服务体系正式实施。认真组织“税收宣传月”、《食品安全法》等法律主题宣传活动，加强食品、药品及

云南海埂会堂

农产品的监督管理力度。坚持以“和谐平安度假区”建设为载体，认真做好综合治理、信访维稳和平安创建工作。实现刑事犯罪破案率、小区社会治安综合治理能力、情报信息收集处理能力的全面提升以及群体性上访、省市越级上访、非正常进京上访全面下降的工作目标。始终保持对刑事犯罪严打高压态势，严厉打击各类违法犯罪活动，切实保障广大人民群众生命和财产安全，实现辖区社会治安的明显好转。

度假区内人鸥同乐

度假区海埂公园

六是城乡统筹协调发展，全域城市化取得新成绩。积极开展度假区城乡规划全覆盖工作，顺利通过全市的验收考核。加快推进海埂片区8个“城中村”重建改造项目，太河片区等5个“城中村”改造项目均已通过市规委会审议并办理了规划手续，其中太河片区、金河一期“城中村”重建改造回迁安置房建设已完成部分主体工程。2011年底，“城中村”重建改造完成拆迁面积 85万平方米，回迁安置房开工面积达到88.1万平方米，竣工46.5万平方米，其中“静海园一期”14栋9.31万平方米已全部建成，共计319户回迁安置群众的分房工作已基本完成。大渔欣城B8地块搬迁安置房项目建设已完成开工面积37.66万平方米，18栋主体2011年上半年全部完工。

七是党的建设全面加强，行政效能建设稳步提升。按照“围绕发展抓党建，抓好党建促发展”的总体要求，紧扣“二次创业和跨越发展”总目标，各级党组织的执政能力和先进性建设不断加强，创先争优活动成效明显。干部人事制度改革稳步推进，群众公认、注重实绩的用人导向逐步树立。基层组织建设扎实有效，区域化党建工作格局初步形成。为民服务体系建设全面拓展，大渔、海埂街道为民服务中

心被评为昆明市“四星级”为民服务中心。党群共建亮点纷呈，涌现出“红旗车队”等在全市有一定影响力的示范单位。大力实施“品牌创建工程”，党建工作水平不断提升，形成“大学生村官创业导师制”、“党务公开讲坛”、“流动党校”、“智力互助平台”等一系列创新成果。深入开展廉政风险防范管理工作，夯实党风廉政建设基础，以制度管事、管人，大力开展制度创新工作，坚持教育警示为先，筑牢廉政防线，进一步推进党风廉政建设。

坚持围绕中心、服务大局，以改革创新精神推进干部作风转变，重点提高行政效能，加强软环境建设，努力营造团结干事的工作氛围和廉洁高效的政务环境。在实施制度创新工作中，共计划安排44项任务，至2011年底，全区共完成计划内任务37项，完成计划外任务101项。按照“135”限时办结制、首问首办制的工作要求，全年共受理涉及服务承诺事项报件数7.9万件，办结7.89万件，办结率99.53%；限时办结7.7万件，办结率100%；首问首办件数4.98万件，首问首办率77.60%。办理市委目督办、市政府目督办各类督办文件297件，办结率100%；办理管委会主要领导批示件99件，办结率100%。

在看到成绩的同时，必须清醒地看到度假区所面临的困难和挑战，主要表现在：一是随着大量社会事务的激增，机构和人员增加较快，。二是制约度假区融资难、招商引资难、项目落地难“三难”仍然没有得到根本解决，特别是2010年以来严峻的融资形势给基础设施建设和征地拆迁工作更增加了资金压力。三是全区的税源结构仍然比较单一，随着各项考核基数年年大幅提高，要实现财政总收入及地方一般预算收入的稳定持续增长，将更加困难和艰巨。四是近年来度假区一直承担着大量的省、市重点建设工程和繁重的“四退三还一护”建设任务，资金缺口大，加之许多交通基础设施“BT”项目、绿化工程都已进入偿债期和还款期，面临着非常大的资金压力。五是面对新的发展形势和要求，干部执行力不强、作风不实，素质和能力亟待进一步提升。针对这些困难和问题，我们必须保持清醒头脑，切实采取有效措施，认真加以研究和解决。以优异的成绩，为现代新昆明建设做出昆明滇池国家旅游度假区新的更大贡献。

度假区道路

昆明国家高新技术产业开发区

打造国际知名国内一流的创新型特色园区为“桥头堡”和区域性国际城市建设作贡献

昆明国家高新技术产业开发区是1992年经国务院批准的云南省唯一的国家级高新区。现已成为我国高新技术产业发展的重要基地，国际知名、国内一流的创新型特色园区建设已扬帆起航。

——园区经济稳步增长，综合实力全面提升。昆明高新区经国务院批准的建成区5平方公里已开发完毕，目前正在推进新城高新技术产业基地的开发建设。2011年，全年实现总收入1088.6亿元；实现规模以上工业产值576亿元，工业增加值120.5亿元；规模以上工业利税总额29.5亿元；完成工业固定资产投资79.9亿元；实现进出口5.2亿美元；实现地方财政一般预算收入14.8亿元,完成财政总收入35.8亿元。

——优化投资环境，产业招商推动园区经济发展。紧紧围绕建设国际知名国内一流创新型特色园区的总目标，按产业招商的工作理念，昆明高新区大力营造“小机构、大服务”的服务性政府模式，建立和完善了“投资审批一条龙服务、项目建设全方位服务、项目建成投产后经常性服务”的投资服务体系。2011年底，进区企业已达5353家，

市委常委、高新区党工委书记、管委会主任在“四群教育”工作中下村入户

其中，年销售收入上100亿元的企业3家，上10亿元的企业11家，上亿元的企业54家。一批世界500强和国内500强企业和一大批优势产业项目相继落户昆明高新区，园区发展充满新的活力，区域经济强劲增长极的作用日益明显。

——全力推进现代新昆明新城高新技术产业基地建设。根据市委、市政府决定，自2008年4月1日起，昆明高新区全面行使市级管理权限，全力推进位于滇池东南岸呈

新城产业基地全景图

新城产业基地水科技园

云南山霸自主研发的远程可视医疗PACS系统

贡区马金铺乡（现为马金铺街道办事处）的现代新昆明新城高新技术产业基地开发建设。完成了新城基地86.88平方公里概念性规划、42平方公里产业区的控制性详规、4平方公里中央商务区的城市规划设计，建成后的科技新城区规模将是20万以上居民的宜居新区，集居住、商务、旅游和休闲为一体。目前，已有投资200多亿元的60多个项目在新城基地动工建设，部分已建成投产。

——坚持规划引领和科技创新，大力建设创新型特色园区。昆明高新区先后创办了创业服务中心、大学科技园、软件园、高新技术产品出口基地、高新保税库、国家生物产业基地、国家稀贵金属新材料产业化基地、国家生态工业示范园、水科技及环保产业园等14个国家级创新基地；以及工业资源循环利用工程技术中心等5个国家级工程技术中心，承担了国家863项目、国家高技术产业化示范项目、国家火炬计划项目20多项，拥有149家高新技术企业，区内企业拥有专利1701件，全区拥有各类专业技术人才 40630 人。2011年，在有色和稀贵金属新材料产业领域实现工业产值500.8亿元，占全区工业总产值的57%；在生物医药产业领域：实现工业产值130.5亿元，占全区工业总产值的15%；在水科技及环保产业领域和装备制造产业方面也取得重要进展。

——“十二五”指导思想。面对“桥头堡”和区域性国际城市建设，昆明高新区明确“十二五”指导思想：紧紧围绕把昆明高新区建设成为国际知名、国内一流的创新型特色园区的总目标，坚持“特色立区、规划引领、产业招商、科技支撑、基础先行、金融助力、民生为本、服务至上”，着力发展园区特色产业、着力加强基础设施建设、着力突破资金瓶颈制约、着力提升自主创新能力、着力改善民生民计、着力强化队伍自身建设。为把昆明建设成中国面向西南开放的区域性国际城市做出积极贡献。

——“十二五”发展目标。总体目标是：建成国际知名、国内一流的创新型特色园区。以园区现有的新材料、生物制药、电力装备制造产业为基础，提升带动水科技及节能环保、电子信息、创意文化产业等新兴产业发展，培育技术先进、产业链长、带动作用大、有特色的产业集群，形成园区发展的核心竞争力。经济发展目标是：实行规模扩张和内生增长并举，各项主要经济指标保持30%以上的增长幅度，到2015年，确保实现总收入1800亿元以上，力争达到2000亿元；实现工业总产值1200亿元以上，规模以上工业增加值388亿元，财政总收入80亿元以上。社会事业发展目标是：全域城市化基本实现，辖区城市化率达到90%以上，形成完整的科、教、文、卫保障体系，辖区人民享受到完善周到的社会服务。

贵研铂业贵金属生产线

安宁工业园区

ANNING INDUSTRIAL PARK
安宁工业园区

云南省省长李纪恒调研安宁工业园区

安宁工业园区管委会成功创建五星级档案室

安宁工业园区是我省30个重点工业园区之一，是国家级新型工业化示范基地（磷、盐化工），也是安宁市工业经济承载平台、安宁市传统产业聚集区及新增产业拓展区。

2008年7月，安宁工业园区管委会经市政府批准正式成立挂牌运行，作为市政府派出机构在园区范围内行使经济发展及行政管理职能，根据昆明市委、市政府关于园区实体化改革的要求，制定《安宁工业园区实体化改革方案》，按照“小机构、大服务，精简、高效”的原则，进一步调整、充实工业园区管委会机构和人员配置，推行权责合一、党政合一、经济社会发展合一的实体化管理，管委会下设综合办公室、经济发展局、建设局、城市管理综合执法局及群众工作局5个职能部门，设立三个片区管委会，与街道办实行“两块牌子、一套人马”的管理体制。同时，注资成立安宁工业园区投资开发有限公司，负责

中石油云南1000万吨/年炼油项目奠基仪式

安宁工业园区招商引资项目开工现场

安宁工业园区天然气利用项目签约仪式

大学生创业园开园仪式

工业园区实体化运作和投、融资等基础设施开发建设工作。

园区规划区位于安宁市西部，涵盖草铺、青龙和禄脿三个街道办事处的行政辖区范围，规划控制面积395平方公里，其中城市建设用地约65平方公里。规划布局为“一带一点多组团”（即沿东西方向交通走廊所形成的产业发展带、以青龙街道为核心形成相对独立的产业发展组团、由道路和山体分割形成的多个工业组团和配套组团）。重点发展钢铁、石油炼化、机电装备制造、高浓度磷复肥、精细磷盐化工、新型建材、工业物流业和高新技术产业。

将安宁工业园区麒麟片区被作为整个安宁工业园区的起步区和门户区重点打造，该片区总面积为661.14公顷，其中规划城市建设用地面积约为499.11公顷，定位为安宁市首个现代化、环保型示范园区，即以高新技术产业为先导、以轻型加工制造业为支撑，大力发展低污染、低能耗、低水耗、高附加值产业的环保型产业园区及精品示范园区，具体发展新材料制造、生物制药、电子电器设备制造、服装加工等行业。片区规划有完善的给水、排水、电力、电信、燃气、环卫等市政公用设施。该片区的建设将进一步调整园区局部地区产业布局，调整园区产业结构，为园区发挥优化存量、优选项目，有效解决我市重化工业比重大，高新产业发展相对滞后的情况，推动园区工业经济持续、稳定、健康发展。

——工业经济稳步发展。今

云天化产业集群

麒麟片区次干道

安宁工业园区西环线道路建设现场

安宁工业园区新建权甫220千伏变电站

中小企业科技孵化基地

年以来，安宁工业园区在面对严峻经济形势，进一步增强服务意识，提高工作效能，采取了各种有效措施，帮助企业有序生产，维持园区工业经济总体呈现平稳发展趋势。2011年，园区规模以上工业增加值完成78.34亿元，同比增长27%，规模以上工业主营业务收入完成541亿元，同比增长23%；完成利税总额26.5亿元；地方财政一般预算收入完成7.25亿元，同比增长10%。

——**产业体系逐步转换**。按照我市“一园一港六基地”的战略，努力构建“一主三特三新”现代产业体系，提高产业的核心竞争力。2011年，园区主导产业主要以黑色金属及磷盐化工产业为主，其中，黑色金属产业占工业增加值比重22.5%，磷盐化工产业占工业增加值比重26.9%，园区主导产业占工业增加值比重69.8%。

——**基础设施全力推进**。坚持将基础设施突破作为开发建设的着力点，大力推进以水、电、路为主的配套工程，努力做快、做优。以BO、BOT、BT等多种运作方式，确保园区基础设施项目尽快开工建设。2008年至今，工业园区范围内基础施设项目累计完成25.18亿元，固定资产投资累计投资完成129.32亿元，启动安宁工业园区快速货运通道（安宁～禄脿、县街～草铺）、安丰营1＃次干道工程建设，麒麟片区1、2＃次干道工程通车投入使用，草铺生产水厂及配套管网工程实现向园区内企业供水，220KV电力线路迁改工程及35KV王龙、水源电力线路迁改工程进展快速，建成标准厂房21.9万平方米，基础设施配套熟地占建成区面积的34.93%。

——**招商引资目持续突破**。创新服务机制、发挥工业优势、突出产业链招商，推行产业招商、以商招商、联合招商，认真执行招商引资服务机制，每个

草铺片区生产水厂及配套管网项目鸟瞰图

草铺片区生产水厂及配套管网项目建设现场

云南磷肥工业基地

嘉华水泥外景

华电集团青龙电厂

武钢草铺项目柳树村安置小区

项目均有专人负责跟进，一般问题现场会商解决，重大问题及时报市委、市政府“一事一议”研究。成功引进中石油炼化项目进驻，协助完成项目环评报批手续，启动项目基础设施配套工程；顺利推进武钢集团草铺项目建设，协助完成项目东西进厂道路通车及收费匝道建设投入使用；在麒麟片区引进了创辉PC管材、四川康得利包装纸箱纸板生产线项目、昆明汇泉高纯半导体有限公司锗系列高新产品深加工生产线建设项目、安宁正开塑业有限公司年产1亿条塑料编织袋项目、云南盛博隆管业有限公司新型水泥制品项目等高科技含量、附加值高的一类工业产业项目，2008年以来，园区招商引资平台共接洽项目近300个，协议投资总额近404亿元，共有132个项目产生到位资金，累计到位内资106亿元，外资5139.56万美元，新开工亿元以上项目24个，竣工项目15个。

——融资工作创新突破。在优化产业结构的背景下，园区投资公司抢抓政策先机，努力拓宽投融资渠道，采用多种方式为安宁工业园区投资公司增强造血功能，增加优质资产，提升公司综合实力。2008年以来，园区投资开发有限公司先后在我省首家发行了5亿元新工业信托理财产品及1.5亿元的首家行业并购贷款，并以BO、BOT、BT等多种方式，市场化运作园区基础设施建设工程，累计融资9.15亿元。同时，园区根据相关法律法规，结合园区实际情况，制定园区BT 融资方案，突破融资政策瓶颈，以保证园区开发资金压力得以缓解，为基础设施建设开工提供有力保障。

——全方位推进入驻项目。今年来，园区协调我市相关部门，全力推进武钢集团草铺项目基础设施配套建设工程，建设完成草铺片区生产水厂及配套管网设施工程，实现向武钢草铺项目供水，确保了项目的烘炉试车，协调推进武钢草铺项目东进厂道路建成通车及新建匝道收费站投入使用，配合草铺街道办事处推进村民征地拆迁工作；根据中石油项目进驻要求，配合各相关部门，项目环评通过国家环保部的专家评估，进入行政审批程序，全面启动中石油项目基础设施配套工程及居民拆迁安置工作，推进配套的水、电、路等工程及相关迁改工程进入实施阶段，完成项目一期用地红线范围内3600亩土地的补偿及667户居民的拆迁安置工作，编制完成《云南省石化下游产业发展规划方案》，为科学合理布局石化下游产业，正确开展招商引资工作奠定基础。

——高度重视大学生就业指导。为进一步优化安宁工业园区产业培育环境、认真落实创业政策、以创新创业就业模式为动力、以搭建创业就业平台为载体、以提高大学生创业就业能力为基础，充分发挥创业园的示范效应，吸引有创业意愿和能力的优秀人才在安宁工业园区创业，实现大学生充分就业，促进安宁工业园区特色产业稳定发展，通过制定方案、组织实施，安宁工业园区大学生创业园于2011年12月16日正式开园。大学生创业园的建立，充分展现出园区党工委对大学生创业政策的高度重视，同时将为大学生创业者提供优质的服务和资金支持。

现代新昆明建设·开发区建设

◆ 责任编辑 吴焰红

呈贡新区

【概述】 昆明呈贡新区位于滇中高原滇池盆地的东岸，昆明主城的东南部，距昆明主城18千米，地理位置优越。昆玉高速、昆石高速、石安高等级公路、昆洛公路及南昆铁路、贵昆铁路、昆河铁路穿境而过，交通便捷。呈贡新区规划控制面积160平方千米，建设面积107平方千米，规划人口95万人，将建成一个集湖光山色、滇池景观、春城新姿，融人文、自然、景色于一体的森林型、环保型、园林化、可持续发展的高原湖滨特色生态城市。2011年，昆明呈贡新区党工委、昆明呈贡新区管委会与呈贡区委、区政府紧密配合，面对国家货币政策和房地产调控等一系列宏观调控措施的影响，导致新区建设项目融资困难，固定资产投资总量严重不足，发展建设承受巨大压力等情况，坚定不移地贯彻落实科学发展观，紧紧团结和依靠全区人民，调动各方面资源，凝聚一切可以凝聚的力量，克服诸多困难，保持了新区经济社会的平稳较快发展。年内，全区预计实现地区生产总值84.85亿元，增长15%；预计完成财政总收入9.59亿元，其中地方财政一般预算收入7.49亿元，同口径增长26.41%；外贸进出口总额预计完成9950万美元；预计实现城镇居民可支配收入22547元，未扣除物价因素增长15.82%，农民人均纯收入9146元，增长13.88%；社会消费品零售总额预计完成18.95亿元，增长21%；非公经济预计实现增加值34亿元，占地区生产总值的40.2%。第一产业预计实现增加值6亿元，下降12%；第二产业预计实现增加值42.84亿元，增长14.3%；第三产业预计实现增加值35.96亿元，增长22.2%。三次产业结构调整为7.1：50.5：42.4。全年引进内资项目64个，外资项目5个。实际引进内资42.51亿元，实际利用外资6661.38万美元，圆满完成市级下达的任务。

【城市建设】 全年共完成投资13.6亿元，建成城市道路15.41千米。水、电、气、通信管网等基础配套设施建设同步推进。轨道交通1号线工程进展顺利，铁路枢纽改造工程全面启动。春城公园、中央公园二期建设完工。松茂、果林中型水库除险加固工程通过省级竣工验收。师大附中附小、市体育学校暨全民健身中心、市中医院、昆医附一院等一批公共服务项目加紧建设；东盟商贸港、上海东盟大厦、实力心城等一批城市综合体项目快速推进；大成金融、新都昌、昆明涌鑫中心等一批大项目开工建设；七彩云南第壹城、置信广场等一批项目建设取得新进展；云南龙城中泰农产品物流中心、斗南国际花卉产业园区等特色产业项目有序推进；颐明园、众和东苑、滇池星城建成交付使用，大方居、广电苑等项目进展顺利。全年共征地9335.81 亩，完成项目建设涉及的管线迁改65条。年内，市级机关整体入驻新区，云南白药集团整体搬迁呈贡。9所高校基本建成，全部实现招生，入驻师生13.9万人。新区40平方千米核心区城市形态初步形成。

【征地拆迁】 围绕新区重点项目建设和新区路网等基础设施建设开展征地拆迁工作，确保项目建设的顺利开展。采取多种措施，全力推进征地工作。年内，完成2011年新区新增建设用地面积7140．59亩（国有土地368．29亩、集体土地6772．3亩）的上报审批工作；完成云桂铁路昆明南客运站（呈贡段）、铁路东南环线、黄马高速公路、马料河水环境综合治理、龙斗一号地块土地储备、殷联片区土地储备、园博园、梁王河综合整治、呈世路、民安街等23个项目共8096．3亩土地的征收任务；配合市国土部门完成新区垃圾焚烧发电厂、

11月1日，呈贡县撤县设区暨加快呈贡发展大会 （唐荣华 摄）

11月2日，昆明市呈贡区区属单位授牌授印仪式 （唐荣华 摄）

新区路网、雨花公交保养场、昆明市体校、呈贡一中高中部、亚广办公、昆明理工大学孵化基地等38宗、面积7687.38亩国有建设用地使用权划拨供应和昆明新都公司等9宗、面积1130.75亩国有建设用地使用权招拍挂出让供应。

全力开展拆迁工作。年内，全区共拆除项目建设涉及的建筑物71339.49平方米，搬迁苗圃392.38亩，电缆、光缆、管线迁改65条。其中，完成云桂铁路建设项目涉及到的4户企业和一件农灌设施及5家苗圃的搬迁，拆除建筑物面积4158.71平方米，搬迁苗圃144亩；完成黄马高速公路项目涉及的5545.31平方米建筑物的拆除和72.42亩苗圃的搬迁；完成中央公园二、三期涉及12922.25平方米建筑物的拆除和30亩苗圃的搬迁及云大附中附小项目、师大附中附小项目、马料河综合整治项目、轨道交通项目建设涉及的电信线路、有线电视线路、通信光缆、建筑物、苗圃迁改搬迁工作，保证了项目建设的顺利进行。

【招商引资】 以“执行力提升年”活动为契机，继续深化行政审批制度改革，优化政务服务环境，狠抓作风建设，切实提高效能。认真落实政务公开各项工作。启动重大事项审批“快速通道”，推行网上公开审批。将政务服务中心服务窗口增加到26个，为招商引资提供“一站式”和“一条龙”服务。年内，全区招商引资工作共涉及项目72个，其中，内资项目64个（含注册类项目11个、落地项目29个、上报项目24个）、外资项目8个，共引进内资42.52亿元，占市下达任务数40亿元的106%；引进外资6661.38万美元，占市下达任务数6000万美元的111%。

【新项目建设】 5月25日，总投资数十亿元的实力心城暨七彩云南第壹城项目开工建设，年内部分单体建筑封顶断水。6月29日，总占地面积1020亩，建筑面积70万平方米，投资概算40亿元的昆明斗南花卉产业园区项目开工建设。7月2日，环湖东路全线通车。7月3日，新都昌商业广场暨大成金融商务中心项目开工。11月1日，投资14.4亿元的呈贡中央公园三期、投资2.8亿元的中国移动云南公司呈贡通信生产楼及区域服务中心、投资40亿元的昆明涌鑫中心3个重点项目开工建设。12月15日，呈贡一中高中部项目举行开工奠基仪式。该项目占地面积214.3亩，建筑面积57059.23平方米，总投资2.39亿元。12月26日，占地630亩、规划建筑面积184万平方米、概算投资62亿元的失地农民保障性住房“龙一地块”项目——智慧城市低碳示范小区之智慧社区开工建设。

【民生保障】 全年提供就业岗位5494个，新增城镇就业2146人，城镇登记失业率控制在3.9%以内，新增农村劳动力转移就业7026人，农村劳动力转移培训6356人。进一步完善失地人员创业制度和社会救助制度。扶持失地农民5094户、9964人外出租种地，租地面积7.76万亩，兑现扶持补助金2447.3万元。进一步完善工资保障金制度，切实保障农民工合法权益。社会保障水平不断提升，覆盖城乡居民的社会保障体系基本建立。城镇企业职工养老保险参保达8081人，城镇基本医疗保险参保达10万余人，被征地人员养老保险参保达13255人，失业保险参保达9026人。实现城乡低保全覆盖，标准提高到每人每月310元。户籍人口医疗保险参保率达99%以上。深入开展“千名干部下基层进万家慰问群众”活动，共走访慰问群众25587户，发放物资折合290万元。创新失地农民安置住房投资建设模式，制定过渡期租房补助政策，上报审批3000余亩用地指标，引入省内外5家企业参与项目建设，到位资金5.5亿元。龙一地块、雨花二号地块二期项目启动建设，龙斗一号地块完成征地任务。从维护群众切身利益出发，在新区财力薄弱、财政十分紧张的情况下，筹措资金6500万元，用于被拆迁群众过渡安置，赢得民心。加大食品药品安全查处监管力度，严厉打击非法添加和滥用食品添加剂等违法行为，开展整治“地沟油”专项行动。优化调整4条、新开5条公交线路，初步形成新区公交循环网线。

【园林绿化】 围绕“加快建设中国面向西南开放的区域性国际城市”目标，牢固树立“绿化和生态是城市第一形象、第一环境、第一基础设施、第一景观要素”和“市政工程园林化，园林绿化市政”的理念，最大限度地扩大绿化空间，增加绿树总量，迅速提升城市景观效果和城市形象。按照建设“城在林中、林在城中、环境优美、充满活力的山水园林城市”的要求，组织开展“十万人植百万棵树”活动，大力推进园林绿化建设。2011年，全区新增各类绿地面积281.05公顷，占目标任务121公顷的232.27%。其中，公园绿地33.12公顷，道路绿地9.41公顷，附属绿地131.48公顷，防护林地31.11公顷，其他绿地75.92公顷。乔木种植128.84万株。其中，城市规划区76.23万株，城市面山52.61万株。建成区绿地率达41.6%，绿化覆盖率达46.7%，绿色城市建设任务取得重大突破。

加强绿化管养。严格按照一般时段16小时，特殊时段24小时不间断浇水，确保绿化苗木浇水及时到位，干旱时期没有发生苗木旱死现象。做好植物养护及病虫害防治工作，及时组织修枝整形和防虫刷白150万株；对辖区内的绿化植物进行5次全面药物防治，保证绿化植物的健康生长。严格按照新建居住区绿地率不低于45%的标准开展园林单位、园林小区创建工作，全区已创园林单位（小区）24个，占单位（小区）总数的50%。投资120余万元种植中山杉4500株、银杏4500株。投资930万元完成辖区彩云路5.5千米一期绿化改造，共种植滇朴112株、银杏625株，种植红叶石楠球1960株、种植常春藤、银边吊兰、蝴蝶藤等地被约8万平方米、移植原有小灌木约3000平方米。年内，与昆明市一体化成功创建国家园林城市、国家卫生城市、国家节水型城市。被评为“全国十佳绿色城市”。争创国家环保模范城市、国家级生态县、国家森林城市、中国人居环境奖工作加快推进。

【环境治理与保护】 投资1.3亿元，不断加强环境保护与管理，稳步推进新区城市环境综合治理和低碳城市建设步伐。一湖两江流域“四全”工作和滇池湖滨“四退三还一护”工作成果进一步巩固，“四环十七射”道路两侧控制区环境综合治理和“六清六建”取得新成效。依法整治和拆除326个地块的临违建筑，拆除面积达14.9万平方米。洛龙河、捞渔河保持Ⅲ类水质。马料河呈贡段水环境综合整治工程基本完工，水质明显改善，洛龙河污水处理厂、雨水处理站项目稳步推进，滇池流域内需建污水处理设施的7个村庄实现生活污水全收集、全处理。开展水葫芦控制性种养生态修复工程。加强建设项目环境影响评价工作，全年接到建设项目报件636件，审批527件，否决109件；验收建设项目326个，验收项目总投资90584万元，环保投资4541.6万元，环保投资占总投资的5.01%。年内，全区4条入滇池河流水质保持稳定；环境空气质量优良率为98．9%，比上年提高5．9%；城市集中式饮用水源水质稳定，达标率96.1%；声环境平均等效声级55．1分贝，比上年降低0．8分贝；削减二氧化硫排量25.91吨、氮氧化物排量17.22吨、化学需氧量581.9吨、氨氮70．15吨，万元GDP能耗下降4.1%，实现全年节能减排目标。

【软环境建设】 以“执行力提升年”活动为契机，继续深化行政审批制度改革，优化政务服务环境，狠抓作风建设，切实提高效能。认真落实政务公开各项工作。启动重大事项审批“快速通道”，推行网上公开审批。政务服务中心服务窗口增加到26个，建成“为民服务电子超市”，全面建成街道为民服务中心和社区为民服务站。启动“四群”教育，按照呈贡新区党工委、管委会“深入基层、深入实际、深入群众”要求，强化干部直接联系群众工作，着力为基层、为群众解决生产生活中的困难。

【平安建设】 围绕“构建平安呈贡、建设和谐新区”的要求，狠抓社会矛盾化解、社会管理创新、公正廉洁执法3项重点工作，全面推进综治维稳工作。健全矛盾纠纷排查化解工作机制，努力把社会矛盾化解在基层、化解在萌芽状态。年内，全区共调解各类矛盾纠纷3409件，比上年增加66%，调解成功率为98．6%。落实以财保障、以地保障、以业保障、以房保障“四大”民生工程，按时兑付5402户、10602名失地农民在外地租种83091亩土地的补助款；完成3000余人共66万余元的城市低保和1100余人共27万余元的农村低保发放工作。加强流动人口管理服务，共采集录入暂住人口信息5万余条、出租房信息5000余条。大力开展科技强警和技防网络建设，强化“网格化”布警，完善打黑除恶长效机制，深入开展“清网行动”、“南线扫毒”等专项行动，严厉打击“命案”、“两抢一盗”等违法犯罪行为，全力维护新区平安和谐的社会秩序。年内，区检察院受理公安机关提请批捕各类刑事犯罪案件295件528人，比上年分别上升9.7%和9.8%，审查后，批准逮捕266件458人，比上年分别上升14.7%和12.5% 。区法院受理刑事、民事、行政、执行等各类案件2337件，比上年上升13%；审结1981件，结案率85%。

（唐荣华）

昆明空港经济区

【概况】 全球化时代是临空经济飞速发展的时代，拥有航空大港是内陆城市抢占全球竞争制高点的先决条件，依托大型航空枢纽建设的临空经济区，是国际产业垂直与水平分工的结合点，是全球高能级生产要素集聚的“吸力场”。市委、市政府紧紧抓住昆明长水国际机场建设契机，于2005年2月成立昆明空港经济区管委会，2009年4月，市委、市政府决定昆明空港经济区与官渡区实行属地管理，同年5月，市政府批准昆明空港经济区与

10月16日，昆明新机场专用高速路竣工通车 （空港区管委会 供稿）

官渡工业园区实行一体化管理。

昆明空港经济区位于昆明主城区东北方向，官渡区大板桥境内，距昆明主城约24千米。规划控制范围396.6平方千米（不含机场），规划区范围154.23平方千米（不含机场及嵩明职教园区）。规划按照组团发展，生态交融，依托交通，南北延续的模式，形成“两区一带”带状组团型空间布局结构。

临空产业带——主要位于320国道以东区域，包括螺蛳湾、秧草凹、国际包装印刷城（西冲）等组团，依托新320国道（城市快速道路），以航空物流、航机维修与制造、高新轻制造、加工包装等园区开发为主，整合用地，并适当配套居住与公共服务设施；形成空港分区主要的产业聚集带，向南联动经开区，向北联动杨林工业园。

国门空港区——主要位于机场高速与320国道之间区域，包括大板桥——李其组团及宝象组团；以科技研发、商务会展、商业金融、信息服务、居住等开发为主，未来形成辐射区域的经济服务型枢纽和国门形象展示区。

生态休闲区——主要位于机场以北区域，包括小高坡及小哨组团；在生态保护的基础上，以商务度假、休闲体育为主的生态康体休闲业、创意研发、航空教育培训、现代农业等为主，构筑昆明特色的绿色产业基地与城市生态休闲基地；该片区开发以低强度、生态化建设为主，形成整个空港分区的“绿色生态组团”。

昆明空港经济区管委会自成立之日起，主要承担着3项任务：负责昆明长水国际机场征地拆迁安置及外部配套基础设施建设；负责昆明长水国际机场周边区域规划控制与管理，确保昆明长水国际机场及周边区域实现可持续协调发展；依托昆明长水国际机场发展临空经济，培育现代新昆明新的经济增长极。

【昆明长水国际机场主体工程竣工】 2011年，昆明新机场建设指挥部分阶段掀起“奋战150天”和“奋战60天，打好总决战”活动，以实现12月31日具备通航条件为中心目标，以重大节点考核和限期销项为抓手，以竣工验收工作为重点，创新工作思路与方法，确保昆明长水国际机场顺利完成“调试年”的主要建设任务目标，主体工程建设全面完工。

按照省委、省政府和中国民航局确定的任务目标，昆明长水国际机场建设总工期为3年。建设期间，昆明新机场建设指挥部统筹规划、科学组织、超前谋划，全面实现主体工程2009年土建年、2010年安装年、2011年调试年3个年度总目标按计划平稳过渡顺利完成。2011年10月30至11月3日，昆明长水国际机场第一批民航专业和非民航专业共23项单位工程完成竣工验收；11月30日，第二批15项民航专业工程完成竣工验收。至此，昆明新机场主体工程建设已圆满完成，所完成的64项单位工程全部一次性合格通过验收，其中63项工程质量评定等级达到《云南省建筑工程质量优良等级评定标准》（DBJ53 T-24-2008）规定的优良等级。12月20日，由云南省档案局组织的昆明长水国际机场建设主体工程项目档案检查验收工作圆满结束，昆明长水国际机场建设主体工程所形成的3.87万册工程档案一次性通过验收。

自昆明长水国际机场全面开工以后，国家有关部委、省委、省政府领导及各级各部门就对昆明长水国际机场建设给予特别关心，保证了昆明长水国际机场建设的顺利推动。从前期工作开始，省委、省政府就把昆明长水国际机场建设作为事关全省经济社会发展全局的重大项目给予高度重视，在选址、立项、规划、设计、审批等各个阶段超前谋划，科学决策，健全机构、完善机制，加强领导，统筹协调。昆明新机场全面开工建设后，建立目标责任制，层层签订责任，分解细化任务，量化考核指标，严格实施奖惩。省政府先后召开36次现场办公会和若干专题会议，逐月检查进度，协调解决问题，全面部署重大阶段和关键环节的工作，推动落实各项重大举措和重点任务，为昆明长水国际机场建设提供有力保障。

在全体建设者的团结协作和辛勤努力下，昆明长水国际机场3年建成目标顺利实现，在设计标准、土石方量、建设速度、工程创新、工程质量和单体建筑面积、综合交通体系等方面创造了多个全国第一，达到同行业领先水平，圆满实现建“优质工程、精品工程、廉洁工程、民生工程和标志性工程、示范工程、创新性工程、窗口性工程”的目标，为进一步优化国家民航战略布局，构建云南对外开放的重要平台，建立连接国际国内的空中经济走廊，促进云南省民航强省建设，加快推进"桥头堡"建设和现代新昆明建设，实现云南科学发展、和谐发展、跨越发展奠定了坚实基础。

【昆明长水国际机场建设服务】 年内，昆明空港经济区管委会围绕《昆明新机场建设项目责任书》，全力攻坚、重点突破工作中的重点、难点、节点问题，做好相关协调、服务和保障工作，确保昆明长水国际机场建设顺利推进。2011年，完成新机场一期工程10.959平方千米土地使用证的办理和核放工作（2011年10月8日省国土厅召开专题会议明确：新机场二期工程12.01平方千米用地待批复再办理供地发证手续）；完成昆明新机场外部配套供水工程土地征收工作；完成轨道交通6号线征地拆迁工作；完成西次跑道土石方填筑工程超出22.97平方千米范围的3.5亩用地的征收工作；完成昆明新机场外部配套燃气工程土地征收工作；完成500千伏厂口七甸电力线迁改工作；完成35千伏硅厂电力线、35千伏双河I回电力线迁建工作；完成35kV乌撒庄变电站搬迁方案的编制工作；基本完成昆明新机场生产生活配套服务区土地组件报批工作，新机场生活配套服务区项目用地共计5823.6亩，已组件报批5472.38亩，省国土资源厅已批准用地3988.6亩，空港土储分中心共收储该项目用地3669.45亩，已交易土地2809.2亩，完成项目范围内涉及螺蛳湾村、新发村194户村民和3家企业拆迁协议签订和2万平方米临时过渡房建设。

【昆明长水国际机场外部配套项目建设】 2011年，昆明空港经济区管委会多渠道筹措资金，全力推进昆明长水国际机场外部配套基础设施建设工作。

昆明新机场专用高速路（南段）项目。该项目是连接昆明主城与昆明长水国际机场的门户大道、景观大道，项目投资概算24.57亿元，起于国道昆明东连接线两面寺立交，止于昆明长水国际机场站前区，全长14.779千米，双向8车道，加紧急停车带，道路宽49米，设10米中央绿化带，设计车速为100千米/小时。2011年，项目竣工通车，待昆明长水国际机场转场后正式运营。

空港经济区污水处理厂项目。该项目投资概算1.64亿元，污水处理能力达20万立方米/日，本期建设处理规模为7万立方米/日，项目投资建设单位为北控水务和城投水务公司联合体，特许经营期为20年。2011年，项目主体工程完工，并进入调试运营，计划与昆明长水国际机场同步投入使用。

空港垃圾焚烧发电厂项目。该项目投资概算3.6亿元，垃圾处理能力为1000吨/日，采用机械排炉焚烧发电工艺并配套相应的废气、废渣、废水、噪声、恶臭处理措施，确保实现达标排放和垃圾处理"无害化、减量化、资源化"目标，项目投资建设单位为重钢集团有限公司，特许经营期为20年。2011年，项目主体工程完工，并进入设备安装调试，计划与昆明长水国际机场同步投入使用。

"迁村并点"项目。空港经济区管委会分期规划建设云天苑、云翔苑、宝象佳园3个"迁村并点"项目：

云天苑：位于空港经济区秧草凹组团东北部，用地总面积约1008亩，总建筑面积约103万平方米，估算投资约20亿元。该项目涉及长水、秧草凹、小哨、云桥、白汉场、乌西、沙井7个居委会，16个居民小组，共2272户，7288人，可整合村组集体土地5350亩。2011年，项目首期工程主体结构已至9层，已完成建筑面积约为1.08万平方米。

云翔苑：位于空港经济区螺蛳湾组团东南部，用地总面积约975亩，总建筑面积约91万平方米，估算投资约20亿元。该项目涉及沙沟、新发2个居委会7个居民小组，共740户、4268人，可整合村组集体土地1540亩。2011年，项目完成征地工作，并进入施工图设计阶段。

宝象佳园：拟选址大板桥街道西冲和板桥居委会，用地面积约1300亩，总建筑面积约115万平方米，估算投资约70亿元。项目涉及李其、复兴、板桥、西冲4个居委会，17个居民小组，共3817户、11559人，可整合村组集体土地3900亩。2011年，项目完成方案设计，并上报市规划局待批，同步进行初步设计及前期相关工作。

空港1、2、3号路项目。空港1、2、3号路是空港经济区主干道路，是昆明长水国际机场和空港经济区主要的客货运交通走廊，是空港经济区今后发展的脊柱和主脉，道路的建成将把各个组团有机地串联成整体，延伸人们的消费、置业、就业等生活空间，提高对经济社会发展的拉动力和承载力。

空港1号路（老320国道升级改造工程）项目：投资概算23.88亿元，起于经开区与官渡区交界处金马村，止于哨关公路，全长20.43千米。项目设大板桥互通立交和空港3号路互通立交两座，跨线桥两座。2011年，分别完成空港1号路一、二标段整体形象进度的56%，并已实现有条件通行，三、四标段于2011年11月11日开工建设，分别完成整体形象进度的5%。

空港2号路（空港大道）项目：投资概算11.07亿元，起于沙沟村，止于秧草凹村东侧，全长12.4千米，规划红线50米，城市一级主干道。项目于2011年11月11日开工建设，正抓紧开展项目复测和项目部搭建工作。

空港3号路项目：投资概算5.36亿元，起于昆明新机场内部东西大道，项目出机场后向东与沪昆铁路、空港1、2号路交叉后接于规划的昆嵩

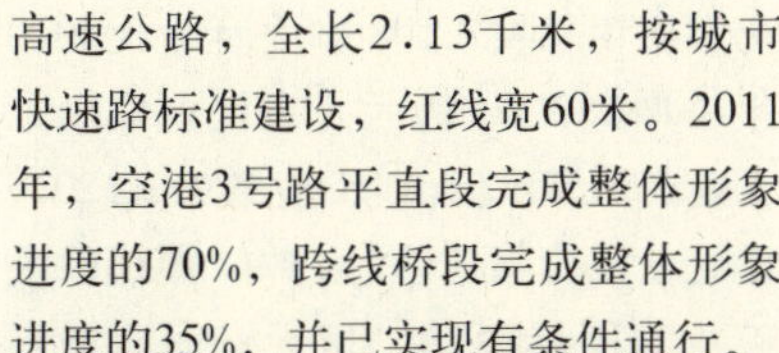

高速公路，全长2.13千米，按城市快速路标准建设，红线宽60米。2011年，空港3号路平直段完成整体形象进度的70%，跨线桥段完成整体形象进度的35%，并已实现有条件通行。

昆明新机场生活配套服务区公租房（一期）、学校、医院、社区服务中心项目。昆明新机场生活配套服务区选址位于官渡区大板桥街道办事处长水社区居委会和新发社区居委会，是整个空港经济区的重要配套服务组团，是昆明长水国际机场生产运行一线人员的生活服务保障区。该区域占地面积约5823亩，规划居住人口7.5万人。

为保障空港经济区外来务工人员和新参加工作的大学生等中低收入人群实现“住有所居”的梦想，空港经济区管委会及时在该区域启动公租房建设。该项目（一期）投资概算6.9亿元，用地115亩，建设公租房3217套，总建筑面积约21.35万平方米，其中，公租房建筑面积17.6万平方米，配套服务设施建筑面积5220平方米，地下建筑面积3.23万平方米，建设内容包括公租房、生鲜市场、社区用房、会所（物业管理用房）、社区商业设施、地下停车场以及配套活动场地、景观绿化、道路等。2011年，项目完成整体形象进度的16%。

按照《2011年昆明新机场建设项目责任书》要求，昆明新机场生活配套服务区公共基础设施由昆明市负责建设，空港经济区管委会以民航员工和生产企业为服务对象，及时在该区域启动医院、幼儿园、小学、中学、体育中心、文化中心和16米以上道路建设，预计总投资52亿元。2011年，主要开展项目前期工作，其中学校、医院已完成项目立项工作。

【构建空港经济区规划体系】 空港经济区管委会按照宽视野、前瞻性、国际化的要求，完成《昆明空港经济区总体规划（2006—2035年）》修编工作，并于2011年6月24日获市政府审批。在总体规划指导下，完成空港经济区给水、防洪、道路、燃气、电力、排水等专项规划编制工作，并已上报市规划局待批。完成新机场生活配套服务区、中央商务区、云南科技创新园、杨梅山片区、杉松园片区控制性详细规划编制工作，并已报市规划局审查。完成中央商务区、昆明新机场生活配套服务区、杉松园片区的城市设计。完成空港经济区规划区范围外、大板桥街道办事处范围内的村庄规划编制工作，并已报市政府待批。按照以上规划实施，空港经济区将成为昆明城市结构整合的空间枢纽、产业发展的增长极、形象展示的城市门户、交通汇集的枢纽节点以及绿系完善的生态环节，并最终构筑集对外交通、物流与先进制造业、商务与会展、科研与居住、旅游与生态等为一体的综合型功能区。

【土地组件报批及供应】 2011年，空港经济区（官渡工业园区）共完成13个项目用地组件上报工作，上报面积14507.394亩，省国土资源厅已批准用地2913.1755亩，已收储土地5572.96亩，已交易（含正在公告）土地51宗4290.79亩。

【经济指标】 2011年，空港经济区基础设施完成投资额25.81亿元，完成全年目标任务20亿元的129.05%，工业项目固定资产投资完成26.75亿元，完成全年目标任务25.2亿元的106.15%；完成融资55.48亿元，占全年目标任务41.91亿元的132.37%，其中空投公司完成融资21.98亿元，占全年目标任务21.58亿元的101.85%，东聚公司完成融资33.5亿元，占全年目标任务20.33亿元的164.78%；地方一般预算收入完成1.96亿元，完成年度税收任务1.53亿元的128%；实际到位内资37.6763亿元，占全年目标任务30亿元的125.59%，实际引进到位外资1500万美元，占全年目标任务1500万美元的100%；新增规模以上工业企业2户，完成全年目标任务2户的100%；亿元以上工业项目开工4个（螺蛳湾国际商贸城小商品加工基地一期、空港垃圾焚烧厂、云南三一机械有限公司生产基地、云南君和印务包装有限公司生产基地），完成全年目标任务4个的100%；亿元以上工业项目竣工2个（昆明仙织塑业有限公司生产基地、昆明国际包装印刷产业基地标准厂房一期建设项目），完成全年目标任务2个的100%。

【昆明综合保税区申报】 昆明综合保税区空港片区紧临昆明长水国际机场东南侧，用地1.57平方千米，四至界线为：东临空港3号路，西临规划道路，北临长水机场南工作区，南临空港1号路。按照综合保税区申报程序和要求，空港经济区管委会积极与省、市相关部门对接，编制完成《昆明综合保税区可行性研究报告》及“两规一表”（城市总体规划、土地利用规划、四至坐标表），正按照市政府“一港一区”（空港、出口加工区）整合申报的要求，完善昆明综合保税区相关材料，并积极配合市商务局等相关部门开展申报工作。

【招商引资】 空港经济区始终坚持规划先行，优选产业，保证园区质量，并将招商引资作为首要任务，切实做到思想上重视、机制上健全、行动上抓紧、落实上迅速，围绕资本、技术密集型、高附加值、高环境亲和力的产业开展招商引资工作。

空港小商品加工基地。项目位于大板桥街道长水社区，总面积1425.726亩，总投资196865万元。2011年，项目成功挂牌交易1289.03亩，储区地块22栋主体结构已封顶，粉刷完成13栋，9栋完成外墙腻子批嵌，新增加的6栋楼地勘完成。

云南科技信息职业学院项目。项目选址位于昆明长水国际机场东北方向，昆明空港经济区秧草凹片区，空港大道西侧，规划用地面积约

512亩，建筑面积20万平方米，容纳学生6200名，总投资约7亿元。该项目已报区发改局备案，并纳入《昆明市中心城区空港分区规划（2009—2035）》。2011年4月取得选址意见书、建设用地红线图、建设项目批准书及规划条件。2011年12月2日市规委专家论证会审查通过该项目修建性详细规划方案，待市规委会审查。截至2011年12月31日，项目已完成用地征转用及征地拆迁、二勘，编制完成土地收储方案，待市土储委会审查通过后，即可进入交易程序。

津桥学院项目。项目选址于昆明空港经济区搬迁安置区内，规划用地面积862.1亩。2011年12月6至15日，项目用地由市土储中心委托市土地交易中心挂牌出让，由于挂牌期间无人报名而流拍。

银燕物流项目。项目位于大板桥街道长水社区，总面积224.1615亩，总投资59400万元。项目规划方案于2011年11月22日经市规委第18次主任办公会审议通过。2011年6月20日，空港国土分局以官渡区2011年第二批次（地块六）上报，面积204.144亩，已获得省国土资源厅批复。

苏宁电器项目。项目选址位于昆明新机场东北方向，昆明空港经济区秧草凹片区范围内，项目规划用地约459亩，分两期建设，总投资约8亿~10亿元，项目拟建成集整个云南省采购结算、呼叫中心、培训中心、物流配送、售后服务为一体的多功能基地和电子商务中心。2011年，项目取得规划选址意见及规划条件，签订招商引资服务协议及补充协议，编制完成项目可研并报区发改局备案。

铁皮石斛无性系优质组培苗生产及石斛产品深加工基地项目。项目拟由云南恒舜生物科技发展有限公司投资建设，该公司目前有石斛深加工产品两个：石斛胶囊和石斛养生茶。国家注册商标为：益本圣草。该项目选址位于昆明空港经济区秧草凹片区范围内，空港大道西侧、云天路北侧、水电十四局水工厂南侧，规划用地约60亩，拟投资2.9亿元，建设珍稀植物铁皮石斛无性培育9000万丛种苗生产基地及石斛系列产品深加工、石斛保健品生产加工基地。2011年，完成土地征转用及征地拆迁、二勘等工作，编制完成项目可研并报区发改局备案，并抓紧编制土地收储方案。

苏泊尔、奔腾电器东盟运营中心项目。项目选址位于昆明空港经济区秧草凹片区范围内，空港大道西侧、云天路北侧、水电十四局水工厂南侧，项目规划用地约115.46亩，拟投资4.5亿元，拟建设成为仓储中心、物流配送转运中心、信息中心、金融中心、管理中心。2011年，项目完成土地征转用及征地拆迁、二勘等工作，编制完成项目建议书并报区发改局备案，正抓紧编制土地收储方案。

宝洁云南配销物流中心项目。项目选址位于昆明空港经济区秧草凹片区范围内，项目规划用地约107亩，拟投资2.5亿元，拟建设成为一个快速消费品物流配送中心、世界500强西南配送中转、世界500强全国培训中心、生产资料物流配送中心、东盟国际物资转运中心、仓储中心、信息中心、金融中心及管理中心。2011年，项目完成土地征转用及征地拆迁、二勘等工作，编制完成项目建议书并报区发改局备案，正抓紧编制土地收储方案。

（孙　斌）

昆明国家高新技术产业开发区

【主要经济指标】 2011年是昆明高新区建设国际知名、国内一流创新型特色园区的起步之年，昆明高新区以规划为引领，以改革创新为抓手，以基础设施建设为重心，以产业招商为突破，全力推进园区建设，各项主要经济发展目标如期实现。全年实现总收入1088.6亿元，比2010年净增182.6 亿元。实现规模以上工业产值576亿元，工业增加值120.5亿元，现价增速达28.2%；规模以上工业利税总额29.5亿元，同比增长35.3%；完成工业固定资产投资79.9亿元，同比增长41.2%。实现进出口5.2亿美元。实现地方财政一般预算收入14.77亿元，增收3.3亿元，增长28.8%。

【完善规划】 2011年初，昆明高新区根据国家科技部统一部署和园区发展实际，确定建设国际知名、国内一流创新型特色园区的总目标，制定“一年完善规划布局，三年取得显著成效，五年实现规模提升”的“三步走”工作路线图。年内，昆明高新区立足“规划引领”，从多方面、多角度展开规划编制工作：结合新形势、新目标和新任务，进一步修改完善园区“十二五”国民经济和社会发展规划（纲要）；编制《创新型特色园区建设试点方案》，通过国家科技部组织的专家评审；围绕有色和稀贵金属新材料、生物医药产业、装备制造产业、水科技产业等特色优势产业的创新发展，编制完成专项产业发展规划，并取得重要进展，组织国家生物多样性产业基地新城产业园、昆明水科技园的挂牌，有色金属和稀贵金属新型工业化示范基地建设通过国家工信部审查；按照工业、城镇上山的要求，完成新城基地土地利用总体规划的编制调整，新增开发建设用地11平方千米；全面启动建成区的城市设计，完成前期调查研究和初步设计，明确建成区的目标定位，为产业结构调整和城市形象提升奠定基础。

【产业招商】 2011年，昆明高新区明确提出产业招商的工作理念，调整工作部署，强化产业招商队伍建设。根据产业分工，将原有投资促进局拆分为投资促进一局、二局、三局，各自负责若干产业的专业招商。同时设立重点项目督导组，建立重大项目推进例会制度，形成围绕产业抓招商、围绕项目强服务的工作格局。管委会领导及相关班子成员多次率队赴新加坡、北京、上海、广东等地招商洽谈，促成一批国内知名企业与昆明高新区签订合作协议及进区实施，尤其在水科技产业、金融业等领域实现招商突破。按照《昆明市2011年招商引资工作实绩考核奖惩办法》核定的结果，昆明高新区2011年实际引进内外资项目223个，其中实际到位内资116亿元，实际到位外资2.26亿美元。全年开工亿元以上重大项目17个，竣工9个。

【展会招商】 2011年，昆明高新区先后参加第十九届昆交会、第九届东盟华商投资西南项目推介会暨亚太华商论坛、第十四届中国（重庆）国际投资暨全球采购会、中国　亚欧博览会——中国高新技术产品及园区展组团工作会、西安高交会、欧美企业投资云南推介会、第七届昆明泛亚国际农业博览会等展洽会，广交朋友，寻求和创造商机。在6月举行的第十九届昆交会上，昆明高新区共促成13个内外资项目参加签约，签约金额83.93亿元，其中内资项目11个，签约金额78.87亿元，外资项目2个，签约金额5.06亿元；在参加市专场签约的13个项目中，有2个项目参加省专场签约，签约金额21.99亿元。

【特色产业】 2011年，昆明高新区全力弥补产业发展的短板，在整合与优化的基础上，重点发展有色金属和稀贵金属新材料、生物医药、水科技与节能环保、电子信息等领域，全年园区特色产业呈现加快发展的良好态势。在有色和稀贵金属新材料产业领域：实现工业产值500.8亿元，占全区工业总产值的57%，云铜股份、云锡股份、黄金矿业、贵研铂业等重点企业经济持续增长，云锗落户高新区，锗深加工项目开工建设。在生物医药产业领域：实现工业产值130.5亿元，占全区工业总产值的15%，云南白药、滇虹药业、昆明制药、云南生物谷灯盏花等重点企业实现快速发展，引进东方不老、浙江长海食品药品包装等项目，完成宏绿辣素项目场地平整工作。在水科技及环保产业领域：云南亚太环保等重点企业快速发展，引进城投碧水源、云南水务产业投资有限公司等一批项目，与北控水务、首创股份、安徽国祯环保、新加坡吉宝集团、凯发集团等业内骨干企业进行多轮合作洽谈。在装备制造产业方面，昆明电缆、通变电器等企业保持平稳发展，与北京航空航天大学、捷克运动飞机公司等就发展通用航空产业进行多方面洽商，取得重要进展。百事可乐一期项目如期建成，二期工程当年开工当年投产，云南民爆集团、伟建彩印、娃哈哈等一批企业实现稳定增长。

【基础设施建设】 2011年，昆明高新区继续持续推进基础设施建设。交通设施建设方面：全年在建和新开工道路共计24条（段）总长27.75千米，同步开展水、电、气、通信等配套设施建设；完成公园南路、化林路、东大道等15条（段）道路建设，并实现通车，进一步改善新城基地的交通环境。征地拆迁方面：收储土地3756.7亩，完成目标任务的104.4%，实际供地2983.3亩，完成目标任务的286%；拆除化城、林塘、化古城村影响道路建设房屋197栋共56527平方米，为彻底打通高新大道、公园北路奠定基础。保障性住房方面：开工建设公租房548套，新型社区一期已开始回迁安置，城中村改造开工40万平方米，竣工20万平方米的目标任务如期完成。河道整治方面：加强梁王河、南冲河水环境综合整治，进行基地内全流域景观河的工程建设，确保河道“三无一畅”。绿化方面：完成绿地建设70.2公顷，栽种乔木4.2万株，攀缘植物79万株，营建“学习杨善洲纪念林”，开展城乡绿化造林“百日会战”活动，渔浦寒泉公园按期建成并顺利开园。生态建设方面：制定《生态工业园区建设管理办法和实施方案》，ISO14001环境管理体系获得中国质量认证中心认证。

【财税与金融】 2011年，为确保财政金融和资产运营在国际国内异常严峻的金融形势下能健康运行，高新区采取一系列措施：加强土地收储和金融管理，成立上市办、土地收储分中心，改组国资公司，构建适应开发建设需要的投融资体系；切实加强财税征管。管委会领导多次走访云铜、云锡、黄金矿业等税收大户和骨干企业，税务部门加大税收征管服务力度，实现税收稳定增长，完成财政总收入35.8亿元，同比增长33.3 %，增收8.9亿元，完成政府性基金收入26.4亿元（含城中村改造），同比增长243.7 %；做好融资工作，全年实际融资10亿元；参与发起成立“宝赢股权投资基金”和“鼎耀股权投资基金”两个基金公司，资金募集和项目选择工作有序开展；改组国资公司董事会，按照年初确定做强做大国资公司的要求，对国资公司董事会进行改组，构建新的法人治理结构，强化其作为园区投资建设主体、政府融资平台和自身发展的市场功能。

【科技创新】 2011年，昆明高新区新认定高新技术企业20户；专利申请和授权总量共计420项；规模以上工业企业85户；认定市级企业技术中心11户；获得中国驰名商标认定1件，新申报中国驰名商标1件、云南省著名商标9件、昆明市知名商标9件、注册商标37件、云南名牌产品14个、昆明市名牌产品5个；引进博士17名，发放博士津贴78.6万元；培养引进高层次人才100人。

【社会事业】 2011年，昆明高新

区统筹兼顾，园区社会各项事业健康发展。教育、文化、卫生事业统筹推进。抓好标准化学校建设和中小学校舍安全工程，实施“园丁工程”，教学质量不断提高，高新一小获全国百强特色十佳示范学校称号，高新四小标准化建设全面完成并投入使用。组织开展庆祝建党90周年文艺演出等群众性文化活动。公共卫生服务和疾病预防控制工作有序开展。民生保障覆盖面不断扩大。城镇登记失业率控制在2.5%以下，转移农村剩余劳动力2355人，城镇职工养老保险参保23719人，城镇基本医疗保险参保72429人，农村养老保险新增参保人数842人，城乡低保覆盖率和城乡医疗救助率均达100%。落实综治维稳暨平安建设工作目标责任制，着力强化社会治安综合治理体系，深入开展打黑除恶专项斗争及“打四黑除四害”专项行动，最大限度地消除各类治安隐患。做好人民调解工作和信访工作，及时化解民间纠纷和社会矛盾；安全生产和食品药品监督管理进一步加强，责任制得到落实，人民群众饮食用药安全得到保障。大力实施质量兴区战略，园区品质进一步提升。根据市委、市政府统一部署，持续开展“四创两争”活动，加强城市管理，数字城管工作连续3年取得全市第一的好成绩。

【管理创新】 2011年，昆明高新区突出改革创新，在园区管理体制方面进行一系列突破。切实将开发建设的重心前移，在新城高新技术产业基地（马金铺）成立以党工委、管委会主要领导为指挥长，党工委、管委会副职为副指挥长，相关部门领导为成员的“新城产业基地建设指挥部”，并相应成立3个分部，具体负责指挥部的行政和后勤保障、基础设施建设、招商引资引导、项目推介、产业布局和项目落地等工作。建立健全指挥部例会制及党工委、管委会领导带班制，及时研究解决相关困难和问题，为加快新城产业基地开发建设提供了有力的组织保障。进一步创新实体化管理的工作机制。深化机关行政机构改革，撤销地方发展局、生物产业办、信息产业办、建管中心，成立目督办、金融办、发展战略研究院、农林水利局；推行管委会机关大部制改革，成立综合管理部、党群工作部、经济发展与投资促进部、园区建设部、财税和资产运营部、人才和社会事业管理部、综治维稳管理部7个大部，初步构建了职能统一、方便协调、关系顺畅、工作高效的扁平化管理行政架构。

【昆明水科技园】 2011年，昆明高新区全力推进昆明水科技园项目建设。编制完成《昆明水科技园专项规划》及《昆明高新区水科技与环保产业规划》，并围绕水科技园建设召开多次专题研讨，明确水科技园建设的工作思路和目标，为推进昆明水科技园项目建设奠定基础。成立水科技园项目工作组，由市委常委、高新区党工委书记、管委会主任董保同和党工委副书记王桂泽、管委会副主任陆克文牵头负责，管委会相关办局负责人具体承担相关工作，以此加强对昆明水科技园项目的组织领导。

年内，昆明高新区围绕水科技园建设项目先后多次开展招商活动。其中，2011年7月初，董保同率队参加新加坡2011年国际水源周活动，参观考察新加坡凯发集团新生水厂、新泉海水淡化厂、新加坡吉宝集团总部、固废处理厂等地，与凯发集团签订实施昆明高新区污水处理厂项目合作协议；同时拜访新加坡负责企业海外投资的管理机构国际企业发展局，向新加坡政府机构及相关水务企业详细介绍昆明市及高新区的投资环境、投资政策以及实施桥头堡战略所采取的一系列措施，重点介绍昆明市水务发展现状、发展前景及发展目标。2011年8月22日至23日，新加坡吉宝集团代表团来昆考察昆明水科技园项目，双方

12月26日，昆明水科技园挂牌暨企业入园签约仪式　　（高新区管委会 供稿）

就项目合作事宜再次进行深入探讨，达成一系列意见。

经过多方合作下的努力，2011年12月26日，昆明高新区在新城高新技术产业基地15万平方米标准厂房举行昆明水科技园挂牌暨企业入园签约仪式，标志着国内首家水科技园在昆明高新区正式成立。揭牌仪式后，昆明高新区与北控水务集团有限公司等8家企业签订入园协议，参加仪式的领导、嘉宾、应邀专家、水科技企业代表参观水科技园展览，并参加昆明高新区举办的水科技园专家研讨会，围绕水科技与环保产业的发展进行充分讨论和交流。

昆明水科技园是专门致力于水资源保护和利用领域的研究开发、设备制造、水务工程管理与运营、水科技咨询培训及展示的特色园区，包括核心区和先进水科技应用示范区两大板块。核心区位于高新区新城产业基地，为科技和产业区规划占地3平方千米；先进水科技应用示范区涵盖整个高新区建成区和新城产业基地，总占地面积91.88平方千米，覆盖高新区各入区企业与科研机构、配套产业商务区与住宅区以及高新区水环境综合治理区。昆明水科技园将按照"科技先导、高端制胜、产研结合、开放合作"的建园思路，充分发挥云南水资源与水环境治理的市场优势，致力于集国内外水科技领域一流人才，引进国内外先进水科技企业、大学与研究机构，构建先进水科技研发体系和水科技产业联盟，打造集研究开发、咨询服务等为一体，在国内外市场有较强影响力和持续发展能力的高水平特色园区。到2015年，昆明水科技园将实现100家水科技企业、20家水科技研发中心入驻园区；建成昆明先进水科技研究开发中心，在水科技领域具备较强影响力；建成一个国家级重点实验室，培育5家水科技上市公司；初步建成有一定国际影响的水科技园区。

（苏晓玲　杨振宇）

昆明国家经济技术开发区

【经济发展】　2011年，经开区围绕经济建设这一中心任务，结合实际编制完成《昆明经济技术开发区国民经济和社会发展第十二个五年规划纲要》，明确园区未来5年的发展方向。启动《昆明经济技术开发区产业发展指导目录》编制工作，为园区产业发展集群化奠定基础。主动加大对主要行业、重点企业、关键经济指标的跟踪、调查和分析，开展企业融资需求调研，搭建银企交流合作平台，做好企业扶持政策兑现，确保全区全年目标任务的顺利完成。2011年，全区实现工业增加值81.35亿元，同比增长22.1%；地方财政一般预算收入12.53亿元，增长37.3%；完成全社会固定资产投资118亿元，增长37.1%；规模以上工业企业已达113户，实现规模以上工业增加值77.3亿元，增长28%；规模以上工业主营业务收入274.8亿元，增长31.7%；规模以上工业利税总额22.4亿元，增长25.2%。

【招商引资与利用外资】　2011年，经开区充分利用已有的招商平台和渠道，多方出击、寻求突破，有效推动全区招商引资工作的顺利开展。在土地资源相对不足的瓶颈制约下，经开区精选规模大、效益好的用地类项目，兼顾影响大、税收高的非用地类项目，成功引进昆明贵金属交易所、西安国际信托、上海村镇银行等总部经济及金融衍生项目入区，提升园区综合实力和在全国金融界的影响力。在招商竞争日益激烈的情况下，经开区结合产业链现状及产业发展方向，大力开展产业链招商，持续完善招商促进政策，不断改进项目评审机制，打开园区产业链招商的新局面。同时，围绕"一个核心，五个强化"的项目推进思路，以固定资产投资为核心，不断强化项目推进部门责任、职能部门工作效能、信息平台交流应用、项目方约束管理和在建项目形象进度。不断创新项目推进机制，确保项目早开工、早建设、早投产。2011年，全区实际引进市外内资151.9亿元，实际利用外资2.69亿美元。新开工建设项目21个，开工面积2649亩，总投资达125.6亿元，其中亿元以上开工项目17个。

【园区建设】　经开区围绕"以大项目带动大配套、以大配套促进大招商"的基础设施建设思路，以信息产业基地为中心，以出口加工区、王家营物流片区等专业园区开发为龙头，以重点道路建设为重心，以综合管线等配套设施建设为载体，加快推进基础设施建设，做好土地征用收储，经济发展承载和保障能力持续增强。截至2011年底，信息产业基地33号路、出口加工区3号路、王家营物流片区呈荣大道东段等工程顺利完工，总里程超过 18千米；利用德国贷款建设的倪家营污水处理与再生水利用工程进入试运行阶段，信息产业基地32号路电力通道、33号路通讯管道等配套工程交付使用，园区供水、供电、通讯能力不断增强；昆明铁路枢纽、贵昆路改扩建工程征地拆迁全面展开，地铁6号线项目拆迁工作全部完成，为园区开发提供了基本保障。2011年，全区累计完成基础设施建设投资14.6亿元，其中新增道路投资7.52亿元，综合管线投资1.56亿元；全区土地收储面积6663.6亩，新增"五通一

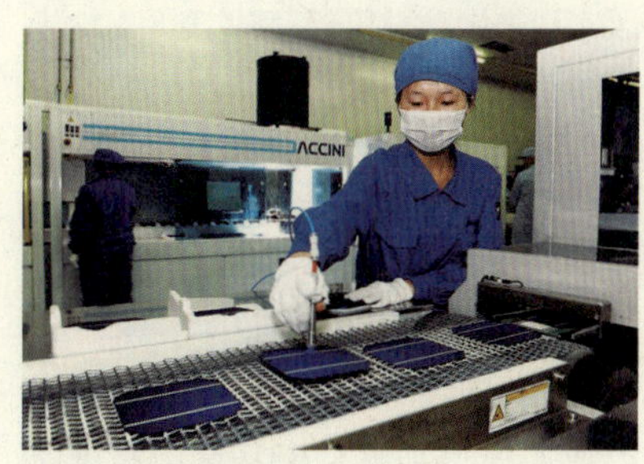

新能源产品生产车间

（经开区管委会 供稿）

平”面积3686亩。

【技术创新】 2011年，经开区以昆明建设“创新型城市”为契机，进一步完善技术创新体系，强化创新基础平台建设，加大科技创新扶持力度，力争成为创建国家创新型城市试点单位，区内企业自主创新水平不断提高。扶持高新技术产业发展，适时推出《高新技术企业认定资助实施办法》，为高新技术企业持续、健康发展营造良好的政策环境。鼓励企业承担和实施科技计划项目，大力开展以企业为主体的技术创新活动，进一步加强技术创新宣传与培训，为高新技术产业化和企业科技成果转化打造良好的服务平台。发挥政府对企业技术创新的引导作用，深入落实科技创新政策，区内科技型企业发展进一步加快。2011年，全区累计兑现科技发展资金229.5万元，13家企业顺利通过高新技术企业认定；累计组织申报国家火炬计划项目、云南省及昆明市科技计划项目80项，承担国家、省市科技项目27项，获科技扶持资金3044万元；企业获得授权专利157件。

【进出口贸易】 2011年，经开区继续加大企业政策和资金的扶持力度，实施外贸提升工程，按照做强一般贸易、提升加工贸易、发展其他贸易的总体要求，加工贸易体系向本地增值、本地配套、本地企业为主体的方向转变，推动出口产品向高技术含量、高附加值转化，扩大先进技术、关键设备及零部件和短缺资源的进口，促进贸易转型升级。2011年，全区实现进出口总值12.58亿美元，比上年增长28.1%，其中进口总值完成6.1亿美元，增长60.2%，出口总值完成6.67亿美元，增长10.6%，出口再创历史新高。

【产业发展】 2011年，经开区第一产业实现增加值1.63亿元，比上年下降5.23%；第二产业实现增加值85.44亿元，比上年增长25%；第三产业实现增加值50.3亿元，比上年增长28.74%。三次产业比由2010年的1.58 62.62 35.8调整为1.2 62.16 36.62。第三产业比重比上年提高0.84个百分点。二、三产业对经济增长的贡献率分别为60.56%和39.79%。

全区实现工业总产值290.09亿元，同比增长29.03%，实现工业增加值81.35亿元，占全区GDP的比重为59.221%，工业对GDP增长的贡献率达到52.1%，拉动全区GDP增长13.47个百分点。主导产业实现工业总产值208.38亿元，增长17.23%，占全区工业总产值的比重为71.83%，对全区工业经济增长的贡献率为58.8%。其中，装备制造（含光电子）、生物医药及食品饮料、烟草及配套产业分别实现工业总产值135.18亿元、38.55亿元和34.65亿元，占全区工业总产值的比重分别为46.6%、13.29%和11.94%。

高新技术企业实现产值89.1亿元，比上年增长17.42%，占全区工业总产值的比重为30.71%；高新技术产业实现增加值36.52亿元，较上年同期增长25.24%;高新技术工业企业全年实现主营业务收入85.6亿元，同比增长19.7%。

【环境治理】 2011年，经开区高度重视“四创两争”工作，不断健全“创卫”长效机制，严密部署“创城”迎检，全面实施“创模”工作，生态工业示范园创建有序展开。进一步强化环境管理，开展污染源动态调查，确保园区环境综合整治程序化、规范化和常态化。继续开展宝象河、马料河综合治理，完善入湖河道管护长效机制，确保河道水面无垃圾、河底无淤积、河岸无杂物、河道水流畅通。以建设“绿色经开”为目标，不断巩固非煤矿山禁采、滇池流域禁养及拆临拆违成果，推进城乡园林绿化，全区全年园林绿化累计投资达1.08亿元，新增园林绿化面积75公顷。通过“六·五世界环境日”、“小手拉大手”等多种形式的主题宣传活动，企业和居民环保意识普遍增强。2011年，全区建设项目环评执行率达100%，完成年度环保投资4亿多元，环保投资指数超过5%，环境保护和节能减排总指数在国家商务部组织的考核评价中连续第三年蝉联西部国家级经济技术开发区之首。全区全年未发生重大环境污染和生态破坏突发事件，保障了环境安全。

【节能减排】 2011年，经开区不断完善节能工作协调机制和目标责任制，强化工作落实，继续向相关部门和重点耗能企业下达节能目标任务。持续推进用地项目固定资产投资节能评估，推动企业清洁生产审核，开展节能宣传周和财政补贴高效照明产品推广活动。截至2011年，累计推动175家企业开展清洁生产审核，120户企业通过清洁生产审核验收。累计实施无/低费方案2279个，中/高费方案206个，方案投入资金12466万元，年产生经济效益12781.8万元，节电842.1万度，节水16万立方米，减少废物排放877吨，减少废水排放23万吨，取得节能、降耗、减污、增效的阶段性成果。2011年，全区规模以上工业万元增加值能耗同比下降7.9%。

【出口加工区发展】 2011年，经开区不断加快推进出口加工区项目开工与建设，全力促进企业入驻与发展，加快拓展加工区保税物流功能，积极推进王家营物流片区监管设施的建设。2011年，新批准引进云南明好新能源科技有限公司、云南骏寅进出口有限公司2户出口加工型企业，累计批准引进加工贸易和保税物流企业9家，完成进出口货值3321万美元，比上年同期增长31.6%。2011年，园区项目开工面积59万平方米，竣工面积40万平方米。国际珠宝城、国际汽车城、昆明现代国际综合物流中心等项目大面积开工建设，园区供水、供电、电讯配套基本完成，道路建设进一步完善。

【城乡发展】 2011年，经开区以城中村改造为突破口，全面推进园区全域城镇化工作，农民收入稳步增加，城乡差距日益缩小，群众生活质量和生活水平不断提高。按照市全域城镇化建设工作的要求，经开区制定并实施《全域城镇化试点建设工作方案》及其配套政策，全面推进“三区联动”、“三重组三置换”和新型社区建设，加快形成城乡一体化发展的新格局。把城中村改造作为全域城镇化的重要抓手，全区4个城中村改造项目进入实质性阶段，开工面积87.3万平方米，累计投资达24.3亿元，新建及配建公租房500套。创造性地开展“领导干部结对帮扶社区”活动，社区9个共性问题、60个个性困难得到较好解决。对农业龙头企业实行季度监测，实地调查农业产业化经营情况，制定出台《农业产业化龙头企业扶持奖励办法》，累计奖励金额达31万元，并组织企业进行省、市项目申报，争取上级资金扶持，加快农业龙头企业技术创新及产品品质提升。组织农村劳动力就业转移，举办技能培训班，开办专场招聘会，大力开发劳动岗位，全区全年共组织职业技能培训688人、专场招聘会3场，提供就业岗位近4000个。社保覆盖面进一步扩大，社会救助体系不断健全，城乡低保覆盖率达100%，“零就业”家庭及困难群众基本生活得到有效保障。涵盖困难群众的临时生活救助、大病医疗救助、“五保”供养等城乡社会救助体系逐步形成，困难群众生活已得到有效保障。

【社会事业】 2011年，经开区围绕“以人为本，和谐发展”的核心理念，不断加大工作力度，全面推动公共服务水平提升，形成社会事业健康、稳定、可持续发展的良好局面，为构建“和谐经开”、“文明经开”、“平安经开”提供了有力保障。2011年，义务教育均衡发展，教育改革逐步推进，教学质量稳步提升，果林小学建设顺利完成并投入使用，经开一中改扩建项目全面启动，全区义务教育巩固率达100%。大力推进人才强区战略，编制完成《昆明经济技术开发区中长期人才发展规划》，中国 昆明泛亚创业人才开发基地挂牌成立，为全市乃至泛亚地区创业企业开辟 “智力高地”。通过加强对医疗机构的监管，强化内涵建设，引进社会资本办医，经开区医患纠纷进一步减少、医患关系进一步改善、医疗质量进一步提高，确保了年内无重大医疗事故发生，突发公共卫生事件处置率达100%。规范繁荣文化市场，丰富群众文化体育生活，严格文化市场行政执法及日常监管，并继续开展社区文化室和8个社区农家书屋建设，满足当地群众日益增长的文化需求。社会治安进一步好转，信访维稳、质量监督、安全监管不断加强，园区整体形象大幅提升。

（昆明经济技术开发区管理委员会）

昆明滇池国家旅游度假区

【经济建设】 2011年，昆明滇池国家旅游度假区全年实现产业增加值106.2亿元，同比增长17.8%，其中，第三产业增加值102.4亿元，同比增长19.9%；由于土地收入的大幅增长，完成财政总收入63.8亿元，同比增长593.4%，其中地方一般预算收入8.4亿元，同比增长33.5%，净增长2.1亿元；完成全社会固定资产投资56亿元，同比增长10.2%；实现服务业总收入277.4亿元，同比增长23.4%；接待游客961.2万人次，同比增长20.5%。广泛募集社会资金，实现融资20.97亿元，争取上级专项资金1.3096亿元。

新开工建设云天化天盟农资连锁总部、滇越铁路主题公园等项目。继续开展“央企入滇”，中电投云南国际总部顺利落户度假区，并如期开工建设。完成滇池卫城商业广场、和韵休闲中心项目主体工程。加快度假区旅游文化产业发展，圆满完成2011中国昆明国际文化旅游节昆明狂欢节—“花海狂欢”和第21届中国厨师节暨首届滇池泛亚国际美食节度假区分会场系列活动。

坚持“抓大商、抓实商、抓好商”的工作思路，强化工作落实，提升工作实效。2011年度假区完成内资36.53亿元，完成目标任务的107.44%；完成外资5236.54万美元，完成目标任务的104.73%。同时加快土地收储和供应工作，重点围绕产业项目落地和基础设施项目，全年共完成土地收储4096.04亩，完成目标任务的156.58%；完成商业、住宅以及市政基础设施配套用地土地供应3283.44亩。土地供应的有序开展为全区财政增收提供了有力保障。

【园区建设】 按照《度假区国民经济和社会发展第十二个五年规划纲要》要求，继续完善城乡建设、土地利用、旅游等专项规划，如期完成海埂片区控制性详细规划的修编工作，并报市规委会审批；完成大渔片区土地利用总体规划的调整完善和上报工作；完成旅游发展、社会事业发展、环境保护及生态建设3个“十二五”专项规划编制工作，为实现度假区科学发展和可持续发展提供政策指引。

开展以交通为重点的基础设施建设。实现环湖东路、古滇路南段、渔浦路西段的正式通车，完成湖滨东路主体工程和同仁医院出入口节点改造，加快实施海埂前兴路和大渔飞虎路、渔阳路、华光路续建道路工程。按照“4321”路网建设计划，启动大渔欣城路、渔博路等第二批园区路网建设工程。全力配合市交通运输局开展南连接线高速和黄马高速公路度假区段的施工。启动盘龙江两条跨江桥梁的建设工作。完成大渔110千伏输变电项目主体工程。

【生态建设】 围绕辖区内污水“零排放”和无序建房、违法加层“零申报”开展各项整治工作。实施捞渔河水环境综合整治工程，加强入滇河道管理，严查违法排污，提前完成25个入滇河道流域村庄污水全收集、全处理及“三池”净化设施建设任务，在全市起到带头和示范作用。在全区广泛开展水葫芦控制性种养工作，超额完成种植837亩，并全部实现无害化处理。

依法拆除违法建筑共440个地块、面积6.6万平方米。全年新建绿地98.62公顷，其中拆临拆违及“四环十七射”道路两侧综合整治新增绿化美化面积24.28万平方米，完成种植乔木8.98万株、攀缘植物8.1万株，实施685亩生态隔离林带建设和滇池面山植被修复绿化造林410亩，全部超额完成市政府下达的目标任务。广泛种植中山杉，如期完成海埂体育训练基地90亩、6260株中山杉的种植任务。完成大渔公园的建设及布展开园工作。

扎实推进“四创两争”工作，不断提升城市管理水平。顺利通过“创卫生”综合评审和“创文明”迎检工作。深入开展“国家森林城市”创建工作，以深入开展学习杨善洲先进事迹实践活动为契机，组织辖区党员、干部、师生以及驻区部队官兵义务植树4.2万株，圆满完成1平方千米“杨善洲林”义务植树基地的建设任务。

【社会事业】 加强教师队伍建设，不断提高教育教学质量；切实落实责任，加强校舍和校园周边安全管理，对直属学校的校舍安全进行隐患排查和维修；顺利完成秋季招生任务；实验学校获得教育部“和谐校园先进学校”和省“三生教育示范学校”称号，大坝中心学校教师合唱队被选送代表昆明市参加云南省青歌赛。重视文化产业发展，文化产业增加值占第三产业增加值比重达1.2%，逐步完善社区文化书屋（站、室）和健身文体基础设施。全面实施医疗卫生、爱国卫生和健康教育，采取多种措施确保完成目标任务。初级卫生保健覆盖率达100%，全区计划免疫建卡率达100%、建证率达100%；提前完成辖区常住人口电子居民健康档案建档56144份工作，建档率达100%。

多渠道促进就业，突出抓好高校毕业生、就业困难群体和农民工的就业问题，全区新增城镇就业人数1218人，城镇登记失业率为2.26%，发放失业人员小额担保贷款231万元。不断健全完善社会保障体系，扩大社会保险覆盖面，提高社会保险服务管理水平，截至年底，全区参加城镇职工基本养老保险7416人、城镇基本医疗保险43799人、失业保险6103人、工伤保险7789人、生育保险6163人，被征地人员养老保险参保新增155人，全部超额完成年度目标。加大对失地农民的转移就业培训，完成农村劳动力培训3032人，转移就业2516人，分别完成目标任务的101%和102%。如期完成度假区大学生创业园一期1650平方米的建设任务。成立群众工作局，加强信访工作，切实保障在城中村重建改造、基础设施项目以及招商引资项目征地拆迁中群众的合法权益，认真解决云南民族村离退休职工生活补贴等历史遗留问题。

加快度假区政务服务中心规范化和标准化建设，进一步简化程序，建立一站式告知、一站式办结的服务模式，完成接件31037件、办结率达100%，接受群众咨询27627人次，满意率为99.9%，获得2011年全市政务服务工作考核二等奖。充分发挥民政、双拥职能作用，开展帮扶工作，全年共发放优抚金、义务兵家庭优待金、最低生活保障金以及生活和医疗补助260万元，救济困难群众114户、188人。开展帮带扶贫工作，全年共投入资金295万元用于德钦县和寻甸县扶贫项目。安排634万元专项资金，加快水源地及“三沿五区”坟山墓地整治。重视残疾人慈善爱心救助活动，社会捐助募集资金超过72万元，圆满举办第二十五届“敬老节”系列活动。

【法制建设】 制定《度假区“六五”普法工作实施意见》，全面启动“六　五”普法各项工作；经过两年努力，《昆明滇池国家旅游度假区条例》已通过省人大批准，于12月1日正式颁布实施，标志着度假区依法行政、法制建设迈上新台阶，对进一步建立规范、高效、权责明晰的管理体制，实现全区经济社会可持续发展具有里程碑意义。

开展重大决策听证，组织度假区海埂片区控制性详细规划调整及河段置换等项目听证会。深入推进“质量兴区”、“质量兴业”、“质量兴企”、“质量兴品”工作，开展度假区“质量走廊”创建活动，云南民族村标准化服务体系正式实施。组织“税收宣传月”、《食品安全法》等法律主题宣传活动，加强食品、药品及农产品的监督管理力度。坚持以“和谐平安度假区”建设为载体，做好综治、信访维稳和平安创建工作。实现刑事犯罪破案率、小区社会治安综合治理能力的全面提升以及群体性上访、省市越级上访、非正常进京上访全面下降的工作目标。严厉打击各类违法犯罪活动，切实保障人民群众生命和财产安全，实现辖区社会治安的明显好转。

【全域城市化建设】 开展度假区城乡规划全覆盖工作，顺利通过全市的验收考核。加快推进海埂片区8个城中村重建改造项目，太河片区等5个城中村改造项目均已通过市规委会审议，其中太河片区、金河一期城中村重建改造回迁安置房建设已完成部分主体工程。截至年底，城中村重建改造完成拆迁面积 85万平方米，回迁安置房开工面积达到88.1万平方米，竣工46.5万平方米，其中“静海园一期”14栋9.31万平方米已全部建成， 319户回迁安置群众的分房工作已基本完成。大渔欣城B8地块搬迁安置房项目建设，已完成开工面积37.66万平方米，18栋主体工程预计2012年上半年全部完工。

【行政效能建设】 紧扣“二次创业和跨越发展”总目标，坚持围绕中心、服务大局，以改革创新精神推进干部作风转变，重点提高行政效能，加强软环境建设，努力营造团结干事的工作氛围和廉洁高效的政务环境。在实施制度创新工作中，计划安排44项任务，截至年底，全区共完成计划内任务37项，完成计划外任务101项。按照“135”限时办结制、首问首办制的工作要求，全年共受理涉及服务承诺事项报件数7.9万件，办结7.89万件，办结率99.53%；限时办结7.7万件，办结率100%；首问首办4.98万件，首问首办率77.60%。办理市委目督办、市政府目督办各类督办文件297件，办结率100%，办理管委会主要领导批示件99件，办结率100%。为民服务体系建设全面拓展，大渔、海埂街道为民服务中心被评为昆明市“四星级”为民服务中心。涌现出“红旗车队”等在全市有一定影响力的示范单位。大力实施“品牌创建工程”，形成“大学生村官创业导师制”、“党务公开讲坛”、“流动党校”、“智力互助平台”等一系列创新成果。

【存在困难】 度假区所面临的困难和挑战，主要表现在：随着大量社会事务的激增，机构和人员增加较快；制约度假区融资难、招商引资难、项目落地难“三难”仍然没有得到根本解决，特别是2010年以来严峻的融资形势给基础设施建设和征地拆迁增加了资金压力；全区的税源结构仍然比较单一，随着各项考核基数年年大幅提高，要实现财政总收入及地方一般预算收入的稳定持续增长，将更加困难和艰巨；近年来度假区一直承担着大量的省、市重点建设工程和繁重的“四退三还一护”建设任务，资金缺口大，加之许多交通基础设施“BT”项目、绿化工程都已进入偿债期和还款期，面临着非常大的资金压力；面对新的发展形势和要求，干部执行力不强、作风不实，素质和能力亟待进一步提升。

（昆明滇池国家旅游度假区）

昆明阳宗海风景名胜区

【经济概况】 2011年，昆明阳宗海风景名胜区实现生产总值（GDP）20.81亿元，其中，第一产业增加值4.58亿元、第二产业增加值12.29亿元、第三产业3.94亿元，三次产业结构比例为22：59.08：18.92。全区工业总产值完成12.06亿元。固定资产投资完成29.92亿元。财政总收入完成5.84亿元，地方财政一般预算收入为2.81亿元，上级补助收入为8920万元，地方财政一般预算支出为20417万元。地方税收23421万元，其中，中央级收入2589万元，省级收入1831万元，开发区收入1.9亿元。农民人均纯收入达6923元。

年内，新增企业62户，注册资本（金）33470万元。其中，私营企业52户，注册资本（金）22460万元；新登记个体工商户476户，资金数额1726.4401万元，从业人员877人；新设立农民专业合作社4户，出资总额355万元。全区共有注册商标320件，云南省著名商标9件、昆明市知名商标8件，其中，2011年5月27日云南铝业股份有限公司的“云铝及图”被新认定为中国驰名商标。

【七甸工业园区】 2011年11月26日，呈贡工业园区（七甸片区）托管移交仪式在昆明市政府举行。呈贡工业园区是云南省30个重点工业园区之一，位于昆明市东南郊。

七甸，距昆明主城18千米，距昆明市政府10千米，距昆明国际机场、昆明国际物流中心不足半小时的车程。园区东邻阳宗海，南接玉溪市澄江县，西接昆明经开区，北依昆明官渡区，处于滇中经济圈核心区，是云南通向沿海和东南亚、南亚国际大通道的重要节点及昆明通往滇东南的交通要塞。园区发展总体规划面积为44.61平方千米，规划建设用地规模29.87平方千米，规划人口18万人。发展定位为中国西部地区的生物资源研发中心、云南省的绿色产业基地和新昆明有色金属等新型材料制造业基地。

【环境保护和生态建设】 砷污染治理。4月31日完成全部4.4万吨含砷危险固废处置的清运、处置工作，含砷废水收集处理、地下污染水治理工程进展顺利，对4500立方米的含砷废水进行收集和初步处理；对1-5号泉眼实施围隔，最大限度减缓泉眼水与湖水的交换时间；编制含砷废水和地下污染水的3年处理总体方案，建设完成水处理设施，日处理1000立方米，并于7月1日正式投入运行；开展90万吨磷石膏处置前期工作。推进磷石膏异地搬迁处置工程，4月22日完成项目可研编制、审批、项目立项及招标代理公司的招标工作，5月31日完成项目的招标备案工作，8月12日选定临时堆场位置。

生态环境建设。修建各类污水集中处理设施27个，退耕还湖400余亩；建立河（段）长制，落实河道保洁员和巡视员，全区共配备河道保洁员86名。通过综合治理，阳宗海湖体总体水质达到Ⅲ类水标准，6月26日市政府解除了阳宗海“三禁”。

城乡园林绿化。完成新增绿化面积1.4万余亩，新栽绿化树木300万株。其中，老昆石公路、新昆石高速公路两侧共种植绿化树木103.4万株，面积达4368.29平方米。加大对农村无序建房和违法加层行为的整治力度，开展农房违法建设和临违建筑集中整治专项行动和互不干涉综合整治“百日会战”行动，全年累计拆除无序建房和违法加层6517.9平方米。

生态乡镇建设国家级生态乡镇。汤池街道办事处2011年4月20日通过昆明市专家组检查评审，6月16日通过省级专家组的检查。云南省生态乡镇。七甸街道和阳宗镇于2011年开展云南省生态乡镇创建工作，两个镇的申报材料已报市创生办。七甸街道的申报材料已于9月14日通过省市专家组的审核。

【城乡规划编制】组织总体规划、专项规划、控制性详细规划、村庄规划4层次、13项规划编制工作，并按照“规划全覆盖”工作时限要求，于2011年6月30日前组织完成各项方案的编制工作，部分规划已上报审批和审查。

总体规划。从2010年6月开始，《昆明阳宗海区总体规划（2010—2030）》方案在完成国际方案招标基础上，先后完成专家评审、管委会规委会审议、市规委会审议、公示、听证、市局审查等工作，于2011年9月27日上报市政府审批，同时，进一步做好与林规、土规的衔接，以实现“三规合一”（林规、土规、城规）的要求。

专项规划。2010年启动《昆明阳宗海风景名胜区总体规划》等7项专项规划编制工作后，通过对规划方案的多次对接及修改完善，在完成专家评审、征询阳宗海管委会相关部门和镇（街道）意见、专家咨询会、阳宗海规划委员会审议、听证等工作的基础上，将部分规划方案交由管委会相关部门上报对应的市级部门进行审查。年内，按照总体规划要求，对7项规划方案进行完善。

控制性详细规划。2010年启动《昆明阳宗海区汤池片区+草甸片区控制性详细规划》、《昆明阳宗海区七甸片区+阳宗片区控制性详细规划》2项控制性详细规划，完成专家咨询会、专家评审、征询意见、管委会规委会审议、方案草案的公示等工作。于11月9日完成对方案的听证程序，控制性详细规划报批前准备工作全部完成。

村庄规划。2011年组织编制《昆明阳宗海区村庄布点规划——汤池镇》、《昆明阳宗海区村庄布点规划——阳宗镇》、《昆明阳宗海区村庄布点规划——七甸街道办事处》3个乡镇（街道办事处）村庄布点规划方案、7个行政村总体规划及20个自然村建设规划。经召开专家论证会并通过村民代表的意见后，于7月通过昆明市“城乡规划全覆盖” 领导小组的检查。

【生态旅游园区和新型工业园区建设】 2011年，阳宗海生态旅游小镇、云岭山生态运行中心、凹子山石城休闲度假等重点旅游项目稳步推进，草甸综合服务区、园博园、环湖截污、阳宗海西部快线等基础设施项目前期工作有序推进，国道324线改道姜家山段于6月竣工通车。七甸工业园区已开发建设4.5平方千米，建成园区道路12条，全长8960米，完成投资2.65亿元；在建道路4条，总长10.529千米，预计投资15.7亿元，完成园区36米主干线燃气管道建设；呈七公路、中铝昆铜、云南白药等重点项目建设稳步推进。截至年底，园区竣工项目26个，在建、新建项目16个。2011年共洽淡项目32家，意向投资268.07亿元。全年全区共接待游客64.93万人次，同比增长16.78%，旅游投资占总投资比重的24%，旅游服务总收入达3.36亿元，旅游服务业主营业务收入增长率达15.82%。

【引资、融资】 全区共洽淡引进项目29个，协议投资350亿元，实际引进到位内资21.13亿元，实际引进到位外资2041.5万美元，引进太平洋建设集团、北京首创集团、鹿鸣谷建设有限公司、香港古典建筑研究应用基金会、昆明制药等一批知名企业，引进央企1家，世界500强企业1家。

成立阳宗海风景名胜区旅游业土地利用专项规划编制工作领导小组，编制下发《阳宗海风景名胜区旅游用地专项规划》工作方案，组织作业单位对24个项目进行实地踏勘，项目总用地规模为18.11万亩，建设用地规模2万亩共完成土地收储面积3976.6亩；完成征地拆迁安置补偿任务2633.39亩；办理国有使用权转让和划拨初审共计14宗，面积361.7045亩；盘活存量用地，清理2007至2010年已批未供土地1810.21亩。

2011年1月13日，成立昆明阳宗海开发有限公司，2011年8月9日，与昆明市农村信用合作社联合社签订银政战略合作协议。

【社会事业】 全区标准化学校建设总面积17749.63平方米，总投资3294.8万元。加固改造BC级不安全校舍19168平方米。建设7个农村公益性公墓；开工建设水库除险加固工程9个；新建小水窖644件，总蓄水量达到0.9平方米，新建小沟渠25件，新建小泵站3座，完成水毁沟渠河道修复维护22件。截至2010年10月30日，共完成水利工程投资3294.56万元。完成全区110个饮用水源点的围网、界桩、界碑和警示标志的设立工作。实现劳动力转移3484人，培训3541人。开展民政工作，落实“五保”供养政策以及优抚政策，发放义务兵家属优待金31万元，发放各类重点优抚对象739人抚恤金244万元，完成2010年冬季退役士兵及转业士官的接收安置工作。建立3

个镇（街道）为民服务中心，设置窗口46个，入驻服务中心工作人员105人。加强社会管理，开展各类热点、难点问题的排查调处工作，及时有效协调解决明良煤矿职工上访历史遗留问题、山界纠纷、施工合同纠纷、农民工工资等一批矛盾纠纷。抓好信访工作。建立和完善信访工作规章制度、领导接访日、信访联动、党政领导干部包保责任等机制，化解信访积案12件，及时协调处置各类信访案件，处理率达100%。10月27日成立政法委，为加强区域治安管理提供了坚实的保障。加强社会治安综合治理，发案率同比下降35%。开展打击食品非法添加和滥用食品添加剂专项行动以及“打击盗窃违法犯罪”、“打四黑除四害”、“打击扒窃违法犯罪”等专项行动，确保人民生命财产安全，创造良好的区域发展环境。

（付　丽）

昆明倘甸产业园区和轿子山旅游开发区

【概况】昆明倘甸产业园区和昆明轿子山旅游开发区（以下简称“两区”），地处滇中北部，东接东川区，南连寻甸县，西倚禄劝县，北隔金沙江与四川会东县相望，距昆明120千米，是昆明北部地理中心。全区辖倘甸、转龙、凤合、红土地、金源、乌蒙、雪山、联合、舍块9个乡镇，94个村委会，914个自然村。国土面积1837.5平方千米，总人口22.03万人，农业人口21.26万人，城镇化率不到10%。辖区内居住着彝族、回族、苗族、壮族、白族等11个少数民族，少数民族占总人口的17%。区内地形地貌复杂多样，既有高山峭壁、干热河谷，又有连绵丘陵、平坦坝子，境内最高海拔4344.4米（舍块乡九龙村雪岭），最低海拔735米（舍块乡茂麓村狮子窝），海拔差较大，垂直气候明显，具有“一山有四季，十里不同天”的特点。主要气候类型为高原季风气候，干湿季明显，年平均气温14.5℃，降水量1045毫米，日照2018小时。

倘甸扶贫开发综合试验区扶贫、攻坚暨规划合作签约仪式

（“两区”开发区管委会 供稿）

辖区内拥有丰富的矿产、旅游、能源、生物资源。磷储量达15.8亿吨、铁1.02亿吨、铅1000万吨、钛250万吨、铜40万吨，石灰岩11.4亿吨、石英砂0.7亿吨，其他矿产6900万吨。境内有著名的轿子雪山和红土地。区内河流众多，水量充沛，水能理论蕴藏量达到65万千瓦时；风能资源丰富，经初步勘测风能理论蕴藏量为50万千瓦时。全区生物种类繁多，拥有植物1600多种、野生中药材1000余种，另有以攀枝花、苏铁、须弥红豆杉、林麝为代表的多种珍稀濒危野生动植物。主要农特产品有烤烟、松茸、松子、白芸豆、玉米、马铃薯、油菜、香蕉、甘蔗、商品猪、黑山羊、黄牛等。

【景区开发建设】2011年内，“两区”旅游开发主要以区内闻名中外的轿子山风景区和红土地景区为主。景区民族文化特色鲜明，自然景观壮丽，雪山南面的转龙镇是全省60家旅游小镇和昆明市重点建设的旅游集镇之一；东面的红土地镇，拥有高原红土奇观，是中外闻名的旅游和摄影胜地。

轿子山景区基本概况。轿子山景区位于“两区”境内的转龙镇、红土地镇、舍块乡、雪山乡、乌蒙乡5乡（镇）交界处，距昆明市165千米，距倘甸镇53千米。属乌蒙山余脉拱王山山系，主峰雪岭海拔4344米，最低点新法村南岔河口，海拔2260米，相对高差达2084米，成为滇中第一山。轿子山因其形如花轿而得名，旅游资源景观主要由奇峰绝壁、冰雪世界、杜鹃花海、原始森林、高山湖泊、冰瀑奇观、民风民俗等7部分组成，形成“春冰、冬雪、夏花、秋水”四季胜景，并以其雄、奇、险、峻、秀、美著称于世。早在1200年前，南诏王阁逻凤即仿效唐朝皇帝册封五岳之举，封轿子雪山为滇中群岳之首，称为东岳“乐尼白”。轿子山由于巨大的山地垂直高差和立体气候影响，形成寒、温、热立体气候，呈“一山分四季，四季景迥异”的奇异景观。植物的垂直分布带较为明显，植被可分为7个植被型、12个群系、20个群落。景区内有哺乳动物40余种，爬行动物8种，鸟类70多种。被学术界称为“滇中动植物基因库”，中国泰斗级旅游地理专家陈传康称其为“中国自然派之代表”。

轿子山开发建设情况。起步阶段（1992—2001年）：由禄劝县政府对轿子山进行开发建设。期间，1993年，轿子山被列为省级风景名胜区；1994年，轿子山被列为省级自然保护区。逐步规范建设阶段（2002—2009年）：由云南省旅游开发公司开发，累计投入1亿多元，进行资源评价、编制规划等工作，进一步改善景区交通、水电和通讯条件。2006年，轿子山景区正式对外开放。2009年以来，因修建轿子山旅游公路专线，景区不再对外开放。重点建设阶段（2010年至今）：2011年4月16日，国务院正式批准成立云南轿子山国家级自然保护区。年内，轿子山国家自然保护区管理局（正县级事业单位）组建工作有序推进。轿子山国家公园申报工作也已提上日程。投资44亿元的轿子山旅游公路专线预计将于2012年8月正式通车。

红土地景区基本概况：红土地

红土地（“两区”开发区管委会 供稿）

镇位于“两区”东部，距昆明市区160千米，距“两区”管委会临时驻地转龙镇52千米，为彝族六祖分支发祥地，民俗独特，境内拥有滇中唯一一片原始森林，森林覆盖率51%。红土地景区是“两区”旅游的又一亮点。红土地景区位于红土地镇花沟村花石头社。景区面积30平方千米，最高海拔2715米，最低海拔2321米，高差达394米。景区地处高原山区，总体上呈北高南低之势，地形起伏变化，山丘、水沟纵横。景区为高原季风型气候类型，干湿季节分明，干季主要集中在每年11月至次年4月，湿季为每年5月至10月。景区内主要景点有锦绣园、七彩坡、乐谱凹、打马坎、落霞沟、千年老龙树、瓦房梁子、螺丝湾、白泥塘、多依树。这里是云南红土高原上最集中、最典型、最具特色的红土地。被专家认为是全世界除巴西里约热内卢外最有气势的红土地，景象比巴西红土地更为壮美。红土地景区沉淀着深厚的文化底蕴，是集宗教文化、政治文化、历史文化、民族民俗文化于一体的景区。红土地，同元阳梯田一样，是数千年中国农耕文化、农业文明的杰作和代表。近几年来，这里已成为中外摄影家捕捉最美镜头的摄影胜地。层层叠叠的梯田里，火红的土壤上，一年四季洋麦花、荞子花、洋芋花、油菜花和萝卜花交替开放，色彩斑斓炫目，鲜艳浓烈的色块一直铺到天边。景区已建有一定的游道、观景、标牌等旅游服务设施，在旅游区内还有分散的农户开设的若干处旅游接待点。

“两区”旅游线路：主要旅游线路有：①倘甸—转龙—轿子山；②倘甸—红土地—轿子山；③倘甸—转龙—乌蒙—雪山—轿子山。区域性旅游线路主要有：①昆明—阿子营—柯渡—倘甸—转龙—轿子山—红土地—因民—东川—昆明；②四川—禄劝—转龙—轿子山—红土地—因民—东川—昆明—四川；③ 贵阳（或六盘水）—寻甸—东川—因民—红土地—转龙—轿子山—转龙—倘甸—柯渡—阿子营—昆明—贵阳（或六盘水）。

【旅游总体发展规划】 “两区”旅游着力打造“一中心三基地五景区多景点”。一中心：即以转龙镇为中心的区域旅游度假中心，同时也作为轿子雪山的旅游接待中心；三基地：红土地镇旅游服务基地服务于红土地风景区，舍块乡旅游服务基地服务于舍块旅游度假区，倘甸镇旅游服务基地服务于倘甸城市和工业区旅游，并作为其他旅游景区的中转站。五景区：依托自然人文景观和动植物资源重点打造集观光旅游和休闲娱乐为一体的五大景区，分别是轿子山风景区、红土地风景区、转龙休闲度假区、舍块休闲度假区、金沙江百里长湖。

【民生保障】 克服原禄劝、寻甸、东川3县（区）管理机制差异和保障标准不同的困难，面向全区按时足额发放农村低保、五保供养、优抚安置、困难群体补贴等各类弱势群体保障金和生活补贴，共计发放185908人、2016万元。成立“两区”政务服务中心，设立19个工作窗口，逐步开展行政审批服务。建立健全突发公共事件应急体系，制定各项应急预案26项。推进教育事业发展，建成农村中小学标准化学校5所；公开招考高中教师25人，特岗教师99人。加强基层文化设施建设，建成乡镇综合文化站2个、农家书屋46个。实施“两后双百”工程，完成农村富余劳动力转移培训25216人、劳务输出25085人。加大社会矛盾调处力度，成功调解矛盾纠纷718件，预防化解纠纷203件，预防群体性上访36件，预防群体性械斗30件。开展严打整治行动，破获刑事案件85件、打掉刑事犯罪团伙18个，受理行政案件359件，查处356件，处理违法人员436人。

【经济发展】 截至2011年底，“两区”实现地区产业增加值4.69亿元，增长8.4%，社会消费品零售总额2.19亿元，增长 3.7%。完成地方财政一般预算收入6161万元，增长94.9%。完成全社会固定资产投资36868万元，其中基础设施投资27077万元，工业固定资产投资7241万元。完成规模以上工业总产值2924.4万元，增长24.1%；实现规模以上工业主营业务收入2762.6万元，增长15.7%。实现农林牧渔业增加值2.8亿元，增长3.5%。完成旅游服务业总收入1003.76万元，增长33.04%；接待旅游总人数8.78万人次，增长11.18%。

【政策支持】 先后3次筹备召开昆明市加快北部崛起暨倘甸片区规划建设工作领导小组例会，扶持政策已陆续到位：2010年，全市地方财政一般预算收入2%的财力性专项扶持资金5.076 亿元已全部到位；争取到保工资、保运转的市级财政转移支付资金2.27亿元；争取到市第一板块“四区一市”对口扶持“两区”的社会

轿子山（“两区”开发区管委会 供稿）

事业建设资金2500万元；通过多方协调，2010年12月1日省发改委已正式函复市政府同意将“两区”纳入《云南省滇中城市经济圈区域协调发展规划》，作为滇中经济圈北部增长极打造；经全力争取，2011年11月10日省政府正式批复将昆明倘甸扶贫开发综合实验区列为云南省集中连片扶贫开发试验示范区，片区开发上升为省级战略。省市两级政府高度关心和重视“两区”的开发建设工作，2011年8月20日，省委副书记李纪恒一行来到“两区”调研，对“两区”的发展模式给予充分肯定，并提出要将“两区”列为“昆明倘甸扶贫开发综合试验区”，对片区的扶贫开发，每半年听一次汇报、一年现场调研一次。随后，市委、市政府成立以省委副书记李纪恒为顾问、市委书记仇和为政委，市长张祖林为组长的“昆明倘甸扶贫开发综合试验区”建设工作领导小组，以省市联动形式重点推进片区跨行政区划集中连片扶贫开发工作。2011年11月10日，省委常委、市委书记仇和，市委副书记、市长张祖林等市级领导来到“两区”参加全区首批基础设施及招商引资项目开工仪式，并召开昆明市加快北部崛起暨倘甸轿子山片区开发建设和保护工作会。

【规划编制】 2011年，“两区”总体规划已通过评审验收，控制性详细规划正加紧编制。“十二五”期间经济社会发展规划(纲要)征求意见稿已经完成。土地利用总体规划优化工作已完成，并上报省国土资源厅。村庄布点规划设计编制工作已初步完成。水资源利用规划、地震小区规划已基本完成，供水规划、竖向规划、道路规划、排水规划等4个专项规划已完成编制并通过专家评审。旅游产业土地利用专项规划、土地整治专项规划正抓紧编制。“两区”旅游发展规划、转龙旅游小镇、红土地地画公园规划方案已经专家评审，正在优化完善。矿产资源开发利用规划和地质灾害防治规划已完成初稿。产业发展规划、规划环评编制工作已经完成，正组织评审。

【园区建设】 2011年，省级工业园区申报工作已取得阶段性进展，可研和总规已经省、市专家组评审通过，正协调省工信委按程序报批；收储园区用地2472亩；园区1、2号市政道路、园区招商大厦、高级中学、倘甸水厂和联合风电项目已开工建设；转龙供水项目已建成投入使用；301.5千米建制村路面硬化项目全面启动。

【招商引资】 加大与省市金融机构的合作，成功引进农行倘甸支行落户“两区”。2011年累计引进项目35个。协议引进资金22.5亿元，实际引进内资63478万元，外资500万美元。发挥誉明投资开发有限公司投融资作用，全年累计完成投融资2.3亿元。

【生态建设】 完成辖区内9个乡（镇）3.5万户房屋一户一档建档工作，拆除各类临时、违规建筑10755平方米。开展园林绿化，完成绿化植树100万株，地被绿化5600平方米，拆违建绿1210平方米，集镇面山绿化950亩，园林苗圃建设1300亩。加强洗马河水环境综合治理和轿子山国家级自然保护区保护和管理力度。做好全区211个地质灾害隐患点的排查和防治工作。治理水土流失面积5平方千米。新增绿化面积5404亩。管护天然林面积125.3万亩，封山育林17.3万亩，森林覆盖率达到47%。

【三农工作】 全区种植粮食面积33.13万亩，实现总产量8.83万吨；种植烟叶2.77万亩，收购烟叶82576担，均价18元/千克，实现烟农收入6751万元，烟叶税收入1485万元；绿化造林5404亩；启动35件抗旱应急工程，完成岁修工程36件，新增有效灌溉面积1000亩、改善灌溉面积5000亩。投资2837万元，完成86个省市整村推进项目。发放小额信贷1800万元，惠及农户1.5万人。成功解决5700人温饱问题。推进全域城镇化试点，启动建设倘甸镇马街村和海东村全域城镇化试点项目。

【制度建设】 完成辖区内9个乡（镇）的党委换届选举工作。成立土地储备委员会、城乡规划委员会，管委会议事规则、民主决策制度进一步健全。组建“两区”新闻中心，打牢宣传文化基础。成立综合应急救援大队、森林消防专业扑火队和农村志愿消防队。精减、优化行政审批，共梳理管委会行政审批事项61项、行政管理服务项目155项，受理行政审批事项586件、行政管理服务事项5540件，办结率100%，群众满意率95%。建立和完善督查机制，全年完成重点工作立项分解督查84件，重要事项批示督办205件。规范津补贴和公务接待行为，压缩行政成本，集中财力支持民生工程建设和公益性事业发展。成立“两区”“四群”教育工作领导小组办公室，在全区范围内广泛开展“四群”教育工作、实行干部直接联系群众制度。

（李　涛）

信息·通信

◆ 责任编辑 杨子人

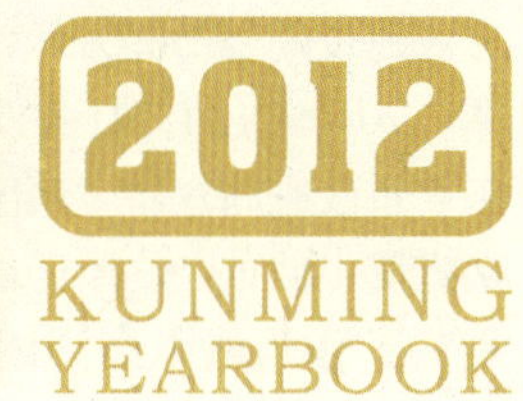

信息化和信息产业

【行业概况】 2011年，全市统计内电子信息产业企业116户，其中电子信息制造业15户，软件企业101户，主营业务收入120.4亿元，同比增长20.4%。年末从业人数1.8万人，同比增长5.3%。以金融电子设备、物流自动化设备、太阳能光伏器件、电子专用材料及设备制造、微电子光学、红外探测产品、电子浆料等产品为主的电子信息设备制造企业不断发展壮大，年产值10亿元以上企业3家，亿元以上企业5家。软件及信息服务业不断发展，进入国家规划布局内重点软件企业1家，2011年认定软件企业25户，软件产品139个。2011年，昆明市通过软件企业认定189户，软件产品登记697个，产品涉及金融、证券、公安、农业、社会保障、医疗、管理、交通、教育、商业、邮电、旅游、财务、电力、计算机安全等多方面行业和领域，形成了一定的产品方向和市场能力。按照集聚发展、产学研结合的基本思路，发展形成了云南软件园、五华科技园等一批集软件研发及孵化、人才培养、产业化生产、市场营销、风险投资等软硬件配套齐全，具“产、学、研”为一体的软件研究开发与产业化园区。

【信息化和工业化融合】 2011年4月，国家工业和信息化部正式批复昆明市成为国家级信息化和工业化融合试验区。为大力推进信息化和工业化融合，向各县（市）区、开发区、工业园区、企业，征集了70余个两化融合、物联网等重点项目和一批市级两化融合试验区建设申请，并通过省工信委向国家工信部推荐了一批物联网发展重点项目，获得了国家500万专项建设资金的支持。同时，为加快推进昆明市国家级信息化和工业化融合试验区建设，促进信息化与工业化深度融合，编制并下发了《关于加快建设昆明市国家级信息化和工业化融合试验区的实施意见》。按照实现全市5个试验县区、5个试验园区、3个产业基地建设目标，组织全市各县（市）区积极申报昆明市两化融合试验区试点，组织评审出推荐名单。

【三网融合】 2011年，完成了《昆明市推进“三网融合”发展研究报告》，制定《昆明市实施“三网融合”工作方案》，与电信、移动、联通、广电部门进行多次协调，完成大量基础性工作，推进电信、移动、联通三大通信运营公司与昆广网络的业务合作，新增了IPTV、数字电视、光纤入户等多项融合应用。协调昆明各通信运营商与昆广网络合力推进三网融合工作的网络支撑和新增业务发展。根据国务院三网融合工作协调小组办公室《关于申报第二批三网融合试点地区（城市）的通知》要求，认真完成申报材料的编制，2011年12月30日，昆明市被国务院列为国家第二批三网融合试点城市。

【政务信息资源整合】 根据市委、市政府关于加快政务信息整合与共享的工作要求，编制《昆明市电子政务网络与信息资源整合建设工作计划》。为全面准确掌握全市电子政务建设与应用的总体情况，自2011年2月开始组织对市级各单位网络、硬件设备、软件、应用信息系统、信息化组织机构、人员配置等情况，开展了全面普查调研工作，并对各单位信息化工作负责人进行普查动员和专题培训。在前期调研的基础上，组织起草《昆明市政务信息资源共享管理办法》（征求意见稿）。初步完成《昆明市电子政务顶层设计规划方案》和《昆明市电子政务顶层设计标准规范》，并通过专家评审。

【三维数字社区试点建设】 指导和协助五华区、西山区政府分别对五华区红云街道办事处、西山区西苑街道办事处的信息化建设现状、信息化管理需求等情况进行了深入调研，结合昆明市社区管理建设实际情况，提出了《昆明市三维数字社区信息化服务平台建设方案》，并邀请有关专家对方案进行评审论证。2011年8月，五华区、西山区两个社区项目试点工作启动实施。

【无线数字城市建设】 启动了昆明市无线数字城市工程建设。与本地通信运营商、昆明信息港共同研究编制完成《昆明市无线数字城市一期工程建设实施方案》。并初步完成无线数字城市门户网站、WAP网站及无线政务信息发布、政务信息查询、视频点播服务等建设，2012年完善后投入试运行。

【政策规划制定】 编制出台《“智慧昆明”总体规划》、《昆明市国民经济和社会信息化发展“十二五”规划》、《昆明市拓展高端信息化的指导意见》、《昆明市物联网产业发展规划纲要（2011～2015年）》、《昆明市国家级两化融合试验区建设实施意见》。

（吴　涛）

邮　政

【概况】　至2011年底，昆明市邮政局共有邮政支局、所286个。其中邮政支局84个，自办邮政所83个，委代办邮政所119个，农村局所网点110个，电子化联网网点222个，金融网点102个。设备7121台（套），邮政用车238辆。全局有投递局所网点共139个（含县以下营投合一网点）。全局共有投递段道522条，其中城市段道419条，乡邮段道53条。总投递段道中，机动车辆段道50条，城邮投递段日均投递里程9.8公里，乡邮投递段日均投递里程32.5公里。在昆明主城区设有邮政服务社区网点318个。全局共有从业人员2277人，中层以上管理人员49人。在岗员工中，大专以上文化987人，占43.35%，高中、中专、技校生928人，占40.76%，初中以下文化362人，占15.89%，职工平均年龄34.6岁。

【企业经营指标】　按照将代理金融业务作为发展“重中之重”全力突破、健康发展邮务类业务、拓宽代理速递业务发展渠道的思路，转变业务发展方式。2011年完成全口径业务收入39856.72万元，同比增长6.39%，完成结算口径业务收入35786.15万元，同比增长6.43%。完成收支差额6125.82万元。邮务类、代理金融、代理速递占总收入的比重分别为43.61%、41%、13.69%。

【邮务类业务】　2011年，邮务类业务实现收入17382.71万元。其中，集邮和报刊业务发展较好，超额完成全年计划任务，其他业务也在推进发展方式转变的过程中取得了进步。函件业务实现业务收入5220.91万元，同比负增长25.04%，是各项业务中负增长额度最大的务业。2012报刊大收订实现流转额12383.13万元，完成计划目标的101.5%。集邮专业实现收入4615.27万元，同比增长13.29%，完成年计划102.56%，专业综合毛利率达44.4%。新春生肖项目收入突破“千万元”大关，官渡区局为富滇银行开发的邮册，合同金额405.73万元，成为近年来昆明局最大单笔定项邮品开发业务。电子商务和代理信息业务实现收入2430.11万元，同比增长18.67%，公交IC卡8月起充值金额突破600万元。包件业务实现收入431.22万元，同比增长2.56%。机要通信业务全红。

【代理金融业务】　实现收入16342.6万元，同比增长23.05%。2011年，昆明市邮政局将代理金融业务作为全局经营工作的“重中之重”，代理金融业务保持了较快的发展速度，业务规模持续扩大。全市代理金融网点净增余额148326万元，增幅21.71%，代理网点余额规模为831660万元。截至11月末，邮政代理金融市场占有率为3.30%，较年初增长0.38个百分点。

2011年全市邮政工作会　（市邮政局 供稿）

2011年末亿元以上网点有29个，较2010年新增8个。转变经营模式，代理保险保费和收入规模快速提升，完成代理保费2.38亿元，同比增长3.68倍，实现代理保险业务收入1046.53万元，同比增长3.15倍。晋宁县邮政局、富民县邮政局保费均过千万元。保费规模在200万元以上“精品网点”有39个，较2010年增加33个。其中，1000万元以上网点3个。

【代理速递业务】 实现全口径收入5454.91万元，同比负增长5.6%。完成结算口径收入1384.02万元，同比负增长28.62%。在“思乡月”专项营销活动中，合理控制“特快箱”收入占比，有效避免了“特快箱”对正常窗口资源的挤占。从三季度起对窗口特快平均单价指标进行通报分析，4月份停止低效国际业务发展，全局窗口省际特快平均单价由年初的24.1元提升至年末的31.86元，增长32.2%；省内异地特快从16.47元提升至21.77元，增长32.18%。自10月份起，特快业务的窗口收入基本恢复正常。

【县域邮政发展】 2011年，代理金融对县域邮政发展的拉动作用进一步突出，包括呈贡在内的10个县域邮政经营单位，8个实现2位数以上的同比增幅。增幅最高的呈贡局，达到40.2%，其代理金融专业的增幅也达到36.7%。完成全年计划任务的106.55%。凡是完成全年业务收入较好的县局，代理金融业务的同比增幅均在30%以上，富民局代理金融业务增幅达到62.17%。

【业务结构持续优化】 三大板块业务结构更趋合理，高效业务收入占比不断提高。2011年，代理金融业务收入占比为41%，较2010年末相比上升5.55个百分点。专业中的产品占比情况也发生了一些良好变化，账单业务及数据库商函等高效业务的占比由2010年的26.37%，提高到2011年的34.51%。国内特快窗口收入3110.71万元，占特快收入比重达57%，较2010年国内特快窗口收入增长12.55%。

【开展“合规经营、规范管理、科学发展”专项活动】 为认真贯彻落实集团公司《关于印发合规经营与规范管理工作有关文件的通知》文件要求，进一步做好邮政企业合规经营与规范管理工作，促进邮政事业和谐、健康、可持续发展，省公司党组决定在全省邮政范围内开展合规经营与规范管理工作专项活动，由昆明市邮政局作为试点单位，先行先试、率先推进。11月3日，召开“合规经营、规范管理、科学发展”专项活动动员大会，正式启动专项活动。

【网点经营方式改制】 先试点，后推进，对业务代办合同的签订、代办费的支付方式及日常管理等进行了规范，逐步降低用工风险，规范管理。盘龙区局和寻甸县局进行了大胆的实践与探索，具有一定的借鉴意义。

【代理金融专业化经营及转型】 上报《昆明市邮政局关于上报代理金融专业化经营及转型发展实施方案的请示》文件，按照“以市场为导向，以客户为中心，以效益为目标”的指导思想，通过经营管理模式、网点功能分区、营销环境、岗位分工、网点销售、服务工作、营销费用和岗位绩效考核管理8个具体转型内容组织实施。确定21个网点启动销售转型试点，在深化网点损益核算的基础上，研究制定针对网点的绩效考核试行办法，并组织专业化经营与转型培训。自2012年1月1日起实施。

【市政府“624”专题会议】 2011年6月24日，市政府陈勇副市长召集市发改委、市财政局、市国土资源局、市规划局、市住建局、市民政局、市金融办和市交警支队等部门召开专题会议，进一步落实加快邮政业务发展的若干意见。会议研究与邮政业发展密切相关的7个问题：推进“信报箱建设工程”；城乡邮政网点全覆盖规划布局；空白乡镇邮政局所补建；邮运车辆停靠通行；城市道路命名和门牌号码编制规范化建设；邮政金融的发展；北京路与正义路房屋产权办理。

【“户箱工程”建设】 2011年，“户籍工程”建设项目已纳入市政府督办跟进项目中，明确按照“三个三

市邮政局与西山风景区“明信片门票管理系统建设项目”合作签字仪式
（市邮政局 供稿）

分之一”的出资原则落实资金。年度计划建设信报箱12万格，预计建设资金1680万元。政府出资部分已明确由市财政局发文通知区（县）财政，配套资金集中市财政进行落实。

【空白乡镇网点建设】 配合市政府实施空白乡镇邮政局所网点补建工作。昆明涉及12个空白乡镇邮政局所补建，分别是：盘龙区双龙、松华、龙泉；五华区厂口、沙朗、普吉；官渡区六甲；呈贡县大渔、洛羊、七甸；富民罗免；东川舍块等12个邮政局所。2011年12月30日，盘龙区松华、双龙2个空白乡镇网点已正式开业，其余网点将陆续完工投入使用。

【确权办证工作】 按照集团和省公司要求，并在市政府及相关部门的大力支持下，昆明市邮政局在时间紧迫、历史和现实复杂困难的情况下按时完成了邮储银行占用土地房屋资产权证的办理。配合中介机构完成了对邮储银行相关土地、房屋资产的评估工作，完成了邮储银行相关土地评估结果的初审备案工作。特别是办理困扰市局多年的正义路、北京路等地段房屋产权证，有效保护企业资产。

【西山景区明信片门票系统合作签字仪式】 2011年3月9日，西山国家级风景名胜区管委会与昆明市邮政局“明信片门票智能管理系统”建设项目合作签字仪式正式举行。昆明市邮政局和西山国家级风景名胜区管委会的领导和相关人员参加当天的签约仪式。项目投入运行后，西山风景区门票将变身邮政“明信片”。

【储蓄余额突破“百亿元”大关】 在昆明市邮政局和邮储银行昆明市分行的共同努力下，2011年5月8日，昆明邮储个人储蓄存款余额突破百亿大关，当日存款余额达100069万元。近几年来，随着邮政金融体制改革的不断深入，金融业务发展速度不断加快，特别是邮储余额增幅屡创历史最高水平。2008年，昆明全区邮储余额增长了115372万元，其中邮政增长86163万元，银行增长29209万元；2009年全区邮储余额增长了160011万元，其中邮政增长107520万元，银行增长52491万元；2010年全区邮储余额增长271062万元，其中邮政增长237194万元，银行增长33868万元。截至2011年5月8日，全区邮储余额增长了94433万元，其中邮政增长91948万元，银行增长2485万元。相比2007年末，昆明邮政全区邮储余额用了三年时间翻了一番多，其中邮政新增邮储余额522825万元，全局储蓄业务实现逐年快速发展，呈现出可持续性的良好发展态势。

【银企账单回函转退件管理处理软件推广】 2011年10月，由昆明市邮政局开发的银企账单回函转退件管理处理软件在全省推广使用。软件的主要功能为：对银企账单运行情况、运行质量进行适时监控，通过导入商函数据，对所有上线账单转、退、回函、妥收证明的信息进行录入，可自动生成银行客户需要的邮政投递、回函情况电子文档。该软件经试运行和调试，可显著提高回函业务的处理准确率和工作效率，得到省函件局的认可。

【《晋宁时讯》创刊】 2011年11月18日，由中共晋宁县委宣传部主管，晋宁县邮政局承办，晋宁县新闻信息中心协办的《晋宁时讯》创刊发行。项目的成功开发为市局函件业务在县域市场的发展提供了宝贵经验，为县局的DM广告搭建了平台，为函件业务发展提供了新思路。

【代付烤烟款电子结算业务】 2011年，昆明市邮政局通过进一步深化烟邮合作，与昆明市烟草公司达成协议，由昆明市邮政局在宜良、石林、富民、嵩明、安宁、西山6个县（市）区的部分乡镇为烤烟种植户提供代付烟叶款电子结算服务。该项工作于2011年8月全面推开，2011年共为22446户烤烟种植户提供了代付服务，代付总金额8.4亿元。

（市邮政局）

电　信

【经营成效】 2011年，电信昆明分公司围绕“做大移动、做强宽带、做优转型、做实存量”抓经营发展，主要经营指标完成良好，市场份额保持稳定。

2011年，昆明电信分公司完成全业务收入，同比增长6.4%。全业务收入市场份额和移动收入增长率分别位居全省第一、二名。通过实施移动业务销售模式由“套餐引领”向“终端引领”转变，聚焦3G发展，形成差异化竞争优势，有效促进了移动业务发展。

积极推进“智慧昆明”建设，省、市公司与市政府签订“智慧昆明”建设相关合作协议；完成公交e通等一批规模大、带动性强的融合发展项目。同时创新推进渠道建设，完成5个营业厅、4个卖场、12个校园专营店的卖场化机制改造；积极构建QQ客服、微博、网上商城等新兴电子渠道，中国电信昆明客服新浪、腾讯认证微博粉丝已接近10万。截至2011年11月，营业厅网点达到256个，3G专营店网点13个，卖场网点20个，代理服务点2600个。

【服务管理】 2011年昆明分公司围绕“提升客户满意度，降低用户投诉率；提升客户忠诚度，降低用户离网率”抓服务管理，客户维系保存成效明显。

建立起了三级服务管控体系，细化服务管控流程和职责界面，初步形成了客户服务闭环管控。以“为民服务创先争优”活动为载体，开展了“服务专题月”活动，有效改善了影响客户感知的服务短板问题。天翼客户俱乐部先后荣获集团“天翼腾飞”VIP优秀服务团队、省公司“全国用户满意电信服务明星班组”等称号。

【网络能力和质量】 2011年昆明电信分公司围绕“加快响应、提升品质、完善支撑、夯实基础”抓网络支撑，适应全业务运营要求的网络能力和质量得到进一步提升。在做好重点网络支撑工作的同时，昆明分公司按照建设“两型”社会的要求，深入推进节能减排工作，实施高耗能设备退网、机房节能技术改造等工作，节能减排成效明显。

【基础管理】 2011年昆明电信分公司围绕企业软实力和可持续发展根基，建立起县分公司营销单元、维护单元适度独立的组织管理体系。拓宽管理及技术人才岗位通道，完成新一轮管理后备人员公开选拔工作。完成集团公司对昆明分公司的内控独立评估及毕马威外部内控审计；完成云南省国家税务局开展的国税稽查工作。稳步推进“划小核算单元”工作，完成水电、房屋、土地等基础单元历史数据的收集工作。实施覆盖全面的财务检查，“小金库”治理实现常态化。对手机终端管理、项目招投标、物资采购等重点领域开展了效能监察，企业风险管控能力进一步增强。

（顾　隽）

昆明移动

【品牌运营】 昆明移动运营收入保持较快增长，客户规模不断扩大，移动电话用户，移动互联网用户（包括无线上网卡用户及手机上网用户）发展迅猛。“136移动富民工程”深入开展，“139贴心服务工程”有效落实，TD业务稳步发展。全球通品牌纯度不断提高。全球通品牌经营以稳定老客户、发展新客户为目标，以精细化运营产品线，精确定位目标人群，开展针对性营销，通过机场贵宾厅专属服务、各类讲座、音乐会等活动持续服务全球通客户。动感地带品牌深入人心。2011年，动感地带品牌以高校为阵地，在校园内广泛开展形式多样的宣传、营销和文化活动，有力地提升了动感地带品牌形象，使品牌深入人心。神州行品牌建设以产品线优化为思路，将主流产品与营销活动进行有效结合，为客户提供全方面优质服务。

【行业应用】 紧跟昆明市“无线数字城市建设”的战略规划，积极探索创新“物联网”应用，积极发展“手机钱包”、“集团支付”“一卡通”等业务，进一步提高信息方案解决能力。继续进行“警务通”、“城管通”、“校讯通”、“车务通”等拳头行业应用产品的推广工作，在服务和维系的过程中加大拳头产品的优势。采用有线、有线+WLAN，TD+WLAN等多种形式进入集团专线市场，坚定不移地执行全业务运营的战略目标。

行业应用产品更加丰富，“警务通”、“手机一卡通”、专线建设广受赞誉。一卡通：在校园手机一卡通建设的基础上开发手机一卡通加汽油项目，成为又一项典型的行业应用案例。警务通：加大个性化服务力度，实现业务突破。2011年与昆明市大多数支队签订警务通项目合作协议，扩展警务通业务的运用范围。专线建设：与昆明市农村信用社等单位合作开展专线建设工作，逐步实施从移动通信运营商向全业务信息解决方案商的转变。

【无线城市建设】 昆明移动积极采集重点应用信息源，配合完成涵盖政务、公共事业、交通等共32项重点应用的引入。已引入并满足规范应用共7项：电费查询，公积金查询，医保查询，驾驶员积分查询，火车查询，求职信息，酒店查询、预订。已引入（或由SP提供）待完善应用23项：政府门户网站，城市办事指南，常用电话查询，生活百科，妇婴保健，名医名院，水费查询，交通违章查询，药品查询，手机银行、天气查询，特色餐饮，学校信息查询，旅游信息，城市热点信息，商家优惠，团购信息，手机缴费，航班查询，发票查询，WLAN热点查询，掌上营业厅，物价信息。已有数据源待引入应用2项：公交查询，客运查询。能够通过WAP正常接入使用的应用共计21项，通过WEB正常接入使用的应用共计9项。

【网络建设与维护】 网络质量是通信行业的生命线，昆明移动全年把切实提高网络质量作为当前的头等大事，时刻牢记“优化是网络规划的依据，规划和建设是网络质量的根本，维护是网络运营质量的保障，优化是网络质量动态提升的手段”，严格落实城市“做深做精”、农村“做广做细”的要求，围绕客户感知，通过精确规划、精确建设和精准运维，不断提升客户对网络的满意度，强化网络竞争优势。2011年移动通信能力迅速发展，通过扎实推进网络劳动竞赛，大力进行网络隐患整治，不断提升网络通信质量。2011年目前已在昆明市五区八县一市中建立较为完备的、包含GSM、TD—SCDMA和WLAN在内的立体通信系统。

全年完成昆明两会、大理剑川山火、盈江地震、曲靖富源和师宗矿难等应急通信保障任务，共完成各项应急通信任务50次，得到各级领导的高度评价。

【文明建设】 四个文明建设工作取得丰硕成果。2011年公司建成全国第三批“全国精神文明单位”，目前已建成国家级“青年文明号”2个、省级青年文明号11个、市级青年文明号35个。 2011年下半年，官渡分公司泰丽沟通100服务厅荣获省级青年文明号。

（古玉立）

昆明联通

【概况】 2011年，中国联通昆明市分公司全年通信服务收入同比增长12.3%，继续保持高速增长的态势，公司综合实力显著增强。

【2G营销】 昆明联通从“春季返城返乡”促销，到“2G业务劳动竞赛”。从“长话卡”的火爆上市到“岁末年初”营销活动的有序开展。从春秋两季校园促销再到“精彩沃体验活动”的激情上演，确保了销售旺季2G业务的稳定发展。

【3G营销】 昆明联通全渠道以iPhone为主导，千元智能终端为重点，加大3G合约计划销售力度。从强化营业厅销售转型到银行渠道的异军突起。从中小企业名单制营销到“5+2+1”行业应用项目实现突破。从与通讯卖场合作的深入化，到体验营销的制度化，3G销售效能持续提升，规模发展的势头进一步凸显。

【固网营销提增速】 2011年，公司以“增收增效，提价提速”为指导，不断加大宽带、互联网专线、沃家庭业务的市场营销力度。先后组织开展了数千场“沃在社区”、“4M提速”、“宽心享受社区行”等主题鲜明、内容丰富的促销路演活动。宽带业务发展速度进一步加快。

【创新服务模式】 2011年，昆明联通不断优化服务流程、创新服务内容、提升服务能力，着力打造全方位、全过程、全业务的服务支撑体系。从加强营业厅服务规范培训到开展营业员业务技能竞赛，再到星级客户经理评选，确保了营业窗口服务工作的标准化、规范化。从流量提醒服务到iPhone俱乐部会员服务；从创新服务模式，开展会员“热力传递”营销到“精彩沃体验”会员现场活动，昆明联通实现了从服务标准化到个性化的主动变革。

通过建立异常投诉，及时通报，督办解决；难点问题，积极跟进，协同解决；3G投诉，快速反应，限时办结的三重投诉处理机制，客户投诉量较年初明显下降，用户感知持续提升。

先后组织开展“沃爱联通，用爱沟通”、“存费送酒”等维系活动，对稳定收入、提升有效发展率成效显著。另外，通过建立中层管理干部营业厅值班制度，增进了公司管理干部对营业厅服务工作的了解与重视。

昆明联通积极接受政府监管部门与媒体的监督，以“市政府行风评议”检查、“春城热线”直播为契机，不断加强与用户的沟通和交流。并在省通信管理局开展的“整治手机淫秽色情行动”中荣获先进集体称号，为净化消费环境，履行企业社会责任作出了积极的贡献。

【网络改善】 网络质量是用户增长和业绩提升的基础。2011年，基于“早规划、早建设、早见效”的建设思路，昆明联通不断加大投资力度，加快网络建设，提升网络覆盖质量。并在5.17之前，圆满完成昆明市区HSPA+的升级工作。在建设过程中，昆明联通人不断创新、大胆实践，通过监控灯杆基站、集装箱基站、天线美化等方式，有效破解了建站难、租站难、辐射投诉等实际问题，建设效率大幅提升，公司移动网、固网主要KPI考核指标均达到省分公司要求。

【制度完善】 2011年，昆明联通不断创新管理举措，提升后台支撑效率，开发上线“业务代理人管理系统”，优化佣金结算流程；加强预算执行过程管控；积极开展发票专项检查，财务管理更趋规范。此外，通过建立健全招投标与采购制度，认真落实仓储管理达标创优工作，获得集团公司达标仓库评比第三名，仓储管理工作更加有序。开展基站运营聚焦分析，为市场营销、客户服务、网络优化工作提供支撑。通过2G基站收入、用户、环比增长率等指标进行长期运行趋势分析，对用户的使用区域和使用特征给予重点关注，为各经营单元的市场经营、渠道建设及网络优化提供参考。

（联通昆明市分公司）

非公经济·乡镇企业

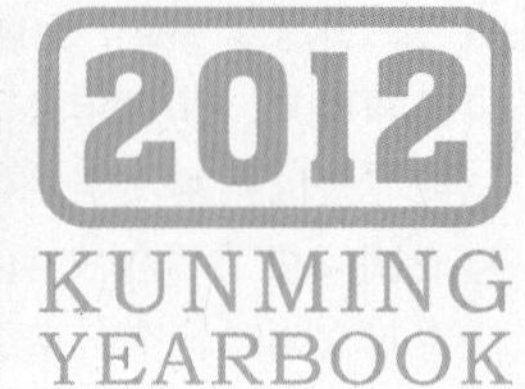

◆ 责任编辑 杨子人

非公经济

【概况】 2011年全市完成非公经济增加值1124.29亿元，同比增长20.2%，占全市GDP的44.8%。累计上缴税金325.9亿元，同比增长20.35%，占全市财政总收入的46.49%。其中：上缴国税155.9亿元，同比增长21.19%；上缴地税170亿元，同比增长19.6%。个体私营企业户数达40.49万户，比2010年增加3.62万户，增长9.8%。其中私营企业达9.53万户，比2010年增加1.4万户，同比增长17.2%；从业人员达172万人，比2010年增加27.97万人，同比增长19%。非公经济已经成为全市国民经济的重要组成部分，财政收入的重要来源，吸纳就业的重要载体，对推进现代新昆明经济社会发展，促进就业和社会稳定作出了重要贡献。

【非公经济结构】 全市非公经济一、二、三产业增加值分别占全市一、二、三产业的25.1%、42.3%、49.3%。现有企业集团达61户，私营企业注册资本金达2577.90亿元，平均为270.48万元/户，比2010年平均增加45.92万元/户。其中：100～500万元的26593户；500～1000万元的5261户；1000～10000万元的3636户；10000万元以上的262户，形成了大企业主导、中小（微）型企业相互支撑、有序发展的金字塔生态结构。2011年新增个体私营企业13924户，私营企业一、二、三产业的户数分别比2010年增加248户、3064户、10612户，个体工商户一、二、三产业的户数分别增加1134户、179户、21010户。从私营企业的组织结构上看，分别新增股份有限公司24户、合伙企业93户、独资企业432户、有限责任公司13375户，分别占全市新增私营企业户数的0.1%、0.67%、3.1%、96%。

【政策研究和制定】 坚持学习政策，认清工作方向，以政策推动非公经济加快发展。学习国务院常务会议在新形势下促进中小企业发展的会议精神和一系列政策措施，认真吸纳江浙等沿海地区以“专精特新”为发展方向，靠市场驱动大力发展非公经济。合肥等中部省市以引进大企业、大集团为依托，加快园区建设，打造产业链，促进中小企业集群发展。以及重庆等西部省市围绕改善民生，扶持微小企业发展的“1+3”财税政策和搭建创业培训辅导平台，推进创业孵化器建设、培育龙头企业带动微小企业开展协调配套等措施。收集了2011年全国500强民营企业、云南省100强企业的名单、行业、地址、研发水平、利润等情况，全景式了解中国、云南和昆明的企业发展水平，先后草拟了《昆明市关于鼓励和扶持企业上市的实施办法》、《昆明市中小企业上市绿色通道制度》、《关于加快非公经济发展的若干政策措施》、《关于集中培育非公经济、培植微小企业发展的意见》、《昆明市微型企业发展研究报告》等文稿，有序推进企业上市工作，鼓励和支持非公经济发展。还努力研究和解决中小企业发展中的重点、热点工作，认真组织完成了17件涉及非公中小企业用地、融资、人才、协作配套发展、项目资金扶持等的政协委员提案、人大代表建议，得到了人大代表、政协委员、市人大、市政府的肯定。

【财政扶持】 按照短线保增长、长线调结构，并重项目吸纳就业和缴纳税收能力的扶持方向，昆明市共向上争取和安排非公经济、中小企业项目扶持资金9595万元，扶持130户非公中小企业发展。其中：争取国家发改委、工信部项目30个、资金5173万元；争取省级项目27个、资金1400万元；安排市级项目73个、资金3022万元。在争取项目资金的同时，加强生产要素保障和项目管理，督促项目实施企业按照建设内容有序投产、达产，有效地促进全市非公经济保持平稳发展。同时，加大对企业上市前期费用扶持力度，市财政对8户拟上市企业安排上市前期费用补助438万元，争取省工信委上市企业前期资金扶持270万元，调动了企业上市的积极性。

【经济运行监测分析】 加强非公经济统计信息调度工作，认真做好同市统计局、市工商局、市国税局、市地税局等部门的协调沟通工作，坚持每月一次分析研究，动态掌握非公经济运行情况，做到及时发现问题及时协调处理。建立了昆明市规模以上非公企业数据库，培育辅导上规重点非公企业数据库，将进入数据库的企业列为经济运行的重点监测对象，组织开展典型调查研究，及时掌握非公经济运行现状。坚持“一线工作法”，会同市统计局、市财政局等部门深入县区、园区及其重点企业，减产和停产企业开展调查研究，征询县区和企业干部职工对促进非公经济、中小企业发展相关政策措施的意见和建议。

【中小企业上市】 在研究和草拟《昆明市关于鼓励和扶持企业上市的实施办法》、《昆明市中小企业上市绿色通道制度》和加大企业上市扶持力度的基础上，建立和完善中小企业上市工作联席会议制度，不断补充完善上市企业后备库。举办两期培训班对180余户拟上市企业进行上市知识和业务培训。积极争取云南证监局、省工信委等上级部门的支持，努力搭建企业与太平洋证券、兴业证券、中信证券、中国泛亚风险投资院昆明分院等中介机构间的联系桥梁，为上市后备企业提供一对一咨询、培训、辅导服务。全市已有70户企业进入上市后备库。其中：龙津药业、一心堂等2户企业完成省证监局辅导并上报中国证监会，健之佳、云南路桥股份、七彩云南庆丰祥、锦苑花卉等4户企业正在接受省证监局辅导。

【公共服务平台建设】 按照《昆明市小企业创业基地认定办法（试行）》，《昆明市中小企业社会化服务体系服务示范单位认定暂行办法》，2011年分别扶持资金94万元、290万元，认定了7户市级小企业创业基地，19户市级中小企业服务体系服务示范单位。并争取国家工信部专项资金320万元，服务体系补助资金50万元，对5户担保机构和1个中小企业公共服务平台（孵化器公共设施）项目进行扶持。

【企业融资担保】 及时了解和分析温州等地“老板跑路”的成因，认真调查了解中小企业贷款银行、利率水平、担保费用、民间借贷利率水平、企业利润率、产品需求、资金投向等情况，认真开展银行对中小企业信贷统计工作，采取措施缓解企业融资难、融资贵问题。与华夏银行等9户银行签订银政合作协议，组织中小企业与建设银行、招商银行、中信银行等合作银行举办了3次银企洽谈会，搭建加强银行与中小企业之间的对接桥梁。2011年，8户合作银行对中小企业贷款累计发放1512.61亿元，贷款余额1023.67亿元，余额净增366.05亿元，贷款户数5479户，贷款新增户数1310户，对新客户发放贷款862.47亿元。建立和完善信用担保体系，认真开展2010年全市中小企业信用担保机构的年报上报工作，积极筹建昆明市再担保行业协会，争取国家工信部对5户中小企业信用担保机构资金扶持2090万元，组织7户担保机构申报国家工信部、税务总局对融资担保企业的减免营业税政策等。全市现有取得经营许可证的担保机构204户，注册资本总额202.912亿元。以中国风险投资研究院昆明泛亚分院为平台，组织各类投资机构与成长型中小企业对接，引入私募股权投资基金。2011年，昆明寰基生物芯片开发有限公司、云南绿A生物工程有限公司分别成功募资2900万元、500万美金。牵头组织红塔证券、昆明市产业发展投资公司、亚太会计师事务所、云南八谦律师集团、鹏元资信评估有限公司等机构，推进昆明中小企业集合债券发行工作。

（马自荣）

乡镇企业

【概况】 2011年，全市乡镇企业户数达13.64万户；从业人员达到90.67万人；实现增加值435.81亿元，同比增长16.58%，乡镇企业增加值占全市生产总值的比重达17.36%，其中：实现工业增加值207.01亿元，同比增长22.85%；上交税金64.46亿元，同比增长10.28%；实现营业收入2082.63亿元，同比增长10.70%。规模以上骨干企业达693户，营业收入超5亿元的乡镇达59个，超亿元的村委会达129个，产业集群式发展明显增多。有各类园区和产业集聚区25个，入园企业8448家（含个体户），园区实现增加值75.20亿元，占乡镇企业增加值的17.26%。乡镇企业已成为县域经济发展的主要载体和小城镇建设的重要支撑力量，为县域经济发展、农民持续增收做出了重要贡献。

【经济结构】 乡镇企业产业结构调整的重点是：一是围绕“工业强市”战略，走新型工业化道路，大力发展农副产品加工业，增强工业在乡镇企业经济中的主导作用；二是大力发展第三产业，繁荣城乡经济。2011年乡镇企业一、二、三产分别实现增加值5.19亿元、236.63亿元、193.99亿元，比重是1.12:54.36:44.52。全市农产品加工业企业户数达5249户；从业人员达7.17万人；实现总产值237.29亿元，同比增长19.74%；实现增加值49.51亿元，其中：规模以上农产品加工企业达到118户，实现总产值123.48亿元。

【固定资产投资】 乡镇企业固定资产投资规模持续扩大，农产品加工、建材为主的工业及交通、运输、商贸等第三产业成为乡镇企业投资的重点。2011年，全市乡镇企业新建、技改、扩建项目444个，投产项目252个，完成总投资354.3亿元，同比增长96.24%。其中：引进省外及外商投资项目143个，实际完成投资56.8亿元。本年投产项目中，工业项目达109个，占当年投产项目的24.55%，工业项目完成投资90.12亿元，占当年完成总投资的25.44%。新增投资主要向工业园区、小集镇、交通带状经济区集中，项目主要向环保科技型、资源综合利用型和新产品、新技术开发利用集中。

【主要产品产量】 2011年全市乡镇企业的主要产品产量为：铁矿石原矿232.2万吨，铜原矿407.1万吨，铅锌原矿30.4万吨，大理石荒料17.7万立方米，石料450.2万立方米，砂和河砂607.4万吨，磷矿590.4万吨，发电49903.0千瓦/小时，粮食加工63.3万吨，粮食制品42.5万吨，乳制品10.7万吨，酒类35.8万吨，精制茶2543吨，饲料181.4万吨，焦炭75.9万吨，黄磷6.8万吨，水泥381.2万吨，砖10.76亿块，天然石板材343.2万平方米，钢材14.9万吨，中小农具15.7万件。

【出口状况】 2011年，全市有46户出口创汇企业，年末从业人员6741人，出口交货值28.19亿元，比上年增长3.07%，其中：自营出口7.4亿元。年出口交货值500万元以上的企业34个，年末从业人员4458人，出口交货值18.61亿元。出口产品主要涉及化工、机械、轻工、土畜产、食品、纺织服装、工艺品等，分别为化工类185154万元，机械类9806万元，轻工类22857万元，土畜产类2892万元，食品类19274万元，纺织服装类300万元，工艺品类258万元。

【生产与安全】 在抓乡镇企业发展的同时，认真贯彻落实安全生产的各项政策措施，加大对煤矿、非煤矿山和企业的安全生产宣传、管理、整治和检查力度，使企业安全生产管理的制度建设得到了加强和完善，各类专项整治得到了巩固和深化。安全生产的硬件和管理设施更加完善，有力地保证了全市乡镇企业安全生产井然有序进行，杜绝了重特大事故的发生，2011年没有发生一起群死群伤的重大安全责任事故。

【人力资源建设】 2011年末昆明市全部乡镇企业中（不含个体户）大专及以上文化程度的人数达39273人，比上年增6.7%；中专及技校文化程度的人数73311人；具有高级技术职称的人数7416人，比上年增6.8%，具有中级技术职称的人数17995人，比上年增39%，具有初级技术职称的人数45246人，比上年增14.2%。

乡镇企业在发展的同时，更加注重提高从业人员的素质、知识技能及人才结构的优化，成为培养造就“有文化、懂技术、会经营”的新型农民的“大学校”。2011年，全市乡镇企业从业人员90.67万人，乡镇企业职工培训机构52个，2011年培训职工人数17168人，取证5901人，有效地促进农村富余劳动力就业后业务技术素质的提高，稳定职工队伍。

（禹雄忠）

财政·税务

◆ 责任编辑 杨子人

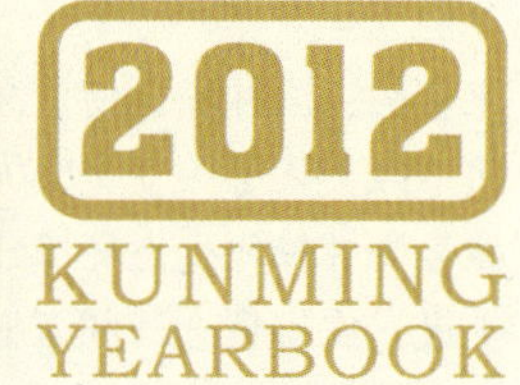

财 政

【财政收入】 2011年，全市地方财政总收入完成700.9亿元，增长25.3%。全市地方财政一般预算收入完成317.7亿元，增长25.2%。市级地方一般预算收入完成147.4亿元，增长24.6%。

【财政支出】 全市地方财政一般预算支出完成441.6亿元，增长27.5%。市级地方财政一般预算支出完成181.8亿元，增长33%。

【强化收入管理】 严格落实收入目标任务责任制，将任务分解落实到各县（市）区及财税部门。进一步健全完善税收征管机制，加强对重点行业、重点企业、重点工程等税源的动态监管，确保主体税源稳定增长。加强部门协作机制，做到应收尽收；深入推进非税收入征管改革，建立健全非税收入征、管、查工作机制。2011年完成非税收入383.3亿元（其他基金收入22.2亿元）。

【保障教育支出投入】 全市教育支出666179万元，增长44.4%。完善义务教育经费保障机制，市级投入义务教育保障资金49471万元。投入资金77301万元确保农村中小学标准化建设工程及校安工程顺利推进；筹措资金5100万元积极推进农村中小学食堂条件改善工程；完善扶困助学机制，发放中职国家助学金、涉农专业中职学生免学费补助、普通高中助学金17005万元；安排民办教育专项资金1410万元，积极支持民办教育健康发展。

【加大文化事业投入】 市级安排资金1768万元，支持基层文化站（室）设备购置、“七彩云南”健身工程、市四运会等项目。安排资金608万元，积极推动农村电影放映工程，支持演出下乡、进厂、进学校及广播电视“村村通”站网运行维护、广播电视公共服务示范点建设及文物和非物质文化遗产保护。

【支持公共卫生体系建设】 市级安排资金2856万元，支持市妇女儿童医疗保健中心、市第三人民医院烈性传染病诊疗中心等5个基本项目建设。筹措资金7395万元支持基层医疗机构推行国家基本药物制度及核定收支绩效考核工作；安排补助资金4337万元不断完善城镇居民基本医疗保险政策，安排配套资金3569万元提高新型农村合作医疗筹资标准，安排城乡医疗救助补助资金900万元对特困居民、低保群众等进行救助。筹集资金14377万元为城乡居民购买健康教育、计划免疫、妇幼保健等公共卫生服务。安排离休干部医疗统筹经费9933万元确保全市2297名离休干部医疗费用据实报销。安排资金2400万元保障基层计生工作的顺利开展。

【完善社会保障体系】 全市筹集资金11697万元，支持就业再就业工作稳步推进。增补小额担保贷款基金1871万元，争取上级小额担保贷款贴息资金6238万元，放贷规模达24165万元，惠及4827名创业人员。推进社保基金安全规范运行，核拨“五险”基金592369万元，确保各项保险费发放和待遇落实。争取上级城镇居民社会养老保险和新型农村养老保险补助资金19136万元，市级安排补助资金2500万元，积极推进养老保险扩面工作。安排被征地人员基本养老保险补助资金3840万元，确保9.4万人及时足额领取养老金。筹措安排城乡低保资金27908万元，城乡低保标准稳步提高。筹措临时救助和临时价格补助资金5513万元，对城乡低保、农村“五保”、农村重点优抚对象27.2万人进行补助。安排困难企业离休干部津补贴6000万元，确保离休干部津补贴及时发放。

【加大保障性住房投入】 把保障性住房作为公共财政的保障重点，扩大保障性住房覆盖面。争取上级补助资金199500万元，市级筹措资金109600万元，确保5.5万套廉租住房和公共租赁住房顺利开工。发放低收入住房困难家庭租赁补贴1185万元，进一步健全城市低收入家庭住房保障体系。

【发挥财政职能稳定物价】 安排资金3000万元，建成3万亩蔬菜基地建设，大力支持“菜篮子”工程。安排鲜活农产品配送中心项目建设补助资金1300万元、争取中央标准化菜市场专项补助资金2000万元，完善蔬菜流通基础设施，确保市场蔬菜供应和价格稳定；发挥财政职能应对物价调控，安排粮食风险基金2462万元、粮油储备利费补贴4800万元，支持粮油储备和市场稳价保供工作。安排生猪活体储备和农资淡储补助资金450万元，确保猪肉市场供应和农资价格稳定。

【促进城市品质提升】 安排城市绿化植树、园林绿化博览会、生态村创建“以奖代补”资金8600万元，确保城乡园林绿化生态环境建设工程顺利推进。安排资金2380万元支持环卫基础设施三年行动计划。安排“四创两争”专项经费5948万元，推动“四创两争”工作。积极促进城乡公交事业发展，拨付公益性补贴20223万元，新购车辆及场站建设贴息资金3106万元，农村客运补贴976万元，中央油价补贴28556万元。

【完善基础增后劲】 安排水利专项资金52000万元大力支持“五小”水利工程、中小型水库建设及病险水库除险加固工程。投入农业综合开发资金10955万元积极推进高标准农田建设、中低产田改造。投入资金30000万元启动行政村公路路面硬化923公里。安排人畜饮水工程资金、农村“一池三改”资金3000万元，进一步改善农村生产生活条件。筹措抗旱救灾资金8000万元支持抗旱救灾工作。安排资金6893万元，争取省级资金9100万元，确保226个省级自然村、200个市级自然乡整村（乡）扶贫工作顺利推进。争取上级农村危房改造及民居地震安全工程补助资金6800万元、市级安排资金1600万元，进一步改善农村居住条件。

【扶持农业产业化】 安排资金4200万元，推进实施高效农业、农业产业化龙头企业、农民专业合作组织等三大类项目。推动农业生产规模化、园区集约化和企业集群化管理。推进石林台湾农民创业园、嵩明现代农业科技示范园、斗南国际花卉产业园等重点农业园区建设。

【强农惠农政策】发放粮食直补、良种补贴、农资综合补贴、农机具购置补贴、退耕还林补贴等财政性直补资金33000万元。安排资金2600万元加大劳动力转移培训力度。安排资金3575万元有效落实现代农业政策性保险保费补贴政策。筹措资金12791万元推进农村公益事业“一事一议”财政奖补试点工作。

【多渠道拓宽资金来源】 积极争取上级基础设施建设补助资金513000万元，千方百计落实地方配套资金109600万元，争取地方债券转贷资金21147万元，推进滇池治理、城市交通等重点项目建设。积极争取国际金融组织和外国政府贷款（赠款）协议额30666万美元，拓宽融资渠道。

【公共基础设施投入】 全市安排公共基础设施建设资金635805万元，占年初一般预算支出的22.3%。其中：市本级安排201497万元，占年初一般预算支出的23.4%。财政资金采取资本金注入、贴息、以奖代补等方式，充分发挥财政资金的杠杆作用和放大效应，引导和带动社会资金投入公共基础设施建设。

【支持投融资公司融资】 强化公共融资与公共财政的互补功能，发挥财政资金的撬动作用，土地收入的支撑作用，鼓励和引导社会资本广泛参与重大基础设施建设。市级财政共注入投融资公司财政性资金1229478万元，提升投融资公司融资能力、资本运作能力。

【支持产业转型升级】安排新型工业化及节能减排资金，服务经济暨内外贸发展资金，科技计划扶持资金，科技型中小企业技术创新基金，信息化专项资金19950万元。综合运用财政贴息、项目补助、以奖代补等财政政策，推进产业结构优化升级、企业技术创新以及产业集聚，培育和扩大地方税收来源。拨付园区基础设施建设资金14000万元，支持园区基础设施及标准化厂房等建设项目实施，提高大项目承载能力。

【加快中小企业发展】 安排非公经济暨中小企业发展专项资金6000万元，支持中小企业服务体系建设、技术进步与创新及中小企业上市。支持信用担保机构加快发展，全市担保机构达230户、注册资金累计2420000万元。

【推进城乡协调发展】 加大对全域城镇化支持力度，拨付资金4553万元，推动全域城镇化进程。继续支持“543倍增计划”实施，落实困难县区均衡性转移支付资金39339万元，安排北部县区经济社会发展专项资金10000万元、倘甸轿子山“两区”财力性专项资金21000万元及少数民族发展专项资金4633万元，支持县域经济发展壮大，促进基本公共服务均等化。发挥财政政策激励作用，推进“乡财县管”和农村综合改革，激励县区加快发展。

【落实扩大消费政策】 认真落实家电、汽车、摩托车下乡和家电以旧换新政策，兑付家电、汽车、摩托车下乡补贴资金9240万元。家电以旧换新资金2828万元，拉动家电、汽车、摩托车产品销售137869万元。释放农村消费潜力，增强消费对经济增长的拉动作用。

【国库管理改革】 进一步扩大集中支付范围，基本建设资金纳入集中支付工作顺利推进。公务卡结算制度和预算单位库存现金（备用金）限额管理制度不断完善，市本级预算单位实行公务卡结算面达76%，通过公务卡实现结算9725万元。加强国库资金管理，清理整顿全市财政部门955个财政专户，撤并财政专户280个，从源头上确保财政资金运行的安全性、规范性和有效性。

【规范国有资产管理】 深化行政事业单位资产管理改革，建立行政事业单位资产管理信息系统。全市行政事业单位资产纳入系统管理，从资产入口到出口的全过程动态管理，为创新资产管理方式、加强行政事业单位资产动态监管提供重要平台。

【财政监督机制】 加强政府性投资工程竣工财务决算评审。完成竣工决算评审项目共计28个，审定投资额286400万元，审减投资额26700万元，审减率达9.3%。加强项目预算评审，完善预算项目支出“事前”评审机制，提高预算评审对预算编制的作用。以财政专项资金为重点评价对象，对2010年财政支出20个重点项目进行绩效评价，绩效评价结果得到运用。开展项目执行绩效跟踪，对2011年财政支出重点项目进行中期绩效评价。推进绩效评价向预算绩效管理转移，对2012年市本级部门预算中500万元以上项目和9家试点单位全部项目进行绩效目标审核。加大会计监管力度，对110家行政事业单位会计制度执行情况进行专项检查。“小金库”治理工作向纵深推进，建立完善治理长效机制。加强政府性债务管理，将政府性债务纳入财政监管范围；

【政府采购制度管理】 不断完善政府采购运行机制，全市完成政府采购287885万元。其中：市本级政府采购规模115614万元，增长34.1%，节约资金7340万元，节约率6%。

2011年昆明市地方财政一般预算收支完成情况表（单位：万元）

收入					支出			
项目	2011年预算数	2011年完成数	完成预算（%）	增幅（%）	项目	2011年预算数	2011年完成数	完成预算（%）
一、增值税（25%）	404,937	438,314	108.2	23.4	一、一般公共服务	435,137	428,666	98.5
二、营业税	1,133,091	999,561	88.2	6.5	二、外交			
三、企业所得税（16%）	142,941	174,615	122.2	29.5	三、国防	7,465	7,465	100.0
四、个人所得税（16%）	61,034	77,362	126.8	34.4	四、公共安全	311,579	310,531	99.7
五、资源税	46,261	43,679	94.4	3.9	五、教育	674,116	666,179	98.8
六、固定资产投资方向调节税					六、科学技术	81,347	80,350	98.8
七、城市维护建设税	216,702	229,659	106.0	18.7	七、文化体育与传媒	55,665	53,995	97.0
八、房产税	120,540	96,735	80.3	−2.1	八、社会保障和就业	522,675	510,601	97.7
九、印花税	61,830	55,115	89.1	2.5	九、医疗卫生	269,744	263,036	97.5
十、城镇土地使用税	67,684	61,862	91.4	2.4	十、环境保护	286,651	281,508	98.2
十一、土地增值税	88,308	188,047	212.9	138.5	十一、城乡社区事务	472,753	467,880	99.0
十二、车船使用和牌照税	20,759	23,419	112.8	29.7	十二、农林水事务	339,702	326,607	96.1
十三、耕地占用税	21,863	52,006	237.9	161.7	十三、交通运输	203,336	201,569	99.1
十四、契税	198,238	355,541	179.4	97.3	十四、资源勘探电力信息等事务	115,904	113,071	97.6
十五、烟叶税	31,958	34,462	107.8	18.6	十五、商业服务业等事务	57,207	56,287	98.4

收入					支出			
十六、专项收入	105,297	114,190	108.4	20.4	十六、金融监管等事务支出	11,645	10,630	91.3
其中：教育费附加收入	87,842	95,393	108.6	21.6	十七、国土资源气象等事务	57,311	57,311	100.0
十七、行政事业性收费收入	59,271	73,346	123.7	33.6	十八、住房保障支出	324,591	315,772	97.3
十八、罚没收入	78,696	83,918	106.6	16.2	十九、粮油物资储备管理事务	7,703	7,676	99.6
十九、国有资本经营收入	8,631	6,841	79.3	-15.2	二十、债务付息支出	89,591	89,591	100.0
二十、国有资源（资产）有偿使用收入	28,223	43,148	152.9	63.6	二十一、其他支出	185,405	166,965	90.1
二十一、其他收入	22,802	25,072	110.0	16.6				
地方财政一般预算收入小计	2,919,063	3,176,892	108.8	25.2	地方财政一般预算支出小计	4,509,527	4,415,690	97.9
上级补助收入		1,832,302			上解上级支出		707,143	
返还性收入		283,547			原体制上解支出		657,437	
一般性转移支付收入		442,534			专项上解		49,706	
专项转移支付收入		1,106,221						
债券转贷收入		21,147						
调入资金		55,200			调出资金			
上年结余收入		182,041			年终结余		144,749	
地方财政一般预算收入总计		5,267,582			地方财政一般预算支出总计		5,267,582	

（郭绍华）

国税

【组织收入】 2011年，共组织收入402.8亿元，同比增长22.49%，增收73.96亿元，完成省局确保任务359.7亿元的111.98%，完成省局奋斗目标368.51亿元的109.3%。全市地方一般预算收入完成56.19亿元，同比增长24.5%，增收11.06亿元。完成市政府下达收入任务目标56亿元的100.33%。共清理欠税3.57亿元。

【规范化执法】 以法制宣传教育为基础，以规范化执法为重点，着力营造依法诚信纳税的良好环境，普法与依法行政工作取得显著成效。2011年荣获2006～2010年全市法制宣传教育与依法治市先进集体荣誉称号。

【税收执法管理】 做好税收执法考核的日常监控，加强税收执法管理，降低执法考核过错率。全市系统执法过错率为0.046‰。按照规定程序、承诺时限要求认真开展行政审批专项检查，规范行政审批工作管理办法，共实施行政审批3937件。

【落实各项税收优惠政策】 切实落实各项税收政策调整和结构性减税政策，支持地方经济发展。共办理减免税16.85亿元，办理出口货物退（免）税14.77亿元。办理固定资产抵扣19.9亿元。

【税务稽查】 充分发挥税务稽查以查促查、以查促收、以查促管、以查促改的职能作用，大力整顿和规范税收秩序。全年全市大稽查查补收入入库合计91797.88万元，同比增长

市国税局税收收入工作会议 （孙 莉 摄）

2.91%，入库率达97.61%，选案准确率达96.27%，结案率达98.86%。共计查处发票违法案件213件，查补税款1304.58万元。

【税收征管基础工作】夯实税收征管基础工作，提高税收征管质量和效率。全年全市征管户149016户，平均申报率为99.35%，累计入库率99.99%。

【税源专业化管理】 率先在全省国税系统实施税源专业化管理。五华、盘龙、西山、官渡、安宁、高新、经济、呈贡、宜良、直属、晋宁、东川、嵩明等13个局已完成税源专业化管理各阶段的工作，全面实施税源专业化管理。

【专业化纳税评估】 制定下发《昆明市国家税务局专业化纳税评估工作实施意见（试行）》，以制度创新推进纳税评估专业化改革。全市系统纳税评估完成2567户，评估入库税款4.44亿元。

【规范普通发票管理】 制定下发《昆明市国家税务局普通发票代开管理办法（试行）》，并配套开发网络版普通发票代开系统，认真组织业务培训。全市28个委托代开单位的50个代开点，成功推广使用昆明市国家税务局普通发票代开系统（网络版）。开展个体用票户普通发票专项清查工作，查补合计52.65万元。开展小规模纳税人普通发票管理疑点数据核查，查补合计306.6万元。19个基层局成功推行“征管质量监控评价管理系统”。

【财税库银横向联网系统】 继续推行财税库银横向联网系统。编写财税库银横向联网电子缴税问题汇编，为基层税务机关横向联网工作顺利开展奠定坚实基础。

【增值税管理】 落实增值税起征点调整的税收政策，全市有93.31%的个体工商户享受到起征点提高的税收优惠。开展增值税一般纳税人使用普通发票的清理，共清理一般纳税人有疑问票种记录7401条，取消未使用票种信息1736条。针对部分企业涉嫌虚开增值税专用发票的情况，开展专项核查工作，采取事前控制与事后检查相结合的有效措施，切实加强增值税专用发票管理。加强全市增值税其他抵扣凭证（“三小票”）抵扣管理，全年申报抵扣税额75.22亿元，同比增长31.73%；完成全市十一个行业1463户享受增值税税收优惠政策执行情况的清理和调研。

【所得税管理】 深入推进企业所得税分类管理，全市企业所得税管户开业41285户，实际参加汇算清缴40577户，汇算面99.42%，实际应纳所得税额79.08亿元，同比增加19.73亿元，增长33.24%，亏损面由47.93%下降至36.54%。全市企业所得税核定征收面达到24.28%。强化非居民企业所得税管理及税收协定执行工作，全年组织非居民企业所得税收入1.48亿元，同比增加15.36%。

纳税服务“四亮四评” （孙 莉 摄）

【涉外税收管理】 认真做好国际税收专业化管理，完成年度关联业务往来网上申报10767户次，涉及关联交易金额2716.39亿元。出口退税网络申报率不断提高，全年平均申报率为99.82%。积极做好出口货物人民币结算退税工作，对15户出口企业办理人民币结算出口退税252.1万元。

【优化纳税服务】 完成办税服务厅标准化建设试点工作，规范主要涉税业务流程细项92项，实现“一窗式”办税。成功构建纳税人诉求响应平台，建立收集、分析、改进和反馈的闭环运作模式，开展两期纳税服务需求调查，共4070户纳税人参与调查。加大征纳互动平台运用范围和力度，共发布涉税通知33万多户次，发布涉税公告199条，受理税收咨询740户次，受理投诉建议79次，并已完成系统二期开发工作。

【拓展服务途径】 拓展国地税联合办税途径，共联合办证8369户。联合开展税务稽查和纳税评估通报企业24户。开展代开发票联合办税，代开普通发票共征收增值税79.5万元，地方税收共计征收35万元。开发信用等级评定系统，建立纳税信用信息数据库，联合开展纳税信用等级评定，全市共评出2009～2010年度信用等级为A级的纳税人107户。

【车购税“一体化”管理系统运用】 全面推行车购税“一体化”管理系统。全市购买机动车销售统一发票企业533户，实际开票441户，开具金额237.53亿元。

【服务“走出去”企业税收】 制定“走出去”企业税收服务与管理工作计划。为全市系统所管辖77户“走出去”企业提供优质纳税服务。

【12366纳税服务热线平台】 成功上线12366纳税服务热线平台。截至2011年12月31日，纳税人来电总量达10024个，语音服务量为8444个。其中：自动语音服务量为2660个，人工语音服务量为5784个。人工语音服务量中：人工接听量为5438个，人均接听话务量为679.75个，工作日人均接听话务量为8.3个，呼出话务量总量346个，20秒内接通量5206个，20秒内接通率为95.73%。

【内控机制建设】 全面推进内控机制建设。全系统共梳理设置岗位1454个，梳理部门工作职责2530条，梳理岗位职责10361条。排查风险点2604个，查找风险表现5011条。确定风险等级2801个，制定防范措施4590条。编制岗位流程图1227幅。建立完善规章制度1112个。

2011年分税种收入情况表

项　目	累　计		
	入　库	比上年增减额	比上年增减%
总　计	4,083,992	722,093	21.48
一、税收收入合计(计划口径)	4,027,957	739,556	22.49
(一) 国内增值税	1,762,383	329,560	23.00
其中：1.直接收入增值税	1,743,083	320,090	22.49
2.免抵调增增值税	19,300	9,470	96.34
(二) 国内消费税	1,113,561	198,013	21.63
(三) 营业税	0	0	
(四) 企业所得税	925,056	186,308	25.22
(五) 个人所得税	990	−1,317	−57.09
(六) 车辆购置税	225,967	26,992	13.57
二、海关待征	73,730	−8,228	−10.04
三、其他收入合计	1,605	235	17.15

(王艾席　文)

地　税

【地方税费收入】　2011年，昆明市地方税务局针对全市地税收入工作面临的宏观性、基数性、结构性增收压力，以及国家加大宏观调控力度、加压房地产行业调控所带来的影响，大力强化计划管理、税收分析、调查研究、税源管理、组织入库、请示汇报、政策宣传、工作协调、税务稽查等措施，确保各项税费及时、足额入库。全市地税系统全年共组织各项税费收入352.69亿元，同比增长27.82%，增收76.76亿元。其中：税收收入259.2亿元，同比增长25.86%，增收53.26亿元，完成省地税局下达追加收入计划任务的101.41%。其中全市一般预算收入完成205.44亿元，同比增长25.54%，增收41.79亿元。完成市政府下达收入计划任务的102.72%。社会保险费收入82.69亿元，同比增长30.36%，增收19.26亿元。其他各项基金收入10.81亿元，同比增长64.69%，增收4.24亿元，为全市经济建设和社会发展提供充足的税费资金支持。

【税收征管】　加强纳税户籍管理，制定《昆明市税收征管户管辖办法》。完善对跨地区经营汇总纳税企业总分机构的涉税管理，完成倘甸产业园区管委会和昆明轿子山旅游开发区管委会税收托管移交工作。推进纳税信用等级评定，全系统共评定9688户，其中A级188户。完成全市地税发票简并票种和统一式样，加大税控机推广力度。全市已推广税控机22651台。

加强重点公共基础设施建设项目和点名征收企业税收征管，强化个体工商户税收核定管理，规范委托代征工作，制定《零散税收委托代征管理办法（试行）》，完善《昆明市个人出租房屋税收征收管理办法》。开展全市服务行业税收联合检查，开展交通运输业税收征管测算，加强大企业税收征管与服务工作。推行16条加强税费征管的措施，清理漏征漏管户446户。

贯彻落实《纳税人权利与义务公告》和《办税服务厅管理办法（试行）》，西山、安宁、经济3家单位被省局评为2010年度全省优秀办税服务厅。开展国地税联合办证试点，推进办税服务厅共建，逐步实现“八个联合”。启用新税务登记系统，与工商、国税部门实现登记信息共享和数据实时交换，新系统共办证8025户。推广多元化纳税申报，全市累计网上申报户数达到70020户，储蓄扣税36691户，简并征期9217户；按照市委市政府要求，深化基层为民服务体系和“为民服务站”建设。建立纳税人投诉管理制度。

夯实重点费源监控管理措施，控制欠费成效明显。配合社保经办机构完成事业单位参加工伤、生育保险调整工作，推广网上申报缴纳、税费同步申报、储蓄扣缴社会保险费等多元化征缴方式，强化五个险种社会保险费和工会经费等基金的征收入库。参与全省残疾人就业保障金统一征收准备工作，确保统征工作按时顺利启动。

开展“税收宣传月”、重点行业专项宣传等税收宣传，累计编印发放税收宣传册33.5万册。局领导带队走上街头、下到企业，亲自向广大群众宣讲税收政策知识，面对面沟通交流纳税事宜，为全市经济建设各项事业和各项重点工程、项目的顺利推进提供政策服务支持。全面加大新闻媒体税收宣传力度，在《中国税务报》、《云南日报》和省、市电视台等重要新闻媒体上多次发布昆明地税工作新闻和专题报道，受到上级领导、广大纳税人和人民群众的高度肯定与好评。

市地税局建成全省一流的信息化硬件平台　　（市地税局 供稿）

【依法治税】 完成行政执法职权目录及运行流程图编制，清理行政审批和规范性文件，建立健全柔性执法制度，编制《行政指导手册》，开展税费执法督察。完善税收政策执行情况反馈，突出制度创新；接受省人大常委会检查组对贯彻执行《税收征管法》情况的执法检查。认真办理答复人大建议和政协提案，推进依法行政和依法治税向深层次发展。

开展年度税收专项检查，严厉查处各类税收违法行为，查补各项地方税费2.95亿元。与公安部门协作配合，深入开展打击制售假发票行动，破获一批重大案件，有力地遏制发票犯罪的蔓延势头。完善分级、分类税务稽查制度，大力推广查账软件，提升稽查查账科技手段，有效提高稽查选案的准确率、查处率、处罚率、入库率水平。

【税政管理】 贯彻实施好各类税收法律、法规和政策，开展重点工程项目税源和娱乐业等行业税收调研，制定《货物运输业自开票纳税人资格认定及管理暂行办法》，开展全市货物运输业自开票纳税人清理检查和复核认定。企业所得税汇算清缴达到16890户，年所得12万元以上个人所得税自行纳税申报顺利完成，个人所得税全员全额明细申报稳步推进，两个所得税比对开展顺利。加强房产税、城镇土地使用税困难减免税管理，加大土地增值税清算力度，规范契税、耕地占用税减免税审核管理和印花税税源控管；强化保险机构代收代缴车船税管理；烟叶税征缴入库顺利；与住房、国土部门联合开展应用房地产评估技术加强房地产交易税收征管准备工作，得到市政府的重视与支持。强化涉外税收征管，对外资企业及外籍个人开征城建税及教育费附加。反避税工作开展顺利，对21起涉外演出进行税款征收，高质量完成情报交换工作，加强境外非政府组织在昆活动税收管理。

不折不扣地执行好就业再就业，西部大开发，民政福利等社会扶助优惠政策，发挥结构性减税的综合效应，帮助和促进纳税企业解困、发展、壮大。认真落实修改后的《个人所得税法》，降低中低收入人群的税收负担，调整营业税起征点和娱乐业营业税税率，促进税源涵养，扩大后续发展税源渠道。规范和严格各项税收优惠政策审批管理，抓实政策执行调研反馈，为上级决策提供政策参考支持。

【信息化建设】 以大集中系统运维中心为平台，以电话，网络等科技手段为载体，对全市地税系统各业务系统、网络系统、办税服务厅、市局中心机房进行安全监控和维护管理，促进运维管理综合效用得到全面发挥。

完成多元化申报系统升级改造，新税务登记系统正式上线运行，简化纳税人办税流程。加大力度参与税银系统建设，完成与全市11家银行的联网。试点运行云南地税比对分析系统，提高征管数据的准确性。以电子政务网为载体，完善地税工商数据交换平台；抓紧进行昆明市房地产交易税收征收管理信息系统的开发工作；实现网上自助打印电子缴款凭证业务，建设集成短信平台和移动税务系统，“12366”税收服务热线高效优质运行，向纳税人和社会公众提供高效、优质、规范、快捷的税收业务咨询服务。

【内部管理】 加大力度推进服务型、效率型、节约型地税机关建设，健全完善局长接待日、税收宣传管理等规章制度，加强督促检查和规范指导，内部管理的规范化、制度化、标准化水平进一步提高。

通过市长热线、信访交办、地税网站局长信箱、96128专线、12366税收服务热线等平台和渠道办理各类社情民意事项15277件，群众满意率达到98%以上。创新和优化信息、宣传、信访、保密、档案、接待等工作的方法和手段；加强政务值班和安全管理，严格落实社会治安综合治理和维稳工作责任制，注重安全防范、应急体系建设和责任追究；扩大政务信息公开，及时公告、发布各项地税工作信息，有效提高地税工作的透明度和公开度。

推行行政成本控制制度，加强节约型地税建设，实施行政绩效管理制度，有效加强财务管理，从严控制和压缩经费支出；强化“三代”税款手续费管理，完成“小金库”专项治理、公务用车问题专项治理、省级行政事业单位经营性国有资产清查和规范津补贴自查工作，开展非税收入清查。

（杨　昆）

市地税局开展贯彻落实省地税局党组总目标和总要求工作会议（市地税局 供稿）

商　业

◆ 责任编辑　杨子人

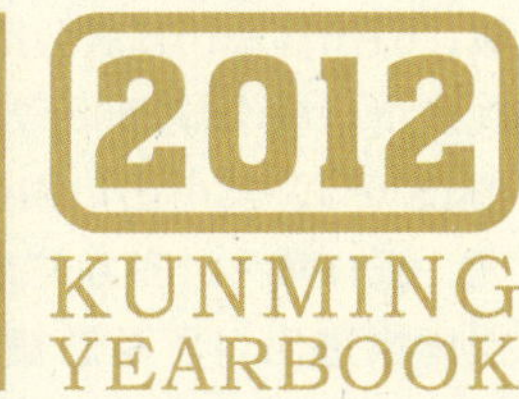

商业贸易

【概况】 对外贸易占比不断增加。2011年，昆明地区实现进出口120.22亿美元，同比增长20%。其中，出口66.03亿美元，同比增长24%，进口54.19亿美元，同比增长12%。昆明地区进出口占全省的74.9%。在西部省会城市中，昆明位于成都、西安之后，居第三位。在全国主要城市进出口排名位列第16位。1～12月，昆明市属外贸实现进出口53.75亿美元，同比增长28.5%，昆明市属进出口占全省的33.5%。实际利用外资不断增长，全市共新审批外商投资企业78户，实际利用外资累计完成13亿美元，同比增长28.84%，完成市委市政府下达目标任务数的117%。外经合作形势不断强劲。2011年1～12月，全市对外投资项目22项，项目总投资额约8167.44万美元。其中，中方投资7442.44万美元，10项投资在老挝，6项投资在香港，1项投资在越南，1项投资在印尼，1项投资在新加坡，1项投资在柬埔寨，1项投资在泰国，1项投资在美国，产业涉及橡胶及其他农产品种植、加工及出口贸易，矿产勘探、家电、国际贸易、咨询服务等。新签对外承包工程项目8项，完成项目总投资2.17亿美元。外派劳务包括对外承包工程项下及对外投资企业外派劳务人员1220人，期末在外人数748人，完成年度目标任务233%。招商引资任务不断创新。2011年市商务局（深圳招商分局）共完成内资项目23个，考核认定金额5.55亿元，完成全年度招商引资内资任务4.5亿元的123%；外资项目1个，实绩考核资金数为2100万美元，占年度招商引资任务的525%。项目涉及总部经济、高新技术领域软件开发、光电节能、物流、商贸等。

【社会消费品零售】 2011年，昆明市社会消费品零售总额实现1260亿元左右，增长19%以上。深入实施鼓励消费政策，搞活流通促进消费较快增长。实施“家电下乡”、“家电以旧换新”、“万村千乡市场工程”、“标准化菜市场改造”等一系列政策措施，加快城乡流通网络体系建设，推动电子商务等新型流　通业态发展，消费对经济增长的拉动作用不断增强。2011年1～12月，全市家电下乡共销售家电461839台（部），销售总额达10.4亿元；家电以旧换新实现3.07亿元，累计销售家电数量74756台，有力促进消费的持续增长。

【构建昆明泛亚商贸物流圈】 有序实施退批进零，逐步把主城区114个批发及批零兼营市场搬迁到主城区三环以外，目前已累计完成53个市场的搬迁改造提升任务。同时，14个泛亚商贸物流中心正在抓紧建设，晋城工业品商贸中心、呈贡斗南国际花卉交易中心、宜良农产品商贸中心、螺蛳湾国际商贸城三期等物流中心已相继开工建设。建设完成300个社区生鲜超市建设，切实解决农民“买菜难”和市民“买菜贵”的问题，深受居民群众喜欢。按照商务部关于设置周末车载市场的工作要求，市商务局已首批组织60辆社区直销车，进驻社区方便老百姓买菜难；推进标准化菜市场试点建设工作。2011年，在昆明市主城四区、呈贡新区及高新、经开、度假区和9个县区开展标准化菜市场改扩建40个，正在筹备组织验收。加快推进“南菜北运”农产品现代流通综合试点工作。昆明市共审核上报南菜北运企业6家，并通过省商务厅公示，并得到商务部最终审核确认，通过试点工作的推进，将逐步建立起农产品现代流通网络，形成农产品流通、信息服务、加工转化、收储调节、流通追溯等五个体系。

【规划和制度创建】 编制完成《昆明市商业发展布局规划2011～2020》、《昆明市批发市场规划（2010～2020）》、《昆明市“十二五”商贸服务业发展规划》、《昆明市加油站行业发展规划修编（2010～2020）》、《昆明市餐饮业发展五年规划纲要（2011～2015）》及《14个泛亚商贸物流中心布局规划》。制定《昆明市商务局四项制度实施方案》、《昆明市商务局四项制度工作细则》、《昆明市商务局重大决策听证工作计划》、《昆明市商务局关于推行行政机关绩效管理等四项制度的实施意见》等制度。对《昆明市生猪定点管理条例》进行修编，并将肉菜流通追溯体系建设内容增加到条例中，对有效确保生猪食品卫生安全具有重要意义。

【会展经济】 成功举办第二届中国——东盟行业合作昆明会议。2～5日在昆明隆重召开，围绕“中国——东盟自贸区，打造行业间的互联互通”这一会议主题，共同商议加强行业对接和合作，对推进昆明建设区域性国际城市具有重要意义。成功举办第19届昆交会暨第4届南亚国家商品展。6月6日～10日展会期间，昆明实现进出口成交额22836万美元，同比增长20%，其中出口额为16657万美元，进口额为6179万美元。昆明与东盟国家进出口贸易总额为6850万美元，占全市成交总额的30%；与南亚国家的贸易进出口贸易额达4360万美元，占全市成交总额的19%。昆明市共有230家企业参展，共计372个展位，分别增长27.8%和24%。成功举办第二十一届中国厨师节暨首届泛亚国际美食节。10月18日为期3天的第21届中国厨师节暨首届滇池泛亚国际美食节，现场成交额达到了4475万元，超出了预期的目标。签约项目累计内资34.35亿元，外资2亿美元。

【荣誉表彰】 先后被国家商务部等中央部委确定为全国首批肉菜流通追溯体系建设试点城市、国家电子商务示范城市、全国“南菜北运”农产品现代流通综合试点城市、全国标准化菜市场建设示范城市。获得云南省2011年度完成进出口目标任务先进单位、云南省农产品出口工作先进单位。除此之外，还获得了“第五届全球外包大会举办权”和“第八届中国国际物流节举办权”。获得中国国际物流节组委会授予的《中国物流业2011中国物流中心城市杰出成就奖》、《2011年中国品牌价值百强物流企业奖》、《2011最具投资价值物流园区奖》、《2011中国物流业突出贡献奖》。获得市委、市政府制度创新特等奖和一等奖，昆明市委党委信息工作一等奖，昆明市政府政务信息工作一等奖。被市政府评为2011年度安全生产责任目标考核优秀单位，2011年度食品安全工作优秀单位，安全生产工作连续13年获得第一名。

【商务经济指标】 坚持围绕市委、市政府中心任务，服务大局，认真贯彻落实中央、省、市各项决策部署，立足商务工作实际，在全市经济全局的作用明显增强；对外贸易占比不断增加。昆明地区进出口位于成都、西安之后，居第三位。在全国主要城市进出口排名位列第17位。实际利用外资不断增长。2011年全市共新审批外商投资企业78户，与去年同期增长7%。外经合作形势不断强劲。2011年全市对外投资项目22项，项目总投资额约8167.44万美元，完成年度目标任务283%。

【建设国际区域性物流枢纽城市】 以昆明市与德宏、版纳、红河等边境州市签订《关于共同推进国际大通道合作框架协议》为契机，一方面深化与州市的经贸物流合作，在边境合作区、跨境经济区中，积极支持昆明有实力的物流企业在边境口岸建设物流节点，大力发展口岸物流和保税物流，共同推进物流园区、物流通道、物流中心建设；另一方面着力打造昆明国际陆港(无水港)、昆明国际空港，不断提升区域性国际城市贸易便利化水平。推进国际陆港建设。2010年，市政府第168次常务会议审议通过了《昆明昆明国际陆港（无水港）建设实施方案》，整合现有物流设施与土地资源，推进国际陆港港区配套项目建设，争取国家综合保税区或保税物流政策。有效提高对内陆腹地的辐射力，为全面建设区域性的国际化城市物流枢纽港提供强有力支撑。推进与边境口岸“大通关”建设。按照昆明市与边境州市签订《框架协议》精神，找准结合点、切入点，促进昆明与省内外重要进出口物流节点、海港口岸、边境口岸实施通关合作，开展交流合作，实现跨区域的“大通关”、“港港合作”、“无水港”建设。

【市场体系建设和市场调控】 坚持市场主导，政府调控。不断通过政策措施鼓励消费，加快城乡流通设施建设，搞活流通，强化产销对接，加快结构调整步伐，发挥市场在资源配置的基础性作用，完善市场应急供应和储备制度，关注民生，确保市场供应平稳有序。完善重要敏感商品的日报监测系统，优化样本结构。提升现有监测体系智能化水平，力求实现信息统计分析的准确及时高效。加强生活必需品和重要生产资料市场监测，及时发布信息，为政府宏观调控提供决策参考。建立生猪活体储备制度，确定5家企业，共建立5万头的生猪活体储备，并逐步探索蔬菜的储备方式。建立成品油购销存及生活必需品信息监测平台，完善成品油市场信息监测和预警机制，为成品油及重点必需品商品市场应急供应奠定基础。2011年10月，市商务局及时召开了新闻通报会，启动应急机制，按照“保障重点、兼顾一般”的原则，开设80座加油站绿色通道，确保全市粮、油、肉、蛋、奶、蔬菜等生活必需品运输用油以及重点工程、民生工程用油，确保国民经济平稳运行。

【泛亚合作和国际经贸合作】 坚持内外统筹，互利共赢。一直以来，市商务局始终统筹做好两个市场、两种资源，统筹研判国内政策与国际规则，坚持扩大内需与稳定外需并重，“引进来”与“走出去”并重，不断深化对外开放合作机制，拓展国内国际市场空间；成功举办第二届中国—东盟行业合作昆明会议。大会于2011年7月2～5日在昆明隆重召开。会议吸引了来自10个东盟国家有关商（协）会领导人，东盟秘书处、著名企业家等70家商（协）会300多名代表参会。围绕“中国—东盟自贸区，打造行业间的互联互通”这一会议主题，共同商议加强行业对接和合作，极大地促进了中国与东盟行业间的经贸关系友好往来，对推进昆明建设区域性国际城市具有重要意义；

（市商务局）

对内互联

【深化与各州市的经贸合作】 围绕建设国际区域性物流枢纽城市这一目标，以昆明市与德宏、版纳、红河等边境州市签订《关于共同推进国际大通道合作框架协议》为契机，一方面深化与州市的经贸物流合作，在边境合作区、跨境经济区中，积极支持昆明有实力的物流企业在边境口岸建设物流节点，大力发展口岸物流和保税物流，共同推进物流园区、物流通道、物流中心建设；另一方面着力打造昆明国际陆港(无水港)、昆明国际空港，不断提升区域性国际城市贸易便利化水平。推进与边境口岸“大通关”建设。按照昆明市与边境州市签订《框架协议》精神，找准结合点、切入点，促进昆明与省内外重要进出口物流节点、海港口岸、边境口岸实施通关合作，开展交流合作，实现跨区域的“大通关”、“港港合作”、“无水港”建设。

【举办第二十一届中国厨师节暨首届滇池泛亚国际美食节商贸项目合作洽商会】 2011年10月18日，由昆明市人民政府主办、昆明市商务局承办的“第二十一届中国厨师节暨首届滇池 泛亚国际美食节”商贸项目合作洽商会在昆明举行，来自全国各地的餐饮百强企业代表，以及来自世界各地的世烹联代表出席了本次洽商会。

昆明市商务局局长洪莺在会上做了商贸情况推介，全面介绍了昆明市面向东南亚、南亚的区位优势，昆明在云南省的经济聚集度和对全省经济的辐射性，昆明地方菜中使用的花、菌、竹、虫、药、果、珍(山珍)等多种生态食材，昆明深厚的历史文化底蕴、浓郁的民俗文化风情和独特的少数民族烹调方法，昆明餐饮产业的配套以及政策的扶持，昆明商贸中心、片区商业中心、特色商业网点的规划布局，以及十二五期间昆明餐饮业的发展目标。

昆明计划在“十二五”期间，餐饮业增加值年均增长18%以上，到2015年，全市餐饮业零售总额达350亿元，占社会消费品零售总额的比重达到15%以上；新增餐饮业就业岗位15万个。打造“中国面向西南开放的国际美食旅游文化之都”的城市名片。重点扶持30户在昆注册的餐饮龙头企业，其中年营业额5000万元以上的达15户，年营业额1亿元以上的达5户；培育10家大众化餐饮连锁企业，建设10个主食加工配送中心，大众化餐饮网点达到300个；培育标准化的农餐对接养殖产业基地100个、绿色有机的种植基地100个。整合优势资源，组建昆明市餐饮产业发展集团，并培育上市、2个餐饮业标准化推广示范中心、连锁门店超过10个的餐饮连锁企业30家。改造提升“四心八街十区”餐饮核心区，着力打造1个产业园区、3个区域美食中心、5个美食名城名镇、20条特色美食街区、30个餐饮集聚区、30个乡村假日酒店。拥有中国驰名商标、云南省著名商标、昆明知名商标30个，在全市中华餐饮名店达50家、云南省餐饮名牌企业达100家，云南省餐饮星级名店达100家。会上，百佳华百货、希尔顿酒店、星巴克咖啡三个项目举行了签约仪式，项目总投资20多亿元。

【中缅油气管道销售网络建设】 按照2010年9月9日昆明市政府与中国石油天然气集团公司签订的《合作协议》、《昆明市政府与中石油云南销售公司座谈会议纪要》以及市领导有关批示要求，对中石油销售网络建设项目进行任务分解，采取倒逼机制，全力推进相关工作。2011年，市商务局已牵头完成《昆明市加油站行业发展规划修编及昆明市加油站布局规划》，昆发展与中石油和中石化拟合作建设的183座的估价及均衡分配；组织昆发展与中石油云南分公司和中石化云南分公司进行七次艰苦磋商后，主持昆发展与两油公司签订了《昆发展183个加油站结构分配认定协议》；按职责权限第一时间对24座（城投与中石油合作）新建加油站项目进行行业立项审核，其中：20座已获省商务厅核准立项，1座已获市商务局核准立项，3座正抓审核。市国土局已出具合作建设160座（含城投公司27座）加油站项目用地初步意见，其中有101座拟选址站点符合昆明市土地利用总体规划。市规划部门已出具183座加油站规划选址初审意见，原则同意主城区内加油站的规划布局。市安监局已下达市城投公司221座（含城投公司38座）《加油站建设项目选址（设立）安全条件审查意见书》。昆发展已与土储中心签订107座加油站的土地一级开发合同。

【国家电子商务示范城市创建工作】 根据国家发改委牵头，联合商务部、人民银行、税务总局、工商总局《关于开展国家电子商务示范城市创建工作的指导意见》，要求开展“国家电子商务示范城市”创建活动。3月下旬省发改委召集会议，省商务厅、市发改委、市工信委、市商务局参加，讨论昆明市创建示范城市的可能性及需要开展的相关工作。按照会议精神及5月下旬在深圳召开的“国家电子商务示范城市创建工作会议”精神，配合市发改委开展全市电子商务基本情况的摸底调查及《昆明市创建“国家电子商务示范城市”工作方案》的编制工作。并在多次咨询修改会上就完善《方案》文本，并着重就组织保障提出意见、建议。9月初，根据市政府办公厅《关于组团参加2011年国家电子商务示范城市创建工作初步方案评议会的通知》，随团赴北京参加了《方案》评议会。10月，将正式文本及市政府请示上报国家商务部。12月，昆明市被国家商务部正式确定为创建全国电子商务示范城市。

【信息报送及听证工作】 出台相关

规定制度。为提高商务信息的质量和水平，规范信息报送，强化信息管理，更好地为各级领导决策提供参谋服务，就昆明市商务局局机关信息采编、报送工作，规范昆明市商务系统信息采编和报送工作分别制定出台了《昆明市商务局商务信息采编和报送规定（试行）》、昆明市商务局关于规范商务系统信息采编和报送的指导意见。同时，根据省商务厅、市委办公厅、市政府办公厅下达昆明市商务局信息报送工作任务，对各处室2011年商务信息报送目标任务进行了分解，提出了2011年商务信息报送要点；做好信息公开及政务信息报送。通过昆明市政府信息公开网、昆明市商务局官方门户网站公开、公示大量信息。做好商务之窗信息的采编报送，商务之窗信息采用居全省前列。抓好政务信息报送。1～3季度，共报送市委办公厅各类信息331篇（期），市委办公厅采用66篇，采用率为19.94%，省办采用8篇，中办采用8篇，采用率为2.42%；领导批示1篇，总共得分830分，已完成全年任务。市政府办公厅累计采用41条，累计得分340分，可完成全年目标任务。及时做好听证工作。年初，为推进商务局阳光政府四项制度建设工作，增强行政决策的透明度和公众参与度，结合工作实际，对全局2011年重大决策听证工作安排，共5项听证任务：《昆明市商业发展布局规划》、《餐饮业服务规范》、《昆明“老字号”认定规范》、《昆明市商品交易市场建设管理规范》、《生猪定点屠宰管理条例修订》。积极与市法制办及相关处室对接联系，督促各处室推进听证工作，完成《餐饮业服务规范》、《昆明“老字号”认定规范》、《生猪定点屠宰管理条例修订》的听证。

【商务宣传】 先后制定下发昆商务《昆明市商务局新闻发言人制度》；《2011年昆明市商务局对外宣传计划》；《昆明市商务局对外宣传规定》等。

主动开展商务宣传工作，有重点地通过《中央电视台法制专题部》、《中新社》、《云南电视台》等近30家中央、省、市媒体、商务网站和各类栏目宣传报道商务热点问题和成果通报。

及时召开商务工作情况通报会。如：召开肉食安全（注水牛肉）问题、城乡一体化网络体系建设、螺蛳湾商业片区升级改造、昆明市蔬菜产销对接推介会、昆交会成果通报、成品油市场供应情况、家电以旧换新宣传月启动仪式、等新闻发布会5个。

大力进行元旦、春节、两会及五一、国庆黄金周市场供应、市场监测情况等商务宣传；联系省市新闻媒体开展生猪私屠滥宰现场查处、云南电视台对注水牛肉的专访、对槽头肉、淋巴肉的专项检查等。共接待中新社、云南日报、新华社云南记者站、昆明日报等省市20余家新闻媒体的采访40人次。

认真做好情况反馈工作。完成10月26日的“春城热线”效能提升作风改进－领导干部在线访谈的组织及群众投诉问题办理反馈；完成“昆明信息港”效能提升作风改进之昆明市商务局网络视频访谈，两日内回复网友提出的相关问题等工作。通过媒体宣传，公开商务信息，扩大商务影响。

（市商务局）

供销合作

【概况】 2011年，全市供销合作社系统完成经营总额75.12亿元，占年度目标任务54亿元的139.1%，同比增长15.5%；实现利润6501万元，占年度目标任务4500万元的144.5%，同比增长82.5%；完成化肥销售42.3万吨（自然吨），占年度目标任务36万吨的117.5%；完成人员培训23686人，占年度目标任务11800人的200.7%，其中，系统内考察学习846人，占年度目标任务110人的769.1%；乡村流通经营服务网络骨干培训815人，占年度目标任务150人的543.3%；农产品经纪人培训7242人，占年度目标任务4840人的149.6%，其中，持证人数3479人，占年度目标任务1700人的204.6%；农村合作经济组织理事长培训887人，占年度目标任务100人的887%；新建、提升配送中心9个（其中：新建5个，改造、提升4个），占年度目标任务6个的150%；新建、改扩建乡村集贸市场7个（其中：新建2个，改扩建5个），占年度目标任务7个的100%；引进合作项目12个，占年度目标任务10个的120%；发展乡村信息采集点12个，占年度目标任务12个的100%。

2011年，市供销社荣获省人民政府授予的“综合业绩突出贡献奖”、被云南省供销合作社评为“全省供销合作社综合业绩考核优胜单位特等奖”，位列全省第一名。

【“培育龙头企业，建设两个服务体系”快速推进】 2011年，按照省供销社部署，迅速启动全市“一个龙头，两个服务体系”建设，并取得明显成效。按照《昆明市“乡村流通工程”建设发展规划（2011～2015年）》，大力实施“乡村流通工程”建设，构建起了全市农村现代流通服务体系的基本框架，提高了供销社为农服务水平。

农业生产资料连锁经营网络得到巩固。全市初步形成了县、乡、村农资连锁经营网络，满足了农民群众购买农资的需要，发挥了农资销售主渠道作用。至2011年底，建成农资配送中心10 个，配送网点达1017个，销售给农民的农资总额达8.1亿元，确保了农业生产需要。2011年，按照市委、市政府的部署，圆满完成了25000吨尿素、7000吨复合肥、1500吨农药的市级农资淡季储备任务，保障了农业生产的农资供应。

农村日用消费品流通连锁经营网络建设步伐加快。通过实施“小超市、大连锁”战略，日用消费品连锁经营网络建设步伐加快，初步形成城乡结合、上下贯通的县乡村三级日用消费品现代经营网络。至2011年底，建成日用消费品配送中心9个，配送网点678个，农村日用消费品销售逐步回升。

农产品购销服务网络体系建设得到加强。充分发挥专业合作社作用，加快集贸市场改造升级，积极开拓农副产品购销市场。至2011年底，改扩建集贸市场41个；建成综合服务社1577个，服务农户571765户，帮助农民实现收入47073万元。全市已建立农村便民超市1054个；改造、提升标准化综合服务社200个，改造后的标准化综合服务社经营面积达到35717.7平方米、年销售额达24958.62万元、改造投资金额达420.18万元，形成为“三农”服务的品牌新形象。

再生资源回收利用网络不断拓展。在昆明三环以外新建的4个废旧物资交易市场，有1个市场竣工开业，2个市场正在开工建设，1个市场正在办理开工前的各项准备工作，再生资源回收体系建设取得了明显成效。全市共建立废旧物资分拣中心8个、社区回收网点689个，至2011年底，实现市场交易额26.3亿元，同比增长38.5%。

农村合作经济组织指导服务体系建设初见成效。为认真落实市政府办公厅《关于转发农村合作经济组织指导服务体系建设实施意见的通知》文件和全省供销社大理现场会议精神，把“两个服务体系”建设纳入年度目标一起考核，形成上下分工协作，齐抓共管，努力推动的工作格局。通过试点和典型带动， 2011年全市已建立了农村合作经济组织指导服务站57个，占全市82个涉农乡（镇、街道）的70%。

供销企业集团建设工作加快。2011年，市社组建了昆明新供销企业集团，昆明再生资源（集团）有限公司，具备条件的10个县（市）区供销社组建了供销社企业集团。

【“两社一会”工作稳步推进】 全市供销社按照年初确定的目标任务和“乡村流通工程”建设发展规划的要求，稳步推进“两社一会”等新型农村合作经济组织的发展、巩固、规范和提升工作。通过采取分解“两社一会”目标任务，制定资金补助分配方案，及时下拨补助资金，抓好专业合作社示范社建设，积极申报专项补助资金等工作措施，促进了全市“两社一会”稳步发展，为农服务水平和参与市场竞争能力不断增强，提高了农民进入市场的组织化程度。全市供销社积极引领“两社一会”农村合作经济组织发展，2011年新发展专业合作社102个，占年度目标任务80个的127.5%；完成规范化专业合作社161个，占年度目标任务150个的107.3%；完成示范化专业合作社35个，占年度目标任务35个的100%。新发展综合服务社53个，占年度目标任务40个的132.5%；完成标准化综合服务社100个，占年度目标任务100个的100%。新建行业协会5个，占年度目标任务3个的166.7%。组织市内6个农民专业合作社参加全省供销社第二届“千社千品”展销会。到2011年末，全市供销社引领发展的“两社一会”等新型农村合作经济组织已达2282个，其中：专业协会139个，综合服务社1577个，专业合作社566个，入社社（会）员2.8万户，累计助农增收12.1亿元。2011年，富民民丰养殖专业合作社、富民宝兴通茭瓜产销专业合作社被中华全国供销合作总社审定为全国农民专业合作社示范社。

【深化市社直属企业改革与发展】 市供销社7个公司不断深化改革，始终把发展作为第一要务抓紧抓好，对市场进行深入分析，主动应对市场变化，不断谋求新发展。2011年实现经营总额162457万元，同比增长6.6%，实现利润803万元，同比增长30.4%。再生资源公司投资1.5亿元，在东川区天生桥静脉产业园区新建占地150亩的再生资源回收利用基地开工建设；市农资有限公司在临沧成立经营部，不断完善销售网络；禽蛋、果品、土产3家公司投资改扩建冷库，更新设备，新增库容，营业收入增长；贸易货栈盘活资产取得新成效；联结公司联盟大酒店着力推行“酒店品质化经营服务”，取得了良好的经营绩效。在企业取得较好经济效益的同时，注重改善职工的福利待遇，职工收入不断增长，职工队伍思想稳定，工作积极性高涨，企业得到和谐发展。

【加强农产品经纪人队伍建设】 市供销社把培训工作作为培育新型农民、建设乡村流通工程人才队伍的一项重要工作来抓，使培训工作向纵深发展，壮大了全市农村经纪人队伍，提升了经纪人队伍行业服务水平和整体素质，有效带动、促进了农村经济的发展和农民增收。培训工作深入到乡镇、村寨，方便了农民参加学习培训。至2011年末，已累计举办农产品经纪人职业资格培训班77期，集中培训获得资格证书的农产品经纪人10182人。

【项目申报及专项资金管理工作】 2011年，经市财政局、市供销社审核，上报全国供销合作总社和省社“新网工程”建设、省级农村流通网络体系建设、农业综合开发和食用菌产业发展扶持等项目共计26个，申请中央和省级财政专项补助资金合计1128万元。所申请项目获得中央和省级财政批准8个，共计争取到财政补助资金115 万元。此外，还获得省级标准化综合服务社建设项目175个，争取到省财政专项补助资金175万元。同时，按照中央及省、市有关部门的规定和要求，严格加强项目补助资金的管理，确保专项资金安全并最大限度发挥作用。在省供销社、市财政局组织开展的专项资金检查、“乡村流通工程”专项补助资金使用绩效评价中，得到了肯定和好评。

【各项工作全面推进】 2011年，完成内资招商引资任务1.65亿元，占目标任务1.5亿元的110%；完成外资招商引资任务320.4万美元，占目标任务120万美元的267%；认真做好职工群众来信来访工作，确保了企业稳定。2011年，处理信访件8件，全系统无群体性上访事件发生；帮带扶贫工作得到落实，2011年直接投入扶贫资金5.9万元，援助物资折款1.9万元，合计7.8万元；组织参加展销活动，组织了80多个企业、800多个产品参加第七届昆明国际农业博览会、云南省供销社第二届“千社千品”展销会，展示了供销社改革发展和“二次创业”的成果。昆明农产品行业协会于去年9月7日正式成立；切实落实安全生产责任制，全年未发生重大安全事故和重大社会治安案件。2011年，被市政府评为安全生产目标考核优秀单位。

（市供销社）

粮　油

【经济指标完成情况】 2011年，全市粮食总购进（含本地收购、原粮）299.75万吨，完成年度目标任务140万吨的214%；总销售（原粮）299.52万吨，完成年度目标任务135万吨的222%。全市纳入考核的粮食企业实现营业收入26.3亿元，完成年度目标任务18.7亿元的141%；实现盈利4598.7万元，完成年度目标任务2400万元的192%。

【招商引资】 总结2010成功经验，结合2011年市委、市政府招商引资会议和文件精神，明确目标、时限、流程、责任等，采取双向考核、双向奖励。充分发挥粮食企业载体作用，突出产业招商，引进了世界500强益海嘉里投资有限公司粮食深加工、物流项目，中央储备粮昆明直属库中储粮昆明粮食加工及仓储项目等重大粮食产业项目，并积极拓展其他招商引资项目。通过全局上下的共同努力，圆满完成了招商引资任务。引进内资2.28亿元，完成目标任务数1.5亿元的152%，引进外资201万美元，完成目标任务数120万美元的167.5%。

【落实粮食行政首长负责制】 2011年，市、县粮食行政首长负责制考核继续纳入到全市目标管理考核。市粮食行政首长负责制考核工作领导小组办公室设在市粮食局。作为牵头单位，认真做好省政府考核市政府的相关协调和落实工作，积极抓好对县（市）区落实该项目标的督促检查考核等相关工作。部分县（市）区已把该项考核纳入了政府综合目标考核，并列入了政府督查项目。2011年，全市在落实粮食行政首长负责制方面，措施更实、力度更大、成效更显，得到省考核组的充分肯定和高度评价。

【粮食宏观调控】 加大粮食产销协作，切实掌控粮源。为进一步增强粮食宏观调控能力，市局积极支持粮食企业按照“早谋划、早安排、早落实”的要求，加大粮食购入，增加粮食库存，最大限度掌握粮源，保障供应。2011年，昆明市粮食企业与黑龙江、吉林、山东、河南、江苏、安徽等地粮食企业建立了长期稳定的合作关系。充足的粮食库存和稳定的粮源，为保障市场有效供给夯实了基础。举全系统之力成功举办了第六届全国部分大中城市粮食经济协作交流会，受到国家粮食行业协会和广大与会者的好评和赞扬。圆满完成了第七届泛亚国际农博会粮油展区招展参展工作，共组织展位100个，签约金额12.38亿元，荣获5项金奖、3项银奖、1项优质农产品奖。为促进产销协作搭建了更为广阔的平台。

全方位搞活粮食购销。各粮食经营企业不断加大市场营销力度，积极培育客户，稳定销售渠道，在粮食市场低迷的不利情况下，努力化解经营风险，紧跟市场脉搏，搞活粮食购销。

采取有效措施，确保全市粮油的有效供给和价格基本稳定。研究制定了《昆明市粮食局稳定粮食价格总水平实施意见》，加大对主城区粮食部门和市属粮食供应企业以及各类粮油市场的监管。2011年昆明市粮食类价格全年平均涨幅11.5%，实现全年涨幅控制在13%以内的目标。在全市范围内增设145个省政府粮油平价销售点，继续稳定43个市稳价保供点，切实保障粮油市场供应和价格基本稳定。

切实做好军粮管理工作，保证部队日常供应、重大活动和应急用粮需要。军粮供应工作得到了国家、省、市领导的充分肯定。

【储备粮管理】 切实落实省、市、县三级地方粮食储备计划，确保储备规模到位。储备粮做到“库中有粮、心中有数、储备有保障、应急有机制”。合理把握储备粮油轮换时机，对粮油市场进行适时调节，做到轮换有计划、有检查、有督促、有验收。

切实加强仓储管理工作，确保库存粮食安全。全市粮食库存实现“一符四无”储粮率98%；实现省、市级科学储粮率100%，县级科学储粮率97.7%。

针对通货膨胀预期压力增大的实际，经请示市政府，继续争取到市级、县级动态成品粮储备2万吨政策。同时，争取到省级动态大米储备2万吨、省级临时大米储备0.8万吨，中央在昆明市的储备粮、移库粮13万吨，为本市的粮食安全提供了保障。

【产业发展】 编制完成了《昆明市"十二五"粮食流通产业发展规划》和《"十二五"期间加快粮食流通产业发展的意见》，市委、市政府两办已发文执行。昆明市粮油购销有限公司粮库及粮油市场迁建项目年内一期工程全面竣工，投入运营；昆明凉亭粮食转运站迁建项目纳入了市"十二五"重点项目，并列入省三百个重点项目之一，已于2011年9月21日开工；官渡区粮食储备库项目已于2011年9月29日开工；石林储备粮仓建设项目已于2011年12月8日开工。呈贡中心粮库项目已列入呈贡区重要议事日程。

【粮食市场监管】 开展粮食库存检查和全国食用植物油脂库存检查工作。全市粮食库存、油脂库存数量真实、质量良好、管理规范，得到了省普查组的充分肯定。特别是全力配合好省粮食局做好国家粮食局在昆明举办的全国首届食用植物油脂库存检查培训和现场演练工作，得到了国家粮食局的高度赞扬。

坚持依法行政，加强粮食市场监管。开展粮食流通监督检查和专项行动。开展打击"地沟油"油脂专项检查，重点对储备散装油脂和"放心粮店"销售的散装油脂进行抽查，严禁不合格产品进入粮油市场。严把粮食收购资格审核关，坚持对粮食收购资格许可证检审抽查工作。

健全粮食宏观调控监测预报机制，充分发挥全市30个粮油价格监测点作用，加强调查分析和信息报送，全年对外公开信息1922条，报送政务信息430条，报送粮油行情、建议50条，为市委、市政府及时全面掌握粮食工作动态和决策提供了可靠依据。

切实抓好安全生产管理工作，落实安全生产责任制。大力开展安全生产隐患排查治理和专项活动，保证粮食企业安全生产平稳运行。

（市粮食局）

服从大局 服务民生

昆明国有资产

2010年1月按照市委、市政府深化投融资体制改革的总体部署，经昆明市人民政府批准组建成立昆明国有资产管理有限公司并加挂昆明国有资产管理中心的牌子（以下简称资产管理公司）。其职能定位是：受政府的委托，在授权范围内对政府投资形成的国有资产实施管理运营，在确保资产正常运行的前提下，实现国有资产保值、增值。公司授权管理的业务范围是：委托的国有商铺的经营管理；路内停车管理、桥梁、隧道、道路的管养以及部分非经营性资产、准经营性资产的管理运营。公司着力在拓展市场、集聚要素、培育动力、优化布局、引导存量、规范增量上下功夫，逐渐步入有形市场和无形市场并存的多元化市场体系的发展轨道。

公司董事长李强陪同省市领导视察城市基础设施建设

公司经营管理班子

目前，资产管理公司授权管理的企业有：昆明城达物业开发经营有限责任公司、昆明驿通停车管理有限公司、昆明国意置业有限公司、昆明桥隧管理有限公司、昆明国达企业管理公司，合资企业有昆明国兴市政管理公司、昆明悦车传媒公司，与官渡区国有资产投资有限公司合作成立的昆明国和国有资产管理有限公司。

资产管理公司内部机构设置为：行政办公室、计划财务部、人力资源部、党群工作部、资产管理部、资产经营部六个部门。 公司于2010年8月成立党委，公司董事会、监事会、经营班子，公司工会、公司团委，法人治理结构相继建立完善。

资产管理公司成立两年来，在市委、市政府和市国资委的正确领导

当好国有资产的忠诚卫士

管理有限公司

公司召开2011年度工作总结暨2012年工安排动员大会作

公司领导同扶贫点儿童合影

公司党委举行建党90周年庆祝大会

抓好思想教育，提高员工素质。图为公司组织员工赴遵义接受革命传统教育

下，公司领导班子以“强化班子、建好队伍；模块管理、规范运作；盘活资产、拓展市场，在市场中捞订单”为重心，公司上下凝心聚力，攻坚克难，实现了职工队伍稳定、工作关系顺畅、管理机制健全、管理制度完善、安全运行正常，各项工作取得了明显成效。

2011年，资产管理公司资产总额为3.5亿元，负债总额为2426万元，所有者权益为3.3亿元。2010年公司营业收入为3081.74万元，2011年营业收入4292.44万元，实现了营业收入增长率为39.28%；2010年实现净利润52.93万元，2011年实现净利润148.98万元；2010年完成年利税171.33万元；2011年完成年利税额198.22万

强化经济目标责任制，图为公司领导和管理单位签订年度经营业绩责任书

引进资金合作发展。图为公司与投资方合资成立昆明悦车生活文化传播有限公司

公司与加拿大格外设计咨询有限公司签订《幼儿园棚户区改造项目合作意向书》

元，年利税增长率为15.69%；公司注册资本金由成立之初的100万元增至2357万元。

资产管理公司连续两年全面完成了市国资委下达的年度经济考核指标，连续两年荣获市国资委党委授予的党建目标、党风廉政建设先进单位一等奖和先进基层党组织；公司分别荣获昆明市、云南省劳动关系和谐企业和昆明市优秀企业；公司领导班子获“四好”领导班子荣誉称号、获安康杯竞赛活动先进单位等荣誉称号和纳税先进集体荣誉。公司总经理王亚民被中共昆明市委评为优秀党务工作者、模范军队转业干部，“2009中国优秀企业家”荣誉称号；2012年荣获昆明市五一劳动奖章。

两年来，资产管理公司致力于抓住昆明创新发展、和谐发展、跨越发展的大好机遇，敢于创新、勇于探索，巩固成果、稳中求进。公司认真梳理自身业务板块和国有资源，明确竞争优势，集中精力做强优势主业，使主业更加集中、更加优化、更加专业并逐步形成产业链；

资产管理公司突出自身业务特色，拓展发展的新空间；不断加大投资参股、增资扩股等多种方式增加公司的权益性资产，以快速获得公司所需的资源和资金，创造新的效益增长点。公司把握好政府赋予公司的特殊权责和相关政策，充分发挥自身在专业管理方面的优势，做好停车管理、桥隧、道路管理、物业管理等工作；公司努力探索面向市场，自主经营、自我发展的发展模式，抓好部分医院建设钢架式立体停车库的协商工作以及公租房、幼儿园改扩建和养殖业、文化传媒等项目，以项目建设为龙头开辟新的发展空间，延伸产业链，带动利润增长。

2012年，公司按照省委常委、市委张田欣书记关于“完善智能化交通管理系统，提高交通组织管理水平，缓解城市交通拥堵”和张祖林市长“创新城市管理机制，完善并拓展数字管理系统功能，规范城市管理综合行政执法，实施公交都市示范工程，科学管理交通，建立智能化交通管理系统，缓解交通拥堵”的指示精神。首先以咪表智能化收费为突破口，自筹资金建立咪表智能化收费的前期设备和后台管理系统平台，其次是在官渡区先行示范，整合开发停车资源，规范管理，统一收费标准，提升形象，统一服装标识；同时，与交警沟通对接，做到动态交通与静态交通监控的有机结合，提升市民出行安全指数，并准备以此为基础，建立昆明静态交通诱导系统平台，实现停车泊位实时监控，建立逐步推进覆盖全市停车诱导系统，实现交通管理的数字化和智能化，提升城市公共资源的运行效率和管理水平。

最终实现与城市管理相配套的规模化、规范化、集群化、品牌化、网络化、数字化、智能化管理目标，达到“完善智能化交通管理系统，提高交通组织管理水平，缓解城市交通拥堵”的目的。

牢固树立“安全第一”的理念，图为公司组织消防演习

加强城市市政临时停车泊位的管理确保国有资产保值增值

节日期间，公司领导慰问一线职工

公司领导赴扶贫点慰问群众

昆明建设管

昆明建设管理有限公司（简称“建设管理公司”）于2010年1月挂牌成立，与“昆明建设管理中心”实行“两块牌子、一套人马”，企业化运作。按照昆明市投融资体制改革精神，公司代表市政府对政府投资的市政工程、道路交通、滇池治理、社会公益、农田水利等项目施行建设管理，通过专业化、科学化的工程项目管理手段，有效地提高市级政府性项目的投资效率和管理水平，推进投、融、建、管的专业分工，确保市级政府性项目工程管理、质量、安全和进度的有序推进。

建设管理公司努力克服困难，扎实工作，严格按照基本建设程序和“八个百分之百”要求，完善管理机制，狠抓工程质量、安全、进度和成本控制，各重点工

市长张祖林在二环快速系统改扩建工程主线试通车仪式上致辞

程建设项目取得了积极进展。

认真履行职能职责，努力打造优质工程、民心工程，为新昆明建设做出积极贡献。公司成立至今，先后承担30多项市政基础设施建设任务，面对投融资体制改革初期以及建设管理中一系列困难和问题，公司解放思想、大胆创新、勇于实践，逐步形成一系列有效的管理体系和标准，有效地推进全市软环境建设和新昆明建设。目前，已完工的项目有二环快速系统改扩建项目、昆瑞路改扩建项目、环湖南路工程建设项目、寺瓦路建设项目、北京路延长线（沣源路—松华坝）建设项目、

石虎关立交桥

大树营立交桥

菊华立交桥

理　有　限　公　司

昆明市污水处理尾水厂再生水利用项目、弥勒寺公园、昆明市子君村经济适用房建设项目、牛街庄军供站维修改造项目。

二环快速系统改扩建项目于2009年9月28日实现通车，它也是市政基础设施的一次重大突破，创造了昆明城建历史的“昆明速度”，有力推进了现代新昆明建设进程。二环快速系统中的福海立交荣获云南省建筑业协会颁发的2011年度云南省优质工程一等奖。

环湖南路建设项目是昆明市“一湖四环”、“一湖四片”重要市政基础设施建设项目之一，也是云南省100项重点基础设施建设项目之一，承担着联系主城与呈贡新区、昆明南城、昆明市西部片区重要交通功能，在提高和改善环滇池周边群众生产、生活质量的同时，还承担着滇池治理及湿地界限和保护界线的重要作用。一直以来环湖南路建设得到云南省委、省政府，昆明市委、市政府以及昆明市民的高度重视和关注，并且自2011年6月30日环湖南路主线试通车以来，经受住了国家有关部委、省市各级领导的视察和检查。

环湖南路风、光互补太阳能路灯

曾经被市民们称为“昆明最烂的公路”的寺瓦路建设项目于2011年10月底完工通车，为城市Ⅱ级主干道。同步完工的还有北京路延长线（沣源路—松华坝）建设项目，这两条路的建成通车，使北市区片区内路网交通体系得到完善，促进了城区向东北方向的扩展。

昆明市污水处理尾水厂再生水利用项目作为滇池流域水污染防治“十一五”规划项目之一，现已完工并投入运行。该项目通过向居民小区、大型公共场所、景观单位等市政、景观设施提供再生水，替代、节约清洁水资源，从而增加昆明市水资源的供给总量，缓解影响昆明市社会、经济发展水资源的供需矛盾，同时进一步削减污染负荷、滇池污染，促进昆明市实现社会、经济可持续发展。

北延线\K2+725～K2+900段

恒安丰段道路已双向通车

位于原省委办公区地块的弥勒寺公园于2010年2月4日向市民免费开放。公园内部充分利用立体多元绿色植被的生态效应，吸音除尘、调节温湿度、有效降低污染程度，改善周边生态环境，为市民创造良好的城市生活空间。

弥勒寺公园一角

弥勒寺公园一角

弥勒寺公园一角

昆明市子君村经济适用房建设项目一期26栋住宅，于2010年7月10日完成交房工作。子君村经济适用房作为国家政策性住房重点工程之一，对解决昆明市低收入家庭的住房困难问题、改善片区环境和提升城市形象有着重要的意义。目前，二期土建施工也已进入收尾阶段。

加快推进续建项目，再创辉煌。公司正在实施的项目还有21项，均是省、市重点工程。公司将全力以赴，锐意创新，为新昆明建设再创精品。其中：

贵昆路城区段工程是昆明市“四环十七射”重要组成部分，是主城区连接空港经济区主要交通走廊，目前，工程路基、桥涵等工程已全面铺开。

轿子雪山旅游专线公路建设工程已初步纳入省52条二级公路债务锁

子君村一期一地块共26幢住宅已全部交付使用，目前由昆明市土投资产管理有限公司统一管理

子君村二期土建施工已进入收尾阶段，总施工已完成总工程量的80%

正在施工的马过河特大桥

轿子雪山旅游专线公路一标段K15公里青龙1#、2#桥

定，经过一年多各参建单位的共同努力，全线除马过河特大桥外，主线已基本贯通，正在进行土建完善、路面铺筑和附属设施等项目的施工。轿子雪山旅游专线建成通车，对实现“桥头堡”战略目标，把轿子雪山打造成国家级4A风景区，完善昆明市北部区域路网结构，促进北郊沿线区域经济发展、改善沿线区域乡村居民的交通出行条件具有重要意义。

黄马高速公路建设工程是国家高速公路网中渝昆高速公路（G85）和昆磨高速公路（G8511）在云南境内的重要组成部分，对实现云南省“一极三向五群”和“滇中城市群”的城市空间开发战略规划，增强滇中城市群间优势互补，缓解昆明市区间交通和城市交通压力，完善昆明市综合运输体系、优化城镇布局将起到积极作用。

中国（昆明）——芬兰合作的“昆明主城区城市污水处理厂污泥处理处置建设工程”，是滇池流域水污染防治“十一五”规划转“十二五”续建项目。该项目的实施，对确保城市污水处理厂长期安全、稳定运行，避免污泥填埋对环境造成的二次污染，积极探索污泥处理及其资源化利用新途径，治理和保护滇池流域水环境具有重要而深远的意义。目前，该工程已累计完成管桩施工11211米。完成主机及湿污泥料仓的安装。正在进行污泥卸料站、工艺管道和操作平台的制作、安装及控制室、通往昆明市第七污水处理厂的污水、中水管道（穿金家河段）施工和干化车间墙体砌筑。

昆明主城雨污分流次干管及支管配套建设工程是滇池治理“十一五”规划的重要内容，在实施滇池北岸工程并形成主城污水收

正在建设中的昆明主城区城市污水处理厂污泥处理处置建设工程

正在实施中的昆明主城雨污分流次干管及支管配套建设工程

集主干管的基础上，与昆明市河道整治、规划道路建设、城中村改造等项目结合，新增配套城市污水收集次干管、支管，进一步提高主城旱季污水收集率。目前，已累计完成雨污管网埋设约170.3千米。

按照全面建设小康社会，构建社会主义和谐社会的目标和全国保障性住房工作会议提出的争取用3年时间基本解决城市低收入困难家庭住房问题的要求以及党中央、国务院和省委、省政府的一系列决策部署，建设管理公司高度重视公租房项目建设，在确保工程质量、安全、工期等核心的基础上，以加快建设进度为己任，科学策划，精心组织，合理安排，突出重点，整体推进，努力打造优质工程、民心工程。由我公司代建的公租房项目共分4个片区：老海埂路片区、方旺片区、大波村片区、陈家营片区。总用地面积约861.92亩，总建筑面积约242万平方米，建设保障性住房28325套（其中廉租住房13302套，公共租赁住房15023套），概算总投资约108.27亿元，项目建设周期18个月。老海埂路片区建设项目总用地面积约135.43亩，总建筑面积约30万平方米，建设保障性住房3442套（其中廉租住房360套，公共租赁住房3082套），概算总投资约13.81亿元。于2011年8月15日开工建设。方旺片区建设项目总用地面积约180亩，总建筑面积约74万平方米，共建设保障性住房8773套（其中廉租住房5103套，公共租赁住房3670套），概算总投资约32.86亿元，于2011年10月15日开工建设。陈家营片区建设项目总用地面积约216.49亩，总建筑面积约68万平方米，共建设保障性住房8110套（其中廉租住房4023套，公共租赁住房4087套），概算总投资约29.19亿元，于2011年8月15日开工建设。大波村片区建设项目总用地面积约330亩，总建筑面积70万平方米，共建设保障性住房8000套（其中廉租住房3816套，公共租赁住房4184套），概算总投资约32.41亿元。该项目于2011年9月28日开工建设。公租房项目的建设，对改善低收入家庭、中等偏低收入家庭及外来务工人员和新就业人员住房困难问题，让广大人民群众可以享有可靠的社会保障，实现安居乐业，构建社会主义和谐社会，维护社会稳定有着重大意义。

创建于1905年的昆一中是云南兴办新学成立最早的中学，昆一中校园改造项目纳入云南省“三个一百”重点建设项目和“校安工程”。该项目于2011年11月底开始进场施工。通过对校园总体规划的调整，校园硬件设施的新建，努力打造功能齐全、布局合理、设施完善、景观优美的校园。

大波村片区保障性住房建设

公司正在实施的项目还有昆明市工人文化宫迁建工程、延安医院心血管病院项目、昆明市第二人民医院老年康复五、六病区项目、昆明市第三人民医院烈性传染病诊疗中心项目、云南省精神病院项目、昆明市精神病院项目、昆明市体育学校暨全民健身中心项目、昆明市商贸职业学院、市民兵综合训练基地、昆明市社会福利院项目、昆明市防震减灾中心项目、政法办公区项目等，建设管理公司针对各项目具体情况制定了详细的施工组织计划，明确责任，抓住关键环节，突出工作重

昆明市延安医院心血管病住院楼建设项目

市文化宫综合楼：内设办公、业务、协会活动及“三中心”用房

市文化宫体育健身中心：内设羽毛球馆、篮球馆和职工健身中心等

市文化宫教育培训中心：内设多媒体教室、科普教育活动室

点，狠抓项目推进工作，确保各项目的质量安全。

面对云南持续的严重干旱，水利工程的建设显得尤为迫切。建设管理公司负责承建的水利项目有东川团结渠首部延伸工程和官渡复兴水库工程。新建的东川团结渠是通过与坝塘中型水库的联合调度及坝塘水库的反调节作用，提高东川城郊的供水保证程度及增加供水量1000万立方米，以满足东川城郊的生产生活用水及3.24万亩农田灌溉的需要。官渡复兴水库建成后，可减轻下游洪涝灾害，有效灌溉农田2200亩，解决1645头牲畜饮水问题，同时对下游2608人、农田(地)1000亩、公路和铁路等起到防洪保护作用。目前两个项目正在加紧施工中。

在积极推动项目建设的同时，建设管理公司进一步加强公司内部建设，完善公司管理体系，稳步落实“投、建、管”改革精神。根据市委、市政府制度创新工作要求，公司以“三项制度创新”为契机，进一步建立健全公司各项规章制度。在广泛征求了市招监办、市审计局等部门意见的基础上，2011年7月制定下发了《工程造价咨询服务单位选取办法》、《工程造价咨询服务单位考核办法》。为充分发挥市委、市政府赋予公司的职能职责，结合两年来代建管理实际，在认真总结归纳的基础上，形成了《市政府投资项目代建管理办法》（初稿），向市法制办、市发改委、市交运局、市住建局和昆发展集团等单位征求意见并进一步完善充实，待市政府审批后下发。同时，对公司内部各项管理制度进一步梳理完善，确保了各项工作的顺利开展。

今后，建设管理公司将继续立足于市政府的资源平台及发展公司的投融资平台，在不断拓展城市基础设施建设项目管理业务和推动城市基础设施建设等行业产业化的进程中，将公司打造成拥有自主核心专业技术体系的、具备规模化产业化服务的、保持持续增长和持续创新的工程项目管理平台，为新昆明建设发展，做出应有的贡献。

隧洞出口完成洞口的锁口工作，现正进行主洞的开挖、砼衬砌施工

隧洞2支洞长212.8米，已完成185.0米的开挖、支护工作

2011年1月1日，昆明市局（公司）举办“新起点、新征途、新跨越”迎新仪式

云南省烟草公司昆明市公司
（昆明市烟草专卖局）

2011年2月14日，昆明市局（公司）召开二届四次职工（工会）代表大会

2011年7月14日，昆明市局（公司）局长、经理邓小刚（右一）到西山分公司调研“全面规范”工作

企业管理

召开党委集体学习会议

举办规范建设知识答题活动

召开全面规范建设工作动员会

召开全系统人才工作电视电话会议

大成

卷烟营销

召开卷烟销售工作会议

石林分公司召开零售户销售品牌结构提升推进会

召开QC项目论文成果发布研讨会

昆明市公司在全省客户经理论坛中取得优异成绩

全面实施T+0配送、分拣时时补货模式

全员参与婚庆促销工作

帮助零售户粘贴“温馨提示”和“告零售户书”

推行“新商盟”网上订货系统

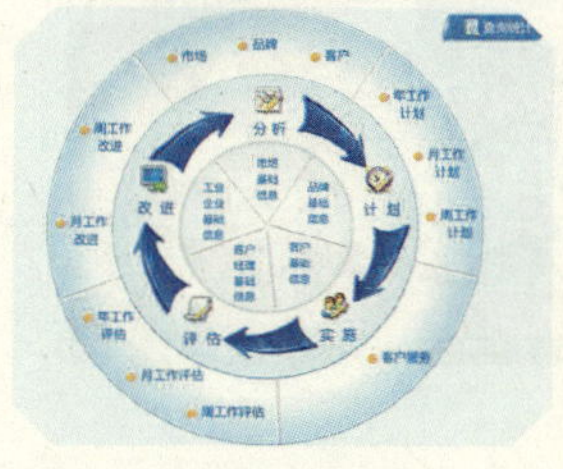

推广“135”工作法，提升服务有效性

统一全市零售终端卷烟陈列样式和标准

大成 企业文化

2011年1月31日，昆明市局（公司）举办2011年年会暨“大成之春”联欢会

五华分公司开展“大成之爱”公益活动

2011年5月2日，昆明市局（公司）与省体育局联合主办云南省“大成”杯网球比赛

举办“大成之融”拓展训练

开展“大成”文化宣讲会

举办“我能为大成做点什么”演讲比赛

组织56名专卖、烟叶和通讯员业务骨干开展体验式培训

2011年8月6日，昆明市局（公司）举办“大成之夏”全员安全运动会

庆祝建党90周年纪念活动——重走长征路

庆祝建党90周年纪念活动——表彰先进

庆祝建党90周年纪念活动——歌咏比赛

举办第二期通讯员培训班

召开“创先争优、永攀高峰”专题教育活动动员电视电话会

石林分公司召开员工七彩服务承诺启动大会

组织通讯员参观“百年军校 将帅摇篮”主题展览

五华分公司开展“大成之信”帮扶活动

举办烟叶分级职业技能竞赛

践行“大成”，服务烟农

大成

烟叶生产

2011年3月24日，中国烟叶公司吴洪田副总经理（右二）到昆明视察烤烟工作

2011年7月26日，国家烟草专卖局专卖内管处处长舒军龙、省局副局长赵全及省局调研组一行到昆明禄劝调研工作

2011年2月19日，昆明市召开提高有效烟叶供给能力工作会

创建基层优秀烟站

现代烟草农业（密集烤房建设）

现代烟草农业（机械化理墒）

现代烟草农业（烟水工程）

现代烟草农业（专业化育苗）

优化烟叶结构（处理不适用鲜烟叶）

优化烟叶结构（覆膜深栽培）

优化烟叶结构（培育高茎壮苗）

优化烟叶结构（入户培训）

优化烟叶结构（深翻高垄）

优化烟叶结构（政策宣传）

大成

专卖管理

2011年2月18日，昆明市局（公司）启动全员参与卷烟市场整治工作

召开昆明地区卷烟市场专项整治工作推进会

开展卷烟市场整治法律法规宣传

昆明市局组建“12313”投诉举报快速响应指挥中心

2011年6月14日，国家局烟草经济研究所副所长李印美（中）到呈贡县回回营调研工作

查获“4·21”制售假冒卷烟网络案件

查获“7·1”非法经营卷烟网络案件

烟 草

◆ 责任编辑 杨子人

烟草专卖

【昆明市烟草专卖局（公司）】 昆明处于北纬24°23′-27°之间，是中国、云南优质烟叶——“红花大金元”的原产地；昆明市是云南省烤烟种植最适宜区之一，是全国有名的“云烟之乡”，烤烟种植、卷烟生产、卷烟专卖、市场营销具有坚实的基础。

1984年12月8日，昆明市烟草公司成立；1985年3月5日，昆明市烟草专卖局成立；1992年10月6日，昆明市烟草专卖局、昆明市烟草公司、昆明卷烟厂实行“三合一”体制，称谓：昆明烟草企业，同年10月17日，云南省烟草公司昆明分公司法人名称变更为：云南省烟草昆明市公司；2003年6月30日，昆明烟草企业实施工商分设，分设为：昆明市烟草专卖局（公司）、昆明卷烟厂两个独立的经济实体。工商分设后，昆明市烟草专卖局（公司）负责昆明市行政区域内的烟草专卖管理、烟叶生产、经营和卷烟销售，保留昆明市各县（市）区烟草专卖局（公司）法人资格，称谓：云南省烟草昆明市公司、昆明市烟草专卖局；2006年11月3日，昆明市烟草专卖局（公司）实施母子公司体制改革，取消县级公司法人资格，名称变更为：云南省烟草公司昆明市公司、昆明市烟草专卖局[简称：昆明市烟草专卖局（公司）]。昆明市烟草专卖局（公司）作为中国烟草总公司云南省公司的全资子公司，依法独立自主经营、自负盈亏。

【行政机构设置】 2011年，市局公司机关内部设置：办公室、党群工作部、企业管理部、监察部、整顿和规范办公室、安全保卫部、人事劳资部、信息中心、专卖监督管理部、财务管理部、政策法规与体制改革部、现代烟草农业基础设施建设办公室、烟叶生产经营部、烟叶生产技术中心（质检站）、卷烟营销中心、督察考评中心、审计部、卷烟物流中心、综合服务部。下辖：安宁市，五华区、盘龙区、西山区、官渡区、东川区，呈贡区、晋宁县、富民县、宜良县、嵩明县、石林彝族自治县、禄劝彝族苗族自治县、寻甸回族彝族自治县14个市、区、县级烟草专卖局（分公司）。

【两烟效益】 2011年，全市实现“两烟”销售收入91.34亿元、同比增长23.78%。实现“两烟”税利29亿元、同比增长20.83%。实现“两烟”利润16.6亿元、同比增长17.7%。实现“两烟”税金12.4亿元、同比增长25.3%。三项费用率7.76%同比下降1.07年百分点，成本费用率77.97%，同比下降0.58个百分点。

【烤烟生产】 2011年，全市种植烤烟64.9万亩，收购烤烟85396.95吨（170.7939万担）。收购上等烟叶比例65.02%，收购上中等烟叶比例93.98%。烤烟收购均价18.32元/千克、同比增长27.8%。2011年烤烟销售收入25.3亿元、同比增长9.48%。烤烟税利11.46亿元、同比增长3.27%。烟农销售收入15.57亿元、同比增长18.3%，上缴农特税3.4亿元、同比增长18.64%。

【烟叶生产基础设施建设】2011年，全市投入1.55亿元（烟草行业补贴1.52亿元。其中，申请国家局补贴9093.55万元，省内烟草系统配套投资6062.37万元）。建成烟水工程596件，水池505个、沟渠25条、管网40条、提灌站22座，倒虹吸4条、机耕路25.80千米。新建标准化密集型烤房2320座，烟水配套工程受益面积10.61万亩，受益农户0.75万户。

【卷烟销售】 2011年，销售卷烟30.43万箱（152.15亿支）、同比增加2.82万箱，增幅10.22%（名列全国36个重点城市销量增幅排名第1位）。卷烟销售收入76.88亿元（含税）、同比增加17.91亿元，同比增长30.37%。卷烟税利17.54亿元、同比增加4.64亿元，增幅35.97%。卷烟利润11.61亿元、同比增加3.56亿元，增幅44.22%。单箱销售收入25265元（含税）、同比增加3905元，增幅18.28%。单箱毛利5936元，同比增加230元，增幅4.03%。两项指标均全省排名第一。

全市参与网上订货的售客户25625户，有效网上订货售客户比例97.16%；500人以上自然村网点覆盖率达到99.53%；全市零售客户满意度提高到86.37%以上。

【专卖管理】 2011年，全市出动打假打私4.7万人次；查处涉烟违法案件949起。其中：假烟案件84起、烟叶案件41起、非烟案件475起、走私烟案件6起、无证经营案件174起、无证运输案件163起。其他涉烟案件6起；查获各牌号卷烟9953万支（1990箱），案值2911.9万元；查获非法烟叶376.7吨，案值310.1万元；配合公安、司法机关抓获售假人员43人；破获制售假烟网络大案件6起（“8.13”涉烟原料网络案件，“1.03”销售假冒卷烟网络案件，“4.21”销售假冒卷烟网络案件，“12.28”销售假冒卷烟网络案件，“10.13”销售假冒卷烟网络案件，“7.01”非烟网络案件）；全市持证经营率95%以上，市场净化率95%以上。

按照省局“疏堵并举、打防结合、综合治理、全面推进”的方针，开展违法经营烟叶的宣传整治工作。采取入村法律宣传、加强周边地区治理、主要路段24小时的设卡监控等行之有效的手段，2011年3个重点种植地区未发现一起违法收购、贩运烟叶情况。积极开展创建呈贡县回回营和谐示范社区活动，通过创建“和谐示范社区”、“共建和谐宣传园地”、成立“大成”就业园，拓宽群众就业渠道等手段，从源头上整治非法经营烟叶行为。

【社会公益】 2011年以市烟草专卖局（公司）名义捐款238.014万元，用于各项社会公益活动。其中，全年向2个县、乡、镇、村，扶贫捐款10万元；创建和谐社区捐款50万元。向社会公共设施等方面捐赠168.014万元。

（市烟草专卖局）

昆明市考察团到集团昆明烟厂易地改建工程现场调研 （潘 俊 摄）

红云红河烟草（集团）有限责任公司

【概况】 红云红河烟草（集团）有限责任公司（简称红云红河集团）成立于2008年11月8日，由原红云烟草（集团）有限责任公司和原红河烟草（集团）有限责任公司红河卷烟厂、新疆卷烟厂合并组建，下辖昆明卷烟厂、红河卷烟厂、曲靖卷烟厂、会泽卷烟厂、新疆卷烟厂、乌兰浩特卷烟厂，控股山西昆明烟草有限责任公司、内蒙古昆明卷烟有限责任公司，拥有商贸、印刷、运输、酒店、学校、医院等公司和企业，核心品牌“云烟”、“红河”为“中国驰名商标”、“中国名牌产品”。

2011年集团品牌规模保持行业第1位、效益居行业第3位，列中国企业500强第147位、制造业500强第68位，获“全国扶贫开发先进集体”、“云南省思想政治工作先进集体”、“云南省质量效益型先进企业”等荣誉称号。

截至2011年底，红云红河集团总部下设5中心15部室，即市场营销中心、技术研发中心、生产制造中心、物资采购中心、物流中心、党政办公室、人力资源部、经济运行部、财务部、审计部、原料部、信息管理部、海外拓展部、宣传策划部、基建技改部、多元化投资管理部、党群工作部、纪检监察部、工会综合办公室、调研室。

【卷烟生产经营】 2011年，集团共生产卷烟491.47万箱、同比增长3.3%，销售卷烟498.8万箱、同比增长7.1%，实现销售收入618.48亿元、同比增长17.05%，实现税利499.81亿元、同比增长21.63%，实现利润75.99亿元、同比增长9.06%。其中，集团省内生产卷烟370.57万箱、同比增长2.08%，销售卷烟379.52万箱、同比增长7.46%，实现销售收入507.27亿元、同比增长17.48%，实现税利415.88亿元、同比增长21.35%，实现利润64.06亿元、同比增长6.97%。

【品牌培育】 面对行业快速发展的新形势，按照国家烟草专卖局姜成康局长“高端强势、中端引领、国际领先”的要求和“重在高端突破、重在持续创新、重在加强宣传、重在夯实基础”的指示精神，集团结合自身实际，坚持规划统领，进一步明确了品牌“4215”发展目标：即到2015年，力争云烟品牌规模达到400万箱、红河品牌规模调控在200万箱左右、云烟商业批发销售额1500亿元。云烟一类确保120万箱、力争150万箱，高端云烟确保15万箱、力争20万箱，二类云烟突破30万箱，三类以云烟（紫）为底线规格向上整合，使一、二、三类比例更趋合理；红河全部为三类以上规格，积极拓展一、二类市场，大力推动低三类向高三类转换，商业批发销售额确保350亿元、力争400亿元。

围绕“规模、价值、低焦低害并

举”的品牌发展思路，把资源要素更加向云烟和红河品牌聚集。云烟着力突破高端市场，云烟（大重九）2011年8月面世后市场反响热烈，年底在全国5个城市选点上市，成为超高端市场的焦点产品，进一步强化了云烟高端定位，提升了云烟品牌价值。推进云烟印象、珍品系列和红河（道）拓市上量，一类小熊猫、呼伦贝尔和软金雪莲整合至云烟品牌，三类小熊猫向红河整合，加快红河四类向三类转移，以三类为主做大体量，推动云烟和红河两大品牌结构整体上移。努力拓展低焦市场，积极培育云烟（软印象）、云烟（5mg印象）、云烟（金福）、云烟（WIN）等低焦产品，加紧研发储备高端低焦新品，稳步推进在线产品降焦，推动品牌“低焦高质”发展。加强合作生产，全年共签订合作生产协议77.6万箱，其中云烟系列37.5万箱、红河系列40.2万箱，品牌合作规模持续扩大。

【市场营销】 深化协同营销，推进工商发展深度契合，全年组织开展恳谈宣讲和文化交流434场次、受众2万多人次，签署协同营销合作协议14家。强化全员营销，集团领导分工挂片市场，加强高层沟通，协调市场规划布局、品牌发展目标、产品培育举措等重点工作；赋予新疆、乌兰浩特两厂和山昆、蒙昆两公司营销主体责任，落实营销绩效考核，巩固拓展集团生产厂所在地市场；加大工厂领导和中心部室负责人市场走访力度，传导市场压力，提高全员参与市场竞争的意识。加强内部管理，以专业化分工、项目制管理创新性开展营销工作，提高服务效率和水平，将目标分解落实到每个市场部，加大以销售业绩为依据的考核力度，进一步激发内生动力、增强营销活力。着力精准营销，选择重点规格、重点市场、重点环节在全国16个省区开展云烟印象等高端规格精准营销，充分发挥高端引领作用，实现品牌规模、结构双增长。做实终端建设，以旗舰店、专卖店、标准店等形式参与11省市29个终端项目建设，搭建网络营销互动平台，以“云之道”品牌推广网站为前台、消费者数据库为后台，进一步延伸品牌营销触角。拓展海外市场，立足缅甸、香港、印尼、南部非洲、马其顿等合作项目，推进境外实体化运作，调整外销产品线，扩大一般贸易出口，完成境外销售36.1万件、同比增长95.5%，其中境外加工12.25万件、同比增长104%。

【原料保障】 加强基地建设，完善工商共建方案，集团优质原料基地扩大为7省18市46县80个单元，以适合品牌配方需要、具有清甜香风格的“红大”、K326等为主栽品种，派驻95名科技人员全程参与烟叶生产，集团基地供给量达402万担、占采购总量的97%；加强烟庄建设，系统推进集烟叶种植、产品体验、互动交流、文化传播、品牌宣传为一体的云烟印象烟庄建设，石林园进入实质运作阶段，红河、曲靖、腾冲园的选址及资料收集工作已经开展；加强仓储建设，推进昆明卷烟厂老厂房改建原料仓库、曲靖南海子烟叶仓库及红河烟叶仓储基地建设，原昆明卷烟分厂旧厂房改建原料仓库项目已经完工；优化资源配置，整合压缩库存等级，适度对外调剂部分库存烟叶，进一步优化原料结构；制定集团烤烟工艺分级标准，完成昆明、红河、曲靖三大烟区复烤模块化配方打叶设计，统一调配烟叶，集中打烤，稳定产品质量；抓紧烟叶采购，分品种单收单调单储，着重提高烟叶纯度和工商交接

红云园丁奖颁奖及红河助学金捐赠仪式 （陈 帆 摄）

昆明卷烟厂异地技改项目落成典礼 （张文忠 摄）

合格率，2011年415.4万担烟叶采购计划已完成376.59万担，占采购计划的90.66%，其中上等烟比例达71%，同时采购调入进口烟叶14.7万担。

【科技创新】 云烟强高端，红河提结构，转化应用最新科研成果，提高产品技术含金量，完成云烟（5mg印象）、（软印象），红河（硬）和云烟（清甜香）、（大紫）等24个新品的研发储备，云烟（大重九）以专属原料、专用配方、专门工艺、专线加工充分彰显“清、甜、津、润”的风格特征，树立了高端中的尖端形象。依托“云烟专线”优化流程、精控参数，云烟（印象）、（软珍）、（紫）等主导规格品质普遍提升，“清甜香”特征进一步彰显。加强减害降焦综合技术的集成应用，云烟（软印象）等低焦油产品“降焦不降香”的品质特征得到市场认可，完成云烟（软紫）、（软如意）等产品降焦提质，推动云烟（6mg清甜香）、（3mg超细支WIN）等低焦新品研发储备，2011年集团在线卷烟产品焦油加权平均值降至12.02mg/支、同比下降0.54mg/支，危害性评价指数的加权平均值降至8.6、同比下降0.4。首创田间、烘烤、陈化、赋韵“四级调香”技术体系，突破传统调香模式，为突出云烟高端产品特有风格提供了支撑；牵头完成的“中式卷烟风格感官评价方法”达国际领先水平，奠定了集团在卷烟感官评价领域的领先地位；具有自主知识产权的内源性微生物产香技术推广应用，特征香味物质定向包埋及释放技术取得突破，拓展了降焦空间；掌握了卷烟抽吸干燥感形成的部分机理，促进卷烟保润技术从实验探索型向理论支撑型转变。集团全年共承担各级科研项目88项，申报专利79项（其中发明专利52项），获授权专利62项、软件著作权3项，13个科研项目获上级奖励，其中云南省科技进步一等奖1项、三等奖2项，云南中烟特等奖1项、一等奖2项、二等奖5项、三等奖2项。2人分别被认定为行业卷烟调香师和高级调香师，1人被认定为行业卷烟调香方向学科带头人，1人被认定为云南中烟科技领军人才，2人被认定为云南中烟学科带头人。

【生产制造】 优化产能布局，均衡生产安排，在昆明卷烟厂实施技改搬迁过程中，曲靖卷烟厂承担云烟（软珍）、云烟（紫）生产任务，在红河（硬）置换过程中，红河、曲靖、会泽、乌兰浩特卷烟厂及山昆、蒙昆公司开展转换生产，切实保障市场供应。落实“体系目标化、管理流程化、流程信息化、基础规范化、改进持续化”五化要求，修订完善体系文件，协调推动“多标一体”整合，完成文件发布平台整体转换，开展管理目标检查和体系文件交叉审核，持续改进提升业务流程效率。推进创优、对标，以专题为抓手，完善创优指标数据，各生产厂深入推进现场管理；强化生产厂经济目标考核，加强成本控制，推广设备优秀操作法，对照行业10项主要经济技术指标，集团创优达标率83%，昆明卷烟厂被评为云南中烟优秀卷烟工厂；建立集团对标指标数据库，开展对标项目攻关，改进短板，集团31指标同比有所提高，2项指标列行业第3位，26指标优于行业平均水平。加强质量考核，成立集团产品质量安全委员会，统筹指导产品安全工作，构建起涵盖原料、添加剂、烟用材料等169项企业标准的质量安全控制体系，集团在农残控制、添加剂安全指标、接装纸质量指标等方面处于行业领先水平；强化标准指导，量化指标考核，以工作质量保证产品质量，全年产品质量行检、抽检、商检合格率均为100%。加快技改进度，昆明卷烟厂生产、技改、搬迁三线攻坚，2011年5月新厂区竣工投产，曲靖卷烟厂技改项目卷包中庭改造主体工程完工，会泽卷烟厂技改项目组织施工招标，新疆卷烟厂技改项目联合工房主体结构基本完工，乌兰卷烟厂技改收尾工作进展顺利，红河卷烟厂技改项目组织地质勘探招标，昆明卷烟厂、曲靖卷烟厂打叶复烤线技改加快规划。

【基础管理】 加强预算管理，理顺预算管理运行机制，进一步搭建适合集团发展需求的全面预算管理体系，认真执行预算分级负责、归口管理、统一审批的制度，严格编审各单位部门年度预算，强化预算执行跟踪监控，集团预算管理能力不断增强。推进办事公开民主管理，细化公开目录与内容，做好职代会提案回复，保障职工的知情权、参与权、表达权和监督权；强化工程投资、物资采购、宣传促销管理，工程建设项目、十二类卷烟材料采购、宣传促销项目及促销品等严格招标、竞标、评标，公开透明操作，着力打造阳光烟草。加强信息化建设，集团ERP（企业资源管理系统）项目于2011年底上线运行，实施MES（生产制造执行系统）、协同办公、主数据管理等信息系统建设，协同办公系统顺利运行，预算编制系统投入使用。加强内部监管，加大重点领域和关键环节监管力度，深入开展工程建设领域突出问题和“小金库”专项治理、“六五”普法及烟叶收购廉政教育等活动；加强审计工作，2011年完成经济合同会审3486项、工程结算审核1602项，审减金额1.74亿元，招标比价项目721项，节约资金3.36亿元，集团“三重一大”监管体系持续健全。

《红云红河新闻》58期、时政新闻450余条。以“服务集团发展、服务青年成长”为团建工作的出发点，着力推进工作基础、素质提升、关爱温暖和社会公益4项工程，举办“青年职业生涯规划导航”第三届红云红河青年论坛、“争做职业化员工”博文比赛、青工技能月、特色青年团队评选、青年创新项目星光奖、青年关爱活动等，编发《青春的跨越—共青团典型工作案例》。支持公益事业，持续推进会泽、巧家县“挂钩扶贫”和镇康、富宁、沧源县“兴边富民”对口帮扶工作，签订共计2400万元新的三年兴边富民工程帮扶协议；在云南省内继续扩大“红云园丁奖”、“红河助学金”捐助设立范围，全年集团在13所高校投入1320万元，对优秀教师和品学兼优的贫困学生提供更多的支持和帮助；在全国深入推进“红云图书室”拓展工作，继续支持“红云红河 昆明好人”活动，继续参与“红云生态公园”建设，在67个城市广场开展数字电影公益放映活动1200余场。集团有爱心、负责任的社会形象不断强化，受到省委、省政府和社会各界的高度赞誉，2011年集团获“全国扶贫先进单位”、“云南省十一五扶贫开发工作先进集体”等荣誉称号。

（红云红河烟草（集团）有限责任公司）

金 融

◆ 责任编辑 杨子人

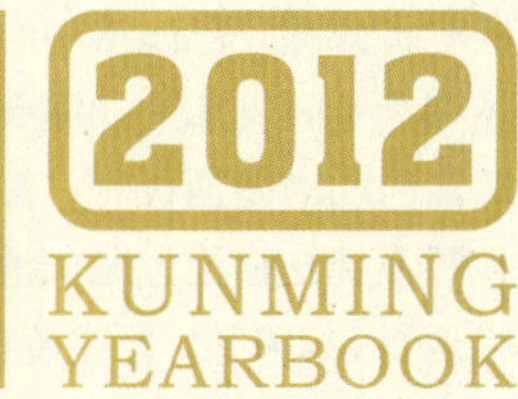

综 述

【存款】 截止到12月末，全省金融机构本外币各项存款余额15429亿元，增长14.5%，比年初增加1953亿元。

【贷款】 截止到12月末，本外币各项贷款余额12348亿元，增长15.3%，比年初增加1643亿元。积极创新融资方式，拓宽企业融资渠道，新增其他融资541亿元，有效支持全省经济社会平稳较快发展。

【货币政策工具作用显著】人民银行昆明中心支行积极争取总行政策支持，2011年累计增加云南省地方法人金融机构信贷总量、再贷款、再贴现限额合计115.42亿元。灵活实施“区别对待”政策，调增云南省农村信用社34亿元新增贷款总量，有效支持全省各地抗旱抗震救灾工作。对富滇银行累计发放11.6亿元中小金融机构再贷款，促进其不断优化信贷结构，切实加大对中小企业的支持力度。2011年全省人民银行累计发放再贷款64.9亿元，办理再贴现79亿元，较上年分别增长4.7倍和1.01倍。

【信贷政策指导】 人行昆明中支结合云南实际，制定实施全省信贷指导意见。利用货币信贷运行分析会、房地产金融分析会，约见谈话等手段，引导和推动金融机构贯彻落实信贷政策。组织中小企业融资服务对接会，启动网上融资服务平台，配合有关部门在鲁甸县创新开展小微企业融资服务试点。中小企业贷款新增438亿元，保障性住房贷款增加87.5亿元，助学贷款增长46%。林权抵押贷款排名全国第一。

【金融服务“三农”】 人行昆明中支紧密结合云南实际，在全国首创金融服务“三农”、“一个创新两个建设”工作，积极推动省政府召开全省电视电话会议，出台《云南省人民政府办公厅关于推进农村金融产品和服务方式创新的实施意见》等一系列支持配套文件。地方政府积极响应，成立领导小组，建立联席会议制度。部分州市政府还安排专项资金，提供政策扶持。

截止到12月末，全省涉农贷款余额4192亿元，增量、占比均高于上年各项贷款平均水平。推出存货质押贷款、费权质押贷款、农用汽车合格证质押贷款、仓单质押贷款、农户联保贷款、涉农企业小企业联保贷款以及农户住房、宅基地使用权质押贷款等数10种服务“三农”的信贷创新产品，林权抵押贷款继续保持领先地位。农村新型支付工具及业务推广取得积极进展，农村地区银行类金融机构网点接入行内系统和现代化支付系统覆盖率分别达到93%、60%。农村地区人均持卡达到0.63张，率先在全国推出“惠农支付服务”业务，建成“惠农支付服务业务点”759个，在烟草、蔬菜、花卉等特色农业领域实施农副产品收购资金电子化支付，逐步引导农村经济实体和农户改变结算习惯，意义深远。2011年全省建成15个州级、17个县级刷卡无障碍示范街以及7个刷卡无障碍示范景区，银行卡受理市场环境持续改善。农村信用体系建设试点工作进一步推进，为698万户农户建立纸质信息档案，240.48万户农户建立电子信用档案，评定信用农户416万户，信用村2586个、信用乡镇59个，试点州市工作推进成效显现。

【支付体系稳健高效】 人行昆明中支积极推进对非金融机构的行政许可、新版票据凭证和支付密码推广使用工作。云南省支付结算综合业务系统成功上线，实现省内跨行资金的实时清算。抓好清算中心分设后的管理，创造性提出“控制性管理”模式等经验做法并得到总中心肯定，实现日清算量超千亿元无差错以及三大业务系统安全稳健运行的好成绩。

【信用体系建设】人行昆明中支在全国率先建立信用评级报告集中审核制度，开展形式多样的信用宣传和主题活动,制定出台《云南省中小企业信用体系建设实施意见》。至11月末，全省人民银行累计完成21165户中小企业信用档案建设工作，其中4663户企业获得信贷支持。

【货币金银管理】 人行昆明中支顺利推进云南省发行基金物流管理系统试点，全面组织对全省货币发行业务及发行库的内控安全现场检查，积极推进全省有库县支行发行库硬件设施改造。钞票处理业务迈上新台阶，强化内控管理和监督检查，实施清分“连班制”，实现2011年安全生产无事故，超额完成总行下达的销毁清分任务，单机产量多次排名全国第一。

【国库管理】 人行昆明中支成功实

现对省分库、昆明市中心支库、五华区和盘龙区支库的业务合并，建立国库横向联网协调机制，顺利完成横向联网系统在临沧、迪庆地税系统的推广运行，2011年全省共有129家单位实现横向联网。组织开展国库业务综合柜员制专题调研，探索开展地方国库现金管理业务。2011年全省各级国库办理一般预算收入入库、一般预算支出同比分别增长24.1%和30.2%。

【反洗钱工作】 人行昆明中支认真开展边境8州市大额现金监测工作，首次完成对全省91家金融机构依法履行反洗钱义务情况的评估。协查案件数比上年同期增长33%，协查次数增长21.2%。协办案件取得关键进展。

【跨境人民币结算】人行昆明中支出台《云南省人民银行系统支持服务桥头堡建设指导意见》，推动与云南周边国家实现双边本币结算，成功组织并参与对泰国、老挝央行的出访，代总行草拟中老结算协议，与老挝央行进行磋商并取得实质性进展，为总行与老央行签订两国结算协议奠定基础。在全国首次实现人民币对老挝基普的柜台挂牌。在全省6家商业银行推出人民币对泰铢柜台挂牌的基础上，12月19日成功实现全国首例人民币对泰铢银行间市场的区域交易。截至2011年12月31日，市场运行平稳，交易活跃，累计交易57笔，金额2.46亿元。跨境人民币结算业务迅速增长，2011年共办理跨境人民币结算业务突破250亿元，为上年同期结算量的3倍。实现资本项目人民币结算零的突破，结算金额达78.70亿元。跨境人民币结算地域范围从8个国家扩展至26个国家和地区。昆明区域性金融中心建设取得实质性进展。

（李　峰）

【银行业金融机构资产数及负债额】 截至2011年12月31日，昆明市银行业金融机构资产总额达10492.55亿元，占全省资产总额的55.18%，负债总额达10198.90亿元，占全省负债总额的55.20%，资产负债总额首破万亿。

【银行业金融机构网点数】 2011年末，昆明市各类银行业金融机构设网点1225个，从业人员23250人，网点覆盖全市主要经济区域，基本满足各层次的金融服务需求。

【银行业服务“桥头堡建设”】 云南银监局紧紧围绕“桥头堡”建设的重大战略目标，积极加强与有关各方的沟通协调，加强向银监会的汇报反馈，促成银监会下发《关于服务云南桥头堡建设相关事宜的复函》，明确表示鼓励银行业支持云南“桥头堡”建设、昆明泛亚金融产业中心园区建设，鼓励各类银行业金融机构入滇设立分支机构和村镇银行，支持地方金融机构改革发展。针对全省二级公路建设融资难题、水利建设资金缺口等问题，积极向银监会沟通协调，得到最大程度的政策支持，有效缓释相关风险。

【银行特色改革】 云南银监局持续狠抓“宏观调控”和“风险管控”两个重点，深入推进“强化有效监管”和“强化内部管理”两项建设，指导大型银行做好网点升级改造，启动邮储银行二类支行改革工作，促进邮储银行稳健发展。督促城商行不断改善公司治理与内控建设，走差异化、特色化发展道路。推动农村中小金融机构改革，股权改造工作全面推进。汇丰银行、南方电网财务公司先后入滇设立分支机构，新设呈贡华夏、富源富滇村镇银行、民生银行、上海农商行等网点，批量化组建村镇银行加快推进。

【银行监管】 结合国内外突发信息科技风险事件及时作出相关提示，督促各银行加强网上银行及重要业务系统风险监测评估。对部分机构流动性比例下降等问题密切关注并采取措施。及时调查缅甸密松水电站停建引发的授信风险，督促相关机构建立健全国别风险管理体系。加强对各条线功能监管的组织协调，制定实施《现场检查监管后评价暂行办法》、《银行业金融机构董事和高级管理人员任职资格考试暂行办法》，建立市场准入、现场检查和非现场监管3个联席会议制度，加强对各条线功能监管的组织协调，监管有效性逐步提高。对代理保险、高息揽存、理财业务违规行为进行检查纠偏。联合物价局对违规服务收费进行查处，处理违规收费15369笔，清退多收费用15.12万元，维护良好的金融秩序并有效保护消费者合法权益。全年检查并提出整改意见2167条，对部分机构业务违规行为处以140.38万元罚款，追究处理相关责任人103人。

【推进贷款新规执行】 按照抓法人、抓查处、抓关键的“三抓”要求，提出明确时间进度表，对银行业金融机构受托支付比重和中长期贷款合同修订补正达标提出刚性要求。采取明确时间进度表，实施监管联动、动态跟进、执行进度、评价考核“四单”管理，建立定期上报、通报、检查、处理、跟踪、达标“六定期”机制，并根据执行中存在的问题，采取全辖通报、诫勉谈话、差异化监管、降低监管评级、限制行政许可、行政处罚“六项措施”保障工作实效。先后召开3次联席会议，发出23份监管联动单、35份监管提示、13期监管通报，检查贷款10039笔。对执行比例低、实效差、行动缓的机构，适时安排尽职检查，总结推广辖内银行业金融机构推进实施“三法一指引”的良好做法和经验，多措并举确保贷款新规强力推进。

【风险防控】 采取切实措施重点推进平台贷款整改、增信工作，扎实化解平台贷款风险。制定内部工作规程，确保各级监管部门规范有序推进风险定性动态调整和平台退出工作。推行台账监测和常态化管理，适时开展现场督导和检查验证，抵质押担保整改和还款方式补正取得积极进展，平台贷款风险防范化解工作得到有力推进。

认真督促执行差别化房贷政策，严禁捆绑销售等违规行为。落实“名单制”管理，持续跟踪闲置土地和违法违规房企名单信息。开展新一轮压力测试，完善压力测试模型。联合国土等部门按季召开“房地产经济运行分析联席会”，构建房地产信息共享交流机制，年内全省房地产开发贷款低于各项贷款平均增幅。

【支农金融服务】 加强对地区经济金融形势的分析，认真落实国家宏观调控政策，督促指导辖内银行业切实做好支农金融服务工作，要求涉农机构新增授信必须首先满足涉农贷款需求，严格控制非农贷款。积极引导银行业金融机构到金融服务薄弱地区设立机构，积极推进村镇银行组建工作，不断提高农村金融服务覆盖面。12月末全省涉农贷款余额4192.66亿元，占各项贷款余额的33.88%，同比增长15.50%，高于各项贷款平均增速。

【中小企业金融服务】 认真落实促进小企业发展的政策要求，将小企业贷款增速不低于全部贷款增速列入监管指标。深入开展小企业贷款风险补偿机制研究，就贷款存量增量补偿、规费减免问题等向省政府提出具有可操作性的建议并起草相关实施意见。联合工信委等部门举办中小企业融资服务对接会，编发《融资服务手册》，建立网上融资服务平台，促成18家银行对1180户中小企业协议及意向性贷款近200亿元。督促银行业金融机构全面清理纠正对小企业的不合理收费。通过大力传导政策，鼓励典型带动，引导辖内多家机构立足本土市场，创新产品和服务方式，在小企业金融服务方面探索多条特色之路，取得良好的经济和社会效益。

【助推绿色信贷】 结合云南区域特点，继续加快推进林权抵押贷款工作，完善林权抵押贷款的配套措施，2011年末，全省林权抵押贷款余额达63.13亿元，比年初增长30.16%，该项工作居全国前列。参与制定《云南省淘汰落后产能工作考核实施方案》，及时获取“2011年淘汰落后产能企业名单”并持续跟踪其动态变化情况，督促严控落后产能新增授信，全力支持绿色经济强省建设。

【案件风险防控】 多次组织开展案件高发领域和环节的风险排查，督促银行业金融机构牢固树立审慎经营观念，全面强化案件防控基础工作，加大重点案件处置协调督导力度。及时摸清全省民间借贷风险底数，要求银行业金融机构筑牢防火墙。持续开展处置非法集资宣传教育，积极协助政府加大非法集资处置力度，对涉及2250人、6461万元的非法集资案进行性质认定，妥善处理金座公司案受害人员群体性上访事件，维护社会稳定。

（崔志松）

【年度直接融资首破百亿大关】 全年共有6家上市公司完成定向增发，2家上市公司发行公司债，通过资本市场直接融资总额100.25亿元，首次突破百亿元大关，与上年同比增长1.05倍，融资额再创历史新高，有力支持全省经济建设（其中注册地在昆明的3家上市公司完成定向增发，1家上市公司发行公司债，通过资本市场直接融资47.83亿元）。此外，还有6家上市公司启动再融资程序，计划筹资金额160亿元，为2012年进一步扩大直接融资规模奠定良好的基础。

【上市资源培育工作】 2011年全省上市资源培育工作取得成效，进入辅导备案的拟上市企业数量创下新高，全省有4家企业（其中注册地在昆明的有2家）向证监会上报IPO申请，11家公司（其中注册地在昆明的有3家）完成辅导备案，企业上市工作取得积极进展。

【上市公司业绩】 通过开展打击防控内幕交易、“解决同业竞争、减少关联交易”和企业内部控制规范等专项活动，上市公司独立性、规范性得到有效提升，上市公司质量进一步提高，总体业绩持续保持增长。全省28家上市公司（其中18家注册地在昆明）前三季度实现营业总收入896.98亿元，占同期全省GDP的15.54%，占全省规模以上工业增加值的44%；同比增长32.82%，远高于全省GDP增幅。实现利润总额51.21亿元，净利润42.13亿元，同比分别增长55.75%和55.03%，增幅均高于全国平均水平。共计上缴所得税9.09亿元，同比增长59%。上市公司对全省经济的贡献率进一步提高，已经成为全省经济发展的重要力量。上市公司并购重组取得明显进展，5家上市公司完成并购重组，交易金额达70.41亿元，有力促进全省经济结构调整，公司产业链进一步完善，核心竞争力进一步提高。

【证券市场成交额】 2011年，全省证券市场累计总成交金额为6870.43亿元（其中昆明市为5261.35亿元，占76.58%），同比减少22.33%。

【股票开户数】 全省新增股票开户数14.39万户，同比减少7.7%，全省累计开户数达187.66万户（其中昆明市为122.4万户，占62.59%）。

【证券公司业绩】 由于市场持续深幅调整，云南2家证券公司（红塔证券、太平洋证券，注册地均在昆明）

业绩大幅下降，全年实现营业收入11.80亿元，同比减少32.57%，税前利润3.76亿元，同比减少56.63%。为打破传统业务（自营、经纪业务）发展瓶颈，两家证券公司积极创新发展，分别申请代办系统主办券商、融资融券、资产管理、基金代销等新业务资格，并通过设立直投公司、基金公司，拓展业务范围，谋求业务转型，提升盈利能力，争取获得更大的发展空间。红塔证券已获批代办股份转让系统主办券商资格，为下一步参与场外市场建设奠定基础。2011年，辖区两家证券公司风控指标总体达标，资本持续充足，盈利状况总体良好，特色优势继续保持并有所发展，收入构成较为均衡，其中自营业务收入均高于行业平均水平，经纪业务收入占总收入比重进一步降至45.34%，低于行业平均水平，正在逐步摆脱对经纪业务的过度依赖。

【期货经营机构】为充分发挥期货市场功能，省证监局积极推动和支持优质期货公司到云南省州、市设立营业网点，市场辐射力进一步增强。2011年新批设4家营业部，全省期货经营机构增至17家（2家期货公司，15家期货营业部，其中2家公司、11家营业部在昆明），网点从昆明扩展到曲靖、大理、蒙自、楚雄，同时积极协调郑州商品交易所新增1个白糖交割库。

【期货市场业绩】 2011年，辖区期货市场保持稳定发展态势，辖区期货投资者达到1.39万户，同比增长21.93%。

【期货机构业绩】 云南省17家期货经营机构全年累计完成代理交易额1.54万亿元（其中昆明市为1.47万亿元，占95.45%），同比增长5.30%，增速高于全国平均水平；共计实现利润总额1900万元，15家期货营业部有9家实现盈利。

（蒋厚贤　朱俊波）

【昆明保险市场总体情况】 2011年昆明保险市场业务持续增长，全年共实现保费收入95.52亿元，同比增长13.04%。其中，财产险保费收入44.09亿元，同比增长22.05%；人身险保费收入51.43亿元，同比增长6.01%，按旧口径计算，全年共实现保费收入103.8亿，同比增长6.34%。保险公司总资产达171.46亿元，比年初增加28.88亿元，增长20.26%。2011年，全市保险公司共发生赔付支出31.99亿元，比上年同期增长31.51%。

保险市场主体逐步增加。2011年，全市共新开业保险法人公司1家，保险省级分公司2家，截止2011年，底保险省级分公司达31家，其中财产保险省级分公司19家（含中国出口信用保险公司云南分公司），人身保险省级分公司12家。2011年底，有专业中介法人机构40家。

【保险风险监管】 省保监局定期对保险公司业务数据进行风险监测，关注业务波动较大机构；建立保险公司分支机构偿付能力风险指标体系，监测保险机构偿付能力风险；探索构建数据管理、数据监测、数据监管三层级数据化全面风险监控体系，提高保险监管效率。加强财务真实性和业务合规性管理。实施产险“五跟”和寿险“六跟”制度，按月度监测中介业务手续费支付合规情况；每季度开展区域市场秩序和风险状况问卷调查。推进保险公司风控体系建设。落实内部审计报告制度，推动公司构筑风险防范的第一道防线；进一步推进收付费省级集中，督促零现金制度落实，防范收付费环节风险；坚持寿险退保月度监控，妥善处理投诉件问题，严防个别退保演变为大规模事件。将经营风险防范工作前置。严格执行行政许可制度，高标准、严要求管控好“机构、人员”准入关口，强化机构设立规划约束、进一步完善高管任职资格审核制度。

【保险监管制度创新】 2011年，省保监局从两方面加强对监管制度的建设：完善监管制度。建立行政许可审核、行政处罚和稽查3个工作委员会；研究制定《云南省保险公司分支机构建设指引（试行）》，规范保险公司分支机构建设，加强保险机构准入监管；建立兼业代理管理责任人制度，强化保险公司管理责任。督促保险机构加强内控制度建设。出台《云南省保险机构高级管理人员任职资格考试及教育培训管理暂行办法》和《云南保监局行政处罚罚款收缴暂行办法》，通过分类监管措施扶优限劣，增强内控监管有效性。引导公司开展风险评估和高管人员任期经济责任审计工作，强化公司风险识别和预警，强化审计对分支机构高管的管理。督促专业中介机构加强制度建设，对经营管理混乱、制度建设薄弱的机构进行风险提示，促进依法合规经营。

【保险监管方式和手段】 实施分类监管制度，对辖区保险公司分支机构风险状况进行分类评估，其中A类公司7家，B类公司10家，C类公司7家、D类公司3家，对风险偏高公司采取监管措施。实施大型商业风险招投标报告制度，对低费率、扩展责任等涉嫌违规行为提前介入监管；改进监管手段。指导行业协会建设车险信息平台，实现省内保险行业承保、理赔数据共享，交强险与商业车险信息的合并对接。将监管工作与行业协会的自律工作有机结合，提高协会自律工作的有效性。运行保险机构与高管人员管理信息系统，并对辖区保险分支机构和高管信息进行清理和核对，摸清家底。编发《云南省保险业高管履职指引》，全面系统宣导保险监管政策；探索中介市场差异化监管模式。对专业中介机构实行A、B、C三类监管，重点跟踪关注风险较集中专业代理机构。对兼业代理市场，细分银邮、非银邮兼业代理机构采取差异化监管措施。

【规范保险市场秩序】 按照保监会的统一部署，突出现场检查重点，坚持检查与处罚并重，继续加大市场秩序的规范力度。财产险方面，把查处公司的业务、财务数据不真实，不严格执行报批报备条款费率，理赔难的问题作为重中之重。相继对2家公司开展全面现场检查，对1家公司开展理赔服务专项检查，对4家公司开展数据真实性检查，并对重点信访案件进行调查处理。人身险方面，重点规范银邮业务、团险业务、销售误导和收付费流程。开展业务质量大检查，整治销售误导、账外支付手续费问题；对银邮渠道销售误导进行全面“大巡查”，检查宣传资料、销售资格、销售行为和销售管理。保险中介方面，加大对保险公司中介业务违法行为的检查，督促保险公司与保险中介机构建立合法、真实、透明的合作关系，强化保险公司对中介业务和中介机构的管理。对1家保险公司、4家专业代理机构开展现场检查；对兼业代理机构进行全面的清理整顿，依法注销1118家保险兼业代理机构的许可证。同时，按照保监会统一部署继续开展国有及国有控股保险机构“小金库”专项治理工作。

2011年，保监局共派出34个检查组、236人次，对39家保险机构进行现场检查，对违法违规行为坚决依法从严从重从快处理。共下发处罚决定书35份，对19家保险分支机构，16名个人作出行政处罚，累计罚款242万元；警告保险机构4家、个人13人，吊销保险兼业代理许可证1家，撤销1家经纪公司省分公司；下发监管函18份。通过检查和处罚，有力地打击违法违规行为，促进行业依法合规经营。

【保护被保险人利益】 完善信访工作机制。2011年，云南保监局共处理来信、来访、网络投诉140件，同比下降25%。通过调查、协商、调解、督办等多种途径，大部分信访件得到妥善处理，满意度较高；做好保险消费者教育工作；进一步提高理赔时效。认真做好严重旱灾、泥石流、暴雨洪涝、重特大交通事故、煤矿安全事故等理赔服务工作。全面落实理赔服务公开制度，开展轻微交通事故快处快赔和积案清查工作，大力推动车险承保理赔信息客户自主查询，督促公司不断缩短结案周期，增加服务透明度，提高理赔时效。

【改善保险行业发展环境】 继续加强与各级党委政府的协调配合。将昆明市作为保险业优先发展、创新发展和统筹发展的先行区，实施“保险昆明行动计划”，推动建立总分公司联动服务地方经济建设的新机制；继续保持与相关政府部门的密切沟通协调，积极推动相关重点领域保险工作开展；努力提升保险营销员素质；积极协调解决制约行业发展的营销员税收瓶颈问题，经过努力，营销员营业税参照小型微型企业，起征点提高到2万元。

（张笑妍）

【金融合作】 市金融办不断完善金融协调、服务和管理机制：保持与驻昆金融机构的联系和往来，巩固合作关系。先后走访建设银行云南省分行、上海浦发银行昆明分行、深发行昆明分行、工商银行云南省分行、广发银行、富滇银行、光大银行昆明分行等驻昆金融机构，了解和掌握金融信贷政策导向、投放的重点领域及金融运行情况等，并积极推介项目，协调贷款资金；建立政银企合作机制。建立昆明市金融联席会议制度，每季度召开一次有一行三局、驻昆银行业金融机构、市县级相关部门、各级投融资平台公司参加的金融会议，加强信息沟通，增进双方了解，为银行、企业牵线搭桥。成功对接完成市领导拜访驻昆银行省行和赴京拜访驻昆总行；根据《昆明市人民政府与新加坡公共事务对外合作局有关公私合营模式培训项目之合作协议》，由淡马锡基金会提供资金支持，市金融办继续邀请新方专家就投融资相关专题来昆授课。公私合营培训于2月、5月、8月成功举办3期，累计培训来自市级相关行政部门、各县（市）区和各级投融资公司分管领导共200多人。

【金融机构对昆明市投资额】 认真做好银行与项目单位之间的协调服务工作。市政府与驻昆各主要金融机构签订金融合作协议，政府与金融机构的合作得到加强，金融合作范围稳步扩大。金融业对昆明市基础设施建设、环境治理、民生工程、园区建设、土地一级开发、全域城镇化等领域给予大力支持。全市金融行业紧紧围绕市委、市政府确定的发展战略，确保重点领域、重点项目资金需求。针对部分领域金融服务不足的问题，金融部门和金融机构积极创新金融产品、拓宽服务范围，通过设立中小企业信贷专营机构、发放“惠农卡”等多种措施，解决金融服务中的薄弱环节。2011年1～12月，银行业对基础设施项目投入资金达385亿元；新增中小企业贷款81.92亿元、涉农贷款169.29亿元；小额贷款公司贷款发贷40.5亿元，其中，70%投向“三农”领域。

【金融开放取得新实效】 云南省跨境贸易人民币结算试点启动，昆明区域性跨境人民币金融服务中心揭牌，中国昆明泛亚金融产业中心园区建设启动金融招商引资取得较好成绩，最终促成汇丰银行、华夏村镇银行、恒丰银行、中信建投证券、华融证券、中杭融资担保、上海万安担保、五矿期货、有色金属交易所、华育保险、世纪保险、生命人寿保险、鼎和财产保险、华夏人寿保险、斯特锐保险、天津邦友基金、中鼎基金等重大项目的成功落地，加快建设昆明市面向东南亚、南亚开放的区域性国际金融中心，实现金融业发展与助推区域经济腾飞的双赢。

【金融招商】 截止2011年底，市金融办在全年的金融招商工作中，招入企业50户，引进金融机构23家，其中银行3家，证券2家，保险6家，基金公司6家，交易所3家，担保公司2家，期货1家，涉及12个行业，引进内资57657.56万元，完成全年任务的288%；完成外资353.74万元，完成全年任务的236%，创造昆明市金融发展新环境。

【投融资成效】 紧紧围绕昆明市基础设施建设、环境治理、民生工程、园区建设、土地一级开发、全域城镇化等领域，出台《昆明市在建工程抵押贷款管理暂行办法》，引导、协调驻昆金融机构在信贷资金、产品创新等方面给予昆明市大力支持，圆满完成市委、市政府领导带队赴京拜访金融机构总部，争取资金、争取规模、争取政策，确保重点领域、重点项目资金需求。同时，指导、帮助市级投融资公司按照银监会最新要求做好债务保全、去“平台”化、包装项目，积极协助投融资公司与资产管理公司创新合作，指导市级各融资公司利用票据、债券等直接融资，帮助各县市区引进金融租赁进行信息化建设融资等。截止2011年12月末，全市政府性项目实现融资1134.32亿元（实际到位898.14亿元），同比增长22.64%，超额完成2011年融资任务，有力地推动融资资金的持续稳定增长，有力保障了政府性项目的资金需求。

【缓解中小微企业融资难问题】 为服务中小微企业发展，缓解中小微企业融资难问题，市金融办采取多种举措：拟定《昆明市关于鼓励和促进中小微企业融资的若干意见》，通过引导银行业金融机构增加信贷投入，健全担保体系；拓宽融资渠道，构建信用体系；引导企业健全各种管理制度，提高企业自身素质和信誉度等方面缓解中小企业融资难问题；举办“昆明市嵩明县中小微企业融资超市活动日”，得到省政府金融办、人民银行昆明中心支行、云南银监局、农业发展银行、农业银行等驻昆金融机构，以及部分担保、小额贷款、股权投资基金公司的大力支持，当地175家中小微企业参加，融资需求10亿元，现场签约7家，签约金额合计1760万元，有初步合作意向的企业102家，达成意向金额3.6亿元，为帮助昆明市中小微企业渡过难关搭建有效融资对接平台进行良好尝试；积极调研，了解各家银行业金融机构对中小企业服务的特色，以及对担保的要求，通过分析，向有关企业进行推荐，与民生银行达成促进昆明市中小微企业融资的战略合作协议，拟在“十二五”期间专项为昆明市的中小微企业提供100亿元的资金支持。

省市相关领导共同按下昆明泛亚金融产业中心园区启动水晶球

（市金融办 供稿）

【挂牌成立10家金融要素交易所】 为促进和规范昆明市要素市场健康有序发展，发挥市场配置资源的基础性作用，建立健全昆明市多层次全覆盖的要素市场体系，推动昆明市构建区域性、国际化金融中心，截止2011年11月30日，昆明市共挂牌10家交易所，分别为昆明泛亚有色金属交易所、昆明贵金属交易所、昆明泛亚黑色金属交易所、昆明泛亚联合产权交易所及其控股、参股的昆明产权交易所、昆明环境能源交易所、昆明珠宝玉石交易所、昆明橡胶交易所、昆明土地和矿业权交易所。

【“保险昆明行动计划”】 1月7日市委市政府召开“保险昆明行动计划”动员大会，2月初，组建“保险昆明行动计划”办公室，与各县（市）区明确目标责任。截止2011年底，全市“保险昆明行动计划”所有项目共产生保费226445.48万元，争取到中央、省、市及各县（市）区财政支持资金8242.82万元，各项理赔、给付金额达到14201.76万元。参保群众在应对灾害、意外及疾病时得到补助，享受到实惠，大大提高市民对保险认识，同时也提高昆明市民众对“保险昆明行动计划”的响应。

各级政府认真落实2011年“保险昆明行动计划”目标责任书，加大对农业保险的支持力度，全市必达项目中：能繁母猪、经济林和城镇居民医疗及大病补充开展达到100%，水稻、农村居民房屋和城镇职工补充医疗及大病医疗保险达到90%以上，奶牛、新农合补充医疗及大病医疗保险开展也达到70%。在争取目标中：失地农民养老、小额借款、玉米（花卉）和私立民办学校（幼儿园）保险达到85%，环境责任、城市交通快处快赔和财政资金支持外来务工项目取得突破，达到60%以上，财政资金支持对外务工人员、暂住人群、环卫、城管、交通协管中等对象保险试点开展工作由原来的3个县区增加到7个县（市）区，其余项目也正在有序开展中。同时，部分项目的保障额度也有较大提高：宜良新农合大病补充保险保障水平由原来的每人每年5万元提高到11万元，城镇居民医疗保险最高支付额从6.5万元提高至10.5万元。

【涉农金融服务】 涉农贷款增长迅速。2011年10月全市金融机构涉农贷款余额为1353.56亿元，环比增速3.76%，比年初增长23.4%；全市农村所有乡镇银行金融机构网点覆盖率为100%；全市36%农户持有“惠农卡”，全市农业银行已发放“惠农卡”21万张，贷款余额超过4亿元。

2011年4月22日市政府下发《昆明市人民政府关于印发“三农”金融服务系列文件的通知》，全市金融机构全力开展“三农”金融服务工作，努力推动农村金融服务质量和水平的提高，积极推进农村金融制度创新、产品创新和服务创新。

【村镇银行筹建】 2011年8月16日，昆明市第一家村镇银行昆明呈贡华夏村镇银行正式开业，9月末，安宁稠州村镇银行也获批筹建。市金融办按在昆明市9个郊县（市）区各设立至少1家村镇银行，实现村镇银行网点在昆明所有郊县（市）区全覆盖的总体规划，正积极协调村镇银行设立的前期准备工作，经过艰苦的努力，已初步争取到中国银行作为主发起人在石林县、寻甸县、东川区各设1家村镇银行；上海浦发银行、上海农商行作为主发起人在嵩明县各设立1家村镇银行；恒丰银行作为主发起人在晋宁县设立1家村镇银行；浙江民泰银行作为主发起人在宜良县设立1家村镇银行；重庆银行作为主发起人在禄劝、富民县各设1家村镇银行。从达成意向来看，基本实现9个县（市）区村镇银行网点的全覆盖，推进工作初显成效。

【小贷公司设立及监管】 2011年，昆明市组织开展4批小额贷款公司候选人的评选工作，共向省金融办推荐上报55家小额贷款公司候选人。前两批各14家已经顺利获批筹建，第三批的12家小贷公司已顺利通过省金融办评审，正陆续落地开业，第四批的15家小贷公司已将相关资料上报省金融办待批。

市金融办制定《昆明市小额贷款公司监督管理办法》、《昆明市金融办2011～2012年小额贷款公司发展规划》等一系列文件，不断完善制度建设，为昆明市小额贷款行业的健康发展奠定基础。通过运用第三方审计，借助人行、银监、财政、工商、合作银行及中介机构等部门力量，加大现场检查力度，并对违规小贷公司加大处罚力度。经报省金融办批准，分别对宜良金誉小额贷款有限公司和呈贡县亿成小额贷款有限公司给予取消经营资格和筹建资格处罚，给全市的小额贷款公司敲响警钟。

【小贷公司业绩】 至2011年底，昆明市共有116家公司获得筹建小额贷款公司的资格，注册资本金达70.93亿元人民币，已经省金融办验收合格正式开业的有105家，注册资本金共计62.7亿元。全市小额贷款公司本年累计发放贷款5174笔，本年累计发放贷款金额82.63亿元。全市小额贷款公司贷款余额为60.59亿元，较上月增加10.05亿元，支农贷款比例为64.02%。12月份，全市小额贷款公司共发放贷款851笔，金额18.14亿元，同比减少15.2%，较上月增加10.05亿元；同期收回贷款468笔，金额7.63亿元。

【金融生态环境建设】 拟定并与人民银行昆明中心支行联合下发《关于进一步加强金融生态环境建设的意见》；深入开展调研，完成“桥头堡”建设系列丛书十大课题之一——《区域性国际城市与区域性国际金融服务中心》；广泛开展金融招商宣传，进行昆明泛亚金融产业中心园区推介。

改善金融生态环境，吸引国内外各类金融机构入驻昆明，大力支持保险机构、证券营业部、期货公司（营业部）、创业风险投资机构、产业基金、金融租赁、财务公司、信托机构等金融机构主体以及金融中介机构持续健康增长，适应昆明经济社会科学发展新跨越的金融需求。截至年底，中国进出口银行、香港恒丰银行都在昆设立分行，齐鲁、国海、华融、华泰联合4家证券机构已入驻昆明，正在商谈意向入驻昆明的有汇丰、北京、重庆、江苏、浙商5家银行；在金融集聚区建设的前期调研中，驻昆39家金融机构表示愿意入驻，总计需要土地面积约191368平方米（约287亩）、建筑面积约1187569平方米。其中：在银行机构方面：13家银行机构有不同程度的入迁意愿，银行机构入迁需要土地面积总计141934.13平方米（约213亩）、建筑面积总计1104830.2平方米。表明总部入迁的有中国工商银行云南省分行；分支机构入迁的有人民银行昆明中支及结算中心、中国工商银行、富滇银行、中信银行；8家银行机构有新建需求，3家银行机构愿意统建租赁，中信银行对新建和统建租赁入迁方式都认可。在保险机构方面：17家保险机构中有7家愿意入迁，保险机构入迁需要土地面积总计38133.4平方米（约57亩）、建筑面积总计54300平方米。表明总部入迁的有平安人寿、永安财产、人保财产3家公司；分支机构入迁的有华安财产、中国大地、中国人寿、人寿财险4家公司；3家公司愿意重建入迁，2家愿意置换入迁，中国大地对新建和统建租赁入迁方式都认可。在证券机构方面：9家证券公司有5家愿意入迁，证券公司入迁需要土地面积总计至少11300平方米（约17亩）、建筑面积总计至少28439平方米。表明总部入迁的有红塔证券和太平洋证券2家；分支机构入驻的有广发证券、国信证券和齐鲁证券3家；2家公司愿意新建入迁，国信证券和太平洋证券对新建和统建租赁入迁方式都认可。

（市金融办）

中国工商银行云南省分行营业部

【存款】 人民币各项存款余额1075.56亿元，突破1000亿元大关，比年初增加120.79亿元。

【贷款】 各项贷款人民币余额716.97亿元，比年初增加79.25亿元。不良贷款占比0.94%，较年初下降0.59个百分点，实现不良贷款余额和占比“双下降”，不良贷款占比首次降至1%以下。

【利润】 全行实现考核利润22.81亿元，同比增加4.35亿元；收息完成率98.54%，收息水平再创历史新高。在全国一级分行营业部综合经营绩效考评中名列前茅。

工商银行云南省分行营业部与市地税局签约仪式 （工行省分行营业部 供稿）

【优化信贷结构】 积极贯彻落实国家宏观调控政策，合理把握信贷投放节奏，调整信贷结构，夯实重点市场，实现信贷投放与综合收益双丰收，全年电力、交通、房地产（棚户区改造贷款）以及冶金化工行业累计投放贷款137.18亿元。充分利用银团贷款、理财委托贷款、融资租赁等多元化渠道，全年实现非信贷融资125.05亿元，取得历史最好水平。按照“支持重点、拓展市场、效益优先、合理配置”的原则配置信贷规模，全年新增医院、学校、广电传媒、现代物流等新兴市场信贷投放近10亿元。大力发展网贷通业务，全年办理网贷通业务63笔，金额5.05亿元；坚持以中型客户拓展促进贸易融资业务发展，全年办理供应链融资47亿元，商品融资新增融资4.1亿元并实现“零”的突破，中型客户新增融资中使用贸易融资产品超过90%。

【个人金融业务】 高度重视储蓄存款的基础性作用，抢抓旺季揽储，建立个人金融业务经营情况“T+1”通报制度，大力发展理财业务，通过理财产品吸引和竞争个人优质客户，实现储蓄存款与理财产品的良性互动，储蓄存款在四大行存量占比较上年末提升1.57个百分点，圆满实现年末储蓄存款同业“双第一、双提升”。组织优秀客户经理成立票据信托理财产品预约客户营销小组，采取“一对一”营销方式，向中高端客户营销推荐“工银大益”黄金组合、票据信托等专属理财产品，实现收益近1亿元。全年中高端客户金融资产占比达82.69%,较上年末提高1.02个百分点；累计销售个人理财类产品318.34亿元，银行本外币理财产品、开放式基金销售额在同业名列前茅。

大力拓展个人信贷市场，不断创新个人贷款产品，个人信贷业务品种已发展到三大类15个产品，年末个人贷款余额120.94亿元。

【中间业务】 强化中间业务委员会的指导和协调职能，定期分析中间业务总量、增量、结构、市场占比和贡献度等变化情况，提高中间业务在支行行长绩效考核中的权重，加大中间业务收入与经营费用的挂钩力度，引导各支行拓展高附加值、高收益的中间业务产品，中间业务收入连续4年保持同业第一。狠抓资产业务与投行业务的互动，形成有贷客户利率+费率的收入模式，以总行推出的财产（权利）收益权理财业务、理财委托贷款业务、融资租赁等新产品满足客户结构化融资需求；积极推动贵金属业务发展，加强贵金属新产品的市场推广宣传工作和与黄金交易所综合类会员的合作,全年营销黄金租赁4.5吨，销售实物贵金属1719千克，交易类贵金属1,400吨,被总行授予“2011年度贵金属业务旺季营销30强二级分行”的荣誉称号。

【银行卡业务】 认真做好项目开发与推广工作，以项目促进卡量的增加，正式投产与昆明医学院第一附属医院合作的“银医一卡通”项目，发行“昆医牡丹联名卡”，提高牡丹卡业务的竞争力。切实防范信用卡收单业务风险，开展特约商户及POS专项检查，全面清理核查特约商户1,295户，POS机2,257台，进一步科学规范特约商户管理，将特约商户日常维护工作落到实处。大力开展牡丹卡促销宣传活动，全年实现信用卡消费交易额61.6亿元，信用卡分期付款余额3.4亿元，信用卡核心指标位居同业前茅。

【融资服务小企业】 高度重视并积极支持地区中小企业发展，着力加强和改善金融服务、缓解中小企业融资难题。切实发挥信贷产品与信息科技优势，借助“网贷通”、“易融通”等网络融资新产品，积极为小企业解决融资需求。自2009年8月成立首个小企业金融业务中心以来，已在昆明设立8个小企业金融业务中心，专门面向小企业客户提供个性化金融服务，对小企业实行不分经济性质、不分规模大小的“两个不分”扶持政策，小企业贷款客户数从2009年的25户增加到

工商银行云南省分行营业部管理体制改革干部大会　（工行省分行营业部 供稿）

2011年末的246户，两年来累计发放小企业贷款31.61亿元。

大力推动集群式小企业贷款客户的发展，2011年小企业月平均发放量达到2亿元，规模利用率100%，发放量、净增量均在全省排名第一，小企业贷款在总资产业务中的占比得到进一步提高。

【电子银行业务占据领先地位】 工行电子银行在云南省创造企业网上银行、95588电话银行、U盾、口令卡等多个行业第一，引领云南电子银行业的发展潮流；“金融@家”品牌深入人心，在同业实现客户数量最多、市场占比最大、产品功能最丰富、效益最好的领先地位。截止2011年末，该部对公电子银行客户数4.6万户，个人电子银行客户数291万户，电话及手机银行客户数近174万户。成功投产B2C交通违法网上自助处理系统，全国首家实现交通违法查询、处罚、缴费一站式自助服务；为“迪庆香格里拉汇川商品”电子交易中心开通电子银行集中式银商转账业务，在全省首家实现该项业务零的突破；顺利投产“云南途安旅游组合保险”银企互联项目，实现全省400多家旅行社对旅游组合保险的保费划转与清算。

【国际业务】 多渠道拓展培育新客户群，通过高层营销成功营销香港某集团企业资本金账户13.8亿元港币（折合1.77亿美元），为各项业务的持续发展形成有效补充。大力发展新兴业务，创造新的业务增长点，累计办理人民币出口海外代付业务7.5亿元，有效拉动出口结算、结汇等国际业务近2.5亿美元，收到“以融资引结算，以产品促效益”的显著成效。成功办理对外融资性保函业务7043万美元，内保外贷业务实现零的突破，填补工行云南省分行该项业务的市场空白。通过国际结算、国际贸易融资、结售汇和对外担保业务的互动协调发展，累计办理国际贸易融资业务7.56亿美元，结售汇业务量12.27亿美元，国际业务价值创造能力得到明显提升。

【运营管理】 倾力推进业务集中处理改革向纵深发展，遵照“集约运营、服务共享”理念，先后实现网点后台业务，从网点到营业部业务处理中心再到省分行业务处理中心的大范围、大规模的两次业务集中处理。大力推动业务流程综合改造和优化，全面梳理业务受理和处理环节，加大流程优化力度，圆满完成管理体制改革业务整合工作，实现营业网点从传统的“柜台结算型”向“产品销售型”的业务转变，持续组织开展柜面业务分流活动，年末，综合离柜率72.39%。切实做好远程授权改革后续管理，持续推进“统一后台、规范前台”工程，营业部16家支行及138个网点日均处理授权业务1.1万笔，授权通过率97.84%，远程授权效率和授权质量显著提升。

【风险管理】 深入扎实开展“提升素质，远离违规”主题教育活动，掀起岗位大练兵热潮，签订内部控制责任书和内控评价责任书，落实内控责任制；认真落实反洗钱日常工作，被总行评为“2008-2010年反洗钱先进单位”；落实安全评估责任制，层层签订安全保卫责任书和消防工作责任书，安全评估工作达到优秀等级和同业领先水平；全面推进远程监控中心建设，圆满完成中心平台建设项目，技防科技化建设再上新台阶；着力完善案件应急处置机制，以暴力抢劫和电信诈骗防范为重点，全年共堵住电信诈骗24起，为客户挽回资金损失111万元。全年组织安全检查7次，检查营业网点358次、自助银行239次、自助设备210台（次），网点覆盖面达100%，连续8年实现安全经营无重大事故。

【服务管理】 开展“改革流程、改进服务年”活动，重新修订《服务质量考核办法（试行）》，新增行长坐班制执行情况、网点服务质量监测系统、网均超时等候客户数、离柜业务替代率和交叉销售率等指标，考核得分纳入支行绩效考核。持续稳步推进“行长坐班制”。认真落实总行营业网点服务质量监测系统推广工作，及时完成全辖180余人服务监测报表查询岗位人员角色的设立工作，在服务质量考核办法中加载服务质量监测系统评价率、满意度和不满意网点占比率等指标考核，全年客户服务评价满意率达92.47%。辖属南屏支行营业室荣获中国银行业“百佳服务示范单位”称号，成为全省工行首家荣获中国银行业文明规范服务最高荣誉的机构。

【荣誉表彰】 2011年，工行省分行营业部有6个党支部、5名优秀支部书记、18名优秀党员和党务工作者受到总行、省行党委的表彰。南屏支行营业室被全国妇联表彰为“巾帼文明示范岗”，北京路支行营业室被团中央授予全国级青年文明号（工行系统西南片区唯一一家），南屏支行营业室、关上支行个金科被总行团委授予总行级青年文明号。

（文成举 王 颖）

市委常委、副市长黄云波（左二）考察农行昆明新区网点 （农行省分行营业部 供稿）

中国农业银行云南省分行营业部

【存款】 截至2011年末，各项存款余额724亿元，较上年末增加32亿元。其中对公存款余额345亿元，新增7亿元；储蓄存款余额379亿元，新增25亿元。

【贷款】 各项贷款余额659亿元，新增42亿元。全年累计发放本外币贷款374亿元，新增123亿元。贷款主要投向电力、能源、基础设施、交通、电信、学校等省市重点支持行业和产业。

【利润】 全年实现拨备前利润22亿元，同比增盈2.1亿元，增长10%；人均创利78.6万元，同比增加5.7万元；实现拨备后利润19.8亿元，同比增盈4.3亿元，增幅28%。

【中间业务】 全年实现中间业务收入5.44亿元，比上年增长1.46亿元，增幅达36.68%。中间业务各项指标全面发展，收入结构进一步优化。

【资产质量】 一方面，不良贷款实现双降，全年累计收回自营不良贷款本息合计3.54亿元，收回委托不良资产2.39亿元，年末全辖不良贷款余额占比1.81%，下降0.15个百分点，其中农户小额贷款不良率仅为0.51%。另一方面，信贷结构不断优化。在贷款品种上，经济资本占用较低的个人贷款在贷款总量中的占比由年初的13%提升至年末的17%；在客户结构上，年末BBB+级以上客户较上年增加79户，贷款余额532.67亿元，占法人贷款余额97.2%，比上年提高2.99个百分点；在期限结构上，年末中长期贷款占比为62.97%，较年初下降2.95个百分点。

【对公业务】 近年来，营业部不断加快对公业务经营转型步伐，全面推动理念、客户、业务和机制转型，不断强化纯存款客户的营销，努力挖掘贷款客综合贡献度，理顺对公存款考核激励办法，组建大客户服务组，着力拓展新产品、新业务，为提高城市业务的核心竞争力奠定了坚实基础：纯存款客户营销成效明显。全年新增烟草类存款15亿元、省社保局存款5.2亿元、住房公积金存款3亿元、住房维修基金1.4亿元、省市财政存款1.1亿元；银政银企合作日益增强。不断加强与各级政府的沟通联系，紧紧围绕着昆明新城建设、旧城改造、基础设施、央企入滇、招商引资、新兴产业等项目开展营销拓展工作。

【拓展新产品、新业务】 2011年，营业部在新产品、新业务的拓展方面取得初步成效：成功办理全省农行首笔7500万元保理业务；顺利开办黄金租赁业务，目前黄金租赁总量已达800公斤；开办辖内首笔2000万元国内信用证业务；积极介入市交通投资公司银团贷款，作为参与行前期投放贷款2亿元。

【零售业务】 营业部始终将零售业务转型作为各项工作的重中之重，积极应对竞争变化，不断完善激励机制，全面推进零售业务发展。一方面，坚定不移推进软转型。坚持导入并固化文明标准化服务和标准化营销流程，对全辖营销人员进行2100人次的全覆盖业务培训，完成100家网点文明标准化服务和营销流程验收，4个季度在省分行的神秘人检查评比中始终保持第一；大力实施“赢在大堂”策略，通过“压缩高柜、增机减人”、实施“三大集中”、缩短网点营业时间和进行网点周末轮休来优化网点劳动组合，配齐配强大堂经理，增加营销人员占比，并且实施大堂经理领导带班制，支行行长和本部个金部经理每月到网点任大堂经理一次、支行分管副行长每周到网点任大堂经理一次；落实差异化服务，构建优质高效的贵宾客户服务体系。另一方面，坚持不懈加快硬转型。制定“北上、南进、东移、西扩、减少中心、抢占新区”的网点建设布局思路，大力推进网点标准化建设，不断优化网点布局，完善服务功能，改善服务环境。目前已累计投入2亿多元进行网点建设，完成95个网点、项目的搬迁、装修改造任务，其余网点将在2011年基本改造完毕，提前一年完成网点建设任务。通过认真扎实实施网点转型后，零售业务保持强劲的发展势头，核心指标近年来率先实现争先进位。

【服务“三农”】 紧紧抓住昆明市委、市政府加速推进城乡一体化的发展机遇，践行面向三农、服务城乡的历史使命和社会责任，努力支持现代农村经济持续稳步发展和新农村建设。“十一五”期间，在县域累计投放近200亿元，支持县域特色资源开发、农村基础设施、中低产田改造、水源区移民搬迁安置工程、农村城镇化及农村商品流通体系建设等项目。向26户国家级、省级龙头企业发放农业产业化贷款55亿元，向222户市级龙头企业发放农业产业化贷款35亿元；面对全省百年一遇的旱灾，该行积极支持抗旱救灾，累计投放抗旱救灾贷款9亿元。近年来，农行以惠农卡为载体，以农户小额贷款为驱动，为昆明市现代农村经济持续稳步发展和新农村建设提供有效的金融服务。截至年末，惠农卡发卡总量达22.1万张，累计激活率96.88%，覆盖全市9个县58万农户的38.1%；授信2.7万户，累计授信6.1亿元，农户贷款总余额42558万元，其中：农户小额贷款余额37438万元，年内新增8883万元，农村个人生产经营贷款余额5120万元，年内新增2640万元。至年底，在昆明9个县区共有网点57家，网点覆盖绝大部分乡镇。为进一步增强县域网点的辐射能力，除了紧跟昆明倘甸产业园区和昆明轿子山旅游开发区建设步伐已经新设倘甸产业园区支行外，农行还将继续紧随昆明区划调整和新昆明建设步伐，计划于未来3年内在县域再逐步调整及增设5～6家网点。在2011年“云南金融百姓口碑榜”评选活动中，农行被评为“服务三农杰出贡献银行”。

【内控管理】 从严治行，加强内部管理。一方面发文就加强作风建设、提高执行力提出明确具体的要求，在全辖开展“基础管理提升年”、“内控规范”、“合规文化建设”三项活动，通过各项会议、宣传及培训，使合规意识、风险意识深入人心。另一方面全面深入推进领导干部目标责任制，干部员工的执行力进一步增强，员工队伍素质大幅提高。营业部内控评价等级也逐年提升，从2008年的二类行上升至2009年的一类行，得分名列全省第一，2010年、2011年内控评价继续保持一类行，全辖21家支行内控评价初评均为一类行，占比100%，比上年提升14个百分点；提高信贷精细化管理水平，深入推进全面风险管理。将信贷质量视为生命线，对提高信贷管理水平方面提出具体要求，并进行全面落实。全面贯彻落实“三个办法，一个指引”，按应执行受托支付金额为分母指标计算，全年受托支付比例达到95.7%，较7月份受托支付比例提高4.7个百分点。全年共退出潜在风险客户两户、贷款金额39150万元，到期贷款现金收回率达到97.88%。此外，在省内率先实施支行派驻风险经理制，全面深入推进全员、全程、全面风险管理；强化运营风险管控。全面开展创建“三化三铁”活动，不断提高柜员合规意识，切实加强金库和自助设备管理，积极推广指纹认证系统、联网核查系统和密码支付器，加强上门收款及延伸柜台的管理，做好重要空白凭证的集中配送，不断提高全行对账工作质量，未出现重大操作风险事件；加强安全保卫工作。全年无重大责任性事故和案件发生，被昆明市评为“创建平安行先进单位”；大力提升外部形象。通过实施软硬转型，网点服务环境显著改善，服务质量大幅提升，客户满意度持续上升。通过进一步加强合规操作，不仅突发事件明显减少，而且还成功堵截多起诈骗案件，为客户挽回损失，得到客户的赞誉。

【推进“三大集中”】 在总行和省分行的大力支持下，营业部发扬“白+黑”、“5+2”精神，夜以继日全力推进“三大集中”工程，随着8月3日授权中心成功上线，率先在省内实现监控、作业、授权三大集中，进入全国农行运营管理的先进行列，对全辖机构运营风险控制、业务操作规范、业务处理效率提升、网点减负等方面发挥了重要作用，为推动营业部业务经营转型、确保安全平稳运行提供坚实保障。

【服务地方】 近年来，农行通过多种形式支持新昆明建设。2008年10月农行云南省分行与昆明市政府签订《服务“三农”、促进城乡经济发展战略合作协议》。4年来，农行积极履行承诺，累计向市政项目发放贷款200亿元，有力地支持了新昆明建设。在旧城改造、土地开发等项目上，农行贷款7亿元支持昆明新都投资公司的土地储备项目；发放40亿元贷款支持张官营片区等城中村改造项目，提供9.8亿元贷款支持新螺蛳湾国际商贸城项目开发建设；在水利设施建设和滇池治理上，农行投放76.8亿元贷款支持掌鸠河饮水工程和清水海供水工程，解决全市今后20年城市供水问题；在交通设施建设上，农行贷款23.3亿元助力昆明公路、轻轨、空港等建设“四环十七射”交通改造工程；农行还向卫生、教育、旅游行业提供贷款支持40.3亿元，其中贷款9亿元支持云南大学扩建工程一期、二期建设项目，贷款3亿元支持昆明理工大学呈贡校区二期建设项目。此外，农行扶持中小企业也成效明显：小企业贷款余额共计25.04亿元，2011年新发放小企业贷款6.03亿元，累计扶持262家小企业。

【承担社会责任】 农行积极履行“大行德广”的企业理念，广施善德，积极参加社会公益活动。除了积极支持抗震救灾、抗旱救灾活动外，营业部还非常关注弱势群体。农行于2011年8月与市政府签订《金融支持青年和妇女创业合作协议》，倾力支持青年和妇女创业。此外，农行主动在全行发起爱心助学活动，从2007年起，农行辖内14家支行会同各县区团委、教委开展为期5年的“大行德广伴你成长 百人圆梦行动”，每年资助100名考取大学的贫困家庭学生。至年底，农行累计捐赠250万元帮助500名特别困难家庭的高考新生圆了大学梦。

（农行省分行营业部）

中国建设银行云南省分行昆明地区机构

【存款】 截至2011年末，建行昆明地区机构人民币各项存款余额900.4亿元，较上年增加108.3亿元，增长13.7%。其中对公存款新增80.5亿元，增速18.3%；个人存款新增27.8亿元，增速7.9%。

【贷款】 截至2011年末，建行昆明地区机构人民币各项贷款余额689.3亿元，较上年增加61.9亿元，增长9.9%。其中对公贷款新增34.1亿元，增速 7.5%；个人贷款新增27.8亿元，增速17.1%。

【中间业务收入】 截至2011年末，建行昆明地区机构实现中间业务收入8.04亿元，较上年增加1.96亿元。

【利润】 2011年，建行昆明地区机构实现账面利润23.11亿元，较上年增加2.33亿元。

【支持地方经济建设】 强化对重大项目和基础设施建设领域的服务与支持。抓住新一轮西部大开发、桥头堡建设等机遇，发挥基础设施建设金融服务优势，合理配置信贷资源，加大项目储备和重点项目营销力度，积极支持云南区域特色优势产业发展，在交通运输、能源、水利、战略新兴产业等领域抢抓项目，重点支持新机场、昆明地铁等建设。在信贷规模有限的情况下，积极拓展投行融资渠道，利用短融、中票、委托型理财产品、融资租赁等多渠道、多方式满足企业个性化投融资需求。同时，贯彻“进、保、控、压、退”信贷政策，加大“两高一资”及“产能过剩”行业和企业的退出力度。

加大对民生领域和小企业的支持力度。就社保安民、文化悦民、医疗健民、教育惠民开展联动，不断拓宽与民生领域客户的合作。成功完成“医保通”系统在昆明市医保推广上线工作，取得昆明市级未参保集体企业养老保险代理资格；向云南广电集团、云南文产集团、昆广网络等龙头企业提供授信支持；启动昆明市儿童医院健康龙卡宣传活动。积极探索社区金融为主渠道的平台营销，不断完善批量化营销模式，推动与各大商会、专业市场、产业集群等社区的合作，与湖南、福建、温州、昆明晋商等商会搭建合作平台。不断完善“信贷工厂”模式，以推进“速贷通”和“成长之路”产品为重点，为客户提供一揽子金融服务解决方案，国内保理、供应链融资产品对流动资金贷款的替代率不断提高。

【住房金融与个人信款业务】 大力发展住房金融与个人信贷业务。按照“一二手房并重”原则继续加快住房信贷业务发展，突出优质客户和优质楼盘优先满足居民自住房贷款需求；及时把握国家加快保障性住房建设政策，有效支持“子君村经济适用住房”及“五华区经济适用房”等项目建设。差别化探索依托于行业协会商会、专业市场管理者、大型生产企业等合作方的多种模式助业贷款，及时解决居民经营消费资金不足问题。住房、经营、消费三大类产品的齐头并进，昆明市个人住房贷款余额在4大国有银行中占比41.9%，保持市场首位，个人消费经营贷款占比较上年提高7.3%。

【对公存款新增同业第一】 深入开展企业存款 “三增”活动，依托“公共财政”建设和“强民生”政策导向，深化对公存款链式营销，对基础设施、重点建设项目上下游建设资金和账户进行延伸营销，拓展新开工项目、新入滇企业等新客户，在对财政、社保、军警等重点账户激励的基础上，增加对中石油、烟草、地方区域性集团等行业龙头客户重要账户、优质基本账户的特殊激励，从抓单个客户资金向抓客户上下游资金转变，最大限度实现资金“闭环”运行。进一步巩固住房资金存款优势，重点拓展住房公积金龙卡联名卡和住房维修基金归集业务。对公存款新增4大国有行第一。

【个人存款持续增长】 持续推进“龙天下”个人业务系列营销活动，强化重点产品业务专项营销竞赛，不断丰富营销活动形式和内容，优化业务和服务流程，增强客户体验。重点做好代发工资、银证客户的拓展及存

9月9日，建行总行董事长郭树清在昆明接见成长计划和成才计划受助学生代表
（建行省分行 供稿）

量客户的再挖掘工作，确保存量客户不流失，增量客户拓展不放松，促进客户资金体内良性循环，带动个人存款增长。借助丰富完善的产品线，持续开展理财产品营销工作，稳定理财产品余额及保有量，以产品带动客户拓展和存款增长，积极做好到期及开放型产品时点存款转化工作，同时加大客户、资金市场拼抢力度，多举措增强存款稳定性。个人存款余额和新增同业第二。

【中间业务】 对公中间业务依托贷款资源大力发展短期融资券、工程造价咨询、单位结算等拳头产品，重点抓好人民币结算、银团贷款、国内保理、审价咨询、境内保函等业务，加大代理财政、税收、保险、百易安、房易安等产品推广营销力度。个人中间业务进一步挖掘个人人民币结算、银行卡、收单等业务的增收潜力，重点抓好基金、保险、国债等产品销售，促进代收代付、代发工资、个人外汇等业务快速发展。

【新兴业务】 充分发挥信用卡预审批系统作用，以小企业客户为突破口批量营销卓越信用卡，提高预算单位公务卡渗透率，通过昆明地区出租车车顶LED屏宣传、“名车展示进网点”等措施加快优质客户和商户分期业务拓展。扩大传统的国际结算和结售汇业务市场份额，加强贸易融资、国内信用证、跨境人民币结算业务的推广应用力度，在全国首家开展 NRA账户网银业务，作为首批报价行和参与行进入人民币对泰铢银行间区域市场。

【产品创新】 搭建“信托超市”，构建信托产品或项目储备的资产池和资金池；结合消费经营类贷款业务特点推出个人贷款综合授信额度管理费、循环借款额度承诺费收费项目；借鉴国际信用证海外代付模式，创新国内信用证项下代付/福费廷业务；成功发行“乾元”票据理财产品，实现电子票据等业务零的突破；设计推出个性化产品建行金“鱼龙变”金柱和“路路通”手链。

【网点转型】 扎实做好零售网点二代转型推广工作，客户经理月均产品销售占比、服务VIP客户时间、客户联系计划覆盖率等指标大幅提升。搭建“私人银行-理财中心-营业网点理财室”三级联动个人高端客户维护体系，成立昆明北市区财富管理中心和南亚壹城私人银行，差别化、专业化服务能力持续提升。

【电子银行业务】 切实发挥电子银行主渠道作用，以抓同步率和转换率为突破点，实施个人金融产品与网上银行、手机银行等产品的同步营销，开展“e路通，黄金连环送”、“建行e路通，手机团购秒宝马”系列营销活动，通过电视、广播、网络、短信、微博等加大宣传力度，同时做好“E商贸通”和“E动终端”等产品的应用推广。新购置60台自助设备投放市场，推进跨区域自助设备集中维护提升管理效率，着力提高自助设备布局合理性和单机效益，提升自助银行全功能服务能力。全年电子银行、自助设备账务性交易量分别比上年提高19.65%、7.05%。

【风险防范】 下大力气抓好贷中贷后管理工作。结合建总行“贷后管理年”要求，由一把手负责加强贷中贷后管理并纳入KPI考核，实施信贷经营岗位分离，夯实精细化管理基础。严格把握敏感行业准入标准和风险底线，提高信贷审批效率和质量。认真开展政府融资平台风险梳理和排查，全面上收二级分行平台贷款审批权，严格控制县级平台新增贷款，提前制定“一户一策”措施，落实还款来源；加大不良贷款控制和压缩力度。推进不良资产精细化管理，充分利用多种手段催收处置不良资产，努力降低资产损失额和损失率，最大限度提高不良资产的现金回收率。延伸保全职能，实现不良资产处置与回收并重、问题贷款与关注三级贷款处置并重、信贷与非信贷不良资产处置并重、表内与表外不良资产处置并重，不断提升专业化处置能力；持续加强内控和案防建设。加大对重大违规问题的问责力度，严格落实内外部审计监管检查发现问题的整改工作。保持对案件防控的高压态势，层层签订案件防控工作责任状，实现全年无经济案件、无领导人员违法违纪、无重大违规事件、无重大责任事故的“四无”目标。

【完善经营模式】 按“责任主体明确、加强联动和进一步发挥网点平台作用”的思路，推进并优化昆明地区的改革。在进一步梳理业务流程和工作关系的基础上，强化省分行部门的管理职能和各个经营中心的经营职能，同时完善个人经营中心、对公团队考核办法，促进加强经营和联动。探索专业化、垂直管理的昆明地区风险管理模式，组建一部三团队，配套推进昆明地区改革。

【规范管理】 加大资源配置与效益及市场表现挂钩力度，进一步突出客户类和渠道类指标在战略性业务激励中的战略地位；应用平衡计分卡原理探索价值链管理，从强调对经营结果的考核向经营结果、经营过程和经营基础延伸；将资本性支出作为战略性财务资源的重要部分，重点支持渠道建设，支持业务转型与流程优化改造。根据人员总量控制计划和全行各级机构人员需求，运用人员总量测算模型制定人员编制计划；规范后备人才推荐、培养和使用；提高昆明地区营业网点等级管理的全面性和规范性。持续提升会计营运管理水平。扎实做好前后台分离系统上线组织工作，成立COS_T推广领导实施小组，昆明地区93个网点前后台分离项目成功上线。开展会计基础管理达标升级工作，积极运用稽核监测系统加强柜面日常风险管理，定期检查考核评价网点的核算质量，监督问题整改落到实处。加快信息技术建设步伐。开展“安全生产和质量效率活动年”活动，持续加强运行维护基础管理，加强对系统运行状况的监控分析，对网点前端的网络设备进行统一和更新。在人行“云南省银行业金融机构信息化管理工作”综合考核评级活动中荣获A级机构第一名。

（杨之霞）

交通银行云南省分行昆明地区机构

【存款】 截止2011年末，交通银行云南省分行在昆明辖内共有经营机构29个，人民币各项存款余额400亿元，较上年末增加34亿元。

【贷款】 人民币各项贷款余额315亿元，较上年末增加24亿元。

【融资业务】 省分行积极发挥交通银行综合化、国际化经营的优势，通过融资租赁、联合贷款、委托贷款、短期融资券、信用证、银行承兑汇票等表外融资业务，服务在昆企业多样化的融资需求，对在昆企业的表内外授信支持达457亿元，有力地支持昆明市经济社会的发展。

【支持“三农”】 省分行注重支持农资、烟草、蔬菜、花卉、制糖、咖啡、橡胶、化肥、饲料、畜牧等特色农业，2011年末，涉农贷款余额8.29亿元，通过产业化龙头企业的带动，支持全市农业加快产业结构调整，助推“4210”工程，优化产业布局，加快农业产业化，健全服务体系，促进传统农业向都市型现代农业转型升级。

【支持县域经济发展】 省分行注重支持县域经济的发展，除五区一市外，贷款业务已扩展到第二板块的晋宁、宜良、石林和第三板块的东川、嵩明、禄劝、寻甸等县，在主城区外的县域地区贷款余额达29.77亿元，促进城乡统筹和区域协调发展，助推“一湖四片”建设，推动安宁、嵩明、宜良、富民4个辅城发展成为大都市拓展区，推动石林、寻甸、东川、禄劝培育成为地区性发展中心和特色功能承载区。

【支持工业经济发展】 2011年末为全市工业企业发展提供91.24亿元的贷款支持，着力为全市新型工业化加速提供资金支持。着力支持大型企业的发展。2011年末化工、有色、钢铁等行业表内外授信超过100亿元，其中贷款余额41.75亿元，积极为大企业提供优质的国际结算、人民币跨境结算、国内信用证、内保外贷等国际金融服务，支持滇企做大做强和“走出去”拓展国际市场；着力支持电力电网、建筑建材、采矿业的发展。2011年末对这三大行业贷款余额42.37亿元，重点支持电网改造、水电开发、建筑施工、建材制造、矿业采选等企业的发展；积极支持生物制药、装备制造及战略性新兴产业。2011年末贷款余额7.13亿元，重点支持云药开发、烟草机械、电气电缆、变压器及数控机床、生物技术、冶金新材料等产业发展。

【支持服务业发展】 2011年末服务业贷款余额18.45亿元。大力支持就业带动作用明显的商贸服务企业，重点支持汇东经贸、锐聚源商贸等商业企业的发展。支持工贸一体的服务型企业，重点支持安宁永昌物资经贸集团、贸盛缘工贸等企业发展。大力支持推进昆明物流园区建设，重点支持山汇物流、盛达实业等大型物流企业做大做强。在汽车销售、信息通讯等服务业方面，重点支持大众、长城等品牌汽车的销售渠道建设，促进汽车进入百姓家庭；重点支持中国电信、南天电子等信息服务业发展，促进信息服务提升品质。

【支持基础设施建设】 2011年末，省分行支持昆明城市建设的贷款余额28.14亿元，重点支持公共交通、主城区城中村改造、城市供水工程等重大项目建设，贷款8.7亿元。贷款13.5亿元，重点支持昆明城市路网和轨道交通建设，重点支持公交集团、出租汽车公司及安宁交通运输局增加运输设备和运力，扩张公交营运线路，提升公交出行分担率，方便市民出行。贷款6亿元，支持昆明实施水源保护工程和引水工程，提高城市供水能力，助力滇池流域综合治理工作。

年末对省市综合交通建设项目贷款余额111.36亿元。在公路建设中，重点支持省市二级公路、环滇池公路、石（林）锁（龙寺）高速、昆（明）武（定）高速公路建设等重大项目；在铁路建设中，重点支持省铁路投资公司建设项目，促进玉蒙铁路、泛亚铁路等建设项目加快进度；在航空建设中，重点支持昆明新机场项目建设。

省分行投放贷款1.76亿元，进一步加大对工业园区基础设施建设的支持力度，重点支持昆明高新技术产业开发区园区建设。此外，还重点支持安宁工业园区建设和新城投资开发，完善配套基础设施，加快标准化厂房建设。

【融资小微企业】 省分行加强小企业信贷服务中心工作，积极发展“展业通”、“沃德经营贷”、“创业一站通”的小微企业融资专属产品。积极推动与福建总商会、温州商会、杨林工业园区、寻甸工业园区等的业务合作，针对小企业的经营特点，相继推出“联保联贷”、“私人银行客户信用授信”等创新融资产品。以创新产品为切入点，服务中小企业客户，着力解决小企业融资难、担保难的问题。2011年末小企业贷款余额13.38亿元，较年初增加8.16亿元，增长156%，重点支持一批成长型、科技型和创新型小企业的成长。

【支持文教事业】 2011年末贷款余额6.91亿元，高等教育方面重点支持云南师范大学、昆明理工大学发展，支持呈贡新校区建设，助推提升高等教育质量；职业教育方面重点支持云南工商学院、机电职业技术学院、交通技工学校的发展；卫生事业方面加强与红会医院的合作，加大对健之佳连锁健康药房的支持；文化事业方面，加大对广播、电视、信息、报纸等传输网络建设的支持，助推覆盖城乡的公共文化服务体系建设，帮助解决偏远山区收听收看广播电视难的问题，促进昆明文化创意、影视制作、出版发行、印刷包装、文化旅游等重点文化产业的发展。

【个人贷款业务】 省分行积极支持和发展个人消费贷款，根据市场需求，积极发展住房按揭、住房装修、汽车、精英教育、婚嫁、养老等消费贷款业务，为客户提供财富管理服务，助力扩大内需政策。2011年末，交行昆明机构个人消费贷款余额36.22亿元，较年初增加12.33亿元。

（高占鹏）

富滇银行

【存款】 本外币全口径存款余额691亿元，较上年同期增加125亿元，增幅为22%。

【贷款】 本外币各项贷款余额422亿元，较上年同期增加60亿元，增幅为17%。

【利润】 净利润7.4亿元，较上年同期增加2.26亿元，增幅为44%。

【不良贷款率】2011年，富滇银行不良贷款率为1.08%，较上年同期下降0.2个百分点。

【资产】 2011年末，富滇银行本外币资产总额826亿元，较上年同期增加117亿元，增幅为17%；负债总额770亿元，较上年同期增加96亿元，增幅为14%；所有者权益55亿元，较上年同期增加20亿元，增幅为58%。

【支持地方经济发展】 2011年，累计发放公司类贷款737亿元，为推动云南科学发展、和谐发展、跨越发展提供积极的金融支持；积极贯彻落实国家支持小微企业发展战略，采取各种措施解决小微企业融资难问题；创新林权产业链融资模式，积极支持“三农”发展。打破过去单一林权抵押贷款的传统融资方式，创新性地推出“林权抵押+第三方收购”的林权产业链融资模式，拓宽林业企业的融资渠道，对云南省拉长林业产业链，提升林业效益做出积极贡献。

【助推小微企业融资】 2011年，富滇银行积极贯彻落实国家支持小微企业发展战略，严格按照监管部门“两个不低于”要求，优先保证小微企业信贷投放。保持对租赁和商务服务业、制造业、批发零售业、建筑业的支持，加大对农林牧渔业、交通运输业及仓储邮政业、水利环境及公共设施管理业的贷款投放。同时，通过创新手段进一步优化小微企业金融服务，继科技金融服务中心之后成立矿业金融服务中心，针对劳动密集型小微企业推出“助保融”融资产品，针对医药行业小微企业推出“医融通”融资产品，针对缺乏担保抵押物、抵押物不足值的小微企业推出“富业百分百”融资产品，以产品创新助力小微企业发展。至年末，富滇银行小微企业贷款余额为104亿元，较年初新增10亿元，当年累计发放小微企业贷款255亿元。

【风险管控】 2011年，富滇银行不断提升风险管理体系独立性，改革风险管理队伍管理模式，所有风险经理均由总行派驻。同时，进一步优化总行风险管控体系，风险管理部重组更名为风险管理总部，推进全面风险管理体系建设，新设授信执行部，加强对授信业务事中管控力度。重新审视全面风险管理和内部控制制度建设，健全内部控制制度，强化操作风险管理；切实加强重点领域的信用风险防范。对融资平台贷款项目实施分类管理，着力控制房地产开发贷款风险，加强押品管理，持续深入落实“三个办法一个指引”等贷款新规，切实做好贷款“三查”和全流程管理；深入推进案件防控和安全保卫工作。狠抓“防范操作风险13条”的贯彻落实；强化违规行为的问责力度；密切关注市场变化，有效加强流动性风险管理，制订并实施流动性风险管理、流动性应急计划管理、人民币资金管理制度，建立流动性风险管理体系，完善流动性突发事件防范、预警和处置机制，规范人民币资金管理。

【增资扩股】 2011年，面对资本市场银行股溢价水平严重低下，市场流动性极为紧缺的不利局面，富滇银行在监管部门支持下，按照“规模适当、优化结构、均衡利益、程序合规”的原则，以2.35元/股的高溢价水平成功完成6亿股的募集工作，募集资金14.1亿元。此举不仅有利于补充资本金，也有利于引入新股东中国大唐集团的先进管理理念和经验，进一步提高富滇银行管理水平，为今后的跨越发展打下基础。

【富滇银行全国首家开通人民币兑老挝基普现汇业务】 2011年6月9日，富滇银行正式启动中老双边本币结算，实现人民币兑老挝基普的汇率挂牌，成为中国第一家开通人民币兑老挝基普现汇交易业务的商业银行。这不仅是云南省开展跨境人民币结算试点工作的重要成果，也是中国边境省份人民币跨境结算和人民币区域化的重大进展。

【富滇银行率先成为人民币对泰铢银行间市场区域交易报价行】 富滇银行于2011年11月30日正式获批成为人民币对泰铢银行间市场区域交易报价行，为我国银行间外汇市场西部地区第一家法人报价银行，为富滇银行积累区域货币经营经验，尽快实现区域发展、内外联动奠定基础。

【云南省首家省外分支机构富滇银行重庆分行挂牌】 为加快区域经济合作，云南省首家省外分支机构——富滇银行重庆分行2011年3月31日正式挂牌营业，取得跨区域经营战略的重大突破。重庆分行的成立，为支持云南省桥头堡建设战略，促进滇渝经济、金融交流与合作助推加力，是云南省金融行业第一次到省外设立分支机构，代表云南金融改革和发展的重要成果。

【完善农村金融服务体系】 2011年，发起设立曲靖富源富滇村镇银行。至此，富滇银行发起设立4家村镇银行，存款余额近15亿元，贷款余额近10亿元，为进一步完善云南省农村金融服务体系，优化云南省农村金融服务环境，有效增加对农村企业和农产品的信贷投入。设立昭通昭阳富滇村镇银行青岗岭支行、丽江古城富滇村镇银行大东乡服务站两个村镇银行下设的分支机构，立足当地经济社会发展，着力解决“三农”融资难题，受到中国银监会合作部的高度肯定。

（李　京）

昆明市农村信用合作社联合社

【存款】 截至2011年末，全市农村信用社各项存款余额848.78亿元，比年初增加136.43亿元，增幅19.15%，存款规模在全市金融机构中位列第三，市场份额占十分之一强，存款增量位居首位。

【贷款】 截至2011年末，全市农村信用社各项贷款余额567.23亿元，比年初增加98.23亿元，增幅为20.95%。在货币政策从紧，严格贷款规模控制的前提下，用足用好信贷政策，优化调整信贷结构，做好做优金融服务工作。年末存贷比为66.83%。

【资产质量】 不良贷款继续“双降”，占比较年初再降1.68个百分点，贷款质量达到历史最好水平。

【利润】 全年实现财务总收入同比增加17亿元；利润总额同比增盈4亿元。

【监管指标】 截至12月末，股本金为17.65亿元，资本充足率为12.09%，拨备覆盖率按银监口径统计为191.36%，拨贷比为4.11%。

【纳税额】 2011年，全市农村信用社上缴税收7.42亿元，占年度收入的12.84%，下辖安宁联社、石林联社、禄劝联社等多家县级联社荣获“2009至2010年度纳税信用等级A级纳税人”荣誉称号。

【新业务新品种】 2011年全市信用社不断创新经营业务及新品种，呈贡联社的“失地农民专项贷款”荣获《中华合作时报》、中国社会科学院农村发展研究所、中央财经大学金融品牌与企业文化研究所举办的“首届中国农村金融品牌价值榜十大品牌创新产品”，“金融惠农卡”获昆明市政府颁发的“昆明市2010年度金融创新与发展成果奖”。在全省农村信用社首家开通银亭业务，2011年已经建成并投入使用银亭4座；创建全省首个整体商户MIS收单项目。通过业务和产品创新，全市信用社始终保持活力。

【业务营销】 在稳固原有客户的基础上，围绕桥头堡、新昆明、新农村建设、抗旱救灾等重点展开营销工作：在大集团、大企业、大系统、大项目营销方面取得突破，云天化、省水投公司、省城投集团等潜力客户营销取得新进展；合作更广泛深入，努力实现合作共赢。银政合作方面，与阳宗海风景名胜区管委会签署战略合作协议；同业合作方面，与农发行等多家金融机构开展合作；银企合作方面，与中国电信、中国移动、中国联通等公司开展全方位的业务合作。

【科技服务能力延伸】 2011年，全市农村信用社网银业务取得突破性进展，新增网银用户近1.4万户，网银交易额达300余亿元，为广大客户提供更加方便快捷的结算渠道和方式。完成电子支付烤烟款的上线测试并在部分县级联社试运行成功，圆满完成支付工作。在原有ATM、POS业务继续扩展的同时，开通财税库银税收收入电子缴库业务；拓展全省农信社首个特惠商户-环影国际电影城；搭建全市营业网点无线上网环境等。

【案防内控】 制定《昆明市农村信用社内部控制评价试行办法》和《昆明市农村信用社内部控制评价（考核）指标》，完善内控考核机制及评价体系，夯实内控管理水平；组织开展“合规文化建设年”主题活动，通过600余人的案件防控培训、到昆明市警示教育基地接受警示教育、组织风险防控知识考试、开展交心谈心“职工安全教育月”等形式多样的主题教育活动，持续抓好案件专项治理和防控工作，提高案防意识，确保安全经营。

（滕庆华）

中国人民财产保险股份有限公司昆明分公司

【业绩】 2011年人保产险昆明市分公司共实现签单保费收入11.94亿元，同比增长24.81%，实现市场份额止跌回升，保费收入和利润均达到历史最高水平。在“2011年首届春城金融博览会”评选中，荣获“2011年度最受信赖财产保险公司”荣誉称号。

【销售能力建设】 2011年，分公司对城区基层公司进行渠道业务整合，实行专管专营，从而提高专业化的服务水平。通过对城区4S店的整合，专营公司根据各4S店的特点，制定专业化的服务方案，避免内部的无序竞争，有效提高专管专营的技术服务水平，提高市场份额。通过对专业代理公司的专营，加强和代理公司的合作，提高其积极性。截止12月底，经纪公司、代理公司为分公司代理的车险保费7,906万元，形成车险业务发展的又一个增长点。2011年，分公司还成立银保业务部，组建银保业务的专业团队，进一步强化对银保业务的专管专营。

庆祝云南人保财险公司荣获首届春城最受信赖财产保险公司（市人保财险公司 供稿）

【农业保险建设】 分公司在总结以往经验的基础上进一步拓展农业保险项目，努力促进农业保险持续健康较快地发展。2011年，共承保生猪167374头，奶牛28300头，玉米、水稻、油菜共153万亩，烤烟14.5万亩。为30万户农户提供21亿元的风险保障。凭借精细化的管理和优质服务，分公司成功中标云南省迄今为止最大财产保险项目——2011年度云南省森林火灾保险项目主承保人资格，承保份额35%，承担风险保障456.05亿元。

【依法合规经营】 以依法合规经营为基础点，推进公司可持续经营。自2010年国家审计署对分公司审计完毕后，公司对审计中存在的问题进行一一整改落实。2011年来，分公司系统根据省公司、保监局的相关要求，认真落实有关合规经营整顿工作：开展两次财务业务数据真实性检查活动，对发现的问题及时整改，不留死角。同时，加大财务风险防范意识和控制能力，聘请税务师事务所的工作人员对机关和4家基层公司的账务进行检查，为合规经营打下又一道防线，切实加强各级公司依法合规、强化内控的责任意识；组织开展合规用工情况清查，整顿全辖用工秩序，针对基层出现的各类用工现象逐家提出整改意见。强化基层领导班子对依法合规用工意识，规避“隐性”用工带来的经营风险。

【提供旅游安全保障】 分公司顺利中标“云南省旅游安全组合保险”主承保人资格，制定“有责赔付、无责垫付、代位追偿”的服务宗旨，承担每人每次事故最高赔偿100万元，每次事故最高赔偿2500万元等风险保障，保障来滇游客的平安。2011年“云南旅游安全组合保险”承保旅行社341家，承保面已近90%，为云南的旅游企业经营者建立起安全屏障。

【提升客户服务意识】 市分公司始终秉承“客户至上”的服务理念，高度重视客户服务工作，把客户满意度作为衡量公司工作最重要的标准。在黄金周期间，分公司向广大人保财险直通车客户发送10万余条新春佳节温馨提示短信，以表达人保财险心系客户，全天24小时为人保客户做好事故救援保障工作。同时，分公司还通过组建自有“神秘人”调查小组，出台《昆明市分公司神秘人调查测评结果处罚办法》，明确责任，奖惩到人，使客户服务水平得到有效提升。理赔方面，市分公司成立专项工作小组，对全辖基层公司未决案件清理情况及万元以下、资料齐全1小时通知赔付服务承诺的落实情况进行检查、监督。出台《昆明市分公司车险理赔服务提速实施方案》，严格规定理赔流程，时时进行数据监控。召开理赔提速大会，明确案件处理时限，责任到人民财产，有效提高理赔时效。

（马　雯）

中国人寿保险股份有限公司昆明市分公司

【业绩】 2011年，中国人寿保险股份有限公司昆明分公司全年共实现总保费11.2亿元，市场份额位居昆明寿险行业榜首，其中，实现长险首年保费4.6亿元；首年期交保费1.8亿元；10年期及以上期交首年新单保费3669.7万元；短期险保费7631万元；续期保费收入5.3亿元。

【个人保险业务】 2011年，分公司个人保险业务规模和结构调整取得较大进展，实现首年期交保费5365万元，其中10年期及以上首年期交保费3134万元，长险首年标准保费2152万元。

【银保搭档业务】 2011年实现首年保费3.6亿元，其中，实现首年期交保费9233万元，在首年保费中占比达26%。分公司与同业相比在中国农业银行、中国建设银行两大渠道的销售业绩总量均位列第一。

【团险业务】 在扎实推进学生平安保险工作的同时，重视计生险和小额信贷保险等专项业务，大力发展企业年金业务。2011年，团险渠道实现短期险保费收入7631万元，其中短期意外险保费收入5393万元。

【提升服务品质】 为不断丰富服务内容，分公司推出“国寿1+N”服务品牌，即一位客户，多种服务，包括多种保单服务以及不断推出的丰富多彩的附加值服务。分公司坚持以客户为中心，不断提升服务能力，完善柜面标准化建设，优化柜面人员结构，加强技能培训，规范业务处理流程，提高业务处理效率，为客户提供方便、快捷、安全的优质服务，其中，绿洲旗舰店被评为省级“青年文明号”。分公司践行“呵护生命、服务客户”的忠诚使命，不断夯实服务基础、拓展服务功能，创新服务手段，成功组织开展贵宾客户答谢酒会、少年儿童绘画大赛、特惠商家优惠、VIP客户体检、苏宁电器专场团购等客户答谢活动，使“国寿1+N”服务品牌的影响力渐入人心。分公司信守保险承诺，本着“主动、迅速、准确、合理”的工作态度，积极做好理赔服务工作，为客户提供完善的理赔服务。分公司通过“医保通系统”，搭建与医疗机构之间的信息平台，实现理赔金额实时赔付，为客户提供更简便、高效的理赔服务。

【诚信展业】 分公司开展第四届“诚信我为先”活动，大力弘扬诚信文化，营造良好的诚信氛围。大力推广营销员信用评估系统，对营销员进行信用评估，开展营销员信用分级管理工作；同时，进一步加强对销售过程的风险监控，推行预警回访质量管理，预警监控效能大幅提升。在中国人寿“9·16诚信合规日”前夕，分公司以“依法合规经营、共铸诚信国寿”为主题，开展诚信事迹征文、“百名诚信标兵”评选等系列活动，在销售团队中形成积极的影响。此外，分公司持续开展风险点教育，建立“职场诚信墙”，开展“一把手”进职场讲诚信活动，有效提升销售人员的诚信信念和合规展业水平，促进分公司的诚信建设工作不断走向深入。个险营销二部、银保拓展三部分别获得总公司“百强团队”和“36支金牌团队”荣誉称号。两支获奖团队3年内没有出现违规违法行为，客户投诉率低于云南省平均水平；营销员信用评级均为公司A级以上。

（张海燕）

中国太平洋财产保险股份有限公司云南分公司

【业绩】 截至12月31日，中国太平洋财产保险股份有限公司云南分公司实现保费收入15.41亿元，同比增长6.04 %，综合排名位居全国太保系统第十位，在云南产险市场占13.46%的份额。分公司承保涉及航空、电力、通讯、有色金属等行业的大型财产险项目。支付赔款 6.62亿元，较上年增加1.75亿元，增长35.84%，综合赔付率53.2%，同比增长2.7个百分点。

盈江地震捐款 （太保寿险公司 供稿）

【业务推进工作】 分公司经营遭遇到历史上最挑战的一年，业务发展速度大幅放缓。针对各地市场越演越烈的竞争，分公司采取积极的应对措施，把确保稳健、规范经营、稳定全体干部员工情绪，树立干部员工信心、保障干部员工收入的稳定作为重中之重，分公司总经理室倾心尽力，深入一线，分片区到各中心支公司指导、调研，听取各地不同情况，及时调整相对应的发展思路，坚持依法合规经营，坚持诚信和优质服务带动业务发展，终于使各地业务缓慢抬头。对于整个2011年的经营工作，分公司从年初就提出精细化、扎实推进各项工作的思路，始终坚持合规经营，不跟风，财务据实列支，严防风险，同时努力克服机构网点少，相关配备不到位的情况，积极推进销售转型，把更多的精力、财力投入到优质的有效益的业务中。

【车险业务】 借电话车险换号之机，全体员工分批轮次全部到加油站、学校、社区等公共区域宣传太平洋电话销售号码及高效优质的服务，借“清凉送水”客服活动之机，进入专代、兼代等渠道，彰显分公司为客户所想，为客户所急的理念，彰显公司品牌和形象。

【非车险业务】 随着2011年国家宏观经济调整，基础建设投入锐减，分公司非车险业务大幅负增长，与上年相比出现1.5亿元的缺口。但分公司员工不断勇于挑战。在全省大型招标项目中全部中标，特别是在责任险、农业险领域表现突出，主承保了校方责任、野生动物责任、旅游综合责任、烟业责任、林业火灾责任保险，取得良好的经营成果，并且在中国企业百强云南企业中全部占有相应份额，分公司非车险综合成本率低于行业平均水平，也优于市场平均水平，实现效益发展。

【优质服务】 践行公司“诚信天下，稳健一生，追求卓越”的经营理念，让社会、民众认可，让市场、民众体验到、感受到分公司的服务快捷、优质。分公司从年初与联通公司推进快捷“3G”定损，并与大型中介公司合作，推出“及时赔”，使分公司的理赔工作不断在外部得到认可，内部的流程也更加高效率，从外促内，使整个工作顺畅、高效。

【稳健经营】 分公司严格执行稳健的费用政策。强化增收节支意识，严肃财务预算的严肃性，全辖从“完成任务是对上级负责，提高效益是对员工负责”的高度认真安排全年费用计划，安排好全面的收入和支出计划。分公司从压缩行政性支出着手，加强办公费用、招待费用的控制，大兴艰苦奋斗、厉行节约之风，过紧日子。强化风险管控，一直以来，分公司将风险防范当做大事要事来抓，要求全公司在任何会议上都强调人人合规，人人受益，认真学习合规经营和风险防范，认真整改，进一步提升公司的管理水平，在日常活动中，对上级公司组织开展的各类活动做到积极应对，不走过场，对业务经营活动中出现的重大业务或者问题及时跟踪监控，关键岗位以及单证、印章、收付费、风险提示等关键环节定期检查，从而形成齐抓共管的工作局面，有力保障公司的良性健康发展。

（冷少萍）

中国太平洋人寿保险股份有限公司云南分公司

【业绩】 2011年1—12月中国太平洋人寿保险股份有限公司云南分公司实现标准保费15.07亿元，同比增长9.46%。在云南11家寿险公司中位列前三，市场份额11.48%。其中意外险保费收入2.15亿元，同比增长15.58%，市场份额34.55%，继续保持行业第一的位置。安贷宝在云南保监局的推荐下，荣获昆明市2010年度金融创新与发展成果奖；个险业务抓实基础管理，落实产能提升和人力增长双轮驱动，实现标准保费7.79亿元，年标保增长14.97%；银保业务和银保期缴成功实现年度达成率、保费增长率双双跑赢大盘。银保标保3.37亿元，年度达成率系统内排名第5位，市场排名第三位；电销业务在3月份启动以来，年化标保1.69亿元，达成率270%，全国排名第三，荣获总公司授予的最高奖“2011年上海电销中心优秀落地服务奖”。营销续期累计计划达成率102.99%，累计13个月继续率同比提升0.36个百分点；累计25个月继续率同比提升2.95个百分点。

2011年，太平洋保险荣登美国《财富》世界500强企业，排名466位；英国《金融时报》全球500强，排名289位；美国《福布斯》全球前500强企业，排名289位。

【优化资源配置】 2011年，分公司坚持将资源配置持续向业务一线、向核心业务倾斜，进一步深化落实固定费用和变动费用分开管理模式，将固定费用和人力发展费用集中到分公司统筹管理使用，突出条线经营管理职责，在预算执行过程中既坚持预算的严肃性，又有适度的灵活性，资源配置模式更加合理化。分公司预算管理严格按照分渠道核算和权责发生制原则，持续不断地强化对预算基础数据质量的准确性要求，确保分渠道核算经营数据的及时性、真实性和准确性；及时上报经营预测报表，不断增强对公司经营的预测支持能力。同时，为实施对重大项目的投入产出效能的有效评估，分公司对年内重大资源投入项目进行专项评估和事后分析工作，增强业务条线的投入产出意识。

【加强机构建设】在2010年机构基础建设的基础上，分公司进一步强化市场引领机制，落实中心支公司差异化市场策略。2011年，云南分公司通过对标市场，加强中心支公司重点区域发展，实施四级机构加减法经营策略。根据区域市场发展情况，将昆明、曲靖等中支列为重点区域，在资源配置、业务支持等方面给予重点支持和关注。对四级机构实施加减法经营策略，以经营等级评定为主导，推动业务发展态势良好的机构增收，对经营状况持续低迷的机构采取禁止新保的做法，确保资源配置的有效性。分公司始终坚持坚持能者上、平者让、庸者下的干部任用机制，为锻炼干部和干部成长搭建了良好的平台机制。2011年通过不同方式的选拔、晋升渠道提拔中层干部正职6人，调整充实了部分中心支公司领导班子。

【创新保险产品】 随着太平洋保险“以客户需求为导向”的战略方针的实施，2011年分公司创新不少保险产品：为保障外来劳工人员，太平洋寿险云南分公司积极参与高危行业从业人员人身安全保障体系的构建，为矿区、非矿区的高危行业从业人员提供意外身故、残疾保障。太平洋保险还开发一系列针对农村低收入家庭的小额保险产品，不仅仅涵盖意外伤害身故和残疾保障，甚至细化到投保人身故或者全残的债务偿还风险事宜。大量创新产品的推出，使得抗风险能力较弱且以往一直流离于保险业务之外的群体得到了保障。

【风险与合规管理】2011年，2011年，分公司根据外部监管形势的变化，结合公司“以客户需求为导向”的战略转型需要，及时修订了包括《全面风险管理规定》、人力资源管理、预算管理及财务基础管理、条线基本法、营运管理等一系列内控制度，进一步完善了内控体系，内控制度更趋合理。特别是在财务基础管理方面，得到了总公司的好评，会计达标工作取得了“AA”的好成绩。针对公司存在的主要风险和重点环节，分公司加强和改进合规检查工作，加强服务能力，推动合规与风险管理条线的增值服务。以制度建设为牵引，不断加强内控优化，深入推进缺陷整改工作，不断提升执行有效性。通过强化培训教育，分公司采取现场和视频培训相结合的办法，先后举办了合规管理基础知识、全面风险管理知识、反洗钱工作、治理商业贿赂、保险业监管形势等一系列的专项培训工作，转发了多份廉洁教育资料。促进公司合规文化的建设。2011年度，总公司对分公司合规经营情况考核分达到96.97分。

【提升服务品质】 分公司以“满足客户需求、增加客户价值、全面推进客户需求导向的战略转型”为工作主线，以队伍建设为核心，以提升服务能力为重点，以解决内外部客户需求为导向，继续锁定“效率、质量、风险、成本”四项管理目标，营运管理集中，营运体系建设初见成效，两核、契约、柜面及电话服务作业已初步实现集约化。理赔服务方面继续深入开展年度的“理赔服务年”品牌活动，持续强化理赔制度建设；开放特定业务理赔系统，完善调查基础管理，提升理赔调查工作绩效；举行突发公共事件应急演练，提升理赔调查队伍应对突发事件的实战能力；落实激励措施，提升作业绩效。2011年分公司核赔时效从2010年的3.65天提升到3.02天。客户服务方面，分公司按照P10新系统要求，不断完善保全业务处理办法和规范处理流程；继续做好新保回访方言件、离司业务员保单回访、失效保单回访、理赔客户回访和保全高风险业务回访工作，更好地保障了客户利益。

11月12日晚，以“音乐至心，服务至诚”为主题的中国太平洋保险“乐行天下”全国交响乐巡演在云南昆明隆重上演，吸引太平洋保险1600余名客户，成为太平洋保险服务客户的又一项增值体验。

【公益活动】 2011年3月10日，云南省德宏傣族景颇族自治州盈江县发生5.8级地震。截止3月31日，分公司全辖共募集捐款102083.70元。在唐山地震35周年之际，由云南省地震局、昆明市防灾减灾局主办，太平洋寿险云南分公司承办，在昆明市金马碧鸡广场举办主题为“防震减灾　关爱生命”的科普知识宣传活动，分公司在昆明的250余名志愿者参与活动。

（彭　怡）

对外经济贸易

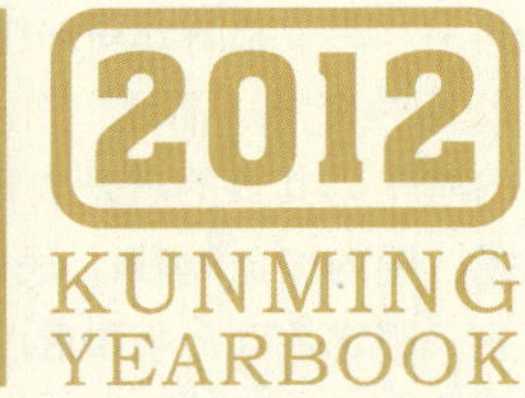

◆ 责任编辑 杨子人

招商引资

【概况】 2011年，全市累计实际引进市外到位内资突破1000亿元大关，达1100亿元，完成年度目标任务1000亿元的110%。实际利用外资13亿美元，完成省下达年度目标任务11.08亿美元的117.33%。全市引进省外内资480.49亿元，完成省下达480亿元目标任务的100.1%。

2011年昆明市下半年招商引资工作培训会 （市投资促进局 供稿）

【招商引资项目情况】 2011年，全市引进内资项目3058个，其中注册资本金项目999个，固定投资项目2030个，城中村项目29个。全市引进外资项目206个。

内资3058个项目中，一产项目262个，占项目总数的8.59%；二产项目978个，占项目总数的31.83%；三产项目1818个，占项目总数的59.58%。

外资206个项目中，一产项目28个，占项目总数的13.6%；二产项目80个，占项目总数的38.8%；三产项目98个，占项目总数的47.6%。

全市内资项目投资来自全国31个省市，在全市1712个省外投资项目中，浙、京、粤、川、闽、湘六地投资项目达1118个，其中：浙江投资项目233个；北京投资项目219个，广东投资项目147个，四川投资项目177个，福建投资项目244个，湖南投资项目98个。

外资分别来自香港、台湾、澳门、新加坡、泰国、越南、日本、韩国、马来西亚、瑞士、荷兰、加拿大、美国、澳大利亚、新西兰、毛里求斯、巴巴多斯、印度、巴西、德国、法国、芬兰、埃及等23个国家和地区。

【招商引资项目成效】 2011年，全市招商引资在继续保持量的高速增长的同时，质的方面也有明显提升。大项目明显增加，全年平均单个项目实际到位资金达5698.47万元，同比增长49%；世界500强企业在昆参与投资项目80个，其中内资项目58个，外资项目22个，汇丰、雀巢、华润、大唐、国电、华油等世界500强企业纷纷落户昆明，投资领域广泛分布在新能源、金融、商贸、服务业、现代农业等行业；贡献度日益提高，外来投资约占全市固定资产投资总额的四成，实现税收约占全市税收收入的三分之一，解决就业比重约占全市的十分之一。招商引资、科学承接产业转移已成为昆明市优化产业结构、转变经济发展方式的重要途径之一；项目布局日益优化，2011年，全市按照规划合理布局的新增工业项目有60个，占新增工业项目总数的17.24%，实际到位资金23.37亿元，占新增工业项目实际到位资金总数的21.9%，按规划招商，优化项目布局的特点正逐步加强；产业招商、产业集群发展日益凸显，2011年，全市42个招商分局中有21个加挂了产业招商分局的牌子，其中新能源招商分局、工业招商分局、金融产业招商分局、龙头房地产招商分局、现代服务业招商分局、汽车及配套产业招商分局分别完成产业招商任务的590.15%、465.93%、400.8%、332.12%、247.67%、188.64%，在全市初步形成特色鲜明的产业集群。以金融业为例，2011年，全市共引进金融机构52个，其中一级金融机构1个，其他金融机构51个，华夏村镇银行、泛亚有色金融交易所、泛亚黑色金属交易所、华夏人寿、生命人寿、五矿期货等纷纷落户昆明、金融产业集群初具规模，有力地支持了昆明面向东南亚、南亚区域性金融中心的建设。

【招商引资方式创新】 2011年，昆明市围绕云南省“十二五”发展规划，结合全市重点发展的产业方向，进一步创新招商引资方式，以产业链为主线，组建了42个驻点招商分局，其中，24个招商分局加挂了产业分局以及对台湾、香港、东盟南亚分局的牌子，其目的就是要围绕世界500强、国内国企500强、民营500强、央企、锁定重点企业和重点产业上下游攻坚克难。同时，全市招商引资系统围绕省、市“十二五”专业规划，多角度引导，以全市在建和筹建的重点项目为基础，突出产业及产业链的长远发展导向，在工作中把项目落地放在首位，努力实现昆明外来投资结构的逐步优化升级，进一步促进全市招商引资由数量扩张型向质量效益型转变，由粗放低效型向集约高效型转变，由招商引资向招商选资转变。

【专业化、高频率招商】 为使扩大投资规模成为推动经济持续快速增长的重要推动力。市投资促进局积极按照主攻长三角、珠三角、环渤海以及港澳台等地的部署，协调安排并参加市委、市政府领导宽范围、高密度开展外出专项招商及宣传昆明投资环境活动。全年，共赴国内招商9次，赴国外招商3次。其中，跟随仇和书记、杨远翔主任、田云翔主席、李文荣常务副市长率团赴杭州、温州、大连开展系列招商活动，专访了阿里巴巴集团、中南卡通集团、西子奥的斯电梯有限公司、西子联合控股有限公司、正泰集团、环宇集团、大连重工、大连大窑湾保税港区、大连港集团、大连生态科技创新城、大连机床集团等重点企业；跟随张祖林市长率团赴哈尔滨开展招商，与哈电集团签订了协议；跟随李邑飞副书记赴无锡开展招商推介；跟随李文荣常务副市长率团赴上海、南京等地招商，对接香港恒隆地产，促成了原市政府地块以34.9亿元出让给恒隆集团；跟随张锐副市长赴上海开展招商推介活动。通过高频率、密集的主动上门招商活动，与各大企业、集团建立了良好的联系渠道，积极吸引国内外企业来昆投资。同时，积极利用中山大学EMBA代表团访滇、百名晋商进云南等知名客商访昆机会，召开招商引资推介会，宣传、推介昆明，吸引客商到昆投资兴业。

【办理外来机构的各类申请服务事项】 2011年，市投资促进局便民服务中心窗口，共新办外地驻昆办事机构、办理外来投资认证企业、组织外地驻昆机构年检换证1026件。全年无投诉，满意率百分之百。窗口工作人员被评优秀公务员。

【第十九届中国昆明进出口商品交易会昆明市招商引资】 昆明市在第十九届中国昆明进出口商品交易会上，招商引资取得较好成绩。昆明投资促进馆以“桥头堡”建设为主题，整个昆明投资馆占地720平方米，共60个标准展位，位居全省第一。共有全市各县（市）区及开发区19家单位参展，其中倘甸轿子山两区和阳宗海风景名胜区为首次参展。昆明投资促进馆被评为本届昆

2011昆明（大连）招商引资推介会　　（市投资促进局 供稿）

交会“最佳布展奖”。

“昆明投资促进馆”共接待来自28个国家和地区的中外来宾达3000多人次。对重点客商和有意向投资人士发放《昆明市重点招商引资项目册》、《昆明市投资指南》600余份，全市19家参展单位共发放项目册及投资资料近10000份。昆明市投资促进局还首次与昆明广播电台阳光频率合作，把直播间直接安排到昆明投资促进馆现场，展会期间李文荣常务副市长及市投资促进局、14个县（市）区政府领导、3个国家开发（度假）区、倘甸轿子山两区和阳宗海风景区领导先后走进直播间接受采访，并全面宣传介绍各自优势、重点招商项目和投资政策，取得了较好的宣传效果。

2011年第十九届昆交会签约仪式　（市投资促进局 供稿）

在本次昆交会上，昆明市共签订招商引资项目98项，其中，外资项目13项，投资总额6.61亿美元，拟利用外资4.1亿美元；内资项目85项，投资总额902亿元，拟引进内资901.6亿元。除集中参加省市专场签约项目外，大润发等一些招商引资项目也成功签约。外来投资项目涉及农业、加工制造、基础设施、生物制药、现代物流、能源、环保、旅游、科技、文化、教育、商贸服务、金融、城中村改造等行业和领域。外资投资者来自美国、德国、中国香港、台湾等国家和地区，内资投资者来自北京、上海、江苏、浙江、福建、湖南、湖北、河南、河北、广东、广西、山西、四川等省市及省内兄弟州市。

与往届昆交会签约项目相比，本届昆交会签约项目有以下特点：①项目成熟度较高。在各级各部门的共同努力下，本届昆交会签约项目具有成熟度高和可操作性强的特点，外资签约项目均签订正式协议，内资签约项目中有6项签订正式合同，79项签订正式协议，有一批项目已准备开工。②大项目签约居多。外资项目中，协议投资总额在5000万美元以上项目5个，1500万美元以上，5000万美元以下项目7个，最小的外资项目也在200万美元以上。内资签约项目中，项目协议投资总额在1亿元至10亿元间的项目61个；项目协议投资总额在10亿元以上项目25个，项目协议投资总额在100亿元的项目1个。从资金来源地看，香港仍是本次昆交会的主要外资来源地，有7个签约项目，拟利用外资3.98亿美元，其次是美国，投资项目2个，总投资1.04亿美元。内资项目中，主要来自东部地区，东部地区投资项目共17个，拟引进资金346.42亿元。③二、三产业项目突出，体现了昆明招商引资产业逐步升级的趋势。其中，内资签约项目一产项目2个，项目协议投资总额3.5亿元，占项目协议投资总额0.39%；二产项目35个，项目协议投资总额219.51亿元，占项目协议投资总额24.33%；三产项目48个，项目协议投资总额678.99亿元，占项目协议投资总额75.23%。外资签约项目一产项目1个，项目协议投资总额1.54亿美元，占项目协议投资总额23.23%；二产项目8个，项目协议投资总额3.39亿美元，占项目协议投资总额51%；三产项目4个，项目协议投资总额1.69亿美元，占项目协议投资总额26%。项目涉及农业、加工制造、基础设施、生物制药、医疗卫生、金融等行业和领域。

【区域合作】 在区域合作方面，昆明市完成了“滇中城市经济圈”范围内各城市的签约工作，完成了与八个州市的“大通道建设”签约工作，其中，由市投资促进局重点负责，完成了与保山、怒江、临沧、文山签署《共同推进国际大通道合作框架协议》工作；完成了昆明与昭通推进经济走廊建设及区域合作，签定了《昆明——昭通共同推进经济走廊建设及区域合作框架协议》；在昆迪合作方面，昆明与迪庆签订了《十二五友好合作框架协议》。省外，由张祖林市长带队，赴成都参加“第七届泛珠三角省会城市市长论坛”；由市政府雷晓明巡视员带队，参加第十九届“西南经济区市长联席会”；由李文荣常务副市长带队赴南昌参加“第七届泛珠区域合作与发展论坛暨经贸洽谈会”。由张祖林市长带队、市投资促进局牵头，前往哈尔滨开展招商引资活动。市投资促进局还组织市商务局和市物流行业协会到成都开展物流推介，组织参加省招商合作局组织的粤滇经贸合作签约工作，参加西南经济区第十九届市长联席会，参加川滇黔十州市大理峰会。

【成立中共昆明市外地驻昆机构工委】 为进一步扩大昆明市与全国各地的合作与交流，切实做好外地政府驻昆机构的联络和服务工作，年内，经市委批准，在市投资促进局成立了中共昆明市外地驻昆机构工委，该机构作为作为市委派出机构，履行外地政府驻昆机构的党组织挂靠关系及相关工作职责，对外地政府驻昆机构开展党建和老干部工作进行指导，协助外地政府驻昆机构做好外地政府在昆离退休老干部的服务工作。

【会展经济】 2011年，昆明会展业蓬勃发展。据不完全统计，全市共举办各类重大会展活动101项，其中：展览48项，会议34项，赛事4项，演出6项，节庆9项。中国昆明进出口商品交易会暨第四届南亚国家商品展、中国国际旅游交易会、中国昆明泛亚石博览会、昆明泛亚国际农业博览会，第21届中国昆明泛亚兰花博览会、第4届中国昆明国际民族民间工艺品博览会、中国西南（昆明）国际汽车博览会、中国昆明泛亚家居家具博览会、昆明国际时尚博览会暨首届昆明时尚文化周等大型会展活动成功举办，累计交易总额达214.5亿元。成功举办了中国昆明国际文化旅游节昆明狂欢节、第21届中国厨师节暨首届滇池泛亚国际美食节以及中国国家男子足球队与乌兹别克斯坦国家男子足球队对抗赛、2014巴西世界杯亚洲区预选赛、20强赛——中国国家男子足球队昆明赛场比赛，昆明环滇池高原自行车邀请赛等活动。

在全国会展业年度评选活动中，昆明市荣获“金五星优秀会展城市”奖。

（市投资促进局）

对外贸易

【概况】 2011年，昆明地区实现进出口120.22亿美元，同比增长18.3%，其中出口66.03亿美元，同比增长24%，进口54.18亿美元，同比增长12%。其中，一般贸易进出口为103.14亿美元，同比增长31.1%；加工贸易进出口额为7.12亿美元，同比增长72.74%。完成全年目标任务的100.18%，全面完成市委市政府下达的目标任务。

2011年，昆明市属外贸实现进出口53.6亿美元，同比增长28.3%，完成全年目标任务的114.58%，其中出

昆明市—文山州共同推进国际大通道建设合作签约仪式 （市投资促进局 供稿）

口39.34亿美元，同比增长20.4%，完成全年目标任务的107.49%。昆明市属进出口占全省的33.39%。

【外贸平稳增长】 昆明地区进出口占全省的74.89%。在西部省会城市中，昆明位于成都、西安之后，居第三位。在全国主要城市进出口排名位列第16位。

【外贸增长】 2011年，民营企业进出口额为53.72亿美元，同比增长23.75%。外资企业进出口额5.69亿美元，同比增长15.35%。民营企业和外资企业进出口占昆明地区进出口的49.42%，其增速大大高于同期国有企业10.8%的增长速度。

【主要外贸伙伴】 2011年，昆明与亚洲地区贸易额62.34亿美元，占昆明地区进出口总额的51.85%,同比增长23.3%；昆明与欧洲贸易额16.03亿美元，同比增长11.7%；昆明与北美洲贸易额10.08亿美元，同比增长76.6%；昆明与非洲贸易额9.45亿美元，同比增长27.2%；昆明与拉丁美洲贸易额16.65亿美元，同比下降5.6%；昆明与大洋洲贸易额5.67亿美元，同比下降4.5%。美国成为昆明全球最大贸易伙伴，北美洲成为昆明进出口增长最快的地区，同拉丁美洲、大洋洲的贸易出现下滑。

【三大经济体贸易】 2011年，昆明与东盟的贸易出现了较快增长，贸易额达30.16亿美元，同比增长34.4%。其中，昆明向东盟出口16.12亿美元，同比增长16.8%，从东盟进口14.05亿美元，同比增长62.7%。昆明与马来西亚进出口额8.15亿美元，同比增长61.4%，为东盟10国中昆明最大贸易伙伴。

2011年，昆明与欧盟的贸易实现了平稳增长，贸易额达14.92亿美元，同比增长20.6%。其中，昆明向欧盟出口10.19亿美元，同比增长49.5%，从欧盟进口4.73亿美元，同比下降14.9%。

2011年，昆明与南盟的贸易保持平稳增长，贸易额达10.03亿美元，同比增长14.6%。其中，昆明向南盟出口8.85亿美元，同比增长20.6%，从南盟进口1.46亿美元，同比下降12.1%。

【优势产品出口增长较快】 2011年，磷化工产品出口总额为8.55亿美元，同比增长16.6%；农产品出口8.49亿美元，同比增长16.1%；高新技术产品出口总额为10.04亿美元，同比增长17.3%；机电产品出口13.29亿美元，同比增长20.9%。机电产品成为昆明出口增长最快的品种。

【推动服务外包工作】 成功申办第五届全球外包大会。2011年10月，亚太总裁协会正式复函，同意与昆明市政府合作，于2012年在昆明举办第五届全球外包大会。

积极申报国家级和省级服务外包示范城市。2011年，昆明市向国务院上报了申报国家级服务外包城市的请示，国务院批转国家商务部，商务部将支持昆明市申报国家级示范城市列入了省部合作项目。同时，以市政府和省商务厅名义，向省政府上报了申报省级服务外包示范城市的请示。

【下放对外贸易经营者备案登记】 为支持地方外贸工作发展，国家商务部、省商务厅将对外贸易经营者备案登记下放给了昆明市的官渡区、盘龙区、五华区、西山区、安宁市。为充分调动这些区、市的积极性，尽快推动对外贸易经营者备案登记在区、市的开展，2011年3月市商务局举办对外贸易经营者备案登记培训暨工作推动会。盘龙区、五华区、官渡区、西山区、安宁市商务部门分管领导和具体经办人参加了培训。省商务厅对外贸处、国际电子商务中心云南代表处负责同志应邀授课。

【加强外贸平台建设】 以国家资金支持为契机，督促经开区、高新区、嵩明花卉园区尽快完善外贸公共平台建设方案，尽快启动外贸公共平台建设。加强与中豪置业的合作，支持螺蛳湾国际商贸城市开展外贸，支持其引进来和走出去。协助省厅办好昆交会、南亚国家商品展，办好泛亚国际农博会，支持企业利用国际国内展会平台，拓展国际市场。

【昆明外贸走势】 2011年，昆明地区进出口总额为全国进出口总额的千分之三点三，增速18.2%，低于同期全省进出口的增速19.6%、全国进出口增速22.5%。昆明外贸支撑体系比较脆弱。昆明市外贸企业中，缺乏支撑昆明市外贸可持续和稳定发展的大企业、大项目。外贸企业主要以中小企业为主，整体实力不强，抗风险能力和拓展国际市场的能力还有待提高。中小企业流动资金不足，贷款难，融资渠道窄。农业方面，农产品价格增长过快，削弱了农产品出口的国际竞争力。工业方面，昆明市机电产品进口7.69亿美元，同比下降5.6%，高新技术产品进口2.79亿美元，同比下降7%，说明昆明市经济发展缺乏活力。流通方面，螺蛳湾国际商贸城平台作用不明显；交通瓶颈制约，第三方物流不发达，物流成本居高不下。昆明市对外贸支持政策有待加强。

（市投资促进局）

出入境检验检疫

【概况】 2011年，云南出入境检验检疫局按照国家质检总局共受理报检23.64万批次，货值65.51亿美元（其中边民互市产品12.39万批次，货值2.76亿美元），与上年同期相比，批次增长45.93%，货值增长27.69%。签发各类原产地证明书2.7万份，签证金额14.23亿美元，与上年同期相比分别增长23.01%和38.48%。出入境人员检疫查验1413.25万人次，健康检查3.1万人次，艾滋病监测2.82万人次，预防接种8.02万人次。检疫和消毒处理交通工具101.22万（辆、架、艘）次，从进出境货物中检验检疫出不合格货物8101批次，货值3.62亿美元。有7931批（货值3.35亿美元）进境货物经检验检疫处理合格后放行。从进境植物及植物产品中截获有害生物8276种次，计256种。与去年同期相比，有害生物种次增加9.46%、种类增加2.4%。口岸截获非法入境动物及产品68批次，854.18吨。从出入境人员传染病检测及健康检查中检出传染病1818例（其中检出HIV阳性95例、肺结核3例、性病26例）。

【“3+1”防线建设成果丰硕】 2011年，云南出入境检验检疫局富含理念创新、理论创新、实践创新的“3+1”防线专著正式出版发行，总局支树平局长为专著作序；“3+1”防线建设工作在2011年全国质检工作会上进行典型交流；总局卫生司、动植司分别将“3+1”防线建设作为典型经验和模式，在全国卫生检疫领域和有陆路口岸的直属局进行推广应用；包括8名院士在内的18位全国政协委员联名向政协第十一届全国委员会第四次会议提交了《关于加强云南边境疫情疫病防控工作确保桥头堡战略顺利实施的提案》；“3+1”防线联防联控机制建设理论的核心内容，被纳入国务院关于支持云南省加快建设面向西南开放重要桥头堡的意见中；以“3+1”防线建设理论研究和实践成效为蓝本，所形成的《和谐质检建设社会环境研究》课题已经总局组织的专家组鉴定通过；“政府主导、分工负责、条块结合、密切配合、部门联动、国际合作”的边境地区疫情疫病防控常态化和应急状态下的长效工作机制初步形成并得到有效推广。2011年，共检验检疫出不合格货物8102批次，不合格货值3.62亿美元；从进境植物及植物产品中截获有害生物8276次，同比增长9.46%；在传染病监测及健康检查发现病例4930例，同比增长138.05%。2011年6月，截获并及时上报老挝爆发椰心叶甲疫情情况，云南省领导对防控工作做出重要批示，总局也向全系统发出警示通报。2011年11月，在红河发现云南首例植物检疫性病害番茄斑萎病毒。2011年，云南局进境截获有害生物种次、进境截获检疫性有害生物种类均列全国系统前10位。

【应对进出口食品安全突发事件】 2011年，云南出入境检验检疫局面对食品安全方面发生的突发事件，启动了处置突发事件应急预案，进行快速应对和处理。2011年4月，台湾“塑化剂”事件发生后，云南局快速反应，迅速开展风险分析，加大进出口食品监管力度；对昆明市场流通领域进口的台湾青豆进行抽查，检出塑化剂超标，责令下架封存；对台湾饮料、果酱果浆、胶囊淀状粉状食品和食品添加剂进行清查，对台湾进口食品中邻苯二甲酸酯DEHP的抽检工作，涉及16个品种饮料、果冻未发现不合格情况，要求进口食品经销单位进行自查；对5类出口食品的9户出口生产企业进行邻苯二甲酸酯类物质（DEHP、DINP）检测，未发现不合格情况。

【打击食品非法添加剂和滥用食品添加剂专项工作】 2011年，云南出入境检验检疫局按照国家质检总局和云南省政府统一部署，开展严厉打击食品非法添加和滥用食品添加剂专项行动。云南局共有733人次参加了执法检查，检查出口食品生产企业257家，检查其他食品生产企业126家，抽查食品291批次，抽检食品添加剂生产企业40家，抽检食品添加剂45批次。经过全面排查，云南省出口食品企业中未发现非法添加和滥用食品添加剂的违法违规行为，也未收到相关投诉。

【共建12365举报处置指挥系统】 为推进云南质检两局12365举报处置指挥系统联合建设应用工作，充分发挥12365系统在法治质检、科技质检、和谐质检建设中的作用，云南检验检疫局与云南省质量技术监督局在昆明签署了《共建共用12365举报处置指挥系统合作协议》，于2011年11月22日实现了两局12365举报处置指挥系统联网运行。双方将分三个阶段，在建立云南质检12365系统平台、统一推广12365系统软件、全面推进12365系统建设等方面进一步加强合作，努力把云南质检12365系统打造成为以信息化手段为核心，具备投诉处理、举报处置、咨询服务、打假指挥、信息收集、执法管理、风险分析等功能的对外服务窗口和对内指挥平台。

【应对日本核泄漏事件】 2011年3月，日本发生核泄漏事件后，云南出入境检验检疫局按照国家质检总局的工作部署和相关要求，进行了认真的风险分析，在昆明机场、河口、瑞丽姐告和勐腊磨憨口岸配置了22台套行人、行李、卡车/集装箱通道式放射性检测设备，严格重点口岸核生化有害因子监测，进一步完善了工作机制。昆明机场及河口2个重点口岸在检疫查验工作中，在出入境旅客及携带物品中发现并有效处置了放射性报警30起（其中因人体接受放射性治疗超标事件 8 起，携带物品放射性超标事件22起）。河口口岸发现的多起出入境人员携带放射性超标物品事件，引起了各方高度关注。

【开展“双打”专项行动】 2011年，云南出入境检验检疫局按照国家质检总局和云南省政府关于打击侵犯知识产权和制售假冒伪劣商品专项行动的统一部署，开展“双打”专项行动。云南检验检疫系统共出动执法人员1118人次，检查经营进出口食品、汽配、化矿、动植物产品的企业186家，核查各类检验检疫证单1511份，查处1起盗用“QS”标识的假冒伪劣产品的违法案件；与各有关部门的协作配合，在“双打”专项行动中形成合力。成立了云南检验检疫局、云南省质量技术监督局“双打”领导小组，在开展“双打”专项行动执法检查中形成联动机制，联合省市各级质监、工商、卫生、食药监等部门，开展对进口汽配、食品、化妆品等商品的专项执法检查。以专业市场销售的进口汽配为重点，以超市、宾馆、冷库的进口食品、肉类为突破口，在昆明地区开展了持续一个月的“双打”专项执法检查行动，共出动执法人员180余人次，检查经销进口商品的商家148家，其中对昆明市东聚汽配市场和部分4S店中销售或使用的涉及安全的汽车配件进行检查，共检查32家；对大型超市、酒店、经销商销售或使用的进口食品、餐料、酒水进行检查，共检查16家；对昆明市东站冷库和部分小冷库中销售的动物产品进行检查，共检查5个冷库，涉及其中经营进口肉类的经营户100户。针对检查中发现的进口商品手续不全、无中文标签等问题，各相关部门按照有关规定采取了责令限期整改、停止销售使用、监督销毁、监督退货等措施。“双打”专项行动取得成效。

【科技质检建设】 2011年云南出入境检验检疫局制定实施了《自立科技项目管理办法》、《学科带头人选拔管理暂行办法》等制度，有力推动了全局科技工作。完成的“六种重要动物外来病早期快速检测试剂盒研发”项目荣获2010年度云南省科技进步二等奖，5个项目被列入2011年总局科技计划项目，科技工作荣获云南省“十一五”科技计划组织管理先进集体，1人获得先进个人称号；实施《云南检验检疫局实验室管理办法》，强化分支机构实验室的指导，完成实验室2011年资质认定专项监督检查自查工作和普洱局国家级咖啡重点实验室项目申报；新增仪器设备873台套；技术中心增加340项，保健中心检测项目增加9项；首次承担了餐饮食品国家风险监控计划中三大类产品的检测任务；与玉溪市质监局共建公共服务检测平台，强化技术合作；完成的“云南野生食用菌出口贸易技术措施的应对技术研究”被评为2011年度云南省十大科技进展项目；组织完成6个行业标准的项目申报及8个行业标准的复审工作，完成3个检验检疫行业标准项目和2个地方标准的制定工作；协助省牛肝菌协会修改完善《云南省野生食用牛肝菌制品加工规格质量标准》荣获了云南省标准化创新贡献奖。承担总局“边民互市业务管理及决策支持系统”科研课题顺利结题；经优化升级后的“云南边境检验检疫综合业务管理系统”推广运用成效显著；积极参与地方电子口岸建设，自主研发的“云南检验检疫边境贸易电子申报管理系统”、“检验检疫业务查询系统”顺利投入运行；为服务云南空港业务开发的“云南机场出入境航空器及旅客检疫综合业务管理系统”通过整体验收，已在昆明机场局正式上线应用。

【推进昆明新机场检验检疫转场工作】 2011年，云南出入境检验检疫局按照省委省政府的部署，对昆明长水国际机场检验检疫项目建设作精心布置安排。经周密规划设计，审批项目立项总投资2304.11万元，另外，还争取到省口岸办281万元专项资金支持。项目包括综合布线系统、检验检疫计算机专网系统、检验检疫电视监控系统、检验检疫现场指挥中心、政务公开大屏幕显示系统、检验检疫自主申报与监管信息系统、机房及弱电间等的建设；负压隔离室、进港行李通道式核辐射监测系统、相关区域门禁系统等建设，以及相关配套设施建设。通过5个月（7至12月）项目实施，工程进展顺利，按质按时完成，12月23日通过省口岸办组织的初步验收，昆明长水国际机场具备检验检疫转场条件。

（云南省出入境检验检疫局）

昆明海关

【昆明海关两税入库额】 2011年，昆明海关两税净入库200,690.52万元，其中，关税入库32,484.18万元，进口环节税入库168,206.34万元。

【事前监管】 稳步推进集中管理、全员参与的风险管理模式，健全多部门联合作业机制，优化参数和布控管理，关区风险管理实战运用能力进一步增强。各单位运用风险管理平台发布风险信息388条（篇），风险信息转化率为55%；风险分析结果专项稽查查发问题率为64.7%；风险布控率为5.89%，整体布控有效率为21.32%，较上年提升106%。积极推行预审价、预归类和原产地预确定，推动通关环节前置。整合企业信息资源，强化企业分类动态管理，对88家企业的管理类别进行了调整，适时公布企业管理类别调整情况。目前关区适用AA类管理企业13家，A类管理企业115家，与昆明海关签订《规范企业进出口行为备忘录》的A类及以上企业升至5家，申请适用AA、A类管理的企业明显增加。开展企业守法状况验证，加大对报关单位、报关员和注册企业的规范管理力度，企业诚信守法意识逐步增强。

【事中监管】 开展税收监控和考

评，进一步提高税收征管质量和水平，全年共入库税款20.07亿元，同比增长5.26%，再创历史新高。对审单作业实行16项指标考核，关区审单作业质量得到有效提升。全面推开出口货物分类通关改革，积极开展进口货物分类通关改革试点，加强进出口舱单和转关单数据监控，关区平均通关时间明显提升，进出口分别为11.29小时和0.29小时。查验指标稳中有升，查验率为4.79%，较上年下降2个百分点；查获率达13.18%，较上年上升7.5个百分点。积极参与口岸规划、建设等工作，促进口岸通道规范化管理，做好3个新开、1个扩大开放口岸及1个非口岸区域临时开放的监管和服务工作。推进以市场化模式新建、改造监管场所，6个监管场所通过了达标验收。开展监管检查设备及H986绩效评估，逐步完善口岸监管设施配备。云南电子口岸边境机动车辆进出境快速通关系统顺利切换，机动车辆进出境管理进一步规范。行邮渠道监管效能明显提升，连续查获5起毒品案件，得到总署领导的批示肯定。共审核进出口结关报关单12.4万份，同比增长9.3%；监管进出口货物1008万吨，同比增长12%，进出口总值63.3亿美元，同比增长18.6%；监管进出境人员2050万人次，同比增长11.7%；监管行邮物品38.5万件，同比下降6.2%；监管进出境运输工具310万辆/架/节/艘/次，同比增长13.9%。

【事后监管】 加强对高风险企业的稽查核查和事中环节享受优惠措施企业的后续管理工作。丰富稽查手段，开展稽查绩效考核，引入中介机构对7家企业进行了稽查；稽查企业119家，限期整改18家，稽查补税入库24.46万元，移交缉私案件18起，涉嫌违规案值9047余万元。稳步推进“三查合一”改革，在现场业务处设立稽查科，实现稽查业务监督与执行操作相分离。以情报为先导，始终保持打私缉毒高压态势，切实履行边境保护职能。组织侦办了化肥、稀土、白糖、卷烟走私等一批涉税走私违法大要案件，全年共立案办理各类走私案件878起，案值12.42亿元，涉嫌偷逃税款1.32亿元，同比增长26.88%、161.04%、573.58%。深入推进禁毒人民战争，成功破获一批走私毒品大要案件，得到国家禁毒委、公安部等多个部门的高度评价，出色完成“国门K－9”缉毒搜爆专项行动，与邻国禁毒执法合作更加深入。组织开展打击冷冻食品走私专项行动，被中央电视台等全国多家媒体报道；积极推进反走私综合治理，组织开展了打击中越边境橡胶走私专项行动、私开通道专项治理及河口界河沿线反走私专项整治行动。坚持法律效果与社会效果并重，依法妥善处理6家企业涉嫌走私黄磷出口案。深入开展“双打”行动，查办侵犯知识产权案件94起，查扣各类侵权货物80多万件，案值413万元，同比增长132%。加大对走私濒危野生动植物、固体废物和枪支弹药行为的打击力度，查获濒危野生动植物及制品案件9起，走私进口固体废物58.91吨，枪支3支。深入开展扫黄打非，查获各类违禁印刷品、音像制品共计3497件，同比增长4.43%。关区各业务部门向缉私部门移交案件236起，案值5364.55万元，涉嫌偷逃税款171.56万元。

【服务桥头堡建设】 深入落实中央关于桥头堡建设和西部大开发新的战略部署要求，研究实施了《昆明海关关于进一步支持云南省加快推进桥头堡建设的贯彻实施意见》和《昆明海关贯彻落实西部大开发战略的实施方案》，从推进通关便利化、口岸发展和边境合作区建设、保税贸易发展等6个方面进一步明确了昆明海关支持桥头堡建设、促进云南开放型经济又好又快发展的目标和重点措施。

【推进通关便利化】 继续推进区域通关、网上税费支付等改革，年内通过“属地申报、口岸验放”通关模式进出口货物总值达3.74亿美元，通过网上税费系统支付税款2.37亿元人民币，同比增长57%。主动参与昆明新机场规划和建设，昆明新机场海关配套项目建设基本完成。在做好现有12条国际航班国内段航线监管服务的基础上，支持云南进一步拓展国际航班中转功能。为中缅油气管道建设境外段出口物资以及境外电力合作开发等大型项目出口设备提供通关便利。完善会展监管模式，为昆交会、南亚国家商品展等提供了快捷优质通关服务。继续推行重点口岸5+2工作制和24小时预约通关，确保鲜活易腐货物优先快速通关。积极应对中国船舶湄公河遇袭和清水河口岸境外爆炸等突发事件，采取多种措施，确保口岸通关顺畅。

【促经济转型升级】 优化保税监管业务流程，支持帮助昆明出口加工区拓展保税物流功能，建设珠宝加工贸易保税基地，昆明出口加工区进出区货物达1.39亿美元，同比增长4.5倍。围绕云南省设立海关特殊监管区域规划布局深入研究论证，积极建言献策。扶持昆明高新区、景洪、勐腊保税仓库的发展，年内批准在磨憨口岸设立1个保税仓库。全年共办理加工贸易备案手册83份，手册备案金额3.71亿美元，同比增长24.92%。

【扶特优产业发展实现共赢】 加大政策宣传力度，帮助企业用足用好减免税优惠政策，提前介入、依法审批，支持骨干龙头企业技术改造、产业升级和重大项目建设，积极服务云南特色农业、花卉、石产业以及境外罂粟替代种植产业。全年共审批进出口减免税货物货值5.3亿美元，减免税款7.65亿元人民币，其中审批替代种植项目进出口货值1.77亿美元，减免税款4.07亿元人民币。以规范管理推动边民互市健康发展，关区边民互市进出口贸易量值大幅增长，达108.32万吨和36.31亿元，同比分别增长49%和76.01%。

【辅助决策职能发挥更到位】 密切跟踪分析云南省外贸形势，优化统计监测预警和研究分析机制，组织编写了“十一五”时期云南省进出口贸易海关统计数据资料和海关统计分析报告。加强统计分析信息报送，开展每月进出口数据速报，年内共报送统计速报6篇，统计分析信息专报53篇，监测预警信息专报53期。各类信息被省委省政府采用53篇次，省领导批示7篇次，昆明海关参与的东盟自贸区贸易监测预警分析报告得到温家宝总理批示。

【推动区域经济合作有成效】 中越直属海关会晤机制有效落实，双边执法和通关便利化合作进一步深化。承办大湄公河次区域国家海关贸易便利化研讨会，加强了次区域海关间的沟通和共识。支持昆曼公路跨境运输便利化进程，努力促成国际大通道通达顺畅。牵头完成“边境海关合作模式研究”署级课题任务，对边境海关贸易便利化与执法合作的有效途径进行了积极探索。

（昆明海关）

旅游·风景区

◆责任编辑 吴焰红

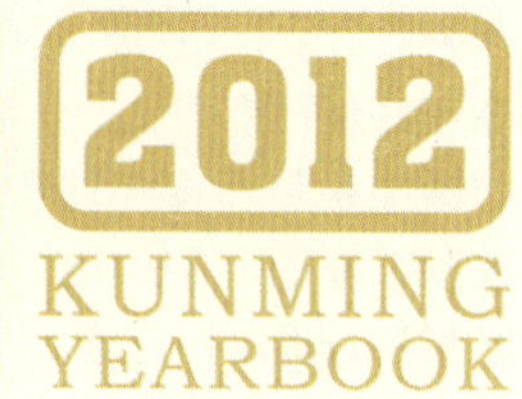

旅 游

【概况】 2011年，昆明市接待旅游总人数为4102.5万人次，同比增长15.32%。其中，海外旅游人次首次突破百万大关，达100.4万人次，同比增长16.66%，完成全年任务的105.78%；接待国内旅游首次突破4000万人次大关，达4002.1万人次，同比增长15.29%，完成全年任务的103.95%，两项主要旅游指标实现历史性突破。旅游业总收入为367.25亿元，同比增长28.95%，完成全年任务的113.33%。其中，国内旅游收入346.99亿元，同比增长29.32%；旅游外汇收入2.98亿美元，同比增长22.83%。2011年，海外游客入境结构发生一定变化，香港和台湾游客人数大幅增加，接待香港游客达7.67万人次，同比增长26.59%，接待台湾游客15.27万人次，同比增长15.82%。外国旅游者中，亚洲客源市场游客增长5.11%，其中传统客源市场的马来西亚增长35.21%，泰国增长12.09%，新兴市场印度增长84.35%。欧洲和美洲市场在全年实现49.26%和28.59%的高增长。

昆明市旅游业已经形成包括旅游景区（点）、旅游饭店、旅行社、旅游交通、旅游餐饮、旅游商品、旅游娱乐以及旅游教育、旅游研究机构等组成的综合发展产业体系。2011年底，全市共计有星级饭店90家，其中，五星级6家、四星级22家、三星级37家、二星级24家、一星级1家，共计16108个房间；拥有旅行社296家；在册导游12479人；各类旅游景区（点）100余处；A级以上景区17家，其中，5A级景区1家、4A级8家、3A级5家、2A级2家，1A级1家；有国家级风景名胜区3个（石林风景名胜区、昆明滇池风景名胜区、九乡风景名胜区）；国家级旅游度假区1个（滇池国家旅游度假区）；省级旅游度假区1个（阳宗海旅游度假区）；世界自然遗产1家（石林风景区）；世界地质公园1家（石林风景区）；国家地质公园1家（九乡风景区）。

【旅游规划】 突出规划先行战略，着力打造与世界名城相媲美的品质春城。促进旅游与文化融合，抓好重点景区、重大项目、重点产品建设。通过规划修编进一步优化旅游空间布局和发展重点，全面推进主城核心区、环滇池片区、东部喀斯特景观片区、西部乡村旅游片区、北部康体运动生态旅游片区等5大旅游片区的规划和建设；做好昆明市旅游业土地利用规划，将昆明市“十二五”期间旅游重大项目纳入规划，并纳入全省规划总体部署，保障昆明市重点旅游片区项目进驻的用地需求，解决长期困扰昆明市旅游项目建设的土地瓶颈；编制完成昆明市生态旅游规划和昆明市乡村旅游规划，同时启动昆明市主城区旅游标识系统规划修编工作并邀请旅游规划编制机构对昆明市旅游资源进行最全面的调查和评价。

【旅游重点项目建设】 在“大项目带动大发展”的工作思路下，昆明市旅游业逐步由“旅游资源时代”逐步转向高附加值的“旅游项目建设时代”，拉开旅游开发的新高潮。在科学规划、准确定位的基础上，坚持以市场为导向，集中力量抓重点推进支撑昆明旅游转型升级的重点旅游项目建设。2011年集中力量抓以阳宗海生态旅游小镇、苏宁石林旅游项目、星耀水乡旅游项目等为代表的33个重大旅游精品项目的建设。2011年昆明市协议引进投资3亿元以上旅游重大项目33个，协议引进资金1049.65亿元。全年共完

出席2011中国国际旅游交易会的领导参观昆明展台 （董 荣 摄）

2011中国昆明国际文化旅游节开幕式 （董　荣　摄）

成投资39.68亿元，累计完成投资147.66亿元。项目包括康体运动、休闲度假、酒店和商务会展等。投资已不局限于传统观光景区，而是更多投资于度假休闲、康体运动、旅游商贸流通等综合性旅游项目。2011年，市旅游局通过贷款贴息、协调争取土地指标等手段，加大对重大旅游项目建设的引导和支持，共对8个重大项目给予691.57万元的贷款贴息资金补助；帮助滇池旅游度假区和阳宗海风景名胜区推进和启动一批项目的招商和建设工作；将西翥生态旅游试验区纳入各类上位规划；启动世博新区旅游综合改革试点，争取阳宗海风景名胜区申报为云南省旅游综合改革试点；完成世博新区核心区控制性详细规划编制。通过土地利用专项规划，保障列入省重点项目库的在建类重大项目加快建设进度；充分利用市政府扶持酒店业发展政策，推动一批五星级酒店和度假型酒店项目，引进豪生、豪庭、洲际、温德姆华美达、喜达屋等5家国际知名酒店管理品牌进驻昆明；确定以建设面向东南亚、南亚的国际商务会展旅游和西部地区会展中心城市为目标，高标准规划建设商务会展基地及其配套设施，抓好国贸中心片区、世博新区、呈贡新区和空港经济区4大商务会展基地建设，打造面向东盟和南亚的专业会展品牌。至此，昆明市全面建设区域性国际旅游会展中心的基本目标和思路已经确定，各项工作正全面展开。

【旅游市场营销】 进一步加大旅游宣传促销力度，扩大昆明旅游知名度，加强昆明旅游城市品牌形象广告宣传。2011年参加云南省旅游局整合营销，开展以突出昆明“气候、养生、休闲、度假”和“旅游黄金周”为主题的多形式、多层次、多角度的媒体宣传报道工作；在中央电视台一套新闻联播前做“七彩云南，旅游天堂”电视广告宣传，同时开展以“冬游昆明”为主题的昆明旅游网络整合营销。加强旅游市场开发和营销：组团赴英国、印度、香港等地开展昆明旅游宣传促销与合作洽谈；组织昆明市史上规模最大、时间最长、跨境国家最多的陆路旅游宣传促销活动，分别前往老挝、柬埔寨、泰国、马来西亚和新加坡的10个城市开展形式多样的促销活动；邀请德国基比克、法国、印度、美国旅行商和国内做海外入境市场的知名旅行社负责人来昆明考察踩线宣传；参加云南省旅游代表团赴台湾参加台北旅游展并开展昆明旅游宣传促销活动；组织参加云南省旅游局赴香港举办的“七彩云南，魅力香港行”旅游营销推介活动。继续加强国内旅游市场开发：组织参加2011中国（昆明）国际旅游交易会，全方位营销昆明旅游，昆明市被省组委会评为“最佳组织奖和”“最佳展台奖”；组织2011中国昆明国际文化旅游节昆明狂欢节，遵循“政府主导、市场运作、社会支持、群众参与”的思路，坚持“欢乐、节俭、安全”的原则，强化“六个结合”，突出国际化、民族化特色和大众的参与性，树立云南、昆明的旅游品牌形象，营造欢乐祥和的节日气氛。

【主题营销、区域合作】 开展主题营销活动：迎接“9·27世界旅游日”在昆明市开展旅游宣传咨询活动；与五华区政府共同举办2011昆明海鸥节，推介宣传昆明旅游。开展区域旅游合作：组织参加在西安举办的中国国内旅游交易会；组织参加在厦门举办的2011海峡旅游博览会；组织参加在杭州举办的2011世界休闲博览会，设置昆明展示馆，并召开昆明旅游推介会；组织参加2011中国贵阳避暑季民俗节庆与旅游采购博览会；组团赴大连、临沂召开昆明旅游推介会；参加在自贡举办的川渝滇黔区域旅游线路推广研讨会；参加第四届天津9+10区域旅游合作会议；参加在西安举办的2011中国南方旅游城市协作体年会；加强旅游产品整合营销及线路推广：推动石林—九乡整合营销，支持编印《中国喀斯特精品旅游线路》宣传册及光碟；加强对轿子山旅游开发区的整合营销推广，编制《轿子山旅游风光》宣传画册；组织开展滇中旅游整合营销活动，加强滇中旅游产品及线路的宣传推广，编制《滇中旅游指南》宣传册；协调配合友好城市在昆明召开旅游推介会；2011年共接待配合杭州、厦门、西藏等10多个城市在昆明召开旅游推介会。

【乡村旅游】 经各县（市）区推荐、省旅游局评定，至2011年，昆明市已有15家省级旅游特色村，分别是：西山区团结街道办事处龙潭村、五华区沙朗街道办事处大东村（五华区西翥街道办事处大东村）、富民县大营镇小水井村、安宁市温泉镇后山村、盘龙区双龙街道办事处麦冲村、晋宁县晋城镇南门村、宜良县狗街镇小哨、寻甸县柯渡镇丹桂村、石林彝族自治县圭山镇糯黑村、东川红土地镇花沟村（倘甸轿子山两区管委会红土地镇花沟村）、西山区碧鸡街道办事处观音山居委会白草村、安宁市八街镇磨南德村委会磨南德村、官渡区六甲街道办事处福保村、嵩明县杨桥乡西山村委会大湾自然村、富民县款庄镇香山龙村。2011年经县（市）区推荐，市农业局、市旅游局评定出首批市级休闲农业与乡村旅游示范企业(园区)共计16家，分别是昆明晨农绿色产品有限公司、石林万家欢农业科技开发有限公司、昆明锦庄农业科技有限公司、昆明华曦牧业集团有限公司、云南太阳谷神鼓彝寨旅游开发有限公司、昆明市春喜农业科技开发有限公司、昆明市官渡区上对龙金山生态园、昆明永惠种植开发有限公司、云南九彩云蝶生物科技有限公司、昆明凯普经贸有限公司、昆明鑫森农业科技有限公司、云南金江绿色产业有限公司、木羊缘农家乐、宜良金福饮食娱乐有限公司、宜良血峰绿色生态园、昆明文生果业有限公司。2011年经云南省休闲农业与乡村旅游工作协调小组审核，认定昆明晨农绿色产品有限公司等35家企业为云南省第一批休闲农业与乡村旅游示范企业，其中昆明市有5家，分别是昆明晨农绿色产品有限公司、石林万家欢农业科技开发有限公司、昆明锦庄农业科技有限公司、昆明华曦牧业集团有限公司、云南一条龙企业集团有限公司。根据《昆明市乡村旅游服务接待设施等级评分标准》、《昆明市乡村旅游服务接待设施等级评分标准实施办法》的要求，全年共收到申请评定五星级乡村游经营户4家，市乡村游评委会在各县（市）区初评的基础上进行复评，申报企业获得四星乡村游标志。

【旅游业务年检及行政审批】 抓好旅行社业务年审，严格对各旅行社的基本情况、分支机构、经营情况、遵守行业法规情况等进行审核。根据《旅行社条例》、《旅游统计调查制度》的有关规定以及国家旅游局、省旅游局关于旅行社统计调查工作的要求完成昆明市所属旅行社统计调查的审核工作。至2011年11月，已完成对224家旅行社的数据统计审核工作；开展2011年度导游人员年审工作，对昆明市经营国内旅游业务和入境旅游业务的旅行社和导游管理公司的12474个《导游证》进行年审，对通过年审的7567名导游人员的《导游证》进行刷卡处理；开展《旅行社业务经营许可证》的换发和核发工作，截至2011年11月，共完成原有164家旅行社（经营国内旅游业务和入境旅游业务）业务经营许可证的换发工作；全年共核发新《旅行社业务经营许可证》60份；同时对昆明市62家1至3星级酒店进行复核。

【旅游发展奖励资金核发】 经考核，市旅游产业领导小组决定对17家单位兑现奖励，奖励金额共计148万元。其中，对县（市）区政府的奖励，一等奖6名分别是石林县、西山区、官渡区、安宁市、宜良县、五华区，各奖励10万元。二等奖8名分别是盘龙区、寻甸县、富民县、禄劝县、晋宁县、嵩明县、呈贡县、东川区，各奖励6万元。对旅游企业的奖励，A级景区——安宁青龙峡景区奖励5万元。对招展企业——昆明国际会展中心有限公司奖励30万元、云南世博国际展览有限公司奖励5万元。

【推进旅游行业标准化】 结合质量兴市和星级饭店复核工作，在星级饭店中确定5家企业作为2012年旅游标准化示范企业。为加快推进地方标准的贯彻实施，有序高效开展导游、旅行社、旅游汽车公司服务质量等级评定工作，制定相关的“实施方案”，根据“方案”要求，2011年11月1日至2012年3月31日前完成对辖区内的旅行社进行等级评定，2011年11月10日至2012年3月20日前对申请等级评定的导游员进行评定，2011年11月1日至12月31日完成旅游汽车等级评定，对通过等级评定的导游人员、旅行社、旅游汽车公司由市评定委员会颁发相应等级铭牌和证书。2010年，国家旅游局决定在全国范围内全面推进旅游标准化试点工作，市旅游局根据国家旅游局的有关要求，组织旅游企业申报旅游标准化试点企业，经过努力，云南石林风景区、云南民族村被列入国家旅游局确定的首批旅游标准化试点单位。2011年，经过国家旅游局及云南省旅游局评估、现场检查验收、打分，两家试点单位均通过中期评估验收。

【服务技能比赛】 年内，由昆明市旅游局主办、昆明市饭店行业协会承办的“2011年昆明市旅游饭店服务技能大赛”如期举行。本次大赛共有47家饭店的170多名技术尖兵参加比赛，另有各个饭店派出的1500多人次观摩各场比赛。有66名选手分获个人比赛一、二、三等奖，并被授予“旅游行业技术能手”荣誉称号。其他所有参赛选手也均被授予“优秀选手”称号。7家饭店分获团体工装展示比赛一、二、三等奖，其余21家参赛饭店荣获“优秀奖”。9家饭店分获服务技能比赛团体总成绩一、二、三等奖，还有9家饭店荣获优秀组织奖。2011年12月

2011中国国际旅游交易会开幕式 （董 荣 摄）

16日至17日，由云南省旅游局举办的2011年“大理银都水乡、银水帝都杯”导游大赛在昆明官渡大酒店举行，全省16个州市共有100名导游参加比赛。昆明代表队有4名选手获得“金牌导游”称号，并被云南省旅游局授予“行业技术能手”，7名导游获得“银牌导游”称号，21名选手获优秀导游称号。

【旅游市场治理】 全年检查旅行社246家次、导游人员1230人次、宾馆饭店145家次、旅游景区46家次、旅游购物场所79家次、旅游车驾驶员740人次、旅游汽车公司34家次，开展联合执法14次。执行24小时值班制度，值守好3部投诉热线电话，即：110旅游联动系统、120社会服务系统和“96927、3164961、3164995”旅游投诉热线，保证110联动和紧急救援电话的畅通。全年共受理正式旅游投诉35起，受理游客一般性投诉及咨询电话8000余起，全年共协调理赔金额247958元。针对投诉，及时组织人员进行调查处理，按照相关法律、法规以及办理程序妥善处理，结案率达100%。市旅游局牵头成立旅游市场专项治理小组，联合市工商、公安、主城4区的旅游行政管理部门和旅行社协会、饭店协会，对昆明市宾馆饭店内部各种旅游咨询机构、机车票代理机构和网络上无证照经营旅游业务的经营行为及其他扰乱旅游市场秩序的行为进行查处、取缔，共出动联合执法人员200余人次，对145家宾馆饭店招待所、46家机票火车票代理点、31家旅行社门市，共222家旅游企业进行检查。由旅游、工商两部门对违规咨询旅游业务的单位下发5份整改通知书，查处4家无证照经营旅行社业务的门市。

【规范“一日游”经营管理】 2011年，继续做好对“一日游”旅游市场的监控。5月至10月，联合民航公安、铁路公安、市交通运输管理局、市客管处重点加强对不签订旅游合同、零负团费、租用非旅游车辆、低价低质、“一日游”经营者和导游使用电子行程管理系统的情况等问题的检查，规范导游服务，保障接待质量，减少矛盾纠纷。对媒体曝光和游客反映有关昆明“一日游”市场低价揽客，多次进店购物等问题，联合工商、公安等部门进行调查处理，加强市场监控。

【旅游案件审理】 依法对违规案件进行查处，认真调查取证，全年共审理旅游违规案件84起，处罚金额共17.1万元。通过市旅游局政务网发布案件审理情况公告8期。

根据2011年旅行社业务档案建设工作要求，于2011年3月和7月分别对全市旅行社2011年上半年和下半年业务档案进行抽查，并向全行业通报抽查结果，促进全市旅行社行业管理水平的提高和行业标准化建设的推进，确保旅行社服务质量的不断提升。

【信息化建设】 继续开展“数字旅游”管理服务平台的相关建设。旅行社、旅游汽车公司、旅游景区景点、各县（市）区旅游局、各旅游行业协会以及旅游车辆驾驶员、导游人员都已逐步纳入“数字化”管理范围。完成旅游企业以及从业人员基础信息备案工作，在全市范围内推广使用统一的电子行程单。昆明旅游网和昆明旅游质监网已正式上线，开始向社会提供旅游企业资质认证查询和旅游从业人员身份认证查询；景区每日接待数据、酒店实时接待数据以及景区全球眼实时视频也已开始为游客提供信息服务。一个集互联网、3G通信、定位技术、IPTV网络电视和全球眼实时视频等先进技术于一体的旅游信息化建设框架已经初步形成，旅游信息化的社会效益已初步显现。

【旅游人才培训】 对全市6653名导游人员进行共计11期的年度年检的专题培训，重点对导游进行服务质量提高培训、新昆明新发展新变化、加快建设区域性国际城市、昆明长水国际机场综合知识培训，观摩学习2011年全国导游大赛决赛中优秀导游选手比赛的实况录像，并对导游进行昆明景区的现场模拟讲解考核，提升全市导游的讲解水平。对2011年从事导游工作的635名新导游进行政策法规、新景区（点）、旅游商品和新昆明新市情知识培训。对2011年全国导游资格考试的1182名考生进行取证考试工作，并对247名考生进行全面培训。对石林景区209名景区导游进行年检考核培训；对西山景区249名职工和景区导游、云南民族村64名景区导游、九乡风景区38名景区导游、云南野生动物园39名景区导游、世博园景区15名景区导游进行取证培训。坚持送教上门，与富民县旅游局合作为农家乐农户50多人进行培训；与倘甸“两区”管委会合作，对转龙镇40多名餐饮、宾馆住宿从业人员进行服务质量培训。编写《中国昆明国际旅游节狂欢节摄影集》、《滇中旅游指南》以及培训教材《昆明新市情（三）》、《国家门户枢纽的昆明新机场》导游词、景区导游词《云南民族村》、《西山风景名胜区》、《常用外语300句》等。

【昆明旅游热线推荐】

古镇古村古民居旅游专线：

1.官渡区官渡古镇

2.晋宁县晋城古镇

3.嵩明县杨林古镇

4.禄劝县转龙镇

红色旅游专线：

柯渡红军长征纪念馆—普渡河铁索桥—禄劝翠华毛泽东故居—禄劝县皎平渡

喀斯特奇观游专线：石林—九乡

精品园林园艺游专线：世博园—金殿

动植物主题公园游专线：云南野生动物园—黑龙潭—昆明植物园

历史文化民族风情游专线：

1.西山森林公园—民族村—大观楼

2.近日楼—金马碧鸡坊—南屏步行街—忠爱坊—王府井—圆通寺—翠湖公园—云南大学—云南陆军讲武堂

3.晋宁郑和公园—盘龙寺—筇竹寺

都市休闲游：

1.美食娱乐游（北大门美食娱乐街—金马碧鸡美食娱乐街—祥云美食城—大观商业城风味街—昆都夜市美食娱乐区—翠湖休闲娱乐美食区—关上野生菌一条街—滇池路餐饮美食街—世博吉鑫园—云南人家）

2.购物游（近日广场南屏步行街购物区—王府井购物街区—螺蛳湾国际商贸城）

3.东西寺塔步行街—翠湖—云南陆军讲武堂

4.康体游

（1）红塔体育中心—云南省体育馆—滇池路体育训练基地—五华区青少年训练基地—官渡区体育馆—昆明城市高尔夫体育俱乐部—五华区游泳馆—盘龙区游泳馆

（2）高尔夫体验之旅：春城高尔夫—滇池高尔夫—阳光高尔夫

乡村生态休闲旅游专线：

1.西山区团结街道办事处“农家乐”（线路：豹子箐——青龙潭——滑草场——团结乡农家乐）

2.宜良县狗街镇小哨生态村（线路：昆明—阳宗海—宜良—小哨生态村）

3.盘龙区水源谷休闲度假山庄（线路：昆明—松华坝——水源谷山庄）

4.西翥田庄（线路：昆明市五华区）

5.小水井苗寨风情旅游村（线路：昆明—富民县小水井村）

6.核桃园生态旅游村（线路：昆明—晋宁县—核桃村）

7.盘龙区双龙街道办事处（线路：昆明主城区—双龙街道办事处锡伯龙农家乐—金殿后山片区）

乡村生态点旅游线：

1.金色螳川之旅（线路：昆明—安宁—富民）

2.盘龙区双龙街道办事处麦冲老村—对门山—相府山庄（线路：昆明主城区沿金殿水库大坝前行2千米处）

3.自然生态之旅（线路：昆明—昆曲高速公路—东川城区—红土地—乌蒙山—轿子山）

4.福保文化城（线路：昆明市官渡区福保乡）

5.阿着底民族文化村（线路：昆明—石林县—阿着底村）

6.官渡区大板桥华曦生态山庄自驾车一日游（线路：官渡区大板桥镇—浑水塘）

7.寻甸北大营高山万亩草原（线路：昆明—寻甸县—北大营）

8.斗南花卉市场（线路：昆明—呈贡区—斗南镇）

9.豹子箐休闲旅游区（线路：昆明—西山区团结街道办事处）

瓜果采摘体验旅游专线：

1.寻甸钟灵山生态观光园（线路：昆曲高速76千米易隆道口下前行100米）

2.安宁红丰果休闲园（线路：昆明—安宁）

3.富民休闲采摘休闲游（线路：昆明—富民县城边农家乐）

农家垂钓休闲专线：

草甸垂钓休闲游（线路：昆明—宜良县—草甸镇—草海）

温泉康体度假游专线：

1.阳宗海康体休闲游（线路：昆明—春城高尔夫球场—阳宗海柏联SPA温泉）

2.安宁温泉休闲游（线路：安宁金方日式森林温泉—牧羊缘—青龙峡—富民县）

普洱茶之旅：官南路康乐茶文化城—北京路金实小区雄达茶文化城）

（赵　雁）

云南民族村

【主要指标】2011年，云南民族村有限责任公司累计接待海内外游客160.12万人次，同比增长14.4%，其中，购票游客97.58万人次，同比增长6.9%。累计实现旅游总收入9275.84万元，同比增幅为29.9%，其中，门票收入6403.85万元，同比增幅为34.6%，其他收入2871.99万元，同比增幅为20.57%，超额完成年度各项经济指标。

【整合文化资源】 2011年，景区整合原有较为散乱的表演展示模式，围绕“原住民、原生态、真文化、真情感”的原则，对原有村寨演出进行梳理，并重新编排，丰富演出内容，于春节期间正式推出“七彩云霞”大型展演活动。按游览路线将表演与各村寨景点有机地串联起来，丰富各演出单元的内容，又便于游客观赏，同时游客的体验性也有所提高，经过近一年的实际运行，得到游客的广泛认可。

联合各州市，整合双边民族文化优势资源，共同打造民族节庆品牌，增加景区品牌节庆项目，以吸纳更多的海内外人群游览观光、休闲度假。国庆“黄金周”期间，公司与怒江傈僳族自治州主动洽谈商请，在民族村联合举办傈僳族阔时节（名为“七彩云南民族村，欢乐阔时怒江行——10月黄金周欢乐阔节启动”系列活动）。由怒江州政府率领的5个艺术表演团体共160人来到民族村景区，把怒江最传统、最喜庆、最隆重、最具代表性的傈僳族“阔时节”活动，原汁原味地展现在游客眼前，让游客感受到怒江峡谷的民族风情。

【少数民族人才培养】 公司致力于加大少数民族骨干员工队伍的培养，整理编排一批优秀的少数民族节目。11月下旬，公司派出由一线少数民族演员为班底的演出队伍参加云南省第七届民族民间歌舞乐展演，共有5个节目获奖。通过多年的不懈努力，公司已初步打造了一批优秀的基层少数民族编导及表演队伍，他们构成公司核心竞争力的重要组成部分，公司未来将以他们为基础加大员工培养力度，逐步形成公司职业化的核心员工队伍。

【标准化试点通过国家验收】 云南民族村于2009年被国家标准化管理委员会列入国家级服务业标准化试点一类项目；2010年，被国家旅游局列为全国旅游标准化试点单位，同时担负着两个国家级试点工作。经过全体员工两年的努力，建立了以国家标准和行业标准为主体、地方标准为补充，内容涵盖公司16个部门经营、管理的标准化体系。体系由357个标准组成，内容涉及61项国标、6项行标、4项地标和286项企业标准，公司于2011年1月1日正式颁布实施标准化体系，全年运行良好。2011年11月14日、15日和11月23日，公司标准化试点工作分别通过国家旅游局和国家标准委的验收评估，试点效果明显，在本地区起到示范引领作用。

【优化提升规划】 公司委托专业机构——北京制源江山咨询有限责任公司在市场分析的基础上形成《云南民族村旅游发展总体策划》，并以此为基础，根据市委、市政府及度假区管委会对于区域建设的相关要求及景区的发展目标，对景区规划方案进行完善。确立以规划引项目的基本思路，加快招商引资引进战略合作伙伴的工作进程，力争尽快使方案得到批准实施，提高公司创新和发展能力，为公司后续发展和结构调整打下基础。

【招商引资】 2011年，公司招商工作取得突破性进展，经过近半年的谈判，于10月中旬与云南钰满堂商贸有限公司正式签订关于建设昆明旅游商品购物展示中心项目的合作协议，并通过相关立项审批，年内已进入施工阶段。与浙江云泰投资有限公司就民族村南门地块合作开发建设产权式民族主题休闲园项目达成意向性协议，年内进行项目的规划和设计工作。与北京双全集团一起联合聘请宏源证券，就下一步双方进行战略合作，完成股份制改造，共同上市，开展尽职调查 。

【景区建设】 年内，公司在东门游客中心旁，按照4星级卫生间标准，建成无水环保卫生间。2011年景区内已建成或改造完成的环保生态卫生间有8个。与联通公司合作，对景区内通信线缆进行全面更新改造，确保消防、医疗急救、投诉受理及安保服务等电话及网络线路的通畅。在景区内大量种植中山杉等乔木类植物，提升景区的绿化景观质量，并对“昆明故城”的绿化环境进行丰富和完善，大量栽种银杏等树种，营造与建筑相协调的绿化环境。对部分水体沿岸的绿化进行立体化处理，栽种中山杉等乔木近900株，丰富景区的水岸景观体系。在景区水域范围内种植水葫芦208亩，通过水葫芦的培育、打捞的循环过程，减少水体中富营养物质含量，景区水体质量得到进一步改善。

（许晓军）

石林风景名胜区

【旅游经济】 2011年，石林风景区围绕打造国际旅游胜地这一核心目标，深入实施旅游强县战略，强力推进旅游产业提升，实现旅游经济较快增长。全年景区接待入园游客320万人次，与2010年同比增长15.2%；实现旅游直接收入5.1亿元，同比增长17.8%；全县接待游客人数400万人次，同比增长14.3%；全县旅游综合收入23.3亿元，同比增长16.5%。

【招商引资】 石林旅游产业招商分局全年完成长湖景前区项目、大叠水整体开发项目、五湖连珠生态康体运动俱乐部项目、石林歌舞表演场项目、石林民族民间工艺品加工交易中心等项目深度策划包装。同时按照《招商引资大会战活动方案》要求，每月组织外出招商2次，联系企业不少于20家，取得良好效果。全年签订《天时居酒店投资协议书》、《石林旅游综合服务中心项目投资协议书》、《长湖景区旅游房车项目投资协议书》、《滇缅路石林数码影视基地框架性协议书》、《长湖旅游文化开发项目》、《大叠水景区整体开发项目投资协议书》和《彝人谷项目投资协议书》共7个项目的投资协议书。招商分局全年累计考核到位国内市外资金7.63亿元，为年计划的109.1%；外资到位资金330万美元，为年计划的110%。

【推进重点项目建设】 新游客中心交通网络及停车场建设项目。该项目由云南石林旅游集团有限公司与香港高盛金融控股有限公司合资建设，因合资公司无资金投资，项目已由石林旅游集团公司投资恢复建设，停车场A标段、B标段已复工建设，按计划推进工作，并于2012年1月1日投入使用。

石林狂欢之都建设项目。该项目位于石林旅游度假区中区，占地面积430亩，计划总投资15亿元，建设内容：餐饮中心、购物中心、演艺中心、会展中心及两个国际标准五星级商务酒店和度假酒店。2011年计划投资2000万元，年内仅完成投资969.29万元，占计划任务的48.46%。该项目因资金问题未能按计划推进。

石林生态民族体育运动场建设项目。该项目位于石林旅游度假区北区，主要建设一个以民族体育竞技培训、运动比赛、运动员休闲度假为主要内容的自然生态民族体育运动基地，计划总投资15亿元，2008年4月开工建设，计划2013年完成建设。民族生态体育运动场配套设施项目已按照国家、省、市高尔夫球场清理整治工作要求停建、停业，年内对部分涉及违法占用耕地的地块进行原地复垦约60亩，另在球场范围进行异地复垦，面积约200亩，累计投入人员及机械费用120万元，对超批占用的74.69亩林地进行植被恢复，恢复植被面积约205亩，栽种各种植物1.14万株，累计投资380万元。

云林度假酒店二期项目。该项目位于石林旅游度假区北区，规划用地206亩，计划投资2.6亿元，主要建设一个集商贸、度假为一体的五星级度假酒店。2009年1月17日开工，投资5000万元，计划2011年底前建成，年内完成投资2365.45万元，占计划任务的47.3%，项目因资金问题二期工程未能按计划推进。

上海张江石林旅游（一期）项目。该项目位于石林旅游度假区西区，占地面积687亩，计划总投资20亿元，项目建设主要内容为：五星级酒店、国际会展中心、康体疗养中心、民俗风情体验及商业街区，由上海张江高科技园区置业有限公司投资建设。2010年12月开工，计划2015年完成。年内一期工程项目建设进展顺利。2011年计划投资1.5亿元，完成投资1.01亿元，占计划任务的67.49%，项目工程建设正按计划推进。

石林苏宁旅游项目。该项目位于石林岔口片区，一期项目占地1205亩，计划投资33亿元，建设内容为一个超五星级度假酒店和集购物、餐饮、娱乐、休闲为一体的商业街。2011年11月18日，举行项目开工仪式，年内各项工作有序推进。

石林喀斯特地质科研博物馆项目。该项目是按照世界遗产地地质遗迹展示和保护的要求，建设与遗产地相匹配的喀斯特地质科研博物馆。项目占地38亩，由石林石得利地质科技有限公司投资建设，计划总投资1亿元，于2010年1月28日动工建设。年内一号馆、二号馆、三号馆均已完成装修和布展，项目工程已全部完工，并投入使用。

石林旅游散客服务中心项目。该项目位于石林旅游度假区中区，由昆明石林兴隆交通旅游集团投资建设，计划总投资1000万元。项目于2009年2月动工建设，2011年完成建设并投入使用。

【五棵树村整体搬迁及生态恢复项目】 2011年，中国彝族第一村建设工作按照“以拆除促搬迁、以维修促搬迁、以服务促搬迁、以督查促搬迁”4条工作措施推进搬迁拆迁工作。截至12月底，累计完成投资30437万元，占计划总投资数的78%，年内完成投资7017万元。新村建设方面：完成建设和初验；完成公建、商铺和290幢安置住房的土地使用证办理工作；正进行建设项目工程结算。搬迁工作方面：签订搬迁协议349户，完成83.3%；搬迁318户，占已签协议的91.1%；搬迁户旧址房屋拆除277户，占已签协议的79.4%；旧村集体房屋完成搬迁拆除。生态恢复方面：旧村生态恢复完成规划方案设计。

【景区清理整顿】 根据石林县委、县政府的统一安排部署，以工作组为单位，组织实施石林县搬迁拆迁大小石林景区有碍自然遗产保护设施领导小组制定的工作实施方案，并以日报、周报的形式督促工作落实。除五棵树村的搬迁拆迁外，云林宾馆、管理局老职工宿舍、景区综合商场、停车场、工商分局等大小石林景区有碍遗产保护设施也全面拆除，石林宾馆、避暑园宾馆、精舍宾馆的搬迁工作加紧推进。

【标准化建设验收通过】 石林风景区被国家旅游局确定为首批全国67个、云南省3个旅游标准化试点之一，年内完成旅游标准化基础资料收集、服务标准修改、体系标准编写，标准体系通过专家评审，顺利通过省旅游局代表国家旅游局到景区进行的中期评估；顺利通过云南省旅游局旅游标准化试点评估验收专家组评估验收。

【宣传营销】 2011年，深化渠道营销，巩固旅行社渠道宣传营销，解除与昆明旅游联合营销协会的合作关系，直接与省内140多家旅行社签订营销合作协议。加大阶段促销，通过适当的门票优惠政策，完成昆明锦爱国旅、昆明康辉、云南新风情等多家旅行社旅游包机、旅游专列等近万人的石林旅游专项服务接待工作。推进联合营销，联合大理旅游集团、银都水乡新华村、丽江玉龙雪山、西双版纳州旅游局，在山东济南、青岛开展“携手同行 畅游云南”等营销活动。创新会展营销，以旅游搭台、文艺唱戏、民族歌舞展演、彝族书法展示、资料发放等形式开展宣传营销，组织参加2011中国广东国际旅游博览会、2011中国国际旅游交易会、2011中国天津旅游产业节暨北方旅游交易会、第七届厦门海峡旅游博览会、2011杭州世界休闲博览会等展销会。用好网络营销，开通新浪、腾讯微搏，围绕石林旅游要素，每天发布石林旅游资源信息及精美图片，增加网民关注度；与乐途旅游网合作，参加“2011寻找风景帝风尚旅游景区攻略评选活动”，通过奖励景区门票，由乐途旅游网组织旅游达人到景区体验参观，扩大石林旅游资源宣传，实现游客接待稳步增长。

【实施资源科学保护】 委托云南省地质环境监测总站完成《大叠水景区地质灾害评估项目可行性研究报告》；委托云南方诚规划事务所进行乃古石林景区控制性详细规划编制；与中科院西双版纳热带植物园合作开展石漠化区域生物多样性保护研究和治理；与昆明理工大学合作进行世界自然遗产地资源保护数据库建设；理顺保护区“四级”保护网络，实行资源管理员劳务委派，严格执行保护区项目建设前置审批，全年没有发生重大资源破坏现象。

【其他重点工作】 加强旅游安全，与云南省雷电中心签订《雷击风险评估技术服务合同》；积极争取上级资金支持，申报中央补助3430万元的“十二五”国家级风景名胜区建设项目，已经省住建厅报国家建设部；申报国家级地质遗迹保护项目的可行性研究报告正在编制中；成功申报成为国土资源科普基地；完成石林世界地质公园2010年年度报告和世界遗产8年一次的定期工作报告；国家5A级旅游景区复核完成整改；全国文明风景旅游区通过省文明办、省住建厅、省旅游局复查。

（钟文佑）

领导视察景区绿化工程 （九乡风景区 供稿）

九乡风景区

【概况】2011年，九乡风景区共接待游客85.7万人次，同比增长率16.82%；景区综合收入891.78万元，同比增长29.26%；实现门票收入5513.55万元，同比增长20.97%。圆满完成年初预定目标，创景区开放以来年接待游客量历史新高。

【工程建设】 2011年，九乡风景区工程建设主要有：投资40余万元，按国家5A级标准重新设计制作景区全景图、景点说明牌和其他标牌181块，员工工号牌531块，提升景区形象。投资48万元在景区核心区域进行防雷工程建设，降低雷击灾害事故发生率。投资30万元完成立体停车场人行木栈道及外围的排水、出入口岗亭防护、电梯墙柱喷砂、荫翠峡沿岸防护、宾馆锅炉房翻新、洞内部分游路铺装等零星工程建设，改善景区旅游环境。投资20万元完成《跟着电影游九乡》影视作品展览工程，丰富景区文化内涵。

【宣传促销】 与中央、省、市、县级电视台保持紧密联系，不定期投放景区新闻动态及形象展示，并在云南电视台及周边地区电视台长期投放景区宣传广告。扩大媒体宣传面，在《环球时报》、《昆明日报》、《假日旅游》等30余家报刊、杂志刊登景区资讯，同时利用网络、视频等新闻媒体多层次、全方位地进行宣传促销。继续加强对目标客源市场的宣传力度，与省内及四川、重庆、广东等省市旅行社建立合作关系，巩固及拓展景区在省内外的团队市场。参加国内外旅游交易会、推介会及行业联席会议，发放各类宣传资料2.2万份，提高景区知名度。继续加强与国家、省、市行业协会联系，借助协会平台及时宣传景区资源。

【资源保护】 2009年9月，《九乡风景名胜区总体规划(2009年–2025年)》通过国务院批准。该总体规划规定，九乡风景名胜区保护范围为167.14平方千米。为切实保护旅游资源，景区成立综合执法队，配备资源保护巡逻专用车和通讯工具。2011年落实资源保护经费11.65万元，促进资源保护的开展。利用电视、广播做好《九乡风景名胜区总体规划》和《昆明市九乡风景名胜区保护条例》的宣传工作。向景区与毗邻乡镇、村委会、村小组发放《昆明市九乡风景名胜区保护条例》1000余册，强化村民对风景旅游资源的保护意识。景区与毗邻乡镇、村委会、村小组签订《九乡风景名胜区资源保护协议书》22份，并由乡镇、村社配备专职巡视人员，配合景区综合执法队查处在景区资源保护范围内破坏风景名胜资源的行为。

【旅游安全】 坚持“安全第一，预防为主”的工作方针，落实安全责任制，景区与所属12个部门及经营户签订安全责任书，层层落实责任制。建立健全应急处置预案，演练应急处置预案，确保出现紧急情况能及时处置。加强设施设备安全检查，发现隐患及时整改，确保设施设备安全运行。设置安全警示标志牌，在景区危险地段设置安全警示标志牌，增强游客自我防范意识。设置景区医疗急救点，及时救治游客游览过程中出现的患（伤）者，保障游客人身安全。加强森林防火，利用有线广播进行护林防火宣传，增强森林防火意识，同时增加护林员，确保景区森林消防安全无事故。由职能部门牵头，分半年、年终组织安全生产目标责任制考核，查找和整改安全隐患，确保安全工作的落实。全年景区未发生重大旅游安全事故。

【绿化美化】 做好绿化美化工作，改善景区外围环境。年内，投资200万元对九乡三岔路口进行景观打造，绿化面积5784平方米，栽种树木289株，其他地被绿化苗木14.46万株。投资100万元对九乡三岔路口至景区停车场公路沿线进行景观打造，绿化面积8230平方米，栽种绿化苗木1157株。投资50万元对景区停车场旁荒坡和马嘶村路口进行绿化，绿化面积2418平方米，栽种树木377株，其他地被绿化苗木6328株。

【景区简介】 国家级风景名胜区、国家4A旅游区、国家地质公园、国际洞穴协会会员、ISO9001质量管理、ISO14001环境管理体系认证景区——九乡风景区，位于昆明市宜良县九乡彝族回族乡境内，总面积167.14平方千米，距省城昆明90千米，距著名的石林风景名胜区34千米。九乡风景名胜区是以溶洞景观为主体，洞外自然风光、人文景观、民族风情为一体的综合性风景名胜区。拥有上百座大、小溶洞，为国内规模最大、数量最多、溶洞景观最奇特的洞穴群落体系，是独具特色的国际观光型喀斯特地质公园。已开发出来供游人参观的景点主要集中在叠虹桥景区，有荫翠峡、惊魂峡、古河穿洞、雄狮大厅、神女宫、雌雄瀑布、神田、彝家寨、蝙蝠洞、倒石林、旅游索道等景观。

交通方式：从昆明出发走昆—石高速，行50千米到宜良下，再走宜—九公路，行40千米便到九乡；或从昆明出发走昆—石高速到石林，再走九—石—阿旅游专线转道九乡。

门票价格：90元/人，

索道价格：30元/人（也可以步行返回停车场）。

旅游内容：荫翠峡荡舟、奇石展览、溶洞奇观、山林野趣、湖光山色、体验彝族风情。

餐饮、住宿：九乡宾馆

特色食品：宜良烤鸭、泡缸酒、野生菌、山茅野菜。

游览时间：游览时间需要两个小时左右，昆明至景区往返路程约需4个小时。

（李云明）

4月1日、国家旅游局局长邵琪伟视察世博园 （昆明世博园 供稿）

昆明世博园

【概况】具有“云南特色、中国气派、世界一流”的昆明世博园，是中国’99昆明世界园艺博览会会址，是历届世博会规模最大、参展品种及参展国家最多、最具特色的会址，是世博会历史上唯一完整保留、持续经营的会址。昆明世博园位于昆明东北郊，占地218公顷，核心景区面积为140公顷，汇集了来自世界各国及全国各省区市的园林园艺精品，在社会上享有较高的声誉。中国’99昆明世界园艺博览会结束后，昆明世博园及配套设施完整保留并实施企业化运作，负责昆明世博园景区经营管理的云南旅游股份有限公司于2006年8月成功上市，逐渐步入可持续发展的轨道。

【创新发展】 2011年，云南旅游股份有限公司调整发展思路，创新发展模式，在深化企业改革、预算管理、绩效考核、制度建设、产品研发创新和世博园转型升级、所属企业管控方面做了大量工作。同时，进一步明确公司的战略定位和发展目标，其中母公司以制定战略、实施投融资业务、资源整合和投资管控、综合服务为主，景区业务单元、世博兴云房地产公司、世博会议中心公司、世博园艺公司、世博园物业服务公司等所属企业则各自在景区运营、旅游地产、园林园艺、会议餐饮、物业服务等领域开拓市场，抢抓发展机遇。

【园区项目建设成效】 2011年公司创新旅游产品，盘活存量资产，充分发挥园区生态环境、资源配套优势，推出适应市场需求，投资收益较好的旅游团队购物、休闲餐饮会所和中国馆大型会议餐饮等产品，实现收入翻番、形象提升的目标。昆明世博园在城市休闲、旅游度假功能转变和产品结构调整中迈出坚实的一步。

园区提升改造项目方面。2011年，以“中国气派、城市客厅”为定位的世博会议中心中国馆项目华丽亮相；以“世博玉宫”为主体的旅游团队服务体系全面形成；以春风阁、约园、绾秀园、翠竹丽湾、天鹿海鲜、至尊会所为标志的一批高端休闲餐饮会所相继落成，为云南旅游股份有限公司打造“城市生态旅游综合体开发商和运营商”作了有力的铺垫。

观光产品提升方面。园林园艺是世博园景区的传统观光产品，为保持园区旅游景观的观赏价值，云南旅游股份有限公司对园林园艺景观作了全方位提升改造。将园区单、散、弱的景观植物集中种植，形成特色、形成差异，从而提升品质、提升视觉感受，形成新的亮点和卖点。同时昆明世博园区推出游客喜爱和好评的春天报春花节、夏天薰衣草节、秋天菊花节、冬天虞美人节“四季花卉节”，形成“一年有四季，四季百花香”的景观。

【市场营销】 2011年，世博园经营中心组织实施市场调研，收集旅游市场信息，定期走访市场，了解有关行业政策及市场动向，创新市场营销工作，提高市场营销能力。维护旅行社等营销渠道，采取景区+购物+旅行社的运作模式，使旅游团队销售大幅度上升。通过对出租车购票促销政策的调整，使出租车销售收入大幅度增长。对学生市场价格体系进行调整，并将昆明世博园游乐项目纳入产品体系，有效提升产品吸引力。

【重要视察与接待】 2月27日，南亚多国政党考察团参观访问昆明世博园。4月1日，国家旅游局局长邵琪伟视察昆明世博园。6月6日，印度塔塔集团副总裁克里沙 库玛考察昆明世博园。6月16日，原国务委员唐家璇视察昆明世博园。7月9日，越南宣传出版代表团一行参观考察昆明世博园。8月23日，成都文化旅游发展集团董事长尹建华一行参观考察昆明世博园。9月14日，上海市国资委国有企业监事会工作考察组参观考察昆明世博园。10月15日，孟加拉国干部考察团参观考察昆明世博园。12月4日，陕西西安 灞生态区管委会副主任杨民生率考察团一行到昆明世博园考察。

（云南旅游股份有限公司）

科学研究

◆ 责任编辑 李跃甲

科学技术

【国家创新型试点城市建设】 2010年4月6日国家科技部同意昆明市成为第二批国家创新型试点城市之一。市科技局贯彻《昆明市国家创新型城市试点工作实施方案》，2011年初在《昆明市县（市）区、开发（度假）区经济社会发展年度工作目标差别化考核指标体系（2011年）》中，继续加大对各县（市）区年度目标考核中涉及创新型试点城市建设的“全社会研究与发展(R&D)经费投入占GDP比重（%）”、“专利申请和授权总数（项）”和“新认定的高新技术企业数（户）”三项指标任务的考核力度；加大《昆明市国家创新型城市建设监测评价指标表》中各项监测评价指标涉及市级部门的分解、落实力度，便于责任到部门、责任到人，按期上报国家科技部。市科技局还牵头编制《昆明市国家创新型城市试点建设规划（2011～2015年）》和《昆明市国家创新型试点城市建设若干政策》。两个文件均已通过市政府常务会议审议。

【科技创新“4531工程”】 围绕昆明市光电子信息、生物创新、新材料、新能源4个高新技术产业重点发展领域开展深入调研，针对各类科技型企业的特点和发展要求，重点给予支持，分批次组织推荐“电动汽车调度与运行管理系统”、“铂类抗肿瘤新药甲啶铂的研究与开发”等10个高新技术项目通过专家评审，列入2011年科技计划项目给予支持；筛选出云南晶能科技有限公司、昆明贵研药业有限公司等6家企业进行高新技术企业培育，列入2011年的市级科技计划项目给予重点扶持。

【人才选拔培养】 评选产生第九批昆明市中青年学术和技术带头人及后备人选46名，市政府印发《昆明市人民政府关于确认第九批昆明市中青年学术和技术带头人及后备人选的通知》。截至年底，选拔培养的市中青年学术和技术带头人及后备人选累计达到465人。

【创新团队打造】 通过发布《昆明市科技局关于遴选第四批昆明市科技创新团队的通知》，组织申报，资格初审，面试答辩等程序，在关乎昆明市发展全局的光电子和信息产业、装备制造业等重点产业中又遴选8个科技创新团队，印发《昆明市科技局关于命名“昆明市铂族金属抗肿瘤药物研发科技创新团队”等8个科技创新团队的决定》。市级科技创新团队达到32个。

【科技型中小企业投资引导资金】 根据《昆明市科技型中小企业投资引导资金管理办法》、《昆明市科技型中小企业投资引导资金项目管理办法》、《昆明市科技型中小企业投资引导资金财务管理办法》文件相关规定，昆明市科技型中小企业技术创新基金管理中心2011年启动风险补助类别的投资引导资金项目，经过项目指南发布、项目申报、市科技型中小企业技术创新基金管理中心初审、专家评估论证等必要程序，由市科技局、市财政局委托，召开昆明市科技型中小企业投资引导资金评审会议，评审委员会对所提交的初审材料和评估论证等进行审议，确认深圳市中科招商创业投资管理有限公司投资昆明市科技型企业云南绿A生物工程有限公司3360万元；云南天素投资有限公司投资昆明市科技型企业昆明阳光基业股份有限公司918万元；云南科技创业投资有限公司投资科技型企业云南尔兹环保材料有限公司190万元、昆明阳光基业股份有限公司1920万元，共2110万元；共认定3家单位在昆投资金额6388万元。

【知识产权】 修订《昆明市专利资助及扶持办法》，对于持续并加大力度开展昆明市专利资助及扶持提供制度保障。2011年昆明市专利申请4577件，占全省专利申请的64.01%；其中发明专利申请2010件，占全省发明专利申请的71.88%。专利授权2641件，占全省专利授权的62.89%；其中发明专利授权743件，占全省发明专利授权的73.85%。发明专利授权每百万人115件。

【知识产权试点示范企业】 向14个县（市）区知识产权局、高新区、经开区下发《关于推荐试点示范企业的通知》，在前期对申报企业进行实地调研、筛选及名单的初步确定工作以后，对2009年进入试点示范的31家企业进行答辩验收、对2010年进入试点示范的24家企业进行中期考核，在总结2009、2010年试点工作的基础上公布进入2011年新增扶持的20家试点示范企事业单位名单并授牌。昆明市自2008年开始，已经开展4批企事业单位知识产权试点示范工作，列入各级知识产权试点示范单位共计93户。

【企业创新】 按照工业高新技术、农业科技、社会发展、知识产权、创新基金等不同类型，把培育20家创新型试点企业和支持10家企业建设技术中心创新平台的任务分解到位，在全年项目申报和资金安排等方面列入计划。分批次组织推荐昆明理工峰潮科技有限公司、云南电力技术有限责任公司等10个企业申报企业技术中心创新平台项目，通过专家评审后，列入2011年市级科技计划项目予以支持；组织推荐云南后谷咖啡有限公司、云南天兰环保科技开发有限公司等20家企业申报创新型企业，通过专家评审后，列入2011年市级科技计划项目予以支持。组织推荐云南爱迪科技有限公司等企业申报云南省创新型试点企业，并指导企业进行答辩，最终有9家名列省科技厅2011年云南省创新型试点企业。

【青少年科技创新实验室和精品科普基地认定】 下发《昆明市科技局关于组织申报2011年度昆明市科普精品基地认定有关工作的通知》和《昆明市科技局关于组织申报2011年度昆明市青少年科技创新实验室认定工作的通知》。通过专家评估、材料审验与实地考察等相关工作，市科技局下发《昆明市科学技术局关于认定2011年度昆明市青少年科技创新实验室的决定》，认定昆明市第三中学等10家学校为2011年青少年创新试验室；《昆明市科技局关于认定2011年度昆明市科普精品基地的决定》认定昆明植物所植物园等4家单位为昆明市精品科普基地。

【科技企业孵化器建设】 对昆明市科技企业孵化器的现有情况进行调研，组织5家企业申报科技计划项目，按照《昆明市科技企业孵化器认定管理办法》开展认定，经专家评审，推荐昆明经济技术开发区新兴产业孵化区管理有限公司等5家通过市级企业孵化器认定，列入2011年市级科技计划项目予以扶持，市级科技企业孵化器达到10个。

【各类科技项目】 紧紧围绕《昆明市科学技术发展“十二五”规划》以及2011年市委、市政府的重点工作任务，结合昆明市科技发展的现状，按照《2011年昆明市科技计划项目申报指南》、《2011年昆明市科技型中小企业技术创新基金项目申报指南》，严格遵守《昆明市科技计划项目管理办法》的相关规定及程序，全年分3批共组织实施科技计划项目269项（其中新立项目176项），围绕全市经济发展的重点领域共组织实施重大项目13项。3批项目总经费91109万元，其中项目承担单位自筹85640万元，市财政科技经费7443万元（2011年安排6000万元），市级财政科技经费的放大乘数为12.2倍。2011年昆明市科技型中小企业创新基金项目共立项135项（其中重大项目3项），项目总经费共计55319万元，市级财政科技经费2180万元（其中2011年拨付1920万元），项目承担单位自筹44913.89万元，银行贷款2500万元，市级财政科技经费的放大乘数为25.4倍。

【科学技术奖】 提交专业评审委员会评审的2011年昆明市科学技术奖共计147项，其中科技进步奖项目124项、专利奖23项，通过组织召开2011年昆明市科学技术奖评审会议，评审产生初步的评审结果。经第四届市科学技术奖励委员会第四次会议审定，产生2011年昆明市科学技术奖科学技术进步奖60项，其中：一等奖2项、二等奖13项、三等奖45项；专利奖10项，其中：一等奖1项、二等奖9项。昆明市政府印发《关于2011年科学技术奖励的决定》，对78项科学技术的项目人员和组织给予奖励（含再奖励人员和项目8个）。

【科技富民强县示范工程】 以各县（市）区社会经济发展提供科技支撑为目的，围绕各县（市）区的支柱产业及重点发展产业，遴选一批优质的科技项目，按照市级科技计划项目申报的相关程序及规定，共组织实施“五华区富民强县项目—昆明五华科技创新驿站建设”、“东川富民强县项目—1000t/d铜、铁联选、尾矿再选新工艺及产业化”等21项科技富民强县示范工程项目，总经费33889万元，共安排市级财政科技经费1080万元，带动企业及县（市）区投入32809万元。

【“绿色光亮工程”】 印发《2011年～2015年昆明市“绿色光亮工程”工作方案》，并制订昆明市2011年绿色光亮工程工作计划，组织各县（市）区申报本年度项目，完成1824套太阳能路灯的安装，并确定五华区等8个示范点，总投资1548万元，其中市级科技经费投入420万元，带动县（市）区和社会资金投入1128万元。

【科技制度创新】 制定出台《加快昆明市科技企业孵化器建设与发展的意见》，《昆明市专利资助与扶持办法》、《加强产学研结合促进科技成果转化若干意见》和《昆明市扶持创建国家重点实验室和国家工程技术研究中心管理办法》等一系列意见和办法。

【实验动物行政许可】 按照云南省科技厅昆明地区实验动物行政许可证移交有关工作安排，开展2010年度实验动物生产（使用）许可证年检工作，对昆明市辖区内17家单位26个生产（使用）许可证进行年检，成立市科技局实验动物管理办公室，聘请14位同志为昆明市实验动物专家、3位同志为昆明市实验动物质量义务监督员，为昆明地区5家实验动物相关单位换发实验动物生产（使用）许可证工作。

【争取资金支持】 按照科技部、省科技厅发布的科技计划（专项）申报指南，协调组织、推荐企事业单位、科研院所、高等院校申报国家、省的各类科技计划，协同、配合相关单位（部门）、多渠道、多层次争取国家和省科技计划列项和资金支持。2011年，获国家、省各类科技计划项目支持503项，资助金额16714万元。其中：国家各类科技计划项目155项，资助金额5960万元；省各类科技计划项目348项，资助金额10754万元。

2011年"全国科普日"活动启动仪式 （市科协 供稿）

【高新技术企业认定】 深入开展高新技术企业认定组织工作，充分挖掘具有自主知识产权、成长性好的本地企业进行重点扶持培育。为使2011年昆明市的高企认定工作更上新台阶，同时按照国家及省有关要求，组织指导2008年度通过高新技术企业认定的企业提交相关复审材料。经过前期指导企业积极申报，8月25日，市高企领导小组对2011年昆明市第一批通过高新技术企业认定的47家企业，以及2011年昆明地区通过高新技术企业认定复审的20家企业进行审核。对通过评审的企业向省高企领导小组进行推荐申报，最终经国家认定45家。10月26日，市高企领导小组对2011年昆明市第二批通过高新技术企业认定的39家企业进行审核，通过评审的企业已向省高企领导小组推荐申报，经国家认定35家（11月已公示期满）。2011年新认定高新技术企业80家，全市高新技术企业达到322个。

【技术合同认定登记】 2011年昆明地区技术市场保持较好的增长势头。企业、大专院校、科研院所广大科技人员创新创业能力稳步提升，技术市场环境进一步优化，技术交易进一步活跃，充分发挥科技对经济社会发展的支撑作用。2011年，昆明地区技术合同认定登记1210项，合同成交额11.6亿元，技术交易额10.9亿元。电子信息、先进制造成为技术合同交易的重点技术领域，软件著作权和技术秘密为主要知识产权交易形式，专利技术交易日益活跃。整个昆明地区技术市场保持较好的增长势头。

【科技特派员】 围绕昆明地区优势特色产业，结合"十一五"全市科技特派员服务领域实际情况，确定"重点打造特色花卉、蔬菜等2个科技特派员特色产业链，同时兼顾其他产业发展"的工作思路，在全市开展科技特派员服务农业和企业创新创业行动。经过县（市）区科技部门推荐、实地调研和专家评审等程序，根据专家评审结果，昆明市科学技术局认真研究，印发《昆明市科技局关于确定2011年度昆明市科技特派员的通知》，确定程怀章等20人为2011年度昆明市科技特派员，使全市科技特派员总数达到96名以上。

（赵 佳）

科技专家服务站授牌仪式 （市科协 供稿）

科学技术协会

【制度创新】 2011年，市科协制定并出台《昆明市科协事业发展"十二五"规划》、《昆明市科协专家服务团管理办法》、《"红霞之光"老年人才开发计划实施意见》、《关于推进在企业建立院士工作站及专家服务站工作的意见》等四项制度创新文件。其中《"红霞之光"老年人才开发计划实施意见》作为昆明市人才发展规划的重要课题，已上报市委组织部人才处；代市委、市政府起草的《关于推进在企业建立院士工作站及专家服务站工作的意见》作为昆明市人才工作的重要议题，已上报市委、市政府。

【院士专家站】 昆明市现已建立3个院士专家工作站，为昆明地区整合高层智力资源拓展一条新路子。

【昆明市第三届学术年会】 10月22日，昆明市第三届学术年会开幕。年会以“繁荣学术交流，促进科技创新，推动区域性国际城市建设”为主题，由1个主会场和14个分会场组成，分会场有专题论坛、学会学术年会、学术研讨会和学术讲座等，历时1个多月，是由全市众多专家、学者和科技工作者参加的跨学科、跨行业、跨部门的大型系列学术活动，具有综合性、开放性、互动性和较大规模的特征，是拓宽学术交流渠道，提升学术交流水平的又一次创新。

【全国科普日活动】 据不完全统计，2011年“全国科普日”系列活动期间，全市各县（市）区共计开展277项活动，活动日期间直接参与群众约47万人次。

【科技活动周活动】 2011年科技活动周共在全市范围内开展224个科普宣传系列活动，直接受益群众40多万人。

【青少年科技创新大赛】 昆明市第26届青少年科技创新大赛共有来自全市各县（市）区中小学及幼儿园的14支代表队参加，接受各类作品12379项。在云南省第26届青少年科技创新大赛中，昆明市代表队获得一等奖30项、二等奖70项、三等奖100项的优异成绩。昆明市第27届

第27届青少年科技创新大赛活动场景
（市科协 供稿）

青少年科技创新大赛共有全市13个县（市）区中小学生、科技教师的11749项作品参赛。

【首届青少年机器人大赛】 首届青少年机器人大赛的竞赛项目分简易机器人和智能机器人，参赛项目200余项，参赛代表队33支，参赛人员436人。

【科技兴农】 开展“小三农”服务“大三农”工作，农技协、农函大、农职称评定工作取得新成效。新建24个农技协，积极搭建农技协发展服务平台。2011年市科协农函大共开办教学班71个，培训学员27883人。第十三届农职称评审共收到申报材料181份，最终评定出农民高级技师14人，农民技师126人。高级技师评定率为51.85%，农民技师评定率为81.81%。

【社区科普工作】 市科协紧扣政府中心工作，围绕服务新昆明区域性国际城市建设大局和城乡一体化建设战略的推动，深入基层社区调研，撰写翔实的调研报告，形成《昆明市关于进一步加强社区科普工作的意见》。

【科普示范创建工作】 2011年，五华、盘龙、官渡、西山、安宁、宜良、石林、嵩明等8个县（市）区被中国科协命名为“2011～2015年度全国科普示范县（市）区”，约占全省28家“全国科普示范县（市）区”的三分之一。

【科普宣传工作】 大力提升全市科协系统信息宣传工作水平，下发执行《昆明市科协信息宣传工作管理办法》；充分利用《昆明科普网》、《昆明科技》等宣传阵地创新方式，全面开展科普宣传工作；加强与社会传媒合作，扩大科普知识宣传范围；成立昆明科普创作协会，积极探索青少年科普创作工作的发展方向，多角度推进科普创作工作。

【科技咨询工作】 科技咨询工作有序推进，新增1家咨询成员单位；金桥工程有效开展，全市3个重点扶持的项目圆满完成；工作平台实现创新，搭建中小企业科技咨询创新平台；组织不断壮大，先后发展成立两个企事业科协。

【国际拓展工作】 昆明市科协首次申报的《引进海外智力，破解滇池保护与治理难题》、《昆明高新区海智服务项目—归国留学人员创业园加速器建设》、《以洛伐他汀盐为主要活性成分的云南红曲的产业化》、《便携式吸毒人员瞳孔快速检测鉴定技术研究》和《利用无化学残留提取新工艺开发芸豆淀粉酶抑制蛋白》等5个项目已入选中国科协2011年度海智计划项目；在昆明科普网上开辟昆明市科协、昆明市留学人员联谊会“海外高层次人才联系窗口”，为昆明市与海外学子间开辟一个互动交流的联系平台。

（景洪波）

防震减灾

【防震减灾执法检查】 2011年7月20～22日，市人大常委会组织专项执法检查组对昆明市贯彻实施《中华人民共和国防震减灾法》的情况进行执法检查。检查的重点是防震减灾法的宣传和贯彻执行、人员机构编制和工

作经费落实情况、应急避难场所建设、地震应急预案及演练、民居安居工程、监测预报综合能力建设、志愿者队伍建设以及贯彻执行防震减灾法存在的困难和问题等情况。检查组分别听取市政府和各县（市）区的汇报，采取座谈了解、实地查看、查阅台账等方式，先后到6个县区，检查4个应急避难场所、4个地震监测台站、2个防震减灾科普示范学校、1个防震减灾中心建设、1个病险水库加固和1个民居安居工程。这次执法检查引起各方面的关注，达到预期效果，对于督促和支持依法行政，推动法律的有效实施，宣传普及法律，促进防震减灾事业的发展具有重要作用。

防震减灾宣传活动　　（市防震减灾局 供稿）

【地震监测预报】　坚持震情月、季、年会商制度、24小时震情值班制度、地震速报制度、震情通报制度和地震异常落实制度。全年组织召开年度、年中会商会各1次、季度会商会2次、月会商会11次、紧急会商会2次；全年编写《震情跟踪工作月报》12期，编印《震情汇报》4期；全年共调查落实宏观异常9起；4月13日，制定下发《昆明市2011年震情跟踪工作方案》，对原有的地震短临跟踪领导小组和工作组进行调整、补充和业务分工。积极参加省局、川滇协作区和滇东协作区震情会商工作，按要求及时提交会商报告，2011年防震减灾局的年度会商报告获全省评比第三名。对2011年盈江5.8级地震、日本9.0级地震、缅甸7.2级地震作出响应。

【开展“中深井综合地球物理监测试验项目”】　中国地震局和国土资源部地质力学研究所的“中深井综合地球物理监测试验项目”，是由国家投入大量资金组织力量研究开发新型仪器，是目前国内新型仪器中设计、工艺、质量、自动化程度等综合性能最优的一种设备。该项目已落户昆明市禄劝县。为使该国家项目顺利开展，至2011年底已完成现有禄劝县地震观测深井和环境条件改造，这一合作项目的成功将大大提升昆明的地震前兆观测能力。

【建设工程抗震设防要求的监督和管理】　根据《中华人民共和国防震减灾法》等有关法律、法规，积极开展建设工程抗震设防要求的监督和管理工作。根据市法制办的要求，对防震减灾局建设项目选址避开活动断层、建设工程抗震设防要求和地震安全性评价审批、地震安全性评价资质审验3个非行政许可审批事项进行认真梳理，对审批程序、审批流程及相关表格进行修改，简化审批流程，报法制办备案，并在网上公布。2011年，共收到建设项目选址避开活动断层审批报件300件，发出《防震选址意见书》300件，到实地现场勘查5次；收到昆明市建设工程抗震设防要求审批项目报件226件，发出《建设工程抗震设防要求审批书》226件；完成地震安全性评价89件，进行地震安全性评价资质审验89件，全部按时办结，办结率为100%，无投诉案件发生。

【行政审批权限下放】　根据《昆明市行政审批制度改革工作领导小组办公室关于做好市级、县级行政审批权限下放阳宗海风景名胜区、倘甸产业园区和昆明轿子雪山旅游开发区管委会的通知》的要求，防震减灾局将3项非行政许可审批项目“建设工程选址避开活断层审查”、“建设工程抗震设防要求与地震安全性评价审批”、“工程场地地震安全性资质审验”权限下放到阳宗海风景名胜区、倘甸产业园区和昆明轿子雪山旅游开发区管委会，以推进阳宗海风景名胜区、倘甸产业园区和昆明轿子雪山旅游开发区抗震设防要求的监督和管理工作。

【地震应急救援志愿者队伍建设】　为提高和扩大公众自身的防灾、救灾能力，2011年在全市新建地震应急救援志愿者队伍68支，新增救援队员3256人。

【宏观联络员队伍建设】　经市政府办公厅批准，从2011年8月起，昆明市地震宏观联络员增加到300名，实现乡镇级全覆盖，为地震宏观异常、地震科普宣传、震情速报、短临预报工作提供有力支持。为提高地震宏观联络员的防震减灾工作水平，11月11～12日，召开全市地震宏观联络员培训暨地震观测质量总结会。

地震应急避难场所建设工作会
（市防震减灾局 供稿）

【地震应急避难场所建设】 2011年1月28日，昆明市政府办公厅印发《昆明市地震应急避难场所建设实施方案》，按方案要求，防震减灾局加大地震应急避难场所建设工作力度，在4个主城区、3个开发（度假）区、呈贡区新建160余个不同类型的地震应急避难场所，建设面积8079857.8平方米，按建成区人口304.67万人计算，人均避难场所面积达2.65平方米。

【地震应急预案的修订和演练】 2011年2月，防震减灾局制定《昆明市防震减灾局2011年地震应急预案》；7月，昆明市抗震救灾指挥部编制下发《昆明市抗震救灾应急工作方案》。建立健全昆明市地震应急组织、指挥体系，成立13个抢险救灾工作小组，各成员单位、13个抢险救灾工作小组分别制定应急工作子预案。《方案》下发后，按照昆明市抗震救灾指挥部的要求，于2011年9月8日20时30分在官渡区宝海公园地震应急避难场所临时指挥部举行昆明市“2011预警”地震应急指挥机构演练。此次演练在没有任何准备的情况下举行，目的是检验市抗震救灾指挥部成员单位领导快速集结、成员单位熟悉掌握各部门职能职责及行动程序。演练期间，在昆明参加中国地震局召开的地震应急工作会议部分省份的领导对整个演练进行观摩。中国地震局、云南省地震局领导作重要讲话、对演练进行点评。各县（市）区、管委会根据《昆明市抗震救灾应急工作方案》制定本单位的应急预案，并适时组织演练。

【防震减灾科普宣传】 按照“主动、慎重、科学、有效”的防震减灾宣传工作方针，结合防震减灾工作的特点，创新工作思路，拓展宣传渠道，积极开展防震减灾科普知识宣传教育。2011年，市防震减灾局先后组织和参加全市科技“三下乡”活动启动仪式、纪念《中华人民共和国防震减灾法》修订实施宣传、省第三个防灾减灾日现场宣传、全市科技活动周、“全省防震减灾宣传日”以及“纪念唐山大地震35周年”科普知识宣传等活动，不断提高广大市发防震减灾意识，提升广大市民应对地震灾害的心理承受能力。

首次利用公交车车载电视开展防震减灾科普知识宣传。从9月24日起，至11月中旬，市防震减灾局与道名广告有限公司联合在昆明市79条公交线路1100辆公交车1288个车载电视上开通“防震减灾知识宣传栏目”，利用车载电视滚动播出防震减灾科普知识和相关防震减灾法律法规。这一宣传模式，拓宽了昆明市防震减灾宣传渠道和形式，真正将防震减灾知识做到家喻户晓。

【防震减灾科普示范学校建设】 2011年，经市防震减灾局和市教育局研究，决定批准富民县永定中学、禄劝县民族小学、东川区第三小学等15所学校和1所幼儿园为“昆明市防震减灾科普示范学校”。至2011年，全市共有防震减灾科普示范学校（幼儿园）37所。

（张白陵）

气 象

【降水量】 2011年昆明主城区年降水量为662毫米，较2010年年降水量867毫米偏少205毫米。各县（市）区年降水量在432～824毫米之间，寻甸降水量最多，为824毫米；禄劝、西山和东川3个县区的年降水量在600～700毫米之间，富民、嵩明、石林、晋宁和安宁5个县区年降水量在500～600毫米之间，宜良、呈贡2个县区年降水量最少，在400～500毫米之间，宜良年降水量仅为432毫米。富民、嵩明、宜良、石林、呈贡、西山6个县区2011年年降水量突破各自建站以来历史同期最低值。

2011年各县（市）区年降水量（单位：毫米）及距平百分率（单位：%）

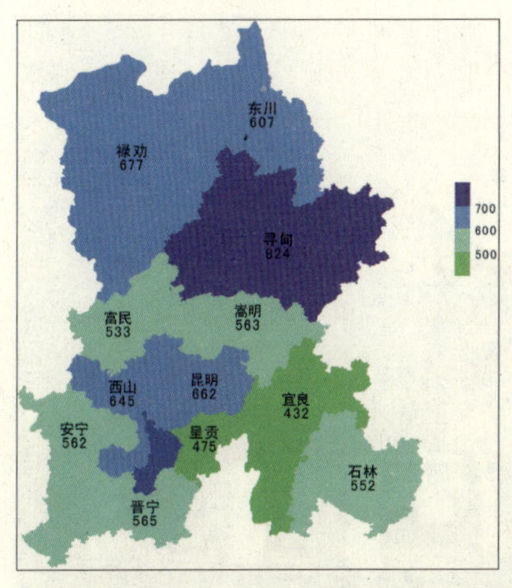

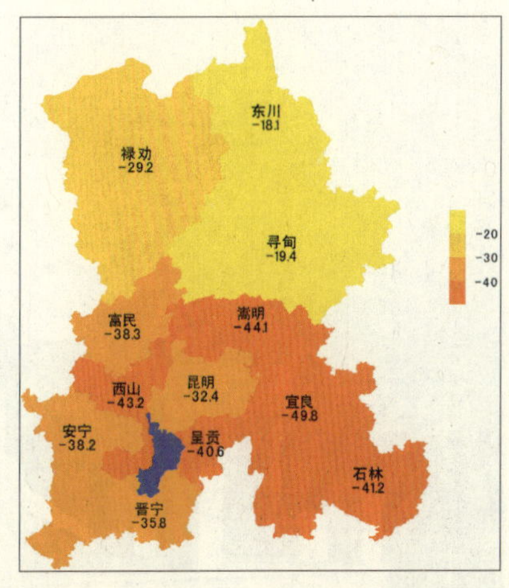

各月降水量变化。2011年全年昆明地区平均降水量2月最少为1毫米，6月最多为139毫米。与历史同期比较，除1月、3月、4月和9月降

水量较常年同期正常或略多外，其余月份均较常年同期偏少，汛期5月、7月、8月和10月降水量偏少幅度较大，其中8月全区平均降水量为55毫米，为1961年以来历史同期最少值。

2011年各月昆明地区12个国家气象站月平均降水量及与历史同期比较（单位：毫米）

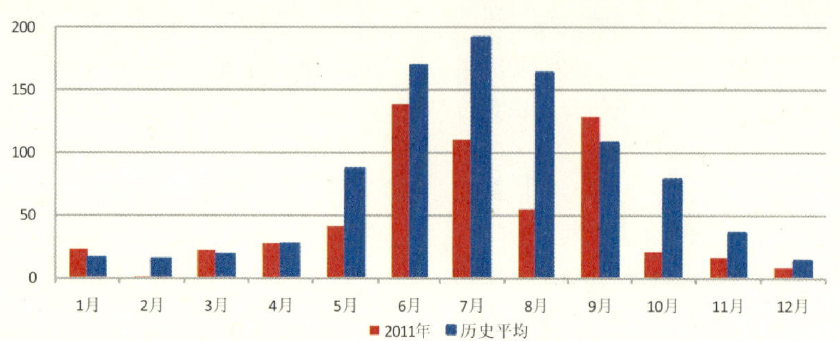

降水量各季节变化情况。冬季（2010年12月至2011年2月），昆明地区12个国家气象站平均降水量为62毫米，较常年同期偏多17毫米，偏多幅度为38%。昆明主城区降水量为52毫米，较常年同期偏多17%。各县（市）区中，富民降水量最少为35毫米，石林降水量最多为114毫米。春季（3～5月），昆明地区平均降水量为91毫米，较常年同期偏少42毫米，偏少幅度为31%。昆明主城区降水量为79毫米，较常年同期偏少39%。各县（市）区中寻甸降水量最少为55毫米，石林最多为144毫米。夏季（6～8月），昆明地区平均降水量为303毫米，较常年同期偏少42%。昆明主城区降水量为292毫米，较常年同期偏少49%。各县（市）区中，呈贡降水量最少，为245毫米；寻甸最多，为497毫米。全区夏旱明显。秋季（9月～11月），昆明地区平均降水量为166毫米，较常年同期偏少25%。昆明主城区降水量为254毫米，较常年同期偏多10%。各县区中，宜良降水量最少为71毫米，寻甸最多为231毫米。与常年同期相比各县（市）区降水量均偏少，偏少幅度为9～67%之间。2011年12月，昆明主城区12月降水量为14毫米，较常年同期持平。各县区中，嵩明降水量最少，为2毫米；西山最多，为18毫米。与常年同期相比除西山持平外，其余县区均偏少。

昆明基准气候站　（市气象局 供稿）

【气温】 2011年昆明主城区年平均气温为15.5℃，较多年平均持平，较2010年偏低1.2℃，各县（市）区平均气温在12.5℃～19.9℃之间。西山区年平均气温最低，为12.5℃；昆明主城、禄劝、嵩明、呈贡、晋宁、安宁、寻甸6个县（市）区的年平均气温在15℃～16℃之间；富民、石林的年平均气温在16℃～17℃之间；宜良年平均气温在17℃～18℃之间；东川年平均气温最高，为19.9℃。与常年同期相比，各县（市）区2011年年平均气温基本在正常范围，石林、西山略低，偏低幅度为0.1℃～0.2℃，禄劝、东川年平均气温与常年同期持平，其余县区年平均气温较常年同期略高，偏高幅度为0.2℃～0.7℃。

2011昆明地区各县（市）区年年平均气温（单位：℃）及气温距平（单位：℃）

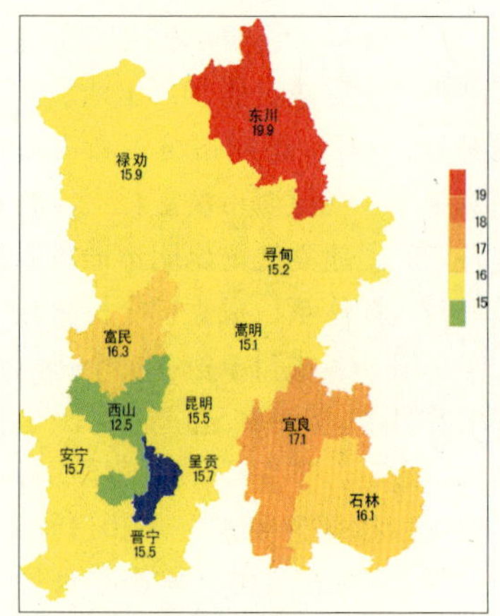

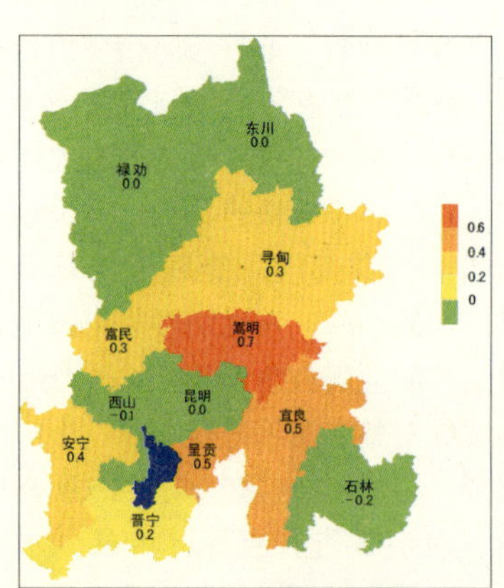

各月气温变化。2011年全年昆明地区月平均气温1月最低为7.8℃，6月最高为21.7℃。与历史同期比较，除1月、3月和11月气温较常年略低或偏低外，其余月份均较常年同期略高至偏高，其中2月、6月和9月气温偏高幅度在1.0℃以上，2月气温偏高幅度最大为1.8℃。

2011年昆明地区12个国家气象站月平均气温及与历史同期比较（单位：℃）

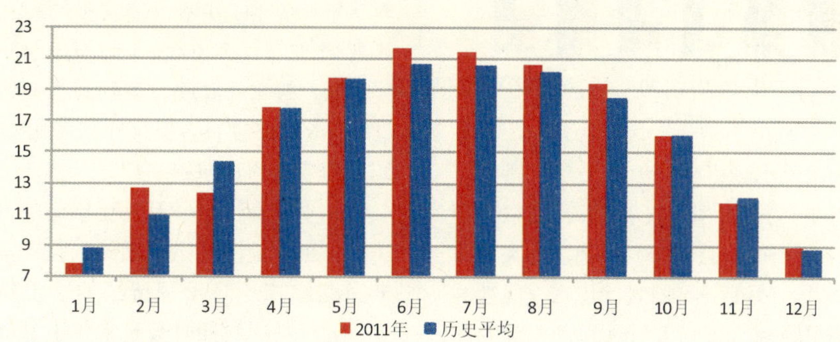

气温各季节变化情况。冬季（2010年12月至2011年2月），昆明主城区冬季气温为10.1℃，较常年同期偏高0.5℃。各县（市）区冬季平均气温在7.7℃～12.9℃之间。逐月气温变化上，2011年12月全区气温较常年同期正常至偏高，1月气温偏低，东川区1月月平均气温突破建站以来历史同期最低值，2月气温特高。春季（3～5月），昆明主城区春季平均气温为16.2℃，较常年同期偏低0.6℃。各县（市）区平均气温在13.0℃～21.4℃之间。逐月气温变化上，3月冷空气活动频繁，出现较严重的“倒春寒”天气，全市气温较常年同期特低，4月和5月全市气温正常。夏季（6～8月），昆明主城区夏季平均气温为20.7℃，较常年同期偏高0.5℃。各县（市）区夏季平均气温在17.3～25.6℃之间。逐月气温变化上，6月和7月全市气温较常年同期正常至偏高，6月嵩明、宜良、安宁、7月嵩明的月平均气温突破各自建站以来历史同期最高值记录。8月全市气温正常。全市夏季未发生大春作物抽扬期低温冷害天气。秋季（9～11月），昆明主城区秋季平均气温为15.2℃，较常年同期偏低0.3℃。各县（市）区秋季平均气温在12.4℃～19.9℃之间。逐月气温变化上，9月全区气温正常至偏高，10月气温正常，11月大部县区气温略低至偏低。2011年12月，昆明主城区2011年12月月平均气温为8.8℃，较常年同期偏低0.2℃。各县（市）区2011年12月月平均气温在5.8℃～11.3℃之间。

【日照】 2011年昆明地区12个国家气象站年平均日照时数为1861小时，较常年同期偏少220小时，偏少幅度为11%，较2010年偏少56小时。昆明主城区全年日照时数为2055小时，较常年同期偏少66小时，偏少幅度为3%，较2010年偏少82小时。各县（市）区中，富民、石林、晋宁3个县区年日照时数超过2000小时，富民年日照时数最多，为2214小时；宜良、安宁、东川、寻甸4个县区年日照时数在1800～2000小时之间；禄劝、呈贡、西山3个县区年日照时数在1600～1800小时之间；嵩明年日照时数最少，为1372小时。与常年同期相比，除富民日照时数偏多4%外，其余县区均偏少，宜良、石林、安宁3个县区偏少幅度在10%以内，禄劝、晋宁、西山、东川、寻甸5个县区偏少幅度在10%～20%之间，嵩明、呈贡2个县区偏少幅度在20%～30%之间，嵩明偏少幅度最大达为27%，偏少496小时。

昆明地区各县（市）区2011年年日照时数（单位：小时）及日照时数距平百分率（单位：%）

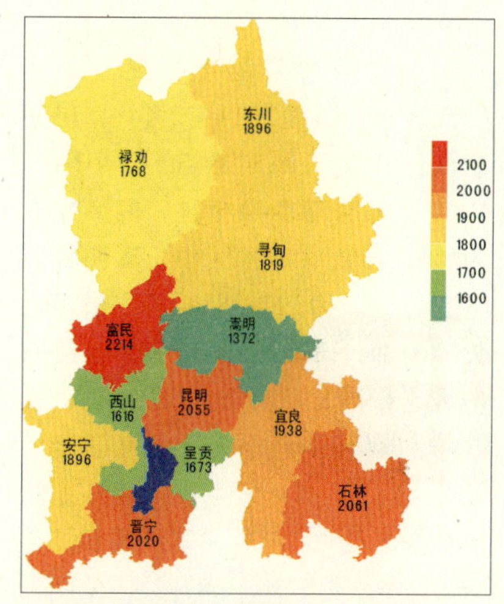

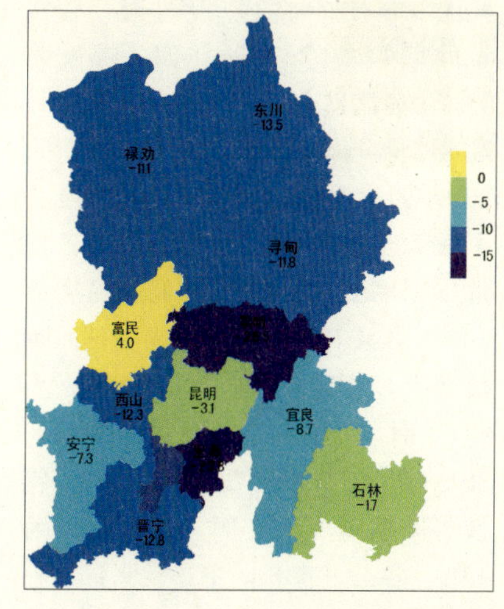

各月日照时数变化。2011年全年昆明地区月平均日照时数9月最少为79小时，2月最多为242小时。与历史同期比较，2月、6月、7月、8月和11月日照时数较常年略多，9月和12月日照时数偏少幅度最大，12月日照时数较常年同期偏少79小时，偏少幅度最大为43%。

2011年昆明地区12个国家气象站月平均日照时数及与历史同期比较（单位：小时）

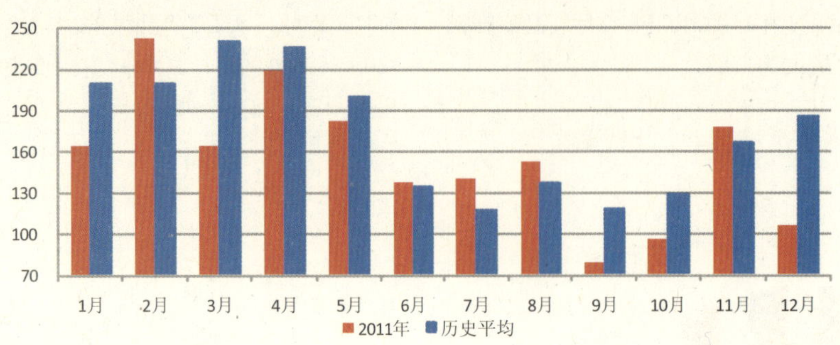

日照各季节变化情况。冬季（2010年12月至2011年2月），昆明主城区冬季日照时数为669小时，较常年同期偏多44小时，偏多幅度为7%。各县（市）区中，嵩明日照时数最少，为392小时；晋宁最多，为676小时。春季（3～5月），昆明主城区春季日照时数为627小时，较常年同期偏少61小时，偏多幅度为9%。各县（市）区中，嵩明日照时数最少，为467小时；富民最多，为649小时。夏季（6～8月），昆明主城区夏季日照时数为506小时，较常年同期偏多125小时，偏多幅度为33%。各县（市）区中，呈贡日照时数最少，为274小时；宜良最多，为530小时。秋季（9～11月），昆明主城区秋季日照时数为337小时，较常年同期偏少89小时，偏少幅度为21%。各县（市）区中，嵩明日照时数最少，为215小时；石林最多，为441小时。2011年12月，昆明主城区2011年12月日照时数为109小时，较常年同期偏少82小时，偏少幅度为43%。各县（市）区中，嵩明日照时数最少，为63小时；富民最多，为146小时。

【主要气候事件】 ①冬季出现阶段性低温雨雪天气。冬季昆明地区气候表现出前期湿冷、后期干热的特征。前期降温降雨（雪）天气过程较多，气温起伏波动较大，2010年12月下旬和2011年1月中旬出现阶段性的低温阴雨（雪）天气。1月10～11日昆明全区出现小到中雨（雪）天气，昆明、嵩明、宜良、石林、呈贡、安宁、西山、寻甸8个县（市）区出现雨夹雪或降雪。1月17～19日再次出现全区性的降温降雨（雪）天气过程，东部的嵩明、石林、寻甸、东川4个县区出现降雪，东川、寻甸出现最大6厘米的积雪深度。

②春季出现严重倒春寒。受强冷空气影响，3月15～18日昆明地区出现一次全区性的降温降水天气过程，昆明、嵩明、石林、呈贡、晋宁、安宁、西山和寻甸出现降雪天气，除禄劝、富民外其余县区气温降幅均达到“倒春寒”的评定标准，呈贡、西山和东川气温降幅达到强“倒春寒”标准，禄劝、富民的气温降幅也接近“倒春寒”的标准。3月25～27日再次出现全区性的降温降水天气过程，嵩明、寻甸出现降雪，大部县区降温幅度再次达到“倒春寒”评定标准。

③大部县区雨季开始较常年特晚。2011年昆明地区各县（市）区雨季开始日期参差不齐，时间跨度较长。安宁雨季开始最早为4月29日，石林雨季于5月11日开始，这两个县区雨季开始较常年偏早，昆明、富民雨季于5月31日开始，较常年偏晚，其余8个县区雨季在6月上旬至中旬陆续开始，较常年特晚，寻甸雨季开始最晚为6月15日。各县区中雨季开始最早和最晚的日期相差47天。

④主汛期（6～8月）夏旱突出。2011年昆明地区主汛期期间气温较常年同期偏高，降水量持续偏少至特少，大部县区日照时数较常年正常至偏多，高温少雨导致夏旱异常突出。全市12个国家气象站6月平均降水量为139毫米，较历史同期偏少18%，7月为110毫米偏少42%，8月仅55毫米，偏少67%。主汛期期间全区性的中到大雨以上天气过程较常年明显偏少，12个国家气象站共发生大雨（日雨量≥25毫米）以上天气过程27站次，较常年同期偏少42站次，其中暴雨7站次，较历史同期偏少10站次。

⑤秋季出现连阴雨天气，雨季结束较常年偏早。2011年9月中下旬昆明地区阴雨天气过程较多，连阴寡照的气候特征明显，大部县区降水量较常年同期正常，日照时数偏少，出现

昆明棋盘山天气雷达站　　（市气象局 供稿）

5～7天的秋季连阴雨天气。连阴雨天气对增加库塘蓄水有利，但对大春作物收晒产生了一定影响。各县（市、区）雨季于9月下旬至10月上旬初结束，较常年同期偏早10～20天。

【主要气象灾害及影响】 低温冷害。2011年1月和3月，昆明地区低温雨雪冰冻灾害较常年偏重发生。1月上中旬，云南中东部地区受强冷空气影响，出现低温雨雪天气。降水过程改善了土壤墒情，满足小春作物生长的水分需求，降低了森林火险等级，但长时间的持续低温寡照天气以及东部部分县区的雨雪冰冻灾害，对已进入开花期的蚕豆、油菜生长较为不利。雨雪冰冻灾害对昆明通往云南东部地区的交通影响较大，昆明东北部地区的供电也因电线覆冰受到影响。

干旱。2011年昆明地区出现严重夏旱。全市大部县区雨季开始较常年偏晚，入汛后除9月降水量略多外，其余各月降水量均偏少至特少。2011年汛期5～10月期间昆明地区12个国家气象站平均降水量为494毫米，较常年同期偏少305毫米，偏少幅度为38%，是自1961年以来历史同期最少值，加之近3年来降水量持续偏少的累积效应，全市江河径流量较常年明显下降，库塘蓄水严重不足，对来年春季和初夏工农业生产和生活用水造成严重困难。

暴雨洪涝。2011昆明地区汛期降水量异常偏少，全市性的强降水天气过程较常年偏少，暴雨洪涝及其引发的地质灾害造成损失较常年偏轻，但局部地区洪涝灾害仍时有发生，较突出的事例有：6月30日昆明市主城区因强降水造成20多个地段严重积水，新螺蛳湾商贸城、金马正昌水果批发市场的大量商铺、仓库被水浸泡，损失较重。7月13日寻甸出现日雨量达127毫米的大暴雨，这也是昆明地区2011年的最大日降水量，强降雨导致县城多处被淹，一些民房和商铺进水，部分地区农田被毁，同日昆明主城区东北片区也因强降水造成大面积积水。

大风、冰雹、雷暴。2011年昆明地区出现大风、冰雹、雷暴等强对流性天气的灾害较少，造成的损失较常年偏轻。最突出的事例是6月29日石林县遭受冰雹灾害，16个村委会近2000公顷粮、烟受灾，灾情最重的石林镇林口铺村委会，烤烟受灾近140公顷，其中约85公顷绝收，这也是石林县自2008年以来最严重的一次冰雹灾害。

【气候与农业】 1.小春。2010年10月～2011年4月小春作物生长季期间，昆明地区气温正常至略高，降水量偏多，日照时间偏短，小春作物的生长和发育较好，属中等偏上年景。秋播期间（2010年9月至2010年11月），昆明地区降水量较常年正常至略多，土壤底墒较好，保证小春作物能在最佳节令播种。生长中期（2010年12月至2011年2月）大部地区大部水分条件较好，"光温水"条件的时段分配较均匀，冬季旱情较常年偏轻，对产量形成期和水分敏感期的小春作物生长十分有利。但1月中旬昆明市东北部地区出现低温雨雪天气，部分处于花荚期的蚕豆受到冻害影响，出现落花落荚。2月全区气温偏高，光照充足，促使作物旺长，抗寒能力下降，部分地区发生病虫害。产量形成期（3～4月），大部地区降水量正常至略多，土壤墒情较好，有利于干物质积累。但3月中下旬接连发生倒春寒，剧烈降温和持续低温导致部分地区小春作物产量和品质下降。

2.大春。2011年昆明大春作物生育期农业气象条件属平年年景。水稻播种出苗顺利，秧苗素质较好。水稻适龄移栽面积比例高，移栽后植伤轻，返青活棵快，分蘖发苗好，但中后期积温较少，光照不足，对水稻灌浆乳熟较为不利。播种移栽期（3月下旬～5月中旬），3月下旬出现一次强降温天气过程，对播种较为不利，但后期温度回升较快，水稻出苗顺利。育秧期间温光资源配合较好，秧苗素质普遍较好。大春作物的播种和苗期旱情轻，秧苗长势好。由于大部地区雨季开始期偏晚，水稻移栽期比常年平均晚10天左右。移栽后植伤轻，返青活棵正常，苗情基础整体较好。分蘖期（5月下旬～6月中旬），以阵性降水为主，连绵阴雨少，热量状况良好，但光照相对不足，水稻分蘖正常，总体上水稻叶龄、群体茎蘖数较好。拔节孕穗期（6月下旬至7月中旬），持续寡照和气温偏低延缓了水稻生育进程，导致无效分蘖增加，有效穗数不足，导致干物质积累速度下降，一些地区水稻病虫害偏重发生。抽穗开花期（7月下旬至8月下旬），此期间晴雨相间，水分和光照充足，气温日较差大，土壤水分适宜，气象条件基本有利于水稻抽穗开花。乳熟收获期（9月上旬至9月下旬），9月中下旬出现连阴雨天气，日照偏少，不利水稻后期的灌浆和籽粒充实。水稻收获期寡照明显，不利于稻谷晾晒、进仓。

【气候与水资源】 2011年昆明地区大部分县区雨季于6月上旬至中旬开始，较常年偏晚至特晚，主汛期（6～8月）全区性的大雨过程较常年明显偏少，降水量异常偏少，多个县区主汛期降水量突破建站以来历史同期最少值，全区雨季于9月下旬结束，较常年偏早。汛期降水量持续偏少导致水资源供给不足，库塘蓄水和江河径流量的急剧下降。截至年底，昆明地区的库塘蓄水量为6.8亿立方米，仅为常年同期的一半，全区有29条河流断流，88座水库干涸，干旱已经造成47万人和23万头大牲畜饮水困难，受灾人口150余万。昆明市保障城市供水的"六库一站"总蓄水量仅为3.2亿立方米，比去年同期减少0.65亿立方米，其中云龙水库2011年年末可供水量1.54亿立方米，松华坝水库蓄水量仅0.3亿立方米，不及库容的三分之一。

【气候与旅游】 2011年气候对旅游的影响属正常偏好年景。冬春季节除1月中旬和3月中、下旬出现低温雨雪天气外，其余时段均以晴朗天气为主，对外出旅游较为有利。据统计，春节黄金周昆明市接待游客190.42万人次，同比增长17.4%，实现旅游收入7.21亿元，同比增长9.5%。五一小长假无大范围降水天气过程，各大旅游景点舒适度较佳。汛期强降水天气过程较常年偏少，旅游条件较常年偏好，但夏季干旱使部分与水体紧密相关的景点景区品质受到影响。十一黄金周期间全市共接待游客136.25万人次，比2010年同期增长6.62%，旅游总收入6.44亿元，比去年同期增长17%。但因持续连阴寡照天气，昆明市内九大公园游客接待量同比下降，其中人气最旺的翠湖公园、大观公园入园量均比2010年同期下降约两成，最突出的黑龙潭公园同比下降五成。11～12月大部地区降水稀少，适宜外出旅游。

【气候与交通】 2011年冬春季的低温雨雪冰冻天气和夏季局部地区强降水过程对交通产生不利影响。1月中下旬和3月中下旬云南中东部地区出现持续低温雨雪天气，对昆明通往云南东部地区的交通影响较大。1月10～11日、16～20日曲嵩、功待、昭待等多条高等级公路及东川、寻甸等地的部分县乡公路因雨雪冰冻灾害实施交通管制或封闭，17～18日香格里拉机场、昭通机场因降雪被迫关闭，造成昆明飞往香格里拉、昭通的多个航班被取消。1月28日曲靖境内的曲胜高速公路全程封闭，造成从昆明等地发出的2万余辆车滞留在昆曲高速路上。3月15～17日嵩待、昭待等高等级公路因雨雪天气处于封闭或半封闭状态。2011年年汛期昆明地区降水总量及强降水天气过程较常年偏少，夏季强降水过程对交通的影响总体较小。较为突出的事例有：6月23日昆明市东南片区因强降水造成大面积积水，其中官渡广场附近、石虎关立交桥、菊华立交桥等地淹水严重，积水深度达30厘米左右。6月30日昆明市主城区因强降水造成20多个地段严重积水，珥季路中段积水深达3米，多辆汽车被困水中，菊华立交桥下积水最深处也超过1米，昆明机场也因跑道积水造成多个航班延误。7月13日昆明主城东北片区因强降水造成大面积积水，小坝立交桥、金星立交桥、菊华立交桥等地积水最深处大70～80厘米。9月5日昆明市西山区因强降水造成大面积积水，积水最深处逾1米，苏南路、春雨路、边防路等多条主干道出现严重交通拥堵。

【气候与生态】 2011年旱情对昆明地区的生态造成不利影响。2月～3月上旬的冬春旱导致昆明地区出现多起森林火灾。2月12日13时57分，富民县散旦乡摩所营村后山发生森林火灾。2月24日官渡区方旺林场白坡山发生森林火灾，过火面积7.86公顷，受害面积3.9公顷，造成经济损失9.58万元。2月25日16时43分，晋宁县二街镇响水锅底箐发生森林火灾，造成经济损失1.5万元。3月4日东川区二二二林场辖区发生森林火灾，扑火过程中因风大坡陡、风向突变，造成扑火队员1死1伤。7月和8月发生的严重夏旱导致林区虫害和鼠害较常年偏重，库塘蓄水不足，地下水位下降，部分地区因施工或其他原因出现地面塌陷。

【常态化人工增雨基地建设】 保质、保量完成松华坝水库及云龙水库常态化人工增雨基地建设任务。松华坝水库2个固定作业点、2个流动作业点和云龙水库3个固定作业点、3个流动作业点已全面建成，并及时投入常态化人工增雨作业。全市14个县（市）区共45个人工增雨作业点累计作业103个点次，发射各类增雨火箭弹274枚，燃烧增雨焰条8根，取得较为明显的增雨效果，有效遏制了干旱灾情的进一步加剧。进入汛期后，在全市14个县（市）区城乡供水主水源库区共建立54个常态化人工增雨作业点。

【气象台站建设】 严格按照市委、市政府建设工程领域“八个百分之百”的要求，完成昆明市灾害性天气监测预警中心玻璃幕墙、室外道路及绿化、内部装修、弱电智能化等分项公开招投标工作，玻璃幕墙分项建设已完工，现正在全力推进室外道路及绿化、内部装修、弱电智能化施工。完成嵩明县气象局综合业务办公楼建设，启动东川区气象局综合业务办公楼建设，完成太华山气象站新建业务楼建设及云南气象博物馆修缮的申报立项工作。

【农村公共气象信息服务系统建设】 至年底，全市共新建气象公共信息电子显示屏465块，气象公共信息服务的覆盖率进一步提升。努力把气象公共信息电子显示屏建设成为农口各部门的信息共享终端，将其作为加快农村信息化建设、促进城乡信息一体化和基本公共信息服务均等化的一项创新举措和“民生工程”来推进。

【气象科技创新】 完成《雷达站地物阻挡和等射束高度分布的电子信息绘制》等2个省气象局科研课题，起草《云南输变电工程接地降阻应用技术》项目技术报告，完成《农业气象灾害预警信息响应技术方法及其应用》一书的编撰和出版准备工作。省科技厅下达的《基于粮食安全生产的干旱灾害预警技术研究及应用》、市科技局下达的《昆明地区旱涝灾害研究及人工增雨示范》、与滇池生态所合作的《滇池湖滨湿地效益评估及管理计划研究》等研究项目顺利推进。年内发表研究论文6篇。

【气象服务】 气象基础业务质量稳定。大气探测的地面气象观测质量错情率为0.04‰；高空气象探测质量错情率为0.0‰。特种气象观测的太阳辐射观测质量错情率为0.0‰、酸雨观测质量错情率为0.0‰；农业气象观测质量错情率为0.0‰。提高天气预报预测准确率，短期预报（1～3天）晴雨检验准确率达78.45%。

全力做好决策气象服务。认真做好灾害性、转折性、重要性天气的预报服务工作，及时发布气象灾害预警信息，开展短时临近预报业务，制作发布《短期气候预测》8期、《中期天气预报》56期和《昆明地区气象情况反映》、《昆明地区天气快报》、《重要天气消息》、《昆明农业气象信息》及各种专题服务等预报服务材料151期，为政府及相关部门决策提供科学依据和参考。加强重大灾害性天气预报预警信息发布工作，共发布气象灾害预警信号63次。发送气象决策服务手机短信28万余条。为昆明市第四届运动会、昆明市泛亚美食节、昆明市泛亚农博会、昆明国际文化旅游节等重大社会活动提供可靠的气象保障，获得主办方和社会各界的好评。

烤烟人工防雹工作效益显著。在石林、寻甸、安宁、宜良、嵩明等5个县（市）共设77个人工防雹作业点，自6月上旬起开展以保护烤烟为主的人工防雹作业。截至9月底防雹工作结束，累计作业981个点次，发射人工防雹火箭弹4881枚，最大限度地避免或减轻冰雹灾害对烤烟生产造成的损失，保护烤烟面积达60万亩，为完成相关县（市）烤烟生产目标任务，促进烟农增收、企业增效、财政增长提供强有力的气象防灾减灾保障。

深入开展“气象信息绿色通道”建设活动。积极加强与中国移动、中国电信昆明分公司的合作，不断提高手机气象短信等气象服务信息的针对性和覆盖率，及时发布灾害性天气预警信息，让气象信息准确、及时地传递到社会公众手中。为使天气预报信息更加方便社会公众出行，体现气象服务“以人为本”的理念和要求，在手机气象短信服务中除每日固定发布未来24小时短期天气预报外，每周四定时增发“周末天气”长信息，每周日定时增发“未来一周天气”长信息。大力发展手机气象短信用户，用户数合计达50万。

（刘 祎 姚 恳）

水文水资源研究

【降水情况】 2011年昆明市降雨主要存在3个特点：①降雨量明显偏少。2011年全市平均降水量566.3毫米，比多年均值偏少38.4%，属特枯年份；②降水量空间分布极不均匀。局部暴雨突出，最大日降水量为牛栏江七星桥水文站156.9毫米，占年降水量的22.5%，为该站自1953年以来监测到的最大值，年雨量最多为禄劝县洗马河支流清水河，年降水量1573.9毫米，最小为宜良县麦田河九乡，年降水量392.5毫米，最大与最小年雨量相差4倍。③降雨强度大，历时短，覆盖面积小，极不利于产流。总的来说，2011年降水特点是时空分布不均匀，局地降水多，大范围降水少；降水场次少且以阵性降水为主，连续性降水少，总体量级不大。

枯季（1～4、11～12月）降水量。2011年1～4月昆明市累计平均降水量79.9毫米，比历年同期偏多13.1%。其中，金沙江流域为79.2毫米，比历年同期偏多16.8%，南盘江流域为82.0毫米，比历年同期偏多4.4%。11～12月昆明市累积平均降水量仅23.9毫米，比同期均值偏少50.8%，其中，金沙江流域为26.3毫米，比历年同期偏少43.7%，南盘江流域为16.7毫米，比历年同期偏少69.0%。

汛期（5～10月）降水量。2011年汛期（5～10月）降水量在317～615毫米之间，平均降水量为462.5毫米，占年降水量的81.7%，比历年同期均值（801.0毫米）偏少42.3%，其中，金沙江流域为461.1毫米，与历年同期均值（801.5毫米）相比偏少42.5%，南盘江流域为466.8毫米，与历年同期均值（799.5毫米）相比偏少41.6%。

主汛期（6～8月）降水量。2011年主汛期（6～8月）全市降水量在206～356毫米之间，平均降水量为288.8毫米，占年降水量的51.0%，比历年同期均值偏少46.1%，其中，金沙江流域为291.7毫米，较历年同期均值偏少45.8%，南盘江流域为280.0毫米，较历年同期均值偏少47.0%。

【河道水情】 2011年水资源量特点是时空分布不均匀，与经济社会发展布局不匹配，境内主要河流普渡河、南盘江、牛栏江、小江及支流均未出现较大洪水，与历年同期水量相比为极度偏枯和偏少，与多年平均值相比，偏少幅度均在50%以上，并且实测最大洪峰流量均为建站以来的最小值。其中，螳螂川蔡家村水文站断面来水量偏少51.3%；牛栏江七星桥水文站断面来水偏少77.4%；松华坝水库上游的中和水文站来水偏少82.6%；云龙水库上游的书西水文站来水偏少50%；南盘江高古马水文站来水偏少70.7%。

枯季（1～4、11～12月）来水量。2011年1～4月，由于受上游水利工程的影响，除部分河段的来水量比历年同期略有偏多外，众多河段水量较历史同期偏少，如南盘江高古马站、牛栏江七星桥站，大部分河道的来水量均比历年同期偏少在20%～50%之间。11～12月各河道来水量均比历年同期偏少52%以上，南盘江高古马水文站断面偏少92.2%；松华坝水库上游的中和水文站来水偏少78.4%；牛栏江七星桥水文站断面来水偏少70.7%。

汛期（5～10月）来水量。2011年汛期螳螂川、牛栏江、南盘江、巴江等主要河道来水量与历年同期均值相比，偏少在五成以上，其中以南盘江高古马站偏少最多，其幅度高达95.7%，昆明主城主要供水水源地松华坝水库上游中和水文站来水减少幅度达到88.6%，云龙水库上游书西水文站减少幅度也达到53.6%。

【水库蓄水】 2011年末，全市水利工程总蓄水量6.96亿立方米，比上年同期减少4.41亿立方米，减少36.6%。云龙、松华坝、柴石滩3座大型水库年末蓄水量为3.90亿立方米，比上年减少2.94亿立方米，坝塘、大河、柴河、双龙、张家坝、车木河、清水海、凤龙湾、双化、封过、上游、大石头、八家村、宝象河、松茂、横冲、果林、黑龙潭、月湖19座中型水库年末蓄水量1.55亿立方米，比上年减少0.62亿立方米；小型及小坝塘年末蓄水1.51，比上年减少0.85亿立方米。滇池年末容水量14.89亿立方米，比上年同期减少0.49亿立方米；阳宗海年末容水量4.91亿立方米，比上年同期减少0.35亿立方米。

【土壤墒情】 2011年昆明市的固定墒情监测站共有5个，分别安装在晋宁、嵩明、宜良、石林等4个县，根据各站的土壤墒情监测数据看，土壤含水率成缓慢下降的趋势，土壤缺墒严重。石林县西口站土壤平均相对湿度在35.0%，宜良县三多站土壤平均相对湿度64.2%，晋宁县龙王塘土壤相对湿度60.0%，嵩明县河佑站土壤平均相对湿度为53.9%，属于严重干旱。

【水情报汛服务】 2011年，按照云南省防汛办下发的《关于做好2011年报汛报旱工作的通知》要求，昆明市水文水资源局担负17个水文、雨量站，10个水库湖泊站，37个云南省中小河流（洪水易发区）遥测站，4个土壤墒情站和5个蒸发站的水情信息收集、整理及报送工作，其中向国家防总报汛的水文（水库）站共有9个，向长江委水文局、珠江委水文局报汛的水文（水库）站共计11个，有5个站除担负向省防汛办报汛的任务外，还承担向市防办报汛。另外，为满足金沙江下游梯级水电站的建设要求，水文水资源局还有17个站承担着对溪洛渡电站的报汛任务。根据汛期特殊水情及时编写上报水情快讯14期，全年编制《水情简报》6期。

【抗旱工作】 2011年是继2009、2010年两年连旱后的第三个干旱年，昆明水文为防灾减灾做出了突出贡献。在汛前，组织技术力量编写《2011年昆明市雨水情趋势预测》供决策参考；在抗旱工作中，加强土壤墒情及枯季径流观测和分析预报工作，及时提供水文基础信息，为决策部门提供对策建议。同时，向省防汛抗旱部门报送干旱信息，共报送蒸发1448站次，降水、水位和流量、水库库容信息共2172站次。编制旱情简报4期。为配合市政府抗旱工作的开展，自8月份起陆续编制11期水情周报，向市政府和防办报送每周水情信息。汛末每日编报主要供水水库的蓄水和来水信息，以政府信息报送的方式向市政府上报。与此同时，针对2011年昆明市严峻的旱情，为昆明市委、政府领导科学决策和指导抗旱工作提供依据，2011年12月初，昆明水文水资源局开展全市范围内153座小（1）型及以上规模水库来、蓄水状况进行调查，并提出2011年11月至2012年5月期间供用水计划和应急对策，并汇编成《昆明市2011年11月至2012年5月水资源现状及应急对策方案》一书。11月还配合市自来水公司对灵源村大五山抗旱应急水源工程水量进行监测，为该应急水源工程日取水2万立方米规模确定提供依据。

【科研工作】 2011年，承担《昆明城市补水对滇池下游城镇防洪影响研究》课题，通过前期外业调研、内业分析和撰写研究报告、专家中期论证和报告修改完善等工作后，圆满地完成了各项研究任务，实现了预期目标，并形成《昆明城市补水对滇池下游城镇防洪影响研究》咨询报告和研究报告。按照《昆明市决策咨询研究定向委托课题管理办法（试行）》的要求，最终采取会议评审方式进行结题验收。按照市委目督办“关于对市委主要领导近日明确的11项工作任务进行立项督查的通知”提出的“保证雨季在第一时间使滇池外海水位达到1887.5立方米”的问题，积极配合省水利水电设计研究院完成《滇池运行水位变动对入滇池河道防洪影响分析研究》的课题。

（杨绍琼）

社会科学

【制度建设】 2011年完成《昆明市社会科学界联合会规章制度汇编》工作，其中新制定规章制度20项、修订完善3项，继续执行8项，总计31项规章制度。此外，党组还研究通过《昆明市社会科学界联合会内部审计管理规定》。这些制度进一步细化了工作流程，完善工作规范，明确工作职责，形成用制度管人、管事、管钱、管物的工作机制。

【科研工作】 认真开展大调研、大讨论，加快提高研究能力和水平。2011年经昆明市社会科学学术委员会研究决定23个课题列入年度规划课题开展立项研究。按课题研究时限，完成评审、验收2010年度社科规划研究课题20项。

【科普工作】 5月14日，参加全市在晋宁县郑和广场组织的“全国科普周活动”，开展昆明历史文化研究的新成果“十大历史人物、十大历史建筑、十大历史事件”图片展，发放《昆明“重九”起义》社科普及读物，观众达3500余人次；3月到6月，按照省社科联《关于开展云南省公民人文素质调查的通知》要求，在昆明市五华区、官渡区、呈贡区和晋宁县组织开展昆明市公民人文素质问卷调查及汇总工作；深入市社科联扶贫村社寻甸县老村村，实施科技下乡活动，购农村种养殖业科技书籍500本送农户，赠送电脑5台，资助资金3万元，帮助村民解决生产生活中的实际问题。

【信息化建设】 根据市委、市政府的要求，市社科联已建成“昆明市社会科学界联合会”互联网站，网站运行正常，市属各社科学会、协会、研究会以及广大社科专家、学者能够通过此平台查找社科研究项目及理论研究成果。

【学会工作】 认真贯彻落实《昆明市社会团体管理办法》，2011年，完成全市33家社科学会年度检审工作；举办学会、协会、研究会秘书长培训班，加强业务培训和工作指导，促进学会业务骨干理论水平和业务水平的提高；组织召开昆明市第九届先进社科学会评选表彰活动，经评委会认真评选，2011年12月2日在昆明市兰花宾馆召开昆明市第九届先进社科学会评选表彰大会，表彰先进学会12个，优秀期刊8个，优秀学会秘书长10人，先进工作者10人；2011年筹备成立昆明市姓名文化研究会和昆明市网络协会。2011年6月28日，召开由市级有关单位领导及专家，市级老领导以及有关部门、单位、共102人出席的“昆明市社科联纪念建90周年理论座谈会”，老领导和有关社科专家在会上做了交流发言。

【学习交流】 2011年，加强机关干部队伍建设工作，实施机关科级领导干部竞争上岗任用报批工作；强化学习交流，通过参加会议、考察学习、课题调研及培训等形式，社科联组织7批10人次考察学习，占全联人数的52%，社科院组织6批13人次考察学习，占全院人数的56%，市社科联院的学习交流工作均创历史新高。2011年，昆明市社科联在全国大中城市第二十二次社科联工作会议上评为“全国先进社科联”。加强与外省、市社科联、社科院联系，接待并参与中国社科院研究生院国情调研组在昆明市的调研，接待武汉、厦门、海口市社科联到昆明市的考察。组织机关干部到楚雄州社科联、德宏州社科联进行学习，开扩视野，交流情况。

【成果出版情况】 2011年4月，与市档案局联合编辑出版《昆明“重九”起义》社科普及读物；2011年6月，围绕纪念建党90周年，与市委党史研究室，党史学会、延安精神研究会共同举办建党90周年纪念座谈会，组织编辑《纪念中国共产党成立90周年论文集》；2011年9月28日，承办辛亥革命·昆明重九起义100周年研讨会，邀请国内和省内社科专家作交流发言，编辑出版《开启共和国之门》研讨文集。2011年，编辑出版发行昆明市社科联会刊《昆明社会科学》双月刊6期；编辑出版《2009年度社科规划课题成果选》，均由云南科技出版社公开出版发行。认真完成昆明市2011年度哲学社会科学优秀成果资助工作，资助《近400年来中国西部社会变迁与生态环境》、《昆明地区旧志叙录》两本书的出版。

（杨富刚）

教育·文化

◆ 责任编辑 李跃甲

教育

【概况】 截至2011年12月底，全市现有各级各类学校2308所，学生119.68万人，教职工7.67万人，专任教师6.20万人。幼儿园952所，在园幼儿18.88万人，学前3年儿童入园（班）率达90.18%，学前1年儿童入园（班）率达97.51%；小学983所，在校学生52.17万人，毛入学率达106.75%；初中190所（含九年一贯制学校65所），在校学生23.27万人，毛入学率达109.99%；高中78所，在校学生8.95万人；中职学校78所，在校学生10.11万人，职普比达1.13:1。

【科学发展教育事业】 结合桥头堡战略的实施，围绕加快建设区域性国际城市的奋斗目标，编制完成《昆明市"十二五"教育发展规划》和《昆明市"十二五"职业教育和民办教育发展规划》，并根据发展规划，相继制定《昆明市学前教育增量提质三年行动方案（2011～2013年）》、《进一步加快农村寄宿制学校建设，努力实现集中办学和规模办学的实施方案》、《昆明市特殊教育发展"十二五"行动计划》、《昆明市教育信息化发展促进计划》以及《昆明市中小学生体质健康促进条例》等一系列政策措施，系统提出"十二五"时期昆明市教育改革与发展的重大项目、重大工程和配套政策，研究制定详细的时间表、项目库和路线图。结合实际申报国家教育体制改革试点三个专题的试点项目并获批准：①探索地方政府履行教育职责的评价办法；②创新政府、行业及社会各方分担职业教育基础能力建设机制；③改革边疆民族地区职业教育人才培养机制、办学模式。2011年制定《昆明市对县级人民政府履行教育工作职责督导评估办法（试行）（送审稿）》，其余两项教改试点项目将于2012年全面展开。

【学前教育】 在学校布局调整中，充分利用闲置校舍和资源，大力发展农村学前教育和民办学前教育。启动实施增量提质工程，按照项目进本子、进笼子、进盘子的要求，所有项目已编制完毕，上报省级项目库备案。市本级财政从2011年起，每年设立3000万元专项资金用于支持学前教育发展，力争通过3年的努力，新建幼儿园263所（含农村幼儿园157所），改扩建幼儿园219所（含农村幼儿园195所），基本形成"投入增加、公民办并举，机制创新、普及率高，管理规范、质量提升"的学前教育发展格局。同时，努力提高办园质量，积极开展省一级示范幼儿园的等级创建工作，全市省一级示范幼儿园达107所，其中：一级一等示范幼儿园达13所。

【义务教育】 强化"两基"工作，重视特殊教育，促进城乡义务教育均衡发展，确保适龄儿童充分享受良好的义务教育。①全面落实国检整改任务。根据"两基"国检要求，对各县（市）区教育工作，特别是教育经费投入情况进行专项督查，督促五华区、官渡区、东川区、寻甸县、禄劝县补拨"两基"国检中欠拨的教育经费11358.12万元。全面完成全市14个县（市）区政府教育工作省级督导评估工作。②圆满完成中小学招生工作。2011年，全市招收小学一年级新生83333人，小学适龄儿童入学率达到99.79%，其中：城市保持在99.8%以上，农村保持在99%以上。招收初一新生78585人，初中适龄儿童入学率保持在99%以上，其中：城市保持在99.5%以上，农村保持在99%以上。全市15周岁人口中初等教育完成率达98%以上，17周岁人

9月10日，全市教育系统隆重庆祝第27届教师节 （市教育局 供稿）

口中初等教育完成率达95%，义务教育巩固率达到99%以上。③认真做好进城务工人员随迁子女入学和扫盲工作。2011年，全市义务教育阶段招收进城务工人员随迁子女32800人，其中：小学一年级19097人，初中一年级13703人，全市进城务工人员随迁子女就学人数达18.76万人。创新扫盲方式，以责任目标形式将任务分解到各县（市）区，并下拨省、市扫盲资金57万元，圆满完成省教育厅安排的3000人扫盲任务，全市青壮年非文盲率达100%。④重视发展特殊教育和民族教育。全市形成市盲哑学校、五华新萌学校、盘龙培智学校、市金殿（工读）学校为龙头，辅读班为骨干，随班就读为主体的特殊教育格局。2011年，全市义务教育阶段残疾儿童少年入学率达95%以上，并向学前教育和高中阶段教育延伸。重视发展民族教育，民族团结教育列入中小学课程设置，开展面达100%。⑤不断健全义务教育保障机制。全部免除城乡义务教育阶段学生学杂费和公办学校学生教科书费，确保义务教育公用经费足额投入，对农村家庭经济困难寄宿生给予生活补助。按照小学500元/生·年、初中700元/生·年、特殊教育700元/生·年的标准，已足额下拨2011年全年农村义务教育公用经费26645.72万元，其中：中央资金22321.02万元、市级配套资金4324.7万元，覆盖全市义务教育阶段农村学生47.08万人。⑥积极实施区域布局调整。以县域为单位，制定并实施中小学区域布局调整规划及行动方案， 2011年，全市12所“一师一校”教学点全部消除，300人以下农村小学从634所减少到387所，1000人以下农村初中从49所减少到41所，集中办学和规模办学优势逐渐显现。⑦深入推进学区化管理试点。以学区化管理为抓手，逐步缩小区域内义务教育发展差距。

【高中教育】 以现代职业教育体系建设的思路大力发展职业教育，提高职业教育的水平，普通高中办学质量和办学规模不断得到提升。①努力拓展普通高中规模质量。2011年，全市普通高中招生31639人，升学率达到97.65%，比2010年提高0.78个百分点。全市省一级高（完）中达到25所，正在新申报1所和升等1所，优质普高招生22527人，占总人数的71.2%，比去年提高0.7个百分点。优质普通高中学校在校生人数占总数的68.1%，比去年提高0.92个百分点。②全面提高普通高中教学水平。2011年，昆明市高考质量进一步提高，高考上线率由2010年的85.3%提高到89.5%，提高4.2%，其中：本科上线率达到66.8%，提高5%。全市高分段600分以上人数（含600分）和占比在全省优势明显，全省文、理科两类前10名中昆明市有6人，全省文、理科两类前20名中昆明市有13人。19所学校荣获市高考质量优秀奖，30所学校荣获质量进步奖，9所学校荣获普高特色高考质量进步奖。全市高等教育毛入学率达到36.38%。③不断扩大中等职业教育资源总量。2011年，全市中等职业学校招生37041人，在校生规模已达10.15万人。中等职业学校毕业学生19052人，参加职业资格考试获得证书者达85%，应届中职毕业生推荐就业率达95%。国家级重点中等职业学校增加到11所，省部级及以上重点中等职业学校增加到18所，优质中等职业学校招生比例提高到65%。顺利完成“两后双百”工程培训任务3403人，推荐就业率达99%以上。市级拨款98.17万元，对参加培训的3115名困难学生给予生活补助。 ④全力推进两个职教基地建设。安宁职业教育园区入驻职业学校（院）6所，建成实训基地1个，新增建筑面积50万平方米，完成投资9.26亿元。嵩明职业教育园区入驻职业学校（院）8所，新增建筑面积60万平方米，完成投资8.78亿元。两个职教基地建成或在建职业学校（院）达到15所（含实训基地1个），入驻学生达到6万人。⑤基本普及高中阶段教育。2011年，全市高中阶段教育在校生达19.1万人，比2010年增加1.09万人，高中阶段教育毛入学率达到87.2%，比2010年提高1.54个百分点。职普比由1.08：1提高到1.13：1。

【民办教育】 认真落实促进民办教育突破性发展的相关政策，积极争取上级资金支持，为民办教育发展创造良好发展环境。2011年，市本级投入1507.85万元专项资金用于奖励扶持民办教育发展。积极争取省级民办教育补助项目27个，补助资金469万元，较上年增加22.8%。①努力扩大资源总量。2011年，全市各级各类民办学校达931所，在校学生达31.4万人，较上年增加3.8万人，教师1.76万人，较上年增加600余人。其中：民办学前教育在园(班)人数占全部学前教育总数比重达90.1%，比上年提高1.2%；民办高中阶段在校生占全部高中阶段学生总数比重达40.6%，比上年提高9.8%。②切实加强规范管理。机构改革中，增设民办教育处，依法开展年度检查，加强和规范对民办教育的行业管理。③认真做好招商引资工作。2011年，广州招商分局已累计举行或参与教育类招商引资推介会3场，参加县（市）区招商推介会8场，洽谈项目50多个，建档项目55个，签约项目48个。经市考核办查验通过项目33个，其中：外资项目5个，考核认定金额625.19万美元，超额425.19万美元，完成目标任务的312.59 %；内资项目28个，考核认定金额8.3335 亿元，超额4.8335亿元，完成任务的238.1%。内外资综合进度达到253%。

【素质教育】 贯彻党的教育方针，全面实施素质教育，关心关注学生体质健康水平，确保德智体美劳教育取得实效。①加强和改进学校德育工作。结合纪念建党九十周年、辛亥革命百年，开展系列主题教育活动，进一步弘扬和培育以爱国主义为核心的民族精神。2011年，评选表彰省级“三好学生”750名、“优秀学生干部”188名、“先进班集体”50个；评选表彰市级“三好学生”411名、“优秀学生干部”120名、“先进班集体”67个。②深入开展“三生教育”实践体验活动。组织开展从幼儿园到高中，覆盖全体学生的“三生教育”百项体验行动项目。昆三中等3所学校创建为云南省第二批“三生教育”示范学校，盘龙区金康园小学等3所学校创建为云南省第二批“三生教育”优秀学校。在云南省首批“三生教育”评选活动中，昆明市有8人被评为杰出人物、28人被评选为优秀人物、88人被评为先进工作者。29名教师评为云南省首批“三生教育”优秀骨干教师。③努力提高学生体质健康水平。制定出台《昆明市中小学生体质健康促进条例》，对保障全市中小学生的体质健康提供法律依据。顺利完成51086名初中毕业生的中考体育考试和体育传统项目学校招生工作。成功组织“阳光体育——校园足球联赛活动”、“昆明市中小学生田径运动会”和高中学生健身操比赛等体育赛事。组织学生参加“云南省第十二届中学生运动会”，取得全省金牌总数、奖牌总数、团体总分三个第一的优异成绩。④广泛开展学校艺术教育。以“红色点亮理想，党旗引领成长”为主题，顺利举办269所学校，共计13000余名学生参加的“昆明市第22届学生艺术节”系列活动。联合组织昆明市青少年“童心向党”唱红歌歌咏大赛、“昆明——藤泽结谊30周年儿童绘画展活动”。组织50所小学开展昆明市“承华夏国风，展少年风采”主题教育活动。⑤扎实推进语言文字规范化工作。完成3所国家级语言文字规范化示范校和16所国家级规范汉字书写特色学校的创建申报工作，完成14所市级语言文字规范化示范学校创建工作。组织10万名中小学生参加教育部、国家语委开展的“全国中小学生作文大赛”，在全市中小学中筛选3000余篇作品参加云南赛区的大赛。顺利组织20876人的普通话水平测试，完成省教育厅下达测试任务的200%。成功举办第14届全国推普周系列活动，完成禄劝县三类城市语言文字评估验收工作。⑥切实加强学校安全教育。全市中小学和幼儿园配备专（兼）职治安保卫人员的学校数共计1619所，已到位校园专职保安2500多名，配备安保装备6800多套，已建成投入使用的校园安保技防设施870多套。进一步加强法制副校长工作，广泛开展法律知识普及宣传教育，积极预防青少年学生违法犯罪，切实提高青少年学生的法律意识。⑦扎实开展绿色环保教育。全市各县（市）区学校新增乔木（含树苗）788867棵，绿地（含灌木）面积9804.962亩，已建立植树基地面积为12464.43亩，使之成为昆明市“四创两争”工作的亮点和生态文明建设的窗口。认真开展节能环保教育，与县（市）区教育主管部门和直属学校签订节能灯具使用责任书，高效节能灯具使用率达85%以上。⑧积极开展校园文化建设。在全市百万师生中开展“同心共创文明城市，携手共建和谐校园”为主题的文明城市、文明校园、绿色学校创建活动。创建市级文明学校30所、省级文明学校11所、市级绿色学校10所，使学校成为文明的窗口，使学生成为文明的使者。全面启动“书香校园”创建工作，营造学校育人文化，凸显学校教育特色，提升学校教育品位。

市教育局召开《高中阶段学校招生实施方案（试行）》听证会

（市教育局 供稿）

【教师队伍建设】 严格教师资质，提升教师素质，努力造就师德高尚、业务精湛、结构合理、充满活力的高素质专业化教师队伍。①扎实推进师德师风建设。广泛开展以“立师德，正师风，铸师魂”为主题的师德师风建设主题教育系列活动，建立特约师德监督员制度，全面提升教师职业道德素养。树立师德模范和先进典型，第27届教师节期间，表彰优秀教师、优秀教育工作者、优秀班主任和有突出贡献的农村教师各100名，共计400人。7名校长、教育行政干部和教师，荣获省教育厅第二届“教育功效勋奖”。②不断深化干部人事制度改革。制定下发《关于推进义务教育阶段中小学干部教师交流工作的指导意见》，不断深化中小学干部人事制度改革，优化教师资源配置。继续完善和推进以公开选拔为主要形式的校长任用机制，实行校长任期目标责任制，大力推行竞争上岗、择优聘用制度，及时充实调整直属学校(单位)领导班子。健全完善后备干部培养选拔制度，为青年干部成长创造条件、搭建平台。全面安排支教、学习进修和挂职锻炼的老师共计475人。③认真加强骨干教师队伍建设。2011年，推荐选拔“名校（园）长培养基地”学员71人，“名师工作室”学员367人。进一步发挥“名师工作室”的示范引领作用，积极组织名师送教下乡活动。认真组织第六届普通中学学科带头人和骨干教师评选活动，新增市级学科带头人30名，骨干教师117名，全市骨干教师队伍总数达到1675人，其中：市级学科带头人达到705人，骨干教师达到970人。④继续实施特岗教师招聘计划。2011年，对4016名资格审查合格的特岗教师进行笔试和面试工作，招聘国家和市级特岗教师共411 名，充实到农村义务教育阶段教师队伍中。及时协调相关部门做好免费师范生就业工作，与118名免费师范生签订就业协议。⑤切实加大干部师资培训力度。启动实施“千名校（园）长省外研修计划”，首批选派200名中小学校长分别到北京和上海进行研修培训。集中培训新任中学校长和中小学后勤管理干部800多人，做到100%持证上岗。选拔推荐2504 名中小学教师参加教育部“国培计划”的项目培训。集中培训民办学校校（园）长和教学骨干共计860多人。积极开展“省级示范进修学校”申报评审工作，安宁市教师进修学校顺利通过省一级进修学校的评估。⑥全面完成职称评定工作。认真组织完成2011年全市中小学教师职称评定工作，全市申报中学高级教师791人，通过666人，申报中专高级讲师32人，通过31人，申报中学一级教师826人，通过798人，申报中专讲师22人，通过22人，申报小学高级教师1065人，通过1023人。

【教育基础设施建设】 以标准化建设的要求推进基础设施建设，切实保证校舍安全、办学环境良好。一是全力抓好农村中小学标准化建设收尾工作。100所农村标准建设工程，已开工97所，其中：已竣工91所，结构工程和基础工程6所。市级补助资金下拨52771.84万元，县级配套资金到位29255.22万元，完成实物投资10.7亿元。二是积极推进校安工程。昆明市拆除重建D级危房项目246个已全部拆除，新建项目81个，全部开工建设，开工面积达17.92万平方米，竣工面积达11.51万平方米。B、C级校舍加固改造工作，开工面积达30.8万平方米，竣工面积达27.78万平方米，计划2012年全部竣工。三是全面实施重点建设项目。昆三中和中华小学呈贡新校区全面建成并正式投入使用。昆一中和市外国语学校建设项目开工建设，分别完成年度投资计划的100%、101%。昆明铁路机械学校二期项目开工建设，到位资金3300万元。市财经商贸学校与二职业中专合并迁建项目已完成可研、立项批复等审批工作，于12月26日正式开工建设。四是全面超额完成融资工作。2011年，共争取到中央和省级资金支持4.74亿元，其中：中央资金3.13亿元，省级资金1.61亿元，完成年度目标的593%。

【“阳光招生”工作】 按照依法治考、规范管理、优质服务的要求，建立健全透明高效的招生工作体系和运行机制，维护考试公平。全年组织自学考试三次，共报考61326人、160277科次；教师资格考试实施两次报名、考试工作，共报考39693人，72810科次。2011年，全市参加全国普通高校招生考试及全省“三校生”考试的考生共有29803人，其中：普通高考报名人数为25779人，应届生22386人、往届生3393人，“三校生”报名人数4024人。

【构建贫困学生救助保障体系】 成立 “昆明市学生资助管理中心”，努力构建贫困学生救助保障体系。组织企业捐赠2000万元，专款用于贫困学生补助、勤工俭学基地建设和食堂设施设备改造。2011年，共有42937名普通高中学生享受国家助学金，3391名普通高中学生享受中央彩票公益金“滋惠计划”资助；47354名中等职业学校学生享受国家助学金；1257名高等院校贫困新生享受政府行装补助，210名学生享受大学生自主创业“贷免扶补”，4973名大学生享受生源地助学贷款。

【行政监管】 认真办理回复“春城热线”和“金色热线”群众投诉（咨询）问题32个，办结率100%。春季学期，各县（市）区组织55个检查组对854所学校进行收费工作检查。秋季学期，市级7个部门组成5个联合检查组，对10个县（市）区学校进行收费工作专项督查和重点抽查。全年查处并清退违规收费 71.87 万元。切实加强对学校食堂、小卖部对外承包行为的管理和监督，认真开展“小金库” 和公务用车等专项治理工作。

【建立内部审计工作机制】 制定下发《昆明市教育局内部审计工作暂行办法》等5个制度性文件，努力规范内部审计行为。通过公开招标的方式选取10个社会专业机构参与内审工作，启动和实施昆明市艺术学校等3所学校的4个基本建设项目的竣工决算审计工作，送审金额达3116.76万元。对昆明市第二职业中等专业学校财务和资产清查进行专项审计，送审金额达11468.3万元，其中财务审计送审金额为7374.55万元，资产清查送审金额为4093.75万元。

（市教育局）

文 化

【公共文化服务体系建设】 2011年，

昆明市成功申报第一批国家公共文化服务体系示范项目，成为首批获批的示范项目试点城市。不断推进昆明城市社区文化建设，继续完善文化馆、文化站（室）建设。对基层文化场所挤占他用等问题进行专项检查。圆满完成文化馆评估定级工作，昆明市10个文化站荣获“一级文化站”称号、5个文化站荣获“二级文化站”称号、7个文化站荣获“三级文化站”称号。正式筹备组建昆明市成立业余文艺团体联合会。积极发展农村基层网点，不断推进数字化信息服务，促进市文化馆、图书馆和乡综合文化站、村文化活动室逐步具备提供数字化文化信息服务的能力。

【文化惠民工程建设】 以农家书屋为阵地，组织开展“读一本好书活动”、读书演讲、现场读书进行知识抢答、知识培训、文艺演出等形式多样的文化惠民活动。实施文化信息共享工程基层服务点建设，完成1050个文化信息资源共享工程村级建设服务点的申报工作。基本完成昆明市所辖的村级建设服务点场地、配备、通电、宽带接入、防火器材、防盗窗、电话以及专管人员的配备。积极开展群众文化活动工作。以“文化、卫生、科技三下乡”活动，实施城镇带动，促进城乡区域协调发展。深入示范点、社区、企业、校园开展群众文化活动。积极开展群众文化辅导培训工作，完成各类少儿舞蹈培训工作完成近24期，培训人次300人，开设儿童动漫培训班2期，免费培训100人次；老年合唱团完成近4期培训班，培训学员120人；市老年大学的电子琴培训初级、中级、提高班共6个班级200名学生，已完成12期的培训工作。

【“农家书屋”工程】 顺利实施“农家书屋”工程建设。截至2011年7月底，昆明市共投入农家书屋建设地方配套资金1778.73万元，2011年底全市建成农家书屋1276家，基本覆盖全市各个乡、镇、村，覆盖率达到80%。2011年，全市共完成810家（2011年申报310家）农家书屋的建设工作。2011年12月1日～10日，云南省新闻出版局农家书屋检查验收小组对810家农家书屋中的41家农家书屋进行抽查验收，验收评分99分以上。

【大型文艺活动】 圆满完成2011年度中国昆明国际文化旅游 狂欢节广场民族歌舞展演活动。成功举办昆明市第二届“大家乐”群众文化广场舞蹈大赛。承办第七届国际民俗摄影“人类贡献奖”，昆明市被授予“城市特别贡献奖”。举办第二届“中国聂耳音乐（合唱）周”昆明系列活动昆明西山森林音乐会。在2011首届云南文化创意周活动中，昆明市获得文化创意16个奖项，其中，市文化广播电视体育局荣获文化创意“优秀组织奖”。筛选出25个参赛曲目选手组成昆明代表队参加第四届云南省青年歌手电视大奖赛。组织举办第八届中国音乐金钟奖合唱比赛广场展演。负责中国第三届“节庆中华奖”评选的申报工作，评选报送“第二届中国（福保）乡村文化艺术节活动”先进集体和个人，制定昆明市2011年“春雨工程实施方案”，完成第五届昆明市文学艺术创作“茶花奖”评选工作。

【文艺创作】 在西双版纳州举办的第二届“大家乐”群众文化广场舞蹈大赛复赛中，取得一金一银一铜的优异成绩，并获得“优秀组织奖”。在昆明市第五届“茶花奖”评比中，舞蹈节目《丑小鸭》、《荷塘月色》和少儿京剧节目《曼听寨子的小戏迷》、戏剧作品《走过咖啡屋的女人》获“荣誉奖”，戏剧作品《新昆明，我的家》获“三等奖”。7月，红领巾艺术团获得“星星火炬奖”，舞蹈节目《小树和我一起长》荣获“金奖”和“优秀组织奖”；老年艺术团参加首届“梦回云南杯”中老年文艺汇演获一等奖。8月，红领巾艺术团参加第九届新加坡世界“金狮奖”音乐、舞蹈、器乐艺术大赛，获得组委会颁发的“组织金奖”，参赛节目“森林的早晨”荣获两个“最高奖”。市文化馆业务专干创作的漫画像《梵高》获“惟妙惟肖”中国首届肖像漫画大赛（大展）优秀奖；为云南省传染病医院排练音乐小品《传家宝》获省卫生厅红色故事会“优秀奖”；赵军军撰写的论文《文化馆免费开放催生的工作创新》参加中国群众文化学会主办的“推动免费开放，强化服务职能”全国群众文化2011年度论文评选，获“三等奖”。

【文物保护】 2011年，实施12项文物保护单位的保护和修缮工作。完成第五批市级文物保护单位的申报公布和第七批省级文物保护单位组织申报工作。指导宜良县文物部门编制完成第五批市级文物保护单位—宜良文庙的保护规划。指导西山区文物部门编制完成第三次全国文物普查，并完成新发现不可移动文物中央电工器材厂一厂旧址保护规划。积极开展昆明市名人故（旧）居保护、利用工作，完成《昆明市名人故（旧）居保护管理暂行办法》编制工作。积极推进滇池申报世界遗产的前期工作，牵头制定昆明滇池申报世界遗产工作方案。加强地下文物保护工作。组织开展昆明地区的考古勘探调查和考古发掘工作，指导市博物馆考古部配合各类基础设施建设工程，开展子君村、螺蛳湾小商品市场二期建设项目的考古调勘工作。认真开展昆明市第三次全国文物普查工作。组织各县（市）区普查办开展普查数据的修改工作，共普查登录各类不可移动文物2422项，其中新发现不可移动文物项目由实地调查阶段的2164项调整为1912项，复查文物由498项调整为509项。完成《云南省昆明市第三次全国文物普查工作报告》的编写。

【非物质文化遗产保护】 2011年，组织召开昆明市非物质遗产保护工作会议，对昆明市十二五时期非物质文化遗产发展规划进行修改。召开昆明市非物质文化遗产保护规划专家研讨论证会。与省文化厅联合开展全国第六个“文化遗产日”活动，展示文化遗产保护成果，增强全社会文化遗产保护意识。做好非物质文化遗产的保护、传承工作，“宜良烧鸭传统记忆传习馆”、“官渡饵块传习馆”和“官渡滇剧花灯传习馆”等三个非物质文化遗产传习馆相继开馆。全市共建有非物质文化遗产展示馆8个，传习馆5个。非物质文化遗产实物展示馆开馆以来，已接待各有关方面人员和参观群众20多万人。

【博物馆名城建设】 截至2011年底，昆明市各级各类博物馆总量已达到106个，注册博物馆25个，占博物馆总量的24%。不断改造提升原有博物馆，协调推进市博物馆二期工程建设项目。嵩明县2011年以来已投入10余万元经费对兰茂纪念馆进行改造维修；五华区对聂耳故居纪念馆、朱德旧居纪念馆进行维修改造；西山区对滇池博物馆进行藏品充实提升。召开昆明市第一届博物馆业奖励评选活动表彰会，共评出“十佳博物馆奖”、“最佳展览奖”、“发展博物馆业组织奖”、“发展博物馆业先进个人奖”等四个奖项。通过打造网上博物馆、制作博物馆地图等方式，提高昆明市各博物馆的知名度和知晓率，百家博物馆资源通过文、图、多媒体等形式上网，已正式上线运行。昆明市博物馆地图一期印制5万份，向市民游客免费发放。在2011年的“5.18国际博物馆日”宣传活动中，通过制作100家博物馆展板进行展示、邀请文博专家为市民提供文物收藏咨询和鉴定服务等方式进行宣传。继续开展“流动博物馆”活动，博物馆进校园、进社区，拉近民众与博物馆之间的距离。在2011年8月举行的“2011年昆明泛亚国际民族民间工艺品博览会”中，昆明展区进行“博物馆名城”形象展示，对昆明市博物馆建设成果进行全面的展示和宣传，受到广大市民游客的好评，获得“最佳展位奖”和“组织奖”。

【图书馆名城建设】 加快昆明中心图书馆、14个县（市）区级图书馆和5个开发（度假）区特色图书馆建设。做好5个开发（度假）区特色图书馆建设的基础工作。积极推进24小时自助图书馆服务。主城区公共图书馆“通借通还”网络系统初步建成，目前处于调试阶段。打造“书香昆明”暨“昆明读书月”等大型阅读活动。以“春秋十讲论坛”为品牌，拓展全市公益讲座平台，继续深入开展“世界读书日”、“读书宣传周”活动，组织各类型专题论坛、视听讲座、读书沙龙、周末讲谈、艺术鉴赏等系列学习活动。

【文化市场监管】 开展文化市场综合整治，净化文化环境。加大互联网上网服务营业场所、歌舞娱乐场所的监管工作力度，严厉整治电子游戏经营场所。认真开展文化市场集中整治行动，严格审批各类演出，强化消防安全检查，消除安全隐患。2011年1月1日～10月31日，全市共出动执法人员4150人（次），车辆2037台（次），检查网吧2850家（次），查处违规经营的网吧106家，停业整顿36家，取缔“黑网吧”52家；检查歌舞厅2032家（次），查处违法违规的歌舞厅54家（次），停业整顿6家，取缔无证经营的歌舞厅2家；检查电子游戏室1797家（次），查处违规经营的电子游戏室39家，责令限期整改11家，取缔无证经营的电子游戏室9家，收缴电子游戏机25台，电路板162块；检查演出单位（场所）261家（次），查处违规演出单位（场所）3家。认真组织开展校园周边环境综合整治工作，四城区、三个开发（度假）区设立在中学（中专）、小学校园周边200米以内的26家网吧、14家电子游戏室已于4月20日前搬迁到中学（中专）、小学校园200米以外的地点经营。依法严厉打击出版物市场中违法违规行动，使整治出版物市场取得明显成效。截止9月中旬，全市共出动执法人员21325人（次）、检查出版物市场、店摊点12810家（次），检查印刷复制企业2738家（次），取缔出版物市场、店摊点1407家，取缔印刷复制企业299家，查缴各类非法出版物11万余册（片、盒），给予警告行政处罚4家，给予行政处罚4家，罚款4万元。2011年1～10月，市文化市场综合执法支队共受理“12318”电话举报174件，上级督办件18件，“12345”交办件21件，均按时限要求认真办理，举报回复、满意率达100%。查处音像类及书刊类非法出版物批销黑窝点7个；牵头取缔黑网吧29家，由工商部门依法暂扣用于从事非法经营的电脑674套；检查各类文化经营户696家（次），出动人员2204人（次）。其中：网吧341余家（次）、电子游戏室75家（次）、歌舞娱乐场所53家（次）、营业性演出11场（次）、音像制品经营场所138家（次）、印刷10家（次）、书报刊店31家（次）；立案办理案件84件，已结案件81件，警告18家（次），停业整顿7家（次），罚款54家（次），共计227000元，没收非法所得700元；收缴电子游戏机电路板21块、没收违规电子游戏机主机3台、没收卫星电视地面接收设施30台。

【文化产业】 大力推进现代科技手段对传统文化产业的改造提升，运用电子出版、网络传输、数字影视技术和现代生产方式，加大对印刷业、电影制作放映业和演出业的技术改造，推进文化产业升级。组织开展云南省文化产业示范基地申报工作。上报昆明柯润企业管理有限公司、昆明七彩云南实业股份有限公司、云南人家九龙珠宝有限公司、昆明禹　花艺有限公司、富民青云工艺厂、昆明晨力商贸有限公司6个文化产业示范基地项目。认真组织开展文化产业调查和统计工作。对执行企业单位会计制度的3个艺术表演场馆、919个室内娱乐活动单位、616个计算机服务单位的主营业务成本、固定资产原价及执行行政事业单位会计制度的6个艺术创作与表演单位、86个博物馆、17个图书馆、16个群众文化活动单位的年度收入、固定资产原值、年末资产进行调查统计归档。开展2011年度文化产业投融资项目征集工作。对20多个文化项目进行认真梳理和严格筛选，确定东盟民族民间艺术博览园、石林阿诗玛主题文化公园、晋宁县大湾生态旅游区、“文化空间”大型国际文化市场、昆明空港新城(嵩明)长松园休闲旅游度假区国际文化城等5个项目作为昆明市2011年文化产业投融资项目。组织开展动漫精品工程申报工作。组织各企业积极争取国家对动漫产业发展的扶持和资助，推进动漫产品进一步品牌化、市场化和产业化。云南缘成影视制作有限公司《齐天大圣前传》、昆明咕噜科技有限公司《后羿射日》、云南美瑾奇奥传媒有限公司《彩云南》和《撒尼之火》等4部动漫作品已由省文化厅产业处上报文化部产业司。认真组织所属广播影视、出版发行和新兴业态类企业开展“文化企业30强”推荐评选工作。做好昆明市“十强”文化企业和“十佳”成长型文化企业推荐评选申报工作。

【对外文化交流】 2011年，昆明与苏黎世互派艺术家的公选工作已经完成，选拔出的两位艺术家已告知苏黎世，并接待来到昆明的苏黎世艺术家。积极与法国驻成都总领馆对接，达成昆明2011年中法文化交流之春的框架，法国驻华大使馆在昆明举办音乐、当代舞、新马戏和展览等一系列的文化活动。在昆明市与藤泽市缔结友好城市30周年庆祝活动中，昆明市文化广播电视体育局负责协调市外办和聂耳墓文馆所，组织安排拜谒聂耳墓的纪念活动。组织体育考察团前往澳大利亚新西兰进行公务考察学习，对韩国浦项市和日本东京市进行为期10天的访问考察。

【文化专业技术职称评审】 对2011年的高级、中级、初级专业技术职评审工作做布置，公布16个评委会评审计划日程安排，提出评审工作要求。推荐评委240余人，完成昆明市艺术类副高级职称评委会、市图书资料（群众文化）副高级评委会两个高职评委会和市文物博物中级评委会等4个中级评委会换届工作。完成推荐省中青年破格评委会、省艺术一级评委会、省文物博物副高评委会、省图书资料（群众文化）正高评委会职评申报材料，经市人事局和省人社厅两级审核，报送省人社厅和省文化厅评审。

【文化行政执法】 2011年，全面完成《行政指导手册》和《行政执法职权目录及执法职权的运行流程图》编制工作。完善文化广播电视体育行政执法依据体系，撰修涉及文化市场、新闻出版、版权、文物、广播电视、体育等六大执法类别的昆明市文化广播电视体育局行政执法依据法律法规和规章41部。进一步规范文化广播电视体育市场行政执法主体，拟定《行政执法委托书》，委托昆明市文化市场综合执法支队行使昆明市文化广播电视体育局职权范围内的行政处罚权和其他行政执法权，理顺执法体制。起草《昆明市名人故（旧）居保护暂行办法》并报市政府备案登记，完成政府公报的公告工作。

【文化审批权下放】 将昆明市“拍摄市级文物保护单位审批”权限下放到各县（市）区文物行政主管部门。

（杨宇白）

文学艺术

【文艺主题活动】 2011年，市文联及所属各部门、各协会围绕市委、市政府的中心工作，采取多种形式，争取各方支持，积极开展一系列有影响、有声势的文艺活动。以纪念中国共产党成立90周年为主题开展

市委宣传部部长谢新松与文艺家座谈

（市文联　供稿）

"五五·四四·一"系列文艺活动。

"五展"：举办2011年纪念中国共产党成立90周年县（市）区现代新昆明建设美术、书法、摄影联展及比赛；举办昆明市庆祝中国共产党成立90周年"现代新昆明建设美术、书法、摄影联展及比赛"；举办老一辈革命家诗词书法专题展；举办第八届中国花卉博览会"斗南花潮"杯花卉摄影展；举办禄劝县首届民族民间文艺展演活动。

"五赛"：举办"新农村少儿舞蹈暨第四届新创少儿舞蹈比赛"活动；举办庆祝建党90周年暨辛亥革命100周年"红色记忆·社会人生"昆明市首届故事大赛；举办昆明市花灯、滇剧演唱大赛；举办"七号营地"杯第二届蓝丝带东盟少儿模特大赛；举办"童心向党"昆明市小学生作文大赛。其中，小学生作文大赛共收到有效投稿13000多份，稿件覆盖昆明市市属小学、14个县（市）区，三个开发（度假）区，阳宗海风景名胜区，倘甸产业园区和轿子山旅游开发区的全体小学生。大赛激发孩子写作的兴趣，对他们的妥帖的运用言语文字起到积极的促进作用。

"四活动"：开展"七月赞歌"征文活动；开展收藏品、艺术品知识系列讲座活动；开展送欢乐、送歌声进校园、机关、厂矿、社区活动；举办昆明市第七届民间文艺调演活动。

"四编辑"：编辑出版"文化助昆明腾飞"系列丛书；编辑出版庆"七·一"《春城少年》专刊；编辑出版《中国民间故事全书 昆明分卷》书籍；编辑出版《"笑咪乐呵"优秀曲艺、小品、小戏作品选》。

"一拍摄"，拍摄方言剧《乐事拐拐小楼上》。

【乡镇文化定位】 2011年，市文联组织40余名文艺家赴全市80多个乡镇进行文化调研，并对其中部分乡镇进行文化定位。按照"成熟一批，定位一批"的原则，在所属独立乡镇的历史、地域、传统、文化进行再调查分析的基础上，对经过采风调研、并经基层推荐的基本具备条件的30个乡镇（街道办事处）的文化定位暨命名进行专家论证。经过专家论证，文联党组研究，提名定位25个文化特色突出的乡镇上报市规委和中共昆明市委常委会。

【阵地建设】 2011年，市文联及时编制印发《文联简报》35期，使其成为与省内外各有关团体进行工作交流的良好载体，也是领导了解文联工作、会员掌握文艺资讯和横向情况的主要途径。在此基础上，定时进行市文联网站页面更新，运用高科技手段进一步畅通信息渠道。同时，各种期刊、杂志亦取得良好发展。

《滇池》杂志作为文联的会刊，在市场经济的冲击下仍能坚持纯文学的办刊宗旨，在人员紧缺、经费困难的条件下追求卓越，顽强地守住了一片文学的净土，被媒体评为全国"十大精品期刊"之一。在这块阵地上，2011年共发表小说、诗歌、散文、评论和文化及纪实性作品200余篇（首），另外还组织12人的"个人专辑"等活动。

《昆明作家》杂志，2011年创办并在连云宾馆举办首发式，填补昆明没有作家刊物这一领域的空白。

《春城少年》杂志，是昆明市少年儿童的课外最佳读物之一，2011年，共编辑出版6期，发行8万册。同时，还增办庆"七·一"专刊，为孩子们提供更多的展示平台。

【文艺作品】 按照"三贴近"的原则和建设现代新昆明的要求，立足本土，突出重点、特点、亮点，创作了一大批弘扬主旋律的优秀作品。有诗人于坚的诗集《云南这边》，雷平阳的诗集《云南记》；作家存文学的长篇小说《碧落雪山》，项兆斌的长篇小说《罪圈》，张庆国的中篇小说《如风》；儿童文学作家吴然的儿童文学作品《踩新路》等，《昆明的眼睛》、《底层文学真相报告》、《亮点昆明》、《红云红河》等经典昆明系列丛书已编辑出版。《文联在打造"泛亚文化名城"中的作用和潜力》与《从"小水井"到"迷马龙"——昆明远郊农民合唱团调查》等研究课题已完成。《中国民间故事全书·昆明分卷》由昆明民间文艺家协会持续编辑并相继出版。2011年，作家雷平阳获第五届鲁迅文学奖；作家存文学获"国内传媒大奖"等28项国际大奖。

各县区文联也有不少优秀作品问世。富民文联编辑出版《富民民间故事集》；富民作家邵天伟的散文《长征组歌，心中的歌》荣获"全国散文论坛"大赛二等奖，并入选《全国散文作家精品集》。寻甸县文联编辑出版"寻甸民族文化丛书"第一辑共6本，画册《风情无语》1本。寻甸作家王晋昆的长篇小说《出国部队》已在香港出版发行。禄劝县文联立足地方特色、民族特色，编辑出版"轿子山文艺丛书"第一辑，共4本。安宁作家朱文光用19年时间创作的长篇小说《百年探路曲》已由云南美术出版社出版发行。东川作家曹卫华、杨跃祥的长篇小说《东川！东川！》和《铜草花开》在《金沙》杂志连载。曹卫华的10集电视剧《张三茶庄》拍摄播映。嵩明作家李文明的中篇小说《枯藤老树》在《滇池》杂志上发表后，改编成电影拍摄完毕在中央电视台电影频道播出。

【人才队伍建设】 为进一步夯实工作基础，建立完整、系统、准确的人才资料，强化各协会、县（市）区文联的基础性工作，昆明市文联于2008年初建立"昆明市文联人才库"、"优秀人才库"、"专家库"，极大的推进文联的人才工作，细致而又系统的掌握现有的文艺人才。2011年，在"人才库"的基础上，进一步充实、完善，建立

市文联"三下乡"为基层服务　　（市文联　供稿）

"昆明市文联优秀人才库"，专门为优秀人才建档立目，应用信息化建立电子档案。对发现优秀人才，培养人才起到积极的推动作用。

为加强对评审工作的管理和指导，规范评审和专业指导，组织各部门、各协会推荐文艺相关领域的专家、学者入选昆明市文联专家委员会专家库成员，建立专家储备库和专家委员会。专家委员会是在市文联领导下，对文艺创作进行指导、参谋、咨询、评审的非设置机构，其主要职责和任务是：对文联拟定的文学艺术创作规划及相关政策，提出建设性意见；协助制定艺术人才培养规划，参加各类艺术培训活动；参加文联主办的艺术活动中相关艺术比赛和书法、美术、摄影作品展览的评奖工作等工作。"昆明市文联专家库"由市文联建档、存档；专家库实行动态管理，市文联每年对入选专家进行一次评议，根据评议结果，进行合理调整。"专家库"的建成，有利于发挥全市文艺人才的核心骨干作用，有利于增强文艺创作生产的针对性；有利于整合资源，为"出作品、出人才"搭建更多的发展平台。

【工作信息平台创新】　采用现代手机网络信息技术，为作者提供一个更宽的平台，出台《昆明市文联建设互联文艺网、手机文艺网、报三网同步的建设方案》，另外，与云南国际文化交流中心、新浪云南网协商，策划"新浪云南、文学频道"。

【文艺评奖活动】　按照"关于印发《昆明市政府采购公共文化产品和服务管理办法（试行）》"等6个文件的通知的要求，以《昆明市优秀文学作品创作出版奖励办法（试行）》为依据，从2008年起，每两年组织一次创作出版优秀文学作品和获省级以上出版文学作品奖的评选活动。2011年昆明市文联按照市委宣传部关于组织开展昆明市"茶花奖"评选活动的要求，认真组织实施，完成小说、诗歌、散文、报告文学、民间文艺及书法、美术、摄影等作品的初评和推荐上报工作；完成获省级以上奖励的小说、诗歌、散文、报告文学、民间文艺及书法、美术、摄影等作品的初评和推荐上报工作。最终，昆明市各艺术家荣获昆明市第五届"茶花奖"荣誉奖优秀文学作品 10项，奖金25.1万元。优秀文学出版物35项，奖金40万元。新作奖30项，奖金16.2万元。同时，市文联完成 "云南省第七届文学艺术创作基金奖评奖"工作，主要对昆明市文艺工作者和文艺单位创作的文学、戏剧（含广播剧）、音乐、舞蹈、民间文艺、曲艺、杂技、美术、摄影、书法、电影、电视等各文艺门类作品进行申报。

【文艺普及、文化惠民】　2011年，文联共组织5次文化进乡镇、进社区、进军营等活动联受到当地老百姓的热烈欢迎。2月18日市文联参加在嵩明县牛栏江镇举行的昆明市2011年文化、科技、卫生"三下乡"启动仪式。3月参加2011年"三下乡"活动。 党组书记、常务副主席蔡杰亲自带队，组织一批书画艺术家和文艺演出队奔赴呈贡。张玉轩等16名书画名家按照村民的要求，当场挥毫泼墨，共创作400多幅书画和春联，满足百姓的需求。3月18日，昆明市文联全体干部职工为盈江地震灾区进行捐款，发扬"一方有难、八方支援"的精神，力所能及帮助和支持灾区。4月13日，市文联组织著名画家张玉轩、刘宗琪、蒋春林、杨振军一行10人，走进盘龙区龙泉街道办事处宝云社区，开展"写春联，送祝福"活动，受到村民们热烈欢迎。8月1日，市文联党组书记、常务副主席蔡杰带领市文联美术家协会和书法家协会的书画家们一行10余人走访驻昆空军某部队，以书画精品慰问子弟兵，共铸和谐文化。8月25日市文联扶贫领导小组一行30多人，赴寻甸县金源乡瓦房村送物资并进行送欢乐扶贫慰问演出。这次扶贫演出赴瓦房村委会演出的30多位演员，演出舞蹈、声乐等各门类节目，博得现场3万多名观众的热烈掌声。

【基层文联、行业文联建设】　2009年开始，全市各县（市）区在市文联的指导下，着手组建基层文联工作。截至2011年底，全市14个县（市）区已成立乡县（市）区文联。县区文联组织的设立，是文联组织体制上的重大突破，对于文艺人才队伍广泛联系、文艺精品惠及城乡、城乡文化建设统筹发展有很大促进作用。2011年，行业文联开始成立，昆明公安文联于2011年9月成立，率先迈出昆明市行业文联建设工作的第一步。

【制度创新】 2011年，为便于协调管理，提高工作效率，进一步明确“昆明市文联内设机构及工作职责”和“昆明市文联岗位职责”。市文联结合自身实际创造性的开展工作，在制度创新上下功夫。制定“昆明市文联目标督查管理办法”、“昆明市文联内部管理考核制度”和“昆明市文联文艺名家苗圃管理办法（试行）”等规章制度。率先实施机关办公网络化，办文流程缩短时间，提高效率，节约成本。在事业单位改革工作中，采取“管而不死”、“活而不乱”的方式，由《滇池》编辑部、文学研究所（文学院、书画院）根据自身工作特点，参照文联机关制定切实可行的管理办法，以调动干部职工的积极性做好本职工作。

（李妍慧）

档案利用见实效 （市档案局 供稿）

档案

【档案法治建设】 拟定昆明市档案局行政执法制度、行政复议程序、行政处罚程序、行政赔偿程序、行政执法责任制以及昆明市档案局职权目录及运行流程图；完成档案《行政指导手册》、昆明市档案局执行《昆明市行政机关法定代表人行政诉讼出庭应诉规定》及2011年行政复议工作情况，完成四项内部行政审批项目十四个方面的细化，开展三项专项检查；制定《昆明市国家综合档案馆档案接收工作规定》；市、县两级档案部门分别开展档案执法检查16次，检查单位654个。昆明市档案局与昆明市司法局联合对20家司法鉴定中心档案进行检查，与昆明市国家保密局对呈贡行政中心95家单位进行档案安全保密检查。全市依法行政、制度创新和依法治档工作取得新的发展。

【档案信息化建设】 2011年，市档案局馆制定《昆明市档案信息化建设“十二五”规划》并在全市组织实施。积极组织电子文件管理系统研发工作；市、县两级档案馆加大档案数字化转换力度，全年共完成机读目录数据5325万余条（其中：案卷级目录164万余条，文件级目录5161万余条），原文扫描档案1456万余页；完成2011年《昆明新闻》的收集和转换录入档案管理系统工作；共接收市政府办公厅等18个市级机关电子文件和电子档案条目数据145063条，原文数据1032177页；进一步完善局馆外网、政务网网站的更新和档案查询、现行公开文件查询系统，市、县两级档案馆在因特网上公布目录累计81万余条，政务网上公布目录累计76万余条。

【档案馆（室）功能建设】 积极做好县级综合档案馆建设规划的申报工作，与市发改委联合下发《关于“十二五”期间争取完成14个县（市）区综合档案馆建设》的文件，积极争取中央补助资金618万元、省级资金300万元（其中：安宁218万元、寻甸700万元）；馆藏结构不断优化。市、县两级档案馆共接收不同门类的档案单位文书档案17984卷、173478件，接收现行公开文件1716份；昆明市档案馆与大理州档案馆实现电子档案数据异地备份，完成市档案馆档案数据的灾难备份工作；完成2011年和2012年两年重点档案抢救和保护补助项目的申报，争取中央、省重点档案抢救资金14万元，昆明市档案馆完成400卷重点档案保护和抢救工作，各县级档案馆完成2332卷重点档案抢救任务；圆满完成创建全国文明城市的指标任务，昆明市档案馆、盘龙和官渡区档案馆继续巩固国家一、二级档案馆建设成果。市、县两级档案部门有9家荣获市、县级“文明单位”。

【档案业务建设】 2011年安宁市列入全国和省的新农村建档工作试点并全面开展工作，5月份在安宁市召开新农村建档工作推进暨县（市）区局馆协作组会议，启动全市新农村建档工作；对改制企业的档案管理、机构改革、乡镇撤并、重点工程项目、国有破产企业等进行档案业务工作指导；按时召开协作组长会议，开展形式多样的活动，相互学习，取长补短，全面提升档案管理整体水平；加强机关档案业务指导，业务指导覆盖率达100%。

【政府信息公开场所建设】 进一步完善和做好对县（市）区综合档案馆

市档案馆接待参观者 （市档案局 供稿）

政务信息公开查阅场所建设的指导工作，继续做好网上“政府公开信息查询”工作；市、县两级档案馆共接收信息公开文件1716件，市档案馆收集政府公报11期，现行公开文件151份提供广大市民利用。

【人才队伍建设】 全市档案部门重视和加强档案工作者的思想、政治、业务和作风建设。按照“政治坚定、求真务实、开拓创新、勤政廉洁、团结协作”的要求，领导班子建设不断加强；坚持学习制度，落实干部学分制管理规定，认真组织干部职工学习政治理论和业务知识。开展形式多样的普法、继续教育、保密等知识的学习考试。举办全市档案专业基础知识培训班，共有185人参加。市、县两级档案部门举办各类档案专业基础知识培训班38余期，共有3119余人参加。全市档案干部职工的综合素质不断提高；及时调整重建昆明市档案系列中级职务任职资格评审委员会，完成昆明市档案专业技术任职资格的评审确定工作，分别有8人、15人、3人取得了高、中、初级任职资格。全市档案工作者的政治意识、大局意识、责任意识和业务水平进一步提高。

【档案利用服务工作】 2011年市、县两级综合档案馆共接待查阅利用者32078人次，调阅档案48216卷，复制档案30178页，拍照2527张。通过利用档案，为稳定社会、创建平安、和谐昆明做出积极贡献；认真履行服务承诺，加强作风纪律建设。共办理网上查询431人次，并接听预约查询电话回复查询450人次。多次收到表扬信和锦旗，受到利用者的好评，全年无有效投诉，市档案局馆在市级机关行风评议中名列“市级其他综合管理部门”第一名。充分发挥“爱国主义教育基地”的作用。昆明市档案馆共接待省、内外、机关和大中专院校师生18批500余人次。县（市）区档案馆爱国主义教育基地共接待参观者1405人，举办专题展览12次，充分发挥档案以史为鉴、存史育人的社会功能。

【档案编研】 积极开展档案学术研究、理论研讨活动。组织召开学会年会。完成2011年《清代昆明土地和房屋交易制度研究》课题任务和社科优秀成果的申报工作；《民国昆明考诠制度研究》、《云南普洱茶古茶树建档研究》被立项为2012年社科规划课题；完成《2005～2010年昆明市档案志》的初稿编纂任务；完成《昆明市档案馆馆藏革命历史档案资料》的报送及《昆明市土地改革运动》专题（初稿）50万字的工作；初步完成《昆明市档案馆馆藏印章档案探究》档案资料收集、2010年《昆明年鉴档案部分》的撰写及报送、纪念辛亥革命胜利100周年《昆明重九起义》宣传手册2000册的编印工作；参加2011年昆明市科普周宣传活动，向广大市民分发《昆明重九起义》图片宣传手册和《档案法》、《昆明档案》、《昆明档案馆简介》、《昆明市档案馆面向社会征集档案公告》、《昆明市档案条例》等宣传资料4000余份，并向市民提供档案咨询服务400人次，受到市民的关注和好评；完成《昆明档案》4期的编辑出版和交流工作；组织6篇论文参加2011年云南省档案学术论文研讨会活动；认真做好档案编研工作，市、县两级档案馆共完成编研资料22种；市档案学会组织学会会员外出考察学习，拓宽视野，促进交流。各县（市）区档案学会结合实际，积极开展学会活动。

（杨丽娟）

文物及博物馆

【加快“博物馆名城”建设】 2011年，市文广体局组织起草《关于加快建设博物馆名城的实施意见》，从工作目标、方法措施、组织保障等方面对昆明市“博物馆名城”建设做了详细规划，经过征求部门意见、召开听证会等程序后，于2011年6月通过市委市政府审定并下发施行。截至12月31日，新发展金马寺碑刻陈列馆、滇池博物馆、石林美邑石文化博物馆、富民国防教育馆、云南茶文化博物馆等博物馆成为挂牌博物馆；完成云南中医药博物馆、云南电信博物馆、滇池博物馆、石龙坝水电博物馆的注册工作，昆明市各级各类博物馆总量达到110个（其中注册博物馆25个），基本涵盖博物馆序列的各种类型。

【公布和申报文物保护单位】 2011

年，继续加大文物保护单位的公布和申报力度。年初，市政府公布第五批市级文物保护单位84项。下半年，市文广体局积极组织项目申报第七批省级文物保护单位，已通过省级专家组评审的项目有52项。截至12月31日，全市共有各级文物保护单位和登记文物474项。其中，全国重点文物保护单位16项、省级文物保护单位39项、市级文物保护单位119项、县（市）区级文物保护单位244项，登记文物56项。

【完善文物保护法规】 2011年，文物保护的制度创新工作取得突破，文物法规政策进一步完善。为进一步提升和规范全市文物保护、管理、利用工作，在《中华人民共和国文物保护法》等文物法律法规基础上，市文广体局结合昆明市实际，起草并报请市委、市政府颁布《昆明市名人故（旧）居保护暂行办法》；起草《关于加强不可移动文物申报公布的工作方案（送审稿）》、《昆明市人民政府关于加强文物保护工作的通告（送审稿）》、《关于进一步加强文物保护与利用工作的通知（送审稿）》。此外，还积极配合市规划部门开展《昆明历史文化名城保护条例》的修订工作。

【文物普查】 2011年，全市第三次全国文物普查第三阶段各项工作全面完成。在此基础上，市文广体局认真组织各县（市）区普查办开展辖区内普查工作报告的编写工作，完成《云南省昆明市第三次全国文物普查工作报告》的编写。经过对普查登录数据的完善和规范，全市共普查登录各类不可移动文物2421项，其中新发现不可移动文物1912项，复查文物509项。

【文物维修】 2011年，昆明市各级文物行政主管部门坚持“保护为主、抢救第一、合理利用、加强管理”的文物工作方针，严格按照“不改变文物原状”的文物维修原则确定维修方案，实施维修工程。相继完成常乐寺塔（东寺塔）、马家大院、聂耳故居、华罗庚旧居的修缮；梁思成、林徽因旧居环境整治，背来头古墓群保护设施建设，六甲之战纪念塔迁移保护等7项不可移动文物保护工程。启动实施石龙坝水电站地伕油饰、曹溪寺宝华阁、卢汉公馆、六街三教殿、云龙村锁龙庵、乌龙垂恩寺、普坪石刻、西卷洞巷1号民居、县街慈云寺、遥岑楼、老余屯邓氏宅院、永照庵大殿修缮、龙王庙红军标语迁移保护、圆通寺东厢房复原等14项不可移动文物的保护工程。

【考古调查发掘】 2011年，昆明市各项重点基础设施项目、招商引资落地项目陆续开工建设，考古工作者克服时间紧、任务重、人手不足等困难，努力完成各项工程建设用地的前期调查及发掘工作。年内，先后对子君村城中村改造项目建设用地内大耳村古墓群、昆明螺蛳湾国际商贸城小商品加工基地二期产业项目505.06亩建设用地、昆明东城至南城连接道路建设用地（全长16余千米，路宽60米）、昆明螺蛳湾国际商贸城小商品加工基地研发中心项目55946.52平方米建设用地、昆明螺蛳湾国际商贸城小商品加工基地三期产业项目及职工生活配套296226.78平方米建设用地、昆明螺蛳湾国际商贸城小商品加工基地二期居住项目140713.85平方米建设用地、昆明中豪空港产业城一期工程项目626741平方米建设用地、晋宁至峨山二级公路项目建设用地（全长43.515千米，路基宽10米）等进行考古调查发掘，基本摸清文物分布及埋葬情况，并及时提交《建设用地区域考古调查、勘探评估报告》及《云南省建设工地文物保护意见书》，确保各项工程的如期开工。此外，还对昆明市珥季路火葬墓地出土文物进行拍照、绘图、造册等整理及修复工作。

【昆明市博物馆二期工程】 2011年4月26日，在市政府主要领导主持召开的昆明市第一次文化产业领导小组工作会上，对昆明市博物馆二期工程建设做出专门指示，要求市发改委牵头，监察和审计部门参与，对二期工程的前期工作进行审计。5月26日，市发改委组织完成调查工作并提出建议报市政府。7月11日，市政府领导对昆明市博物馆二期工程装饰装修工程作出批示，要求按基本建设程序重新申报。据此，昆明市

市领导观看“博物馆名城建设”成果展示

（市博物馆 供稿）

博物馆委托昆明市建筑设计院有限责任公司于7月底编制完成了《昆明市博物馆二期工程（装饰装修）调整可行性研究报告》。项目涉及二期工程主体建筑室内外装饰装修，室外场地及园林绿化景观工程，二期工程与一期工程的衔接部分装饰装修等。装饰装修总面积13272平方米，投资估算为2798.66万元。8月11日，市文广体局将该可研报告报市发改委。11月7日，市发改委印发《关于对市博物馆二期工程调整投资规模的批复》，正式批复市博物馆二期工程调整投资规模，“估算总投资从5005万元调整为7863万元，新增概算投资2858万元，主要为满足工程装饰装修功能需求和开馆需要。”

【藏品管理】 2011年，昆明市博物馆通过接受捐赠、购买、调拨等渠道进行文物征集工作。如接受美籍华人陈灿培捐赠的第三批、第四批飞虎队文物665件（实际数量1319件），参加滇墨流韵V专场拍卖会，拍得101件书画扇面（实际数量105件），从云南省文物商店调拨瓷器、书画、杂项等文物36件（实际数量37件）。年内，市博物馆新增藏品编号842件，实际件数1598件。其中书画118件（实际数为129件）；近现代文物12件（实际数101件）；青铜器1件；陶器3件；瓷器20件；杂项688件（实际数1344件）。逐步完成整理、除尘、分类、编号、登记、上账、入库、入柜、上架等工作。在藏品日常管理中，不断完善库房管理制度，细化管理措施。完成《藏品出入库房管理细则》，制定库房温湿度填报表和统计表，并逐项逐条付诸实施：每日坚持文物库房日记；文物库房安检，审视文物安全、检测记录库房温、湿度、控制文物存放小空间气候、做好藏品的日常护养以及库房、文物保洁工作等。同时，逐步完善藏品档案，年内完成427件上级文物的照片整理工作，共计2000多张照片分号整理入册。对书画、民族服饰等藏品进行了雨季前的入柜防虫、防潮收藏工作。

云南陆军讲武堂文管所年内征集到与讲武堂有关的文物资料88件（套），资料图片146张，接受捐赠文物资料83件（套）。并对15名讲武堂后人进行专访，拍摄留下相关的影像资料，充实历史物证。年内还邀请省文物鉴定站的专家对历年征集的464套（件）馆藏文物进行鉴定，鉴定后定级二级文物7套（件）、三级文物33套（件）、一般文物420套（件），资料4套（件），为讲武堂的藏品建设打下良好的基础。

【“百年军校　将帅摇篮”主题展】 2011年，云南陆军讲武堂历史博物馆的“百年军校　将帅摇篮”主题展继续向社会公众免费开放。全年共接待国内外观众452413人次，为观众提供有偿讲解服务638场，免费讲解527场，发放免费宣传资料20万份。接待嘉宾包括中国人民解放军总参谋长陈炳德上将、前国务委员唐家璇、总参谋部副总参谋长刘镇武、军事科学院副政委、空军中将冯永生、中纪委党风室主任余蚕烛、人民政协报社社长兼党组书记邬旦生等领导。

【宣传活动】 2011年，市文广体局遵照市委、市政府的要求，积极与有关部门配合，主办和承办各类内容丰富、形式多样的宣传活动。5月1日，参与组织在讲武堂举办的“昆明狂欢节”开幕式；5月18日，在讲武堂主办国际博物馆日宣传活动，设置文物鉴定、发放免费资料、流动展览等活动内容，为市民免费鉴定文物216件（套），发放资料1300余份，接待观众2500人余人次；8月19日至23日，组织展位参加在昆明会展中心举行的2011年昆明泛亚国际民族民间工艺品博览会，进行　“博物馆名城”形象展示，荣获“最佳展位奖”和“组织奖”；10月22日～26日参与组织在讲武堂举行的“首届云南文化创意周”活动。此外，继续组织开展“流动博物馆”活动，以博物馆进社区、进校园的方式拉近与民众距离；成功打造网上博物馆，将昆明市百家博物馆资源通过文、图、多媒体等形式上网宣传；印制昆明地区博物馆分布地图5万份并向社会免费发放，方便民众出行参观。

【临时展览】 2011年，云南陆军讲武堂历史博物馆依托区位优势和场馆优势，积极引进历史类、艺术类和行业类的展览。一年来分别主办和承办“天赐善道　达藏福禄——云南天禄2011首届主席院长书画精品保真拍卖会”、昆明市老干部书画展、2011中国　昆明国际郑和文化旅游节暨世界航海邮票展、第二届东南亚　南亚风光风情摄影展、2011大理漾濞核桃节摄影作品及核桃工艺品展、昆明民进书画院“庆祝中国共产党90周年书画展”、“辛亥革命100周年”书画展等近20个临时展览，丰富了广大市民的精神文化生活。

【纪念建党90周年活动】 为积极配合全市的纪念建党90周年活动，位于青年路节孝巷的“中共云南地下党建党旧址”对环境卫生进行大规模整治，并印制5000份宣传折页，制作讲解词，增派讲解员等，以全新的面貌迎接各行各业的参观者。6月15日～7月15日，先后接待昆华医院、西山区政法委、工行云南省分行等26家单位460余名党员和职工参观展览，并免费提供45场团体讲解，受到来宾的广泛好评。同时，先后接待零散观众1860余人。免费发放宣传折页1200余份，收集观众留言50余条。

【纪念辛亥革命100周年活动】 2011年，云南陆军讲武堂历史博物馆积极配合市政协开展相关纪念辛亥革命100周年活动。邀请包括朱德的嫡孙朱和平少将在内的20名讲武堂后人参加10月12日在昆明市行政中心举行的“昆明市各族各界纪念辛亥革命暨重九起义100周年大会”；联系云南电视台、昆明电视台、都市时报等新闻媒体在讲武堂内操场上对朱和平及讲武堂校长赵又新之子赵聪进行采访拍摄；10月9日到10月18日在讲武堂西楼展厅内举办“纪念辛亥革命武昌起义图片展”，展示200余张武昌起义的历史照片，接待观众近1万人次。

（班　文）

昆明市全国重点文物保护单位（共16项，截至2011年12月31日）

名称	所在地	公布时间
地藏寺经幢	拓东路71号（市博物馆内）	1982年2月
太和宫金殿	金殿公园内	1982年2月
云南陆军讲武堂旧址	翠湖西路22号	1988年1月
聂耳墓	西山公园内	1988年1月
金刚塔	官渡区官渡镇	1996年11月
石寨山古墓群	晋宁县上蒜乡石寨山	2001年1月
筇竹寺五百罗汉	昆明市西郊玉案山	2001年1月
国立西南联合大学旧址	一二一大街云南师范大学内	2006年5月
抗战胜利纪念堂	光华街中段、云瑞西路与云瑞东路之间	2006年5月
真庆观古建筑群	拓东路与白塔路交叉口	2006年5月
石龙坝水电站	昆明市海口螳螂川北岸	2006年5月
惠光寺塔和常乐寺塔（东、西寺塔）	东寺街、书林街	2006年5月
曹溪寺	安宁市温泉镇西南	2006年5月
安宁文庙	安宁连然镇	2006年5月
王仁求碑	安宁市鸣奚乡小石庄村西南山	2006年5月
马哈之墓碑	昆阳郑和公园内	2006年5月

新闻媒体

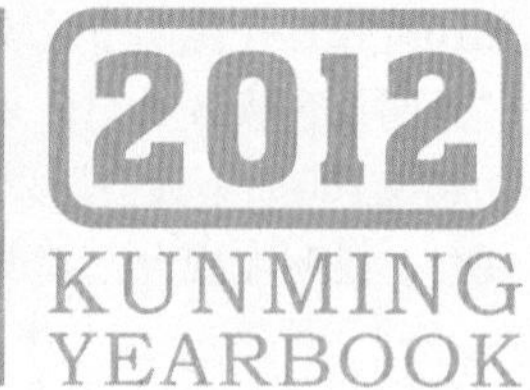

◆ 责任编辑 李跃甲

广播电视

【宣传主题鲜明】 2011年，在市委、市政府的领导下，全市各播出机构始终坚持团结稳定、激励鼓劲、正面宣传为主的方针，做到方向紧跟核心、工作紧扣中心、节目紧贴民心，关注民生、构建和谐，达到宣传声势大、报道形式新、涵盖范围广、持续时间长、影响程度深的效果。重点任务，精心策划专栏、选题，精心采制稿件、节目，制定出细致、周密的宣传报道方案，有计划、有步骤、有层次、有重点地开展宣传报道工作。在着力提高舆论引导能力、确保广播电视节目导向正确的基础上，全年无低俗化节目播出、无虚假新闻播出、无虚假广告播出，从未发生宣传责任事故。

【安全优质播出】 严格执行日常管理制度、设备维护检修制度、值班制度、重大事故报告制度、重要播出保障制度和安全播出监督检查制度，24小时坚守岗位；发现问题及时处理、上报，做到发现及时、反应迅速、处置得当，不让非法信号得以传播、扩散、插播。同时，综治办、公安、安全、电力等部门主动配合，协调做好广播电视设施的保护和安全防范、电力保障等工作。圆满完成建党90周年、辛亥革命100周年、西藏和平解放60周年，全国、省、市两会、春节、五一、国庆等重大节日、重要活动、重点时段的安全播出工作，实现全市全年无重大安全播出事故。

【网络视听节目管理】 扎实做好网络视听节目准入和管理工作，抓住准入、监管等关键环节，完善事前的许可和备案、事中的业务运行监管和事后的违规处罚手段，努力规范昆明市互联网视听节目服务秩序。继续督促、指导持证机构建立和完善节目采编播管理制度，确保节目内容导向正确、健康向上。严格把握网络低俗视听节目的界限标准，坚决整治互联网视听节目网站上的低俗内容和其他违规内容，进一步规范网络传播视听节目秩序，营造文明健康网络文化环境。积极倡导持证网站参加行业自律组织，强化自身监管。

【“村村通”工程】 根据国家、省广电局的规划、部署，“十一五”期间，昆明市全面实施20户以上已通电自然村广播电视覆盖工程，特别是2009年～2011年期间，以直播卫星的形式，解决了3175个村102740户约45万农民群众收听收看广播电视难的问题。石林县旅游文化广播电视体育局、禄劝县文体广电旅游局、晋宁县文体广电旅游局荣获云南省“十一五”广播电视村村通工作先进单位，李丽萍、段瑞华等18位同志荣获云南省“十一五”广播电视村村通工作先进个人。

【农村广播电视服务示范点建设】 考核验收2010年农村乡镇广播电视服务示范点，组织完成2011年新增示范点的申报建设工作。2010年，昆明市在东川区拖布卡镇等10个乡镇建立农村乡镇广播电视服务示范点，至2011年6月，各县区完成示范点的建设工作。相关单位组织考核验收小组，严格对照《昆明市农村乡镇广播电视服务中心示范点建设标准》，对示范点进行考核验收，确保全市农村广播电视公共服务体系建设的顺利开展，保证广大农民群众随时随地享受到优质的广播电视技术服务。同时，拟订6个新示范点名单，建设工作正在进行中。

【直播卫星户户通工程】 昆明市8个县区65个乡镇、580个村列入直播卫星公共服务区域，为下一步开展直播卫星户户通建设工作奠定基础。

【数字电影全覆盖】 2011年初，完成所有流动数字放映设备的升级换代，建立GPS／GPRS远程技术监控平台，实现对农村电影放映情况的实时监控。完全实现对昆明市1233个行政村的数字电影放映全覆盖，每个行政村每月必须放映一场电影的任务。年放映场次达1.5万场，观影人次达300万人。认真开展庆祝中国共产党成立90周年优秀广播影视剧展映展播活动和昆明市庆祝“辛亥百年”电影展映活动。

【两台合并】 顺应全国、全省文化体制改革大趋势的要求，2011年2月1日，昆明人民广播电台和昆明电视台合并成立，昆明广播电视台，为全省第一家，形成目标明确，资源优化，结构合理，机制完善，运行高效，制度健全的新格局，确保昆明市广播电视事业稳健快速发展。

【播出机构管理】 认真组织各级广播电视行政部门加强联合宣传、排查和监管，依法查处和严厉打击非法开办广播电台、电视台的行为，全市没有非法办台行为。加强播出机构频道频率管理，严肃查处擅自开办和调整频道频率、违规合资合作等现象。积极支持各级播出机构适应新形势、新情况，在具备条件时主动调整频道定位的尝试，支持频道专业化的推进，开办电视购物、付费频道等新业务，推进全市播出机构各频率频道调整经营格局，不断增强发展活力、壮大实力。

【卫星地面接收设施专项治理】 认真组织全市县广电（文广）局、配合国家安全局、工商局等部门，联合开展对全市辖区内卫星地面接收设施和非法网络共享网站及设备产品的专项治理。截至10月，共计出动执法人员1404人、执法车辆412辆，查处拆除接收设施总户数（座数）538户（座），发出宣传材料19173份。

【广告播出管理】 不断督促播出机构强化广告的审查和自律，抓好广告播出管理。密切依托全市广告联合治理工作的机制，积极开展治理违规广告的专项行动。1～9月，发出违规广告整改通知书2份，省市广电部门联合发出违规广告整改通知书2份。对“鸿茅药酒”、“蒙古黑药”、“肠舒”等电视购物短片进行停播和整改处理；对超出播出规定标准时长的6个电视购物短片进行整改处理。

【科技监管】 在不断强化“人防”的同时，利用现代科学技术，不断提高“技防”手段，采用星网结合、互为备份的方式，构建从天上到地面的立体防范体系。不断完善昆明市数字电视监测系统，对管辖区域内的所有视听节目网站进行有效监管，对网站传输的视听节目播放中存在的有害、违法、违规和敌对等情况进行自动识别和重点监控。指导系统内各单位进行技术系统升级改造，截至2011年底，投入技术改造资金4500余万元，其中中心120万元，电台587.3378万元，电视台3351.1392万元，教育电视台85万元，昆广网络公司312.4274万元，使昆明市技术保障水平大幅提高。

（杨宇白）

昆明广播电视台

【重大主题报道】 新闻频道先后开设《学习贯彻市第十次党代会精神》、《喜迎省第九次党代会》、《跨越发展新昆明　造福人民谋福祉》、《庆共和国华诞　展新昆明风采》、《文化惠民在昆明》、《主播带你看城乡》、《建设新昆明　巾帼展风采》、《冲刺四季度　迎接十二五开门红》、《保护名人故居擦亮城市名片》等专栏，制作播出《贯彻市委九届七次全会精神　建设区域性国际城市》访谈特别节目、101家市级单位和部门主要领导“执行力提升年”的公开承诺。同时还拍摄制作《跨越式发展》、《文产之光》、《历史性跨越》、《昆明丰碑》等多部专题片以及《争创中国人居环境奖》、《争创全国文明城市》、《争创全国卫生城市》、《创建和谐社区》、《抢抓桥头堡建设战略机遇　加快建设区域性国际城市》等多部汇报片。政法频道拍摄制作了大型纪录片《重走滇缅路》。

阳光频率推出《九十年九个人一句话》、《文化昆明　魅力春城》、《建设面向西南开放的区域性国际城市》、《推进区域合作》、《国际大通道建设》等多组系列报道。

【重要会议报道】 圆满完成云南省第九次党代会、昆明市第十次党代会、省市“两会”、市委九届七次全会、市委工作会、全省加快建设面向西南开放重要桥头堡动员大会、昆明市庆祝中国共产党成立90周年大会、昆明市纪念辛亥革命100周年大会等重要会议的新闻报道、直播录播任务。移动广播车圆满完成市第十次党代会、市委九届七次全会、市委工作会、市“两会”现场观摩的移动广播任务。

新闻频道推出《实施桥头堡战略建设区域性国际城市》重大主题策划报道。报道方式上既有专家现场解读、记者直飞缅甸异地采访，又有主播演播室实时连线、多画框展示，整组报道全景式展示了云南省实施桥头堡战略的具体举措和各方反应，取得良好的宣传效果。

【重大活动报道】 圆满完成2011中国昆明国际文化旅游节昆明狂欢节、第十九届中国昆明进出口商品交易会、2011中国国际旅游交易会、首届昆明青年（大学生“村官”）创业成果博览暨人才交流会、昆明市第四届运动会、昆明市三环快速系统通车仪式等重大活动的报道任务。围绕春节、国庆节、青年志愿者日、三八国际妇女节、植树节、世界水日、世界遗产日、六一儿童节、国际禁毒日、世界无烟日等重大节日活动，进行重点策划，推出一批有深度、受关注的专题报道、现场直播。阳光频率策划推出“关注春运，平安回家”、“2011阳光频率广播春晚”、“怀恩思远　阳光清明”、“世界水日”等现场直播节目。

【品牌推介活动】 各频道频率大力举办公益、商业等大型活动，着力推介频道频率品牌，提升受众参与度、关注度，增强昆明广播电视台的社会影响力。先后举办8099999我想有个家、8099999民生月、中秋惠民月饼直销、低价蔬菜送上门、绿色昆明　低碳出行、春城拒绝冷漠　传递温暖、阳光慈善夜、美食形象大使选拔赛、阳光红歌会演唱大赛、维也纳威尔顿童声合唱团昆明站演出、赖声川经典喜剧昆明站演出、张惠妹昆明演唱会、张学友昆明演唱会、老年春晚昆明赛区选拔赛等数十场大型活动。

【“走转改”活动】 台党委高度重视“走转改”活动。领导班子8位成员亲自带领记者每月两次到8个基层联系点走访。台主要领导与其他分管业务的4位台领导，分别深入新闻频道、阳光频率等部门值守新闻班，审改新闻稿件。各频道频率根据各自定位和特色，扎实推进“走转改”活动，开设《走基层》、《喜看昆明新变化》、《走基层·记者手记》、《走基层到一线正在进行时》、《记者走基层》、《在你身边》、《走基层·文化惠民》等专栏，建立33个基层联系点，采编播人员下基层联系点300余人（次），播发新闻稿件320余条（期）。

【舆论监督报道】 新闻频道开设的舆论监督类专栏《城市文明岗》，全年共播出700条新闻，对违法排污、农房违法加层、私搭乱建、环境脏乱差以及机关作风、执行力等问题进行舆论监督，督促被曝光问题的整改。政法频道推出关注食品安全的重磅策划《潜伏》，多路记者以企业招工的方式，进入家乐福、建新园、香圣客等著名的全球和国内、本地连锁企业边工作边进行卧底调查，最终揭露家乐福售卖过期食品、香圣客火锅违规使用口水油、建新园以鸡粉加水冒充鸡汤等损害消费者权益的事件，迫使被曝光单位召开新闻发布会，向消费者公开道歉并作出整改。春城频道对少数医院医生充当医托、警方捣毁特大地沟油窝点等问题作深入报道。

【关注民生】 春城频道精心策划、采访报道了林家院18号、疯狂的渣土车、5.26解救人质事件、昆明不缺盐、中秋节关爱空巢老人等观众关心、关注的重要选题。高度关注重大突发事件。师宗县私庄煤矿发生特大矿难后，春城频道快速反应，立即派出两组记者和卫星直播车赶赴事故现场，进行3个半小时的现场直播。阳光频率加强对社会热点、难点问题的重点策划，推出用工荒、招聘难，昆明市出台系列教育新规、公立医院改革、调控房地产市场新规、居住证新规、醉驾入刑、昆明地铁票价听证、食品安全、电动自行车管理规定等深度报道。充分发挥政风行风热线节目《春城热线》在听众中的影响力，搭起一座政府和百姓的连心桥。全年共有153家单位领导上线，接听群众电话1400多个，群众投诉件回复率为100%，办结率超过90%。

【节目改版】 春城频道。推出新闻脱口秀栏目《新闻“从”新说》，以轻松的主持方式评述新闻热点，既有新闻性，又有可看性。春城频道还对《新闻夜总汇》进行扩版，节目长度由1小时扩展到1小时20分钟。春城频道以贴近本土的节目内容，灵活有效的观众互动、全面完善的直播体系，着力打造品牌频道和品牌栏目，形成《街头巷尾》、《新闻“从”新说》、《新闻夜总汇》3个品牌栏目，通过高收视率的节目群打造“8099999”优质品牌。

政法频道。《政法报道》栏目增加深度调查、暗访和重大案件报道的比重，培育了《风雷说法之政法报道》、《记者再报告》等重点栏目，取得较好的收视率和社会影响力。政法频道制作纪录片《重走滇缅路》，拍摄前后历时3年，跨越多个国家和地区，采访到近百人，积累的素材多达100多个小时。

阳光频道。《有话好好说》节目走出演播室，化解家庭（邻里）矛盾、调解家庭纠纷。节目主持人邀请心理咨询师、教育专家、律师、民间调解员等嘉宾走进演播室，共同探讨人生话题，现场化解矛盾。《爱情36计》推出主题策划“全城热恋·昆明有喜”，关注普通昆明人的幸福故事，聚集昆明新人的创意婚礼秀、情侣个性化追爱故事、夫妻幸福生活故事等。与青海卫视合作，对节目全面改版，形成了由《爱情36计》、《十分动情》、《爱上帮女郎》、《闻道夜来香》、《今夜来谈情》、《有话好好说》等栏目组成的情感节目链。

影视频道。实现24小时播出，全天五大剧场（分别为《晨光剧场》、《顶尖剧场》、《偶像剧场》、《合家欢剧场》、《夜猫剧场》）共播出电视剧17集。针对深夜收视空白，频道年初推出讲述惊悚悬疑故事的电影栏目《午夜传奇》。

阳光频率。2011年初，阳光频率热线节目《春城热线》和《“昆明零距离”行政效能监督热线》整合为新版《春城热线》节目。为强力打造拳头产品，频率特别调整了《春城热线》节目的播出时间和次数，增加政府职能部门上线频次，强化舆论监督功能。推出《阳光早播报》、《阳光资讯榜》、《新闻故事》等新栏目，形成5个新闻板块时段和全天滚动播出17次新闻的线性节目格局。3月上旬和中旬，阳光频率配合昆明市各县（市）区，开发度假园区，市委和市级国家机关各部委办局，人民团体，市属企事业单位，大专院校“一把手”，连续奋战8天，完成软环境建设“执行力提升年”活动广播部分的公开承诺录音，相关内容在新闻节目中陆续播出。从9月份起，阳光频率策划推出“记者走基层”专栏《在你身边》，先后派出多批记者，深入受旱农村、山区小学等基层单位，体验生活，调查民情，采写、播发了《乡村小学教师的一天》、《李建华的“两头黑”生活》、《汗水洒春城，奉献写人生——记中铁十六局农民工队长潘晓峰》等一批主题鲜明、内容鲜活的报道。

汽车广播。委托央视市场研究（CTR）完成“昆明广播电视台汽车广播媒体价值研究报告”。数据显示：汽车广播在昆明私家车主中认知度达到98.7%，是昆明私家车主中认知度最高的电台频率。在无提示情况下，第一提及率达到42.2%，日到达率和周到达率分别达到85.3%和94.1%。在被调查的受众中，有67.4%

具有高等学历，个人平均月收入达到4889元。11月6日，汽车广播策划组织“为山区小学生冬日送温暖活动”，带领由20多辆私家车，80多位爱心车主组成的爱心车队，经过来回近8个小时的山路颠簸，将募集到被褥200多套，文体用品200多件过冬物品送到寻甸县贫困山区。

【新媒体传播】 2011年，昆明广播电视台加入全国城市联合网络电视台，昆明台网站并入城市联合网络电视台直播。6个电视频道节目接入云南电视台IPTV平台。

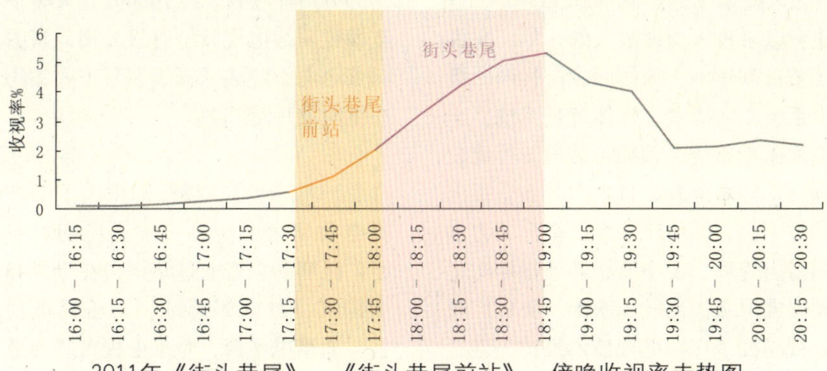

2011年《街头巷尾》、《街头巷尾前站》、傍晚收视率走势图

《8099999目击》、《新闻“从”新说》。2010年11月，春城频道在19点档播出新闻节目《8099999目击》，2011年保持稳定的收视效果。2011年9月19日开始，该时段调整为播出《新闻从新说》节目。

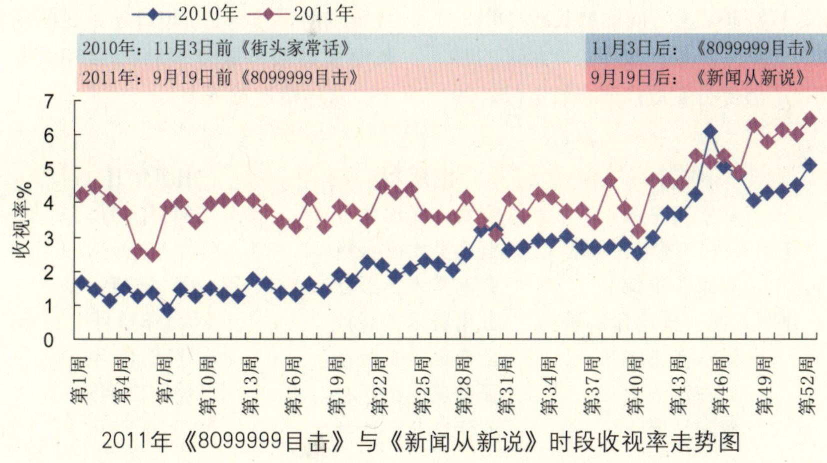

2011年《8099999目击》与《新闻从新说》时段收视率走势图

《新闻夜总汇》。2010年10月，春城频道在22:30～23:30时段播出的《新闻夜总汇》节目， 2011年继续保持较好的收视效果。

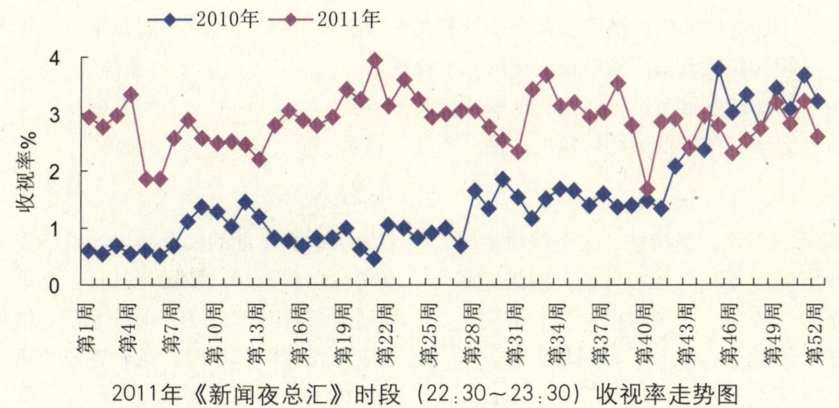

2011年《新闻夜总汇》时段（22:30～23:30）收视率走势图

【获奖情况】 2011年，《954新闻》荣获云南省广播电视政府奖十佳栏目奖。“2010昆明经济社会制度创新成果奖”揭晓，汽车广播所申报的“制度创新”荣获三等奖。老年广播《幸福读报》节目作为云南唯一广播节目被选送参评“中国广播十佳栏目”评选。在幸福读报基础上创意录制的《昆明市井往事》和《陪您说说话》节目包装系统荣获云南广播电视奖一、二等奖。

【受众调查】 2011年，昆明广播电视台各电视频道立足本土，贴近昆明百姓生活，通过系列极具本土化、服务百姓的节目及符合观众收视习惯的节目编排，在全天及晚间收视上均较2010年有明显增长，其中全天市场份额为15.09，较2010年增长51.2%，收视率为2.57，较2010年增长14.5%；2011年全年晚间收视率为5.87，较2010年增长24.4%，市场份额为19，较2010年增长21%。

春城频道全天及晚间时段市场份额提升明显，全天排名从第5位上升至第3位，晚间排名从第3位上升至第2位，全年共计59天位列所有频道晚间收视率排行榜第一位；政法频道收视上升同样十分明显，频道排名从第25位上升至第9位。

【节目生产情况】 《街头巷尾》。作为昆明广播电视台春城频道自办的名牌民生新闻节目，每晚18:00播出的《街头巷尾》在2010年下半年开始呈现上升趋势，到2011年收视率又上一个台阶。自2010年底开始，《街头巷尾》节目前又加播系列节目《街头巷尾前站》，有效的拉动了《街头巷尾》节目的收视，形成傍晚观众收视的顺流态势。

【管理工作】 加强管理，安全播出各项指标均达到国家甲级播出技术水平，2011年被省广播电视局授予广播电视技术维护先进集体荣誉称号。全年共投入技术改造资金3900.33万元，成为建台以来投入力度最大的一年。完成节目制作网、新闻网、广告网、播出系统、演播室全媒体背景系统、虚拟演播室系统、采编包装设备等建设项目，显著提升节目生产、安全播出的数字化、网络化水平。制定下发《昆明广播电视台开展“执行力提升年”活动实施方案》、《昆明广播电视台深入开展“执行力提升年”活动承诺书》，纵深推进“执行力提升年”活动。全年立项督办、催办、查办、追办、跟办工作共143项，有力提升了全台工作质量和效率。强化对重大工程项目、资金的监管，严格按照政府采购和台采购制度进行公开招标，充分发挥经审工作的监督职能。全年公开招标13项，总体预算金额5016万元，采购金额3734万元，节约1282万元。经台经审小组经审项目67项（次），经审金额160余万元，审定核减金额15万元。

【科技发展】 2011年，昆明广播电视台投入技术改造资金3900.33万元，是建台以来投入力度最大的一年。完成了节目制作网、新闻网、广告网、播出系统、演播室全媒体背景系统、虚拟演播室系统、采编包装设备等建设项目，显著提升节目生产、安全播出的数字化、网络化水平。全台着力加强播出管理，安全播出各项指标均达到国家甲级播出技术水平，被省广播电视局授予广播电视技术维护先进集体荣誉称号。

【产业发展】 2011年，全台共完成广告创收2.650765亿元，同比增长28.88%。其中，电视部分完成广告创收2.118736亿元，同比增长39.18%，成为历年来广告投放增长率最高的时期；广播部分完成广告创收0.532029亿元，同比增长18.58%。截止2010年底，广告收入在西部地区11个省会城市广播电视台中排列第2位，在全国27个省会城市广播电视台中排列第10位。2011年上缴税收2023.02万元。启动部分产业项目，以1000万元入股华夏城视网络电视股份有限公司，与国际著名电影院线“喜满客”正式签约在昆明市开设影院。

【交流与合作】 继续与中国国际广播电台华语台合办《走进昆明》专栏，昆明的声音通过华语台在世界43个国家（地区）落地。与玉溪电视台、曲靖电视台、楚雄电视台联合推出《滇中联播》专栏，成为展示昆明、玉溪、曲靖、楚雄四城联动发展的窗口。与省内州、市电视台加强交流，交换电视剧5442集。

【学术研究成果】 2011年，昆明广播电视台共出版专著8部，450余万字。具体情况见下表：

书籍名称	字数	作者	出版社	出版年月
穿越二十年	150万	梁永实主编	云南人民出版社	2011年6月
声音的力量	28万	昆明人民广播电台编著	云南美术出版社	2011年6月
收藏阳光	108万	梁永实主编	云南美术出版社	2011年4月
走进昆明	35万	昆明人民广播电台编著	云南美术出版社	2011年11月
新的跨越	80万	梁永实主编	云南美术出版社	2011年10月
老白说	30万	白庆三	云南美术出版社	2011年4月
说唱三千里	19.6万	董鹏、曾克	时代文艺出版社	2011年2月

获奖作品一览表

获奖作品	体裁	获奖名称	作者
人鸥情未了	电视专题	2009～2010年度中国广播影视大奖电视专题提名奖	集体
人鸥情未了	长纪录片	2010年度云南广播电视奖电视社教奖一等奖	周岳军
风雷说法	电视栏目	2010年度云南广播电视奖电视“十佳栏目”	集体
街头周刊	电视栏目主持	2010年度云南广播电视奖电视主持奖一等奖	何亚梅
954新闻	广播栏目	云南广播电视奖2010年度广播“十佳”栏目	集体

（王锡生）

广电网络

【确保安全播出】 昆广网络紧紧围绕“安全播出，优质传输”的核心目标开展工作。坚持把“安全优质播出责任重于泰山”放在首位。圆满完成元旦、春节、全国“两会”、清明、五一、端午、七一、第26届世界大学生运动会、中秋、国庆等重大节日及重要活动保障期的安全播出和网络安全传输。截至2011年12月31日，全年实现安全播出182.7万小时，总前端供电安全保障8760小时，顺利完成长达62天的安全播出重要保障期任务。做到重大安全播出零事故，非法信号干扰事件零发生，国家或公司明令禁止播出的节目内容零出现，且各项安播指标月平均值总体优于2010年月平均指标。昆广网络还荣获昆明市文化广播电视体育局授予的“2011年度暨建党90周年昆明市广播电视安全播出先进集体”荣誉称号。

【加强终端业务研发】 为适应新业务发展需要，昆广网络于2011年7月正式组建业务集成部，负责搭建、运行和维护昆广网络数字电视业务集成平台及自办节目播出平台，拓展增值业务。最大限度地挖掘数字电视新媒体业务的倍增价值，开发新产品、创新运营模式，为昆广网络发展提供有力的业务支撑。为昆广网络创造新的经济增长点，提升核心竞争力。先后完成10项终端业务功能开发和集成工作，分别为：《天气预报》、《人才招聘》、《股票信息》、《电影资讯》、《美食资讯》、《企业之窗》、《我的家园》、《自主集成》、《盛世典藏》、《昆广资讯》。加强自主集成栏目建设，分别于今年“八一”建军节、中秋节、国庆节在互动平台上推出 “八一映画包”、“中秋包”、“综艺零距离包”、“五星映辉包”、“盛世典藏”5个互动点播栏目，用户点播次数达1.5万余次。

【拓宽渠道建设】 为拓宽客户服务渠道，方便用户通过互联网办理业务、享受服务，昆广网络组织建设了昆广网络网上营业厅。提供包括基本信息和业务信息查询、付费节目订购、充值卡缴费等基本营业服务功能。自2010年底上线以来，网上营业厅注册用户达11202人，为昆广网络拓宽服务渠道，实现通过互联网为用户提供昆广网络产品和服务的初期目标。2011年3月1日，以电视支付系统为核心，以双向互动电视为基础的卡互卡“电视支付”项目正式上线，用户可通过“电视支付”系统方便、快捷、安全地实现昆广网络业务的缴费。电视福彩，电视银行业务也正在抓紧推进。在完善内部渠道建设的同时，昆广网络还积极加强外部合作，充分开发新渠道，寻求新型业务合作模式。昆广网络与中国银行和建设银行建立合作关系，分别签订代收费业务合作协议，进一步拓宽公司的收费渠道。通过深入与各大等家电卖场及电视机厂商合作，利用充值卡、体验卷、购电视机送机顶盒等多种方式吸引用户体验昆广高清业务。

【自主创新项目】 昆广网络坚持以项目为载体，进一步推动公司又好又快发展。①以课题研究工作为突破口，进一步认清形势、把握宏观政策走向，为公司的创新发展拓展思路。2011年昆广网络申报的昆明市决策咨询研究课题《昆明市加快推进三网融合对策研究》于2011年9月9日顺利通过省市专家的终期评审，评审专家对课题给予高度评价。②通过技术创新，进一步提升运营支撑能力。为实现网络工程项目的精细化管理，对物资采购、库存、实物资产及固定资产一体化、全生命周期的管理，昆广网络启动NPMS网络工程项目管理系统和NC供应链及资产管理系统的建设工作。两系统在完成开发、对接和测试工作后，于2011年7月1日同时上线试运行。③大力推进网络双向化升级改造，优化网络资源配置，提高网络业务承载能力和对综合业务的支撑能力。

【开展“四亮四评”活动】 认真贯彻落实市委关于在昆明市窗口单位和服务行业开展创先争优“四亮四评”活动的相关要求，以坚决不搞形式、不走过场为总体要求，以“亮流程、亮身份、亮职责、亮承诺”和“自己评、群众评、领导评、组织评”为活动主线，积极组织昆广网络窗口部门扎实开展“四亮四评”活动。在昆广网络网站开设了“四亮四评、创先争优”专栏，将业务内容、服务承诺、业务流程、业务办理时限等面向公众公开。

2011年1～12月，96599呼叫中心共受理用户来电1084555次，电话接通率85.05%，直接通过电话处理946560次，电话处理率达99.98%，受理各类故障报修124215起，故障及时处理返单率为99.98%。采取电话回访、客服系统的客户满意度评价功能、维修人员到用户家进行问卷调查、营业厅的《用户意见簿》收集用户的意见、营业厅收费窗口安装服务评价系统、设立服务监督电话8396599等方式广泛收集用户意见，全面接受群众监督，受到广大用户的好评，各项服务满意度均在97%以上，维修服务连续12个月无投诉。

【推进企业文化建设】 在昆广网络“事转企”3周年之际，公司网站进行第四次改版，增加更多的视频资料，提供更好的用户体验，用户可以在地图上导航到各营业厅，获知更准确全面的信息。为了从专业角度固化昆广网络文化内涵，公司积极借鉴优秀企业的经验，着手进行企业CI形象识别系统的建设，塑造统一的公司整体形象，并完成视觉识别系统的整合，编印《昆广网络VI手册》。昆广网络还成功筹备举办“荣耀大典——昆广网络2011年新春年会”、“昆广网络百名优秀员工赴大理考察活动”、“昆广网络‘事转企’3周年暨同心红歌会”等活动，进一步增强全体干部职工的凝聚力和向心力，展示公司蓬勃向上的精神风貌。

（周千人）

报业传媒

【重视播出安全】 2011年集团党委高度重视新闻宣传的政治安全，

下大力气从制度、奖惩、采编、版面、印刷、发行等各个环节狠抓政治安全，各媒体紧贴党委政府中心工作，全力做好宣传报道。集团层面的周例会、月度工作会、半年工作会，各媒体每周的业务办公会、采前会、编前会等，都将新闻安全、政治安全放在首位，不断强化干部职工的安全意识，确保舆论宣传的安全无事故。

【确保新闻质量】 两报一港两杂志在加强日常采编工作基础上，建立完善独家新闻、重点稿件、好版面、好图片的奖励、考评机制，将独家新闻评选、业务通报、月奖，信息港页面绩效考核、杂志刊前评估机制、各级新闻奖奖励等规范化、常态化。加大评报力度，用边战边练边讲评的方式促进报纸质量提升。每周对昆明日报、都市时报及同城四张报纸做对比讲评。集团新闻研究与战略发展部还坚持对重点稿件做奖罚说明，使每个采编人员明白稿件受到奖罚的原因何在，有效提高采编人员对报纸质量的关注。昆明日报在重大时政报道中，以全局视野，前瞻性、创新性策划确保政经大报的权威、准确和公信力。对全国“两会”、十七届六中全会、“庆祝建党90周年”、省市“两会”、市委工作会、省、市党代会及贯彻党代会精神系列报道、云南桥头堡建设、区域性国际城市建设、滇中经济圈、辛亥革命百年等重大时政活动的报道，做到无差错，多项报道工作得到市委领导的表扬。

【《都市时报》全新改版】 10月18日，《都市时报》全新改版。时报定位于“打造立足昆滇，影响全国的创意型新主流都市报”，力求以新颖、独到、强大、融合的表现方式给公众带来快乐、梦想和希望。改版后的《都市时报》从提升舆论引导能力、资源整合能力、制度创新能力、市场开拓能力、队伍战斗能力5个方面发力，报纸品相和新闻宣传质量有了较大提高，取得明显成效，得到社会各界的认同和肯定。

【昆明信息港阵地建设】 昆明信息港城市门户和综合新闻网首页改版取得成功，更好地展现“富强昆明、活力昆明、文化昆明、生态昆明、和谐昆明”。按照市委、市政府要求在昆明信息港开展的“昆明市民主评议机关和行业作风网上测评活动”已成为年度行风评议的重要组成部分；“第三届发现昆明之美图片、DV大赛”活动，收到网友提交的387组主题、近4000件作品，这些作品通过昆明信息港、彩龙社区、博客空间等平台尽显昆明之美，成为昆明市利用互联网宣传城市形象、营造和谐环境的一大创新，亦成为云南省参与度高、互动性强、传播效果好、社会效益佳的网络文化活动品牌；“嬗变的昆明”暨昆明第二届网络媒体博客笔会，汇聚全国34家知名网站、社区论坛和12位知名博主切身感受“冬日温暖的春城”，并借助他们的感受、感想和网络传播优势，展示昆明的城市和文化魅力，增进了网络媒体对昆明改革发展的理解和支持，为现代新昆明建设创造良好的外部舆论环境。

【杂志探索发展新路】 《滇池》杂志影响力进一步扩大，发行覆盖至北京、天津、青岛等国内大中城市，优质客户资源增加；由《滇池》杂志社编辑出版的《昆明向西向南》得到云南出版界和市有关领导的好评；11月成功组织实施“全国知名期刊昆明行”活动，为更好宣传昆明探索了一条新路。《皮肤病与性病》杂志（《爱尚家》杂志）逐步转型为健康家庭类期刊，寻找合作伙伴，探索发展新路。

【“走转改”工作成效显著】 昆明日报开办“走基层、转作风、改文风”专栏，记者深入基层采写《大山村民把歌唱到央视》、《汪洋挡道一年多上学多绕一公里》等多篇生动、鲜活的独家新闻，社会反响良好。“党报在我身边”活动的启动和推进，让党报走进社区，贴近民生、贴近基层。都市时报推出“走转改”十大系列活动，相关特刊的出版，实现品牌形成与社会效益的双赢局面，其中《花样年华——一个玫瑰小镇的创富笔记》特刊，获得中宣部、省委宣传部、市委宣传部有关领导的较高评价。信息港发挥网媒特点，精心打造“贴近才有温暖，共享才会和谐”专题页面，派出记者深入基层采访，并与大洋网、华声在线、四川新闻网等知名网站实现资源共享，图文并茂展现新闻战线“走基层、转作风、改文风”活动的积极进展和实际成效。

【科学规划】 根据昆明市十二五规划的总体蓝图和国家报刊业十二五规划，科学定位报业传媒集团的发展方向和奋斗目标。集团于2010年10月启动十二五改革与发展规划纲要的起草工作，成立《纲要》写作班子，十易其稿，达成共识。经集团党委会（董事会）研究，并于2011年1月23日，集团第一届职代会第二次会议审议，通过《集团十二五改革与发展规划纲要》。2011年8月初，集团启动加快报业发展实施方案的谋划，经广泛征求各方意见，集团上下认真研究、酝酿、修改，最终形成《集团关于加快昆明报业改革与发展实施意见》并上报市委宣传部审批。同时成立昆明报业传媒集团推进改革加快发展领导小组，按时间、分步骤积极推进各项改革工作。

【执行力提升年活动】 以工作成果倒逼促执行力提升，扎实推进 “执行力提升年”活动，为集团科学跨越发展提供坚强的思想保证。4月

26日，集团召开动员大会，对集团“执行力提升年”工作进行安排部署，提出相关要求。年初集团制定并经职代会审议通过后下发《2011年度报业集团经济指标及考核奖惩办法》和《集团直属部门工作职责》等制度，明确部门、干部、职工的职责和任务。建立工作责任推进制，实施“工作成果倒逼法”，通过目标倒逼进度、下级倒逼上级，集团上下人人思任务、个个想干事，同心协力谋发展蔚然成风。出台了《昆明报业传媒集团重大事项内部报告制》、《关于印发昆报时报新闻操作规则的通知》等一批强化管理的规章制度，规范相关审批程序，严格工作流程，强化效益优先。由纪委对集团主要工作任务进行立项督查督办。加强对目标任务的过程性、动态性的督促检查。

在搞好自身活动的同时，集团所属各媒体浓墨重彩宣传全市的“执行力提升年”活动。昆明日报、都市时报、昆明信息港三个媒体抽调政治素质好、业务强的人员组成报道组，开辟专栏、专题，对“执行力提升年”活动进行全程跟踪采访，形成纸媒和网媒的合力。各媒体共刊发消息、专访、通讯、时评等稿件270余篇；《昆明日报》与昆明信息港同步，分期分批刊载昆明市各单位的“执行力提升年”活动承诺书60余份，并共同承办“提升执行力 铸造新昆明——加快建设区域性国际城市”领导干部系列在线访谈活动，自2011年6月16日开始，邀请昆明市14个县（市）区，5个国家级、省级开发（度假）园区和市级部门的主要领导就公开承诺兑现落实情况接受访谈。对群众普遍关心和社会关注的热点、难点、焦点问题进行现场解答和受理投诉，组织在线访谈23期，各级单位部门回复、办结网友咨询、投诉问题近300余个，昆明信息港彩龙论坛成为市民反映问题的重要平台。两报一港全方位强有力的宣传，营造良好的舆论氛围，受到群众好评，得到上级的肯定。

【人才队伍建设】 2011年6月3日，集团党委会（董事会）研究决定，面向全国公开招聘都市时报总编辑，经报主管部门同意后，6月23日，集团正式启动面向全国招聘都市时报总编辑工作。按照公开、公正、阳光选拔的原则，严格报名、资格审查、笔试、面试和组织考察程序，笔试、面试试题均委托第三方出题，市第六纪工委、集团纪委全程监督。最终原东莞时报的执行总编周智琛加盟都市时报。此后又从《南方都市报》、《东莞时报》、《新周刊》、《重庆时报》、《九江晨报》等媒体引进各方面人才10人，为此后都市时报改版成功奠定坚实的人才基础。严格执行干部选拔任用相关规定和制度。集团干部队伍建设，坚持党管干部原则与充分走群众路线相结合，坚持“公开、平等、竞争、择优”的原则和民主集中制原则，在“公开、公正、公平”的原则下，实行公开、阳光的操作规程，年内集团开展了中层干部述廉述职及考评；面向集团内部公开招聘中层干部；都市时报中层干部实行公推直选；集团青年备用干部推选；面向全国公开招聘都市时报总编辑等多项重大干部人事工作，均在纪委的监督下严格按原则、条件和程序进行，同时邀请市第六纪工委参加、监督。阳光的用人机制，破除了干部使用中论资排辈的陈规陋习，干部能上能下，用业绩说话，建立起一支敢创新、讲政治、讲团结、讲正气、高效精干、适应改革需要的干部队伍。

【经济收入再创新高】 在新闻纸张、印刷辅料等大幅涨价的重压下，集团运行成本增加，加之房地产调控、医疗药品监管力度加大等等不利因素影响下，集团利润空间被大幅压缩，经营困难重重，要完成年初职代会通过的经济目标任务，唯有逆势奋进，开拓进取、创新经营思路，才能谋求目标愿景的实现。集团上下扎实稳健推进以报刊经济为主、拓展多元经济的集团经济运行模式。 在集团全体员工的不懈努力下，新闻与活动、新闻与经营同步推进的模式及广告经营取得了成效。2011年，集团实现经营总收入2.45亿元，同比增长19.97%。上缴利税1676万，增长25.87%。其中昆明日报经营收入突破9000万，增长32.56%，进入全国地市级党报经营收入十强。

【获昆明市文化产业“十强”企业称号】 在2011年昆明市文化产业发展领导小组办公室组织开展的昆明市“十强”文化企业和“十佳”成长型文化企业评选活动中，经宣传动员、企业申报、调查核实、专家评审、结果公示5个阶段的工作，昆明报业传媒集团获2011年度昆明市“十强”文化企业称号。

（孙丽玲）

6月9日，省委常委、昆明市委书记仇和（右2），省委常委、省委宣传部部长张田欣（右1）、副省长高峰（右3）出席昆明学院新校园落成典礼

6月9日，副省长高峰出席昆明学院新校园落成典礼并讲话

昆明

2011年，是昆明学院抢抓机遇，科学谋划，全力、全方位狠抓内涵建设的一年。学校以科学发展观为指导，谋划长远发展，制定并实施"十二五"发展规划，人才培养、科学研究、社会服务、文化传承创新和党建、党风廉政建设等各项工作都取得了突破性进展。学校建设发展扎实、有效。

学校现有18个院（系），1个公共教学部，29个本科专业，26个特色专科专业，涵盖了哲学、经济学、法学、教育学、文学、历史学、理学、工学、农学、医学、管理学11个学科门类，是省内学科门类最齐全的综合性本科院校。校园占地面积1800余亩，规划建筑面积60多万平方米，固定资产总值超过18亿元。

坚持育人为本，突出教学中心地位，着力提高教学质量和育人水平。明确以通过教育部本科教学合格评估为目标，加强"教学质量工程"建设，2011年，国家级、省级建设项目达72项，校级建设项目达60项，覆盖所有建设项目类别，在省内同类高校中名列首位，形成了国家、省、校"三级联动"的质量工程建设体系。不断提升人才培养层次，积极开展硕士点申报工作，与西南林业大学签订联合培养硕士研究生协议，19名教师获得硕士生导师资格。坚持"育人为本、德育为先"，探索创新人才培养模式，构建"三生教育"立体化体系，注重培养学生的创新精神和实践能力。贯彻落实高校资助政策，开展奖、勤、助、贷、补、减、免等资助工作，2011年，评选享受出国家、省、校级奖学金和助学金7091人，设勤工助学岗位1212个，组织3589人参加勤工助学，学费减免、困难补助1840人，共发放各类奖、助学金2296.83万元。积极争取红云红河集团、中豪集团、陈哲基金会、香港云彩教育与文化交流协会等社会各界的支持近130

党委书记梁晓谷、校长陈世波陪同省市领导考察学校

4月18日，吴建民大使应邀出席昆明学院昆明讲坛第24讲

学　　院

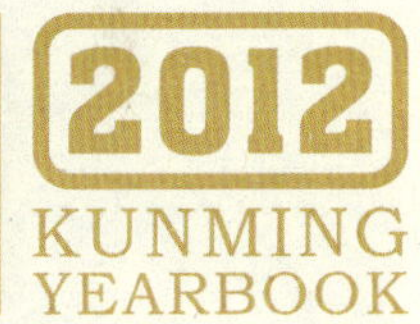

万元。进一步做好国家助学贷款和生源地信用助学贷款工作。面向全国25个省（自治区、直辖市）招生，生源素质显著提高，2011年，本科录取最低分高于省内本科最低控制线（文科20分，理科24分），专科文理科平均高于省内专科最低控制线50分。鼓励毕业生考研，建立“以生为本”的就业指导服务体系，2011年，59人考研笔试成绩上线（985高校10人，211高校21人），上线率比上年提高136%；2011届毕业生初次就业率达93.9%，被省教育厅评为“云南省2011年高校毕业生就业工作目标责任考核一等奖”和“云南省2011年鼓励大学生创业先进集体”，授予“云南省高校大学生创业示范园”称号。

坚持科研兴校，以应用研究和高级别项目为重点，努力提高科学研究的质量和水平。科研项目申报、立项取得进展，2011年，累计申报国家自然科学基金项目37项，获准立项3项；国家社会科学基金项目42项，获准立项3项；省、部、厅、市级课题262项，获准立项62项；校级科研项目104项，获准立项71项；市政府政策研究招标及其他横向课题15项。科研项目纵向立项经费263.1万元，比去年增长33.8%；横向课题经费176万元，比上年增加274%。加强科研平台和科研团队建设，积极争取上级支持，获中央财政支持地方高校发展专项资金500万元并用于“滇池（湖泊）流域生态修复与生态文化研究平台”建设，与企业合作研究的物联网中心获国家部委100万元支持；向省社科联申报了2个省哲学社会科学创新团队。优化学科布局，狠抓重点及特色学科建设，教育学、应用经济学、环境科学与工程建设、汉语言文学列入省级支持建设的学位授权学科；省高校有机光电子材料与器件重点实验室和省高校都市型现代农业工程研究中心获省教育厅立项建设，控制

学校党委中心组学习

科学与工程和生态学2个省级优势特色学科获立项建设，以上项目获建设经费108万元。进一步加大科研奖励，2011年学校科研成果总数达1035项，奖励经费150万元。认真办好《昆明学院学报》和《旅游研究》2份学术期刊，促进成果交流，提高办刊质量。坚持开放办学，抓住云南“桥头堡”和昆明区域性国际城市建设机遇，主动

美丽的新校园之博雅楼

融入地方经济社会发展，做好“兴边富民”、农村定点挂钩帮带扶贫和新农村建设指导员选派工作，以服务和贡献不断拓展学校发展新空间。

坚持人才强校，大力培养、引进高层次人才，推进“双百”计划实施，提高教师队伍素质。坚持党管人才原则，做好高层次人才培养、引进工作，新引进博士和正高职称26人，学校现有博士及在读博士109人，正高职称71人，专任教师中副高及其以上职称占44.6%，博、硕士占46.2%；省级教学团队3个，省级名师工作室3个，省级教学名师8名以及一批省市级具有突出贡献的专家、学术带头人。加强青年教师和专业带头人的培养，建设双师结构的教师队伍；落实教学名师工作室和“国家级项目”科研工作室；设立“红云园丁奖”、“中豪园丁奖”；选派干部到中央党校、国家教育行政学院、省委党校和发达地区高校进行学习、培训、挂职、访学。

积极探索文化传承创新，推进对外交流合作。加强优秀传统文化、校园廉政文化教育和少数民族文化研究、传承及保护，加强滇池

学校举行2011年科研奖励大会，表彰科研工作先进集体和个人

3月31日学校召开2011年就业工作大会，表彰就业工作先进集体和个人

(湖泊)流域生态文化、低碳文化建设，积极筹划以校园为载体建设“昆明文化公园”。探索推进教育国际化进程，开展对外交流合作，美国中央阿肯色州立大学、亚拉巴马州政府、夏威夷农业大学、协和大学、欧洲旅游大学、英国太古集团、日本德岛工业短期大学、泰姬酒店及度假集团、泰国孔敬大学、泰国正大管理学院、泰国蓝实大学、泰国吞府皇家大学、新西兰怀卡托大学等代表团近百余人次到校访问、交流；并与泰国正大管理学院、蓝实大学、蓝实大学中国商学院、印度泰姬酒店及度假集团、中国友好文化传播有限公司（泰国）、欧洲旅游大学签订合作协议及备忘录。邀请美国西弗吉尼亚学院、美国地理研究所、哈佛大学、泰国正大管理学院等国外高校、研究机构专家举办学术报告。与中国友好文化传播有限公司（泰国）签署毕业生海外就业合作协议。2011年，招收美国、西班牙、以色列、德国、意大利、日本、泰国留学生50余人次；申报海外华文教师培训基地；聘用日本、马来西亚、美国、加拿大、泰国、韩国外专、外教11人；2名教师获准西部项目，1名教师赴加访学，2名教师赴美参加软件学习，1名教师完成在日访学。

大力推进新校园基础设施建设。新校园后续建设按计划有序进行，严格遵守“八个百分百”，招标代理、造价咨询、设计、地勘、监理、施工至专业分包实行均公开招标，工程实行百分之百监理，并按基建程序进行质监备案。2011年，投资26080万元，建成学生会堂、综合教学楼、农学实验楼、医学实验楼、地下车库及人防工程、烹饪实验楼、G区学生公寓等，完成建设规模84450.6平方米并投入使用。6月9日，学校隆重举行新校园落成典礼，教育部领导及专家、省市相关领导、社会各界嘉宾以及省内外兄弟院校出席了庆典活动并致电致信祝贺，副省长高峰和市长张祖林分别作了重要讲话，对昆明学院的发展提出更高的希望和要求。目前，建设规模为19790.3平方米的体育馆已完成桩基工程，学生公寓、国际学术交流中心、专家公寓、食堂、工学实验实训楼等二期建设项目的前期工作正在进行中，计划投资64309.79万元，建设规模134407平方米；老校区土地处置工作有序进行；二期建设征地工作取得进展；数字化校园建设稳步推进。

党建工作科学化水平不断提高，和谐校园建设稳步推进。不断加强党建和党风廉政建设，全面提高党建工作科学化水平；加强精神文明建设与法制宣传教育，注重大学校园文化建设；深入推进创先争优，坚持和谐发展，构建平安校园；深化干部人事制度改革；推进后勤社会化改革，提升后勤服务保障能力。

目前，昆明学院秉承“明德至善、知行利物”的校训，正以

8月31日，学校隆重举行2011级新生开学典礼

"超常规、跨越式、追赶型"的思路加快建设和发展，全力、全方位狠抓内涵建设，提升学校在国家高等教育体系中的地位及影响，提高服务地方经济社会的能力，为把学校早日建成"全国同类高校领先，办学特色鲜明的综合性应用型大学"而努力奋斗。

昆明学院与昆明轨道交通有限公司签订合作培养人才协议

昆明市第一人民医院

昆明市第一人民医院始建于1914年，历经近百年的建设发展，现已成为一所集医疗、教学、科研、预防、保健为一体的大型综合性三级甲等医院。是卫生部第一批评审通过的全国“百佳医院”和昆明地区“十佳医院”，是昆明医学院非直属附属医院——昆明医学院附属甘美医院。“十一五”期间，医院被昆明市卫生局确定为昆明市公立医院改制单位之一，承担昆明市公立医院改革试点的重要使命。

2011年6月，卫生部陈竺部长到我院调研公立医院改革情况

医院院本部占地面积38亩，业务用房66600余平方米。设有一级临床业务科室31个、医技科室13个、行政职能科室23个和1个社区医院——昆明市第一人民医院星耀医院。2008年10月由昆明市政府整体接收的云南省邮电医院正式并入我院管理，成立医院妇幼部。

昆明市第一人民医院本部门诊大楼

医院现有编制床位1100张，惠民病床200张，职工总人数1956人，其中：高职称人员238人，博士18人、硕士151人，享受国务院特殊津贴6人，省级学术技术带头人1人、后备人选1人；市级学术技术带头人及后备人选12人；局级学术技术带头人及后备人选10人。拥有省、市、院级重点学科18个：

2个内设省级研究机构：云南省肝脏移植研究中心和云南省临床疾病分子生物学重点实验室（在省卫生厅中期评估考核中均达到优秀）。

2个内设市级研究机构：昆明器官移植研究中心和昆明市临床疾病分子生物学重点实验室。

4个市级重点学科：肝胆外科、检验科、神经外科、ICU科。

院领导班子成员：（左起）副院长曹海鹰、苏平，副书记党委、纪委书记罗运清，党委书记、院长李立，副院长陈爱华、李兰

6个医疗技术中心：昆明血液净化中心、昆明医院检验中心、昆明体检中心、昆明心力衰竭诊治中心、昆明脑血管病治疗中心、昆明乳腺病诊疗技术中心。

1个市级中医“中风病”专病建设。

3个院级重点学科：骨科、心内科、妇产科。

为引进新的理念、思路和技术，提高综合竞争实力，医院与国内外医疗机构、企业建立了一系列合作关系：与法国南锡大学医学院附属医院成为“友好医院”；与中国健康促进基金会联合成立“生物医学技术临床转化基地”；与北京和泽生物科技有限公司联合成立云南省第一家干细胞库——“云南昆明干细胞库”；与美国博能华医疗集团合作成立“中国昆明脊柱微创临床基地”等。

医院为加大国际间学术合作的力度，拓宽技术研究视野与层面，及时了解最新学术进展及发展动态，与美国爱默雷大学医学院和美国洛杉矶医学健康中心建立学术交流平台，与美国阿肯色州小石城阿肯色大学医学院UAMS实体器官移植研究中心和俄克拉荷马Intergrills器官移植研究所建立学者互访、技术合作关系，2009年与法国南锡大学医学院建立友好医院。

为推动中法公立医院改革合作有序开展，卫生部指定我院为中法公立医院改革合作伙伴云南省唯

昆明市第一人民医院妇幼部

昆明市第一人民医院星耀医院

2011年5月，法国利摩日教学医疗集团委员会主席Dominique Moulios教授、尼斯大学医疗中心主席Marcel Mavic教授和随行专家一行5人到我院，就双方合作进行公立医院改革相关事宜进行座谈

一一家中方合作医院。2011年5月，法国利摩日教学医疗集团委员会主席Dominique Moulios 教授、尼斯大学医疗中心主席Marcel Mavic教授和随行专家一行5人到我院，就双方合作进行公立医院改革相关事宜进行座谈，并提出切实可行的合作事项，并在昆明市卫生局的主持下签订了友好意向性合作协议。

“十一五”期间，医院引进高层次人才博士后、博士生导师李立，在其亲自主持下，以肝胆外科为主多学科联合攻关，于 2006年5月开展昆明首例肝移植手术获得成功；2007年开展云南省首例劈离式肝移植手术、首例成人亲体活体肝移植术、世界首例保留供体第八段肝脏双供体活体肝移植手术；2008年开展了西南地区首例最小年龄接受亲体活体肝移植手术；实施云南省首例连体婴儿分离术，实现婴儿胸腔、心包、纵隔和肝脏完全分离并存活，填补了云南省该技术的空白；2009年《肝脏移植技术的系列研究》获昆明市科技进步一等奖，填补昆明地区科研获奖历史空白；2010年开展西南首例无心跳供体（DCD）肝移植手术等。所开展肝移植手术成功率达100%，手术总量（160例肝移植手术）排名云南省第一。手术术式、技术水平、病人术后存活率达云南省领先、国内先进，部分技术（保留供肝第八段双供体肝移植技术）达到国际领先水平。

根据中共中央、国务院、卫生部下发的医改文件，昆明市委、市政府将我院确定为昆明市公立医院改革试点单位。我院面向社会寻求股份制办院合作伙伴，并在昆明市北市区建立一所1000张病床的大型综合医院。目前，北市区医院主体施工已完成，开始进行内部装修工作，北市区医院将建成一所高起点、高标准、生态型、花园式的大型国际化综合医院，为广大市民提供优质、温馨的医疗服务。

“十二五”期间，医院将继续围绕“改革与发展”的主题，以学科、技术、科研、管理、人才梯队建设为支撑，以器官移植、干细胞临床应用、微创外科、内分泌系统疾病、心脑血管系统疾病、老年病诊治及康复保健为导向，以重点学科为龙头，按照“抓重点、破难点、创亮点”的发展需要，加大重点学科、重点专科、重点实验室建设，在医疗服务和管理水平方面实现跨越式发展。

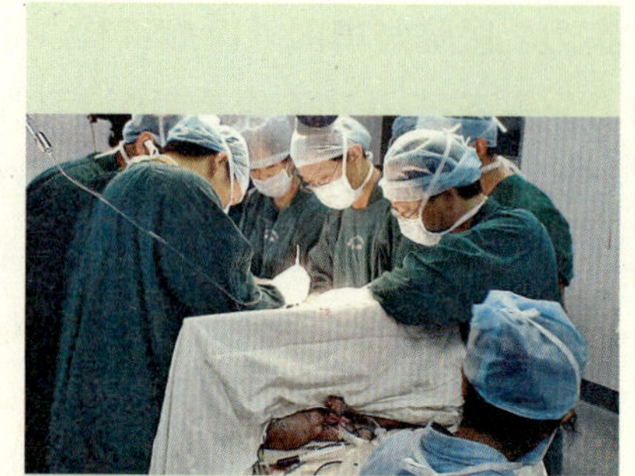

对连体婴儿实施分离手术

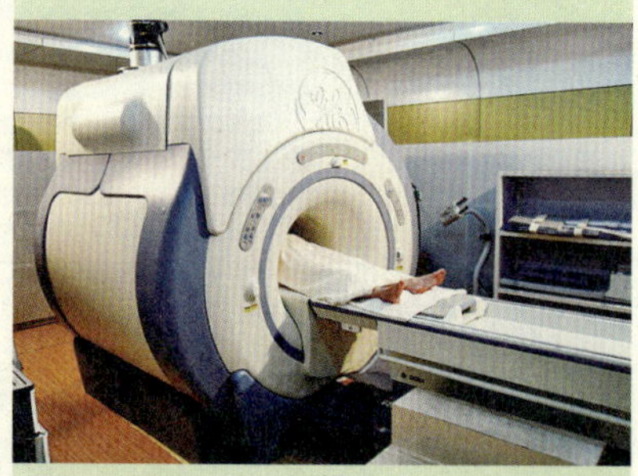

医院大型设备

昆明市第三人民医院

昆明市第三人民医院成立于1954年1月，是一所以传染性疾病诊治为重点，集医疗、教学、科研、社区卫生服务为一体的大型综合性医院。我院是“昆明市突发公共事件传染病救治中心”，是昆明医学院临床教学医院。医院担负着昆明地区的传染病临床诊疗、预防控制、应急救治、技术指导、人才培训等工作，业务辐射云南各地，并与欧美、南亚、东南亚地区开展日益广泛的交流与合作。

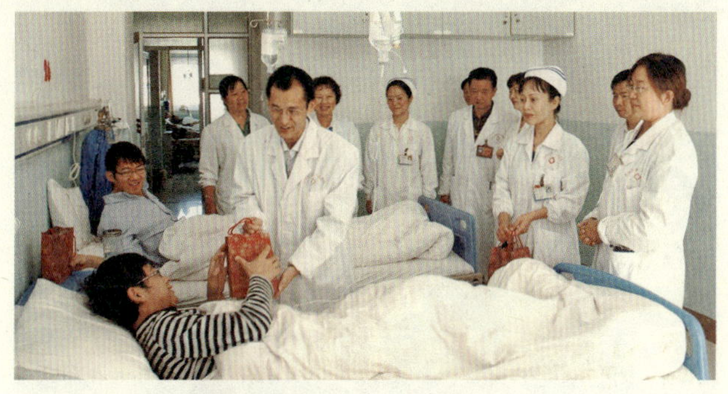

院领导中秋节到病房慰问病人

医院大门

医院前身为“昆明市传染病医院”，建院初期仅开设病床50张，工作人员33人。随着社会的发展和人民群众医疗服务需求的增长，为解决周边居民看病难、住院难的问题，1986年经市政府批准，在现址（吴井路）扩建综合科，更名为昆明市第三人民医院，医院业务功能进一步扩展。2003年“非典”前夕，与昆明结核病防治院（位于安宁市太平镇长坡）合并重组，共称昆明市第三人民医院，成为西南地区规模最大的传染病专科医院。医院吴井和长坡两个分部，占地165亩，开设床位775张，现有在职人员806名，其中在编职工602人、编外聘用人员204人，医院年门诊诊疗11万余人次，年收治住院病人1.1万多人。医院开设肝病科、结核科、感染性疾病科、关怀科、急诊科、内科、外科、妇产科、慢性阻塞性肺病科等19个临床科室，配备检验科、药剂科、放射科、功能科、设备科等9个医技辅助科室，2个社区卫生服务中心。2011年医院总收入1.65亿元，医院总资产2.4亿元。

医院有市级重点学科3个：肝病重点学科、艾滋病重点学科、结核病重点学科；拥有一批省市知名的传染病诊疗专家；肝病、结核病、艾滋病及其他传染病的诊治是医院传统的优势诊疗项目，技术手段达到省内先进水平。医院内设市级医疗卫生技术中心6个：昆明市传染病临床检测中心 、昆明市艾滋病临床诊疗中心、昆明市结核病临床诊疗中心、昆明市人工肝治疗中心、昆明市慢性阻塞性肺病康复治疗中心、昆明市姑息治疗中心。

医院配备有螺旋CT、数字化X光机、进口彩超、结核菌培养仪、流式细胞仪、人工肝机、各型呼吸机、肺功能仪、心电监护仪、各种内镜（腹腔镜、支纤镜、胃镜、肠镜、胆道镜）等先进的检查及诊疗设备。优质高效的医技辅助科室为临床提供了有力的保障。

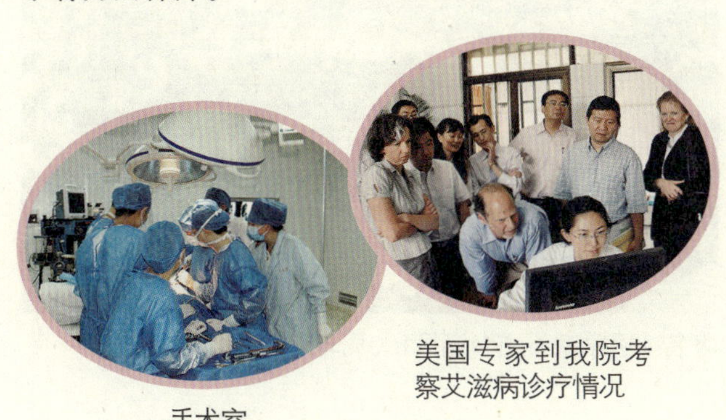

手术室

美国专家到我院考察艾滋病诊疗情况

改革发展中壮大的

卫生部副部长、国家中管局局长王国强视察市中医院

昆明市政府副市长杨皕视察市中医院

汇名医精萃　扬国医名威

昆明市中医医院始建于1956年。半个世纪以来，医院传承了深厚的中医文化底蕴，名医荟萃，中医专科特色突出，已成为一所技术力量雄厚，管理先进，集医疗、教学、科研、防保、康复、社区医疗等综合服务能力于一体的“三级甲等”中医医院、全国示范中医医院、云南中医学院第三附属医院、云南省中医名院、云南陆军预备役师医院、昆明地区“十佳”医院、国家中医药管理局社区中医药与技能培训示范基地、昆明市中医药制剂中心。

群英荟萃　成绩斐然

医院现有两个执业地点（东风东路25号及关兴路223号），在职职工682人，其中：各类专业技术人员637人、高级职称113人、中级职称205人；硕士生导师19名，博士、硕士研究生54名。其中，享受国务院特殊津贴人员5名；国家、省级名老中医师承指导老师5名、全国优秀中医研修人才2名；云南省有突出贡献的优秀专业技术人员3名、昆明市有突出贡献的优秀专业技术人员6名；云南省、昆明市荣誉名中医、名中医26名，昆明市中青年学术和技术带

著名中医学家姚贞白诞辰100周年纪念大会

名医经典与临床高级研修班

昆明市中医医院

头人、后备人选10人，昆明市卫生局学术和技术带头人、后备人选17名。

医院设有24个临床科室、8个医技科室、2个社区卫生服务站。现有国家、省、市级重点专科专病13个，省、市级内设研究机构及技术中心10个。其中：骨伤科为国家中管局“十一五”重点专科，针灸科、肺病科、重症医学科为国家中管局“十二五”重点专科建设单位，骨伤科、肛肠科、针灸科为云南省中医名科，骨伤科、肛肠科、针灸科、急诊科、老年病科、肺病科、心病科等为云南省重点专科，糖尿病、哮喘、白癜风专病为云南省重点专病，皮肤科、推拿科、康复科、男科、心理咨询科等为特色优势专科。还设有“治未病”中心、肛肠、针灸名医工作室及名中医门诊。

作为云南中医学院第三附属医院，昆明学院医学院、遵义医学高等专科学院等的教学医院，承担着硕士研究生培养，医学本科、专科的教学工作，担负着住院医师、专科医师及全科医师规范化培养等多项教学任务。近3年带教实习进修人员2000名，并带教有来自瑞士、加拿大、德国、美国、意大利、法国、土耳

市中医院院长李雷在呈贡新区医院开工奠基仪式上致辞

呈贡新区新建医院效果图

昆明市中医医院关上医院2010年3月30日隆重开业

组织举办名医经典与临床高级研修班

开展冬病夏治

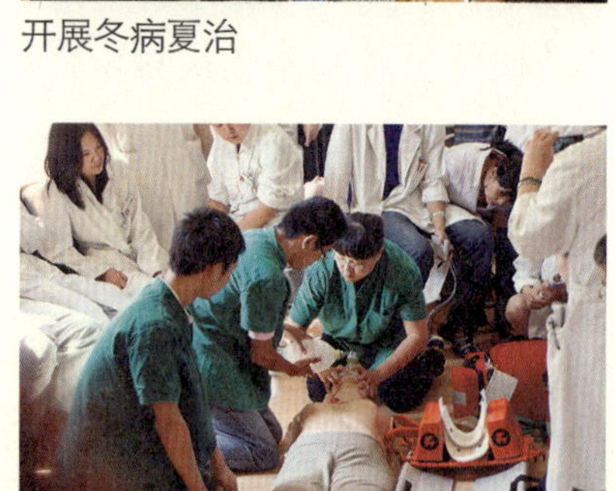
院前急救培训

其等外国留学生200余人。

医院坚持“科技兴院”发展战略，先后承担国家、省、市各级科研课题在研项目40余项，获国家、部级科技进步奖4项，省、市级42项，国家发明专利15项，出版学术专著30余部。挖掘整理有200个安全有效的中医药单方、验方。按国家GPP标准建设的制剂生产基地，能生产蜜丸、水叠丸、散剂、片剂等10余种剂型82个纳入医保品种的制剂，其特色制剂在昆明中医医疗协作医院内流通使用。

投资4000多万元改扩建、开设病床200张的昆明市中医医院关上医院，于2010年3月30日正式开业投入使用。

投资7个亿，总建筑面积118000　，设置病床1000张的呈贡新区医院将建成一所现代化综合性的中医医院。目前，新院主体工程已完成，预计2013年底开业投入使用。届时，医院将以一流的设施环境和技术服务，更好地肩负起传承祖国医学，为人类健康服务的重任。

力铸品牌　打造名院

国家级、云南省中医名科——骨伤科

由著名中医骨伤名家苏采臣于1956年4月创立。现为国家中管局“十一五”重点专科、中华中医药学会中医骨伤名科，云南省及昆明市重点专科、云南省中医名科、云南中医学院硕士点、云南省中西医结合骨伤研究中心、云南省继续教育基地、云南省髋关节重点专病，昆明中西医结合骨伤研究中心、昆明市关节外科中心，昆明市髋关节重点专病。承担着全省及全市中医骨伤疾病的主要诊疗工作。开设病床200张，年门诊量约6万人次，年收治患者3000余人次，规模优势及社会影响力位居全省同级医院前列。

云南省中医名科——肛肠科

1956年由云南省肛肠学科第一人钟辅臣老主任亲自组建的云南省最早的中医专科。现为国家中医药管理局社区中医药与技能培训示范基地，云南省重点中医专科，云南省中医名科，云南省肛肠病研究培训中心，昆明市重点医学学科。开设病床150张，年门诊量3万余人次，出院病人约3000人。其规模、技术优势及

社会影响处于省内领先地位。

云南省中医名科—针灸科

建科于1956年，1987年在云南省针灸名家管遵惠主任医师带领下成立了云南省首家针灸专科病房。现为云南省重点中医专科、云南省中医名科、云南省针灸临床研究中心，昆明市重点医学学科。承担着全省及全市多种疾病的针灸诊疗工作。开设病床65张，年门诊量5万余人，年收治病人2000余人次，规模优势及社会影响力居全省同级医院前列。曾获国家发明专利1项，国家级科技进步奖1项，省级4项，市级4项。

云南省重点学科——急诊科

成立于1986年，1989年又成立了西南地区首家中医医院ICU（重症监护病房）、CCU（冠心病监护病房）。在全国帅先提出了“急诊急救一体化”理念，实行急诊门诊、急诊病房、重症监护病房（ICU）一体化管理模式。现为集临床、教学、科研为一体的省、市级重点学科，昆明市中医急症研究中心，昆明市急救技能培训基地。年接诊病人约3万人次，出院病人约700人，抢救急危重病人1000余人次，抢救成功率达90%以上。

此外，作为云南省重点学科或重点专科的肺病脾胃病科、心病内分泌科、老年病科、康复科等特色优势和技术力量也十分显著。医院另设有：综合科、外科、皮肤科、男科、妇科、麻醉科、推拿理疗科、儿科、心理咨询科、眼耳鼻喉科、口腔科、美容科、保健科、检验科、影像科、功能科、制剂科等，为患者提供方便、快捷、高效全方位的诊疗服务。

疗效显著的院内制剂

召开重点中医专科建设工作会

医院组织召开第二届科技大会

启动中医学术经验继承工作

卫生·体育

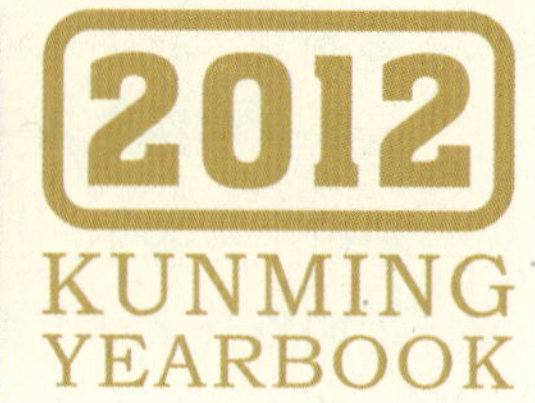

◆责任编辑 李跃甲

卫 生

【卫生机构】 昆明地区4424个机构中，有医院225个（其中综合医院139个、中医医院12个、中西医结合医院4个、专科医院70个），社区卫生服务中心（站）285个，卫生院122个，疗养院7个，门诊部65个，诊所、卫生所、医务室2317个，专科防治所、站5个，疾病预防控制机构18个，妇幼保健机构18个，卫生监督机构16个，医学科研机构5个。临床检验中心（所、站）3个，其他卫生事业机构7个。卫生监督检验(监测、检测)所(站)1个，医学在职培训机构3个，计划生育技术服务机构1个，急救中心(站)2个，采供血机构1个，健康教育所(站、中心)2个。

【卫生床位】 在昆明地区总床位41363张中，医院床位33387张，占昆明地区总床位的80.72%；农村卫生院床位3342张，占昆明地区总床位的 8.08%；疗养院床位999张，占昆明地区总床位的2.4%；其他各类机构有3635张，占昆明地区总床位的8.8%。昆明地区225所医院有床位33387张，其中800张以上床位的医院8所，500～799张床位的医院5所，200～499张床位的医院28所，100～199张床位的医院50所，99张床位以下的医院134所。

【卫生人员】 昆明地区医疗卫生机构总人数为54581人。有卫生技术人员42371人，其中执业医师（助理）18812人，注册护士15641人，药师（士）2038人，检验师1684人。其中医院有34794人，占昆明地区卫生机构总人数的63.75%；农村卫生院有2185人，占昆明地区卫生机构总人数的4%；疗养院有495人，占昆明地区卫生机构总人数的0.91%；门诊部、诊所、医务室5377人，占昆明地区卫生机构总人数的9.9%；疾病预防控制机构1611人，占昆明地区卫生机构总人数的3%；妇幼保健机构1228人，占昆明地区卫生机构总人数的2.2%；其他各类机构有8891人，占昆明地区卫生机构总人数的16.29%。

【医疗服务量】 2011年，昆明地区各级各类医疗机构总诊疗3758.96万人次（门诊3421.5万人次，急诊173.1万人次，门诊、急诊人次占总诊疗人次的95.63%）。其中225个医院共诊疗2020.36万人次（门诊1783.17万人次，急诊134.95万人次，门诊、急诊人次占总诊疗人次的94.94%）。全年出院人数为107.65万人次,门诊、急诊入院人数为4.1人次／百人。住院手术29.58万人次，危重病人住院挽救16.8万人次，抢救成功率96.13%。平均开放病床37593张，平均病床周转28.6次，病床使用率为85.37%，出院者平均住院10.2天。

122个卫生院全年共诊疗242.43万人次，其中门诊、急诊240.11万人次，占总诊疗的99.04%，平均开放病床3178张，出院人数9.15万人次，门诊、急诊入院人数为3.9人次／百人。全年平均病床周转28.8次，病床使用率为60.37%，出院者平均住院6.7天。

【卫生建设项目推进】 市一院北市区医院等8个项目，年内完成投资4.93亿元，累计完成投资10.95亿元。市儿童医院南市区医院建成投入试营运，市一院北市区医院、市延安医院心血管病医院、市三院烈性传染病诊疗中心、市中医院呈贡迁建项目和市二院改扩建项目实现主体封顶进入装修，云南省精神病医院业务大楼启动基础工程，市妇女儿童保健中心业务用房建设已启动河道迁改。

基层卫生基础设施建设。2010年第5批中央预算内投资，安排昆明市4所县级医院、4所乡镇卫生院和17个社区卫生服务中心共25个基层卫生建设项目推进有力。市县两级又投入740万元，开展5个社区卫生服务中心建设项目。2011年第6批中央预算内投资126个基层卫生项目全面启动建设。

卫生监督体系和县域院前急救体系建设。争取中央支持启动10个县级急救体系建设项目。2011年起，启动13个县级卫生监督机构建设，彻底改变以往县级卫生监督机构无独立业务用房的局面。

【三年医改目标如期实现】 昆明市先后被确定为公立医院改革、医师多点执业和有资质人员依法开办个体诊所的国家级试点城市、全国35个社区卫生服务体系建设重点联系城市之一、基本药物制度改革和卫生科技进社区省级试点城市，形成了在全国有一定影响、具有昆明特色的医改模式。医改三年以来，市、县、乡、村四级医疗服务网络建设不断完善，共计开工建设198个项目，建设规模79万平方米，投入34.2亿元。2011年，积极争取到中央、省级卫生专项经费8.2亿元，用于县级医院、乡镇和社区卫生服务机构建设、公共卫生服务项目实施，极大改善了卫生基础设施，显著提高了城乡居民健康水平。6月20日，卫生部部长陈竺到昆明市调研公立医院改革工作，力赞昆明市多元化办医模式、医师多点执业试点和国家基本药物制度实施三个方面工作成效突出，为全国医改创造了经验。

卫生部部长陈竺部长调研市第一人民医院　　（市卫生局 供稿）

【加大对公立医院投入】 在基本建设投入方面，市级财政对5个市级医院建设项目投入，由原定补助9472.2万元调整为3.6亿元，5年内安排到位。在经常性补助方面，对承担公共卫生职能的省精神病医院、市第三人民医院，按照人均3.5万元/年的标准安排补助；承担基本医疗保健职能的市第二人民医院、市延安医院、市妇幼保健院、市中医医院，按照人均2.5万元/年的标准安排补助，分3年补助到位。在基本药物零差率补助方面，昆明市在市级公立医院推行国家基本药物制度，使用比例达到10%，由财政按实际发生数给予补助。

【公立医院改革试点取得突破】 突破公立医院产权制度改革。鼓励社会资本，以多种方式参与公立医院改制重组，按照保留存量、引进增量、增资扩股的模式，实行股份制办院。确定市一院、市儿童医院、市口腔医院3家公立医院开展改制工作。3家公立医院股份制改制成功后，市级优质医疗资源总量迅速增长70% 。鼓励医院之间实现资源整合，依托市级医院品牌技术力量，将呈贡区中医医院划并入市延安医院、农垦总局昆明医院划并入市中医医院，提升医疗服务质量和水平。

【医师多点执业试点推进】 昆明地区主治医师以上职称的医师，经卫生行政部门批准，可以在昆明市辖区范围内3个以内的执业地点从事相应的医疗、预防、保健活动，使基层医疗机构、民营医疗机构都能合理合法的使用大医院的优质人才资源，逐步建立各级各类医疗机构高层次卫生人才合理流动机制。经分析评估，已办理1478人多点执业，其中：在职人员占74.6%，退休人员占25.4%；职称为副高的占66.3%，主治医师占33.7%；多点执业地点为市级以上公立医院的占4%，县级公立医院的占22%，社区卫生机构和乡镇卫生院的占21%，民营医疗机构的占53%。人员流向呈现出市级医院向县级医院和社区服务中心（站）流向、县级医院向乡镇卫生院流向的形势。

【基本药物制度实施】 作为云南省国家基本药物制度试点城市， 2011年6月起，昆明市在全国率先实施市级公立医院基本药物零差率销售。市级9家公立医院基本药物按医院药品采购总金额的10%取消加成、实行零差率销售。安宁、嵩明县级公立医院分别于10月和12月实施基本药物零差率销售。2011年，药价同比下降25.11%，门诊、急诊次均药费同比下降13%，各级医疗机构共让利百姓3247万元。寻甸县积极探索县乡村药品统一配送。全市基本药物制度、药物供应保障体系基本建立，基本药物制度实施已取得初步效果。

【医疗服务能力】 随着昆明市经济社会和卫生事业的快速发展，城乡居民的健康水平得到显著提高。全市居民平均期望寿命76.99岁，孕产妇死亡率27.69/10万，婴、幼儿死亡率9.99‰，居民总体健康状况高于全国平均水平。便民惠民措施有效推广。市县两级公立医院全面开展预约诊疗服务，城市社区卫生服务机构转诊预约实行优先诊治。广泛开展便民门诊服务，充实门诊力量，延长门诊时间。开展优质护理服务，三级医院优质护理服务覆盖72.30%以上的病房，二级医院覆盖62.3%以上的病房。优化医院门急诊环境和流程，完善医疗质量安全核心制度。推行临床路径，不断扩大实施医院和病种范围。

【政策优惠】 作为有资质人员依法开办个体诊所的国家级试点城市，2011年制定《昆明市开展有资质人员依法开办个体诊所试点工作实施方案》，为多元办医格局机制的形成营造了宽松的政策环境，为昆明地区民营医疗机构的发展提供政策保障。鼓励社会力量规模办医，落实鼓励社会资本参与发展医疗卫生事业发展的优惠政策，一批有规模、有质量、有技术、有品牌的民营医院得到发展，与现有公立医院形成良性竞争，从外部促进公立医院的自身改革和发展。截至2011年底，昆明地区民营医院机构数达到134所，床位8894张、资产32.4亿元、从业人员10514人，总诊疗人次和出院人次大幅增长。市政府出台《关于扶持和促进中医药事业发展的实施意见》，有力促进了中医药工作。民营医院呈现出持续发展的良好势头，已成为昆明市医疗服务的重要力量。

副省长高峰调研市第一人民院　（市卫生局 供稿）

【公共卫生服务】 2011年，昆明市将城乡居民人均基本公共卫生服务经费标准提高到25元，各级政府共计投入经费1.57亿元。认真落实国家基本和重大公共卫生服务项目。全市城市和农村居民电子健康档案累计建档360.6万份，建档率达57.4%。全市儿童免疫接种建卡建证率在95%以上。完成15岁以下人员乙肝补种工作。做好麻疹强化免疫，接种12.3万人次。组织开展两轮脊灰疫苗强化免疫，接种100万人次。加强慢病管理，规范管理高血压患者22.4万人，糖尿病患者5.8万人；登记管理重性精神病患者1.25万人。全市2011年孕产妇和0～6岁儿童保健服务项目全面有效实施，管理率分别为96.6%和92.5%。

【疾病防治】 制定《昆明市慢性非传染性疾病防治工作规范（试行)》。健康教育工作网络覆盖率达99.89%。规范流动儿童计划免疫管理工作。做好麻疹强化免疫，接种12.3万人，接种率为97.85%。中国新疆和田地区发生输入性脊髓灰质炎野病毒病例，昆明市被列为高风险地区。昆明市立即组织开展两轮脊灰疫苗强化免疫，接种100万人次。艾滋病防治工作扎实开展，2011年是第三轮防治艾滋病人民战争的开局之年。市委出台《昆明市第三轮禁毒和防治艾滋病人民战争实施方案》，明确今后5年全市防治艾滋病工作的主要任务和目标。加强宣传教育，积极推进社区综合防治试点工作，建立56个以感染者管理为重点、以社区为依托的县—乡—村三级综合防治试点社区，有效整合资源，逐步完善工作模式。加强监测检测，以感染者管理为重点，建立健全综合转介机制，实现监测检测、健康教育、行为干预、抗病毒治疗、母婴阻断、关怀救助工作“无缝连接”的防治工作模式。加强行为干预，落实防制措施。

【妇幼卫生】 紧紧围绕控制降低孕产妇和儿童死亡率目标，改进妇幼保健服务模式，提高保健管理服务效率。启动实施昆明市托儿所、幼儿园卫生保健管理制度，开展托幼机构集体儿童卫生保健工作评审工作。2011年，为全市7.4万余人提供免费婚前医学检查，婚检率占结婚登记人数83.19%。全市孕产妇住院分娩率、孕产妇死亡率和婴儿死亡率均控制在指标任务内。

【处置突发公共卫生事件】 制定《昆明市洪涝泥石流灾害卫生应急预案（试行）》和《昆明市脊髓灰质炎野病毒输入性疫情和疫苗衍生病毒相关事件应急预案（试行）》。组织开展昆明市2011年卫生系统“化学品爆炸事件”应急演练。截至2011年底，全市共报告突发卫生相关事件37起，涉及18018人，发病1192人，死亡6人，无重大事件报告，所有事件均得到及时有效处置，事件及时报告率100%，有效处置率100%。

【城乡卫生事业】 社区卫生服务工作。昆明市现已形成基本覆盖城镇居民的社区卫生服务网络，以便捷、廉价的服务受到社区居民的欢迎。2011年，全市社区卫生服务机构门诊量达505万人次，公共卫生服务量达1801.8万人次，同比增长65.2%。继续实行政府购买社区公共医疗卫生服务的管理模式，经过对社区卫生服务机构提供的公共卫生服务的质量、数量进行考核后，兑现政府购买经费。继续实施医疗专家进社区工作。

农村卫生工作。推进基层卫生机构综合改革，实现乡镇卫生院人财物统一上划县级管理。逐步建立科学规范的考核评价体系，提高乡镇卫生院的工作和服务效率，在寻甸县开展乡镇卫生院“核定收支、绩效考核”试点工作。推行乡村卫生组织一体化管理模式，将村卫生室管理模式变为院办院管，一体化管理覆盖率达到100%。

新型农村合作医疗制度，建立起良好的运行程序和报销补偿机制。2011年全市新农合参合率96.49%，高于全省平均参合水平，人均筹资标准提高到230元。报销比例逐年提高，2011年新农合政策范围内住院费用支付比例达到70%，封顶线提高到5万元。按照市委、市政府工作要求，根据《昆明市城镇职工基本医疗保险城镇居民基本医疗保险和新型农村合作医疗实行一体化管理的意见》，向劳动和社会保障部门移交新农合工作。7月，市县两级移交工作全面完成。

【食品安全和卫生执法监督】 制定《昆明市食品安全举报奖励办法》等10个创新性制度文件。在全市范围内组织开展严厉打击食品非法添加和滥用食品添加剂、“瘦肉精”、“地沟油”等专项工作和乳制品、食用油等重点品种综合治理。全市各监管部门共出动人员4.3万人次，车辆1.2万辆次，检查生产经营单位15.3万户（次），抽检12万批次，查扣销毁非食用物质和食品添加剂943公斤，责令整改1459户，取缔459户，查处案件278起，移送司法机关3起，罚款156.8万元，整治工作取得明显效果。加强食品安全舆论宣传，依法规范信息发布，开展食品安全舆情监测。组织实施卫生法制宣传、重大决策听证工作，建立法律顾问制度，规范卫生执法行为，严格依法行政。市级卫生部门全年共完成各类健康相关产品抽检4717件，并及时进行公告。全年共监督检查各类监管单位3928家（次），查处263家（次），罚款125万元；共办理2629卫生行政许可件，办结率100%。

【国家卫生城市创建成功】 2011年7月，昆明市通过省爱卫办专家对创建国家卫生城市工作情况的复核，10月，全国爱卫办专家对2009～2011年度昆明市创建国家卫生城市（区）工作的综合评审，并对昆明市创卫工作进行公示。11月24日，全国爱卫会下发《关于命名2009～2011年度国家卫生城市（区）的决定》，认为昆明市通过多年坚持不懈地开展创建国家卫生城市活动，加强和创新社会管理，推动了城市基础设施建设，改善了环境卫生面貌，强化了卫生防病工作，提高人民群众的文明卫生意识，创建国家卫生城市工作取得显著成效，整体卫生水平达到《国家卫生城市标准》的要求，决定命名昆明市为国家卫生城市。

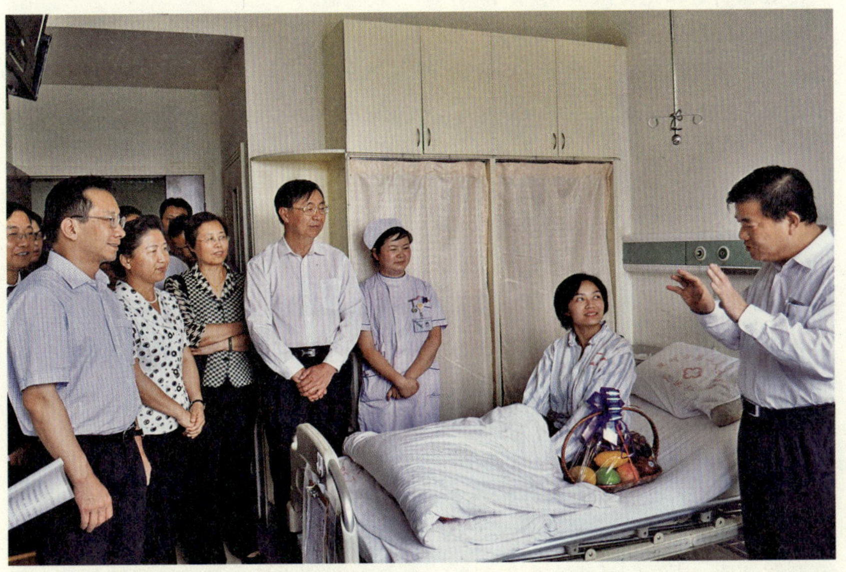

卫生部部长陈竺调研市公立医院改革工作　　（市卫生局 供稿）

【爱国卫生创建活动】 全市共初检验收128家省级卫生村、（乡）镇，完成第七和第八批市级爱国卫生先进单位和无吸烟先进单位的复查工作。通过爱国卫生月活动、世界无烟日活动和全球洗手日活动的广泛开展，为改善城乡环境面貌、提高市民文明卫生意识起到积极的促进作用。组织开展春冬季灭鼠以及夏季统一灭蚊、蝇、蟑螂等病媒生物防制活动，有效控制鼠、蚊、蝇、蟑螂的密度，保障人民群众身体健康。

【农村改水改厕工作】 2009～2011年中央重大公共卫生项目农村改厕项目共安排昆明市4.84万座改厕任务。其中2009年项目6000座（已于2010年完成3月完成），2010年项目1.94万座（2011年3月完成），2011年项目2.3万座（2011年11月完成）。至此，昆明市3年农村改厕项目全部顺利完成。

【人才队伍建设和卫生科技发展】 组织制定《昆明市卫生人才工作实施意见》，对十二五期间人才需求、培养和引进工作进行科学规划。积极争取公立医院改革中卫生人员编制政策，从提高医院空编使用率、灵活用编引进高层次卫生人才、核增市级医院缺口事业编制、不削减改制医院原有事业编制四个方面拓宽思路，解决公立医院改革人员编制问题。组织开展公共卫生事业单位和其他事业单位绩效工资工清理核查工作和高级专家年薪调整。全面完成全国护士执业资格考试和中初级职称资格考试昆明考点工作和311人的专业技术高职评审工作。积极做好高层次人才引进工作，全年共引进硕士及副高以上高层次人才24人。加强高层次专家队伍建设，建立和完善可持续发展的各类卫生人才培养、考核、投入和激励机制。完成昆明市首批19名省内知名专家的届满考核。遴选出6名卫生系统技术骨干进入昆明市第九批中青年学术技术带头人及后备人选培养，6名优秀专家成为国内知名专家培养对象。组织昆明市30名基层卫生技术人员参加全省统一的为期3年的住院医师规范化培训。

2011年全市卫生系统获国家自然科学基金8项，国家重点专科2个。有在研课题393项，共投入科研经费2900余万元。市卫生系统获市科技进步奖14项，占全市奖励项目的23.3%。加强病源微生物实验室生物安全管理，完成全市162所医院实验室生物安全备案工作。加大对外的合作与交流，加强继续医学教育，共审验学分4724份，合格率95.8%。

（代　玲）

省市领导陪同中国红十字会总会领导到阳光家园视察　（市红十字会 供稿）

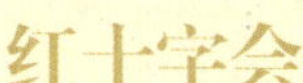

红十字会

【健全组织机构】 在2010年理顺县级红十字会的基础上，为推进红十字会工作，昆明市出台《昆明市人民政府办公厅关于进一步加强红十字会工作的通知》，对县区红十字会的组织建设提出明确要求。各县（市）区红十字会专职领导和工作人员已基本到位，有固定办公场所，有独立账户，能独立自主开展工作；市红十字会经市编办批复同意，成立市红十字会备灾救灾服务中心。基层组织的进一步完善，为全市红十字事业的发展奠定组织基础。

【基层组织队伍建设】 全市各级红十字会积极在街道、学校、医院、机关、企业等单位发展红十字基层组织、会员和志愿者，在应急救援、红十字精神传播、人道救助等领域开展红十字志愿服务。截至2011年底，全市共有红十字基层组织18个、团体会员单位445个，市级红十字志愿服务队9支，成人会员12527人，红十字青少年会员41669人，红十字志愿者3591人，首次冠名3家市红十字医疗机构。

【提升红十字会服务社会能力】 组织开展红十字会宣传、募捐筹资、救灾备灾等内容的专题培训，进一步提高红十字会干部队伍的业务水平。对县（市）区红十字会首次实施目标管理，签订目标责任书并在年终进行考核，规范基层红十字会各项业务工作。在市红十字会机关开展“执行力提升年”活动，提高红十字会依法办事的能力和效率。加强内部管理，完善内部工作机制，对现有制度进行梳理，重点制定和完善议事规则、财务管理、资产管理、灾害救助、救护培训、信息公开等制度，确保自身建设和各项工作规范有序。

【完善应急救援体系】 制定《昆明市红十字会灾害及突发事件救援应急预案》，建立和完善红十字灾情统计报告、新闻信息发布、应急协调联系等相关工作机制，并依托市红十字会备灾救灾中心持续开展备灾救灾物资的储备、整理和分发工作，紧密地配合各项救援救灾工作的开展。积极组织参加全国、省级和市级救灾干部培训、业务集训、防灾减灾项目培训，组织部分县（市）区红十字会干部参与省红十字会在石林长湖开展的地震灾害紧急救援演练，提高市、县红十字会救灾工作水平和应急反应能力。增强救灾工作时效。根据灾情及时发布灾情通报、开通赈灾热线，呼吁社会救灾，救灾工作及时有效。

【募集资金】 根据红十字会募捐筹资工作情况，制定《昆明市红十字事业表彰奖励暂行办法》，对包括捐赠者在内的为红十字事业做出积极贡献的单位和个人进行表彰奖励，帮助企业和个人树立良好的公益形象。2011年全市各级红十字会共募集捐款479.4万元，募捐筹资工作成效明显。

【社会救援】 组织开展向盈江地震捐款活动。云南盈江地震灾害发生后，市红十字会第一时间向德宏州红十字会捐赠价值4万元的帐篷和20套太阳能照明器；同时，及时发出为盈江地震灾区募捐的呼吁，并会同市级机关工委组织机关干部职工开展募捐活动。全市各级红十字会共接收社会各界捐款144.9万元，所募集捐款全部捐赠到地震灾区，为盈江县弄璋镇边府小学新建一幢教学楼。围绕关注民生问题，各县级红十字会积极筹措资金334.5万元，实施修建学生食堂、学生水池、乡村道路等项目。积

"5·8红十字博爱日"活动启动仪式
(市红十字会 供稿)

极争取省红十字会资金77万元，实施博爱饮水工程、小学教学楼、松华社区中心学校水管网改造、魔豆爱心工程等项目。全面完成5.12灾后重建项目。

【社会救助工作】 2011年累计发放救助物资75万元，受益人数1万余人。按照中国红十字会总会和省红十字会的要求，积极组织开展"红十字博爱送万家"系列慰问活动，为生活困难的群众排忧解难，把党的温暖送到千家万户。向14个县(市)区下拨棉被、棉衣、大米、运动服、鞋子、毛毯、饼干等物资；募集物资对"阳光家园"、麻风病休养员、城镇低保户、乡镇学校特困学生、儿童福利院弱势儿童及贫困老人等特殊群体进行慰问。开展社会救助，募捐8.1万元，救助白血病患者、烧伤儿童及其他急重症病人12人，同时资助罗免村失学儿童31人。实施两期中国红十字会"魔豆爱心工程"公益项目。通过征选、面试及考核，从300多个家庭困难、无收入来源的母亲中确定40位受助母亲，为她们每人提供1台电脑和1万元的救助金。

【卫生救护培训】 积极在学校、社区、农村和企事业单位普及初级卫生救护培训，不断提高群众自救互救意识与现场救护的能力，全年共培训1.6万人，圆满地完成公益培训任务。同时，在特殊行业开展卫生救护培训，2011年市红十字会与市公路运输管理局、市交警支队联合转发《云南省红十字会、省公路运输管理局、省交警支队关于在全省初学机动车驾驶员和道路运输人员中开展卫生救护培训工作实施方案的通知》，在全市启动初学机动车驾驶员和道路运输从业人员卫生救护培训工作。已有11个县区开展初学机动车驾驶员的卫生救护培训工作，共培训学员1万余名，培训救护师资72名。

【红十字社区服务工作】 2011年，成立昆明市红十字金牛社区博爱服务中心和盘龙区龙泉街道办事处宝云社区红十字服务站。通过在社区开展具有红十字特色的便民利民活动，充分发挥红十字会的救灾、救护、救助等人道主义服务作用，把红十字关爱送进社区。

【艾滋病预防宣传与关怀工作】 进一步探索"阳光家园"的工作模式，积极开展生产自救项目，与市林科所签订《昆明市红十字会苗圃基地合作项目协议》，探索在特殊人群中开展生产自救的新路子。继续推进《昆明市阳光家园艾滋病预防关怀综合干预项目》的实施，开展同伴教育20期，培训400人，感染者关怀培训8期，96人受益（其中48名感染者，48名感染者家庭人员），技能培训班12期，培训达144人次，16名目标人群参加同伴骨干能力提高班，开展社区外展宣传活动10余次。

【对外交流与合作】 组织基层红十字会干部到省外及省内州市考察，学习借鉴兄弟红十字会的先进工作经验；积极与济南、西安、青岛红十字会建立工作信息联系，与西宁市红十字会签订协议，缔结为友好红十字会；接待总会领导王伟一行来昆明市阳光家园视察工作；接待来自上海松江、杭州、无锡、绍兴的红十字考察团，交流对接红十字的各项工作；此外还加强与一些非政府组织合作，积极争取项目资金，通过项目合作，"阳光家园"项目负责人受邀参加西太平洋世界卫生组织的区域性经验交流和釜山亚洲第十届亚太地区艾滋病大会。

【宣传活动】 创新宣传方式，与昆明人民广播电台联合开展红十字宣传工作，在昆明电台100.8频道，开播每周一期的"博爱之光"栏目，搭建与市民沟通的平台。在"5.8世界红十字日"期间，以县（市）区红十字会独立设置为契机，打破以往的宣传模式，组织各县（市）区及团体会员单位红十字会，开展了为期一个月的"红十字博爱宣传月"活动，大力宣传"人道、博爱、奉献"的红十字精神。在"博爱月"期间，各县区红十字会结合实际，在当地开展各具特色的活动；全市共组织大型宣传活动27场，组织上千名志愿者开展类型多样的红十字志愿服务活动，发放红十字宣传资料40余万份，制作大型宣传标语27条，展出相关内容的宣传展板110块，进行义诊人次达3000余人，红十字志愿者艺术团演出5场。通过"博爱月"活动的开展，扩大了红十字会的社会影响，提升了红十字公益形象。

【无偿献血、干细胞捐献宣传】 在无偿献血日来临之际，与云南昆明血液中心联合在金马碧鸡广场开展宣传活动；与昆明广播电台阳光频道合作，开展"无偿献血"知识宣传及造血干细胞捐献宣传。

(伍　艳)

体　育

【公共体育基础设施建设】 2011年，为了加强对现有公共体育设施的管理，对部分公共体育实施的使用情况，特别对农村公共体育实施进行调查，在现有的基础上提高设施场地的开放程度。加强和教育等行政部门的配合，努力解决学校体育场地设施向社会开放问题。积极争取省级和市本级财政支持，全年共完成83个七彩云南农民健身工程点的建设、60条全民健身路径安装工作和42个文体活动广场的建设任务，为社区居民健身和娱乐创造了便捷途径。

【群众体育】 加强农村体育基础设施建设，认真开展体育“三下乡”活动，组织农民参与健身活动。组织万人迎新春长跑活动、全民健身“龙腾狮跃闹元宵”系列体育活动。截至2011年10月底，全市共组织开展昆明市第三届外来务工人员运动会、昆明市业余羽毛球锦标赛、昆明市公务员网球赛等100人以上大型活动100余项次，群众性体育活动得到广泛开展。在“8月8日”全民健身日，组织万人健身跑、少数民族健身操展演、三人篮球赛、体育舞蹈比赛等九个大项的比赛，充分展示了昆明市各族群众积极向上、健康快乐、团结和谐的精神风貌。8月，“彝族健身操——跳罗作”参加云南省体育局主办的云南少数民族健身操比赛，获自选套路一等奖，规定套路“藏族健身操”获二等奖、同时获得“优秀组织奖”和“体育道德风尚奖”。

【丰富学校体育开展形式】 昆明市文化广播电视体育局与市教育局体卫艺处联合开展全市中、小学大课间操活动和昆明市100余所中、小学校大课间评比活动，不断丰富校园文化生活，促进学生身心健康发展。

【社会化群众体育组织网络】 到2011年底，全市所有乡镇、街道办事处成立全民健身领导机构已达100%。组织开展社会体育指导员培训工作，各县（市）区继续开展社会体育指导员培训工作，全市新增各级社会体育指导员500余人。

【竞技体育】 2011年，圆满完成全国第九届少数民族传统体育运动会的参赛任务，昆明市组织射弩队代表云南省参赛，共获得5枚金牌的优异成绩，占云南代表团金牌总数的55%。成功举办昆明市第四届运动会，分设青少年组和成年组比赛，共363枚金牌。组队参加第七届全国城市运动会工作，昆明市成立了由183人组成的体育代表团，参加田径、游泳（跳水）、自行车等13个大项的决赛，共获得金牌1枚、银牌7枚、铜牌4枚、第四名5个、第五名1个、第六名5个、第七名3个、第八名4个的成绩，共获得奖牌12枚，超过上届全国城市运动会获得9枚奖牌的成绩。并且，在参加的13个大项的决赛中，除射击、射箭、游泳（跳水）外，其余项目都取得前八名的好成绩，同时昆明市代表团荣获体育道德风尚奖，实现运动成绩和精神文明的双丰收。

昆明市组建由67人组成的代表团代表云南省参加第十一届全国中学生运动会的男篮、女排预赛及田径、游泳、乒乓球、健美操决赛，共获得铜牌1枚、第四名1个、第五名1个、第六名3个、第七名1个、第八名1个。组队参加田径、篮球、游泳、射击、排球、摔跤、柔道、沙排、武术散打、皮划艇、举重、自行车、射箭、拳击等项目的云南省年度比赛，共获金牌151枚、银牌135枚、铜牌152枚。与市教育局共同完成昆明市组队参加云南省第十二届中学生运动会工作，昆明市共派出100余名运动员参加男排、女排、男足、网球、游泳、田径、武术、体育舞蹈、健美操、定项运动等十个项目的比赛，共获得金牌125枚、银牌61枚、铜牌36枚。其中游泳破3项云南省中学生纪录。

完成昆明市青少年足球、篮球、排球、田径、乒乓球、游泳、摔跤、射箭、幼儿体操、武术、射击、射箭、空模、海模、自行车、拳击等24项年度比赛，参赛人数约9000人。承办第三十届伦敦奥运会射箭项目选拔赛。完成昆明市第五届运动会申报工作。完成省级和市级输送运动员奖励工作。完成新一轮市级联办训练点的申报工作。完成国家青少年俱乐部的申报和管理工作。

认真办理各类审批工作，便民中心体育窗口办理二级运动员证书236人、二级裁判员553人、二级体育指导员320人，中考体育加分360人，高考体育加分证明120份。完成市体育一级教练职称等级标准评审会。

【体育产业】 2011年，昆明市修改完善《昆明市体育及相关产业调查实施方案》、《昆明市体育及相关产业统计指标体系》。方案和指标体系确定后，昆明市开展了全市体育及相关产业统计工作，召开“举办高水平体育赛事，打造高原训练胜地”新闻发布会。

【其他】 将“设立健身气功活动站点审批”权限下放到县级人民政府体育主管部门，昆明市文化广播电视体育局继续承担“举办健身气功活动审批”权限。1～9月，政务服务中心文广体窗口共办理二级运动员审批166件、二级裁判员审批553件、二级社会体育指导员审批342件、中考体育加分审核378人、高考体育加分审核120人。

（杨宇白）

社　会

◆ 责任编辑　赵丕德

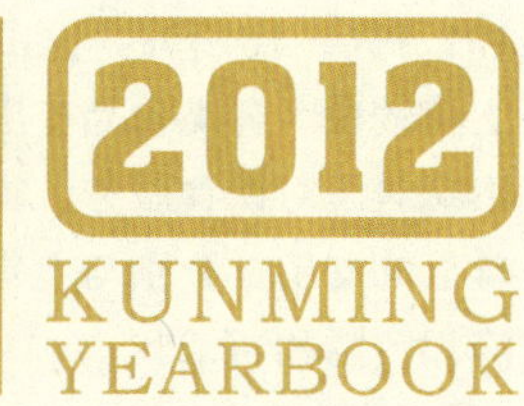

城镇人民生活

【人均可支配收入呈两位数增长】 国家统计局昆明调查队对昆明市1540户城镇居民家庭的抽样调查数据表明，2011年1～12月城镇居民人均总收入为23788.32元，同比增长15.4%。其中，人均可支配收入为21965.69元，同比增长16.4%。城镇居民家庭总收入中，工资性收入、经营净收入和转移性收入均呈现稳增趋长的态势，而财产性收入则小幅下降。从收入构成上看，昆明市城镇居民家庭收入仍以工资为主，经营净收入和转移性收入比重较大，三者是拉动总收入增长的主要动力。

【就业稳定薪金提高工资性收入增长】 2011年，各级政府采取积极措施，稳定就业、加大税收优惠力度、提高补贴标准，居民收入稳定增加。1～12月，昆明市城镇居民人均工资性收入为13411.6元，同比增长17.9%。其中，占工资性收入98.5%的人均工资及补贴收入达到13204.53元，同比增长17.8%。此外，灵活就业收入和各种兼职收入快速增长，1～12月人均其他劳动收入207.07元，同比增长25.4%。

【经营净收入快速增长】 2011年1～12月，昆明市经营净收入人均为2018.19元，比上年同期增加1088.77元，同比增长117.1%。经过2010大样本的轮换后，城镇个体或私营企业主人数比例大幅度上升，比2010年增长50%。随着昆明投资环境的进一步优化和民间投资的大量增加，推动了昆明个体经营层次、规模和经营效益不同程度的提升，拉动了我市经营净收入的快速增长。

【居民转移性收入显著提高】 2011年，昆明市各级政府进一步关注民生，出台各类便民、惠民政策，继续加大对社会弱势群体的转移支付力度，尤其是面对今年以来居民消费价格指数持续走高的形势，在年初大幅上调企业离退休人员基本养老金，最低生活保障金等各项社会保障标准，促进了离退休人员和低收入人员收入水平稳步提高。2011年人均提高离退休金100元及调高社会低保标准。

1～12月，昆明市城镇居民人均转移性收入为5673.87元，同比增长13.5%。其中，人均养老金和离退休金收入同比增长16.4%，达到4670.22元。

【财产性收入小幅下降】 1～12月，昆明市城镇居民人均财产性收入2684.66元，同比下降18.9%。城镇居民财产性收入下降的主要原因是年内居民家庭因占地、占住宅的抽中户数下降，导致获得的补偿金额下降，影响其他财产性收入同比下降20.4%；股市的波动使其股民的利润严重缩水，股息和红利收入同比下降62.3%。

【消费增速趋缓】 2011年，昆明市城镇居民消费继续增长，但增速趋缓。1～12月，昆明城镇居民家庭人均消费性支出14105.61元，比上年同期增加863.08元，同比增长6.5%，增速比上年同期下降9.7个百分点。受多种因素综合影响，1～12月，昆明市城镇居民消费增幅呈现前低后高、逐渐增长的走势。

1～12月，昆明城镇居民八大类消费呈六增二降态势，增长较快的支出分别是其他商品和服务类、衣着类、教育文化娱乐服务类、医疗保健四类，同比分别增长42.8%、33.7%、29.8%、15.7%；家庭设备用品及服务类、食品类支出增速放缓，同比分别增长7.4%和0.9%；八大类消费中，居住类、交通和通信类增速下降，分别下降21.6%和7.0%。

近年来，城镇居民消费结构不断优化升级，呈现出由基本生活消费向发展享受型消费过渡，由商品性消费向服务性消费发展的趋势。尤其是近几年随着住房、汽车消费的升温，城镇居民对居住类和交通通信类支出的比重逐渐提高，但是2011年受住房限购政策及取消汽车优惠政策的影响，1～12月，昆明城镇居民家庭对家装和购车消费上较上年明显减少，导致居住类、交通和通信类支出同期增幅下降；与此同时，受家庭收入的增长、家电以旧换新政策延续、金银升值、人民币升值和国内、国外旅游价格下降等因素的影响，衣着、家电、金银珠宝、旅游消费的热度提升，城镇居民消费逐渐呈现出多点支撑的格局。

【食品支出小幅增长】 2011年，食品支出依然是城镇居民家庭消费最主要的项目，占总体消费支出的比重为37.5%。2011年，各类食品价格普遍增幅较高，居民家庭消费整体出现价增量减的态势。1～12月，昆明市城镇居民家庭人均食品支出5288.87元，同比增长0.9%。其中，糕点、奶及奶制品和粮油类对食品增幅的贡献最大，人均同比分别增长

101.1%、18.3%。但由于年内价格上涨较快，各类食品支出价涨量降，影响居民对饮食服务。糖烟酒饮料类食品的支出，分别与上年同期相比下降13.1%和17.2%。

【衣着消费价涨量升】 居民收入的稳步提高，以及百货商店各种促销手段的影响，衣着消费成为居民家庭消费热点之一，居民购买服装数量增加，档次明显提升。1～12月，昆明市城镇居民人均衣着类消费支出1966.15元，同比增长33.7%。其中，人均服装消费数量8.18件，比上年增长21.7%；服装支出1398.15元，增长33.5%；人均鞋类消费2.74双，增长30.5%；鞋类支出508.65元，增长33.9%。

【教育文化娱乐服务类加快增长】 2011年，昆明市城镇居民人均教育文化娱乐服务类支出1758.3元，同比增长29.8%。其中，主要受团体旅游快速增长的带动，文化娱乐支出同比增长45.9%。生活水平的提高带动了旅游业的发展，近年来，昆明城镇居民外出旅游范围不断扩大，尤其是国际、国内旅游线路的不断开发使城镇居民家庭外出旅游现象日益增多。1～12月，昆明市城镇居民人均团体旅游支出同比增长62.3%。其次，受成人教育及托幼支出大幅增加的带动，教育支出同比增长27.7%。随着社会受教育程度的提高和竞争的加剧，居民家庭教育观念逐步增强，不仅越来越注重对孩子的教育培养，而且更加重视自身素质的提高。1～12月，昆明市城镇居民人均成人教育费、托幼费和培训费同比分别增长184.3%。67.0%和29.0%。

【家政服务、家庭耐用消费品支出增长】 2011年，昆明市城镇居民人均家庭设备用品及服务支出640.57元，同比增长7.4%。家庭设备用品及服务的增长主要由家庭服务的快速增长所带动。2011年，昆明市城镇居民家庭家政服务支出出现了较快增长。1～12月，昆明市城镇居民家庭人均服务支出56.94元，同比增长132.0%。

其次，城镇居民耐用消费品更新换代速度加快，家具及室内装饰品的添置日益普遍。以旧换新政策的继续实施进一步促进了昆明市城镇居民家庭中洗衣机、电冰箱等家庭设备的购买更新。2011年，昆明市城镇居民家庭每百户拥有洗衣机98.4台、电冰箱94.93台、微波炉72.96台、空调1.08台、沐浴热水器94.08台、消毒碗柜13.74台、洗碗机1.3台。

【其他商品和服务支出快速增长】 居民家庭收入的稳步增长也加大了居民对个人美容方面的消费，1～12月，昆明市城镇居民人均美容消费同比增长3.5倍；受金银价格快速上涨的影响，城镇居民日益注重黄金珠宝等保值性商品的消费，城镇居民购买金银珠宝同比增长62.3%。以上两项支出拉动其他商品和服务支出快速增长，1～12月，昆明市城镇居民人均其他商品和服务支出为294.22元，同比增长39.2%。

【居民医疗负担仍然较重】 2011年，昆明市城镇居民人均医疗保健支出987.53元，同比增长15.7%。医疗器具和医疗费的支出处于主导地位，成为医疗保健支出增长的主要因素。居民医疗负担仍然较重。医疗器具人均消费同比增长51.1%，医疗费人均消费同比增长41.8%；居民保健意识增强，滋补保健品人均消费同比增长2.6%，其他医疗保健支出同比增长16.8%。

【房屋装修支出下滑】 2011年，昆明市城镇居民人均居住类支出913.03元，同比下降21.6%，在八大类消费中下降幅度最大。居住类支出的下降主要受住房装潢支出的大幅下滑所致。2011年以来昆明市房地产受限购政策波及，影响居民家庭对住房的购买，从而影响到房屋装修支出。数据显示，1～12月，城镇居民人均住房装潢支出159.12元，与上年同期相比下降56.1%。

【交通支出增速下降、通信支出稳定增长】 与2010年昆明市城镇居民交通和通信支出基本保持在30%左右的同比增速不同， 2011年全年交通和通信支出同比增幅持续走低，累计同比增幅下降7.0%。交通支出增速同比下降，通信支出同比增长。

受机动车取消优惠购置税政策的影响，城镇居民家庭购车支出大幅缩减，尤其是2010年年底政策实施前抢购导致交通支出增幅下滑，交通支出对总消费支出增长的拉动作用下降。1～12月，昆明市城镇居民人均交通支出1263.3元，同比下降15.8%，其中家庭交通工具支出同比下降46.1%。另一方面，受保有量提高和汽油价格上涨的影响，城镇居民车用燃料及零配件支出、交通工具服务支出同比分别增长39.2%和60.7%。2011年末，每百户居民家庭拥有家用汽车29.4辆、摩托车10.83辆、助力车29.75辆。

1～12月，昆明市城镇居民人均通信支出806.99元，同比增长11.0%，其中，通信服务支出同比增长12.7%，邮资和上网费的支出是主要增长因素。而购买通信工具支出同比下降2.6%。2011年末，每百户居民家庭拥有移动电话214.47部、固定电话49.27部。

【服务性消费比重上升】 2011年昆明城镇居民人均服务性消费支出3956.65元，比上年增长16.1%，占消费支出的比重为28.0%，比上年提高2.3个百分点。方便、快捷、运动、休闲等服务消费项目深受居民青睐，成为消费热点。2011年居民人均消费其他粮食及制品同比增长48.0%；食品加工服务费同比增长46.2%；衣着加工服务费同比增长42.0%；居住服务费同比增长16.2%；家庭服务消费同比增长132.0%；交通工具服务消费同比增长60.7%；健身活动消费增长24.7%；其他服务同比增长49.0%。

【信息化消费水平显著提高】 随着科技水平的提高和互联网技术的发展，网络消费快速进入居民家庭。2011年末，昆明城镇居民家庭平均拥有接入互联网的计算机56.07台，同比增长28.2%；平均每百户家庭拥有接入互联网的移动电话40.6部，同比增长52.7%；居民通过互联网购买商品或服务支出人均25.49元，同比增长1.1倍。

【居住条件明显改善】2011年，城镇居住住房条件进一步改善，多居室的住房成套率有所提高，单栋住宅、四居室、三居室、二居室住房所占比重为85%，比上年增加2.8个百分点。有63.9%的居民家庭住房有过装修。商品房比重占32.7%，比上年增加11.5个百分点。住房配套设施进一步提高，有厕所浴室的比例达93.1%，比上年增加5.1个百分点。99.7%的城镇居民家庭独用自来水；用矿泉水饮水的家庭占到54.3%；有85.5%家庭燃料使用管道煤气和罐装液化石油气。

【恩格尔系数下降】 2011年，昆明城镇居民恩格尔系数（居民食品支出占消费支出比重）为37.5%，比上年下降2.1个百分点。恩格尔系数的降低，说明昆明城镇居民家庭生活质量得到提高。

【个人社会保障体系逐渐健全】 2011年，昆明城镇居民家庭人均个人交纳的养老金为565.85元，同比增长12.1%；个人交纳的住房公积金为737.61元，同比增长2.5%；个人交纳的医疗金为263.63元，同比增长9.4%；个人交纳的失业金为46.21元，同比增长4.1%。个人社会保障体系逐步健全。

（吴　疆）

农村居民生活

【农民人均纯收入较快增长】 2011年，全市农民人均纯收入达到6985元，扣除物价上涨因素实际增长13.3%。随着对农村剩余劳动力输出转移力度的加大，农民外出打工收入增速加快。全年人均工资性收入2480元，比上年增加605元，同比增长32.3%。其中外出打工收入368元，同比增长1倍。工资性收入对纯收入增长的贡献率为51.8%，已成为拉动农民人均纯收入增长的主要因素。

从县区看：收入水平居前五位的县（区）依次为官渡区10598元、西山区9697元、呈贡县9146元、五华区8822元、盘龙区8660元；扣除物价因素实际增幅居前三位的县（区）依次为晋宁县17.1%、石林县16.6%、嵩明县16.0%。

【农民生活消费水平进一步提高】 随着收入的增加，带来了农民生活消费水平的进一步提高。2011年，全市农民人均生活消费性支出达6362元，比上年增长19.3%。从8大类生活消费品看：农村居民用于满足基本生活需要的食品、衣着、居住、家庭设备用品均大幅度增长。食品消费人均支出2062元，同比增长40.6%；衣着消费人均支出450元，同比增长33.9%；居住消费人均支出1358元，同比增长21.5%；家庭设备用品人均支出425元，同比增长47.1%。

【农民生活质量不断改善】 饮食方面　在基本生活需求得到较快增长的同时，农民的饮食更加注重膳食的合理搭配，饮食卫生观念逐渐进入农村家庭。其中：全年肉、禽、蛋、奶及制品人均消费支出414元，同比增长35.7%；食用油消费100元，同比增长1倍；蔬菜及菜制品消费151元，同比增长36%；水产品及其他制品消费51元，同比增长21.4%；烟酒类消费327元，同比增长27.7%；茶叶、饮料消费40元，同比增长17.6%。农民在外饮食消费394元，同比增长52.7%。

衣着方面　衣着消费更注重时尚和美观。2011年，农民人均衣着消费支出中，人均购买服装类支出312元，占衣着消费支出比重为69.5%；鞋类支出112元，占衣着消费支出比重为24.9%。

居住条件　人均住房居住面积达43.7平方米，其中钢筋混凝土结构比重占66%。随着城镇化步伐的加快，新农村建设在农村的推广，改善居住环境已成为农民提高生活质量的重要目标，在住房条件改善的同时，农民开始重视住房的卫生和舒适美观，更加注重庭院环境卫生，住宅装饰以及室内卫生厕所等居住设施配套。

交通通讯　随着现代交通、通讯事业的发展，推动和促进了农村消费水平的升级。家用汽车消费逐步走入农民家庭生活中。2011年全市每百户农民家庭拥有生活用汽车16.3辆，同比增加4.5辆。移动电话新产品不断推出和价格的大幅下降，吸引了更多农民购买，农民拥有移动电话数量迅速增加。全市每百户农民家庭拥有移动电话232部，同比增加33部。其他现代化家庭用品普及率也得到了更大提高。除此以外，农民在教育、医疗等方面也越来越多地享受到了更多的实惠和保障。

（张　弥）

物　价

【全年价格走势】 2011年，各月居

民消费价格同比分别上涨2.6%、3.3%、3.3%、3.5%、3.3%、5.1%、5.6%、5.9%、6.3%、6.5%、5.8%、7%。全年累计上涨4.9%，超过预期控价目标0.9个百分点，与全省价格涨幅持平，比全国5.4%低0.5个百分点。8大类价格指数中，除娱乐教育文化用品及服务类价格下降1%外，其余7大类价格指数全部上涨，食品类、家庭设备用品及维修服务类、居住类、医疗保健和个人用品类、交通和通讯类、衣着类、烟酒及用品类涨幅分别为10.8%、9.3%、3.5%、3.2%、1.2%、0.6%、0.2%。

【价格调控】 贯彻执行国家、省价格政策，不断加强价格调控。积极配合医药卫生体制改革工作，遏制药品等医药价格过快上涨，及时公布国家基本药物零售指导价格，对疾病控制疫苗批发、零售价格实行备案；严格执行电价政策，实行工业和商业用电同价；开展土地、建设、规划、环保等行政事业性收费的审核和换证工作，清理整顿中介服务收费，调整新建住宅项目供电设施工程费标准。配合推进垃圾处理费收取方式改革。强化对房地产市场价格监管，开展近3年房地产市场成本、利润和价格情况调研。分别完成两个经济适用房项目预售价格、基准价格审核，及时调整制定直管公房和青年公寓租金标准，确保保障性住房政策顺利实施。及时启动社会救助和社会保障标准与物价上涨挂钩联动机制，足额发放临时价格补贴。自11月起，低收入群体按照CPI上涨幅度给予补助，减轻物价上涨对低收入群体生活的影响。推进资源型产品价格形成机制改革，开展二氧化碳排污权交易试点，研究设立扬尘排污收费、建立滇池保护补偿机制。

【收费管理】 进一步规范收费管理工作，全市涉及行政事业性收费主管部门共35个，审验《云南省收费许可证》795个。全市行政事业性收费实际发生项目95项，免收项目31项。全年行政事业性收费总额23亿元，较上年增长50.29%。组织召开昆明地铁票价听证会，科学合理制定昆明地铁票价；科学核定空港一号线、空港二号线机场快线票价；制定西山风景名胜区环保旅游专线大巴票价，对景区实行政府指导价管理；制定学时制最高限价收费标准，规范机动车驾驶培训收费；建立由发改、财政、教育等部门和各级学校共同参与的教育收费管理体系，实行收费许可证管理制度，理顺教育收费机制。科学运用联动机制，加强城市出租汽车运价管理和公路客运票价管理。与市交运局联合举行《进一步完善昆明市城市公交线网的工作实施方案（试行）》听证会。调整制定37条公交通勤车和普通公交、18条城乡公交、5条远郊班车线路的票制票价。制定物业收费管理规定，规范物业服务收费行为。

【价格和收费检查】 加大价格监督检查力度，相继开展以成品油、家居建材行业为重点的市场价格检查；以粮食、食盐为重点的农资、食品价格专项检查；以涉农、药品和医疗服务、商品房明码标价、教育收费为主要内容的重点检查。全年全市共实施经济制裁总额112.6万元，依法上缴财政16.2万元，退款94.6万元，有力地打击了各种乱涨价、乱收费行为。加强价格举报工作，全年共受理价格政策咨询、违法行为举报5766件，办结5761件，办结率99.9%。规范收费工作，严格执行收费许可证制度，对涉农的13个部门123家单位进行收费检查。对药品和医疗服务价格收费进行重点清理整顿，坚决取缔不符合规定的收费行为，共查处乱收费金额192.6万元，进一步规范药品收费。突出重点市场和节日市场的检查，重点对与人民群众生活密切相关的客运票价、景区票价和节日农贸市场粮、油、肉、蛋、禽、菜价格等800余处商品和服务价格进行严格检查，保障全市价格秩序的稳定。

【价格监测和成本监审】 牵头协调全市稳价保供工作，着力加强价格监测预警分析，科学开展成本调查监审，公平公正完成价格认证，为保持全市价格总水平基本稳定、保障和改善民生作出贡献。针对社会劳动力成本、资源要素等价格的不断上涨，牵头拟订控价方案，每月定期组织召开稳价保供联席会议，抓好各项控价政策落实。为准确把握价格走势，建立价格通报制度，每月对全市粮食类、食用油类、肉蛋类、蔬菜类价格环比和同比涨幅排名情况进行通报，及时反映市场价格情况并提出对策建议。进一步健全价格监测机制，提高价格预测预警水平。全年共采集上报各类价格数据15万多条，撰写分析材料50余篇，及时反映市场价格热点问题和市场供求关系，为宏观决策提供参考。扎实推进成本调查监审工作，完成回民殡葬服务处、市直管公房租金、市普通中学教育、滇池水务政府采购的成本调查。核定西山景区旅游大巴、空港快线、昆明地铁票价、北大附中云南实验中学教育、市儿童医院院内自制药剂定价等成本监审工作。做好价格认证工作，受理各类价格认证案件4400多件，涉案金额8400万元。

（阮建军）

人口与计划生育

【目标任务完成情况】 省政府下达12项、省人口计生委下达7项目标任务、市政府下达28项目标任务，全部圆满完成。全年人口出生率为11.25‰，自然增长率为5.31‰，计划生育率达95.28%，优选节育率达75.65%，避孕及时率达75.86%，低生育水平继续保持稳定；开展人口计生“双评”活动，综合满意率为90.7%。先后荣获全省“2008～2010年防治艾滋病人民战争先进集体”、“全省2010年度人口计生工作第一名”、“全市法制宣传教育与依法治市（2006～2010年）先进集体”、“全市平安建设先进单位”等荣誉。嵩明县成功创建“全国计划生育优质服务先进单位”和“全国阳光计生行动县级示范单位”，东川区、富民县成功创建“全省计划生育优质服务先进单位”。

【统筹人口发展】 党政“一把手”亲自抓人口和计划生育工作力度进一步加大。4月21日，市委、市政府主持召开全市2011年人口和计划生育工作会议，省委常委、市委书记仇和，市委副书记、市长张祖林作重要讲话，总结“十一五”以来全市人口计生工作取得的主要成效及基本经验，深入分析当前面临形势、存在困难和问题，明确提出2011年人口计生工作的总体思路、奋斗目标和主要工作任务。会议表彰了一批先进集体，市政府与各县（市）区、开发（度假）区、市级相关部门签订年度工作目标管理责任书。人口计生综合改革向纵深推进。市政府出台《关于进一步深化人口和计划生育综合改革意见》，提出在全市普遍建立人口和计划生育“统筹协调、科学管理、优质服务、利益导向、群众自治、人财保障”六大机制的奋斗目标。

【宣传教育】 新型生育文化的品牌效应日益扩大。按照“五个一”、“八个有”标准，全市新建生育文化村(社区)53个。集中采购7万元的数码照相机发放到贫困县区的38个乡镇，基层宣传教育工作基础得到进一步巩固。大力推动人口早期教育工作。与美吉姆国际儿童教育中心合作，成立“昆明市人口早期教育示范基地”，并在4个主城区成立“昆明市人口早期教育培训基地”。邀请国内知名的教育专家到昆明举办3期早期教育大型公益讲座，深入社区开展15期公益早教课程培训。深入开展“青苹果之家”项目活动。在北师大附中、滇池度假区中学举办青春期健康教育讲座和中学生父母培训3期共120人，在驻昆部队举办男性健康讲座5期共4100人，接听健康热线咨询电话12件。

【全员人口信息化】 完成人口统计台账改革，建成全市全员人口数据库，全面实现人口数据信息化管理。录入总人口5358278人，1891369户，育龄妇女1615259人，育龄妇女家庭成员数据入库率达100%。人口宏观管理决策系统已投入运行。逐级组织开展全员人口数据库操作培训，提高操作人员的技能水平。参与全省人口生育政策和信息化建设调研，加强对基层信息化工作的指导检查，确保信息系统高效运转。加强信息化成果应用，联合昆明学院启动《昆明市人口发展规划》研究工作。

【流动人口服务管理】 全市流动人口基础信息库建设取得重大进展，采集流动人口有效信息2272467人。加强数据分析，每月编制《昆明市流动人口信息月报》，呈报国家人口计生委、省人口计生委和市委、市政府主要领导决策参考，市委仇和书记作出重要批示并列入重要督办事项。流动人口动态管理水平不断提高，举办市、县、乡级流动人口信息平台操作培训班8期1030人，全国流动人口信息平台的网络协作、信息协查反馈水平在全省处于领先水平，被云南省人口计生委通报表扬。圆满完成2011年全国流动人口动态监测工作，共完成60个点1200份调查问卷。深入推进流动人口“一盘棋”工作，加强区域协作，与省内外213个市县签订双向服务管理协议书。

【奖励优待政策】 落实全国农村部分计生家庭奖励扶助、特别扶助“两项制度”和云南省“奖优免补”政策。兑现奖励扶助7883人，资金615.864万元；特别奖励扶助2974人，资金331.104万元；兑现一次性奖励2723户，资金258.15万元；高考加分1944人，中考加分5062人。2011年教育“奖学金”51445人1771.764万元，其中小学25484人、初中18470人、高中5456人、大专860人、大学1175人。落实全额资助计生家庭参加新农合奖励政策，资助255376人，资金1276.88万元。全面落实市委文件新增的三种奖励政策。审核认定独生子女死亡伤残家庭2972人，兑现178.32万元；低保独生子女户14017户，兑现1624.5万元；城镇放弃再生育19户，兑现1.9万元，得到群众广泛好评。

【计生优质服务】 出生缺陷一级预防工作取得新进展，全市开展免费孕前优生检测20490人次。安宁市、宜良县在2010年列为国家免费孕前优生健康检查项目省级试点县的基础上，2011年被列为国家免费孕前优生健康检查项目省级拓展县。农村妇女增补叶酸预防神经管缺陷项目稳步推进，听证出台《昆明市人口优生促进工程规范化工作实施意见》，加强项目督导评估。新增服用叶酸人数达28356人，完成任务数142%，叶酸服用率达70.3%，知晓率达92.6%，依从率达85%。全面开展优质服务回头看工作，创优成果巩固率100%。累计为已婚育龄妇女提供生殖健康服务达158821人次，落实基本项目免费技术服务883069人次，为流动人口提供免费技术服务13078例，查环查孕27471例，不断提高群众的生殖健康水平。联合公安、卫生、药监、妇联等部门，集中开展整治“两非”专项行动，为出生人口性别比趋于正常创造条件。

【依法行政】 行政执法行为进一步规范。完成管理服务、内部审批项目规范细化，编排、公开《行政指导手册》、行政执法职权目录及运行流程图。组织人口计生干部参加执法轮训、考试。开展全市社会抚养费专项检查，对全市各县(市)区社会抚养费征收、上缴、管理使用情况进行清查。开展全国人口和计划生育依法行政示范乡镇(街道)创建活动，推荐盘龙区鼓楼街道办事处和官渡区吴井街道办事处申报全国依法行政示范乡镇(街道)。推行“诚信计生”工作，创建盘龙、官渡、石林、晋宁4个“诚信计生示范县(区)”。完成《昆明市流动人口计划生育管理条例》修订调研工作，做好全域城镇化进程中农转城人员的政策衔接。按时完成1件市人大代表建议的面商答复工作。

【自身建设】 实行责任政府四项制度，软环境进一步优化。落实领导干部问责、首问首办、服务承诺、限时办结等制度，推行“五办作风”、“工作成果倒逼法”和“一线工作法”，坚持联系指导制度。委主要领导在新闻媒体进行公开承诺，主动接受社会和群众监督。加强政府信息公开，推行阳光政府四项制度，主动公开政府信息586条，召开重大决策听证会2次，公示重要事项10项，通报重点工作22项，政务信息查询198项。加强信访长效机制建设，办理主任接待日信访件、书记市长信箱来件18个，办理金色热线信访件16件、春城热线信访件14件，开通阳光计生服务热线12356，专人接听信访电话、96128专线、市长热线来电2400个，答复率、办结率均达100%。认真开展“执行力提升年”活动，发出征求意见表114份，收回98份，梳理汇总出10余条意见和建议，分别反馈到委党组和各处室、直属单位，抓好整改落实。做好扶贫工作，组织农科专家到扶贫点寻甸县海嘎村委会实地调研，从猪品种改良、村小集市改造、劳务输出、考察培训、党支部和党员结对帮扶等方面给予资金、技术和信息扶持。

【创先争优】 坚持典型带路、整体推进，营造创先争优的浓厚氛围。切实抓好党员干部政治理论学习，采取学习原著、专题辅导、巩固测试等灵活多样的形式开展学习教育活动。通过座谈会、基层走访、发放统计表和调查问卷等方式，收集、反馈意见，查找工作中存在的突出问题，及时整改。以先进基层组织“五个好”和优秀共产党员“五带头”为目标进行“创先争优”公开承诺，主动接受践诺监督。开展向杨善洲学习、“授旗评星”、“四亮四评”、帮扶结对、党员志愿队为群众办实事好事等系列活动，种植“杨善洲林”苗木5000棵。组织开展纪念建党90周年系列活动，表彰2个先进基层党组织、16名优秀党务工作者和优秀共产党员。

(市计生委)

人力资源与社会保障

【城乡就业局势】 始终把促进就业放在各项工作的优先位置，坚持以项目扩大就业、政策扶持就业，创业带动就业，培训助推就业，服务保障就业，千方百计为有劳动能力的人员创造尽可能多的就业机会。全年提供有效就业岗位19.38万个，城镇新增就业人员13.15万人，城镇登记失业率控制在2.03%，“零就业家庭”保持动态清零。统筹抓好各类重点群体就业工作，全年帮助1.66万余名应届昆明生源高校毕业生、2.64万名就业困难人员、3.9万余名下岗失业人员实现就业；创建34个大学生创业园，2个农民创业园，带动就业6711人。突出抓好国家级创业型城市创建工作，成功举办首届昆明青年创业成果博览人才交流会暨青年创业大赛，初步建立“鼓励创业—带动就业—促进发展”的良性互动机制，形成“政府主导，市场推动，全民参与”的创业格局。积极推进就业立法工作，提请市人大审议通过《昆明市就业促进条例》。

【社会保障体系】 认真学习贯彻《社会保险法》，大力加强社会保障体系建设，城乡社会保险覆盖面不断扩大、待遇不断提高。全市城镇职工养老、医疗、工伤、失业、生育保险参保人数分别达到102.57万人、165.16万人、70.3万人、78.7万人、56.23万人；城镇居民基本医疗保险参保覆盖率达到90%以上；城镇职工医疗保险、城镇居民医疗保险政策范围内住院费用报销比例分别达到83.83%、68.52%。积极推进城乡居民医疗保险一体化管理，率先在全省实现三项医保制度跨地区、跨制度无缝链接和转移接续。全力推进新型农村和城镇居民养老保险试点工作，纳入试点范围的9个县(市)区新型农村养老保险参保率达到95.45%，城镇居民养老保险参保率达到74.92%。认真解决各类社会保险历史遗留问题，全市1～10级老工伤和供养亲属全部纳入了统筹管理，3.55万名关闭破产和濒临破产困难企业人员全部纳入城镇职工基本医疗保险，按文件规定为4.63万余名未参保集体企业职工办理补缴养老保险手续。

【人才队伍建设】 深入实施人才强市战略，大力加强以高层次人才为重点的人才队伍建设，启动实施了高层次人才引进工程、借才引智工程、人才特区建设工程、创新型人才培养、人才信息化平台建设五大工程， 以及《昆明市2011～2015年“5875”高技能人才培养计划》。开展首次昆明市有突出贡献高技能人才表彰奖励工作；成立泛亚人才交流服务中心；拟定人才中长期发展规划和“十二五”人才发展规划。全年共引进各类高层次人才1348人；使用国家和省引进国外智力专项经费聘请技术管理专家30名，引进国外智力项目15项。不断深化职称制度改革，制定实施非公经济单位专业技术人员职称评审和认定办法，进一步改进优秀专业技术人员中级职称破格评审工作。扎实抓好人才培养开发工作，组织全市5600名党政人才开展都市经济专题知识培训，2万余名公务员开展“桥头堡战略与公务员能力建设”在线学习培训，6万名国有企事业单位专业技术人员和管理人员开展“目标与时间管理”专题在线学习培训。

【人事管理】 着力加强公务员规范化管理，启动公务员分类管理工作。积极稳妥处理歌舞剧院、“昆广网络”、云南民族村等单位转企改制中各种人事遗留问题，确保事转企改革的顺利推进。严格落实计划规定，圆满完成94名退役运动员的接收安置任务。着眼合理配置军队转业干部，进一步修改完善军队转业干部安置办法，计划分配军队转业干部安置工作实现了部队、接收单位和转业干部“三满意”。自主择业军转干部的管理服务工作进一步加强。全力做好企业军转干部解困维稳工作，确保全市企业军转干部保持了总体稳定，未发生进京上访、集体上访等问题。机关事业单位工资收入分配制度不断规范。

【劳动关系】 认真贯彻《劳动合同法》和《劳动合同法实施条例》，着力提高劳动合同签订率，企业劳动合同签订率达到98%以上，农民工劳动合同签订率达到80%以上。严格落实《昆明市建设领域农民工工资保障金缴存办法》和《劳动保障监察工作全覆盖全动态管理办法》。全面推行工资集体协商制度和劳动用工管理登记制度，不断加大劳动保障监察执法力度，广泛开展农民工工资支付暨工资性增长、人力资源市场秩序、打击非法用工等专项检查，较好地维护了以农民工为重点的劳动者合法权益。全年累计缴存农民工工资保证金3亿元，为4.17万名农民工追讨工资1.4亿元。

【基础建设巩固发展】 围绕滇中经济圈发展，与曲靖、玉溪、楚雄等州市建立全面合作机制，形成人事人才与社会保障工作的区域协调发展格局。牵头制定全域城镇化试点就业和社会保障工作指导意见，进一步加强14个县(市)区社会保险、就业经办机构、乡镇(街道)办事处社会保障事务所、社区居委会(村委会)社会保障服务站的建设和管理。完成寻甸县国家基层就业和社会保障服务等项目申报。开展重大决策听证8项，重要事项公示431项，重点工作通报351项，接听受理各类来电71260个，受理各类办件1728件。自觉接受人大和政协监督，办结建议提案67件，满意率100%。完成劳动就业信息系统二期建设项目，推进职工医疗保险、居民医疗保险和离休医疗保障三套独立系统的医疗保险信息一体化，投入400万元进行人力资源和社会保障信息系统的安全改造和维护体系完善，启动昆明市社会统一经办窗口和网上申报信息系统项目，部署实施新型农村养老保险信息系统，完成昆明市金保工程一期验收总结，召开全市信息化和安全工作会议，信息系统全年安全可靠运行率保持为100%；积极与上级部门和财政部门协调争取资金，共争取上级资金10.8亿元。

（吴春平）

公务员考试录用

【概况】 昆明市公务员考试录用工作始终坚持“严格制度、完善措施、稳中求进、创新推动”的工作思路，全程实行“阳光考录”，圆满完成2011年昆明市考试录用公务员13099名考生网上报名和资格审查工作，9616名考生的笔试和2016名考生的面试工作，实现全市公务员考录工作的零投诉、零差错。2011年，昆明市共录用公务员1213人，其中政府机关(含参照公务员法管理单位)招录1067人，党群机关招录51人，法检系统招录95人。

【计划下达】 2011年，全市各级机关(含参照公务员法管理单位)共计划招录公务员1471人。其中，检察院系统招录35人，法院系统招录101人，公安系统招录601人，市级机关招录165人，县级机关招录1092人，乡镇(街道)招录214人，招录硕士研究生45人。另外，非公安系统的行政机关招录2年基层工作经历的人员854人，占非公安系统机关招录计划的98%，招录大学生村官等服务基层的“四项目人员”247人，占非公安系统县乡行政机关招录计划的32%，招录经济类、管理类和法律类人员532人。

【组织报名】 4月6日，经网络报名、网络资格初审、网络交费、信息修改等程序，昆明市2011年招录公务员的报名工作全部结束。全年共有13099名考生报名参加昆明市公务员招录考试，通过资格审核的有10272人，最后正式交费参加考试的有9616人，平均报考比例为6.5:1，其中报考比例最高的岗位为呈贡县公安局基层民警女生岗位，招收2人，共有581人报名，报考比例为290.5:1。2011年平均报考比例大大低于2010年的平均报考比例(2010年平均报考比例为19.3:1)，其主要原因是：一方面，2011年昆明市根据中央、省、市的有关精神，为引导鼓励大学生到基层锻炼和工作，除公安等部分特殊岗位外，其余岗位全部招录具有2年及以上基层工作经验的人，且县、乡机关要求30%的计划定向招录大学生村官、三支一扶、西部志愿者、特岗教师等服务基层的“四项目人员”，这促使大量要报考昆明市公务员的应届毕业生改到其他机关企事业单位或农村基层就业；另一方面，2011年全省共计划招录公务员9162人，昆明市招录公务员1471人，公务员招考计划数多于2010年的招录计划数(2010年全省招录公务员6424人，昆明市招录公务员513人)，一定程度上分散考生的报考密度。

【岗位调减】 2011年，昆明市共有125个岗位的145个计划因无人报考或报名人数不足岗位计划数3倍被取消或削减，这些岗位主要是东川、寻甸、禄劝、晋宁等基层单位。岗位削减后，昆明市2011年招录公务员1326人，其中法院系统招录81人，检察院系统招录27人，公安系统招录577人，其余党政群机关招录641人。除公安系统外，招录2年以上基层工作经验的734人，占非公安系统招录计划数的98%，招录大学生村官等服务基层的四项目人员192人，招录经济类、管理类、法学类三类专业人员354人。

【笔试】 4月24日，根据省厅统一安排，昆明市分3个考区、14个考点、730个考场承担了全省昆明考区21900名考生和昆明市2011年考试录用公务员的笔试考试工作。此次公务员考试，除云南省外，全国还有其他21个省(市)也在同一天进行，是有史以来涉及面最广的一次公务员笔试。为确保昆明市考区的考试安全和顺利，各级领导高度重视，积极从组织、管理、考务、服务、应急等方面入手，全面做好此次考试的保障工作。抽调46名同志组成14个小组，分别作为各考点的驻点监督员、联络员和巡视员，全程监督考点考务工作，确保了整个考试过程的“公开、公平、公正”。

【面试】 由市委组织部、市公务员局统一组织，7月28～7月31日，在云南省警官学院，集中4天时间，抽调省、市、县考官，先后共设106个考场，采用结构化面试与无领导小组讨论(面试公安系统岗位)相结合的方法对2016名考生进行面试。面试采取考生考官双抽签、纪检监督人员全程参与监督、考场封闭管理、安放屏蔽器、无线电监测车阻断通信信息、现场宣读考生成绩等多项措施确保面试安全，做到面试工作无差错、无举报。

【录用】 面试工作结束后，各用人单位按照录用公务员体检、考察的有关规定，相继组织开展对考生的体检、考察、公示等后续工作，全部录用工作于9月底前完成。

（吴春平）

就业工作

【目标任务超额完成】 2011年，省、市两级下达昆明市的就业再就业目标任务是：提供有效就业岗位10万个，实现城镇新增就业8万人，其中，城镇下岗失业人员再就业2．5万人，就业困难人员就业1．9万人，城镇登记失业率控制在4%似内。一年来，就业局主动开展工作，逐级落实就业目标责任，继续实施稳定和扩大就业的政策措施，统筹重点群体就业，就业工作取得了显著成效。截至12月底，全市共提供有效就业岗位19.38万个，完成目标任务的194%；新增城镇就业人数13.15万人，完成目标任务的164%，其中，城镇下岗失业人员再就业3.9万人，完成年度目标任务的156%；就业困难人员就业2.64万人，完成目标任务的139%；城镇登记失业率为2.03%，控制在省市规定的范围内；共转移输出农村劳动力37.60万人，城乡就业局势保持平稳态势。

【就业专项活动】 2011年组织开展了形式多样的“就业援助月”、“春风行动”、“民营企业招聘周”、“高校毕业生就业服务月(周)”、“移民就水、送岗下乡”、“昆明市军队转业干部双选会”等专项活动，将政策、岗位和服务送到企业、学校、街道(乡镇)和社区，为不同群体提供及时的就业政策和信息服务，指导帮助城乡劳动者就业。全年共举办各类招聘洽谈会700余场，累计提供有效就业岗位19.38万个，帮助3.9万名城镇下岗失业人员实现了再就业，帮助近1.66万名高校毕业生实现就业，使37.6万名农村劳动力实现了转移就业，有力地促进了城乡劳动者充分就业。

【职业培训】 截止12月底，全市共组织农村劳动力培训36.97万人，其中，农村劳动力转移特别行动计划职业技能培训3.39万人，培训城镇登记失业人员2115人，退役士兵621人；参加创业培训4494人，培训合格4431人，合格率为99%，有2305人成功创业，创造就业岗位3390个，创业率为52%。

【失业保险】 全市核定单位205 31户，参保人数78.7万人，完成省厅下达目标任务的103.6%。截止12月底，核定缴费金额6.78亿元，失业保险费收入5.51亿元，全市共有36013人享受失业保险待遇，本年累计新增22163人，累计发放失业保险金为166040人月，失业保险金支出9110.46万元，医疗补助支出1208.65万元，丧葬抚恤补助支出37.22万元，职业培训补助和职业介绍补贴支出35.66万元，农民工生活补助支出948.03万元，创业补助5.42万元。

【创业促就业】 截止12月底，通过创业“贷免扶补”政策扶持创业人员3567人，发放贷款19702.5万元，其中，劳动就业部门扶持923人，完成目标任务800人的115%；通过失业人员小额担保贷款政策扶持创业人员4827人，发放小额担保贷款27001万元，其中，劳动部门扶持1787人，完成目标任务105%，两项贷款共计扶持8394人成功创业；扶持劳动密集型小企业135户，发放劳动密集型小企业贷款25315万元。全年共计发放两项创业贷款72018.5万元，带动(吸纳)近3万人就业。创业促就业的倍增效应进一步显现。

【创建创业型城市工作】 2011年以来，按照“政府主导、市场推动、全民参与”的要求，市局主动牵头做好创建工作，多次组织各成员单位召开联席会议，明确责任，落实阶段性工作，市级成员单位全力支持配合创建，各级劳动就业服务部门积极参与创建，使创建工作得以强力推进。现已顺利通过国家人力资源和社会保障部第一阶段的考评验收，昆明市的创建工作得到了部和省厅的肯定，6月在西安召开的全国创建创业型城市工作推进会上作了交流发言，这为昆明实现创建国家级创业型城市奠定了坚实的基础。

（吴春平）

民　政

【城乡最低生活保障】 2011年昆明市城市最低生活保障标准为每月245～310元，比上年增加55元，截止12年月底全市共有城市低保83501人，月人均补差204元，全年共支出保障金20612元；农村低保标准为每年960-2000元，人月均比上年增加38元，全市有农村低保122843人，月人均补差82元，全年共支出保障金12025万元。市民政、财政、发改委根据国家发改委要求，制定《昆明市社会救助和社会保障人员临时价格补贴联动机制暂行办法》，确保低收入群众不因物价上涨而降低实际生活水平，8-10月对城市低保、农村五保每人每月发放10元价格补贴，全市共下拨补贴资金637.61万。

【五保供养】 省、市共投入敬老院建设资金782万元，对8所中心敬老院和9所乡镇敬老院进行了改扩建。2011年3月市民政局出台《昆明市农村星级敬老院评定办法（暂行）》，使入院老人得到更加规范化、亲情化的服务。全市66所敬老院中，安宁市、寻甸县中心敬老院被评为二星级敬老院；晋宁中心敬老院和嵩明小街、安宁八街敬老院被评为一星级敬老院。

【城乡医疗救助】经市政府批准出台了《昆明市一站式医疗救助实施意见》，完成了14个县（市）区的软件安装，实现了医疗救助各项业务流程的无缝对接，做到救助对象随来随治、随走随结，增强了救助的针对性和实效性。至年末，全市有13.5万人享受城市医疗救助(资助参保8.4万人，门诊救助4.2万人，住院救助0.9万人)，支出救助资金2100万元（参保480万元，门诊270万元，住院1350万元）；有23.5万人享受农村医疗救助（资助参合14.8万人，门诊救助8.2万人，住院救助0.5万人），支出救助资金2000万元（参合430万元，门诊570万元，住院1000万元）。

【城乡临时救助】 各县（市）区均建立临时生活救助制度，对城乡困难群众由于各种特殊原因造成基本生活出现暂时困难的家庭，给予非定期、非定量生活补助。截止12月共救助59000人，支出临时救助金1290万元。

【救灾救济】 2011年昆明地区连续第三年遭受干旱，百年不遇。截止12月下旬全市平均降水仅590毫米，造成29条河流断流、90座水库干枯，46.2万人和25.1万头大牲畜饮水困难，直接经济损失6.48亿元。汛期降雨时空分布不均，局部地区发生单点暴雨及滑坡等自然现象。全市受灾人口155.2万人（次），农作物共受灾142746.9公顷、成灾63575.4公顷、绝收27670.3公顷、房屋因灾倒塌124户363间、损坏1479间，因灾死亡2人、伤1人，死亡家畜3047头（匹），紧急转移安置148人。干旱期间全市共有55.4万人，23.1万头大牲畜饮水困难。全年自然灾害共造成直接经济损失6.58亿元，农业直接经济损失6.38亿元。全市启动二级抗旱应急响应，市委、市政府组成19个抗旱蓄水救灾专项督查组，由市级领导带队到各县（市）区督促检查抗旱救灾工作。市民政局修订《救灾应急工作方案》，实行24小时救灾值班，并结合省民政系统“千名干部下基层”活动，由局领导带队，定点联系县区，加强抗旱救灾工作的督促指导。为确保去冬今春受灾群众生活不出问题，共向灾区运送棉被、大衣等救灾物资35车。全年共下拨救灾经费2725万元（省级2325万元、市级400万元）；发放救灾粮2765吨，救助27万人次。至年末共接收捐款583.35万元、衣物6.51万件，及时送往10个重灾县区。配合市政府采购办完成100万元救灾物资和14.8万元救灾应急装备的采购。全市共储备救灾帐篷4391顶、棉被24278床、衣被20578套（件），并为新成立的倘甸产业园区争取到省拨给的救灾帐篷200顶、棉衣和棉被各500件（床）。市、县民政部门筹集倘甸区糯勒村地质灾害搬迁补助费125万元，认真组织实施防灾应急“三小”工程，深入开展“防灾减灾日”和“国际减灾日”宣传活动。五华区翠湖社区和高新区国际花园社区被国家减灾委和民政部评为“全国综合减灾示范社区”。

【社会福利】 认真贯彻社会福利的法规政策，加强儿童福利保障工作，推行养老服务体系和福利机构设施建设，提高民政“三无”人员的供养水平，促进慈善事业的发展。完成全市孤儿和事实上无人抚养儿童的信息录入和建档工作，共审核通过2574名。《昆明市人民政府办公厅关于加强孤儿保障工作的实施意见》于11月下发执行，明确孤儿最低养育标准（散居人月不低于600元，机构供养人月不低于1000元）和经费补助方式。全年共办理收养登记336件，组织实施“明天计划”孤残儿童手术康复25例、“重生行动”贫困家庭唇腭裂儿童手术26例、“治疝项目”手术康复5例。市儿童福利院“昆明泛亚儿童福利中心”的建设性概念规划已报市委常委会通过。

市级福利机构年末共供养城市民

政“三无”人员1700多人。对全市社会福利机构的依法审批和监督管理进一步加强。市社会福利院的失能老人护理楼主体工程已开工建设，总投资1961万元，总建筑面积9300平方米，设床位300张。市精神病院搬迁沙朗桃园项目已开工建设，总投资1.58亿元，总建筑面积3.1万平方米，设床位500张。

民政、城管、公安联合下发《关于深入开展对城市流浪人员私搭乱建窝棚政治工作的通知》，并开展专项整治和专项救助行动。市政府下发《昆明市人民政府办公厅关于成立流浪未成年人救助保护工作领导小组的通知》和《昆明市民政局关于进一步加强流浪未成年人救助保护工作的通知》，进一步明确各成员单位的职责，建立健全流浪未成年人的救助保护工作机制、部门协调机制和跨地区接送机制、加大主动救助的力度。全年共救助流浪乞讨人员17655人次（其中未成年人2391人次、残疾人2931人次）。市救助管理站新建综合楼装修工程已完成验收，可为流浪未成年人提供救助床位200张。

全市慈善组织机构进一步建立健全，有14个县（市）区建立慈善机构，开展多种形式的善款募集和慈善捐助活动。市民政局、市慈善总会在昆明电视台开办“慈善公益阳光频道”，举办“阳光慈善夜”专题晚会，传播慈善理念，宣传慈善文化和慈善爱心活动。2011年开展“三个一”资助活动（资助一千名大学生、一千名孤寡老人、一千户贫困家庭）和“慈善一日捐”活动，积极打造“阳光慈善”，推行捐赠合同制。市慈善总会全年共募集善款1388.93万元、善物折款60万元，支出善款1338.59万元，受助对象2.75万人。

福利生产积极应对金融危机的影响。民政部门加强与有关职能部门的联系，推进民政改制企业和破产企业遗留问题的合理解决，全力维护职工队伍和福利企业的稳定和发展。2011年新增加6家福利企业，108家福利企业通过年检有99家合格。年末全市合格福利企业固定资产投资额69291.69万元，销售额259838.46万元，利润14098万元，实退税9778.35万元；共招用残疾职工3967人，残疾职工年人均工资15190元，保障残疾职工的生活和社会稳定。

市福彩中心在注重培育福彩文化，积极开辟农村电脑彩票市场，扩点增量，合理布局的同时，实行绩效挂钩、考核分配制度，促进了福彩事业的安全运行和稳步发展。全年销售各类福利彩票突破12亿元，其中“刮刮乐”销售1.08亿元、中福在线销售0.88亿元、电脑福利彩票销售10.5亿元。共筹集公益金4亿元，为福利事业的发展做出积极贡献。

【基层政权建设】 市民政局下发《关于进一步做好村（居）务公开民主管理工作的通知》，加强宣传贯彻《中华人民共和国村民委员会组织法》和《昆明市村务公开条例》的力度，在全市建立了村（居）委会示范点90个，依法开展村（社区）自治章程、村（居）规民约备案和合法性审查专项清理活动。全面推行“四议两公开”工作法，加强村（居）委会、村民小组各项政务、财务、事务的公开工作，使各种违规、不合理的行为在执行过程中得到及时纠正。全年共下拨市财政承担的农村原大队一级离职半脱产干部3251人定期生活补助62.84万元；省财政承担的村民小组修建村务公开专栏补助费24万元；中央和省承担的建国前入党老党员94人生活补助费28.876万元。

【社区建设】 3月31日召开昆明市建设和谐社会暨创建和谐社区动员大会，明确了和谐社区建设的指导思想、基本原则、总体目标和主要任务。全市确定39个社区和28个成员单位联系点社区的创建试点，探索制定社区建设的标准体系和考核评价办法，开展数字社区建设试点，为社区居民提供全方位、全天候、全覆盖的管理服务。4月份，市委办公厅和市政府办公厅制定的《关于加快推进社区活动场所办公用房及配套服务基本设施建设工作的实施意见》下发执行。年末五华、盘龙、西山、官渡、呈贡五区的138个社区中，有83个已全面完成达标任务，共投入资金22770万元，社区活动场所办公用房面积由原来的21116.5，平均每个社区582。其余55个社区的建设将与城中村改造和旧城改造同步进行。

【社会组织管理】 社会组织管理进一步规范化，经过业务培训、落实双重管理体制、社团“小金库”专项治理、启动社会组织评估、开展争先创优活动，以及社团清理和规范庆典、研讨会、论坛，基本形成了政府管理、社会监督、社会组织自律相结合的新格局，促进社会组织健康发展，积极发挥作用。年末，全市共有登记在册的社会组织5900个，其中：社团1403个（含农村专业经济协会447个），民办非企业单位1907个，社区民间组织2590个(备案数1700个，登记数890个)；市级社会组织499个（社团397个，民办非企业单位102个）。经过年检，全市应检社会组织有2647个合格，参检率100%，合格率95.29%.市政府下发了《关于印发政府部门委托和转移部分职能给行业协会实施方案的通知》，市民政局及时组织市级行业协会学习讨论，为协会承接政府有关职能和委托事项做好准备。市民政局出台了《昆明市异地商会登记管理规定》，对异地商会的登记管理进行了规范。

【优待抚恤】 全市共有享受定期抚恤和定期定量生活补助的优待对象40330人，其中伤残人员4625人、三属人员1019人、在乡老复员军人6389人、带病回乡退伍军人1846人、参战（参核）退役人员26451人。市、县政府在保证抚恤补助不低于中央规定标准的基础上，积极安排资金，认真落实增长机制，提高优抚保障水平。截止12月28日共下达抚恤补助金14754.5万元、医疗补助金1082.5万元、优抚慰问经费1452.3万元，其中市级财政共划拨优抚经费214.6万元（含定期抚恤补助经费114.6万元、医疗补助经费100万元）。2011年全市有义务家庭3736户，市民政局会同统计局、警备区等部门制定《昆明市义务兵家庭优待工作实施意见》，把义务兵家庭优待所需经费纳入财政预算，按年度100%发放，绝大多数县区优待标准达到或超过上年度农民人均收入70%，最高达到6118元。市民政局制定《关于重申“两参人员”、出国参战民兵民工享受生活补助有关政策问题的通知》，使“两参”工作稳妥推进。优抚对象和涉优群体的信访维稳工作取得良好效果。完成烈士纪念设施摸底统计和录入建库工作，加强对零散纪念设施的保护。

【军休干部安置管理】 圆满完成2011年省下达昆明市接收安置军队离退休干部145人的任务，占全省安置总数80%以上。进一步落实了军休干部的政治待遇。14县（市）区和五个开发（度假）区已将原来分散安置军休干部的组织关系收到县级民政部门管理，并组织军休干部800余人参加市级领导新昆明建设情况通报会、80余人参加“老干部喜看昆明新变化”活动。春节、“八一”共安排慰问经费120万元。10月10日召开市各有关部门和干休所参加的住房协调会，进一步研究向军休干部和工作人员出售现有住房问题，形成会议纪要并进行落实。2168名无军籍退休退职职工享受生活补助的问题已召开协调会，待批准后实施。

【复员退伍安置】 2011年全市共接收安置退役士兵2160人，其中回农村安置926人。至8月31日，符合在城镇安置的1234人（转业士官243人，复员士官278人，城镇义务兵713人）已全部安置，安置率100%，其中安排到行政事业单位170人、国有企业236人、非国有企业12人，申请自谋职业816人。各级共筹措退役士兵安置经费4300余万元，用于支付自谋职业补偿金4000余万元、发给待分配期间生活补助费150余万元、补助非公经济单位12万元、技能培训及安置工作经费180余万元。经过市政府组织市财政、民政、社保等部门进行专项督查，使全市登记在册的300多名军队复员干部均享受到市政府相关优惠政策，确保复员干部队伍的稳定。

【双拥工作】 围绕实现昆明科学发展新跨越目标和支持部队做好军事斗争准备根本任务，结合昆明市争创第六次全国“双拥模范城”，军地双方不断创新双拥文化发展理念，丰富双拥共建内容，坚持把国防和双拥宣传教育纳入全民国防教育体系和部队教育总体规划。如开展重走长征路活动，军地各级领导、干部2821人参加国防军事日活动；制作《春城双拥铸丰碑》昆明市双拥工作纪实，在各种报刊、网络上刊登昆明市国防和双拥宣传稿件8篇；举办国防和双拥知识竞赛8场次、双拥文艺晚会24场次；昆明电视台拍摄双拥系列节目28集；召开双拥座谈会、情况通报会、军地协调汇报会52场次；大中小学生军训24万人次；制作双拥宣传牌72块，累计受教育78000余人次，教育面达100%。通过整合军地资源，推进了军地融合式发展。地方各级政府共投资67025万元，解决部队在粮油、水电、燃料补贴、营房建设、营区绿化、文化基础设施建设、战备训练、后勤保障基础设施建设等方面遇到的困难和问题；无偿划拨支持部队营房建设工程用地126.5亩；解决随军家属调动安置34人、调整工种班次11人、入学入托148人、住房困难12人；建立拥军服务组织3645个，参加服务22300人，服务13500人次；深入8个师级单位开展普法教育，建立完善智力拥军基地5个，培训专业技术人才500多人，补习文化1256人，赠送书籍5400册；春节、“八一”送部队慰问金1580万元，与部队结成8个共建对子并送慰问金65万元；解决10条进出口战备道路出行难问题；全面完成了军休干部和复退军人接收安置任务。部队创新思路，在帮助地方做好维护治安、抢险救灾、创卫绿化等传统工作的同时，积极协助地方政府抓好扶贫开发、重点工程建设、抗旱救灾等方面的工作，积极开展“十个一”活动。部队共出动官兵4000余人、车辆500多台次，投入经费320.5万元，建造双拥林1700多亩，修建爱民路3.5千米，扶助敬老院3个，援建基层党支部3个、乡村卫生院3所，帮扶中小学4个，援助爱国主义教育基地和国防教育基地2个。各部队共完成支农助民劳动日13680个；开展民用科技培训18次，培训农科专业人才700多人；清洗主城10条道路和绿化带，清运垃圾300多吨；结对助学29万余元；无偿提供医疗救助，看病1500多人次。驻昆独立师以上单位投入240多万元在红军长征沿线10个乡镇开展扶贫。武警消防支队支援抗旱送水4500吨。武警部队开展军民共防、共管、共治13次，扑灭森林火灾10起。全市各级双拥办充分发挥桥梁纽带作用，全面加强基层双拥组织机构建设和科学协调，进一步促进军政军民团结。

【行政区划管理】 积极争取并得到国务院、省有关部门的理解和支持，在全国撤县设区尚未全面解冻的情况下，国务院于2011年5月20日下达批复，同意呈贡撤县设区、昆明市政府由盘龙区迁至呈贡区，加快新昆明建设的步伐。完成昆明—玉溪的行政区域界线联检工作和官渡—西山、禄劝—寻甸、官渡—呈贡、富民—寻甸、西山—晋宁、盘龙—富民6条市内县级行政区域界线的联检工作。经市委、市政府审定报省政府批准，撤销安宁太平、温泉、青龙、草铺、禄脿、八街、县街7个镇和东川铜都、晋宁昆阳、富民永定、禄劝屏山、寻甸仁德、宜良匡远和汤池、嵩明嵩阳和阿子营及滇源等10个镇，分别改设为街道办事处；撤销石林鹿阜镇、石林镇、板桥镇，合并改设为鹿阜街道办事处；撤销富民款庄、散旦、东村、赤鹫、罗免5个乡，分别改设为镇；将晋宁新街镇并入晋城镇。

【地名管理】 根据民主命名、科学命名的原则，按照《昆明市地名管理规定》的要求，严格审批程序和权限，使地名命名、更名工作做到标准化、规范化，全年共审批地名152条（个），更名地名6条(个)。对主城五区和三个开发（度假）区地名命名、标志牌、门牌进行清理，共设置道路标志牌110块、门牌3423块。完成地铁站的调研、起名、论证、通告、公告等项工作。

【婚姻管理】 婚姻登记进一步推进规范化服务管理，全市县级婚姻登记点除嵩明县外都实现与省联网。开展婚前免费医学检查。全年共办理国内结婚53481对、离婚14037对，补领婚姻证件27922本，出具无婚姻登记记录证明69057人；办理涉外婚姻登记结婚209对、离婚28对，补领证件4本。官渡区、盘龙区婚姻登记处分别被命名为部、省的民政系统行风建设示范单位。

【老龄工作】 对《昆明城市老年人设施专项规划》进行调整和修编，全年共启动建设6个民办养老服务机构，其中有4个已建成投入使用（盘龙区2个，五华区、官渡区各1个），新增床位1000余张；有2个正在建设中（经开区、盘龙区各1个）。此外还有5个成熟项目在推进中。年末主城区养老床位达到每百名老人2.1张，超过创建文明、宜居城市2张的指标。继续完成中国城乡老年人口生活状况追踪调查，安宁市、西山区被省老龄办评为追踪调查先进集体。完成农村老年人协会百村建设项目15个，超额50%完成市政府年初下达的必达目标任务。向11.3万老年人发放了高龄保健补助费3572万元（80～90岁人年240元，90～99岁人年600元，100岁以上人年2400元）。下拨民办养老机构营运补助64万元。办理老年人优待证63582本。制定上报《昆明市民办养老机构管理办法》、《昆明市老龄事业发展十二五规划》。成功组织昆明市第25届敬老节大型游园联欢、走访慰问活动和老龄干部考察活动，举办全市老龄干部培训。市政府召开昆明市2011年度老龄工作暨“十一五”期间老龄工作表彰会，有9个县（市）区、50个单位、51名个人受到表彰。全国人大执法检查组实地检查西山区棕树营社区居家服务中心，对昆明市“十一五”期间贯彻“一法两条例”工作给予充分肯定和好评。昆明市老龄工作通过省政府综合考查组的考核，市老龄办被评为全省第一名。

【殡葬管理】 各级民政部门加大殡葬改革的力度，按市政府3月14日电视电话会议关于对饮用水源地散葬坟墓和“三沿五区”坟山墓地进行整治的安排部署，年底前已将全市饮用水源地的6256冢散葬坟墓全部搬迁完毕；“三沿五区”内的150728冢坟墓已搬迁25479冢、改造440 冢，在坟山植树1293588棵，取得了阶段性成果。截止12月31日，13个县（市）区按《责任书》要求，新建农村公益性公墓42个，全市累计达189个，实现市域乡镇全覆盖的目标。全市全年共火化遗体30607具，比上年增加1447具，火化率达87%，超指标2%.全市14个经营性公墓年检全部合格，全年共接埋骨灰9707具。通过加强宣传教育和管理，基本实现了群众祭扫活动安全、文明、和谐、有序的目标，无重大安全责任事故。制定《昆明市农村公益性公墓管理办法》并上报审批，市政府以文件下发，定于2012年3月1日起实行。

（市民政局）

住房公积金管理中心

【全年归集住房公积金83.09亿元】 2011年，全市新增住房公积金83.09亿元，完成全年必达目标（55亿元）的151%，较上年同期增加16.79亿元，增幅25.32%.2011年末，全市共有10115家单位建立住房公积金制度，住房公积金缴存人数达820970人，累计归集住房公积金406.10亿元，归集余额为205.26亿元。

【全年发放住房公积金个人贷款19.17亿元】 2011年，全市新增住房公积金个人贷款19.17亿元，完成全年必达目标（13亿元）的147%，较上年同期相比下降61.03%。至年末累计为111185户职工家庭发放住房公积金个人贷款167.04亿元，贷款余额为107.25亿元，个贷率为52.2%。逾期率有效控制在市政府下达的2%以内。提取、转移住房公积金45.1亿元，较上年同期增加4.34亿元，增幅为10.64%。拨付利用住房公积金支持保障性住房建设项目贷款4.46亿元，继哈尔滨、无锡、长春、重庆之后，昆明市成为全国28家试点城市中贷款发放率达100%的城市。

【实现住房公积金增值收益1.2亿元】 2011年，在确保资金安全运行的前提下，年度上缴财政住房公积金增值收益1.2亿元，完成全年必达目标（8000万元）的150%。较上年同期下降0.58亿元，降幅为32.6%。

【信息化建设】 为提高综合业务系统应用性、时效性和先进性，中心全力推进住房公积金信息化建设。住房公积金综合业务管理系统二期优化项目于2011年10月24日成功上线。二期优化项目把政策变化、市民需求与系统程序完美结合起来，使程序在系统风险控制、可操作性、适应突变方面都有了很大的提升与完善。完善系统应用平台，增加对外服务手段，积极实施外围服务系统建设，现已完成呼叫中心系统、短信系统、查询机系统的建设。组织工作人员对系统应用安全、在用设备登记情况、查询机系统推广情况进行日常巡检，确保全市住房公积金管理信息系统安全运行。

【惠民利民举措】 增设网点，在主城4区现有网点的基础上，完成主城区城南网点、城西网点、市级行政中心服务大厅的正式对外营业，使缴存职工就近就便办理住房公积金业务。在全市范围内全面推进住房公积金委托和划还贷业务，为借款人偿还住房公积金贷款提供了最大的便利。全年共完成196795人次委托和划业务，扣划金额2.98亿元。在试点先行的基础上，对《昆明市住房公积金个人住房贷款置业担保业务规划》进行听证，为下一步全面推行住房公积金个人住房贷款置业担保业务，拓宽住房公积金贷款业务一条龙服务，减少贷款业务流程的中间环节。借助科技手段，提升信息化服务水平，着手建设昆明住房公积金呼叫中心、查询机系统、短信系统建设。同时以规范管理行为、确保资金安全、维护职工权益为目的，大力推进机构调整工作，顺利完成西南石油局住房公积金管理机构整体移交工作，在全辖区范围内真正实现“四统一”的管理模式。

【政风行风建设】 市委、市政府将2011年作为“执行力提升年”，按照“抓执行、强作风、讲效能、促发展”的要求，中心结合行业特点，突出将工作重点放在抓执行、抓落实上面，切实加强政风行风建设。狠抓政风建设。严格落实首问首办制、限时办结制、服务承诺制。全年共办结（12345）书记、市长热线信访件24件，办结公积金中心网站“在线回答”700余条，领导干部接听电话226次，群众满意率达100%，由中心“一把手”牵头带领相关处室负责人走进“春城热线”，积极为群众答疑解惑。不断深化住房公积金文明行业创建活动，行业形象明显提升，被省住房和城乡建设厅评为2010年度全省住房公积金行业文明单位，有7人被评为全省住房公积金文明行业创建先进个人。

（市住房公积金管理中心）

安全生产监督管理

【概况】 2011年，全市共发生各类伤亡事故2484起、死亡371人、受伤2595人、直接经济损失4957.5万元，同比四项指标“三降一升”，即事故起数、死亡人数、受伤人数分别下降18.8%、4.1%、7.0%，直接经济损失上升55.5%。各类事故死亡人数低于省政府下达全年控制指标6人。其中：工矿商贸事故43起，死亡51人（低于进度指标1人）；道路交通事故2092起，死亡313人（低于进度指标1人）；火灾事故349起，死亡7人，受伤2人，直接经济损失446.37万元，同比四项指标下降，事故起数下降53.2%，死亡人数净减6人，受伤人数净减3人，直接经济损失下降37.56%；煤矿企业未发生死亡事故。

【安全生产】 市委、市政府始终高度重视安全生产工作，把加强安全生产工作贯穿于经济社会发展的全过程进行统筹谋划，做到安全生产工作与经济社会同步安排部署、同步推进落实。年初，市委九届七次全会、市人大十三届一次会议均对安全生产工作提出明确要求，市第十次党代会、市委工作会议、市委政法委暨市综治维稳委全体（扩大）会议等都将安全生产工作作为重要内容进行安排部署，《昆明市国民经济和社会发展第十二个五年规划纲要》提出到2015年安全生产目标，九届市委第137次常委会议、十届市委第2次常委会议和市十三届政府第1次、第3次、第7次、第16次等常务会议多次研究安全生产工作。为进一步加强全市安全生产工作，出台了《中共昆明市委、昆明市人民政府关于进一步加强安全生产工作的决定》，统揽十二五期间安全生产工作。市委书记仇和、市委副书记、市长张祖林、市委副书记李邑飞等领导多次对安全生产作出批示、强调安全生产工作。市政府领导认真落实领导责任，加强安全生产工作，市长张祖林多次主持召开常务会议研究安全生产工作，2次带队检查；分管领导按季度召开会议研究部署安全生产工作，到县区进行调研、带队检查安全生产工作；形成政府统一领导、部门认真履职监管、企业主动抓落实的良好格局。

【贯彻落实党中央国务院和省政府的决策部署】 2011年7月份以来，针对全国严峻的安全生产形势，胡锦涛总书记、温家宝总理等中央领导同志多次对安全生产工作做出重要批示和指示，国务院常务会议2次研究部署安全生产工作，强调坚决守住安全生产这条红线、坚决打赢安全生产这场攻坚战。为此，省委书记秦光荣、代省长李纪恒对做好安全生产工作都做出重要指示和批示，省政府下发相关文件。昆明市及时进行传达学习，并召开会议，对全市开展安全隐患排查治理专项行动进行安排部署。同时，根据省政府的有关文件精神，迅速制定下发开展治大隐患防大事故安全隐患排查治理专项行动的通知。全市各级各部门高度重视、行动迅速，召开相关会议，传达学习国务院常务会议精神，结合实际制订实施方案，全面开展隐患排查治理专项行动。各企业认真开展自检自查，及时整改事故隐患，对重大危险源严格落实监控措施，做到责任到人、整改到位，确保安全。全市共检查企业16651家，查出隐患21952项，已整改19932项，其中重大隐患234项已整改完成179项，对其中152项实施挂牌督办已完成118项，重大危险源（点）372个全部落实监控措施。

【重点行业领域专项整治】 继续突出煤矿、非煤矿山、危险化学品、道路交通、消防、建筑施工和重点建设项目等六大重点行业领域专项整治，不断提高企业本质安全度，严防重特大事故发生。煤矿专项整治，督促煤矿开展“六大系统”建设，22对井工煤矿已完成除应急避险外的五大系统建设。非煤矿山专项整治，完成地下矿山调查摸底，积极动员组织企业开展六大系统建设，目前，正在稳步推进中；所有尾矿库经整治全部转为正常库。露天矿山整治按计划顺利完成，达到两个90%以上目标（90%以上矿山实现自上而下分台阶分层开采，中深孔爆破率、规模以上露天矿山机械化铲装率达到90%以上），顺利通过省级验收并得到省验收组的高度评价。危化品专项整治，重点抓好生产企业的自动化改造、安全标准化建设、新建项目的安全准入、搬迁整顿等工作，督促涉及危险化工工艺改造的12家企业积极进行改造，147家危化品生产企业全面推进安全标准化建设。建筑施工和重点建设工程专项整治，开展预防基坑坍塌、高处坠落、起重机械为重点的专项整治，按照市委、市政府关于政府投资工程百分之百不发生重大安全事故的要求，每季度召开一次建筑安全联席会议，每月召开一次轨道交通安全质量例会，加强对重点工程的监督检查。针对轨道交通工程全面开工的实际，市、县安监部门开展多次督查检查，市安监、监察、住建、发改委等部门联合开展专项督查。道路交通安全专项整治，开展农村机动机动车及驾驶人集中整治、道路客运隐患专项整治、酒驾专项整治、非法营运专项整治、“三车一机”违法载人专项整治、“三超一疲劳”专项整治等系列专项整治，大力推进“县乡平安出行”创建活动，城乡客运线路乡镇覆盖率100%、行政村覆盖率92.5%，其中主城四区、三个开发度假区、安宁市、石林县已达到100%。消防安全专项整治，开展“云岭平安”专项行动、“清剿火患”战役行动以及高层建筑消防安全、消防产品和建筑消防器材、校园消防安全、商场市场消防安全等专项整治，积极构筑消防安全“春城防火墙”。

【打非治违工作】 昆明市将打非工作纳入目标责任书作为常态化工作常抓不懈。根据国务院、省有关文件精神及时制订实施方案，组织召开会议对打非专项行动进行安排部署。各级、各有关部门积极行动，突出打击重点，分阶段、有步骤地开展打非工作，积极开展联合执法，惩治一批违法企业，警示了其他企业，消除大批隐患。全市累计组织督查检查组375个，检查企业23000家，打击非法违法行为948起，取缔关闭企业457家，停产整顿643家，限期整改300家，整改隐患6731条，实施经济处罚403.8万元，行政拘留86人；查处违法驾驶1469人，查处三超等车辆6125辆，经济处罚487万元。

【标准化建设】 按照“企业全面负责、中介咨询指导、认证独立考评、安监统筹指导”的建设思路在非煤矿山、危险化学品、冶金有色机械等行业企业大力推进安全标准化建设。356家非煤矿山企业开展标准化创建工作，已有185家企业达标；危化品生产企业147家全部开展安全标准化建设，已有46家企业达标，正制订《昆明市危险化学品从业单位安全标准化达标企业安全管理暂行办法》，以不断巩固、持续提高危化品达标企业安全管理水平；市属13家烟花爆竹二级批发企业全部达到二级标准化；冶金有色机械等行业有序推进安全标准化示范企业创建工作，共有40家企业开展。

【安全生产宣传教育】 以6月“安全生产月”活动为载体，发动全市各级各部门开展形式多样、内容丰富的宣传咨询活动，营造良好的社会舆论氛围。共计展出宣传展板5000余块，发放宣传资料近100万份，粘贴标语、宣传画等22万余条（幅）。大力强化安全生产教育培训，提高全员安全意识，编印《加强企业安全生产工作重要文件汇编》1.3万份，分行业、分系统对全市所有企业主要负责人、分管负责人和安全管理人员进行全覆盖再教育培训。共培训各类人员22万余人，其中取证培训企业负责人、安全管理人员、特种作业人员26241人，特种设备作业人员5456人，消防培训116756人次，培训农民工7万余人。

【应急体系建设】 加强应急体系建设。新组建第三届安全生产专家组，成立非煤矿山、危险化学品、建设工程、应急管理、冶金机械、职业健康6个专家组，共有专家84名，并建立了300人的安全生产专家库，充分发挥各行业领域安全生产专家的技术支撑作用，增强安全生产科技保障能力；不断建立健全气象预测预报工作机制，遇突发性、灾害性天气，及时发出气象预警信息；指导抓好基层预案编制和备案工作，加强应急救援队伍建设，积极组织开展应急演练。

积极推广应用先进适用技术装备。结合专项整治，引导高危行业企业实施安全设施装备更新改造，淘汰落后技术装备，提高机械化、自动化、信息化水平，露天煤矿全部实现机械化开采，非煤露天矿山中深孔爆破率、机械化铲装率达到90%以上。

【严肃事故查处及责任追究】 按照“四不放过”和实事求是、依法依规、注重实效的原则，严格依法查处，严肃事故责任追究。对39起生产安全事故进行查处，追究责任单位52个，责任人86人，移送司法机关追究刑事责任4人，实施经济处罚685.5万元。对较大事故或影响较大的事故，及时召开事故警示教育会，以事故教训有效地推动工作。

（市安全生产监督管理局）

扶贫开发

【整村推进扶贫开发】 全市投入省市专项资金8520万元，实施省市级整村推进项目426个自然村，其中：市级投入资金4000万元，实施200个；省级投入资金3390万元，市级配套资金1130万元，实施了226个。整村推进项目建设，坚持因地制宜，按照缺什么补什么的原则，加强农村贫困地区基础设施建设，改善贫困群众的生产生活条件，扶持和带动贫困地区特色产业发展。

【整乡推进和连片开发试点项目建设】 2011年，禄劝县团街镇列入省级整乡推进试点，通过精心规划和充分论证，经省扶贫办批准，于10月25日举行启动仪式。禄劝县团街镇整乡推进试点项目建设规划总投资8700万元，计划两年完成，全年已投入省市专项资金1000万元。

【产业扶贫开发】 投入省级专项资金790万元，在东川、倘甸、寻甸、禄劝4个县(区)，完成了8个产业扶贫项目建设。

【贫困地区劳动力转移培训】 投入省级贫困地区劳动力转移培训补助资金864万元，在东川、禄劝、寻甸、倘甸4个贫困县(区)共完成农村劳动力培训60191人、转移就业64937人。

【易地扶贫开发】 投入省级专项资金750万元，完成了1500人的易地搬迁任务，其中：寻甸978人、禄劝222人、东川300人。投入省级专项资金498万元，完成扶贫安居工程改造498户(每户补助1万元)。

【信贷扶贫】 发放到户贷款2. 82亿元，投入财政资金1922万元，其中：贴息1410万元，风险金和工作经费512万元，到户贷款覆盖5.6万户贫困农户，有效解决了贫困群众生产发展的资金困难。在扶持能够带动贫困地区产业发展的龙头企业方面，完成扶贫企业贷款3900万元的规模，贴息117万元。

【革命老区建设项目】 投入省级专项资金225万元，在革命老区中的6个乡镇7个自然村实施扶贫开发项目建设，项目覆盖1296户、4841人。投入省级贫困村互助资金100万元，在倘甸园区开展试点工作。

【社会帮扶】 按照《昆明市“十二五”农村定点挂钩帮带扶贫工作方案》，新一轮挂钩帮扶工作快速启动、高效务实、投入加大。对口帮带扶贫县(市)区和定点挂钩扶贫机关、人民团体、企事业单位紧紧围绕“拓宽领域，广泛动员，加大投入，缓解贫困”的要求，积极开展调研，制定措施，以实际行动真抓实干参与扶贫。据统计，全市帮扶单位共派出2464人次深入基层开展扶贫，直接投入资金5026万元，物资折款375万元，引进项目资金2081万元，干部职工捐款100万元，为贫困地区修建校舍5所，办科技培训班33期、培训2192人，组织劳务输出2712人，办好事338件，2167名党员干部帮扶3332户农户，帮扶贫困学生2355名。

【主要成效】 2011年，全市投入中央、省市财政扶贫项目建设资金1.91亿元，重点对东川、倘甸、寻甸、禄劝的贫困地区实施扶贫开发，通过专项扶贫、社会扶贫、行业扶贫的合力推动，贫困地区基础设施建设得到加强，文化、教育、卫生、社会保障等社会事业发展加快，群众的生产生活条件明显改善，贫困群众自我发展能力明显增强，全市共解决了农村4.9万贫困人口温饱问题，2011年底，农民年人均纯收入在1196元以下的贫困人口下降到14万人。

【扶贫开发机制创新】 为贯彻落实国家和省“新十年”农村扶贫开发纲要，昆明市出台《关于昆明市“十二五”农村扶贫开发工作的意见》，为“十二五”期间的农村扶贫开发工作提供了重要的政策保障和依据，且确立未来五年的奋斗目标。根据《意见》精神，《昆明市“十二五”农村定点挂钩帮带扶贫工作方案》、《昆明市农村扶贫开发规划2010～2015》《贯彻落实“十二五”农村扶贫开发工作的意见分工方案》等扶贫开发配套政策措施相继出台。按照中央和省实施区域性综合扶贫开发的部署，倘甸被确定为云南省和昆明市集中连片扶贫开发综合试验示范区，寻甸、禄劝列入国家乌蒙片区区域发展和扶贫攻坚重点，规划工作全面完成。

（市扶贫办）

移民工作

【后期扶持资金兑现工作】 截至目前，昆明市大中型水库农村移民后期扶持人口指标为52557人。按照每人每年600元的标准，每年按时将3153.42万元扶持资金足额下达到每一个移民手中。国家水利部移民开发局稽查组对昆明市后期扶持资金兑现情况进行稽查，并对相关工作给予充分肯定。

【后期扶持人口的信息化建设】 根据水利部移民开发扁、省移民开发局的安排部署要求，移民局认真组织各县、市(区)移民局及相关部门业务人员进行了培训，在全市范围内开展水库移民后期扶持管理系统建设工作。组织14个县(市)区业务人员在福保文化城开展了全市移民人口基本信息的录入工作。5月在云安会都召开信息系统培训会议，进一步对水利部移民后扶信息系统中资金管理、项目管理等内容进行了完善，逐步将移民后期扶持人口、项目、资金管理都纳入移民后期扶持信息系统，进行规范化管理，充分利用后期扶持信息软件的查找、统计、分类功能，提高工作效率，辅助科学决策，降低行政成本，使昆明市大中型水库移民后期扶持工作走上信息化管理。

【移民相关制度创新】 为使中央和省的各项移民政策在昆明市更加有效地得到落实，结合后期扶持工作实际，在深入各县（市)区调研的基础上，先后拟订《大中型水库移民后期扶持资金管理暂行办法》、《昆明市大中型水库后期扶持移民人口动态管理办法》、《大中型水库库区和移民安置区基础设施项目建设管理暂行办法》，其中《大中型水库库区和移民安置区基础设施项目建设管理暂行办法》荣获2009年度昆明市经济社会发展制度创新三等奖。以上办法的出台，健全后期扶持工作的规章制度，强化监督管理，做到有章可循，使昆明大中型水库后期扶持管理逐步走上规范化、程序化。

【库区和移民安置区稳定工作】 移民局高度重视库区和移民安置区的维持稳定工作，把不出现移民群体性事件作为工作的基本要求，妥善处理各方面的利益关系，防止社会矛盾的产生和激化。建立移民工作责任制。将水库移民稳定工作纳入年终移民工作考核，并由分管副市长与各县(市)区签订责任书，实行层层负责制。健全信访机制，畅通移民上访渠道。明确信访职责，规范信访工作，安排专人负责移民信访工作，变移民上访为干部下访。拟定《昆明市移民开发局关于移民群体性上访调处应急方案》，建立统一指挥、职责明确、运转有序、反应迅速、处置有力的应急处置体系。动态把握移民稳定形势。及时做好移民信访统计工作和动态信息报送工作。截至年底，全市移民人数居云南省第二位，但移民信访量是全省最少的州市，未出现大规模移民越级上访事件，确保了库区和移民安置区的稳定。

【《库区和移民安置区基础设施建设和经济发展规划》修编】 按照省移民开发局“分析测算资金可能，合理确定投资规模”的要求，根据省局批复每年2200万元的规划进行修编工作。在修编中，按照以人为本、以移民为主、移民村群众受益的原则，突出重点，优先解决移民村群众生活生产中突出的问题，使规划发展的目标实际，发展的措施实在，发展的项目务实。

【移民安置区基础设施项目建设】 为了缓解后期扶持政策实施中的矛盾，消除连带影响问题，使移民安置区社会更加稳定和谐。在省局大力关心和支持下，从2008年起市局共争取了大中型水库后期扶持结余资金690万元，启动23个结余资金应急补助项目。其中：2008年应急处置补助经费50万元，专项用于禄劝县、寻甸县、安宁市受2月雨雪冰冻灾害严重的库区和移民安置区灾后恢复重建项目。2009年争取了250万元的专项资金，用于安宁、晋宁、禄劝、寻甸、嵩明等5个县(市)移民后期扶持人数较多、基础设施薄弱的安置区交通、人畜饮水工程建设。2010年争取了310万元结余资金，用于盘龙、宜良、东川、安宁4个县（市）区移民村道路、农田水利、人畜饮水基础设施建设；2010年还争取了中央结余旱灾补助资金80万元，用于嵩明、安宁等6个县(区)的11个项目，专项解决2009年9月以来旱情给昆明市大中型水库库区和移民安置区水库移民带来的生产生活用水困难问题。2011年全市将下达1421.2万元的中央结余资金，用于晋宁、禄劝、盘龙、寻甸4个县区的5个项目(其中包括1000万元的云龙水库移民小区基础设施项目)。在项目实施过程中，切实加强检查督促，并对项目的建设进度、工程质量、资金使用管理情况进行不定期检查，并严格要求建设单位坚决做到工程“八个百分之百”，执行项目法人责任制、招投标制、工程监理制、合同管理制、竣工验收等制度，确保工程建设各项工作顺利完成。

【库区项目前期工作】 2010年省财政厅、省移民开发局共下达昆明市的云南省第二批库区基金1580万元，市局于2010年7月20日召开2010年度大中型水库库区和移民安置区基础设施建设和经济发展项目落实计划会议进行了安排部署，截至年底已完成14个县(市)区37个项目的汇总上报、评审审批、资金下达等工作，项目正在招投标、建设施工过程中，部分项目已完工并正在完善财政决算、审计等程序。针对省局下达昆明市2010年第四批库区基金项目1436万元，市局于2011年1月11日召开2010年度第四批库区基金项目工作会议进行了安排部署，并于2月24日召开2010年第四批库区基金项目评审会，并已完成项目的储备和评审审批，汇总形成年度计划上报省局。在项目上报中，严格按照昆明市出台的《大中型水库库区和移民安置区基础设施项目建设管理暂行办法》，严把项目前期审查、审批关。各县(市)区移民部门上报前，都按照管理权限，邀请相关专家进行审查，主要审查是否属规划内的项目；资质是否符合要求；编制是否符合政策、法规、规范要求；投资概算是否合理等内容，各县(市)区移民部门根据专家审查意见，对项目建设的必要性、建设规模、主要建设内容进行了审批。目前，各县(市)区移民部门都按要求上报了相关库区项目。

【白鹤滩、乌东德水电站移民安置前期工作】 白鹤滩水电站涉及昆明市移民搬迁安置人数3960人，移民安置的重点在东川区，乌东穗水电站涉及昆明市移民搬迁安置人数3274人，移民安置的重点在禄劝县。两个项目有关前期移民安置工作目前进展顺利。移民局积极配合省移民开发局协调好和中国三峡总公司及设计单位的关系；参与乌东德水电站预可研阶段移民方案的现场踏勘和专家审查会，向项目业主三峡集团和设计单位充分表达昆明市关于移民工作的有关要求和建议；配合业主单位和设计单位做好前期工作，积极督促即将下达的《禁止在金沙江白鹤滩水电站工程占地、淹没区新增建设项目和迁入人口通告》(即封库令)的执行，确保项目按计划推进；指导配合相关县(市)区积极开展实物指标调查工作。目前，实物指标调查工作已基本完成。

【重点饮用水源保护区移民搬迁安置工作】 云龙水库、松华坝水库是昆明市主城区的重要供水水源，为确保集中式饮周水源安全，减少生产生活污染，昆明市于2009年制定了《关于进一步加强集中式饮用水源保护的实施意见》，明确了对云龙水库一级保护区9个村委会42个村民小组2069户约7407人、松华坝水库一级保护区核心区15个村1266户约3063人实施库外搬迁安置。安置方式是在城区附近新建移民小区对搬迁对象进行城市化搬迁安置。指导禄劝县和盘龙区政府编制了《云龙水库一级保护区移民搬迁安置工作方案》和《松华坝水库一级保护区核心区移民搬迁安置工作方案》；完成“封库令”发布和宣传工作；完成涉及搬迁村的人口、房屋及附属建筑物、零星果木树、土地(含耕地、林地、宅基地、集体用地)等实物指标调查工作；完成《昆明市云龙水库一级保护区移民搬迁移民安置规划报告》和《松华坝水库水源保护区移民搬迁安置规划报告》的编制；积极推进移民安置小区工程建设；协调、配合市农投公司积极开展融资筹集工作。

【库区安全稳定工作】 切实把保护库区和移民安置区稳定繁荣、维护移民群众利益作为出发点和落脚点，积极为移民群众办实事、办好事。健全完善信访工作机制，明确市及县(市)区信访职责，形成了移民部门主要领导负总责，分管领导直接负责，信访工作人员具体负责的工作机制；定期不定期地开展大中型水库移民上访隐患排查，对各县(市)区可能引发移民群体性事件的矛盾纠纷进行重点排查，分别有针对性地采取直接答复、信函回复、专题解决、上报请示等措施进行妥善处理，把问题解决在基层，把矛盾化解在萌芽状态；做好重点时期的移民稳定工作。在“两会”期间、节日前后，对全市移民稳定工作进行了安排部署，启动“零报告”制度，要求各县(市)区一日一报，重大情况立即报，确保不发生移民突发事件；加强扶贫挂钩点工作。主要领导先后两次到寻甸县甸沙乡海尾村委会进行实地调研，查看村容村貌，了解村情民意，投资98.5万元用于海尾村综合治理项目，帮助其尽早脱贫致富。在建党90周年之际，组织党员干部职工到海尾村看望慰问困难老党员，并向他们发放3000元慰问金；及时有效地处理移民来信来访，着力解决移民群众的实际困难。全年共接到移民群众来信来访3件，办结率达100%，满意率达100%，未发生移民群众越级上访和集体上访事件。昆明市移民人数居全省第二位，但移民信访量是全省最少的州市，目前，未出现大规模移民越级上访事件，确保了库区和移民安置区的稳定。

（市移民开发局）

残疾人事业

【促进残疾人保障政策出台】 《昆明市促进残疾人事业发展实施意见》，经2011年12月5日十三届政府第二十三次常务会议审议和12月30日十届市委第六次常委会议审通过，2012年2月7日，中共昆明市委办公厅印发了《中共昆明市委 昆明市人民政府关于促进残疾人事业发展的实施意见》。

【新一轮残疾人状况监测】 2011年～2015年将开展全国残疾人状况监测工作，对监测样本进行适当调整和补充，对监测小区重新进行小型残疾人口抽样调查。盘龙、晋宁、禄劝、区县作为监测县区，每个县区有两个样本小区，每个样本小区监测人口220多户，420人左右，2011年监测工作从11月1日起在监测县全面开展，于12月15日前完成。

【康复工作】 进一步推进康复进社区、服务到家庭工作，指导各县（市）区依托城乡基层卫生机构建立残疾人社区康复站（点），配备专职或兼职社区康复员；开展残疾人康复需求调查，建立残疾人康复需求与服务档案，开展有针对性的康复服务。2011年，中央、省、市三级财政投入390万元免费为3000名白内障患者实施复明手术，为1130贫困精神病提供免费服药。

对全市6岁以下聋儿、智障、脑瘫儿童进行了筛查，完成了60名聋儿、40名脑瘫，40名智障儿童的康复训练，完成60名成人听障者的筛查登记，对60名聋儿家长进行了培训。免费发放残疾人辅助器具2300件，免费为贫困残疾人安装假肢87例。开展以“人工耳蜗——重建听得希望”为主题的第十一次“爱耳日”宣传活动。

【重度智力和精神残疾人抚养】 中央投入抚养资金40万元，抚养人数416

人，市本级投入抚养资金144万元，抚养人数1050人。全市14个县（市）区建立重度智力和精神残疾人抚养机构，基本形成昆明市残疾人抚养服务网站。

【扶贫工作】 投入扶贫资金110万元，对原有5个扶贫基地持续扶持，新建晋宁、宜良、寻甸县3个残疾人种植扶贫基地，采取无偿提供种苗、创业扶持等方式帮助东川、富民、石林、宜良、嵩明、晋宁、禄劝和寻甸县开展扶贫工作，扶持残疾人及残疾人家庭315人（户）。按照《昆明市“十一五”农村定点挂钩帮带扶贫工作方案》要求，确定寻甸县功山镇为定点挂钩帮带扶贫点，投入25万元帮助功山镇横山村建设农田沟渠，投入20万元对该村20户特困残疾人危房进行改造。

为云南希陶绿色药业股份有限公司、云南生物谷灯盏花药业有限公司、嵩明明鑫焦化有限公司和昆明凤凰橡胶有限公司4家企业申请办理康复扶贫项目贷款780万元，贴息39万元，扶持残疾人495人；为安宁市、嵩明县15名贫困残疾人申请办理康复扶贫贷款30万元，贴息2.1万元。

【残疾人危房改造】 市级财政投入347.8万元对347户贫困残疾人危房进行改造；根据省残联《关于2011年农村贫困残疾人危房改造任务的通知》要求，配合市住建局做好300户彩票公益金农村贫困残疾人危房改造工作，其中：东川区110户、禄劝县70户、寻甸县40户、富民县40户、嵩明40户。

【家庭无障碍改造】 市级投入28万元，在14个县（市）区开贫困残疾人家庭无障碍改造，完成560户贫困残疾人家庭无障碍改造任务。

【扶残助学】 市级财政投入112万元资助499名考取大中转的贫困残疾学生和贫困残疾人子女入学；各县（市）区投入49.6万余元资助1263名贫困残疾人学生和残疾人家庭子女入学。

【就业培训】 昆明市残疾人就业中心网站发布15期求职招聘信息，其中：求职登记428人、招聘登记171人、就业推荐386人次、就业296人。为鼓励残疾人自主创业，市级投入20.12万元，县（区）级投入9.68万元，扶持74户残疾人自主创业。

全年投入80万元培训经费，市、县两级共培训135期、培训残疾人及其亲属4729人（次）。内容涉及家电修理、盲人电脑、盲人按摩、盲文补习、创业培训、计算机打字员、计算机速录员、岗前培训、电工维修、服装裁剪以及农村残疾人的果树栽培和牛羊养殖等10多项实用技术。

【组织建设、维权信访】 昆明市14个县（市）区、五个开发（度假）区、135个乡镇、街道及所属的社区（村委会）成立组织，配备了专职、兼职委员，实现社区残疾人工作组织全覆盖。市财政下拨163万元残疾人基层组织建设经费。至年底，全市共换发93268本第二代残疾人证。办理残疾人来信4件，接待残疾人来访624次，集体访5次共计91人，维护社会稳定。

【社会保障】 根据《昆明市残疾人特殊困难临时救助实施办法》，全市发放临时救助金50万元，帮助240名（户）临时特殊困难的残疾人家庭度过难关。

2011年元旦、春节走访慰问贫困残疾人家庭及扶残助残先进个人、优秀残疾人代表。全市慰问了2700户残疾人家庭，671名优秀残疾人代表、优秀残疾人工作者，1610名村级（社区）联络员。慰问资金142.3万元，中央下拨残疾人机动轮椅车燃油补贴44.94万元，为全市1000多名驾驶机动车轮椅车的下肢残疾人，发放2009、2010、2011年度的燃油补贴。

【帮扶援助】 根据《昆明市人民政府办公厅关于进一步加强昆迪合作的通知》及贯彻昆明市与迪庆州签署的《“十一五”昆迪友好合作协议》精神。2011年继续对迪庆州残联进行援助，昆明市残联援助迪庆州维西县残联15万元帮扶资金，用于维西县保和镇白鹤山社区康复站和永春乡拖枝村社区康复站建设。按照《中共昆明市委关于深入开展“四真”携手行动推进边疆党建长廊建设对口联系工作的通知》精神，投入10万元帮助迪庆、德宏州残联开展对口帮扶共建活动，其中德宏州7万元，迪庆州3万元用于建造党支部文化活动室。

【宣传文化】 2011年投入20万元对市残联网站进行无障碍全新改版，3月24日网站正式开通使用。在昆明日报刊出“同一片蓝天”专栏6期；编辑刊出“昆明残疾人”杂志6期；与昆明市人民广播电台联合举办全方位关注残疾人专题节目“星星点灯”52期。组织推荐56幅作品参加中国残联10月份在澳门举办的“两岸残疾人书法绘画及工艺品联展”活动。组稿35篇参加中残联举办的“生命中的太阳一残疾人喜迎建党90周年”征文活动。第二十一次“全国助残日”期间，走访慰问了昆明市盲哑学校、五华区新萌学校、盘龙区培智学校以及有随班就读残疾学生，走访慰问残疾人家庭124户，因灾因病的特殊困难家庭5户。共计发放慰问金16.532万元，轮椅48台，腋拐杖36付，大米120袋，省、市级各大新闻媒体宣传报道25条，悬挂布标48条，黑板报专题宣传块332块，发放宣传资料1700多份。

【残疾人体育】 为云南省残疾人体育代表团输送15名运动员参加10月在杭州举行的第八届全国残疾人运动会，获得7金18银5铜的好成绩。举办一期“残疾人游泳训练班”，对8名运动员进行集训。

（李向松）

人　物

◆ 责任编辑　赵丕德

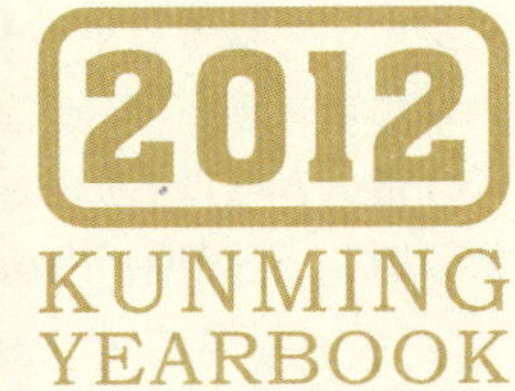

张田欣简历

张田欣，男，1955年7月生，汉族，云南江川人。1984年6月入党，1978年5月参加工作，大学学历。

1974.08—1975.02　云南省江川县三街中心小学民办教师

1975.02—1978.02　云南省江川县第一中学代课教师

1978.02—1982.01　昆明师范学院中文系中文专业学习

1982.01—1985.05　云南省玉溪地区行署办公室工作

1985.05—1987.05　云南省玉溪地区行署办公室秘书科副科长

1987.05—1989.08　云南省玉溪地区行署办公室秘书科科长

1989.08—1993.01　云南省易门县委副书记

1993.01—1993.08　云南省玉溪地委办公室主任

1993.08—1994.04　云南省玉溪地委秘书长、办公室主任

1994.04—1997.01　云南省玉溪地委委员、秘书长兼办公室主任

1997.01—1998.06　云南省玉溪地委副书记

（1995.09—1997.07在昆明理工大学管理工程专业学习）

1998.06—1999.10　云南省玉溪市委副书记

（1997.09—1998.07在中央党校一年制中青班学习）

1999.10—2006.11　云南省文山州委书记（其间：2000.09—2001.01在中央党校干部进修班学习）

2006.11—2011.12　中共云南省委常委、宣传部部长

2011.12　中共云南省委常委、昆明市委书记

昆明市第九批中青年学术和技术带头人及后备人选名单（46名）

一、带头人（15名）

李毅明　昆明云内动力股份有限公司
刘维涓　云南瑞升烟草技术（集团）有限公司
刘志华　云南烟草科学研究院
李志刚　云南邦格农业集团有限公司
李天祥　禄劝彝族苗族自治县科技开发培训中心
郭　英　昆明市中医医院
胡　敏　昆明学院
李汝红　昆明市延安医院
范　源　云南龙润集团有限公司
马雁冰　中国医学科学院医学生物学研究所
何　洁　昆明市城市排水监测站
周兴伟　昆明学院
郗宏德　昆明市韶山小学
陈永鸿　昆明冶金高等专科学校
赵　耀　云南八谦律师集团

二、后备人选（31名）

胡式保　云南冶金昆明重工有限公司
宋灿锋　昆明电缆集团股份有限公司
许　蔚　昆明理工大学
梁逢春　昆明船舶设备集团有限公司
曹志勇　云南农业大学
王绍春　昆明市水利水电勘测设计院
姚耀春　昆明理工大学
高　珺　云南浩鑫铝箔有限公司
陈　松　贵研铂业股份有限公司
李　晶　昆明学院
苏　俊　云南省农业科学院园艺作物研究所
王姝瑭　云南中科胚胎工程生物技术有限公司
郑　伟　昆明理工大学
何　飞　昆明医学院
庞　伟　昆明市延安医院
李来邦　昆明市第一人民医院
余少鸿　昆明市第一人民医院
王大兴　昆明市延安医院
郭　皓　昆明市第一人民医院
彭　娟　昆明贵研药业有限公司
李　俊　昆明振华制药厂有限公司
严胜骄　云南大学
匡德宣　中国医学科学院医学生物学研究所
袁琳　昆明学院
何佳　昆明市环境科学研究院
夏既胜　云南大学
秦竹青　昆明市艺术学校
王顺芳　云南大学
周京春　昆明市城市地下管线探测管理办公室
陈智刚　昆明冶金高等专科学校
段云龙　云南财经大学

昆明市第二十二届劳动模范

昆明市特等劳动模范名单(60名)

郭庆生　昆明新飞林人造板有限公司设备动力修配分公司修理组

合艳葵(女，回族)　云南昆明交通运输集团昆明南部汽车客运站

马宏宇(回族)　昆明烟机集团二机有限公司电气设计室

王永明　昆明克林轻工机械有限责任公司金工分厂立车组

贺丽远(纳西族)　昆明市公安局治安管理支队五大队

罗　波　云南阳光道桥股份有限公司昆明新机场路面项目部沥青机

张　勤(女)　昆明制药集团股份有限公司针剂分厂

唐兴松　昆明电缆集团股份有限公司装备线车间

秦选昆　明云内动力股份有限公司设备动力部机电修理组

张经丽(女)　云南纺织(集团)股份有限公司纺织厂细纱加工二班

刘志明　哈尔滨电机厂(昆明)有限责任公司机修分厂

徐世萱(女)　云南CY集团有限公司海外事业部

张燕琼(女，回族)　云南昆玉高速公路开发有限公司

罗　涛(女)　昆明百货大楼(集团)股份有限公司

彭艺灵　昆明新巴公司2车队

宋云峰　昆明城市污水处理运营有限责任公司第五污水处理厂机修班

周　江　昆明轨道交通有限公司建设事业部

陈赤卫　昆明建设管理有限公司

孙　彪　昆明市第一中学物理教研组

肖曙芳(女)　昆明市儿童医院PICU科

朱绍华　昆明绿辰集团有限责任公司昆明酿造总厂

商　宏　昆明精益眼镜有限公司

夏卫春　昆明市海口林场

李剑峰(白族)　昆明雪兰牛奶有限责任公司

屈　尽　昆明市信访局三处

李　霞(女)　昆明市妇联发展部

金　平　中共昆明市纪律检查委员会监察三室

钱　华　昆明电视台

杨亚玲(女)　昆明理工大学生命科学与技术学院

陈　屹　昆明市人民检察院反贪局侦查科

张　霞(女)　昆明市公安局交通警察支队特勤大队三中队

刘中华　云南九九彩印有限公司综印车间

李晓明　云南大力地基工程有限公司

期丽琼(女，蒙古族)五华区莲华街道办事处

李　红(女)　昆明市盘龙小学

金伟东　云南中豪置业有限责任公司

代荣祥(彝族)　西山区环卫处

王　梅(女)　安宁市总工会

杨海意(女)　宜良青龙山殡仪馆

张志明　呈贡县地方税务局

李万红　晋宁县人民政府办公室

杨再空(苗族)　晋宁县林业局

苏东武　东川区交通运输局

吴　玲(女)　东川区妇幼保健中心

杨雪梅(女)　嵩明泰和商贸有限公司

李明晶　嵩明县人民医院普外科

杜春永　寻甸县六哨乡农业科

周和林　石林县石林镇司法所

赵忠彩　禄劝县公安局屏山派出所

李志有　富民县保安服务公司

李应芝(女，彝族)　富民县赤就乡龙潭村委会

龙云飞　云南梅塞尔气体产品有限公司

张　杨　昆明高上高农业科技发展有限责任公司

马维亚　昆明滇池国家旅游度假区海洁环卫服务有限公司

毕江海(撒尼族)　云南昆船第一机械有限公司四分厂

郑保娥(女，彝族)　昆明市邮政局东风东路支局

余四昆　昆明铁路局昆明机务段

余庆明(藏族)　沈机集团昆明机床股份有限公司装配车间

郑万洪　中国电信股份有限公司昆明分公司

贺明忠　昆明钢铁股份有限公司炼铁厂烧结第三作业区

昆明市劳动模范名单(200名)

江　峰　东风云南汽车有限公司技术科

王昆伟　云南昆明交通运输集团高快客运分公司

向超杰　昆明市公安局刑侦支队技术处

冯光铸　昆明电缆集团股份有限公司机修车间第一维修工段

赵光吉　中国云南路建集团股份公司马来西亚有限公司

王祝铭　昆明云内动力股份有限公司

张　忠　昆明云内动力股份有限公司铸工车间设备组

林子明　云南纺织(集团)股份有限公司机械动力分厂林家院生产区机修组

李明洪　昆明市交通建设工程质量监督局

余　晨　中国石化集团南京工程有限公司昆明设计分公司

王　奇　昆明市人才市场派遣部

马继强(回族)　哈尔滨电机厂(昆明)有限责任公司水电分厂

张　松(白族)　云南CY集团有限公司大件车间

苏国祥　云南云安建筑股份有限公司

颜　勇　昆明星耀集团实业有限公司

徐家俊　云南大山饮品有限公司生产车间

林建明　昆明万能汽车有限公司绿源生态养殖基地

魏　崴　昆明温莎文化发展有限公司

杜劲松(白族)　昆明市滇池生态研究所

王　军(布依族)　昆明公交集团第二公司12车队

刘灿辉　昆明公交集团第五公司6车队

李　萍(女)　昆明中北交通旅游(集团)有限责任公司旅游分公司

张　椿　昆明二建建设(集团)有限公司第一分公司

周树华　昆明三建建设(集团)有限公司第二分公司

陆才贵　昆明自来水集团有限公司管件制造分公司制作车间

洪明德(白族)　昆明市出租汽车行业协会

刘寒芳(女)　昆明市工程质量监督站监测中心

马锦山　昆明市金殿名胜区茶花园艺组

商博军　云南中石油昆仑燃气有限公司

马　薇(女)　昆明市教工第二幼儿园

普绍辉(女，彝族)　昆明市外国语学校

田伟盟　昆明市第二人民医院老年康复科

王维波(女)　昆明市第三人民医院感染科

贾若飚　昆明市卫生局办公室

陈子牛　昆明学院生命科学与技术系教研室

张永德　昆明剧院有限责任公司

杨红卫(女)　云南经济管理职业学院

朱进秋(女)　昆明市妇幼保健院新生儿科

周兴伟　昆明学院数学系

罗晓丹(女)　昆明饮食服务有限公司建新园公司振兴店

高昙中　昆明国家粮食储备有限公司

李晓华　昆明市粮油购销有限责任公司安保部

范立涛　昆明市丰和粮油食品有限公司金穗酒店餐饮部

李　蓉(女)　昆明市国家税务局直属分局第三分局

赖光彬　昆明市农业生产资料有限公司普洱经营部

李国兴　昆明联吉经贸有限公司餐饮部

秦秀兰(女)　昆明市林业技能开发站

徐鹏明　昆明市水政监察支队

陈继顺　昆明市农业科学研究院

董　瑞(满族)　昆明市动物卫生监督所

方绍东(彝族)　云南省水文水资源局昆明分局

杨凌霄　昆明市测绘研究院

厉鸿华　昆明市人民政府办公厅办文处

陆周明　昆明市住房公积金管理中心

刘永恒(女)　昆明市体育学校

熊海峰　昆明市国土资源局办公室

龚洪明　中共昆明市委机关车队

李　霞(女)　昆明市滇池管理局办公室

刘　鲁　昆明市住房和城乡建设局城建处

李世宗　昆明市综合行政执法支队

崇　化　昆明市官渡区六甲宝华寺

马凤伦(回族)昆明市国有资产监督管理委员会

宋安东　昆明市安全生产监督管理局法规处

郑良欢　昆明人民广播电台幸福频道

常开文　昆明广播电视网络有限责任公司海口维护点

吴晓松(女)昆明日报首

王荣飞　国家广播电影电视总局501台技办室

李效民　云南合信源机床有限责任公司技术中心

李智杰　昆明市化工技工学校办公室

祖国平　昆明豪美房地产开发有限公司

陈广明　云南金花针织有限公司销售

雷劲秋　昆明俊兴工贸有限公司

李　云　昆明德和罐头食品有限责任公司实罐车间

阮林生　昆明金龙饭店有限公司工程部

解文涛(白族)　云南民族村有限责任公司

杨伟祖　云南瑞升烟草技术(集团)有限公司

邢保华(女)　昆明市人民政府机关幼儿园

张　涛　昆明市护苗学生营养食品有限公司

普绍平(彝族)　昆明贵研药业有限公司

李保友(彝族)　昆明市中级人民法院离退休办

段　伟　昆明市明信公证处

刘　延　昆明市国家安全局

李春俊　昆明子弟食品有限公司生产部

赵　森(女)　昆明华狮啤酒有限公司酿造车间

杜春雨　恒大鑫源(昆明)置业有限公司工程部

尹红兴　昆明福林堂药业有限公司

李卫春(纳西族)　云南绿盛美地园林景观有限公司

郑晓军(满族)　昆明立成冠糖业贸易有限责任公司

尤　宾(女)　云南化工冶金研究所

牟　琳(女)　昆明圣爱中医馆

徐朝元　昆明市军队离退休干部西岳庙干休所

李荣珍(女)　昆明市精神病院救助治疗区

李绍德　昆明市计划生育服务中心

刘兴智　禄劝县人口和计划生育局

王　静(女)　五华区人口和计划生育局

田　霞(女)　五华区人民医院妇产科

王　旭(彝族)　五华区绿化处管护队

官　平　五华区人民检察院侦查监督科

钟玲丽(女)　五华区武成小学

赵立红(女)　昆明市公安局五华分局华山东路派出所

侯志伟　五华区厂口街道办事处迤六社区居委会

陈和庚　昆明新世界饮食娱乐策划管理有限公司

付卫平(女)　五华区地方税务局

彭　磊　盘龙区文化体育旅游局

赵　娟(女)　盘龙区绿化工程服务中心广场组

陶　红(女)　盘龙区人民检察院政治处

赵丽萍(女)　云南江东房地产集团有限公司财务部

桂春平　盘龙区环境卫生服务中心清运二队

杨　坚　盘龙区人民法院办公室

刘洪放　盘龙区马家营村股份合作社

沈苏明　盘龙区城市管理综合行政执法局

李艳芬(女，彝族)　盘龙区农村信用合作联社

王　珏(女)　昆明市第一幼儿园

李梅芳(女)　云南中豪置业有限责任公司采购部

孙维涛(回族)　云南官房企业集团地基基础有限公司

陈秀芬(女，彝族)　官渡区城市管理局环境卫生管理处

魏鹏飞　官渡区人民医院内三科

尚国伟　官渡区绿化工程处工程科

罗　洪　昆明市公安局官渡分局法制室

张桂光　昆明世纪金源购物大广场有限公司

王　蕾(女)　昆明市第三幼儿园

李连鹏　昆明市公安局西山分局刑侦大队

张起洪(白族)　西山区碧鸡街道办事处富善社区居委会

代琼兰(女)　西山区团结街道下冲社区居委会

李品涛(白族)　西山区农村信用合作联社

黄跃辉　昆明腾辉房地产开发经营有限公司

李大剑　云南百集龙实业(集团)有限公司

何　明　安宁中学

宋　超(白族)　云南昆钢医院放射科

曹海燕　昆明西郊殡仪馆汽车

马绍波　安宁市公安局政工监督室

瞿志刚　安宁力新磷化工有限公司擦洗车间

魏如洪　安宁市市容环境卫生管理站

李正华(彝族)　宜良县北古城镇中心学校架格小学

李　燕(女)　宜良县匡山小学

李雪峰　宜良县耿家营乡雪峰生态园

何　强　宜良金珠水泥有限公司

李雪松　宜良县公安局刑侦大队

徐北宜　宜良县人民医院呼吸内科

李　春(哈尼族)　云南呈达企业集团有限公司钢化玻璃车间

李志敏　呈贡县文物管理所

张绍云　呈贡县环境卫生管理站

张中跃　昆明市公安局呈贡分局

李　业　中国电信股份有限公司呈贡分公司

李忠林　晋宁县昆阳镇汉营村委会

唐正义(哈尼族)　晋宁县夕阳民族小学

普伟津　晋宁县公安局交警大队

刘存喜　晋宁县住房和城乡建设局建设工程质量监督站

鲍跃光　昆明远达光学有限公司

王清华　昆明金水铜冶炼有限公司转炉车间三班

陈顺贞(女)　云南锻压机床有限公司

君不器　东川区阿旺中学

李树富　东川区经济作物技术推广站

杨正昌　东川区铜都镇新村村委会

诸红忠　嵩明县公安局嵩阳派出所

李成贵　云南振业建工有限公司第三工程处

徐开友　嵩明县农林局林业科

姚晓枫　嵩明县第一中学教科室

钱树云　云南南磷集团寻甸电化公司树脂车间

李锡霜　寻甸县总工会

朱显福　寻甸县公安局

龙　江　寻甸县教育局办公室

陈　涛(回族)　寻甸县地方公路管理站

马德付(回族)　寻甸县第一人民医院儿科

王邦海　石林县农林局农业技术推广站

陈艳华(女，彝族)　石林县财政局企业科

陈立勇　石林县公安局禁毒大队

李正祥(彝族)石林县长湖镇卫生院

杨绍明　石林县民族职业高级中学

梅徐海　禄劝县林业局营林生产科

杨春宏　禄劝县残疾人联合会

吴志勇　禄劝县总工会

袁正清　禄劝县九龙镇撒布开村

卢淑梅(女)禄劝县文体广电旅游局总编室

张绍先(彝族)　禄劝县中医院

杜崇武　富民县农村信用合作联社

李加红　富民县第一中学

何绍华(彝族)　富民县农业局茶桑果站

李　程　昆明高新区国有资产经营有限公司

王东海(满族)　昆明智合力兴信息系统集成有限公司软件开发部

唐国臣　云南中烟昆船瑞升科技有限公司二车间提取制浆段

梁艳(女)高新区国际花园社区

黄　镇　云南沃森生物技术股份有限公司

张友玲(女)昆明经济技术开发区人力资源和社会保障局

杨忠兴　云南巨力集团公司

杨发祥　云南云叶化肥股份有限公司

赫凤桥(彝族)　昆明神犁设备制造有限责任公司金工车间

胥　涛　昆明滇池高尔夫有限公司工程部

兰丽莉(女)　云南红塔体育中心有限公司房务部

陈金美(女)　昆明市滇池度假区实验学校

李　忠　昆明滇池国家旅游度假区海埂街道金河社区

陆艳萍(女)　昆明国美电器有限公司

李　飞　昆明市盘龙区坤宇家政电器维修服务部

王要才　云南鸿翔一心堂药业(集团)股份有限公司

张义辅　云南昆船电子设备有限公司

李东节(女)　红云红河(集团)原料部基地管理科

张　川　云南电网公司昆明供电局500KV宝峰变电站

袁逢春　红云红河(集团)昆明卷烟厂生产一部

胡长福　东川昆钢矿业公司

王　勇　中建三局建设工程股份有限公司昆明分公司

(市总工会)

现代新昆明先行区

昆明市呈贡区位于滇池盆地东部、云南省省会昆明市主城区东南面的滇池东岸（东经102°45′～103°00′，北纬24°42′～25°00′），东西最宽25千米，南北最长32.5千米，区政府所在地龙城街道北距昆明主城区12千米。区境北与官渡区接壤，东和宜良、澄江两县毗邻，南与晋宁县交界，西隔滇池与西山区相望，曾是享誉中外的滇中“花乡、菜乡、果乡”和中国花卉第一县，现为昆明市市辖区和市级行政中心所在地。

中共昆明市呈贡区委书记 周峰越

昆明市呈贡区人民政府区长 缪军

昆明市呈贡区的前身为呈贡县。距今3万年前的旧石器时代就有“昆明人”在此生息繁衍。春秋战国时期，呈贡属于古滇国的中心区，创造了灿烂的青铜文化。西汉元封二年（公元前109年），西汉王朝在古滇国区域设置益州郡，呈贡属于益州郡谷昌县地，历经汉晋南北朝而未改。隋唐时期呈贡为昆州益宁县地。南诏大理国时期，呈贡属于三十七部强宗部，彝族先民建有呈贡城。元平大理后，先于宪宗六年（1256年）立呈贡千户，隶属善阐万户。至元十二年（1275年）首置呈贡县，为中庆路晋宁州

昆明市呈贡县撤县设区暨加快呈贡发展大会

呈 贡 区

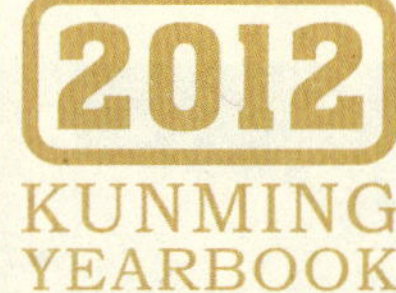

中共云南省委常委、昆明市委书记仇和（左）向中共昆明市呈贡区委书记周峰越授牌授印

昆明市人大常委会主任杨远翔（左）向昆明市呈贡区人大常委会主任陈庆鸿授牌授印

领县。明清两代仍为呈贡县。民国呈贡县直隶云南省。1950年1月12日成立呈贡县人民政府，隶属云南省玉溪专区。1958年12月10日，呈贡县建制撤销并入晋宁县为呈贡人民公社。1961年4月从晋宁县划出龙街、吴家营、大渔、洛羊、马金铺5个人民公社成立呈贡区，隶属昆明市。1965年9月1日恢复呈贡县建制，仍隶属昆明市。

2003年5月，根据云南省委、省政府提出的“一湖四环”、“一湖四片”现代新昆明的战略构想，呈贡县的龙城镇、洛羊镇、斗南镇、吴家营乡、大渔乡的160平方千米区域被确定为现代新昆明的东城区，后又称为呈贡新城，2006年9月后改称为呈贡新区。

2008年5月1日，呈贡县马金铺乡的86.88平方千米范围由呈贡县人民政府委托昆明高新技术开发区管理委员会管理，大渔乡的24.99平方千米范围由呈贡县人民政府委托昆明滇池旅游度假区管理委员会管理，洛羊街道的71.44平方千米范围由呈贡县人

昆明市政府市长张祖林（左）向昆明市呈贡区人民政府区长缪军授牌授印

昆明市政协主席田云翔（左）向昆明市呈贡区政协主席朱理学授牌授印

中共昆明市呈贡区委书记周峰越（左）为区属街道党工委授牌授印

昆明市呈贡区人大常委会主任陈庆鸿（左）为区属街道人大工委授牌授印

民政府委托昆明经济技术开发区管理委员会管理，全县辖区面积461平方千米，呈贡县委、县政府实管龙城、斗南、吴家营3个街道和七甸乡，实管面积277.69平方千米。

2008年10月6日，经省政府批准，呈贡县将实际管理的4个乡（街道）调整设置为龙城、斗南、吴家营、洛龙、乌龙、雨花6个街道办事处和七甸乡。

2009年，七甸乡和已托管的大渔乡、马金铺乡先后撤乡改街道办事处。

2010年7月1日，呈贡县七甸街道的126平方千米范围由呈贡县人民政府委托阳宗海管理委员会管理。

2011年5月20日，经国务院批准，呈贡县建制撤销，设立昆明市呈贡区。2011年11月1日，昆明市举行呈贡县撤县设区暨加快呈贡发展大会，市委、市人大、市政府、市政协主要领导分别为呈贡区委、区人大、区政府、区政协授牌授印并从即日起正式启用。

2011年末，呈贡区辖龙城、斗南、吴家营、洛龙、乌龙、雨花6个街道29个社区及已托管的洛羊、大渔、马金铺、七甸4个街道36个社区，辖区面积461平方千米。呈贡区委、区政府实际管理龙城、斗南、吴家营、洛龙、乌龙、雨花6个街道29个社区，

昆明市呈贡区人民政府区长缪军（左）为区属街道办事处授牌授印

昆明市呈贡区政协主席朱理学（左）为托管街道党工委授牌授印

区属单位授牌授印大会

实管面积151.69平方千米。

呈贡区是一个以汉族人口居多的多民族聚居区。2011年末，全区居民主要分为汉、彝、回、白、哈尼、壮、傣、苗、傈僳、拉祜、佤、纳西、景颇、瑶、藏、布朗、阿昌、怒、普米、德昂、独龙、蒙古、基诺、水、满、布依等44个以上民族，总人口35万人，其中户籍人口（含已托管的4个街道）194419人。户籍人口中，总户数64789户，总人口194419人。其中，男性96341人，占户籍人口总数的49.55%；少数民族人口14293人，占户籍人口总数的7.35%。年内共出生人口1965人，出生率为10.1‰；死亡人口849人，死亡率为4.37‰；人口自然增长率为4.3%。全区户籍人口密度为每平方千米422人。

1985年以前，呈贡是一个以粮食种植为主要经济支柱的农业县，全县粮食种植面积占全县耕地面积的95%以上。此后，在改革开放大潮的驱动下，历届县委、县政府结合昆明市近郊农业县的特点，认真落实党对农业和农村的各项方针政策，坚持把农业和农村工作放在首位来抓，紧紧围绕建设绿色经济强县的目标，大力调整经济结构、产业结构、品种结构和种植结构，先后制定下发了“人无我有，人有我优，发挥优势，扬长避短，调优调特”等一系列加快农业发展的政策和措施，引导全县农民逐步调整种植结构，有计划地发展蔬菜种植和栽种经济林果，大力发展具有竞争力的菜果化支柱产业，形成了“一村一品”的农业生产格局，对传统名特产品“宝珠梨”等进行更新改造、提纯复壮，有力地促进了农村经济的发展，使全县的菜果花特色

长势喜人的蔬菜

宝珠梨园

樱桃园一角

盆景花卉

大面积的蔬菜、花卉种植大棚

蔬菜交易市场一角

县农资市场一角

鲜切花交易

产业成为了全县的支柱产业，走出了一条具有呈贡特色的以“市场为导向、科技为动力、企业为龙头、农户为基础、基地为保障”的农业发展路子，全县的蔬菜、鲜切花远销到全国各大、中城市和香港、澳门、台湾地区及日本、泰国、韩国、新加坡等国家，“呈贡蔬菜”、“斗南花卉”、“宝珠梨”成为了呈贡县的3张“名片”，呈贡县成为在省内外享有盛誉的菜乡、花乡、果乡。

2003年5月后，根据省委、省政府作出的建设“一湖四环”、“一湖四片”的现代新昆明的重大战略决策和市委、市政府“举全市之力建设呈贡新区”的决定，历届县委、县政府紧紧抓住呈贡新区建设先期启动的这一呈贡发展历史上最大的机遇，从干部群众思想观念大变革、工作方式大变革、党员教育和干部选拔培养任用方式大变革等方面入手，把全县工作重点由抓绿色经济强县建设转移到呈贡新区建设上来，举全县之力推进呈贡新区建设。

2011年呈贡县撤县设区后，呈贡区委、区政府紧紧抓住新一轮西部大开发、“桥头堡”建设的重要战略机遇期和昆明市制定出台的加快呈贡区发展的一系列优惠政策，以邓小平理论和“三个代表”重要思想为指导，坚持科学发展观，以强基础、优产业、美环境、构和谐为重点，深化改革开放，加强社会管理，保障国计民生，全力推进“一步城市化”，立足新起点，抢抓新机遇，稳中求进，创新推动，跨越发展，为建设区域性国际城市先行区和示范区奠定了坚实基础。全县综合实力显著增强，实现了呈贡的跨越式发展。2011年，昆明市级机关整体入驻呈贡，云南白药集团整体搬迁呈贡，9所高校全部实现招生、入驻师生13.9万人。年内，全区（不含4个托管街道，下同）实现地区生产总值84.77亿元，增长15%；完成财政总收入9.59亿元，其中地方财政一般预算收入7.49亿元，同口径增长26.41%；外贸进出口总额预计完成9950万美元；实现城镇居民可支配收入22547.28元，未扣除物价因素比上年增长15.82%，农民人均

呈贡新城一角

洛龙公园一景

彩云南路

建成投入使用的新区道路

纯收入9146元，比上年增长13.88%；社会消费品零售总额完成19.03亿元，比上年增长19.7%；非公经济实现增加值34.84亿元，占地区生产总值的41.1%；第一产业实现增加值6.05亿元，比上年减少12%；第二产业实现增加值42.64亿元，比上年增长14. 2%；第三产业实现增加值36.08亿元，比上年增长22.2%；三次产业结构调整为7.1∶50.3∶42.6；全年引进内资项目64个，外资项目5个，实际引进内资42.51亿元，实际利用外资6661.38万美元。年末，全区金融机构各项存款余额199.23亿元，比上年增长12. 28%，其中储蓄存款余额115.75亿元，比上年增长6.05%；各项贷款余额147. 43亿元，比上年增长28.49%。先后被评为“云南省县域经济十强县”、“中国民营经济最佳投资县”和“中国最具投资潜力特色示范县”，与昆明市一体化成功创建成国家园林城市、国家卫生城市、国家节水型城市，被评为“全国十佳绿色城市”。

“远望滇池一片水，水明山秀是呈贡”是全国人大常务委员会原副委员长、著名社会学家费孝通先生对呈贡的赞美诗句。随着呈贡新区建设的快速推进和呈贡新区“五年出形象、十年成规模、二十年建成”目标的实现，按照“昆明现代化城市示范区、科学发展示范区、品质春城示范区”和“区域性国际城市先行区、示范区”标准建设的呈贡区，必将是一座适宜人居与创业的现代化开放城市；是充满活力和高效率的城市；是环境优美、可持续发展的城市；是鲜花之城、山水之城、文化之城、生态之城。可以预见，呈贡区的未来将更美好。

呈贡区第二幼儿园

呈贡区实验学校

呈贡区人民医院

昆明国际花卉拍卖交易中心

新建的昆明市第三中学

云南大学呈贡新校区

市级行政中心一角

云南师范大学呈贡新校区

新南亚风情园

云南民族大学呈贡新校区

建设中的亚广影视信息传媒中心

昆明理工大学呈贡新校区

高校教职工住宅——天水嘉园小区　唐荣华　图/文

千年铜都换新

中共昆明市东川区委书记 孔贵华

昆明市东川区人民政府区长 王冰

东川区地处昆明市最北端，东邻会泽县，南倚寻甸县，西与禄劝县毗邻，北连巧家县并和四川省会东县隔金沙江相望，国土面积1858.79平方千米。2011年末，全区辖铜都办事处、汤丹镇、拖布卡镇、因民镇、阿旺镇、乌龙镇、红土地镇和舍块乡，下设134个村民委员会、28个社区居民委员会。其中红土地镇和舍块乡于2010年成建制委托倘甸产业园区管理委员会和轿子山旅游开发区管理委员会管理。2011年末全区总人口31.48万人(含红土地镇和舍块乡)。

2011年，东川实现地区生产总值56亿元，财政总收入实现12.7亿元，比上年增长42%，其中地方一般预算收入5.4亿元，比上年增长33%。城镇新增就业4222人，年末城镇登记失业率11.51%，比2004年下降26.59个百分点。新型农村社会养老保险和城镇居民社会养老保险参保人数达15.3万人。新型农村合作医疗参合率达94.9 %。新建廉租住房2536套，公租房300套。城镇居民人均可支配收入16984元，增长12%；农民人均纯收入达3760元，增长12.1%。

2010年，东川区经济实力位列云南省县区经济第49位。2011年荣获云南省县域经济发展先进县、昆明

色彩斑斓的东川红土地

额——东川区

市"十一五"扶贫开发先进集体、昆明市"两基"工作先进单位等荣誉称号。

为进一步推动东川发展，2011年4月昆明市召开了振兴东川大会,在政策和资金等方面给予了东川更大的帮扶和支持,促进了东川的快速发展。借振兴东川大会的东风，东川上下团结进取,奋力拼搏,以第三次党代会确定的任务为目标，努力实现转型发展，在工作中一是以调整结构为突破点，推进产业转型。突出"一产抓特色，二产抓延伸，三产抓增量，整体抓替代"的转型方向。二是以整治环境为切入点，推进生态转型，实施生态立区战略，完善生态修复机制。三是以提升功能为支撑点，推进城市转型，促进城乡区域融合和均衡发展。四是以改革创新为着力点，推进机制转型，构建有利于转型发展的体制机制软环境。五是以教育文化为关键点，推进公民转型，提升人才素质，实施人才强区战略。六是以改善民生为落脚点，推进社会转型。

在工作实践中，全力打造"2+5+X"工业体系，逐步形成以铜产业和磷化工2个产业为主导，稀贵金属产业、机械加工产业、新型建材产业、新能源产业、生物制药5个产业为支撑，其他多种产业为辅助的产业集群。按照"完善四方地，加快碧谷、天生桥园区建设，启动倘甸拓展区规划"的总体思路，完善"一基三园"的产业承载体系。2011年完成工业总产值150亿元，是2004年再就业特区成立时的12.2倍。全区规模以上工业企业实现利税总额10.9亿元。《云

东川新名片——泥石流汽车越野赛

雄奇险秀的轿子雪山

铜文化主题公园

四方地工业园一角

铜产品

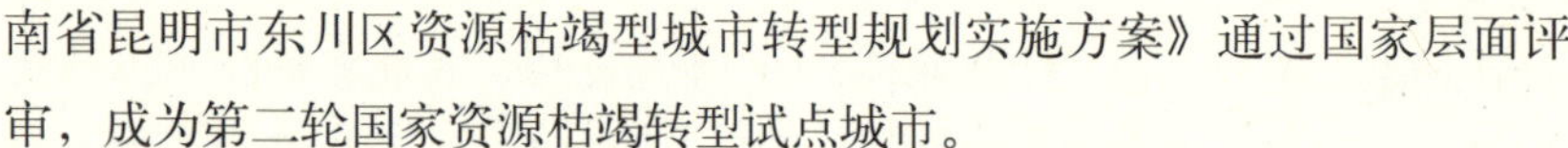

南省昆明市东川区资源枯竭型城市转型规划实施方案》通过国家层面评审，成为第二轮国家资源枯竭转型试点城市。

高度重视生态修复和地灾治理，全力恢复东川生态环境。2011年投资1亿元，实施城市后山综合整治项目。启动林业生态建设“三年突破”行动，整合投入资金1.7亿元，实施绿化造林面积18.32万亩，新增绿地面积516亩，城市建成区绿地率达38.3%，地方企业以认建认养方式共投资2100万元参与植树造林达3万余亩，同时，通过各种方式筹集社会捐资209.2万元用于植树造林。年内，在山区和半山区完成8万亩核桃种植，完成红豆杉种植4300亩。

按照“铜魂石韵、山城相融、山水相依”的建城理念和“南北延伸、向西拓展”的思路加速扩容提质、加快主城建设。2011年，湿地公园一期工程竣工开园，国家矿山公园博物馆和湿地公园二期工程建设积极推进。年末城市建成区面积由2004年的4平方千米拓展为9.5平方千米，全区城镇化率达到40.5%。

数千年的铜矿采冶历史，使东川享有了“天南铜都”的美

东川城区新貌

水利工程——野牛水库

东川国有民办学校——明月中学

誉。大自然赐予的红土地是摄影家们梦想的天堂；俯首可拾的石头，不经意间就成了“奇石”。近年来，东川围绕“铜、石（奇石）、江（金沙江、小江）、山（轿子雪山、牯牛寨山）、地（红土地）”五大特色文化旅游品牌，配套完善“食住行游购娱”产业链，形成精品旅游环线，实施文化旅游产业“三年突破”行动，使文化旅游产业成为重要的新兴产业。红土地申报云南省乡村旅游示范村成功，中国东川泥石流汽车越野赛被国家体育总局正式确定为国际比赛项目，成为云南省面向东南亚“桥头堡”三个重点体育赛事之一，被评为CCTV中国体育营销论坛第七届年度十大体育营销经典案例，越野赛基地被中汽联授予“中国越野汽车摩托车赛手培训基地”。

2011年，建立了区委议教制度，区级投入教育资金2亿元，社会捐资助学685万元，撤并校点34所。高考上线率94.16%，比上年提高3.43个百分点。区职业中学被评为省级重点职业学校，普职比缩小为1.73：1。农村改水受益人口17.22万人，自来水受益率达74.38%。城区居民健康档案建档率达50%以上，农村居民健康档案建档率达到30%。

全力推动公共财政向“三农”倾斜、公共设施向农村延伸、公共服务向农民覆盖，按照“守住红线、统筹城乡、城镇上山、农民进城”的要求统筹城乡发展。

如今，30余万东川人民在省市党委、政府的关心支持下，在区委、区政府的坚强领导下，正满怀信心，斗志昂扬，谋统筹发展之策，走转型发展之路，在建设进川入渝的北大门、转型发展的新铜都、生态修复的示范区、现代化新兴城市的道路上攻坚克难，阔步前进。东川大地，处处飞花，千年铜都，明天更好。

植树造林——恢复生态

冬早蔬菜产业园

现代都市经济核心

区委书记吴涛（左三）、区委副书记、区长尹旭东（左二）、区人大主任陈跃林（左四）、区政协主席李如春（左一）

盘龙区委常委领导班子（左起：陈瑞斌、梁崑、庞博河、汪宏昌、吴涛、尹旭东、蒋国斌、陶建宇、柳树）

崛起的都市经济核心引领区

2011年，盘龙区委、区政府带领全区广大党员干部和各族群众，科学发展、率先发展、和谐发展、跨越发展，努力实现经济社会加速腾飞，为建设区域性国际城市中心城区而不懈奋斗，盘龙经济社会发展揭开了新的一页。

“十二五”开局，盘龙加速腾飞有了坚实基础。通过拼搏实干，在一批事关盘龙长远发展的重大事项上取得突破性进展：全区地区生产总值首次突破300亿元大关，达到301.85亿元；地方财政一般预算收入首次突破20亿元，达到22.01亿元；创建“国家卫生城市”和“国家节水型城市”胜利夺牌；中央商务区东风路地块成功交易；北部山水新区管委会挂牌成立，区行政中心北移带动新片区发展。充分彰显出盘龙发展的美好前景，盘龙区跨越态势日益显现，更加激励鼓舞了81万盘龙人民的士气。

2011年是盘龙区经济社会取得大发展的一年，是成功跨越的一年，为加速腾飞奠定了坚实基础。全区深入落实科学发展观，积极应对宏观经济形势变化，抢抓桥头堡建设和区域性国际城市建设重要机遇，奋力拼搏、攻坚克难、超常突破。坚持发展第一要务，着力优化发展布局，调整产业结构，强化产业支撑，综合实力显著增强。

盘龙区始终坚持以人为本、执政为民理念，深入实际，进一步增强党同人民群众的血肉联系。区委书记吴涛、区长尹旭东多次率队深入到所联系的滇源街道和阿子营街道驻点开展民情恳谈，看望慰问基层干部群众，倾听群众呼声，为民排忧解难。

盘龙区召开重点项目及重点工作推进会

领 区 ——

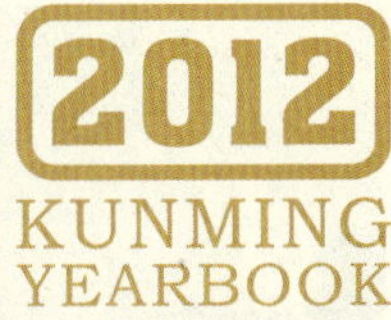

区委书记吴涛在昆交会现场签约

区领导参加黄金矿业总部大楼签字仪式

恒隆集团城市综合体落户盘龙项目签字仪式

2011年现代新盘龙加速腾飞

2011年，在区域竞争更趋激烈、各项任务艰巨繁重的情况下，盘龙区既抓当前，又谋长远，着力破解发展难题，努力在关系全区发展大局的重点工作上力求突破，经济社会各项事业取得新进展。全面推进产业结构调整，积极培育支柱产业，做大做强现代商贸服务业、巩固提升传统工业、发展现代新型工业和都市农业，优化产业结构，转变发展方式，产业承载能力不断提高，经济保持平稳较快发展，综合实力显著增强。

2011年，全区地区生产总值完成301.85亿元，同比增长13.9%。规模以上工业实现工业总产值49.97亿元，同比增长10.1%。全社会固定资产投资完成273.55亿元，同比增长30.2%。非公经济增加值完成139.22亿元，同比增长15.7%。占生产总值的46.1%。社会消费品零售总额累计239.53亿元，同比增长20.3%。

区委书记吴涛到苏家村及东站新村片区旧城改建分指挥部现场办公

财政收入显著增加，税收再创历史新高。全区财政总收入完成790260万元，同

12月25日，盘龙区组织实施的原昆明市政府1号办公大楼爆破成功。“恒隆广场·昆明”将在中央商务核心区破茧而出

铂金大道

北市区龙江雅苑小区及建设中的轻轨线

比增长89.94%。其中，地方财政总收入完成517291万元，同比增长28.83%（其中：上划中央、省收入完成297203万元，同比增长26.57%）一般预算收入完成220088万元，同比增长32.02%。一般预算收入完成进度及增幅均居全市第一板块第一位。政府性基金收入完成272969万元，同比增长1778.92%。

全区上下牢固树立“项目兴区”意识，以重大项目形成优势资源，拓展发展空间，培育新的经济增长点。抢抓机遇，跑项目、争资金。大力实施重点项目带动战略，创新招商方式，强化招商责任，招商引资成效明显。实际利用市外资金在第一板块各县区中排名第一。特别是引进恒隆广场、黄金集团、三峡集团等一批投资额度大、带动作用强、赋税率高的大项目、好项目。政府性投资项目进展良好、企业投资项目有序开展、重点产业类项目稳步推进。

紧紧依托北部山水新城、中央商务区、联盟总部经济次商务中心等招商平台，不断拓宽招商引资的空间，强化项目策划、包装，形成全方位招商引资新格局。全区共引进市外投资项目240个，实际利用市外资金69.15亿元，引进外资项目8个，实际利用外资3911.42万美元。引进昆明泛亚黄金交易所、汇丰银行昆明分行、恒大雅苑、白沙润园等项目，签约金额

北京路周边火热的建设景象

昆明玉器城

龟龙湖公园

欣都龙城

滨江俊园

约22亿人民币，“云南黄金矿业集团总部大楼”、“三峡集团公司云南区域总部”、“红星美凯龙家居连锁商场”等项目成功签约，香港恒隆集团投资的大型综合体项目“恒隆广场·昆明”落地中央商务核心区。

全区充分发挥商贸业优势，培育壮大都市经济。全力打造主城核心区、北市区、东市区三大板块，逐步形成“一心两翼”增长极。不断深化北京路、穿金路沿线总部经济及金融服务产业聚集带，加快都市商圈培育，引导发展高端写字楼，年内新增楼宇面积20万平方米。加快现代服务业的发展速度，以成立盘龙区餐饮行业协会和“第二十一届中国厨师节暨首届滇池·泛亚国际美食节”为契机，推动餐饮业有序健康发展，探索产业培育新途径。

通过进一步调整优化结构，不断提升产业核心竞争力，推动经济增长向一、二、三产业协同带动转变。第三产业在全区经济发展中的主导地位进一步增强，全年实现增加值156.68亿元，增长13.3%，外贸进出口实现2.125亿美元，同比增长26.7%。第二产业稳步提升，工业增加值完成37.83亿元，同比增加12.7%，主营业务收入完成123.94亿元，工业利润总额完成7.63亿元，工业固定资产投资完成4.47亿元，同比增长102.6%。第一产业健康发展，烤烟生产质量效益稳步提高，蔬菜、水果等特色产业快速发展，实现农业增加值2.17亿元，增长3.7%。

领域时代大厦

盘龙江沿江楼宇群

楼宇经济 富在盘龙

截至2011年底，盘龙区各类楼宇总量达102栋，总面积250万平方米，其中22栋税收超过千万元，产生1栋亿元楼。沃尔玛、联想电脑、汇丰银行、恒隆地产等一批国际500强企业和国内一流企业总部机构的引入，使盘龙区的楼宇经济聚集效应迅速提升。

联盟次商务中心

主城中央商务区

北京路楼宇集群

人民路楼宇集群

北京路SOHU俊园

“楼宇经济”为全区产业的成长提供了有力支撑。

作为昆明主城中心区之一的盘龙区，都市化发展进程日益加快，金格中心、北辰财富中心等高端商圈不断聚力发展，彰显着盘龙楼宇经济、总部经济的实力和魅力。

盘龙都市经济发展呈现良好发展态势，总部楼宇纷纷花落盘龙，引领昆明乃至云南走在时尚的前沿，为建设桥头堡和区域性国际城市打下厚实的基础。

北京路璀璨的楼宇夜景

金格百货

金领地大厦

打造魅力北部山水新城

盘龙北部山水新城规划区域东至昆曲高速公路，南至沣源路，北至松华坝，西至西北绕城线，面积约13平方公里。这里三面环山，盘龙江、金汁河、东大沟3条水系穿越其中，山体水系交相辉映。距城区约8千米，距昆明长水机场约15千米。北部山水新城是盘龙区拓展发展空间的重要区域，该片区功能定位为集行政办公、科技研发、文化休闲、生态居住等功能于一体。新城规划建设工作已全面启动，这里将打造一座“最昆明”的生态环境建设先行新城、高端产业项目承载新城、综合改革试验新城、现代化城市示范新城，成为提升盘龙对外形象的一张崭新名片。

盘龙区行政中心新址

北京路与沣源路鸟瞰

盘龙江沿江绿化带中坝村段

田溪公园全景

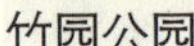
竹园公园

春漫公园

田溪公园

龙川桥公园全景

盘龙区将发挥区级行政中心入驻新城的带动、辐射作用，按照“一年做规划、两年打基础、三年成规模、五年起新城”的总体要求，全面实施基础设施建设、城中村改造暨全域城市化、生态建设、项目落地等工作，加快盘龙江跨江桥等道路基础设施和一批教育、卫生、文化、体育设施建设，全力推进龙泉古镇、浮岛智核等特色功能承载区的产业类项目落地，加紧该片区城中村改造步伐，加大河道治理、景观建设、生态修复的力度，着力打造集科技、行政、商务、居住、休闲、生态为一体的现代新城，使之成为盘龙新的经济增长极。

水源保护 生态盘龙

松华坝水源保护区是我国第一个饮用水资源保护区，是滇池水源最主要的汇水区，是松华坝流域内人民赖以生存的自然条件。1981年8月，经省人民政府批准，昆明市松华坝水源保护区建立。该区总面积629.8平方公里。其中山区半山区占93.8%。这里是滇池流域主要水源，素有“盘江之源”的美誉。该保护区涉及滇源、阿子营、松华、双龙和龙泉等5个街道办事处，约8万余人口，水源区面积占盘龙区辖区总面积886.9平方千米的71%。

按照昆明市委、市政府对松华坝水源区保护与发展工作的总体要求，盘龙区采取一系列有效措施大力保护，并积极探求水源区群众可持续发展之路。为确保全市人民的饮水安全，盘龙区在水源区的保护与发展上重点实施生态建设、污染治理、产业结构调整、人口转移4大工程，生态环境质量显著提升，水源水质明显改善，农民生活水平逐渐提高，生态建设与经济发展进入良性循环的轨道，推动全区走上生产发展、生活富裕、生态良好的文明发展道路。松华坝水库一级保护区核心区移民搬迁工作作为昆明市创建国家环境保护模范城市市重点工作之一，盘龙区连续两年整合全区之力推进该项工作。

盘龙区以生态为优先，人居环境不断提升，深入推进城乡园林绿化及生态建设，完成317公顷绿地建设任务。深化入滇河道及支流沟渠综合整治，实施滇池流域村庄截污、“三池”建设、城中村污水全收集全处理及河道截污工程。开展水葫芦种养资源化利用。

全区完成辖区围内新增城市绿地289.66公顷、乔木42.32万株；种植攀援植物36.56万株、建设苗圃380亩；完成植树造林7175亩；新造林地补植1350亩；生态隔离林带700亩；滇池面山抚育及补植1000亩、滇池面山封山育林500亩；完成中低产林改造2000亩，建设政府样板林200亩；开展义务植树83.3万株、建设杨善洲林1500亩。全面超额完成市级下达的各项目标任务。

全区围绕“六·五”世界环境日开展“保护滇池、建设生态盘龙”、“低碳减排、绿色盘龙”等形式多样、丰富多彩的宣传活动，不断加大环境保护、生态建设的宣传力度。生态创建快速推进，20个市级生态村全部顺利通过验收并获得市政府命名。松华街道创建国家级生态乡镇已通过省级验收并获得国家级命名。创建“全国文明城市”、“国家环保模范城市”、“国家森林城市”和争创“联合国人居奖”工作正在全力推进中，天蓝水碧的生态盘龙迈出可持续发展的和谐步伐。

盘龙江上游白鹭飞翔

铁冲湿地

冷水河马军生态湿地

高仓湿地

牧羊河生态河堤

松华坝水源区远眺

区委书记吴涛、区长尹旭东率队到滇源街道办事处周达村委会，召开“四群”教育活动民情恳谈会

水源区农村劳动力转移就业招聘会

民生为本 提升群众幸福感和满意度

盘龙大力推进以改善民生为重点的社会建设，促进社会公平正义，使全区人民学有所教、劳有所得、病有所医、老有所养、住有所居，推动建设和谐社会。关注民生、以人为本是推动发展的出发点和落脚点。全区从事关群众切身利益的基本方面做起，扎实推进各项惠民工程，努力提升群众幸福感和满意度。

全区进一步完善社会保障体系，就业再就业工作成效显著，“零就业家庭”实现动态清零，城镇登记失业率控制在1.89%以内。在全市率先启动全国第三批新型农村社会养老保险和城镇居民社会养老保险试点，逐步建立区、街道、社区、退休人员管理工作站“四级”联动的社会化管理服务平台，实现养老保险制度全覆盖。扩大居家养老覆盖面，扩展GPS卫星定位助老信息服务内容。盘龙区大学生创业园——西南林业大学园区、盘龙区大学生创业孵化中心建设工作稳步推进。

加快保障性住房建设，重点发展公共租赁住房，着力解决低收入家庭、新就业人员等群体的住房困难问题。通过合理布局，完成辖区新建标准化菜市场14个、新建生鲜超市4个、改造原有市场2个的“一年行动计划”工作任务，引导生鲜直销超市做实、做好产销对接工作，实现农贸市场、生鲜超市全覆盖，确保全区人民吃上便宜菜、放心菜。

长寿路社区小游园

率先在昆明市建立GPS助老信息服务

盘龙区人民医院开工典礼

农村寄宿制学生快乐地学习生活

打造区域性国际城市文化强区

盘龙区大力发展都市文化产业，逐步形成文化娱乐业、旅游休闲业、文化用品设备、民族民间工艺品、博物馆业等优势产业，呈现出规划引领，特色品牌文化企业主导，重大文产项目带动，文化市场繁荣，投资主体多元化的格局。

2011年，盘龙区积极抢抓实施“两强一堡”和昆明加快建设区域性国际城市的战略机遇，实施文化强区战略。结合资源优势，建设文化产业十大重点项目，实施文化事业十大工程。通过产业结构优化、文化品牌打造、资源要素集聚和主导产业集群构建，启动一批文化产业项目，培育一批知名文化产业品牌，规划建立一批具有地域优势的文化产业园区和基地，打造图书馆、博物馆名区，形成地域特色鲜明、产业优势明显、发展重点突出、总体实力不断增强的文化发展新局面。

全区积极构建公共文化服务体系，加大公共文化产品和服务的供给力度，保障各族群众基本文化权益。以盘龙江文化艺术节为载体，展示、推出健康向上的文艺精品，使群众得到文化熏陶。积极发展文化产业。优化文化产业总体布局，发展文化娱乐、创意设计、文化旅游、珠宝玉石、动漫游戏、广告会展、艺术培训等七大重点文化产业，启动实施龙泉古镇等文化产业“十大工程”，形成文化产业聚集效应，更好地把文化资源与经济发展相融合。打造特色文化品牌，提升文化产业在全区生产总值中的比重，增强文化综合实力和竞争力。

第二届民间民族工艺文化节启动

盘龙区道家武功表演团

桃源广场举行的聂耳音乐节

非物质文化遗产保护项目李四冲苗族芦笙舞

昆明国际文化旅游节盘龙会场演出

获得文化部“群星奖”的盘龙江艺术节

团结奋进 开拓进取 进

主要经济指标快速增长。全年实现地区生产总值67.37亿元，同比增长14.6%；人均地区生产总值2.37万元，同比增长14%。财政总收入14.18亿元，同比增长41.8%，其中地方一般预算收入8.43亿元 ，同比增长35.1%；全社会固定资产投资89.3亿元，同比增长61.2%；社会消费品零售总额16.54亿元，同比增长 19.7%；服务业增加值18.9亿元，同比增长13.1%；三次产业结构比为20.3：52.8：26.9，非公经济增加值32.8亿元，同比增长 15.8%，非公经济占经济总量的48.7%；城镇居民人均可支配收入20700元，同比增长18.9%；农民人均纯收入7522元，同比增长23.8%；县域经济综合实力大幅提升，在昆明市地区生产总值、一般预算收入、融资、招商引资等15项重要经济指标排名中，晋宁县有8项指标名列二板块第一名。连续4年荣获云南省县域经济发展先进县称号，全省综合排名第十三位。

省、市领导到晋宁观摩指导工作

县委书记蔡德生向前来观摩指导工作的县市区领导汇报工业园区建设进展情况

招商引资成效明显。年内招商引资签约项目50余个，计划投资622217万元，新开工项目22个，共引进招商引资项目241个，否决报备及撤资项目43个。现落地及在建项目中有8个外资项目，协议总投资9720万美元；228个内资项目（亿元以上重点项目49个），协议总投资244亿元。实际利用外资3443万美元，引进市外到位资金46.47亿元，超额完成市下达招商引资目标任务。

工业经济后劲增强。实施“工业强县”战略，工业在县域经济中的比重提高，主导地位显现。年内实现工业总产值108亿元，同比增长15.6%；工业固定资产投资53.83亿元，同比增长70%；规模以上工业企业49户，总产值26.92亿元，同比增长24.1%；增加值增长20.7%。以园区建设为载体，推进园区实体化运作，园区规划面积扩大到65.87平方千米，形成了以宝峰、青山、二街、晋城、上蒜基

夜幕降临后的昆阳县城

位争先——晋宁县

县委书记蔡德生（左）、县长岳为民（右）在全县干部大会上安排部署工作

全国水土保持工作会议参会领导到晋宁县大春河观摩点检查指导工作

地为主，以乌龙轻工产业园、轨道交通产业园、泛亚家具产业园为辅的“一园八基地”发展格局。投资6.3亿元，推进路网、给排水、电力、通讯等园区配套基础设施建设。完成园区主次干道27条30.5千米，预收储土地5614亩，新建标准化厂房4.08万平方米，新增建成区面积4650亩。

农村经济保持良好态势。围绕“农业增效、农民增收、农村稳定”，克服连续3年特大旱灾的影响，农业农村经济保持良好的发展势头。年内实现农业总产值23.33亿元，同比增长11%，实现增加值13.66亿元，同比增长 9.2%；农村经济总收入126.98亿元，同比增长26%。在稳定粮食生产的同时，推进“菜、花、奶”支柱产业向规模化发展。全年粮食总产量5.32万千克，蔬菜产量36.76万千克，产值6.85亿元；鲜切花21.5亿枝，产值6.68亿元；奶牛存栏1.1万头；收购烟叶225万千克，实现税收910.3万元，荣获昆明市2011年优化烟叶结构调整先进单位称号。

城乡基础设施加快推进

城市建设规划先行。强化规划引领，完成现代新昆明南城、西城总体规划及中心区城市设计，西城、南城迁村并点选址以及轨道产业园等一批重点区域，重点项目控制性详细规划和专项规划编制，实现村庄居民点规划覆盖率100%。加大基础设施建设，城市规模不断扩大，城镇化率达31.5%。

加速推进民心工程。概算投资13677万元，建廉租房1346套，建筑面积73368.7平方米；概算投资3600万元，建设公租房300套，建筑面积18000平方米。“四退三还一护”搬迁户安置规划建设，昆阳安置点投资18.18亿元，一期建设用地面积580亩，建筑安置房113栋3066套，

为开工项目奠基

"四退三还一护"晋城安置点举行开工仪式

晋宁县人民政府与玉溪红塔区签署一体化发展合作框架协议

正在施工建设之中的过境轻轨线路

新建成并投入使用的县城公交客运站

面积54万平方千米，年内已竣工交房。晋城安置点投资20.88亿元，建设用地面积529亩，建筑面积75万平方千米，设计安置房3346套，项目分2期实施，安置点规划内已征地425亩，年内工程全面启动。

城乡公交路网建设。改善城乡交通基础设施，完成《晋宁县区域综合交通体系规划》编制。县城一级客运站、六街镇客运站建成并投放使用。投资4.6亿元，完成东大河西侧道路、三中北侧道路等12个基础设施建设项目；投资15.4亿元，推进新昆明东城至南城连接线（晋宁段）、晋城龙潭片区道路、磷都路延长线等6条道路建设。投资3078万元，完成14条34.78千米建制村道路硬化，全县建制村道路硬化率达到98%。深入实施城乡公交一体化，新开通5条公交专线，行政村公交覆盖率达95%。全力配合昆明铁路枢纽扩能改造、东南环线、昆玉铁路复线等省市重点工程建设，安晋高速公路、环湖南路竣工通车。投入1000余万元开展"四环十七射"道路整治工作，城乡基础设施得到极大改善。

生态建设成效显著

生态环境改善。投资8550万元，推进滇池治理，累计完成退田退塘1.77万亩，退人1.19万人，退房55.85万平方米，拆除防浪堤20.1千米。投资1.68亿元，建设环湖生态湿地25块1.98万亩；投资3053万元，巩固提升河道水环境整治成果，采取生态填料等10种模式完成滇池流域118个村庄"三池"净化设施建设。县境内8条入湖河道中4条河道水质达IV类水质标准，其余4条河道主要污染物浓度减少10%以上。

城乡园林绿化。全民义务植树139.66万株，绿化造林2.91万亩，建设苗木基地17250亩，恢复"五采区"植被480亩，森林覆盖率达49.55%，县城绿地率和绿化覆盖率分别达39.8%和44.07%，人均公共绿地面积16.65平方米，城市品位逐步提升。

创建生态乡村。治理水土流失18.71平方千米，大春河生态科技示范园被国家教育部、国家水利部评为"全国中小学水土保持教育社会

春节期间秧佬鼓队"踩街"表演

环滇路晋宁境内路段夜景

实践基地”，二街、六街镇通过省级国家生态乡镇评审，创建74个市级生态村。推进殡葬改革，城乡火化率达97.4%，节能减排化学需氧量控制在40.86吨范围内，二氧化硫削减288.6吨，万元CDP能耗下降4.1%。城镇空气环境质量优良天数达100%。

社会事业全面进步

教育事业全面发展。投资1.24亿元，完成晋宁县高级职业中学学生宿舍等一批教育基础设施建设，全县 35所农村中小学标准化学校已有34所投入使用，撤并校点11个，排除危房4.2万平方米。加快学前、高中阶段和民办教育，巩固“两基”工作成果，昆明卫生职业学院落户晋宁，民办学校在校生1100人，新建公办幼儿园2所，小学入学率达99.8%，初中毛放学率达105%；高考上线率达97.78%。

医疗卫生长足发展。建立健全基层医疗卫生服务体系，完善基本公共卫生服务，全面开展居民健康档案、健康教育等9类基本公共卫生服务和重大公共卫生服务项目，基本公共卫生服务逐步均等化。全县医疗卫生机构、村卫生室实施国家基本药物制度，基本药物实行零差额销售。年内引进民办专科医院2所，完成新街、上蒜中心卫生院配套设施项目工程。公立医院改革试点在县医院、县二院全面推行，医院实行成本核算，执行预算和收支两条线管理。开展农村巡回医疗24场次，出动医务人员203人次，免费为群众义诊3222人次，B超检查1409人次，咨询3490人次。食品安全保障落实到位，检查食品经营户1476家，小作坊22家，餐饮业330家，检测食品样品12件。

文化建设日益繁荣。完成15家“七彩云南”全民健身基础设施工程点、66个村级（社区）文化信息共享工程点建设，新建农家书屋72个，配置图书1225种，108000册，放映“2131”工程影片3192场，发展有线电视用户4200户，完成数字电视安装4421户。广播电视拍摄、制作、播出《晋宁新闻》123组1739条；制作播出《一周要闻》32组、《啄木鸟在行动》26期、专栏42期、专题片18部。成功承办2011年中国·昆明泛亚郑和国际文化旅游节并举办晋宁古滇文化节，举行“唱响主旋律、颂歌献给党”——晋宁县庆祝中国共产党建党90周年红歌合唱比赛。组织了县内物质文化遗产申报和保护，晋城镇乌铜走银制作技艺进入国家级保护名录，宝峰调子会习俗申报省级保护名录。全年接待游客172.6万人，旅游收入2425.7万元，同比增长10.5%。

矿山采空区植被恢复的新景观

社会保障体系逐步完善。发放城乡最低生活保障金1009万元，“五保”供养对象实现应保尽保。城镇基本医疗保险、养老保险、失业保险和被征地人员养老保险参保率分别为93%、85.5%、88.5%、9.7%。全面启动城乡居民社会养老保险试点工作，参保人数达15.05万人，参保率达97.07%，发放城乡居民基础养老金1100万元，发放率100%。参加新农保147156人，累计领取待遇183672人，领取养老金1065.29万元。新农合参合人数22.44万人，参合率达98.74%。新增城镇就业3297人，失业人员再就业1100人，城镇登记失业率控制在3.16%以内。组织农村劳动力技能培训2112人、创业培训372人，转移农村劳动力2699人。发放“贷免扶补”创业贷款225户1429万元，新增小额担保贷款966万元。新建生育文化村6个，人口自然增长率控制在2.79‰。

北部辅城

2011年8月19日，省委副书记李纪恒到富民鼎承机械调研

2011年5月25日，市委书记仇和到富民参加第三批产业类项目开工仪式

2011年7月25日，市长张祖林到富民县调研教育工作

2011年9月1日，市委副书记李邑飞到富民调研旱情

富民位于昆明市西北部，因境内土地肥沃、气候宜人、物产富庶，故称“富民”。自古为川藏、滇北入省会昆明之要津，素有“滇北锁钥”之称。108国道、武昆高速公路、轿子山旅游专线穿境而过，经昆禄公路到昆明主城23千米，经即将通车的昆武高速公路到主城仅21千米。全县国土面积993平

2011年3月31日，昆明富民新区成立

2011年3月31日，昆明富民新区成立

富　民　新　区

2011年7月15日，省工信委主任刘绍忠到富民调研

2011年7月12日，省卫生厅厅长陈觉民到富民调研卫生工作

2011年8月2日，昆明市副市长黄云波到富民调研武昆高速公路建设

2011年7月26日，省级园林县城专家初验

方公里，辖1个街道办事处和5个镇，2011年底户籍人口14.94万人。

富民灵山秀水、四季果香，得天独厚的区位优势、优质丰富的矿产资源、四通八达的交通网络、美丽旖旎的自然风光、独具特色的餐饮文化、淳朴浓郁的民族风情、和谐安定的社会环境，为富民打造独具魅力的辅城新区赢得了声誉、汇聚了生机。

2011年6月24日，县委书记赵学农慰问老党员

2011年，富民县完成地区生产总值34.03亿元，比上年增长14.6%；实现财政总收入4.46亿元，占年初预算数3.48亿元的128.2%，同比增15029万元，增长50.8%。其中地方一般预算收入2.68亿元，同比增7797万元，增长41%。财政总支出12.58亿元，占年度预算数12.58亿元的100%，同比增2.77亿元，增长28.2%；社会消费品零售总额9.13亿元，同比增19.2%；全社会固定资产投资23.1亿元，

2011年11月19日，市领导参加富民园博园开园仪式

2011年6月28日，农民集中居住小区开工奠基仪式

2011年6月3日，三百步欧洲项目奠基仪式

建设中的哨箐机械加工园——鸿发机械

富民“工业梯田”之豹子沟五金建材加工园区正进行土地平整

2011年6月24日，文昌路通车

环城西路

2011年6月24日，螳川西路通车

同比增54.5%；人均生产总值完成23011元，比上年增长15.1%；完成农林牧渔业总产值11.06亿元；农民人均纯收入6858元，城镇居民人均可支配收入19675元，扣除价格因素，实际分别增长15.3%和11.1%；三次产业结构比重为20.1：49.1：30.8；全县金融机构存款余额40.7亿元，贷款余额24.2亿元，分别增长19.8%

2011年6月3日，悦景酒店开业

东元生态食品加工园快乐王子产品展厅

建设中的东元生态食品加工园

2011年6月3日，彩玉国际商业中心开业庆典

彩玉国际商业街一角

2011年6月24日，安居房发放钥匙仪式

和28.2%。富民经济社会发展取得丰硕的成果。

今天的富民，作为省会昆明的北部辅城和新区，承担着承接主城居住分流、对接主城产业转移、分担主城服务功能、缓解主城承载压力“四大功能”。“十二五”期间，富民将围绕建设区域性国际城市的“北部辅城·富民新区”这个目标，坚持走“农业特、工业新、城市靓、生态美、人民富”的发展道路，建设钛盐化工产业、中小企业孵化“两个基地”，推进新型工业化、高端信息化、城乡一体化“三化进程”，实施生态立县、科教兴县、产业强县、文化活县“四大战略”，打造宜居富民、养生富民、绿色富民、活力富民、创业富民“五大形象”，把富民建设成为经济兴盛的产业承载区、功能完善的城市拓展区、民生殷实的社会和谐区、文明进步的文化魅力区、活力迸发的改革实践区。

北部辅城·富民新区——充满无限生机和发展潜力的沃土，热忱欢迎您前来考察、投资、创业！富民，一定会带给您丰厚回报！

2011年12月29日，昆明首个风电场——富民大风丫口风电场竣工投产

富民湿地公园

养生文体活动中心一隅

林中别墅

富民螳螂川夜境

纪念建党90周年歌咏比赛

参加昆明市庆祝建党90周年党史知识竞赛获得三等奖

收获

富民赤鹫土豆丰收

昆明东部辅城 花乡水城

全国人大副委员长、全国妇联主席陈至立在宜良县调研

全国人大原副委员长成思危在宜良县调研

宜良县辖6镇(含已托管的汤池镇)2乡，下辖133个村民委员会和4个居民委员会，906个自然村。国土面积1913.53平方公里。户籍人口149888户，42.68万人(含汤池镇21712户，56126人)；非农业人口42813人；主要少数民族人口39400人，其中：彝族28799人、回族5235人、苗族2489人；人口自然增长率5.78‰。县城区面积10.4平方公里，县城人口14万，城镇化率34.6%。

2011年地区生产总值107.25亿元，比上年增12.1%，其中：第一产业30.37亿元，比上年增9.1%；第二产业29.85亿元，比上年增12.3%；第三产业47.02亿元，比上年增14%。三次产业结构比为28.3：27.8：43.9。非公经济占全县经济总量的47%，人均GDP达25463元。

工业上山，保护坝区农田 2011年初，提出“工业城镇上山、优质农田下山”思路，3月在工业园区1600亩山地上推山开石造地，9月出台《宜良县工业上山发展实施意见》，确定了“一上一下一体化”发展思路，即：“一上”，工业发展和城市建设上山发展，尽量多使用荒山荒坡和劣质耕地，适度使用坝区；“一下”，优质耕地下山，把坝区的优质耕地保护好，实现耕地占补平衡后的耕地质量不但不降低反而大幅度提高；“一体化”，规划绿化美化山上山下一体化，大力开展植树造林，

见缝补绿，见土植绿，山上山下建设秩序和生态文明建设同等要求。明确了“农业工业化、工业园区化、园区山地化、山地生态化”的发展原则，最终实现“荒坡造园区、山地建城镇、坝区作粮仓”的发展目标。通过规划调整和土地开发整理，全县耕地面积从78.02万亩增加到78.4万亩，增加0.38万亩，增0.49%；基本农田由54.75万亩增至58.85万亩，增7.49%；坝区基本农田由17.07万亩增到26.96万亩，增加9.89万亩，增57.94%；

云南省山地综合开发利用试点现场会在宜良县召开

宜人宜居大客厅——宜良

代省长李纪恒，省委常委、市委书记仇和视察宜良县公路建设

省委常委、市委书记张田欣调研宜良县文化产业

坝区新增城乡建设用地占新增城乡建设用地的比例由78%减少到44.48%。工业园区规划建设面积50平方公里，全部为低丘缓坡土地，以宜九二级公路为主轴呈“哑铃状”发展布局，地形高差最大达150米；通过推山开石造地，已建成面积5.6平方公里，引进项目60个，到位投资33.99亿元，解决就业6000人。饲料园区完成推山平沟1000余亩，12家企业落地建厂。

宜良“工业上山、保护坝区农田”工作得到了国土资源部和省市的认可，并作为省国土厅“10种山地综合开发利用类型”之一在全省推广。全市“保护坝区农田、建设山地城镇、调整土地规划”工作现场会和全省山地综合开发利用工作现场会先后在宜良县召开，宜良县被列为全省调整完善县乡土地利用总体规划试点县、全省基本农田永久划定试点县、国土资源部低丘缓坡土地综合利用开发试点县。中央电视台、新华社、人民网、新华网等媒体作了采访报道，江西省国土厅、楚雄州、罗平县等14家省内外国土部门和县、市（区）到宜良参观考察。

工业发展和城市建设上山发展

宜良县2011年第二批招商引资项目签约仪式

国土资源部副部长徐德明率七省国土部门领导视察宜良工业城镇上山

2011年4月南盘江绿化植树

县城商会林

优美的环境

生态环境建设 县城绿化覆盖率达43.8%，绿地率38.85%，人均公共绿地面积13.6平方米。实施南盘江景观生态绿化打造工程，种植美洲黑杨20万株4056亩，干部职工义务种植树15万株，实施人工造林2.85万亩，封山育林9500亩。县城新增绿化用地84万平方米。完成贾龙河马家冲段河道治理、新老昆石公路沿线鸭棚搬迁。创建省级园林县城通过市级初验，创建市级生态村60个，马街镇、竹山镇、九乡乡创建国家级生态乡镇通过省级考评。宜良县城乡绿化及市域生态修复工作全市排名第一，成为全市创建国家森林城市的排头兵，居全省前列。

宜九公路建设 宜良至九乡二级公路是云南省重要旅游干线，全长33.085公里，投资6.05亿元。

宜九公路城乡公交站

宜九公路九乡段

2011年3月18日动工建设，9月30日竣工试通车。按正常建设工期需2年建设时间，建设时间仅用6个月，创造了云南公路建设史的奇迹，是宜良县创造的“宜良精神、宜良速度、宜良效益”。省长李纪恒用“想不到征地拆迁工作如此之好、想不到建设速度如此之快、想不到工程质量如此之好”三个“想不到”对宜九路建设作了全面的概括和总结。全线共设城乡公交站台18个，实现城乡公交路、站、运一体化目标。安全保护设施建设完善，全线道路下边坡高差超过1米的路段将传统防撞护栏的设计改为防撞墙、防撞墩，在全省属首创。全线共种植各种树（苗）木173万株，江头村至工业园区段11公里道路两侧各20米绿化带，公路两侧绿化总面积超过1000亩，占公路建设面积的50%以上，居全省公路绿化面积之首。宜九二级公路的建设实现了云南省第一条黄金旅游专线九（乡）石（林）阿（庐古洞）普（者黑）公路的闭合，把九乡风景区、石林风景区、泸西县阿庐古洞风景区和丘北县普者黑4个国家级风景名胜区联为一体，改善了宜良工业和九乡4A级风景区两大产业和沿线四个乡镇的交通状况。

宜良至九乡二级公路竣工通车仪式

“一对一”联村包户工作　创新社会管理，以城乡环境综合整治为切入点，全面开展千名机关干部“一对一”联村包户工作。全县66家单位纳入“一对一”联村包户对口联系单位，312名科级以上干部1341名财政供养人员以及乡镇职工，对全县115个村委会（社区）和8万余农户联村包户，指导建设农村垃圾房813个，通过开展基层党建、信访、综治维稳等工作，全县接访群众批次和人次同比下降50%和47.4%，农村社会环境持续好转。中组部《组工信息》、《云南日报》、《昆明日报》等媒体进行了宣传报道，市委“四群教育”办相继专刊宣传宜良经验。

“一对一”联村包户城乡园林绿化工作推进大会

“一对一”抗旱先锋行动仪式

“一对一”联村包户入户慰问调查

县（市）区概况

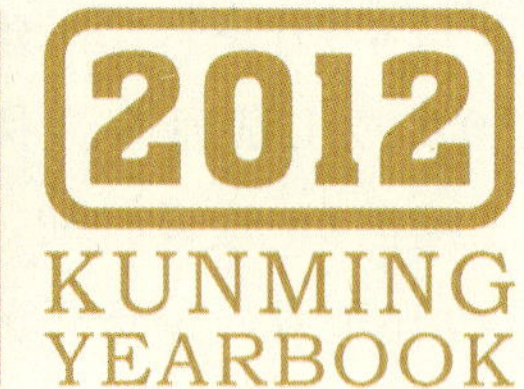

◆责任编辑 宇应军

五华区

【年内大事】 1月27日，五华区荣获“全国法治县（市、区）创建活动先进单位”称号。

2月25日，2011年城中村改造首批回迁房建设项目正式动工，工程总投资328.5亿元。

3月1日，昆明泛亚有色金属交易所股份有限公司、云南省亚联财小额贷款有限公司先后在顺城双塔开业。4月21日，有色金属交易所在海埂会堂正式开市。

3月4日，云南省首家“残疾人日间照料站”在普吉街道办事处观音寺社区正式揭牌使用。

3月5日，“公安五华便民服务网”在互联网上正式建立页面，首推户籍审批“一站式”服务。

3月15日，五华区卫生执法监督局被省卫生厅授予“全省2009～2010年度卫生监督执法先进集体”称号。

3月19日，位于五华区金鼎科技园的昆明北理工科技孵化器有限公司被正式授予“国家级科技企业孵化器”牌匾。

4月11日，五华区与香港金土果业集团有限公司正式签约，共同在西翥片区建设5万亩现代化果园。计划分3期投入人民币10亿元，建成年产1000万株无毒苗木培育与果树研发中心。

4月12日，五华区与云南文投集团签约，共同打造“民族文化产业示范园区”。

4月14日，五华出台文件，规定凡遇“民告官”诉讼，“一把手”必须出庭应诉。

5月6日，五华区正式启动“清洁城乡万人大行动”活动。5～7月，全区组织大行动10余次，每次出动1450～3000余人，在辖区范围清扫街路、清除卫生死角、清运垃圾、清理河道、疏通沟渠、清除小广告，整治城中村、农村卫生。

5月13日，五华现代农业园区建设正式启动。园区位于西翥街道办事处境内，规划面积2.9万亩，将建成昆明唯一的城市与农耕文化为一体的“现代农业公园”。

6月2日，国家民委党组书记、副主任杨传堂一行到五华区视察城市社区民族团结进步创建工作。省、市、区领导刘平、李邑飞、金幼和、李彤等陪同。

6月21日，第二届中国聂耳音乐周暨第八届中国音乐金钟奖合唱比赛广场展演活动在五华区南屏步行街广场隆重举行。聂耳故居陈列馆同时开馆。

6月22日，原国务委员唐家璇在省委常委、市委书记仇和，副省长顾朝曦等领导陪同下，对西南联大旧址、昆明陆军讲武堂的保护工作进行考察。

6月25日，五华区国税局被国家税务总局授予“2010年打击发票违法犯罪活动先进单位”称号。

7月1日，虹山中路社区成立驻社区联合党委。将驻区机关、学校、幼儿园、企事业单位党支部等纳入社区管理，充分发挥他们在和谐社区建设中的作用。

7月11日，区委、区政府召开五华区“走千家、访万户、办实事、解难题”活动推进会，对全区“八必访”民情对象的走访工作进行安排部署。

7月14日，五华区举行桃园旅游生态新城集中居住项目启动仪式。项目总投资29.3亿元，总建筑面积94万平方米。

9月1日，五华区与大唐集团新能源股份有限公司签署合作协议，共同建设昆明五华风电场。

9月17日，2011年云南省暨昆明市“全国科普日”活动在南屏街步行街广场启动。省市领导张田欣、顾伯平、谢新松、陆玉珍等为获全国科普示范县（市、区）称号的五华、盘龙等8个单位颁奖。

9月23日，五华区组织创作的快板节目《杨善洲》，在云南省庆祝建党90周年文艺汇演中获创作和表演两个“一等奖”。

10月12日，朱德委员长的孙子、解放军少将朱和平，在市、区有关领导陪同下参观朱德故居。

10月21日，五华区与江苏凯旋数字文化产业基地有限公司签署合作协议，在西翥生态旅游实验区共同建设“昆明环球动漫海城”。

10月30日，龙翔街道凤翥社区荣获“全国侨法宣传角”称号。

11月2日，东盟国际图书城暨大德寺双塔公园建设项目正式启动，省市领导仇和、张田欣、高峰、张祖林、李邑飞、杨远翔、田云翔、谢新松、杨丽等出席。

11月4日，五华区与云南省测绘局签署战略合作协议，商定选址“昆明泛亚科技新城”，打造云南省地理信息产业园。

11月5日，全市城乡园林绿化和生态建设“十一个零申报”现场会在五华区召开。仇和、张祖林等实地观摩入城道路绿化、“五采区”植被恢复等情况。

11月8日，联想控股融资智地公司与五华区签订协议，投资100亿元，在泛亚科技新城内建设“联想科技城”。

11月22日，五华区被国家科技部授予2011年全国科技进步考核先进县（区）称号。

11月28日，五华区被评为“中国低碳生态示范区”。

【区划、人口】 五华区是昆明市的中心城区，位于市区西北部。辖区总面积380.5平方千米。下辖护国、大观、华山、龙翔、丰宁、莲华、红云、黑林铺、普吉、西翥等10个街道办事处，88个社区居民委员会，214个村（居）民小组。2011年年末常住人口85.6万人，户籍人口60.5万人。户籍人口中农业人口52676人，占8.7%，少数民族82011人，占13.58%。人口密度每平方千米2249人，户籍人口自然增长率为3.47‰。

【经济综述】 2011年实现地区生产总值608亿元，比2010年增长13%。一、二、三产业的结构分别为0.3：56.2：43.5。实现全部工业总产值7716.33亿元，同比增长20.1%，其中规模以上工业总产值7535.73亿元，同比增长20.2%；规模以工业增加值276.43亿元，同比增长15.8%。建筑业实现总产值238.42亿元，同比增长32.2%。农林牧渔业总产值实现2.70亿元，同比增长2.1%。全年粮食总产量6403吨，同比下降19.3%；油料作物191.4吨，同比增长249.9%；肉、禽、蛋、奶总产量10691吨，同比增长27%；蔬菜产量21524.2吨，同比增长0.2%；花卉产量102.3万支，同比下降84.6%；水果产量2972.5吨，同比增长9.0%。

2011年实现地区财政总收入68.66亿元，同比增长22.66%，其中地方财政一般预算收入25.42亿元，同比增长23.71%；全区财政总支出36.49亿元，其中地方财政一般预算支出25.42亿元，同比增长23.7%。实现社会消费品零售总额346亿元，同比增长22%。实现全社会固定资产投资325.2亿元，同比增长30%。万元GDP能耗下降4%。城镇居民人均可支配收入实现22951元，实际增长10.03%；农民人均纯收入实现8821.6元，实际增长10.9%。人均消费性支出17434.6元，同比增长34.8%。

【都市经济】 以重大项目为抓手，持续壮大楼宇经济。昆明金鹰天地购物中心、邦利。嘉年华广场建成营运，南屏世纪商务中心、东方柏丰首座商务中心、和谐商业广场等商业项目加快建设，全年新增楼宇商业面积50万平方米。全区有商务楼宇172幢，面积184万平方米，其中税收过千万元的楼宇36幢，过亿元的6幢，柏联广场和国托大厦升级为2亿元楼宇。以金融、流通等领域为重点，促进现代服务业快速发展。引进云南省亚联财小额贷款有限公司、昆明泛亚有色金属交易所、昆明屈臣氏个人用品有限公司、华夏人寿保险股份有限公司云南分公司等一批区域性总部入驻，使五华新增总部品牌4户，小额贷款公司5家，投资担保公司21家。结合五华欢乐购物节、海鸥文化节、泛亚国际美食节等活动，强化消费引导，促进时尚品牌营销，使五华区的社会消费品零售总额占全市的比重达28.89%。大力发展非公经济，2011年底，全区非公企业已达53804户，其中私营企业14776户，非公企业实现经济增加值264.97亿元，同比增长12.2%，占全区GDP总量的43.6%。非公经济实现社会消费品零售总额290.64亿元，占全区社会消费品零售总额的84%。

【招商引资】 依托城市更新改造、“退二进三”、楼宇资源“二次招商”，不断创新招商模式，拓展招商渠道，扩大招商范围，提升招商质量。2011年全区引进国内资金89.68亿元，国外资金1.07亿美元，同比增长24.8和83.8%，分别完成市级指标任务的138%和178%。其中亿元以上内资24个，考核认定资金50.07亿元。200万美元以上项目9个，投资9945.39万美元。仅昆交会期间，就签订招商引资项目4个，协议内资19.6亿元，外资1285万美元。积极争取中央、省资金和物资补助3.69亿元。采取多种形式，发行企业债券，完成多元化融资44.76亿元，促进五华经济发展。进出口贸易企业呈现聚集发展态势，全年实现外贸进出口总额23.5亿美元。

【泛亚科技新区建设】 在昆明五华科技园的基础上，于4月15日成立昆明泛亚科技新区管委会。坚持高起点、高定位、高标准建设思路，强化规划基础作用，《昆明泛亚科技新区控制性规划修编方案》已通过市规委评审。加强土地储备供应，新收储土地1758亩，3个地块350.7亩土地顺利实现供应。加快基础设施建设，五华1号延长线等6条园区道路建设速度加快，初步形成纵横交错的交通网络，改善了交通与投资环境。生物医药、科技研发、新能源等产业项目加速推进，红云红河集团昆烟易地技改项目竣工投产，七O五所昆明分部扩建、理想仓储药品配送中心动工，四川科伦集团科域商务中心、普洱茶文化科技中心等项目落地，五华中小科技企业创业园二期工程有序进行。园区重点科技型企业已达200家，全年申请专利1491件，有10家企业通过省、市级企业技术中心认证，9家企业通过国家高新技术企业认证。园区规模以上工业增加值实现215.8亿元，比上年增长20%。

【城市更新改造】 全年安排城市更新改造投资项目60个，总投资30.71亿元。“三年交通设施建设计划”中的41长道路已建成24条，8条正在建设当中，9条已完成前期工作。实施龙井街改扩建，完成王筇路大修；加速推进昆武高速、轿子山旅游专线、西北绕城和地铁3号线等重大工程建设项目；理想仓储药品配送中心、民生能源昆明液化气储配中心等项目建设加快；地理信息产业园、昆明剧院周边改造、动漫文化产业体验园工程正加紧进行。城中村改造进展顺利，36个村通过规划审批，33个村启动拆迁，28个村启动回迁安置房建设，累计拆除449.27平方米，开建302.5万平方米，竣工94.5万平方米。龙院上峰村、前所村、苏家塘村38万平方米已交房使用，上庄村12万平方米已封顶断水。“退二进三”工作取得突破，昆明市政工程公司、昆明起重设备公司、云南鑫宝油品公司等地块已完成出让和启动保障性住房建设，共收储土地4815.86亩，出让2304.48亩。

【生态文明建设】 成功创建国家节水型城市、国家卫生城市，创建国家环保模范城市已过省级验收，创建全国文明城市已完成省和国家两级指数测评。巩固创建国家园林城市成果，不断完善创建国家卫生城市长效机制。荣获第二届“中国低碳生态示范区”称号。城乡绿化成效显著，新增公共绿地256.6公顷，种植乔木37.2万株，种植攀缘植物17.74万株。完成面山植被恢复2476.1亩，中低产林改造2028亩。启动石盆寺、长虫山、锅盖山等郊野公园建设，全区森林覆盖率达到52.23%，建成区绿化覆盖率达43.6%。投入资金3.5亿元，全面开展入湖河道河床湿地化、河坎生态化、河岸景观化建设。完成水源地及河道生态绿化524亩，取缔、关停违法排污企业140户。认真落实“门前三包”和“网格化”责任，实施管理全覆盖。加大拆临拆违力度，拆除地块1266块，拆除违法临时建筑195.7万平方米。

【全域城镇化】 以全省开展的“保护坝区农田，建设山地城镇”工作为契机，成立昆明西翥生态旅游实验区，将西翥生态旅游实验区纳入省级山地城镇建设试点范围。完成土地利用、林地保护和城乡建设规划“三规”对接、融合工作。桃园生态旅游新城居民集中居住示范点一期工程拆迁工作已完成，拆除石盆寺周边10万平方米的临时建筑。昆武高速、西北绕城高速公路建设加速，轿子山旅游专线五华段已建成通车，西北三环全线贯通，沙朗至桃园连接道路已完成前期工作，白秋木菁水库除险加固、三多水库调水引水工程有序推进。与香港金源果业集团合作，建成了290亩精品林果种苗基地，五华区现化农业园区申报为全市第9个重点农业园区。全区成立农业合作社9个，新增高级农业龙头企业14户。

【劳动就业】 2011年提供有效就业岗位4.68万个，新增城镇就业3.25万人，实现农村劳动力转移就业8000人。开发公益性岗位400个，培训城乡劳动力3152人，帮助7444名下岗失业人员实现再就业；新增的67户“零就业家庭”全部实现动态清零。新增失业人员小额担保贷款652万元，完成目标任务的112.36%。城镇登记失业率为2.06%，实现了失业率控制在2.2%以内的任务。整合辖区资源，完成1200名高技能人才培养任务，1050人获资格证书。首创“大学生创业投资专项引导资金”，建成具有五华区特色的大学生创业示范园区，新增大学生见习基地8个，安置就业见习大学生250名；完成应届高校毕业生就业2560人，初次就业率达到90%以上，困难高校毕业生就业率达到100%。组织100余名自主择业军队转业干部进行个性化培训。完成30名军队转业干部和2名随军家属的接收安置任务。

【社会保障】 2011年，全区参加城镇职工养老保险19.04万人，失业保险19.2万人，城镇医疗保险49.84万人、农村养老保险3.55万人，工伤保险9.59万人，生育保险8.49万人。其中农民工参加工伤保险2.5万人。农村养老保险参保人数新增1210人。企业退休人员社会化管理服务率达100%。清理收回基本养老保险企业欠费688万元。全面开展未参保集体企业退休人员基本养老保障业务办理，为3000余人补办了基本养老保险。做好“新农合”接管工作，接收“新农合”参保14107户45094人。走访慰问家庭困难的企业军转干部90余人次，发放解困金300万余元。将辖区145名艾滋病困难人员纳入最低生活保障，每人每月定期领取低保金285元。对26名受艾滋病影响的儿童落实减免学杂费“两免一补”政策。3006套廉租住房建设稳步推进，2072套经济适用房、1500套公共租赁住房已完工。

【教育】 2011年五华区有普通中学11所，职业中专1所，小学36所，特殊学校1所，幼儿园11所，教育科研中心、教师进修学校、青少年宫各1个（所）。区属学校在校学生90956人，在校幼儿20196人，在职教职工5297人。在五华区注册登记的各类民办教育机构382个，其中：民办中学2所、小学11所、幼儿园54所、培训机构315个。民办学校在校学生人数4.31万人，民办学校中外来务工子女占66%。全区民办学校教职工2190人，占全区教职工数的33.7%。义务教育毛入学率保持100%，“两基”巩固率保持99%，学前教育入园率90%，特殊教育入学率90%。荣获云南省“两基”工作先进单位。完成农村中小学标准化建设，实施了沙朗民族实验学校、厂口中学、昆十四中、云铜中小学等一批基础设施项目建设，完成师大五华实验中学整体搬迁。投入200万元，对昆三十中、虹山幼儿园等11所校园的校舍进行维修，新建综合教学楼及附属设施1326平方米，对2672平方米学生宿舍进行抗震加固。科学配置教育资源，完成韶山小学与螺峰小学、三多小学与桃园小学、沙朗东村小学与沙朗大村小学等9所学校的整合；调整招生班次，缓解普吉、红云、华山、大观、莲华片区的入学压力。继续深化教育体制改革，有效提升教育教学水平，圆满完成18所中、小学新一轮校长公开选聘，昆八中晋升为省一级一等完全中学。投入教育经费2.88亿元（同比增长20.95%），添置教学设施，改善教学条件，为寄宿制中小学生发放生活补贴。

【科技】 深入实施新一轮“科技富民强县示范工程”，将“昆明五华科技创新驿站建设”、“硝酸布康唑国产化工程”列为2011年示范项目，争取到140万元的项目经费支持。继续组织实施“绿色光亮工程”，在西翥、普吉、丰宁等街道办事处和部分学校安装400套太阳能路灯。完成“三维数字社区”试点工作，构建起“两级平台、三个支柱、四级应用”的管理服务架构。推进政府信息公开，提升公共服务水平，“昆明五华”网站在全市政府网站测评中排名第一。争创三网融合、网络升级、无线数字城市工程示范区，深入推进农村信息化建设，在西翥办事处安装无线广播24套，实现移动通信对边远山区全面覆盖，做到100%自然村通电话、通有线电视，行政村通宽带。组织申报16项科技创新成果，1项获省科技进步三等奖，8项获市科技进步奖。继续推进“知识产权强县工程”，做好专利推荐申报工作，全区申请专利1123件，获专利授权816件。五华区荣获2011年全国科技进步考核先进县（区）称号，被列为“2011～2015年度全国科普示范区”。

【文化】 全区有文化馆1个、文化宫1个、文化站11个、文化室88个、文化信息中心7个、各类文艺表演团体45个，广播电视人口覆盖率100%。完成49个农家书屋建设，5条健身路径设施的政府采购，为73个社区新建站点配发了设备。实施农文网校建设，实现了全区文化信息资源与农民党员干部远程教育工程共建共享。组织滇剧、花灯、民族歌舞等500余人（次）的文艺演出队伍，参加昆明国际文化旅游节、春节老街庙会、沙朗白族三月三庙会等展演活动，共演出76场。舞蹈《哈尼拍手》、《孔雀姑娘》，花灯歌舞《耍庙会》，歌曲《我们在一起》等剧目获奖。快板《杨善洲》在省级文艺汇演中获创作、表演两个一等奖。全区200余支业余文艺团队长期活跃在乡村，做到“月月有活动，天天有歌声”。全年为山区农民和城镇居民放映电影260余场，观众超过12000人。完成第三次全国文物普查，新申报12处文物。对大德寺双塔、惠家大院门楼、聂耳故居等进行修缮，建成聂耳故居陈列馆公开对外开放。加强非物质文化遗产保护工作，全区已申报并批准列入国家级的项目1项，省级 3项，市级30项，区级 59项。有省级传承人6名，市级12名，区级 15名。认真做好文化产业发展规划，加快推进祥云片区、金鼎山文化创意产业基地等区域开发，打造翠湖、昆明老街、昆都等一批城市精品文化产业片区。加强文化、娱乐市场所的管理。

【旅游】 制订实施《五华区旅游业“十二五”发展规划》，将沙朗汽车主题公园及“清心颐和”两个项目成功申报为省、市“十二五”重大旅游项目。以西翥生态旅游区建设为契机，打造主城“一小时旅游经济圈”。建设官塘温泉度假酒店集群、天生桥溶洞风景区、祭天山山地运动公园等景观。加强旅游市场营销，充分利用昆明国际文化旅游节昆明狂欢系列活动，在五华举办民族大联欢及广场歌舞展演，吸引数万群众；在南屏街推出“旅游超市”，推荐沙朗电力科技园、西翥田庄、西游洞等旅游企业参加。公布旅游投诉电话，加强旅游市场监管，开展专项整治，对宾馆饭店及旅游企业进行安全大检查，全年未发生安全责任事故，未接到重大旅游案件投诉。2011年旅游总收入比上年增长10%，占全区生产总值的比重超过10%。获昆明市旅游安全生产管理工作优秀奖，旅游绩效考核一等奖。

【体育】 全区有健身点142个，其中健身乐园1个、健身路径117条、健身房12个、篮球场13块、健身柜200个。有体育场地面积46.76万平方米，人均占有0.53平方米。投入“健身工程”经费513.4万元，举办全区性体育活动8项次，3.3万余人次参加；举办各类业务培训班5次，受训人数3840人次。各办事处、社区组织开展体育活动67项次，参加人员7.54万人次。举办健身培训班14项次，6100余人参加。区体训基地承接各类培训班26期，培训学员13.22万人次。组织开展第五届“丰收杯”农民篮球赛、门球等系列群众性体育、老年人体育活动。开展寒假业余集训和青少年体育运动强化训练，对区属27所学校的40个体育传统项目进行检查考评。举办中小学生游泳、乒乓球、篮球、团体操，田径等运动会6项次，1.26万人参赛。组队参加昆明市中小学生田径运动会，获金牌9枚、银牌12枚、铜牌6枚。在昆明市第四届运动会上，五华区获金牌103枚、银牌42枚、铜牌27枚。全年获得市级以上金牌196枚、银牌173枚、铜牌139枚 。

【医疗卫生】 2011年全区有各级各类医疗机构609个。其中：医院42个、门诊部40个、诊所456个、医疗科研等其他机构13个、社区卫生服务机构58个。民营医疗机构资产比重已达42%。从事医疗服务卫生人员9296人，总床位7207张。平均每千人拥有床位数8.28张，每千人拥有执业（助理）医师3.37人，每千人拥有注册护士2.82人。2011年全区“新农合”参合人数48740人，覆盖率达100%，参合率达100%。全面落实国家基本药物制度，全区25家城市社区卫生服务机构、3家乡卫生院和19家村卫生室采购国家基本药品目录品种为492种，药品价格平均降幅达30%。加强初级卫生保健体系建设，初保覆盖率达100%。扎实推进健康教育、预防接种、传染病防治、高血压、糖尿病、重性精神疾病管理和儿童、孕产妇、老年人保健。扎实开展艾滋病防治工作，被评为“2008～2010年云南省防治艾滋病人民战争先进集体”。认真开展卫生监督执法工作，严厉打击非法行医，全面开展食品药品三级网格化管理试点，加强食品药品安全监控。

【平安和谐创建】 投入财政资金5461.8万元，改善社区工作条件，对社区为民服务中心及活动场所进行标准化建设。深入开展医疗卫生、文化教育、城市管理、公共服务进社区活动。创建了10个“静脉社区”，20个品牌特色社区，启动了红云、霖雨等社区“三维数字”社区试点。在观音寺、江岸等4个社区推进居家养老服务试点，顺城社区已通过国家级服务标准化试点验收。全区建有调解组织311个，调解员2385人，形成遍布城乡的调解委员会、调解小组、调解员三级调解网络；调解各类民间纠纷7841件，调解成功7738件，调解率和成功率分别为100%和99%。在全市率先开展“走千家、访万户、办实事、解难题”活动，积极探索独具五华特色的“四三二一”（即“四群、三深入、两心、一服务”群众工作模式，构建起以人为本、服务群众的“84510”为民服务长效机制。健全完善社会治安打防管制体系和社会稳定预警机制，开展打盗抢、打团伙，保平安、保民生的“两打两保”专项行动，依法严打各类违法犯罪行为，大力整治安全生产及消防安全方面的突出问题，有效预防和减少了特重大事故发生。荣获“全国法治县（市、区）创建活动先进单位”称号。

（杨连国）

盘龙区

【年内大事】 1月28日，盘龙区委、区政府隆重举行盘龙区羊肠片区政府储备用地一级开发项目路网建设开工仪式

1月30日，昆明合虚民族民间文化传习体验馆在钱王街四号楼隆重开馆。

2月12日，由昆明报业传媒集团、昆明广播电视台（集团）联合推出的年度大型公益评选活动“精彩昆明”首届城市贡献奖暨温暖春城榜揭晓。盘龙区张官营城中村改造项目荣获昆明市十大城市贡献奖中城建典范奖。

2月20日，盘龙区政府聘请40名知名的专家、学者和企业高层管理者组成区政府专家顾问团。

3月3日，“全国水土保持会”全体与会人员到阿子营铁冲村，对盘龙区水土保持工作进行现场观摩。

3月，在2011年全国中医医政工作会上，盘龙区被国家中医药管理局授予“全国社区中医药工作先进单位”称号，成为云南省首家获此殊荣的县区。

3月17日，盘龙区举行滇源镇、阿子营镇改设为滇源街道办事处、阿子营街道办事处揭牌仪式。

3月25日，松华坝水库一级保护区核心区移民搬迁工作正式启动。4月2日，移民搬迁住房分配工作启动。

5月28日，昆明市首家红十字“青少年校外活动基地”在盘龙区青少年宫挂牌成立。

6月5日，盘龙区在世界环境日，在阿子营街道铁冲村举办“保护饮用水源，共筑生态盘龙”的大型宣传活动。

6月16日，盘龙区东二环石闸立交桥下的“下河埂公园”，面向市民全面开放。盘龙区仅用10天就完成的27亩生态公园建设。

7月18日，松华坝源头及冷水河、牧羊河汇水区范围内66个自然村的“三池”建设全部完工。

7月22日，盘龙区举行大波村片区城中村重建改造安置房项目启动仪式。

8月16日，选址于盘龙联盟片区俊发中心的汇丰银行正式开业运营。

8月30日，以“学习杨善洲、绿化彩云南”为题的昆明松华坝水源保护区“万亩森林”义务植树基地建设工程在双龙街道办事处正式启动。

10月8日，盘龙区委、区政府、区人大、区政协等主要党政部门搬迁到位于北京路与沣源路交叉口的新行政中心办公。

10月8日，盘龙区举行中坝片区城中村改造与全域城市化试点项目集中居住新区建设开工仪式。项目涉及中坝村、张家寺村、雨树村、郑家村4个村，改造项目总占地2167.77亩。

10月13日，盘龙区政府与香港恒隆集团正式签订“恒隆广场·昆明”项目建设合作协议。该项目是香港恒隆集团目前在国内投资规模第二大的城市综合体投资项目。项目用地在盘龙区东风广场片区（原市政府地块），总占地面积为56042.97平方米（84.06亩）。项目将投资上百亿元人民币，在昆明市中央商务区打造一个集金融、商务、商贸、居住、休闲、娱乐等功能为一体的新兴城市综合体。

10月20日，第二十一届中国厨师节暨首届滇池·泛亚国际美食节在世博吉鑫园落下帷幕。

11月，盘龙区5所民办幼儿园申报创建省一级三等幼儿园已通过市级专家组考核，全区省一级示范幼儿园已达到22所，占全区学前教育规模的30%。

11月18日，盘龙区金辰街道办事处辖区的清泉村城中村改造回迁安置房建设项目正式破土动工。该项目总用地255.71亩，总投资约21亿元。

11月，盘龙区连续第四次荣获全国“科技进步先进县（市）”荣誉称号，成为云南省唯一连续四次获此殊荣县（市）。

12月15日，主持区委工作的区委副书记吴涛、代区长尹旭东率队到滇源街道办事处周达村委会和阿子营街道办事处，召开盘龙区“四群”教育活动民情恳谈会，全面启动盘龙区“四群”教育活动。

12月22日，苏家村及东站新村旧城改建项目安置房建设正式启动，此为昆明市第一个旧城改建的试点项目。

12月25日，东风东路17号原昆明市政府1号办公大楼于上午10时整，按预定方向成功爆破。此爆破工程的圆满成功填补昆明市乃至云南省在市中心地段高楼定点爆破的历史空白。

【区划、人口】 盘龙区位于昆明市主城区东北部，2009年7月以前辖区面积345.83平方千米，建成区面积45.79平方千米，山区面积约292平方千米。2009年8月，盘龙区对嵩明县阿子营镇和滇源镇行使管理权。两镇辖区总面积为541.1平方千米，下辖32个村委会，217个村民小组。盘龙区管理面积从345.8平方千米扩大到886.9平方千米。2011年3月，经省、市政府批准，由盘龙区托管的滇源镇、阿子营镇改设街道办事处，全区共辖拓东、鼓楼、东华、联盟、金辰、青云、龙泉、茨坝、松华、双龙、滇源和阿子营12个街道办事处，共49个社区、48个村委会。

根据第六次全国人口普查数据结果，全区常住人口（包括滇源、阿子营街道办事处）809881人，全区常住人口与第五次全国人口普查相比，10年共计增加162777人，增长25.15%，平均每年增长16277人，年平均增长率2.27%。其中，居住在城镇的人口为721604人，占全区常住人口的89.1%，居住在农村的人口88277人，占全区常住人口的10.9%。全区常住人口中，男性为 418353人，占51.66%；女性为391528人，占48.34%。常住人口性别比为106.85（以女性为100，男性对女性的比例）；汉族人口为726205人，占89.67%；少数民族人口为83676人，占10.33%。

2011年，全区城镇化率达90%。阿子营镇和滇源镇由盘龙区托管后，全区人口密度有所下降，为每平方千米920人。2011年，盘龙区人口出生率 5.29‰，死亡率2.61‰，自然增长率为2.67‰。

【经济综述】 2011年，全区地区生产总值完成301.85亿元，同比增长13.9%。规模以上工业实现工业总产值49.97亿元，同比增长10.1%。全社会固定资产投资完成273.55亿元，同比增长30.2%。非公经济增加值完成139.22亿元，同比增长15.7%，占生产总值的46.1%。社会消费品零售总额累计239.53亿元，同比增长20.3%。

财政收入显著增加，税收再创历史新高。全区财政总收入完790260万元，同比增长89.94%。其中，地方财政总收入完成517291万元，同比增长28.83%，其中：上划中央、省收入完成297203万元，同比增长26.57%；一般预算收入完成220088万元，同比增长32.02%。一般预算收入完成进度及增幅均居全市第一版块第一位。政府性基金收入完成272969万元，同比增长1778.92%。

通过进一步调整优化结构，不断提升产业核心竞争力，推动经济增长向一、二、三产业协同带动转变。三次产业比为0.94：31.59：67.47。第三产业在全区经济发展中的主导地位进一步增强，全年实现增加值156.68亿元，增长13.3%，外贸进出口实现2.125亿美元，同比增长26.7%，非公经济增加值完成139.22亿元，同比增长15.7%，占GDP比重为46.1%。第二产业稳步提升，工业增加值完成37.83亿元，同比增加12.7%，主营业务收入完成123.94亿元，工业利润总额完成7.63亿元，工业固定资产投资完成4.47亿元，同比增长102.6%。第一产业健康发展，烤烟生产质量效益稳步提高，蔬菜、水果等特色产业快速发展，实现农业增加值2.17亿元，增长3.7%。

【商贸服务业】 2011年，全区实现社会消费品零售总额239.53亿元，比上年增长20.3%。批发零售贸易业零售额210.62亿元，比上年增长20.82%；住宿和餐饮业零售额28.91亿元，比上年增长16.49%；公有经济实现零售额16.2亿元，比上年增长17.05%；非公有经济实现零售额223.33亿元，比上年增长20.52%，非公有经济占全区社会消费品零售总额的93.24%。批发零售贸易业、住宿餐饮业总收入实现551.74亿元，比上年增长25.42%，国际贸易进出口总额为29932万美元。

全力打造中央商务区、联盟总部经济次商务中心、北辰商务休闲次商务中心、小坝高科技研发次商务中心、世博旅游度假次商务中心，加快发展北京路、穿金路沿线总部经济及金融服务产业聚集带，加快都市商圈培育，促进特色产业发展。强化商业网点规划和建设，提升商圈、商业网点和特色街区的市场载体功能，完善社区商业服务功能。结合城中村改造，充分发挥政府资源的作用，引导发展高端写字楼和购物中心，打造集金融、购物、休闲、娱乐、商务办公为一体的城市综合体。以东风广场、联盟、北辰、世博片区、小坝片区、北部山水新城为重点，加大楼宇资源开发改造力度，着力建设商务楼宇，高水平发展楼宇（总部）经济，形成一批总部经济聚集区。建立完善企业总部管理与服务机制，以优惠条件吸引国内、省内和本地优秀企业入驻。重点培育现代服务业、高新技术产业和优势传统产业研发总部，发展、形成商贸、金融、旅游休闲、临空服务、生态农业开发等企业总部。着力服务好现有重点企业总部和重点楼宇，促进现有楼宇（总部）进一步发展壮大。进一步提升传统商贸服务业品质，继续发挥好金格百货、北辰财富中心等引领作用。

突出绿色生态，走保护和合理开发并举之路，发展都市农业，打造生态宜居小区和科技创业区；突出打造独具特色的工业企业总部经济园区，大力支持云内动力、醋酸纤维、沈阳昆机、力神重工等规模大、效益好、辐射带动作用强的工业企业将总部、技术研发中心、销售公司、结算中心等继续留在盘龙发展，进一步吸引国内外特别是省内各地州大型工业企业总部入驻聚集发展；突出借助外力，加强与全市40个驻外分局的合作，实现资源共享，共同发展。

以主城核心区、北部片区、东部片区为商贸中心的增长格局基本形成，白塔及东风广场片区商圈的核心、引领、辐射、带动作用进一步明显，金格百货等品牌形象进一步提升，高端、精品商贸地位进一步巩固；北部片区财富中心商圈加快聚集，联盟商圈不断成熟，国际友联、俊发中心、颐高数码等楼宇、总部经济日益壮大，欣都龙城项目全面启动；东部片区新型商贸业态初具规模，得胜家居世博店、世博车市、园博印象花鸟市场、虹桥车市等特色专业市场发展迅速。

【招商引资】 2011年，盘龙区实际利用市外资金在第一板块各县区中排名第一。特别是引进恒隆广场、黄金集团、三峡集团等一批投资额度大、带动作用强、赋税率高的大项目、好项目。政府性投资项目进展良好、企业投资项目有序开展、重点产业类项目稳步推进。

全区共引进市外投资项目240个，实际利用市外资金69.15亿元，引进外资项目8个，实际利用外资3911.42万美元。引进昆明泛亚黄金交易所、汇丰银行昆明分行、恒大雅苑、白沙润园等项目，签约金额约22亿人民币。云南黄金矿业集团总部大楼、三峡集团公司云南区域总部、红星美凯龙家居连锁商场等项目成功签约，香港恒隆集团投资的大型综合体项目“恒隆广场 昆明”落地中央商务核心区。

【城乡建设】 强力推进路网建设。狠抓交通设施建设“三年计划”目标，寺瓦路、北京路延长线等7个项目竣工通车，通车里程18.4千米；盘龙190、小坝路、盘龙240道路等19个项目开工建设。推进农村公路建设，完成小营至迤者、7204线至朵格村委会的农村公路续建工程建设，实现全区行政村100%通硬化道路的目标。

大力实施保障性住房建设。城市棚户区改造安置房竣工4744套，在建9665套，竣工面积完成70%，投资总额完成60%。长地埂村经济适用住房建设项目设计方案已通过市规委会审批，并按程序加快推进；云南印象经济适用住房建设项目稳步推进，已完成地勘、块场地平整等前期工作。廉租住房建设顺利实施，已经建成907套，其中504套已经封顶断水，年内可竣工交付使用。公共租赁住房已全部封顶断水。

加快水利基础设施建设步伐。阿子营闸坝水库除险加固工程已建设完工。滇源樟木箐、松华龙潭2座小（二）型水库除险加固工程、滇源集镇供水工程一期、闸坝水库及东干渠防渗工程（闸坝至茨坝连通工程）一期已开工建设。完成小水窖等“五小”水利工程建设1500余件。投资102.5万元，开展6个生态村水利配套项目建设，新建500立方米水池3个，安装配套管网31650米。

完善规划体系，启动全域城市化试点安置房建设，扎实开展城市更新改建。全区76个城中村已完成68个村的规划编制，其中47个村改造项目修建性详细规划获得市规委批准。36个村启动土地拆迁整理，其中，5个村全面完成拆迁。全区城中村改造开工面积265.07万平方米，竣工面积31.49万平方米。安置房建设工作稳步实施。廖家庙村、下河埂村、大白庙村、麻线营村、三竹营村、新发村6个村已完成土地挂牌交易，率先在全市完成106以内12个城中村改造项目土地交易工作。全面启动栗树头、中坝片区、桃园村等12个村安置房建设，小龙村等12个安置房项目即将封顶断水，竣工总面积达91万平方米。

【生态建设】 深入推进“四创两争”，获得“国家卫生城市”和“国家节水型城市”称号。强势推进“创卫”工作，加大督查、督办力度，环境卫生、市容市貌明显改善。6月，创卫工作已通过国家级综合评审，9月，“国家节水型城市”授牌。生态创建快速推进，20个市级生态村全部顺利通过验收并获得市政府命名。松华街道创建国家级生态乡镇已通过省级验收并获得国家级命名。创建“全国文明城市”、“国家环保模范城市”、“国家森林城市”和争创“联合国人居奖”工作也在全力推进中。

着力创新城市管理体制，深入推进社会管理创新，着力构建“信息共处、资源共享，分工明确、网络管理，统一指挥、高效有序”的“网格化”综合管理工作体系，推进城市管理实现全方位覆盖、人性化服务。完成12个街道办事处网络平台的搭建工作，进一步提升城市管理数字系统，不断完善城市管理技术手段。强势推进“十一个零申报”工作，不断加强拆临拆违、“四环十七射”道路两侧环境综合治理、机场高速沿线综合整治、滇池面山综合治理工作，对662个面积3.38万平方米地块的临、违建筑进行拆除并进行绿化。

完成辖区规划区范围内新增城市绿地289.66公顷，其中公园绿地50.08公顷，道路绿化87.44公顷，附属绿地30.96公顷，防护绿地121.15公顷，其他绿地0.03公顷；种植乔木42.32万株；种植攀援植物36.56万株；建设苗圃380亩；建设屋顶绿化4个，全面超额完成市下达的各项目标任务。

完成植树造林7175亩，其中，新增造林3625亩，“五采区”植被恢复125亩、美洲黑杨种植3000亩、其他难造林地及石漠化造林500亩；新造林地补植1350亩；生态隔离林带700亩；滇池面山抚育及补植1000亩；滇池面山封山育林500亩。完成中低产林改造2000亩，其中，森林抚育2000亩。完成天然林保护森林管护733000亩。建设苗木基地4500亩。建设政府样板林200亩。开展义务植树83.3万株,建设“杨善洲”林1500亩。

全面开展污染源拉网式普查及整治工作。普查登记生产经营户5192家，查处959家存在问题的生产经营户，取缔518家，整治441家。完成5家企业减排项目。年内新增削减二氧化硫26.33吨，氮氧化物3.3吨，化学需氧量6.93吨，氨氮3.12吨，万元GDP能耗同比降低率为4.93 %；规模以上工业企业万元工业增加值能耗同比降低16.05%。认真开展“烟尘控制区”、“环境噪声达标区”新建及复测工作，新建“烟尘控制区”7.87平方千米，新建“环境噪声达标区”5.86平方千米。

结合“一湖两江”流域水环境治理工作，推进河道整治。完成金汁河瓦窑村段、东干渠长地埂段、大波村段截污完善工程，实施羊青河上段（麦冲村片区）、羊青河下段（穿金路片区）、龙池村片区截污完善工程，共埋设截污管2200米，建设污水泵站1座和污水处理站4座。落实河道日常管理巡查责任制、入滇河道考核督查制，采取市场化运作模式确定全区24条河道的保洁管护主体。

推进滇池流域村庄截污和“城中村”污水全收集全处理。完成140个“三池”建设、76个“城中村”污水全面收集处理。同时，完成辖区入滇河道、水库、坝塘水葫芦种养629亩，并开展水葫芦管养及资源化利用工作。完成市下达26口地下水井封停任务。

加大水源区保护力度。围绕水源区保护与发展目标，投资2287万元完成铁冲生态清洁型小流域建设；开展水源区环境卫生综合整治，建成水源区垃圾收集房215间、垃圾中转站3个；完成源清水库、大石坝水库、铁冲小流域种植中山杉7640株。

【农业和农村工作】 建设一批科技示范园、科技产业孵化器、农业产业化首席科学家署名示范基地。深入推进集体林权制度配套改革，区林权流转中心挂牌成立，森林防火工作成绩突出。完成阿子营闸坝水库等除险加固和1800余件“五小”水利工程，农村水利基础设施配套不断完善。

加快农业产业结构调整。完成冬季休耕面积1万亩、种植业调整4万亩。组织实施8万亩测土配方施肥任务。规划和打造“五大基地”，推进园区建设。在松华、滇源和阿子营等街道办事处，规划建设万亩生态农产品标准化基地，万亩绿化苗木产业基地和碳汇造林基地、万亩无公害规范化中草药种植基地、万亩经济林果种植基地、态休闲观光基地。完成播种面积14.4万亩，完成蔬菜种植4万亩，实现产量2.31万吨，产值3510万元。实现水果种植面积为1.39万亩。完成烤烟指导性种植面3.03万亩，指令性烟叶收购计划7.59万担。

省级重点村建设稳步推进，总投资1039.35万元，对阿子营街道7个村组进行基础设施改造、产业项目开发、生态建设和社会事业项目投资。完成省、市级扶贫整村推进项目7个，共建设各类扶贫项目26项。滇源、阿子营、松华均已申报国家级生态乡镇并通过省级验收，双龙已成功创建为省级生态乡镇，茨坝申报省级生态乡镇并通过省级专家组核查。完成20个生态村创建工作。推广能源建设，完成农户沼气池建设185口，节柴改灶419眼，太阳能推广应用150户。

【科技、教育】 通过深入实施“绿色光亮”惠民工程，推荐科技创新项目，增强科技成果转化对经济社会发展的贡献，不断推进区域科技创新活力。组建成立第二届区政府专家顾问团，充分发挥“智囊”和参谋作用，提高全区决策的科学化、民主化水平。深入开展打击侵犯知识产权和制售假冒伪劣商品专项行动，进一步加大知识产权保护力度。积极申报市级知识产权强县培育工程，逐步完善知识产权行政管理工作体系。

2011学年辖区内有普通中学31所，中职教育学校16所（未含教师进修学校），普通小学72所，幼儿园78所，特殊教育学校1所，教师进修学校1所，各类学校的各级专任教师达6215人。全区所有在校、在园学生共123460人，其中：普通中学26719人，中职教育学校21671人，普通小学54327人，在园（校）幼儿20676人、特殊教育学校在校学生67人。进一步巩固教育“两基”成果，顺利通过省政府教育督导团的评估，推荐为“教育先进区”。大力开展农村中小学标准化建设，重工中学等改扩建项目竣工投入使用。全面实施校安工程，不断改善办学条件。扎实推进“三带”模式，扩大优质教育资源。

【卫生】 2011年，辖区内共有各级各类医疗机构629家，其中医院35家、社区卫生服务机构58家（不含卫生院）、街道（镇）卫生院8家、门诊部36家、诊所368家、村卫生室71家、医务室（卫生所）50家、卫生执法监督机构1个、疾控中心1家、妇幼保健中心1家。辖区内医疗卫生机构拥有病床4383张，平均每千人拥有医师3.7人，拥有护士3.4人，拥有床位5.4张。全区71家村健康教育网络覆盖率达95%，艾滋病入户宣传率达到100%。计划免疫“四苗”接种率达95%，乙肝疫苗接种率城镇达90%以上，农村达85%以上；消灭脊髓灰质炎接种率，常住儿童达95%以上，流动儿童达90%以上。

加强对医疗机构的监管，全面启动实施国家基本药物制度，施行零差率销售，规范药品采购渠道，降低药品价格。健全和完善基层医疗卫生服务体系。公立医院、卫生院机构改革加快推进，区属所有街道卫生院转型为社区卫生服务中心，实行“医防分设”模式，设立公共卫生部、医疗服务部。全面推进区人民医院世博分院建设项目，完成鼓楼、金辰、青云、茨坝社区卫生服务中心改建项目。加大卫生执法力度，全年共开展12次大规模联合打非行动。

【文化、体育、旅游】 构建公共文化服务体系，实施全国文化信息资源共享工程，民间文艺团队发展壮大，城乡群众文化生活不断丰富，成功举办第31届盘龙江文化艺术节。开展公共文化服务体系建设工程，免费开放图书馆、文化馆，全面提供基本文化服务。建立社区文化沟通协会，实行社区文化指导员制度；实施“全国文化资源共享工程”等工程，强化数字文化资源服务；加强群众文化活动和文艺文学创作。完成昆明国际旅游节文艺展演、灯会，举办建党90周年庆祝活动。成功打造三转弯苗族合唱团，参加中央电视台CCTV“歌声与微笑”比赛并获得金奖。原创歌曲《蓝头巾》获昆明市文艺创作茶花奖——新作奖，《昆明60年记忆》一书获市社科“十一五”成果二等奖。加强体育基础设施建设，安装5条健身路径，新建5块农村标准篮球场；完成野鸭湖健身步道设计工作。组团参加昆明市第四次运动会，并获得较好成绩。规范乡村旅游发展，麦冲村顺利通过全省第二批乡村旅游特色村镇的考评验收，旅游收入逐年提高，全年辖区旅游总收入62.43亿元，同比增长28.95%。

【社会保障和人民生活】 完善社会保障体系，就业再就业工作成效显著，“零就业家庭”实现动态清零，城镇登记失业率控制在1.89%以内。在全市率先启动全国第三批新型农村社会养老保险和城镇居民社会养老保险试点，逐步建立区、街道、社区、退休人员管理工作站“四级”联动社会化管理服务平台，实现养老保险制度全覆盖。扩大居家养老覆盖面，扩展GPS卫星定位助老信息服务内容。人口计生工作不断加强，社会福利、优抚安置和残疾人事业健康发展，建立西南地区唯一的“盲人定向行走训练指导中心”。

加强和谐社区建设，提升社会管理水平。深化“两委一站”管理体制，坚持实施“一社区一特色一精品”工程。青云街道昙华社区被国家老龄办评为全国敬老示范社区；联盟街道马家营社区被评为云南省和谐示范社区；东华街道小龙路社区被评为昆明市先进基层党组织；桃源社区被评为云南省民族团结示范社区和云南省和谐示范社区。按照“规范操作、分类实施，动态管理”的要求，把低保管理融入社区网格化管理中，实现应保尽保，动态管理，实现低保覆盖率100%，从制度上保障城乡困难群众的基本生活。

深入殡葬改革，强力推进松华坝水源保护区及“三沿五区”坟山墓地专项整治重点工作，全力推进农村公益性公墓的建设工作。

全区提供有效就业岗位35793个、新增城镇就业人数21976人，帮助8345名城镇下岗失业人员实现再就业，5831名就业困难人员实现就业，城镇登记失业率控制在1.89%；加大农村劳动力转移培训，转移培训农村劳动力23540人，转移就业21074人，开发公益性岗位400个；1869名灵活就业人员享受社保补贴政策；高校毕业生就业率达到90%以上，困难家庭高校毕业生就业率达100%；全面实现“零就业家庭”目标。创业促就业工作效果明显。完成小额担保贷款133户，发放贷款742万元；“贷免扶补”发放贷款283万元；盘龙区大学生创业园西南林业大学园区、盘龙区大学生创业孵化中心建设工作稳步推进。

2011年，城镇居民累计人均可支配收入为22919元，扣除物价因素后，比上年同期增长8.1%。农村居民人均收入8660元，扣除物价因素后，比上年同期增长12.1%。城镇居民人均住房建筑面积33.10平方米，农村居民人均住房面积60平方米。

（曾　毅）

官渡区

【年内大事】 1月7日，由全国人大常委会副委员长严隽琪带队的全国人大常委会视察组对螺蛳湾国际商贸城一期市场进行考察调研。

1月13日，公安部常务副部长杨焕宁视察昆明南部客运站。

同日，太和街道办事处和平路社区被省民委命名为“民族团结示范社区”。

2月11日，官渡区、空港经济区召开2011年“工业突破、园区建设、招商引资”动员大会。

2月22日，商务部副部长高虎城一行在省商务厅及市、区相关领导陪同下考察参观昆明螺蛳湾国际商贸城。

2月25日，由区政府主办，云

南中豪置业有限公司承办的昆明泛亚世贸中心项目正式启动。该项目规划总建筑面积约40万平方米，总投资60亿元。

3月1～8日，区委组织部选派50余名科级领导干部和民主党派人士赴中国人民大学进行异地集中学习培训。

3月7日，官渡区人民法院荣获“全国优秀法院”称号。

3月15日，区委举办新闻和网络发言人培训班。

3月16日，区委、区政府对绕环湖东路、彩云北路、昆玉线、东三环、广福路、老昆洛路、昌宏路、珥季路、雨龙路两侧沿线进行集中专项整治。

3月28日，区总工会荣获“云南省工会工作先进县区”称号。

3月31日，撤销中国共产党昆明市官渡区区级机关委员会，成立中国共产党昆明市官渡区区级机关工作委员会。

4月8日，官渡古镇被建设部、国家旅游局授予全国特色景观旅游示范名镇和全国4A级景区。

4月20日，中共中央政治局委员，广东省委书记汪洋一行在白恩培、秦光荣、仇和、杨志华等省市区领导陪同下，对昆明螺蛳湾国际商贸城进行参观、考察。

5月6日，官渡区选举产生区个体私营经济协会党委，并召开了第一届委员会第一次会议。

5月25日，区委书记、空港区党工委书记杨志华与中石油云南销售公司进行投资洽谈。

7月1日，区地税局在全市率先成功运行工会经费网络申报平台。昆明沙玛电机成套设备有限公司成为全市首家通过网络申报缴纳工会经费的企业。

8月12日，“杨善洲纪念林”义务植树基地动工建设。该基地位于大板桥街道办事处方旺林场小哨林区，占地面积1500余亩。

8月20日，中央文明办等八部委在螺蛳湾国际商贸城广场举行关爱农民工志愿服务活动启动仪式。团区委组织50名青年志愿者参加了启动仪式。

9月29日，区级储备粮食仓库项目开工。该项目规划用地面积112.23亩，投资估算1.6619亿元。

10月21日，区政府举行新图书馆开馆典礼。

11月4日，区委召开中共官渡区党史学会成立大会。

11月7日，区长刘毓新到信访大厅接待来访群众。25日，区人大常委会主任毕惠芝在信访大厅接访群众来访。

12月29日，吴井街道办事处“历史文化长廊”揭幕。

【区划、人口】 官渡区位于昆明主城东南、滇池北岸，东邻宜良县，南接呈贡县，东北与嵩明县交界，西南濒临滇池，西北与盘龙区相接，西与西山区相连。东西宽40.5千米，南北长39千米，全区国土面积635.49平方千米。森林面积29599.6公顷，森林覆盖率44.1%。区人民政府驻地关上街道办事处。2011年，全区辖10个街道办事处、1个空港经济区、109个社区居民委员会。年末户籍人口55.18万人，比上年增长6.7%；常住人口86万人，比上年增长0.3%。其中，汉族人口77万人，占89.53%；少数民族人口9万人，占10.47%。城镇化率大于90%；人口出生率为10.97‰，死亡率5.56‰，人口自然增长率5.41‰。计划生育率100%。

【经济综述】 全区实现地区生产总值549.23亿元，增长13.8%。其中，第一产业实现增加值7.84亿元，下降3.8%；第二产业实现增加值214.42亿元，增长17.7%；第三产业实现增加值326.97亿元，增长11.7%。财政总收入83.55亿元，增长25.1%；地方财政一般预算收入32.18亿元，增长23%；财政总支出37.96亿元，其中：地方财政一般预算支出35.7亿元，基金预算收入1.9亿元，支出2.2亿元，上划中央、省、市收入49.46亿元，超额完成任务5.6亿元。全区外贸进出口共完成2.72亿美元。全年接待游客1107.68万人次，增长14.5%；实现旅游收入99.16亿元，增长23.6%。年末各项存款余额740.52亿元，贷款余额546.40亿元。社会消费品零售总额实现238.05亿元，增长20.4%。城镇居民人均可支配收入23899元，增长15.8%，扣除物价上涨因素超实际增长10%；农民人均纯收入达10598元，增长18.8%，扣除物价上涨因素超实际增长11%。三次产业结构比调整为1.4:39:59.6。

【工业】 大力发展战略性新兴产业，园区突破与产业调整稳步推进，工业在国民经济中的主导地位日益凸显。现代装备制造、包装印刷、生物医药、小商品加工等产业集群初具规模，工业经济质量稳步增长。全区规模以上（年主营业务收入2000万元及以上）工业企业153户，实现增加值111亿元，比上年增长16.6%。工业总产值466.1亿元，增长17.0%。工业经济总量保持全市第二位。全年规模以上工业企业产销率达到97.8%；利润总额达到19.15亿元，增长15.8%；利税总额达到34.42亿元，增长14.3%。官渡工业园片区规划编制积极推进，收储土地6075亩。新建标准化厂房26.62万平方米，入园企业达69户，其中规模以上工业35户；新开工亿元以上工业项目4个，竣工2个。全年第二产业实现增加值214.42亿元，增长17.7%。

【城乡建设】 成立区城乡规划和土地矿产储备委员会，批准通过《昆明市中心城区空港分区规划（2009—2035）》，编制完成全区土地综合整治规划、增减挂钩实施规划以及空港4个片区控制性详细规划、9个专项规划和大板桥片区村庄规划。完善重点片区修建性详细规划编制和城市设计，14个片区31个城中村改造规划方案通过市规委审议。开展“重大基础设施建设推进年活动”，启动和建成一批重大基础设施建设项目。云秀路（官宝路）、金马路、归十路等道路竣工通车，老昆洛路南段改扩建路面主体工程完工，官渡63号道路建设加速推进。方旺片区一期2528套保障性住房主体竣工，二期3558套保障性住房全面开工。完成机场一期10.959平方千米土地证办理及机场外部配套供水、供电、排洪等重点工程建设。新机场专用高速路（南段）建成通车，空港1、3号路实现有条件通行。空港污水处理厂、垃圾焚烧厂主体竣工。空港经济区生活配套服务区公共配套项目规划建设工作有序推进。新开工城中村改造面积395万平方米，竣工面积101万平方米，金海新区一期、龙马新居“迁村并点”项目竣工，昆明滇池国际湿地文化旅游项目顺利推进。扎实推进市区一体化创建，创建“国家卫生城市”、“国家节水城市”胜利夺牌。巩固“国家园林城市”创建成果，启动创建“国家森林城市”，新植乔木33.48万株，新增城市绿地249.55公顷，建成区绿地率、绿化覆盖率分别达40%、44%；人均公共绿地达13.06平方米。全社会固定资产投资完成463.92亿元。年内确定政府性重大投资项目48项，其中，新建24项，续建24项，年度计划投资68.37亿元。在政府性重大投资项目中，农、林、水基础设施项目开工建设3项，年度投资4300万元。道路交通项目实施17项，年度投资343625万元。市政工程项目实施3项，年度投资32734万元。生态环保项目实施8项，年度投资83447万元。社会发展项目实施13项，年度投资139370万元。园区基础设施建设项目实施4项，年度投资80257万元。重点工程前期工作项目10项，估算总投资59.04亿元。分别为：沙井大河水库扩建工程、官渡区广普大沟综合整治工程、“十二五”九河整治工程、金浑公路、官渡5号路（东段）、官渡20号至293号路、关上东路、东华东路、金桥路（呈黄路延长线）、官渡中心学校综合楼新建项目。实施重点产业投资项目28项。其中，商贸物流项目7项，主要有台湾大润发项目、螺蛳湾三期、空港小商品加工基地，年度计划投资1117115万元，完成投资1139337万元，为年度计划的101.98%；工业项目21项，主要是工业园区入驻企业，年度计划投资45500万元，完成投资32320万元，为年度投资计划的71.03%。

【环境保护】 继续推进污染减排工作。年内，关停昆明市前进乳业有限责任公司、昆明肉类联合加工有限公司两家企业。全年普查工业污染源778家，审批690家，未批88家。完成工业污染源整治138家。完成七小企业整治20家。普查“七小”行业4157家，审批3340家，未审批817家。完成“七小”行业污染源整治674家。普查生活污染源693家，已审批660家，未审批33家。完成生活污染源整治33家。普查医疗机构污染源226家，已审批48家，未审批178家。完成医疗机构污染源整治107家。普查农业污染源59家，已审批6家，未审批53家。完成农业污染源整治3家，其中，牛栏江流域搬迁奶牛规模养殖场1家，搬迁奶牛895头；搬迁肉鸡养殖场2个，处置存栏肉鸡3.3万。加大对滇池流域水环境整治力度，对97个城中村、64个村庄污水进行收集处理。滇池面山绿化造林7091亩，完成省级生态乡镇（街道）申报，9个村获第二批市级生态村命名。扎实开展“四环十七射”道路环境综合整治工作，完善“棋盘式、网格化”城市管理机制，拆除临、违建筑343.34万平方米。新建5.05平方千米噪声达标区，巩固烟尘控制区、噪声达标区工作成果，复测率100%。狠抓节能降耗，审核验收清洁生产企业10户。规模以上工业单位增加值能耗下降13.6%，单位地区生产总值能耗下降5%，超额完成化学需氧量、二氧化硫等主要污染物减排任务。

【精神文明建设】 扎实推进市区一体化创建，在巩固“国家卫生城市”、“国家节水城市”、“国家园林城市”创建成果的基础上，启动创建“国家森林城市”。申报并推进创建云南省文明城市（区）工作。出台《官渡区、空港经济区2011年精神文明建设工作意见》。举办2011年官渡区创建全国文明城市和云南省文明城市（区）工作专题培训班，组织召开“官渡区创建云南省文明城市（区）”会议。深入宣传社会主义核心价值体系，以及创建全国文明城市、创建云南省文明城市（区）基本知识。用3个月的时间收集、整理、归类、完善官渡区创建云南省文明城市（区）文档资料。积极迎接省文明委专家考评组对官渡区2011年创建云南省文明城市（区）的考评验收。做好云南省文明委组织的对官渡区2011年申报的3个全国文明单位和1个全国文明村的考评验收工作。继续组织开展各种教育活动。制定出台《官渡区2011年市民文明学校工作计划》，大力开展思想道德教育和精神文明创建活动。主办“学雷锋、讲文明、树新风”，做文明有礼的官渡人志愿服务活动月。开展各项志愿服务活动。组织全区教育系统各幼儿园、中小学进行“诵读红色经典，感悟民族精神”竞赛活动。通过省级文明城区创建检查。年内，创建国家级文明单位（村）4个。

【农、林、水】 坚持以农民增收为核心，大力发展优质、高效、生态农业。培育国家、省、市农业龙头企业33家，获得有机产品认证6个、绿色食品认证19个、无公害农产品认证14个，完成滇池流域农业产业结构调整4606亩。全年区粮食播种面积7.48万亩，粮食产量2160万千克，蔬菜播种面积3.51万亩，上市7510万千克。花卉园艺种植11745亩，鲜切花产量38760万枝。总产值51715.4万元。年内生猪出栏64378头、家禽出栏599073只、牛出栏693头、羊出栏4896只，肉类总产7564200千克、禽蛋产量2380万千克，出栏家禽119万只，畜牧业产值23900万元。

完成绿化面积7091.1亩，新增造林410.1亩，新造林地补植3481亩，生态隔离带1200亩，滇池面山抚育及补植500亩，滇池及阳宗海面山封山管护1500亩。政府样板林200亩，中低产林改造4000亩，天然林保护森林管护331000亩市级苗木基地建设3600亩，完成任务量的102%，义务植树83.34万株。完成美洲黑杨育苗15万株。“杨善洲纪念林”植树1500亩。新增城市绿地319.55万平方米，人均公共绿地13.06平方米。年内，种植乔木33.48万株，攀缘植物36.98万株。完成公园绿地建设50.86公顷，屋顶绿化示范点2个。建设苗木基地430亩。建成区绿地率40.03%，绿化覆盖率44.03%。全年管养的建成区绿化面积321万平方米，视觉补差、缺（损）补植乔木4945株、灌木17.95万株、草坪3.22万平方米，攀缘植物3.47万株、竹类2.03万株。种植中山杉75534株，墨西哥落羽杉2382株。启动公益林生态效益补偿工作，兑现公益林生态效益补偿金102.05万元。完成天然林资源保护森林管护38.4万亩。修编完成《官渡区、空港经济区城乡园林绿化及生态建设规划（2011-2025）》。继续加大水利工程开工建设力度。年内，投资3444.66万元，扩建复兴水库，将原总库容10.71万立方米扩容至总库容129.790万立方米。启动宝象河水库除险加固工程，项目概算总投资2005.59万元。实施4件区级投资人畜饮水工程，投资194万元，改善6个居委会9个自然村2530人的饮水问题。完成空港经济区石乾沟防洪排水三期应急度汛工程，工程总长1749.10米，设计排水能力为百年一遇，洪峰流量70.4～147立方米/秒，总投资2000万元。加强对集中式饮用水源地的保护管理。2011年，全区持续干旱，库区后备水源减少，全年库区上游来水124.32万立方，供水312.91万立方，降雨439毫米，全年供水形势严峻。为确保居民用水，根据水库蓄水情况，增加青龙洞、龙泉寺水源的取水量，宝象河水库按计划供水，保障城市用水。建立水源清洁保洁长效机制，即时打捞清运水库、河道漂浮物、淤泥、杂草等。在一级保护区全面禁止畜禽养殖，二、三级保护区无规模化养殖。积极推广农村清洁能源工程，完成200眼节能气化灶改灶工作。推广农村户用沼气池83口。积极做好防汛抗旱工作。加强应急防范和值班值守，落实人员物资储备，组织建立防汛抢险应急队伍。全年组织防汛排水抢险四次，共出动抢险人员411人次、抢险车辆21辆次，水泵47台，下拨防洪袋1200条，调集抽水机8台。

【教、科、文、卫、体】 不断加大教育投入，推进义务教育均衡发展，出台《官渡区学前教育三年行动计划》。创建10所云南省一级示范幼儿园。学前一年毛入园率100%，学前适龄儿童入园（班）率100%。不断巩固和发展“两基”成果，小学适龄儿童入学率、残疾儿童入学率、小学巩固率均为100%。初中适龄儿童入学率124.38%，巩固率99.6%。实施《官渡区普通高中强基提质三年行动方案》，支持和鼓励民办普高、民办中等职业学校扩大办学规模。高中阶段毛入学率98.5%。完成高中学校通用技术实验室的配置。全区共有6所省一级完全中学，占全区完全中学总数的50%。高考上线率98.27%，录取率为88.06%。大力发展职业教育，面向市场设置专业。年内，职业高级中学招生860人，在籍学生人数3000多人，普、职比为1:1.25。区职业高级中学经教育部审核认定为国家级重点中等职业学校，被列入全国第二批千所示范学校。民办教育有所突破，批准成立9个幼教机构，3所小学，10个培训机构，3个教育集团。民办幼儿园在园幼儿37384人，占全区学前教育在园幼儿人数的90.2%。民办高中在校学生6994人，占46.43%。2011年，官渡区被云南省政府评为“教育工作先进县（区）”，被昆明市人民政府评为“两基”工作先进单位。年内，全区免除学杂费补助资金共2255.43万元，其中，下拨中央经费1372.54万元，市级经费583.55万元，区级财政补助经费299.34万元。补助农村贫困家庭寄宿学生613.8万元，其中，中央补助资金306.9万元，区级补助资金306.9万元。

进一步完善科技创新政策。贯彻实施《国家中长期科学和技术发展规划纲要（2006-2020年）》若干配套政策，组织昆明南疆制药有限公司，云南福保农业科技开发有限公司、云南一通工贸有限公司3家企业申报市科技局科技富民强县工程。全年立项报批科技计划项目20项。申报科学技术进步奖14项，科技创新认证奖6项。引导企事业单位争取上级科技资金800万元。组织3家区属企业申报高新技术企业。年底，7家申报高新技术的企业进入公示期。加快科技人才建设，培养、引进优秀科技人才、中青年学术和技术带头人139人。加强知识产权的管理和保护，推荐13家企事业单位申报昆明市知识产权试点示范培育，年末，区内共有12家昆明市知识产权试点示范单位。年内，审查专利61项，其中，发明专利9项；实用新型专利29项；外观设计专利23项。完成专利申请和授权量1045件。全年投入科技的财政资金7501万元，比上年增长66.8%。产业发展扶持资金1000万元、工业园区发展专项资金1000万元。全社会研究与发展经费投入占GDP比重1.82%。2011年，官渡区被评为“全国县市科技进步考核先进区”、“全国科普示范区”。

安排慰问演出团送戏下乡12场次、送数字电影下乡90场。组织庆祝建党90周年“唱响昆明—爱国歌曲大家唱”合唱比赛及庆祝建党90周年美术、书法、摄影作品展览。打造“一村一品一特”的特色文化社区，在矣六街道办事处新亚洲、六甲街道办事处福保等社区等建设5个文化沟通协会示范点。建设完成63家农家书屋，向63家农家书屋共配发价值145.53万元的图书、音像资料及报纸。不断提升民间博物馆行业水平。年末全区共有25家博物馆，位居昆明市前列。加强保护非物质文化遗产，在官渡古镇建立非物质遗产保护中心和传习基地。建立“官渡饵块传习馆”及“官渡滇剧花灯传习馆”。组织完成彝族撒梅人文化资源调查、编纂出版《戴鸡冠帽的彝族撒梅人》一书。

全区有各级各类医疗机构783家，人员6170人，其中卫生技术人员5743人，设置床位4277张。政府举办的医疗卫生单位14个。社区卫生服务机构67个，村卫生所44家。其中社区卫生服务中心25家，总床位610张，医护人员688人。社区卫生服务站42个，医护人员355人。辖区内民营医院24家，厂矿、学校医务室48家、个体诊所631家。每千人拥有执业医师3.43人，拥有执业护士2.78人，拥有床位5.01张。卫生机构的设置已覆盖全区街道、村（居）委会，初级卫生保健覆盖率100%。全区无甲、乙类传染病暴发疫情，无院内感染引起的重大疫情或死亡事故。

狠抓竞技体育训练，对田径、游泳、自行车、篮球、举重等项目从基础抓起，并结合业余训练实际情况，把全区体育苗子相对集中在条件较好的网点展开专项训练。年内，全区共有常训网点学校27所，其中小学19所，中学8所。在校参训学生人数已达480多人。在昆明市第四届运动会上，官渡区代表团一举囊括青少年组、成年组团体总分第一，金牌数第一，并荣获大会组委会颁发的体育道德风尚奖。全年承办和接待各级各类运动会和大型活动36次，其中：地区性比赛1次，国家级比赛1次，省级比赛2次，市级比赛2次。接待人数达21.8万/人次。

【社会保障】 社会保障体系逐步完善，全区基本养老、失业、工伤、生育、职工医疗保险以及居民医疗保险覆盖率进一步提高。2011年，全区养老保险参保单位3607家，城镇职工养老保险参保人数9.77万人；工伤保险参保人数7.15万人。其中农民工参加工伤保险人数达到3.9万人；生育保险参保人数达到5.38万人；超龄参保人员3595人。为2.6万名离退休按时足额发放养老金2.5亿元，发放退休人员丧葬补助费和一次性抚恤费金额421万元，为139名职工支付工伤保险待遇513万元，为680名职工支付生育保险待遇64万元。全区城镇基本医疗保险参保人数达到45.1万人。其中：城镇职工基本医疗保险参保人数为17.2万人，城镇居民基本医疗保险参保人数为27.9万人。新增参保456家，新增发放医保IC卡1.5万多张，新办“特殊疾病”251人，“特殊慢性病”1597人，城镇职工药店刷卡审核结算24.3万人次，个人账户支付1834万元；医院门诊审核结算29.4万人次，个人账户支付1523.9万元，统筹基金支付679.9万元。城镇居民普通住院审核结算1.13万人次，统筹支付3288万元，生育审核结算857人次，统筹支付66.7万元。公务员住院医疗补助报销1874人次，报销金额261.6万元；工伤医疗费报销73人次，报销金额20.3万元；生育医疗费报销71人次，报销金额16.9万元；离休干部医疗费报销679人次。建成85个社区和25个定点首诊医疗机构城镇居民医保参保经办点。全区失业保险参保人数11万人，接收失业职工档案9789份，办理《失业证》5560本，2.28万人次享受失业保险待遇1624.5万元。农村养老保险政策进一步完善。全区被征地人员参保累计3.2万人。其中，新增参保人数2164人，共有1.5万人领取养老金，月发放养老金总额438万元。全年累计开发就业岗位43235个，新增城镇就业29922人，转移就业农村富余劳动力21614人。城镇登记失业率2.2%，城镇“零就业”家庭保持动态清零。全年全区财政投入民生类资金10.06亿元，增长25%。城市最低生活保障标准提高到人均每月310元。全年受理劳动举报、投诉案件235起，为420位劳动者追回工资108万元，责令用人单位为53名农民工退还押金3.92万元。处理突发案件57次，涉及农民工3800余人，涉及金额5055万元。积极推进劳动监察“两网化”建设，全区建成9个二级网络，53个三级网络，初期完成网格内20116户用人单位信息采集工作。

（加三益）

西山区

【年内大事】 2月12日，北师大昆明附中被国家环保部授予“国际生态学校”荣誉称号，成为全省首所“国际生态学校”。

2月16日，西山区召开螺蛳湾中央商务区（二级CBD）拆迁改造攻坚“百日会战”动员大会，力争通过“百日会战”，实现螺蛳湾中央商务区建设项目拆迁改造取得重大突破。

4月16日，西山区举行昆明长坡泛亚国际物流园区招商引资大型推介会。

5月25日，历经2年多市场关闭搬迁、拆迁改造工作的螺蛳湾中央商务区回迁安置房建设正式启动。

6月20日，昆明市首个“四退三

还一护”及“迁村并点”安置房苏家村安置点保障性住房在苏家村建成交付使用。此项工程投入资金约1.2亿元，建有9栋261套安置房。

7月4日，由昆明宏盛达投资发展（集团）有限公司与中国民营企业500强“月星集团”有限公司合作的大型商业综合体“昆明宏盛达月星商业中心”开工。项目总投资20亿元、占地约5.63公顷、建筑面积30万平方米。

7月10日　西山区“巾帼打捞队”当选为云南省首届“十大环保杰出人物”。

7月11日上午　西山区组织公安、消防等部门，调集警力，发动村民，成功解救11名被困西山小石林后面悬崖的攀岩群众。

7月22日，西山区招商引资项目“建筑垃圾再利用生产免烧环保墙体砖项目”举行签字仪式。项目选址在团结街道办事处昆明发电厂的粉煤灰堆场，协议总投资1.2亿元。

8月17日，西山区交通运输局被交通运输部授予“农村公路建设质量年活动先进集体”。

8月　由云南东骏药业有限公司投资建设的云南医药物流中心建成并交付使用。中心总投资近5亿元，总建筑面积10万余平方米，是集仓储物流、电子商务、展示交易、信息传媒、商务办公等功能于一体的医药物流中心，项目涵盖5470家药品厂家，1万家批发企业。

9月1日上午，首届“全国安全用药月”云南省启动仪式在西山区金马碧鸡坊举行。

9月1～6日，　位于城中村改造30号片区（一期）的“南亚风情第壹城”项目223套回迁安置房交付回迁村民使用。

9月23日，西山区实现地震应急避难场所城乡全域化覆盖。全区建应急避难场所共87个，可利用面积190万余平方米，可容纳95万人。

10月，西山区文化馆被评为国家一级文化馆。

11月21日，西山区被国家科技部授予“全国县（市）区科技进步考核先进集体”。

12月1日，由省一级示范园—昆明市十八幼儿园与海口里仁居委会合办的十八幼里仁民族幼儿园正式开园。该园为昆明市第一所村级民族民汉双语幼儿园，以解决当地回族子女入园问题。

同日，西山区被云南省知识产权局确定为“全省首批知识产权强县工程试点区”。

12月6日，西山区17个社区在全市范围首批通过云南省卫生村检查验收。

【区划、人口】　西山区位于昆明市主城区西南部，东濒滇池，与官渡区、五华区接壤，西邻安宁市、禄丰县，南连晋宁县，北接富民县。全区总面积881.32平方千米。2011年，全区辖马街、金碧、永昌、前卫、福海、棕树营、西苑、碧鸡、海口、团结10个街道办事处。下辖社区居委会98个、居民小组393个。年末，西山区常住人口为 76.24万人，其中户籍人口为50.79万人。在户籍人口中，男性人口25.4万人，女性人口25.39万人。非农业人口　40.19万人，占户籍人口的79%。少数民族人口为7.72万人，占总人口的15.2%　。人口出生率为 5.51 ‰，死亡率3.30‰ ，人口自然增长率控制在2.07‰以内　。

【经济综述】　2011年全区生产总值完成288.05亿元，同比增长13.8%。全区第一、二、三产业分别实现增加值2.89亿元、85.78亿元和199.38亿元，分别增长2.0%、18.8%和11.9%，三次产业结构调整为1.0：29.8：69.2，第二产业所占比重较2010年进一步提升。全区实现单位GDP能耗下降4.76%。2011年，非公经济完成增加值147.95亿元。地方财政总收入完成57.19亿元，增长23.4%，其中地方财政一般预算收入完成22亿元，增长29.4%；地方一般预算财政实际支出完成25.13亿元，增长16.9%。全区实现社会消费品零售总额240.43亿元，增长19.22%。城镇固定资产投资总额274.7亿元，增长30.5%，其中工业固定资产投资38.6亿元，增长40.4 %。完成国税17.7亿元，地税25亿元，分别增长20.6%和28.4%。完成融资58.7亿元。区级财政对“三农”和基本建设分别投入资金5607万元和3.9亿元，分别增长41.7%和20.9%。2011年全区纳入监测范围内的旅游企业实现旅游收入62.43亿元，增长28.9%。

【投资、贸易】　2011年，西山区积极谋划和推动“桥头堡”建设，以区域性国际城市核心区为定位，以最开放的态度、最优质的服务环境，最便捷的审批流程进一步扩大开放，全方位开展招商引资。2011年全区共引进内资项目302个，协议投资793.4亿元，实际到位资金105.16亿元；引进外资项目17个，实际利用外资8703.54万美元。协议投资超10亿元以上内资项目60个，其中10～50亿元项目56个，50亿元以上项目4个。

都市经济发展逐步提速，物流、商贸、旅游等产业发展全面提升。2011年全区新增总部企业2个，分别为云南百集龙实业（集团）有限公司、云南卓尚商贸集团有限公司，新增楼宇面积33.7万平方米。红星美凯龙家居生活广场、南亚风情第壹城项目顺利投入运营。长坡泛亚国际物流园区总体规划和控制性详细规划完成编制并通过市规委审批，并成功举办招商引资推介会。

全区外贸企业101家，新增外贸进出口企业28家，外贸进出口总额完成5.02亿美元。2011年，全区第三产业增加值占GDP比重为69.4%；社会消费品零售总额完成240.43亿元，同比增长18.3%；非公经济企业2.31万个，比上年同期2.46万个下降6.24%，非公经济从业人员20.91万人，非公经济完成增加值137.52亿元。非公经济完成税收33.36亿元，增长20.99%；完成营业收入575.54亿元，增长19.22%。全区共有外资外贸企业65户，正常生产经营的44户，停产或注销的21户。

2011年新建乡镇集贸市场1个、标准化菜市场6个、生鲜超市20个，完成“万村千乡市场”工程5个。完成家电下乡企业备案登记118户，实现销售2630 台，销售金额 642.78万元。2011年关闭搬迁批发市场9户。

【城乡建设】 2011年全力推进道路基础设施建设，新建续建道路22条总长20.8千米，完成投资18亿元，其中西山21、24号等7条道路建成通车，西山13号路、绿荫大道一标段等3条道路主路通车；启动了“4321”道路建设，完成前卫西路二标段、229号路等年内计划实施道路的前期工作并启动部分项目建设；完成昆明绕城高速公路西北段和南连接线高速公路年度征地拆迁任务。完成西山旅游环线（一期）路面续建工程、云南新华印刷五厂进厂道路等10条进村道路路面硬化工程。

城市建设改造工作，36个片区70个城中村的规划方案通过市规委审批，21个片区取得安置房建设规划意见，19个片区26个村共180公顷土地挂牌交易。新开工面积279万平方米，竣工面积80.8万平方米。1.11万套城市棚户区改造暨城中村改造回迁安置房全部开工建设，建成1941套33万平方米，累计建成回迁安置房2420套44.6万平方米。保障性住房建设，区政府统建项目一号地块于2011年4月12日完成竣工验收并交付使用，已有331户符合条件的城镇最低收入家庭入住；项目二号地块2个主体工程全面封顶断水。政企共建项目：云南西仪工业股份有限公司400套廉租住房全面竣工交付使用；云冶集团有限公司廉租房项目正加快建设；云南山立实业有限公司廉租房项目于10月25日全部开工，年底330套已封顶断水。

重点项目加快实施。草海北片区保护治理和开发建设项目拆除80.6万平方米，征地68.1公顷；累计拆除308万平方米，征地73.48公顷。螺蛳湾中央商务区（二级CBD）升级改造项目取得规划条件，基本完成片区整合，共签订拆迁协议4555户，签约率63%；拆除59.7万平方米，拆除率47.6%。昆明铁路枢纽扩能改造工程签订征地拆迁协议670份，签约率80.6%；征地77.2公顷，完成率89.3%；拆除38.8万平方米，拆除率79.9%；地铁3号线西山段启动征地拆迁。

按照市级有关试点先行的运作机制，西山区将海口街道办事处红泥咀片区集中居住新区建设项目列为2011年全域城镇化市级试点之一，团结街道办事处龙潭片区集中居住新区建设项目列为区级试点。海口红泥咀片区项目属迁村并点型，规划集中居住的1032套安置房已封顶断水，累计完成投资1.3亿元。团结龙潭片区项目属新城镇建设型，已启动征地拆迁。年内实现城乡规划全覆盖。

【农业和农村工作】 2011年，农林牧渔业总产值 4.86亿元。全区完成农作物播种面积5240公顷，实现粮食总产量1.89万吨；完成以蔬菜为主的经济作物种植2046.66公顷，其中蔬菜面积1906.66公顷，总产量5.86万吨，总产值1.01亿元。新增市级龙头企业3户，发展农民专业合作社6个。

加快现代农业园区建设步伐。万亩绿色蔬菜园区全年完成绿色蔬菜播种面积1545.33公顷，生产绿色蔬菜4017.1万千克，总产值7832万元；建立绿色标准化示范基地459.13公顷。四季特色瓜果园区新建矮砧密植果园2.66公顷，引进11个草莓新品种、2个西瓜新品种开展试验示范，带动全区发展优质草莓12.71公顷、优质西瓜110.01公顷，建立核心示范样板3.73公顷，示范带动57.33公顷果园实现标准化生产。小村片区都市型现代农业发展示范园区完成园区规划并引进5家企业，引进国内外奇异瓜果品种200余个进行实验示范。

全区全年存栏生猪8.25万头、牛9687头、羊3.08万只、禽（含鹌鹑）35.05万羽；出栏肉猪9.59万头、肉牛2330头、肉羊1.25万只、肉禽（包括鹌鹑）65.96万羽。肉类总产1.17万吨，蛋类总产1123.1吨，畜牧业产值2.1亿元。

全年完成“绿色证书”培训1699人，完成农村实用技术培训1.45万人次，完成农村劳动力转移就业培训2.67万人次。通过培训，实现转移就业2.34万人次。新增转移就业收入1.83亿元，实现劳务经济总收入6.78亿元。

全区农村土地承包经营权流转总面积1902.96公顷，新增土地流转面积346.31公顷。完成滇池流域农业产业结构调整面积273.40公顷。加强对滇池流域保护范围、非禁养区及农村重要水源区养殖工作的监管，切实巩固畜禽禁养成果。

全面、成体系地开展抗旱“五小”水源建设工程1992件，增加蓄水容积38.47万立方米，新增灌溉面积136.06公顷，改善灌溉面积230公顷。

【工业经济】 抓住“工业突破、园区建设、招商引资”三项重点，全力加快工业经济发展。全区新增规模以上工业企业3户，总数达73户。2011年安排海口工业园区发展专项扶持资金3000万元，专项用于海口工业园区基础设施建设、工业企业培育等。海口工业园区建设初显成效，完成土地预收储面积85.38公顷，亿元以上工业项目开工3个，竣工3个。海口工业园区实现规模以上工业增加值23.5亿元，同比增长16.8%；工业固定资产投资29.6亿元，同比增长45.8%；基础设施投资4.5亿元，同比增长42%；完成标准厂房建设4.3万平方米；入园企业累计52家，投产14家，其中云南新铜人实业有限公司铜产品加工、云南云天化氟化学有限公司冰晶石生产等8个投资亿元以上项目竣工投产。团结生物医药食品加工园区机构筹建、园区选址、总体规划和控详规编制等工作正式启动。

全区工业经济增长速度较往年有较大幅度增长，呈现稳中有升的良好态势。2011年，全区完成工业总产值 198.27亿元，工业企业完成增加值52.56亿元，同比增长11.1%；规模以上工业企业产值153.92亿元，实现增加值32.36亿元，同比分别增长10.2%和13.5%；规模以上工业固定资产投资完成32.7亿元，同比增长40.4%。规模以上工业万元增加值能耗同比下降5.667%。亿元以上工业项目开工4个，竣工3个。

2011年，全区乡镇企业完成增加值124.83亿元。乡镇企业中第一产业完成增加值2376万元，增长64.06%；第二产业完成增加值31.89亿元，增长27.72%；第三产业完成增加值92.7亿元，增长15.95%。乡镇企业实交税金19.3亿元，完成乡镇企业工业增加值27.17亿元。

【生态建设】 2011年新增城市绿地249公顷，全面完成生态修复各项工作，分别完成植树造林、“五采区”植被恢复、苗木基地建设、滇池面山抚育及补植、中低产林改造666.26公顷、65.66公顷、224.26公顷、33.33公顷、533.33公顷；区域范围内完成水葫芦圈养种植1400公顷，并进行资源化利用。积极开展螳螂川（海口河）二期主要河道，金家河、太家河等29条主、支流（沟渠）综合整治工作。2011年共拆除建（构）筑物10万平方米、埋设截污管10千米，贯通河岸道路4.5千米。

创国家节水型城市工作圆满完成，被命名为第五批国家节水型城市；创国家卫生城市工作顺利通过全国公示，获“国家卫生城市”称号；创全国文明城市工作完成国家、省三次检查工作任务；创国家生态城市工作，全区生态乡镇、生态村创建工作推进顺利，13个涉农社区被命名为“昆明市第一批市级生态村（社区）”；创国家环保模范城市工作方面完成全区滇池流域工业污水全面截流收集处理建设工作，以及二环路内250户庭院雨污分流及污水处理再生利用设施建设，进一步加强了辖区内“五小”生产加工企业的监管力度。创国家森林城市工作方面共完成各项建设任务766.66公顷。争创中国人居奖和联合国人居奖工作稳步推进。

完成环湖生态带1410.21公顷（包括草海和外海），其中，生态林862公顷、湖滨湿地218.66公顷、河口湿地38.4公顷、湖内湿地240公顷、“退人退房”实施的51.14公顷，提前实现滇池湖滨生态带西山段闭合工程。

【科技、教育、卫生】 全年投入区级科研经费4028万元，实施科技项目88项；新增各级认定企业技术中心7家、高新技术企业4家、创新型企业4家、知识产权示范企业7家。实现科技进步对经济增长的贡献率达58.4%，科技成果转化率达38.1%，全社会研究与发展（R&D）经费支出占GDP比重达1.7%。培育、申报、认定（评定）辖区内各级各类具有创新型企业共29家。云南飞隆劳尔设备有限公司“高精度自动双面精磨抛光机产业化”、云南植物药业有限公司“三七产品关键技术研究及产业化”2个项目，成为昆明市第三轮“科技富民强县示范工程”项目。2012年1月18日，西山区政府授予“高压、大缸径、长行程液压缸研究开发及企业创新平台建设”等2个项目为西山区2011年科学技术进步奖一等奖；授予“100°超广角防水目镜（UTM系列）的应用”等5个项目为西山区2011年科学技术进步奖二等奖；授予“大型化肥化工建设项目管理信息系统”等9个项目为西山区2011年科学技术进步奖三等奖；授予“煤矿用高品质橡套软电缆的生产”项目为西山区2011年专利奖一等奖；授予“一种光学仪器用高级脱脂棉的制备工艺”等3个项目为西山区2011年专利奖二等奖，授予16项科技进步奖、4项专利成果转化奖。年内辖区内企事业单位获得2011年云南省科技进步奖励35项。

覆盖式发展山区、农村幼儿教育，全面启动了团结乐居幼儿园的改建工程及昆明市第十八幼儿园里仁民族幼儿园的新建工程。努力提高办园水平，6所幼儿园被评为市优级幼儿园。3所幼儿园创建为省一级幼儿园。引导社会力量办园，全区有民办幼儿园67所，有民办学前教育学生3.34万人，占全区学前教育在校生的90.11%。

从教育经费投入上促进就学机会均衡。全面落实义务教育“两免一补”政策，按小学110元/生/年、初中190元/生/年的标准，2011年免除4.77万名义务教育阶段学生（含民办学校）的杂费。全区公办学校义务教育阶段学生（含特殊教育学生、外来务工人员随迁子女）均享受免费教科书。进一步加大教育扶贫力度，在原补助标准的基础上追加200元/生/年，达到小学950元/生/年、初中1200元/生/年。拨付农村寄宿制学校学生生活费补助共395万元，惠及学生7328人次。

小学学龄儿童入学率为99.80%，巩固率达100%以上；初中适龄人口入学率为99.61%，巩固率达99%以上。共有区级高中阶段学校16所，其中，公办6所、民办10所；有高中阶段学生1.76万人，其中，民办高中阶段学生1.25万人，占高中阶段在校生的70.7%。全区各级各类民办学校达91所，民办培训机构65个。

落实高中贫困学生补助政策，做好普通高中家庭经济困难学生国家助学金工作，发放助学金190万元，1452名学生受益。推广“春蕾计划”，30名高中女生享受到1000元/生/学年的市级资助，受助金额共3万元；152名女生享受到1100元/生/学年的区级资助，受助金额共16.72万元。实施中职教育助学工程，全年对辖区内6所中等职业学校下拨国家助学金1671万元，惠及学生1.99万人次。

深化医疗卫生体制改革，贯彻落实国家基本药物制度，建立基本药物采购配送机制。认真做好公共餐饮具集中消毒企业卫生监管工作，规范市场行为，提高集中消毒餐具的卫生质量。对4278职工开展职业健康检查，督促用人单位进一步建立健全职业病防治责任制、职业病危害因素监测评价制度、职工职业健康检查制度等制度，全面推进西山区职业卫生监管工作。公共场所卫生监督覆盖率达100%。传染病报告率和报告及时率均为100%。

加强社区卫生服务机构建设，完善城乡社区卫生服务网络，新增福海金牛社区卫生服务站、西苑社区卫生服务中心，全区共建成覆盖城乡居民的公共卫生服务机构113家。加强基本医疗服务建设，解决群众看病难、看病贵问题，24个社区卫生服务中心已纳入城镇职工医保定点医疗机构，纳入率达到96%。碧鸡、海口、团结3个街道办事处，农村社区卫生服务中心纳入新型农村合作医疗定点医疗机构达100%。以区人民医院托管团结、谷律卫生院为试点，推动城市优质医疗卫生服务向农村延伸。2011年共创建昆明市爱国卫生先进单位9个，无烟先进单位6个。

【文化、体育、旅游】 永兴路社区建成全省首批“社区文化沟通协会”，西华社区被省文化厅命名为“文化惠民示范村”。为率先成立的2个“社区文化沟通协会”配备文化共享工程设备计算机4台；为全区68个社区文化信息共享工程村级站点配备计算机80台。在全省“文化惠民示范村”——西华社区内建设完成“八个工程”（1个文化大院、1个文化巷、1个文化活动中心、1个乡村文化大舞台、1个文化小超市、1个乡村博物馆、1个文化晒场、1个演艺协会）。区图书馆的电子阅览室被省文化厅设立为“绿色上网专区”试点，少儿阅览室建成并对外开放。为全区44个社区的农家书屋配送图书6.6万册、光盘4400盘、报刊8800册。重点打造的“睡美人”合唱团在昆明市首届歌舞乐展演中演唱了《过山数西》和《相思月夜》两首原创作品，获得了银奖、传承奖和优秀奖。举办了2011年西山区广场舞蹈大赛，选拔出2支队伍参加昆明市广场舞蹈大赛，《螃蟹调》获金奖，《有一个美丽的地方》、《景颇山上丰收乐》获铜奖。年内，大观楼等4个项目申报全国第七批重点文物保护单位（已通过专家论证待国务院审批），海口川字闸等4个项目申报第七批省级文物保护单位（已通过专家论证待省政府审批），西园等8个项目已成功申报为第五批市级文物保护单位。滇池博物馆、石龙坝水电博物馆正式成为国家注册博物馆。全国重点文物保护单位“常乐寺塔”(即东寺塔)维护保养工程通过省、市文物专家组验收。

在7月举办的昆明市第四届运动会上，西山代表团252名运动员参加了22个大项的比赛，共获得金牌45枚、银牌44枚、铜牌23枚；组织3个组别的代表队参加全市中小学生田径运动会，夺得3金、4银、3铜；昆明市中小学生游泳比赛暨全年冠军总决赛中西山区代表队夺得10金、10银、8铜；参加云南省“银鑫杯”少年足球比赛，西山区代表队获得U16组比赛第二名。年内组织和开展了全市龙腾狮跃闹元宵、西山区第四届残疾人趣味运动会、全民健身日、昆明市第五届健身气功交流展示活动通讯赛、昆明市第三届外来务工人员运动会等全民健身系列活动。全区安装建设体育健康路径77条。分别在团结和海口街道办事处建设完成农民体育健身工程农村文化活动广场5个。

全区监测范围内旅游企业接待游客697.4万人次，实现旅游收入62.4亿元，同比分别增长15.3%和28.9%。完成《昆明滇池国家级风景名胜区西山景区发展定位及概念规划》，按“5A”标准结合景区历史文化建筑风格对景区索道下站入口进行装修改造，游客中心已正式投入使用，并配套建设了票务中心、生态停车场及旅游厕所等设施，8辆旅游环保大巴于11月10日正式运营。全区共有乡村旅游经营户172户，星级乡村旅游接待经营户51户。组织乡村旅游从业人员培训班2期，进一步规范了乡村旅游行业管理，提升优化了乡村旅游软环境。

【社会保障、人民生活】 贯彻落实“劳动者自主择业、市场调节就业和政府促进就业”方针，实现城镇新增就业1.29万人，提供有效就业岗位1.71万个，城镇登记失业率控制在2.4%以内，实现农村劳动力转移就业2.2万人次。新增小额担保贷款扶持创业112人，发放贷款664万元。城镇职工养老保险参保人数12.75万人，养老金社会化发放率100%。全区参加城镇基本医疗保险人数38.01万人，大力推进城镇居民大病补充医疗保险参保工作，已参保17.2万人。全区参加失业保险职工9.3万人，发放失业保险金1489.72万元，失业保险金发放率100%。工伤保险参保6.92万人，生育保险参保5.3万人；支付参统企业工伤467.02万元、生育保险594.17万元；努力扩大农民工工伤保险覆盖面，农民工参保人数达2.42万人。发放被征地人员养老保险待遇2774.05万元。全区参加新型农村合作医疗6.72万人，参合率99.8%。积极帮助弱势人群参加新农合，落实惠民政策。为4937名残疾人提供了帮扶服务。

进一步完善城乡社会救助体系建设，城市低保每月补助标准由255元提高到310元，农村低保实现全覆盖。381户符合条件的低保住房困难家庭入住廉租住房。对1131户城镇低保住房困难家庭发放租赁住房补贴194.7万元。

2011年，城镇居民人均可支配收入2.29万元，农民人均纯收入9696元，同比分别增长10.1%和12.3%。

（刀培凤）

东川区

【年内大事】 1月7日，《东川区创建国家森林城市实施规划》通过昆明市评审，并作为示范文本在全市推广学习。

1月10日，省委书记白恩培到东川考察慰问，要求东川要在提高“两率”（森林覆盖率、城镇就业率）和增加“两个收入”（城乡居民收入和财政收入）方面狠下工夫。

1月20日，市级挂钩东川的33家定点扶贫单位云集东川召开联席会，加速东川扶贫开发进程。

2月18日，举行2011年“春风送岗”农村劳动力转移就业大型公益招聘会，38个企业、中介组织提供就业岗位4144个，831人达成用工意向。

2月22日，东川获得第五届中国赛车风云榜“赛事经济成就奖”。

3月2日，国家地震局副局长刘玉辰率领国家校舍安全办督查组到东川督查校舍安全。

4月11日，昆明市在呈贡市级行政中心召开振兴东川大会，提出要把东川建成进川入渝的北大门，转型发展的新铜都，生态修复的示范区。

4月11日，国家发改委、农业部调研组一行到东川调研退牧还草及生态修复示范工程。

4月27日，铜都镇撤销，铜都街道办事处正式挂牌。

5月1～5日，举行2011“昆发展杯”中国东川泥石流汽车越野赛，广汽长丰华南虎车队的庞丙龙、领航员沙贺勇夺冠军捧走十万元大奖。

5月11日，《东川区资源枯竭型城市转型规划》通过国家评审。

5月18～20日，召开中共昆明市东川区第三次代表大会，选举产生新一届区委及区纪委领导班子，选举出席中共昆明市第九次代表大会代表。

5月31日，东川区领取首例政策性森林火灾赔付。

6月2日，东川低碳公民示范林和城乡园林绿化造林活动启动。

6月1～4日，“彩云之南”川金诺杯2011桥牌全国邀请赛在东川举行，湖北黄石七星俱乐部摘取冠军。

7月8日，占地约4万平方米的昆明迪派运动商务会所开业。该会所拥有高尔夫练习场、网球馆、羽毛球等13个主体运动场馆。

7月18日，中国西部人才开发基金会、中共东川区委、上海市展望发展进修学院在上海共同签订东川区“西部彩虹工程”合作协议，为东川培养转型发展人才。

8月11日，被称作“小老虎”的原东川矿区宣传队原班人马在东川会堂重登舞台，为东川转型发展加油鼓劲。

8月12日，东川城乡居民社会养老保险试点工作正式启动。

8月26日，湖北商会向阿旺中心小学捐献神舟电脑41台和附属设施及现金1万元，东川有了第一个农村小学电教室。

8月20～21日，省委副书记李纪恒率省级有关部门到东川调研，要求东川做好生态修复工作，切实加快发展，改善民生。

8月31日，东川区与昆明郧商投资（集团）有限公司签订合作协议，十二五期间，昆明郧商投资（集团）有限公司将投资100亿元在东川天生桥工业园区建成云南泛亚工业物流城。

9月1日，东川区开展特困群众平价粮油销售活动。

9月6～7日，东川金水公司举办首届原生态美食节。

9月20日，野牛水库大坝封顶。

10月1～7日，来自广东、四川、北京等地的万余摄影家齐聚东川红土地摄影。

10月15日，中国治理荒漠化基金会领导到东川考察综合防治东川水土流失发展生态产业国家示范区项目实施情况。

10月26日，东川创省级计生优质服务县通过考核验收。

11月17日，东川提出全面实施5个“三年突破”行动，努力实现东川生态建设“三年突破、五年提升、十年变化”。

11月18日，九三学社云南省委、昆明市委联建的社会主义核心价值体系理论学习实践基地在东川区拖布卡镇格勒村揭幕。

11月20日，第六届昆明园博会东川园博园开园，省委常委、昆明市委书记仇和出席开园仪式，市长张祖林宣布开园。

11月，东川借助泥石流汽车越野系列赛入围央视十大体育营销经典案例。

12月22日，东川区“四群”工作启动仪式在乌龙镇大水井村举行。

【区划、人口】 东川区地处东经102°47′～103°18′，北纬25°57′～26°32′之间，东邻会泽县，南倚寻甸县，西与禄劝县毗邻，北连巧家县并和四川省会东县隔金沙江相望，是昆明市最北端。境内东西最大横距51.2千米，南北最大纵距84.6千米，国土面积1858.79平方千米。区政府所在地铜都街道办事处，海拔1254米，距昆明市区公路距离150千米，年平均气温19.8℃，年降水量605.8毫米，年日照总数1892.4小时。2011年末，全区辖铜都办事处、汤丹镇、拖布卡镇、因民镇、阿旺镇、乌龙镇、红土地镇和舍块乡，下设134个村民委员会、28个社区居民委员会。其中红土地镇和舍块乡于2010年成建制委托倘甸产业园区管理委员会和轿子山旅游开发区管理委员会管理。

年末全区总人口314830 人，比上年末313180人增加1650人，增长0.53%，其中男性163285人，女性151545人；农业人口240997人，非农业人口73833人；少数民族22980人，占总人口的7.3%。人口自然增长率3.61‰。

【经济综述】 2011年，全区上下认真贯彻落实科学发展观，不断深化区情认识，确立了“四大”发展定位和“六大”转型路径，凝心聚力，攻坚克难，为东川转型振兴、跨越发展奠定了良好基础。全年实现生产总值56亿元，同比增长15.1%，其中第一产业实现增加值3.7亿元，同比增长7.5%；第二产业实现增加值38亿元，同比增长17.6 %；第三产业实现增加值14.3亿元，同比增长10%。经济运行中存在的困难和问题主要有：经济总量不大，存量不优；经济结构性矛盾仍然突出，转型发展任重道远；农业基础设施薄弱，抵御自然灾害能力有限；三产服务业不强，就业和再就业压力较大；资金、土地、环境、交通、发展空间等瓶颈制约严峻。

【农业】 2011年，全面落实各项强农惠农政策，加大“三农”工作力度，农村经济保持了良好的发展势头。全区农村经济总收入达9.9亿元，同比增长12%；粮食总产量6.7万吨。农业水利基础设施建设完成投资1.6亿元，新增蓄水能力8100立方米，新增灌溉面积3700亩，改善灌溉面积1.61万亩，治理水土流失面积35平方千米，解决了1.5万人的饮水问题。扎实推进“菜篮子”工程蔬菜基地建设，完成无公害蔬菜种植面积3.52万亩，认证1.86万亩无公害蔬菜基地、5000亩绿色食品基地及2个绿色食品；兑付各种惠农补贴2791.8万元，实施农业新技术、新品种示范推广项目13项。畜牧业实现产值4.89亿元，同比增长27.2%，产地检疫和动物疫病可追溯体系建设被列为全市示范点。完成人工造林19.9万亩，义务植树任务75.6万株，“天保”工程公益林造林5.5万亩，核桃种植2.07万亩，“天保”工程管护面积71.7万亩。全年投入扶贫资金1.1亿元，实施了78个整村推进建设项目，9420人农村贫困人口实现了脱贫。新建沼气池800口，完成节能改灶2197眼，推广沼液综合利用1.2万亩，示范推广太阳能热水器200套。全年转移培训农村劳动力 2.4万人，转移输出2.9万人，劳务经济总收入7.9亿元，新增转移收入2 亿元。

【工业及再就业特区建设】 2011年，坚持以园区为主战场，狠抓招商引资，力促工业突破，促进了工业经济提速增效。全年完成工业总产值完成150亿元，同比增长37亿元，完成工业增加值33.8亿元，同比增长20.6%。重点企业发展良好，主要得益涉铜企业生产、经营、效益情况较好，全区规模以上工业企业实现利润4.6亿元，实现利税总额10.9亿元。

全年共启动园区基础设施建设项目11个，计划投资3.61亿元，年内完成投资1.28亿元。天生桥园区完成“五通一平”工程面积512.23亩，五通工程已能满足项目入驻。园区内基础设施配套熟地面积占建成区的比率44.1%（目标任务比率≥32%），达到市级目标任务。工业园区完成工业固定资产投资2.2亿元，亿元以上开工项目1个，竣工1个，招商引资完成内资18.4亿元，外资2351.9万美元，均超额完成了市级下达的考核任务。静脉产业园、废弃物资源化国家工程研究中心天生桥基地、云南泛亚工业物流园区、超联废渣料回收、昆明再生资源（集团）有限公司天生桥基地等一批项目建设顺利推进。节能减排成效明显，规模以上工业企业万元增加值能耗下降4.2%。产业集群格局初步形成，区域经济整体竞争力和稳定性得到提升，呈现出良好的发展态势。

【固定资产投资及城乡建设】 全年固定资产投资完成60亿元，增长35.6%，其中工业投资完成33.5亿元，占固定资产投资总额的56%，增长52.3%，对投资增长贡献明显。社会消费品零售总额完成8.2亿元，增长17.5%。

2011年全区加快推进城镇化建设，城镇化水平进一步提高，城市功能大幅度提升。城市道路建设步伐加快，新建金沙路延长线、民安路等5条城市道路，总投资1.7亿元，道路全长5088米；旧城改造步伐加快，开工建设查子树片区城中村改造、图书馆片区城中村改造、运输公司片区旧城改造和食品公司片区旧城改造等4个城中村改造项目，改造面积达125.46亩；景观工程建设上新台阶，湿地公园一期工程竣工开园，国家矿山公园博物馆和湿地公园二期工程建设积极推进；基础设施逐步完善，投资3360万元新建并投入使用垃圾处理场1个，城区垃圾收集率达100%。年内全区乡镇及建成区新增绿地面积34.39公顷，绿地率38.28%，自然村庄绿化任务4164.75亩，年末城市建成区面积达9.5平方千米，全区城镇化率达到40.5%。集中式饮用水水源地水质达到国家地表水二级标准，中心城区空气优良天数149天以上，城区人均公共绿地达9.2平方米；城市品位不断提升，“四创两争”工作取得一定实效，完成了创建全国卫生城市的综合评审，创全国文明城市通过省考；创环保模范城市、国家森林城市、生态市（生态乡镇、生态村）、中国人居环境奖和联合国人居奖工作稳步推进。

【转型实现新突破】 2011年，抢抓资源枯竭城市转型有利机遇，落实资源枯竭城市财力性转移支付资金2.7亿元，《云南省昆明市东川区资源枯竭型城市转型规划实施方案》通过国家层面评审，为争取进入第二轮国家资源枯竭城市奠定了基础。全面落实全市振兴东川大会精神，市级科技重点项目立项4个，专利授权10项；在山区和半山区完成8万亩核桃种植，完成红豆杉种植4300亩；金水公司10.5万吨粗铜技改项目取得实质进展，凯通公司技改项目竣工投产，云南新铜人铜深加工、尾矿综合利用技术生产微晶玻璃璃料、云南鼎兴太阳能发电、野牛风力发电等项目积极推进；东川国家矿山公园、红土地旅游风情园二期、矿山地质环境治理重点工程项目建设稳步推进，可持续发展能力进一步增强。

【财税、金融】 2011年，全区财政总收入完成12.7亿元，比上年增长63%，其中地方财政收入完成5.4亿元，增长33%。地方财政支出19.59亿元，增长22%，其中民生支出占全区一般预算支出的50.7%。

年内，各投融资平台完成融资6.66亿元，为市级下达融资任务6亿元的110.93%，其中向金融机构融资2.09亿元，BT、BOT项目融资5500万元，其他模式融资4.02亿元，保障了全区重点基础设施项目的推进，全年支付还本付息资金3.7亿元，其中归还本金3.3亿元，支付利息4200万元。年末金融机构各项存款余额83亿元，比年初增长25.8%，各项贷款余额38亿元，增长26.7%。

【教育】 2011年，建立了区委议教制度，提出教育发展“五个优先”（决策、规划、建设、投入、人才引进）。区级投入教育资金2亿元，社会捐资助学685万元，修订完善《东川区“十二五”教育发展规划》，制定《东川区“十二五”期间中小学幼儿园区域布局调整规划及三年行动方案》等法规制度，校安工程和标准化项目建设力度加大，消除D级危房8.4万平方米。根据“区办中学，镇办小学，村办幼儿园”的办学格局，撤并校点34所。春秋两学期分别有36661名和35742名中小学生享受免费教科室，有10936名寄宿制学生享受寄宿生生活补助。2011年高考上线率94.16%，比上年提高3.43个百分点。区职业中学被评为省级重点职业学校，普职比缩小为1.73：1.

【文化、旅游】 2011年，继续深入实施广播电视“村村通”工程。为1100个村民小组安装广播设备。恢复开通98.3MHZ云南调频广播，全区所有镇（街道）全部完成农村乡镇广播电视服务中心示范点建设。完成因民、汤丹两镇综合文化站和43个村级（社区）文化室建设，建设文化信息资源共享村级（社区）站点49个，农家书屋由33个增至113个。积极支持、引导社会力量投资兴办公共体育活动场馆，迪派商务会所开馆营业。累计清查网吧335家次，行政处罚6次，责令整改9家，下达整改通知书33家次，打掉黑网吧1家，全区做到了安全保护技术措施100%落实，开业网吧在线率100%，视频监控系统100%正常运行

开展《东川旅游总体发展规划》编制工作，红土地成功申报云南省乡村旅游示范村，成功举办2011年“昆发展杯”中国东川泥石流国际汽车越野赛，实现直接旅游总收入3432万元，取得了社会效益和经济效益的双丰收。东川车赛被列为云南省面向西南开放“桥头堡”三个重点体育赛事之一，被评为CCTV中国体育营销论坛第七届年度十大体育营销经典案例，被中汽联授予“中国越野汽车摩托车赛手培训基地”，扩大了东川的知名度和影响力。

【卫生】 2011年，全面实施简化门急诊和入、出院服务流程，探索推行检查结果互认，“先诊疗、后结算”模式等措施，建成远程会诊、培训、医保、新农合报销、低保人群“一站式”服务。引入民营资本新建东川五洲医院、东川仁和医院，逐步形成以公立医疗机构为主导，非公立医疗机构共同发展的办医格局。5起突发公共卫生事件报告率、处理率、处理及时率均达到100%。全面实施免费婚前医学检查制度，孕产妇住院分娩率达到96.63%。组织1869人参加无偿献血活动，献血总量达56万毫升。会同有关部门检查添加剂经营户73户次，食品经营户753户次，市场68个次，立案查处4件，结案2件，罚款金额1.02万元，查扣和收缴非食用物质和过期食品添加剂48.4千克。农村改水受益人口17.22万人，自来水受益率达74.38%，完成3500个农村改厕任务，年末农村改厕达2.67万座，卫生厕所普及率达45.56%。城区居民健康档案建档率达50%以上，农村居民健康档案建档率达到30%。

【社会治安综合治理】 2011年，把开展“争创省级先进平安县（市、区）”活动作为维护社会稳定的龙头来抓，整合乡镇维稳资源，健全乡镇、村社区4级综治网络，充分发挥142个群防群治队伍、146个治保会和152个调委会作用，促进社会治安防控体系建设。发现处置本地有害信息1400条，异地有害信息3426条。1～10月共排查化解重大矛盾纠纷2件，完成重大安保任务99次。坚持开展“区委书记、区长”大接访活动，区领导共接待来访群众196批1093人次，各镇（街道）、各部门主要领导现场接访群众253批412人次。全年立刑事案件983起，破526起，破案率53.51%。抓获刑事作案人员357名，其中刑事拘留279名，逮捕179名。摧毁涉恶团伙4个，抓获团伙成员36人。抓获上网逃犯81名，外地逃犯9名。破获经济案件10件，涉案金额达2642万元。破获各类毒品案件24起，抓获犯罪嫌疑人

24人，缴获各类毒品2.23千克，毒资3.6万元。东川区法院共受理各类案件1589件（旧存201件），比上年下降5.13%，审结1654件，结案率92.4%。区检察院受理提请批准逮捕各类刑事案件127件241人，经审查，批准逮捕105件187人，不批捕54人；受理移送审查起诉刑事案件156件271人，经审查，移送其他检察院7件8人，提起讼诉121件207人，退回补充侦查30件64人。堵截盘查摩托车1.8万余辆次，暂扣涉嫌非法飙车、非法改装和无牌无证摩托车294辆，公开销毁187辆，查获涉嫌非法飙车18起，醉酒驾车24起，处理饮酒后驾车12起，查处无证驾驶195起，纠正其他交通违法行为631起。在180余所学校和幼儿园进行多次拉网式排查，督促整改20余项，校园安全宣传42次。

【精神文明建设】 2011年，依托市民学校、村民学校、社区活动中心等基层宣传教育阵地，利用《东川特区》、东川电视台、红土地党建网等媒体，运用公益广告、宣传漫画、知识竞赛等多种形式，宣传荣辱观和文明礼仪知识，倡导细节文明，引导干部群众践行文明礼仪；开展全民读书“六进”（机关、学校、企业、村组、社区、家庭）活动。积极开展生态村创建、文明单位城乡结对共建和“公民道德示范村”创建等活动，积极组织创卫、创文等各种形式的志愿者服务活动。以纪念中国共产党成立90周年为契机，组织参加“唱响昆明——爱国歌曲大家唱”电视大赛、开展光辉历程党史知识学习竞赛活动、“红色记忆”老电影周、特区改革发展成就展、重走长征路等群众性系列活动，隆重开展纪念中国共产党成立90周年系列活动。在清明节、端午节、中秋节日等传统节日期间开展“我们的节日”主题文化活动，组织未成年人开展“网上祭英烈活动”。组织 “讲文明、树新风、做文明有礼的昆明人”网上签名活动。引导广大干部群众做好第三届全国道德模范、云南省道德模范评选公众投票和学习宣传工作。全年东川区精神文明创建信息登载在中国文明网上9条、云南文明网上12条，中国文化传媒网1条。深入开展创建全国文明城市活动，以2011版《全国文明城市测评体系操作手册》和《未成年人思想道德建设工作测评操作手册》为导向，把创建优美环境、优良秩序、优质服务作为经常性工作常抓不懈。对医院、出租车、公交车、建筑工地、校园及其周边环境、校外活动场所进行整治。做好创建全国文明城市的各项迎检工作。

【人民生活和社会保障】 2011年，城乡居民生活水平不断提高。据抽样调查，城镇居民人均可支配收入1.64万元，比上年增长12%；农民人均纯收入达3761元，增长12.1%。

年内城镇新增就业4222人，年末城镇登记失业率11.51%。全年对12676户25112人城市低保对象，17938 户21960 人农村低保对象发放保障金7156万元。发放企业离退休人员养老金、失业人员失业金、城乡居民社会养老金共计8870万元。全面启动新型农村社会养老保险和城镇居民社会养老保险试点工作，参保人数达15.3万人。新型农村合作医疗参合率达94.9 %，有18.3万人次获得新型农村合作医疗减免补偿，补偿费用3642万元。新建廉租住房2536套，公租房300套，改造农村危旧房 1850户，发放低收入家庭住房租赁补贴452万元。发放救灾资金283万元，救助受灾困难群众1.3万户3.5万人，发放抚恤生活补助费527.2万元。 “两后双百”培训682人，应届高校毕业生就业率94.4%，困难家庭高校毕业生就业率达100%。

（刘 荣）

呈贡区

【年内大事】 1月27日，呈贡县政府与昆明阳宗海风景名胜区管委会正式签署协议，呈贡工业园正式移交阳宗海风景名胜区管委会管理。

1月1～30日，昆明市市级机关的75个部门(单位)及7500余名工作人员先后搬迁至呈贡市级行政中心办公。

3月1日，从2011年3月春季学期开始，呈贡县将吴家营中学、吴家营中心小学合并，成立为一所九年一贯制学校。

3月7日，江苏省委常委、副省长黄莉新率江苏省“三农”工作考察团到呈贡参观考察。

3月17～18日，受“日本地震引起核泄漏污染，海盐不能食用，食盐涨价”谣言的影响，全国各地群众抢购食盐，呈贡县域内的超市、零销店、小卖部也出现了食盐脱销，形成部分商铺哄抬价格、200余名群众围堵呈贡盐业配送中心仓库的现象。

3月23日，昆明市第十九届“世界水日”暨第二十四届“中国水周”宣传活动在呈贡县城中心文化广场举行。

3月29日，昆明市在呈贡市级行政中心举行警用直升机启航巡逻仪式，标志着云南省第一支警用航空队伍诞生。

3月30日，呈贡县与陕西省咸阳市渭城区结成友好县区。

4月2日，省委组织部副部长刘绍平，市委副书记李邑飞，市委常委、组织部长郭红波率省、市组工干部约200人在呈贡白龙潭山开展“学习杨善洲，共植组工林”活动。

4月17日，位于呈贡斗南街道小王家营的云南省湖北商会总部基地“新都国际”项目举行奠基典礼。

4月20日，中共中央政治局委员、广东省委书记汪洋，省长黄华华率广东省党政代表团到呈贡市级行政中心等地参观考察。白恩培、秦光荣、仇和等领导陪同。

5月3日，香港新恒基国际（集团）有限公司主席高敬德率考察团一行9人到呈贡考察新区城市规划建设情况。

5月5日，呈贡新区（县）与四川省成都市锦江区缔结为友好县区。

5月7日，“呈贡新区与驻新区高校10万人义务植树造林活动启动仪式”在呈贡张官山、马卡山举行。

5月20日，经国务院批准，国务院办公厅下发《关于同意云南省调整昆明市部门行政区划的批复》，同意撤销呈贡县，设立昆明市呈贡区。

5月23日，国家农业部部长韩长赋一行到呈贡昆明国际花卉拍卖交易中心考察花卉市场建设及产业发展情况。

5月25日，实力心城暨七彩云南第壹城项目在呈贡谊康北路（惠兰园东门）举行开工仪式。

6月2日，呈贡县工商业联合会斗南街道商会成立。

6月6日，中共四川省委副书记、省长蒋巨峰率代表团到呈贡斗南花卉市场、昆明国际花卉拍卖交易中心、大学园区、市级行政中心参观考察城市规划和建设情况。

6月20日，呈贡县投资160万元兴建的长约300米的“科普长廊”竣工并通过验收，正式向市民开放。

6月22日，原国务委员、外交部长唐家璇一行8人到呈贡考察新区城市规划和建设情况。

6月29日，总占地面积1020亩，建筑面积70万平方米，投资概算40亿元的昆明斗南花卉产业园区项目举行开工仪式。

7月2日，环湖东路全线通车。

7月5日，呈贡县创建国家级生态县（乡镇）通过省级验收。

7月21日，呈贡县被云南省人民政府评为“云南省2010年度县域经济发展十强县”。

8月18日，省委副书记李纪恒率调研组到呈贡龙城街道为民服务中心（站）调研农业农村工作及经济社会发展情况。

9月1日，昆明市第三中学、昆明市中华小学呈贡实验学校挂牌。

9月10日，颂猜·哈塔雅坦堤率泰国北部四府云南商务代表考察团到呈贡考察，并与省市商务部门、呈贡县及云南云锰集团有关领导在新南亚风情园举行经贸合作恳谈会。

9月15日，湖北省武汉市市委常委、副市长张学悦率政府考察团一行15人到呈贡考察新区城市规划和建设情况。

9月21日，全国政协副主席张兴怀率考察团一行70人到呈贡考察城市规划和建设情况。

9月23日，卢旺达政治局委员让·巴普蒂斯特·穆塞马克维尼率卢旺达爱国阵线干部考察团一行15人到呈贡斗南花卉市场等地考察。

9月28日，《呈贡县志（1978－2005）》（送审稿）通过市地方志编纂委员会审查。

9月30日，省第十一届人大常委会第二十六次会议就呈贡撤县设区有关问题作出决定。

10月18日，第二十一届中国厨师节暨首届滇池·泛亚国际美食节商务合作洽谈会在呈贡新南亚风情园举行。会上，呈贡新区与希尔顿大酒店签约，项目选址于新区东盟森林，投资概算为8．5亿元。

10月18日，呈贡区为民服务电子超市举行开业仪式，并从即日起正式对市民进行“一站式”服务。

10月15～23日，第二十一届中国厨师节暨首届滇池·泛亚国际美食节在呈贡仕林街餐饮中心设分会并举办了具有云南特色的“长街宴”、厨艺大赛等活动。

10月25日，呈贡区与台湾省荣亮实业股份有限公司在世纪金源酒店签署在呈贡新区建设健康产业经贸园区合作框架协议。

11月1日，投资14．4亿元的呈贡中央公园三期、投资2．8亿元的中国移动云南公司呈贡通信生产楼及区域服务中心、投资40亿元的昆明涌鑫中心3个重点项目开工建设。

11月1日，昆明市在市级行政中心会堂举行呈贡县撤县设区暨加快呈贡发展大会。

11月2日，昆明市呈贡区在呈贡公安大楼前举行撤县设区揭牌仪式。同日，昆明市呈贡区在区法院二楼报告厅举行所属部门（单位）授牌授印仪式。

同日，呈贡区城市管理综合行政执法局引进的电动环保扫路车亮相街头，标志着昆明市首辆电动环保扫路车在呈贡区“上岗”。

11月5日，“无限极2011世界行走日”（中国）昆明站活动在呈贡洛龙公园广场举行。

11月21日，呈贡区荣获“全国科技进步先进县”称号。

12月3日，在广西钦州召开的“中国绿色发展高层论坛”会上，呈贡区被中国绿色发展高层论坛组委会授予“中国十佳绿色城市”称号。

12月14日，呈贡区委、区政府从11月24日起由区领导带队组织开展“呈贡区千名干部下基层进万家慰问群众”活动。

12月15日，呈贡一中高中部项目举行开工奠基仪式。

12月25日，云南白药呈贡产业基地举行落成典礼，建成投产。省、市领导秦光荣、李纪恒、仇和等出席典礼。

12月26日，呈贡区乌龙、上可乐、下可乐、松花4个社区失地农民保障性住房“龙一地块”项目——智慧城市低碳示范小区之智慧社区开工建设。该项目占地630亩，规划建筑面积184万平方米，概算投资62亿元。

12月30日，全国政协副主席白立忱到呈贡晨农企业集团无土栽培蔬菜基地考察蔬菜无土栽培工作。

【区划、人口】 呈贡区位于昆明主城区东南面，距昆明主城12千米，2011年5月由呈贡县撤县设区设立。全区国土面积461平方千米，辖10个街道65个社区。马金铺、大渔、洛羊、七甸4个街道分别委托昆明高新区、旅游度假区、经开区、阳宗海管委会管理管理。2011年末，呈贡区实管龙城、斗南、吴家营、洛龙、乌龙、雨花6个街道29个社区，实管面积151．69平方千米。2011年末，呈贡区辖6个街道（不含已托管的4个街道），下辖29个社区（不含4个托管街道下辖的36个社区），203个居民小组（不含4个托管街道下辖的190个居民小组）。全区户籍人口64789户、194419人。其中，男96341人，女98078人，分别占户籍总人口的49.55%、50.45%；农业人口142161人，非农业人口52258人，分别占户籍总人口的73.12%、26.88%；少数民族人口14293人，占户籍总人口的7.35%。全区年末常住人口35万人。

【经济综述】 2011年，全区（不含4个托管街道，下同）实现地区生产总值84.85亿元，增长15%；完成财政总收入9.59亿元，其中地方财政一般预算收入7.49亿元，同口径增长26.41%；外贸进出口总额完成9950万美元；实现城镇居民可支配收入22547元，未扣除物价因素增长15.82%，农民人均纯收入9146元，增长13.88%；社会消费品零售总额完成18.95亿元，增长21%；非公经济实现增加值34亿元，占地区生产总值的40.2 %。第一产业实现增加值6亿元，下降12%；第二产业实现增加值42.84亿元，增长14.3 %；第三产业实现增加值35.96亿元，增长22.2%。三次产业结构调整为7.1：50.5：42.4。全年引进内资项目64个，外资项目5个。实际引进内资42.51亿元，实际利用外资6661.38万美元，圆满完成市级下达的任务。

【城市建设】 市级机关整体入驻新区，云南白药集团整体搬迁呈贡。9所高校基本建成，全部实现招生，入驻师生13.9万人。新区40平方千米核心区城市形态初步形成。全年共完成投资13.6亿元，建成城市道路15.41千米。水、电、气、通信管网等基础配套设施建设同步推进。轨道交通1号线工程进展顺利，即将投入试运行。铁路枢纽改造工程全面启动。春城公园、中央公园二期建设完工。松茂、果林中型水库除险加固工程通过省级竣工验收。师大附中附小、市体育学校暨全民健身中心、市中医院、昆医附一院等一批公共服务项目加紧建设；东盟商贸港、上海东盟大厦、实力心城等一批城市综合体项目快速推进；大成金融、新都昌、昆明涌鑫中心等一批大项目开工建设；七彩云南第壹城、置信广场等一批项目建设取得新进展；云南龙城中泰农产品物流中心、斗南国际花卉产业园区等特色产业项目有序推进；颐明园、众和东苑、滇池星城建成交付使用，大方居、广电苑等项目进展顺利。全年共征地9335.81亩，完成项目建设涉及的管线迁改65条。

【园林绿化】 紧紧围绕“加快建设中国面向西南开放的区域性国际城市”目标，牢固树立“绿化和生态是城市第一形象、第一环境、第一基础设施、第一景观要素”和“市政工程园林化，园林绿化市政”的理念，最大限度地扩大绿化空间，增加绿树总量，迅速提升城市景观效果和城市形象，按照建设“城在林中、林在城中、环境优美、充满活力的山水园林城市”的要求，组织开展了“十万人植百万棵树”活动，大力推进园林绿化建设。2011年，全区新增各类绿地面积281.05公顷，占目标任务121公顷的232.27%。其中，公园绿地33.12公顷，道路绿地9.41公顷，附属绿地131.48公顷，防护林地31.11公顷，其他绿地75.92公顷。乔木种植128.84万株。其中，城市规划区76.23万株，城市面山52.61万株。建成区绿地率达41.6%，绿化覆盖率达46.7%，绿色城市建设任务取得重大突破。加强绿化管养工作。严格按照一般时段16小时，特殊时段24小时不间断浇水，确保了绿化苗木浇水及时到位，干旱时期没有发生苗木旱死现象。认真做好植物养护及病虫害防治工作，及时组织修枝整形和防虫刷白150万株；对辖区内的绿化植物进行了五次全面药物防治，保证了绿化植物的健康生长。严格按照新建居住区绿地率不低于45%的标准开展园林单位、园林小区创建工作，全区已创园林单位（小区）24个，占单位（小区）总数的50%。认真落实市委主要领导大量种植中山杉、银杏的指示精神，投资120万余元种植中山杉4500株、银杏4500株。投资930万元完成了辖区彩云路5.5千米一期绿化改造，共种植滇朴112株、银杏625株、红叶石楠球1960株、种植常春藤、银边吊兰、蝴蝶藤等地被约8万平方米，移植原有小灌木约3000平方米。年内，与昆明市一体化成功创建国家园林城市、国家卫生城市、国家节水型城市。被评为“全国十佳绿色城市”。争创国家环保模范城市、国家级生态县、国家森林城市、中国人居环境奖工作加快推进。

【农业、林业】 针对全区大量土地被征用、农业生产用地逐年减少的实际，区委、区政府进一步引导农民调整农业产业结构，因地制宜发展特色农业，加快实现农业产业结构的战略性调整。投入扶持资金2447.46万元鼓励失地农民外出租地77637.18亩开展种花种菜，以实现农村经济又好又快地发展。2011年，全区农业三大支柱产业菜、花、果总产值41620万元。其中，蔬菜播种面积减至5.3万亩，总产量1.31亿千克，总产值17950万元；花卉种植面积5200亩，总产量4.65亿枝，总产值2.1亿元；

水果种植面积1.7万亩，总产量850万千克，产值2670万元。

深入推进以集体林权制度改革为主要内容的林业产业改革。2011年末，全区共有林地面积为369918亩，涉及集体林权制度改革的集体林地面积206960.3亩，其中集体公益林169416.64亩、集体商品林37543.66亩。公益林应均山面积169416.64亩，共签订管护责任合同3.51万份，均山到户率100%；商品林地应均山面积37543.66亩，已均山面积36922.36亩，均山到户率为93.41%。林改涉及全区55个社区、311个居民小组的3.51万农户、103642名居民，共发放均利证3.51万本、林权证1090本，发证率达到100%。

【水务、交通】 加大病险水库除险加固工程建设力度。年内，总投资18947403.84元的松茂水库和总投资14846837.05元的果林水库除险加固工程完成竣工验收；完成碗家冲和驴子箐水库除险加固工程部分工程验收工作；完成了横冲水库除险加固补充设计项目分部工程验收工作；启动了概算总投资420.22万元、总库容138.8万立方米的马金铺塘除险加固工程。启动了总投资7217.29万元的马料河（呈贡段）的水环境综合整治工程，已完成投资1450万元。认真开展滇池湖滨“四退三还一护”工作，在滇池湖滨带种植耐水湿生乔木中山杉185亩19158株。积极开展区域水库及入湖河道等水体的水葫芦控制性种养工作，共种植水葫芦206．64亩。

年内，长2千米、预算投资700余万元的三铝公路柏枝营至段家营段开工建设；全面落实农村公路养护工作，保障公路安全畅通。投入资金2414.3万元，完成道路绿化124.92万平方米，其中昆玉高速公路绿化87.62万平方米、老昆洛公路绿化3.6万平方米、环湖公路绿化1.3万平方米，“四环十七射”环境综合治理工作取得阶段性成效。优化调整4条、新开5条公交线路，初步形成呈贡区公交循环网线。完成521辆客运微型面包车平稳退出市场工作。

【财税、金融】 2011年，全区财政总收入完成95866万元；实现地方财政一般预算收入74866万元，比上年同口径决算数59225万元增加15641万元，增长26.41%；地方财政一般预算支出完成95962万元，比上年决算数77585万元增长29.25%；全区地方政府性基金预算收入143万元，比上年决算数1965万元下降92.72%；地方政府性基金预算支出143万元。地方财政一般预算收支平衡情况是：地方财政一般预算收入74866万元，上级补助收入40259万元（其中专项转移支付补助收入14316万元），上年结算结余1215万元，收入方总计116340万元；地方财政一般预算支出95962万元，上解支出6056万元，专项转移支付支出14164万元，支出方总计116182万元，收支相抵，结余158万元(其中结余结转152万元、净结余6万元),实现了财政收支平衡、略有结余的年度目标。

年末，全区金融机构各项存款余额1992288.11万元，比上年末增加217857.98万元，增长12.28%。各项贷款余额1474275.38万元，比上年末增加326862.83万元，增长28.49%。

【教育、科技】 年内，全区共排除D级危房1137．75平方米，正式启动呈贡一中高中部建设，已完成郎缪小学建设主体工程。加快现代教育技术设备配置，改善办学条件。投入资金1501.14万元，免除了全区学生的学费和教科书费；安排专项资金27.17万元，免除了民办学校义务教育阶段2302名学生的学杂费；安排农村义务教育专项资金723.72万元资助了1753名贫困寄宿学生。妥善安排外来务工人员子女接受义务教育，2011年秋季学期，全区义务教育机构共接收外来务工人员子女4565人，占学生总数的34.9%，比上年提高3.9%。规范民办学校审批管理，新审批设立了4所民办幼儿园和3个非学历短期培训机构。加大教育改革力度，将吴家营中学、王家营小学等中小学合并组建成九年一贯制学校，有效地整合了全区教育资源。年末，全区（不含4个托管街道）共有完全中学1所，初级中学1所，九年一贯制学校2所（含民办1所），小学19所（含民办2所），幼儿园19所（含民办16所）；教职工891名；在校学生18834人，其中在园（班）幼儿4290人、小学在校学生9508人、初中在校学生3562人、高中在校学生1474人。

年内，全区共组织申报科技项目5项，协助上级管理科技计划项目6项，组织实施科技项目13项，其中市级项目3项、区级项目6项，项目总投资1500万元，科技经费投入240万元，取得了较好的经济效益和社会效益。认真组织专利申报工作，全区实现专利申报65件，专利授权63件。组织完成科普项目申报3项，申请市级补助资金30万元。

【卫生、环保】 年内，区人民医院综合住院楼项目建成投入使用，设立了斗南、吴家营、洛龙、乌龙、雨花5个社区卫生服务中心并核定了人员编制。积极推进公立医院改革，完成了区中医院与区人民医院的整合工作。年内，全面落实以鼠疫、霍乱、结核病、艾滋病为重点的各种传染病的防控措施，各项疾病预防常规工作有序开展，各项疾控指标平稳。加大医疗市场监管力度，取缔非法行医黑诊所21家次，打击非法性病游医19个、牙科游医17个，净化了全区医疗市场。

投入资金1.3亿元，不断加强环境保护与管理，稳步推进新区城市环境综合治理和低碳城市建设步伐。一湖两江流域“四全”工作和滇池湖滨“四退三还一护”工作成果进一步巩固，“四环十七射”道路两侧控制区环境综合治理和“六清六建”取得新成效。依法整治和拆除326个地块的临、违建筑，拆除面积达14.9万平方米。洛龙河、捞渔河保持Ⅲ类水质。马料河呈贡段水环境综合整治工程基本完工，水质明显改善，洛龙河污水处理厂、雨水处理站项目稳步推进，滇池流域内需建污水处理设施的7个村庄实现生活污水全收集、全处理。开展水葫芦控制性种养生态修复工程。加强建设项目环境影响评价工作，全年接到建设项目报件636件，审批527件，否决109件；验收建设项目326个，验收项目总投资90584万元，环保投资4541.6万元，环保投资占总投资的5.01%。年内，全区4条入滇池河流水质保持稳定；环境空气质量优良率为98.9%，比上年提高5.9%；城市集中式饮用水源水质稳定，达标率96.1%；声环境平均等效声级55.1分贝，比上年降低0.8分贝；万元GDP能耗下降4.1%；削减二氧化硫排量25.91吨、氮氧化物排量17.22吨、化学需氧量581.9吨、氨氮70.15吨，实现了全年节能减排目标。

【撤县设区】 2006年，呈贡县启动撤县设区的报批工作。2011年5月20日，经国务院批准，国务院办公厅下发了《关于同意云南省调整昆明市部分行政区划的批复》，同意撤销呈贡县，设立昆明市呈贡区。之后，云南省人民政府下发了《关于调整昆明市部分行政区划的通知》。根据国务院的批复、省人民政府的通知和县委的安排，县人大常委会作出了《呈贡县人大常委会关于呈贡撤县设区有关问题的决议》，并请示市人大常委会转报省人大常委会审批。

10月24日，根据省人大常委会关于呈贡撤县设区的决定和《中共呈贡县委关于撤销呈贡县设立昆明市呈贡区的决定》，县人大常委会相应作出县人大常委会组成人员及各工作部门和各街道人大工作委员会工作人员，县人民政府县长、副县长及各组成部门工作人员，县人民法院、县人民检察院相关领导及工作人员职务变更的决定，从程序上确保呈贡撤县设区顺利完成。

11月1日，昆明市在市级行政中心会堂举行呈贡县撤县设区暨加快呈贡发展大会。市委、市人大、市政府、市政协主要领导分别为昆明市呈贡区委、区人大、区政府、区政协授牌授印；省委常委、市委书记仇和在大会上发表了《立足新起点、抢抓新机遇、谋求新跨越、当好区域性国际城市建设的先行区和示范区》的讲话，要求呈贡的全体干部群众以撤县设区为新起点，举全区之力、集全民之智、行创新之策，当好区域性国际城市建设的先行区和示范区。11月2日，呈贡举行昆明市呈贡区撤县设区揭牌仪式和昆明市呈贡区所属部门（单位）授牌授印仪式，标志着呈贡撤县设区工作全面完成。

呈贡撤县设区，标志着呈贡的经济社会发展从此迈向了新的历史起点。

【社会保障】 全年提供就业岗位5494个，新增城镇就业2146人，城镇登记失业率控制在3.9%以内，新增农村劳动力转移就业7026人，农村劳动力转移培训6356人。进一步完善失地人员创业制度和社会救助制度。扶持失地农民5094户、9964人外出租种地，租地面积7.76万亩，兑现扶持补助金2447.3万元。进一步完善工资保障金制度，切实保障农民工合法权益。社会保障水平不断提升，覆盖城乡居民的社会保障体系基本建立。城镇企业职工养老保险参保达8081人，城镇基本医疗保险参保达10万余人，被征地人员养老保险参保达13255人，失业保险参保达9026人，均大幅度超额完成目标任务。实现城乡低保全覆盖，标准提高到每人每月310元。户籍人口医疗保险参保率达99%以上。深入开展“千名干部下基层进万家慰问群众”活动，共走访慰问群众25587户，发放物资折合290万元。创新失地农民安置住房投资建设模式，制定过渡期租房补助政策，上报审批3000余亩用地指标，引入省内外5家企业参与项目建设，到位资金5.5亿元。龙一地块、雨花二号地块二期项目启动建设，龙斗一号地块完成征地任务。

【平安建设】 围绕“构建平安呈贡、建设和谐新区”的要求，狠抓社会矛盾化解、社会管理创新、公正廉洁执法三项重点工作，全面推进综治维稳工作。健全矛盾纠纷排查化解工作机制，努力把社会矛盾化解在基层、化解在萌芽状态。年内，全区共调解各类矛盾纠纷3409件，比上年增加66%，调解成功率为98.6%。认真落实以财保障、以地保障、以业保障、以房保障四大民生工程，按时兑付了5402户、10602名失地农民在外地租种83091亩土地的补助款；完成了3000余人共66万余元的城市低保和1100余人共27万余元的农村低保发放工作。加强流动人口管理服务工作，共采集录入暂住人口信息5万余条、出租房信息5000余条。大力开展科技强警和技防网络建设，强化“网格化”布警，完善打黑除恶长效机制，深入开展“清网行动”、“南线扫毒”等专项行动，严厉打击“命案”、“两抢一盗”等违法犯罪行为，全力维护新区平安和谐的社会秩序。年内，区检察院受理公安机关提请批捕各类刑事犯罪案件295件528人，比上年分别上升9.7%和9.8%，审查后，批准逮捕266件458人，比上年分别上升14．7%和12.5%。区法院受理刑事、民事、行政、执行等各类案件2337件，比上年上升13%；审结1981件，结案率85%。平安建设的扎实推进，有效地维护了新区人民群众生命财产安全，为新区创造了一个和谐稳定的经济社会发展环境，被省委、省政府评为先进平安县。

（唐荣华）

安宁市

【年内大事】 1月7日，国家环保局对云南华电昆明发电有限公司、武钢集团昆明钢铁集团有限责任公司主要污染物总量减排工作情况进行核查。副市长尹家屏陪同核查。

1月19～22日，政协安宁市第四届委员会第四次会议召开。20～23日，安宁市第四届人民代表大会第五次会议召开。

1月21日，昆明市冬季农业开发、中低产田改造及农田水利基本建设第四次现场观摩会在安宁市召开。

2月11日，安宁市召开创建国家卫生城市工作会议。

2月19日，安宁市长王剑辉率队赴易门县政府协调王家滩水库建设事宜。

2月22日，安宁市召开2011年重点工程项目建设指挥部第一次会议，安排部署2011年全市重点工程建设工作及项目融资工作。

2月24日，安宁市召开工业突破园区建设招商引资动员大会，动员和部署2011年工业突破、园区建设及招商引资工作。全体市级领导参加会议。

2月25日，云南轻工职业学院、云南工艺美术职业学院新校区在安宁职教基地奠基。省政府副省长高峰，省教育厅厅长罗崇敏，昆明市副市长杨皕等省市领导及安宁市领导王文学、李海平、尹贵生等参加奠基仪式。

3月4日，安宁市举行2011年第一季度招商引资项目集中开工仪式。开工的10个招商引资项目中，工业项目5个，农业项目1个，商业项目3个，教育项目1个，概算总投资19.33亿元。

3月10日，国家档案局馆室司司长孙钢、省档案局局长黄凤平一行实地调研安宁市综合档案馆建设推进情况。

3月18日，安宁市召开昆明市第四届运动会筹备工作汇报会。

3月22日，昆明市“四创两争”工作总指挥部组织专家对安宁市昆明市级生态村示范点工作进行检查。

3月23日，国家环保部副部长张力军，在省政府、省环保厅领导陪同下到安宁市考察。昆明市政府副市长王道兴，安宁市委书记李树勇、市长王剑辉陪同考察。

同日，省委常委、常务副省长罗正富率队到太平镇对云南省第一人民医院新昆华医院项目建设情况进行视察。

3月24日，安宁市委、市政府召开旧城改造推进大会。会议强调，要开展强势宣传、强势发动、强力推荐活动，举全市之力，加快推进旧城改造这项最大的民心工程，建设美好和谐家园，努力打造现代化精品城市。全体市级领导参会会议。

3月30日，安宁市委、市政府与昆明市南亚陆港开发有限公司召开国际陆港工作座谈会议，协调对接国际陆港建设推进事宜。市领导李树勇、王剑辉、耿玉立、李春明、黄晶参加座谈。

3月31日，安宁市召开创建国家卫生城市二次暗访迎检工作会议。

同日，安宁市举行天惠大酒店移交仪式。天惠大酒店无偿划转中国石油炼化工程建设项目部。

4月8日，副省长和段琪率省级相关职能部门负责人到安宁市视察武钢集团昆钢草铺项目进展情况。

4月9日，监察部、国土资源部组成矿产资源开发整合检查验收组，对安宁市进一步推进矿产资源开发整合工作完成情况进行检查验收。

4月11日，安宁市2010年度14个新农村省级重点村建设项目在县街镇宣布启动。

4月12日，安宁市举行撤镇设街道办事处授牌暨干部任免大会，宣告八街、县街、温泉、太平新城、青龙、草铺、禄脿街道办事处成立。至此，安宁市有街道办事处9个，全域实现了“一级政府、两级管理”的城市管理体系，这在全省县（市）中尚属首家。

4月15日，安宁市政府邀请云天化集团公司召开云南石化项目前期工作协调会。云天化集团公司常务副总经理张嘉庆，市政府尹家屏副市长参加会议。

4月19日，云南省预防未成年人违法犯罪示范项目——安宁教育基地在安宁市职业高等中学建成并举行揭牌仪式。

4月21日，安宁市王家滩水库供水工程BOT合作协议签约仪式在长沙举行。中国水电顾问集团中南水电勘探设计研究院院长李玲龙，市领导李树勇、梅林、尹家屏出席仪式。

4月27日，昆明安宁发展股权投资基金管理有限公司成立。该公司将以股权投资的方式介入成熟的项目开发，满足安宁在产业结构调整升级过程中的资金需求，引导社会资本、民间资本参与地方建设。

5月10日，国家档案局中央档案馆局（馆）长杨冬权率各省、自治区、直辖市档案局领导在云南省档案局（馆）长黄凤平陪同下现场观摩安宁市综合档案馆建设情况。视察组一行对安宁市档案馆建设给予充分肯定。

5月25日，安宁市7个招商引资项目开工仪式在宁湖新城举行，项目协议总投资约7.85亿元。昆明市委书记仇和，市政协主席田云翔，昆明市委常委、常务副市长李文荣，市委常委、市委秘书长保建彬，市人大常务副主任宋黎明；安宁市领导李树勇、王文学、李海平等出席开工仪式并进行培土奠基。7家投资企业的员工代表，工程施工方和监理方代表参加了开工仪式。

5月30～31日，昆明市新农村建档工作推进会在安宁市召开。会议认为安宁市新农村建档试点工作取得了成效，在全市乃至全省起到了典型示范作用。

6月4日，由西藏自治区副主席董

明俊率队的西藏自治区政府考察团来昆，对安宁市和谐矿山建设工作进行考察。

6月6日，昆明市在兰花宾馆举行第十九届昆明市招商引资项目签约仪式，安宁市共有6个项目在仪式上签约，签约额超过74亿元。

6月21～22日，黔南州政府考察团到安宁市考察磷化工产业发展工作。

6月23日，昆明市委常委、常务副市长李文荣，副市长李茜一行到安宁市视察昆明市第四届运动会筹备工作。

6月24日，安宁市召开承办昆明市第四届运动会动员大会，动员全市上下迅速行动起来，全民参与，积极备战，全力以赴做好各项筹备工作，高水平、高质量承办好昆明市第四届运动会。

7月5日，老挝国际合作业务培训班来安宁市考察新农村能源建设和绿色光亮工程。

7月8日，省政协常务副主席管国忠一行到安宁市，就矿产资源保护和开发利用工作进行专题调研。

7月7～9日，省爱卫办专家对安宁市创卫工作进行预评估。

7月15日，公安部交管局和西部11省区交警总队领导对安宁市城乡公交一体化建设暨推广丘北工作经验进行实地观摩和指导。

7月21日，昆明市第四届运动会志愿者誓师大会暨“微笑安宁”活动在安宁娱乐中心广场隆重举行，来自各街道和各企事业单位的600余名青年志愿者庄严宣誓。

7月23日，金成矿业贸易大厦开工典礼在金成花园举行。

同日，安宁中石油昆仑燃气公司正式挂牌成立。

7月29日，总投资超过10亿元的中联钢制品物流、安宁保障性住房建设、安海路（北段）改造3个项目同时开工。

7月25～30日，昆明市第四届运动会在安宁举办。此次运动会以“跨越彩虹　超越梦想”为主题，以“激情四运　和谐安宁”为口号。设青少年和成年两个组别，来自昆明市14个县（市）区及3个国家级开发区和省市级机关企事业单位、群众团体，共21支代表队3652名运动员围绕26个大项、338个小项展开角逐。本届运动会共有72人次创、破44项省、市记录，并有8名运动员入选国家少年队，是昆明市自新中国成立以来参赛人数最多、规模最大、竞技水平最高的大型综合性运动盛会。省委常委、昆明市委书记仇和宣布昆明市第四届运动会开幕。副省长高峰，国家体育总局青少年司余训处处长朱英，省、昆明市领导张祖林等,以及安宁全体市级领导出席开幕式。

8月3日，安宁市委、市政府召开全市水环境综合治理暨滇池流域“十个禁止”工作动员会议，专题研究、安排部署全市水环境综合治理、滇池流域“十个禁止”、雨水污水和城乡垃圾资源化利用、城乡生态建设及市域生态修复工作。

8月9日，安宁市召开新型农村养老保险暨城镇居民养老保险启动工作会。会议强调，安宁市作为昆明市新型农村养老保险和城镇居民养老保险试点市，要确保完成昆明市下达的目标任务，力争两种保险覆盖率年内超过90%，到2013年基本实现全覆盖。

8月22～24日，全国爱卫办技术评估组分组对安宁市爱国卫生组织管理及社区单位卫生、健康教育、市容环境卫生、环境保护、公共场所和生活饮用水卫生、食品卫生、传染病防治、病媒生物防制、城中村及城乡结合部卫生等情况进行现场检查。

8月24日，安宁市在安宁会堂隆重举行承办昆明市第四届运动会总结暨表彰大会。

8月30日，安宁市召开2011年重点基础设施建设项目现场推进会。会议要求全市上下立即行动起来，以分秒必夺、只争朝夕的干劲，全面打响重点基础设施项目建设攻坚战，确保年度项目建设计划顺利完成。

同日，云南冶金集团有关领导到安宁市就云南新立有色金属有限公司钛材项目选址进行考察。

8月29日至9月1日，云南省十六城市（区）政协工作研讨会第二十五次年会议在安宁举行。昆明市、楚雄市、大理市、个旧市、红塔区、开远市、芒市、麒麟区、瑞丽市、思茅区、宣威市、昭阳区等全省十六城市（区）政协领导出席了会议。

9月17日，在第八届中国中小城市科学发展高峰论坛上，中国中小城市科学发展评价体系研究课题组公布了科学发展评价体系最新研究成果，安宁市作为云南省唯一入围城市，一举获得2011年度“中国中小城市科学发展百强”和“中国最具区域带动力中小城市百强”两项桂冠。这也是自2009年以来，安宁市连续三年获此殊荣。

9月19日，安宁市举行太平新城26号次干道BT投资回购合同签约仪式。

9月29日，安宁市召开“打四黑除四害”专项行动暨严厉打击“地沟油”违法犯罪专项工作会。

10月14日，云南省中缅油气办副巡视员张世雄率调研组到安宁市调研石油天然气化工产业发展规划。

10月18日，由住房和城乡建设部稽查办主任王早生为带队领导、杭州市园林文物局巡视员朱坚平为专家组组长的国家生态园林城市考核组到安宁市考察创园工作。

10月20日，安宁市地震灾害应急救援志愿者队伍成立暨安宁中学“云南省防震减灾科普示范学校”授牌仪式在文化娱乐中心广场举行。

10月26日，安宁市召开的金色螳川国家4A景区创建工作推进会，全面部署安宁温泉·金色螳川旅游区创建国家4A级旅游景区工作。

11月1日，安宁市与云南新能源有限公司签订风电建设项目协议。项目总投资30亿港元。

11月11日，安宁市与中国石油天然气股份有限公司云南销售分公司签署战略合作协议。

11月15日，太平新城册峨集中居住区暨西环二标段路网工程开工。

11月22日，安宁市召开和谐社区建设工作总结推进会。会议强调，要扎实推进全市和谐社区建设工作，不断提高和谐社区建设水平，推动城市健康发展。市领导王文学、尹贵生、母正荣、陆毅敏、魏巍、梅林、尹天水参加会议。

11月24日，安宁市与昆明鼎达投资有限公司签署安宁工业园区铁路物流园项目投资框架协议。

11月25日，参加中国第二届妇幼发展论坛的老挝妇幼卫生代表团一行10人到安宁考察妇幼工作。

11月30日，市委、市政府在安宁会堂召开旧城改造综合整治动员大会。

12月1日，昆明市城乡建设项目现场推进会在安宁市召开。省委副书记、昆明市委书记仇和，昆明市领导张祖林、李邑飞、杨远翔等率领近150 位各级领导干部现场观摩了太平新城、宁湖新城、县街、草铺的部分在建项目。市领导李树勇、王剑辉、耿玉立、马文瑜陪同观摩并参加现场推进会。

12月6日，云南祥丰化肥有限公司新建金麦化工60万吨DAP（磷酸二铵）项目竣工投产，至此，祥丰公司DAP 产能达到了100万吨，跨入了中国磷肥行业10强行列。

12月13日，常务副省长罗正富到安宁工业园区调研铁路物流园项目建设情况。

12月15日，李树勇、王剑辉等市级领导率各职能部门负责人分赴9个街道，进村入户恳谈走访，深入了解基层群众的生产生活情况及存在的实际困难。

12月20日，安宁乾泰世贸广场正式动工。

12月21日，安宁市委书记李树勇，市长王剑辉率领市发改局、教育局、财政局、国土资源局等相关部门负责人到职教基地现场办公。

同日，安宁市人武部新办公楼落成启用；安宁伊皇购物中心建成开业；安宁旧城门户区改造项目——林源房地产公司首领公馆举行开工典礼。

12月22日，安宁市召开2012 年农业综合开发现场推进会。会议要求，显特色、出亮点、促落实，加快构建现代农业发展格局。

12月27日，投资34亿元的车行天下 安宁泛亚汽车综合产业园物流片区项目在安宁签约，标志着安宁市以现代物流、商务商贸、产品交易为主的中东部现代服务业聚集区建设迈出了重要一步。

【区划、人口】 安宁市位于昆明市西南32千米处，东北与西山区相连，东南接晋宁县，西邻易门、禄丰县，总面积1301.81平方千米。2011年末，辖9个街道办事处，有65个村民委员会，363个村民小组，34个社区居民委员会，149个居民小组。全市常住人口34.4万人，比上年增长1.0%。全市户籍人口26.5万人，比2010年末减少0.6%，其中：农业人口12.08万人，占总人口的45.6%；非农业人口14.42万人，占总人口的54.4%。在总人口中，男性为13.57万人，女性为12.93万人，所占比重分别为51.2%和48.8%。0～14岁人口3.75万人，15～64岁人口19.72万人，65岁以上人口 3.03万人，占总人口的比重分别为14.2%、74.4%和11.4%。全市有少数民族人口36803人，占总人口的13.9%。世居少数民族人口主要有白族11140人，彝族13524人，苗族3824人，回族3108人。2011年全市人口出生率为10.51‰；死亡率为5.22‰，自然增长率为5.29‰。

【经济综述】 2011年，实现地区生产总值(GDP)167.77亿元，比上年增长15.1%。人均生产总值(按常住人口计算)48906元，比上年增长11.3%。

在地区生产总值中，第一产业实现增加值8.85亿元，比上年增长8.1%，拉动经济增长0.5个百分点；第二产业实现增加值99.25亿元，比上年增长16.5%，拉动经济增长9.4个百分点，其中工业实现增加值90.25亿元，比上年增长16.5%，对生产总值的贡献率为56.3%，拉动经济增长8.5个百分点，第三产业实现增加值59.67亿元，比上年增长14.0%，拉动经济增长5.2个百分点；一、二、三产业增加值比重分别为5.3%、59.2%和35.5%。非公经济实现增加值61.89亿元，占全部生产总值的36.9%，增长17.1%。全市工农业总产值529亿元，比上年增长15.8%。

个体私营经济快速发展，2011年末全市共有个体工商户14828户，比上年增长14.9%；私营企业2120户，比上年增长27.6%；个体私营企业从业人员60229人，比上年增长17.9%。

【农业】 2011年，全市实现农林牧渔业总产值14.98亿元，比上年增长9.0%；实现农林牧渔业增加值8.85亿元，比上年增长8.1%；粮食产量达42697吨，比上年下降2.0%；平均亩产量达361千克，比上年增长4.0%。烤烟产量达3750吨，比上年下降23.5%。蔬菜总产量226054吨，比上年增长18.9%。水果总产量为24345吨，比上年下降2.7%。油料总产量1605吨，比上年增长22.3%。

2011年全市畜牧业产值达7.81亿元，占农林牧渔业总产值的52.2%，比上年上升了0.7个百分点；主要畜产品产量：肉类总产量达58141吨，比上年增长19.1%，其中猪肉产量31668吨，比上年增长14.0%；全年出栏生猪375218头，比上年增长9.6%；家禽出栏1215万只，比上年增长34.9%；禽蛋产量13308吨，比上年增长104.1%；牛奶产量3160吨，比上年增长1.7%。2011年末大牲畜存栏16122头，比上年下降

13.3%；生猪存栏196876头，比上年增长3.3%；羊存栏26004只，比上年末下降6.1%。

【乡镇企业】 2011年，全市有乡镇企业10372户，比上年下降2.2%；从业人员69435人，比上年下降0.4%；乡镇企业实现营业收入365.59亿元，比上年增长34.3%；实现增加值56.27亿元，比上年增长54.1%；实交税金8.87亿元，比上年增长21.3%。

【工业】 2011年全市完成工业总产值514.1亿元，比上年增长13.2%，实现工业增加值90.25亿元，增长16.5%，其中：规模以上工业企业实现增加值87.13亿元，增长16.2%。全市主要工业产品产量：钢390.2万吨，比上年下降13.5%；钢材408.1万吨，比上年增长1.6%；生铁362.7万吨，比上年下降17.8%；化肥(折纯量)63.5万吨，比上年增长46.7%；原盐59.4万吨,比上年增长1.5%；煤气568265万立方米，比上年下降20.7%；磷矿石689.8万吨，比上年增长29.7%；水泥227万吨，比上年增长2.8%；自来水供应1790万吨，比上年下降12.3%。

【交通、邮电】 2011年，安宁市全力配合做好西北绕城高速公路建设，推进安宁至嵩明城际铁路和昆明铁路枢纽扩能改造工程，完成安禄一级公路、西一绕、安海路改造等工程，实现道路交通基础设施投资16.26亿元，全市公路里程达1301千米，行政村公路硬化率达100%，交通运输条件进一步改善。交通运输邮政业增加值达10.91亿元，增长17.3%，全市货运周转量62298万吨千米，比上年增长5.0%；客运量周转量为2024万人次，比上年增长8.0%；全市拥有机动车59744辆，比上年增长11.5%，其中：普通载货汽车8997辆，比上年增长6.4%；载客汽车37269辆，比上年增长21.6%。

邮电通信业迅猛发展，全市实现邮电业务总量23533万元，增长15.8%。2011年末，全市拥有固定电话58654部，比上年减少0.76%；在网移动电话用户265375户；比上年增长17.8%，互联网在网用户61872户。

【财政、金融】 2011年，全市地方财政总收入达35.54亿元，比上年增长16.9%。其中：一般预算收入21.4亿元，比上年增长28.2%；上划中央“四税”收入12.41亿元，比上年下降1.3%；全年地方财政支出48.72亿元，比上年增长84.9%，其中：一般预算支出25.34亿元，比上年增长31.5%。

2011年末，全市金融机构各项存款余额为199.25亿元，比年初增长18.1%，其中：城乡居民储蓄存款余额为105.8亿元，比上年增长24.7%；金融机构各项贷款余额为153.8亿元，比年初增长22.35%。

【商贸】 2011年，全市批发零售贸易业商品销售总额达279.04亿元，比上年增长35.6%；社会消费品零售总额达33.52亿元，比上年增长20.1%。在社会消费品零售总额中：批发业实现零售额1.83亿元，比上年增长39.4%；零售业实现零售额22.97亿元，比上年增长17.5%；住宿业实现零售额0.70亿元，比上年增长44.9%；餐饮业实现零售额8.02亿元，比上年增长22.2%。从经济成分来看，公有经济实现零售额8.44亿元，比上年增长21.2%；非公有经济实现零售额25.1亿元，比上年增长19.8%。2011年，商品零售价格指数为104.9%，比上年上升了1.3个百分点；居民消费价格指数为104.9%，比上年上升了0.7个百分点。

【招商引资】 全年共引进内资项目152个，外资项目8个，协议引进内资866.21亿元，引进外资62346万美元，实际到位内资83.59亿元，外资7450万美元。

2011年，全市完成固定资产投资118.52亿元，比上年增长41.6%，其中：工业性固定资产投资58.95亿元，比上年增长68.8%，房地产投资38.47亿元，比上年增长74.6%。

2011年，全市工商企业完成出口总额24628万美元。全年共接待游客237万人次，比上年增长10.6%，旅游综合收入达9.97亿元，比上年增长18.0%。

【科技、教育、卫生】 科技科普工作扎实开展，2011年用于科学技术支出的财政资金达5514万元，重点企业科技研发经费达2.45亿元，科普投入资金100万元，科普受众13.95万人。

积极鼓励和引导社会力量兴办学前教育，启动农村义务教育营养改善计划，强化校园安全整治，加强学校食堂和校车安全监管，全面完成校园报警监控系统建设。2011年，全市学龄前儿童毛入学率102.32%，初中毛入学率118.09%，普通高中录取率35.63%，高考综合上线率97.6%，高考录取率98.41%。年末，全市幼儿在园人数10250人，小学在校学生28058人，初中在校学生12451人，高中在校学生3643人，职教基地入驻职业教育院校10所，专任教师2390人，在校学生49292人。

扎实抓好卫生事业建设，全面完成“两院两中心”建设，深化公立医院改革和医药卫生体制改革，全面实施国家基本药物制度。取得国家卫生城市称号。2011年常驻儿童疫苗接种覆盖率达100%，食品卫生监督覆盖率100%。农村合作医疗参合率99.8%，10.81万人参加农村合作医疗；7.84万人参加城镇居民基本医疗保险，人人享有基本医疗保障目标逐步巩固发展。年末全市共有卫生机构184个，病床2824张，专业卫生技术人员1968人，5岁以下儿童死亡率12.03‰，新生儿死亡率5.7‰，农村卫生厕所普及率88.53%。

【文化、广播、电视】 加强城乡公共文化服务体系建设，深入实施文化惠民工程，基本实现了街道综合文化站、村文化室、信息资源共享点、农民书屋、文化活动场所五个覆盖，加快数字电视向农村拓展，免费开放图书馆、文化馆和博物馆，抓好“三馆一中心”建设，启动永安桥、遥岑楼恢复建设，完成了城市综合档案馆、曹溪寺宝华阁、连然文庙修复等项目建设，积极支持文化产业发展。2011年文化产业增加值占GDP的比重达3.2%，报纸出版119.6万份、公共图书馆藏书14.48万册，文物保护46处。有线电视光缆已经通达全市95%的村(居)委会，有线电视入户63245户。入户率达91%。全市广播人口覆盖率达100%，电视人口覆盖率100%。

【人民生活】 2011年末，全市在岗职工72030人，比2010年增长8.0%；工资总额为28.76亿元，比上年增长23.6%；在岗职工年平均工资为40311元，比上年增长11.9%；城镇居民人均可支配收入23652元，比上年增长15.6%；城镇居民人均消费性支出11570元，比上年下降24.2%。农民人均纯收入达8104元，比上年增长17.2%；全年农民人均生活消费支出7251元，比上年下降4.9%。

2011年，全市大力推进保障性住房建设，政府建廉租房512套，公租房1080套，政企共建公租房2500套，廉租房500套，棚户区改造3650套，农村危房改造500户。城镇居民人均住房建筑面积达34.5平方米。农村居民人均住房建筑面积50平方米，住房质量继续得到提高，住房中钢筋混凝土结构的比重达到66%。

2011年，全市享受城镇居民最低生活保障的人数达37634人次，全年共发放保障金706万元；享受农村居民最低生活保障的人数达39355人次，全年共发放保障金427万元；全市办社会福利院4个，床位460张。

（张丽华）

晋宁县

【年内大事】 1月6日，晋宁县广播电视“村村通”工程通过省级验收。

2月3日　晋宁县“和谐大舞台”启动，各业余文艺团队组织丰富多彩的文艺演出。郑和公园第九届山歌调子大赛开幕。

2月11日，　省、市在晋宁大春河水土保持生态科技术示范园召开现场推进会，要求按“上规模、有特色、生科技”的建设要求，把项目区建设成集科技示范、科普推广、爱国教育为一体的多功能、多层次、高水准的林农业生态观光园区。工程计划总投资4046.86万元。

2月17～18日，宝峰调子会、宝泉寺庙会同台举办。

2月25日，晋宁县召开2011年经济工作暨招商引资动员大会。

3月2日，市政府副市长何波率队到晋宁调研昆明轨道交通产业园项目建设工作并召开工作协调会。

3月3日，全国水土保持工作会议在昆明召开。参会领导和代表到晋宁县大春河科技示范园进行现场观摩。

3月10日，晋城工业片区11个招商引资项目集中开工典礼在晋城工业园区举行。

同日，新街镇撤销，其行政区域并入晋城镇。

3月14日，中央、省、市新闻媒体到晋宁进行集中采访活动。

3月28日，共有46幢2080余套住房的晋宁县滇池湖滨“四退三还一护”晋城安置点建设举行开工典礼。

3月31日，酸水塘水库工程项目举行开工仪式。

4月9日，晋宁县工商联合会昆阳分会成立并授印授牌。

4月12日，昆明德展国际服装研发加工项目，举行开工仪式。

4月13日，下方古城村委会举行“古城乡村会馆”落成典礼。全馆占地面积9000平方米，建筑面积1800平方米，包括会议室、文体表演活动区、绿化区、停车场、休闲娱乐等区域。

4月14日，晋宁县集中签约盛世滇源文化旅游项目、商业综合开发项目、年产3万吨轮胎专用胶项目、重钢结构生产基地建设项目等4个项目，协议总投资达61.5亿元。

4月19日，晋宁县召开市级生态村建设现场推进会。

4月25日，晋宁县防震减灾应急指挥中心举行开工奠基仪式。

5月2日，印尼考察团到晋宁参观访问。

5月3日，县城昆阳生活用水应急供水工程全面贯通并实现供水。

5月6日，省委副书记、省长秦光荣率队到晋宁县对滇池治理涉及的重点工程建设情况进行实地调研。

5月10日，昆明十堰商会泛亚商用车物流城项目举行开工仪式。

5月11日，晋宁县召开企业联合会、晋宁县企业家协会成立大会暨第一次会员代表大会。

5月25日，晋宁宝峰工业园区总投资2.8亿元的5个招商引资项目（昆明源源食品有限公司、云南大不同食品有限公司、昆明澳地澳食品有限公司、云南春天农产品有限公司、云南下关茶厂对外贸易有限公司）集中举行开工建设仪式。仇和、田云翔、李文荣、保建彬、宋黎明等领导出席仪式。

5月30日，晋宁县城市管理综合行政执法局举行揭牌授印仪式。

6月1日，市委副书记李邑飞带队到晋宁召开“环湖南路、环湖截污、环湖铁路”工程建设专题调研会。

6月9日，昆明卫生职业学院新校区举行落成典礼。

6月13日，澳大利亚林奇集团领

导到晋宁考察。

6月15日，中央储备粮昆明直属库昆明粮油中心库建设项目开工仪式在青山工业园区举行。

6月24日，晋宁县与云南郑和宝船文化旅游开发有限公司签订总投资达12.9亿元的郑和故里文化旅游项目的土地一级开发整理合作协议。

7月4日，计划投资77.5亿元的昆明晋城泛亚工业品商城贸物流中心项目在晋宁县晋城镇正式开工建设。

7月6日，晋宁县“四退三还一护”昆阳安置点交房仪式在安置点举行。

7月11日，2011中国·昆明泛亚国际郑和文化旅游节正式开幕，省委常委、市委书记仇和，市委副书记、市长张祖林、市政协主席田云翔，市委常委、市委秘书长保建彬、市人大常委会副主任、市总工会主席戚永宏、副市长何波、市政协副主席汪叶菊，县领导蔡德生、岳为民、李飞鸿等领导出席开幕式。

7月19日，晋城工业基地云南三雨大型钢管有限公司“十万吨大型螺旋钢管生产项目”举行竣工投产仪式。

8月8日，台湾“两岸妇女交流活动参访团”到晋宁县参观考察。

8月18日，省委副书记李纪恒省市相关领导到晋宁调研，现场观摩东大河湿地和昆阳集中居住区。

9月20日，晋宁县首个关爱农村留守儿童行动示范点在夕阳彝族乡正式挂牌成立。

9月21日，云南晋宁宏大电梯生产等3个招商引资项目举行集中开工仪式。仇和、张祖林、杨远翔、保建彬、周小棋、张建伟等领导出席仪式。

9月29日，晋宁县举行水务基础设施建设项目签约仪式，与捷运国际建设投资控股（香港）有限公司成功签约。

10月17日，孟加拉国人民联盟青年干部考察团一行到晋宁参观考察。

10月28日，云南泛亚国际驾驶员培训基地建设项目在晋宁开工。

11月11日，昆明芬美意香料有限公司新建和搬迁改造项目举行签约仪式。

11月30日，日本青少年友好使者代表团到晋宁访问。

12月8日，省政府九湖督导组滇池保护治理观摩考察现场会召开，督导组组长牛绍尧、省委常委、市委书记张田欣到晋宁调研滇池水环境综合治理。

12月20日，越南党政干部考察团一行到晋宁参观访问，实地考察昆阳街道办事处下方古城基层党组织建设工作。

12月26日，云磷集团研发办公综合区建设项目举行启动仪式。

【区划、人口】 2011年，全县辖二街、上蒜、六街、晋城4个镇，双河、夕阳2个彝族乡，昆阳街道办事处，129个村委会，5个居委会。县域面积1336.66平方千米。耕地面积182776亩，人均耕地面积0.6亩。平均气温15.5℃，降水量564.8毫米，比上年减少19.2%。年末常住人口28.53万人，户籍人口27.94万人。其中：少数民族人口3.15万人，农业人口23.35万人，非农业人口4.59万人。世居少数民族主要有彝族、回族、哈尼族等。人口自然增长率为5.10‰。

【经济综述】 2011年，完成地区生产总值673667万元，比上年增长14.6%。其中：第一产业136011万元，比上年增长8.2%；第二产业356201万元，增长18.2%；第三产业181455万元，增长14%。完成全部工业总产值1080079万元，增长15.6%。其中：规模以上工业完成870197万元，增长30.5%；全部工业增加值301201万元，增长207%。其中规模以上工业269206万元，增长24.1%。实现农业总产值233328万元，增长11%，农村经济总收入1269838万元，增长26%。完成非公经济增加值328032万元，增长15.8%。完成社会固定资产投资892975万元，增长61.2%。三次产业结构由上年的21.1:50.2:27.7调整为20.3:52.8:26.9。实现财政总收入141834万元，增长41.8%。其中，地方财政收入84316万元，增长35.1%。年末金融机构各项存款1009822万元，增长24.9%，其中储蓄存款547351万元，增长17.6%。年末金融机构各项贷款399481万元，增长29%。实现消费品零售总额165439万元，增长19.7%。城镇居民人均可支配收入20700元，增长18.8%；农民人均纯收入7522元，增长23.8%。居民消费价格指数104.9，增长0.7%，商品零售价格指数104.9，增长1.3%。全年引进国内市外资金464700万元，增长92.3%，引进国外资金3443万美元，增长351.8%。交通运输全年货运量608万吨，增长1.7%，容运量1106.45万人次，增长4.1%，邮电业务总量完成11525万元，增长16.4%。节能减排万元GDP能耗下降4.1%。

【工业】 全年完成工业总产值1080079万元，比上年增长15.6%，完成工业增加值301201万元，增长20.7%。年内规模以上工业企业发展到49户，实现增加值25.7亿元，增长28%。年内继续实施工业强县战略，工业在县域经济中的比重不断提高，主导地位初步显现。工业园区推行实体化运作，规划面积扩大到65.87平方千米，形成了以宝峰、二街、青山、晋城、上蒜基地为主，以乌龙轻工产业园、轨道交通产业园、泛亚家具产业园为辅的“一园八基地”的发展格局。投资6.3亿元，推进园区路网、给排水、电力、通讯等基础设施建设，完成园区主次干道27条30.5千米及二街污水处理厂、垃圾处理场主体工程建设。电力线路改造39项。预收储土地5614亩，平整5238亩，新增建成面积4650亩，新建标准化厂房4.08万平方米。云磷集团450万浮选、中铁二十三局地铁管片、三雨大型钢管等4个亿元工程项目建成投产，中国南车、云磷集团835项目、益海嘉里、宏大电梯等30个亿元项目如期推进，年末亿元以上工业项目达到47个，累计总投资为290亿元。年内，主要工业产品产量为：磷矿石开采1355.66万吨，比上年减1.7%，铁矿石35万吨，减14.9%，生产生铁11.7万吨，增长99%，磷肥17.50万吨，增长50.2%，光学仪器39.26万件，减12.3%。

【农业】 全年粮食种植面积14.39万亩，总产5.32万吨。油料1085吨，水果3935吨，烤烟2250吨。蔬菜种植面积15.21万亩，产量30.56万吨。花卉园艺种植面积4.1万亩，产鲜切花20.15亿枝。出栏生猪26万头，肉牛7000头，肉羊18923只，家禽3530314羽，奶牛存栏11071头。完成标准化养殖小区建设；完成华达、绿源等4个机械挤奶和奶站建设项目；组织申报了省级晋宁县优质奶源基地、禽蛋基地、种草养畜、奶牛发展建设项目；申报了2011年“菜篮子”产品生产项目。IPM示范村工作完成上蒜段七、金砂村委会的开班共29期，测土配方22.85万亩，培训人员47期8200人，发放施肥建议卡46000份，完成沼气池建设400口，节柴灶改造2700眼，争取到六街大庄村委会“农产品产地交易市场建设”、双河乡双河村委会“农业园区沟道建设”两个省级壮大农村集体经济项目。年内已有各类农业合作组织55个。其中：合作社36个，协会19个。土地流转面积70648亩，占农户家庭承包面积的41.46%。发放小额到户贷款2700.09万元。完成29个整村推进项目，完成机耕路绿化69.13千米。渔业养殖面积3214亩，水产品总产量4100吨。全年争取上级资金3113.5万元。落实惠农政策，争取中央财政农机购置补贴329.87万元，受益农户1456户。

【林业】 全年绿化造林2.91万亩，全民义务植树139.66万株，森林管护90万亩。完成市级城乡绿化6690.5亩，完成天然林保护工程9000亩，巩固退耕还林成果种植4500亩，中低产林改造9000亩，苗木基地建设完成17250亩，县级政府样板林完成300亩。创建国家级森林城市年内新增绿化面积21819亩。其中：城市、城镇绿化523200.08平方米，面山绿化4486亩，水源区生态绿化1278亩，滇池湿地建设、环湖生态绿化及“四退三还”2224亩，村庄绿化植树633015株，“五采区”绿化1967亩，道路绿化170.90千米，河道绿化24.34千米，机耕道路绿化96.47千米。

【水务】 投资3841万元，建成“五小”水利工程2006件，占计划数的100.3%。新增有效灌溉面积0.25万亩，改善灌溉面积1.60万亩。投资8420万元，完成栗庙、映山塘、瑶冲水库、野马冲水库4座小（一）型水库除险加固工程。水土保持工作完成治理面积18.71公顷，占下达计划数的103.95%。创建全国水土保持会现场观摩点。2011年，全国水土保持工作会议在云南省召开，大春河水土保持生态科技示范园被确定为会议现场观摩点之一。示范园内的水土流失综合治理、水土流失监测站、道路改造、湿地建设、中低产田改造、土地开发整理等多个项目的建设得到领导和专家的好评。启动了入湖河道第三阶段综合整治工程。在干旱之年实施应急供水 49件抗旱应急工程，解决了14.25万人的饮水问题和5.18万亩农田的灌溉用水。酸水塘水库工程项目年内完成投资3720万元。水库木本湿地建设在水库周边种植中山杉3370株。年内县管水库累计向城镇供原水1552万立方米。饮用水水源地保护出台相关管理办法，加大执法力度，查处涉水案件32起。发放宣传材料5万余份。

【滇池治理】 滇池南岸环湖干渠截污工程征地拆迁涉及24个村委会、82个村民小组、农户1830户。完成征地1360.91亩，房屋拆迁涉及农户191户，拆除面积22312.05平方米，补偿资金19609721.51元，管线移改完成县管水利管网、灌溉沟渠、电力网等的调查统计及迁改工作。完成太史、上蒜工业园区新增截污干管、南冲河、白鱼河、东大河等8条入滇河道的8个沉砂池征（借）地工作及环湖截污配套工程建设续征（借）地拆迁工作。完成退田、退塘17722亩，退人11950人，退房55.13万平方米。实施滇池环湖生态建设19782亩。种植乔木、灌木56种41万余株，水生植物30种255万余丛，香根草400万亩，海菜花120亩，中山杉180800棵，水葫芦1580亩。拆除防浪堤20000米。投入资金1.69亿元。坚持每月2至3次巡查检查入湖河道，全年累计出动保洁员22451人次，保洁河道3000211米，打捞漂浮物、垃圾1695.5吨，清除阻水障碍物、淤泥734立方米。查处各类案件29件。完成村庄污水处理设施建设工程69件。完成水源区“三池”12个村庄的建设工程。滇池水体、保护界桩、滇池湖面等工作扎实推进。

【城乡园林绿化】 实施东大河西测道路、三中北测道路、磷都路延长线、和璟苑二期、郑和路绿化带改造等13个基础设施建设项目。至年末已有6项工程完工。加快县城园林绿化建设步伐，实施县城绿化面积28.35公顷。其中：河道绿化6.37公顷，小区绿化9.84公顷，道路绿化4.05公顷，公园绿化10.56公顷。栽种乔木23782株，灌木200.7万株，攀缘植物49.86万株，水生植物11.72万株。县城区绿地总面积增至251.2万平方米，县城绿地率和绿化率覆盖率分别为39.87%和44.07%，人均公共绿地面积为16.65平方米。全年共处理城镇污水444万吨。完成上蒜镇15900平方米、昆阳街道办46000平方米的绿化亮点打造。投资500万元完成了昆玉高速公路5座立交桥区域、沿线山体、晋城路段两侧15米范围内的绿化，绿化面积718702.6平方米，种植各类苗木19899株。

【城乡交通】 六街镇客运站建成并投入使用。投资3078万元完成14条34.78千米建制村道路硬化，全县建制村道路硬化率达到98%。深入实施城乡公交一体化，新开通5条公交专线，行政村公交覆盖率达95%。全力配合昆明铁路枢纽扩能改造、东南环线、昆玉铁路复线等省市重点工程建设，安晋高速公路、环湖南路竣工通车。投入1000余万元开展“四环十七射”道路整治工作，城乡道路交通基础设施得到改善。年末全县县公路优良路率61.38%，乡道优良路率60.38%，村道优良路率45.2%。年末县内有县道99.78千米，乡道414.77千米，村道236.47千米。

【城市建设】 加快1346套廉租房、300套公租房建设步伐。加固600户、新建99户农村居民抗震安全房屋。完成《昆明晋宁南城片区规划》、昆明西城概念性总体规划及中心区城市设计，完成西城、南城迁村并点选址及轨道产业园等一批重点区域、重点项目控制性详细规划和专项规划的编制。村庄迁村并点规划、城镇规划、乡村规划、农村居民点规划覆盖率为100%。加大基础设施建设力度，城市规模不断扩大，城镇化率达31.5%。投资4.6亿元，完成东大河西侧道路、三中北侧道路等12个基础设施建设项目。共核发尚辰天景、湖景天颐家园等3个楼盘《商品房预售许可证》，可售房面积5.42万平方米。办理商品房购销合同网上登记备案906件，完成公私房产权登记2350件，产权登记面积35万平方米，二手房交易745件，交易面积11万平方米。收缴住房维修基金6670万元专户储存管理。

【财税、金融】 全年完成财政总收入14.18亿元，比上年增长41.8%。其中，地方一般预算收入完成8.43亿元，增长35.1%。上划中央“四税”收入完成4.88亿元，增长42.5%，上划省级完成0.86亿元，增长165.9%。政府性基金预算收入完成7.18亿元，增长840%。一般财政预算支出完成15.40亿元，增长37.1%。全社会固定资产投资89.29亿元，增长61.2%； 城镇居民人均可支配收入20700元，增长18.8%，农民人均纯收入7522元，增长23.8%；在岗工人年平均工资34915元，增长29.3%。县域经济综合实力大幅提升，在昆明市生产总值、一般预算收入、融资、招商引资等15项重要经济指标排名中，晋宁县有8项指标名列第二板块第一位，连续4年荣获云南省县域经济发展先进县称号，全省综合排名第13位。全县年末金融机构各项存款100.89亿元，增长24.9%，其中储蓄存款54.73亿元，增长17.6%；各项贷款39.94亿元，增长29%。实现社会消费品零售总额16.54亿元，增长19.7%。

【科技】 完成专利申请授权79项，占目标任务数的202.6%，居全市第二板块第一。组织云南磷化集团参加高新技术企业认证，于10月通过了评审。就R&D工作组织开展业务培训，全社会研究与开发（R&D）经费投入占GDP比重不低于1%。组织参加“四下乡”、科普活动周、全国科普日等活动。在晋城镇方家营建设500亩出口蔬菜科技示范园，标准化蔬菜生产基地3200亩，田间培训教室110平方米、蔬菜快速农残检测室20平方米。GAP良好农业规范认证500亩，引进出口蔬菜新品种15个进行试种筛选，完成3个蔬菜产品绿色食品认证，建保鲜冷库330平方米。争取上级资金515.4万元，占目标任务的208.7%。组织了昆明远达光学有限公司等2个科技富民强县示范项目，已被市科技局立项。

【教育】 全县35所农村中小学标准化学校已有34所投入使用，95%以上的中小学生都在标准化学校就读。县内两所普通高中学校招生人数1227人，在校学生3154人，高考上线率为97.78%。职业教育校舍新增建筑面积20238.68平方米，新招学生607人，在校生人数1470人，通过了省教育厅重点职业学校专家组的评审验收，成为云南省重点职业高级中学。民办学校在校生人数达到1100人。昆明卫生职业学院落户晋宁。年内全县小学适龄儿童入学率99.8%；初中毛入学率105%；7～15周岁三类残疾适龄儿童入学率100%。小学在校生年内辍学率0.02%；初中在校学生年内辍学率0.71%，全县直属管理小学由12所增加到19所，完成了晋宁二中初中部的剥离。招聘普岗教师30人，特岗教师76人。2011年实施的10所标准化学校建设项目有9所竣工验收投入使用，排除危房42046平方米。新建教师廉租房444套，建筑面积22200平方米。落实“两免一补”政策，对于义务教育阶段贫困家庭学生7675人进行了生活补助，免除学杂费和教科书费，免收住宿费。考入高校贫困生申请贷款293人，审定合格292人，银行贷款165.02万元。中小学共接受外来务工人员子女上学4320人。矛盾纠纷排查化解工作接到各类信访投诉件的办结率为100%。

【医疗卫生】 全县100%的基层医疗机构、村卫生室实施国家基本药物制度，基本药物实行零差额销售。完成了晋城新街医院、上蒜镇中心卫生院配套设施建设项目工程。分6期对乡镇卫生院和村卫生室的490名各类专业技术人员进行了培训。在农村常住人口中建立健康档案167318人份，建档率为72%。全县常住儿童建卡1372份，建卡率100%，建证率100%。流动儿童建卡1151份，建卡率100%，建证率100%。农村巡回医疗24场次，出动医务人员203人次。新农合参合人数22.44万人，参合率98.74%。

【文化、广播、旅游】 全年举办了一系列参与面广、规模较大的文化活动20余场。举办文艺辅导培训班和指导文化活动38期2800多人。农村电影放映“21312工程”放映2580场。在郑和文化广场举行了“唱响主旋律、颂歌献给党”——庆祝中国共产党建党90周年红歌合唱比赛。组织了晋城镇乌铜走银制作技艺申报国家级保护名录，宝峰调子会习俗申报省级保护名录。宝峰正月接佛申报市级保护名录。配合省博物馆完成了晋宁县古生物化石调查；配合市博物馆完成了晋城“四退三还”安置点及新昆明东城至南城连接道路的文物调查勘探；完成了晋城镇白沙村山上发现的火葬墓地文物挖掘勘探；完成了《国立艺专旧址保护规划》的编制。完成66村级（社区文化活动室）文化信息共享工程点建设。

春节期间举办了一年一度的千人穿城赛、老年人登山赛，举办了2011年“全民健身日”文体展演。竞技体育组队参加了昆明市举办的“全民健身”龙腾狮跃闹元宵大联动、中小学生运动会、中小学生武术比赛、昆明市第四届运动会等赛式，都取得了较好的成绩。争取到七彩云南全民健身基础设施建设工程点20家，已全部开建。3个文化体育活动广场建设点已完成建设任务。

共拍摄、制作、播出《晋宁新闻》123组1739条，平均每组新闻数量超过14条；制作播出《一周要闻》32组；完成42期专栏、18部专题片的拍摄、制作播出；报送昆明电视台播出新闻稿件449条。3件作品在昆明市广播电视节目政府奖评选中获奖。年内，全县有传输有线模拟电视节目38套，数字电视节目90余套，形成上与省市网互联，下通全县7个乡、镇（街道办）133个村（居委会）、社区的广播电视网络，发展有线电视用户4200户。全县有线电视用户总数达到71830户，其中数字电视用户为20581户。

致力将盘龙寺升级打造为国家4A级以上风景旅游区。继续推进郑和宝船（郑和故里文化旅游）项目建设。晋城镇南门村委会省级旅游特色示范村创建通过了市旅游局的验收。完成了普照寺、郑和公园2A级景区的评定。共有37家农家乐处于正常营业之中。年内评定4星级农家乐1家，3星级农家乐3家。成功举办了2011年中国·昆明泛亚郑和国际文化旅游节。宁波华翔集团昆阳渠东片区等6个重大文化旅游项目相继落户晋宁。全年接待游客172.6万人，旅游收入2425.7万元，比上年增长10.5%。

【人民生活与社会保障】 城镇居民人均可支配收入达到20700元，农民人均纯收入为7522元，在岗职工年平均工资收入34945元。全年提供有效就业岗位4424人，完成目标任务的192%；实现城镇新增就业 3297人，完成目标任务的220%。转移农村劳动力2699人，组织农村劳动力技能培训2112人，创业培训373人，“贷免扶补”扶持创业74人，新增小额担保贷款966万元，按时足额核发失业保险待遇7981人次，发放金额351.58万元。城镇登记失业率为3.16%，低于3.5%的控制目标。

【精神文明建设】 在上年接受省级文明县城测评的基础上，年内又接受了全国文明县城创建的测评。继续开展“讲文明 、树新风”活动。组织服务行业从业人员进行了文明礼仪培训。配合昆明市开展了“做文明有礼的昆明人”网上签名活动。开展全县性的志愿者服务活动，志愿者人数达到4000人。开展县级文明单位（村）、文明社区、文明小城镇创建活动，对27家申报单位进行了考评，并对届内文明单位（村）进行了复检。

（吴永华）

富民县

【年内大事】 富民县从1月1日起，增加企业退休人员基本养老金，每人每月最低增资120元，最高增资297元。

1月4日，富民6个招商引资重点项目开工，投资总额6.905亿元。

2月21日，富民县政府召开《富民县志》续修工作启动暨业务培训会。

2月23日，富民县启动城乡园林绿化暨全民义务植树活动。

3月11日，富民县举行撤镇设街道办事处、撤乡设镇授印授牌仪式。撤销永定镇，成立永定街道办事处；款庄、赤鹫、东村、散旦、罗免撤乡设镇。

3月16日，富民县第二批十大重点项目开工。市委书记仇和、市长张祖林等领导出席开工仪式，项目涉及城市设施、水利设施及工业等10个项目，总投资5亿元。

3月30日，中央、省、市媒体组成的采访团到富民，对富民的经济社会发展情况进行采访报道。

3月31日，根据市委相关通知，成立中国共产党昆明富民新区工作委员会、昆明富民新区管理委员会，县委书记赵学农任新区党工委书记，县长杨相来任新区管委会主任。

4月1日，富民县第一个环境空气自动站通过市环境监测中心、环境保护局监测处和县级相关部门的检查验收，正式投入运行。

4月1日，省台办主任岩庄等一行6人到富民调研对台工作，听取对台工作情况汇报，实地走访了解台胞台属生活情况、台资台属企业经济状况和经营情况。

4月14日，富民县举行二季度招商引资项目签约仪式。与云南南磷集团股份有限公司等七家企业签下7个招商引资项目，协议投资总额47.54亿元。

4月18日，浙江省农业区域合作促进会到富民考察农业园区规划建设工作，实地参观了国家级龙头企业德丽花卉公司。

5月4日，在云南省2011年国际象棋锦标赛上，富民县代表队荣获团体亚军，王杰弘、王唯实两名参赛选手以七战五胜的优异成绩进入省队。

5月25日，富民县第三批产业类项目开工。省委常委、市委书记仇和，市政协主席田云翔，市委常委、常务副市长李文荣，市委常委、市委秘书长保建彬，市人大常务副主任宋黎明等市领导出席开工仪式。国电电力风电二期、湘电众佳风电等7个项目开工，总投资金额10.15亿元。

6月24日，县城两条主干道文昌路、螳川西路竣工通车。文昌路红线宽36米，长1857米；螳川西路道路全长1100米，宽30米，两条道路总投资5392.8万元。

6月26日，年内计划建设保障房464套中的184套竣工，加上上年享受廉租住房保障的300户最低收入家庭，累计解决最低收入家庭住房困难问题484户。

7月14日，中共富民县委书记赵学农在《人民日报》“谈治论理”专栏谈建“工业梯田”。富民县推山填箐，平整土地，建造“工业梯田”，利用荒山建设工业园区，3年的时间，园区已累计入驻企业89家。

7月15日，省工信委主任刘绍忠、副任周赤及市工信委主任陈浩到富民实地考察富民“工业上山”、产业招商、一园多区、一园多片、因地兴业、打造特色产业，发展工业的经验。

8月1日，昆明市第四届运动会闭幕。富民县代表团获单项金牌4枚，银牌13枚，铜牌12枚。成年组获团体总分第四名，金牌榜第六名的成绩。

8月21日，省委副书记李纪恒到富民调研工业、基层党建工作。李纪恒对富民县的“工业上山、农民下山”充分肯定。

9月4日，云南吉人包装科技有限公司印刷包装材料研发生产项目正式开工。项目总投资1.1亿元，项目占地36亩，由企业自建标准厂房、安装4条生产线；项目建成后预计年主营业务收入2亿元，税收1200万元。

9月17日，富民县第四批产业类五个项目集中开工。市委书记仇和、市长张祖林等市领导出席项目开工仪式。

9月30日，富民县城开始使用交通信号灯。

10月26日，富民县大学生村官协会暨党总支挂牌成立。

11月2日，富民县永定街道永一村等18个行政村被命名为市级生态村。

11月9日，富民湿地公园竣工。

11月12日，富民仑和国际都市农业休闲园动工建设。休闲园位于罗免镇石板沟村委会和糯支村委会，园区规划用地15000亩，由昆明伦和企业（集团）仑和农业开发有限公司投资5亿元人民币打造。

11月25日，全县73个村委会气象预警信息电子显示屏全部安装完成，正式投入使用。

12月26日，富民县关停永定街道办事处元山村委会境内的6家砂矿企业。

12月26日，省爱卫办主任李玉勤率专家组到富民县考评验收创建云南省灭蟑螂先进县和省级卫生村工作。

12月29日，富民县大风丫口风电项目竣工投产。大风丫口风电场工程于4月开工建设，12月18日22台机组并网发电，大风丫口风电场是昆明市第一个核准的风电项目，工程投资3.8亿元。

【区划、人口】 2011年末，富民县辖1个街道办事处5个镇73个村委会、2个居委会，497个自然村，辖区总面积993平方千米。全县总户数52353户，户籍总人口149437人，比上年增1147人，其中男性74296人，占总人口数的49.7%，女性75141人，占总人口数的50.3%；非农业人口数18848人，占总人口数的12.6%；农业人口130589人，占总人口数的87.4%；少数民族22831人，占总人口数的15.3%；其中：彝族12370人，苗族7884人，回族549人，白族959人，其他少数民族1069人。全年出生人口1718人，出生率11.74‰，人口自然增长率5.26‰。

【经济综述】 初步核算，2011年，完成地区生产总34.03亿元，比上年增长14.6%；实现财政总收入4.46亿元，占年初预算数3.48亿元的128.2%，占调整预算数4.29亿元的104.1%，同比增15029万元，增长50.8%，其中地方一般预算收入2.68亿元，占调整预算数2.53亿元的105.9%，同比增7797万元，增长41%；财政总支出12.58亿元，占年度预算数12.58亿元的100%，同比增2.77亿元，增长28.1%；社会消费品零售总额9.13亿元，同比增19.2%，全社会固定资产投资23.1亿元，同比增54.5%；人均生产总值完成23246元，比上年增长16.5%；完成农林牧渔业总产值11.05亿元；农民人均纯收入6858元，城镇居民人均可支配收入19675元，扣除价格因素，实际分别增长15.3%和11.1%；三次产业结构比重为20.1:49.1:30.8；全县金融机构存款余额40.7亿元，贷款余额24.2亿元，分别增长19.8%和28.2%。

【工业】 工业基础进一步夯实。完成工业园区总体规划修编，规划面积扩至56平方公里，形成覆盖全县、“一园多区、一园多片”的空间发展布局。投资1.82亿元，收储土地1591亩，平整1200亩，实施工业园区水、电、路等基础设施项目19个，建成区面积达4平方公里。“央企入富”工作实现新突破，昆明首个竣工的风电项目大风丫口风电场并网发电，马英山风电项目有序推进。吉人包装、正业彩印、快乐王子等一批项目竣工投产。完成工业固定资产投资11.54亿元，同比增长57.8%。工业园区300套公租房开工建设，建成标准厂房12万平方米，入驻企业95家，投产55家。工业拉动作用增强，全县规模以上工业企业达25户，实现主营业务收入33.06亿元，增加值8.1亿元，同比分别增长52%和26.1%。第二产业实现增加值16.72亿元，同比增长18%。大力发扬“愚公移山”精神，推山填箐，全力打造北营钛产业基地、东园生态食品加工园、哨箐机械加工园、大锅边环保科技产业园、豹子沟新型建材产业园、火梨板中小企业创业园6个特色园区，山地景观生态工业园亮点纷呈，被省工信委列为新型工业化发展示范县，工业园区升格为省级重点园区，《人民日报》两次刊载富民“工业上山”经验。全年完成工业总产值37.72亿元，同比增长27.1%。主要工业产品产量：水泥1250681吨、饲料级磷酸氢钙321813吨、钛白粉49991吨，发电量7259万千瓦时，比上年减517万千瓦时，减6.6%。

【农业】 完成农业科技示范园总体规划和中心区控制性详细规划编制。重规模经营，推进土地承包经营权流转，实现土地流转1.5万亩。农业园区完成投资4645万元，引进项目7个，开工4个，竣工2个。完成茭瓜、杨梅等标准化生产示范种植6400亩，扶持农民专业合作组织40个，农产品专供基地示范户14户，新增市级龙头企业3户。完成罗免、赤鹫蔬菜标准化示范园建设，农业产业化经营水平不断提高。战胜三年连旱的严重自然灾害，全年播种粮食18.4万亩，粮食产量5.8万吨，同比增长7.2%；蔬菜产量5.4万吨，水果产量2.6万吨，花卉产量2817万枝（株）。肉类19536.8吨，增长5%；奶总产量37吨，下降14%；蛋总产量6073.3吨，增长0.4%。种植烤烟2.3万亩，收购5.8万担，实现烟农收入5374万元，烟叶税1182.3万元。农林牧渔业实现增加值6.84亿元，同比增长6.5%。投资853万元实施10个省级重点新农村建设。投资2873.4万元实施116个村级公益性事业建设一事一议财政奖补项目。投入扶贫专项资金435万元，完成21个自然村整村推进和1个革命老区村的扶贫开发建设。完成中小水源工程建设2432件，解决1.6万人的饮水困难问题，农村安全饮用水达标率68.7%。投资626万元，实施民居地震安全工程1200户，全年共发放一折通、粮食、农机等各项涉农综合直补资金1146.8万元。

【水利建设】 2011年旱情未减，完成县城应急供水工程，农田水利建设稳步推进。累计完成水利投资1.08亿元，建成各类水利工程2586件，实施抗旱应急工程110件，新增和改善灌溉面积1万亩，治理水土流失面积35.6平方公里。拖担、新桥等5座病险水库除险加固主体工程完工。投资1910万元，实施农业综合开发项目6个，新增农业产值1730.3万元。

【基础设施建设】 昆武高速、轿子山旅游专线富民段征地拆迁基本完成。二环西路、昆武高速匝道入城主干道、轿子山旅游专线款庄连接线启动建设。实施重点市政项目23个，累计投资10.5亿元，是“十一五”投入总和的3倍。建成文昌路、旧县路、富兴路、景秀路和螳川东路、西路6条城市主次干道，新增城市道路面积13.67万平方米。实施69家单位、小区楼体亮化工程，完成螳螂川两岸、滨河公园绿化景观改造，新增、改造城市路灯1300余盏。投资806.6万元，建成县城交通信号灯系统。加大征地工作力度，收储土地5506亩。投资3.88亿元，占地169亩的富民湿地公园建成并向群众开放。彩玉国际建成投入使用，上游 北城里、致尚国际项目抓紧建设，旧城改造实现新突破。假日尚岛、滨江世纪花园等7个房地产项目开工建设，总投资19.2亿元，建筑面积达96万平方米。县城建成区面积比上年扩大1.1平方公里，达5.2平方千米，城镇化率27.8%。城市功能更加完善，辅城形象更加靓丽。

【招商引资】 牢固树立招商引资是经济工作生命线的理念，全力推进招商引资。组建8个部门专业化产业招商分局和6个镇(街道)招商分局。引进南磷集团、金星啤酒等亿元项目39个，实际到位内资24.53亿元，外资1108万美元，分别占市级目标任务数的163.5%和369%。全力推进项目建设，组织项目开工4批，开工项目22个，竣工投产6个。非公经济实力不断壮大，全年实现非公经济增加值18.43亿元，占GDP的比重达54.2%。规模以上工业企业新增2户，达25户；规模以上工业企业完成利税1.78亿元，7户企业税收超千万，税收过百万的企业有57户。

【生态建设】 加强“森林富民”建设，实施“天保工程”森林管护86.2万亩，完成市级城乡绿化项目任务“五采区”植被恢复249亩，巩固退耕还林成果补植补造200亩，种植美洲黑杨2万株，建成苗木基地2341亩，培育苗木283万株，义务植树47.49万株，核桃补植补造1万亩，完成城镇面山绿化3499亩，全县森林覆盖率55.1%。改建5000座卫生厕所，创建24个省级卫生村。东村镇、赤鹫镇创建为国家级生态乡镇，散旦镇、罗免镇创建为省级生态镇，39个村创建为市级生态村。创建省级园林单位28个，省级园林小区8个。全面开展拆临拆违、建绿透绿，拆除临违建筑1.7万平方米，栽种乔木1万株、攀援植物6.3万株，实施大营环岛、文昌路口等交通节点景观绿化工程，新增城市绿地275亩，县城建成区绿地率、绿化覆盖率和人均公共绿地面积分别达44.15%、48%和13.7平方米。

【环境保护】 坚持环保优先，加强排污整治和水源保护。开展清洁生产，发展循环经济，单位增加值能耗、二氧化硫排放、化学需氧量均达到市级标准，“三废”排放达标率100%。投资220万元，完成73家单位、小区雨污分流改造，建成雨污管网5.94公里，县城污水处理厂正常运营，城镇生活污水集中处理率提高到75.3%。完成城南、城北两个片区垃圾中转站建设，生活垃圾集中收集处理率达100%。环境空气质量优良率达100%。深入开展县城面山整治，关停元山砂矿等矿山21家。饮用水源地水质达标率100%，地表水（螳螂川）水质有效改善。完成6家企业清洁生产审核，辖区内10家重点企业达标排放率100%，工业固体废弃物处置利用率达到100%。全县万元GDP能耗同比下降4.11%，规模以上工业企业增加值能耗同比下降5.34%。新建农村沼气池1350口；完成节柴改灶1500眼，推广沼气综合利用1万亩。

【财税、金融】 全年实现财政收入44629万元，占调整预算数42871万元的104.1%，同比增15029万元，增50.8%。其中：地方一般预算收入26818万元，占年初预算数22065万元的121.5%，占调整预算数25325万元的105.9%，同比增7797万元，增41%；上划“中央四税”收入完成15523万元，占年初预算数10966万元的141.6%，占调整预算数15311万元的101.4%，同比增6017万元，增63.3%；上划省级收入完成2288万元，占年初预算数1791万元的127.7%，占调整预算数2235万元的102.4%，同比增1215万元，增113.2%。财政总支出125755万元，占年度预算数125821万元的100%，同比增27684万元，增28.1%。其中：一般预算支出完成79973万元，占年度预算数79973万元的100%，同比增13253万元，增19.9%。年末全县金融机构存款余额40.7亿元，同比增19.8%；贷款余额24.2亿元，同比增28.2%。

【交通、邮电】 投资4138.9万元，完成65.7千米的建制村公路路面硬化主体工程。投资284万元，实施农村道路安保工程；新增城乡公交线路10条，行政村公交覆盖率达100%。年末，营运客车129辆，其中公交车99辆，出租汽车30辆；货运汽车2506辆，增长14.7%，其中大型货车498辆，中型货车338辆，小型货车1670辆。年末完成邮政业务总量510.03万元，比上年增2.6%，全年累计订销报刊175万元，比上年增8%。全县固定电话装机13215部，比上年增长7.8%；互联网用户7300户，比上年增长27.7%。年末全县移动用户达110635户，比上年增长8.4%，其中：中国移动通信集团云南有限公司富民分公司95635万户，中国联合网络通信有限公司富民分公司15000户，通信条件进一步改善。

【科技】 申报市级科技计划项目9个，新增专利申请和授权26项；组织实施“无公害山药示范种植”、“优质苹果引种示范推广”、“重大动物疫病‘集中免疫·整村推进’科技示范”、“高寒山区苹果品种改良”、“贵香生态土鸡引种养殖示范”、“酸桃老果园改造”、“新型农民培训及科技示范”等7个县级科技试验、示范和推广项目。组织开展《无公害肉鹅养殖培训》等新型农民培训工作，完成新型农民培训1294人次；荣获“全国科技进步先进县”称号。

【教育】 年末，全县小学班数314个班，在校生数11831人，小学学龄人口入学率为99.93%，巩固率99.3%，少数民族儿童入学率99.72%，残疾儿童入学率99.67%。全县初级中学7所，全县初中班数121个，全县初中在校生数5455人，初中阶段学龄人口入学率为96.37%，毛入学率104.22%。初中在校生年巩固率为97.19%。率先在全市实施“9+3”教育，高中阶段入学率95.2%，高考上线率98.9%，本科上线率60%，比上年提高17.6个百分点。全县中小学办学条件极大改善，总投资1.88亿元，总建筑面积80373平方米的21所标准化学校建设全面完成投入使用。以人为本，教育惠民政策落到实处。落实义务教育阶段中小学生生活补助到位资金601.73万元，其中，补助小学生4155人，补助金额311.63万元；补助中学生2901人，补助金额290.10万元。提供义务教育免费教科书348600套，其中：春季学期17250套，秋季学期17610套。筹集31万元资助58名贫困大学生，129名贫困学生享受到56420元的“希望工程”助学金，150多名贫困学生得到社会爱心人士20多万元的捐助。落实中职学校学生国家助学金补助25.5万元，补助学生340人次。落实国家补助免除中职学校涉农专业27人和农村家庭经济困难学生12人的学费，标准为1000元/生·学期，合计补助39人3.9万元。落实市教育公益事业促进会“助孤工程”资助金26400元，资助孤儿44名；落实中央专项彩票公益金滋蕙高中贫困学生106人，资助金额172000元。

【文化、体育、旅游】 积极开展“文化下乡”活动，组织各类文艺演出500余场次，放映公益性电影1200多场。投资247万元，完成3个文化站、20个农家书屋、61个文化信息共享村级服务点建设。大营文化站、款庄文化站被评为省“三级文化站”。认真做好文化市场监管、非物质文化遗产和文物保护工作。小水井苗族农民合唱团先后到上海、深圳等地演出32场次，文化品牌效应更加突出。成功举办富民县第一届老年体育健身运动会，组团参加昆明市第四届运动会，获成年组团体总分第四名、金牌榜第六名的好成绩。全年共接待旅游人数123万人次，同比增长20.6%；实现旅游营业收入1.36亿元，同比增长34%。

【广播电视】 制作《富民县推进区域性国际城市建设工作汇报》、《崛起的北部辅城富民》、《富民大跨越》、《省市到富民检查工作汇报专题》、《创平安富民·筑和谐之路》、《富民县创建省级计划生育优质服务先进县工作纪实》等多部专题片。围绕建党90周年的庆祝活动，播出红色电影40余部。全年，共发布电视新闻1147条、专题34部、知识讲座30期、播出各类标语195条、制作游动字幕60条，专栏174期，播出影视剧3240集、电影45部，在昆明电视台播出260条。尤其是9月在《昆明新闻》和《联播昆明》播出的新闻节目达53条，列全市十四个县市区及三个开发区当月昆明台新闻播出量的第二名。

【卫生】 年末，全系统有在职职工399人，其中卫生专业技术人员有374人，其他25人。县、乡医疗机构共设有病床558张，其中县级472张，乡镇卫生院116张，平均每千人拥有病床3.71张。全县有73个村卫生室，卫生室覆盖率达100%，有乡村医生161名。启动实施“降消”项目，降低孕产妇和婴儿死亡率，消除新生儿破伤风的民心工程，全年实际补助1530人，补助金额为578377.02元。高危儿童管理率 100%，0～3岁儿童系统管理率96.7%，0～6岁儿童保健管理率96.3%；高危孕产妇管理率100%、住院分娩率99.94%、孕产妇系统管理率71.2%。新型农村合作医疗参合率为97.61%，全年共报销补偿304656人次，2082.58万元，其中：住院补偿11198人次，1786.52万元，门诊补偿293458人次，2960.6万元。

【四创两争】 继续巩固省甲级卫生县城创建成果，深入开展城乡环境综合整治。为97个重点村配备乡村保洁员130名。完成5000座卫生厕所改造。省级园林县城创建通过初验，2个国家生态镇、2个省级生态镇、24个省级卫生村创建工作通过考核评审，成功创建省级园林单位28个，省级园林小区8个，市级生态村39个，市级宁静小区1个。

【人民生活】 继续开展“家电、汽车、摩托车下乡”活动，新增销售网点6家，达50家，全年累计销售家电12637台,财政补贴379.9万元；销售汽车、摩托车2534辆（台），财政补贴136万元。城乡居民生活水平稳步提高，农民人均纯收入6858元（扣除价格因素），比上年增长15.3%；城镇居民可支配收入19675元（扣除价格因素），同比增11.1%。

【改善民生】 财政用于教育、卫生、社会保障等各项社会事业的支出达2.97亿元，占全县一般预算支出的37%。率先在全市实施“9+3”教育工程，高中阶段入学率达95.2%，获市级“两基”工作先进单位和高考质量进步奖。县幼儿园迁建项目主体工程完工，县一中改扩建一期工程和县医院迁建项目全面推进，款庄、罗免中心卫生院和9个村级卫生室改扩建项目进展顺利。公立医院和医药卫生体制改革稳步推进。兑现计划生育各项奖励280万元，惠及2.39万人，成功创建云南省计生优质服务先进县。出版《富民年鉴》，启动第二轮方志续修。投入专项资金443.5万元，改善民族地区生产生活条件。拨出专款60万元，成立大学生创业园。以创业带动就业，发放各类就业、失业担保贷款4117万元。新增城镇就业302人，城镇登记失业率2.46%。完成农村劳动力转移就业1.4万人，实现工资性收入1.1亿元。城镇职工养老、医疗、失业、工伤、生育保险覆盖面不断扩大，启动城镇居民养老保险试点，城镇居民医保、新农合、新农保参保率分别达93%、97.6%和96.8%，1.67万名农村老年人领取养老金。妥善解决原解聘民办教师待遇问题，适当提高村两委干部的岗位补贴。发放城乡最低生活保障、医疗等各类救助金1325万元，1.2万人次得到救助。为7056名中小学寄宿生发放生活补助601.7万元。建成廉租房168套，在建698套，解决322户城市低收入人群的住房困难问题。启动建设占地20亩的县中心敬老院。投入资金1242.8万元，建成7个农村公益性公墓，实现遗体火化率和骨灰进公墓安葬率两个100%的目标。

【构建和谐·平安创建】 深入开展“平安富民”、“和谐社区”创建活动，社会治安防控体系不断健全。受理各级信访件850件，办复率达95%以上。调解民间纠纷2496件。破获刑事案件312起，“清网行动”成效明显，连续7年实现命案全破，“平安县”、“无毒县”创建成果持续巩固。“非煤矿山专项整治”通过省级验收，安全生产、道路交通、食品药品、消防安全形势平稳，全年无重特大安全事故发生。

（富民县志办）

宜良县

【年内大事】 3月19日，宜良县委、政府召开创刊《宜良年鉴》（2011）工作会，启动年鉴编辑工作。

3月29日，宜良县委、政府召开

关心下一代工作暨表彰会。省关工委主任、原省人大常务副主任张宝三，市关工委主任、原市人大主任李庄到会指导。

3月30日，在宜良工业园区举行投资35亿元的饲料基地项目开工奠基仪式，市委书记仇和，市政协主席田云翔，市委常委、常务副市长李文荣等领导到会指导。同日还举行了投资5亿元的红狮水泥二期项目开工仪式。

4月1日，举行中共昆明宜良新区工作委员会、昆明宜良新区管理委员会、中共昆明宜良新区纪律检查委员会揭牌仪式。

4月1日，接中共昆明市委通知，张之亮任中共宜良县委书记；郭子贞免去中共宜良县委书记职务。

4月20日，受国家环境保护部委托，省环保厅领导、专家一行6人在市、县有关领导的陪同下，到马街镇考核验收国家级生态创建工作。

4月20日，在昆明市第五届茶花奖评选活动中，宜良县选送的小品《旱区情》、滇剧《喇叭声声》、花灯《花开宜良》获二等奖，小品《为你》获三等奖。

4月25日，昆明市农村公益性公墓建设现场观摩督察推进会在宜良县召开。副市长李喜到会作指导，县委书记张之亮、县长左广分别致辞和介绍了县农村公益性公墓建设情况。

5月7日，县长左广与相关部门领导，接待来访群众11批36人次，对群众反映的问题，一一地听取，并安排办理。

5月13日，副市长李喜带领市相关部门领导到宜良县实地查看昆石高等级公路宜良段（可保村委会至李毛营村委会）道路两侧控制区综合环境治理情况，并在县城召开专题会议研究将宜良打造成为中国最大的鲜切花种植基地。

5月16～18日，中国共产党宜良县第十二次代表大会，在县城宜良会堂召开。大会选举产生了新一届县委委员、候补委员，县纪委委员和出席昆明市第十次党代会的代表。

5月25日，省市县相关部门及当地村民约300人，在狗街开展南盘江渔业资源人工增殖放流活动，共投放了6至8厘米的鲤鱼、鲫鱼鱼苗130多万尾。

5月27～30日，在北京人民大会堂召开的中国科学技术协会第八次代表大会，命名宜良县为2011至2015年度“全国科普示范县”，县长左广出席会议并接受授牌表彰。

5月27日，以国家气象局副局长于新文为组长的国务院粮食稳定增产行动督导组一行6人，在省农业厅巡视员汤克仁、市领导的陪同下，到宜良县检查督导粮食生产。

6月4日，中国工程学院王明庥院士、张齐生院士、南京林业大学施季森副校长一行6人，在县委书记张之亮、李寿志、李鸿等县领导的陪同下调研全县林业产业发展情况。

6月10日，中共宜良县委下发文件，决定全县机关干部开展“一对一”联村包户工作。

6月16日，宜良县在县城（原宜良一中）大同门广场举行宜良县革命遗址纪念牌揭牌仪式。

月内，中国文联出版社主编的《百年吟坛》第一卷正式出版，宜良县文联副主席郑祖荣撰写的8首诗词收录其中。

7月7日，宜良县召开“三沿五区”坟墓整治和南盘江河道绿化工作会。

7月14日，宜良县组织开展“走进局长讲坛”活动，首期在县委党校开班。

7月30日，宜（良）石（林）垃圾生化处理厂开工建设。

8月17日，省委副书记李纪恒，省委常委、市委书记仇和等省市领导，在县委书记张之亮、县长左广等县领导的陪同下调研全县农业、农村和经济社会发展工作。

8月22日，市政协常务副主席张建伟一行，在县政协主席姜育文，县委常委、常务副县长李鸿等领导的陪同下调研全县抗旱救灾工作。

8月29日，市长张祖林、副市长李喜，市级相关部门的领导在县委书记张之亮等的陪同下到马街镇、竹山镇调研蔬菜基地建设和抗旱救灾工作。

9月5日，由市委编办主持的柴石滩管理局人员移交签字仪式在柴石滩管理局举行，柴石滩水库收回由市级管理。

9月10日，由宜良企业家捐资410万元兴建的“宜良商会林”，在县城建成。

9月13日，为期8天的宜良2011“烤鸭美食节”圆满闭幕。

9月21日，昆明市保护坝区农田建设山地城镇完善县乡土地利用总体规划现场会在宜良县召开。

10月8日，宜良县企业家商会正式挂牌。

10月22日，宜良县举行全域城镇化建设试点，金星村委会西山营新居建设开工仪式。

10月28日，国土资源部规划司司长董祚继，在省国土厅厅长和自兴、副市长黄云波的陪同下，对宜良县低丘缓坡土地及未利用土地综合开发利用情况进行调研。

同日，美国商务部奥克兰地区商务处处长Roderick Hirsch（贺须）到宜良县考察城市污水处理厂。

10月30日，市委书记仇和率昆明市四班子主要领导，在宜良县召开昆明市林业产业发展现场推进会。

11月6日，省委副书记、代省长李纪恒，省委常委、市委书记仇和率省市相关职能部门领导，在县委书记张之亮、县长左广等县领导的陪同下调研宜良县公路建设情况。

11月7日，国土资源部国家调研组组长梁季阳、国土资源部执法局副局长王玲等领导，省市县相关领导陪同下，对宜良县工业城镇上山保护坝区农田情况进行实地调研。

11月18日，云南省山地综合开发利用试点现场会在宜良会堂召开，总结推广宜良县工业发展和城市建设上山、优质农田下山、保护坝区优质耕地，一上一下一体化土地开发利用的经验。

12月12日，2011年《宜良年鉴》创刊号出版发行；《清康熙五十五年、乾隆三十二年、五十一年〈宜良县志〉点注》出版发行1000册。

12月18日，全国人大常委会副委员长、全国妇联主席陈至立，全国妇联副主席孟晓驷，省委副书记仇和，省委常委、市委书记张田欣，省人大常务副主任晏友琼、副主任任程映萱，县委书记张之亮、县长左广等省市县领导，参加了全国妇联在宜良县举行的“送温暖、三下乡”活动启动仪式。

12月24日，投资概算2.9亿元的海马箐中型水库开工建设。

12月31日，投资6.02亿元的宜九二级公路正式通车。投资1.2亿元的小狗公路（小渡口至小马街段）改扩建正式通车。李烧鸭绿色食品生产基地落成。宜良县二级客运站正式运营。

【区划、人口】 2011年全县设6镇(含已托管的汤池镇)2乡，下辖133个村民委员会和4个居民委员会，906个自然村。土地面积1913.53平方千米。年末户籍人口149888户，42.68万人(含汤池镇21712户，56126人)，比上年增3332人，增0.78%。非农业人口42813人；主要少数民族人口39400人，其中：彝族28799人、回族5235人、苗族2489人。人口自然增长率5.78‰。县城人口14万，城镇化率34.6%。

【经济综述】 2011年地区生产总值107.25亿元，比上年增12.1%，其中：第一产业30.37亿元，比上年增9.1%；第二产业29.85亿元，比上年增12.3%；第三产业47.02亿元，比上年增14%。三次产业结构比为28.3:27.8:43.9。非公经济占全县经济总量的47%，人均GDP达25463元，城镇化率34.6%。

【农、水、牧、渔、林】 2011年农林牧渔业总产值45.78亿元，比上年增9.6%，增加值30.37亿元，比上年增9.1%。粮播面积33027公顷，比上年增1.1%，粮食总产15.74万吨，比上年减6.8%。全县烤烟种植面积9.27万亩，收购烟叶24.3万担，1.23万吨，上中等烟比例94 %，均价18.14元，烟农收入2.2亿元。蔬菜产量26.7万吨，比上年增10.9%。花卉种植面积2796公顷，比上年增21.9%。水果产量7193.60吨，比上年增21.6%。全年农田水利建设完成4017件，投资2.99亿元，新增蓄水能力36.82万立方，改善灌溉面积21.68万亩，新增除涝面积3.56万亩，改造中低产田7.57万亩，治理水土流失面积3.1平方公里。投资401.5万元，解决四个乡镇0.99万人饮水困难和安全问题。投资357万元实施省市12个整村推进扶贫项目。年末农业机械总动力3.18亿瓦特，农业机械4915台。

年末，生猪存栏29.30万头，比上年减0.4%，肥猪出栏63.48万头，比上年增1.9%；大牲畜存栏7.77万头，比上年减0.3%；出栏大牲畜1.79万头，比上年增2.8%；羊存栏10.01万只，比上年增0.5%，羊出栏6.68万只，比上年增0.9%。出栏商品鸭1817万只，比上年增6.6%；奶牛存栏16270头，比上年减8.8%；牛奶产量4.51万吨，比上年增3.3%。水产品产量0.63万吨，比上年减14%。

强势推进绿化造林、退耕还林和集镇、村庄、河道、学校、道路、坟山绿化，稳步推进集体林权制度配套改革。全年林权抵押贷款1830万元，完成绿化造林2.85万亩，补植补造1.21万亩，中低产林改造2.42万亩，种苗地建设5370亩，县政府样板林200亩，义务植树155.4万株，村庄绿化92个，学校绿化107所，道路绿化524.7千米，机耕路绿化25.3千米，水系绿化73.4千米，城镇绿化1668.3亩；全县森林覆盖率达46.43%。

【工业、建筑、非公经济】 全年固定资产投资54.61亿元，比上年41.51亿元增31.6%，其中：工业投资20.44亿元，比上年12.5亿元增63.5%。全年完成工业总产值69.56亿元，比上年增21.1%(现价)，其中：规模以上工业企业完成54.58亿元，比上年增20.1%(现价)。全县实现工业增加值21.85亿元，可比价比上年增15.1%，其中：规模以上工业企业完成增加值14.91亿元，可比价比上年增16.6%。县城自来水供应量310万吨，比上年减58.72%。

全年建筑业完成总产值12.38亿元，实现增加值8亿元，比上年7.4亿元增8.1%。房屋建筑施工面积102.40万平方米，比上年147.8万平方米减30.7%，其中，新开工面积92.64万平方米，比上年64.8万平方米增43%。

乡镇企业251户，从业人员2.46万人。非公企业户16719户，其中，私营企业1239户，个体经济15311户，其他经济组织169户；从业人员5.77万人，全年非公经济完成增加值50.29亿元，占全县经济总量的47%。

全年完成固定资产投资54.61亿元，比上年增31.6%。其中：完成工业投资20.44亿元，比上年增63.5%。

【交通运输、邮电通信】 全年投资2497.6万元，进行建制村路面硬化44.6千米。投资5.62亿元，完成九石阿公路延长线九乡至宜良33.1千米二级公路建设。许家营渡口改桥工程，投资210万元；叠水公路巴江桥建设，投资160万元。宜良二级客运站投资4500万元，占地60.7亩，建设规模1.17万平方米，设计日发1200班次，日输送旅客5000人次客运服务中心启动运营，日进入客运中心发班车辆达207辆，其中：市际班线22辆，县际班线67辆，县内城乡公交118辆，开行公交线路49条，乡镇公交覆盖率达100%，行政村公交覆盖率达93.2%。全年货运周转量4.13亿吨/千米，比上年增3.5%；客运周转量1.6亿人/千米，比上年减3.5%。

全年邮政业务收入801.41万元，比上年增6.3%。邮务类、代理金融类、代理速递类三大业务分别为47.6:39.4:10.8。电信业务收入2923.9万元。全县固定电话用户2.67万户，移动(CDMA)用户2.1万户，宽带网用户达1.42万户。中国移动基站达235个，移动用户22万户(其中G3用户6384户)，比上年增11%；收入9216.13万元，比上年增长14.4%。中国联通营业收入2732万元，比上年增长5.3%。在网移动通信客户3.52万户，固网用户546户。

【城市规划、建设、环保】 按照“工业城市上山，绿化种植下山”城乡建设新理念，编制完成《宜良县城近期建设规划》，按照《宜良县城市概念性规划设计》，完成483个村庄布点规划编制工作。制定实施《宜良县农村住宅建设管理审批办法(暂行)》。

县城基础设施建设：投资1.4亿元完成小渡口至小马街公路7公里扩建，并纳入城市Ⅲ级主干道；投资1370万元，对汇东西路、迎宾路、花园街、玉龙路程、发达二小区、花园小区、永安路、永昌街育才路等截污管网建设；投资1.2亿元，在宜良县青山村生活垃圾生化处理厂推进建设。全县已建成廉租房1578套，2011年投资9600万元，建设廉租房600套3万平方米，公租房200套1.2万平方米。地震安全工程建设拆除重建350户，加固改造700户。商品房建设完成投资28亿元，建筑面积65万平方米，县城10层以上高层建筑39幢。宜良企业家商会会员捐资410万元，改造街心花园、鱼龙石桥环岛两个花园；县城绿地率38.85%，绿化覆盖率43.8%，人均绿地面积13.6平方米。县城供水率100%，日供水1.9万立方。县城新建垃圾房2座、改建2座，改造旱厕7座，全年收集处理生活垃圾4.45万吨。全县农村新建封闭式垃圾房844座。投资31.5万元改造维修路灯。

县城区环境空气质量达到国家二级标准，集中式饮用水源地水质达标率为100%，农村安全饮用水普及率70%，重点工业企业污染物排放口自动监控率100%，重点工业企业废水、烟尘、二氧化硫、粉尘排放达标率100%，建设项目环境评价和建设项目“三同时”率100%。污染源普查2316户，其中：农、林、牧、渔业841户，采掘业2户，制造业127户，工业园区9户，其他行业1346户，关闭23家“七小”企业；排查157户养殖专业户，126户对养殖废水排放进行了整改，南盘江出境水质达Ⅲ类标准。环保投资指数4.12%。全年查处环境信访件36件，征收排污费136.3万元。创建国家生态乡镇1个，省级5个。

【商贸、招商引资、旅游】 全县社会消费品零售总额21.64亿元，比上年增19.8%，其中：公有制经济1.32亿元，比上年增15.7%，非公有制经济20.32亿元，比上年增20%；按行业分，批发和零售业17.73亿元，比上年增20.4%，住宿和餐饮业3.91亿元，比上年增16.7%。全县招商引资实际利用外资1873.9万美元，到位资金26.41亿元人民币。旅游景点全年接待游客147万人次，比上年增22%，旅游总收入1.61亿元。

【财政、金融】 全年财政总收入7.2亿元，比上年5.8亿元(剔除汤池托管片区数)，增24.2%。其中：地方一般预算收入4.52亿元，比上年(剔除汤池托管片区数)增45.8%。县级基金收入完成4.76亿元，其中土地出让收入4.67亿元。全年县级地方财政支出11.66亿元，比上年增14.4%。金融机构年末各项存款余额99.98亿元，比上年增17.3%，其中：储蓄存款70.27亿元，比上年增17.4%；金融机构各项贷款余额49.36亿元，比上年增19%。

【科技】 全年科技项目立项21项，其中：国家级3项、省级2项、市级16项，项目扶持资金690万元。实施科技项目42项，项目覆盖新能源、自主创新、节能减排、技术研发及产业示范等。专利申请及授权39件。年末，全县有科技示范村26个，科技示范户3836户。完成“宜良县乡土绿化苗木引种驯化筛选及开发示范”、“大型水库渔业养殖高产技术”、“宜良畜禽养殖废弃物资源利用技术示范”、“优质稻选育及标准化栽培示范”等四个项目的科技成果申报登记工作，“测土配方施肥技术”、“水稻精确定量栽培示范”两个项目获昆明市科技进步奖。全年展出各类科普展版177块，发放科普宣传资料和书刊21种、6万余份（册），科技咨询3000余人次。举办科技培训147期3万余人次。通过多年的努力，宜良县被评为“2011～2015年度全国科普示范县”荣誉称号。

【教育】 学校标准化建设基本结束，随着校点布局和校安工程快速推进，撤并小学38所，新增华兴小学，全县有小学76所；初中新增民办昆明丑小鸭中学，全县有初中14所；普通高中2所，中等职业学校3所；幼儿园新增爱诺尔、阳光贝贝、铁路、智慧树、金苹果幼儿园，幼儿园达61所。小学入学率100%，初中净入学率91.93%，幼儿入园率88.4%。中小学在校生62429人，其中：小学34212人，初中18518人，普通高中5605人，职业学校4094人；在园幼儿13875人。教职工总数4281人，其中民办学校797人。宜良一中、二中连续八年获“昆明市高考综合质量优秀奖”。

【卫生】 全县各类卫生医疗机构213个，其中：县级8个，民营医院5个，乡镇10个(含分院)，村级111个，个体诊所79个；全县拥有病床位1448张，卫生技术人员1062人，其中：执业(助理)医师612人，注册护士450人。全面实施基本药物采购制度，100%网上采购，100%零差率销售。开展健康知识讲座515期，受教育34885次，健康咨询指导79312人次，发放健康教育处方95101份；建立健康档案81211件，签订健康合同18196份，普通人群健康体检5559人。农村孕产妇住院分娩补助4026人，补助资金171.59万元，免费婚前体检2930对，免费妇科病普查8580人，孕期保健5230人、产后访视4507人次；儿童保健覆盖率91%，儿童体检18430人，0～6岁儿童免疫20147人；新生儿访视9707人次，新生儿建册管理4687人。新建农村卫生厕所1846座，创建全国卫生县城进入冲刺阶段。独立设置“宜良县红十字会”机构。加强卫生监督，对公共场所487户建立管理档案量化分级管理，获市级A级单位15家，B级单位25家，C级单位229家。

【文化、体育】 全年建设村级文体活动广场4个，建设农家书屋137个，建设文化信息资源共享工程基层站点100个，完成4个文化站及3个农村文艺队全音响设备的配送。全县举办9次大型文艺活动，参加市级以上文艺创作表演获16项奖励，评为昆明市“十一五”期间文化站建设工作先进单位一等奖。出版书法作品集《宜良翰墨》，宜良摄影作品《岚光泓集》、《花乡水城——宜良小戏小品曲艺作品集》、《宜良古今楹联集萃》和《宜良文庙大学碑帖》。组织开展各类体育比赛4次。组队参加昆明市第四届运动会、昆明市中小学生运动会，荣获2个一等奖，5个二等奖；获金牌23枚、银牌24枚、铜牌18枚。

【广播、电视、网站】 广播电视事业，城区光缆地埋改造2.6千米，布放管道光缆5.5千米，复挂光缆2.2千米，杆路架设3.5千米，布放架空光缆12千米。全县有线电视覆盖率70.44%，有线电视用户达6.95万户，全年新增数字电视用户3200户，数字电视用户达1.8万户。精心筹划自办节目，全年共播出宜良新闻2030条，对违法建设、违法排污、破坏公共设施及园林绿化等不文明行为曝光200条。在国家级报刊登载宜良新闻34篇，省级登载96篇，市级登载187篇；中央电视台播出宜良新闻5条，省级电视台播出7条、广播电台播出34条，市级媒体专题报道宜良45个；国家级网络媒体登载宜良新闻873条，省级325条，《宜良之窗》网站发布各类宜良新闻资讯600余篇，专题报道45个，图片500余幅，点击率达1420万人次。

【人民生活】 2011年城镇居民人均可支配收入21356元，扣除物价指数后比上年增10.6%。农民人均纯收入7087元，扣除物价指数后比上年增14.6%。收集提供有效就业岗位1498个，新增就业1116人，城镇登记失业率控制在2.4%，困难人员就业226人，困难家庭高校毕业生就业率100%，高校毕业生报到379人，就业358人，就业率90.2%。农村劳动力转移培训35872人，(技能培训3225人)转移就业32254人(国外1人、省外975人、省内县外10581人、县内20697人)，转移收入2.15亿元。鼓励创业“贷免扶补”贷款37人，放贷185万元；小额贷款88人，放贷440万元。城镇职工养老保险人数达16387人，养老保险金按时足额发放率100%；城镇基本医疗保险累计参保5.31万人，企业工伤保险参保人数13732人，生育保险参保人数7467人，失业保险累计参保人数12880人，被征地人员养老保险新增1916人。办理未参保集体企业退休人员参保手续和补缴养老保险人员1106人，其中：超龄人员955人，中断补缴人员151人。新型农村合作医疗全域覆盖，参合人数30.83万人，参合率达97.5%。

全县城市平均低保标准每月每人310元，农村平均低保标准每月每人80元；年末全县城市低对象2569户3185人，累计支付低保金1021万元，比上年增26.2%；全县低保对象6859户7257人，累计支付低保金913万元，比上年增25.1%；全县有农村五保供养对象879人，县级敬老院1所，乡镇敬老院3所，集中供养442人，集中供养率49.28%，比上年增9%，五保集中供养金333万元；分散供养455人，分散供养金支付142.7万元，分散供养标准由上年每年每人3060元提高至3240元，比上年增5.9%。全县各类优抚对象3590人(60岁以上农村退役士兵落实848人)、救济对象1371人、80岁以上老年人6364人，分别发放优抚金1838.8万元、临时救济金39.4万元和高龄补助金163.49万元。全年为3092名老年人办理了优待证，救助各类乞讨人员1134人次。投入抗旱救灾资金432万元，救灾粮食310吨、棉被1340床、军用大衣400件，衣服2.8万件（套）。

【精神文明建设】 深化文明县城创建活动，继续开展“平安创建”、“巾帼文明岗”、“青年文明号”、“文明单位村共建”、军警民共建等创建活动，开展文明交通示范单位、示范村、示范学校、示范导游、示范志愿者活动和讲文明树新风做文明有礼貌活动。启动省级文明县城创建工作，创建省级文明单位（村）25个，创建市级文明单位（村）15，县级文明单位（村）22个。狗街镇荣获第三届“全国文明村镇”称号民，宜良一中杨洪彬荣获第三届“全国道德模范”提名奖。

【社会治安综合治理】 制定实施

《宜良县关于在全县公民中开展没有看见宣传教育第六个五年规划》。全年创建省级民主法制村1个，市级33个(含2个社区)。全年调处各类纠纷2580件，调解成功率为97%，履行率100%；法律援助案件办结86件(刑事案62件，民事案24件)，办理公证1416件。公安局投资92.58万元，在110指挥中心建立GPS管理平台，安装GPS定位系统6套，一线民警配备移动警备应用终端41套，县城监控摄像头增至672个，推进警综平台、网上作战平台、视频监控平台、地理信息平台、办公自动化平台应用。全年刑事案件立案1624件，破案1094件，抓获刑事作案537人(其中，逃犯124人)；打掉犯罪团伙47个，抓获犯罪嫌疑人222人；立命案9件，破9件；破经济案件17件，挽回经济损失82万元；破获毒品刑事案117件，缴获毒品27.54千克，强制戒毒117人。检察院受理公安机关提请批准逮捕案件342件565人，经审查，批准逮捕301件493人；受理移送审查起诉犯罪案件362件689人，经审查，依法提起公诉315件637人。反贪污贿赂立案7件15人，挽回经济损失180余万元；渎职立案侦查5件8人；开展职务犯罪预防警示教育107次，教育1300余人次。法院共受理各类案件2278件，审执结案2056件，其中：受理刑事案件372件，审结364件；民商事案件1297件，审结1266件；行政案件7件，审结5件；受理再审案件2件，审结2件；受理重审案件5件，审结4件；受理执行案件543件，执结475件(全部执行到位346件)；全年接待群众来信来访1308人次，均作了妥善处理。

(徐守云)

嵩明县

【年内大事】 1月8日，副市长李喜带领市相关部门负责人调研嵩明县土地整治规划编制试点工作及农业园区建设进展情况。

1月22日，昆明市2011年文化、科技、卫生“三下乡”活动启动仪式在嵩明县牛栏江镇启动。副市长杨皕、市委宣传部副部长徐贞及县领导姚富正、朱滔、毛绍荣、朱燕、李进莲出席启动仪式。

2月18日，嵩明县召开2011年农村工作会，认真贯彻落实中央、省、市农村工作会议精神，安排部署2011年全县农村工作。

2月19日，市委常委、副市长刘光溪到嵩明调研三农金融服务、“保险昆明行动”工作和杨林工业园区发展建设等情况。王春燕、徐毅清、段颖等县领导陪同调研。

2月21日，嵩明县召开2011年经济工作会，认真贯彻落实中央、省、市经济工作会议精神，安排部署2011年全县经济工作。

2月22日，市委副书记李邑飞到嵩明，对全县推进全域城镇化、“四创两争”、农业产业化和县、镇党委换届工作进行调研。

3月2日，副省长和段琪率队到杨林工业园区对园区开发建设情况进行调研。县委书记王春燕及县相关部门主要领导陪同。

3月4日，嵩明县召开创建“国家卫生县城”命名授牌暨表彰大会。杜克林、胡守敬、李玉勤、王有祥等省、市相关部门领导，县四班子领导，全县各级各部门代表共300余人参加会议。会上，省卫生厅疾控局局长胡守敬宣读了全国爱卫会的命名决定。省卫生厅副厅长杜克林进行授牌并作讲话。

3月10日，“中国地方政府公共行政改革的创新与可持续发展研究”课题组到职教基地进行调研。

3月24日，省委副书记、省长秦光荣率领省发改、工信、财政、国土等部门负责人调研杨林工业园区开发建设情况。省、市领导仇和、和段琪、丁绍祥、张祖林、李文荣等陪同调研。县领导王春燕、徐毅清等参加调研活动并汇报相关情况。秦光荣在听取汇报，并实地参观云南建工等企业后，要求昆明市以及嵩明县要抢抓国家政策机遇，加大招商引资力度，加强与国家、省、市部门的对接，确保更多的重点项目落户昆明，落户杨林工业园区，以新型工业化带动城乡一体化和农业现代化，使人民群众更好地享受改革开放的成果。

3月28日，长安汽车云南公司汽车整车生产基地建设项目在杨林工业园区举行开工仪式。省政府副秘书长赵慧侠，市委常委、常务副市长李文荣及省、市、县相关部门领导出席开工仪式。

4月19～20日，以省政协原副主席、省工商联原会长苏正国为组长的云南省加快非公有制经济工作督导组一行到杨林工业园区，对嵩明贯彻落实中央、省、市关于加快非公有制经济发展的相关文件精神和有关措施情况进行调研督查。

4月25日，省长秦光荣、副省长孔垂柱等领导到嵩明农业园区调研园区建设工作。嵩明县政府主要领导陪同。调研中，秦光荣对农业园区建设给予充分肯定，对今后园区建设提出希望，要求嵩明农业园区作为云南省的重点农业园区，一定要努力建设成为立足云南、面向西南的农业种植展示、示范的窗口，引领云南现代农业发展。

5月10日，省委常委、常务副省长罗正富到杨林工业园区对新能源项目进行调研。要求园区大胆创新、加足马力，建设成全省新能源产业发展环境最好、科技含量最高、配套最完善、产业链最全的新能源产业基地。市委常委、副市长黄云波，县长徐毅清以及园区管委会、县相关部门主要领导陪同调研。

5月22日，国家农业部部长韩长赋到嵩明农业园区视察农业产业化发展情况。李纪恒、仇和、孔垂柱、张玉明、李邑飞、李喜等省市领导以及

王春燕、马正权等县领导陪同视察并汇报相关工作情况。

6月28日，全市首家乡镇（街道）综治维稳中心、群众工作站在嵩明县嵩阳街道办事处挂牌成立。县委副书记姚富正、县政法委书记李正德，县公安局、信访局、各镇、嵩阳街道各社区等部门领导出席了挂牌仪式。

8月11～21日，云南省疾病预防控制中心在嵩明县举办云南省第三期麻风病防治骨干培训班，全省各地州、市、县（市、区）疾病预防控制机构、皮防站麻风病防治工作管理人员40余人参加培训。

8月15日，云南省副省长刘平率全省16个州（市）政府以及省、州（市）住房和城乡建设部门负责人约250余人到杨林工业园区，集中观摩园区公共租赁住房建设情况。

8月25日，在云南省农科院粮食作物研究所卢义宣研究员带领、由25名中外著名水稻及农作物专家、科学家组成的考察团到嵩明考察绿色超级杂交粳稻种植项目。

8月28日，云南省委副书记、省政府党组书记李纪恒、省政府秘书长丁绍祥一行在昆明市市长张祖林、市委副书记李邑飞、嵩明县委书记王春燕、县长徐毅清等市、县领导的陪同下，先后到嵩明县洪灾较重的嵩阳街道办黑营盘居委会、大冲河水库等地了解大春作物受灾情况及水库蓄水情况，并对抗洪救灾提出要求。

9月1日，省人大常委会副主任程映萱率领省人大各部门领导一行35人赴杨林工业园区现场视察公共租赁安居工程建设工作。 市委常委、副市长余功斌陪同，县委书记王春燕、县长徐毅清等县四班子领导以及县各级部门主要领导陪同视察。

9月17日， 2011年 “中医中药中国行——进乡村·进社区·进家庭”云南省文化科普宣传周活动暨兰茂中医药文化节启动仪式在嵩明县兰茂广场隆重举行。省、市、县相关部门的相关领导出席启动仪式。

9月22日，中央电视台音乐频道《音乐天下》栏目云南摄制组一行12人，到小街镇阿古龙村委会玉皇阁，进行现场拍摄“小脚老奶舞大龙”。

10月25日，省人大常委会原副主任、云南东南亚南亚经贸合作发展联合会执行主席王义明到职教基地调研园区发展、入驻院校情况。县人大常委会主任余荣明陪同调研。

12月22～23日，省级农村中医药工作先进县评审专家组一行9人，对嵩明县创建省级农村中医药工作先进县工作进行检查评审验收。县人大副主任毛绍荣、县政府副县长姚晓怡、县卫生局局长桂志芬陪同检查。

【区划、人口】 2011年全县辖4镇，74个村（居）委会，575个村民小组，441个自然村。年末总人口297009人，比上年增3074人。其中男性149593人，女性147416人。农业人口264668人，非农业人口32341人。汉族274914人，少数民族人口 22095人，其中回族15568人，彝族3384人，苗族1304人。全年出生人口3524人，死亡1745人，人口自然增长率5.99‰。

【经济综述】 2011年，全县完成生产总值50.6亿元，同比增长16.2%。其中，第一产业完成9.16亿元，比上年增长7.1%；二产业完成27.1亿元，比上年增长25.3%；第三产业完成14.42亿元，比上年增长6.3%。三次产业结构比由19：50：31转变为18：53：29。全县财政总收入完成9.3亿元，比上年增36%。其中，地方一般预算收入完成5.86亿元，比上年增长30.2%。全社会固定资产投资完成78亿元，比上年增长50.1%。社会消费品零售总额完成13亿元，比上年增长18%。完成融资19.6亿元，增长42.92%。向上争取资金12.2亿元，增长24.5%。招商引资继续保持全市前列，实际利用外资2102万美元，市外实际到位资金45.3亿元，市内到位资金33.6亿元，外贸进出口总额达8868万美元。农民人均纯收入6502元，实际增16%；城镇居民人均可支配收入20130元，增18.4%。粮食总产稳定在10.1万吨，农林牧渔业总产值达16.3亿元。实现规模以上工业企业增加值16.15亿元、第三产业增加值14.5亿元，产业发展的协调性增强。2011年，荣获“全国科技进步先进县”、“全国科普示范县”、“全国阳光计生行动示范县”、“云南省首批农业标准化示范县”等荣誉称号。

【三农】 年内，农业产业化进程不断加快，完成土地使用权流转6.69万亩，农业产业结构持续优化，“粮、烟、畜、菜、花、果”六大产业增长势头强劲，农林牧渔业总产值完成16.3亿元，同比增长8.1%。深入推进农村基础设施建设，完成建制村路面硬化工程60.5千米，中低产田改造2.96万亩，烟水配套工程2.1万亩，农田水利工程4203件，病险水库除险加固工程8件，水利化程度达78.87%。新农村建设步伐加快，完成“一事一议”财政奖补项目121件。转移输出农村劳动力就业2.25万人，实现转移收入2亿元。农民人均纯收入达6502元，实际增长16%。家电下乡、农机补贴、良种补贴等惠民政策落到实处。云南嵩明现代农业科技示范园区创建国家级现代农业示范区通过省级评审，已上报国家农业部审批；完成园区2号道路及供水、供电工程建设，并创建为省“云花”外贸出口创汇基地，昆明精品农业示范园建设稳步推进，辐射带动能力不断增强。

【工业】 继续实施“工业强县”战略，以园区建设为重点，高起点、高标准规划园区建设，统筹园区经济，多渠道、多方式筹集资金，完善基础设施建设，工业经济发展取得新突破，形成了以装备制造、汽车及配套产品、食品饮料、新型材料等四大主导产业为主的产业集群。稳步推进云南杨林工业园区实体化改革进程，充分激发发展活力。围绕"1+4"产业发展模式，加快推进昆机、长安汽车等重点项目。年内，完成工业总产值106亿元，同比增长40.2%；规模以上工业增加值16.15亿元，增长55.6%；工业项目固定资产投资额达33.4亿元，增长52 %。

【招商引资】 年内，紧紧抓住现代新昆明建设和空港新城建设等重大机遇，深化体制改革，加大对外开放力度，突出抓好招商引资。全年共引进项目58个，开工43个。实际利用外资2102万美元，市外到位资金45.3亿元，市内到位资金33.6亿元。工业园区入驻企业达150户，投产98户；规模以上工业企业33户，建成区面积达7.4平方千米。完成工业固定资产投资28亿元，建成标准化厂房12.21万平方米，长安汽车、康师傅、昆明重工等大项目落户园区。职教基地入驻院校达9所，在校学生3万余人，人气、商气进一步提升。晨农精品示范园、省农科院科技研发基地等重点项目进展顺利，农业园区被认定为云南省"云花"外贸出口创汇基地，国家现代农业示范区申报工作稳步推进。银政、银企、银社、银农合作进一步加强，完成融资19.6亿元。项目包装储备立项工作效果良好，包装上报各类项目109项，向上争取资金12.2亿元。招商引资项目陆续投产，投资拉动效果明显，部分企业效益增加，营业税、契税和非税收入大幅增加，财政收入保持了较快增长。

【城乡建设】 按照空港新城规划建设要求，继续推进"543"倍增计划，高起点、高标准完成县城总规及全域城镇化规划编制。扎实推进全国土地整治规划编制试点县工作，规划成果已通过国土资源部审查。2011年，入城口片区建设进展顺利，完成第二自来水厂、城市生活垃圾处理场、河滨北路、河滨南路、明湖南路等市政基础设施建设，县城建成区面积达6.81平方千米，城镇化率提高4%，达到32%。工业园区完成燕京南侧、南环路东段、东环路北延线、官军公路连接嘉丽泽段、装备制造园1号路近7千米的毛路建设及综合管网埋设，建成区面积达7.4平千米里。职教基地全长近10千米的1、2、3、4、5号道路建成投入使用，第二自来水厂扩建工程、"梦回云南"一期投入运营。星耀水乡国际度假中心初具雏形。实施"一事一议"财政奖补项目121件，农村民居地震安全工程修缮加固 2764户、拆除重建134户、危房改造281户，农村面貌持续改善。建成农村公路60.5千米，各镇（街道）客运班车通达率达100%。"数字城管"工作全面推进，县城管理水平不断提升。城乡载体功能逐步完善，全域城镇化步伐明显加快。国家卫生县城和省级园林县城创建成果不断巩固，人居环境进一步改善。

【生态环保】 年内，以牛栏江流域治理和滇池补水工程为工作重点，大力开展"六清六建"和"四全"工作，水污染指数同比降低29.4%。节能减排目标任务圆满完成。"森林嵩明"建设扎实推进，种植特色经济林2.7万亩，建成苗木基地4550亩，完成面山造林6500亩、五采区植被恢复100亩、义务植树135.5万株，县城绿地率、绿化覆盖率分别为36.86%、43.2%，全县森林覆盖率达49.1%。县城、工业园区污水处理厂投入运行，集镇污水处理厂启动建设。加大环保执法力度，严格执行环保"一票否决"制，环境影响评价和环境保护"三同时"制度执行率达100%。全年化学需氧量、二氧化硫排放量比上年削减2%，单位GDP综合能耗、规模以上工业万元增加值能耗均下降4%以上。牛栏江水质明显改善，水污染指数同比降低21.4%。"四创两争"工作成效明显，嵩阳街道、小街镇创建为国家级生态乡镇，杨林镇、牛栏江镇创建为省级生态乡镇，东村、新村等50个村（居）委会创建为市级生态村。

【人民生活】 继续巩固"两基"成果，全面提高国民素质。云南嵩明职业教育基地快速发展，入驻院校已达9所，在校生达3万人。建成标准化学校14所，排除危房4.12万平方米。学前适龄儿童入园率、小学初中适龄儿童入学率分别达92%、100%，高考上线率达99.35%。医药卫生体制改革持续深化，公共医疗卫生服务体系进一步完善，新增民营医疗机构7家。县中医院等医疗机构迁建、扩建进展顺利。传染病调查处置率、突发公共卫生事件处置率均达100%。人口自然增长率控制在5‰以内。荣获省农村中医药工作先进单位和全国计划生育优质服务先进县称号。食品药品监管体系逐步健全。科技创新对经济的贡献率不断提高，荣获全国科普示范县称号。基层文化阵地、文化队伍和文化服务建设得到加强，文化事业和文化产业健康发展。建成农家书屋48个、农民健身点11个。县城数字电视覆盖率达100%。开展城镇居民养老保险全国试点工作，参保率达50.1%；城镇职工基本养老保险和城镇基本医疗保险参保率分别达95%和98%。继续抓好新农合、新农保工作，续保率分别达99.02%和94%。启动8314套保障性住房建设，建成廉租房350套、公租房496套。龙保集中居住区首期住宅交付使用。建成标准化农贸市场2个，群众"卖菜难"和"买菜贵"问题得到缓解。成立大学生村官创业基地和大学生创业园，鼓励和支持大学生创业。开发就业岗位1.2万个，转移输出农村劳动力2.25万人，实现劳务收入2亿元，发放创业贷款6897万元，城镇登记失业率稳定在3%以内。发放低保金1600万元。帮助45名残疾人就业，救助重特大病人136人，农村“五保”集中供养率达65%。落实国家惠农强农政策，兑现各种补贴3040万元。城镇居民人均可支配收入达20130元，同比增长18.4%。

【精神文明建设】 年内，以巩固“国家级卫生县城”、“省级园林县城”创建成果为抓手，以提高公民思想道德素质为核心，以构建社会主义和谐社会为目标，创新内容、创新形式，扎实开展群众性精神文明创建活动。

坚持街、巷、路负责制和“门前三包”责任制，开展爱国卫生活动，对县城区环境卫生建设改造进行督促检查，集中式饮用水源地水质达标率≥99%。加大医德医风教育，严把医护人员从业资格，医疗、危险废弃物按照国家有关规定统一贮存、处理。加大对餐饮、旅店、娱乐、饮用水、单位食堂等行业从业人员的监管力度。组织开展“扫黄打非”工作，实施对音像制品销售商店、流动音像制品销售点、印刷厂、复印室、书刊经营户以及网吧等场所全面清理检查。群众性精神文明建设和未成年人思想道德建设进一步加强。

组织推荐“明德小学”、“嵩阳二小”申报昆明市文明学校，“县一中”、“嵩阳一中”申报青年文明校园；组织开展“我们的节日 清明节”、“网上祭英烈”和“‘讲文明、树新风、做文明有礼的昆明人’网上签名”、“学习杨善洲为党旗（团旗）添光彩”演讲比赛等主题活动，进一步提高国民综合素质。

认真贯彻落实《公民道德建设实施纲要》，筹备表彰了2010年市级文明单位（村）11个、县级文明单位（村）20个和第二届道德模范20个。积极推荐王焕珍参加省级首届模范评选。深入开展国家级文明单位（村）、省级文明单位（村）、文明交通示范社区（村、车队）申报工作。全年，申报县级单位、文明村（居）委会32个，待命名表彰。

【综治维稳】 年内，认真贯彻落实中央和省市委关于构建和谐社会、深化平安建设的决策部署，进一步巩固和深化“平安村组”、“平安学校”、“平安单位”等平安创建活动成果，组织动员社会各方面力量，以建立健全长效机制为核心，以争创省级平安先进县为目标，围绕“保增长、保民生、保稳定”的总体要求，切实开展社会治安综合治理工作，深入开展“打黑除恶”等专项行动，深入开展禁毒防艾和取缔邪教组织工作，深入开展普法和依法治理等工作，坚持处理信访问题及群体性事件联席会议制度，全面开展领导干部接访、下访、回访活动，为人民群众安居乐业、社会和谐稳定创造良好的环境。

2011年，全县共受理民间纠纷2792件，调解率达100%，调解成功2737件，调解成功率达98%。全县受理治安案件1012起，查处951起，查处率为93.97%；共立各类刑事案件1641起，破获刑事案件937起；共抓获处理违法人员996人，抓获在逃人员87人。全县共受理提请批捕案件178件303人，提起公诉205件305人。法院以审判和执行为中心，共受理各类案件1664件，结案1094件，结案率63.57%，受理执行案件431件，结案325件，结案率为75.4%，执结标的7482.24万元。全年共查获打掉犯罪团伙26个93人，破案205起。其中涉恶犯罪团伙3个，抓获涉案成员19人，破获案件43件。

（杨加祥）

石林彝族自治县

【年内大事】 1月5日，参加昆明市委九届七次全体（扩大）会议的400余名领导干部实地观摩石林财富中心、巴江中学、中种集团等项目的建设情况。

1月28日，石林县举行“奔向十二五”2011年迎新春长跑比赛，县四班子领导，各乡镇、各部委办局、人民团体、企事业单位、驻石部队等近千人参加了全程8千米的长跑活动。

3月3日，好莱坞著名华裔导演吴宇森偕夫人一行，到石林进行外景考察。

3月7日，石林县城乡一体化建设石林镇和摩站试点村项目举行启动仪式，拉开了石林县城乡一体化建设工作全面启动的序幕。

4月2日，石林镇召开五棵树村民委员会选举工作动员大会。5月13日，石林县五棵树彝族第一村“两委”班子上任履职。石林县委副书记裴演兵、县人民政府副县长潘华光为五棵树彝族第一村揭牌，并分别为五棵树彝族第一村党总支和村民委员会授印。

4月20日，云南省社会科学优秀成果评奖委员会、云南省昆明市国信公证处发布云南省第十四次（2010年）哲学社会科学优秀成果评奖结果公告，石林县史志办公室整理出版的《云南石林旧志集成》获三等奖。这是石林县社会科学工作者自改革开放以来第二次获得的云南省政府社科奖，也是距《彝汉简明词典》二十多年后的再次获奖。

4月27日，第十届全国人大常委会副委员长兼秘书长盛华仁一行到石林考察旅游发展情况。

5月14～17日，中共石林县第十一次代表大会召开。罗朝峰、张勤勋、裴演兵、李正平、王昆、张忠贵、李福军、周美英、汪明涛、李燕、李凌当选为中国共产党石林彝族自治县第十一届委员会常委，罗朝峰当选书记，张勤勋、裴演兵当选副书记，周美英当选县纪委书记。

5月23日，国务院批准文化部确

定的第三批国家级非物质文化遗产名录和国家级非物质文化遗产名录扩展项目名录，石林彝族摔跤名列国家级非物质文化遗产名录扩展项目名录。

7月26日，国家旅游局局长邵琪伟一行到石林县视察旅游工作。

8月16日，云南石林地质公园被国土资源部命名为资源保护类国土资源科普基地。

8月17日，省委副书记李纪恒到石林县调研农业农村、水利建设、生态工业、旅游产业、城市规划建设情况。省委常委、市委书记仇和等领导陪同调研。

8月28日，省委书记秦光荣一行到石林县的蚂卜所、阿玉林、团结水库大坑崖等地进行查访，调研抗旱工作。省委常委、市委书记仇和等领导陪同调研。

9月6日，石林县召开昆明石林城乡一体化先行区管理委员会及鹿阜街道办事处成立大会。12月28日，鹿阜、石林、板桥三镇的行政机构正式撤销，由新成立的鹿阜街道办事处接管。石林行政区划调整为1个街道办事处、3个镇、1个乡。

9月18～20日，由联合国教科文组织、中国民俗摄影协会、昆明市人民政府联合主办的第七届国际民俗摄影“人类贡献奖”年赛采风团到石林进行摄影采风活动。来自美国、法国、英国、德国、斯洛伐克、越南、缅甸、菲律宾、加拿大、澳大利亚和中国国内的36名摄影师，分别到了大小石林、乃古石林、长湖等风景区和撒尼人聚居、民族风情浓郁的小箐、阿着底、糯黑等村寨，用镜头记录下了石林优美的自然风光和独特的民俗文化。

9月23日，石林县月湖村在第四届中国生态文化高峰论坛上，被授予“全国生态文化村”称号，同时获此殊荣的共有63个行政村，月湖村是云南省唯一一家。

10月25～26日，中国南方喀斯特世界自然遗产2011年会在石林召开。此次年会的主题是“加强以旅哺农，促进遗产保护”。国家住房与城乡建设部城建司；贵州省和云南省住房与城乡建设厅、重庆市园林局；石林、荔波、武隆三地政府部门和遗产地管理部门相关领导出席年会。

11月6日，全省公路建设现场推进会在石林县召开。省委副书记、代省长李纪恒，省委常委、市委书记仇和，副省长刘平，省政府秘书长丁绍祥等领导出席推进会。

12月1日，石林云昊农产品有限公司正式挂上“国家肉牛产业技术体系肉牛养殖示范基地”的牌匾，标志着云南省无“国家肉牛产业技术体系肉牛养殖示范基地”的历史一去不复返。

12月20日，石林县正式被中央文明委命名为“全国文明县城”，成为云南省首批获此殊荣的四个县之一。这是石林县继成功获得国家卫生县城、国家园林县城殊荣后，“四创两争”工作取得的又一重大成果。同日，经过4年的努力，石林人民再次成功捍卫了自己的荣誉，石林县委副书记、县长张勤勋从云南省爱卫会副主任、省卫生厅副厅长杜克琳手中接过“国家卫生县城”牌匾。

12月27日，石林县召开石林风景名胜区建园80周年庆祝大会。省委常委、昆明市委书记张田欣，昆明市委副书记、市长张祖林发来贺信。昆明市委常委、宣传部部长谢新松在庆祝大会上作讲话。1931年石林风景名胜区正式建园，1954年首次接待国外代表观光团，到1988年旅游人次突破百万大关。石林风景名胜区先后荣获国家地质公园、国家5A级景区、国家文明风景区和世界地质公园、世界自然遗产等称号，已经成为昆明市乃至云南省旅游的一张名片。

【区划、人口】 石林彝族自治县位于昆明市东南部，属昆明市所辖的远郊县。自治县东部和南部与红河哈尼族彝族自治州泸西县、弥勒县接壤，北部与曲靖市陆良县相邻，西部和西北部与昆明市宜良县毗连。2011年底，全县辖1个街道办事处3镇1乡，89个村委会和4个社区居委会，459个村民小组和50个居民小组。县域面积1719平方千米。昆明至石林县78.07千米（此为昆明城区东侧石虎关至石林景区收费站昆石高速路之距离），县城海拔1679.8米。2011年石林县年平均气温为16.1℃，比2010年低1.8℃，比历年平均15.8℃高0.3℃。全年降雨量为550.6毫米，比2010年少305.8毫米，比历年平均947.9毫米偏少397.3毫米，偏少幅度为41.9%。总日照时数2058.8小时，比2010年值少152.7小时。全县年末户籍人口244366人、总户数86499户，其中：男性122797人，女性121569人；非农业人口28601人，占总人口的11.70%；少数民族人口86031人，占总人口的35.21%；彝族人口83356人，占少数民族人口的96.89 %。全县人口出生率为11.17‰，死亡率为6.30‰，自然增长率为4.87‰。

【经济综述】 2011年实现地区生产总值44.68亿元，同比增16.3%，实现“543”倍增计划四年倍增目标，其中：第一产业11.9亿元，同比增9%；第二产业14.16亿元，同比增29.3%；第三产业18.62亿元，同比增12.4%，三次产业结构为：26.6∶31.7∶41.7。固定资产投资66.4亿元，增56.4%。

【旅游业】 彝族第一村建成投入使用。拆除景区综合商场、停车场、管理局老办公区、生活区、云林宾馆并进行了生态恢复，实施大小石林景前区和环林路改造，景区建设不断加快。完成石林喀斯特地质科研博物馆、石林散客服务中心建设。顺利推进苏宁石林旅游项目、上海张江石林旅游项目、云林度假酒店、石林狂欢之都、云瑞林等项目建设，新签约项目7个。完成国家5A级旅游景区、全国文明风景旅游区复查，全国旅游标准化试点、“三标一体”通过审核，石林地质公园被命名为资源保护类国土资源科普基地。全年景区接待入园游客320万人次（含乃古石林景区），与2010年同比增15.2%；实现旅游直接收入5.1亿元，同比增17.8%；全县接待游客人数达400万人次，同比增14.3%；全县旅游综合收入23.3亿元，同比增16.5%。其中长湖景区共计接待游客32万人次，实现门票收入32万元，同比增29%。

鹿阜旧城改造、财富中心演艺中心、斗牛城二期顺利推进，宋城集团石林演艺项目、石林民族文化产业园等项目落地石林。完成寺背后民族特色村、小圭山民族团结示范村建设。举办了七夕华夏情人节、中国石林国际火把狂欢节、美食节等一批文化旅游主题活动，文化发展氛围更加浓厚。全年实现文化产业增加值5.11亿元，占GDP的11.2%。

【工业】 工业集中区启动实体化管理，协议收储土地866亩，新增基础设施配套熟地面积500亩，建成区总面积达3500亩。新增入园项目7个，其中亿元以上开工3个、竣工2个，累计入区新建项目达50个，协议投资172亿元。园区实现规模以上工业增加值4.2亿元，同比增62.2%；规模以上工业主营业务收入10.7亿元，同比增61.2%；规模以上工业利税总额9870万元，同比增42.8%；工业固定资产投资13.71亿元，同比增44.6%。

立雄电力塔架生产项目一期建成投产，龙源石林风力发电、亚通塑胶管业、易通高低压柜生产、金恒休闲食品加工等项目开工建设。昆明石林166兆瓦太阳能光伏发电试验示范项目电价获国家发改委批复。2011年全县工业固定资产投资15.6亿元，增43.5%。实现总产值38亿元，同比增18.7%。规模以上工业增加值6.75亿元，同比增32%。开展清洁生产企业8户，万元GDP能耗同比下降4.1%。

【农业】 石林台湾农民创业园实体化管理有序推进，完成基础设施投资1.42亿元，总投资达3.6亿元，新增入园项目5个，入驻企业累计达30家，其中台资企业7家，被评为国家农业产业化示范基地和省级农业科技示范园，初步形成了以生态农业观光、科技孵化、农产品加工等为主的产业发展格局。

实施国家千亿斤粮食增产工程，完成北大村海子水库、小屯水库、七角塘水库除险加固和黑龙潭水库中型灌区节水改造、月湖中低产田改造二期、新木凹土地整理、高标准农田建设示范等工程，新建小水渠31.95千米、小型饮水管道86.45千米，新增有效灌溉面积1.6万亩，治理水土流失3.08平方千米，解决1.32万人的饮水安全问题。完成14个新农村建设整村推进，15个扶贫开发重点村建设，解决5673人农村贫困人口的温饱问题，完成“一池三改”1000户。全年实现农业总产值21.65亿元，同比增10%；农业增加值11.9亿元，同比增9%。烤烟种植面积12.32万亩，收购烟叶1615万千克，均价18.03元。

【招商引资】 继续实施“一把手”工程，突出产业招商，整合成立13个招商分局。全年包装55个招商项目，编制印刷《石林投资指南》、《石林县招商引资项目册》各6000册，举办和参加招商引资推介会30余场，签订正式协议117个，有实际到位资金项目145个（含外资项目7个），到位国内市外资金39.04亿元，同比增83.37%，实际利用外资1564.27万美元，同比增25.64%。

【财政、金融】 2011年完成地方一般预算收入4.73亿元，同比增35%。完成地方一般预算支出10.6亿元，同比增31.3%。全县新增多渠道融资9.53亿元，其中：银行贷款3.41亿元、BT/BOT方式融资3.75亿元、其他方式融资2.37亿元。

全县各项存款余额63.4亿元，同比增长21.4%；贷款余额48.3亿元，同比增6.1%。

【生态建设】 围绕“四创两争一巩固”创建工作，稳步推进生态美县创建，成功创建国家生态乡镇5个、国家生态村2个（小箐村、糯黑村）、全国文明生态村1个（月湖村），市级生态村76个。实施巴江河、西河、大可河等河道清淤清障和绿化工作。“五采区”植被恢复300亩，退耕还林900亩，荒山造林3700亩。县城新增绿地19.77万平方米，绿地率达41.5%，人均公共绿地面积19.32平方米，绿化覆盖率达46%，全县森林覆盖率达43.65%。城镇生活垃圾无害化处理率达100%，城镇污水集中处理率达79.8%，新建和改造农村卫生户厕2500座，城乡环境卫生状况明显改善。

出台了打造国际旅游胜地和滇中经济区东南新城实施方案，设立昆明石林城乡一体化先行区管理委员会，鹿阜镇、石林镇、板桥镇三镇合一，加挂鹿阜街道办事处牌子，为统筹城乡奠定坚实基础。鹿阜旧城武庙、小古城、粮食局、三元宫四个片区拆迁改造加快推进，桃源水乡、龙园小区、南城区凯旋城、世纪阳光、中核度假区、阿诗玛旅游小镇等地产项目顺利推进，新增县城建成区面积1.81平方千米，达11.22平方千米，城镇化率达34%。推进小集镇“1+4”工程，实施石林镇振兴大道、长湖镇生态湿地公园、圭山镇阿黑风情商贸街延长线等项目16个，竣工14个，在建2个，新增集镇面积0.6平方千米；实施大坝村、和摩站、维则村等6个集中居住区建设，先行先试，逐步提升城镇化水平。

【交通邮电】 2011年全县班线车旅客运送量61万人次、公交车旅客运送量 468万人次。石林火车站（客运站）旅客发送10.8万人次，旅客到达16.2万人次。

2011年电信完成业务收入3172万元，同比增长18.36%。邮政完成业务收入606万元，同比增长28%。中国移动石林分公司完成业务收入8400万元，年内净增用户12320户，年末在网用户达165800户。中国联通石林分公司完成业务收入846万元，年内净增用户1200户，年末在网用户达16800户。

【人民生活】 2011年全县城镇单位在岗职工年平均工资34339万元，同比增长19.6%。城镇居民人均可支配收入21214.8元，同比增18.63%。农民人均纯收入7011元，同比增22.9%。社会消费品零售总额18.32万元，同比增长20.7%。

【社会事业】 成功创建为全国科普示范县，全社会科普意识得到提高。深化教育改革，教育基础设施更加完善，教育教学质量稳定提高，被评为"云南省两基工作先进单位"。医药卫生体制改革稳步推进，基本公共卫生服务实施率达100%，城乡居民健康档案建档率达67.3%，再次被命名为国家卫生县城。文化事业繁荣发展，彝族摔跤成功申报为国家级非遗名录，创建3个省级文化惠民示范村。《云南石林旧志集成》获云南省第十四次哲学社会科学优秀成果三等奖。城乡数字电视整转率达92.1%。新建3个农村公益性公墓，火化率100%。

劳动就业和社会保障能力逐步提高，转移培训农村劳动力3.15万人，转移就业2.97万人，城镇新增就业1356人，城镇登记失业1.92%。启动城镇居民养老保险试点工作，城镇居民养老、医疗、工伤、失业、生育保险参保率分别为83%、99%、90%、86%、82%；新型农村社会养老保险参保率达97.96%，新型农村合作医疗参合率达99.89%，城乡低保覆盖率达100%。新建廉租住房315套、公租房204套，农村居民地震安全及危房改造1450户。年内实施并兑现义务教育阶段住校困难家庭学生交通补助150万元，兑付其他各种支农惠农资金4351万元。

至2011年底，全县共有全国文明县城1个，国家级文明风景区1个，国家级文明先进村1个；省级文明单位12个，省级文明村5个，省级文明小城镇1个；市级文明单位68个，市级文明小城镇2个，市级文明社区1个，市级文明村23个；县级文明单位190个，县级文明小城镇3个，县级文明社区2个，县级文明村105个。

（刘世生 毕晓冬）

禄劝彝族苗族自治县

【年内大事】 1月4日，省委常委、市委书记仇和、市长张祖林等领导率市委全会观摩团到禄劝观摩。县领导段俐娟、毕昆闽、张光文、张庆学等参加观摩。

1月8日，省文联党组书记、主席郑明等领导率省文联艺术家、文艺家到禄劝开展"送欢乐下基层"活动。县领导段俐娟、毕昆闽、汪宏昌、龚正嘉等参加活动。

2月16日，原市人大常委会主任李培山率市"一湖两江"督导组视察云龙水库环库路、撒营盘污水处理厂。县领导毕昆闽、徐学林陪同视察。

2月26日，市委副书记、市长张祖林率昆明党政代表团赴楚雄州考察交流。活动就昆明市与楚雄州推进武定至禄劝一级公路建设、己衣乡至禄劝汤郎乡公路建设、昆明至禄劝铁路延伸到武定等问题达成一致。

2月28日，乌东德电站建设筹备组与禄劝四班子领导举行了有关电站建设筹备情况和相关工作座谈会。乌东德电站建设筹备组组长杨宗立，县领导段俐娟、毕昆闽、张光文、张庆学等参加座谈会。

3月28日，禄大公路项目建设推进会在县城召开。市委常委、副市长黄云波，市政府副秘书长杨勇明，县委书记段俐娟、县长毕昆闽等领导参加会议。

3月26～30日，中国教师发展基金会和国家基础教育实验中心外语教育研究中心在北京举办"首届全国中小学外语教师名师大会"，县民族中学老师陈坤伟荣膺"首届全国中小学外语教师名师"称号。

3月，禄劝2010～2011年度连续两年获市委、市政府综合目标管理考核一等奖。

4月7日，省政府副秘书长蒋兆岗一行到云龙水库调研，县委副书记汪宏昌等县领导陪同调研。

4月8日，省政府副秘书长白庚胜到禄劝调研文化建设工作，县委副书记、县新农村建设工作队总队长龚正嘉陪同调研。

4月16日，据《国务院办公厅关于发布河北驼梁等16处新建国家级自然保护区名单的通知》，昆明轿子雪山风景区经国务院审定并批准成立新建国家级自然保护区。

4月20日，总投资3.2亿元的7个大项目在禄劝工业园区集中开工。开工的7个项目分别是禄劝绘锦房地产开发有限公司财富中心、禄劝二级客运站、鑫磊石材厂石材深加工、裕丰碳酸钙科技有限公司方解石深加工、天雄石材有限责任公司石材深加工、云南隆辉石材有限公司石材荒料交易市场、兴宏基制粉有限公司方解石深加工项目。

4月22日，云南省"保护母亲河——2011年度青少年植树活动"在禄劝举行启动仪式，作为"全国保护母亲河——青年长征纪念林"10个建设点之一。省林业厅厅长陈玉侯，团省委书记饶南湖，市委常委、市委宣传部部长谢新松，县领导段俐娟、毕昆闽、张光文、张庆学等参加启动仪式。

5月24日，省交通厅副厅长王彩春率队视察禄大公路建设情况，县委书记段俐娟，县委副书记、代理县长李开德陪同视察。

5月，禄劝皎平渡作为云南红军长征红色旅游系列景区之一入选《全国红色旅游经典景区第一批名录》（2005年公布，2011年修订）。

6月1～4日，禄劝顺利通过2009～2010年度全国县（市、区）科技进步考核。

6月6～10日，第19届中国进出口商品交易会暨第四届南亚国家商品展在昆明举办，县委、县政府领导参加了“昆交会”的各项相关活动，招商成果丰硕。

7月8日，副省长高峰到禄劝六合小学、汤郎菁小学了解贫困地区学生的生活状况和营养情况，并听取昆明市教育局、禄劝有关情况汇报，提出要下决心解决好贫困地区学生营养问题。

7月10日，县委召开县委工作会。会议观摩期间，举行了总投资3.95亿元的茂利核桃深加工等5个项目的开工仪式。

7月12日，市政府第12次常务会议决定两水源区补助金与水质挂钩，对云龙水源保护区的能源补助由每人每月10元提高至14元，至2015年12月31日止。会议审议通过了《市委、市政府关于“一板块”支持倘甸产业园区、轿子山旅游开发区建设发展的若干意见（送审稿）》，明确至2013年“两区”的基础设施及配套建设基本完善。

7月24日，禄劝彝学会成立大会在县城举行，中央民族大学教授朱崇先、省彝学会领导、县级领导出席会议。

8月1日，昆明市党政军领导仇和、张祖林、李邑飞等和国防动员委员会组成人员以“重走长征路”的方式，前往禄劝翠华镇毛主席长征路居旧址、普渡河铁索桥开展国防军事日活动，纪念中国人民解放军建军84周年。

9月2日，禄劝被确定为全国第三批新型农村和城镇居民社会养老保险试点县，试点工作全面启动。

8月19日，省委副书记李纪恒在市长张祖林等陪同下到禄劝就加快发展县域经济、统筹城乡协调发展调研。

9月7日，禄劝第三中学教师罗广成获得第二届云南教育功勋奖，受到省委、省政府表彰。

9月1日，自开展招商引资“百日会战”以来，禄劝县招商引资内资项目实际到位资金14.53亿元，完成年度目标任务16亿元的90.18%，外资实现到位资金320万美元，完成年度目标任务300万美元的106.67%。

9月10日，全县60周岁以上人员养老金发放仪式在县城举行。

9月21日　禄劝与云南拉法基瑞安水泥有限公司签订“日产4600吨新型干法水泥生产项目”合作协议，投资8亿元、用两年时间建成云南最大水泥生产线之一。

9月27～28日，省安委会副主任、省安委办主任、省安全监管局局长段丽元带领省安委会第一督察组在副市长赵立功、市安全监管局局长潘开平及县领导段俐娟、李开德、张光文、张庆学、杨志武、李克坚的陪同下，到云川公司皎平渡笔架山铁矿、云铜钛业公司秧草地尾矿库实地检查，调研了乡镇安全监管和企业安全生产管理工作情况。

9月29日，“弘扬红军精神，推动革命老区跨越发展”活动在县城举行。老红军子女代表刘丁一行出席活动。县委书记段俐娟，县委副书记、县长李开德参加座谈并向刘丁一行介绍禄劝经济社会发展情况。

9月，禄劝被列为云南省25个整乡推进试点县之一。

10月15日，禄劝2万人农村饮水安全项目正式启动建设，项目共分10个标段，涉及11个乡镇36个村委会122个村小组2万人，新建自流饮水工程122件，工程批复投资1166.92万元。

10月20日，茂山镇东屏、茂山、斗乌、甲甸、归脉、永定、永翠、娜拥、至租、丽山等10个村被昆明市环境保护局命名为第一批昆明市生态村。

10月21日，昆明市政府与国务院扶贫办外资项目管理中心，就编制实施《昆明倘甸扶贫开发综合实验区扶贫攻坚规划》签署合作协议，列入云南省扶贫开发综合实验区的“两区”将成为新10年扶贫攻坚的主战场。“两区”托管的东川、寻甸、禄劝3个县区的9个乡镇将进行连片扶贫开发，这在云南尚属首次。

10月23日，省政协主席王学仁，省委常委、市委书记仇和，市委副书记、市长张祖林，市政协主席田云翔等省市领导到禄劝就云龙水库水资源保护及抗旱保民生工作进行专题调研。县领导段俐娟、李开德、赵毅、张光文、张庆学等陪同调研。

10月28日，禄劝彝族苗族自治县实施云南省教育扶贫示范县工程动员大会在县城召开。县委书记段俐娟，县长李开德出席会议。

11月7日，禄劝首届“彝历年”活动在县城举行。

11月11日，禄劝金川丝织有限责任公司生产的皎平渡牌手工蚕丝被被省农业厅评为2011年云南名牌农产品。

11月12日，禄劝彝族苗族自治县《苗汉词典》专家评审工作会召开并通过评审。

11月15日，禄劝崇德片区被列为全市低丘缓坡专项规划试点单位，先行开展低丘缓坡专项规划试点工作。

11月17日，昆明市知名商标认定委员会办公室评选禄劝茂山丝富达公司的轿子山牌丝棉被为2011年新申请昆明市知名商标，禄劝县农机厂的展鹭牌粉碎机、脱粒机，禄劝茂源科技开发公司有限公司的云禽牌火腿为2011年到期重新认定昆明市知名商标。

12月7日，全县大力发展核桃产业动员大会在县城召开。县领导段俐娟、李开德、赵毅、龚正嘉、张光文、张庆学等出席会议。禄劝计划3年内种植核桃130万亩。

12月9日，昆明市开展“四群”教育、实行干部直接联系群众制度启动大会在禄劝翠华镇兴隆村举行。省委常委、市委书记张田欣出席会议并讲话。市领导李邑飞、杨远翔、田云翔、郭红波、保建彬、李喜出席了启动大会。

12月13日，全县开展群众观点、群众路线、群众利益、群众工作教育，实行干部直接联系群众制度启动大会在皎平渡镇永善村委会举行。

12月24日，全国农村义务教育学生营养改善计划正式启动，禄劝县被列为国家试点县。

12月29日，云南省人民政府决定自2012年1月1日零时起取消昆明至禄劝、禄劝至大松树（半角段）公路的政府还贷二级公路收费。

【区划、人口】 禄劝彝族苗族自治县位于滇中北部，是昆明市远郊县，东与寻甸、东川相连，南与富民接壤，西与武定县毗邻，北界金沙江与四川省会理、会东两县相望，县城所在地屏山街道办事处距昆明72千米。2011年末，全县辖10镇（街道）6乡，有192个村民委员会、2个社区居民委员会。国土面积4234.78平方千米，耕地面积36.43万亩。年末总人口476376人，其中，女性230128人，占总人口的48.30%；非农业人口26916人，占总人口5.685%；少数民族人口150323人，占总人口的31.55%。少数民族人口中，彝族107759人，占少数民族人口的71.68%；苗族14623人，占少数民族人口的9.73%；傈僳族15570人，占少数民族人口的10.36%；其他少数民族人口12371人，占少数民族人口的8%。全年出生4726人，死亡1219人；迁入7271人，迁出2771人。全县人口自然增长率3.17‰。

【经济综述】 2011年，县域经济综合实力明显增强。地区生产总值386853万元，增长13.5%，其中，第一、第二、第三产业增加值分别为125943万元 、106289万元 、154621万元，结构比为：32.6%、 27.5%、39.9%。全县工业总产值为174304万元，同比增长33.6%；农林牧渔业总产值（当年价）238400万元，比上年增长10%；固定资产投资完成608982万元，同比增长43.1%；社会消费品零售总额为147595.3万元，同比增长19.4%。

【农业】 年内，粮食生产好于预期，粮食产量同比增长。全县粮食总产量达16.6万吨，增长4.2%。全年种植蔬菜6.512万亩，总产量11.73万吨。种植马铃薯13.8万亩。完成9548亩桑园的移栽和后期管理，推广应用小蚕共育、大蚕简易蚕台饲养和方格蔟上蔟技术，发放蚕种5012张，生产蚕茧166733千克，农户养蚕收入526万元。全县完成花卉园艺种植1230亩，总产值达1750.6万元。建设现代农业产业园区绿槐和鲁溪2个，规划面积1.66万亩。指导性烤烟种植10.41万亩，收购烟叶27.99万担，烟农售烟收入2.8亿元，上缴农特税5750.4万元。全年出栏肉猪45.32万头，肉牛4.95万头，肉羊17.29万只，肉禽143.8万羽，猪、牛、羊、禽肉总产量52653.5吨，畜牧业产值90427万元。

2011年，干旱给农业生产、群众生产生活用水造成了较为严重的影响。全县加大水利投入，推进骨干水利和各项民生保障水利工程建设。全年全县完成水利建设总投资15500万元。完成库塘蓄水2104.9万立方米，占计划蓄水的63%。投入抗旱资金255万元，抗旱人数13.2万人。完成40890个小水窖、38个小泵站、415个小水池、122.2千米小水渠、517.9千米小型饮水管道和30个小坝塘工程建设。全县共完成岁修工程630件，修复水毁工程20处，清淤渠道14.5千米，衬砌三面光支渠5千米，完成新增有效灌溉面积0.3万亩、改善灌溉面积2.5万亩、恢复灌溉面积3.2万亩。旧铁厂、战备、大河边水库重点水源工程加速推进；真金万、关坝河、三家村等水库前期工作有序开展；挪拥、小马街等7座病险水库除险加固工程正抓紧实施。全年有效解决2万人的农村人饮安全问题。

加快造林绿化步伐，改善生态环境。完成市级辖区绿化1800亩（“五采区”植被恢复100亩，美洲黑杨种植200亩，中幼林抚育500亩，新造林地补植1000亩）；继续实施天然林管护353.5万亩；完成天保公益林12000亩；巩固退耕还林15000亩；义务植树92万株；种植核桃30000亩（其中：新植10000亩，补植补造20000亩）；苗木基地建设2250亩；中低产林改造4000亩；“杨善洲林”造林1500亩。全县森林覆盖率55.3%。

【工业】 2011年，全面实施工业突破战略，加快工业化进程。全县完成工业总产值11.7亿元，同比增长41%，规模以上工业企业增加值完成3.8亿元，同比增长26.5%。工业固定资产投资达32.52亿元，同比增长42.5%。工业园区新入驻企业5户，入园企业达48户，规模以上工业企业达12户。完成园区1号路二期、2号路建设工程，园区供水管网、3号道路路基工程有序推进；完成园区土地“五通一平” 432亩，收储土地826亩。恒安电冶电石、乾华竖炉球团等4个亿元以上项目建成投产。累计18座电站投产发电，全县总装机容量达60万千瓦。

【招商引资】 2011年，全县新引进招商引资项目89个，其中，内资项目

84个，协议资金61.8亿元；外资项目5个，协议资金1.55亿美元。市外内资到位资金32.97亿元，完成市下达目标任务16亿元的206%，完成县确定目标25亿元的132%；外资项目到位资金1977.98万美元，完成市下达目标任务300万美元的659%，完成县确定目标500万美元的396%。财富中心、鑫磊石材深加工、裕丰方解石深加工、天雄石材深加工、隆辉石材荒料交易市场等20个项目开工建设。甲岩电站建设、乌东德电站前

【交通、邮电】 2011年，实施建制村公路路面硬化工程10个，总投资7750.88万元，合计里程110.73千米。保护路产路权，查处路政案件16起。建成乌蒙、则黑、茂山、乌东德客运站点并投入使用。加强公路建设，中乌联网公路全线建成通车。全长96.599千米，总投资331402万元的昆明市禄劝至大松树二级公路禄劝至半角段主体工程完工。全面完成昆明至轿子雪山旅游专线禄劝段41.7千米征地拆迁工作。投资2478万元，完成禄撒公路41.3千米修复任务。开展昆明市禄劝至寻甸倘甸公路建设项目前期工作，项目估算总投资76.479亿元，已完成前期报件工作。

全县实现邮政业务总量300.15万元，年末固定电话机拥有量1.4467万部，计算机互联网用户电信8935户、联通1600户。邮电通讯业务总收入441.56万元。

【财税、金融、保险】 2011年，全县财政总收入完成53429万元，为预算48698万元的109.7%，比上年实际完成数49570万元增长7.8%。全县财政总支出151338万元，比上年128224万元增加23114万元，增长18%。全县地方财政收入42142万元，上级补助收入43936万元，收入方总计86078万元。地方财政支出82171万元，完成预算71777万元的114.5%，比上年的72154万元增长13.9%。全年完成国税收入16763.29万元，同比增长29%，增收 3710.53万元。征收各项税费40073万元，同比增长18%，增收6107万元。其中，地方税收收入30878万元，同比增长16%，增收4216万元。

全县金融机构存款余额544150万元，其中：单位存款余额254514万元；个人存款余额 281324万元，财政性存款8310万元；金融机构贷款余额343266万元，其中，短期贷款余额88342万元，中长期贷款余额251924万元，个人消费贷款余额49904万元。票据融资3000万元。

中国人民财产保险股份有限公司禄劝支公司全年收入保险费1809万元，保费增长18.75%。

【城乡建设】 年内，完成县城建设工程和专项规划13个，昆明市规划设计院28万元中标，规划编制范围为县城规划区29.25平方千米。完成7个建制镇、4个乡集镇总体规划编制工作。对县域范围内12个乡镇和1个街道办事处进行村庄布点规划编制，完成率100%。审批单位建设工程竣工验收9件；核发私人建设工程竣工验收97件。新建成天然气管道20.6千米，启动掌鸠河县城段三期治理工程。加快迎春里、小辑麻、练甸、禄武路口片区开发；移民小区、永平留地安置小区、财富中心、银河国际商务酒店、世纪中心等项目快速推进。深入推进“四创两争”，全面启动“国家卫生县城”创建，创建省级卫生乡镇2个、省级卫生村9个。加强城市管理综合行政执法，完善数字城管，充实执法队伍，注重制度建设。城乡环境整治深入推进。加大城乡园林绿化，昆明市第五届园林绿化博览会禄劝园博园7月2日开园，新增城市绿地29.28公顷，绿化覆盖率达43.45%，人均公共绿地面积达13.02平方米。

【环境保护】 年内，开展多形式、多层次的生态建设、节能减排、低碳生活等环境环保宣传教育活动。在县城和撒营盘镇（街天）设置环境保护宣传点，制作环保宣传展板4板，现场法规咨询20余件，投诉6起，发放各种环境保护宣传材料1万余份。倡导社会公众节能减排“低碳”理念，营造人人参与环保从我做起的良好氛围。申报禄劝一中为第六批省级“绿色学校”，禄劝民族小学为昆明市级“绿色学校”。创建生态乡镇，申报国家级生态乡镇7个，省级生态乡镇4个，全年完成73个市级生态村创建工作。实施排污许可证制度，落实排污总量控制计划，辖区内工业企业达标排放率100%，工业固体废弃物处置利用率达到90%。全年关、停、并、转重型污染企业5家，否定2家潜在环境污染严重的企业落户。依法对辖区内已审批纳入环保管理的122家企业进行现场环境监察监管，全年进行现场监察460人次。完成工业污染源普查205家。上报地表水、废水、大气等环境要素有效监测数据4942个，为禄劝环境管理和经济社会发展提供科学服务。

【旅游】 年内，轿子山旅游片区托管后，进行资源整合，加强对普渡河峡谷、翠华温泉、罗婺民族风情等项目调研考察，促进旅游经济环线的开发。将汤郎综合旅游开发、皎平渡红色旅游区、罗婺生态民族风情旅游区、普渡河峡谷片区4个单体项目纳入昆明市旅游资源库，编制旅游开发项目推介书6个。继续对禄劝皎平渡景区、翠华铁索桥、翠华“毛主席长征路居旧址”、九龙“红军洞”、九龙“木克红军壁画”等历史遗迹进行维修和保护。包装4个项目进行招商引资，申报翠华镇秧草敦村、大婆树村2个旅游特色村。全年全县累计接待游客8万人次，实现旅游经济综合收入2100万元。

【科技】 2011年，县级财政投入

科研、试验、试制科技三项经费和信息化建设经费30万元。组织企事业单位申报科技项目22项，完成专利申请8件，获得专利授权3件。全年获批项目资金205.2万元。顺利通过2009～2010年度全国县（市、区）科技进步考核。引进实验示范品种15个，种植草乌、附子、三七、板蓝根等中药材16000多亩，产量约3700吨，产值7172万元。加强科技法律法规的宣传普及，以“科技三下乡”、“科技宣传月”、“科技宣传周”、科技执法、科普讲座、科技培训、科普专栏等多种形式宣传科技法律法规。开展中药材草乌、附子、金银花、当归、三七和白术栽培技术培训57场，4987人次。抓好科技实验示范项目短裙清香型竹荪栽培跟踪服务，扩大种植面积，到昆明咨询并邀请专家实地进行病害防治技术指导，解决试验试种过程中出现的技术难题。

【教育】 2011年，全县教育教学工作有序进行。全县发展幼儿园42所、小学161所、初级中学17所、普通高中4所。小学适龄儿童入学率达到99.57%，初中毛入学率达到111.27%，高中毛入学率达62.37%。全年全县教育经费总投入45584.7万元，教育总支出43134.3万元。全县初中毕业生3934人，报名参加昆明市2011年高中(中专)招生考试的考生4123人，最高分668分，600分以上应届学生74人；全年报名参加全国普通高校招生考试的考生1818人，上线1764人，总上线率为97.67%，禄劝民族中学获高考质量进步奖，禄劝一中首次喜获2011年高考综合质量优秀奖。全面启动“云南省教育扶贫示范县”九大工程，中小学校澡堂、食堂等建设项目。投资1.7亿元，完成第四批14所标准化学校建设；实验中学建设推进顺利；完成九龙等4所幼儿园农村学前教育试点工程；排除D级危房5265平方米、重建校舍8671平方米。落实少数民族政策，全县（含托管乡镇）有少数民族在校生23364人。实施贫困生救助，全年救助贫困生587万元，1881人。实施普通高中“一补两减免”政策，全县2537名学生享受，金额196.86万元。33623名小学生，18438名初中生（不含托管乡镇）享受国家免费提供的教科书，金额715.89万元；全县17403名小学生和15787名初中生享受国家贫困寄宿制学生生活补助。实施寄宿生“一补”经费全覆盖，宣传“两免一补”阳光政策，巩固“两基”水平。

【文化、体育】 繁荣城乡群众文化生活，保障广大人民群众基本文化权益，开展丰富多彩的文艺活动和体育活动。春节期间组织群众文艺演出、龙狮、表演、游园活动，参与群众达5万余人次。全年共组织开展群众文化活动60次，演出大、中、小型文艺节目30多场次。开展文艺创作、文艺演出和文艺辅导，繁荣禄劝民族文化艺术事业。加强对民族服饰、民间艺术文化的整理开发，加大对非物质文化遗产的保护和传承力度。创作舞蹈2个，酒歌、山歌、家歌等民族音乐6曲，编排小品1个、小戏1个。辅导业余文艺队伍，歌曲、舞蹈、小品等节目210次。开展中小型演出24场，辅导17次。参演的节目荣获非物质文化遗产传承奖2个、优秀节目奖2个、组织奖1个。乌东德、马鹿塘等8个乡（镇）综合文化站通过验收投入使用，完成104个村农家书屋建设，建成5个农村文化体育活动广场。全年开展全民健身运动20余次，运动员4000余人，观众达6万余人。完成农民体育健身工程项目6个，组织老年体协开展体育、文艺活动，全年在县民族广场和乡村演出10余场次。广泛开展中小学生田径、篮球、足球等体育活动，丰富学生课余生活，有效引导学生走向操场锻炼。

【广播、电视】 以宣传为中心，为构建平安、和谐、文明禄劝营造良好的舆论氛围。全年共采编、播出《禄劝新闻》114组，782条。完成外宣采用稿件229条。做好广告制作与播出，共播出广告123条，播出各类通告、公告50条，公益广告20条。办好广播新闻和栏目，共播出《禄劝新闻和报纸摘要》103期945条。开展数字电视分片区逐步整体转换工作，全年共转换数字电视用户3000余户。新开通有线电视用户2100户。年末全县广播综合覆盖率95.25%，电视综合覆盖率94.13%。

【卫生】 年末，全县设医疗卫生机构45个，其中县级公办医疗卫生机构7家，乡镇卫生院13家，村卫生所159家，规模以上民营医疗机构4家，个体诊所22家。从业人员1381人，其中卫生专业技术人员1135人。开设病床1538张，全年诊疗病人588593人次，门、急诊534579人次，其中住院治疗54014人次。加强医疗基础设施建设，县中医院综合业务用房建设项目和翠华中心卫生院新建项目进展顺利。全面落实疾病预防控制工作，无重大传染病暴发流行。新型农村合作医疗参合人数达421317人，参合率为96.26%。

【扶贫】 2011年，扶贫开发工作进展顺利，成效明显。全年实施扶贫开发整村推进省级24个村，市级44个村，项目涉及13个乡镇36个村委会68个自然村2893户11405人，共完成投资3772.21万元。整乡推进团街镇为试点，实行“一次规划、二年实施、第三年验收”的步骤，全年完成投资5274.9万元。完成产业开发项目2个，已通过市级验收。实施易地搬迁78户385人，财政投入192.5万元。完成农村劳动力转移培训2400人，其中技能培训1500人，引导性培训900人。推进12个村社会主义新农村建设项目，完成汤郎乡湾河村小组222人的易地扶贫任务，发放到户贷款4400万元。有效解决和巩固8500人温饱水平。

【社会保障】 2011年，各项社会保险事业健康有序发展，社会保障制度进一步完善。启动全省新型农村和城镇社会养老保险试点工作，发放养老保险1778万元，参保率达95.22%。城镇基本医疗保险、企业职工养老保险、失业保险、工伤保险、生育保险参保率分别达96.5%、97.3%、98%、94.3%、93.6%。新型农村合作医疗保险参合率达96.26%，报销医疗费用4268万元。完成310套廉租住房、138套经济适用房建设，实施农村危房改造及民居抗震安全工程1700户，落实补助资金900万元。落实教育“两免一补”政策，免补金额达2654万元；贫困助学基金救助人数达1881人。落实计划生育“奖优免补”政策，免补金额达260万元。共争取和发放各种强农惠农资金2.11亿元；“贷免扶补”扶持创业120户600万元，小额担保贷款扶持创业153户765万元。新增被征地人员基本养老保险843人。全县享受城市和农村低保2.05万人，发放低保金2657万元；发放云龙水库水源区生产生活扶持补助资金4700万元。全面落实再就业扶持政策，开发有效就业岗位1012个，新增城镇就业719人，全年召开劳务招聘会15场，共完成农村富余劳动力转移培训30123人，完成转移输出31340人。城镇登记失业率为3.2%。

【人民生活】 2011年，全县农民人均纯收入保持平稳增长。根据120户农村住户抽样调查结果表明，全县农民人均纯收入为3808元，同比增加603元，现价增长18.81%。工资性收入达833元，同比增加156元，增长23.1%；农民人均家庭经营收入2700元，同比增加627元，增长30.3%。其中，第一产业收入2460元，同比增加314元，增长14.7%；第二产业收入191元，同比增加47元，增长24.6%；第三产业收入508元，同比增加85元，增长16.7%。财产性收入人均67元，同比增加20元29.8%；人均转移性收入达到190元，同比增加48元，增长34.1%。2011年，农村居民人均生活消费支出3437元,同比增长18%.其中，食品消费支出1828元，增长26%；衣着类支出152元，增长10%；居住类140元，增长10%；家庭设备、用品及服务245元，增长25%；医疗保健类314元，增长18%；交通通讯类523元，增长40%；文教娱乐用品及服务198元，增长5%；其他商品和服务37元，增长27%。

（张玉宇）

寻甸回族彝族自治县

【年内大事】 1月7日，省人大常委会副主任、省总工会主席、省慈善总会会长江巴吉才，省民政厅巡视员褚正武带领省市慰问团到寻甸县举行“云南省慈善总会昆明市慈善总会慈善情暖万家慰问活动仪式”，并慰问了寻甸县困难职工、困难农民工代表。

1月18～19日，省教育厅省级示范性教师进修学校评估小组对寻甸县创建省级示范性教师进修学校工作进行了评估验收。评估组在听取汇报、查看管理资料、实地调研后进行了认真合议，对寻甸县教师进修学校的工作给予了肯定，并同意以“省级示范性教师进修学校”等级报省教育厅审核认定。

1月27日，副省长孔垂柱率省属相关部门领导在副市长李喜及市直相关部门领导的陪同下到寻甸县看望“牛栏江滇池补水”工程施工人员，慰问贫困农户，并检查指导森林防火工作。

2月22日，省考核组组长、省纪委常委王薇薇带领考察组考核昆明市2010年度惩防体系建设及党风廉政建设责任制落实情况，并延伸至寻甸县检查。

3月16日，省人力资源和社会保障厅副厅长杨焰平到寻甸县调研就业和社会保障公共服务体系基础设施建设情况。

3月17日，团省委书记饶南湖到寻甸县调研青年创业工作，县委书记罗永斌陪同调研。

4月1日，寻甸县召开寻甸年鉴编纂委员会会议暨编纂工作动员大会。市志办领导到会作指导，县委常委、宣传部长蔡刚出席会议并作了动员讲话，全县各单位分管领导及相关人员共180余人参加会议。

4月25日， 省委副书记、省长秦光荣，副省长孔垂柱在省、市相关部门负责人的陪同下，到寻甸县调研“引牛入滇”工程大公山隧道、干河泵站等情况。

4月26日，团省委、省青年联合会组织省青联委员到寻甸县开展“青联委员走进长征革命老区——红色寻甸”活动。

5月4日， 由寻甸县委宣传部、团县委主办，云南丹彤集团、云南商务职业学院承办的“唱响红色经典我与祖国共奋进”文艺演出活动在寻甸县市民休闲广场举行。省委宣传部巡视员胡正鹏、省文联主席郑明、团省委副书记陆平、团市委副书记周乐及部分驻昆高校领导和县五机关领导应邀观看演出。

5月21～22日，省爱卫办副主任、省卫生厅副厅长杜克琳带领专家组到寻甸县对创建国家卫生县城进行综合检查，确定寻甸县作为云南省创建国家卫生县城资格，向国家申报。

5月22日，农业部长韩长赋在省委副书记李纪恒，省委常委、市委书记仇和，副省长孔垂柱，省农业厅厅长张玉明等省市领导的陪同下，到寻甸县考察农业科技示范园区小麦油菜夏繁基地，并到省种羊场视察了绵羊良繁基地。

6月1日，市委常委、副市长黄云波在市有关部门负责人的陪同下，到寻甸县调研经济社会发展、投融资体制改革等工作，并到先锋镇走访调研和看望帮扶对象。

6月6日，寻甸县组织县五机关领导参加2011年中国昆明进出口商品交易会。在昆明市内外资重大项目专场签约仪式会上，寻甸县分别与香港新能源（风电）控股有限公司、江苏永泰田投资集团有限公司进行了项目签约，签约资金共26亿元。

6月13日，副省长孔垂柱在省市有关部门负责人的陪同下，到寻甸县调研蓝莓产业发展。县委书记罗永斌、县长唐琪、副县长赵加洪及相关部门负责人陪同调研。

7月2日，中国企业家俱乐部、浙江九鼎投资集团主办的“中国企业家俱乐部善水行动——九鼎集团投资滇池源头牛栏江工业废水治理项目”一期竣工仪式在寻甸县特色产业园区金所片区举行，中国企业家俱乐部40余家知名企业负责人出席仪式。

7月3日，省委常委、市委书记仇和，市委副书记、市长张祖林带领市委工作会观摩团到寻甸县实地观摩工业突破、园区建设、招商引资等情况。

7月21～22日，省政府滇池水污染防治专家督导组在省人大常委会原副主任牛绍尧的带领下，到寻甸县调研牛栏江水环境综合整治工作。

7月27日，市园林绿化局组织专家组对寻甸县创建省级园林县城进行初验。县长唐琪、县委副书记肖正坤、县政协主席张国友、县委常委常务副县长孙晓强等领导及有关部门负责人陪同检查。

8月1日，省政府滇池水污染防治专家督导组组长冯毅（原审计厅厅长）带领下到寻甸县对工业园区、云南常青树化工有限公司、寻甸龙蟒磷化工有限责任公司等企业“三废”排放及综合利用情况进行调研。

8月17日，寻甸县召开2011年牛栏江滇池补水工程寻甸段协调推进会，省水利厅副厅长刘加喜、县委书记罗永斌、县人大常委会副主任李孝伟、副县长赵加洪、县政协副主席杨朝旺、县“引牛补滇”工程建设协调领导小组成员单位及各施工标段负责人共计50余人参加会议。

8月21日，省委副书记李纪恒率省农业厅等相关部门负责人在市委副书记、市长张祖林，市委副书记李邑飞，副市长李喜等市领导陪同下到寻甸县调研农业农村、县城建设、经济发展工作。

10月24～25日，省政协主席王学仁带领省政协副主席马开贤、省政府副省长孔垂柱及相关人员到寻甸县开展水资源情况暨抗旱保民生工作专题调研，市领导李邑飞、田云翔、王道兴等领导陪同调研。

10月27日，国家爱卫办专家组崔钢、徐惠民、付彦芬对寻甸县创建国家卫生县城工作进行技术评估。

11月14～15日，全省保密系统宣传工作会议在寻甸县召开。会后，与会人员到柯渡镇参观红军长征柯渡纪念馆。

11月19日，寻甸县召开昆明市第六届园林绿化博览会寻甸汇龙湿地开园仪式，省委常委、市委书记仇和带领市级领导班子成员，各县市区主要领导及分管领导、市直相关部门负责人出席仪式，省财政厅副厅长胡芩菩应邀参加仪式。

11月21日，昆明市寻甸县六哨乡扶贫捐赠仪式在六哨乡举行，云南中烟工业有限公司、昆明钢铁集团及高新区、经开区、五华区、盘龙区、官渡区、西山区、安宁市共向六哨乡捐赠扶贫资金1500万元，省委常委、昆明市委书记仇和，省扶贫办副主任杨照辉，市委副书记李邑飞，市委常委、秘书长保建彬，副市长杨皕等省市领导出席仪式，县四班子主要领导、分管领导及相关部门负责人参加仪式。

【区划、人口】 寻甸回族彝族自治县地处云南省东北部、昆明市东部，县城距昆明市区90千米，全县总面积3598平方千米，最高海拔3294.8米，最低海拔1480米。全县辖14个乡（镇），167个村委会，7个居民委员会。2011年末全县户籍总人口541958人。其中，非农业人口36233人，占总人口的6.69%；农业人口505725人，占总人口的93.31%；少数民族人口123423人，占总人口的22.78%。其中，回族66241人，占总人口的12.22%；彝族49285人，占总人口的9.09%；苗族6439人，占总人口的1.19%。全县人口出生率为8.93‰，死亡率为4.89‰，自然增长率为4.04‰。

【经济综述】 2011年全县生产总值（GDP）完成45.61亿元，比上年增长12.5%。其中，第一产业完成增加值13.49亿元，比上年增长8.0%；第二产业完成增加值13.65亿元，比上年增长15.8%，其中工业实现增加值11.94亿元，比上年增长17.1% ；第三产业完成增加值18.47亿元，比上年增长13.5%。三次产业结构由上年的30.3：29.0：40.7调整为29.6：29.9：40.5。人均GDP达9948元（按常住平均人口计算），比上年增长19.28%。非公经济创造增加值22.63亿元，比上年增长15.9%，占全县生产总值的比重达49.5%。

【农业】 年内，全县农林牧渔总产值完成23.84亿元，比上年增长9.1%。其中，农业总产值完成10.04亿元，比上年增长9.9%；林业总产值完成1.1亿元，比上年增长1.4%；

农林牧渔增加值完成13.49亿元，比上年增长8.0%。主要农产品产量：粮食总产量21.74万吨，比上年增长11.1%，其中玉米4.52万吨，比上年减少19.8%；稻谷5.36万吨，比上年增长10.9%；小麦0.89万吨，比上年增长559.4%；蚕豆0.58万吨，比上年增长99.3%；烤烟产量2.46万吨，比上年减少1.4%；蔬菜7.59万吨，比上年增长19.8%；油料0.53万吨，比上年增长16.1%。

【畜牧业】 全年牧业总产值完成11.92亿元，比上年增长9.4%；渔业总产值完成4993万元，比上年增长7.0%。肉类总产量达8.74万吨，比上年增长4.6%。其中猪牛羊肉8.41万吨，比上年增长4.2%。禽蛋产量达到0.61万吨，比上年减少13.6%。年末，大牲畜存栏23.74万匹（头）只，比上年增4.9%；大牲畜出栏11.82万匹（头）只，比上年增长1.2%；牛存栏18.35万头，比上年增长5.7%；牛出栏 11.78万头，比上年增长1.7%；猪存栏48.02万头，比上年增长8.8%；猪出栏72.83万头，比上年增长4.6%；羊存栏25.31万只，比上年增长2.4%；羊出栏19.86万只，比上年减少1.8%。

【工业、建筑业】 年内，全县工业完成总产值52.69亿元，比上年增长32.0%（现价）；完成工业增加值11.94亿元，比上年增17.1%。其中：规模以上工业完成总产值46.25亿元，比上年增长33.3%，占全县工业总产值的80.9%；规模以上工业完成增加值10.62亿元，比上年增长17.1%；实现利税3.56亿元，比上年增长13.3%。实现利润2亿元，比上年增长8.8%。主要工业产品产量：黄磷3.47万吨，比上年增长5.8%；原煤325.92万吨，比上年增长28.5%；水泥80.82万吨，比上年增长1.2%；磷肥（折纯）17.73万吨，比上年增长58.4%；硫酸（折100%）14.97万吨，比上年增长5.4%。发电量62759万千瓦时，比上年增长4.6%；聚氯乙烯（PVC）12.54万吨，比上年增长50.7%。全县总承包和专业承包建筑业企业实现总产值4.28亿元，实现营业利润2607万元；全县建筑业实现增加值1.71亿元，比上年增长7.5%。

【交通、旅游】 年末，公交车营运线路总长4727千米。全年客运量219.3万人次；完成货运量973万吨，增长5.5%；完成货运周转量67030万吨千米，增长5.52%。全年接待游客71万人次，实现旅游业总收入1.24亿元，分别比上年增长105.2%和226.3%。

【固定资产投资】 全社会固定资产投资55.7亿元，比上年增长35.2%。其中：工业投资完成31.29亿元，比上年增长32.1%；全年房地产业完成投资2.46亿元，比上年下降35.6%。商品房销售面积6.11万平方米，比上年下降79.6%。

【贸易、招商引资】 全年实现社会消费品零售总额14.93亿元，比上年增长19.2%。其中：批发、零售业完成9.68亿元，比上年增长15.29%；住宿、餐饮业完成5.25亿元，比上年增长27.13%。按城乡分：城镇完成9.06亿元，比上年增长18.34%，乡村完成5.87亿元，比上年增长20.54%。招商引资实际到位内资22.36亿元，外资302.8万美元。

【财政、金融】 年内，全县完成财政总收入7.21亿元，比上年增长27.0%。其中地方一般预算收入4.59亿元，比上年增长34.1%；地方财政支出完成18.03亿元，比上年增长25.0%，其中，地方一般预算支出16.43亿元，比上年增长26.0%。全县金融机构人民币各项存款余额66.32亿元，比上年增长45.73%。其中储蓄存款余额33.61亿元，比上年增长23.71%。各项贷款余额36.33亿元，比上年增长15.98%。其中短期贷款余额22.14亿元，比上年增长13.93%；中长期贷款余额14.16亿元，比上年增长19.18%。

【教育、文体、卫生】 全县共有普通中学20所，其中，普通高中3所，初级中学17所，小学169所，幼儿园170所，中等职业学校3所。普通中学在校学生35835人，其中：高中在校生8493人，初中在校生27342人，小学在校学生42620人，幼儿园在园幼儿14856人，职业中学在校生2437人。全县共有专任教师5371人，其中，高中专任教师586人，初中专任教师1768人，小学专任教师2448人，幼儿园专任教师381人，职业中学专任教师188人。小学适龄儿童入学率99.58%，初中毛入学率105.69%，高中毛入学率65.0%。
文体事业健康发展，年末全县共有艺术表演团体1个，文化馆1个，公共图书馆1个，民族文化体育活动中心1个。完成83个农家书屋和139个“文化知识信息共享工程”基层站建设。

深化卫生管理体制改革，年末全县共有卫生机构21个，其中，医院、卫生院17个，妇幼保健院1个，疾病预防控制中心1个。病床床位1377张，卫生技术人员630人，其中执业医师和执业助理医师307人，注册护士193人。新型农村合作医疗参合率98.88%；婴儿死亡率21.11‰，孕产妇死亡率为零。

【人民生活】 年末，城镇居民人均可支配收入1.78万元，扣除物价因素，实际增长10.77%；人均消费支出1.29万元，比上年增长15.54%。农民人均纯收入4130元，扣除物价因素，实际增长10.8%；农民人均生活消费支出3653元，比上年增长46.0%。城镇居民家庭食品消费支出占生活消费支出的比重为35.6%。农村居民家庭食品消费支出占生活消费支出的比重为50.8%。

【扶贫】 2011年，县扶贫工作把争取整村推进，易地扶贫，产业扶贫，危房改造等项目扶贫资金作为工作重点，累计投入各类扶贫资金1.84亿元，其中：整村推进、产业扶贫、劳动力转移、危房改造、小额信贷贴息专项财政扶贫资金3334万元；金源糯勒搬迁整合各种建设资金4500万元；发放小额信贷资金3300万元，投入小额信贷贴息资金421万元；省、市、县各级投入社会帮扶资金4329.38万元（含引进资金及捐资捐物）；整合其他部门资金1302万元；群众自筹资金1628万元。全年完成8709人的脱贫任务，全县扶贫开发整体工作取得了显著成效。

【社会保障】 年末，全县参加基本养老保险参保1.34万人，其中：参保职工数1.09万人；失业保险参保1.76万人；城镇职工基本医疗保险参保2.35万人；城镇居民基本医疗保险参保1.93万人；工伤保险参保1.73万人；生育保险参保8165人。启动实施新型城乡居民社会养老保险试点，参保率达91.7% 。

【精神文明建设】 2011年，共完成市级文明单位（村）的摸底指导17个，创建市级文明单位（村）35家，其中县级文明单位24个，县级文明（村）11个。开展“十星级文明户”创评活动，全年共创“十星级文明户”挂牌6521户。

（李巧梅）

2012 KUNMING YEARBOOK

附　录

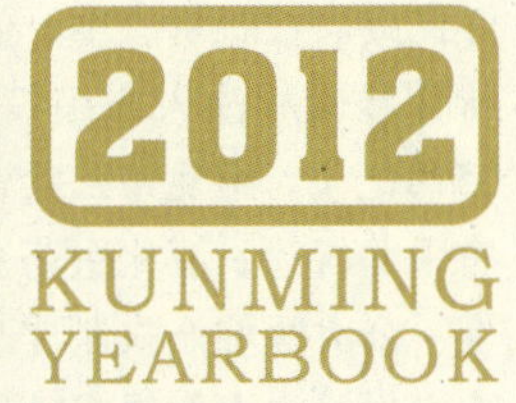

昆明市2011年国民经济和社会发展计划执行情况与2012年国民经济和社会发展计划草案的报告

——2012年1月11日在昆明市第十三届人民代表大会第二次会议上

昆明市发展和改革委员会

各位代表：

受市人民政府委托，现将昆明市2011年国民经济和社会发展计划执行情况与2012年国民经济和社会发展计划草案提请市十三届人大二次会议审查，并请市政协各位委员提出意见。

一、2011年国民经济和社会发展计划执行情况

2011年，全市各级各部门坚持以科学发展观为指导，按照市委九届七次全体（扩大）会议、市第十次党代会的总体部署，围绕市十三届人大一次会议确定的目标任务，抓住桥头堡建设机遇，积极应对复杂环境和各种困难，开拓创新、扎实工作，全市经济保持平稳较快发展态势，社会事业全面发展，“十二五”开局良好。预计全市实现地区生产总值2500亿元，比上年增长14%以上；地方财政一般预算收入317.69亿元，增长25.2%；全社会固定资产投资2700亿元，增长25%；社会消费品零售总额1260亿元，增长19%；单位生产总值能耗下降4%；城镇居民人均可支配收入21700元，农民人均纯收入6900元，分别实际增长10%和 13.1%；居民消费价格总水平上涨 4.9%；城镇登记失业率控制在4%以内；人口自然增长率控制在6‰以内。

（一）经济社会发展主要任务完成情况

农业基础得到夯实。克服严重干旱影响，重灾之年再夺丰收。实现农林牧渔业总产值224.95亿元，增长6.8%。全年粮食总产量110.2万吨；建成保障本市蔬菜供应的蔬菜基地3万亩，蔬菜产量208万吨；鲜切花产量40.1亿枝；畜牧业产值85.4亿元。农业园区建设加快推进，完成投资8亿元。建成嵩明精品农业示范园区、寻甸国家级小麦油菜夏繁基地、富民4000亩绿色食品茭瓜标准化生产示范等项目。落实惠农支农政策，发放农资、良种、农机购置等补贴2.45亿元。加大农村劳动力转移.就业力度，新增转移就业37.6万人，新增转移收入23亿元。农田水利建设稳步推进，开工建设2座中型、10座小（一）型水库，启动69件中小型病险水库除险加固，完成“五小水利”工程4.1万件，完成中低产田改造27.9万亩。

工业实现提速增效。继续实施工业突破和园区建设，工业经济保持良好态势。全市工业固定资产投资完成583亿元，增长51%。规模以上工业实现增加值690亿元，增长17 %。1—11月，工业经济效益综合指数301.01%，同比提高29.56个百分点；实现利税总额增长24.4%。工业园区基础设施建设投资完成115.28亿元，实际收储土地面积3.75万亩，工业标准厂房竣工108万平方米、在建60万平方米。亿元以上工业项目新开工85个、竣工51个。

服务业稳步发展。大力发展商贸、旅游等传统优势产业，积极发展文化、金融等产业，服务业水平逐步提升。服务业实现增加值1200亿元，增长11.7%。建成310个社区生鲜超市，完成47个批发市场搬迁改造提升。实现旅游总收入367.25亿元，增长28.95%。文化及相关产业实现增加值214.5亿元，增长18.6%。汇丰银行、恒丰银行昆明分行开业，华融证券入驻昆明，金融产业中心园区开工建设，首批30余家金融机构签订入驻协议。

改革开放成效明显。稳步推进投融资、医疗卫生、价格等重点领域改革，经济社会发展的内在活力不断增强。

深化政府投融资改革，创新特许经营权管理机制，将部分特许经营权注入市级投融资平台，完成特许经营权融资35.8亿元。组建市公共资源交易中心，规范产权交易和政府采购行为。深化医药卫生体制改革，在建立基本药物制度、公立医院产权制度改革、医师多点执业试点和民营医院发展等方面取得突破性进展。理顺资源型产品价格形成机制，建立排污权有偿使用、交易和环境污染补偿机制。推进园区实体化管理，部分县级经济社会管理权限下放省级工业园区。

狠抓招商引资，加强与重点区域的合作，对外开放深度和广度持续拓展。实际利用外资13亿美元，增长28.84%。实际引进市外到位资金1100亿元，增长15.75%。全市实现进出口贸易总额120亿美元，增长20%。与滇中三州市签订一体化建设合作协议，与沿边州市签订国际大通道建设合作协议，积极参与川滇黔十市地州合作，与长三角、珠三角地区合作进一步加强。

社会建设步伐加快。加大投入力度，完善基础设施，教育、医疗卫生、文化体育等社会事业全面发展。办学条件得到改善，完成农村中小学标准化建设项目91个，昆三中、中华小学呈贡校区建成投入使用，安宁、嵩明职教基地入驻学生6万人。基层卫生服务体系建设步伐加快，建成4所中心乡镇卫生院和17个社区卫生服务中心，禄劝县中医院投入使用，晋宁、石林等5个县级医院建设项目稳步推进。继续推进文化设施建设，建成810个农家书屋，1233个行政村实现数字电影全覆盖。

高度重视就业、社会保障、物价等民生问题，城乡居民生活继续改善。全市新增城镇就业13.15万人，3.9万名城镇下岗失业人员实现再就业，2.64万就业困难人员实现就业。全市城镇职工养老、医疗、工伤、失业、生育保险覆盖率分别达到95.5%、95%、95%、97.2%、93.5%，城镇居民基本医疗保险参保人数达到159.79万人；新农保参保人数达到135.56万人，新农合参合率达96.49%。落实国家和省市平抑物价措施，增加蔬菜、粮食直销保供点，做好粮油肉菜蛋等主要农副产品产运销衔接，强化市场价格监测和管理，全市居民消费价格涨幅低于全国。建立完善城乡低保和农村五保供养标准增长机制，城乡居民最低生活保障线分别提高到每人每月310元、167元。

（二）重点建设项目进展情况

重点基础设施项目：年初计划实施100项，计划完成投资484.24亿元，后市政府根据实际情况调整为87项，计划完成投资387.44亿元，全年实际完成投资337.1亿元，为年度计划的87.01%。市政工程、园区和农业基础设施建设超额完成年度投资计划，生态环保、道路交通和社会发展项目进展相对较慢。昆明铁路枢纽扩能改造工程完成永久用地征用4215亩、完成建（构）筑物拆迁面积43.13万平方米。寺瓦路、昌宏路、北京路延长线改扩建、环湖南路、九石阿公路延长线（宜良至九乡）建成通车，禄劝至大松树公路主线工程完工，轿子雪山旅游专线进展顺利，贵昆路城区段、呈贡新区四期路网和空港1号路（320国道）进行基础施工。建制村公路路面硬化工程完成670公里。地铁建设加快，1、2号线首期工程31个车站全面开工，其中14个车站完成主体结构，累计掘进3.05万单延米，正线铺轨21.9公里；3号线工程眠山站车站主体结构完成，其余站点正抓紧主体施工；6号线一期工程试通车。清水海供水及水源环境管理项目引水工程一期基本完工，开始蓄水。2010年廉租住房续建项目竣工9208套、主体完工7147套。2011年11.29万套保障性住房全部开工建设。滇池北岸水环境综合治理工程铺设截污管网50.3公里，累计达到302.3公里，建成泵站6座。滇池环湖东岸、南岸干渠截污工程基本完工，西岸截污顺利推进。启动滇池底泥疏浚三期工程，小清河、马料河、东大河水环境综合整治项目按计划推进。滇池外海环湖湿地建设及补充调整工程共完成退塘、退田4.5万亩，退房144.3万平方米，退人2.4万人，种植耐水性湿生乔木26.3万棵。寻甸木戛利水库拦河坝、引水隧洞全面开工，小（一）型水库建设、病险水库除险加固项目推进顺利，松华坝水库生态区新农村建设项目已分配移民安置房1444套，云龙水库生态区新农村建设项目完成总工程量的48%。昆明学院洋浦校区改扩建项目正抓紧实施，昆一中、市外国语学校改扩建等项目开工建设。市儿童医院南市区医院基本完工，市第一人民医院北市区医院、市中医医院呈贡新区医院、延安医院心血管病医院、市第三人民医院烈性传染病大楼、市第二人民医院改扩建等项目主体结构完工、进入装饰工程。市工人文化宫迁建项目正在抓紧装饰装修工程。18项园区基础设施项目有17项完成年度建设任务。

重点产业投资项目：60项重点产业项目完成投资264.65亿元，为年度计划的71.01%。商贸流通项目进展相对较快，工业、旅游文化、能源项目推进较慢。高浓度磷复肥生产线工程进入设备安装阶段，螺蛳湾商贸城小商品加工区二期工业标准厂房主体工程完工，武钢集团昆钢异地技改、先锋褐煤洁净化利用试验示范、城轨装备基地等项目正抓紧建设，中国石油云南1000万吨/年炼油厂建设项目稳步推进。螺蛳湾国际商贸城三期、中国－东盟商贸港、东盟多式联运仓储物流园区、西南广物流中心等项目进展顺利，斗南花卉产业园区开工建设，苏宁石林旅游（石林天堂）等旅游文化项目正抓紧实施。

重点前期项目：年初确定重点前期项目40项，后根据实际情况调整为38项，重点前期项目总体推进顺利。3条中小河流治理完成初步设计批复，12座中型病险水闸除险加固完成初步设计。地铁4号线等7个项目完成可研评审，嵩明县牛栏江流域八河一江水环境治理工程等2个项目完成可研上报，统战活动中心等2个项目完成可研编制，地铁5号线等6个项目正在编制可研报告。格勒至茂麓公路等11个项目建议书通过评审，安宁市大营水库等6个项目完成项目建议书编制，中型灌区建设正在编制项目建议书，昆明文苑建设项目正在开展前期筹备。

重点项目投资完成情况（单位：亿元、%）

项目类别		年初计划	实际完成	完成率
重点基础设施项目（87项）	农业基础设施（6项）	10.60	11.06	104.34
	道路交通（16项）	172.40	95.17	55.20
	市政工程（9项）	96.56	127.05	131.58
	生态环保（17项）	43.55	38.88	89.28
	社会发展（21项）	22.08	11.67	52.85
	园区基础设施（18项）	42.25	53.26	126.06
	小计	387.44	337.10	87.01
重点产业项目（60项）	工业（31项）	170.09	115.03	67.63
	商贸流通（13项）	96.50	129.63	134.33
	旅游文化（9项）	63.00	13.63	21.63
	能源（7项）	43.10	6.36	14.76
	小计	372.69	264.65	71.01

（三）计划执行中的主要问题

计划执行中存在一些困难和问题，主要表现在：

一是重点项目完成情况不理想。受资金筹措困难、新开工项目开工率不足、部分续建项目建设进度放缓和部分项目前期工作推进较慢等因素影响，重点基础设施项目未能完成年度投资计划。由于经济增长放缓、投资意愿降低，加上银行贷款难度较大，重点产业项目建设也不理想。

二是物价涨幅超过预期目标。由于国内粮、油、肉等主要农副产品价格持续上涨，以及成本推动、输入性通胀等因素影响，全市居民消费价格涨幅持续攀升，全年累计上涨4.9%，超过预期控价目标0.9个百分点。

三是加快发展受到环境和要素制约。受国际国内市场需求不足、产品出厂价格下降等因素影响，2011年约有三分之一的规模以上工业企业产值下降。水、电、油供应难以满足生产生活需要，加上企业流动资金紧缺，对全市经济社会发展带来一定影响。

二、2012年国民经济和社会发展主要目标任务

2012年，全市发展既有许多有利因素，同时也面临严峻的挑战。从国际看，世界经济仍在复苏之中，但增长势头减弱，下行风险有所加大。从国内看，我国经济继续朝着宏观调控预期方向发展，但经济发展中不平衡、不协调、不可持续的矛盾和问题仍很突出。今年中央将继续实施积极财政政策和稳健货币政策，继续处理好保持经济平稳较快发展、调整经济结构、管理通胀预期的关系，把稳增长、控物价、调结构、惠民生、抓改革、促和谐更好地结合起来，经济社会发展的总基调是稳中求进。对昆明来说，今年既面临桥头堡建设、新一轮西部大开发、滇中城市一体化加快推进等重大机遇，以及省委省政府重视支持、昆明社会需求依然旺盛、投资发展环境不断完善等有利因素，但也面临要素供应偏紧、投融资工作难度较大、调结构转方式任务繁重等严峻挑战。

综合分析发展环境，根据市委十届二次全会对2012年经济工作提出的“稳中求进、创新推动、跨越发展”总体要求，建议2012年经济社会发展主要预期目标为：地区生产总值增长14%以上；地方财政一般预算收入增长15%以上；全社会固定资产投资增长22%以上；社会消费品零售总额增长18%以上；单位生产总值能耗下降3.9%以上；城

镇居民人均可支配收入和农民人均纯收入实际增长12%以上；居民消费价格涨幅控制在4%左右；城镇登记失业率控制在4%以内；人口自然增长率控制在6‰以内。

围绕上述目标任务，重点抓好以下方面的工作：

（一）着力抓好“三农”工作

始终把“三农”工作放在重要位置，加大强农惠农富农政策力度，加快农业科技进步，努力促进农业增产、农民增收、农村发展。力争农林牧渔业总产值增长8%以上，农村劳动力转移就业15万人以上。

加快发展现代都市农业。稳定粮食生产，确保粮食总产量100万吨以上。扩大蔬菜、花卉种植面积，蔬菜播种面积145万亩，新增鲜切花生产基地5000亩。依托现代农业示范园区，建设一批农产品生产基地，保障全市农产品市场供应。大力扶持生猪、奶牛等畜牧产业标准化生产、规模化养殖。

不断改善农村基础设施。加快高稳产田和基本农田建设，推进中小水库建设和中小型病险水库除险加固，新增灌溉面积4万亩，完成 “五小水利”工程5万件。实施抗旱应急工程，确保城乡供水安全。配合推进牛栏江引水工程。

扎实推进城乡统筹。编制山地综合开发利用规划，推进低丘缓坡土地综合开发利用试点，优化用地空间布局。以推进全域城镇化为抓手，扩大试点范围，完善配套政策，引导、促进农业转移人口转变为城镇居民，确保城镇化率提高到66%。推进集中连片特殊困难地区扶贫攻坚，力争倘甸片区纳入国家级扶贫开发综合实验区，贫困地区农民人均纯收入增幅不低于全市平均水平。完成整村推进400个以上自然村，巩固提高6万贫困人口的温饱水平。

（二）着力保持工业快速增长

坚定不移实施工业强市战略，以工业的大发展支撑经济的大发展。确保工业固定资产投资增长30%以上、规模以上工业增加值增长20%以上。

继续加强园区建设。推进园区道路、供水、供电、通讯、排污、标准厂房、学校、医院、商业、金融等为重点的基础及配套设施建设，完成投资120亿元，收储土地20平方公里，新建标准厂房120万平方米。投入专项资金5000万元，扶持北部县区园区基础设施建设。按照园区产业定位，引导科技含量高、具有自主知识产权和核心竞争力的优势项目进入园区集群发展。

积极调整工业结构。重点培育战略性新兴产业。依托国家级产业园区，加快培育发展生物医药、电子信息、新材料、新能源、高端装备制造等新兴产业，以增量扩大促进结构调整。抓好“两化”融合发展，启动工业化和信息化融合试点示范工作。支持企业引进战略合作伙伴，培育一批优势成长型、龙头带动型、质量效益型大企业集团。抓好市级重点产业项目及列入桥头堡规划的项目建设，力争新开工亿元以上工业项目80个、竣工50个。继续完善并落实相关政策措施，促进非公经济、中小企业和微型企业加快发展。

大力推进技术创新。围绕“十二五”规划确定的优势产业和战略性新兴产业，积极培育市级企业技术中心创新平台、市级创新型试点企业，打造具有昆明特色的高新技术产业集群，壮大实体经济。重点扶持高新技术项目15个、高新技术企业10户，培育2个高新技术企业联盟，支持10户企业建设创新平台。

（三）着力发展现代服务业

以工业化、城市化和信息化为依托，加速推进生产性服务业集聚化、生活性服务业连锁化、基础服务业网络化、公共服务业均等化，不断提升服务业水平。确保服务业增加值增长12%以上。

巩固提升商贸物流、旅游文化等产业。加快建设东风广场片区、老螺蛳湾片区等中央商务区，推进螺蛳湾国际商贸城片区商业副中心及红星美凯龙北市区家居生活广场等一批专业市场建设。以便利消费进社区为方向，继续推进社区生鲜超市等商业网点布局和建设。新建标准化菜市场36个、生鲜超市51个。围绕建设国际区域性物流枢纽城市目标，推进呈贡铁路集装箱物流基地、昆明南亚国际陆港物流园区、晋城工业品商贸物流中心等物流园区及物流通道建设。大力发展生态旅游、文化旅游、休闲度假旅游。加快文化产业基地和园区建设，积极发展创意设计、现代传媒、文化旅游等重点文化产业，推动文化产业跨越发展。加快推进保障性住房建设和城中村改造，完善住房限购政策，引导住房消费，促进房地产健康发展。

积极培育金融、总部经济、信息服务等产业。继续推进金融产业中心园区建设，引导和鼓励金融业向金融产业中心园区集中。完善相关政策及企业总部管理与服务机制，吸引跨国公司、国内和省内优秀企业总部入驻，加快发展商贸、物流、旅游、高新技术企业总部集聚区。推进国家电子商务示范城市建设，促进信息技术在商贸、工业等领域的运用，提高全市信息化水平。

（四）着力推进改革开放

抓住桥头堡建设机遇，强化开放意识，加快开放步伐，以开放促发展、促改革、促创新，提升开放型经济的质量和水平。

深化重点领域改革。围绕政府职能转变，加快建设法治政府和服务型政府。深化政府投融资体制改革，充分发挥特许经营权在融资方面的杠杆效应，做实做强投融资平台。加快资源型产品价格形成机制改革，健全环境生态保护补偿机制，扩大污水处理、垃圾处理费征收范围。深化医药卫生体制改革，推进县级公立医院改革，继续做好基层医疗卫生机构长期债务的清理化解工作。加快推进文化体制改革，创新文化管理体制，深化经营性文化单位转企改制，完善公益性文化事业单位内部机制改革。全面推进事业单位分类改革。

提升招商引资质量。创新招商引资方式方法，大力开展专业化、高水平招商引资，推进产业链招商、以商招商、资源招商。以“四大中心、五大基地”为目标，以国家级、省级园区为载体，瞄准世界500强、中国500强、行业龙头和知名跨国公司，有针对性地进行招商。加大招商引资项目跟踪和协调服务力度，促进项目落地建设和投产达产，确保全年实际利用外资、引进市外到位资金增长15%以上。

促进外经外贸发展。扶持优势农产品出口，支持生物资源、装备制造、光电子等领域高新技术企业扩大出口规模。充分利用昆明作为加工贸易梯度转移重点承接地的有利条件，做大加工贸易，力争全年进出口总额增长20%以上。加快“走出去”步伐，扩大境外合作开发资源，积极支持有条件的企业对外直接投资，建立生产基地和营销总部。鼓励企业参与境外工程承包建设，帮助企业争取国家外援项目和分包工程。

推动重点区域合作。积极推动滇中一体化合作框架协议实施，加快滇中经济区一体化进程。优化滇中经济区产业布局，推动产业互动和共同发展。加强社会保障和生态环保合作，加快推进医保异地结算。以昆明固定电话升位为契机，加快推进滇中四城通讯同城。落实国际大通道建设合作协议，争取在交通运输等领域率先取得突破。推动川滇黔十市地州合作，加强与长三角、珠三角合作，主动承接产业转移。

（五）着力优化生态环境

统筹经济社会发展和生态环境建设，强化以滇池为重点的市域水环境综合治理，狠抓节能减排，创建国家环保模范城市。

加大水环境综合治理。围绕削减污染总量、改善水质的目标，全面收尾滇池治理“十一五”项目。实施污水处理厂建设、完善排水管网体系以及主要入湖河道治理等一批重点治理项目，加快以滇池为重点的水环境综合治理。加强松华坝、云龙水库、清水海等集中式饮用水源地以及阳宗海、牛栏江的管理和保护，确保城乡饮用水源安全。

加快生态城市建设步伐。继续开展拆临拆违建绿透绿工作，对公园、广场、绿地、绿带进行查缺补漏、缺塘补栽、视觉补差，开展主题绿化，做到绿化无盲区、全覆盖。严格保护重点水源涵养区、风景名胜区和城市生态绿地系统，构建城市生态屏障。启动天保工程二期，推进交通沿线、河道沟渠、村庄庭院绿化，提高村庄绿化覆盖率。

积极推进节能减排。抓好冶金、化工、建材等重点行业节能降耗，完善落后产能退出机制，加快淘汰落后生产设备和工艺。实施30个节能减排示范工程，争取一批节能减排项目得到国家和省的支持。严格执行固定资产投资项目节能评估和审查制度，推广合同能源管理。推进工业节水和农业节水，实行严格的水资源管理体制。积极发展循环经济，大力推行清洁生产，实施50户企业清洁生产审核评估。完成二氧化硫、化学需氧量、氮氧化物、氨氮削减任务。

（六）着力促进民生改善

把保障和改善民生放在更加突出的位置，办成一些让人民群众看得见、得实惠的好事实事，让人民群众共享改革发展成果。加强和创新社会管理，积极有效化解各种矛盾和风险隐患，促进社会和谐稳定。

优先发展文化、教育和医疗卫生服务。多渠道增加文化投入，加快推进重点文化设施建设，加大县区特别是呈贡新区公共文化设施建设力度，努力构建覆盖城乡的文化服务体系。全面建设普通高中强基提质工程，优质普通高中在校生比例提高到68.5%，高中阶段毛入学率提高到88%。继续推进安宁、嵩明职教基地建设，高、中等职业院校建成数达到15所以上，在校生规模达到9万人以上。积极发展学前教育，大力发展民办教育。建成市第一人民医院北市区医院、市儿童医院南市区医院并投入运营。鼓励多元化办医，提升县级医院服务能力。每个县（市）区发展两所规模以上的民营医院。完成6所中心乡镇卫生院和117个村卫生室建设。启动3个县级医院（含中医院）改扩建、13个县级卫生监督机构、10个远郊县区急救中心项目建设。

重视做好就业和社会保障工作。以充分就业为目标，坚持实施积极就业政策，多渠道开发就业岗位，完善城乡公共就业服务体系，重点做好大中专毕业生、城镇就业困难人员、失地农民等重点群体就业工作，确保新增就业8万人，城镇登记失业率控制在4%以内。推进城乡居民养老保险扩大覆盖面，将所有城乡居民纳入基本养老保险覆盖范围。扩大医疗保险覆盖面，逐步提高医疗保险待遇水平。实施新农合与城镇居民医保一体化管理，逐步缩小城乡居民和城镇职工医疗保障水平差距。大力发展社会福利和慈善事业，建设完善养老服务体系，不断完善以最低生活保障为基础的社会救助体系。

努力保持物价基本稳定。继续采取综合措施，落实稳价保供责任制，确保居民消费价格涨幅控制在4%左右。扶持生猪饲养、蔬菜基地建设，提高农副产品供给能力。认真落实农超对接、蔬菜直销等政策，降低流通环节成本。建立价格调节基金，提高市场调控能力。健全重要农副产品市场监测预警体系，强化价格监督检查，维护市场价格秩序。把握好政府管理的价格调整时机、节奏和力度，审慎出台调价方案。

全力维护社会和谐稳定。加强社区服务设施建设，加大和谐社区建设力度，提升社区管理服务水平。完善维护群众权益机制，妥善解决群众合法合理诉求。有效防范和坚决遏制重特大事故发生，加强食品、药品、生产安全监管，强化社会监督，依法打击违法违规行为。健全突发事件应急体系，完善突发事件应急救援机制，加强应急队伍建设，提高防范和处置突发公共事件能力。

三、2012年重大项目建设计划

抓住桥头堡建设机遇，完善重点项目推进机制，加大建设资金筹措力度，全力促进重点项目落地和建设，通过重点项目带动确保全市投资保持较快增长。2012年优先安排2011年在建结转的省、市重点项目，重点安排列入桥头堡规划和“十二五”规划的项目，以及环保、保障性住房、农田水利基础设施、社会发展等方面的项目，并着力提高产业重点项目比重。全年计划安排重点建设项目200项，计划完成投资692亿元，其中，重点基础设施项目90项，计划完成投资380亿元；重点产业项目60项，计划完成投资312亿元；重点前期工作项目50项。

（一）继续加强基础设施建设

以农业农村、道路交通、市政设施、生态环保、社会发展、园区基础设施为重点，实施一批重点项目。农业农村基础设施方面：加快寻甸木戛利、宜良海马箐水库建设，开工建设禄劝真金万水库，续建12件、新开工4件小（一）型水库。完成21.6万亩中低产田改造任务。建设8万亩“菜篮子”工程蔬菜生产基地。道路交通方面：加快昆明铁路枢纽扩能改造、云桂铁路及新南站征地拆迁工作。推进南连接线、黄土坡至马金铺高速公路建设。完成行政村公路路面硬化600公里。实施官渡13号路、贵昆路城区段、呈贡区四期路网等一批城市路网项目。市政工程方面：确保地铁1、2号线首期工程通车运营，加快地铁3号线建设，做好地铁4、5号线和6号线二期项目前期工作。加快推进空港经济区、呈贡区净配水工程。生态环保方面：争取完成滇池北岸水环境综合治理工程，开展主城老城区市政排水管网及调蓄池建设，争取建成第九、第十污水处理厂，加快新宝象河、白鱼河等入滇河道综合整治。社会发展方面：加快推进师大附小、附中和云大附中呈贡校区建设。市延安医院心血管病住院楼建成投入使用，完成市中医医院迁建、市第三人民医院烈性传染病诊疗中心等项目主体工程。完成2011年廉租房和公共租赁住房计划任务，新开工保障性住房7.1万套以上。园区基础设施方面：实施12个重点项目，不断提升园区基础设施服务水平。

（二）大力推进重大产业项目

树立工业首位意识，重点推进石油化工、新材料、生物医药、装备制造、冶金等一批重大工业和能源项目建设，培育竞争新优势。围绕增强中心城市辐射带动作用，推进现代物流和信息平台建设，改善商贸物流及旅游设施条件。按照发展现代都市农业、加快农业产业化发展步伐的要求，启动实施一批现代农业项目，带动农业增产、农民增收。

（三）认真做好重大项目前期工作

按照“建成一批、开工一批、储备一批”的原则，强化前期意识，加大前期工作力度，为“十二五”规划项目的顺利实施奠定坚实基础。重点推进农业基础设施、道路交通、市政设施、生态环保和社会发展五大类50项前期工作项目。

（四）全力保障重点项目顺利推进

拓宽资金筹集渠道。政府主导的重点项目，要认真研究重点项目融资建设方案，落实项目建设资金。把握政策动向，加强协调沟通，积极争取金融机构扩大新增贷款规模。充分调动各县（市）区、各部门积极性，努力争取国家和省的支持，力争争取上级资金实现新突破。发挥政府投资的引导作用，确保市县两级财政资金用于重大基础设施和重点项目的投入不少于地方一般预算收入的20%。加大直接融资力度，支持企业上市融资。开放投资领域，鼓励引导民资、外资扩大投资规模，投向重点基础设施和重点产业发展领域。

提高项目服务质量。统筹研究重点项目推进，使有限的土地、资金向重点基础设施项目倾斜。对重点项目实行审批“绿色通道”，提高服务质量，缩短审批时间，实现限时办结、并联审批。重点加强对企业投资的产业类项目前期工作的指导服务，帮助项目业主完成规划、土地、环保等前期工作，尽快落实建设条件。

完善项目推进机制。强化重点项目目标责任制，层层分解、责任到人，加强督查、严格考核。坚持领导干部对口联系重点项目制度，继续实行重点项目会办、月报等制度，加强项目跟踪与效益分析，及时解决推进中存在的困难和问题，促进重点项目建设。

各位代表！完成2012年各项工作目标任务艰巨、责任重大，我们将在市委领导下，在市人大及其常委会的法律监督、工作监督和市政协的民主监督下，开拓创新、努力工作，为加快建设区域性国际城市做出新的贡献！

附表1　2012年经济社会发展主要预期目标

指标名称	单位	2011年计划	预计2011年完成		2012年计划
		增长率（%）	绝对值	增长率（%）	增长率（%）
地区生产总值	亿元	13以上	2500	14以上	14以上
地方财政一般预算收入	亿元	15以上	317.69	25.2	15以上
单位生产总值能耗		下降2左右		下降4	下降3.9以上
全社会固定资产投资	亿元	30以上	2700	25	22以上
社会消费品零售总额	亿元	18以上	1260	19	18以上
居民消费价格总水平	%	4左右		4.9	4左右
城镇登记失业率	%	4.5以内		4以内	4以内
人口自然增长率	‰	6以内		6以内	6以内
城镇居民人均可支配收入	元	10以上	21700	10	12以上
农民人均纯收入	元	10以上	6900	13.1	12以上

备注：本表中绝对值按现价计算，增长速度按可比价计算。

昆明市2011年地方财政预算执行情况和2012年地方财政预算草案的报告

2012年1月11日在昆明市第十三届人民代表大会第二次会议上

昆明市财政局

各位代表：

受市人民政府的委托，现将昆明市2011年地方财政预算执行情况和2012年地方财政预算草案提请市十三届人大二次会议审查，并请市政协各位委员提出意见。

一、2011年地方财政预算执行情况

2011年，在市委的坚强领导下，在市人大及其常委会的依法监督下，全市财税部门努力克服国际国内宏观经济形势不利因素的影响，充分挖掘增收潜力、积极优化支出结构，全年预算执行情况良好，超额完成了市十三届人大一次会议确定的收支任务。

（一）全市财政收支预算执行情况

全市地方财政一般预算收入完成3,176,892万元，为年初预算的108.8%，增长（与上年同期同口径相比，下同）25.2%；地方财政一般预算支出完成4,415,690万元，为调整预算的97.9%，增长27.5%。

全市地方财政一般预算收支平衡情况是：一般预算收入3,176,892万元，上级补助收入1,832,302万元，债券转贷收入21,147万元，调入资金55,200万元，上年结余结转182,041万元，收入方总计5,267,582万元；一般预算支出4,415,690万元，上解支出707,143万元，支出方总计5,122,833万元。收支相抵，年终结余结转144,749万元。

全市政府性基金预算收入完成7,031,916万元，为预算的309.9%，增长368%。全市政府性基金预算支出完成

6,913,558万元，为预算的94.7%，增长353.8%。

全市政府性基金预算收支平衡情况是：政府性基金预算收入7,031,916万元，上级补助收入43,680万元，上年结余结转131,561万元，收入方总计7,207,157万元；政府性基金预算支出6,913,558万元。收支相抵，年终结余结转293,599万元。

（二）市级财政收支预算执行情况

市级地方财政一般预算收入完成1,473,618万元，为预算的107.9%，增长24.6%；市级地方财政一般预算支出完成1,817,643万元，为预算的97.7%，增长33%。

市级地方财政一般预算收支平衡情况是：市级地方一般预算收入完成1,473,618万元，上级补助收入1,832,302万元，下级上解收入325,503万元，债券转贷收入21,147万元，调入资金55,200万元，上年结余结转99,193万元，收入方合计3,806,963万元。地方一般预算支出完成1,817,643万元，上解上级支出707,143万元，补助下级支出1,229,174万元，债券转贷支出13,320万元，支出方总计3,767,280万元。收支相抵，年终结余结转39,683万元。

市级政府性基金预算收入完成4,854,361万元，为预算的243.2%，增长370.6%，市级政府性基金预算支出完成4,689,100万元，为预算的92.9%，增长367.6%。

市级政府性基金预算收支平衡情况是：市级政府性基金预算收入完成4,854,361万元，上级专项补助收入43,680万元，上年结余106,302万元，收入方合计5,004,343万元。政府性基金预算支出完成4,689,100万元，专项补助下级支出95,139万元，支出方总计4,784,239万元。收支相抵，年终结余结转220,104万元。

以上收支情况均为快报数，经上级财政清算后，决算数可能还会有变化。待省财政厅对财政总决算批复后，专题向市人大常委会报告。

二、凝心聚力、攻坚克难，2011年财政工作跃上新台阶

2011年，全市财政部门紧紧围绕区域性国际城市建设战略，深入贯彻落实科学发展观，以组织收入为中心、保障民生为重点、服务三农为基础、扩大投资为支撑、转变方式为主线、深化改革为动力，积极发挥财政职能作用，各项财政工作取得了较好成绩。

（一）以组织收入为中心，收入征管机制不断完善

始终坚持以组织收入为中心，锁定目标不动摇、紧抓目标不松劲、冲刺目标不懈怠，多措并举挖潜力、千方百计促增收，圆满完成了财政收入目标任务。

完善机制促增收。严格落实收入目标任务责任制，将任务分解落实到各县（市）区及财税部门，做到措施到位、责任到人；进一步健全完善税收征管机制，最大限度地调动各级政府和财税部门抓收入、抓征管的积极性。

强化征管促增收。加强对重点行业、重点企业、重点工程等税源的动态监管，确保主体税源稳定增长；加强部门协作机制，坚持依法治税，打击各种偷、逃、骗税行为，做到应收尽收；深入推进非税收入征管改革，建立健全非税收入征、管、查工作机制，继续完善非税收入计划管理和目标考核。

加强分析促增收。坚持定期召开财政收入分析会及联席会，建立财政收入定期通报制度，研究制定收入任务完成的措施，做到财政收入序时入库；加强对执收部门、县（市）区的调研督查力度，督促收入任务认真落实，确保收入目标任务顺利完成。

（二）以保障民生为重点，城乡社会事业全面进步

把保障和改善民生作为公共财政的优先方向，加大对民生事业的投入力度，不断提高人民生活水平和质量。

教育优先发展得到落实。全市教育支出666,179万元，增长44.4%。完善义务教育经费保障机制，市级投入义务教育保障资金49,471万元；投入资金77,301万元确保农村中小学标准化建设工程及校安工程顺利推进；筹措资金5,100万元积极推进农村中小学食堂条件改善工程；完善扶困助学机制，发放中职国家助学金、涉农专业中职学生免学费补助、普通高中助学金17,005万元；安排民办教育专项资金1,410万元，积极支持民办教育健康发展。

文化事业投入不断加大。坚持以政府为主导、公共财政为支撑，优化资源配置，加大投入力度，不断满足人民群众精神文化需求。市级安排资金1,768万元，支持基层文化站（室）设备购置、“七彩云南”健身工程、市四运会等项目；安排资金608万元，积极推动农村电影放映工程，支持演出下乡、进厂、进学校及广播电视“村村通”站网运行维护、广播电视公共服务示范点建设及文物和非物质文化遗产保护。

公共卫生体系逐步完善。积极推进公立医院改革，认真落实公立医院财政补助政策。市级安排资金2,856万元，支持市妇女儿童医疗保健中心、市第三人民医院烈性传染病诊疗中心等5个基本项目建设，筹措资金7,395万元支持基层医疗机构推行国家基本药物制度及核定收支绩效考核工作；安排补助资金4,337万元不断完善城镇居民基本医疗保险政策，安排配套资金3,569万元提高新型农村合作医疗筹资标准，安排城乡医疗救助补助资金900万元对特困居民、低保群众等进行了救助，筹集资金14,377万

元为城乡居民购买健康教育、计划免疫、妇幼保健等公共卫生服务，安排离休干部医疗统筹经费9,933万元确保全市2,297名离休干部医疗费用据实报销；安排资金2,400万元保障基层计生工作的顺利开展。

社会保障体系更加健全。认真落实各项就业再就业扶持政策，全市筹集资金11,697万元，支持就业再就业工作稳步推进；增补小额担保贷款基金1,871万元，争取上级小额担保贷款贴息资金6,238万元，放贷规模达24,165万元，惠及4,827名创业人员；推进社保基金安全规范运行，核拨“五险”基金592,369万元，确保各项保险费发放和待遇落实；争取上级城镇居民社会养老保险和新型农村养老保险补助资金19,136万元，市级安排补助资金2,500万元，积极推进养老保险扩面工作；安排被征地人员基本养老保险补助资金3,840万元，确保9.4万人及时足额领取养老金；建立与经济增长相适应的困难人群收入增长机制，筹措安排城乡低保资金27,908万元，城乡低保标准稳步提高；筹措临时救助和临时价格补助资金5,513万元，对城乡低保、农村“五保”、农村重点优抚对象27.2万人进行了补助；安排困难企业离休干部津补贴6,000万元，确保离休干部津补贴及时发放。

保障性住房投入加大。把保障性住房作为公共财政的保障重点，扩大保障性住房覆盖面，争取上级补助资金199,500万元，市级筹措资金109,600万元，确保5.5万套廉租住房和公共租赁住房顺利开工；发放低收入住房困难家庭租赁补贴1,185万元，进一步健全城市低收入家庭住房保障体系。

物价稳定措施得力有效。安排资金3,000万元，建成3万亩蔬菜基地建设，大力支持“菜篮子”工程；安排鲜活农产品配送中心项目建设补助资金1,300万元、争取中央标准化菜市场专项补助资金2,000万元，完善蔬菜流通基础设施，确保市场蔬菜供应和价格稳定；发挥财政职能应对物价调控，安排粮食风险基金2,462万元、粮油储备利费补贴4,800万元，支持粮油储备和市场稳价保供工作；安排生猪活体储备和农资淡储补助资金450万元，确保猪肉市场供应和农资价格稳定。

城市生活品质明显提升。安排城市绿化植树、园林绿化博览会、生态村创建“以奖代补”资金8,600万元，确保城乡园林绿化生态环境建设工程顺利推进；安排资金2,380万元支持环卫基础设施三年行动计划；安排“四创两争”专项经费5,948万元，推动“四创两争”工作；积极促进城乡公交事业发展，拨付公益性补贴20,223万元、新购车辆及场站建设贴息资金3,106万元、农村客运补贴976万元，中央油价补贴28,556万元。

（三）以服务三农为基础，农村发展活力显著增强

始终坚持财政政策、项目、资金向“三农”倾斜，全力支持新农村建设，促进城乡一体化发展。

完善基础增后劲。排水利专项资金52,000万元大力支持“五小”水利工程、中小型水库建设及病险水库除险加固工程；投入农业综合开发资金10,955万元积极推进高标准农田建设、中低产田改造；投入资金30,000万元启动行政村公路路面硬化923公里；安排人畜饮水工程资金、农村“一池三改”资金3,000万元，进一步改善农村生产生活条件；筹措抗旱救灾资金8,000万元支持抗旱救灾工作；安排资金6,893万元、争取省级资金9,100万元，确保了226个省级自然村、200个市级自然乡整村（乡）扶贫工作顺利推进；争取上级农村危房改造及民居地震安全工程补助资金6,800万元、市级安排资金1,600万元，进一步改善农村居住条件。

扶持产业提效益。安排资金4,200万元，推进实施高效农业、农业产业化龙头企业、农民专业合作组织等三大类项目，推动农业生产规模化、园区集约化和企业集群化管理，推进石林台湾农民创业园、嵩明现代农业科技示范园、斗南国际花卉产业园等重点农业园区建设。

强化政策抓惠民。发放粮食直补、良种补贴、农资综合补贴、农机具购置补贴、退耕还林补贴等财政性直补资金33,000万元；安排资金2,600万元加大劳动力转移培训力度；安排资金3,575万元有效落实现代农业政策性保险保费补贴政策；筹措资金12,791万元推进农村公益事业“一事一议”财政奖补试点工作。

（四）以扩大投资为支撑，基础设施建设稳步推进

加大财政投入力度，多渠道筹集项目建设资金，强化对重大基础设施项目建设的资金保障，集中力量推进城市交通等基础设施、滇池治理与生态建设、农村基础设施与民生工程等。

积极争取多方资金支持。抢抓国家实施积极财政政策的机遇，积极争取上级基础设施建设补助资金513,000万元，千方百计落实地方配套资金109,600万元，争取地方债券转贷资金21,147万元，推进了滇池治理、城市交通等重点项目建设；积极争取国际金融组织和外国政府贷款（赠款）协议额30,666万美元，拓宽了融资渠道。

加大公共基础设施投入。全市安排公共基础设施建设资金635,805万元，占年初一般预算支出的22.3%。其中：市本级安排201,497万元，占年初一般预算支出的23.4%。财政资金采取资本金注入、贴息、以奖代补等方式，充分发挥财政资金的杠杆作用和放大效应，引导和带动社会资金投入公共基础设施建设。

大力支持公司融资工作。强化公共融资与公共财政的互补功能，发挥财政资金的撬动作用、土地收入的支撑作

用，鼓励和引导社会资本广泛参与重大基础设施建设。市级财政共注入投融资公司财政性资金1,229,478万元，提升了投融资公司融资能力、资本运作能力，推动了公司资金链接工作。

（五）以转变方式为主线，服务发展能力明显增强

紧紧围绕转变经济发展方式这条主线，充分发挥财政政策的导向作用和财政资金的杠杆作用，大力推进财源税源体系建设。

支持产业转型升级。安排新型工业化及节能减排资金、服务经济暨内外贸发展资金、科技计划扶持资金、科技型中小企业技术创新基金、信息化专项资金19,950万元，综合运用财政贴息、项目补助、以奖代补等财政政策，推进产业结构优化升级、企业技术创新以及产业集聚，培育和扩大地方税收来源；拨付园区基础设施建设资金14,000万元，支持园区基础设施及标准化厂房等建设项目实施，提高大项目承载能力。

推进中小企业发展。认真落实加快非公经济发展的政策，安排非公经济暨中小企业发展专项资金6,000万元，支持中小企业服务体系建设、技术进步与创新及中小企业上市；支持信用担保机构加快发展，全市担保机构达230户、注册资金累计2,420,000万元，缓解了中小企业发展资金“瓶颈”问题。

推进城乡协调发展。加大对全域城镇化支持力度，拨付资金4,553万元，推动全域城镇化进程；继续支持“543倍增计划”实施，落实困难县区均衡性转移支付资金39,339万元，安排北部县区经济社会发展专项资金10,000万元、倘甸轿子山“两区”财力性专项资金21,000万元及少数民族发展专项资金4,633万元，支持县域经济发展壮大，促进基本公共服务均等化；发挥财政政策激励作用，推进“乡财县管”和农村综合改革，激励县区加快发展。

努力扩大消费需求。认真落实家电、汽车、摩托车下乡和家电以旧换新政策，兑付家电、汽车、摩托车下乡补贴资金9,240万元、家电以旧换新资金2,828万元，拉动家电、汽车、摩托车产品销售137,869万元，释放了农村消费潜力，促进城乡消费需求增长，增强消费对经济增长的拉动作用。

（六）以深化改革为动力，财政运行机制更加完善

以完善财政运行机制体制为突破口，深入推进财政体制、预算管理、财政监督等各项改革，完善财政预算支出评审机制，加强财政支出绩效管理，财政精细化、科学化管理水平进一步提高。

部门预算管理不断完善。建立预算编制与项目预算评审、支出绩效评价、预算执行进度、结余资金管理、资金分类管理、专项资金整合等相结合的部门预算编制机制，深入推进以部门预算为基础、以项目评审为支撑、以监督检查为制衡、以绩效评价为依据、以政府采购为手段、以国库集中支付为保障的“六位一体”的公共预算管理改革，提高了预算编制的科学性。

国库管理改革深入推进。继续深化国库集中支付制度改革，健全预算执行动态监控体系；进一步扩大集中支付范围，基本建设资金纳入集中支付工作顺利推进；公务卡结算制度和预算单位库存现金（备用金）限额管理制度不断完善，市本级预算单位实行公务卡结算面达76%，通过公务卡实现结算9,725万元；加强国库资金管理，健全完善财政专户和单位银行账户监控机制，从源头上确保财政资金运行的安全性、规范性和有效性；清理整顿全市财政部门955个财政专户，撤并财政专户280个。

国有资产管理更加规范。深化行政事业单位资产管理改革，建立行政事业单位资产管理信息系统，全市行政事业单位资产纳入系统管理，加强了从资产入口到出口的全过程动态管理，为创新资产管理方式、加强行政事业单位资产动态监管提供了重要平台。

跟踪问效机制逐步建立。加强政府性投资工程竣工财务决算评审，完成竣工决算评审项目共计28个，审定投资额286,400万元，审减投资额26,700万元，审减率达9.3%；加强项目预算评审，完善预算项目支出“事前”评审机制，提高预算评审对预算编制的作用；以财政专项资金为重点评价对象，对2010年财政支出20个重点项目进行绩效评价，绩效评价结果得到运用；开展项目执行绩效跟踪，对2011年财政支出重点项目进行中期绩效评价；推进绩效评价向预算绩效管理转移，对2012年市本级部门预算中500万元以上项目和9家试点单位全部项目进行绩效目标审核。

财政监督效率明显提高。加大会计监管力度，对110家行政事业单位会计制度执行情况进行了专项检查；“小金库”治理工作向纵深推进，建立完善治理长效机制，进一步规范了党政群机关、社会团体和国有及国有控股企业的财务管理；加强政府性债务管理，将政府性债务纳入财政监管范围；不断完善政府采购运行机制，全市完成政府采购287,885万元，其中：市本级政府采购规模115,614万元，增长34.1%，节约资金7,340万元，节约率6%。

各位代表！过去的一年，是充满艰辛、奋力拼搏的一年，更是亮点纷呈、成果丰硕的一年。面对复杂多变的宏观经济形势和艰巨繁重的改革发展任务，在市委的正确领导下，在市人大及其常委会和市政协的大力支持、监督下，全市财政部门紧紧围绕区域性国际城市建设战略，抢抓桥头堡建设历史机遇，凝心聚力谋发展、攻坚克难促和

谐，圆满完成了全年财政收支任务，财政各项工作取得了新的成绩，为实现“十二五”经济社会发展良好开局做出了积极贡献。在看到成绩的同时，我们也清醒地认识到，财政工作还存在不少困难和问题，主要表现在：财政收入增长基础还不够稳固，财源税源结构有待进一步优化；财政资金引导作用还不够明显，支持产业发展方式有待进一步创新；政府间财权与事权不尽匹配，财政管理体制有待进一步完善；民生工程、基础设施建设等仍需大量财政投入，财政收支矛盾依然突出；财政管理绩效有待进一步提高；防范财政风险的压力较大，政府性债务管理机制有待进一步健全，等等。

对于上述问题，我们将在今后的工作中通过创新财政管理体制、机制和制度，采取有效措施，积极稳妥地逐步统筹解决。

三、2012年地方财政预算草案

2012年，是我市实施“十二五”规划承上启下的关键之年，也是全力推动科学发展、和谐发展、跨越发展的重要之年，转变经济发展方式、深入推进改革开放、保持社会和谐稳定的任务十分繁重。经济发展环境面临的各种有利与不利因素并存，财政工作机遇与挑战并存。在收入方面：桥头堡建设将为昆明经济社会发展提供重大历史机遇，经济平稳较快发展将为财政增收奠定坚实基础，但我市经济发展中不平衡、不协调、不可持续的矛盾和问题仍很突出，财政经济仍面临诸多不确定性因素。国家实施稳健的货币政策，重大公共基础设施建设投资将受限，国家房地产调控政策的延续以及结构性减税政策的实施，也将导致地方税收减少，财政增收面临较大压力。在支出方面：产业结构深度调整要求财政部门切实加大科技创新、文化创意、现代服务业等方面的扶持投入；国民收入分配格局深度调整要求充分发挥公共财政对国民收入再分配的调节作用，落实城镇居民增收政策，更大幅度地增加保障和改善民生的投入。“两个深度调整”使财政支出保障的领域更广、重点更多、规模更大、刚性更强。同时，随着基础设施建设融资规模的扩大，财政面临较大的政府性债务偿还压力。

面对日益尖锐的收支矛盾，政府可调控的资金十分有限，平衡财政收支的压力较大，主要依靠财政增收提供保障已难以满足需要，必须从调整财政支出结构、统筹财政政策、完善财政管理体制机制等方面挖掘潜力和提升效益。按照财政收入增长与国民经济增长相适应的原则，2012年财政收入的预期目标是：地方财政一般预算收入增长15%以上。财政支出按照量入为出、积极稳妥的原则，确保收支平衡。

2012年财政工作的指导思想是：认真贯彻中央经济工作会议、省第九次党代会和市委十届二次全会精神，深入贯彻落实科学发展观，准确把握积极财政政策，积极应对国际国内经济形势的新变化。牢牢把握科学发展这一主题，充分发挥公共财政的调控作用，进一步创新资金使用方式，加快推进经济发展方式转变和经济结构调整；牢牢把握改善民生这一根本，充分发挥公共财政的保障作用，进一步优化财政支出结构，加快构建保障和改善民生的长效机制；牢牢把握改革创新这一动力，充分发挥公共财政的促进作用，进一步优化财政政策设计，深入推进财政科学化、精细化管理水平，努力为加快建设区域性国际城市做出积极贡献。

根据上述指导思想，2012年全市和市级地方财政收支预算安排如下：

（一）全市财政收支预算草案

全市地方财政一般预算收入安排3,653,426万元，比2011年快报数增长15%；年初地方财政一般预算支出安排4,626,591万元，比2011年年初预算数增长28.5%。

全市地方财政一般预算收支及平衡情况是：一般预算收入3,653,426万元，上级补助收入1,792,074万元，收入方总计5,445,500万元；一般预算支出4,626,591万元，上解支出818,909万元，支出方总计5,445,500万元。收支平衡。

全市政府性基金预算收支及平衡情况是：政府性基金预算收入安排2,797,297万元，上级专项补助收入43,680万元，收入方总计2,840,977万元；政府性基金预算支出安排2,840,977万元。收支平衡。

（二）市级财政收支预算草案

市级地方财政一般预算收入安排1,694,661万元，比2011年快报数增长15%；年初地方财政一般预算支出安排1,455,336万元，比2011年年初预算数增长18.3%。

市级地方财政一般预算收支及平衡情况是：一般预算收入1,694,661万元，上级补助收入1,792,074万元，下级上解收入374,980万元，收入方总计3,861,715万元；一般预算支出1,455,336万元，上解支出818,909万元，补助下级支出1,587,470万元，支出方总计3,861,715万元。收支平衡。

市级政府性基金预算收支及平衡情况是：政府性基金预算收入1,931,694万元，上级专项补助收入43,680万元，收入方总计1,975,374万元；政府性基金预算支出1,931,694万元，专款补助下级支出43,680万元，支出方总计1,975,374万元。收支平衡。

2012年市级财政预算由市本级各部门预算与高新区、经开区、度假区、阳宗海和倘甸轿子山“两区”五个开发区预算组成，五个开发区财政预算在报告中以附件的形式反映。根据《云南省社会保险费征缴条例》及相关政策规定，2012年昆明市地方财政社会保险基金收支预算，连同部门预算一并报送市人代会审查。

（三）市本级财政支出预算安排重点

2012年，市本级财政支出预算安排坚持统筹兼顾、优化结构的原则，全力保障机构运转和民生支出，大力支持重大政策性支出的落实以及重点项目、重要工作的推进。

大力支持经济结构调整。安排科技支出29,670万元，超过财政一般预算支出的3%，增长15%，高于市本级财政经常性收入增幅4个百分点。安排产业发展扶持资金10,000万元、非公及中小企业发展专项资金5,500万元、服务贸易暨内外贸发展专项资金4,000万元、节能减排及新型工业化专项资金5,500万元、工业园区发展专项资金13,000万元、信息化专项资金3,050万元、创新型试点城市政策引导资金1,000万元、科技型中小企业技术创新基金2,000万元、科技创新平台建设700万元。

全面落实强农惠农政策。安排农林水事务支出66,170万元，增长15%，高于市本级财政经常性收入增幅4个百分点。其中：安排“十二五”建制村路面硬化工程配套资金10,000万元、市级重点村整村推进扶贫资金4,000万元、农业综合开发资金3,800万元、农村公路养护补助资金2,512万元、村级公益事业建设“一事一议”财政奖补市级配套资金2,000万元、农村危房改造及地震安居工程补助资金1,600万元、省级重点村配套资金1,000万元。

大力支持社会公共事业。安排教育支出86,838万元，增长15%，高于市本级财政经常性收入增幅4个百分点。其中：安排义务教育保障经费13,500万元、农村中小学标准化建设贷款还本付息资金19,521万元、昆明学院建设贴息9,096万元、民办教育专项资金1,300万元、市级特岗教师工资补助资金1,257万元；安排社会保障和就业支出122,466万元，其中：城乡最低生活保障资金11,000万元、促进就业再就业资金3,417万元、新型农村社会养老保险及丧葬抚恤补助1,569万元、城市居民社会养老保险及丧葬抚恤补助1,039万元、城乡贫困医疗救助资金1,000万元；安排医疗卫生60,469万元，其中：卫生事业基础设施建设资金10,000万元、城市居民基本医疗保险市级补助5,500万元、新型农村合作医疗市级补助4,620万元、市级9所医院推行基本药物制度补助2,000万元、计划生育家庭奖励配套经费1,937万元、公共卫生均等化补助1,141万元；安排文化产业发展专项资金2,500万元，筹措安排保障性住房资金85,850万元，安排公交企业补贴资金28,000万元，统筹安排鲜活农产品物流配送中心、标准化菜市场和生鲜超市建设资金6,000万元。

加大公共基础设施投入。保持公共基础设施投资政策的连续性和稳定性，市本级安排公共基础设施建设资金282,084万元，占年初一般预算收入的23.3%。财政资金采取资本金注入、贴息、以奖代补等方式，重点支持城市交通等基础设施、滇池治理与生态建设、农村基础设施与民生工程、社会发展与保障性住房建设以及重大项目前期经费。

推进生态建设和区域协调发展。安排园博会市级以奖代补资金4,000万元、城市绿化补助专项资金3,500万元、环卫基础设施建设补助资金2,000万元，节能减排、污染治理专项经费及生态村创建“以奖代补”资金1,100万元；安排困难县区均衡性转移支付资金39,339万元、倘甸轿子山“两区”财力性专项资金23,000万元、北部县区经济社会发展专项资金10,000万元及少数民族发展专项资金5,047万元。

四、抢抓机遇、开拓创新，确保2012年工作再创佳绩

2012年全市财政部门将按照科学发展观和公共财政要求，以深化改革为动力、以管理创新为抓手，千方百计挖掘财政增收潜力、持之以恒优化支出结构、坚定不移推动财政改革发展，确保承上启下关键之年再创佳绩。

（一）坚持抓收入调结构，在增加支出规模上实现新突破。加强对宏观经济形势和税收动态关联分析，健全财政持续增收工作机制，完善收入目标责任和考核监督办法；丰富财政收入监控措施，抓好重点税源、重点行业、重点企业的税收情况分析，着力建立市级100户以上重点纳税企业基础信息；加强对地方税收的征收管理，改善收入结构，提高地方财政收入占总收入比重；充分利用国家实施积极财政政策的机遇，建立并落实市级部门和各县（市）区向上争取项目资金的目标责任制，尽最大努力争取上级对我市转移支付支持力度，逐步提高地方财政支出占总收入比重，力争今年财政总支出占总收入的比重提高到65%以上；完善“纵横结合”工作机制，加强县区间税源迁移管理，健全沟通协调机制，维护税收秩序，稳定基本收入格局；完善非税收入计划管理机制，加大非税收入稽查力度，调动执收部门征收的积极性；强化国有资产管理，启动国有资本经营预算编制工作，切实加强对国有资本经营收益的监管。

（二）坚持稳增长调结构，在服务经济发展上实现新突破

紧紧抓住国家实施积极的财政政策，按照稳中求进、好中求快、创新推动、跨越发展的总基调，把稳增长、控物价、调结构作为服务经济发展的重点，积极稳妥、统筹兼顾、突出重点、科学引导，不断提高财政服务经济发展的针对性和有效性。优化政府公共投资结构，统筹各类建

设资金，保持合理的基本建设投资规模，政府投资优先确保国家和省已批准开工的保障性安居工程、以水利为重点的农业农村基础设施及生态环境建设等在建续建项目资金需求。推动产业结构优化升级，充分发挥财政资金引导作用，优化科技支出结构，鼓励企业自主创新、技术改造和节能减排。加大对园区基础设施建设贷款贴息力度，支持园区产业转型、功能提升，促进优势产业集群发展，增强经济发展后劲。落实各项结构性减税措施，切实减轻企业负担。大力支持中小企业发展，继续增加非公经济暨中小企业发展专项资金规模，落实小微企业所得税优惠政策，支持中小企业信用担保体系建设。创新财政扶持企业发展方式，建立财政资金与社会资本的联动机制，统筹整合各类专项资金，突出支持重点、创新投入机制、放大政策效应，通过财政贴息、投资参股和风险投资等形式，充分发挥财政资金的杠杆作用、导向效应和对产业发展的支持效应。努力扩大消费需求，全面落实城镇居民增收计划，及时兑付各项涉农补贴资金，着力增加城乡居民收入，切实提高居民消费能力。发挥财税政策稳定物价的作用，加强对重要商品物资储备投放的支持力度，落实减轻物流企业税收负担的相关政策，加大农贸市场和生鲜超市建设改造投入力度。

（三）坚持增投入保民生，在促进社会和谐上实现新突破

牢牢把握改善民生这一根本目的，坚持积极而为、量力而行的原则，切实加大财政投入，着力解决群众最关心、最直接、最现实的利益问题。落实强农惠农富农政策，加大财政投入力度，大力支持农田水利建设；推进财政支农资金整合，支持农业产业化发展，扎实做好农业保险保费补贴工作；推进新农村建设，完善农村基础设施，深入推进村级公益事业建设“一事一议”财政奖补，改善农村生产生活环境；加大扶贫开发投入力度，加快整村（乡）推进步伐。支持教育优先发展，严格落实财政教育经费法定增长要求，支持学前教育发展，落实农村义务教育经费保障制度，支持实施农村义务教育学生营养改善计划，支持职业教育和民办教育发展，落实家庭经济困难学生国家资助政策。促进医疗卫生事业加快发展，完善各项基本医疗保险制度，继续支持医疗卫生体制改革，推进基层医疗卫生机构综合改革，健全城乡基本公共卫生服务经费保障机制，加大城乡医疗救助和疾病预防控制投入力度。加强社会保障和就业工作，扩大社会保障覆盖面，实现新型农村社会养老保险和城镇居民社会养老保险制度全覆盖，完善城乡社会救助体系，实施更加积极的就业政策。大力支持保障性安居工程建设，严格落实土地出让收入和住房公积金增值收益用于保障性安居工程的政策规定，加大保障性住房资金投入力度。促进文化大发展大繁荣，增加财政文化投入，进一步推进博物馆、图书馆、文化馆等公益性文化设施免费开放，增加农村文化惠民投入，加大对重点文物、非物质文化遗产保护投入力度，支持文化产业发展。支持加强和创新社会管理，深入推进政法经费保障体制改革，支持地方政法机关基础设施建设，加强基层政权建设保障，加大食品安全监管经费投入。

（四）坚持推改革建制度，在完善财政体系上实现新突破。

牢牢把握改革创新这一强大动力，深入研究桥头堡建设战略下的财政政策及管理制度创新，着力在一些重点领域和关键环节取得突破，全力构建有利于科学发展的体制机制。完善财政管理体制，按照财权事权统一、提升基层活力的原则，适时启动财政管理体制改革，充分调动基层创新发展、统筹发展、可持续发展的主动性与能动性。深化部门预算改革，完善预算编制与预算支出执行管理、结余结转资金管理、行政事业单位资产管理相结合的机制，完善预算编制程序、细化预算编制内容，提高部门预算编制的科学性和完整性；建立健全预算支出责任制度，不断提高预算支出执行的及时性、均衡性和有效性；加大结余资金管理力度，完善结余资金管理程序，逐步减少结余资金规模。推进国库管理改革，不断完善国库集中支付运行机制，继续扩大集中支付改革范围，提高财政资金支出透明度；进一步加强专户资金管理工作，确保财政资金安全；通过一体化信息管理系统，继续推进预算执行动态监控机制，有效防范财政支付风险、提高财政资金使用效益。完善政府采购制度，加强政府采购与部门预算、国库集中支付、资产管理的相互衔接，完善政府采购管理办法及操作规程，改进政府采购预算编制、计划和执行管理方式，提高政府采购工作制度化、规范化水平，提高采购资金效益。

（五）坚持强基础促两化，在提高管理水平上实现新突破

全面加强财政基础管理工作，创新管理理念和管理方式，建立健全财政内部控制制度，提升财政科学化、精细化管理水平。加强财政管理基础工作，加强财政预算基础数据收集整理，完善涵盖预算单位基础信息及财政管理业务基本信息的动态数据库，建立并完善项目论证评审、遴选排序机制；完善基本支出定员定额标准体系，强化基本支出管理，严格控制“三公”经费等一般性支出。加快财政信息化建设，完善市级一体化管理信息系统，并在县级财政部门推广实施应用，统一数据标准、推进数据利用，进一步提高信息系统在财政资金监控、统计分析和决策支持等方面的功能。加强政府债务管理，妥善处理存量债务，严格管理新增债务；健全地方政府性债务管理制度，

加强对债务资金计划、举借、使用和还款的全过程监管；完善债务偿还机制，研究制定年度和中长期债务资金平衡方案，完善偿债准备金制度，合理安排调配资金。加强预算绩效管理，加快建立“预算编制有目标、预算执行有监控、预算完成有评价、评价结果有反馈、反馈结果有应用”的预算绩效管理模式。加强财政监督力度，建立健全预算编制、执行和监督相互制约、相互协调的财政运行机制，依法实施财政收支监督、内部监督和会计监督，将财政监督贯穿于财政政策执行情况、重大项目资金安全和效益的全过程，实现事前预防、事中监控和事后监督检查相衔接；加强监督检查成果的分析利用，建立责任追究、信息披露和风险防控机制。

各位代表！2012年是实施“十二五”规划承上启下的关键之年，财政工作任重道远，挑战与机遇并存，我们将在市委的领导下，自觉接受市人大及其常委会的监督，认真听取市政协的意见和建议，继续解放思想、坚持改革创新，承前启后、锐意进取、狠抓落实，全力完成财政各项工作任务，努力为抢抓桥头堡战略机遇、把昆明建设成为中国面向西南开放的区域性国际城市做出新的更大的贡献！

昆明市中级人民法院工作报告

——2012年1月12日在昆明市第十三届人民代表大会第二次会议上

昆明市中级人民法院院长 闾　柏

各位代表：

我代表昆明市中级人民法院向大会报告工作，请予审议。

2011年的主要工作

2011年，全市法院坚持以邓小平理论、“三个代表”重要思想为指导，深入贯彻落实科学发展观，在中共昆明市委的领导下，自觉接受市人大及其常委会、市政协和上级法院的监督指导，在政府的大力支持下，认真履行宪法和法律赋予的职责，紧紧围绕云南实施桥头堡战略和昆明建设区域性国际城市的新要求，制定实施《昆明市中级人民法院关于为加快建设区域性国际城市提供司法服务和保障的意见》，发挥审判职能，提升队伍素质，深化法院改革，着力为大局服务，为人民司法，各项工作取得了新的成绩和进步。

一、充分发挥审判职能，服务大局促和谐

全年共受理各类案件88057件，审结82110件，结案率为93.25%；其中，中级法院共受理各类案件33256件，审结30923件，结案率为92.98%。

（一）依法打击犯罪，维护社会稳定

始终把维护国家安全和社会稳定作为刑事审判的出发点和立足点。正确理解把握宽严相济的刑事政策，对杀人、绑架、伤害等严重危害社会治安的暴力性犯罪和走私、贩卖、运输毒品犯罪，依法从严惩处；对社会影响恶劣、涉及人民群众切身利益的抢劫、抢夺、盗窃等多发性犯罪和危害食品安全犯罪，对集资诈骗、合同诈骗、非法吸收公众存款等涉众型经济犯罪及贪污、贿赂等职务犯罪，对侵犯知识产权、破坏环境资源犯罪，加大公开审判和打击力度，全力维护社会秩序和经济秩序。依法审理醉酒驾车犯罪案件，遏制醉酒驾车的多发态势，保障公共安全。继续深入开展打黑除恶专项斗争，严惩黑社会性质组织犯罪。通过对“金座公司”集资诈骗案、“华西　滨湖国际生态城”合同诈骗案、“阳光海岸别墅”抢劫杀人案等一批大案要案的依法公开审判，扩大打击声势，震慑犯罪分子，保护人民群众，营造平安和谐昆明。共受理各类刑事案件8437件，审结7834件，依法判处罪犯6547人，其中，判处5年以上有期徒刑、无期徒刑和死刑2048人，占判处罪犯总数的31.28%。

（二）化解矛盾纠纷，营造和谐环境。

坚持平等保护和公开审判原则，强化民权保障意识，注重依法审判和调解疏导并重，妥善化解矛盾。以保障民生为重点，妥善审理婚姻、赡养、继承、邻里纠纷案件，注重保护妇女、未成年人、老年人、残疾人的合法权益，促进社会和谐安定；依法审理劳动争议、房屋拆迁、物业管理、涉农案件等热点案件，全力保护劳动者、用工企业、业主和农民合法权益。以规范市场秩序、保障交易安

全为重点，依法审理金融证券、民间借贷、商品房买卖等类案件，规范不良债权处置，维护金融安全和交易稳定，营造诚实守信的市场环境。圆满完成全省首例证券公司破产案等一批案件的审理，最大限度保护投资者合法权益。以建设良好经济社会发展软环境，鼓励自主创新和民营企业发展为重点，依法审理涉外、涉港澳台、知识产权、涉非公经济案件和涉外地来昆企业案件，坚持平等保护，优化投资环境。贯彻调解优先、调判结合原则，加大调解力度，把调解贯穿于立案、审判和执行全过程，着力构筑诉讼调解与人民调解、行政调解、仲裁调解相衔接的多元化调解机制，妥善化解社会矛盾。大力推进司法公开，制定《裁判文书上互联网管理办法》，进一步规范法律文书公开上网公布工作，接受社会监督。共受理各类民事案件40916件，审结37701件。

（三）妥善处理行政争议，促进依法行政

坚持合法性审查和利益平衡原则，注重审理与群众生产生活密切相关的工商管理、劳动和社会保障、山林土地及农村土地征用等各类行政案件，既依法维护行政相对人的合法权益，又有效支持政府依法行政。加大行政审判协调和解机制的运用，对涉及公共秩序和公众利益的群体性行政案件，加强疏导和法律释明，促进行政相对人与行政机关互相理解、彼此沟通，妥善化解行政争议。高度重视审理国家赔偿案件，探索建立听证审理程序，规范国家机关依法行使职权，对合法权益受到侵犯造成损害的公民、法人和其他组织坚持依法进行赔偿。积极推行行政机关法定代表人出庭应诉和行政审判司法建议“白皮书”制度，促进行政机关提高依法行政水平，共有32件案件行政机关负责人出庭应诉。共受理各类行政案件748件，审结682件。

（四）不断拓展执行方式，大力破解执行难

始终把攻克执行难放在维护司法权威、实现司法为民的高度狠抓落实。建立执行工作威慑机制，完善财产申报、财产调查、财产有奖举报和协助执行联络员等制度，对拒不申报财产和申报不实的被执行人依法采取查封、扣押、冻结和拍卖、变卖财产等措施；对规避执行情节严重的被执行人依法采取罚款、拘留等强制措施，促使被执行人及时履行债务。完善执行工作联动机制，进一步加强与政府职能部门、金融单位、新闻媒体之间的联系和信息共享，对被执行人融资、投资、经营、置产、出境、高消费等活动进行监督限制；与公安机关构建“110”协助执行机制，利用公安信息平台查找被执行人行踪，不断提高执结率。完善执行案件特困人员救助机制，明确救助范围，规范救助标准，探索救助方式，使执行案件特困救助工作充分体现司法的人文关怀。按要求完成上级交办的250件涉执行信访案件的化解任务。共受理执行案件14701件，执结12688件，实现债权17.11亿元。

（五）践行司法为民，加强综治工作。

一是推进阳光诉讼服务大厅建设。按照“为民、便民、利民”的要求，中级法院在立案窗口设立了安检导诉厅、诉讼服务厅、信访接待厅，将诉讼引导、立案审查、判后答疑、申诉再审、信访接待、投诉举报等工作纳入立案信访窗口，为当事人提供贯穿于诉前、诉中、诉后的一站式、全方位诉讼服务；开展“亮流程、亮身份、亮职责、亮承诺”，“自己评、群众评、领导评、组织评”的“四亮四评”活动，提升立案信访窗口的服务质量和水平，被最高人民法院评为立案窗口建设先进单位。二是积极开展诉讼服务宣传周活动。通过集中宣传一站式诉讼服务、网格化案前纠纷化解、巡回法庭进村镇、人民调解进法院等活动，邀请人大代表、政协委员、市民和企业代表、学生旁听重大案件审判，宣传法律，贴近群众，倾听呼声，让社会更了解、理解和支持法院工作。三是重视做好司法救助工作。对下岗人员、农民工、城镇低保群众、农村“五保户”等困难群体加大司法救助力度，努力使贫困群众不因经济困难打不起官司，共对2277件案件依法缓、减、免诉讼费326.37万元；坚持为符合司法援助条件的刑事被告人指定辩护人，重视采纳有理有据的辩护意见。四是积极探索减刑、假释案件公开开庭审理，邀请人大代表、政协委员和新闻媒体旁听并座谈，对减刑、假释工作进行公开监督；配合监管机关、基层组织对假释、缓刑人员做好回访考察与社区矫正工作。五是大力开展法制宣传，充分利用新闻发言、市民连线、网络直播、与电视台合办专栏节目等形式，进行直观生动的法制宣传教育，不断加强审判机关与人民群众的沟通联系。

进一步加大对涉法涉诉信访案件的制度化管理和集中化解工作，切实解决信访人的合理诉求，共办理来信来访15103件次，办理中央政法委和省、市政法委以及上级法院交办的涉法涉诉信访案件469件，其中，化解息诉428件，终结41件。

二、深化改革创新机制，规范管理提质效

（一）加强审判管理创新

中级法院设立审判管理办公室，制定《案件质量评估、评查、考核管理办法》、《关于诉讼服务中心建设的实施意见》等16项制度，强化对审判的质量、效率和流程管理，建立符合审判规律的管理体系，提高管理的科学化、规范化和精细化水平。结合全国法院开展的“百万案件质量大评查活动”，对申请再审、发回重审等类案件114件进行质量评查，对评查出来的问题进行了认真整改。

（二）全面推进量刑规范化改革

在公安、检察、司法等部门的支持配合下，对15种罪名的刑事案件量刑纳入侦查、起诉、庭审、合议及裁判文书说理等环节，提高法院量刑的公开性和控辩双方的参与性，80%的案件纳入量刑规范化审理。最高人民法院和省人大常委会检查后认为，我院该项改革取得了量刑程序更加公开透明、量刑过程有章可循、量刑幅度更加均衡、服判息诉率逐步上升的效果。

（三）完善环保执法新机制

制定《关于在环境民事公益诉讼中适用环保禁止令的若干意见》和《关于公安机关协助人民法院执行环保禁止令的若干意见》，规范环保禁止令的申请、作出、发布和执行的操作程序，使环境公益诉讼制度更加完善。积极探索破坏环境犯罪惩治机制，与市检察院、市公安局联合制定《关于办理污染环境、非法捕捞水产品等刑事案件若干问题的意见》，严厉打击破坏环境的犯罪行为。进一步完善环境保护执法联动机制，通过加大与公安、检察、环保行政机关的联动，与中华环保联合会举办水域污染研讨会，与高校联合进行课题调研等方式，研究总结昆明市环境保护审判工作及环境保护执法联动机制经验，形成科学系统的执法运行机制，推动工作发展。

（四）大力推行民事案件小额速裁机制

在五华、盘龙、官渡、西山等法院设立专门的速裁机构，对法律关系简单、事实清楚、争议标的在5万元以下，涉及民生的医疗事故、房屋租赁、物业管理、民间借贷等纠纷案件，由双方当事人自愿选择适用，在20天内审结，突出对权利保护的及时性和有效性。共受理并审结案件4059件，其中调解1342件。

三、狠抓队伍素质提高，转变作风树形象

（一）以主题教育为载体强化大局意识。

将“发扬传统、坚定信念、执法为民”主题实践活动与“效能昆明”建设相结合，通过认真组织学习胡锦涛总书记“七一”重要讲话、树立群众观点大讨论、开展向杨善洲同志学习以及纪念建党90周年系列活动等方式，着力解决法院队伍在服务大局意识、宗旨意识等方面存在的问题，始终坚持党的领导、人民当家作主和依法治国的有机统一，始终坚持用社会主义法治理念指导工作。通过开展创先争优和“走进群众、走进纠纷、走进案发地”活动，不断转变作风，提高效能，切实维护群众利益。

（二）以多渠道培训为契机提升司法能力

采取“请进来，走出去”的方式加强队伍素质培训，邀请北京大学及上级法院专家学者作专题讲座，组织审判骨干到北京大学、复旦大学等高校进行学习培训，不断提高法官干警新时期把握社情民意、做好群众工作、化解社会矛盾的能力。共组织各类教育培训60期、1265人次参训。

（三）以激励机制为动力营造积极向上氛围

坚持从严治警与从优待警并重，重视干部的选拔、培养与招录，通过竞争上岗，选任了12名部门副职，增强队伍活力；通过上下级法院之间的人才交流、从基层法院遴选优秀法官，拓宽干部培养选拔渠道；通过向社会公开招录28名工作人员，逐步缓解审判力量不足的矛盾。重视鼓励审判调研的积极性，将调研工作纳入绩效考核管理，建立调研成果与评先评优、晋职晋级、提拔使用挂钩制度，更好地发挥调研工作指导审判实践、提高审判水平的作用。

（四）以严格管理为重点抓好党风廉政建设

认真落实“一岗双责”，加强廉政风险防范管理机制，进一步完善廉政考评体系，切实把党风廉政建设落实到队伍建设、审判工作的每个环节；实行领导干部任职廉政谈话、干警违法违纪预警提示和诫勉制度，落实廉政监督员制度，建立法官廉政档案，切实强化对行使审判权和执行权的直接监督，以廉洁执法确保公正执法。

一年来，中级法院及民五庭、知识产权庭分别受到最高人民法院表彰，官渡法院被最高人民法院评为全国优秀法院；盘龙法院毕正雄等3人分别受到中央政法委或最高人民法院表彰；另有11个部门或个人分别受到省部级表彰。

四、扎实筑牢基层基础，固本强基重保障

坚持深入基层、关注民生、服务群众，注重加大巡回审判力度，方便群众诉讼；实行案件繁简分流，加大速裁审案方式的运用，提高审判效率；加大诉前和诉讼调解，将矛盾化解在萌芽状态，提高基层服务人民群众的水平。注重对基层法院审判业务和队伍管理的监督指导，针对二审审理、信访申诉、调研座谈中发现的问题，采取专项业务会议、案例评析、观摩开庭、发回重审及改判案件质量通报等形式，加强业务指导和审判监督，努力提高基层法院执法水平和职业素质。大力推进法院基础建设，晋宁法院审判大楼建成并投入使用，五华、宜良法院审判大楼正在规划建设中。完成全市法院信息化三级网络建设，推广应用统一的审判执行信息管理系统软件，初步实现办案信

息网上传输、资源共享、互联互通，提高网络化办公水平。昆明法院网站注重丰富和更新信息内容，及时报道昆明法院工作，点击率位居全国法院前列。

五、自觉接受各界监督，促进工作保公正

强化自觉接受人大、政协监督的意识，把接受监督作为公正廉洁司法、促进工作发展的动力。认真落实市人大及其常委会的有关决议，自觉主动接受市人大常委会对法院工作的专项检查。完善与人大代表、政协委员的联系制度，做好重大事项报告、定期通报等工作，开通手机短信平台，向人大代表、政协委员及时通报法院主要工作、重大举措和重要审判活动，共编发短信40条，发送3.4万余人次；向新一届市人大代表、政协委员制作寄送监督证，为旁听案件审判、视察法院工作提供方便。认真办理建议、提案、有关督办事项以及代表、委员的来信来访，对市“两会”交办的建议、提案均与代表、委员面商听取意见，做到件件有登记，事事有落实，结果有反馈，共办结人大建议3件，政协提案2件，接受人大代表、政协委员的视察、检查8次，办理督办事项31件。完善诉讼活动监督制约机制，认真执行检察长列席审判委员会制度，全年检察长共列席审判委员会8次，讨论案件26件。

各位代表，回顾一年来的工作，我们深深感到，法院工作的发展进步，离不开党委的坚强领导，离不开人大及其常委会、政协、上级法院的监督支持和政府及社会各界的理解支持，离不开广大法官干警的忘我奋斗和无私奉献。在此，我代表全市法院向长期以来关心支持法院工作的各位人大代表、政协委员和相关部门表示衷心地感谢！

在肯定成绩的同时，我们也清醒地认识到工作中存在的问题和不足：一是审判工作与人民群众的司法需求还存在一定差距，反映在个案中为民服务的意识和做群众工作的能力还需加强。二是执行难问题仍然不同程度存在，多部门执行联动机制的发挥还需加强；对新出现的一些热点难点案件如何把握立案标准，还需深入调研解决。三是少数法官干警作风不实，司法能力和素质还需进一步提高。四是审判任务与审判力量，经费保障、执法条件与形势任务发展不相适应的矛盾仍然突出。存在的这些问题和不足，我们将在今后的工作中采取切实措施努力加以解决。

2012年的主要任务

根据全国政法工作会议，全国、全省法院院长会议精神，2012年全市法院工作的指导思想是：深入贯彻落实党的十七大和云南省第九次党代会、昆明市第十次党代会精神，认真落实科学发展观，深入开展社会主义法治理念再学习再教育活动，紧紧围绕中级法院提出的争创“一流的审判质量、一流的队伍建设、一流的司法保障”工作目标，充分发挥审判职能，加强自身建设，为建设美好幸福的新昆明提供良好的司法服务和保障。重点抓好以下五个方面的工作：

一、强化服务大局意识，确保法院正确的政治方向

围绕桥头堡战略、省第九次党代会和市委十届二次全会精神，进一步增强政治意识、大局意识和责任意识，自觉把审判工作放到全市经济社会发展工作大局中去谋划和推进，紧紧抓住科学发展这个主题和加快转变经济发展方式这条主线，把握好“稳中求进”的工作总基调，以深化社会矛盾化解、社会管理创新、公正廉洁执法三项重点工作为着力点，认真履行职责，坚定不移做中国特色社会主义事业的建设者和捍卫者，努力为促进我市经济平稳较快发展、维护社会和谐稳定提供更加有力的司法保障。

二、坚持以审判为中心，努力提高司法公信力

刑事审判坚持准确把握宽严相济刑事政策，继续深入开展“严打”整治和“打黑除恶”专项斗争，把毒品犯罪、暴力犯罪、有组织犯罪、贪污贿赂犯罪，以及当前较为突出的集资诈骗、非法吸收公众存款、危害食品药品安全、网络犯罪等侵害民生犯罪作为打击重点，维护国家安全和社会和谐稳定。民事审判坚持平等保护原则，加大调解力度，依法妥善审理优化经济结构、城市化加速推进过程中引发的各类投资纠纷、企业破产和土地征收、房屋拆迁等纠纷案件；积极审理涉农案件、劳动就业、社会保险、教育医疗、住房消费等涉及人民群众切身利益的民生案件；加强知识产权的司法保护，推动自主创新和加快创新型城市建设；依法审理各类破坏生态环境案件，保障和服务“一湖两江”流域治理和生态文明建设。行政审判坚持妥善审理房产管理与城乡建设规划、交通运输与公路管理、劳动和社会保障、国土资源及林业管理等行政案件，及时化解行政争议，预防群体性事件发生；进一步加大行政机关负责人出庭应诉制度的落实，推行行政审判“白皮书”制度，促进司法与行政执法的良性互动。执行工作坚持以着力化解执行难，提高执结率为突破口，继续开展“无执行积案”先进单位创建活动，规范执行行为，加强执行管理，深入推进执行工作联动机制、威慑机制和困难救助机制，形成社会各职能部门共同参与、相互配合、综合治理的执行工作新格局。把审判工作重点放在深入基层、关注民生、贴近民众上，选择一批涉及民生、群众关注的案件，开展“百案庭审走进民众”阳光司法活动，深入厂矿、学校、乡镇，邀请人大代表、政协委员、市民代表等

旁听庭审并座谈，阳光审判，弘扬法治，进一步提升法院公信力。

三、加大改革创新力度，服务全市中心工作

创新审判工作机制，继续开展量刑规范化改革，不断深化执行工作联动机制、环境司法保护机制和涉法涉诉信访机制建设。创新民意沟通表达机制，强化立案窗口作用，坚持院长、庭长接待制度和审判法官判后答疑制度，妥善把握热点难点及新类型纠纷的立案标准；完善与人大代表、政协委员联络制度，及时通报法院工作，听取改进意见；大力推行人民陪审员制度，进一步规范人民陪审员的选任、培训及考核工作，充分发挥人民陪审员参与审判的职能，体现司法民主。创新多元化调解机制，注重发挥司法调解、人民调解和行政调解的职能，通过建立多部门协调机制，重点对涉及群众利益的劳动争议、医患纠纷、交通肇事案件先行调解，就地化解。创新社会管理机制，探索未成年人犯罪案件的审理方式，做好回访考察和社区矫正工作，积极开展社会治安综合治理和平安创建工作，从源头上预防和减少社会矛盾发生。

四、加强法院自身建设，全面提升队伍素质

以开展"忠诚、为民、公正、廉洁"的政法干警核心价值观实践活动为载体，深化社会主义法治理念教育，采取多种方式加大队伍思想政治和业务培训，不断改进司法作风，提升司法能力。全面加强法院文化建设，大力营造法院机关学习氛围，建设学习型法院，加大调研和应用法学研究，开设昆明中院法官论坛，为法官、干警提供一个提升理念、精研法律、关注社会的平台。努力解决法官、干警的职业风险和职业保障问题，注重人文关怀，营造和谐向上氛围。继续狠抓党风廉政建设，建立廉政教育长效机制和廉政风险防控机制，健全执法过错责任追究制，进一步落实"五个严禁"规定，确保公正廉洁执法。

五、筑牢基层基础，强化司法保障

坚持面向基层、服务基层、建设基层的工作原则，重视发挥好协管作用，促进基层领导班子建设。加大对基层法官、干警的素质教育培训和审判监督指导，优化审判资源配置，深入乡镇开展巡回审判，推行小额速裁机制，方便群众诉讼，提升基层化解社会矛盾的能力。积极帮助基层解决经费保障不足等实际问题，改进物质装备和办案条件，加强信息化建设，不断推进基层法院实现队伍素质强、审判质量高、执法文明、管理规范的目标。

各位代表，深入实施"十二五"规划和桥头堡战略的宏伟目标赋予了全市法院更大的社会责任和更新的职责要求。新的一年，我们将在市委的坚强领导下，在人大的法律监督、政府的支持、政协的民主监督下，紧紧围绕工作大局，进一步解放思想，开拓创新，扎实工作，为推动全市经济社会又好又快发展，迎接党的十八大胜利召开作出新的贡献！

昆明市人民检察院工作报告

——2012年1月12日在昆明市第十三届人民代表大会第二次会议上

昆明市人民检察院检察长 沈曙昆

各位代表：

我代表昆明市人民检察院向大会报告工作，请予审议。

2011年检察工作情况

2011年，全市检察机关在市委和省检察院的领导下，在市人大及其常委会的法律监督、政府的支持和政协的民主监督下，深入贯彻落实科学发展观，围绕全市经济社会发展大局，忠实履行检察职责，深化三项重点工作，加强检察队伍建设，各项检察工作取得新的成效。

一、充分发挥检察职能，切实维护社会和谐稳定

坚持把维护稳定、促进和谐作为首要任务，认真化解

社会矛盾，参与社会管理创新，积极为全市经济社会发展提供良好的法治环境。

依法严厉打击严重刑事犯罪。始终保持对严重刑事犯罪的高压态势，深化打黑除恶专项斗争，积极参与“打四黑除四害”等专项整治行动，共批准逮捕各类刑事犯罪嫌疑人8959人，同比上升1.9%，提起公诉11159人，同比上升23.4%。突出打击爆炸、杀人、伤害及“两抢一盗”等影响群众安全的犯罪，批准逮捕5471人，提起公诉5818人；坚决打击寻衅滋事、聚众斗殴等严重危害社会治安秩序的犯罪，批准逮捕917人，提起公诉1288人；严惩制造、贩卖、运输毒品犯罪，批准逮捕 1116 人，提起公诉1573人。参与规范市场经济秩序和食品药品安全专项整治，依法打击诈骗、非法吸收公众存款、制售假冒伪劣商品等犯罪，批准逮捕485人，提起公诉460人。

深入化解社会矛盾纠纷。畅通群众诉求渠道，坚持检察长接待日制度，开展“举报宣传周”、带案下访、定期巡访、联合接访等工作，共受理群众来信1525件，接待群众来访1325人。在执法办案中全面推行说理制度，耐心解惑释疑，对35件重点涉检信访案件实行领导包案督促办理，及时化解矛盾纠纷；复查刑事申诉案件153件，审查后改变原决定42件，息诉146件；对生活确有困难的74名刑事被害人提供救助60余万元；开展案件评查工作，评查案件271件，促进执法理念更新，改进执法办案工作。落实宽严相济刑事司法政策，依法对轻微刑事案件的初犯、偶犯及未成年犯适用从宽政策，对无逮捕必要的1559人不批准逮捕、对犯罪情节轻微的184人不予起诉；对45件案件进行刑事和解，对2412件案件适用轻微刑事案件快速办理机制，努力做到宽严适度，最大限度减少社会不和谐因素。

积极参与社会管理创新。制定《全市检察机关进一步加强社区矫正执法监督工作的意见》，强化对社区矫正执法活动的监督，参与对特殊人群的管理帮教、回访考察，防止脱管漏管。加强对未成年人的司法保护，实行符合未成年人特点的办案方式，开展品行调查、分案办理、附条件不起诉等案件办理机制，深入学校进行法制教育，预防青少年违法犯罪。落实综治维稳措施，参与社会治安防控体系建设，针对办案中发现的问题，及时提出强化管理、预防犯罪的对策建议；广泛开展送法进社区、进企业、进农村活动，增强公民法制观念。依法打击利用互联网传播淫秽信息、实施赌博等犯罪，制定《全市检察机关舆情引导及应急处置办法》，加强涉检舆情的监测、研判和处置工作，营造有利于社会稳定的舆论环境。

二、依法查办和预防职务犯罪，深入推进反腐倡廉建设

按照中央、省委、市委新形势下反腐倡廉建设的总体部署，发挥检察机关在建立健全惩治和预防腐败体系中的职能作用，查办和预防职务犯罪工作取得新成效。

坚决查处贪污贿赂犯罪案件。共受理贪污贿赂、挪用公款等职务犯罪案件线索403件，立案侦查194件235人，查处人数同比上升10.3%，通过办案挽回经济损失3675.9万元。查办贪污贿赂5万元以上、挪用公款10万元以上大案171件，占查办案件总数的88%；查处涉嫌职务犯罪的县处级以上国家工作人员33人（含厅级2人），占查办人数的14.1%。参与深化治理商业贿赂工作，查处涉嫌贿赂的国家工作人员131人；深入开展工程建设领域突出问题专项治理，立案侦查项目审批、招标投标等环节的职务犯罪案件56件；查处征地补偿、农机补贴发放等过程中的农村基层组织人员职务犯罪57人；查处拉拢腐蚀国家工作人员的行贿犯罪嫌疑人23人。

严肃查办渎职侵权犯罪案件。认真贯彻省委、省政府《关于进一步加强惩治和预防渎职侵权违法犯罪工作的意见》，加大工作力度，积极开展查办危害民生民利渎职侵权犯罪专项工作。共受理滥用职权、玩忽职守等渎职侵权案件线索52件，立案侦查48件64人，同比分别上升4.3%和4.9%，其中重特大案件16件。完善与行政执法机关的联系机制，介入重大责任事故调查63次。举办“法治与责任——全国检察机关惩治和预防渎职侵权展览”昆明巡展，有689个单位的11982名国家工作人员参观。

深入开展预防职务犯罪工作。结合办案加强犯罪分析和对策研究，对169件重点案件开展个案预防，促进堵漏建制；落实职务犯罪预测预警机制，针对职务犯罪易发、多发的领域开展预防调查，形成调查报告272篇，向有关单位发出检察建议和预警建议506份；对昆武高速、绕城高速（西南段）等9项投资100多亿元的重点工程同步跟踪，进行职务犯罪风险预防；通过警示教育、法制宣讲、廉政宣传短片等方式，广泛开展廉政教育；参与市场信用体系建设，严格市场准入制度，查询行贿犯罪档案7469次，查询系统已实现全国联网。

三、加强对诉讼活动的法律监督，促进公正廉洁执法

认真落实市人大常委会《关于进一步加强人民检察院对诉讼活动的法律监督工作的决议》，突出监督重点，强化监督措施，增强监督实效。

强化对刑事诉讼活动的监督。全面推进刑事司法与行政执法的衔接，加强刑事立案监督工作，监督立案和撤案301件，纠正漏捕265人；健全检察官派驻公安派出所工作机制，及时介入侦查活动703次，纠正漏诉112人；加强对审判活动的监督，对认为有错误的刑事判决、裁定提出抗诉37件，法院采纳29件。实行检察长列

席同级法院审判委员会、量刑建议纳入法庭审理、职务犯罪公诉案件同步审查等制度，规范刑事抗诉工作，确保监督实效。

强化民事审判和行政诉讼监督。受理当事人不服法院民事判决、裁定的申诉1524件，立案审查587件；坚持依法监督、居中监督的原则，提请省检察院抗诉99件，提出抗诉9件，发出再审检察建议45件，法院已改判25件；坚持抗诉与息诉并重，对221件判决正确的申诉案件做好当事人服判息诉工作。拓展民事行政检察职能，开展支持起诉、督促起诉工作，办理案件434件，积极维护公共利益，防止国有资产流失。

强化刑罚执行和监管活动监督。加强昆明市城郊地区人民检察院建设，推进派驻监管场所检察室执法规范化，实现与监管场所信息联网和监控联网；完善刑罚变更执行同步监督机制，纠正减刑、假释、暂予监外执行不当901人，对刑罚执行和监管活动违法提出纠正意见174件；开展保外就医专项检查，监督检查保外就医服刑人员844人，对存在违规办理情况的12个监管单位发出检察建议；对看守所、监狱等监管场所进行执法检查，防止“牢头狱霸”、超期羁押等情况发生；办理罪犯又犯罪案件7件，查处监管场所工作人员涉嫌职务犯罪3人。

加强对司法人员职务犯罪的查处。坚持把查办司法不公背后的职务犯罪作为加强诉讼监督，增强监督实效的重要措施，查处涉嫌失职渎职、贪污贿赂犯罪的司法工作人员9人。

深入开展环境资源检察工作。加强与环境资源等行政执法部门的密切配合，与市中级法院、市公安局联合制定《昆明市关于办理污染环境、非法捕捞水产品等刑事案件若干问题的意见》等规定，批准逮捕破坏环境资源的犯罪嫌疑人86人，提起公诉101人。督促行政执法部门加大执法力度，针对企业的违法排污行为及时发出停止侵权的检察建议，支持有关部门对破坏环境的行为提起公益诉讼。

四、积极服务大局，加强机制创新，自觉接受监督

适应经济社会发展的新形势新要求，进一步落实服务大局的措施，以强化执法活动监督为重点，积极推进机制创新，增强检察活力。

积极主动服务经济社会发展。紧紧围绕加快建设现代新昆明和区域性国际城市的决策部署，自觉把检察工作放到全市工作大局中谋划和推进，完善和落实服务大局的措施，制定《全市检察机关服务和保障抢抓桥头堡建设战略机遇加快建设区域性国际城市的意见》。充分发挥打击、预防、监督、教育、保护等职能作用，坚持打击和保护并重，正确把握法律政策界限，依法妥善处理经济社会领域的案件，做到执法办案法律效果、社会效果、政治效果的有机统一。加强新形势下群众工作，制定《全市检察机关进一步加强和改进群众工作的意见》，推出便民利民措施，把保障民生、服务群众落实到执法办案中；开展“四群”教育，增强群众观点、建立联系服务群众制度，实行派驻乡镇检察室试点工作，延伸检察工作触角，拓宽贴近基层、服务群众的新途径。

加强检察机制和工作制度创新。探索全市检察机关民事审判和行政诉讼法律监督一体化的办案机制，增强监督的实效和水平。落实宽严相济司法政策，试行附条件不起诉制度，探索办理老年人犯罪案件审查逮捕机制，实行办理审查逮捕案件听取律师意见制度，促进执法工作规范化；建立融教育、制度、监督于一体的廉政风险防控机制，加强对执法办案、检察事务等执法一线和重点岗位人员的监督；规范职务犯罪嫌疑人由上一级检察院审查决定逮捕机制，完善配套工作措施，强化内部监督制约。

自觉接受监督。牢固树立自觉接受人大及其常委会法律监督、政协民主监督、社会监督的意识，市检察院制定了依法接受人大及其常委会监督的规定和自觉接受市政协民主监督的规定，定期向市人大报告工作，向市政协通报工作，接受市人大常委会对检察工作机制创新等情况的专项检查。加强与人大代表、政协委员的联系，主动通报检察工作情况，邀请部份人大代表、政协委员座谈，诚恳听取意见建议；办理人大代表、政协委员的建议及督办、交办事项86件。全面推进人民监督员工作，改进选任方式，选聘71名人民监督员，对25件“七类案件或事项”进行监督；发挥特约检察员、人民监督员参与信访接待的作用，有效拓宽接受监督的途径。深化检务公开，推行阳光检务，完善不起诉案件和刑事申诉案件公开审查机制，增强检察工作透明度。

五、努力提升检察队伍素质，夯实检察工作科学发展根基

始终坚持把高素质检察队伍建设作为战略任务，以提升法律监督能力，促进公正廉洁执法为核心，坚持不懈地强化教育、管理和监督，筑牢检察工作发展基础。

坚持把思想政治建设放在首位。把开展“发扬传统、坚定信念、执法为民”主题教育实践活动、纪念建党90周年、学习杨善洲同志先进事迹，作为新时期学习实践科学发展观的重要内容，把革命传统教育与理想信念教育有机结合起来，强化“忠诚、为民、公正、廉洁”的核心价值观。加强检察文化建设，广泛开展创建文明单位、建设廉政文化示范点工作，邀请全国检察机关执法为民教育巡回

报告团座谈，引导检察人员坚定理想信念，强化执法为民意识。宣传体现检察职业特点和时代精神的先进典型，弘扬和培育检察人员的共同价值体系，创先争优活动取得明显成效。市检察院荣获“全国文明单位”、“全国检察机关纪检监察工作先进集体”，全市检察机关24个集体、70名个人获得省市以上表彰。

切实加强执法能力建设。把领导班子建设作为队伍建设的重中之重，加强民主集中制，健全党组中心学习、下级检察院检察长述职制度，组织领导干部参加素能培训，增强政治坚定性，提高服务大局的能力；加强优秀干部的培养，公开选拔15名领导干部。进一步推进学历教育，全市检察人员本科以上学历达92.52%，已超过上级检察机关的要求；强化队伍专业化建设，开展大规模业务培训，组织优秀公诉人选拔、“大练兵、大比武”、业务竞赛等活动，43人通过国家司法考试，检察人员的执法能力和业务素质明显提升。

不断加强纪律作风建设。开展“执行力提升年”、“维护人民群众合法权益、解决反映强烈突出问题”专项检查活动，切实解决执法过程和队伍建设中存在的问题，促进检察工作高效廉洁。认真落实党风廉政责任制，形成与检察业务工作同部署、同落实、同检查的工作机制；严格执行中央政法委“四个一律”的规定，规范检察人员执法行为；开展反腐倡廉专题教育，增强检察人员的自律意识；制定全市检察机关执法办案监察办法，完善“一案三卡”和执法业绩档案制度，强化对执法办案活动的监督；加强检务督察，开展公务用车专项治理，促进纪律作风的转变。

大力加强基层基础建设。坚持把检察工作的重心放在基层，完善领导联系基层检察院制度，加强对基层检察院的领导和业务对口指导，切实帮助解决建设发展中的实际困难；对基层检察院实行动态管理，发挥执法办案考评的导向作用，开展“创建服务型基层检察院”活动，推广创先争优先进经验，全面推进执法规范化、队伍专业化、管理科学化、保障现代化建设，市检察院被授予“全省基层检察院建设组织奖”，西山区检察院荣获“全国先进基层检察院”称号。加大科技强检力度，建立信息交换与资源共享平台，加强侦查指挥、检验鉴定和检察网络安全建设，检察工作的科技含量进一步提升。

回顾一年的工作，我们也清醒地认识到，检察工作还存在一些问题和不足，主要是：立足办案化解矛盾、参与社会管理创新与服务现代新昆明建设的要求还有差距，法律监督职能发挥得不够充分，诉讼监督工作存在薄弱环节；面对新形势新任务，有的检察人员执法观念存在偏差，服务大局、执法为民的意识和群众工作能力有待增强；少数检察人员纪律观念淡薄，自身监督工作仍需加强；一些基层检察院仍存在办案经费短缺和装备落后的问题，制约了检察工作的发展。对此我们将高度重视，采取有力措施，认真加以解决。

2012年检察工作思路

2012年是我市实施“十二五”规划，加快建设现代新昆明和区域性国际城市，率先建成全面小康社会的重要一年。全市检察工作的总体思路是：以邓小平理论和“三个代表”重要思想为指导，深入贯彻落实科学发展观，按照党的十七届六中全会、全国政法工作会议，省第九次党代会和市第十次党代会的安排部署，围绕全市经济社会发展大局，坚持“六观”和“六个有机统一”，以执法办案为中心，以深化三项重点工作为着力点，以开展政法干警核心价值观教育实践活动为保障，以营造和谐稳定的社会环境迎接党的十八大胜利召开为目标，强化法律监督、强化自身监督、强化队伍建设，促进检察工作全面发展，为我市科学发展、和谐发展、跨越发展，建设美好幸福的新昆明提供有力的司法保障。

一、着力服务全市经济社会发展大局

把贯彻落实中央、省委、市委的部署同检察工作实际紧密结合起来，围绕稳中求进、创新推动、跨越发展，努力找准服务经济社会的着力点和切入点，更加自觉地把检察工作摆到全市经济社会发展全局中来谋划和推进，运用打击、预防、监督、教育、保护的职能，维护人民群众合法权益，维护社会公平和正义，维护社会和谐稳定，维护法制统一和尊严。深化参与规范市场经济秩序工作，依法打击严重经济犯罪，重大环境污染和破坏生态资源的犯罪，依法妥善处理涉及企业的案件，维护市场经济秩序，平等保护市场主体合法权益。服务社会主义文化建设，参与“扫黄打非”和整治网络淫秽信息专项工作；健全行贿犯罪档案查询，营造诚信有序的市场环境，努力服务全市经济社会发展。

二、着力维护和谐稳定的社会环境

立足检察职能，建立和完善深化三项重点工作的机制。全面贯彻宽严相济刑事政策，严厉打击严重刑事犯罪，黑恶势力犯罪，“两抢一盗”等犯罪，配合有关部门开展专项整治。完善未成年人犯罪办案制度，规范适用简易程序、刑事和解、量刑建议等机制，努力减少社会对抗、促进社会和谐。进一步把化解矛盾贯穿于执法办案始终，开展执法办案风险评估预警、检察法律文书说理、检调对接等工作，做到执法办案向化解矛盾延伸。积极参与社会管理创新，深入开展法制宣传、法律咨询、预防犯罪等工作，配合有关部门加强社会服务管

理，落实检察机关综治维稳各项措施。针对执法办案中发现的问题，提出检察建议，促进提高社会管理科学化水平。健全涉检舆情监测、研判和应对机制，营造良好的舆论环境。

三、着力营造廉洁高效的政务环境

深入推进反腐败斗争，严肃查办发生在领导机关和领导干部中的职务犯罪，坚决查办工程建设、土地使用权出让、国有资产交易、政府采购等重点领域的职务犯罪；坚决查处重大安全生产事故、食品药品安全、司法不公背后的职务犯罪和充当黑恶势力“保护伞”的案件；依法查处行贿犯罪。与有关部门配合推进执法信息共享，严格落实办案纪律和安全防范措施。推进侦防一体化机制建设，加强预防职务犯罪工作，注重对策研究，提高预防工作的针对性和实效性。

四、着力保障人民群众的合法权益

将保障民生摆在更加突出的位置，坚持执法为民，坚决打击拐卖妇女儿童、非法集资、制售假冒伪劣商品等危害群众利益的犯罪和侵犯群众人身权利、民主权利、财产权益的案件，依法惩治侵害农民权益、影响农村稳定的犯罪，深化严肃查办危害民生民利的渎职犯罪案件专项工作。认真开展“四群”、“三深入”活动，规范派驻乡镇检察室试点工作，完善联系服务群众的长效机制。加大涉检信访工作力度，依法妥善解决群众合理诉求，引导群众依法理性表达诉求，努力使执法过程变成服务群众的过程。

五、着力强化对诉讼活动的法律监督

坚持依法监督、规范监督，增强监督实效，注重打击犯罪与保护人权并重。加强刑事立案监督，切实纠正有罪不究、以罚代刑等问题，加强对刑讯逼供等违法行为的监督，完善对搜查、扣押、冻结等强制性侦查措施的监督机制，强化对刑事审判特别是量刑畸轻畸重的监督；加强民事审判和行政诉讼监督，稳妥开展民事执行监督试点工作和督促起诉、支持起诉工作；加强刑罚执行和监管活动监督，全面加强派驻监管场所检察室建设，强化社区矫正法律监督。加强对诉讼中渎职行为的监督，严肃查处司法工作人员贪赃枉法等犯罪，维护司法公正。

六、着力加强队伍建设

以开展“忠诚、为民、公正、廉洁”的政法干警核心价值观教育实践活动为载体，深化社会主义法治理念等教育，促进检察人员牢固树立“六观”，自觉践行“六个有机统一”。加强检察文化建设，全面落实检察官职业道德基本准则和职业行为基本规范，做到理性、平和、文明、规范执法。强化对自身执法办案的监督制约，健全廉政风险防范机制，加强对执法办案的管理监督。坚持从严治检，严肃查处检察人员违法违纪案件。推进大规模教育培训，提高准确把握大局、维护社会和谐稳定、做好群众工作的能力。落实基层检察院建设规划，开展执法办案评估，加强业务工作指导。加快科技强检步伐，注重检察科技装备建设，提升信息化运用水平。

各位代表，新的一年，全市检察机关将在市委和省检察院的领导下，在市人大及其常委会的法律监督、政府的支持和政协的民主监督下，认真贯彻本次会议精神，锐意进取、奋发有为、扎实工作，开创检察工作新局面，努力为建设美好幸福的新昆明作出积极贡献！

2011年昆明市国民经济和社会发展统计公报

2011年，全市人民在市委、市政府的正确领导下，深入贯彻落实科学发展观，团结一致，奋力拼搏，开拓创新，有效应对国内外复杂多变的经济形势，克服连续三年旱情影响，坚定不移推进现代新昆明建设，国民经济持续增长，综合实力明显提升，人民生活持续改善，社会更加稳定和谐。

一、经济发展

经济总量

初步核算，2011年全市实现地区生产总值（GDP）2509.58亿元，比上年增长14.0%。其中，第一产业实现增加值133.83亿元，增长6.1%；第二产业实现增加值1161.18亿元，增长16.7%；第三产业实现增加值1214.57亿元，增长12.3%。三次产业结构为5.3：46.3：48.4。人均生产总值达到38831元。

全年地方财政总收入700.9亿元，比上年增长25.3%，地方财政一般预算收入317.7亿元，增长25.2%，其中，税收收入283.0亿元，增长25.2%。在税收收入中，增值税43.8亿元，营业税100.0亿元。地方财政一般预算支出441.6亿元，增长27.5%。

农业

初步统计，全年实现农林牧渔业总产值225.07亿元，比上年增长6.8%。其中，农业产值120.32亿元，增长8.2%；林业产值6.71亿元，增长9.8%；畜牧业产值85.66亿元，增长4.6%；渔业产值4.77亿元，增长9.9%。

图1 2006—2011年地区生产总值及其增长速

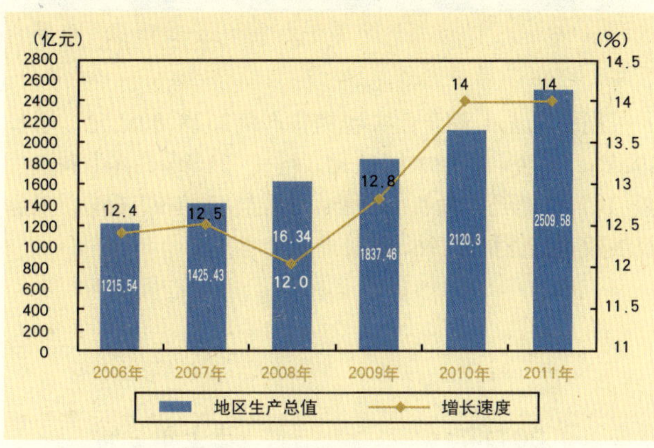

图2 2006—2011年农林牧渔业总产值

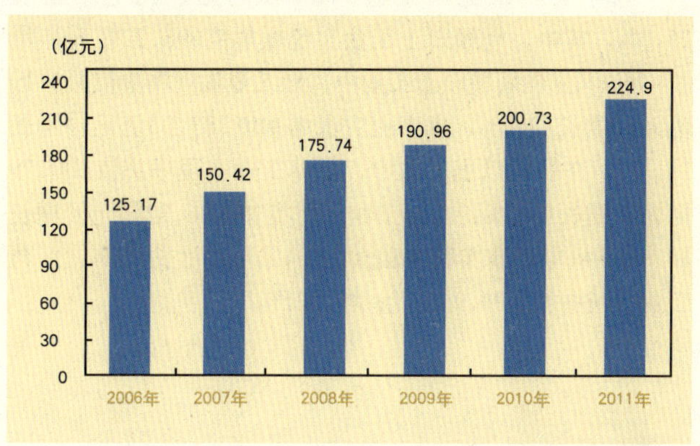

全年粮食种植面积25.25万公顷，产量110.20万吨；蔬菜种植面积7.63万公顷，产量208.70万吨；鲜切花种植面积0.66万公顷，产量42.16亿枝。

全年肉类总产量50.29万吨，增长5.4%；禽蛋产量7.54万吨，比上年减少3.7%；牛奶产量10.12万吨，增长0.4%。

表1 主要农产品产量

	单 位	2011年	比上年±%
粮 食	万吨	110.20	1.6
稻 谷	万吨	26.67	-9.0
油 料	万吨	1.52	27.7
烤 烟	万吨	9.00	-1.0
蔬 菜	万吨	208.70	7.2
鲜切花	亿枝	42.16	11.0
水 果	万吨	15.12	10.0

表2 主要畜产品产量

	单 位	2011年	比上年±%
肉类总产量	万吨	50.29	5.4
#猪肉	万吨	34.70	5.3
牛奶产量	万吨	10.12	0.40
猪出栏数	万头	386.20	4.0
家禽出栏数	万只	5818.53	9.8
羊出栏数	万只	80.05	2.2
猪年末存栏数	万头	242.89	3.0
羊年末存栏数	万只	128.27	3.1
大牲畜年末存栏数	万头	78.21	-0.2

全年完成营造林14860公顷，其中，人工造林8327公顷；封山育林6533公顷。义务植树1658万株。森林覆盖率达到45.05%。

全年农村用电量90217.5万千瓦时，增长11.4%。年末农业机械总动力285万千瓦特，增长5.56%。拖拉机4.74万台，增加369台。

工业

全年实现工业增加值848.90亿元，比上年增长15.5%，其中，规模以上工业实现增加值698.22亿元，增长 16.6%。在规模以上工业中，轻工业实现增加值315.19亿元，增长17.6%；重工业实现增加值383.03亿元，增长15.7%。在规模以上工业中，烟草工业实现增加值200.79亿元，增长15.2%；冶金工业实现增加值86.32亿元，增长13.6%；机电工业实现增加值68.64亿元，增长8.4%；医药工业实现增加值34.94亿元，增长21%。

图3　2006—2011年工业增加值（亿元）

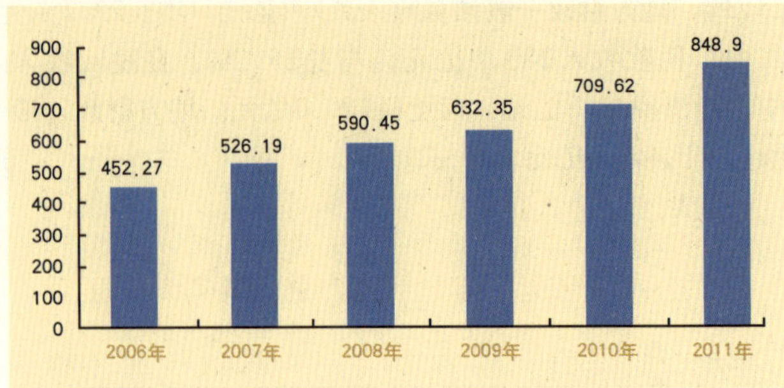

规模以上工业企业实现销售产值2528.39亿元，增长19.5%；实现利税389.95亿元，增长 21.8%，其中利润总额 147.61亿元，增长 21.3%；产品销售率97.66%；工业经济效益综合指数296.64%。

表3　主要工业产品产量

	单位	2011年	比上年±%
钢　材	万吨	448.19	2.5
十种有色金属	万吨	77.35	9.0
水　泥	万吨	1233.82	26.5
化肥（折纯量）	万吨	145.13	44.1
卷　烟	亿支	854.53	2.1
煤　气	亿立方米	59.72	−19.9
自来水生产量	万吨	25805	0.7
发电量	亿千瓦小时	176.05	−2.3

表4　规模以上工业企业主要经济效益指标

	单位	2011年
工业经济效益综合指数	%	296.64
总资产贡献率	%	14.54
资本保值增值率	%	114.95
流动资金周转率	次	1.71
成本费用利润率	%	6.15
全员劳动生产率	元／人	311537.4
产品销售率	%	97.66
资产负债率	%	59.1

建筑业

全年建筑业实现增加值312.28亿元，比上年增长24.3%。建筑企业完成总产值1317.89亿元，增长20.4%。建筑业完成房屋施工面积 6033万平方米，竣工面积1862.79 万平方米，分别增长18.2%和下降17.3%。

图4 2006–2011年建筑业增加值（亿元）

固定资产投资与房地产开发

全年全社会固定资产投资 2701.11亿元，比上年增长25.0 %。其中，城镇投资2647亿元，增长24.8%。

图5 2006–2011年全社会固定资产投资（亿元）

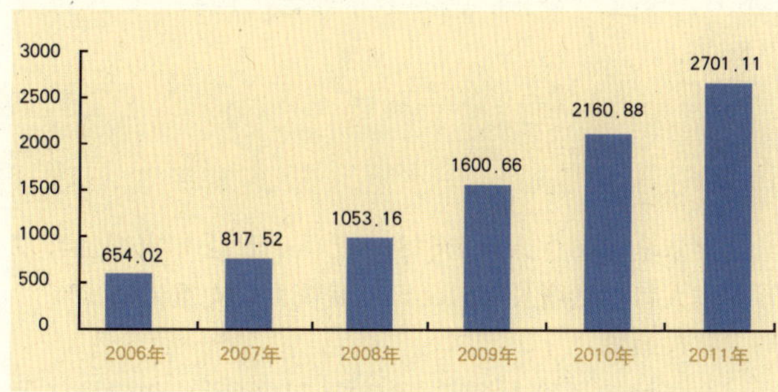

在全社会固定资产投资中，第一产业完成投资53.86亿元，增长187.2%；第二产业完成投资617.14亿元，增长31.6%；第三产业完成投资2030.11亿元，增长21.3%。

全年房地产开发投资625.97亿元，增长42.1%。商品房屋施工面积4184.81万平方米，增长18.0%；商品房屋竣工面积515.46万平方米，同比下降12.8%。

国内贸易

全年社会消费品零售总额1271.73亿元，比上年增长20.0%。按经济成份划分，非公有制经济实现零售额1102.73亿元，增长19.4%；公有制经济实现零售额169.0亿元，增长23.4%。分地域看，城镇实现消费品零售额1220.33亿元，增长19.9%；乡村实现消费品零售额51.40亿元，增长20.9%。按行业划分，批发和零售业零售额1083.48亿元，增长19.9%；住宿和餐饮业零售额188.25亿元，增长20.4%。

图6 2006–2011年社会消费品零售总额（亿元）

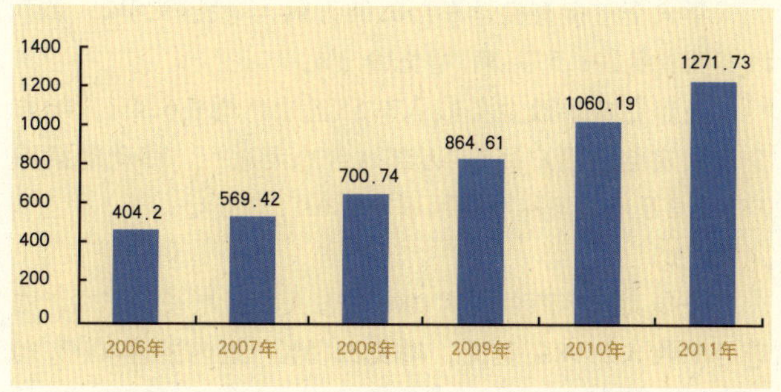

对外经济贸易

全年海关进出口贸易总额120.22亿美元，比上年增长18.3%，其中，出口66.03亿美元，增长24.0%；进口54.19亿美元，增长12.0%。

全年新批外商投资企业78户，实际利用外资12.74亿美元，增长26.3%。

图7 2006–2011年海关进出口贸易总额（亿美元）

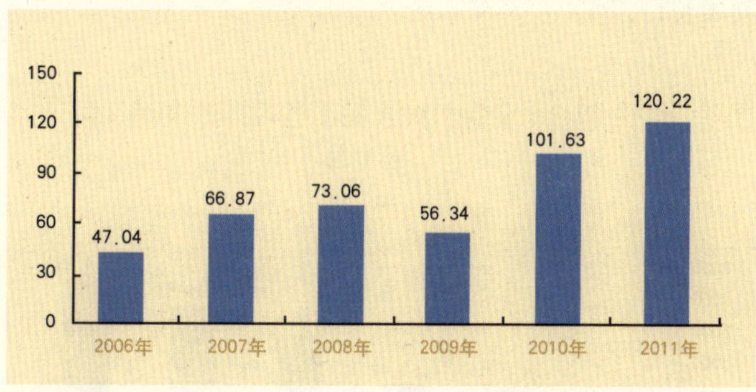

价格水平

城镇居民消费价格总指数比上年上涨4.9%，其中，食品类价格上涨10.8%，医疗保健和个人用品上涨3.2%。商品零售价格总指数比上年上涨4.9%，其中，食品类上涨11.4%。

工业生产者出厂价格指数比上年上涨4.63%。工业生产者购进价格指数比上年上涨9.63%。

图8 2006–2011年居民消费价格涨跌幅度（%）

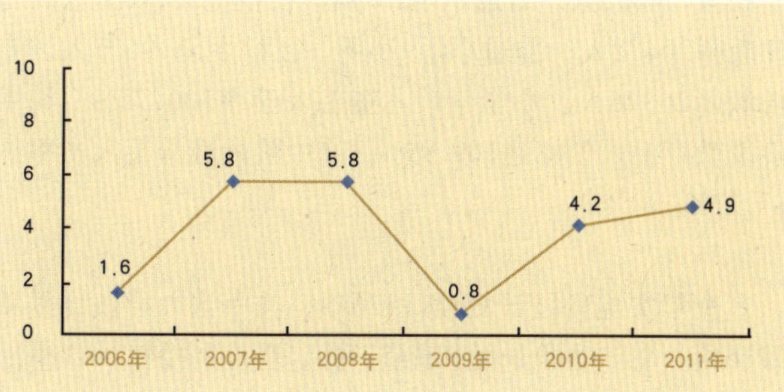

交通运输、电信和邮政

年末全市拥有机动车150.68万辆，增长13.8%。其中汽车拥有量101.57万辆，增长19.3%。

全年完成邮政业务收入3.58亿元，增长6.4%。年末全市固定电话用户158.4万部（含小灵通），移动电话用户745.2万户，国际互联网用户数101.5万户。

旅游

全年共接待海外游客100.40万人次，增长16.7%，旅游外汇收入2.98亿美元，增长22.8%；国内游客4002.10万人次，增长15.3%，国内旅游收入346.99亿元，增长29.3%；旅游总收入367.25亿元，增长29.0%。

金融

年末金融机构人民币各项存款余额7554.89亿元，比年初增长12.2%，其中，单位存款余额4454.04亿元，比年初增长8.7%；城乡居民储蓄存款余额2615.65亿元，比年初增长12.4%。金融机构人民币各项贷款余额7288.05亿元，比年初增长12.2%，其中，短期贷款1644.23亿元，比年初增长14.0%；中长期贷款5506.10亿元，比年初增长11.7%。

图9 2006—2011年金融机构人民币各项存款余额（亿元）

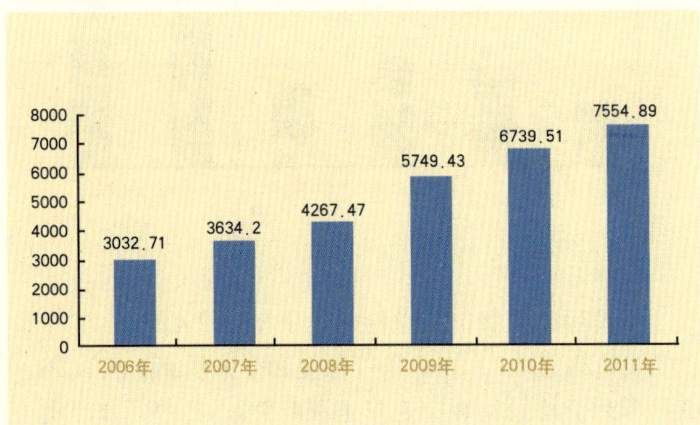

二、社会事业

教育

年末共有普通高等院校40所，在校生34.13万人，专任教师21658人。中等专业学校74所，在校生16.24万人，专任教师4858人。普通中学267所，在校生32.10万人，专任教师20472人。普通小学976所，在校生51.96万人，专任教师26376人。小学学龄儿童毛入学率106.75%。初中阶段教育毛入学率达109.99%。高中阶段教育毛入学率达87.21%。

科技

全年实施科技计划项目326项，其中重大科技计划项目16项。全年受理专利申请4577件，获专利授权2641件。

文化

年末文化馆、群众艺术馆15个。公共图书馆15个，博物馆110个（含挂牌博物馆）。年末电视节目综合人口覆盖率98.94%；广播节目综合人口覆盖率99.21%。

卫生

全市共有卫生机构3103个，其中：医院225个；卫生机构共有病床4.14万张。医生1.88万人；卫生技术人员4.24万人。

体育

全年昆明运动员在国家级比赛中获金牌2枚，银牌7枚，铜牌5枚。

社会保障和社会福利

年末全市参加基本养老保险人数102.60万人，其中，参保职工73.16万人。参加新型农村养老保险人数为135.55万人，参加原农村养老保险的人数为31.29万人。参加失地农民养老保险人数为17.06万人。参加失业保险人数为78.70万人，参加生育保险人数为56.23万人，参加工伤保险人数为70.30万人，参加城镇职工医疗保险人数为140.4万人。参加城镇居民基本医疗保险人数为130.18万人。新型农村合作医疗参合率96.5%。城镇登记失业率2.03%。

年末拥有农村敬老院66个，床位3609张。城市老年护理机构49所，床位9318张。其中，公办老年养老机构6个，床位2132张；民办老年养老机构43个，床位数7186张。

三、人民生活

人口

年末全市常住人口为648.64万人，比上年末增加4.72万人，人口自然增长率5.66‰，城镇人口比重为66.0%。

居民收支

全年城镇居民人均可支配收入21966元，扣除价格因素，比上年实际增长11.0%；城镇居民人均消费性支出14106元。农村居民人均纯收入6985元，扣除价格因素，实际增长13.3%。

图10 2006—2011年城镇居民人均可支配收入（元）

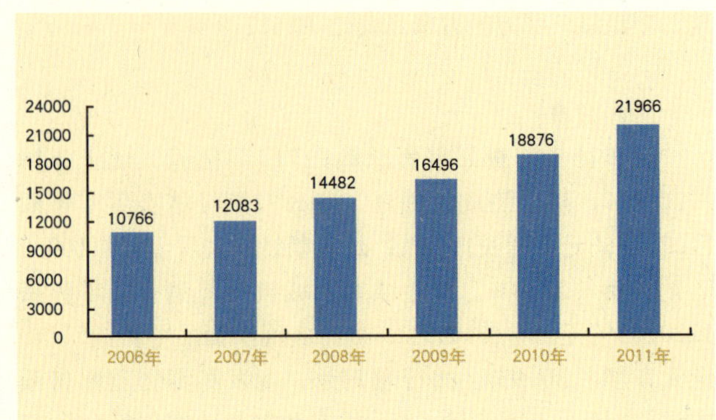

图11　2006—2011年农民人均纯收入（元）

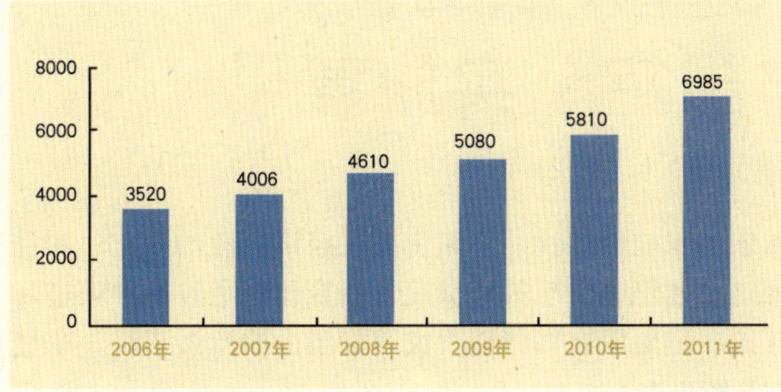

四、环境保护、安全生产和公用事业

环境保护

年末全市共有各级环境保护机构15个。烟尘控制区287平方公里，环境噪声达标区237平方公里。城市空气质量优良天数达到365天，空气质量优良率达到100%。

全年昆明主城四区取水总量29242.72万立方米，其中，工业取水量4731.6万立方米。万元地区生产总值取水量16.9M3/万元。万元工业增加值取水量9.17M3/万元。

安全生产

全市亿元GDP生产安全事故死亡率为0.15；工矿商贸企业从业人员每10万人死亡率为1.99；煤矿百万吨死亡率为0，道路交通万车死亡率2.08。

公用事业

年末全市公交运营线路917条，年内新增公交线路61条，新增公交车辆492辆，日均客运量281.4万人次，公交出行分担率40%，比上年提高2个百分点。年末实有出租汽车8456辆。

全年人工煤气供气量3.51亿立方米，其中，家庭用气量1.74亿立方米。年末人工煤气用气户数75.03万户，其中，家庭用户74.85万户。

注：

1、公报所列数据为年快报数，增幅为同比口径计算；

2、地区生产总值、分产业增加值、产值绝对数按现价计算，增长速度按不变价格计算。

昆明市统计局

二○一二年三月十九日

昆明市人民政府办公厅关于印发贯彻《地方志工作条例》和《云南省地方志工作规定》实施意见的通知

各县（市）、区人民政府，市政府各委办局，各国家级、省级开发（度假）园区，各直属机构：

经市人民政府同意，现将《昆明市贯彻〈地方志工作条例〉和〈云南省地方志工作规定〉实施意见》印发给你们，请结合实际，认真遵照执行。

2011年3月8日

（昆明市人民政府办公厅章）

昆明市贯彻《地方志工作条例》和《云南省地方志工作规定》实施意见

继2006年5月18日国务院颁布《地方志工作条例》（以下简称《条例》）后，2010年8月4日云南省政府颁布《云南省地方志工作规定》（以下简称《规定》），作为《条例》的配套法规，于2010年10月1日起施行。为深入贯彻落实《条例》和《规定》，实现地方志依法编修、依法管理，加快昆明市地方志事业科学发展，更好地为昆明经济和社会发展服务，结合昆明实际，特制定本实施意见。

一、提高认识，全面贯彻落实《条例》和《规定》

（一）编纂地方志是中华民族的优良传统，建设发展中的社会主义新方志是中国特色社会主义文化的重要组成部分。《条例》顺应科学发展的时代要求，将地方志工作纳入法制化轨道。《规定》对推动全省地方志事业快速发展，加快地方志工作规范化、法制化、科学化，具有重大意义。

（二）《条例》和《规定》的颁布和贯彻落实，是地方志事业发展进程中具有根本性、全局性、长期性的大事，全市地方志系统要进行长期的学习和宣传，不断强化修志意识，通过各种学习宣传活动，在全社会营造一个了解认识、关心支持地方志事业发展的良好氛围。要对照《条例》和《规定》的要求，检查工作、总结经验、查找差距，把切实推进实际工作作为学习和宣传的出发点和落脚点。

（三）《条例》和《规定》对地方志工作作了全局性、原则性的规定，全市地方志系统要全面贯彻落实《条例》和《规定》，着力解决实际工作中存在的问题和影响科学发展的制约因素，全面实现“两纳入，六到位”，即把地方志工作纳入国民经济和社会发展规划，纳入各级政府的目标任务；确保领导到位、机构到位、经费到位、队伍到位、条件到位、工作到位。

二、转变思路，创造性地开展工作

（一）全市地方志系统要解放思想，大胆探索，在地方志理论和实践、内容和形式、方法和手段等方面进行改革创新。

（二）地方志工作者要不断加强学习，增强历史责任感和职能敏感性，要紧密关注经济、政治、文化和社会建设过程中出现的新情况、新变化，通过各种渠道和方式，搜集保存即将消失或可能消失的珍贵资料，积极编纂特色志。

（三）地方志工作机构要紧紧围绕党委、政府中心工作，充分利用本部门的资料优势，加强与媒体、高校和研究机构的交流合作，对本区域内的地情资源进行系统挖掘与开发利用，服务经济发展和社会进步。

（四）充分利用计算机、网络信息技术等，加快数字化、网络化建设步伐，编纂出版电子版、网络版方志和年鉴，建设地情资料数据库和方志网站（页），创办出版地方史志期刊、丛书，构建地方志网络平台，扩大地方志的传播发行范围；组织或联合相关单位组织各种读志用志活动、重大历史事件纪念宣传活动等，形成一个全社会读志、用志，共同关心地方志事业发展的良好氛围。

三、加强领导，认真履行职责

（一）县级以上人民政府要按《条例》和《规定》要求，把地方志工作纳入国民经济和社会发展规划，纳入政府工作目标任务，切实加强对地方志工作的领导。

（二）地方志编纂委员会负责统筹规划地方志工作，负责主办地方志重大活动，审查重要文稿、书稿，研究解决地方志工作中出现的突出问题，协调相关工作。

（三）全市地方志系统在全面履行《条例》和《规定》明确的职责的基础上，必须重点加强以下几个方面工作：

1．科学编制地方志工作中长期发展计划，并报本级人民政府批准和上级地方志工作机构备案；

2．严格遵照国家、省以及上级部门制定的修志计划和目标，确保优质、高效地完成各项修志任务；

3．市县两级地方志机构必须按年度连续编辑出版地方综合年鉴，为经济建设服务，同时也为地方志书的续修积累资料；

4．搜集、保存地方文献，加大旧志整理力度。切实加强地情资料的收集整理、开发利用，紧密结合当地经济和社会发展战略，及时提供地情信息服务；

5．各级地方志机构要积极组织地方志理论研究，提高研究水平，不断解决理论和实践问题，为修志工作打牢理论基础；

6．市级地方志工作机构应加强对县（市）区地方志工作的指导和监督，定期进行督促和检查；

7．市级地方志工作机构要按照《规定》第十四条要求，加快方志馆的立项和建设，指导县（市）区地方志机构启动方志馆（地情资料室）建设；

8．根据地方志工作的特殊性，县级以上地方志工作机构要根据《条例》和《规定》，向参与地方志编纂（撰）的专家、学者以及其他人员支付资料费、撰稿费、编辑费和审稿费等工作报酬。

（四）各部门、各单位要高度重视地方志工作，严格按照本级政府或本级地方志编纂委员会及其办公室的要求，完成本部门、本单位承担的任务。

四、建设队伍，切实保障工作条件

（一）县级以上人民政府成立地方志编纂委员会，主任由行政首长担任，副主任分别由本级相关领导和相关部门领导担任；编纂委员会下设办公室，具体负责本级地方志工作管理。县（市）区人民政府要切实配备胜任和完成地方志书编修、地方综合年鉴编辑出版等地方志工作需要的机构和人员。

市县两级地方志编纂委员会办公室在本级人民政府和地方志编纂委员会的领导下开展工作，同时接受上级地方志工作机构的业务指导、考核和督促检查。

乡（镇）一级人民政府一般不单独设立地方志工作常设机构，乡（镇）区域内的地方志工作在县（市）区级地方志工作机构指导下自行组织开展。

（二）大力推进地方志队伍的理想信念教育和思想作风建设，培养一支政治素质高、作风踏实、爱岗敬业、甘于奉献的地方志队伍。要多渠道、多形式开展地方志队伍的培训、培养工作。市级地方志工作机构每年要自办或组织全市部分方志人员参加1至2次业务技能和地方志理论研讨培训，有条件的县（市）区也要自行组织培训和进行内外及横向交流和学习。

通过地方志学会，建立地方志系统学科带头人制度，每两年开展一次带头人和后备人选选拔，以项目资助、岗位培训等方式给予重点培养，五年内培养学科带头人10名，后备人选20名，努力造就一支研究型、创新型、服务型地方志专家队伍。

建立专兼职结合的地方志队伍。根据新形势下地方志工作的特点，采取灵活多样的用人方式，吸收政治素质高、业务能力强、知识结构新、热爱地方志工作的人才加入地方志队伍，不断优化队伍的年龄结构、知识结构。

广泛吸收相关专家、学者、离退休人员和有关专业技术人才以不同方式参与地方志工作。对兼职人员应支付相应的劳务报酬。

（三）严格按照《规定》要求，将地方志工作经费列入本级财政年度预算，并保证按时足额拨付。各级人民政府要不断改善地方志机构的工作条件，确保有固定的办公地点，保障相应的办公条件。

五、规范流程，严格审查验收制度

（一）按照《条例》规定，机关、社会团体、企事业单位、其他组织和个人有为地方志工作机构提供编纂地方志、年鉴等所需资料的责任和义务，各级单位和个人不得推诿、拖延和提供不实资料。

（二）按照《条例》规定，对以县级以上行政区域名称冠名的地方志书、地方综合年鉴，除本级人民政府负责地方志工作的机构外，其他组织和个人不得编纂。

部门（行业）志、乡（镇）志、村（社区）志等其他志书编纂由各相关单位自行组织，但必须向相关的地方志工作机构进行申报备案。地方志工作机构应当加强业务指导和服务。

（三）凡以政府名义对外公布、出版、宣传的地情资料所涉及的重大历史事件、重要历史人物等内容，应事先交本级地方志工作机构审查。

（四）严格执行《规定》下审一级的审查验收制度，即市级地方志书报省级地方志工作机构终审；县（市）区级地方志书报市级地方志机构终审，并报省级地方志机构备案。乡（镇）及以下的地方志书报县（市）区地方志工作机构终审，并报市级地方志工作机构备案。内部出版的地方志书必须经驻地县级以上地方志工作机构审查后方可发行（省级以上部门对本系统有专门规定的除外）。

县级以上地方志工作机构应当加强对本级部门（行业）志、乡（镇）志、村（社区）志等其他地方志书编纂的指导与服务，严格审查验收，以保证质量。

地方志书初稿形成后应当组织召开评审会，邀请专家、学者等参加。要注重对涉及政治、民族、宗教和保密内容的审查和把关。

（五）地方志书和地方综合年鉴（含电子出版物）在出版后3个月内报送上级地方志工作机构备案，并无偿提供给本级和上级方志馆、档案馆、图书馆。

部门（行业）志书和年鉴出版后应当在3个月内报送本级地方志工作机构备案。

乡（镇）志、村（社区）志出版后应当在3个月内报送市县两级地方志工作机构备案。

六、狠抓落实，建立规范长效的督促考核机制

（一）市县两级应将地方志的各项年度工作任务，纳入

市县两级政府统一的责任目标管理，实施统一的责任目标督查、落实、考核。具体考核细则由县级以上地方志工作机构制定。

（二）市级地方志工作机构要会同市委、市政府目标管理督查办公室组成督查小组，对全市地方志工作的年度目标任务完成情况进行督查。重点对14县（市）区“两纳入、六到位”落实情况进行督查。

（三）县级以上地方志工作机构应当加强地方志工作管理力度，对工作推诿、进度缓慢、敷衍塞责的有关单位进行通报，必要时报请本级人民政府通报批评。

（四）每轮地方志书编纂出版及相关目标任务完成后，县级以上地方志工作机构应当报请本级人民政府对成绩突出的单位和个人进行表彰和奖励。

市地方志编纂委员会要联合市地方志学会适时组织地方志成果评选，对优秀成果进行表彰奖励。

索　引

一、本索引采用主题分析法编制，索引范围为全书各部类条目、表格及图片。

二、本索引按主题词首字汉语拼音音序排列。首字为阿拉伯数字或英文字母者，作“非音序”排在本索引末。

三、读者可从主题入手按索引款目之标示查找自己所需资料在本书中的位置。索引款目由主题词或说明词组成、并采取主题词在前，修饰、说明词在后的形式。修饰、说明词是对主题词标示内容的限定，以逗号或括号与主题词相区别。索引款目后的阿拉伯数字表示该主题内容在本书中的页码；a、b、c字母表示在该页码的栏别（从左至右）。

四、同一主题词的不同内容采取“附见”或“参见”形式标示。在主题词下退一字各占一行分别排列的款目为“附见”；索引款目后两个以上页码的为该主题的“参见”。

五、机构、单位名称，除正文中出现的全称外，在不产生歧义的前提下，本索引一般使用简称。

六、凡部类、栏目名称直接用作索引款目的以黑体字标引。

A

B

C

E

F

G

H

K

L

M

N

P

Q

R

S

T

Z

非音序